Geistiges Eigentum und Wettbewerbsrecht

herausgegeben von

Peter Heermann, Diethelm Klippel,
Ansgar Ohly und Olaf Sosnitza

140

Arne Nordmeyer

Kartellrecht der Softwareverträge

Eine Untersuchung der Lizenz- und Kontrahierungsgrenzen anhand des Art. 101 AEUV unter besonderer Berücksichtigung der Gruppenfreistellungsverordnungen

Mohr Siebeck

Arne Nordmeyer, geboren 1981; Studium der Rechtswissenschaften und der Rechtsinformatik in Göttingen, Hannover und Stockholm; 2008 Erstes Staatsexamen; 2009 LL.M.; 2008–2011 Wissenschaftliche Hilfskraft am Institut für Rechtsinformatik der Leibniz Universität Hannover; Referendariat u. a. beim Bundeskartellamt in Bonn und beim Deutschen Generalkonsulat in Guangzhou (China); 2012 Zweites Staatsexamen; seit 2015 Syndikusrechtsanwalt eines Legal Tech-Unternehmens; 2017 Promotion.

ISBN 978-3-16-155525-1 / eISBN 978-3-16-156250-1
DOI 10.1628/978-3-16-156250-1

ISSN 1860-7306 / eISSN 2569-3956 (Geistiges Eigentum und Wettbewerbsrecht)

Die Deutsche Nationalbibliothek verzeichnet diese Publikation in der Deutschen Nationalbibliographie; detaillierte bibliographische Daten sind im Internet über *http://dnb.dnb.de* abrufbar.

Das Buch wurde von epline in Böblingen gesetzt, von Gulde Druck in Tübingen auf alterungsbeständiges Werkdruckpapier gedruckt und gebunden.

Printed in Germany.

Vorwort

Diese Abhandlung wurde seitens der Juristischen Fakultät der Humboldt-Universität zu Berlin im Wintersemester 2016/2017 als Dissertation angenommen. Sie wurde im Zuge der Drucklegung im Spätsommer 2017 inhaltlich aktualisiert.

Herrn Prof. Dr. Axel Metzger, LL.M. (Harvard) als Betreuer dieser Arbeit möchte ich zuerst herzlich danken. Er hat nicht nur zu diesem Thema angeregt und damit die Begeisterung für das Kartellrecht geweckt, sondern auch an seinem vormaligen Lehrstuhl an der Universität Hannover selbstlos eine liberale als auch angenehme Arbeitsatmosphäre geschaffen, in der eigenbestimmt wissenschaftlich gearbeitet werden konnte. Zugleich hat er die Entwicklung dieser Arbeit konstruktiv und immer wieder kritisch begleitet. Herrn Prof. Dr. Theo Bodewig danke ich gebührend für die überaus arbeitsame und trotz dessen rasche Erstellung des Zweitgutachtens. Bei den Herausgebern der Reihe „Geistiges Eigentum und Wettbewerbsrecht" bedanke ich mich für die Nobilitierung dieser Arbeit.

Im Weiteren danke ich dem Max-Planck-Institut für Innovation und Wettbewerb sowie dem Bundeskartellamt für die gestattete Nutzung ihrer Bibliotheken.

Ferner danke ich verbindlich für die geschäftige Unterstützung bei der Herakles-Aufgabe des Durchsehens und Ausmistens des Manuskripts den nachfolgend in alphabetischer Reihenfolge genannten Freiwilligen: Dipl.-Ing. Heinrich Bartling, Kolja Boock, B. Sc., StA Dr. Alexander Fiedler, LL.M. (Michigan), Ass. iur. Dennis Heinemeyer, TORR Dipl.-Ing. Matthias Kreitlow, POK Dipl.-Jur. Dipl.-Verw. (FH) Kyros Salehin und RA Fritz A. Sommerwerk.

Zuletzt – aber keineswegs nachrangig – spreche ich größten Dank meiner Familie aus, insbesondere meinen Eltern Dipl.-Ing. Manfred und Rosemarie Nordmeyer, für vielfältigste und stets großzügige Unterstützung. Ihnen widme ich diese Arbeit.

Hamburg, im Oktober 2017 Arne Nordmeyer

Inhaltsübersicht

Inhaltsverzeichnis ... IX

Abkürzungsverzeichnis ... XXIX

1. Kapitel: Einleitung ... 1

2. Kapitel: Der rechtliche Schutz von Software ... 15

3. Kapitel: Softwareverträge und Softwarelizenzen ... 37

4. Kapitel: Ökonomische Besonderheiten auf Softwaremärkten ... 91

5. Kapitel: Spezifische Anforderungen an die Software-Kartellaufsicht aus ökonomischer Perspektive ... 105

6. Kapitel: Skizze des Systems der Art. 101ff. AEUV sowie der weiteren Instrumente des Kartellrechts ... 135

7. Kapitel: Analyserahmen zur Beurteilung von Softwarevereinbarungen nach Maßgabe des Art. 101 AEUV ... 153

8. Kapitel: Einzelne Modalitäten und Klauseln auf dem Prüfstein ... 299

9. Kapitel: Umsetzung in deutsches Recht und in Deutschland ... 443

10. Kapitel: Kritik und Alternativen: Gestalt möglicher Software-Gruppenfreistellungsverordnungen ... 447

11. Kapitel: Ausblick ... 501

12. Kapitel: Gesamtergebnis ... 507

Literaturverzeichnis ... 517

Sachverzeichnis ... 543

Inhaltsverzeichnis

Inhaltsübersicht VII

Abkürzungsverzeichnis XXIX

1. Kapitel: Einleitung 1

A. Einführung in die Thematik 1

B. Untersuchungsgegenstand, -rahmen und -ziel 7

C. Gang der Untersuchung 8

D. Methode dieser Untersuchung 9

I. Kartellfreistellungen nach Kartellverboten 9
II. Beurteilungsmaßstab 9
III. Ausgewertete Literatur 10

E. Terminologie 11

F. Stetige Änderung bzw. „Fortentwicklung" des europäischen Kartellrechts 12

I. Erneuerung der Vertikal-GVO (2010) sowie der Spezialisierungs- und der FuE-GVO (2011) 13
II. Kontinuität von der TT-GVO 2004 zur TT-GVO 2014 13

G. Die Rolle des nationalen Kartellrechts 13

2. Kapitel: Der rechtliche Schutz von Software 15

A. Software 15

I. Begriff und Kategorien von Software 15
II. Erscheinungsformen von Software (Quellcode und Objektcode) 17
III. Abgrenzung von Hard- und Software 18
1. Die Abgrenzbarkeit von Hard- und Software 18
2. Virtualisierung, Clouds, Streams, Services 18
IV. Abgrenzung von Software und Daten 19
V. Kopien bzw. Datenträger als Vervielfältigungsstücke und Absatzwege 19
VI. Zwischenergebnis 20

B. Die rechtliche Schutzdimension von Software 20
I. Nationales (deutsches), europäisches und internationales Recht des Geistigen Eigentums 20
II. Urheberrechtlicher Schutz 21
1. Softwareschutz durch das deutsche Urheberrechtsgesetz (UrhG) . 21
a. Schutz implementierter Werke und Schutz von Software-Teilen 22
b. Der rechtliche Schutz von Schnittstellen und Standards 24
2. Softwareschutz durch die Computerprogramm-Richtlinie (91/250/EWG bzw. 2009/24/EG) 25
III. Patentrechtlicher Schutz 25
1. Softwareschutz durch das deutsche Patentgesetz (PatG) 25
2. Softwareschutz durch europäische Patente 27
IV. Kollision oder Kumulation urheberrechtlichen und patentrechtlichen Schutzes 28
1. Vergleich zwischen urheberrechtlichem und patentrechtlichem Schutz 28
2. Überschneidung und Zusammenfall von Urheber- und Patentrechtsschutz 29
V. Softwareschutz über Gebrauchsmuster, Geschmacksmuster oder Marken 31
VI. Software und zugehöriges Wissen als Know How 31
1. Der Know How-Begriff 31
2. Rechtlicher Schutz von Know How 31
3. Zwischenergebnis 33

C. Die faktische Schutzdimension von Software 33

D. Zusammenwirken rechtlichen und faktischen Softwareschutzes 34

E. Zusammenfassung und Würdigung 35

3. Kapitel: Softwareverträge und Softwarelizenzen 37

A. Vertragsgegenstand Software und gewillkürte Zuordnung dieser 37
I. Der Lizenz-Begriff 37
II. Vertraglicher Rahmen 40
III. Konzentrierung und Kollektivierung von Softwarerechten bei Gemeinschaftswerken 41
IV. Gemeinschaftsweite Erschöpfung und „Gebrauchtsoftware" 42
V. Zwischenergebnis 49

B. Softwarevertragsrecht und Typologie des Softwarevertragsrechts 50
I. Überlassung von Standardsoftware 50
1. Betriebssysteme und ihr Vertrieb 52
a. Vertrieb von Betriebssystemen 52

b. Interoperabilität und offene Formate ... 55
2. Computerspiele ... 55
3. Der Einbezug von Nutzungsbestimmungen (EULA) durch OK-Klicks, Online-Aktivierung etc. ... 56
4. Digitale Distribution und Stream-Nutzung ... 57
a. Digitale Distribution ... 57
b. Software-Nutzung via ASP, SaaS, Stream, Cloud etc. ... 58
5. Typische Klauseln für Einsatz- und Weiterverwendungsbeschränkungen ... 59
a. Allgemeines ... 59
b. „Kampf dem Gebrauchten" – Der Kampf gegen Gebrauchtsoftware ... 60
6. Technische Schutzmaßnahmen ... 62
a. Möglichkeiten durch TPM bzw. DRM ... 62
b. Einsatzunterschiede gegenüber Privaten und Unternehmen ... 64
c. Selbsthilferechte ... 64
7. Beteiligte Akteure und Gang der Lizenzierung ... 64
a. Entwicklungsstufe ... 65
b. Vertriebsstufe ... 65
c. Zwischenergebnis ... 66
d. Gang der Lizenzierung: Der Weg des Nutzungsrechts bis zum Endnutzer ... 66
II. Vertriebsverträge ... 68
1. Exklusivitätsregeln und Wettbewerbsverbote ... 69
2. Vertriebsvorgaben wie Abgabebeschränkungen und -selektionsvorgaben (etwa OEM- und Upgrade-Versionen) ... 70
3. Implementierung von TPM/DRM ... 71
4. Voreinstellungen ... 71
III. Erstellung und Überlassung von kundenspezifischer Software (Software-Erstellung und Customizing) ... 71
IV. Engine-und Modul-Lizenzierungen und Software-Werkzeuge (Tools) 73
V. Schnittstellen-, Standard- und Dateiformat-Lizenzierungen ... 75
VI. Videokonsolenspiellizenz ... 75
VII. Portierungslizenz und -auftrag („Softwareübersetzung") ... 77
VIII. Free Software und Open Source-Lizenzen (F/OSS) ... 77
1. F/OSS, Wikipedia, Creative Commons, Web 2.0 usf.: Neuartige Formen der Softwareerschaffung ... 78
2. Mögliche Bestimmungen ... 80
a. Copyleft (Viraler Effekt) ... 80
b. Lizenzgebührenverbot/Kostenlosigkeit bzw. Unentgeltlichkeit 81
c. Patentklauseln ... 81
IX. Software-Wartungs- und Pflegeverträge ... 81
X. Forschungs- und Entwicklungsvereinbarungen (FuE) ... 82

XI. Allgemeine Klauseln und Vertragsmodalitäten 82
1. Nicht-Geltendmachungsvereinbarungen 82
2. Nichtangriffsklauseln 82
3. Rechts- und Gerichtswahl 83
4. Einschaltung von Handelsvertretern 83
5. Quellcode-Hinterlegung (Escrow) 83
6. Multiple Licensing (parallele Lizenzierung nach verschiedenen Lizenzbestimmungen) und Lizenzkompatibilität 83
XII. (Rechte-)Pools 84
XIII. Besonderheiten der öffentliche Beschaffung bzw. Auftragsvergabe ... 84

C. Privatrechtliche Grenzen der Vertragsgestaltung 84
I. Urheberrechtliche Grenzen 85
II. Sonstige privatrechtliche Grenzen 86
III. Verhältnis dieser Grenzen zueinander und zum Kartellrecht 86

D. Zusammenfassung und Anmerkungen 87

4. Kapitel: Ökonomische Besonderheiten auf Softwaremärkten 91

A. Marktstrukturen 91
I. Starrer Markt dynamischer Produkte 91
1. Statistik: Betriebssysteme 91
a. Personalcomputer 91
b. Smartphones und andere Geräte 92
2. Statistik: Office-Programmpakete (Office Suites) 93
3. Statistik: Browser 94
4. Analyse und Zwischenergebnis 94
II. Netzwerkeffekte 95
1. Definition der direkten und indirekten Netzwerkeffekte 95
2. Standardisierung, Kompatibilität, Interoperabilität: Netzwerkeffekte als Expansionsfaktoren und Faktoren der Marktstatik 96
3. Brückenkopffunktion: Einfluss auf weitere (Downstream-)Märkte 99
4. Ökonomische Folgen und Zwischenergebnis 101

B. Kostenstrukturen bei Software 101
I. Aus Perspektive der Entwickler 101
1. Hohe Entwicklungskosten, geringe Stückkosten 101
2. Zunahme der Entwicklungskosten 103
II. Aus Perspektive der verwendenden Erwerber 103

C. Zusammenfassung 104

5. Kapitel: Spezifische Anforderungen an die Software-Kartellaufsicht aus ökonomischer Perspektive 105

A. Binnenmarkt, Wettbewerb und Harmonisierung des Immaterialgüterrechts in Europa 105

B. Wechselwirkungen der Kartell- und Schutzrechteordnung mit Bezug zu Software 106

I. Unbestimmte theoretische Grundlagen und Normierung des More Economic Approach 106

II. Die ökonomische Analyse des Immaterialgüterrechts auch aus europäischer Perspektive 109

1. Die europäische Perspektive und rechtspolitische Tendenzen 109

2. Besonderheiten des geistigen Eigentums und der Software 111

a. Geistiges Eigentum als „Monopol" mit Ausschlusswirkung und Möglichkeiten des Blockadebrechens 111

b. Unterschiede zwischen geistigem Eigentum und Sacheigentum 113

aa. Verkörperung bzw. Manifestation statt Gegenständlichkeit 113

bb. Anreizgedanken und persönlichkeitsrechtliche Färbung ... 114

cc. Erschöpflichkeit des Immaterialgutes 114

c. Besonderheiten des Immaterialgutes Software 116

aa. Software als Wirtschaftsgut und ökonomische Herausforderungen 116

bb. Geheimhaltung: das „behütete Feuer" Quellcode 116

cc. Anreizmodelle jenseits klassischer Investitionsamortisierung durch Lizenzgebühren 117

dd. Besonderheiten der Software und des (rechtlichen) Softwareschutzes 118

ee. Möglicher staatlicher Maßnahmenkatalog jenseits des Kartellrechts 122

d. Zwischenergebnis 124

3. Konflikt zwischen Immaterialgüter- und Kartellrecht 125

a. Konflikt zwischen nationalen Rechten und europäischer Wettbewerbsordnung, europäischen Rechten und europäischer Wettbewerbsordnung 125

b. Kartellrechtliche Folgen und Maßnahmen zur Wohlfahrtssteigerung: Insbesondere Zwangslizenzen und Grenzen vertraglicher Freiheit 127

c. Besondere Anforderungen an kartellrechtliche Maßnahmen bezogen auf Softwaremärkte und -rechte 129

C. Zusammenfassung des Zustandes als (kartellrechtliche) Herausforderung 130

6. Kapitel: Skizze des Systems der Art. 101 ff. AEUV sowie der weiteren Instrumente des Kartellrechts 135

A. Art. 101 AEUV und Gruppenfreistellungsverordnungen 135

B. Art. 102 AEUV 136
I. Allgemeines 136
II. Art. 101 und Art. 102 AEUV im Vergleich und ihr Verhältnis zueinander 136
III. Die Microsoft-Verfahren 137
1. Sachverhalte 137
2. Zentrale Argumentationsmuster 139

C. Die Fusionskontroll-Verordnung 140
I. Maßstab der Fusionskontrolle 140
II. Verhältnis zu Art. 101 AEUV 141
III. Anwendungsfälle mit besonderem Bezug zum IP/IT-Recht 141
1. Medienrecht 141
2. Oracle ./. Sun 141
a. Sachverhalt 141
b. Argumentationslinien insbes. im Zusammenhang zu F/OSS ... 142
3. Microsoft u. a.: CPTN-Gründung 143
a. Sachverhalt 143
b. Argumentationslinien insbes. im Zusammenhang zu F/OSS ... 144
4. Motorola ./. Google 145
a. Sachverhalt 145
b. Argumentationslinien insbes. im Zusammenhang mit F/OSS .. 145
5. Zusammenfassung und Bewertung der vorgestellten Fälle 148

D. Die rechtliche Qualität weiterer Quellen 149
I. Leitlinien 149
II. Bekanntmachungen 150

E. Verfahrensrecht zu Art. 101 AEUV, insbesondere nach der EGV 1/2003 150

F. Zusammenfassung des europäischen kartellrechtlichen Instrumentariums 151

7. Kapitel: Analyserahmen zur Beurteilung von Softwarevereinbarungen nach Massgabe des Art. 101 AEUV 153

A. Vorfrage: Europäisches Recht und europäische Methodenlehre 153
I. Deutsche Methodenlehre als Ausgangs- und Vergleichspunkt 154
II. (Ausgebliebener?) Europäischer Methodendiskurs 155
1. Methodik zur Findung und Bildung europäischen Rechts 156

2. Methodik zur Auslegung und Analogiebildung im europäischen Recht ... 157
a. Europäischer status quo ... 157
b. Die Rolle der ökonomischen Analyse als Auslegungskriterium 159
c. Übergang zwischen Auslegung und Rechtsfortbildung und deren Anforderungen ... 161
aa. Allgemeines zur Analogie ... 162
bb. Notwendigkeit und Möglichkeit der Analogienbildung bei Gruppenfreistellungsverordnungen ... 164
cc. Extensive oder restriktive Auslegung der Gruppenfreistellungsverordnungen ... 170
III. Zwischenergebnis ... 171

B. Kartellverbote: Die tatbestandlichen Voraussetzungen des Art. 101 Abs. 1 AEUV ... 171
I. Kontrollierbare Akteure: Unternehmen ... 171
II. Kontrollierbares Verhalten: Koordinierungen und Vereinbarungen ... 172
1. Verträge über Rechtsinhaberschaftswechsel und Gestattungen (Lizenzen) ... 173
2. Vereinbarung gesetzlicher Regeln – Statuierung des legalen status quo ... 174
3. Sonstige Vertragsgestaltungshindernisse ... 175
4. Technische Schutzmaßnahmen (TPM/DRM) ... 175
III. Bewirkung oder Bezwecken eines Wettbewerbshindernisses ... 179
1. Regelbeispiele Art. 101 I lit. a), b) Var. 1 u. 2, lit. c), d), e) (Wettbewerbsbeschränkungen bzgl. Absatz und Vertrieb) ... 180
2. Regelbeispiel Art. 101 I lit. b) Var. 3 (u. 4) (Entwicklungskontrolle) ... 181
3. Kernbeschränkungen der Gruppenfreistellungsverordnungen als Grundlage zur Konkretisierung des Tatbestandes des Art. 101 I AEUV ... 182
IV. Zwischenstaatlichkeitsrelevanz, betroffene Märkte und Spürbarkeit . 184
1. Binnenmarktrelevanz ... 184
2. Betroffener Markt sowie Wettbewerbs- und Nicht-Wettbewerbsverhältnisse der Akteure ... 185
a. Differenzierung nach horizontalen und vertikalen Verhältnissen 185
b. Betroffene Märkte und Marktmacht der Akteure ... 186
aa. Marktkategorien im Technologiesektor: Erfindungsmarkt, Technologiemarkt und Produktmarkt ... 186
bb. Sachliche Bestimmung der Softwaremärkte ... 187
(1) Plattformabhängigkeit und allgemeine Abhängigkeit von bestehenden Produkten ... 188
(2) Funktionalität und Versionen ... 191
(3) Preise und Kosten ... 192

(a) Kaufpreis und Lizenzgebühren (direkte Anschaffungskosten) ... 192
(b) Migrations- und sonstige Folgekosten ... 193
(c) Zwischenergebnis ... 193
(d) Diskussionen um Gebrauchtsoftwaremärkte („Second-Hand-Markt“ mit geringeren Preisen) ... 194
(4) Kompilationen, Pakete, Suites et cetera ... 197
(5) Dynamische Faktoren ... 198
(6) Anschlussmärkte, einschließlich Wartungsmärkte ... 199
(7) Geschmacksfaktoren sowie weitere subjektive Faktoren und deren Relevanz ... 200
(a) Marken-Affinität ... 200
(b) Quelloffene Software als eigene Produktkategorie ... 200
(c) Computerspiele ... 201
(aa) Funktionalität und technische Aspekte ... 202
(bb) Autoren und Titelfiguren ... 203
(cc) Aufwand und Entwicklungskosten ... 203
(dd) Mehrspielerfunktionalität und Anzahl möglicher Spieler ... 203
(ee) Zielgruppe: Casual oder Hardcore ... 204
(ff) Genres ... 204
(gg) Vermarktungsperioden ... 206
(hh) Kommerzielle Abnehmer und Vertrieb ... 207
(ii) Netzwerkeffekte und Marktmacht der Anbieter 207
(jj) Gesamtbetrachtung zu Computerspielen ... 208
cc. Geographische Bestimmung der Softwaremärkte ... 208
dd. Marktanteile und deren statistische Erfassung ... 209
c. Marktzutrittschancen zu Softwaremärkten ... 211
d. Zusammenfassung der Marktfaktoren ... 213
3. Beschränkungen von (zu) geringer Relevanz (Bagatellen) ... 213
V. (Immaterialgüterrechtlich bedingte) Tatbestandsrestriktionen ... 214
1. Lehre des spezifischen Gehalts eines Immaterialgüterrechts ... 214
a. Allgemeines Dogma der Trennung zwischen Bestand und Ausübung ... 214
b. Spezifischer Schutzgegenstand der Softwareschutzrechte ... 215
c. Kritik ... 217
2. Art. 101 I – immanente Abwägung bzw. Vorabwägung (Rule of Reason) ... 218
3. Weitere Ansätze und Lehren zur Berücksichtigung des Immaterialgüterrechts ... 218
4. Stellungnahme und Zwischenergebnis ... 219
VI. Zwischenergebnis ... 221
C. Freistellungsmöglichkeiten nach Art. 101 Abs. 3 AEUV ... 222

I. Freistellung durch Gruppenfreistellungsverordnung 222
1. Freistellungsmöglichkeiten durch die Technologietransfer-GVO 2004 (TT-GVO 2004) 223
a. Rechtssetzungshistorie 223
b. Prämissen 225
c. Spezifika der Software 226
d. Voraussetzungen der Anwendbarkeit 226
aa. Vereinbarungen und darin beteiligte Akteure 226
bb. Software als zu transferierende Technologie nach der TT-GVO 2004 226
(1) Software-Urheberrecht, Software-Patente, Software-Know How 226
(2) Übermittlungsform (Source Code oder Object Code) .. 228
(3) Verbundene und integrierte Rechte des geistigen Eigentums 229
cc. Transferbegriff und Verhältnis zur Entäußerung 230
dd. Zum Zweck der Produktion der Vertragsprodukte transferierte Technologie 231
(1) Integration in Hardware (insbes. Embedded Systems) .. 232
(2) Einbettung und Vermengung mit anderer Software und die Übermittlung von Quellcode 233
(3) Softwarenutzung zur Erzeugung und Anpassung weiterer Software 235
(4) Kundenspezifische Software (Individualsoftware) 235
(5) Softwarevervielfältigung, -vertrieb, -nutzung 236
(a) Vervielfältigung und Datenträgerproduktion 236
(b) Rein digitale Vervielfältigung und Online-Vertrieb . 237
(c) Zwischenergebnis 238
(6) Softwareüberlassung und Folgeprodukte als Dienstleistungserbringung 238
(a) Lehre des „spezifischen Endprodukts“ 239
(b) Lehre der erheblichen technischen Unterstützungsfunktion durch die Software und die verwandte Lehre der „funktionsorientierten Software“ 239
(c) Lehre der Erkennbarkeit für die Vertragsparteien .. 240
(d) Stellungnahme und eigener Ansatz 241
(7) Sonstige Softwareüberlassung im Rahmen von Standardbürosoftware, nicht aber Basissoftware 242
ee. Bewertung und Zwischenergebnis 243
ff. Untersuchung typischer Konstellationen bzgl. des Anwendungsbereiches der TT-GVO 2004 245
(1) Softwarebeschaffung und -nutzung 245
(2) OEM und andere Fälle gebündelten Vertriebs 245

(a) Vorinstalliertes Betriebssystem und andere Software 245
(b) Sonstige Bundles ... 246
(3) Softwarevertrieb im Übrigen ... 247
(4) Vereinbarungen über Normen und Standards ... 247
(5) Konsolenspielherstellunglizenz ... 247
(6) Lizenzierung von Software-Teilen, SDKs etc. ... 248
(7) Cloud Computing, SaaS, Virtualisierung etc. ... 248
(8) F/OSS ... 249
(9) Technologiepool ... 249
gg. Zwischenergebnis ... 250
e. Freistellungsvoraussetzungen bzw. Freistellungshindernisse .. 251
aa. Erreichen der jeweiligen Marktanteilsschwellen: Technologie- und Produktmärkte ... 251
bb. Befreiung verhindernde Kernbeschränkungen und nicht freistellungsfähige Klauseln ... 252
cc. Rechtsfolge: Freistellungsumfang und -dauer ... 252
f. Entzug der Gruppenfreistellung im Einzelfall nach Art. 6 TT-GVO ... 252
g. Zwischenergebnis ... 253
2. Freistellungsmöglichkeiten durch die Technologietransfer-GVO 2014 (TT-GVO 2014) ... 253
a. Rechtssetzungshistorie ... 253
aa. Rahmenbedingungen ... 253
bb. Vorstellung einer ökonomischen Studie im Dezember 2011 254
cc. Vorstellung des TT-GVO-E 2014 im Februar 2013 ... 254
(1) Anwendungsbereich ... 255
(2) Begriff des Technologie-Transfers und Reichweite der Freistellung ... 255
(3) Kernbeschränkungen und nicht-freigestellte Beschränkungen ... 255
(4) Marktanteilsschwellen ... 256
(5) Verhältnis zu anderen GVOen und Schlussbestimmungen ... 256
(6) Überarbeitung der TT-Leitlinien ... 256
(7) Stellungnahmen zu diesen Entwürfen ... 257
(8) Summarische Bewertung dieser Entwürfe ... 258
dd. Finale Fassung der TT-GVO 2014 ... 258
b. Prämissen und Softwarespezifika ... 259
c. Voraussetzungen der Anwendbarkeit ... 259
aa. Beteiligte Akteure ... 259
bb. Software als zu transferierende Technologie nach der TT-GVO ... 259
(1) Software-Urheberrechte, Software-Patente, Software-Know How ... 259

(2) Übermittlungsform (Quellcode oder Objektcode) 260
(3) Erstreckung der Freistellung auf sonstige Rechte des geistigen Eigentums 260
cc. Transferbegriff und Verhältnis zur Entäußerung 260
dd. Ziel der Produktion 261
ee. Von der TT-GVO erfasste Softwareverträge 261
(1) Embedded Systems 261
(2) Software-Integration, Software-Werkzeuge, Quellcode-Überlassung, F/OSS etc. 261
(3) Softwareüberlassung und Dienstleistungserbringung mittels der überlassenen Software 262
(4) Infrastrukturdienstleistungen wie Cloud, ASP, SaaS etc. 262
(5) Softwarevertrieb 263
d. Freistellungsvoraussetzungen bzw. Freistellungshindernisse .. 263
e. Subsidiarität zu FuE- und Spezialisierungs-GVO 264
f. Sonstige Bestimmungen 264
g. Zwischenergebnis 264
3. Analoge Anwendung der TT-GVO 265
a. Seitens der Kommission angekündigte Regelungslücke im Zeichen begrenzter Ermächtigung: Bipolarität der TT-GVO ... 265
b. Eine weitere Lücke, die die Kommission ließ: Mastersoftwarelizenzen, Golden Discs und Online-Vertrieb ... 266
c. Allgemeine Ausweitung auf alle Arten von Urheberrechten ... 267
d. Zwischenergebnis 268
4. Freistellungsmöglichkeiten durch die Forschungs- und Entwicklungs-GVO 268
a. Allgemeines 268
b. Voraussetzungen der Anwendbarkeit 269
aa. Allgemeines 269
bb. Typische Anwendungskonstellationen 270
cc. Verhältnis zur TT-GVO 270
c. Freistellungsvoraussetzungen bzw. Freistellungshindernisse .. 271
d. Zwischenergebnis 271
5. Freistellungsmöglichkeiten durch die Spezialisierungs-GVO 272
6. Freistellungsmöglichkeiten durch die Vertikal-GVO 273
a. Allgemeines 273
b. Voraussetzungen der Anwendbarkeit 274
aa. Allgemeines 274
bb. Ausschluss der Anwendbarkeit im Falle geistigen Eigentums als Hauptgegenstand der Vereinbarung 274
(1) Vertriebs- und Überlassungskonstellationen 274
(a) Vorgaben der Kommission und Würdigung dieser .. 274
(b) Kritik und Diskussion 276
(c) Zwischenergebnis 283

(2) Software als sonstiges Neben- bzw. Beiprodukt 283
(3) Temporäre Softwareüberlassung 284
(4) „Voluminisierungs-Lizenz“ 284
(5) Zwischenergebnis 284
cc. Die Vertikal-GVO bei (temporärer) Überlassung via Stream, Cloud usf. 284
dd. Die Vertikal-GVO in (sonstigen) Dienstleistungskonstellationen 286
c. Freistellungsvoraussetzungen bzw. Freistellungshindernisse .. 287
d. Zwischenergebnis 287
7. Analoge Anwendung der Vertikal-GVO 288
8. Sonstige „Ausstrahlungswirkung“ der GVOen 288
9. Vergleich, Anwendungshierarchie und Spezialität der GVOen ... 288
10. Zwischenergebnis 291
II. Freistellungen nach Art. 101 Abs. 3 AEUV direkt 291
1. Allgemeiner Rahmen: Die kumulativ zu erfüllenden Tatbestandsvoraussetzungen des Art. 101 Abs. 3 AEUV 292
a. Verbesserung der Warenerzeugung/-verteilung, technologischer Fortschritt oder wirtschaftlicher Fortschritt ... 292
b. Verbraucherwohlfahrt (Beteiligung der Verbraucher) 292
c. Beschränkungen, die unerlässlich sind oder die den Wettbewerb nicht ausschalten (Art. 101 III lit. a, lit. b AEUV) . 293
2. Spezielle Kommissionsvorstellungen 293
a. Allgemeine Lehren, insbes. das Markterschließungs-Dogma .. 293
b. Grundsätzlich kein Wettbewerbsverstoß bei mindestens vier Wettbewerbern mit eigener Technologie 294
3. Zwischenergebnis 295

D. Exkurs: Die Rechtsfolge gem. Art. 101 Abs. 2 AEUV 295
I. Zivilrechtliche Rechtsfolge 295
II. Öffentlich-rechtliche Sanktionsmöglichkeiten 296

E. Kurze Zusammenfassung des analytischen Rahmens 296

8. Kapitel: Einzelne Modalitäten und Klauseln auf dem Prüfstein .. 299

A. Freie und Open Source-Software (F/OSS) und ihre typischen Klauseln 299
I. F/OSS-Akteure als Unternehmen im kartellrechtlichen Sinn 300
II. Negative Effekte und Verstoß wider Art. 101 I 305
1. Lizenzgebührenverbot bzw. Bestimmungen zur Kostenlosigkeit .. 305
a. Auswirkung bzgl. F/OSS-Distributoren einschl. Plattformen .. 306
b. Auswirkung bzgl. F/OSS-Entwickler 310
c. Zwischenergebnis 311
2. Copyleft-Klausel (Viraler Effekt) 311

3. Weitere (Vertriebs-) Auflagen . . . 317
4. Ausschluss abweichender bzw. individueller Vereinbarungen . . . 318
5. Patent- und Patentvergeltungsklauseln . . . 319
a. Patentlizenz und „Patentleft" . . . 319
b. Patentvergeltung und weitere Patentbestimmungen . . . 321
6. Aufhebung der F/OSS-Lizenzgewährung bei fortgesetzter Lizenzierung durch den F/OSS-Lizenznehmer . . . 323
7. OSD und FSD (= F/OSS-Standards) . . . 324
8. Sonstige negative Effekte . . . 325
9. Zwischenergebnis . . . 327
III. Positive Effekte und Freistellung nach Art. 101 III . . . 328
1. Freistellung durch die TT-GVO . . . 328
a. Anwendbarkeit der TT-GVO . . . 328
aa. Ausschluss als Technologie-Pool . . . 328
bb. Zwei-Parteien-Begrenzung der TT-GVO . . . 328
cc. Quellcode-Erfordernis und F/OSS . . . 330
b. Freistellungshindernisse . . . 331
aa. Verstoß gegen Art. 4 I lit. d) bzw. Art. 5 II TT-GVO . . . 332
bb. Verstoß gegen Art. 4 I lit. c) bzw. II lit. b) TT-GVO . . . 333
cc. Verstoß gegen Art. 5 I lit. a) TT-GVO (Rücklizenzierung) . . . 333
dd. Hilfsweise: Verstoß gegen Art. 5 I lit. b) (Patentangriffsausschluss) . . . 335
ee. Hilfsweise: Verstoß gegen Art. 4 I lit. a) bzw. Art. 4 II lit. a) TT-GVO (Preisfestsetzung) . . . 336
ff. Zwischenergebnis . . . 337
2. Freistellung durch die FuE-GVO . . . 337
3. Freistellung durch die Vertikal-GVO . . . 338
a. Anwendbarkeit der Vertikal-GVO . . . 338
b. Hilfsweise: Freistellungshindernisse . . . 341
4. Freistellungsmöglichkeit nach Art. 101 III im Übrigen . . . 341
a. Positive ökonomische Effekte . . . 342
b. Erforderlichkeit . . . 345
5. Quantifizierungsfaktoren und Marktabgrenzungen . . . 348
6. Gesamtabwägung und Zwischenergebnis . . . 349

B. Softwareentwicklungsverträge . . . 351
I. Auftragssoftware (Individualsoftware) . . . 351
II. Komponenten- und Entwicklungswerkzeugverträge . . . 352
1. Rücklizenzierung (Grant Back) . . . 352
a. Negative Effekte und Verstoß wider Art. 101 I . . . 352
b. Positive Effekte und Freistellung nach Art. 101 III . . . 355
aa. Freistellung durch Gruppenfreistellungsverordnungen . . . 355
bb. Freistellung nach Art. 101 III im Übrigen . . . 356
2. Running Royalties . . . 357
3. Zwischenergebnis . . . 358

C. Softwarebeschaffungsverträge ... 358
I. Die Beschaffung als solche ... 358
II. Gebrauchtsoftwareweiterverkaufsverbot ... 359
1. Untersagung des Weiterverkaufs im Sinne des Verbots des „Gebrauchtsoftwarehandels" – Abgrenzung von anderen Klauseln 359
2. Negative Effekte nach Art. 101 I ... 360
a. Die Anwendbarkeit des § 34 I UrhG und dieser als Bestandteil des spezifischen Schutzgegenstandes ... 360
b. Negative Auswirkungen auf die Vertragsgegenseite bzw. Lizenznehmer ... 363
c. Negative Auswirkungen auf Dritte ... 364
d. Besonderheiten bei Computerspielen ... 366
e. Negative Auswirkungen auf Verbraucher insgesamt ... 367
f. Weniger schwerwiegende, alternative Beschränkungen ... 367
g. Zwischenergebnis ... 368
3. Positive Effekte und Freistellung nach Art. 101 III ... 368
a. Freistellung durch die TT-GVO ... 368
b. Freistellung durch die Vertikal-GVO ... 369
c. Freistellungsmöglichkeit nach Art. 101 III im Übrigen ... 370
4. Quantifizierungsfaktoren ... 375
5. Zwischenergebnis ... 376
III. Vergünstigte Upgradepreise und sonstige günstigere Versionen als Beschaffungsbestimmung ... 376
1. Günstige Upgrade-Preise für Vorversionsbenutzer ... 377
2. Mengenrabatte (Volumenlizenzen) ... 379
3. Abnahmevoraussetzung wie Eigenschaft als Schule/Universität etc. (Schulversionen etc.) ... 379
4. OEM-, DSP- und vergleichbare Versionen ... 380
5. Zwischenergebnis ... 380
IV. Kopplung an Maschinen/Leistungsfähigkeit/Benutzer u. a. als Einsatzbeschränkungen (CPU-, Upgrade-und Gebäude-Klauseln usf.) 380
1. Negative Effekte und Verstoß wider Art. 101 I ... 380
2. Positive Effekte und Freistellung nach Art. 101 III ... 384
a. Freistellung durch Gruppenfreistellungsverordnungen ... 384
b. Freistellung nach Art. 101 III im Übrigen ... 386
c. Zwischenergebnis ... 386
V. ASP, SaaS, Cloud & Stream ... 387

D. Softwareerforschungsverbote und Dekompilierung ... 388
I. Negative Effekte und Verstoß wider Art. 101 I ... 388
II. Positive Effekte und Freistellung nach Art. 101 III ... 389
1. Freistellung durch die TT-GVO ... 389
2. Freistellung nach Art. 101 III im Übrigen ... 390
3. Zwischenergebnis ... 390

E. Verbot der Sicherungskopie ... 390

F. Bundles bzw. Kopplungsgeschäfte (Bundling, Tying) ... 391
I. Arten von Kopplungen ... 391
1. OEM und andere vergleichbare Arten (DSP, SB usf.) ... 391
2. Sonstige Bundles (Tyings) ... 394
II. Negative Effekte und Verstoß wider Art. 101 I sowie Anwendungsbereich des Art. 101 I lit. e) ... 394
III. Zwischenergebnis ... 395

G. Konsolenspielherstellungsverträge ... 395
I. Negative Effekte und Verstoß wider Art. 101 I ... 396
II. Positive Effekte und Freistellung nach Art. 101 III ... 397
1. Freistellung durch die TT-GVO ... 397
2. Freistellung nach Art. 101 III im Übrigen ... 399
III. Zwischenergebnis ... 400

H. Vertriebsauflagen (Vertriebssteuerung) ... 400
I. Vertrieb von OEM, Systembuilder, DSP usf. ... 402
1. Negative Effekte und Verstoß wider Art. 101 I ... 402
2. Positive Effekte und Freistellung nach Art. 101 III ... 407
a. Freistellung durch die TT-GVO ... 407
b. Freistellung durch die Vertikal-GVO ... 408
c. Freistellung nach Art. 101 III im Übrigen ... 409
3. Quantifizierungserwägungen ... 411
4. Zwischenergebnis ... 412
II. Value-Added-Reselling ... 412
1. Negative Effekte und Verstoß wider Art. 101 I ... 412
2. Positive Effekte und Freistellung nach Art. 101 III ... 414
a. Freistellung durch Gruppenfreistellungsverordnungen ... 414
b. Freistellung nach Art. 101 III im Übrigen ... 415
3. Zwischenergebnis ... 415
III. Vertrieb von Upgrade-Versionen ... 415
1. Negative Effekte und Verstoß wider Art. 101 I ... 415
2. Positive Effekte und Freistellung nach Art. 101 III ... 416
a. Freistellung durch Gruppenfreistellungsverordnungen ... 416
b. Freistellung nach Art. 101 III im Übrigen ... 417
3. Zwischenergebnis ... 417
IV. Vertrieb von Schüler-, Schulen- u. a. Spezialversionen ... 418
1. Negative Effekte und Verstoß wider Art. 101 I ... 418
2. Positive Effekte und Freistellungen nach Art. 101 III ... 418
a. Freistellung durch Gruppenfreistellungsverordnungen ... 418
b. Freistellung nach Art. 101 III im Übrigen ... 419
V. Voreinstellungsverträge ... 419
VI. Das „Durchreichen" der übrigen Vorgaben ... 420
VII. Implementierung von TPM/DRM ... 420

1. Lizenzierung von TPM/DRM (Erwerb von TPM/DRM) 420
2. Vetriebsbezogene TPM-/DRM-Nutzung 420
a. Negative Effekte und Verstoß wider Art. 101 I 420
b. Freistellungsmöglichkeiten nach Art. 101 III 421
VIII. Sonstige unspezifische Vorgaben 422
1. Mengenvorgaben 422
2. Gebietsaufteilung und Exklusivstellungen 423
a. Kundengruppenvorbehalt 423
b. Exklusivprivilegien für Händler 423
IX. Sonstige Vertriebsvereinbarungen 425

I. Softwarepflege und -wartung 425
I. Negative Effekte und Verstoß wider Art. 101 I 425
II. Freistellungsmöglichkeiten nach Art. 101 III 428
1. Freistellung durch Gruppenfreistellungsverordnungen 428
a. Anwendungsvoraussetzungen 428
b. Marktanteilsschwellen und allgemeine Quantifizierungsfaktoren 429
2. Freistellung nach Art. 101 III im Übrigen 429
III. Zwischenergebnis 431

J. Technologiegemeinschaften, Technologiepools, Standardverbreitung 431
I. Format- und Standard-Lizenz 431
II. Technologiepools 432

K. Allgemeine und sonstige Klauseln 434
I. Nichtangriffsvereinbarungen 434
II. Geheimhaltungsklauseln und Wettbewerbsverbote 434
III. Rechtswahl- und Gerichtsstandklauseln 435
IV. Weitere Bestimmungen 436

L. Besonderheiten bei anderen Schutzrechten 436
I. Patentrechtsschutz (Software-Patentlizenz) 436
II. Know How (Software-Know How-Lizenz) 437
III. Zwischenergebnis 438

M. Zusammenfassung und abschliessende Feststellungen 438
I. Grundsätzliches und Erwägungen zu Art. 101 I 438
II. Art. 101 III und die Gruppenfreistellungsverordnungen 440
1. Anwendbarkeit der Gruppenfreistellungsverordnungen und ihre Kernbeschränkungen und nicht-freigestellte Klauseln 440
2. Art. 101 III im Übrigen 441

9. Kapitel: Umsetzung in deutsches Recht und in Deutschland 443

A. Die Anwendung des europäischen Rechts in Deutschland und das dem AEUV nachgeformte GWB 443

B. Auswirkungen der Nichtigkeit gem. Art. 101 Abs. 2 AEUV und § 1 GWB gemäss deutschen Zivilrechts 445

C. Zusammenfassung 446

10. Kapitel: Kritik und Alternativen: Gestalt möglicher Software-Gruppenfreistellungsverordnungen 447

A. Kritik an Art. 101 AEUV und den GVOen – Garanten des Softwarewettbewerbs? 447

I. Zielerreichung bzw. Zielbeitrag durch die Klauselkontrolle 447

II. Zielkonformität der gegenwärtigen Gruppenfreistellungsverordnungen samt ihrer Leitlinien 449

B. Alternative Regelungen und insbesondere Anregungen für neue GVOen 453

I. Beibehalt oder Aufgabe des gegenwärtigen Regelungsmodells 453

1. Das US-Recht als Modell für Reformen 453
2. Abkehr von oder Beibehalt der „Schirmtechnik" und weitergehendes Aufspannen des „Schirmes" 455
3. Umformulierung von Kernbeschränkungen 458
4. Zwischenergebnis 458

II. Regelungsform bzw. -ort (Fundstelle) 459

III. Regelungsinhalt 461

1. Vorüberlegungen zur Wirkung einer Gruppenfreistellungsverordnung samt Kernbeschränkungen 461
2. Software(entwicklungs)-GVO bzw. Software-TT-GVO als Äquivalent zur TT-GVO 462

a. Anwendungsfeld und Ziel 462

aa. Produkt-Kriterium 463

(1) Allgemein 463

(2) Dienstleistungs-Bezug 464

bb. Bipolare Begrenztheit 465

(1) „Linux-Klausel" 465

(2) Generelle Ausweitung auf unbegrenzte Parteienanzahl 466

(3) Zwischenergebnis 466

cc. (Software-)Patente oder (Software-)Urheberrechte oder (Software-)Know How 466

dd. Spezialität gegenüber der TT-GVO und Verhältnis zu anderen GVOen 467

b. Kernbeschränkungen und nicht-freigestellte-Klauseln 467

aa. Ausnahme einfacher Rücklizenz und (weitere) „Linux-Klausel" 468

bb. Preisfestsetzung auf Null und (weitere) „Linux-Klausel" 468

cc. Weiterverkaufsverbote 468

dd. Verbot der Lizenzierung geschlossener Standards etc. 469
ee. Bestimmte, zweckfremde Bundles von Software 469
ff. Sonstige Kernbeschränkungen 469
gg. Übernahme der TT-GVO-Kernbeschränkungen im Übrigen 470
(1) Gleichbehandlung von Software-Urheber- und -Patentrechten und sonstigen technischen und gewerblichen Schutzrechten 470
(2) Direktübernahme oder dynamischer/statischer Verweis 471
(3) Zwischenergebnis 472
c. Übriger Regelungsgehalt 472
d. Alternative 472
e. Auswirkung 472
3. Software-Vertikal-GVO bzw. Softwarevertriebs- und -überlassungs-GVO als Äquivalent zur Vertikal-GVO 472
a. Notwendigkeit und Ziel einer solchen Regelung 472
b. Anwendungsbereich 474
aa. Softwareüberlassung 474
(1) Datenträgergebundene Software 474
(2) Datenträgerlose Software 474
(a) Grundsätzliches und dauerhafte Softwareüberlassung 474
(b) Temporäre Softwareüberlassung und -zurverfügungstellung 476
bb. Sonstige Immaterialgüterrechte (Urheberrechte) ungeachtet der Form 476
cc. Sonstige Bestandteile bzw. verbundene Waren, Dienstleistungen usf. 477
dd. Individualsoftware 477
ee. Parteienanzahl 477
(1) Allgemeine Erwägungen 477
(2) F/OSS und „Linux-Klausel“ 478
ff. Übriger Regelungsgehalt 478
gg. Anwendbarkeitsverhältnis zu anderen GVOen 478
c. Kernbeschränkungen oder nicht freistellungsfähige Klauseln . . 479
aa. Preisfestsetzung auf Null (weitere „Linux-Klausel“) 479
bb. Orientierung an Kundenkreisbeschränkungen 479
cc. Einsatzbeschränkungen 479
(1) Weitergabeverbote 479
(a) Ausdrückliche Weitergabeverbote 480
(b) Gleichermaßen und strikter wirkende Klauseln 481
(c) Plattforminterner Handel 481
(d) Vertriebslizenzen und deren Übertragung 481
(e) Relativierung durch Marktanteile 482

(f) Ausnahme für Computerspiele und andere „kurzweilige“ Güter ... 483
(g) Zwischenergebnis ... 483
(2) Upgrade-Klauseln ... 484
(3) Einschränkung von Softwareerforschung, Dekompilierung usf. ... 484
dd. Vertriebsauflagen ... 484
(1) Das „Durchreichen“ von Beschränkungen ... 485
(2) Upgrade-Preise ... 485
(3) Bündel und Kopplungen ... 485
(a) OEM-Praxis und vergleichbare Kopplungen ... 485
(b) Software-Bündelung und Bündelung mit „Nebengegenständen“ ... 487
(c) Pflege- und Wartungsdienste ... 487
ee. TPM/DRM und Produktgestaltung ... 488
ff. Offene Standards gebieten? ... 488
gg. Übrige Kernbeschränkungen der Vertikal-GVO ... 488
d. Änderungsnotwendigkeit bzgl. anderer GVOen ... 488
e. Auswirkung ... 489
4. Zwischenergebnis ... 489
IV. Abweichendes Ergebnis unter anderen Prämissen ... 490
V. Überarbeitung der Leitlinien ... 490
VI. Durchsetzungserwägungen ... 491
1. Prognosen bzgl. des Kommissionshandelns ... 491
2. Ermächtigungen der Kommission ... 493
3. Weitere Erwägungen ... 493

C. Zwischenergebnis und Eingrenzung eines urheberrechtlichen bzw. immaterialgüterrechtlichen Arbeitsfeldes ... 493
I. Softwarebesonderheiten und ein Pre- und ein More Economic Approach bei Software? ... 493
II. Korrekturmöglichkeiten jenseits der Gruppenfreistellungsverordnungen ... 495
III. Zusammenfassung ... 499

11. Kapitel: Ausblick ... 501

A. Die europäische Urheberrechtsreform, die „Digitale Agenda“ und die Digitalunion ... 501

B. Mögliche Entwicklungslinien und weitere Gefährdung des Wettbewerbs ... 502
I. Zunehmende Kontrolle über Software durch die Industrie bei abnehmender kartellrechtlicher Kontrolle ... 502

II. Kartellrecht und Datenökonomie ... 505

C. Zusammenfassung ... 505

12. Kapitel: Gesamtergebnis ... 507

A. Methodische Vorerwägungen zu Art. 101 AEUV und der analogen Anwendung von GVOen ... 507

B. Software als besonderes (Rechts- und Handels-)Gut ... 507

C. Art. 101 AEUV und Softwareverträge ... 508
I. Grundsätzliches zu Art. 101 I AEUV und Software ... 508
II. Marktabgrenzung bei Software ... 508
III. Grundsätzliches zu den Gruppenfreistellungsverordnungen ... 509
IV. Konkrete Softwareverträge und -klauseln nach Art. 101 I und Art. 101 III AEUV ... 510
1. F/OSS ... 510
2. Entwicklungs- und Entwicklungswerkzeugverträge ... 511
3. Gebrauchtsoftware-Handelsverbot ... 511
4. Günstige Upgrade-Preise auf Vertriebsebene ... 512
5. Günstige Schulversionen usf. ... 512
6. OEM, DSP und anderes ... 512
7. Sonstige Bundles ... 512
8. Einsatzbeschränkungen wie CPU-Klauseln usf. ... 513
9. Softwareerforschungsverbote und Vergleichbares ... 513
10. Value Added Reselling ... 513
11. Computerspiele im Allgemeinen ... 513
12. Konsolenspielherstellungslizenz-Verträge ... 514
13. Pflege und Wartung ... 514
14. ASP, SaaS, Stream, Cloud etc. ... 514
V. Schutzrechtregimeunabhängigkeit ... 515

D. Wege zu (etwas) mehr Wettbewerb ... 515
I. Allgemeines, auch Urheberrechtliches, und die Rolle des Art. 101 AEUV für die Zukunft ... 515
II. Neue Software-Gruppenfreistellungsverordnungen und überarbeitete Leitlinien ... 515

Literaturverzeichnis ... 517

Sachverzeichnis ... 543

Abkürzungsverzeichnis

Antitrust Bull.	Antitrust Bulletin
ASP	Application Service Providing
BIOS	Basic Input Output System
BD	Blu-ray-Disc
BSD	Berkeley Software Distribution (License)
CAD	Computer-Aided Design
CAE	Computer-Aided Engineering
CAL	Client Access License
CD(-ROM)	Compact Disc (Read Only Memory)
CPU	Central Processing Unit = (Zentral-)Prozessor
c't	Magazin für Computer und Technik
CTLR	Communication and Telecommunication Law Review
DefRelMarkt	Bekanntmachung der Kommission über die Definition des Relevanten Marktes im Sinne des Wettbewerbsrechts der Gemeinschaft; ABl. 1997/C 372/03.
De Minimis	Bekanntmachung über Vereinbarungen von geringer Bedeutung, die im Sinne des Artikels 101 Absatz 1 des Vertrags über die Arbeitsweise der Europäischen Union den Wettbewerb nicht spürbar beschränken (*De-minimis-Bekanntmachung*); ABl. 2014/C 219/01.
DGRI	(Als Autoren-Bezeichnung:) Deutsche Gesellschaft für Recht und Informatik e. V.
DRM	Digital Rights Management/Digitales Rechte-Management
DVD	Digital Video Disc/Digital Versatile Disc
ECLR	European Competition Law Review
EWSA	Europäischer Wirtschafts- und Sozialausschuss
EULA	End User License Agreement
FSF	Free Software Foundation
F/OSS	*Freie* und *Open Source Software* (Free and Open Source Software)
FRAND	Fair, Reasonable and Non Discriminatory Licensing
FuE-GVO	Forschungs- und Entwicklungs-Gruppenfreistellungsverordnung = Verordnung (EU) Nr. 1217/2010 der Kommission vom 14. Dezember 2010 über die Anwendung von Artikel 101 Absatz 3 des Vertrags über die Arbeitsweise der Europäischen Union auf bestimmte Gruppen von Vereinbarungen über Forschung und Entwicklung; ABl. L 335 v. 18. 12. 2010, S. 36–42.
FuKoV	Fusionskontrollverordnung = Verordnung (EG) Nr. 139/2004 des Rates vom 20. Januar 2004 über die Kontrolle von Unternehmenszusammenschlüssen („EG-Fusionskontrollverordnung"); ABl. L 024 v. 29. 1. 2004, S. 1–22.
GNU GPL	GNU General Public License
GRUR	(Als Autoren-Bezeichnung:) Deutsche Vereinigung für gewerblichen Rechtsschutz und Urheberrecht e. V.

GPU	Graphics Processing Unit = Graphikprozessor
GVO	Gruppenfreistellungsverordnung
Horiz-Leitl.	Horizontal-Leitlinien = Leitlinien zur Anwendbarkeit von Artikel 101 des Vertrags über die Arbeitsweise der Europäischen Union auf Vereinbarungen über horizontale Zusammenarbeit; ABl. 2011/C 11/01.
HD	High Definition
HDD	Hard Disc Drive = Festplatte
HD-DVD	High Definition DVD
ifrOSS	Institut für Rechtsfragen der Freien und Open Source Software
Internat. Intellec. Prop. L. & Pol.	International Intellectual Property Law and Policy
IP	Internet Protocol
IT	Informationstechnologie
JECLAP	Journal of European Competition Law & Practice
JIPITEC	Journal of Intellectual Property, Information Technology and E-Commerce Law
KI	Künstliche Intelligenz
KOM	Die Europäische Kommission
LAN	Local Area Network
Law Rev.	Law Review
Leitl.	Leitlinien der Europäischen Kommission
Loy. Ent. Law. J.	Loyola Entertainment Law Journal
Marquette IP Law Rev.	Marquette Intellectual Property Law Review
MDP	Mitteilungen der Deutschen Patentanwälte
MIT	Massachusetts Institute of Technology (License); auch als „X11" bekannt
MMO(G)	Massively Multiplayer Online (Game)
MMORPG	Massively Multiplayer Online Role-Playing Game
MPI	Max Planck Institut für Immaterialgüter- und Wettbewerbsrecht, München
MPL	Mozilla Public License
OEM	Original Equipment Manufacturer
OS	Operating System = Betriebssystem
OSD	Open Source Definition
OSI	Open Source Initiative
RAM	Random Access Memory = Arbeitsspeicher
RAND	Reasonable and Non Discriminatory Licensing, s. auch FRAND
RiL	Richtlinie
ROM	Read Only Memory
SaaS	Software as a Service
SDK	Software Development Kit
Spezialisierungs-GVO	Spezialisierungs-Gruppenfreistellungsverordnung = Verordnung (EU) Nr. 1218/2010 der Kommission vom 14. Dezember 2010 über die Anwendung von Artikel 101 Absatz 3 des Vertrags über die Arbeitsweise der Europäischen Union auf bestimmte Gruppen von Spezialisierungsvereinbarungen; ABl. L 335 v. 18. 12. 2010, S. 43–47.
SPON	(Der) Spiegel Online
SSD	Solid State Disk
TRIPS (Agreement)	Agreement on Trade-Related Aspects of Intellectual Property Rights
TT	Technologietransfer

TT-GVO (2014)	Technologietransfer-Gruppenfreistellungsverordnung, i. d. R. die TT-GVO 2014 = Technologietransfer-Gruppenfreistellungsverordnung; Verordnung (EU) Nr. 316/2014 der Kommission vom 21. März 2014 über die Anwendung von Artikel 101 Absatz 3 des Vertrags über die Arbeitsweise der Europäischen Union auf Gruppen von Technologietransfer-Vereinbarungen; ABl. 2014/L 93/17.
TT-GVO 2004	772/2004 = Technologietransfer-Gruppenfreistellungsverordnung; Verordnung (EG) Nr. 772/2004 der Kommission vom 27. April 2004 über die Anwendung von Artikel 81 Absatz 3 EG-Vertrag auf Gruppen von Technologietransfer-Vereinbarungen; ABl. 2004/L 123/11.
TT-GVO-E 2014 (2013)	Entwurf einer neuen TT-GVO für 2014 von 2013; COM(2013) 921 draft.
TT-GVO 1996	TT-GVO 240/1996 (= vormalige TT-GVO/TT-GVO a. F.) = Verordnung (EG) Nr. 240/96 der Kommission vom 31. Januar 1996 zur Anwendung von Artikel 85 Absatz 3 des Vertrages auf Gruppen von Technologietransfer-Vereinbarungen; ABl. L 31 v. 9. 2. 1996, S. 2 ff.
TT-Leitl. (2014)	Technologietransfer-Leitlinien; Leitlinien zur Anwendung von Artikel 101 des Vertrags über die Arbeitsweise der Europäischen Union auf Technologietransfer-Vereinbarungen; ABl. 2014/C 89/03.
TT-Leitl. 2004	Technologietransfer-Leitlinien; Leitlinien zur Anwendung von Artikel 81 EG-Vertrag auf Technologietransfer-Vereinbarungen; ABl. 2004/C 101/02.
TT-Leitl.-E 2014 (2013)	Entwurf neuer TT-Leitl. für 2014 aus 2013; COM(2013) 924 draft.
TPM	Technical Protection Measures
Vertikal-GVO	Vertikal-Gruppenfreistellungsverordnung = Verordnung (EU) Nr. 330/2010 der Kommission v. 20. April 2010 über die Anwendung von Artikel 101 Absatz 3 des Vertrags über die Arbeitsweise der Europäischen Union auf Gruppen von vertikalen Vereinbarungen und abgestimmten Verhaltensweisen; ABl. L 102 v. 23. 4. 2010. S. 1–7.
Vertikal-Leitl.	Vertikal-Leitlinien = Leitlinien für vertikale Beschränkungen; ABl. 2010/C 130/01.
v *x*	in der Version *x*; etwa: GNU GPL v3
VPP-Rundbr.	Rundbrief der Vereinigung von Fachleuten des gewerblichen Rechtsschutzes
WCT	WIPO Copyright Treaty
WIPO	World Intellectual Property Organization

Es wird ergänzend auf *Kirchner, Hildeber/Butz, Cornelie:* Abkürzungsverzeichnis der Rechtssprache, 8. Auflage, Berlin 2015, verwiesen.

1. Kapitel

Einleitung

> „While corporations dominate society and write the laws, each advance in technology is an opening for them to further restrict its users."[1]

> „Diese Theorie schreibe ich in der Sprache der Mathematik nieder und erhalte mehrere Formeln. Dann kommen die Techniker. Sie kümmern sich nur noch um die Formeln. Sie gehen mit der Elektrizität um wie der Zuhälter mit der Dirne. Sie nützen sie aus. Sie stellen Maschinen her, und brauchbar ist eine Maschine erst dann, wenn sie von der Erkenntnis unabhängig geworden ist, die zu ihrer Erfindung führte. So vermag heute jeder Esel eine Glühbirne zum Leuchten zu bringen – oder eine Atombombe zur Explosion."[2]

A. Einführung in die Thematik

Die wohl prominentesten Beispiele für Kartellverfahren im Sektor der Informationstechnologie sind sicherlich jene gegen Microsoft. Am Ende eines dieser seitens der EU-Kommission geführten Verfahren wurde dem großen amerikanischen Software-Konzern auferlegt, Schnittstellen-Informationen zugunsten konkurrierender Unternehmen preiszugeben sowie eine Geldbuße von beinahe 1 Milliarde Euro zu bezahlen.[3] Insgesamt summieren sich die gegen Microsoft aufgrund verschiedener Verfahren verhängten kartellrechtlich bedingten Bußgelder in der Europäischen Union auf 2 Milliarden Euro.[4] Diese Verfahren wa-

---

[1] *Stallman* – „Stallman's Law" –, s. https://www.gnu.org/philosophy/stallmans-law.en.html. Dieses Prinzip ist nicht nur bei Software und anderen digitalen Gütern virulent, sondern dank moderner Technologie bei allen möglichen gekauften Gütern, bspw. Autos, Smartphones, Fernsehern bzw. sog. Smart-TVs oder Thermostaten – vgl. The Economist 30.9.2017, S. 16 („In the digital age ownership has become more slippery … Since the advent of smartphones, consumers have been forced to accept that they do not control the software in their devices … Manufacturers seeking to restrict what owners do with increasingly complex technology …").

[2] So ein Physiker im gleichnamigen Werk *Dürrenmatts* (Ausgabe von 1998), S. 22 f.

[3] 6. Kapitel B. III.

[4] S. http://www.sueddeutsche.de/digital/unfaire-geschaeftspraktiken-microsoft-muss-eine-halbe-milliarde-euro-strafe-zahlen-1.1617180.

ren nicht ohne Vorbilder in den USA – dort wurde aus vergleichbaren Gründen bereits in den 90er Jahren gegen Microsoft prozessiert.[5]

Seit Ende 2013 werden durch die EU-Kommission zunehmend Maßnahmen gegen Google bzw. Alphabet diskutiert, angedroht[6] und nunmehr ist bereits eine Strafe in Zusammenhang zu Suchmaschinen und Preisvergleichen in Höhe von 2,4 Milliarden Euro verhängt worden.[7] In zeitlichem Zusammenhang zu ersten entsprechenden Androhungen kündigte auch der damalige deutsche Bundeswirtschaftsminister, unabhängig von der sog. Digitalen Agenda als *digitalpolitischer* Absichtserklärung der Bundesregierung[8], härtere Kontrollen von Google und anderen großen IT-Unternehmen an.[9] Der Präsident des Bundeskartellamts erklärte indes, Google könne auf Grundlage des geltenden Kartellrechts zumindest nicht zerschlagen werden[10] und auch in Sachen des Leistungsschutzrechts für Presseverleger nach §§ 87 ff. UrhG könne nicht kartellrechtlich gegen Google vorgegangen werden.[11] Dem gegenüber hatte Ende 2014 das EU-Parlament erklärt, Google solle zerschlagen werden.[12] Mitunter entwickelte sich in der Folge eine Debatte darüber, welche Rolle das Kartellrecht im Hinblick auf große IT-Konzerne überhaupt spielen solle oder ob das (Kartell-)Recht den Einflussmöglichkeiten der IT-Giganten nicht ohnmächtig gegenüberstehe. Der Staat bzw. der europäische Staatenverbund sieht sich mitunter (ausländischen) Konzernen gegenüber, die zumindest nach dystopischer Lesart nicht nur Unmengen an Daten bzw. Wissen über alle (EU-)Bürger aus allen Lebensbereichen sammeln, sondern unter anderem noch erheblichen Einfluss auf den Zugang dieser Bürger zu Informationen ausüben.

Diese Daten und die Auswertung dieser durch verschlossen gehaltene Algorithmen oder Künstliche Intelligenzen sowie der Zugang zu diesen[13] werden die kartellrechtlichen[14] und verbraucherrechtlichen Diskussionen in den nächsten

[5] Dazu *Pohlmeier* 2004, S. 19 ff.; *Timm* 2005, S. 230 ff.

[6] S. http://www.heise.de/newsticker/meldung/EU-Kartellwaechter-kuendigt-harte-Gangart-gegen-Google-an-1781302.html.

[7] S. https://www.nzz.ch/wirtschaft/eu-kartell-verfahren-was-auf-google-zukommt-ld.1303020.

[8] S. http://www.heise.de/newsticker/meldung/Digitale-Agenda-Bundesregierung-legt-Pflichtenheft-fuer-die-digitale-Gesellschaft-vor-2296280.html.

[9] Siehe hierzu *Gabriel* http://www.faz.net/aktuell/feuilleton/debatten/die-digital-debatte/sigmar-gabriel-konsequenzen-der-google-debatte-12941865.html.

[10] Vgl. http://www.spiegel.de/netzwelt/netzpolitik/google-eu-parlament-will-suchmaschinen-zerschlagen-a-1004371.html.

[11] Hierzu http://www.bundeskartellamt.de/SharedDocs/Meldung/DE/Pressemitteilungen/2015/09_09_2015_Google_VGMedia.html.

[12] Vgl. http://www.zeit.de/digital/internet/2014-11/google-eu-parlament-zerschlagung-suchmaschinen.

[13] Vgl. *Grützmacher* in: Conrad/Grützmacher 2014, § 20 Rdnr. 24 ff.; *Telle* in: Taeger 2017, S. 426 f.

[14] Vgl. hierzu etwa The Economist 6. 5. 2017, S. 7 („Vast flows of data give some firms unprecedented power. To keep them in check, antritrust rules must catch up"), S. 13 ff.

Jahren gewiss prägen. Der bereits diskutierte Einfluss von Daten und Datenbeherrschung auf Wahlen illustriert, welche Möglichkeiten bereits bestehen und weitgehend nicht reguliert sind und kontrolliert werden.[15] Mit dem neuen § 32e V GWB hat das Bundeskartellamt nunmehr zwar partielle Befugnisse im Bereich des Verbraucherschutzes erhalten,[16] doch zu weitreichenden Befugnissen im Dienste des originären Verbraucherschutzes blieben noch erhebliche Schritte zu unternehmen. Andere Behörden sind ebenfalls nicht entsprechend befugt oder gar ausgestattet.

Microsoft, welches im Internet in der Anfangszeit graphischer Betriebssysteme aufgrund seiner dominanten Marktposition permanent wie beißend als assimilierende *Borg* dargestellt und kritisiert wurde – also als fiktive kybernetische Außerirdische[17], die von Planet zu Planet ziehen und ganze Völker in ihr Kollektiv versklavend aufnehmen („assimilieren") –, ist es jedenfalls nicht gelungen, jenseits von Betriebssystemen für Personalcomputer und Büro-Programmen eine allgegenwärtige Hegemonie aufzubauen, in jeden Lebensbereich vereinnahmend vorzudringen[18]: weder im Bereich der MP3-Abspielgeräte oder der Suchmaschinen noch bei Videospiel-Konsolen[19], nicht mehr im Bereich der Internet-Browser[20] und zumindest seit mehreren Jahren nicht hinsichtlich Smartphones und Tablets sowie Cloud-Systemen.[21] Google erscheint diesbezüglich momentan deutlich erfolgreicher.[22] Inwieweit für Microsofts Stagnation und den unterbliebenen bzw. erfolglos versuchten „Assimilationskreuzzug" die besagten kartellrechtlichen Maßnahmen der EU- und US-Behörden kausal sind, bleibt der Spekulation überlassen.

Zahlreiche Privatpersonen wie Unternehmen schienen mit Microsofts 2007 erschienenem *Windows Vista* unzufrieden. Die Resonanz der Fachrezensenten war ebenfalls vergleichsweise ernüchternd. Dennoch stürzte das Unternehmen nicht ab, *Vista* fand trotz dessen eine erhebliche Verbreitung. Der Nachfolger von *Vista*, *Windows 7*, wurde wohlwollender rezipiert. Die seit einiger Zeit nicht mehr aktuelle Version *Windows* 8(.1) wiederum wurde erneut tendentiell geschmäht. Dennoch ist es nicht absehbar, dass Unternehmen wie Privat-

---

[15] *Zastrow* http://www.faz.net/aktuell/politik/trumps-praesidentschaft/wie-der-wahlsieg-von-donald-trump-mit-big-data-gelang-14568868.html.

[16] Zu den neuen moglichen Sektoruntersuchungen *Podszun/Schneider* in: Kersting/Podszun 2017, Kap. 6 Rdnr. 16 ff. Diese neue Kompetenz wird bereits genutzt: https://www.heise.de/newsticker/meldung/Kartellamt-nimmt-Vergleichsportale-ins-Visier-3869267.html.

[17] Streng genommen handelt es sich nicht nur um Außerirdische, da bereits Irdische assimiliert und mithin Teil der Borg-„Gesellschaft", des sog. Kollektivs, wurden.

[18] Vgl. *Pohlmeier* 2004, S. 192 f.

[19] Obgleich die X-Box-Sparte des Unternehmens gerade in den USA relativ erfolgreich ist, konnte sie weder Sony noch Nintendo bislang verdrängen.

[20] 4. Kapitel A. I. 3.

[21] 4. Kapitel A. I. 1.

[22] 4. Kapitel A. I.

anwender deshalb auf – durchaus vorhandene – alternative Betriebssysteme[23] setzen werden. Vielmehr bestehen keine ernsthaften Zweifel daran, dass sich die Nachfolgeversion, *Windows* 10, erneut breitflächig durchsetzen wird – trotz aller Abgesänge auf Microsoft.

Das behördliche Vorgehen in den eingangs erwähnten Verfahren der EU basierte stets auf Art. 102 AEUV[24]. Diese Norm wendet sich als Teil des Kartellrechts gegen den Missbrauch einer marktbeherrschenden Stellung. Dergestalter Missbrauch kann etwa darin liegen, eine dominante Position auf einem Markt zu gebrauchen bzw. zu missbrauchen, um die eigene Hegemonie auf andere Märkte zu erstrecken. So wurde Microsoft u. a. angelastet, seine quasi-monopolistische Stellung im Bereich der Betriebssysteme nutzen zu wollen, um die gleiche Vormachtstellung im Browser-Markt zu erreichen, indem es jeden Abnehmer seines Betriebssystems ungefragt mit dem hauseigenen Browser belieferte.

Hier stellt sich insbesondere eine Frage: Wie ist Microsoft überhaupt derart mächtig geworden? Wie wurde aus dem Garagenabenteuer weniger Studenten ein global agierendes Unternehmen, das mit dem Vorwurf des Missbrauchs eines Quasi-Monopols konfrontiert werden konnte? Als Ursache ist neben marktstrukturellen Gründen erfolgreiche Kooperation anzuführen: Microsoft verdankt diesen (historischen wie für die Zukunft zu erwartenden) Erfolg jedenfalls zu einem gewissen Anteil der Zusammenarbeit mit allen PC-Herstellern, die seit beinahe jeher ihre Produkte (nur) gemeinsam mit der jeweils aktuellen *Windows*-Version verkaufen. Den Anfang machte hierbei IBM, das seine PCs ab 1980 zunächst mit Microsofts *(MS) Dos* verkaufte.[25] Seit Langem ist es entsprechend schwierig, einen PC oder ein Notebook ohne *Windows* zu erwerben.

Neben Art. 102 AEUV existiert mit Art. 101 AEUV eine kartellrechtliche Norm, die tatbestandlich keine Marktmacht voraussetzt. Diese wendet sich gegen mehrere Unternehmen, die sich etwa zu bestimmten Kooperationen oder Koordinierungen abgesprochen haben. Prototypisch für solche Zusammenarbeit sind geheime Preisabsprachen oder Marktaufteilungen. Ersteres wurde und wird beispielsweise zwischen Ölkonzernen, Raffinerien und Tankstellen immer wieder vermutet, jedoch nicht nachgewiesen. Aber auch abseits der alljährlichen Feiertagsschlagzeilen zum Benzinpreis werden pressebekannt mit solchen Vorwürfen alle möglichen Branchen konfrontiert, in zahlreichen Fällen zu Recht. Art. 101 I AEUV erfasst neben Preisabsprachen allerdings noch eine Vielzahl anderer wettbewerbsschädlicher Vereinbarungen, als welche zumindest prinzipiell auch die Bedingungen von Software-Lizenzverträgen in Betracht zu ziehen sind. Mithin schließt sich die Frage an, ob beispielsweise

[23] Etwa 4. Kapitel A. I. 1.

[24] Bzw. den Vorgängernormen, zuletzt Art. 82 EGV.

[25] 3. Kapitel B. I. 1. a.

Microsofts Verträge der Vergangenheit und Gegenwart mit den PC-Herstellern hierunter fallen können.

Die EU-Kommission ist im Generellen folgender Ansicht: „*Die meisten Lizenzvereinbarungen schränken den Wettbewerb nicht ein und bringen wettbewerbsfördernde Effizienzvorteile mit sich. Die Lizenzvergabe fördert schon an sich den Wettbewerb, da sie eine Verbreitung der Technologie bewirkt und zur Innovation anregt.*"[26] Art. 101 AEUV sieht, um negative und positive Effekte gesamtbetrachtend zu bewerten, mit Abs. III eine Vorschrift vor – einer strafrechtlichen Rechtfertigung gleich –, nach der negativ wirkende Lizenzvereinbarungen durch inhärente positive Effekte schließlich aufgewogen werden können, etwa durch Innovationen zugunsten der Verbraucher. Art. 101 III AEUV bietet zudem ein spezielles Rechtsinstrument auf: Gruppenfreistellungsverordnungen. Mit diesen Verordnungen kann hauptsächlich die EU-Kommission ganze „Gruppen" von Vereinbarungen, die gegen Art. 101 I AEUV verstoßen, pauschal freistellen. Das „Danaergeschenk"[27] der Europäischen Kommission des Jahres 2004 war die „modernisierte"[28] *Technologietransfer-Gruppenfreistellungsverordnung* (abgekürzt: TT-GVO 2004); ausdrücklich dazu bestimmt, Software-Verträge von etwaigen Kartellverboten des Art. 101 I AEUV abstrakt-generell auszunehmen.

Trotz dieses Impulses gilt gerade für kleinere Unternehmen das Lizenzkartellrecht weiterhin als weitgehend unbekannte Materie,[29] wobei selbstverständlich die Frage angebracht sein mag, inwieweit das Kartellrecht angesichts seines marktstrukturellen Ansatzes überhaupt für Kleinunternehmen relevant sein kann. Die besagte Gruppenfreistellungsverordnung, die neben weiteren ihrer Art steht,[30] drängt die Frage auf, inwieweit es solcher Freistellungen überhaupt bedarf: Nur wenn Art. 101 I AEUR weitreichende Verbote für Software-Verträge bedeutet, bedarf es überhaupt dieser Gruppenfreistellungsverordnung. Spektakuläre Software-Fälle im Zeichen dieser Norm in den Medien sind jedenfalls nicht in Erinnerung.[31] 2014 wurde diese TT-GVO erneuert, dabei aber weitgehend unverändert gelassen.[32] Die Kommission scheint daher davon auszugehen, dass es dieser Freistellung fortgesetzt bedarf.

Neben der besagten Praxis des kombinierten Vertriebes von Betriebssystemen (der Marke Microsoft) und PCs, geläufig unter der Bezeichnung OEM, kennen Software-Vertragspraxis und -Vertrieb noch andere Besonderheiten. So

---

26 TT-Leitl., Tz. 9.

27 Vgl. *Lübbig* GRUR 2004, S. 483.

28 7. Kapitel C. I. 1. a.

29 Dies behauptet *Groß* 2015, Rdnr. 589 für die Vielzahl kleinerer und mittlerer Unternehmen.

30 6. Kapitel A.

31 Auch Vertriebssteuerungsversuche von Nintendo erzielten keine große Aufmerksamkeit.

32 7. Kapitel C. I. 2. a. dd.

sind neben weiteren Akronymen zahlreiche Regelungsmodelle und Technologien bekannt, welche die Nutzer einschränken sollen. Beispielsweise sind mitunter bereits allen privaten Softwarenutzern endlos erscheinende EULAs, denen sie bei der Software-Installation mit einem „OK"-Mausklick zustimmen sollen, lästige Software-„Aktivierung", Kopierschutzmechanismen u. v. a. leidvoll vertraut. Unternehmen kennen hauptsächlich detaillierte Vorgaben wie CPU-Klauseln oder Inspektionen bzw. Audits durch die Softwarehersteller. Neuerdings soll sich zudem die Softwarenutzung in die dezentralisierte, weltumspannende *Cloud* verlegen.

Ein anderes beachtenswertes Phänomen sind *Freie* und *Open Source Software* (F/OSS). Für einige Nutzer ist das auf derartiger Software basierende Betriebssystem *GNU/Linux* eine willkommene Alternative zu *Windows*. Microsoft indes stellte zumindest vor mehreren Jahren dieses zwar nicht als assimilierendes Sternenimperium dar, doch als Einfallstor für „mutierte" Software und warnte speziell Unternehmenskunden vor diesem vorgeblichen „Krebsgeschwür".[33] F/OSS ist nämlich durch Copyleft geprägt: Nach diesen Bestimmungen müssen von solcher Software *abhängige* Entwicklungen wieder als F/OSS veröffentlicht werden, also *frei* wie *offen* verfügbar sein. Droht also Unternehmen, die sich F/OSS bedienen, dass Copyleft diesem Unternehmen alle Software-Rechte entreißt und in die Hände der Netzgemeinschaft legt?[34] Womöglich verstoßen die vorgenannten Absprachen, gegebenenfalls in Gestalt sehr umfangreicher, offenliegender Vertragsbestimmungen, gegen Art. 101 AEUV – also gegen dieselbe Norm, die sonst geheime Absprachen in Flughafenrestaurants, Pizzerien und anderen Orten konspirativen Treibens sanktioniert. Es bleibt daher zu untersuchen, welche Lizenzbedingungen bei Software gegen Art. 101 I bzw. Art. 101 AEUV verstoßen.

Demgegenüber handelt es sich bei all den genannten Software-Überlassungen, anlehnend an die Einschätzung der Kommission, womöglich um insgesamt positiv zu wertende Software- bzw. Technologie-Verbreitung. Der technologische Fortschritt ist immerhin ein bestimmender[35] Faktor und Ausdruck der menschlichen Zivilisation. In S. Kubricks *2001 – A Space Odyssey* konstituiert sich die Menschheit bzw. der *homo faber* durch den Gebrauch von Gegenständen als Werkzeugen bzw. Waffen. Im Laufe der Jahrhunderte wurde, nicht ohne Zäsuren, die Lebensqualität zumindest für größere Teile der Weltbevölkerung beständig erhöht. Die womöglich bedeutendste Errungenschaft der vergangenen Jahre ist die – zudem die Namensgebung des Zeitalters prägen-

---

[33] *Bube* http://www.crn.de/software/artikel-94925.html.

[34] Angelegt an Formulierungen aus *Marx/Engels*, Das Manifest der Kommunistischen Partei.

[35] In jedem Fall ein einfacher zu erfassender und anzuerkennender als (vermeintlich) kultureller oder sozialer Fortschritt in politischen und gesellschaftlichen Dingen.

de – Informationstechnologie mitsamt Computerprogrammen[36], die sich, wie ermüdend oft beschworen, auf alle erdenklichen Lebensbereiche fortschreitend auswirkt. In Zeiten militärischer Konfrontation[37], Terrorgefahren ebenso wie in Fällen von Epidemien gewinnen technische Errungenschaften gar essentielle Bedeutung. Schädlicher Technologietransfer scheint indes selten denkbar, nur bspw. wenn europäische Unternehmen Technologie in China produzierend nutzen und chinesische Unternehmen nachfolgend selbstständig Plagiate und Konkurrenzprodukte anbieten. Oder wenn sich womöglich unzureichende Technologien und Industriestandards verbreiten, die selbst Jahrzehnte später nicht abgelöst werden können. Daher ist es fraglich, ob jede Software-Verbreitung als Fortschritt nach Art. 101 III AEUV gewertet werden kann. Mitunter ist es fraglich, welche Software-Verträge die TT-GVO freistellt und ob diese auch zurecht freigestellt werden.

Jenseits der großen Umbrüche und jenseits der Extreme von Lizenzverboten und Pflichtlizenzen liegen die Antworten womöglich aber in Einzelheiten und Nuancen. Schließlich sind sowohl die typischen EULAs als auch etwa die Bestimmungen der GNU GPL v3 äußerst detailreich und erdrückend umfangreich.

B. Untersuchungsgegenstand, -rahmen und -ziel

Gegenstände der Untersuchung sind das Softwarevertragsrecht unter Berücksichtigung der Einflüsse bzw. Anordnungen des Art. 101 AEUV (ehemals Art. 81 EGV), wiederum unter schwerpunktmäßiger Berücksichtigung der zugehörigen Gruppenfreistellungsverordnungen, speziell jener zum Technologietransfer, wobei Art. 102 AEUV (ehemals Art. 82 EGV) und die Vorschriften zur Fusionskontrolle[38] (nur) am Rande Erwähnung finden werden, was jedoch argumentative Vergleiche nicht außen vor lassen soll.[39] Besondere Beachtung wird dabei auf *Free Software* bzw. *Open Source*-Software (F/OSS) gelegt.

---

[36] Von „ernsten" Betriebssystemen und Fristenverwaltungssoftware für Rechtsanwälte bis zu Computerspielen, die zumindest auch Software sind bzw. beinhalten.

[37] Vgl. *Mächtel* 2009, passim: Das Patent fungiert dabei nicht uneingeschränkt als Anreiz, zumal die Offenlegung des Patentinhalts feindlichen Mächten zu ungewollten Vorteilen führen kann – insbesondere bei Patentanmeldungen der eigenen Bürger in Fremdstaaten –, weswegen im eigenen Territorium sog. Geheimpatente oder Kriegspatente eingeführt werden mögen. Andererseits kann es aus Sicht des kriegsbeteiligten Staates erforderlich werden, Patentinhaber zu enteignen, zu ihren Ungunsten Zwangs- bzw. Pflichtlizenzen einzuführen oder ein Vorbenutzungsrecht geltend zu machen. Im Krieg kann es zudem zu Übergriffen der beteiligten Staaten auf gewerbliche Schutzrechte von Bürgern anderer (verfeindeter) Staaten kommen. Gleichwohl meint *Mächtel* insgesamt: „Auch in Kriegszeiten blieb der gewerbliche Rechtsschutz unerlässlich; seine Anreizwirkung war erforderlich, um einen ‚Erfindungskrieg' bestreiten zu können" (S. 383).

[38] 6. Kapitel B., 6. Kapitel C.

[39] Inbes. 6. Kapitel C. III.

Hinsichtlich der Software soll nicht ausschließlich diejenige, die seitens der Unternehmen eingesetzt wird, betrachtet werden, sondern ebenfalls die für den privaten Einsatz gedachte (einschließlich Computerspielen).

Die Untersuchung wird des Weiteren im Kern auf das europäische Kartellrecht begrenzt, lediglich peripher wird ergänzend das deutsche Recht in Form des GWB betrachtet werden, welches jedoch ohnehin dem europäischen zunehmend zwillingsmäßig nachgeformt wird, sofern es nicht bereits verweist oder es dessen Anwendung nicht (mehr) bedarf;[40] auch wenn insbesondere das Bundeskartellamt seine Eigenständigkeit behielt, zumal bereits jeder dortigen Beschlusskammer nach § 51 GWB, vergleichbar zu Gerichtsabteilungen bzw. Richtern, sachliche Unabhängigkeit garantiert wird.

Ziel der Untersuchung ist es, Aussagen über Kartellrechtskonformität und -inkonformitäten typischer, häufiger und bislang nur vereinzelt untersuchter Softwareverträge – also Aussagen über Lizenzgrenzen[41] – zu gewinnen; dieses kartellrechtliche (und ergänzend das urheberrechtliche) Regime einer ökonomischen Überprüfung, vor allem in Bezug zu Gruppenfreistellungsverordnungen und ihren Möglichkeiten, zu unterziehen und ersetzende oder ergänzende Ansätze darzustellen, zu entwickeln und zu bewerten. Allgemeine Klauseln, die ebenfalls in anderen Technologietransfer- und Vertriebsvereinbarungen Verwendung finden, stehen nicht im Zentrum. Des Weiteren soll dabei ein kartellrechtlicher Analyserahmen gewonnen werden, der neben der Beschreibung kritischer Entwicklungen und Problemlagen hilft, an zentralen Stellen – wie sie die Marktabgrenzung darstellt – die kartellrechtlichen Tatbestände zu konkretisieren und anzuwenden.

C. Gang der Untersuchung

Zunächst wird das immaterialgüterrechtliche Schutzregime für Software im Überblick dargestellt (Kap. 2), worauf einzelne, bedeutsame Entwicklungen des Softwarehandels sowie exemplarisch ausgewählte Verträge und Vertragskonstellationen, mithin die Möglichkeit der Einräumung von Softwarerechten, folgen (Kap. 3). Daran schließen sich (Kap. 4) Marktstatistiken sowie die Zusammenfassung wesentlicher Spezifika der Softwaremärkte an, primär die so genannten Netzwerkeffekte. Nach einer Darstellung der allgemeinen ökonomischen Grundlagen sowie des Verhältnisses von Immaterialgüter- und Kartellrecht zueinander und mithin der Formulierung von spezifischen Anforderungen

---

[40] 9. Kapitel A.

[41] Oder genauer: *Lizenzvereinbarungsfreiheitsgrenzen*, *Lizenzierungsgrenzen*, *kartellrechtliche Schranken der Softwarevertragsgestaltung* oder auch *wettbewerbsrechtliche Grenzen für das Softwarevertragsrecht*. Im Vergleich zur Zwangslizenz bzw. – richtiger – Pflichtlizenz beschreiben diese eben die *Nicht(so)lizenz*.

an die Kartellaufsicht (Kap. 5) wird das kartellrechtliche Instrumentarium der Europäischen Union in Anbetracht einzelner bedeutsamer Software-Fälle (Kap. 6) skizziert.

Nach diesen der Einführung gedachten Kapiteln wird (Kap. 7) anhand des Art. 101 AEUV sowie der Gruppenfreistellungsverordnungen ein allgemeiner Analyserahmen für Softwareverträge errichtet. Dies umfasst insbesondere die abstrakten Anwendungsvoraussetzungen von Gruppenfreistellungsverordnungen und die nach wie vor virulente Frage um die analoge Anwendung dieser und bezieht ebenfalls technische Sicherungsmaßnahmen (TPM) bzw. *Digital Rights Management* (DRM) ein.

Im Rahmen dieses Betrachtungsgerüstes werden sodann (Kap. 8) einzelne Vertragskonstellationen einschließlich Entwicklung, Vertrieb als auch schlichte Überlassung untersucht, wobei *Free-* bzw. *Open Source*-Software (F/OSS) besondere Aufmerksamkeit zuteilwerden wird. Diese Untersuchung soll ebenfalls aufzeigen, ob die ggf. anwendbaren Gruppenfreistellungsverordnungen für die Softwarepraxis gerüstet sind.

Einer kurzen Ausführung zum spiegelbildlichen deutschen Recht (Kap. 9) folgt sodann eine Analyse des bestehenden Regimes, insbesondere der Gruppenfreistellungsverordnungen, an deren Ziel die Konzeption eigener Gruppenfreistellungsverordnungen unter Berücksichtigung weiterer Alternativen steht (Kap. 10). Daran schließen sich zum Ende ein Ausblick (Kap. 11) sowie das Gesamtergebnis (Kap. 12) an.

D. Methode dieser Untersuchung

I. Kartellfreistellungen nach Kartellverboten

Zuhauf ist es in wettbewerbsrechtlicher Literatur zu beobachten, dass die Tatbestände des Art. 101 I und Art. 101 III AEUV nicht getrennt voneinander betrachtet werden. Oft werden bereits Gruppenfreistellungsverordnungen und deren Kernbeschränkungen herangezogen, um Aussagen über Verstöße wider Art. 101 I AEUV zu gewinnen. Diese Arbeit ist in der – an sich selbstverständlichen – Verpflichtung geschrieben, zwischen Verbot und Freistellung zu differenzieren und wird an nachfolgender Stelle diese nunmehr angerissene Problematik erörtern.

II. Beurteilungsmaßstab

Eine zu intensive Unterwerfung der Immaterialgüterrechte unter das Kartellrecht vermag den Wert der Immaterialgüterrechte erheblich zu reduzieren.[42]

[42] Vgl. *Heinemann* GRUR 2006, S. 705.

Gerade das Urheberrecht soll nicht nur der Effizienz dienen, sondern auch den Kreativen – gleichwohl sollte immer wieder vergegenwärtigt werden, dass im Urheberrecht die *Urheber* oftmals eben nicht die Urheber sind, sondern marktstarke Werkmittler, durch deren *Buyout* des Urhebers dessen Armut entstanden sein kann; entsprechend nutzen einseitige Rechtsverstärkungen oftmals nur diesen Profiteuren.[43] Utilitaristische Ethik ist nicht nur dann problematisch, wenn es *um Menschen* geht. Entsprechend ist an starken Schutzrechten festzuhalten, die ausnahmsweise zu bändigen sind, nicht aber prinzipiell lediglich nach allgemeiner, anmaßend planerisch spekulierter Effizienz zu bestimmen bleiben. Ökonomische Effizienz ist (noch) nicht die oberste juristische Maxime, sondern lediglich ein Faktor im Rahmen des Kartellrechts, speziell und namentlich nach Art. 101 III AEUV.

III. Ausgewertete Literatur

Neben der deutschen Literatur wurde versucht, internationale bzw. die in englischer Sprache verfasste auszuwerten. Werke in französischer Sprache und andere konnten nicht herangezogen werden. F/OSS ist weit erörtert worden, gleichermaßen in der ökonomischen Literatur. Dabei wurden insbesondere die – zunächst dem *homo oeconomicus* widersprechenden – Anreizmöglichkeiten besprochen.[44] Ansonsten wurden bereits umfassend insbesondere vertrags- und haftungsrechtliche Fragen als auch Fragen im Hinblick auf die Vereinbarkeit von F/OSS mit dem Urheberrecht gestellt und diskutiert.[45] Die Diskussion zum Gebrauchtsoftwarehandel, insbesondere aus urheberrechtlicher Sicht im Hinblick auf Erschöpfung und verbundene Fragen,[46] droht, unüberschaubar zu werden. Dieser Untersuchung ging eine unveröffentlichte Master-Arbeit an

---

[43] Vgl. *Leutheusser-Schnarrenbergers* sog. Berliner Rede: „… bei allen Überlegungen muss der Kreative, muss der Werkschöpfer im Mittelpunkt stehen. Niemand sonst gehört in den Mittelpunkt, kein Dritter; weder der Verwerter, der mit der Vermarktung des Werkes Geld verdient, noch der User, der mit der Gratis-Nutzung Geld sparen will. Es geht nicht um sie, es geht beim Urheberrecht in erster Linie um den Kreativen. Ihn dürfen wir nicht abspalten von seinem Werk, sein Werk dürfen wir nicht anonymisieren und auch nicht kollektivieren. All dies wäre ein fataler Irrweg. (…) wenn ich diese Prämissen vorausschicke, dann fragen Sie sich jetzt gewiss: Wie steht es denn mit den Vermittlern, wo bleiben denn da die Intermediäre? Welche Rolle spielen denn die Buchverlage, die Musikfirmen, die Filmproduzenten, die Sendeunternehmen oder die Zeitungsverleger? Sie alle leben vom Urheberrecht. Nun: Im Zentrum des Urheberrechts stehen der kreative Mensch und sein Werk, nicht einzelne Geschäftsmodelle. Wie der Vertrieb von Musik, Filmen und Büchern künftig organisiert werden wird, welche neuen Angebote sich durchsetzen, welche traditionellen Vertriebsformen auch in der digitalen Welt eine Zukunft haben, das sind keine Fragen des Urheberrechts …" (https://irights.info/2010/06/14/berliner-rede-zum-urheberrecht-von-sabine-leutheusser-schnarrenberger/2067).

[44] Vgl. 7. Kapitel A. II. 2. b.

[45] Vgl. 7. Kapitel B. V.

[46] Dazu etwa 3. Kapitel A. IV.

der Universität Hannover im Rahmen des EULISP-Programmes[47] voraus, die insbesondere die Auswirkungen der TT-GVO 2004 auf Software-Verträge diskutiert.

E. Terminologie

Vorab sei bemerkt, dass die Begriffe Software und Computerprogramm im Rahmen dieser Abhandlung synonym verwendet werden.[48] Der Lizenzbegriff wird möglichst neutral zu verwenden versucht; eine Positionierung im Rahmen des Streites über die vertragstypologische Einordnung erfolgt dadurch nicht. Die Verwendung dieses Begriffes ist bereits der Terminologie der TT-GVO geschuldet. Lizenzgeber ist daher, ungeachtet dinglicher Fragen, stets ein Inhaber von Rechten bezüglich einer Software, Lizenznehmer jemand, der bezüglich dieser berechtigt wird.[49] Sofern keine explizite Differenzierung erfolgt, sollen somit sowohl schuldrechtliche als auch dingliche Ebenen erfasst sein; die Begriffe dienen hauptsächlich zur Beschreibung (wirtschaftlicher) Konstellationen. Selbst wenn das Urheberrecht nicht übertragbar ist, werden in aller Regel die (Verwertungs-)Rechte beim Softwarehersteller bereits durch § 69b UrhG konzentriert, zumal den davon nicht betroffenen Persönlichkeitsrechten selten Bedeutung zuzuerkennen ist. Auch wenn das jeweilige Softwareunternehmen daher selbst niemals *Urheber*, sondern höchstens Inhaber aller relevanter ausschließlicher Rechte sein kann, wird nachfolgend nur zwischen Urheber bzw. dem Inhaber der Urheberrechte und Softwareunternehmen bzw. den Inhabern der wesentlichen Verwertungsrechte differenziert, wenn dies geboten erscheint.

Fernnutzungsmöglichkeiten von Software, seien sie ASP, SaaS, *Cloud*, *On Demand, Stream* oder wie auch immer, werden synonym verwendet, da sie in aller Regel rechtlich gleich zu behandeln sind, zumindest in Ansehung der hier aufgeworfenen Fragen. Bei Wechsel-Datenträgern, ob CD, DVD, *Blu-ray*, oder Massespeichern, i. d. R. fest installierten HDDs oder SSDs, wird ebenfalls regelmäßig auf die erschöpfende Aufzählung verzichtet.

Mit den Begriffen des geistigen Eigentums oder der Immaterialgüterrechte sollen ebenfalls keine Wertungen verbunden werden.[50] Sie sind durch die Gruppenfreistellungsverordnungen bereits angelegt und ein Kampf gegen Windmühlen mit verschlossenem Visier wird hier ebenfalls nicht erstrebt. Auch durch solches *Neusprech* droht keine Vernichtung konventionellen Denkens. Der Begriff der Raubkopie mag eindrucksvoll klingen, ist aber bereits des-

---

[47] S. http://www.eulisp.de/.

[48] 3. Kapitel A. I.

[49] Vgl. 3. Kapitel A. III.

[50] 5. Kapitel B. II.

wegen unsinnig, weil höchstens *Golden Discs* oder Datenträger mit Prototypen etc. geraubt (oder eher unterschlagen oder gestohlen) werden, ansonsten aber „lediglich" illegale Vervielfältigungen und Verbreitungen durchgeführt werden. *Shrink Wrap* umfasst i. d. R. ebenso *Click Trough*, *Click Wrap*[51] als auch alle weiteren nachgelagerten direkten Vertragsschlussversuche des Softwareherstellers mit einem Softwareerwerber.[52] Bei *Vertrag* oder *Vereinbarungen* muss es sich nicht notwendigerweise um gültige Verträge handeln,[53] gleichwohl liegt dieser Sprachgebrauch nahe, denn typisch im Softwarebereich sind ausführliche, lange Regelungen. Geheimabsprachen und raffinierte Formen von Kooperationen (bspw. über computerbasierte Agenten, geheime Auslands-Server, über die Blockchain realisierte automatisierte Verfahren etc.) sind nicht Gegenstand dieser Arbeit.

Die Masse der Aussagen zum Computerurheberrecht des UrhG gilt in gleicher Weise für das europäische Recht, da die Quelle in beiden Fällen die Computerprogramm-Richtlinie ist. Da es sich jedoch lediglich um eine Richtlinie handelt, wird diese Vorschrift nur nachrangig angeführt. Sollten sich die Ausführungen anderer noch auf Art. 81 ff. EGV oder noch weiter zurückliegende Normen bezogen haben, wurden die Aussagen i. d. R. kommentarlos übertragen, da eben oftmals keine inhaltlichen Änderungen dieser Vorschriften erfolgen.[54]

F. Stetige Änderung bzw. „Fortentwicklung" des europäischen Kartellrechts

Das Europäische Kartellrecht befindet sich im ständigen Fluss allein bereits deswegen, weil den Gruppenfreistellungsverordnungen stets nur eine begrenzte Laufzeit (von i. d. R. einer Dekade) gegeben ist. Am Ende ihres Geltungszyklus werden sie samt der zugehörigen Leitlinien erfahrungsgemäß in ähnlicher Gestalt erneuert. Trotz des Wechsels vom EGV zum AEUV ergaben sich indes für diesen (primärrechtlichen) Bereich keinerlei Änderungen, abgesehen von einer sich erst recht ergebenden Zuständigkeit der Kommission.[55]

---

51 „Durchklickverträge" bei *Determann* GRUR Int 2006, S. 652.

52 3. Kapitel B. I. 3.

53 7. Kapitel B. II.

54 Eine gewichtige Ausnahme sind die neuen Kompetenzvorschriften bzgl. der EU-Kommission, s. 6. Kapitel A.

55 6. Kapitel A.

I. Erneuerung der Vertikal-GVO (2010) sowie der Spezialisierungs- und der FuE-GVO (2011)

Im Laufe der Erstellung dieser Untersuchung wurden bereits die Vertikal-GVO[56] als auch Spezialisierungs-[57] sowie FuE-GVO[58] (moderat) reformiert. In Zusammenhang zur Erneuerung der zuletzt genannten Gruppenfreistellungsverordnungen wurden zudem die Horizontal-Leitlinien überarbeitet, im Zuge der Vertikal-GVO-Reform nicht überraschend die Vertikal-Leitlinien.

II. Kontinuität von der TT-GVO 2004 zur TT-GVO 2014

2004 wurde eine „moderne“ TT-GVO mit erheblichen Änderungen im Vergleich zur Vorgängernorm erlassen. Diese lief 2014 aus und ist nunmehr durch eine weitgehend unveränderte Gruppenfreistellungsverordnung ersetzt worden.[59]

G. Die Rolle des nationalen Kartellrechts

Das nationale deutsche Kartellrecht wird immer stärker dem europäischen nachgebildet[60] und wird insoweit fern der Verfahrensvorschriften und der anwendenden Behörden, seien es das Bundeskartellamt oder die im Schatten stehenden Landeskartellbehörden (und ggf. noch die Bundesnetzagentur), zu einer Art Randphänomen. Diese wenden – unabhängig – ebenfalls europäisches Kartellrecht an. Dies birgt wiederum den Vorteil, dass alle hier getroffenen Aussagen entsprechend für die deutschen Normen gelten: Was für Art. 101 I AEUV gilt, gilt regelmäßig für §§ 1 f. GWB,[61] wenngleich sich Aussagen zu Art. 102 AEUV (noch) nicht vollumfänglich auf §§ 19 ff. GWB übertragen lassen.

---

[56] 7. Kapitel C. I. 6.
[57] 7. Kapitel C. I. 5.
[58] 7. Kapitel C. I. 4.
[59] 7. Kapitel C. I. 2. a.
[60] 9. Kapitel A.
[61] 9. Kapitel A.

2. Kapitel

Der rechtliche Schutz von Software

Software übt für die Gesellschaft eine wichtige Funktion aus.[1]: Ohne Software sind Computer bzw. IT-Systeme funktionslos.[2] Während Software zunächst ein unbedeutendes Nebenprodukt für Hardware war,[3] ist sie mittlerweile wirtschaftlich überaus bedeutsam und wird bekanntermaßen in beinahe allen (wichtigen) Lebens- und Wirtschaftsbereichen eingesetzt, für die ihr Funktionieren unersetzlich ist.[4] Dies wird sich im Zuge der sog. Digitalisierung vermutlich noch verstärken.

Es erfolgt zunächst eine Definition der Software, dem sich eine kurze Darstellung des entsprechenden rechtlichen Schutzregimes anschließt. Aus einem rechtlichen Schutzregime im Gefüge des Geistigen Eigentums sind absolute Rechte (an Software) ableitbar und (gewillkürt) zuordenbar. Letzteres wird sodann im nachfolgenden Kapitel behandelt.

A. Software

I. Begriff und Kategorien von Software

Als Software – oder auch Computerprogramm[5] – wird eine Reihe von Befehlen[6] an eine Maschine – in aller Regel ein Computer[7] – verstanden.[8] Die Maschine,

---

[1] „Software ist das Gehirn der Informationsgesellschaft" – *Hoeren* 2012, S. 77.

[2] *Hilty* MMR 2003, S. 5.

[3] *Sucker* CR 1989, S. 473; *Buxmann/Diefenbach/Hess* 2015, S. 5f., 10ff.; *Gröhn* 1999, S. 13ff.; *Kilian* GRUR Int 2011, S. 895. Nach der Richtlinie 2009/24/EG ErwGrd. 3 sind Computerprogramme „von grundlegender Bedeutung für die industrielle Entwicklung der Gemeinschaft". Zudem böten die „dominierenden" Softwareunternehmen keinerlei Hardwareprodukte an; vgl. *Kirn/Müller-Hengstenberg* CR 2009, S. 70. S. auch *Leimbach* 2011, S. 143ff.

[4] Auch in der Finanzsteuerung *Gröhn* 1999, S. 1; *Pitzke* http://www.spiegel.de/wirtschaft/0,1518,635682,00.html (besonders dramatisch die Unterüberschrift: „Software kann Weltmärkte bewegen"). Zu den (womöglich verheerenden) Wirkungen von Softwarefehlern *Heussen* CR 2004, S. 1. Es sei an die Katastrophenfabulierungen durch den Ende 1999/Anfang 2000 drohenden (irrealen oder besiegten?) sog. Millenniumseffekt erinnert.

[5] Ggf. auch Datenverarbeitungsprogramm – s. *Bartsch* CR 2010, S. 553.

[6] Oder auch „Arbeitsvorschriften" bei *Harte-Bavendam/Wiebe* in: Kilian/Heussen, Kap. 51 Rdnr. 5. *Bartsch* CR 2010, S. 553, 556 merkt hierzu an, dass sich Anweisungen nur an Menschen, nicht an Maschinen richten könnten. Dieser Hinweis ist letztlich ohne Funktion. Zutreffend ist aber die Beobachtung, dass sich Software zunächst an einen Computer

die Hardware, sollte diese Befehle sodann ausführen. Deren Hauptprozessor ist zur Berechnung einer bestimmten Anzahl an Befehlsvarianten imstande. Die Software steuert diese Prozesse und reduziert komplexe Aufgaben zu einer großen Anzahl einfacher Befehle, welche die Maschine ausführen kann.[9]

Gesetzliche Software-Definitionen werden aufgrund des steten technischen Fortschritts allgemein abgelehnt.[10] Entsprechend verfügt etwa das UrhG über keine solche, nutzt jedoch ausschließlich den Begriff des *Computerprogrammes*. Verbreitet ist die – ggf. ökonomisch motivierte – Auffassung, auch Begleitmaterial[11] wie Kommentierungen und Entwurfsmaterial,[12] nicht aber Bedienungsanleitungen als (Computer-)Software, doch nicht als (Computer-) Programm aufzufassen, wonach Programm nur die eigentliche Befehlsanordnung darstellt.[13] Software gilt demnach als deutlich umfassenderer Begriff. Das UrhG meidet den Begriff der Software und schließt mit § 69a I UrhG in Computerprogramme gleichwohl bzw. zumindest das Entwurfsmaterial ein. Andererseits ist es ebenfalls geläufig, die Begriffe vollständig synonym zu verwenden. Weitere Begriffsverwendungen sind ebenfalls vertreten.[14] Da für diese Arbeit diese Unterscheidung weitgehend nicht notwendig ist und die zuvor genannte Unterscheidung zudem nicht sachlich einleuchtet,[15] wird eine synonyme Verwendung erfolgen.[16] Zur Software im Rechtssinne folgen im Abschnitt zum Urheberrecht weitere Ausführungen.[17]

---

richtet, übrige Werke des UrhG hingegen direkt an den Menschen (S. 556). Wie zuletzt so auch *Blocher/Walther* in: Walter/v. Lewinski 2010, Rdnr. 5.1.5.

[7] Der Computer-Begriff umfasst hier Super- sowie sonstige Großrechner und -anlagen, Personalcomputer und Notebooks und Netbooks, Tablets, kleine Handgeräte und auch fortgeschrittene Mobiltelephone und leistungsfähigere Spielkonsolen/Spielgeräte (jeweils aller Bauarten und Architekturen).

[8] *Marly* 2014, Rdnr. 7, 17.

[9] Vgl. *Marly* 2014, Rdnr. 17 ff.

[10] *Harte-Bavendam/Wiebe* in: Kilian/Heussen, Kap. 51 Rdnr. 4 f.; *Blocher/Walther* in: Walter/v. Lewinski 2010, Rdnr. 5. 1. 25 f.

[11] Etwa Kommentierungen zum Quellcode.

[12] Nach *Bartsch* CR 2010, S. 553 Fn. 1 „Herstell- und Wartungsdokumentation" in Bezug auf Quellcode oder aber „Handbuch" im Hinblick auf das kompilierte Erzeugnis; als Oberbegriff verwendet er „schriftliche Unterlagen".

[13] *Marly* 2014, Rdnr. 8 ff.; *Dreier/Vogel* 2008, S. 116; *Schultze/Pautke/Wagener* 2005, Rdnr. 123, 125: also Software bestehend aus Computerprogrammen als auch Programmbeschreibungen und Begleitmaterial wie Handbücher – was sich auf die WIPO-Mustervorschriften für den Schutz von Computersoftware (die dt. Übersetzung findet sich in der GRUR Int 1978, S. 286 ff.) und deren § 1 (i)- (iv) stützt.

[14] Vgl. *Marly* 2014, Rdnr. 12 samt Fn. 31; *Dreier/Vogel* 2008, S. 116.

[15] Oder „… aus Gründen besonderer Schutzbedürftigkeit nicht anerkannt werden kann" – *Marly* 2014, Rdnr. 15.

[16] Zumal die TT-GVO einer solchen Differenzierung widerspricht – s. 7. Kapitel C. I. 1. d. bb.

[17] 2. Kapitel B.

Software wird oftmals – wenngleich nicht einheitlich – in Kategorien eingeordnet. Software, die zur Steuerung der Hardware benötigt wird, wird als „maschinennah"[18] oder *Systemprogramm* charakterisiert. Software, die seitens der Anwender für unterschiedliche Zwecke genutzt wird, als *Anwendungssoftware.*[19] Zur ersten Kategorie gehören die Betriebssysteme, die zur Ausführung von Software der zweiten Kategorie benötigt werden. Daneben existieren aber noch andere Kategorien.[20]

II. Erscheinungsformen von Software (Quellcode und Objektcode)

Die Steuerung von Hardware erfolgt mittels der binären Maschinensprache. Indes wird Software auf einer *höheren* Ebene programmiert und ist auf dieser Abstraktionsebene für Menschen verständlich, der von dieser höheren Ebenen von anderer Software in binären Befehlsfolgen übersetzte[21] Binärcode für Maschinen ist es hingegen (zumindest für die allermeisten Menschen) nicht. Das in der Erstellungssprache geschriebene Programm wird als *Source Code* (Quellcode) bezeichnet, die ausführbare oder lauffähige maschinensprachliche Variante als *Object Code* (Objektcode).[22] Der Assemblercode bildet eine Zwischenstufe als hardwareabhängige, maschinennahe Sprache, in der programmiert werden kann, aber i. d. R. nicht mehr wird.[23]

Zur Benutzung eines Programmes wird lediglich der Objektcode benötigt, für Modifikationen und andere weitergehende Zwecke in aller Regel der Quellcode. Vor der Kompilierung enthält Quellcode in der Regel zahlreiche Anmerkungen der Programmierer, welche ohne Programmfunktion sind und im Rahmen des Überganges in die Binärsprache nicht mitüberführt werden, jedoch wertvoll zum Verständnis – gerade komplexer Programme – sind und etwa Aufschluss über das Zusammenwirken einzelner Programmmodule geben.[24]

Quellcode wird in aller Regel geheimgehalten und ist nur schwerlich aus Objektcode zu gewinnen – höchstens über *Reverse Engineering* und ähnliche, meist nur tlw. Erfolg verheißende Verfahren, die versuchen den ursprünglichen oder zumindest einen äquivalenten Quellcode (wieder-)herzustellen –;[25] es sei denn, dass der Software das Konzept der F/OSS zugrunde liegt, deren Para-

---

[18] *DGRI* CR-Beil. 5/2003, S. 1.

[19] *Marly* 2014, Rdnr. 6 f.; *Harte-Bavendam/Wiebe* in: Kilian/Heussen, Kap. 51 Rdnr. 8.

[20] Zur Marktabgrenzung s. 7. Kapitel B. IV. 2. b. bb und im Kontext der TT-GVO s. ab 7. Kapitel C. I. 1. d. dd.

[21] Also kompilierte.

[22] *Koch* in: Lehmann/Meents 2011, Kap. 1 Rdnr. 28 f.

[23] *Backu* ITRB 2003, S. 180; http://de.wikipedia.org/wiki/Assemblersprache.

[24] *Koch* in: Lehmann/Meents 2011, Kap. 1 Rdnr. 28.

[25] *Koch* in: Lehmann/Meents 2011, Kap. 1 Rdnr. 30; *v. Westernhagen* 2006, S. 40, 35 ff.; *Backu* ITRB 2003, S. 180.

digma gerade die Quelloffenheit und mithin die Mitlieferung des Quellcodes ist.[26]

III. Abgrenzung von Hard- und Software

1. Die Abgrenzbarkeit von Hard- und Software

Nicht einfach ist mitunter die Abgrenzung von Hard- und Software.[27] Gerade im Hinblick auf die *tiefer liegenden* Ebenen von Computern, etwa BIOS und Speichersteuerung, ist die Abgrenzungsfrage schwieriger zu beantworten, weil dort Hard- und Software weitgehend verschmolzen sind. Dabei ist zu vergegenwärtigen, dass Hardwarekomponenten für sich allein bereits zum Funktionieren Software voraussetzen.[28]

2. Virtualisierung, Clouds, Streams, Services

Computer können simuliert werden. Mithin kann Software auf solchen simulierten Computern (virtuelle Systeme) ausgeführt werden.[29] Die das virtuelle System tragende Software muss zumindest in letzter Instanz über Hardware ausgeführt werden, die in Zeiten der *Computing Grids* und *Computing Clouds* aber auch nicht als monolitischer Computer existieren muss, sondern sich aus weltweit verteilter Hardware bilden kann; für diese Zusammenschaltung von Rechnern wird wiederum spezielle Software[30] benötigt.[31]

Software muss nicht (mehr) auf einem Computer des Anwenders installiert sein, denn es ist beispielsweise ebenso möglich, Software über eine *Browser*-Applikation oder andere Terminal-Software zu benutzen. Es wird dann von *Software as a Service* (SaaS) gesprochen. Zugehörig zu solcher dezentralisierter Nutzung ist auch das *Application Servive Prodiving* (ASP)[32].

Wirtschaftlich bedeutet dies einen Rückgang dauerhafter Softwareüberlassung (über Datenträger) an Endanwender.[33] Bei entsprechender Bandbreite können – zugleich mit einem Rückkanal für die Steuerung – mittlerweile sogar

---

[26] Je nach F/OSS-Lizenz kann es erforderlich sein, bei kompilierter Software den Quellcode mitzuliefern oder über andere Wege bereitzustellen – 3. Kapitel B. VIII.

[27] Sie erfährt besondere Bedeutung im Hinblick auf die Frage der Patentierbarkeit von Software, für welche oftmals ein starker Grad an Hardwaresteuerung oder Integration verlangt wird.

[28] Auf Ebene des Betriebssystems zumindest sog. Treiber.

[29] *Koch* in: Lehmann/Meents 2011, Kap. 1 Rdnr. 40 ff.

[30] Eine *Middleware*.

[31] Dazu *Koch* in: Lehmann/Meents 2011, Kap. 1 Rdnr. 45 ff.; *Nordmeyer* 2009, S. 7 ff.; die meisten rechtlichen Wertungen für *SaaS* und sonstige Outsourcing-Lösungen seien nach *Schuster/Reichl* CR 2010, S. 41 auch auf *Cloud Computing* übertragbar.

[32] *Berger* K&R 2005, S. 19; *Braun* 2006, S. 24 ff.

[33] Dazu noch 11. Kapitel B.

Computerspiele, also graphik- und mithin datenintensivere Anwendungen, per *Streaming* genutzt werden.[34]

IV. Abgrenzung von Software und Daten

Software ist als digitale Information entsprechend gespeichert. Diese Aussage trifft für alle Daten zu. Die Besonderheit von Software liegt darin, dass andere Daten keine Anwendungsbefehle enthalten, sondern lediglich Angaben.[35] Software bedarf i. d. R. auch solcher Daten zur vollständigen Funktionsfähigkeit. Solche Daten können etwa Texte, Datenbanken mit Informationen, Graphiken oder Videos sein.[36]

V. Kopien bzw. Datenträger als Vervielfältigungsstücke und Absatzwege

Bei der ggf. notwendigen Installation einer Software wird diese auf einem Massenspeicher[37] hinterlegt. Die Software wird dadurch auf Hardware gespeichert, der Sachqualität im Sinne des § 90 BGB zukommt.[38] Der Vertrieb geschieht entweder auf Datenträgern wie etwa CD, DVD, *Blu-ray (Discs)* (BD), wobei es sich ebenfalls um Sachen im Sinne des Zivilrechts handelt. Werden digitale Vertriebswege wie das Internet genutzt[39], ist dies nicht der Fall. Inwieweit sich die unterschiedlichen Übertragungswege rechtlich auswirken, ist noch an anderer Stelle zu behandeln.[40] Bei der Ausführung der Software wird die Software in aller Regel – zumindest in Teilen – in den lokalen Speichern vervielfältigt, wobei es sich, neben den ebenfalls temporären Arbeitsdaten, auch um eine (anteilige) Kopie handelt.[41] Software kann – bekanntermaßen – grundsätzlich beliebig oft und leicht vervielfältigt werden, was höchstens durch technische Schutzmechanismen[42] erschwert sein kann. Ihre Einsatzmöglichkeit kann jedoch noch von weiteren Faktoren abhängen.[43]

---

34 2. Kapitel A. III. 2.

35 *Schultze/Pautke/Wagener* 2005, Rdnr. 126.

36 Juristisch können diese zum Programm gezählt werden, 2. Kapitel B. II. 1. a. Bei den Daten, die durch eine Software erzeugt oder verarbeitet werden, ist die Zuordnung der Inhaberschaft schwierig, vgl. *Grützmacher* CR 2016, S. 487 ff.

37 Wie HDD oder SSD.

38 Vgl. *Dreier/Vogel* 2008, S. 118; s. dazu *Bartsch* CR 2010, S. 553 ff.

39 3. Kapitel B. I. 4.

40 3. Kapitel A. IV.

41 Der Frage, ob hierbei eine urheberrechtlich relevante Vervielfältigung vorliegt, ist mittlerweile kaum noch Relevanz zuzusprechen ist, denn das Gesetz geht nach § 69c Nr. 1 UrhG davon aus und § 69d I UrhG gestattet dem Berechtigten entsprechende Abläufe. Dabei sind die Details freilich str., vgl. 3. Kapitel A. IV.

42 Zu solchen 3. Kapitel B. I. 6.

43 Etwa einer sog. Aktivierung, 3. Kapitel B. I. 3.

VI. Zwischenergebnis

Im Rahmen dieser Untersuchung wird nicht zwischen *Software* und *Computerprogrammen* differenziert.[44] Software kann einem in unterschiedlicher Gestalt und Sprache begegnen. Es ist dabei definitorisch unerheblich, durch welche Art von Maschine oder wie viele Computer sie ausgeführt wird.

B. Die rechtliche Schutzdimension von Software

Im folgenden Untersuchungsabschnitt wird dargestellt, unter welchen Voraussetzungen welche Art Software rechtlichen Schutz welcher Form genießt. Das nächste Kapitel wird sodann die Rechteeinräumung thematisieren, also die primär konsensuale Übertragung bzw. Einräumung von Rechten und deren Usancen.

I. Nationales (deutsches), europäisches und internationales Recht des Geistigen Eigentums

Völkerrechtliche Verträge wie etwa das *Berner Übereinkommen,* der *WIPO Copyright Treaty*[45] oder TRIPS[46] enthalten Vorschriften zu Rechten des *Geistigen Eigentums*. Neben Urheberrechten, verwandten Schutzrechten bzw. Leistungsschutzrechten umfasst letztgenannter (nicht von Kritik unbehelligt gebliebener[47]) Topos gleichermaßen gewerbliche Schutzrechte. Bestimmungen zu Software enthalten etwa die *Mustervorschriften*[48] der WIPO, der WCT[49] oder TRIPS[50].

Ebenso sind auf europäischer wie nationaler Ebene Rechtsvorschriften aufzufinden, die diesem Regelungskreis zuzuordnen sind. Europäische, über Rah-

---

[44] 1. Kapitel E.

[45] Dessen Art. 4 auf das Berner Übereinkommen verweist.

[46] S. dazu etwa *Marly* 2014, Rdnr. 374 ff.

[47] Die Kritiker sind insbesondere dagegen, Immaterialgüter dem (ausschließenden) Eigentum gleichzustellen – vgl. 5. Kapitel B. II. 2.

[48] S. GRUR Int 1978, S. 286 ff.

[49] Art. 4: „Computerprogramme sind als Werke der Literatur im Sinne von Artikel 2 der Berner Übereinkunft geschützt. Dieser Schutz gilt für Computerprogramme unabhängig von der Art und Form ihres Ausdrucks."

[50] Art. 10: „(1) Computerprogramme, gleichviel, ob sie in Quellcode oder in Maschinenprogrammcode ausgedrückt sind, werden als Werke der Literatur nach der Berner Übereinkunft (1971) geschützt. (2) Zusammenstellungen von Daten oder sonstigem Material, gleichviel, ob in maschinenlesbarer oder anderer Form, die aufgrund der Auswahl oder Anordnung ihres Inhalts geistige Schöpfungen bilden, werden als solche geschützt. Dieser Schutz, der sich nicht auf die Daten oder das Material selbst erstreckt, gilt unbeschadet eines an den Daten oder dem Material selbst bestehenden Urheberrechts."

menvorgaben durch Richtlinien hinausgehende Kodifikationen existieren nicht, doch liegt mittlerweile, der Anmerkung wert, mit dem *Wittem Code* der gleichnamigen Arbeitsgruppe ein Vorschlag für ein europäisches Urheberrecht vor,[51] welches sogar spezielle Schranken im urheberrechtlichen Sinne für Software enthält.[52] Des Weiteren wurde u. a. ein Modellgesetz für geistiges Eigentum entworfen, zunächst ein *Allgemeiner Teil* (Projektname „GGE AT“)[53] und im Anschluss die besonderen Bestimmungen.[54]

Die genannten Verträge führen teils zu einem hohen Harmonisierungsgrad in Folge der verpflichtenden Umsetzung der ggf. sehr konkreten[55] Vorgaben. Neben der Vereinheitlichung durch Rechtssetzung führt womöglich die europäische Rechtsprechung ebenfalls zu Angleichungsprozessen.[56]

Das internationale Urheberrecht neigt in der Gegenwart zu einer Verstärkung der Position der Rechteinhaber, nicht hingegen zu einem Ausbau der „Schranken“, was sich zuletzt am – wenngleich schließlich abgelehnten – ACTA[57] zeigte.[58] Es ist in nächster Zeit mangels einer erkennbaren Gegenbewegung durch die Mehrheitsführer in der Politik keine gegensätzliche Entwicklung zu erwarten.

II. Urheberrechtlicher Schutz

1. Softwareschutz durch das deutsche Urheberrechtsgesetz (UrhG)

§§ 2 I Nr. 1 Var. 3, 69a I UrhG statuieren den Schutz von Computerprogrammen als Sprachwerken. Um unter diesen Schutzbereich zu fallen, müssen sie die

---

51 Vgl. https://de.wikipedia.org/wiki/Wittem-Projekt.

52 Art. 5.4 „Uses for the purpose of enhancing competition“ (Überschrift) mit Vorschriften zu „Uses of news articles, scientific works, industrial designs, computer programs and databases are permitted without authorisation“, aber nur gegen Bezahlung und für abgeleitete (derivative) Märkte und bei Vorliegen weiterer Einschränkungen bzw. Verweigerungen des bloß potentiellen Lizenzgebers bzw. Urheberrechtsinhabers.

53 S. https://www.jura.uni-osnabrueck.de/lehrende/professoren_a_z/prof_mcguire/modell gesetzbuch.html.

54 Hierzu *Tilmann* GRUR 2012, S. 961 ff.

55 5. Kapitel B. II. 3. a.

56 Neben der Auslegung der Richtlinien durch das, wenn auch nur vereinzelt vorkommende Erkennen übergreifender Rechtsprinzipien – s. *Metzger* 2009, S. 355 ff. –, durch eine „schleichende Harmonisierung“ durch die Rechtsprechung, die ggf. die bzgl. der Richtlinien bestehenden Umsetzungsspielräume untergräbt bzw. ggf. durch diese nicht berührte Bereiche zu bestimmen sucht – s. *Stieper* ZGE 2012, S. 450 f.; vgl. *Schulze* GRUR 2009, S. 1019 ff. Oder durch behutsame Rechtsfortbildung – *Metzger* GRUR 2012, S. 125 f.

57 *Kaiser* 2010, S. 492 ff., 499 forderte sogar, der EU nicht nur die Abschlusskompetenz im Hinblick völkerrechtlicher Verträge im Zusammenhang mit dem Handel mit geistigem Eigentum zuzubilligen, sondern zum geistigen Eigentum schlechthin. Zum Vergleich zwischen dem prä-Lissabonner Art. 133 EGV und dem gegenwärtigen Art. 207 AEUV s. Grabitz/Hilf/Nettesheim/*Weiß*, Art. 207 AEUV Rdnr. 15 ff.

58 *Metzger* JZ 2010, S. 929 ff.; *Metzger* JIPITEC 2/2010, Rdnr. 1 ff.

Anforderungen einer geistigen Schöpfung nach §§ 2 II, 69a III UrhG erfüllen. Dieses Erfordernis ist jedoch restriktiv zu behandeln, da Software weitgehend geschützt sein soll.[59] Deswegen sind lediglich sog. Banal-Programme, die sich durch äußerste Simplizität auszeichnen, vom rechtlichen Schutz ausgeschlossen.[60]

Im Gegensatz zu den herkömmlichen Schriftwerken ist Software *interaktiv*.[61] Gemäß § 69a I UrhG erstreckt sich dieser Schutz auf Quell- und Objektcode[62] – also auf alle sog. Ausdrucksformen gem. II S. 1[63] – als auch auf das Entwurfsmaterial.[64] Dem Urheber stehen die ausschließlichen Rechte des § 69c UrhG zu. Insbesondere die Dekompilierung als Maßnahme, um an den bzw. einen (neuen) *Source Code* zu gelangen, ist lediglich in den Fällen des § 69e UrhG gestattet.[65]

a. Schutz implementierter Werke und Schutz von Software-Teilen

Die Ausführung eines Computerprogrammes führt, hauptsächlich in Fällen von Computer- oder Videospielen[66], aber bereits beim Startvorgang speziell graphischer Betriebssysteme (bzw. Betriebssystemen mit graphischer Oberfläche[67]), zur Ausgabe von animierten Graphiken und Klängen.[68] Dabei kann es sich um weitere Werke im Sinne des § 2 I UrhG handeln, hinsichtlich derer es fraglich ist, ob sie durch den Schutz der §§ 69a ff. UrhG konsumiert werden, so wie sie vom Computerprogramm beinhaltet[69] bzw. zumindest gesteuert werden, oder ob sie eigenständigen, separaten Schutz erhalten, sofern sie denn die übrigen bzw. jeweiligen Schutzhürden erreichen. Dabei wäre in Betracht zu ziehen, die Erscheinung eines Programms als Ausdrucksform im Rechtssinne zu betrachten. Ausdrucksform im Sinne des § 69a I UrhG meint nach vorherr-

---

[59] *Harte-Bavendam/Wiebe* in: Kilian/Heussen, Kap. 51 Rdnr. 24 ff.; *Schack* 2015, Rdnr. 208 f.; RiL 2009/24/EG ErwGrd. 8, Art. 1 III S. 2.

[60] *Marly* 2014, Rdnr. 944; *Jaeger/Metzger* 2016, Rdnr. 120; *Schack* 2015, Rdnr. 208.

[61] *Harte-Bavendam/Wiebe* in: Kilian/Heussen, Kap. 51 Rdnr. 21.

[62] *Hoeren* 2012, S. 24 f.; *Dreier/Vogel* 2008, S. 117.

[63] Vgl. 2. Kapitel B. II. 1. b.

[64] Vgl. 2. Kapitel A. I.

[65] 2. Kapitel C., 2. Kapitel D.

[66] Historisch bedingt ist die Trennung zwischen Computer- und Videospielen: Für letztere ist prägend, dass Videospielkonsolen wie Videogeräte an Fernseher angeschlossen werden müssen; eine Ausnahme bilden *Handhelds*, welche über einen kleinen Bildschirm verfügen. In jedem Fall führen aber auch solche IT-Systeme Software aus und sind von dieser Abhandlung nicht ausgenommen.

[67] Wie etwa KDE.

[68] Daneben können u. a. lyrische und vor allem prosaische/epische Elemente treten.

[69] Zumindest bei hinreichender Integration in das Programm Wandtke/Bullinger/*Grützmacher*, § 69a UrhG Rdnr. 21.

schender Ansicht lediglich alle Integrations- und Computersprachformen,[70] nicht jedoch die Bildschirm- oder Lautsprecherausgabe[71], weswegen sich der Schutz nach den allgemeinen, eben sonstigen Regeln richten solle,[72] was § 69g UrhG nahelegt und zumindest für nicht-urheberrechtliche Schutzrechte anzuordnen scheint.[73] Diese Diskussion wird im Bereich der Computerspiele besonders konträr geführt.[74] Einerseits wird, insbesondere aus pragmatischen Erwägungen, für ein „Aufgehen" aller einzelnen Bestandteile[75] eines Spiels im Computerprogrammschutz votiert.[76] Nach anderer Ansicht ist der Schwerpunkt des Werkcharakters zu bestimmen und dem jeweiligen Werktypus zu unterstellen.[77] Dieser könne aufgrund der cineastischen Inszenierung vieler moderner Spiele gerade im Filmwerk liegen.[78] Andererseits sollen nach einer weiteren

---

[70] Und auch nicht Funktionalität, Programmiersprache noch das Dateiformat – EuGH, Urt. v. 2. 5. 2012 – Rs. C-406/10 – „SAS Institute" = CR 2012, S. 428 ff. m. Anm. *Heymann* = EuZW 2012, S. 584 ff. m. Anm. *Fiedler*. Die Programmiersprache kann zwar grds. Ausdrucksform sein, doch werde dadurch diese nicht selbst Ausdrucksform – sie sei ein „Hilfsmittel, um Steuerungsanweisungen zu strukturieren, …also lediglich ein Mittel zum Ausdruck, nicht jedoch der Ausdruck selbst. Sie ist mit dem Wortschatz eines Poeten vergleichbar, dem es ohne sinnvolle Kombination der einzelnen Wörter an der für einen Urheberrechtsschutz nötigen Originalität fehlt. Ein urheberrechtlicher Computerprogrammschutz einer Programmiersprache als solcher wird so ausgeschlossen." (*Fiedler* a. a. O., S. 588 f.). Ähnlich *Spindler* CR 2012, S. 418. Siehe für die USA etwa U. S. Court of Appeals for the Federal Circuit, GRUR Int 2014, S. 711 ff.

[71] *Schack* 2015, Rdnr. 209; Wandtke/Bullinger/*Grützmacher*, § 69a UrhG Rdnr. 21, 23 ff.; *Barnitzke/Möller/Nordmeyer* CR 2011, S. 278 f.

[72] *Marly* 2014, Rdnr. 81 ff.

[73] Vgl. 2. Kapitel B. IV.

[74] *Heinemeyer/Nordmeyer* CR 2013, S. 589 ff. m. w. Nachw.

[75] Zu den Komponenten etwa *Rauda* 2013, Rn. 81 ff.; *Heinemeyer/Nordmeyer* CR 2013, S. 589 oder *Hofmann* CR 2012, S. 281 ff. Letzterer erachtet als wichtige Komponente das „Spielsystem", das eigenständig als Sprachwerk zu schützen sei. Unter diesem System versteht er – am Beispiel von Strategiespielen –, die Gesamtheit der wesentlichen Werte, die dem Spiel zugrunde liegen und möglichst ausbalanciert sein müssen (a. a. O., S. 281 f.; ausführlicher: *Hofmann* 2016, S. 29 ff.). Solche Systeme bestehen ebenfalls im *Tabletop*-Bereich. Es ist aber fraglich, weshalb ein eher mathematisches System als Sprachwerk geschützt werden soll; die Einführung eines spezifischen *Balancing*-Leistungsschutzrechts läge jedenfalls näher, da die Spielehersteller tlw. umfassende Tests durchführen müssen, um diese Werte zu balancieren. *Hofmann* ZUM 2013, S. 279 ff. befürwortet *de lege ferenda* zudem – jenseits des Spieles selbst – noch ein Leistungsschutzrecht des Spielers. Vgl. *Hofmann* 2016, S. 9 ff.

[76] Bedingungslos für Computerprogrammrecht *Mayer-Wegelin* JurPC 28/2009, Abs. 69 ff., ähnlich strikt *Heinemeyer/Nordmeyer* CR 2013, S. 589 f.; vgl. den teleologischen Argumentationsansatz bei Wandtke/Bullinger/*Grützmacher*, § 69a UrhG Rndr. 83.

[77] Wie der Schwerpunkt bestimmt werden soll, ist im Rahmen dieser Ansicht ein weiterer Diskussionspunkt. Für das Recht des „engsten Bezuges" *Bullinger/Czychowski* GRUR 2011, S. 21 ff.; vgl. *Blocher/Walther* in: Walter/v. Lewinski 2010, Rdnr. 5. 1. 30; krit. *Oehler/Wündisch* in: Berger/Wündisch, § 34 Rdnr. 32. Für eine abstrakte Schwerpunktsetzung, tendentiell im Film- oder Computerprogrammrecht: *Kreutzer* CR 2007, S. 6 f.

[78] Wohl *Redeker* 2017, Rdnr. 118 ff. (s. aber Rdnr. 121). Mit einer Differenzierung zwischen „Spielverlauf steuerndem Computerprogramm" und „der … audiovisuellen Spieldarstellung" *Katko/Maier* MMR 2009, S. 306, für letzteres gelte prinzipiell das Filmrecht (S. 307 f.), für ersteres die §§ 69a ff. UrhG.

Ansicht alle Komponenten isoliert bewertet werden.[79] Aufgrund einer Vorlage eines italienischen Gerichts[80] entschied der EuGH, dass das gesamte Spiel nicht ausschließlich der Computerprogramm-Richtlinie unterfalle, sondern dass parallel die Multimedia-Richtlinie Anwendung finde.[81]

Vom Schutz der §§ 69a ff. UrhG umfasst sind aus temporaler Perspektive Vorstufen, sofern diese bereits schutzfähig sind, sowie bereits das Entwurfsmaterial (§ 69a I a. E. UrhG). Schutzfähige Teilleistungen können mithin zeitlich erbracht werden, also ebenfalls Teilbeiträge vor der letzten Kompilierung sein[82], die sich als solche aber nicht mehr im Endprogramm finden lassen müssen. Isoliert schutzfähig sind daneben einzelne Module.[83] Dies ist besonders für F/OSS bedeutsam, da als solche tlw. nur einzelne Module oder Bibliotheken vertrieben werden.

b. Der rechtliche Schutz von Schnittstellen und Standards

Die „Ideen und Grundsätze“ von Schnittstellen sind nach § 69a II UrhG gerade nicht vom durch das Urheberrecht verbürgten Schutz umfasst. Dies ist dadurch bedingt, dass die Operabilität zwischen Hard- und Software sowie zwischen einer Software und anderer Software gewährleistet werden soll.[84] Gleichwohl ist die Gesetzesformulierung überraschend, da ein Ideenschutz dem Urheberrecht ohnehin gänzlich fremd wäre.[85] Die sinnstiftende Auslegung und mithin die Abgrenzung zwischen Geschütztem und Ungeschütztem konfrontiert entsprechend mit Problemen.[86]

---

[79] *Rauda* 2013, Rn. 81. Zumindest für die Animationen als ergänzendes Filmwerk *Harte-Bavendam/Wiebe* in: Kilian/Heussen, Kap. 51 Rdnr. 36 ff.; *Marly* 2014, Rdnr. 81, 84; oder als Laufbilder nach § 95 UrhG *Hoeren* 2012, S. 10.

[80] Parallel war eine Vorlageentscheidung des BGH anhängig (becklink 1024797; BGH, Beschl. v. 6. 2. 2012 – I ZR 124/11 – „Videospiel-Konsolen I“), die dieser jedoch mit Beschluss vom 10. 4. 2014 zurückzog.

[81] EuGH, Urt. v. 23. 1. 2014, Rs. C-355/12 – „Nintendo/PC-Box“ = CR 2014, S. 224 ff. m. Anm. *Brunn/Nordmeyer*. Siehe hierzu insbes. Rz. 23 = S. 225. Vom BGH umgesetzt in BGH, Urt. v. 27. 11. 2014 – I ZR 124/11 – „Videospiel-Konsolen II“, Rz. 43 f. = CR 2015, S. 563 (die nachfolgende Entscheidung – BGH Urt. v. 02. 03. 2017 – I ZR 273/14 – „Videospiel-Konsolen III“ = CR 2017, S. 291 ff. – thematisierte nur noch markenrechtliche Fragestellungen). Umfassend hierzu: Schricker/*Loewenheim/Spindler*, § 69a UrhG Rdnr. 27. Es plädiert aufgrund der schwierigen parallelen Anwendbarkeit von verschiedenen Rechtsregeln daher *Brüggemann* CR 2015, S. 703 für eine Aufnahme von urheberrechtlichen Computerspiel-Bestimmungen in das UrhG.

[82] *Harte-Bavendam/Wiebe* in: Kilian/Heussen, Kap. 51 Rdnr. 12.

[83] Wandtke/Bullinger/*Grützmacher*, § 69a UrhG Rdnr. 12.

[84] *Wiebe* JIPITEC 2/2011, Rdnr. 14.

[85] Dazu *Wiebe* JIPITEC 2/2011, Rdnr. 18 f.

[86] *Karger* in: Schneider/Graf v. Westphalen, A Rdnr. 28 ff.; *Jänich* 2002, S. 364 f.; *Sucker* CR 1989, S. 356; lediglich teleologisch nach dem „Freihaltebedürfnis“: *Hoeren* 2012, S. 29. Vgl. bereits *Czarnota/Hart* 1991, S. 36 f.

Schutzfähig ist jedoch zumindest der die Schnittstelle begründende bzw. umsetzende *Code*.[87] Die graphische Benutzerschnittstelle bzw. Steuerung (GUI: *Graphical User Interface*) ist, wiederum abgesehen vom verwirklichenden *Code*, als solche im Grunde hingegen zumindest nicht als Computerprogramm schutzfähig.[88]

2. Softwareschutz durch die Computerprogramm-Richtlinie (91/250/EWG bzw. 2009/24/EG)

Die Regeln zu Computerprogrammen im deutschen Urhebergesetz gehen auf die europäische Computerprogramm-Richtlinie[89] zurück. Die Richtlinie enthält detaillierte Rahmenvorgaben, die quasi wortwörtlich in deutsches Recht flossen. Sie ist die Grundlage für den gegenwärtigen urheberrechtlichen Schutz von Computerprogrammen sowie die übrigen Detailregelungen in Deutschland und den übrigen Mitgliedsstaaten, wenn sie naturgemäß keine direkten Rechte verbrieft.

Unter anderem enthält sie bereits den weiten Computerprogrammbegriff ohne größere Schutzhürden.[90] Sie verfügt des Weiteren bereits über ausführliche Vorschriften zu zustimmungsfreien Nutzungshandlungen des „rechtmäßigen Erwerbers" (Art. 5) sowie jene der Dekompilierung (Art. 6).

III. Patentrechtlicher Schutz

Computerprogramme unterfallen in den Ländern der Europäischen Union grundsätzlich keinem einheitlichen Patentrechtsschutz. Dieses sollte vor Jahren durch eine – gescheiterte – Richtlinie für Software-Patente geändert werden, nach welchen zumindest sog. computerimplementierte Erfindungen europaweit einheitlich als patentfähig anerkannt werden sollten.[91]

1. Softwareschutz durch das deutsche Patentgesetz (PatG)

Der Schutz der Computerprogramme nach deutschem Patentrecht ist im Einzelnen stark umstritten, jedenfalls sind Computerprogramme nicht grundsätzlich

[87] *Karger* in: Schneider/Graf v. Westphalen, A Rdnr. 15; *Barnitzke/Möller/Nordmeyer* CR 2011, S. 278 f. m. w. Nachw.; *Metzger* in: Conrad/Grützmacher 2014, § 18 Rdnr. 9 („bedarf im Einzelfall aber einer sorgfältigen Begründung und ist wohl eher auf Ausnahmefälle beschränkt").

[88] EuGH, Urt. v. 2.5.2012 – Rs. C-406/10 – „SAS Institute" = CR 2012, S. 428 ff. m. Anm. *Heymann* = EuZW 2012, S. 584 ff. m. Anm. *Fiedler*; *Barnitzke/Möller/Nordmeyer* CR 2011, S. 278 ff. m. w. Nachw.

[89] RiL 91/250/EWG v. 14.5.1991, mittlerweile aufgrund mehrerer Änderungen neu kodifiziert als RiL 2009/24/EG v. 23.4.2009.

[90] Erwägungsgrd. 7 f., Art. 1 (und insbes. III).

[91] Zur Geschichte: Schricker/*Loewenheim/Spindler*, Vor §§ 69a ff. UrhG Rdnr. 9 f.; *Kraßer/Ann* 2016, § 12 Rdnr. 22 ff., 122 m. w. Nachw.

von diesem Schutz ausgeschlossen. Zwar statuiert § 1 III Nr. 1 Var. 3 PatG, dass mathematische Methoden und ausdrücklich nach Abs. III Nr. 3 a. E. *Programme für Datenverarbeitungsanlagen* nicht zu den (schutzwürdigen bzw. schutzfähigen) Erfindungen nach Abs. I gehören. Dies bedeutet gleichwohl nicht – insbesondere nicht für die Verwaltungs- bzw. Spruchpraxis des Patentamtes, des Bundespatentgerichts und des Bundesgerichtshofes (sowie des Europäischen Patentamtes) –, dass keinerlei Software patentfähig ist. Daher wird diesen Institutionen vorgeworfen, dieses Ausschlussmerkmal nicht hinreichend restriktiv zu handhaben,[92] weswegen eine Friktion zwischen Recht und Rechtsanwendung postuliert wird.[93]

Sofern bereits die übrigen Erfordernisse einer Erfindung nicht vorliegen, kommt es auf dieses konturenschwache und keinesfalls einheitlich ausgelegte Ausschlussmerkmal – so ebenso in der Praxis oftmals – nicht an.[94] Nur wenn Software ein *technisches Problem* löst und somit Technizität nachweist, ist ein patentrechtlicher Schutz überhaupt in Erwägung zu ziehen.[95] Dazu muss die jeweilige Software die übliche, dargestellte Steuerung von Hardware durch Software übertreffen.[96] In jedem Fall muss die jeweilige Software die Hürde der Neuheit (§§ 1 I, 3 I PatG) überwinden, die ebenfalls eine erhebliche darstellt.[97]

Gemäß § 34 I PatG bedarf es vor Erteilung eines Patentes eines entsprechenden Antrages. Dieser verlangt wiederum Offenlegung bzw. *Offenbarung* der Erfindung (§ 34 IV PatG) gegenüber dem Patentamt, welches dieses im Anschluss eben der Allgemeinheit verkündet,[98] so dass grds. jeder Fachmann diese Erfindung ausführen kann (vgl. § 34 IV PatG). Die Offenbarung verlangt jedoch nicht, den jeweiligen Quellcode ebenfalls mitzuteilen.[99] Gleichwohl bedeutet die Patentanmeldung und -erteilung einen Verlust des Geheimnisses über das Funktionieren der jeweiligen Software insofern, als dass ggf. wesentliche Informationen herauszugeben sind; und mithin Imitationen wie auch aufbauende Fortentwicklungen wahrscheinlicher werden. Es ist anzunehmen, dass diese dokumentierten Informationen jedenfalls über das hinausgehen können,

---

92 Schricker/*Loewenheim/Spindler*, Vor §§ 69a ff. UrhG Rdnr. 9; *Hoeren* 2012, S. 6; *Haase* 2003, S. 280, 286 ff.; vgl. *Meinberg* 2006, S. 22 ff.; *Kraßer/Ann* 2016, § 12 Rdnr. 26; bereits vor etwa drei Dekaden wurde dieser Zustand beobachtet durch *Sucker* CR 1989, S. 357.

93 *Haase* 2003, S. 289.

94 *Kamlah* CR 2010, S. 486.

95 *Marly* 2014, Rdnr. 424 ff.; *Haase* 2003, S. 288 f. betrachtet dieses Merkmal als ungeeignet und empfiehlt, Software ggf. insbesondere mit dem Verweis auf mangelnde Neuheit den Patentschutz zu versagen, hingegen nicht mit kaum noch nachvollziehbaren Auslegungsvarianten anderer Merkmale. Siehe auch *Kamlah* CR 2010, S. 486 f.

96 S. *v. Falck/Plassmann* in: Kilian/Heussen, Kap. 52 Rdnr. 30.

97 Siehe Fn. 95; vgl. *Barnitzke/Möller/Nordmeyer* CR 2011, S. 281.

98 § 5 I, II UrhG.

99 *Kamlah* CR 2010, S. 488. Dies ist insoweit konsequent, da es auf den konkreten Code nicht ankommt.

was der Allgemeinheit bekannt wird, wenn Software lediglich im Objektcode vertrieben wird.

2. *Softwareschutz durch europäische Patente*

Das Europäische Patentübereinkommen (EPÜ) stellt sich als Bündelung nationaler Patente der Vertragsstaaten in einem geregelten Verfahren dar.[100] Der Anmeldende erhält somit eine einfache und (ggf. günstigere) Möglichkeit, europäische, gleichwohl jeweils national begrenzte Patente (*Bündel-Patente*)[101], nicht jedoch ein europäisches bzw. europaweit wirkendes Patent zu erhalten. Nach Art. 52 II EPÜ sollen für Programme für Datenverarbeitungsanlagen „als solche" ebenfalls keine Patente erteilt werden, worauf die angeführte deutsche Regelung zurückzuführen ist.[102] Das EPÜ ist kein (verpflichtendes) Recht der europäischen Gemeinschaft, sondern dem einfachen Völkerrecht zuzuordnen.[103] Eine europäische (Softwarepatent-)Regelung bleibt nach wie vor möglich, wird auch immer wieder eingefordert[104] und wird nicht durch das EPÜ verhindert.

Ende 2012 wurde eine europäische Patentverordnung[105] verabschiedet.[106] Diese Patentverordnung soll das EPÜ nicht ablösen, sondern auf diesem aufbauen.[107] Die materiellen Patentvoraussetzungen werden nicht berührt, indes werden das Verfahren (etwa: Anmeldungen, Übersetzung[108], Kosten) und die Wirkung vereinheitlicht: Ein Patent nach diesen neuen Regeln kann zukünftig *einheitliche Wirkung* in den teilnehmenden Mitgliedsstaaten entfalten.[109] Die Verordnung sieht ferner ein *Einheitliches Patentgericht* vor. Dieses Gericht[110] wiederum basiert auf einem völkerrechtlichen Abkommen[111] – und die Patentverordnung wird erst dann gelten, wenn auch dieses Abkommen wirksam werden wird.[112] Die Dekompilierungsvorschriften der Computerprogramm-

---

[100] FrankfKomm/*Werner*, Art. 101 I, III FallGrp. IV. Rdnr. 16.

[101] Vgl. § 2 I u. II EPÜ.

[102] *Moufang* in: Schulte, Art. 52 EPÜ (II u. III)/§ 1 III u. IV PatG Rdnr. 105.

[103] *Metzger* 2009, S. 127.

[104] Dagegen jedoch *Monopolkommission* 14. Hauptgutachten, BT-Drs. 14/9903, S. 41 f., 348 f.

[105] VO 1257/2012 über die Umsetzung der verstärkten Zusammenarbeit im Bereich der Schaffung eines einheitlichen Patentschutzes, damit eng verbunden die VO 1260/2012 über die Umsetzung der verstärkten Zusammenarbeit im Bereich der Schaffung eines einheitlichen Patentschutzes im Hinblick auf die anzuwendenden Übersetzungsregelungen.

[106] Zum (langen) Verfahren: *Gaster* CR 2013, S. 70 ff.

[107] ErwGrd. 5.

[108] Zum Sprachen- und Übersetzungsaspekt: *Gaster* CR 2013, S. 72 f., 74, 76, 78.

[109] Art. 3 I S. 1.

[110] Zu diesem *Tilmann* GRUR 2013, S. 157 f.; *Gaster* CR 2013, S. 76 ff.

[111] Übereinkommen über ein Einheitliches Patentgericht, AmtsBl. 2013/C 175/01, unterzeichnet am 19. 2. 2013.

[112] Die Verordnung 1257/2012 ist gemäß ihres Art. 18 I zwar bereits 2013 in Kraft getreten

Richtlinie sollen von desen Regelungen ausdrücklich unberührt bleiben.[113] Dieses Vorhaben und die hierfür erforderlichen nationalen Umsetzungsakte[114] verzögerten sich aber deutlich, doch sollen das neue Patentsystem und das neue Patentgericht nunmehr irgendwann 2018 starten.[115]

IV. Kollision oder Kumulation urheberrechtlichen und patentrechtlichen Schutzes

1. Vergleich zwischen urheberrechtlichem und patentrechtlichem Schutz

Der urheberrechtliche Schutz wirkt länger[116] und ist nicht von einer Registrierung bzw. Anmeldung und Eintragung abhängig.[117] Das UrhG schützt das Programm lediglich als Sprachwerk (den Ausdruck nach § 69a I, II S. 1 UrhG), allerdings nicht, wie es auch der bereits angeführte § 69a II S. 2 UrhG besagt, die Idee oder funktionale Grundsätze oder die allgemeine Funktionsweise. Da somit nicht die Methoden oder Arbeitsweisen des Programmes, sondern nur die konkrete Folge des jeweiligen *Codes* und dieser als solcher geschützt ist, ist der Schutz insoweit restriktiv.[118] Dennoch gestaltet sich bereits im Generellen die Abgrenzung zwischen Idee und Ausdruck sowie die Zuordnung einzelner Aspekte eines Programmes (Design, Aufbau, Ablauf, Algorithmen usf.) in diese Kategorien als überaus schwierig.[119]

Patente hingegen schützen Verfahren oder Vorrichtungen, wenn diese entsprechend beantragt wurden.[120] Allgemein schützen Patente bereits technische Lösungen, also Methoden, weniger konkrete Ausformungen. Umstritten ist, ob im Hinblick auf ein Verfahrenspatent, der wohl häufigsten Form für Com-

(= zwei Wochen nach ihrer Veröffentlichung), nach Art. 18 II S. 1 soll sie jedoch frühestens ab dem 1. 1. 2014 gelten und nicht vor Inkrafttreten des Übereinkommens über das Einheitliche Patentgericht.

[113] Ebd., Art. 27 lit. k.

[114] Zum aktuellen Status: http://www.consilium.europa.eu/en/documents-publications/treaties-agreements/agreement/?id=2013001.

[115] S. https://www.epo.org/law-practice/unitary/unitary-patent/start_de.html.

[116] Dies ergibt sich aus dem Vergleich des § 64 UrhG mit § 16 I PatG. *Hoeren* 2012, S. 4, Rdnr. 8, welcher die Verortung des Softwareschutzes im UrhG, dem Gesetz der „schönen Künste", als verfehlt empfindet, bezeichnet diese Dauer als „bizarr"; *Jänich* 2002, S. 362 als „unangemessen", wie auch schon *Sucker* CR 1989, S. 356 – dazu insoweit a. A. *Lehmann* GRUR Int 1991, S. 335: „wirtschaftlich völlig unschädlich".

[117] *Groß* 2009, S. 25.

[118] *Meinberg* 2006, S. 21; *Brachtel* 2006, S. 80; Fitzner/Lutz/Bodewig/*Bodewig*, Einl. Rdnr. 101.

[119] *Heinze* JIPITEC 2/2011, Rdnr. 12 f., 14 ff.; nach *Karl* 2009, S. 97 ff., S. 132 könne Ausdruck lediglich negativ – angesichts nicht zu schützender Ideen – definiert werden. *Bartmann* 2005, S. 8 ff. tritt für eine ökonomische Auslegung bzw. Abgrenzung ein und verortet das Problem vielmehr zwischen freier Benutzung und Bearbeitung; *Jussawalla* 1992, S. 112.

[120] Zur Abhängigkeit von der Art des erteilten Patents *Redeker* 2017, Rdnr. 150.

puterprogramme, das Kopieren des Programmes eine Patentverletzung darstellt.[121]

Somit schützen Patente zwar die Grundstrukturen, indes das Urheberrecht das gesamte wie konkrete Werk bzw. Produkt.[122] Nachteilige Wirkung des Patentes sind die Kosten und die zwingende Offenlegung im Rahmen der Anmeldung – wenn in der Regel nicht des (gesamten) *Source Codes* –[123]; zudem wirkt das Patent gem. § 11 I Nr. 1 PatG im privaten Bereich nur sehr begrenzt. Ausführung erfuhren bereits die unterschiedlichen Schutzvoraussetzungen. Aus diesen folgt, dass (auch) patentrechtlich geschützte Software tendentiell „näher" zur bzw. „enger" verbunden mit Hardware sein wird.[124]

Während das Urheberrecht Dekompilierung nur in engen Grenzen und zu bestimmten Zwecken erlaubt, gestattet das Patentrecht in § 11 I Nr. 2 PatG ausdrücklich die Erforschung der Erfindungen.[125] Bei den übrigen Werken kennt das Urheberrecht einen solchen Geheimnisschutz gerade nicht: Bücher etwa werden gelesen, Musik gehört. Werke sind und müssen zugänglich sein, andererseits aber nicht voll konvertibel oder umfassend zugänglich. So können elektronische Bücher vor Veränderungen oder dem Ausdrucken „geschützt" sein, DVDs[126] sich nicht kopieren lassen usf. Indes bleibt vielen Werken und speziell den jeweiligen Trägermedien gemein, dass sie sich auch stark verbreiten sollen.

Das Patent zielt hingegen traditionell auf Offenlegung zum Wohle des Fortschritts, verbietet nur etwaige kommerzielle Nutzungen der konkreten Erfindungen anderer. Während das Urheberrecht – lediglich durch Schranken begrenzt – alle aufbauende Arbeit verhindert, ist es gerade das Ziel des Patentrechts, diese (zumindest mittelfristig) zu fördern.

2. *Überschneidung und Zusammenfall von Urheber- und Patentrechtsschutz*

Urheberrechtlich und patentrechtlich bedingter Schutz können – so gleichermaßen nach dem bereits erwähnten § 69g UrhG – grundsätzlich parallel bestehen.[127] Diese „Schutzrechtsduplizität" bzw. alternativ *Kumulation* (von Schutzrechten)[128] wird vereinzelt kritisiert[129] und kann insgesamt noch nicht als wissenschaftlich abschließend durchdrungen gelten. Sie ist jedenfalls

[121] *Marly* 2014, Rdnr. 462 m. w. Nachw.

[122] Immenga/Mestmäcker/*Ullrich,* GRUR A Rdnr. 24; *Kamlah* CR 2010, S. 489.

[123] 2. Kapitel B. III.

[124] Vgl. 2. Kapitel B. III. 1, 2. Kapitel A. III. 1.

[125] Als Ausdruck des Offenbarungsgedankens des Patentrechts *Moufang* in: Ullrich/Lejeune 2006, I Rdnr. 148 ff.; *Wiebe* JIPITEC 2/2011, Rdnr. 22 ff.; gehe mithin über § 69e UrhG hinaus, so *Rüting* 2007, S. 321 f.

[126] S. dazu auch http://de.wikipedia.org/wiki/Content_Scramble_System.

[127] Fitzner/Lutz/Bodewig/*Bodewig*, Einl. Rdnr. 102. Auch in den USA: *Landes/Posner* 2003, S. 96 f.

[128] Hierzu etwa *Fiedler* 2013, S. 25 ff.

[129] *Jänich* 2002, S. 365.

keine Besonderheit der Software: Auch bei anderen Schöpfungen (im nicht-juristischen Sinn) können unterschiedliche Immaterialgüterrechte nebeneinander Anwendung finden,[130] gleichwohl ist es zumindest eher selten, dass für andere Werke (bzw. die damit verbundenen Erfindungen) des UrhG Patente erteilt werden können. Wenn *eine* Software somit verschiedenen Immaterialgüterrechts-Regimen parallel unterfällt, besteht nach einer Ansicht überhaupt keine Problemlage: Da im einen Fall eben nur der Code, im anderen Fall die technische Problemlösung geschützt ist, existiere bereits hinsichtlich der Schutzobjekte selbst keine Überschneidung.[131]

Dass das Ergebnis derartig einfach ist, darf bezweifelt werden. Weder die Schutzgesetze noch die zugrundeliegenden Richtlinien enthalten Regelungen zur Auflösung etwaiger Widersprüche.[132] Unklar bleibt etwa, ob sich die unterschiedlichen Schranken beeinflussen bzw. inwieweit diese abschließend und isolierend wirken (können).[133] Die Schranken eines Immaterialguts betreffen grundsätzlich nur *ihr* jeweiliges Schutzobjekt, was dazu führt, dass das jeweils andere Schutzobjekt nicht durch diese Schranke eingeschränkt werden kann.[134] Sofern etwa ein anderes Schutzrecht die Dekompilier- und Interoperabilitäts-Vorschriften des Urheberrechtsgesetzes bzw. der Computerprogramm-Richtlinie unterliefe, bliebe dieses andere Schutzrecht dennoch formell uneingeschränkt anwendbar.[135]

Fiedler votiert daher für gesetzgeberische Klarstellungen bzw. Änderungen.[136] Die immer weiter ausgedehnten Anwendungsbereiche der potentiellen Software-Immaterialgüterrechte samt des starken rechtlichen (wie faktischen) Geheimnisschutzes bei Software, der sogleich noch behandelt werden wird, sind in der Vergangenheit herbeigeführt worden, ohne etwaige Überschneidungen zu bedenken.[137] Eine weitere Problematik kann sich zudem auftun, wenn Patent und Urheberrecht unterschiedlichen, sich sodann ggf. blockierenden Inhabern zustehen.[138]

---

130 Am Beispiel des „Stohlrohrstuhls" *van der Rohes*: *Kamlah* CR 2010, S. 485; zu Pflanzenzüchtungen s. *Metzger* in: Metzger 2014, S. 92 ff.

131 „Zueinander orthogonal", so *Horns* GRUR 2001, S. 5; *Karl* 2009, S. 155.

132 *Fiedler* 2013, S. 38 ff.

133 *Fiedler* 2013, S. 49 f.

134 Vgl. *Metzger* in: Metzger 2014, S. 93.

135 *Konrad/Timm-Goltzsch/Ullrich* in: Ullrich/Lejeune 2006, I Rdnr. 819; a. A. *Lehmann* GRUR Int 1991, S. 335 f.; (=) *Lehmann* in: Lehmann 1993, S. 27 f.

136 *Fiedler* 2013, S. 237 f.

137 *Fiedler* 2013, S. 237.

138 *Kamlah* CR 2010, S. 489. Zu weiteren Problematiken s. *Fiedler* 2013, S. 151 ff. (zu weiteren Fragen in Verbindung mit F/OSS S. 221 ff. und mit dem ArbnErfG S. 229 ff.).

V. Softwareschutz über Gebrauchsmuster, Geschmacksmuster oder Marken

Der denkbare gebrauchs-[139] und der geschmacksmusterrechtliche Schutz von Software sind ohne praktische Bedeutung.[140] Software als solche ist keine Marke, für den jeweiligen Titel kann eine Marke beantragt werden.[141]

VI. Software und zugehöriges Wissen als Know How

1. Der Know How-Begriff

Bei *Know How* handelt es sich – abgesehen von Art. 39 TRIPS[142] – um keinen Begriff des deutschen Rechts.[143] Er beschreibt technisches (oder geschäftliches) Wissen,[144] welches im Kontext der Computerprogramme eben im Wissen um die Erstellung oder in Bearbeitung oder besonderer Nutzung solcher liegen kann. Daneben können Erfahrungswerte hinsichtlich der Bedienung oder bloße Ideen treten. Darunter fällt auch patentierbares Wissen oder Verfahren, für das bzw. die aber – etwa aus Kostengründen – kein Patent angemeldet wurde.[145]

Solchem *Know How* kann gerade bei komplexeren Programmen sehr große Bedeutung zukommen; ggf. kann ohne *Know How* kaum auf Entwicklungsebene mit diesen gearbeitet werden.[146] Ferner ist zumindest begrifflich anzunehmen, dass solange der Quellcode geheim ist, dieser ebenfalls als *Know How* aufgefasst werden kann.[147]

2. Rechtlicher Schutz von Know How

Wenn sich relevantes Wissen manifestiert hat, kann es in aller Regel der urheberrechtliche Schutz (wenngleich auch nur in seinen begrenzten Schutzmöglichkeiten) ergreifen – dafür reicht bereits, wie geschildert, Entwurfsmaterial aus.

---

[139] § 1 II Nr. 3 GebrMG verwehrt wie auch das PatG Schutz für Software „als solche" – dazu *v. Falck/Apetz* in: Kilian/Heussen, Kap. 54 Rdnr. 12.

[140] „Keinerlei praktikable Ansatzpunkte", so *v. Falckenstein* in: Lehmann 1993, S. 339 f.

[141] Siehe auch § 5 III MarkenG, vgl. Schricker/*Loewenheim/Spindler*, Vor §§ 69a ff. UrhG Rdnr. 11.

[142] BGBl. II/1994, S. 1730 ff.; dadurch Teil des dt. Rechts. S. dazu *Enders* GRUR 2012, S. 27.

[143] Es sei denn, man betrachtet die via § 2 GWB inkorporierte TT-GVO als deutsches Recht – vgl. 9. Kapitel A.

[144] *Marly* 2014, Rdnr. 579 – darüber hinaus sind die Konturen des Begriffes bzw. Inhalt und Anforderungen an dieses Wissen strittig. Zumal es sich gerade um keinen reinen juristischen Begriff handelt, sondern lediglich um einen allgemeinen, der – außerhalb der TT-GVO (7. Kapitel C. I. 1. d. bb. (1)) – keinerlei Subsumtion verlangt.

[145] *Brachtel* 2006, S. 214.

[146] Vgl. 2. Kapitel B. VI.

[147] *Moritz* CR 1989, S. 1050.

Auch wenn das jeweilige Programm – in seltenen Fällen – keine persönlich-geistige Schöpfung ist, ist die Anerkennung als Werk zu versagen. Das patentrechtliche Schutzregime greift ohnehin nicht ohne Anmeldung ein. Sofern eben (noch) kein absolutes, verfasstes Immaterialgüterrecht eingreift[148], stellt sich die Frage, welcher rechtliche Schutz stattdessen besteht.[149] Ein Unternehmen kann etwa internes Wissen durch Verschwiegenheitsklauseln in Arbeitsverträgen besonders schützen.[150] Im Falle eines Zuwiderhandelns kann es dann gegen das „Leck" vorgehen – dabei handelt es sich jedoch um keinen absoluten Schutz.[151] Gleiches gilt im Falle der Vereinbarung zwischen Unternehmen, etwa im Wege einer Vertraulichkeitsabrede.[152] Soweit etwa ein Ideenschutz beabsichtigt ist und der urheberrechtliche Schutz grundsätzlich nicht einzugreifen vermag, stellt sich ohnehin die Frage nach einem passenderen Schutz.

Ein spezieller *Know How*-Schutz ist für die EU durch eine Richtlinie vorgegeben, deren Schutzgegenstand in der deutschen Sprachfassung *Geschäftsgeheimnisse* sind.[153] Geschäftsgeheimnisse sind in Deutschland bereits, trotz einer bislang ausstehenden Umsetzung der besagten EU-Richtlinie, durch das UWG, insbes. dessen § 17[154] (ebenfalls vor Nachahmung),[155] und das StGB geschützt[156] als auch zivilrechtlich in absoluter Natur über § 823 II BGB, § 3 i.Vbdg.m. §§ 8 ff. UWG sowie subsidiär via § 823 I und § 826 BGB.[157] Daneben wird erwogen, Software über den verfassungsrechtlichen Schutz über „Vertraulichkeit und Integrität informationstechnischer Systeme" via § 823 I BGB zu schützen und Straf- bzw. Verbotsvorschriften (wie etwa § 303a StGB) im Zu-

148 Oder eingreifen soll – ein Patent muss zwar zunächst erwirkt werden, aber es wird bei patentfähiger Software mit einiger Gewissheit stets auch urheberrechtlicher Schutz eingreifen.

149 *Wiebe* 1993, S. 182 ff. untersuchte den durch das UWG vermittelten Schutz, bevor die §§ 69a ff. UrhG kodifiziert wurden.

150 S. „Software als Geheimnis" bei *Wiebe* 1993, S. 223 f.

151 Sondern relativ als bloßer vertraglicher Schutz, *Westermann* 2007, Kap. V Rdnr. 1 ff.

152 Vgl. dazu *Roth* ITRB 2011, S. 116 ff.; allg. *Enders* GRUR 2012, S. 28.

153 Richtlinie 2016/943/EU vom 8. 6. 2016 über den Schutz vertraulichen Know-hows und vertraulicher Geschäftsinformationen (Geschäftsgeheimnisse) vor rechtswidrigem Erwerb sowie rechtswidriger Nutzung und Offenlegung. Der Begriff des „Know-hows" ist in der deutschen Sprachfassung nur im Titel und in den Erwägungsgründen, nicht aber im eigentlichen Richtlinien-Text vorzufinden.

154 *Hoeren* 2012, S. 10 f.; der Geheimnisschutz nach *Karger/Fechtner* in: Schneider/Graf v. Westphalen, A Rdnr. 257, 296 ff.; *Westermann* 2007, Kap. IV Rdnr. 2 (mit weiteren Spezialgesetzen).

155 Dieser Schutz ist nicht subsidiär. Zu diesem Schutz: Schricker/*Loewenheim/Spindler*, Vor §§ 69a ff. UrhG Rdnr. 13 ff.; *Westermann* 2007, Kap. IV Rdnr. 15 ff.; *Brachtel* 2006, S. 5 ff.; vgl. *Hoeren* 2012, S. 12 f.; *Karger/Fechtner* in: Schneider/Graf v. Westphalen, A Rdnr. 247 ff.; ggf. spezieller jener nach UrhG bzw. PatG etc. *Dreier/Vogel* 2008, S. 110.

156 Dazu mit Überblick *Hoeren* 2012, S. 11.

157 *Wiebe* 1993, S. 230 ff.; *Westermann* 2007, Kap. IV Rdnr. 2 ff.; *Metzger* in: Hilty/Jaeger/Kitz 2008, S. 88; *Brachtel* 2006, S. 8 f., zur Effizienz dieser Ansprüche S. 11 ff.; *Roth* ITRB 2011, S. 115.

sammenhang mit § 823 II BGB zur Beschreibung eines besonderen Software-Schutzes heranzuziehen.[158]

3. *Zwischenergebnis*

Know How hat einerseits eine subsidiäre Schutzfunktion für Wissen, für das keinerlei Urheber- oder Patentrecht besteht oder bestehen kann. Gleichermaßen umfasst der Begriff einerseits lediglich begleitenden Wissen, in Bezug auf Software also programmbezogene Kenntnisse und Erfahrungswerte. Im Allgemeinen enthält der Begriff des *Know Hows* zudem Marktwissen, Geschäftskonzepte u. v. a.

Rechtlich ist diesbezüglich primär das UWG, ggf. in Verbindung mit anderen Gesetzen, von Bedeutung. Von diesem schwächeren rechtlichen Schutz kann jedoch nicht auf wirtschaftliche Bedeutungslosigkeit geschlossen werden.

C. Die faktische Schutzdimension von Software

Es kann versucht werden, Erkenntnisse für sich und mithin vor der Welt geheim zu halten.[159] Sobald aber der Geheimnisschutz gelockert wird, steigt das Risiko, das alleinige Wissen und den damit verbundenen Wert zu verlieren.[160] Dies gilt insbesondere dann, wenn Wissen geteilt oder wenn auch nur auf diesem Wissen basierende Produkte in Verkehr gebracht werden. Dabei ist der Quellcode bei Computerprogrammen zudem dadurch geschützt, dass er i. d. R. nicht mitgeliefert wird und somit nur dem Hersteller bekannt ist und bleibt. Das Produkt offenbart somit zunächst nur Ideen und offenkundige Funktionen. Geheime Entwicklungsmethoden können in diese Software einfließen, werden aber nicht unbedingt erfahrbar. Wenn die Software zur Nutzung lediglich *gestreamt*[161] wird, wird nicht einmal Objektcode direkt überlassen.[162]

Nach Veröffentlichung besteht die Gefahr, dass durch Dekompilierung des Objektcodes – dank des kartellrechtlich veranlassten[163] § 69e UrhG rechtlich in einigen Fällen sogar zulässig[164] – oder andere Mittel des *Reverse Engenee-*

---

158 *Bartsch* CR 2010, S. 554 f.

159 Problematisch kann es allerdings sein, bereits Niedergeschriebenes auch dauerhaft wirksam zu verbergen – in *Dürrenmatt* 1998, S. 85 sagt daher der Hauptprotagonist, Physiker *Möbius*: „Was einmal gedacht wurde, kann nicht mehr zurückgenommen werden."

160 KOM 2001/786, Rdzf. 30; *Roth* ITRB 2011, S. 117 (etwas unspezifisch), S. 118 zur Problemlage.

161 2. Kapitel A. III. 2.

162 S. *van Rooijen* 2010, S. 244.

163 *Wiebe* JIPITEC 2/2011, Rdnr. 4, 10 ff., 30.

164 Die Schnittstellen sind nach § 69a II UrhG nicht geschützt, nach § 69c II UrhG sind jedoch solche Übersetzungshandlungen dem Urheber vorbehalten. Weitere Ausnahmen zu Gunsten des Nutzers gestattet § 69d UrhG.

ring[165] das Programm, geheime Entwicklungsmethoden usf. erforscht und bekannt werden. Dem kann beispielsweise aber dadurch entgegengewirkt werden, Software, wie angeführt, nur noch *as a Service* etc.[166] anzubieten und somit lokale Kopien bzw. Installationen nicht mehr zuzulassen. Durch einen *Obfuscator*, eine spezielle Software, kann die (Rück-)Übersetzung der Programme in Programmiersprachen bzw. *Source Code* noch erschwert werden.[167] Zudem wird der Dekompilierung ohnehin nur hoher Aufwand bei geringem Ertrag beschieden; zumal gerade das wichtige Begleitwissen, speziell in Gestalt der Quellcode-Kommentierungen,[168] nicht erneut (re-)kreiert bzw. dekompiliert[169] werden kann: die Kenntnis des ursprünglichen Textes bleibt mithin trotz (möglicher, ggf. verbotener) Dekompilierung oder ggf. trotz „offenbarender" Patentanträge erstrebenswert. Sollte ein solcher Quellcode-„Klau" gelingen,[170] mag er jedoch schwierig feststellbar sein. Die unerlaubte Überführung von F/OSS in „proprietäre" Software wird ebenfalls zu bekämpfen versucht.[171]

Neben der – bereits aus Gründen der Ausführbarkeit notwendigen – Übersetzung von Quell- in Objektcode bestehen weitere Möglichkeiten, die Verwendung von Software zu begrenzen und zu kontrollieren, nämlich durch technische Schutzmaßnahmen (TPM) bzw. Digitales Rechte-Management (DRM), worunter allumfassend Technologien zur Begrenzung der Nutzermöglichkeiten verstanden werden.[172]

D. Zusammenwirken rechtlichen und faktischen Softwareschutzes

Dekompilierung und vergleichbare Methoden sind nicht nur regelmäßig unnütz, sondern grundsätzlich zudem verboten; soweit sie erlaubt sind, so nur orientiert an bestimmten, engen, gebotenen Gründen und zu bestimmten Zwecken (§ 69e UrhG).[173] Der effektive Geheimnisschutz von Software wird somit rechtlich

---

165 Einen Überblick verschiedener Methoden bietet *Schweyer* 2012, S. 73 ff.; Wandtke/Bullinger/*Grützmacher*, § 69e UrhG Rdnr. 4 f.

166 2. Kapitel A. III. 2.

167 *Wiebe* JIPITEC 2/2011, Rdnr. 6.

168 2. Kapitel A. II.

169 *Koch* in: Lehmann/Meents 2011, Kap. 1 Rdnr. 30; *Wiebe* JIPITEC 2/2011, Rdnr. 5; *Pagenberg/Beier* 2008, S. 708.

170 Nach *Lindberg* 2008, S. 242 f. stehe der Fall „Sega/Accolade" für einen solchen seltenen Erfolg. Zu diesem US-Rechtsstreit s. *Oman* GRUR Int 1992, S. 888; *MacCulloch* Loy. Ent. Law. J. Vol. 14 (1994), S. 465 f.

171 S. http://gpl-violations.org/.

172 3. Kapitel B. I. 6.

173 Vgl. insbes. zu Abs. III Wandtke/Bullinger/*Grützmacher*, § 69e UrhG Rdnr. 24 f.; kritisch *Wiebe* JIPITEC 2/2011, Rdnr. 20 ff. Zum Sonderproblem, inwieweit entsprechende Erkenntnisse als F/OSS weitergegeben werden dürfen: *Backu* ITRB 2003, S. 181 f. Interessant ist in diesem Zusammenhang auch die Äußerung EuG, Urt. v. 17. 9. 2007 – Rs. T-201/04 –

zementiert. Zwar sind Ideen und Ausdrücke grundsätzlich nicht geschützt,[174] mangels (faktischer und rechtlicher) Erforschbarkeit wirkt dieser Schutz aber über die Zeichen bzw. „Buchstaben des Codes" hinaus. Bedenkt man dies, ist es leicht nachvollziehbar, dass Kritiker vom einem „faktischen Funktionsschutz" sprechen,[175] welcher eben die – theoretische (und kaum praktizierbare)[176] – Abgrenzung zwischen Patent- und Urheberschutz zur Makulatur werden lassen kann. Aber selbst eine Patentanmeldung verlangt nicht zwingend die Offenlegung von Quellcode und auch unter einem patentrechtlichen Regime behält Softwaretechnologie ergo dennoch ihren wirtschaftlichen Wert durch Geheimhaltung trotz oktroyierter Offenbarung (im Rechtssinne).

Fern eines Technologiebezuges ist die Kontrolle über die Vervielfältigung der entscheidende ökonomische Faktor: Das Urheberrecht schützt dieses konsequent mit Ausnahme der Erschöpfung[177]. Ebenfalls ist die Umgehung technischer Schutzmaßnahmen nach § 95a, § 108b UrhG besonders geschützt – gleichwohl sind diese Vorschriften zumindest bei „reinen" Computerprogrammen, oder solchen, die dem Schwerpunkt nach ausschließlich unter §§ 69a ff. UrhG fallen,[178] gem. § 69a V UrhG nicht anwendbar.[179] Gleichwohl bleiben Eingriffe in den Programmcode, der solche Maßnahmen umsetzt, ohnehin untersagt (§ 69c Nr. 2 UrhG).

E. Zusammenfassung und Würdigung

Urheberrecht ist das primäre Softwarerecht – es findet letztlich immer Anwendung. Dies mag überraschen, wenn das Urheberrecht (in überkommener Weise) als Künstlerrecht verstanden wird. Das UWG kann ergänzend[180] bzw. zur Durchsetzung über §§ 8 ff. UWG heranzuziehen sein, ist aber hauptsächlich dann relevant, wenn nicht Code etc. in Frage stehen, sondern spezielles Wissen, das ebenfalls von hoher Bedeutung sein kann. Eine Ausweitung des Patentrechts auf weitere Formen von Software(erfindungen) wird teilweise (immer wieder) begehrt. Bislang müssen jedoch weitere Bedingungen erfüllt sein,

---

„Microsoft", Tz. 693 S. 3: „Schließlich gibt es keinen Grund dafür, dass eine geheime Technologie stärkeren Schutz genießt als z. B. eine Technologie, die ihr Erfinder im Rahmen eines Patentverfahrens offenlegen muss."

[174] 2. Kapitel B. II. 1. b.

[175] *Böcker* 2009, S. 189.

[176] 2. Kapitel B. IV. 1.

[177] Vgl. 3. Kapitel A. IV.

[178] Vgl. 2. Kapitel B. II. 1. a.

[179] Zu den von § 69f II UrhG umfassten verbotenen Mitteln Wandtke/Bullinger/*Grützmacher*, § 69f UrhG Rdnr. 15 f. Allg. *Arlt* 2006, S. 74 ff., zu Software insbes. S. 109 ff. Vgl. dazu ErwGrd. 50 RiL. 2001/29/EG u. Art. 6 I lit. c, III RiL. 2009/24/EG.

[180] 2. Kapitel B. VI.

um – in aller Regel zusätzlich – für ein Programm bzw. für eine hinsichtlich eines Programmes bestehende Erfindung patentrechtlichen Schutz zu erzielen. Urheberrechtlicher und patentrechtlicher Schutz wirken anders und differenzieren sich bereits nach Schutzobjekt: Funktionale Imitation kann prinzipiell nicht durch das Urheberrecht begrenzt werden.[181] Es ist zudem schwierig, die Grenzen zwischen Idee (Patentschutz) und Ausdruck (Urheberrechtsschutz) im Code bzw. des Codes auszuloten, zumal noch der rechtliche Schutz vor einer Dekompilierung, der die Erforschung der zugrunde liegenden Ideen verhindert, diese theoretische Grenzziehung überlagert.[182]

Durch fortschrittliche technische Schutzmaßnahmen, die ebenfalls (mittelbar) geschützt sind, können sich zudem die Unternehmen Positionen sichern, die ihnen nach Urheberrecht oder auch vertraglich nicht zukommen müssen. Dadurch kann rechtlich geschützt sein, was vertraglich bzw. zivilrechtlich ggf. nicht sein soll.[183]

---

[181] Wandtke/Bullinger/*Grützmacher*, § 69d UrhG Rdnr. 65; *Kamlah* CR 2010, S. 489.
[182] Immenga/Mestmäcker/*Ullrich,* GRUR A Rdnr. 22; *Wiebe* JIPITEC 2/2011, Rdnr. 22 ff.
[183] Dazu noch u. a. 7. Kapitel B. II. 4.

3. Kapitel

Softwareverträge und Softwarelizenzen

Wie zuvor dargestellt sind (absolute) Softwarerechte Rechtssubjekten zugeordnet. Zielsetzung solcher Rechte ist einerseits die Abwehr unerlaubter Fortgabe und Vervielfältigung sowie sonstiger unerlaubter Benutzungs- und Überlassungshandlungen, andererseits aber gerade die – gesteuerte – Verbreitung zum (wirtschaftlichen) Nutzen der Rechtsinhaber.

Dieses Kapitel wird verschiedene Formen und Arten des Softwarehandels vorstellen und zunächst bezüglich der Terminologie *Lizenz* im Rahmen immaterialgüterrechtlicher und kartellrechtlicher Regelungen, insbesondere im Hinblick auf die TT-GVO, untersuchen. Dabei werden im nachfolgenden 4. Kapitel exemplarisch einerseits Besonderheiten der Softwaremärkte aufgezeigt werden; in diesem Kapitel indes werden zunächst neue Erscheinungsformen von Software und des Softwarevertriebes dargestellt, jedoch noch keine Kriterien zur juristischen Marktabgrenzung entwickelt, was in einem folgenden Kapitel geschehen wird.[1] Vielmehr erfolgt im Rahmen dieses Kapitels eine Orientierung anhand der (markt-)üblichen Gepflogenheiten. Dabei wird besonders Bezug genommen auf einzelne Aspekte, etwa (digitale) Distributionswege sowie den „Krieg“ gegen den Gebrauchthandel als auch zu F/OSS. Ansonsten lassen sich Bezüge sowohl zum professionellen sowie zum Spiel- und mithin Privatsektor finden.

Das Kapitel schließt mit nicht-kartellrechtlichen Hindernissen bei der Überlassungs- bzw. Vertragsgestaltung, denn Grenzen der Vertragsgestaltung werden nicht ausschließlich durch das Kartellrecht gesetzt. Vielmehr sind andere Grenzen weitaus geläufiger.

A. Vertragsgegenstand Software und gewillkürte Zuordnung dieser

I. Der Lizenz-Begriff

Das Wort *lizenzieren* stammt vom *licere* (*liceo, licui*) ab; dieses lateinische Verb bedeutet „erlauben“. Eine Lizenz im Rechtssinne bezeichnet speziell die einem anderen (seitens des Rechtsinhabers) erteilte Erlaubnis zur Nutzung eines recht-

---

[1] Die rechtliche Eingrenzung der Märkte erfolgt im 7. Kapitel B. IV. 2.

lich geschützten immateriellen Gutes. Diese Terminologie ist nicht im UrhG angelegt, befindet sich aber im PatG.[2] Dieser Begriff ist dennoch bezüglich aller Immaterialgüter allgemein und im Besonderen bezüglich Software gängig, wenn auch mit sich wandelnder Bedeutung.[3] Dies kann vor allem darauf zurückgeführt werden, dass es sich dabei um einen Rechtsbegriff des oft rezipierten anglo-amerikanischen Rechts (*to licence* [BE] bzw. *to license* [AE]) handelt. Der Begriff und damit ggf. verbundene Wertungen erfuhren in der deutschen Rechtsliteratur wiederholt (scharfe) Kritik.[4] Im kartellrechtlichen Zusammenhang tritt der Begriff im Rahmen der TT-GVO auf, wird jedoch dort als bekannt vorausgesetzt[5] und wohl als völlig unproblematisch verstanden.

Das UrhG selbst nutzt in § 31 die Wendung der „Einräumung von Nutzungsrechten"[6] und in § 29 II Var. 2 die ausschließlich schuldrechtliche Einwilligung, um derlei Gestattungen rechtlich zu beschreiben. Eine solche Einräumung bzw. Gestattung bzw. Lizenz, welche dinglicher Natur sein kann[7], ist begrenzbar, etwa örtlich (§ 31 I S. 2). Das Urheberrecht selbst kann gemäß § 29 I UrhG auf-

---

[2] „Erteilung von Lizenzen" in § 15 II, III PatG.

[3] *Marly* 2014, Rdnr. 703 ff.; *Söder* 2006, S. 75; wird jedoch keinesfalls einheitlich verwendet (tlw. bloß bei temporärer Überlassung). Umfassend *Pahlow* 2006, S. 181 ff.

[4] Etwa *Hoeren* 2012, S. 77 f., 89 f. oder *Hoeren* CR 2006, S. 578. Die Kritik bezieht sich weniger auf den Begriff Lizenz, als auf die Qualifikation eines Vertrages bzgl. Standardsoftware als Lizenzvertrag und als Vertrag *sui generis*, der nicht (überwiegend) dem Kaufrecht unterliege. Im Zusammenhang damit steht die (prä-SchulRModG-)Diskussion, inwieweit Software als Sache bzw. Kaufsache verstanden werden kann. Dieser Einwurf ist vor allem als Kritik an dem Versuch zu sehen, Softwareerwerber/-nutzer durch zusätzliche Lizenzkonstruktionen (etwa das der sog. Schutzhüllen-Modelle – 3. Kapitel B. I. 3.) um ihre (vermeintlichen) Rechte zu bringen.

Eine Bezeichnung als Lizenzvertrag muss dieses jedoch nicht automatisch beinhalten, sondern kann einerseits den besonderen Charakter des Vertrages als auch die Bedeutung des Nutzungsrechts betonen, ohne aber die weitgehende Anwendung des Kaufrechts abzulehnen (vgl. *Lutz* 2009, S. 195 ff.) oder aber die Software selbst nicht mehr als bestimmenden Gegenstand des Vertrages anzusehen (vgl. dazu insbes. noch 7. Kapitel C. I. 6. b. bb); dieser Begriff betont aber sicherlich die urheber- bzw. nutzungsrechtliche Komponente. Im Rahmen dieser Bearbeitung wird der Begriff Lizenz allein schon gebraucht werden, um nicht in Konflikt zur Terminologie der TT-GVO zu geraten. Ansonsten soll und wird mit der Bezeichnung Lizenzvertrag keine weitere rechtliche Aussage getroffen – insoweit ist *Lutz* 2009, S. 191 f. uneingeschränkt zuzustimmen. Diff. *Metzger* NJW 2003, S. 1995; zum Lizenzbegriff (nicht bloß aus schweizerischer Sicht): *Hilty* 2001, S. 5 ff.

Nach der EuGH-Entscheidung „UsedSoft" (3. Kapitel A. IV.) haben sich *Hoeren* als auch *Hilty* erneut zu der Frage geäußert. Der EuGH verwendet sowohl die Begriffe *Verkauf* als auch *Lizenzvertrag* für den identischen Vorgang (vgl. EuGH, Urt. v. 3. 7. 2012, Rs. C-128/11 – „UsedSoft./.Oracle", Tz. 40 ff. = CR 2012, S. 499). *Hilty* CR 2012, S. 637 führt dabei treffend aus: „Dabei bedeutet die Anerkennung der Rechtsnatur als Lizenzvertrag für sich betrachtet natürlich noch nichts." Dem EuGH beipflichtend: *Hoeren/Försterling* MMR 2012, S. 645.

[5] Vgl. 7. Kapitel C. I. 1. d. bb; s. zur Terminologie auch bereits 1. Kapitel E.

[6] Die vom Ausgangspunkt des Urhebers zunächst nicht translativ, sondern konstitutiv ist – *Schack* 2015, Rdnr. 594.

[7] Dabei ist es umstritten, ob auch das einfache Nutzungsrecht dinglicher Natur ist. Mittlerweile ist dies nach der wohl h. M. anzunehmen.

grund der Persönlichkeitsrechtsdependenz und der monistischen Struktur des deutschen Urheberrechts nicht übertragen werden, Patente bzw. die Inhaberschaft, welche – wie angedeutet – nach § 15 II PatG ausdrücklich *lizenziert* werden können, sind hingegen gem. § 15 I S. 2 PatG vollständig transferierbar.

Lizenzen sind streng logisch immer nur dann notwendig, wenn das seitens des Lizenznehmers Gewollte ohne diese Rechtseinräumung des Lizenzgebers nicht erlaubt wäre, also entsprechende Verbietungsrechte entgegenstünden.[8] Dingliche Lizenzen sind nur in diesen Fällen möglich, Verträge können aber grundsätzlich auch ansonsten vereinbart werden.[9] Des Weiteren sind bei Erteilung ausschließlicher Lizenzen Sublizenzen durch den Lizenznehmer ermöglicht (§ 31 III S. 1 a. E. UrhG).

Besteht, wie in obig erläuterten Fällen, kein Immaterialgut i. e. S., wäre noch eine *Know How*-Lizenzierung[10] denkbar. Der rechtlich nicht eindeutig festgelegte Begriff der Lizenz verlangt kein absolutes Schutzrecht, aber doch zumindest begrifflich zu überlassendes Wissen samt Benutzungserlaubnis, etwa in Gestalt von sog. Banal-Programmen oder, eher der Lizenzierung würdig, Nutzungs- oder Programmierwissen. Die Bedeutung solchen Wissens ist, wie dargelegt, gerade bei komplexen Programmen nicht zu unterschätzen.[11] Insoweit wird mehr tatsächlich überlassen denn lizenziert. Diese Umstände zeigen besonders deutlich auf, dass eine Software-Lizenz grundsätzlich in Verbindung zu einer *Sache* (im nicht-rechtlichen Sinn) oder zumindest zu Wissen steht. Dies ist soweit auch denknotwendig, denn die Gestattung der Nutzung muss sich schließlich auf etwas beziehen. Neben der Nutzungserlaubnis muss daher immer etwas wie Programm(code) (insbesondere im Zusammenhang zum Urheberrecht) oder bestimmtes Wissen (speziell im Zusammenhang zu Patentrecht oder *Know How*) zur Verfügung gestellt werden, sofern dieses nicht bereits bekannt ist.

Wird hingegen das gesamte Recht übertragen bzw. entäußert,[12] bleibt der ursprüngliche Inhaber eben nicht mehr Inhaber dieses Rechts.[13] Entsprechend wird ein solches Handeln auch als Rechtsübertragung, nicht als Gestattung der Nutzung bezeichnet[14] und unterfällt somit nicht dem *engeren* Begriff der Lizenz.

---

[8] Möglicherweise ist aber nicht geklärt oder leicht erkennbar, ob die Voraussetzungen erfüllt sind. Fraglich kann daneben sein, ob ein (potentielles) Werk den Schutzhorizont eines anderen (fremden) Programmes berührt und deswegen ggf. als Bearbeitung zu qualifizieren ist.

[9] Etwa um ungeachtet absoluter Rechte, Komplikationen zu vermeiden.

[10] Vgl. 2. Kapitel B. VI.

[11] Vgl. 2. Kapitel A. II.

[12] *Berger* K&R 2005, S. 18.

[13] Und entsprechend auch nicht mehr berechtigt, weswegen es auf seine Erlaubnis sodann nicht mehr ankommt.

[14] *Schultz-Süchting* in: Schütze/Weipert[6] 2009, S. 635 schreibt vom Gegensatz zwischen Veräußerung und Lizenz, wobei sich erstere und eine ausschließliche der zweiten Art rich-

Diese Untersuchung nutzt den Begriff in Ansehung der Terminologie der TT-GVO als Sammelbegriff für Rechtseinräumung bzgl. Immaterialgütern einschließlich Softwareverträge ohne damit irgendwelche Wertungen treffen zu wollen. Dies umfasst mit Hardware oder (anderen) Datenträgern verbundene, ob einfache oder absolute Rechtsgüter und lässt den Umstand unberücksichtigt, ob überhaupt ein absolut geschütztes Rechtsgut berührt ist oder nicht.[15]

II. Vertraglicher Rahmen

Die Nutzung von Immaterialgüterrechten wird nicht zufällig[16] gestattet, sondern in aller Regel im Rahmen der bzw. zur (dinglich wirkenden) Erfüllung eines darauf gerichteten Vertrages.[17] Die einfache Nutzung einer Software setzt es nicht voraus, dem Nutzer den Quellcode bekannt zu geben – für eine weitergehende Nutzung, welche insbesondere eine Veränderung der Software umfasst, indessen doch.[18] Für die Programm-Ingebrauchnahme selbst ist theoretisch aufgrund der Regelung des § 69d I UrhG keine besondere Rechteeinräumung erforderlich, wobei die Rechtsnatur dieser Vorschrift kontrovers ist: Einerseits gilt sie als Auslegungsregel, als Schranke, anderen als Nutzungsrecht per Gesetz.[19] Unbeschadet durch diese Vorschrift lassen sich in der Praxis dennoch entsprechende bzw. abweichende[20] Vereinbarungen vorfinden.

Eine Vereinbarung über Software oder Software-Rechte muss nicht auf eine einfache oder ausschließliche Nutzung begrenzt sein, sondern kann die – wie angedeutet – weitgehende Übertragung aller Rechte beinhalten.[21] Dabei müssen aber die genannten urheberrechtlichen Grenzen einer Rechtsübertragung beachtet werden.

---

tigerweise sehr ähnlich sein können. Merkwürdig mutet in dessen Ausführungen jedoch die Annahme an, jemand wolle die TT-GVO umgehen. Denkbarer erscheint eher, dass jemand eine Veräußerung als ausschließliche Lizenzierung tarnt, um eine Freistellung im Rahmen der TT-GVO zu erhalten; eher kann es nur darum gehen, Art. 101 I AEUV zu umgehen.

[15] 1. Kapitel E.

[16] Wirklich zufällig wird die Lizenz indessen schon deswegen nicht erteilt werden, da auch schon für die dingliche Wirkung eine Annahme unbedingt erforderlich ist.

[17] Sofern die Erlaubnis selbst dinglich ist, wird sie lediglich zur Erfüllung des Vertrages – gemäß Abstraktion und Trennung – gesondert eingeräumt bzw. übertragen. Vor oder während der Übertragung kann es dabei notwendig sein, das zu übertragende Recht erst entstehen zu lassen.

[18] 2. Kapitel A. II.

[19] Wandtke/Bullinger/*Grützmacher*, § 69d UrhG Rdnr. 1 ff. oder zumindest gesetzlich ausgeformtes Nutzungsrecht (m. w. Nachw.); zu „implied use rights" (= *implied licence*) *Marly* 2014, Rdnr. 1594 f.; als Schrankenbestimmung Schricker/*Loewenheim/Spindler*, § 69d UrhG Rdnr. 1. Die Auslegung dieser Norm ist dafür u. a. auch in der Hinsicht relevant, inwieweit die Lizenzketten sich vollziehen, sofern sich denn solche überhaupt vollziehen (s. u.) – und auch im Hinblick auf den „Gebrauchthandel" (3. Kapitel A. IV.).

[20] Vgl. 3. Kapitel B. I. 3.

[21] *Schröder* 2015, S. 15 f. (Varianten 3, 4, 5 der Muster). Siehe 3. Kapitel A. I.

III. Konzentrierung und Kollektivierung von Softwarerechten bei Gemeinschaftswerken

Software wird selten von einzelnen Programmierern verfasst, sondern ist oftmals das Werk von mehreren Programmierern, Entwicklern, Designern u. a. Urheberrechtlich ergeben sich daraus im Binnenverhältnis Miturheberschaft nach § 8 UrhG oder die Folgen des § 9 UrhG bei verbundenen Werken. Diese Parallelität von Urhebern erschwert die Zuordnung der Rechte. Einerseits im Sinne des Auffindens der Rechteinhaber, wobei weitere Probleme durch *Orphan Works*[22] oder die Nutzung von Pseudonymen[23] markiert sein mögen. Andererseits bezüglich einer gemeinschaftlichen Verwertung eines Programmes, das eben mehreren Urhebern zugeordnet ist. Zugleich können durch Bearbeitungen von Software (§ 3 UrhG) – insbesondere im Rahmen von *Derivative Works* bei F/OSS –[24], weitere Berechtigte hinzutreten. Somit kann im Endeffekt eine unüberschaubare oder unauffindbare Vielzahl hinsichtlich einer Software berechtigt sein.

Zur Vorbeugung von Unklarheiten und zur Vereinfachung im Lizenzbereich und schließlich im Interesse der Software-Unternehmen konzentriert § 69b UrhG die wirtschaftlichen Rechte bei Letzterem. Die Regelung verfolgt mithin eine ähnliche Zielrichtung wie die Vermutungsregel des § 89 I UrhG bei Filmwerken[25]. Gemäß dieser Vorschrift ist der Arbeitgeber zur Ausübung der „vermögensrechtlichen Befugnisse“ bzgl. des Computerprogramms berechtigt – auch diese Berechtigung ist übertragbar,[26] doch bezeichnet sie nicht mehr als die Gesamtheit der Nutzungsrechte.[27] Einer vergleichbaren Richtung folgt das ArbnErfG, das entgegen § 6 PatG die (Dienst-[28])Erfindung nicht dem Erfinder, sondern nach § 7 I ArbnErfG (bei sog. Inanspruchnahme) dem Arbeitgeber zuordnet. Freilich können daneben Regelungen in Arbeits-, Werk- oder Dienstverträgen treten. Zur Klärung der rechtlichen Zuordnungssituation werden bei F/OSS teilweise spezielle Kontributorenvereinbarungen genutzt, durch die Bearbeiter und andere Entwickler ausschließliche Rechte gewähren und ihre Beiträge treuhänderisch wahrnehmen lassen.[29] In all diesen Fällen wird es sich regelmäßig um Binnenlizenzierungen oder Rechteübertragungen im Binnenverhältnis handeln, die im Rahmen eines einzelnen kartellrechtlichen

[22] Vgl. §§ 61 ff. UrhG.
[23] Dies kann insbesondere bei F/OSS üblich sein.
[24] 3. Kapitel B. VIII.
[25] Die möglicherweise bei Computerspielen anwendbar ist – 2. Kapitel B. II. 1. a.
[26] *Harte-Bavendam/Wiebe* in: Kilian/Heussen, Kap. 51 Rdnr. 82 ff.
[27] Also unter Ausschluss der urheberpersönlichkeitsrechtlichen Aspekte: Wandtke/Bullinger/*Grützmacher*, § 69b UrhG Rdnr. 18 ff., 26; Schricker/*Loewenheim/Spindler*, § 69b UrhG Rdnr. 11 ff., insbes. 13 f.; *Marly* 2014, Rdnr. 126.
[28] S. § 4 ArbnErfG.
[29] 3. Kapitel B. VIII.

Unternehmens[30] geschehen, von welchem dann erst die kartellrechtlich zu kontrollierenden Lizenzierungen ausgehen werden.

IV. Gemeinschaftsweite Erschöpfung und „Gebrauchtsoftware"

Gemäß §§ 69c Nr. 3 S. 2, 17 II UrhG tritt bei Computerprogrammen im Falle der Inverkehrbringung bei Vervielfältigungsstücken, worunter zumindest Datenträger fallen, Erschöpfung[31] ein und beschränkt sodann jedenfalls das Verbreitungsrecht des Urhebers. Jedem *Berechtigten*, nicht nur einem Lizenznehmer, stehen prinzipiell die Rechte aus § 69d UrhG[32] zu.

Die Auslegung dieser Vorschriften ist gleichwohl sehr problembehaftet. So ist es ist im Detail beispielsweise überaus umstritten, ob Erschöpfung ebenso bei vorinstallierter Überlassung auf Festplatten/SSDs usf. eintritt. Zweifelhaft ist dies ferner in Fällen von Volumenlizenzen, also bei einer Überlassung von weniger Datenträgern als eingeräumten Lizenzen.[33] Hierbei ist besonders problematisch die Frage nach „abspaltbaren" Lizenzen, also einzelnen oder mehreren Lizenzen aus dem gesamten „Volumen", die getrennt veräußert werden sollen.[34] Fraglich war ebenfalls, ob allgemein bei Online-Distributionen die Erschöpfung eintritt,[35] oder zumindest dann, wenn ein Datenträgerabbild via DFÜ zur Verfügung gestellt wird. Hierbei kann zudem noch eine Rolle spielen, ob es sich um Client-Software handelt oder ob die jeweilige Software zwingend eine Server-Software voraussetzt.[36]

Dem schließt sich wiederum die allgemeine Fragestellung an, inwieweit sich eine Erschöpfung auf ggf. dinglich vorbehaltene Nutzungsarten auswirkt.[37] Eine elementare weitere Frage ist es, ob die etwaige Erschöpfungswirkung be-

---

[30] Dazu: 7. Kapitel B. I.

[31] Vgl. 5. Kapitel B. II. 2. b. cc.

[32] Zu dieser Vorschrift s. bereits 3. Kapitel A. II.

[33] Bzw. als Master-Datenträger mit „Lizenzbündeln" nach *Grützmacher* ZGE 2013, S. 74 f. Freilich können Volumenlizenzen auch ganz ohne Datenträger eingeräumt werden. Es ist im Rahmen von „perpetual station license" möglich, auf nur einem zentralen Rechner die Software per Datenträger zu installieren und über diesen Server die Datensätze zu verteilen – s. *Kolczynski* EIPR 2011, S. 579.

[34] 8. Kapitel C. II.

[35] Dafür *Hoeren* CR 2006, S. 573 ff., wenn sich die Online-Übertragung „funktional äquivalent" zur körperlichen Verbreitung verhält, was insbesondere bei einer dauerhaften Überlassung der Fall ist. Ebenfalls *Hoeren* GRUR 2010, S. 668 ff. Zust. Wandtke/Bullinger/*Grützmacher*, § 69c UrhG Rdnr. 31. A. A., die vorherrschend sei, u. a. *Schack* GRUR 2007, S. 643 f., welcher entgegnet, dass ein Originalwerkstück eben doch nicht mit irgendeinem digitalen Abbild vergleichbar sei. Auch hier kann wiederum zwischen dem Online-Erwerb von Einzel-Lizenen oder „Lizenzpaketen" unterschieden werden, vgl. *Grützmacher* ZGE 2013, S. 73 ff.

[36] Vgl. *Grützmacher* ZGE 2013, S. 76 f.

[37] Rechtsvergleichend zu USA, Polen und Österreich bei gleicher Fragestellung *Kolczynski* EIPR 2011, S. 578 ff.

wirkt, dass das Programm – entgegen TPM/DRM, Aktivierungspflichten, Registrierung etc.[38] – nutzbar sein muss, ggf. gerade wegen § 69d I, welcher nicht nur Rechte, sondern womöglich sogar Ansprüche bedingen mag.[39] Im Einzelnen bleibt darüber hinaus zu diskutieren, unter welchen Bedingungen jemand überhaupt als *berechtigt* im Sinne des § 69d zu verstehen ist; des Weiteren – gewiss sehr weitgehend –, ob ein Zweiterwerber eines Programmes Anspruch auf Pflege – zumindest im Hinblick auf die wichtigsten Bugfixes[40] – und Wartung gegenüber dem Softwarehersteller haben kann.[41] Nicht zuletzt bleibt zu klären, wie sich ggf. unterschiedliche Wertungen bzgl. Erst- und Zweiterwerber auf die jeweiligen Verhältnisse zum Softwarehersteller auswirken. In diesem Kontext bleibt gerade zu erörtern, ob und inwieweit vertragliche Vereinbarung zwischen Ersterwerber und Softwareanbieter auf den Zweiterwerber – zu dessen Lasten und zu dessen Gunsten – übergehen können,[42] wobei die dogmatische Konstruktion durchaus kompliziert ist.[43] Ebenfalls ist vor dem Hintergrund von *Bugfixes*, *Patches* etc., also Veränderungen der Ausgangssoftware nach einer etwaigen Erschöpfung dieser Ursprungssoftware, zu bedenken, wie sich Aktualisierungen bzw. Wartung auf eine Erschöpfung auswirken kann.[44] Diesen gesamten Fragekomplexen können sich zudem noch Beweisprobleme anschließen,[45] welche die Praxis etwa mit Notartestaten lösen möchte.[46]

Zur Frage der tatsächlichen Nutzungsmöglichkeiten bei „aktivierter", an einen Zweiterwerber überlassener Software[47] erkannte der BGH in der Sache Half-Life 2, dass es nicht dem Erschöpfungsgrundsatz widerspreche, wenn ein solches Aktivierungskonto (hier: via *Steam*[48]) nicht übertragen werden könne, der Zweiterwerber also keine Möglichkeit zur Nutzung des an sich erschöpften Programmes erhält und mithin der Ersterwerber (die erworbene DVD) doch

---

38 3. Kapitel B. I. 6., 3. Kapitel B. I. 3.

39 Dagegen spricht allerdings bereits der Wortlaut, der lediglich Zustimmungen für nicht erforderlich erklärt. Zu erörtern blieben noch weitere denkbare Ansprüche. Wohl dagegen, auf Mängelrechte des Ersterwerbers und Ansprüche aus §§ 823, 826 BGB verweisend: *Grützmacher* ZGE 2013, S. 79.

40 Vgl. *Leistner* WRP 2014, S. 999.

41 Vgl. *Leistner* CR 2011, S. 215.

42 *Leistner* WRP 2014, S. 995 führt an, dass die Erschöpfungswirkung hierdurch eine „Domestizierung" erfahren könne.

43 *Leistner* WRP 2014, S. 1000 f. will dies über § 69d UrhG lösen.

44 *Leistner* CR 2011, S. 215; fraglich ist, ob nach *Schneider* CR 2011, S. 626 der „praktische Verlust", was auch immer dies bedeuten mag, nur im Rahmen aufwendiger, kostenintensiver Pflegeverträge herbeigeführt werden kann.

45 Dazu detailliert *Kubach/Hunzinger* CR 2016, S. 14 ff.; *Kubach/Hunzinger* CR 2016, S. 213 ff.

46 Insbesondere auch der Beweis des Unbrauchbarmachens beim Ersterwerber, s. *Leistner* WRP 2014, S. 997 f.

47 Es wurde im Rahmen jener Entscheidung gar nicht problematisiert, ob dieses Computerspiel (ausschließlich) den §§ 69a ff. UrhG unterfällt.

48 Dazu s. 3. Kapitel B. I. 4.

„praktisch nicht mehr weiterveräußer[n]“[49] kann.[50] Treffend wurde diese letztlich wirkunslose Erschöpfungswirkung als „Steine statt Brot“[51] bezeichnet.

Hinsichtlich des Gebrauchtsoftwarehandels in Sachen *UsedSoft./.Oracle* hat der BGH per Vorlagebeschluss Erkenntnisse des EuGH erbeten, insbesondere zu der Frage, ob derjenige einen rechtmäßigen Erwerber im Sinne des Art. 5 I der Computerprogramm-Richtlinie darstellt, der die Software von jemand anderem erwarb, und ob – als Vorfrage – Erschöpfung überhaupt eintreten könne, wenn jemand Datenträger mit Zustimmung des Rechteinhabers nach einem *Download* fertigt.[52]

Jenseits dieses Prozesses hatten und haben sich eine Reihe weiterer deutscher Gerichte mit Fragen des Gebrauchtsoftwarehandels zu beschäftigen.[53] Die Frage einer (analog anwendbaren) Erschöpfungswirkung bei heruntergeladenen Inhalten stellte einen umfassenden Streitpunkt innerhalb der deutschen Literatur dar,[54] der „fast schon fundamentalistische Züge“[55] trage.

Ohne auf all diese Meinungsäußerungen im (deutschen) Schrifttum einzugehen, urteilte der EuGH – „sensationell“[56] – im Sommer 2012 wenig ausführlich, dass bei datenträgerloser Software-Überlassung Erschöpfung ebenfalls eintritt.[57] Jenseits des Wortlautes bestanden ohnehin keine überzeugenden Argumente für eine Ungleichbehandlung der verschiedenen Distributionswege. Insbesondere wohnt der herkömmlichen Verbreitungsform aufgrund von Datenträgern, Echt-

---

[49] Amtl. Leits.

[50] BGH, Urt. v. 11.2.2010, I ZR 178/08 – „Half-Life 2“ = CR 2010, S. 565 ff. = GRUR 2010, S. 822 ff. = MMR 2010, S. 771 ff. Zu den Absatzbedingungen von Half-Life 2: Episode Two im Rahmen der sog. Orange Box s. *Metzger* in: Hilty/Jaeger/Kitz 2008, S. 90 ff., 96 f.

[51] *Schneider/Spindler* CR 2012, S. 491. Ob nun aus der EuGH-Entscheidung sprichwörtliches Brot folgt, versucht der VZBV herauszufinden: http://www.surfer-haben-rechte.de/content/update-vzbv-erhebt-klage-gegen-den-spieleehersteller-valve?back=index.htm&backtitle=Startseite; Valve indes sieht keinen Handlungsbedarf: http://www.gamestar.de/news/branche/2569911/valve.html.

[52] BGH, Beschl. v. 3.2.2011 – I ZR 129/08 = CR 2011, S. 223 ff. (samt zweier Anm.).

[53] Etwa *Schneider/Spindler* CR 2012, S. 490 f. m. w. Nachw.

[54] *Hoeren/Försterling* MMR 2012, S. 642 m. w. Nachw. Bspw des Weiteren dazu: *Grützmacher* in: Büchner/Briner 2010, S. 131 ff.; *Grützmacher* ZUM 2006, S. 302 ff.; *Grützmacher* CR 2007, S. 549 ff.; *Zimmeck* ZGE 2009, S. 324 ff.; *Eilmansberger* GRUR 2009, S. 1123 ff.; *Haberstumpf* CR 2009, S. 345 ff.; *Huppertz* CR 2006, S. 145 ff. – jeweils m. w. Nachw.

[55] *Schneider/Spindler* CR 2012, S. 489.

[56] *Schneider/Spindler* CR 2012, S. 494; „wegweisend“ und „Paukenschlag“ bei *Grützmacher* http://www.cmshs-bloggt.de/technology-media-telecoms-tmt/gebrauchtsoftware-paukenschlag-aus-brussel-schranken-fur-den-bgh/; „überraschend“ bei *Heydn* MMR 2012, S. 591; „surprising“ bei *Vinje/Marsland/Gärtner* CRi 2012, S. 102. Nach *Ulmer/Hoppen* ITRB 2012, S. 233 sei sie keine Sensation, sondern stehe in der „Kontinuität europäischen Rechts“. In Deutschland sei die Position des EuGH jedenfalls zuvor eine Mindermeinung gewesen, so *Roth* WRP 2015, S. 1307.

[57] EuGH, Urt. v. 3.7.2012, Rs. C-128/11 – UsedSoft./.Oracle= CR 2012, S. 498 ff. = MMR 2012, S. 586 ff. m. Anm. *Heydn*; = CRi 2012, S. 116 ff. m. Anm. *Witzel*.

heitszertifikaten, Hologrammen und anderem einfach fälschbarem Quasi-Lametta kein größerer Rechtsschein der Echtheit inne.[58] Der EuGH äußert dazu relativ kurz mit einer teleologischen Begründung, die sich auf die Einheit des Binnenmarktes[59] konzentriert, dass diese divergierenden Übertragungswege – online oder via Datenträger – „keine Rolle"[60] spielten und diese Übertragungsformen „wirtschaftlich vergleichbar"[61] seien. Erwerber solcher erschöpften Software seien demnach ferner grundsätzlich *rechtmäßige Erwerber* im Sinne der Computerprogramm-Richtlinie, da die Softwarehersteller solcher Weiterübertragung und dem Weiterverkauf „nicht widersprechen" können.[62]

Die Entscheidung enthält jedoch nicht auf alle in diesem Themenkomplex aufgeworfenen Fragen Antworten.[63] Ausdrücklich geht aus dem Urteil aber ferner hervor, dass bei einer dauerhaften, d. h. unbefristeten, das Eigentum einräumenden entgeltlichen Überlassung, einem *Verkauf*, die Erschöpfung eintritt.[64] Ob man dabei einen Datenträger (i. d. R. CD, DVD, BD) erwirbt oder die Software über das Internet von der Internetseite des Herstellers herunterlädt, ist ohne Relevanz.[65] Patches u.ä. berühren die Erschöpfung nicht, denn zumindest bei einem abgeschlossenen Wartungsvertrag erschöpfe sich sodann auch jede nachgelieferte Aktualisierung.[66] Gleichwohl sei es nicht möglich, Volumenlizenzen – zumindest bei Server-Software, die ausschließlich auf dem Server installiert ist und von mehreren Client-Rechnern genutzt wird[67] – wirksam aufzuspalten und getrennt weiterzuveräußern,[68] vielmehr müssten bei einer Weitergabe alle eigenen Kopien unbrauchbar gemacht werden.[69]

Aus dem Urteil lässt sich ferner ablesen, dass der EuGH von einer Untrennbarkeit bzw. einer Einheit von Programm(-kopie) und Lizenz ausgeht.[70] Auch diesem Ansatz schließen sich noch ungeklärte Fragen an, etwa ob die Inhaber-

---

[58] *Marly* 2014, Rdnr. 217; *Grützmacher* ZUM 2006, S. 304 f. A. A. etwa *Stogmüller* in: Leupold/Glossner 2013, Teil 6 Rdnr. 204. Technisch ist es sogar einfacher, die berechtigte Nutzung bei digital distributierter Software mittels DRM zu sichern: *Hoppen* CR 2013, S. 15; vgl. *Marly* 2014, Rdnr. 216 f.

[59] Der „heiligen Kuh" des EuGH, so *Grützmacher* ZGE 2013, S. 82.

[60] EuGH, Urt. v. 3.7.2012, Rs. C-128/11 – „UsedSoft./.Oracle", Tz. 47 = CR 2012, S. 499 f.

[61] EuGH a. a. O., Tz. 61 = CR 2012, S. 501.

[62] EuGH a. a. O., Tz. 80 = CR 2012, S. 502.

[63] *Witzel* CRi 2012, S. 123.

[64] EuGH a. a. O., Tz. 40 ff. = CR 2012, S. 499. Zustimmend *Hoeren/Försterling* MMR 2012, S. 645. Vgl. 3. Kapitel A. I. zum Begriff des Lizenzvertrags.

[65] EuGH a. a. O., Tz. 47 = CR 2012, S. 499 f.

[66] EuGH a. a. O., Tz. 67 = CR 2012, S. 501.

[67] Vgl. *Heydn* MMR 2012, S. 593; *Hoeren/Försterling* MMR 2012, S. 643, 646.

[68] EuGH a. a. O., Tz. 69 = CR 2012, S. 501.

[69] EuGH a. a. O., Tz. 70 = CR 2012, S. 501.

[70] EuGH a. a. O., Tz. 44 = CR 2012, S. 499: „unteilbares Ganzes"; *Heydn* MMR 2012, S. 592. Vgl. dazu im Rahmen der TT- und Vertikal-GVO 7. Kapitel C. I. 1. d. bb., 7. Kapitel C. I. 6. b. bb.

schaft an dem Urhberrecht bzw. den Verwertungsrechten und Berechtigungen am Quell- und Objektcode getrennt bzw. unterschiedlichen Personen zugeordnet sein können.

Speziell bei Computerspielen, aber letztlich auch bei aller Software, die andere Werke (etwa Grafiken, Datenbankwerke etc.) beinhalten, bleibt zusätzlich nach der EuGH-Entscheidung *Nintendo./.PC-Box*[71] zu untersuchen, inwieweit diese ansich bestätigte Erschöpfung überhaupt bezüglich des Gesamtprodukts greifen kann: Es ist nämlich nach wie vor nur bezüglich Computerprogrammen höchstrichterlich entschieden, dass sich die Rechte an diesen im Falle digitaler Distribution erschöpfen. Nach jener EuGH-Entscheidung kann jedenfalls nicht ohne Weiteres geschlussfolgert werden, dass von dieser Erschöpfung automatisch auch die Rechte an den anderen Werken mitumfasst sind; und Computerspiele gelten als hybride Werke, die sich aus Computerprogrammen und anderen Werken zusammensetzen. Ob sich diese Rechte bei digitaler Distribution ebenfalls erschöpfen, ist eine Frage, die daher zusätzlich eine weitere EU-Richtlinie[72] betrifft. Eine weitere Sonderfrage – die bislang nur im Zusammenhang mit Computerspielen aufgeworfen worden ist – betrifft das *Keyselling*. Darunter ist der Handel mit i. d. R. ungenutzten, aber bereits vertriebenen Lizenzschlüsseln, also Nummern- und Buchstabenkombinationen, zu verstehen.[73] Diese Schlüssel erlauben das Herunterladen und Nutzen von Computerspielen; sie werden i. d. R. in den Ländern zu unterschiedlichen Preisen vertrieben, bevorzugt in bestimmten Ländern zu niedrigen Preisen erworben und in anderen Ländern zu höheren Preisen verkauft. Eine rechtlich maßgebliche Frage ist insoweit, ob sich das Verbreitungsrecht am einzelnen Computerspiel durch den Verkauf des zugehörigen Schlüssels erschöpft.[74]

Gerade für F/OSS oder Freeware bleibt noch die bedeutende Frage ungeklärt, was bei unentgeltlicher Überlassung gilt – denn solche Software wird i. d. R. nicht im vorgenannten Sinn *gekauft*.[75] Mitunter hat der Urheber bzw. Softwarevertreibende für diese keine Gebühr erhalten.[76]

---

[71] EuGH, Urt. v. 23. 1. 2014, Rs. C-355/12 – „Nintendo/PC-Box“ = CR 2014, S. 224 ff. m. Anm. *Brunn/Nordmeyer*.

[72] Nämlich die Multimedia-Richtlinie, 2001/29/EG – vgl. EuGH, Urt. v. 23. 1. 2014, Rs. C-355/12 – „Nintendo/PC-Box“, Tz. 23 ff. = CR 2014, S. 225 m. Anm. *Brunn/Nordmeyer*, S. 225 f.

[73] *Hilgert* CR 2014, S. 356.

[74] Dies verneint das LG Berlin, Urt. v. 11. 3. 2014, Az. 16 O 73/13, i. E. zust. *Hilgert* CR 2014, S. 357. *Leistner* WRP 2014, S. 996 ist ebenfalls der Ansicht, dass der Erwerb solcher „Product Keys“ oder auch von „isolierten Echtheitszertifikaten“ nicht mit dem Erwerb des Programmes gleichgesetzt werden können. *Hilgert* CR 2014, S. 356 f. indes verneint lediglich den Eintritt der Erschöpfung, wenn diese (auch) das Computerspiel repräsentierende Keys isoliert in Umlauf gebracht werden, also getrennt von ihrer Verpackung etc.

[75] Sondern unentgeltlich heruntergeladen. Der EuGH bezieht sich in dem Urteil, in dem er „Verkauf“ unionsrechtlich autonom auslegt, nur auf die wohl dauerhafte (vgl. Tz. 47: „unbe-

Des Weiteren bleibt unklar, ob die *Half-Life 2*-Erkenntnis des BGH aufrechterhalten werden kann, dass rechtliche Erschöpfung letztendlich wirkungslos bleiben darf. Zwar erkennt der EuGH das Recht zu technischen Schutzmaßnahmen (speziell Schlüsseln[77]) ausdrücklich an, allerdings nur, um „sicherzustellen", dass die nunmehr unberechtigten Kopien „unbrauchbar" gemacht werden.[78] Teilweise wird daher tendenziell davon ausgegangen, dass die Übertragbarkeit erschöpfter Software selbst gegen technische Schutzmaßnahmen usf. durchgesetzt werden könne.[79] Ferner hält der EuGH fest – was noch entscheidend sein mag –, dass der Erschöpfung nicht die „praktische Wirksamkeit" genommen werden dürfe, die „tatsächliche Nutzung" möglich bleiben solle.[80] Das Urteil scheint Nutzern bzw. Zweiterwerbern recht wohlgesonnen, postuliert aber keine klaren Ansprüche. Mithin bleibt fraglich, ob aus

---

fristet"), in jedem Fall aber entgeltliche Überlassung (EuGH, Urt. v. 3.7.2012, Rs. C-128/11 – „UsedSoft./.Oracle", Tz. 42 = CR 2012, S. 499). Andererseits mag sich diese Ausführung nur darauf beziehen, dass der Urheber ein angemessenes Entgelt beim Erstverkauf erhält und nicht auf eine Beteiligung an den weiteren Verkäufen angewiesen sein muss – vgl. *Hartmann*, GRUR Int 2012, S. 980 f.; „erscheint die Entscheidung … nur selten anwendbar" nach *Jansen* http://www.ifross.org/artikel/bgh-usedsoft-ii-lizenzvertrag-definiert-bestimmungsgem-e-benutzung. Fraglich könnte auch sein, wie sich dies verhält, wenn für das Programm selbst nicht gezahlt wird, aber ggf. für Tools, DLCs/*AddOns* oder virtuelle Gegenstände usf., die mit dem Programm oder einem Benutzungszugang verbunden werden (und grds. auch nicht übertragbar sein sollen).

[76] Nach der Auslegung des BGH gilt wiederum: „… vielmehr reicht es nach den Vorgaben des Gerichtshofs aus, dass der Rechtsinhaber die Möglichkeit hatte, beim Erstverkauf der betreffenden Kopie eine angemessene Vergütung zu erzielen" (BGH, Urt. v. 17.7.2013, Az. I ZR 129/08 – „UsedSoft II", Tz. 60).

[77] Zu Alternativen aus technischer Perspektive *Hoppen* CR 2013, S. 10 ff.

[78] EuGH, Urt. v. 3.7.2012, Rs. C-128/11 – „UsedSoft./.Oracle", Tz. 87, 79 = CR 2012, S. 503, 502. Vgl. *Witzel* CRi 2012, S. 123.

[79] *Schneider/Spindler* CR 2012, S. 496. *Marly* EuZW 2012, S. 657: „Die vom EuGH eingeführte Gesamtprüfung der Rechtsgeschäfte führt jedenfalls dazu, dass künstlich hervorgerufene Einschränkungen der Kunden wie etwa die vom BGH für zulässig erklärte Unabtretbarkeit von Benutzerkonten zukünftig nicht mehr aufrecht erhalten werden können." *Koch* ITRB 2013, S. 13 Fn. 18 lehnt dies indes ab. Nach letzterem dürfe die Weiterveräußerung nicht verhindert werden, die „Weiternutzung" hingegen schon. Er geht dabei davon aus, bei Half-Life 2 handele es sich um ein „internetbasierte[s], interaktive[s] Online-Game, [das] nicht übertragbar ausgestaltet werden kann", das zudem begrenzten „technischen Ressourcen des Spielebetreibers" unterliege, was vernachlässigt, dass es sich bei Half-Life 2 primär um ein Offline-Spiel handelt, bei welchem durch DRM (die Kopplung an ein Steam-Konto) auch der Ein-Spieler-Modus begrenzt wurde. Ferner bleibt es fraglich, warum nicht auch Konten für Online-Spiele übertragen werden könnten, zumal die Ressourcen der Anbieter dadurch nicht belastet werden: Nach der Übertragung würde der Veräußerer grundsätzlich auch nicht mehr online spielen und Ressourcen in Beschlag nehmen können. *Ulmer/Hoppen* ITRB 2012, S. 239 betonen – um noch einen ergänzenden Aspekt zu erwähnen – zu Recht, dass auch für Zweiterwerber Updates usf. zur Verfügung stehen müssen, damit die Programme für diese tatsächlich interessant sind.

[80] EuGH, Urt. v. 3.7.2012, Rs. C-128/11 – „UsedSoft./.Oracle", Tz. 83 = CR 2012, S. 502.

solchen Randbemerkungen des EuGH verbindliche, strikte Vorgaben abgeleitet werden können.[81]

Es bleibt mitunter in diesem Kontext noch erörterungsbedürftig, was mit Software ist, die nicht wie ein Datenträger heruntergeladen, auf ein Wechselmedium kopiert und auf beliebigen Rechnern installiert werden kann; und nicht ohnehin (frei[82]) vom Server des Softwareanbieters heruntergeladen werden kann[83] – was etwa der Fall wäre, wenn sich das Programm direkt installiert und dann, bei entsprechender technischer Gestaltung nicht mehr transferierbar wäre, es sei denn, der gesamte Rechner würde mitsamt des installierten Programmes weitergegeben werden. Wie könnte der Zweiterwerber dann an eine installationsfähige Variante gelangen? Könnten sich die Softwarehersteller durch entsprechende Produktgestaltung der Wirkung des Urteils entziehen und Gebrauchthandel doch wieder begrenzen (sofern denn nicht die Software dann zu „unhandlich" für den Unternehmenseinsatz wäre)? Sachlich ist diese Fragestellung durchaus mit der des handelbaren, installierbaren, aber ansonsten nicht nutzbaren *Half-Life 2*-Datenträgers vergleichbar – auch eine digitale Distribution kann so gestaltet werden, dass sie letztlich faktisch nicht übertragbar ist.

Klärungsbedürftig bleibt neben anderen Fragen weiterhin, wie bereits angeführt, als grundsätzliches Problem, ob und ggf. inwieweit das Urteil auf andere digitale Güter übertragbar ist – dagegen spricht zunächst, dass der EuGH die Erschöpfung mit der Spezialität der Computerprogramm-Richtlinie begründet.[84]

Inwieweit allgemeine nationale Vorschriften des allgemeinen Urheberrechts fortgesetzt abweichende Regeln für das Software-Urheberrecht treffen dürfen, bleibt ebenfalls erörterungsbedürftig: Nach einer Ansicht habe der EuGH „falsch" geurteilt und sei zudem nicht befugt, den geltenden deutschen § 34 UrhG[85] einzuschränken, an den zumindest der BGH nicht „vorbeikommen" könne.[86]

---

[81] Dies wird vertreten, etwa auch auf Basis von BGH, Urt. v. 11.12.2014 – I ZR 8/13 – „UsedSoft III" = CR 2015, S. 429, s. etwa *Schneider* CR 2015, S. 421 f.

[82] Oder etwa nur gegen Eingabe eines Lizenzschlüssels oder eines vergleichbaresn Sicherungssystems.

[83] Der Entscheidung EuGH, Urt. v. 3.7.2012, Rs. C-128/11 – „UsedSoft./.Oracle", Tz. 20 ff. = CR 2012, S. 498 f. scheint ein solch gelagerter Sachverhalt zugrunde zu liegen: „Die Kunden von UsedSoft, die noch nicht im Besitz des betreffenden Computerprogrammes sind, laden nach dem Erwerb einer solchen gebrauchten Lizenz eine Programmkopie unmittelbar von der Internetseite ... herunter." (Tz. 26).

[84] EuGH, Urt. v. 3.7.2012, Rs. C-128/11 – UsedSoft./.Oracle, Tz. 55 = CR 2012, S. 500; krit. *Heydn* MMR 2012, S. 592; für eine Ausweitung: *Hartmann*, GRUR Int 2012, S. 982; *Scholz* ITRB 2013, S. 20 f.; vgl. *Hilty* CR 2012, S. 633 ff.

[85] 8. Kapitel C. II. 2. a.

[86] *Haberstumpf* CR 2012, S. 571 f.; wohl auch *Koch* ITRB 2013, S. 41, der zudem die Unvereinbarkeit mit dem WIPO Copyright Treaty (WCT) behauptet – S. 38 ff., was der BGH in der nachfolgend zitierten Entscheidung nicht als gegeben ansah.

Der BGH hat die EuGH-Entscheidung mittlerweile umgesetzt[87] und im Weiteren an die Vorinstanz zurückverwiesen.[88] § 34 UrhG wird im Urteil nicht einmal erwähnt. Auf diese Entscheidung folgten mittlerweile mehrere instanzliche Entscheidungen.[89] Zudem wurde – zumindest bislang – erfolglos versucht, auf Basis der besagten EuGH- und BGH-Entscheidungen die *Half-Life 2*-Entscheidung zu revidieren.[90] Insgesamt bleiben weiterhin zahlreiche Fragen bzgl. der „gebrauchten" Immaterialgüter offen. Zuletzt hat der BGH 2014 in seiner dritten Entscheidung hierzu, also in der Entscheidung *UsedSoft III*, dargelegt, dass Volumenlizenzen zumindest dann „aufgespalten" und getrennt voneinander übertragen werden können, wenn es sich um „eigenständige" Software handelt, die nicht mit einer Server-Instanz interagieren muss.[91]

V. Zwischenergebnis

Bzgl. des Begriffes der Lizenz bestehen unterschiedliche Verständnisse, nach denen bereits die Begriffsverwendung implizite Wertungen erkennen lassen. Neben der rechtlichen Kategorie, die dieser Begriff in den Vordergrund stellt, steht beinahe immer die Überlassung eines Programmes, Codes oder Wissens. Lizenziert wird nicht erst an Endabnehmer, sondern bereits im Binnendickicht der Softwareerstellung, denn die Erstellung einer Software durch nur einen Programmierer ist eher untypisch. Bezüglich des Vertriebes, also hinsichtlich

[87] Zur Frage der Umsetzungsmöglichkeiten vorab *Grützmacher* ZGE 2013, S. 70 f.

[88] BGH, Urt. v. 17.7.2013, Az. I ZR 129/08 – „UsedSoft II" = GRUR 2014, S. 264 ff. = CR 2014, S. 15 ff. m. Anm. *Stieper*.

[89] Etwa LG Hamburg, Urt. v. 25.10.2013, Az. 315 O 449/12 = K&R 2014, S. 60 ff. m. Anm. *Stogmüller* = MMR 2014, S. 102 ff. m. Anm. *Heydn*, die weiterhin an dem Erfordernis des § 34 UrhG festhält und der Ansicht ist, dass der EuGH über dieses nationale Erfordernis nicht disponieren könne; alle vertraglichen Nutzungsrechte könnten demnach nur gemäß § 34 UrhG übertragen werden, nur das gesetzliche Recht nach § 69d I UrhG indes erwerbe der Zweiterwerber ohne Weiteres (S. 106).

[90] Vgl. http://spielerecht.de/vzbv-gegen-valve-steam-erneute-niederlage-der-verbraucherzentrale-zeichnet-sich-ab/. *Leistner* WRP 2014, S. 1002 f. geht davon aus, dass Half-Life 2 ein Spiel sei, das „hauptsächlich über das Internet in Mehrspielerkonstellationen" verwendet werde und sieht in der herstellerseitigen Zurverfügungstellung dieser „Online-Spielekomponente" als wichtige Dienstleistungskomponente, die sich nicht erschöpfen könne. Dies trifft bei diesem Spiel sachlich aber nicht zu, denn es handelt sich primär um ein Ein-Spieler-Spiel. Indes meint *Schneider* CR 2015, S. 421 f., dass der BGH mittlerweile durch „UsedSoft III" (s. nachfolgende Fn.) vorherige Entscheidungen deutlich „relativiert" habe. *Grützmacher* ITRB 2015, S. 146 geht indes davon aus, dass der „BGH in Sachen Half-Life 2 nach wie vor gültig und richtig sei"; dabei weist er – zu Recht – auf die Differenzierung zwischen der überlassenen Software von Online-Accounts und serverseitiger Software hin.

[91] Also wenn es sich um keine sog. Client-Server-Software handelt, s. BGH, Urt. v. 11.12.2014 – I ZR 8/13 – „UsedSoft III" = CR 2015, S. 429 ff. = GRUR 2015, S. 772 ff. m. Anm. *Sattler*, vgl. insbes. Rz. 45 ff. = CR 2015, S. 432 = GRUR 2015, S. 776 f.

der Softwareüberlassung an Endkunden über Mediäre, sei an die nachfolgenden Ausführungen verwiesen.[92]

Grundlage und Rahmen für die (i. d. R.) dingliche Gestattung sind (Software-)Verträge. Die Verkehrsfähigkeit der Rechte bzw. Belegstücke werden auf zweiter Ebene hauptsächlich durch die Erschöpfung erreicht, deren Wirkung jedoch – momentan noch – als eingeschränkt charakterisiert werden kann, was sich freilich negativ auf die Verkehrsfähigkeit auswirkt. Es bleibt insoweit die zukünftige Rechtsprechung (des BGH und des EuGH) abzuwarten.

B. Softwarevertragsrecht und Typologie des Softwarevertragsrechts

Softwarevertragsrecht ist vielgesichtig, der Haupttypus ist die Überlassung einer Software gegen Geld, wobei die Bezahlung für die Software periodisch[93] oder einmalig erfolgen kann. Zu differenzieren ist entsprechend, ob die Überlassung dauerhaft oder zur temporären Nutzung erfolgt. Auf anderer Ebene ist unterschiedlich ausgeprägt, ob das vertragsgegenständliche Programm bereits existiert oder noch nach Auftraggeberwunsch zu schreiben sein wird – ob also Standard- oder Individualsoftware gehandelt bzw. angefertigt wird. Nicht zuletzt ist der Softwaremarkt durch zu *proprietären* bzw. *Closed Source* alternative Modelle geprägt: also *Free Software* bzw. *Open Source Software* (F/OSS)[94].

I. Überlassung von Standardsoftware

Standardsoftware wird oftmals im Groß- oder Einzelhandel in Hüllenverpackungen[95] erworben, welche in der Regel einen Datenträger mit dem ausführbaren Programm[96] und ggf. noch sog. Seriennummern (oder Lizenzschlüssel) und ggf. Handbücher enthalten. In zahlreichen, aber längst nicht überwiegenden Fällen wird der Erwerbsvorgang solcher Programme bereits „körperlos" über digitale Vertriebswege vollzogen;[97] in diesem Zusammenhang mag zukünftig die ggf. kommende EU-Richtlinie „über bestimmte vertragsrechtliche Aspekte der Bereitstellung digitaler Inhalte"[98] bzw. das ggf. entsprechend zu schaf-

---

[92] 3. Kapitel B. II.

[93] Solche Dauerschuldverhältnisse sind oftmals üblich; vgl. *Ulmer-Eilfort/Schmoll* 2006, S. 1 zum Lizenzvertrag über Technologien.

[94] 3. Kapitel B. VIII.

[95] In aller Regel in einer verschweißten Papp- oder Kunststoffverpackung – s. 3. Kapitel B. I. 3.

[96] Vgl. *Metzger/Grützmacher* in: Rieder/Schütze/Weipert 2015, S. 212, 214, 232 f.

[97] Vgl. *Metzger/Grützmacher* in: Rieder/Schütze/Weipert 2015, S. 232; s. 3. Kapitel B. I. 4.

[98] 11. Kapitel A.

fende, umsetzende nationale Recht zu berücksichtigen sein. Zur Kategorie der Standardsoftware gehören beispielhaft Microsofts *Windows* oder *Office*, Adobes *Photoshop* und, soweit sie (nur) als Software klassifiziert werden, Valves *Half-Life 2*[99] oder Activison/Blizzards *World of Warcraft*[100].

Diese Programme können ohne Weiteres in größerer Stückzahl erworben werden, insbesondere von Unternehmen. Damit geht etwa einher, dass dem Abnehmer eine größere Anzahl an sog. Lizenzschlüsseln bzw. Seriennummern, aber nur wenige oder ggf. nur ein Datenträger überlassen wird,[101] womit der übliche Zusammenhang zwischen der Anzahl an Datenträgern und der Lizenzanzahl aufgelöst wird.[102] Die Überlassungsform wird als Volumenlizenzen bezeichnet. Neuerdings setzt bspw. Microsoft bezüglich der neueren *Office*-Version 2013 und 2016 bzw. 365 auf zeitlich begrenzte Lizenzen („Abonnement") von ein bzw. vier (Hochschulversion[103]) Jahren, gleichwohl werden noch dauerhafte Versionen angeboten.[104]

Die dauerhaften Erwerbsvorgänge werden vertragsrechtsrechtlich überwiegend als Rechts- oder Sachkauf[105] oder Lizenzvertrag *sui generis*[106] typisiert.[107] Bei temporärer Überlassung bzw. periodischen Zahlungsmodellen[108] wird die Anwendung des Mietrechts angenommen.[109]

---

[99] Konkret zu diesem Spiel der 3. Kapitel A. IV.; zu einer anderen Variante dieses Spieles bzw. Bündelung dieses Spieles mit anderen *Metzger* in: Hilty/Jaeger/Kitz 2008, S. 95 ff.

[100] Letzteres ist von der Besonderheit geprägt, dass neben dem Erwerbsvorgang noch ein „Abonnement" abgeschlossen werden muss, um das Spiel länger als einen Monat bzw. dauerhaft nutzen zu können. Das Spiel ist bloß lokal überhaupt nicht ausführbar, sondern bedarf der Verbindung zu einem offiziellen Server.

[101] Vgl. *Metzger/Grützmacher* in: Rieder/Schütze/Weipert 2015, S. 203, s. § 2 I a. E. des dortigen Mustervertrages.

[102] S. u. a. 3. Kapitel A. IV.

[103] Vgl. 8. Kapitel C. III. 3.

[104] S. https://de.wikipedia.org/wiki/Microsoft_Office_2013#Versionen; https://de.wikipedia.org/wiki/Microsoft_Office_2016#Kaufversionen_von_Office_2016.

[105] *Hoeren* 1989, S. 57, 167 f.; *Hoeren* 2012, S. 78 ff.; *Marly* 2014, Rdnr. 709 ff.; *Brandi-Dohrn* in: Redeker, Muster 1.2 Rdnr. 2; *Mayer-Wegelin* 2008, S. 39 (speziell zu Computerspielen).

[106] Was insoweit eine nutzlose Aussage ist, die nach konkretisierenden Mustervorschriften typisierter Verträge verlangt.

[107] Für das Kaufrecht BGH, Urt. v. 4. 11. 1987 = NJW 1988, S. 406 ff. („zumindest entsprechend"); *Lutz* 2009, S. 24 f.; *Berger* K&R 2005, S. 18; *Groß* 2009, S. 38; *Schröder* 2015, S. 3; *Junker/Benecke* 2003, Rdnr. 159 ff. (überwiegend über Analogie); gegen die (analoge) Anwendung des Kaufrechts: *Kilian* in: Kilian/Heussen, Kap. 20 Rdnr. 48; *Hilty* MMR 2003, S. 7 ff., welcher sehr diff. die einzelnen Ebenen (Schuldrecht, Sachenrecht, Immaterialgüterrecht) ausarbeitet. Zumindest mit starken kaufrechtlichen Bestandteilen dafür *Metzger* NJW 2003, S. 1995.

[108] *Metzger/Grützmacher* in: Rieder/Schütze/Weipert 2015, S. 221.

[109] *Hoeren* 2012, S. 251 f.

1. Betriebssysteme und ihr Vertrieb

Von besonderer Bedeutung ist – gerade rechtlich – der Bezug von Betriebssystemen. Bevor Programme der „niedrigen“ Ebene[110] ausgeführt werden können, bedarf es eines „laufenden“ Betriebssystems (OS = *Operating System*).[111] Je nach (Hardware-)Plattform[112] – von großen Hochleistungsrechnern über Server sowie „normale“ Personalcomputer in Desktop- oder Laptopgestalt, ob IBM-kompatibel oder nicht, bis hin zu Netbooks, Tablets und Smartphones[113] – stehen ggf. verschiedene Betriebssysteme, ob nun für die Entwickler bzw. Hersteller oder die Endnutzer zur Auswahl.[114] Je nach Plattform kann es möglich sein, mehrere Betriebssysteme parallel zu installieren und (sequentiell[115]) zu verwenden. Betriebssysteme sind i. d. R. nach mehreren Jahren nicht mehr auf dem (Primär-)Markt erhältlich, zudem stellen die Entwickler nach einer bestimmten Periode auch die Unterstützung, also *Patches* etc., für diese ein. Dies gilt gleichermaßen für andere Software.

a. Vertrieb von Betriebssystemen

In aller Regel ist beim Erwerb eines kompletten PCs (Komplett-PC) ein Betriebssystem bereits vorinstalliert, in aller Regel Microsofts *Windows*[116]: Microsofts Erfolg begann damit, dass die Betriebssysteme gemeinsam mit (IBM-) Computern verkauft wurden, wofür Microsoft zunächst nur geringe Gebühren erhielt – dafür wurde der Markt jedoch umfassend erschlossen und eine anhaltende beherrschende Position begründet.[117] Moderne Betriebssysteme enthalten nicht nur das Betriebssystem als solches, sondern oftmals zahlreiche weitere Programme – insbesondere auch *Browser*.[118] Dabei geht die „Bordausrüstung“ insgesamt weit über das Ansteuern von Datenträgern und Dateiverwaltung hinaus; die *GNU/Linux*-Distributionen enthalten ebenfalls große Programmpakete, wenngleich die mitgelieferten Programme i. d. R. vom Betriebssystem unabhängig sind.[119] Apple-Betriebssysteme sollen nur auf Apple-Geräten ab-

---

110 2. Kapitel A. III.

111 S. bereits 2. Kapitel A. I.

112 Vgl. *Buxmann/Diefenbach/Hess* 2015, S. 31 f.

113 Ggf. abzugrenzen von PDA usf.

114 Und diese wiederum in verschiedenen Versionen hinsichtlich Zeit/Aktualität (Versionsnummer) und Umfang (etwa „Premium“, „Pro“ usf.).

115 Über Virtualisierung (2. Kapitel A. III. 2.) sogar parallel, obwohl dann das „niedrigere“ System nicht mehr die Hardware direkt ansteuert, sondern eine virtuelle Maschine.

116 Zur Verbreitung und Marktdurchdring s. nachfolgendes Kapitel.

117 S. etwa *Stiller* c't 18/2011, S. 47; *Grassmuck* 2004, S. 205 ff.; *Allen* 1997, S. 18 ff.

118 Vgl. dazu die Microsoft-Fälle unter 6. Kapitel B. III.

119 Die Übergänge sind aber auch dabei schwierig zu fassen – auch bei Windows müssen die meisten mitgelieferten Programme erst gesondert aufgerufen werden und konnten in früheren Versionen auch deinstalliert werden. Vgl. auch 7. Kapitel B. IV. 2. b. bb. (4).

lauffähig sein,[120] Microsoft-Betriebssysteme sind mittlerweile ohne größere Mühen hingegen ebenfalls auf Apple-Geräten funktionabel. Bei (kleineren) Geräten wie Videospielkonsolen[121], Mobiltelephonen und erst recht MP3-Playern, Fernsehern, DVB-Receivern u. a. *Embedded Systems*[122] ist ein Betriebssystem zwar vorhanden, doch ist in aller Regel ein Betriebssystemwechsel – jenseits von bloßen Aktualisierungen des vorinstallierten – nicht vorgesehen und kann höchstens durch *Hacks* erfolgen.

Betriebssysteme können (wie andere Software) getrennt von Hardware erworben werden. Dabei wird oftmals zwischen *Retail*[123] und OEM[124] oder vergleichbaren Versionen unterschieden, die eben nur mitsamt Hardware oder kompletten PCs verkauft werden sollen und denen in der Regel ein Handbuch und aufwendige Verpackungen fehlen, die technisch aber identisch sind. Neuerdings werden OEM-Versionen alternativ als *System Builder-* (SB), *Delivery Service Pack* (DSP) oder *Bulk*[125]-Versionen bezeichnet, wobei es möglich sein kann – aber eher unwahrscheinlich ist –, dass die Programme von ihren „Vollpreis"-Varianten im Funktionsumfang abweichen. Gerade bei Auslieferung mit Komplettsystemen, insbesondere bei „vorinstalliertem" Betriebssystem, kann es etwa der Fall sein, dass der Datenträger lediglich eine *Recovery*-Variante des Programmes enthält oder entsprechende Daten ausschließlich auf einer versteckten HDD-Partition hinterlegt wurde, die ggf. auch an diese Hardware gebunden ist.[126] Teilweise leisten die Softwarehersteller keinen (kostenlosen) Kundendienst für die Verwender solcher Versionen.[127]

Mehrere Anwendungsprogramme und Betriebssysteme können in bestimmten Varianten, ggf. nur von bestimmten Personengruppen (wie Schülern oder Studenten)[128] oder Erwerbern einer niedrigen oder Vorversion (Upgrades) gegen Nachweis der Zugehörigkeit[129] zu diesen zu anderen Preisbedingungen

---

[120] Es bedarf somit solcher *Hacks* wie http://wiki.osx86project.org/wiki/index.php/Main_Page oder http://www.hackintosh.com/.

[121] Eine kurzzeitige Ausnahme war die Playstation 3, die über Jahre (bis zur Firmware v3.21) mit einer GNU/Linux-Variante ausgerüstet werden konnte. Mittlerweile ist dies nur mit – (noch?) recht bedeutungslosen – ohnehin mit F/OSS ausgerüsteten F/OSS-Konsolen möglich (3. Kapitel B. VI.).

[122] *Schuppert* in: Lehmann/Meents 2011, Kap. 5 Rdnr. 202.

[123] Oder auch „Fachhandelsversion", etwa *Timm* 2005, S. 66.

[124] Bei Windows verschiedene Versionen wie 32- oder 64 Bit-Version, „Home", „Professional", „Ultimate" usf.

[125] Dazu 8. Kapitel C. III. 4.

[126] *DGRI* CR-Beil. 5/2003, S. 3 f.; zu damaligen Gerüchten bzgl. Windows 8 http://www.gamestar.de/software/microsoft-windows-8/news-artikel/windows_8,473,3007735.html.

[127] *Bödeker* 2008, S. 209.

[128] 8. Kapitel C. III. 3.

[129] Entweder durch Vorlage eines entsprechenden Ausweises o.ä. oder technisch während des Installationsvorganges etwa durch Einlegen des Vorgängerdatenträgers in das Laufwerk.

erworben werden. Hierbei handelt es sich technisch i. d. R. um identische Versionen.[130]

Betriebssysteme der F/OSS können ebenfalls in solchen Verpackungen erworben werden, werden oftmals aber – unentgeltlich – über das Internet[131] (als CD-/DVD-/*Blu ray-*)*Images* (= Datenträgerabbilder) bezogen. Diese enthalten i. d. R. umfassende Software-Pakete und werden als Distributionen bezeichnet.[132] Zusätzlich bieten kommerzielle Distributoren auch Serviceleistungen an.[133] Microsoft, mit *Windows* selbstverständlich kein F/OSS-Anbieter, bietet ergänzend zu einem solchen Download Original-Datenträger per Postversand an.

Eine weitere Besonderheit betrifft i. d. R. den unternehmerischen und institutionellen Einsatz, welcher eine größere Anzahl an Betriebssystemen (und anderen Programmen) erfordert. Daneben sind Teil des Angebots Familien-Pakete, die eine Verwendung durch mehrere Personen vorsehen. Solche „Volumenlizenzen" (oder Mehrfachlizenzen)[134] verlangen ggf. neben dieser Vielzahl an Lizenzen für Betriebssysteme selbst noch weitere Server-Client-Programme (und entsprechende sog. CAL-Lizenzen[135]). Die Lizenzen werden dabei pro Rechner, CPU, Benutzer, Instanzen (= laufende Installationen) oder ähnlichen Faktoren berechnet; Datenträger spielen jedenfalls keine (größere) Rolle und dürfen oftmals von den Unternehmen sodann selbst hergestellt werden.[136] Neuerdings wird angeboten, solche Softwaremassen zu mieten. Bei F/OSS hingegen bedarf es grundsätzlich keiner mehrfachen Lizenzen, da F/OSS keine Geräte- oder Nutzerbegrenzungen kennt.

Microsoft etwa nutzt unterschiedliche „Modelle". *Windows 7* wurde in größeren Mengen nicht als Volumenlizenz angeboten, sondern nur über OEM[137], jedoch werden die besagten Server-CALs bei Verbindung zu einem Server mit einer Servervariante *Windows'*[138] „volumenmäßig" offeriert. Volumenlizenzen können i. d. R. zumindest aufgestockt bzw. nachgelöst werden, oftmals aber nicht zurückgegeben bzw. reduziert werden.[139]

---

130 Oftmals weichen aber die Lizenzbedingungen ab; vgl. 8. Kapitel C. III. 3.

131 Und bereits zuvor über Mailboxen.

132 3. Kapitel B. VIII; vgl. http://de.wikipedia.org/wiki/Liste_der_Linux-Distributionen.

133 *Mundhenke* 2007, S. 54 f.

134 *Grützmacher* ZUM 2006, S. 303.

135 *Seitz* 2010, S. 266; http://www.pcwelt.de/ratgeber/Softwarelizenzen-CAL-Lizenzen-5847092.html.

136 Vgl. *Dreier/Vogel* 2008, S. 136 ff. („Unternehmens- und Konzernlizenzen").

137 *Microsoft* 2009, S. 12.

138 *Microsoft* 2009, S. 13.

139 Vgl. 8. Kapitel C. II.

b. Interoperabilität und offene Formate

Mittels allgemein gültiger Protokolle (Schnittstellen) können auch Computer mit unterschiedlichen Betriebssystemen via Internet oder Netzwerk kommunizieren (*Cross Plattform*[140]).[141] Austausch ist des Weiteren über (offene) Dateiformate möglich. Sofern *Cloud*-Anwendungen genutzt werden, kommt es originär nicht mehr auf das Betriebssystem des Klienten an, sondern nur noch darauf, dass ein entsprechender Klient (wie ein *Browser*) überhaupt verfügbar ist.

Je verbreiteter eine Plattform, in diesem Sinne ein Betriebssystem, ist, desto größer sind prinzipiell die Absatzchancen für Softwareentwickler, weswegen es für diese lukrativer ist, für verbreitete Betriebssysteme als für Nischeprodukte zu entwickeln. Je größer das Software-Angebot für eine Plattform ist, desto attraktiver ist diese erfahrungsgemäß für Neueinsteiger oder Wechsler. Eine bereits große Nutzerbasis führt somit zu einer immer größeren Basis und zum Aussterben kleiner Systeme. Dies wird als Netzwerkeffekt[142] bezeichnet.

2. Computerspiele

Der Computerspielmarkt ist in Deutschland bereits voluminöser als Film- oder Musikmärkte.[143] Neben Massenphänomenen wie MMORPGs (wie insbes. *World of Warcraft*) ist die momentane Entwicklung durch „(zunächst) [für Endnutzer] kostenlos[e]"[144] *Browserspiele*, in Sozialen Netzwerke integrierte *Social Games*[145] und das Aufkeimen von Mobiltelephonen als Konsolenersatzgeräten[146] geprägt. Einhergehend dazu bilden sich neben dem herkömmlichen, etablierten *Hardcore*-Markt[147] immer mehr Angebote für *Casual Gamer* heraus, was insbesondere mit Frauen und Senioren bislang weitgehend unerreichte Zielgruppen umfasst. Diese Angebote sind oftmals zunächst kostenlos („free2play") und werden daher oftmals werbefinanziert oder tragen sich über Mikrotransaktionen – etwa über Erwerb von virtuellen Gegenständen via Mehrwertdienst. Neben dem Erwerbspreis und den besagten Transaktionen können als Bezahlung etwa noch Abo- bzw. Servergebühren fällig werden.[148]

---

140 S. http://en.wikipedia.org/wiki/Cross-platform.

141 *Wiebe* JIPITEC 2/2011, Rdnr. 14.

142 S. dazu noch umfassend u. 4. Kapitel A. II.

143 *Nestler* FAZ v. 6.8.2015 (180), S. 22; *Bullinger/Czychowski* GRUR 2011, S. 20; *Oehler/Wündisch* in: Berger/Wündisch, § 34 Rdnr. 1; https://www.biu-online.de/marktdaten/deutscher-markt-fuer-digitale-spiele-2016/; https://www.heise.de/newsticker/meldung/Milliardenumsaetze-Computerspiele-Markt-in-Deutschland-waechst-stark-3804260.html.

144 Vgl. *Diegmann/Kuntz* NJW 2010, S. 561.

145 *Schultheiss/Müller* making games 2/2011, S. 62.

146 3. Kapitel B. VI.

147 7. Kapitel B. IV. 2. b. bb. (7) (c) (ee).

148 3. Kapitel B. I.

Weitere *Trends* sind die bereits umfassend genutzten Möglichkeiten digitaler Distribution[149] (einschließlich von i. d. R. kostenpflichtigen Zusatzinhalte, sog. DLC bzw. *Download Content*[150]) sowie die bislang noch kaum verbreitete Möglichkeit des *Stream*-Zugangs.[151] Hinsichtlich der digitalen Distribution ist hierbei zu bemerken, dass bestimmte Spiele nur über diesen Weg zu erhalten sind. Diese sind dann oftmals günstiger und auch günstiger produziert worden. Die Vollpreis-Titel[152] (ca. 40–70 EUR) gelangen zu den Endabnehmern aber nach wie vor über den herkömmlichen Absatzpfad, also über den Versandhandel und insbesondere über Elektronikgroßgeschäfte.[153] Die Videospielkonsolen der aktuellen Generation können über sog. Kanäle oder *Stores* direkt auf einen Online-Shop des Konsolen-Herstellers zugreifen[154] oder enthalten schon gar kein Laufwerk[155] mehr. Konkurrenz für tragbare Konsolen mag immer mehr durch fortschrittliche Mobiltelephone entstehen.[156]

Rechtliche Diskussionen finden etwa hinsichtlich der Übertragbarkeit virtueller Gegenstände und Charaktere statt.[157] „Killerspiel"- und „Abzock"-Debatten reißen nicht ab,[158] wobei letztere die Diskussionen um Klingeltöne für Mobiltelephone einschließlich sog. Abonnements usf. fortzusetzen scheinen.

3. Der Einbezug von Nutzungsbestimmungen (EULA) durch OK-Klicks, Online-Aktivierung etc.

Die Verkaufsverpackungen der Software enthalten häufig Bestimmungen – aufgedruckt oder, bereits aufgrund des großen Umfangs, in gedruckter Form beiliegend – über die gestattete Nutzung, Haftungsausschlüsse etc.[159] Die übliche

---

149 3. Kapitel B. I. 4.

150 *Schultheiss/Müller* making games 2/2011, S. 62.

151 3. Kapitel B. I. 4. b.

152 Zu denen, sowohl für PC als auch Konsolen, insbesondere die sog. Triple-A- bzw. AAA-Titel gehören (vgl. zum Sprachgebrauch https://de.wikipedia.org/wiki/AAA_(Videospielindustrie)).

153 Optimistisch bzgl. Entwicklung für Computer-, Video- und Mobiltelephonspiele zeigt sich *Gieselmann* c't 16/2009, S. 143.

154 Insbesondere seit der vorherigen Konsolen-Generation, also sog. Kanäle (Nintendo Wii), der PS-Store (Sonys Playstation) oder X-Box Live (Microsoft X-Box). Dies gilt entsprechend für die Handgeräte dieser Generation und ebenfalls für die momentan aktuelle Nachfolgegeneration.

155 Wie eine PSP-Variante – *Schultheiss/Müller* making games 2/2011, S. 62.

156 S. http://www.heise.de/newsticker/meldung/Spiele-Klassische-Mobil-Konsolen-verlieren-an-iOS-und-Android-1376769.html.

157 Dazu etwa *Kreutzer* CR 2007, S. 562 ff.; für ein Widerrufsrecht beim Online-Erwerb solcher: *Sabellek/Heinemeyer* CR 2012, S. 719 ff.

158 Vgl. nur *R. Pfeiffer* unter http://www.regine-pfeiffer.de/, insbes. unter den Kategorien „Gewalt" und „free-to-play".

159 Sog. Schutzhüllenverträge: *Polley* CR 2004, S. 642; bzw. *shrinkwrap distribution*: *Batchelor* CTLR 2004, S. 167, sofern ein Aufdruck vorhanden ist, dass mit Entfernung der Schutzfolie der (Nutzungs-)Vertrag eingegangen werde; *Seffer/Beninca* ITRB 2004, S. 212.

Bezeichnung hierfür ist EULA, was für *End User License Agreement* steht.[160] Teilweise wird vor oder nach der Installation oder vor der ersten Nutzung einer Software ein solcher Text eingeblendet, welchem der Nutzer zuzustimmen hat, wenn er die Software nutzen will.

Bestimmte Programme müssen zunächst oder nach einem bestimmten Intervall „aktiviert" werden.[161] Es ist ebenfalls zu beobachten, dass nach Programmaktualisierungen[162] neueren Bestimmungen zugestimmt werden muss. In die gleiche Richtung zielt es, vor der Benutzungsmöglichkeit dem Nutzer aufzubürden, erst ein Konto bei einem Internet-Dienst oder Ähnliches anzulegen und weiteren Bedingungen zuzustimmen.[163]

4. Digitale Distribution und Stream-Nutzung

a. Digitale Distribution

Digitale Distribution bzw. *Electronic Software Distribution* (ESD) stellt die unkörperliche Verbreitung über Telekommunikationsinfrastrukturen dar. Wie Datenträger in Läden vertrieben werden können, so ist es möglich, entsprechende *Images* (Datenträger-Abbilder) – gerade in Anbetracht gesteigerter Leitungsbandbreiten – herunterzuladen und erst nachfolgend auf einen Datenträger zu kopieren. Freilich werden nicht ausschließlich solche Datenträger-Abbilder vertrieben. Stattdessen sind Programm-Varianten verbreitet, die sich direkt online installieren lassen und nicht erst noch auf ein Wechselmedium kopiert werden müssen. Dies erlaubt zudem eine bessere Verknüpfung der jeweiligen Installation mit einem spezifischen PC und ist herstellerseitig daher besonders begrüßenswert. Bei Betriebssystemen ist ein solches Verfahren jedoch kaum möglich, da eine solche Online-Verbindung und -Installation nicht unproblematisch ohne Betriebssystem durchgeführt werden kann.[164] Herkömmlich galt, dass zumindest im privaten Einsatzfeld die Nutzer für jede Programmkopie bzw. Installation einen („Original"-)Datenträger besitzen mussten – sei es im Rahmen der „Lizenz", sei es, weil sich dieser während der Programmnutzung im Laufwerk befinden musste.

---

[160] Etwa Endbenutzer-Lizenzvertrag oder -vereinbarung. Vgl. *Metzger/Grützmacher* in: Rieder/Schütze/Weipert 2015, S. 232, 233.

[161] Zu deren Zulässigkeit (am Beispiel Microsofts und Valves): *Metzger* in: Hilty/Jaeger/Kitz 2008, S. 95 ff. Auch als Freischaltungserfordernis bekannt: *DGRI* CR-Beil. 5/2003, S. 3; oder als „Enter-Vertrag" bei *Hilty* 2001, S. 278; *Baus* 2004, S. 51.

[162] *Updates* oder *Bugfixes*. Und ggf. noch weiteren Texten, bevor diese heruntergeladen oder anderweitig bezogen werden können.

[163] Vgl. u. a. 3. Kapitel B. I. 6.

[164] Höchstens ein Upgrade oder ein Umstieg auf ein anderes Betriebssystem, da ein Betriebssystem i. d. R. installiert sein muss, um überhaupt andere Inhalte installieren zu können. Dies gilt aber nur eingeschränkt, da einzelne Betriebssysteme auch genutzt werden können, ohne diese zunächst zu installieren.

Theoretisch kann jeder Software-Hersteller somit mühelos direkt seine Software absetzen. Andererseits ist dies über aggregierte Plattformen möglich, über welche Software verschiedener Hersteller abgesetzt werden. Ein prominentes und erfolgreiches Beispiel hierfür ist *Steam*, eine große Vertriebsplattform für Computerspiele.[165] Der Betreiber, Valve, ist zudem selbst erfolgreich als Spiele-Entwickler tätig. Ein weiteres prominentes Beispiel für erfolgreiche Online-Distribution ist Apples *Appstore*.[166] Gerade da Apple Laufwerke für Wechselmedien ohnehin als veraltetet erachtet, ist anzunehmen, dass Apple dieses Portal forcieren wird. Zudem unterhält Apple mit *iTunes* ein Portal für Musik und Filme, in welchem Medien zahlreicher Anbieter angeboten werden.

Diese Situationen zeichnen sich insgesamt dadurch aus, dass ein per Internet übermittelter Datensatz (nicht unbedingt ein Datenträger-Abbild) an Stelle eines Datenträgers tritt. Insgesamt gibt es aber Programme, die nur über bzw. auf Datenträger(n) sowie solche, die nur via Internet oder spezielle Online-Shops verfügbar sind. Angesichts der Marktstrukturen ist allgemein zu vermuten, dass bestimmte (sehr) günstige Programme niemals – zumindest nicht allein – auf Datenträgern erhältlich sein werden.[167] Aufgrund der begrenzten Datentransferkapazität der Kommunikationsnetze und zudem aufgrund des zunehmenden Speicherbedarfes der Programme kann bezweifelt werden, dass es alsbald möglich sein wird, auf Datenträger zu verzichten.[168] Bislang ist zumindest eine vollständige Ablösung des herkömmlichen Vertriebsweges noch nicht in Sicht.[169]

b. *Software-Nutzung via ASP, SaaS, Stream, Cloud etc.*

Andererseits ist es nicht nötig, eine vollständige Software für die eigene Hardware zu beziehen – stattdessen kann per Internet eine auf anderen Rechnern betriebene Software genutzt werden.[170] Dies müssen nicht „langsame" Büroprogramme sein, sondern können mittlerweile Computerspiele[171] oder Video-

---

165 *Gieselmann* c't 16/2009, S. 142 f. Zu den Konkurrenten gehört Origin von Electronic Arts, Uplay-Store von Ubisoft oder GOG von CD Project.

166 *Gieselmann* c't 16/2009, S. 138 ff.; *Kremer* CR 2011, S. 769 ff. (auch noch zu den konkurrierenden Anbietern bzw. Plattformen), S. 773 zur Qualitätskontrolle und darüber hinausgehenden Möglichkeiten der Hersteller.

167 Vgl. 4. Kapitel B.

168 Zumindest im „worst case scenario": *Schultheiss/Müller* GameStar 7/2011, S. 101; s. aber auch S. 102; *Schultheiss/Müller* making games 2/2011, S. 65.

169 2010 wurden noch etwa 90 % der Spiele per Datenträger vertrieben – http://www.gamestar.de/news/vermischtes/2311820/spiele.html. 2014 indes soll der Vertrieb über Datenträger nur noch ca. 10 % ausgemacht haben – http://www.gamestar.de/artikel/steam-origin-co-digitaler-verkauf-mit-92-prozent-marktanteil,3059192.html, zumindest bei Konsolen ist das Verhältnis aber auch 2016 von Datenträgern zu datenträgerlosen Spielen bei 4:1 – http://www.gameswirtschaft.de/wirtschaft/games-download-marktanteil-2016-deutschland/.

170 Etwa ASP auch in Gestalt des Applet-ASP über Java: *Bödeker* 2008, S. 151 f.

171 2. Kapitel A. III. 2.

bearbeitungsprogramme[172] mit vergleichsweise hohen graphischen Details sein, die quasi *gestreamt* werden. Diese Anwendungssituationen zeichnen sich dadurch aus, dass Software (i. d. R.[173]) nicht mehr dauerhaft überlassen, sondern gemietet wird.[174] Dabei ist es gleich, welche konkrete Technik genutzt oder aber welche Werbebilder oder IT-Stichworte zur Beschreibung gegeben werden – seien es hergebrachte wie *SaaS*, *ASP* oder modischere wie *Cloud, Streaming* oder *on Demand*.[175] Ein Vorteil für die Nutzer ist, dass sie selbst keine aufwendige, leistungsfähige IT-Infrastruktur benötigen, sondern prinzipiell mit einfacher Hardware die anderweitig ausgeführten Dienste nutzen können. Oftmals wird eine komplette Arbeits- bzw. Nutzungsumgebung überlassen. Quellcode oder andere vertrauliche Informationen erhält der Nutzer dabei aber ebenso wenig wie bei einer permanenten Überlassung zur „autonomen“ Nutzung. Lediglich die Anbieter entsprechender Lösungen bedürfen ggf. etwaiger Informationen, um einzelne Software für diese Nutzung vorzubereiten bzw. in ihren Dienst zu implementieren – und ggf. einer besonderen Lizenz.[176]

5. *Typische Klauseln für Einsatz- und Weiterverwendungsbeschränkungen*

a. *Allgemeines*

Verträge für Software enthalten häufig Vorgaben dazu, auf wie vielen Computern die jeweilige Software installiert oder (parallel) betrieben werden darf.[177] Sogenannte CPU-Klauseln beschränken die Nutzung auf spezifizierte CPUs,[178] sog. modifizierte CPU-Klauseln gestatten es zumindest, die Software noch auf anderen, vergleichbar leistungsfähigen Computern zu nutzen.[179] Womöglich wird die Nutzung auch auf einer belieben Anzahl an CPUs zu benutzen, nur kann sich dann je CPU (oder Core) die Lizenzgebühr erhöhen. Daneben kann die Berechnung auch an Nutzer bzw. Nutzerkonten anknüpfen. Häufig wird es

---

[172] S. etwa die Creative Cloud von Adobe.

[173] Denkbar sind natürlich auch Kauf-Möglichkeiten mit dauerhaften Nutzungsrechten.

[174] *Dreier/Vogel* 2008, S. 133; *Nordmeyer* 2009, S. 11 ff.; *Brandi-Dohrn* in: Redeker, Muster 1.2 Rdnr. 6 f.

[175] 2. Kapitel A. III. 2.

[176] Nach § 69c Nr. 4 UrhG.

[177] *Polley* CR 1999, S. 346: „Netzwerkklauseln und Klauseln zur Parallelnutzung“; ggf. auch orientiert an sog. *Concurrent User*, *Named User* oder via *Software Metering* nach *Brandi-Dohrn* in: Redeker, Muster 1.2 Rdnr. 76; vgl. bereits *Chrocziel* CR 1989, S. 677.

[178] *Metzger* NJW 2003, S. 1994; *Harte-Bavendam/Wiebe* in: Kilian/Heussen, Kap. 51 Rdnr. 98; *Scholz/Wagener* CR 2003, S. 880; *Metzger/Grützmacher* in: Rieder/Schütze/Weipert 2015, S. 203, 209 f. (§ 2 I des Mustervertrages, dort bezeichnet als „Arbeitsplatz“, in Verbindung mit dem Programmschein); *Hoeren* 2008, II Rdnr. 24; dazu treten sog. Installations- und Gebäudelizenzen *Sucker* CR 1989, S. 469; oder Begrenzungen gar auf einen Raum: *Kreuzer* 1996, S. 227.

[179] Mit Möglichkeit der *Upgrade*-Lizenz: *Scholz/Wagener* CR 2003, S. 880.

dem Lizenznehmer untersagt, die Software zu ändern.[180] Zudem kann es sein, dass etwa „Schulversionen“ nicht für die kommerzielle Verwendung eingesetzt werden dürfen.[181]

b. „Kampf dem Gebrauchten“ – Der Kampf gegen Gebrauchtsoftware

Bereits genutzte Software zu verkaufen, bedeutet für den Absetzenden sich solcher Programme zu entledigen, die nicht mehr benötigt werden. Für Software-Anbieter bzw. Anbieter „neuer“ Software bedeutet dies hingegen, potentielle Kunden für „ungebrauchte“[182] Software zu verlieren.[183] Dies gipfelt teilweise darin, solchen Handel als „legalen Diebstahl“[184] oder als „schlimmer als Raubkopien“[185] zu bezeichnen. Daher wehren sich die Hersteller sowohl im professionellen Bereich wie auch im Spiele- bzw. Endkunden-Bereich gegen den Gebrauchthandel. Die Preise gebrauchter Software sind naturgemäß niedriger, zudem mögen gewünschte ältere Versionen nicht mehr verfügbar sein.[186]

Die Verteidigungsstrategie großer Unternehmen konzentriert sich etwa auf Kampagnen oder Gerichtsverfahren gegen (ebenfalls kommerzielle) Gebraucht-Händler. Mittlerweile hat der EuGH, wie bereits angeführt, hierzu erkannt.[187] Eine praktizierte Alternative (oder theoretisch mögliche Ergänzung) dazu ist es, den Gebrauchthandel unmöglich werden zu lassen oder zumindest durch das „Gebrauchtwerden“ die Software unattraktiver – ganz im Widerspruch zur letztlich nicht verfallenden Natur dieser[188] – werden zu lassen. Dazu wird dafür gesorgt, dass sich der Erstnutzer einer Software notwendigerweise registrieren muss, wobei eine einzigartige, mitgelieferte Seriennummer o.ä. eingegeben werden muss – ein Zweiterwerber kann eine solche nicht mehr eingeben. Der Ersterwerber könnte höchstens seine Registrierung bzw. damit verbundene Account-Daten weitergeben. Dies wird dadurch erschwert, dass an einen solchen Account mehrere Programme gebunden sein mögen und einzelne Programme bzw. die jeweiligen Seriennummern nicht isoliert transferiert werden können (oder dürfen[189]). Das Ergebnis ist schlimmstenfalls ein komplett wertloser

---

180 *Harte-Bavendam/Wiebe* in: Kilian/Heussen, Kap. 51 Rdnr. 103. Auch, da die Rechte an der Software im Übrigen beim Lizenzgeber bleiben sollen: *Metzger/Grützmacher* in: Rieder/Schütze/Weipert 2015, S. 367 (§ 3, insbes. I des Mustervertrages).

181 8. Kapitel C. III. 3.

182 8. Kapitel C. II.

183 Zu den Motiven s. noch 8. Kapitel C. II. 1.

184 Vgl. http://www.gamepro.de/news/spiele/xbox360/ego-shooter/digital_extremes/1970558/digital_extremes.html; http://www.gamestar.de/news/branche/2560837/codemasters.html.

185 Vgl. http://www.gamestar.de/spiele/fable-3/news/fable_3,46137,2322964.html.

186 Zum Problem der Anschlusslieferungen s. u. Fn. 1333.

187 3. Kapitel A. IV.

188 8. Kapitel C. II.

189 8. Kapitel C. II.

Datenträger. Solche DRM-Maßnahmen[190] erzielen jedoch nicht nur Effekte gegen „Raubkopien". Den Zielen eines Unternehmens, über leicht intern verteilbare Software zu verfügen, laufen solche Maßnahmen ebenfalls entgegen. Deshalb ist zu beachten, dass gegenüber Privatanwendern und Unternehmen andere Technologien und Verfahren angewandt werden.[191]

Bei digital distributierter Software bzw. Computerspielen – etwa über *Steam*[192] – gilt das entsprechend, ohne dass überhaupt noch ein (wertloser) Datenträger vorhanden ist. Eine weniger radikale Lösung sieht vor, dass der Zweiterwerber einzelne Funktionen des Programmes nicht nutzen kann und dafür nachzahlen müsste.[193] Für die seit Ende 2013 verfügbare aktuelle Konsolengeneration, also die *X-Box One* und die *Playstation 4*, wurde aufgrund bekannter Patentanträge zunächst vermutet, dass diese mit technischen Lösungen gegen Weitergabe „gebrauchter" Datenträger" aufwarten würden.[194] Dies kündigte Microsoft auch zunächst an, ließ davon aber nach erheblichen Protesten wieder ab.[195] Durch technische Lösungen kann es Herstellern aber gelingen, den Gebrauchthandel faktisch auszuschließen; ganz ungeachtet davon, inwieweit

---

190 Dazu u. 3. Kapitel B. I. 6.

191 3. Kapitel B. I. 6. b.

192 Gleichwohl erlaubt Steam mittlerweile Tausch (Handel) mit solcher Software, die einem „geschenkt" wurde („Steam Gift") (sowie bestimmten virtuellen Gegenständen): http://www.gamestar.de/spiele/team-fortress-2/news/steam,43542,2324927.html; sog. „Steam Trading", dazu die offizielle F. A. Q. unter https://support.steampowered.com/kb_article.php?ref=6748-ETSG-5417, wonach allerdings nur ungenutzte (= ungebrauchte) geschenkte Spiele getauscht werden dürfen: „No, only games that have been bought as a gift, and thus have never been played, can be traded. Once the Steam Gift is opened and added to your game library, you won't be able to trade it again." Ferner erlaubt Steam mittlerweile die zeitlich begrenzte Zurverfügungstellung der eigenen „Bibliothek" zugunsten von Familienmitgliedern, vgl. http://store.steampowered.com/promotion/familysharing.

193 Im Rahmen eines „Online-Passes" etwa die Mehrspieler-Funktionen – http://www.gamepro.de/news/vermischtes/electronic_arts_onlinepass_70_nutzung/1966640/electronic_arts_onlinepass_70_nutzung.html; http://www.gamepro.de/news/1971477/online_pass.html; http://www.gamepro.de/news/1971765/making_games_news_flash.html – oder bestimmte „zusätzliche" Inhalte nur gegen Aufpreis erhielte: http://www.gamestar.de/spiele/mass-effect-2/news/mass_effect_2,44348,2311984.html. Oder noch eine andere Möglichkeit: http://www.gamepro.de/nintendo/spiele/3ds/resident-evil-the-mercenaries-3d/news/resident_evil_mercenaries_3d_unloeschbar,47079,1970560.html. Diese Maßnahmen wurden aber mittlerweile weitgehend fallen gelassen, vgl. bspw.: http://www.gamestar.de/news/vermischtes/3029646/ubisoft.html.

194 Gerüchten folgten teilweise Dementie; vgl. etwa http://www.gamestar.de/hardware/news/3009972/playstation_4.html; http://www.spiegel.de/netzwelt/games/sony-entwickelt-technik-gegen-gebraucht-spiele-a-875750.html; http://www.gamestar.de/hardware/konsolen/sony-playstation-4/playstation_4,481,3009640.html;, was sich wiederum auf die Aktienkurse anderer Unternehmen auszuwirken vermochte: http://www.gamepro.de/artikel/xbox-720-microsoft-nimmt-stellung-zu-hardware-geruechten-gamestop-aktie-bricht-ein-update,3009125.html.

195 Gesamtübersicht bei http://www.gamepro.de/artikel/specials/3055782/xbox_one_das_wurde_gestrichen.html.

„gebrauchte Downloads" überhaupt nicht nur theoretisch übertragen werden können.[196] Sofern auf *Cloud*-Lösungen usf. gesetzt wird und mithin – oder aus anderen Gründen[197] – keine dauerhafte Software-Überlassung mehr erfolgt, stellt sich dieses Problem gar nicht mehr. Es könnte höchstens angedacht werden, noch laufende Mietverpflichtungen übertragen zu wollen.

Bei Computerspielen gibt es typischerweise eine Besonderheit gegenüber anderer Software, etwa Betriebssystemen. Während letztere in einer Version für i. d. R. mindestens zwei Jahre – und oft länger – zu nahezu unveränderten Preisen seitens des Herstellers angeboten werden, reicht diese primäre Vermarktungsphase bei Computerspielen oftmals nur ein halbes Jahr. Bereits dann senken die Hersteller bei vielen Titeln deutlich die Preise (bis über 80 %) und treten sodann in direkten Preiskampf zu Gebrauchtanbietern (einschließlich eben den Privaten).[198] Dies wird dadurch intensiviert, dass bei Computerspielen der Absatzwille bei Endverbrauchern größer ist: einerseits konnten diese, anders als Unternehmen, die vor einer Beschaffung i. d. R. umfassend prüfen, selten umfangreiche Vorabtests[199] durchführen, weswegen ihnen das erworbene Programm nicht einmal gefallen muss bzw. ihren Zwecken genügt. Zudem kann das Interesse an solcher Software nachlassen, etwa wenn sie „durchgespielt" ist.[200] Zugleich ist auf diesen Märkten[201] die Angebotsfluktuation größer, die Produktlebenszyklen sind deutlich kürzer.

6. *Technische Schutzmaßnahmen*

a. *Möglichkeiten durch TPM bzw. DRM*

Neben rechtlichen Auflagen schränken zahlreiche, unterschiedliche technische Schutzmaßmaßnahmen[202] die freie Softwareverwendung – von der Nutzung bis zur Weitergabe – ein, insbesondere bei Standardsoftware. Zunächst können

---

[196] Zur (nicht überraschenden, aber bislang ungewollten) Machbarkeit: *Schultheiss/Müller* GameStar 7/2011, S. 101 f. – der interessante Punkt der Autoren ist dabei aber, im Falle des Verkaufes dem Verkäufer nicht Geld, sondern eine andere Form von Währung zuzuführen, die nur für den Erwerb neuer Software eingesetzt werden kann – s. dazu noch unten 8. Kapitel C. II. 3. c.

[197] Wenn etwa eine bloße Miete gewünscht ist.

[198] Wenn *Bruch* 2010, S. 121 die Annahme vertritt, der Hersteller trete sodann mit reduzierten, ggf. speziellen Varianten, die sich insbesondere in der Verpackung unterscheiden können, zu den teureren Varianten in Konkurrenz, verkennt dies wohl, dass – sofern diese Varianten dann überhaupt noch verfügbar sein bzw. angeboten werden sollten – an solchen bloß teureren Versionen kaum noch Interesse bestehen kann.

[199] Eine Ausnahme sind ggf. „Demos" (oder Demo[nstrations]-Software) oder ggf. auch *Shareware*.

[200] Vgl. *Schultheiss/Müller* making games 2/2011, S. 63 f.

[201] 7. Kapitel B. IV. 2. b. bb. (7) (c) zu Details.

[202] Somit sind sie „faktische [...]beschränkungen", *Baus* 2004, S. 18.

Trägermedien technischen Kopierschutzmechanismen[203] unterliegen – wodurch insbes. die Vervielfältigung beschränkt wird.[204] Bereits angeführte Aktivierungs- oder Registrierungsnotwendigkeiten können vergleichbar wirken.[205] Im Unternehmensbereich ist die Notwendigkeit eines *Dongles* verbreiteter, welches die Benutzung einschränkt – wie zudem beispielsweise personalisierte Seriennummern. Neben solchen Maßnahmen kann es erforderlich sein, bei der Softwarenutzung ohne originäre technische Notwendigkeit eine dauerhafte Verbindung zum Internet zu unterhalten (*always on*) und durch einen Server des Softwareherstellers fortlaufend kontrolliert zu werden.[206] Im Übrigen sind weitere technische Möglichkeiten vorhanden (oder vorstellbar), vertraglich vereinbarte Begrenzungen – wie darüber hinausgehende[207] – technisch durchzusetzen. Ein Oberbegriff zu solchen Schutzmaßnahmen lautet Technische Schutzmaßnahmen bzw. *Technical Protection Measures* (TPM)[208] oder auch DRM = Digitale Rechteverwaltung bzw. *Digital Rights Management*.[209]

Die Umgehung solcher Maßnahmen kann rechtliche Konsequenzen nach sich ziehen.[210] In all diesen Fällen können Nutzungsbeschränkungen ebenso vertraglich vorgegeben sein; in jedem Fall sind sie sodann eine Frage des zunächst technisch Möglichen, nicht des rechtlich Gestatteten bzw. Vereinbarten.[211] TPM- bzw. DRM-Maßnahmen, die rechtlich nicht zustehende einseitige Vorteile der Hersteller durchsetzen, lassen die „Balance zwischen Herstellerinteressen und Käuferinteressen [...] aus den Fugen geraten", wogegen der Verbraucher kaum Chancen hat.[212] Mitunter setzte selbst die Erschöpfungswirkung TPM-/DRM-Maßnahmen keine Grenzen, was in den letzten Jahren allerdings in Zweifel gezogen wurde, nachdem der EuGH sich in einem *obiter dicum* zu TPM/DRM geäußert hatte – wobei die Aussage des EuGH Interpretationsräume beließ und daher noch keine Klarheit gewonnen ist.[213] Hinsichtlich der Wirksamkeit dieser Maßnahmen stehen Hersteller der Software bzw. Entwickler

---

203 Etwa SecuROM, SafeDisc, Macrovision.

204 *Mayer-Wegelin* JurPC 28/2009, Abs. 7 ff.

205 Dazu insbes. *Mayer-Wegelin* JurPC 28/2009, Abs. 29 ff.

206 Der Prototyp solcher Begrenzungen ist Ubisofts „Game Launcher". Siehe auch *Grützmacher* ITRB 2015, S. 120 f.

207 Dreier/Schulze/*Dreier*, Einl. UrhG Rdnr. 24 f.; *Grützmacher* ITRB 2015, S. 123 („überschießende Schutzmaßnahmen").

208 Dreier/Schulze/*Dreier*, Einl. UrhG Rdnr. 24 ff.

209 *Lejeune* in: Ullrich/Lejeune 2006, I Rdnr. 398 ff. Besondere Komplikationen durch DRM wettbewerbsrechtlicher Natur können sich durch Inkompatibilitäten und weitere Verstärkung des Schutzes von Schlüsseltechnologien ergeben; vgl. *Arlt* 2006, S. 269 ff.

210 3. Kapitel B. I. 6.

211 7. Kapitel B. II. 4.

212 *Mayer-Wegelin* JurPC 28/2009, Abs. 173 ff.

213 3. Kapitel A. IV.

der Schutzmaßnahmen[214] sowie *Hacker* und *WareZ*-Kriminelle[215] in einem beständigen Wettstreit.

b. Einsatzunterschiede gegenüber Privaten und Unternehmen

Gegenüber privaten Abnehmern werden vorgenannte Maßnahmen anscheinend häufiger genutzt; insbesondere bei Computerspielen sind die Unternehmen zunehmend bemüht um eine beständige Online-Kontrolle. Für den unternehmerischen Einsatz indes sind zumindest vereinzelt sogar Überlassungsmodalitäten bekannt, bei denen zahlreiche Installationen unkontrolliert durchgeführt werden können.[216] Andererseits setzen in diesem Umfeld manche Unternehmen auf Inspektionen ihrer Abnehmer, entweder mit Hilfe der Polizei bei hinreichendem Verdacht illegaler Vervielfältigungen oder aber im vertraglichen Rahmen in Form von sog. Audits.

c. Selbsthilferechte

Wie im Bereich der rechtlich erlaubten, aber technisch durch TPM/DRM erschwerten Sicherungskopie werden in diesem Kontext Selbsthilferechte diskutiert. Nach § 69d II UrhG darf eine Sicherungskopie vertraglich nicht untersagt werden, weswegen teilweise Rechte oder sogar Ansprüche auf eine Sicherungskopie, ggf. auch wider technische Schutzmaßnahmen, angenommen werden. Wenn aber diese Rechte nicht durch die Unternehmer erfüllt werden, dann sollen die Nutzer sich wenigstens selbst helfen dürfen. Dies ist ebenfalls und erst recht hinsichtlich der bedeutenderen Nutzungsrechte gem. § 69d I UrhG anzudenken. Diesen Gedanken steht jedoch grundsätzlich § 69f II UrhG gegenüber – wegen § 69f I UrhG wiederum kann jedoch überlegt werden, ob Selbsthilfe denn rechtswidrig wäre, wenn doch der technisch gestaltete Eingriff in die gesetzlich verbrieften Rechte bereits rechtswidrig ist.[217] Selbsthilferechten fehlt es jedoch ohnehin an der Effizienz, die allen Nutzern gegenüber durchgesetzten Beschränkungen wieder aufzuwiegen. Sie sind mithin nicht nur kein geeignetes Gegengewicht für einzelne Nutzer, sondern ebenfalls nicht im Hinblick auf die potentielle Marktwirkungen[218] bestimmter DRM-Beschränkungen.

7. Beteiligte Akteure und Gang der Lizenzierung

Neben den Entwicklern und den Abnehmern selbst können zunächst weitere Vertriebsstufen betrachtet werden, denn freilich muss der (erste) Abnehmer

[214] 8. Kapitel H. VII.
[215] S. http://de.wikipedia.org/wiki/Warez.
[216] S. http://de.wikipedia.org/wiki/Corporate_Edition.
[217] Vgl. Wandtke/Bullinger/*Grützmacher*, § 69f UrhG Rdnr. 19 f. m. w. Nachw.
[218] Insbesondere in Hinblick auf die Verhinderung der Warenverkehrsfreiheit, der Beschränkung von Plattformen und auch möglicher Marktaufteilungen, u. a. 7. Kapitel B. II. 4.

nicht selbst bereits (End-)Nutzer sein. Zudem können Lizenzierungsvorgänge bereits vor der Veröffentlichung einer Software erforderlich sein.[219]

a. Entwicklungsstufe

Auf Ebene des Entwicklerstudios (*Developers*) können ein oder mehrere übergeordnete Unternehmen auftreten. Im Computerspielesektor werden diese oftmals als (*Video Game*) *Publisher*[220] bezeichnet und können, so legt es die Übersetzung nahe, mit Verlagen verglichen werden. Weniger üblich ist in Deutschland der Ausdruck *Software Publisher*, der in den USA jedoch ebenfalls verbreitet ist. Neben Werkzeugen oder anderer Unterstützung durch den *Publisher* mag der eigentliche Entwickler, sofern er rechtlich insoweit unabhängig sein sollte, selbst Entwicklungsprogramme beschaffen oder andere Komponenten für sein Programm durch Dritte entwickeln lassen oder weitere Inhalte lizenzieren. Möglicherweise entsendet der *Publisher* weiteres Personal, etwa Spezialisten, oder liefert andere spezielle Komponenten. Inhaltlich können Studios sehr eigenständig sein, andererseits aber strenger Aufsicht und Planung unterliegen. Ggf. übernimmt der *Publisher* weitere Aufgaben, um aus der entwickelten Software ein marktreifes, für den Vertrieb vollendetes Produkt werden zu lassen.[221] Freilich sind auch gänzlich unabhängige Entwickler existent, die sich dann solcher, ggf. (nach Land) unterschiedlicher *Publisher* im Hinblick auf den Vertrieb bedienen und eben nicht von deren Kapital abhängig sind oder jenen gehören.

Auf der vorgelagerten Finanzierungs-Ebene sind mittlerweile sogar mit Filmfonds vergleichbare Ansammlungen an (Risiko-)Kapital vertreten.[222] Ein neueres Modell stellt das Crowdfunding dar, das ferner als *Schwarmfinanzierung* bekannt ist. Mithin wird ein Weg beschritten, nicht nur das Engagement der Internet-Nutzer einzusetzen – was als maßgeblich gilt für das Web 2.0 –, sondern ebenfalls deren finanzielle Mittel.

b. Vertriebsstufe

In Bezug auf die Handels- bzw. Vertriebsstufen können Groß-, Versand-, Zwischen-, Einzelhändler, marktmächtige Großmärkte[223] usf. in der Vertriebskette stehen.[224] Im Rahmen eines digitalen Vertriebes werden die Stufen

---

[219] Vgl. etwa 3. Kapitel B. III.

[220] Auch selten als Softwareverlage bezeichnet: *Ulbricht* CR 2002, S. 317. Zu Verträgen zwischen solchen und den Entwicklern: *Oehler/Wündisch* in: Berger/Wündisch, § 34 Rdnr. 69 ff.

[221] S. http://en.wikipedia.org/wiki/Software_publisher.

[222] *Rottwilm* http://www.manager-magazin.de/finanzen/artikel/a-511989.html.

[223] Vgl. *Ulbricht* CR 2002, S. 317.

[224] *Metzger* ITRB 2013, S. 239.

zwischen Endkunde und Hersteller bzw. Softwareverlag i. d. R. auf höchstens einen Mediär abgeschmolzen sein. Die Erörterung der vertraglichen Vertriebsorganisation einschließlich der Frage des Ganges der Lizenzierung bis zum Endkunden folgt sogleich.[225] Andererseits ist es möglich, dass die Softwarehersteller selbst den Vertrieb übernehmen – zumindest weltweit für Großkunden und nur ansonsten an Dritte delegieren. Dabei kann der Hersteller sich eigener Handelsvertreter bedienen,[226] was auch von der Eignung der Softwareart für die jeweilige Vertriebsmodalität abhängt.[227] Je nach Softwareprodukt kann es ein selektives Händlernetz geben. Ebenso können solche ggf. noch Anpassungen an bestimmter Software vornehmen oder diese fachgerecht einrichten.

c. *Zwischenergebnis*

Auf Entwicklungsebene variiert es ggf. branchenweise, inwieweit die Rechte bei einem *Publisher* gebündelt werden oder zunächst bis zum Vertrieb beim (eigenständigen) Entwickler verbleiben. Dem schließt sich sodann der ggf. ebenfalls (zumindest tlw.) zu delegierende Vertrieb mittels besonderer Verträge an.

d. *Gang der Lizenzierung: Der Weg des Nutzungsrechts bis zum Endnutzer*

Im Folgenden soll – insbesondere vor dem Hintergrund des § 69d I UrhG – erörtert werden, auf welchem Weg Endnutzer an ein Nutzungsrecht gelangen können; mit leichtem Vorgriff auf die nachfolgende Darstellung des organisierten Vertriebes. Die Idee bzw. Wirksamkeit direkter *Shrink Wrap*-Verträge etc. wird weitgehend abgelehnt,[228] § 69d I UrhG lässt Nutzer nämlich unabhängig von einer solchen expliziten (Direkt-)Lizenzierung berechtigt sein.[229]

Die ausschließliche Rechteübertragung seitens der Programmierer an das Entwicklungsstudio oder ein Vertriebsunternehmen, bei dem sie beschäftigt sind, geschieht im Wege des angeführten § 69b UrhG.[230] Wie im Detail der Endnutzer sein Recht erhält, ist nicht ganz eindeutig.[231] Dies liegt bereits daran, das die Rechtsnatur des § 69d UrhG ungeklärt ist – die Norm gilt als die am

225 3. Kapitel B. I. 7. d.

226 *Grützmacher* in: Redeker, Muster 2.1 Rdnr. 1 ff.

227 *Grützmacher* in: Redeker, Muster 2.1 Rdnr. 35.

228 3. Kapitel C. II.

229 Dies ist unstrittig, zumindest soweit die (ggf. strittigen) Tatbestandsvoraussetzungen (insbes. ob jmd. „berechtigt" ist – vgl. 3. Kapitel A. IV.) vorliegen.

230 Vgl. 3. Kapitel A. III.

231 Vgl. *Sahin/Haines* CR 2004, S. 242 ff. m. w. Nachw.; *Marly* 2014, Rdnr. 229 ff. m. w. Nachw. Problematisch sind insoweit Aktivierungsobliegenheiten, die i. d. R. einen Kontakt zwischen Nutzer und Softwarehersteller erfordern; dazu *Marly* 2014, Rdnr. 1754; zu Schutzhüllenverträgen etc. siehe Rdnr. 1013 ff.

„schwersten zugängliche Vorschrift“[232] im Computerurheberrecht: Sie räumt dem *berechtigten* Endnutzer Rechte ein, erklärt die Art dieser Rechte aber nicht und regelt auch nicht, wie diese Rechte zum Endnutzer gelangen bzw. wodurch diese Rechte bei ihm entstehen bzw. ob ihm hierfür Rechte übertragen werden müssen. Die Finalität, dem Endnutzer schlicht Rechte zuzusprechen, entstammt dem EU-Recht[233], welches zur Rechtsnatur dieser Rechte schlicht schweigt. Da der Nutzer diese Rechte ohnehin erhält und erhalten muss (§ 69g II UrhG), ist es auf Vertriebsebene nicht unbedingt nötig, diese zu regeln. Es ist insoweit auch fraglich, ob und inwieweit die Vertriebsebene hiervon berührt ist und für diese Rechteeinräumung oder -übertragung überhaut notwendig ist.[234]

Der erste direkte Nutzer, wie auch immer dieser er an sein durch § 69d UrhG garantiertes Recht oder weitere Nutzungsrechte gelangt sein mag, kann die Software zumindest nach überholter Ansicht[235] nicht ohne Gestattung des Softwareunternehmers (oder der Programmierer als Urheber) weitergeben.[236] Welches Recht § 69d I UrhG auch dogmatisch verbriefen und wie dieses zum Anwender gelangen möge: Eines direkten (schuldrechtlichen) Vertrages oder eines direkten Kontaktes mit dem Softwarehersteller bedarf es hierfür jedenfalls nicht, ebenfalls nicht bei digitaler Distribution via Dritte.[237] Selbst wenn der BGH in seiner *Half-Life 2*-Entscheidung[238] zusätzliche Verträge über Online-Nutzungskonten in Gestalt eines *Steam*-Zugangs[239] in ihrer Wirksamkeit nicht in Abrede stellte, so ist doch zu bedenken, dass in jenem Falle ein Verbraucherverband klagte und dieser gem. § 1 UKlaG keine Klärung bzgl. §§ 305–305c BGB, also ob die Bestimmungen überhaupt Vertragsbestandteil werden, herbeiführen konnte.[240]

---

[232] Wandtke/Bullinger/*Grützmacher*, § 69d UrhG Rdnr. 1; s. auch *Grützmacher* CR 2011, S. 486 ff. Vgl. *Sahin/Haines* CR 2004, S. 246; „zwingender Kern“ bei *Hoeren* GRUR 2010, S. 667.

[233] 2. Kapitel B. II. 2.

[234] Eine geschlossene Lizenzkette hält nicht für erforderlich: Wandtke/Bullinger/*Grützmacher*, § 69d UrhG Rdnr. 27, sondern nach Rdnr. 24 nur, dass der Erwerb „im Einklang mit dem Verbreitungsrecht erfolgte“. *Marly* 2014, Rdnr. 232 wiederum geht davon aus, dass sich auch der Händler auf § 69d UrhG berufen könne und dieser diese „Mindestrechte weiterübertragen“ könne, hält aber wiederum eine entsprechende Lizenzkette für erforderlich.

[235] Zur neueren Rechtsentwicklung durch den EuGH: 3. Kapitel A. IV.

[236] S. ausführlich *Zimmeck* ZGE 2009, S. 326 ff.; vgl. 8. Kapitel C. II.

[237] *Kremer* CR 2011, S. 773.

[238] S. Fn. 50, 79, 90.

[239] Vgl. ebd.

[240] *Jaeger* http://ifross.org/artikel/bgh-erschoepfungsgrundsatz-bei-onlineaktivierung-spielen. Zweifelhaft deshalb die Aussage: „Zwischen ihnen bestehen daher – im Gegensatz zum OEM-Urteil – vertragliche Beziehungen“ bei *Gräbig*, MMR-Aktuell 2010, 307861 wie auch die vergleichbare „Der BGH akzeptiert mit diesem Urteil die üblichen Regelungen hinsichtlich der Nutzung von Online-Computerspielen, wonach erst die Einrichtung eines Benutzerkontos die volle Nutzung des Spiels ermöglicht und dieses Benutzerkonto ohne Zustimmung des

Des Weiteren ist ein Lizenzierungsweg über Sublizenzen üblich. Hierfür muss zunächst ein Recht zur Sublizenzierung[241] eingeräumt werden (vgl. §§ 35 I, 31 I, III UrhG). Mitunter wird dann von einer „Lizenzkette" auszugehen sein. Besondere Probleme können sich insoweit stellen, wenn ein Glied in dieser Kette niemals lizenziert war bzw. nachträglich diese Rechte verliert. Insoweit stellt sich insbesondere die Frage, ob sich dies negativ für die nachgeordneten (womöglich nur vermeintlichen) Lizenzempfänger auswirkt oder aber ob und ggf. unter welchen weiteren Bedingungen alle eingeräumten Unterlizenzen bestehen bleiben.[242]

II. Vertriebsverträge

Vervielfältigung und Verbreitung bedürfen gem. § 69c Nr. 1 S. 1 und Nr. 3 S. 1 (und Nr. 4[243]) UrhG der Zustimmung des Urhebers. In zahllos denkbaren Konstellationen[244] wird – wie bereits angeführt – der Vertrieb von Software organisiert, sei es datenträgergebunden oder datenträgerlos. Dabei bedienen sich die Softwarehersteller in aller Regel Mediären, welche diese Aufgabe zu erledigen verpflichtet werden. Im einfachsten Fall liefern sie verkaufsfertige Ware, die der Händler direkt abnimmt und weiterveräußert.[245] Ansonsten können *Master Copys* bzw. *Golden Discs*[246] zum Pressen bzw. Vervielfältigen übergeben

---

Lizenzgebers nicht übertragen werden darf. Das Urteil stärkt somit die Interessen der Anbieter von Computerspielen, die den Handel von Benutzerkonten untersagen möchten, um zu vermeiden, dass sich einzelne Nutzer Spiellevels oder Spielstärken nicht erspielen, sondern erkaufen. Zudem zeigt es auf, wie sich wirksam auf der Umhüllung der DVD auf die geltenden Abonnement-Bedingungen verweisen lässt." bei *Stogmüller*, MMR-Aktuell 2010, 309018. Bzgl. *Stogmüllers* Äußerungen bleibt anzumerken, dass das Rekurrieren auf die Vermeidung des Übertrages übertragener „Spielstärken" lediglich bei Online-Spielen relevant sein sollte, zu welchen in diesem Sinne Half-Life 2 nicht gehört (s. bereits Fn. 289, 316, 327); bei den Übrigen zerstören – bereits aus Interessensicht – oftmals mögliche kopierte *Savegames* oder auch „gehexte" usw. Spielstände keinen Mikrokosmos, keine möglichst kohärente, motivierende Spielwelt (und mithin das Interesse des Spielbetreibers, dauerhafte Einnahmen zu generieren). In den Fällen der Online-Spiele sollte es indes einfacher sein, zusätzliche Mietverträge anzunehmen, insbesondere wenn eine monatliche Gebühr (i. d. R. um die 15 EUR) fällig wird. Bei *free2play*-Titeln indes wird ohnehin kein Spiel gekauft, sondern sowieso jedem (zunächst) kostenlos überlassen.

[241] 3. Kapitel A. I.

[242] Hierzu F/OSS: *Metzger* ITRB 2013, S. 239 ff.; *Spindler* CR 2014, S. 557 ff.

[243] Ggf. relevant für ASP etc. – vgl. Wandtke/Bullinger/*Grützmacher*, § 69c UrhG Rdnr. 65 f.

[244] *Hoeren* 2012, S. 316 ff. und entsprechenden rechtlichen Wertungen; *Redeker* 2017, Rdnr. 817 ff. – nach welchen sich der Softwarevertrieb nicht wesentlich von jenem der Hardware unterscheide.

[245] *Marly* 2014, Rdnr. 1098; vgl. *Grützmacher* ITRB 2003, S. 199, 201.

[246] Man sagt, ein Programm habe „Gold-Status" erreicht, wenn es Serienreife erlangt hat – oder es sei das *Release to Manufacturing* (RTM).

werden,[247] teilweise werden auch Lizenzketten[248] eingerichtet oder nur besonders qualifizierte Händler ausgewählt.[249] Sofern nicht verkaufsfertige Versionen geliefert werden, wird in aller Regel ein umfassender Rahmenvertrag vereinbart, der Rabatte bei hohen Absatzzahlen anzubieten vermag.[250] Hierbei sind oftmals zudem umfassendere Regelungen bzgl. der Stückzahlen verlangt, da eben nicht nur eine fest umrissene, direkt abgenommene Menge weitervertrieben wird.

Zudem können Werbe- bzw. Marketingaufgaben[251] oder Kundendienstaufgaben[252] – zumindest ergänzend[253] – delegiert werden. Selbst der Online-Handel, prinzipiell eher dem Hersteller selbst möglich, kann ausgelagert werden, etwa auf spezielle Plattformbetreiber.[254] Zwischen- und Endhändler sollen dabei oftmals bestimmte Vertragsvorgaben verwenden und bis zur letzten Absatzstufe tragen.[255]

Ziel etlicher Softwareentwickler ist es, neben dem ausgelagerten Vertrieb der bloßen Datenträger bei oder nach der Installation noch einen gesonderten Nutzungsvertrag mit dem Nutzer abzuschließen, der neben dem eigentlichen Erwerbsvertrag mit dem jeweiligen Händler steht.[256] Mithin sollen über die Vertriebssteuerung sowie eben den massenweisen Einsatz von solchen Standardverträgen mit Endnutzern eine „*erga omnes*-Bindung" und somit ein Höchstmaß der Kontrolle durch die Hersteller erreicht werden.[257]

1. Exklusivitätsregeln und Wettbewerbsverbote

Den auf unterschiedlichen Stufen tätigen Vertriebsunternehmen werden teilweise Wettbewerbsverbote auferlegt. Darunter ist die Verpflichtung zu verstehen, keine konkurrierenden Produkte herzustellen oder zu vertreiben (sog. Produktbindung).[258] Privilegiert können sie indes etwa dadurch werden, dass ihnen im

---

247 Ein *Manufactoring Agreement*, zu schließen mit *Reproduction Houses* – s. *Bond* 2010, S. 73; vgl. 8. Kapitel H. I.

248 *Polley* CR 2004, S. 642 (im Ggs. zu jenen Modellen, nach denen der Softwarehersteller direkt einen Vertrag mit dem Endnutzer schließen soll, etwa über *Shrink Wrap*); *Conrad* in: Auer-Reinsdorff/Conrad[1] 2011, § 13 Rdnr. 264.

249 *Metzger/Grützmacher* in: Rieder/Schütze/Weipert 2015, S. 260 f. (§ 1 II, § 3 des Mustervertrages).

250 *Marly* 2014, Rdnr. 1098.

251 *Metzger/Grützmacher* in: Rieder/Schütze/Weipert 2015, S. 261 (§ 5 des Mustervertrages).

252 *Metzger/Grützmacher* in: Rieder/Schütze/Weipert 2015, S. 262 (§ 5 VII des Mustervertrages).

253 Vgl. *Metzger/Grützmacher* in: Rieder/Schütze/Weipert 2015, S. 273.

254 3. Kapitel B. I. 4, eben einschl. solcher App-Stores – vgl. *Kremer* CR 2011, S. 769 ff.

255 *DGRI* CR-Beil. 5/2003, S. 3; s. *Marly* 2014, Rdnr. 1098.

256 3. Kapitel B. I. 3.

257 *Metzger* in: Hilty/Jaeger/Kitz 2008, S. 85 f., 99 f.

258 *Metzger/Grützmacher* in: Rieder/Schütze/Weipert 2015, S. 264 (§ 10 des Mustervertrages).

Gegenzug für ihre Treue zugesprochen wird, Regionen oder gar die gesamte Welt exklusiv oder bestimmte Kundengruppen entsprechend ausschließlich beliefern zu dürfen. Umgekehrt können die Vertreibenden derart begrenzt werden, bestimmte Kundengruppen, etwa Videotheken oder etwa Internetcafés, nicht zu beliefern. Auch Verpflichtungen für Mindestabnahmen oder Maximalmengen sowie Preisvorgaben sind *usus*.

2. Vertriebsvorgaben wie Abgabebeschränkungen und -selektionsvorgaben (etwa OEM- und Upgrade-Versionen)

Es kann immer wieder beobachtet werden, dass Software und Hardware kombiniert oder mehrere Programme gemeinsam vertrieben werden.[259] Für ersteren Fall, der in aller Regel zu sog. Komplett-PCs führt, überlassen die Softwarehersteller den Hardware-Verkäufern ihre Programme zumeist günstiger (im Vergleich zur regulären als für die übliche „Vollversion“[260]). Sie überlassen den Vertreibenden in aller Regel als OEM-Versionen[261] bezeichnete Software. Entsprechend klassifizierte Software-Kopien dürfen bzw. durften diese nur gebündelt mit Hardware verkaufen.[262] Alternativ können sie auch ermächtigt werden, solche Kopien selbst herzustellen, aber nur unter entsprechenden Vorgaben zu veräußern.[263] Zusätzlich können die Hersteller den Vertrieben noch andere Bestimmungen zu etwaigen Versionen auferlegen, etwa den Verkauf des *Upgrades* nur an Erwerber der Vorversion zu erlauben[264] oder spezielle Versionen für Studenten oder Hochschullehrer nur an solche abzugeben.[265] Kombinationen von Hard- und Software sind zusätzlich dann üblich, wenn sie als sog. Systemlösung im professionellen Bereich angeboten werden. Handelsübliche Software ist hingegen auf allen Computern der entsprechenden Reihe, insbesondere der sog. IBM-Kompatiblen, zufriedenstellend ausführbar.[266] Der Begriff VAR (*Value Added Reselling*) indes wird weniger einheitlich verwendet, kann sich aber mit OEM überlappen.[267] OEM von Software mit anderer Software ist ebenfalls im Unternehmensbereich üblich.[268]

---

[259] *Lehmann* CR 1990, S. 701; vgl. *Anderman/Kallaugher* 2006, Rdnr. 7.73.

[260] Auch als *Retail* bezeichnet, 3. Kapitel B. I. 1.

[261] *Original Equipment Manufacturer* oder etwa auch *System Builder*; 3. Kapitel B. I. 1. a.

[262] *Metzger* GRUR 2001, S. 210 f.; *Seffer/Beninca* ITRB 2004, S. 210 f.; *Polley* CR 1999, S. 345; *Bödeker* 2008, S. 202 f.: Motiv der Softwareentwickler sei es dabei, dadurch den Markt besser zu durchdringen – 4. Kapitel A. I. 1.

[263] *Seffer/Beninca* ITRB 2004, S. 211.

[264] *Polley* CR 1999, S. 346.

[265] *Dreier/Vogel* 2008, S. 130 f.

[266] Daneben sind bedeutsam spezielle Großrechnersysteme, Apples Macintoshs, Mobiltelephone oder Spielekonsolen.

[267] 8. Kapitel H. II.

[268] *Popp/Meyer* 2010, S. 191.

3. Implementierung von TPM/DRM

TPM/DRM müssen zunächst in Software integriert werden. Dies kann – je nach gewählter Maßnahme – durch den Hersteller direkt oder erst im Rahmen der Vervielfältigung durch Vertriebsunternehmen geschehen.[269] Ggf. müssen zunächst entsprechende Technologien lizenziert werden. Bei Plattformbetreibern wie *Steam* wird ggf. beim Digitalvertrieb der Plattformzugang selbst als Kopierschutz genutzt; im Falle von *Half-Life 2* indes wurde der erworbene Datenträger erst bei der ersten Verwendung an ein solches Zugangskonto gebunden.

4. Voreinstellungen

Neben der Kombination mit anderer („kleinerer") Software kann es aufgegeben oder vereinbart werden, Software mit bestimmten Standard-Einstellungen oder Werbung zu vertreiben. Als benannte Einstellungen gelangt es etwa in Betracht, bei Browsern bestimmte Suchmaschinen als bevorzugte vorzugeben. Google zahlt Mozilla etwa dafür, bei *Firefox* präferiert zu werden.[270] Dies ist OEM als Verbreitungsform zumindest insoweit ähnlich, als dass der Endkunde ungefragt eine vorgefertige Auswahl erhält, auch wenn es sich bspw. bei *google.de/.com/* um keine Software handelt (es werden jedoch über diese Seite mittlerweile zahlreiche Programme als Web-Services angeboten).

III. Erstellung und Überlassung von kundenspezifischer Software (Software-Erstellung und Customizing)

Software kann im Rahmen von Werkverträgen[271] zugeschnitten auf Kundenwünsche angepasst oder erstellt werden.[272] Solche Software wird gemeinhin als Individualsoftware bezeichnet. Seit der Schuldrechtsmodernisierung wird indes – insbesondere auf Grundlage des § 651 BGB – diskutiert, ob in solchen Konstellationen nicht doch weitgehend Kaufrecht anzuwenden bleibt.[273]

Die Erstellung eines komplett neuen Programmes ist kaum noch marktüblich. Häufiger wird auf bekannten Modulen und Programmbibliotheken, ggf. anderer Unternehmen,[274] aufgebaut[275] oder über Zusatzprogramme erwei-

[269] Zur technischen Umsetzung *Hoppen* CR 2013, S. 10 ff.

[270] *Meusers* http://www.spiegel.de/netzwelt/web/browser-alternative-google-finanziert-firefox-bis-2014-mindestens-a-805021.html.

[271] *Hoeren* 2012, S. 80 ff., 358 ff.; *Nink* 2010, S. 38 f.

[272] *Berger* K&R 2005, S. 19.

[273] Dafür *Schweinoch* CR 2010, S. 1 ff. (sich dabei auf BGH CR 2009, S. 637 ff. berufend, welches Urteil sich allerdings auf Siloanlagen bezieht), dagegen *Maume/Wilser* CR 2010, S. 209 ff.

[274] Oder F/OSS – s. *Stiemerling* in Redeker/Hoppen 2012, S. 202 ff.

[275] *Schneider/Graf v. Westphalen* in: Schneider/Graf v. Westphalen, Vorwort z. 1. Aufl.

tert.[276] Teilweise genügen den Kunden auch bereits Anpassungen (*Customizing*) von Standardsoftware oder die Änderung offenliegender, simpler Parameter.[277] Soweit zunächst als Individualsoftware erscheinende Software immer mehr aus Standardsoftware besteht,[278] wird aber zu überlegen sein, ob nicht zumindest insoweit die rechtlichen Regeln für Standardsoftware anzuwenden sind. Die einzelnen Anforderungen für Individualsoftware werden ggf. in Pflichtenheften[279] niedergelegt.[280] Durch neuartige *agile* Softwareerstellungsformen mag es zudem zu einer engeren Zusammenarbeit zwischen Auftraggeber und -nehmer kommen.

Das Zielprogramm kann dabei auch für ein *Embedded System* verlangt werden, also etwa als Anpassung für eine bestimmte Hardware und die Einfügung in dieselbige.[281] Die Lizenz ist dann oftmals auf dieses *Field of Use* begrenzt[282], doch wird der Auftraggeber für gewöhnlich zu Unterlizenzen ermächtigt, da sie zur Massenproduktion solcher Geräte oftmals notwendig[283] sind.[284]

Werden nur geringe Anpassungen verlangt, müssen i. d. R. nur wenige Informationen zwischen Auftraggeber und -nehmer ausgetauscht werden. In anders gelagerten Fällen wird der Auftragnehmer aber oftmals tiefere Einblicke in das Agieren des Auftraggebers oder in dessen Produkte erhalten.[285] Dann besteht auch Bedarf an schärferen Geheimhaltungsregelungen. Überlässt der Auftragnehmer wiederum als Arbeitsergebnis nicht nur ein ablauffähiges Programm, sondern den jeweilig im Aufttag geänderten oder erstellen[286] oder den vollständigen *Source Code*,[287] erhält der Auftraggeber entsprechend tiefe Einblicke in die Technologie des Entwicklers.[288] Dies im Falle der Überlassung eines

---

[276] *Pagenberg/Beier* 2008, Muster XIV Präambel; § 1 I; § 2 II; Rdnr. 4, 12 ff. Dergleichen kann ggf. auch durch einen Dritten geschehen, s. *Redeker* in: Redeker, Muster 1.6 Rdnr. 2 ff.

[277] *Redeker* in: Schneider/Graf v. Westphalen, D Rdnr. 49 f.

[278] *Stiemerling* in: Redeker/Hoppen 2012, S. 202 ff.

[279] Vergleichbare, wenn auch meist interne Dokumente bei der Computerspiel-Erstellung werden als *Game Design Documents* bezeichnet.

[280] *Kath* 2006, S. 20.

[281] Vgl. *Metzger/Grützmacher* in: Rieder/Schütze/Weipert 2015, S. 239.

[282] *Metzger/Grützmacher* in: Rieder/Schütze/Weipert 2015, S. 240 (§ 3 II des Mustervertrages), S. 252 f.

[283] Wie sich hier § 69d UrhG auswirkt, sei dahingestellt; vgl. 3. Kapitel A. IV.

[284] *Metzger/Grützmacher* in: Rieder/Schütze/Weipert 2015, S. 212 (§ 3 V des Mustervertrages).

[285] *Pagenberg/Beier* 2008, Muster XIV § 9 I; *Schöler* in: Rieder/Schütze/Weipert 2015, S. 173.

[286] *Metzger/Grützmacher* in: Rieder/Schütze/Weipert 2015, S. 238 ff. (vgl. etwa § 2 II, III, § 12 des Mustervertrages), S. 249 f., 254 f.; *Redeker* in: Schneider/Graf v. Westphalen, D Rdnr. 42 ff.

[287] *Schöler* in: Rieder/Schütze/Weipert 2015, S. 163 ff. (vgl. etwa § 2 I, § 7 des Mustervertrages); vgl. *Witte* in: Redeker, Muster 1.4 Rdnr. 70, 75.

[288] Etwa Programmiermethoden, Module, Bibliotheken, Datenmodelle, Datenstrukturen, Projektierung, Konzepte usf.

Prototyps ggf. bereits vor bzw. ohne Vertragsabschluss.[289] Es ist möglich, dass der Auftragnehmer die gesamten Rechte am zu erstellenden Programm übertragen[290] oder zumindest dem Auftraggeber die selbstständige Anpassung oder Fortentwicklung gestatten soll.[291] Insgesamt kann es sich als schwierig erweisen, die Rechte am erstellenden Programm zwischen Auftragnehmer und Auftraggeber ausgleichend zu regeln, insbesondere bezogen auf die Gefahr, dem Auftragnehmer nicht weitere vergleichbare Entwicklungstätigkeit zu untersagen. Wenn lediglich die Anpassung einer bereits bestehenden Software in Auftrag gegeben wird, kann angenommen werden, dass der Auftraggeber die vollständigen Rechte und Kenntnisse an den Anpassungen erwerben soll.[292] Entsprechende Abgrenzungsfragen werden indes noch komplizierter, wenn bei der Entwicklung ggf. „agil" kooperiert wird[293] oder im Rahmen von Pflegeverträgen[294] fortlaufend Anpassungen von beiden Seiten oder gar Dritten durchgeführt werden.[295] In jedem Fall ist es in diesen Konstellationen bedeutsam, detaillierte Regelungen bzgl. der Rechtezuordnungen, -nutzung als auch Regelungen zur Geheimhaltung selbst zu treffen.

IV. Engine-und Modul-Lizenzierungen und Software-Werkzeuge (Tools)

Bei der Erstellung von Software ist es unverzichtbar, andere Software zu benutzen oder in die eigene zu integrieren. Dies umfasst bestimmte Entwicklungsprogramme, etwa Microsofts *Visual Studio*, oder den GNU-Kompilierer *GCC*. Dabei kann es sich um einzelne Werkzeuge, etwa komfortablere Editoren handeln, oder um komplette Entwicklungsumgebungen. So verbreiten etwa Hard- und Softwareentwickler komplexe *Software Developer Kits* (SDK),[296] mit denen – ggf. für bestimmte Plattformen – mit geringerem Aufwand entwickelt werden kann.

Es bieten Entwickler wie ID Software mit der *id Tech*[297], das deutsche Unternehmen Crytek mit der *CryEngine*,[298] Valve mit der *Source-Engine*,[299]

[289] *Karl* 2009, S. 20, s. auch S. 18 f.

[290] *Berger* K&R 2005, S. 19 (dies sei jedoch selten; allerdings unklar formuliert).

[291] *Polley* CR 2004, S. 642; *Schöler* in: Rieder/Schütze/Weipert 2015, S. 168 (§ 11 I des Mustervertrages).

[292] Vgl. *Rennie* 2010, S. 1002, 1012 (§ 11 des Musters), u. S. 1052, 1059 (erneut § 11 des anderen Musters).

[293] Dazu *Bartsch* CR 2012, S. 141 ff.

[294] 3. Kapitel B. IX.

[295] Vgl. zur vertragstypologischen Bewertung *Fuchs/Meierhöfer/Morsbach/Pahlow* MMR 2012, S. 427 ff.

[296] Zum Beispiel Apples *Gieselmann* c't 16/2009, S. 139.

[297] S. https://de.wikipedia.org/wiki/Id_Tech.

[298] S. https://de.wikipedia.org/wiki/CryEngine.

[299] S. https://de.wikipedia.org/wiki/Source_Engine.

Epic Games mit der *Unreal Engine*[300] und noch weitere Entwickler[301] *Engines* an, die als Grundgerüst für Computerspiele mit eigenem (*Multimedia*) *Content*, insbesondere Graphiken, Handlungsverlauf, Szenarien (*Levels*), Klängen usf. gefüllt werden, um ein neues Computerspiel[302] anbieten zu können.[303] Bei den Engines handelt es sich gewissermaßen um technische Grundgerüste. Diese werden teilweise kostenlos für nicht-kommerzielle Verwendung angeboten. Es werden zudem auch F/OSS-Engines angeboten.[304] Des Weiteren können zusätzliche Bestandteile, etwa bloße Physik-Effekte oder KI-Routinen oder bloße Benutzungsrechte hinsichtlich prominenter Figuren[305] erworben werden.

Neben der Zurverfügungstellung von Werkzeugen, Musterbibliotheken, Grundgraphiken etc. können dem Lizenznehmer bzw. Softwareentwickler tiefergehende Änderungen der überlassenen Werkzeuge bzw. deren Codes gestattet werden (insoweit wird dann von Entwicklungslizenzen gesprochen[306]). Sofern hingegen Werkzeugprogramme lediglich genutzt werden, fließt in aller Regel kein Code vom Ursprungsprogramm in das neue – die Programe dienen lediglich zur Modellierung von neuem Code. Bei solchen modulierenden Werkzeugen nutzen die hinzutretenden Entwickler mithin ihnen nicht weiter offengelegte Programme. Alternativ dazu können sie aber auch Rechte an fremden Mustercode-Teilen erwerben, also wie mit Vorlagen arbeiten.

Die Bezahlung kann per fester Gebühr oder *qua* Umsatzbeteiligung erfolgen.[307] Sofern Veränderungen des Quellcodes erfolgen dürfen, hat der Lizenzgeber neben der Geheimhaltung oftmals ein Interesse am *Grant Back* bezogen auf Verbesserungen[308]: Er möchte dann möglicherweise zum Lizenznehmer der

---

[300] S. https://de.wikipedia.org/wiki/Unreal_Engine.

[301] S. http://de.wikipedia.org/wiki/Grafik-Engine.

[302] Davon ist insbesondere das bloße *Modding* (Modifizieren eines existierenden Spieles) abzugrenzen: s. Fn. 345.

[303] Der Lizenznehmer spart dadurch vor allem beträchtliche Entwicklungskosten für das technische Grundgerüst und kann ggf. erst deswegen mit anderen Anbietern konkurrieren. Die größeren technischen Möglichkeiten führen aber zugleich auch zu höherem Bedarf beim Erstellen von dreidimensionalen Modellen, weswegen auch in diesem Bereich das Interesse an der Lizenzierung existierender zunimmt. Vgl. http://www.gamestar.de/specials/reports/1956933/sackgasse_3d_grafik.html. Vgl. *Oehler/Wündisch* in: Berger/Wündisch, § 34 Rdnr. 3 ff., 55 ff.

[304] Dabei kann es sich um originäre F/OSS-Engine handeln (vgl. http://de.wikipedia.org/wiki/Liste_von_Spiel-Engines). Des Weiteren veröffentlichen die großen Anbieter die älteren Versionen ihrer Engines oftmals als F/OSS, s. Kap. 8 Fn. 375. (Vermutlich meinen *Czychowski/J. B. Nordemann* in: Keil 2009, S. 121 mit der „… Computerspiele … steuernden Software" ebenfalls solche Engines).

[305] Etwa Marvels, DCs oder Disneys oder auch reale Personen wie Sportler.

[306] Die von der bloßen Vertriebslizenz unterschieden wird, vgl. zum Patentrecht *Ulmer-Eilfort/Schmoll* 2006, S. 69; S. 70.

[307] S. etwa https://www.unrealengine.com/en-US/eula.

[308] Bedauerlicherweise war keines der genannten Unternehmen bereit, seine eigenen Verträge zur Analyse zur Verfügung zu stellen.

Verbesserung[309] und entsprechend *rück*lizenziert werden.[310] Neben dem Code und der Berechtigung ist gerade bei komplexen Programmen das begleitende Anwendungswissen, möglichst in dokumentierter Gestalt, von besonderer Bedeutung.[311]

V. Schnittstellen-, Standard- und Dateiformat-Lizenzierungen

Interoperabilität ist im IT-Sektor ein wichtiges Ziel, inbesondere um in bestimmte Märkte vordringen zu können. Daher wird angestrebt, bedeutsame Schnittstellen, Kodierverfahren, Dateiformate und sonstige Standards nutzen zu können und zu dürfen – inwieweit diese rechtlich überhaupt geschützt sein können, ist indes eine andere Fragestellung.[312] Entsprechende Nutzungsberechtigungen und die dafür notwendigen Informationen und Dokumentationen werden jedenfalls gehandelt.[313]

Softwarehersteller geben ggf. entgeltlich oder unentgeltlich Schnittstellen frei, damit andere Unternehmen darauf aufbauend Module für diese Software entwickeln, etwa wenig umfangreiche *Extensions*, *Plug-Ins*, *Mod(ification)s* oder *Add-Ons* usw.

VI. Videokonsolenspiellizenz

Videospielkonsolen[314] sowie entsprechende tragbare Geräte[315] sind mittlerweile in der Lage komplexe Software, speziell Spiele, auszuführen. Oftmals erstellen die Konsolenunternehmen – die namhaften wie marktmächtigen sind Sony, Nintendo, Microsoft und ehemals Sega[316] oder Atari –[317] solche (direkt

---

[309] Sog. Verbesserungserfindung, vgl. *Ulmer-Eilfort/Schmoll* 2006, S. 61 (§ 1.13 des Mustervertrages) bei Patenten, bezieht sich aber zugleich auf bloßes *Know How*, S. 67; vgl. auch S. 83 ff.

[310] *Metzger/Grützmacher* in: Rieder/Schütze/Weipert 2015, S. 241 (§ 3 VIII des Mustervertrages), S. 254.

[311] *Konrad/Timm-Goltzsch/Ullrich* in: Ullrich/Lejeune 2006, I Rdnr. 786.

[312] Vgl. 2. Kapitel B. II. 1. b.

[313] Etwa vom DVD-Konsortium bzw. DVD Forum in Bezug auf Datenträger.

[314] IP/00/419 v. 28. 4. 2000: Die EU-Kommission beobachtete entsprechende Abkommen als auch die Vertriebsimporte der Unternehmen, insbes. Nintendos, seit 1995. Der damalige EU-Kommissar für Wettbewerb *Monti* habe erklärt: „Europäische Familien geben alljährlich Millionen für Videospiele aus, und wir wollen dafür sorgen, dass sie dabei nicht betrogen werden." Wegen des Ausschlusses von Reimporten verhängte die Kommission gegen Nintendo sowie beteiligte Vertriebspartner (Activision/Blizzard ist als Rechtsnachfolgerin einer dieser) schließlich Bußgelder – s. IP/02/1584 v. 30. 10. 2002. Zu der Konsolenspielvertriebspraxis *Walter* 2001, S. 23 ff.; *Buxmann/Diefenbach/Hess* 2015, S. 30 ff.

[315] Sog. Handhelds.

[316] Es war jedenfalls nicht Accolades *Reverse Engineering*, welches zum Ruin Segas führte; vgl. die dramatisierende Darstellung bei *MacCulloch* Loy. Ent. Law. J. Vol. 14 (1994), S. 465 f.

[317] *Buxmann/Diefenbach/Hess* 2015, S. 32 ff.

oder durch ihre Studios) selbst; sodann wird von sog. *First Party Publishers* gesprochen. Diese werden i. d. R. exklusiv nur für die eigene(n) Konsole(n) angeboten.[318]

Sofern es sich nicht um kaum verbreitete, zumindest bislang bedeutungslose Geräte mit F/OSS handelt[319], sind es proprietäre Plattformen, die lediglich mit speziellem Fachwissen,[320] ggf. eigenen Programmiersprachen[321] und SDKs, ggf. über spezielle Datenträger[322] oder integriert verfügbare Online-Vertriebsplattformen der Hersteller erreicht werden können.[323] Diese gewähren anderen Entwicklern Zugang, die ihre Produkte anders als die *First Party Publisher* für mehrere Plattformen[324] anbieten[325], wofür diese Lizenzgebühren an die Hersteller zahlen müssen, ggf. gebunden an jedes abgesetzte Spiel.[326] Dafür wird ihnen das notwendige Wissen und Material mit Weitergabeverbot im Sinne eines *Non Disclosures* offenbart, als auch der Gebrauch bestimmter Marken im Vertrieb gestattet. Zugleich erlauben sich die Konsolenhersteller umfassende Qualitätskontrollen, bevor sie Spiele zur Veröffentlichung freigeben.[327] Von solchen Angeboten können aus Kostengründen nur größere Studios bzw. *Publisher* Gebrauch machen; kleineren – oder Privatpersonen – ist es aber möglich, einfachere Spiele zu entwickeln und ausschließlich über die Online-Vertriebswege der Konsolenhersteller abzusetzen.[328] Vertraglich[329] öffnen also

---

[318] Oder werden entsprechend in Auftrag gebeben. Ergebnis dieser Eigenentwicklung sind vor allem Nintendos *Mario- und Link/Zelda-*, Sonys *God of War-*, Microsofts *Halo-* sowie ehemals Segas *Sonic*-Spiele, deren Protagonisten oftmals als Maskottchen der Konsolenhersteller dienen.

[319] S. https://pyra-handheld.com/boards/pages/pyra/ oder https://de.wikipedia.org/wiki/Ouya.

[320] Insbes. bei unüblicher Hardware wie die Playstation 3 mit ihren Cell-Prozessoren im Ggs. zur X-Box, die über Direct X eine auch seitens des PC genutzte Basis anwendet.

[321] Vgl. ohne genauere Angaben *MacCulloch* Loy. Ent. Law. J. Vol. 14 (1994), S. 468.

[322] Frühere Konsolen nutzten oftmals spezielle *Cartridgen*, neuere Geräte tlw. universelle Medien wie CD, DVD oder *Blu-ray*, allerdings insbes. nicht Nintendos *Wii*, welche (nur) auf DVD-ähnliche Medien setzt.

[323] Es sei denn, *Reverse Engineering* ist diesbzgl. erfolgreich, wie es bei Segas MegaDrive war, weswegen es sodann zu einem Rechtsstreit zwischen Sega und Accolade kam (s. Kap. 2 Fn. 170). Auch in der neueren Zeit sollten sich Konsolen speziell durch Modchips öffnen lassen, aber oftmals nur für illegale Kopien, also zur Umgehung implementierter Schutzmechanismen, andererseits aber auch für Spiele von unabhängigen Entwicklern (vgl. *Heinmeyer/Nordmeyer* CR 2013, S. 587 ff., *Brunn/Nordmeyer* CR 2014, S. 226 f.).

[324] Ausnehmend spezielle Exklusivtitel. Insbesondere für Playstation 3 und X-Box 360 und ihre Nachfolge-Geräte wird in aller Regel aufgrund vergleichbarer Leistungsfähigkeit parallel entwickelt.

[325] Vertriebslizenz in der Überschrift meint daher nicht die Erlaubnis zum Vertrieb fremder Software, sondern eine zum Vertrieb eigener Software für ein fremdes System.

[326] *Buxmann/Diefenbach/Hess* 2015, S. 32.

[327] *Ulbricht* CR 2002, S. 317.

[328] Neben einem möglicherweise kostenpflichtigen SDK wird den Softwareentwicklern bis zu 70 % dieses Spieleumsatzes durch diese abgezogen, vgl. *Gieselmann* c't 16/2009, S. 140 ff.

die Konsolenhersteller ihre ansonsten abgeschotteten Plattformen. Zur Öffnung dieser Schotten existieren zwar *Mod Chips*, allerdings sind diese bzw. deren Vertrieb weitgehend verboten.[330]

VII. Portierungslizenz und -auftrag („Softwareübersetzung“)

Soll ein Programm, das auf eine IT-Plattform ausgerichtet ist, auch für eine andere übersetzt bzw. *portiert*[331] werden, können tiefgehende Eingriffe oder ein gänzlich neuer Aufbau[332] des *Source Codes* und weitere Anpassungen erforderlich werden – oder ggf. nur eine neue Assemblierung. Je nachdem sind den Portierenden entsprechende Kenntnisse zu vermitteln und Überarbeitungen zu gestatten.

VIII. Free Software und Open Source-Lizenzen (F/OSS)

Durch die zunehmende Verbreitung von *GNU/Linux*[333] sind *Freie Software-* bzw. *Open Source*-Lizenzierungsmodelle (F/OSS) bekannt geworden.[334] Spezifikum dieser ist vor allem, dass die Software „freier“ verwendet werden kann als bei der „proprietären“, vor allem da der zugehörige Quellcode offenliegt bzw. offenliegen muss.[335] Eine weitere Besonderheit dieses Typus ist die zumindest ursprüngliche Entwicklung in losen Gemeinschaften (*Communities*) freiwilliger Entwickler, worauf noch einzugehen ist. Software dieser Art begrenzt sichnicht auf bestimmte Einsatzgebiete oder Softwarearten. Grundsätzlich kann jede Software F/OSS sein oder werden.[336] Unwahr ist es jedenfalls, dass Freie bzw. Open Source-Software (F/OSS) kommerzfeindlich ist; eine Monetarisierung über Lizenzgebühren indes ist problematisch.[337] F/OSS kann Standardsoftware sein, aber aufgrund der Quelloffenheit auf individuelle Bedürfnisse zugeschneidert werden.

Es existiert eine Legion unterschiedlicher F/OSS-Lizenzen.[338] Die an Bekanntheit und Verbreitung bedeutsamste ist die GNU GPL-Reihe. Daneben

[329] Diese sind kaum öffentlich verfügbar oder nur in veralteter Form – vgl. aus dem „Antiquariat“ insbes. http://contracts.onecle.com/bam/nintendo.lic-n64.2000.02.18.shtml und die Punkte 1.2, 1.3, 3.1.

[330] Vgl. 7. Kapitel B. II. 4 sowie EuGH, Urt. v. 23.1.2014, Rs. C-355/12 – „Nintendo/ PC-Box“ = CR 2014, S. 224 ff. m. Anm. *Brunn/Nordmeyer*.

[331] Im Englischen als „Conversion“ – *Bond* 2010, S. 75.

[332] Oder auch ein ganz neuer Quellcode.

[333] 4. Kapitel A. I. 1.

[334] Vgl. *Jaeger/Metzger* 2016, Rdnr. 14 ff.

[335] *Nordmeyer* in: Lehmann/Meents 2011 Kap. 4 Rdnr. 650 ff. m. w. Nachw.

[336] *Koch* 2009, Teil 9 Rdnr. 343.

[337] 8. Kapitel A. II. 1.

[338] S. http://www.ifross.org/lizenz-center; *Jaeger/Metzger* 2016, Rdnr. 24 ff.; *Nordmeyer* in: Lehmann/Meents 2011, Kap. 4 Rdnr. 717 ff.

existieren unterschiedliche andere, die sich etwa an der Copyleft-Klausel unterscheiden (wie MPL, EPL/CPL) oder solche gänzlich ohne Copyleft-Bestimmung (etwa Apache, BSD, MIT).[339] Die rechtlichen Vorgaben bei F/OSS sollen, zumindest bei entsprechend qualifizierten Lizenztexten, dafür sorgen, dass F/OSS stets F/OSS bleibt.[340] Der Umfang solcher Lizenztexte reicht von wenig Text[341] bis zu komplexen Regelwerken. Im Nachfolgenden werden die möglichen Klauseln umrissen, die einer kartellrechtlichen Untersuchung bedürfen. Bezüglich typischer Regelungsgehalte sind nicht OSD/FSD heranzuziehen, sondern der Blick ist auf die Lizenztexte selbst zu richten, die insoweit[342] mit EULAs verglichen werden können[343] und die allesamt die für alle (amerikanischen) Softwareverträge üblichen *Disclaimer* enthalten.

1. F/OSS, Wikipedia, Creative Commons, Web 2.0 usf.: Neuartige Formen der Softwareerschaffung

F/OSS ist keinesfalls auf *GNU/Linux* begrenzt. Während der Erfolg dieses Betriebssystems im PC-Sektor nicht bahnbrechend, dafür gleichwohl konstant[344] und für andere Bereiche (bislang) nachhaltig ist, gibt es größere Erfolgsfelder, beispielsweise den Webserver-Bereich. Prinzipiell gibt es keine Einsatzfelder, auf denen F/OSS nicht denkbar ist.[345] F/OSS gilt i. d. R. als besonders sicher.[346]

---

[339] Zur Systematisierung nach Copyleft(-stärke) *Jaeger/Metzger* 2016, Rdnr. 23 ff., weitere mögliche Kategorisierungen *Nordmeyer* in: Lehmann/Meents 2011, Kap. 4 Rdnr. 718.

[340] *Metzger* in: Eifert/Hoffmann-Riem 2008, S. 189 f.; dazu 8. Kapitel A. II. 2.

[341] Wie etwa die *X11 (MIT)* im Template-Text: „Copyright (C) <year> <copyright holders> Permission is hereby granted, free of charge, to any person obtaining a copy of this software and associated documentation files (the „Software"), to deal in the Software without restriction, including without limitation the rights to use, copy, modify, merge, publish, distribute, sublicense, and/or sell copies of the Software, and to permit persons to whom the Software is furnished to do so, subject to the following conditions:

The above copyright notice and this permission notice shall be included in all copies or substantial portions of the Software.

THE SOFTWARE IS PROVIDED „AS IS", WITHOUT WARRANTY OF ANY KIND, EXPRESS OR IMPLIED, INCLUDING BUT NOT LIMITED TO THE WARRANTIES OF MERCHANTABILITY, FITNESS FOR A PARTICULAR PURPOSE AND NONINFRINGEMENT. IN NO EVENT SHALL THE AUTHORS OR COPYRIGHT HOLDERS BE LIABLE FOR ANY CLAIM, DAMAGES OR OTHER LIABILITY, WHETHER IN AN ACTION OF CONTRACT, TORT OR OTHERWISE, ARISING FROM, OUT OF OR IN CONNECTION WITH THE SOFTWARE OR THE USE OR OTHER DEALINGS IN THE SOFTWARE."

[342] Vgl. 8. Kapitel A. III. 3.

[343] Schricker/*Spindler*, Vor §§ 69a ff. Rdnr. 29.

[344] 4. Kapitel A. I. 1.

[345] *Koch* 2009, Teil 9 Rdnr. 343; *Nordmeyer* in: Lehmann/Meents 2011, Kap. 4 Rdnr. 660 ff., gleichwohl aber welche, auf denen F/OSS kaum erfolgreich sind, so insbes. Computer- und Videospiele. Zwar werden F/OSS-Konsolen angeboten (3. Kapitel B. VI.), konnten jedoch bislang kaum Relevanz entfalte, was sich auch durch SteamMachines bislang nicht änderte. Auch existieren zwar originäre F/OSS-Spielengines (http://de.wikipedia.org/wiki/Grafik-Engine#Open-Source_Grafik-Engines), denen allerdings kaum Bedeutung zuzumessen ist,

Wesensprägend für F/OSS ist oder war zumindest die Art der Zusammenarbeit. Wie bei *Web 2.0*-Plattformen, deren bekannteste *Wikipedia*[347] darstellt, ist die freiwillige Zusammenarbeit auf der Welt verstreuter, freiwillig und unentgeltlich tätiger Personen historischer Kern dieses Modells.[348] Die Organisation zeichnet sich durch das Fehlen einer hierarchischen Arbeitsorganisation aus, wenngleich einzelnen Personen, Gruppen (*Core Teams*) oder Organisationen besonderer Einfluss auf Entwicklung und Auswahl offizieller Programmveröffentlichungen (*Releases*) zukommt.[349] Trotz der theoretisch weltweit verstreuten Entwicklergemeinde können an einzelner Software lediglich wenige Personen beteiligt sein.[350] Als interne Sanktionen stehen solchen Gruppen etwa Ächtung oder Ausschluss „abtrünniger" Entwickler zur Verfügung.[351] Dies wird allgemein als die *Basar*-Methode beschrieben, deren Gegenmodell jene der *Kathedrale* sei,[352] doch können diese Projekte ganz unterschiedlich gesteuert werden bzw. organisiert sein.[353] Motiviert sind die Teilnehmer durch Ideologie, intellektuellen Reiz, neue, nicht routiniert zu bewältigende Aufgaben und Suche nach Lösungen sowie das Bedürfnis, die eigene Reputation in Programmierer-Kreisen zu erhöhen.[354]

---

höchstens einstmals proprietären, die nach ihrer Vermarktung als F/OSS zur Verfügung gestellt wurden (vgl. Kap. 8 Fn. 375). Eine gewisse Ähnlichkeit zur F/OSS-Arbeit weist das *Modding* erfolgreicher Spiele auf, welches i. d. R. keine erheblichen Eingriffe in den Code erfordert, aber intensive Arbeit hinsichtlich Graphikmodellen, Texturen, Spiel- und Leveldesign etc. (http://de.wikipedia.org/wiki/Mod_%28Computerspiel%29#Begriffliche_Abgrenzung) – und ist eben auch dadurch geprägt, dass freiwillig und unentgeltlich gearbeitet wird. Muster einer erfolgreichen Mod ist Counterstrike, der moderne Inbegriff eines „Killer-Spiels".

346 *Lutterbeck* in: Eifert/Hoffmann-Riem 2008, S. 217; *Koglin* 2007, S. 5 ff.

347 Die *Creative Commons*-Lizenz nutzend; zu *Open Content*: *Jaeger/Metzger* MMR 2003, S. 431 f. Zum Themenkomplex s. auch *Metzger* in: Eifert/Hoffmann-Riem 2008, S. 200 ff., *Bechtold* GRUR Int 2008, S. 486. Als „the new Alexandrians" bei *Tapscott/Williams* 2008, S. 151.

348 *Metzger* in: Eifert/Hoffmann-Riem 2008, S. 189; Schricker/*Spindler*, Vor §§ 69a ff. Rdnr. 25.

349 Dazu noch 8. Kapitel A. I.

350 *Mundhenke* 2007, S. 91 ff.; s. beispielhaft http://www.apache.org/foundation/how-it-works.html#meritocracy.

351 *Mundhenke* 2007, S. 94.

352 8. Kapitel A. I.

353 Die klassische Regierungsformlehre sowie weitere Formen sind mit Oligarchie, Demokratie, konsensorientierten Komitees, Anarchie („freie Vergabe von Schreibrechten"), Aristokratie (*L. Torvalds* „Minister") und Monokratie – was nicht abschließend sein muss – vertreten, s. *Sebald* 2008, S. 168 ff.

354 *Brügge/Harthoff/u. a.* 2004, S. 103 f.; *Lerner/Tirole* in: Feller/Fitzgerald/Hissam/Lakhani 2005, S. 58, 61; auch um bessere Bezahlungsmöglichkeiten und Arbeitsangebote durch gesteigerte Reputation zu erhalten – *Maurer/Scotchmer* NBER 12148, S. 9 f.; *Buxmann/Diefenbach/Hess* 2015, S. 264 ff. (dort „Rentensucher"); *Grassmuck* 2004, S. 250 ff.; *Metzger* in: Eifert/Hoffmann-Riem 2008, S. 191 ff., S. 204 f.; oder auch nur, um ein eigenes Programm für sich selbst zu erstellen, *Tapscott/Williams* 2008, S. 91; *Nordmeyer* in: Lehmann/Meents 2011, Kap. 4 Rdnr. 661 m. w. Nachw.

Neben solchen Freiwilligen-Projekten (*Community driven*) nutzen mittlerweile Unternehmen (*Company driven*) ihr eigenes Personal, um i. d. R. eigene Software voranzubringen und (auch[355]) als F/OSS zu vertreiben.[356] F/OSS weist zudem Beispiele auf, dass bereits totgeglaubte, proprietäre Software, insbesondere der (durch Microsoft verdrängte) *Netscape Navigator*[357], nach einer „Auferstehung" als F/OSS wieder erfolgreich sein konnte.[358]

2. Mögliche Bestimmungen

a. Copyleft (Viraler Effekt)

Manche der Lizenzen verfügen über eine Copyleft-Klausel[359], welche alternativ als viraler Effekt, Krebsgeschwür[360], Midas-Effekt[361] usf.[362] bezeichnet wird. F/OSS basiert ursprünglich auf einem ideologischen Freiheitsparadigma und zudem sollen tlw. *Free Rider*, also Trittbrettfahrer, eingeschränkt werden.[363] Deswegen sind solche Klauseln dergestalt, dass auf F/OSS *basierende*[364] Software – unter bestimmten Umständen – wiederum zu F/OSS werden muss, also (auch[365]) nach einer bestimmten F/OSS-Lizenz verbreitet werden muss. Zur Unterscheidung und Kategorisierung von F/OSS-Lizenzen wird die „Stärke" einer solchen Klausel herangezogen, also ab wann ein anderes, hinzugefügtes bzw. anderweitig gewonnenes Programm als basierend bzw. abgeleitet gilt. Des Weiteren ist danach zu unterscheiden, ob die dadurch ausgelöste Pflichtlizenzierung zu Gunsten aller bzw. von „jedermann" – was den Normalfall darstellt – oder einseitig zu Gunsten des ursprünglichen Lizenzgebers zu erfolgen hat.[366]

---

355 Zum *Dual Licensing* 3. Kapitel B. XI. 6.

356 Vgl. *Brügge/Harthoff/u. a.* 2004, S. 83 f., 64 ff.; COMP/M. 5529 – „Oracle/Sun Microsystems", Tz. 261: „corporate led" oder „community-led".

357 4. Kapitel A. I. 3.

358 In diesem Fall als Mozilla Firefox – *Jaeger/Metzger* 2016, Rdnr. 82.

359 Bzgl. Patenten auch als „Patentleft" – 8. Kapitel A. II. 5.

360 Diese Aussage wird Microsoft-CEO *Steve Ballmer* („Linux is cancer") zugeschrieben – s. http://www.theregister.co.uk/2001/06/02/ballmer_linux_is_a_cancer/.

361 *Nordmeyer* in: Lehmann/Meents, Kap. 4 Rndr. 651; vgl. *Nordmeyer* JIPITEC 1/2010, Rdnr. 5.

362 Etwa als assimilierende Borg, eine Spezies gefühlloser, radikal expandierender, alle Individualität auslöschende Cyborgs aus „Star Trek" – *Hawkins* Netnomics 6 (2004), S. 107; als „Schneeballsystem" bei *Heussen* MMR 2004, S. 446.

363 Vgl. 8. Kapitel A.

364 Dazu noch 8. Kapitel A. II. 2.

365 Zum Dual Licensing s. 3. Kapitel B. XI. 6.

366 8. Kapitel A. II. 2.

b. Lizenzgebührenverbot/Kostenlosigkeit bzw. Unentgeltlichkeit

F/OSS muss ihren Bestimmungen folgend nicht – selbst wenn sie es nahezu immer ist – kostenlos[367] sein, nach einzelnen Lizenztexten sind gleichwohl explizit Lizenzgebühren untersagt.[368]

c. Patentklauseln

Gerade die kommerziellen[369] F/OSS-Lizenzen enthalten Bestimmungen zu (gewährten) Patenten. Neben den urheberrechtlichen Nutzungsrechten werden nämlich regelmäßig Patentlizenzen eingeräumt, jedoch in der Regel nicht im identisch weitgehenden Umfang wie die urheberrechtliche Berechtigung. Des Weiteren sind Klauseln enthalten, welche die Geltung der Lizenz an die Bedingung knüpfen, nicht im Wege negatorischer Patentverfahren gegen andere Nutzer der jeweiligen F/OSS vorzugehen.[370]

IX. Software-Wartungs- und Pflegeverträge

Die Grenzen zwischen Gewährleistungen und Zusatzleistungen verwischen im Softwarebereich durch umfassende Wartungs- oder Pflegeverträge, welche seitens der Softwarehersteller idealerweise für möglichst lange Laufzeiten abgeschlossen werden.[371] Solche (Zusatz-)Verträge kontinuierlicher Leistungen oder Leistungsbereitschaften, oftmals gestaffelt nach *Service Levels* (d. h. insbes. Reaktionszeiten, Entstörzeiten), können wirtschaftlich einen erheblichen Faktor neben dem Software-Erwerb darstellen. Leistungsgegenstand dieser Verträge sind u. a. Bugfixes, sonstige Updates und sonstiger Support. Dazu können noch die Schulung der Mitarbeiter und Hotlines bzw. *Help Desks* etc. treten.[372] Die Preise hierfür variieren insbesondere abhängig von der Verfügbarkeit der Dienstleistung, von Notdiensten, der Hotline oder der Anzahl der möglichen

---

367 *Jaeger/Metzger* 2016, Rdnr. 4 ff. Bei *Freeware* hingegen ist neben weiteren abweichenden Aspekten in aller Regel aber der Quellcode nicht frei zugänglich (Rdnr. 9), sondern die Software eben lediglich kostenlos benutzbar – allerdings ist die Unentgeltlichkeit bei F/OSS nicht das primäre Ziel, wenn auch weit verbreitetes Merkmal dieses Phänomens – s. auch noch 8. Kapitel A. II. 1 zur Lizenzgebührenfreiheit.

368 S. dazu noch nachfolgend 8. Kapitel A. II. 1.

369 *Nordmeyer* in: Lehmann/Meents 2011, Kap. 4 Rdnr. 718.

370 8. Kapitel A. II. 5.

371 Mit Abgrenzungsversuch *Timm* 2005, S. 198 ff., wobei der These, dass Software bei Überlassung „ohne weiteres funktionsfähig und einsatzbereit" sei und sich erst „im Laufe der Zeit" die Fehler häufen(?) (S. 203), nicht uneingeschränkt zugestimmt werden kann. S. ebenfalls *Schneider* CR 2011, S. 627 ff.; *Bartsch* NJW 2002, S. 1528 f.

372 *Hoeren* 2012, S. 265 ff.; *Dreier/Vogel* 2008, S. 155 ff.; *Ammann* 2011, S. 14 ff.; *vgl. Metzger/Grützmacher* in: Rieder/Schütze/Weipert 2015, S. 311 ff.; *Servais* 2014, S. 54 ff., S. 111 ff.

Anfragen, der Antwortzeit usf.[373] Die Pflegeleistung kann einen Dauerbezug neuer Softwareversionen, Wartung der Software selbst, Anpassungen als Werkleistungen u. v. a. beinhalten.[374] Bei diesem Dauerbezug ist entscheidend, ob die Verbesserungen ohnehin frei verfügbar sind oder eben ausbedingt werden.[375] Möglich ist es, dass diese nach Wünschen mehrerer Nutzer produziert werden, die sich etwa in *Newsgroups* äußern.[376]

X. Forschungs- und Entwicklungsvereinbarungen (FuE)

Während die Vertragstypen der Softwareauftragsentwicklung oder des Bezuges von Entwicklungswerkzeugen die Entwicklungstätigkeiten nur einem Akteur zuweisen, können Akteure ebenfalls gemeinsam programmieren oder anderweitige Entwicklungstätigkeit gemeinsam bewältigen. In diesen Zusammenhängen wird insbesondere die Verwertung der Ergebnisse einschließlich der Berechtigung vertraglich zu regeln sein.[377]

XI. Allgemeine Klauseln und Vertragsmodalitäten

1. Nicht-Geltendmachungsvereinbarungen

Wenn keine Lizenz erteilt wird, also nicht (ausdrücklich) die Nutzung erlaubt wird, gleichwohl aber (vertraglich) vereinbart wird, die Verwendung eines Programmes nicht zu untersagen und keine Einwände (gerichtlich) geltend zu machen,[378] so stellt dieses gewissermaßen eine negative Lizenz[379] dar.

2. Nichtangriffsklauseln

Zu unterscheiden von einer vorherig erörterten quasi-negativen Lizenz ist eine Nichtangriffsklausel im Rahmen eines Lizenzvertrages. Darunter ist zu verstehen, dass sich der Lizenznehmer verpflichtet, (bestehende oder nicht bestehende oder behauptete) Rechte, vornehmlich Patente, des Lizenzgebers nicht anzugreifen, also ihre Wirksamkeit bzw. die Rechtmäßigkeit ihrer Erteilung nicht – gerichtlich oder behördlich – erschüttern zu wollen.[380]

---

373 *Maaß* 2006, S. 151.

374 *Bartsch* NJW 2002, S. 1527.

375 *Heymann/Lensdorf* in: Redeker, Muster 1.12 Rdnr. 3 ff.

376 *Heymann/Lensdorf* in: Redeker, Muster 1.12 Rdnr. 72.

377 Vgl. 8. Kapitel B. II. 1.; für ein Muster s. *Bräutigam/Thalhofer* in: Redeker, Muster 6.2 Rdnr. 7 ff., 55 ff., 182 ff.; Muster 6.3 Rdnr. 12 ff., 54 ff.

378 Vgl. TT-Leitl., Tz. 17. Ob als *Anspruchsverzichtsvereinbarung* und mithin als keine *Anspruchsregelungsvereinbarung*. Geläufig ebenfalls als *Negativlizenz* (s. *Albert* 2011, S. 241).

379 Dies kann sich gerade empfehlen, wenn die Lizenz- bzw. Immaterialgutrechtslage nicht geklärt ist.

380 *Schultz-Süchting* in: Schütze/Weipert[6] 2009, S. 645 f.

3. Rechts- und Gerichtswahl

Wie auch bei allen sonstigen Verträgen sind ebenfalls bei Softwareverträgen Regelungen bzgl. internationalen Rechts, bestimmter Kollisionsnormen, Gerichtszuständigkeiten, ggf. Schiedsgerichtsbarkeiten, üblich.

4. Einschaltung von Handelsvertretern

Gerade bei Volumenlizenzierungen (an gewerbliche Kunden oder andere Organisationen) bedienen sich die Softwareentwickler oftmals autorisierter Handelsvertreter, durch welche sie ihre Verträge abschließen. Dies kann bei Unternehmenskunden zu Direktverträgen mit den Softwareherstellern führen.[381]

5. Quellcode-Hinterlegung (Escrow)

Wenn einem Software-Käufer (Standardsoftware) oder Auftraggeber (Individualsoftware) der Quellcode nicht mitgeteilt wird, insbesondere aber für den Fall der Insolvenz des Entwicklers der Quellcode aber verfügbar sein soll, kann dieser und das zugehörige Begleitmaterial bei einem (treuhänderischem) Dritten (*Escrow Agent*) hinterlegt werden,[382] was als (*Software*) *Escrow*[383] bezeichnet wird.[384] Diese Verträge können zwei- oder dreiseitig ausgestaltet sein.

6. Multiple Licensing (parallele Lizenzierung nach verschiedenen Lizenzbestimmungen) und Lizenzkompatibilität

Eine Software kann unter zwei (Dual Licensing) oder noch mehr Lizenzen bzw. unterschiedlichen Lizenzmodellen angeboten werden – darunter können F/OSS wie proprietäre und letztlich nur verschiedene proprietäre sein. Neben den besagten unterschiedlichen Preisen und Lizenzen etwa für bestimmte Abnehmerkreise ist es dadurch möglich, etwa Programme als F/OSS mitsamt Copyleft-Klausel unentgeltlich für breite Abnehmerkreise anzubieten, zugleich aber eine kommerzielle Lizenz entgeltlich ohne Copyleft-Effekt feilzubieten.[385]

Insbesondere F/OSS-Lizenzen gestatten es häufig, die jeweilige Software unter anderen, aber vergleichbar wirkenden Lizenzenzbestimmungen zu verbreiten. Dies wirft regelmäßig Fragestellungen nach Lizenzkompatibilität auf, also inwieweit ein Lizenztext die Anforderungen der gleichen Wirkung in

---

[381] Vgl. 7. Kapitel B. I.

[382] *Karger* in: Kilian/Heussen, Kap. 21 Rdnr. 1 ff.; *Schöler* in: Rieder/Schütze/Weipert 2015, S. 277 ff., S. 284; *Reed* CR 1990, S. 700; vgl. *Hoeren* 2012, S. 291 ff.

[383] Irreführenderweise aber tlw. auch als „Softwarehinterlegung" bezeichnet.

[384] *Schröder* 2015, S. 62 ff. samt Muster; weiteres Muster bei *Grützmacher* in: Redeker, Muster 1.7.

[385] *Jaeger/Metzger* 2016, Rdnr. 114 ff.

Bezug auf Verbreitungspflichten und Nutzerrechte eines anderen Lizenztextes erfüllt.[386]

XII. (Rechte-)Pools

Als Rechtepool wird bezeichnet, dass verschiedene Unternehmen ihre Rechte, insbesondere Patente, zu einer gemeinsamen Nutzung (in einer Organisation) zusammenführen, also *poolen* – wie bei Kreuzlizenzierungen lösen sie dadurch mögliche Sperrpositionen[387] auf.[388] Die zugehörigen Verträge werden also insbesondere die betroffenen Patente nennen und die weiteren Voraussetzungen schaffen, um den Pool selbst zu bilden – sowie die gemeinsame Lizenzierung der sodann *gepoolten* Rechte reglementieren.[389]

XIII. Besonderheiten der öffentliche Beschaffung bzw. Auftragsvergabe

Die „öffentliche Hand" stellt bei Verträgen eigene allgemeine Geschäftsbedingungen, welche als *Ergänzende Vertragsbedingungen für die Beschaffung* (EVB) bezeichnet werden.[390] Eine recht spezielle Frage bei öffentlicher Auftragsvergabe ist, ob Quelloffenheit als neutrale Beschaffenheitsvorgabe vergaberechtlich Bestand haben kann.[391]

Aus kartellrechtlicher Sicht kann die öffentliche Hand wie ein Unternehmen auftreten,[392] was zudem im Verwaltungsrecht allgemein anerkannt (sog. Fiskalgeschäft) ist. Im Übrigen sind keine Besonderheiten ersichtlich.

C. Privatrechtliche Grenzen der Vertragsgestaltung

Dass die ausgeführten Vereinbarungen samt der angedeuteten Inhalte formell abgeschlossen werden und sich zudem oftmals tatsächlich durchsetzen, trifft keine Aussage über ihre Rechtmäßigkeit. Neben speziellen Bestimmungen setzt eindeutiges *ius cogens* der Privatautonomie Grenzen. Kartellrechtliche Grenzen

---

386 Vgl. *Nordmeyer* in: Lehmann/Meents 2011, Kap. 4 Rdnr. 773 ff.

387 5. Kapitel B. II. 2. a.

388 *Podszun* JURA 2010, S. 440.

389 Vgl. 7. Kapitel C. I. 4.

390 Als EVB-IT sind solche der Beschaffung im IT-Sektor (vor)formuliert, etwa EVB-IT Kauf für den Ankauf von Hardware, die EVB-IT Überlassung B für die periodische Nutzung von Standardsoftware oder die EVB-IT Systeme für die Erstellung eines Gesamtsystem – zu begrifflichen Nöten dieser EVB-IT *Kirn/Müller-Hengstenberg* CR 2009, S. 70 f., zur Vereinbarkeit mit § 97 GWB s. a. a. O., S. 73.

391 Etwa *Nordmeyer* in: Lehmann/Meents 2011, Kap. 4 Rdnr. 664 m. w. Nachw.

392 7. Kapitel B. I.

werden noch im weiteren Laufe dieser Untersuchung und nicht an dieser Stelle dargestellt.[393]

I. Urheberrechtliche Grenzen

Das UrhG setzt der freien Vertragsgestaltung bestimmte Grenzen. Eine Übertragung von Urheberrechten etwa scheidet aus.[394] Stattdessen können Nutzungsrechte gewährt werden, wobei die besonderen Regelungen des Urhebervertragsrechts (§§ 31 ff. UrhG) berücksichtigt werden müssen. Daraus ergeben sich u. a. Vorgaben zur inhaltlichen Beschränkbarkeit von eingeräumten Rechten[395]. Im Weiteren müssen sich Verträge am Eintritt und an der Wirkung des Erschöpfungsgrundsatzes[396] messen lassen.

Bereits vor diesem Hintergrund waren beispielsweise die OEM-Klauseln und die sich aus ihnen ergebende Bindung des Vertriebes mehrfach Gegenstand juristischer Kontroversen und gerichtlicher Ausein-andersetzungen.[397] Ihre urheberrechtliche Bewertung ist umstritten, sie werden jedenfalls teilweise als Verstoß gegen den Erschöpfungsgrundsatz bewertet.[398] Aus vergleichbaren Erwägungen werden auch Weiterverkaufsverbote von Software abgelehnt.[399]

Eine inhaltliche Beschränkung eingeräumter Nutzungsrechte ist nicht in beliebiger Weise möglich – vielmehr soll eine „atomisierende“ Aufsplitterung vermieden werden,[400] weswegen einem inhaltlichen Vorbehalt ein eigenständiger wirtschaftlicher oder technischer Charakter zuschreibbar sein muss.[401] Dies ist etwa hinsichtlich der bloßen LAN-Nutzung zu verneinen[402], ebenfalls bei CPU-Klauseln[403] und wird bei technisch identischen Schülerversionen[404] – wie

[393] 8. Kapitel.

[394] § 29 I UrhG.

[395] § 31 I S. 2 a. E. UrhG.

[396] 3. Kapitel A. IV.

[397] Fn. 2446.

[398] *Hoeren* 2008, II Rdnr. 13; s. auch *Metzger* GRUR 2001, S. 214 (ob eine dingliche OEM-Abspaltung möglich ist, wird offengelassen – dagegen *Bödeker* 2008, S. 204).

[399] Neben § 69c Nr. 3 UrhG und der Erschöpfungswirkung (3. Kapitel A. IV.) kann noch § 34 UrhG hierfür relevant sein (8. Kapitel C. II. 2. a). Kartellrechtliche Verstöße annehmend *Hoeren* 2008, II Rdnr. 11 ff. (wenn auch mit Ausnahmen, insbes. beim Online-Vertrieb); ebenso *Polley* CR 1999, S. 348 f.; *Metzger* in: Hilty/Jaeger/Kitz 2008, S. 96 f.; *Herzog* 2009, S. 137 f. – im Bereich des Online-Vertriebes bzw. im Rahmen von besonderen Lizenzverträgen außerhalb des „gewöhnlichen“ Kaufes verpackter Software nimmt dieser eine Pflicht des Softwarerechtsinhabers zur Übertragungszustimmung in aller Regel an (S. 90 ff.).

[400] *Koglin* 2007, S. 86 f.; grds. Schricker/*Ohly*, § 31 UrhG Rdnr. 28 ff.; *Metzger* NJW 2003, S. 1994 (zu CPU-Klauseln).

[401] *Scholz*/*Wagener* CR 2003, S. 881.

[402] *Hoeren* 2008, II Rdnr. 33.

[403] *Hoeren* 2008, II Rdnr. 25 f.

[404] *Dreier*/*Vogel* 2008, S. 131, die aber auch unterschiedlich sein können.

auch bei OEM[405] – oftmals verneint. Der Nutzer begünstigende § 69d UrhG sowie der anknüpfende Entwicklungstätigkeiten in Grundzügen erlaubende § 69e UrhG sind durch § 69g UrhG der Parteidisposition enthoben. Technischen Schutzmaßnahmen setzt das Urheberrecht hingegen kaum Grenzen.[406]

II. Sonstige privatrechtliche Grenzen

Soweit versucht wird, mit Endnutzern über Click-, Shink Wrap etc. (ergänzende) Lizenzverträge abzuschließen,[407] wird überwiegend das Zustandekommen eines Vertrages nach den Regeln des BGB bestritten. § 69d UrhG mag hierfür gleichwohl relevant sein.[408] Ein weiterer wichtiger Kontrollfaktor sind die §§ 305 ff. BGB, welche einseitige Rechtserweiterungsversuche[409] wie Unklarheiten[410] behindern,[411] selbst wenn es etwa im Urheberrecht oftmals an gesetzlichen Leitbildern fehlt.[412] So seien im Ergebnis in aller Regel – ggf. ergänzend nach diesen Normen – speziell CPU-Klauseln nichtig[413], es sei denn, es handelt sich um Software-Überlassung auf Zeit mit Möglichkeit des Hardwarewechsels.[414] Ebenfalls sollen Weiterverkaufsverbote hieran scheitern[415] wie andere unangemessene Beschränkungen der Nutzungsrechte.[416]

III. Verhältnis dieser Grenzen zueinander und zum Kartellrecht

Das Verhältnis zwischen Urheberrecht und Kartellrecht – beides teilweise zwingendes Gemeinschaftsrecht[417] – bedarf umfassender, in einem späteren Abschnitt erfolgender Erörterung.[418] Das Urheberrecht und gerade die §§ 31 ff.

---

405 8. Kapitel C. III. 4.

406 Ggf. sind aber Selbsthilferechte gegeben, vgl. 3. Kapitel B. I. 6. c.

407 3. Kapitel B. I. 3.

408 *Hoeren* 2008, II Rdnr. 207 ff.; insbes. ggü. Privaten: *Dreier/Vogel* 2008, S. 151.

409 Dazu allgemein *Metzger* in: Hilty/Jaeger/Kitz 2008, passim (insbes. S. 85 ff.).

410 § 307 I S. 2 BGB.

411 Zu Computerspielen ausführlich *Mayer-Wegelin* JurPC 28/2009, Abs. 72 ff.

412 Mit Ausnahme des Verlagsvertrages – *Metzger* in: Hilty/Jaeger/Kitz 2008, S. 91.

413 *Hoeren* 2008, II Rdnr. 27 ff. – es sei denn, auf Computern geringerer Leistungsfähigkeit könnte sich die Ausführung rufschädigend für den Softwareentwickler auswirken (Rdnr. 30); ein solcher Fall ist jedoch als sehr konstruiert zu beurteilen, zumal dann in aller Regel vergleichbare Computer in Frage kämen, es sei denn wiederum, es handelte sich um einen *High Performance*-Computer. *Hoeren* 2012, S. 92. Detailliert: *Grützmacher* ITRB 2017, S. 142 ff.

414 *Hoeren* 2012, S. 92 f.

415 *Hoeren* 2008, II Rdnr. 16 ff. Rettend könne die Erlaubnis zur Weitergabe vom Softwarerechteinhaber verlangt werden: *Lejeune* in: Ullrich/Lejeune 2006, I Rdnr. 375; vgl. *Polley* CR 1999, S. 346.

416 Zu §§ 305 ff. BGB im Wechselspiel mit § 69d II UrhG in Bezug auf EULA *Metzger* in: Hilty/Jaeger/Kitz 2008, S. 95 ff.

417 Art. 101 ff. AEUV sowie Richtlinien wie etwa die Computerprogramm-Richtlinie.

418 5. Kapitel B. II. 3.

UrhG wirken zunächst die Vertragsfreiheit beschränkend bzw. die Urheberfreiheit erhaltend. Das UrhG kann einen speziellen Maßstab für die §§ 305 ff. BGB bilden, sogleich wiederum Privilegien ausbilden – und als Leitbild hins. § 307 II Nr. 1 BGB fungieren. Vorausgeschickt sei, dass urheberrechtliche Wertungen vergleichbar dazu ebenfalls im Rahmen des Art. 101 AEUV zu berücksichtigen sind. Gleichwohl können nach §§ 305 ff. BGB Modalitäten erlaubt sein, die nach Art. 101 AEUV zu verbieten sind. Während die AGB-Kontrolle Drittinteressen nämlich grundsätzlich unbeachtet lässt,[419] können gerade diese und Marktauswirkungen im Generellen bei Art. 101 AEUV (allein) entscheidend sein.[420] Zudem kann der Leistungsinhalt – anders als nach §§ 305 ff. BGB – problemlos kontrolliert werden. Mögen Vereinbarungen bereits aus anderen Gründen (teil-)nichtig sein, so können sie doch zusätzlich gegen Art. 101 AEUV verstoßen, gerade weil selbst durch nichtige Verträge und Vertragsbestandteile eine Koordinierung erfolgen kann und ein kartellrechtliches Verdikt weitere Sanktionsmöglichkeiten[421] bietet.[422]

D. Zusammenfassung und Anmerkungen

Der Lizenz-Begriff umfasst zahlreiche Formen der Nutzungsgestattung. Zum Korpus der Softwareverträge gehören mannigfaltige Arten, die hier keinesfalls abschließend dargestellt wurden. Neben der Erlaubnis (Lizenz) wird bei Software nahezu immer Code bzw. ein Programm oder Wissen überlassen. Für die meisten Zwecke muss der Quellcode nicht herausgegeben werden. Wird er es dennoch, wird zudem begleitendes Wissen aufgrund der Komplexität von Software in aller Regel notwendig[423] und sollte ebenfalls überlassen werden. Mithin sind stets Geheimhaltungsinteressen betroffen, sofern es sich nicht um F/OSS-Paradigma handelt. Da aber ansonsten der Quellcode möglichst geheim

---

419 BGH, Urt. v. 7.10.1981 – VIII ZR 214/80 = NJW 1982, S. 178 ff.: „… nur um die Wahrnehmung eigener Interessen der Vertragspartner gehen, nicht um diejenigen Dritter, zu deren Wahrung die Vertragspartner nicht verpflichtet und daher bei der Abwägung der gegenseitigen Interessen auch nicht berechtigt sind (…). Soweit sich aber Interesse und Verhalten Dritter gegenüber dem Verwender auswirken, kann darin eine Berührung eigener Interessen gesehen werden." (S. 180).

420 7. Kapitel B. III.

421 7. Kapitel D.

422 Zu kurz greift im Ansatz *Bödeker* 2008 (etwa S. 289) kartellrechtlich nur solche Klauseln zu überprüfen, die insbes. dem deutschen Urheberrecht standhalten (im Konkreten: § 69d I UrhG), da Art. 81 EGV bzw. nunmehr Art. 101 AEUV sich auch gegen ungültige Verträge wendet: nicht einmal die Parteien müssen von der Verbindlichkeit letztlich ausgehen. A. A: wohl, von § 69g UrhG ausgehend, auch *Schweyer* 2012, S. 546.

Kartellrechtskonformität bei Verstößen gegen sonstiges Recht ist indes in der Tat wohl ohne Nutzen – *Matthiesen* 2010, S. 75.

423 2. Kapitel A. II.

gehalten werden soll, werden oftmals nur Aufgaben wie der Vertrieb anderen Unternehmen überlassen.[424]

Neben die Ersteller der Software, zumeist bereits eine Vielheit an Programmierern, Entwicklern usf., und den Nutzer, treten oftmals weitere Akteure[425] – etwa Großvertriebe, Händler, Auftraggeber in Gestalt größerer Software*studios* oder – gerade im Bereich der Computerspiele – die *Publisher*. Oftmals wird seitens der Hersteller versucht, zusätzliche, direkte Verträge parallel zum reinen Absatzweg mit dem Endkunden durchzusetzen. Bestimmte Beschränkungen, die kombiniert mit speziellen Versionen auftreten, korrespondieren als Vorgabe für Endabnehmer als auch für Händler: So darf etwa nur der Nutzer einer Vorversion das *Upgrade* ausführen und der Händler darf nur an einen solchen die Ware liefern. Neben vertragsrechtlich gestaltetes Erlauben treten oftmals technische Maßnahmen, um das *Können* der Anwender zu begrenzen. Solche technischen Maßnahmen sind zudem rechtlich geschützt und der rechtlichen Kontrolle schlechterdings kaum zugänglich.[426]

Im Rahmen dieser Arbeit werden Auflagen oder Privilegien aus der Perspektive des Vertriebes als *Vertriebsauflagen* bezeichnet, Einsatz-, Benutzungs- und Weitergabegebote usf. als *Einsatzbeschränkungen* kategorisiert.[427] Neben der kartellrechtlichen Kontrolle müssen sich Softwarevereinbarungen primär am UrhG und BGB messen lassen. Softwarevereinbarungen sind üblicherweise überaus umfassend und enthalten typischerweise zahlreiche Klauseln, die möglichst alle Verantwortung vom Entwickler werfen und sich ansonsten einseitig zu dessen Gunsten auswirken sollen.

Ob Software dabei eher als eine Art Sache und sich erschöpfendes Handelsgut betrachtet wird, als (geheimes) Wissen oder als reines Immaterialgut bzw. -recht ist immer eine Sache der Perspektive, die bei den jeweiligen unterschiedlichen Vertragstypen unterschiedlich ausgeprägt sein kann.

Wer einen Personalcomputer kauft, erwirbt ihn in aller Regel mit Windows. Der Hardwarehersteller bzw. -zusammensteller ist somit ein wichtiger Brückenkopf, zumal die Wahl des Betriebssystems oft auch die Wahl sonstiger Software beeinflusst. Dies gilt natürlich erst recht, wenn der Endnutzer überhaupt keine Wahl in dieser Frage hat und – bei kleineren Geräten – gar keinen Einfluss im Anschluss an den Erwerb auf die (vor-)installierte Software nehmen kann.[428]

---

[424] *Bödeker* 2008, S. 146.

[425] Und ringen je nach wirtschaftlicher Stellung und Abhängigkeiten etc. um Vertragsgestaltung zu eigenen Gunsten und anderer Ungunsten.

[426] Dazu noch u. 7. Kapitel B. II. 4.

[427] Vgl. *Baus* 2004, S. 3 ff. Dabei gilt die Bindung der Ausführung von Software als Hardware*bindung* (Koppelung der Einsatz-, nicht der Erwerbsmöglichkeit an die Hardware), die vertriebsweise Absetzung von Software und Hardware als Hardware*bündelung* bzw. *-bundling* bzw. *-bundle*.

[428] Vgl. 7. Kapitel C. I. 1. d. dd. (1).

Digitale Distributionsmodelle haben den herkömmlichen Vertrieb, insbesondere in bestimmten Segmenten, noch nicht abgelöst. Durch DRM erlauben diese Vertriebsformen erhöhte Einsatz- und Weitergabebeschränkungen,[429] wobei sich noch zeigen muss, ob der EuGH dem DRM-Einsatz bei (erschöpfter) Software in irgendeiner Form Einhalt gebieten wird. Noch weiter vom Datenträger lösen sich solche Software-Nutzungsmöglichkeiten, die nicht als Erwerb, sondern tendnendiell als *Dienst* charakterisiert werden: *Cloud-*, *Stream-*, ASP-usf. -Lösungen bedeuten ein Ende der Erschöpfung – und erlauben ohnehin bessere Möglichkeiten des DRM-Einsatzes bzw. eine beinahe vollständige Kontrollmöglichkeit zugunsten des Diensteanbieters. Die digitale Distribution ist im Kern jedoch günstiger als die herkömmliche und ist zudem für kleinere oder (zunächst) private Entwickler eine wichtige Möglichkeit, überhaupt erst (günstige) Produkte anzubieten, wodurch sie zu einer wichtigen – idealerweise – geringen Markteintrittsbarriere werden, zumal die Bereitschaft für sog. *Micropayment* zu steigen scheint. Andererseits müssen Produkte, die ebenfalls auf herkömmlichen Wegen bezogen werden können, über Online-Wege nicht günstiger sein.

[429] Dazu vgl. u. 8. Kapitel C. II. 3. c.

4. Kapitel

Ökonomische Besonderheiten auf Softwaremärkten

Für die Softwaremärkte gelten insbesondere die Komplexität sowie die Häufung von Netzwerkeffekten, abhängig von Standardisierung, als kennzeichnend. *Komplex*, was auf Patente bezogen wird, meint, dass einzelne Produkte mehrerer bzw. etlicher patentierter Technologien bedürfen.[1] Im Nachfolgenden werden einzelne Softwaremärkte, Netzwerkeffekte und Kostenstrukturen kursorisch vorgestellt. Hierbei sollen – ausgewählte – aktuelle Entwicklungen aufgezeigt werden.

A. Marktstrukturen

I. Starrer Markt dynamischer Produkte

Nicht nur nach Klischees ist die gesamte IT-Industrie durch beständige Innovationen oder zumindest neue Produkte gekennzeichnet; in der Praxis sind zumindest beständig neue Versionen bekannter Programme vorzufinden. Oftmals zumindest jährlich oder innerhalb weniger Jahre reihen sich Programmversionen aneinander und sollen die Vorversion i. d. R. sofort oder möglichst bald ablösen.

Im Nachfolgenden werden einzelne Märkte vorgestellt. Die Marktabgrenzung aus kartellrechtlicher Sicht wird noch in einem späteren Kapitel durchzuführen sein.[2] Die nachfolgende Marktbeschreibung orientiert sich an der in der Fachpresse üblichen.[3] Dabei sind die Exaktheit und Aktualität der Daten nicht auschlaggebend, sondern vielmehr die Relationen.

1. Statistik: Betriebssysteme

a. Personalcomputer

Nach wie vor hält Microsoft im Bereich der Personalcomputer (PCs einschließlich Notebooks) einen Marktanteil mit verschiedenen *Windows*-Ver-

---

[1] *Regibeau/Katherine* 2011, S. 15; vgl. *Noel/Schankerman* 2006, S. 2 f., 27. Es ist aber zu bezweifeln, ob dies tatsächlich den Punkt trifft. Der Mobilfunkmarkt ist gewiss deutlich abhängiger von (überkreuzenden) Patentlizenzen als denn der Softwaremarkt. Bezüglich Software ist es gerade möglich, die Schnittstellenfunktionen geheim zu halten (2. Kapitel D.).

[2] 7. Kapitel B. IV. 2. b. bb.

[3] Zu Plattformfragen siehe insbes. 7. Kapitel B. IV. 2. b. bb. (1).

sionen von ca. 90 %, Apple 6 % und alle möglichen Distributionen von *GNU/Linux* um die 2 %.[4] Der Erfolg von *GNU/Linux* liegt eher darin, in anderen, weniger breit beachteten Bereichen, insbesondere von Unternehmen, eingesetzt zu werden.[5] Die Prognosen für den Heim-PC-Markt sind hingegen nach wie vor eher negativ für dieses Betriebssystem.[6] Microsoft gilt in diesem Bereich seit langer Zeit als (Quasi-)Monopolist und hat diese starke Domäne zumindest seit den 90er-Jahren inne. Mithin sind die Marktstrukturen relativ konstant.

Diese Sparte gehört nach wie vor zu den gewinnbringenden des Konzerns.[7] Das Unternehmen konnte – auf ggf. rechtswidrige Aktionen hierzu sei hingewiesen[8] – sich ihre Marktanteile über die Dekaden sichern, obwohl die Betriebssysteme bei PCs grundsätzlich frei gewählt werden können.[9]

b. *Smartphones und andere Geräte*

Im Bereich der komplexeren Mobiltelephone bzw. Smartphones erreicht das F/OSS-Betriebssystem *Android*, auf dem *GNU/Linux*-Kernel basierend,[10] ca. 60–85 % des Marktes mit nach wie vor steigender Tendenz.[11] Vor nicht allzu vielen Jahren erreichte noch *Symbian* solche Werte.[12] Apples *iPhones* mit *iOS* belegen ca. 1/6, Microsoft mit *Windows Mobile* belegte die letzten Jahre weniger als 3 % des Marktes.[13] Auf dem stark wachsenden und großen chinesischen Markt liegt indes das kostengünstige *Android* sogar bei über 90 %.[14] In Deutschland liegt letzteres, nach einer anderen Statistik, bei etwa 2/3, *iOS* bei ca. 1/4 und die übrigen einschließlich Microsoft sowie RIM (*Blackberry*)

---

[4] Stand: Januar 2013: http://www.zdnet.de/88137961/betriebssysteme-windows-8-steigert-marktanteil-im-dezember-deutlich/; Stand: Januar 2015: https://www.drwindows.de/news/5477-marktanteile-browser-betriebssysteme-januar-2015; Stand: Januar 2017: http://praxistipps.chip.de/betriebssysteme-marktanteile-im-ueberblick_91717.

[5] Vgl. *Leemhuis* c't 18/2011, S. 80, 82.

[6] *Leemhuis* c't 18/2011, S. 83.

[7] Vgl. *Hillenbrand* http://www.spiegel.de/wirtschaft/microsoft-geschaeftszahlen-hoher-preis-der-freiheit-a-296596.html.

[8] 6. Kapitel B. III. Interessant ist zudem auch die Herkunftsgeschichte von MS-DOS, s. etwa http://www.computermuseum-muenchen.de/dictionary/history/dos.html.

[9] 3. Kapitel B. I. 1. a.

[10] Vgl. 6. Kapitel C. III. 4.

[11] Stand Februar 2015: http://www.check24.de/news/preisvergleich/smartphone-android-ios-marktanteile-2014-58058/; Stand: 1. Quartal 2017: https://www.heise.de/newsticker/meldung/Smartphone-Markt-Windows-spielt-keine-Rolle-mehr-3722875.html.

[12] S. http://de.wikipedia.org/wiki/Smartphone.

[13] S. http://www.heise.de/open/meldung/Smartphones-Android-ueberholt-Symbian-Apple-verliert-Marktanteile-1180547.html; http://www.check24.de/news/preisvergleich/smartphone-android-ios-marktanteile-2014-58058/.

[14] S. http://www.mobilegeeks.de/android-erreicht-90-marktanteil-china/?ModPagespeed=noscript.

bei jeweils bis zu 3 %.[15] Microsoft, das *Windows Mobile* im Herbst 2017 auch offiziell einstellte, und RIM spielen mittlerweile weltweit auf diesem Markt keine Rolle mehr, sodass nunmehr nur noch Android und iOS relevant sind.[16]

Im Tablet-Bereich ist *Android* ebenfalls stark vertreten. Apple war einer der Wegbereiter dieser Produktgruppe (*iPad*) und Microsoft versucht erst seit Mitte 2012 mit den *Surface*-Geräten[17] und der Betriebssystemvariante *Windows RT* den Einstieg in diesen Markt. Apple ist hier nach wie vor mit knapp 50 % sehr stark, *Android* – einschl. etwa Amazons *Kindle* – holt jedoch mit konsequent stärkeren Verkaufszahlen auf und erstreckt sich beinahe auf die übrige Hälfte; mithin ist Microsofts Rolle auch in diesem Marktsektor eher marginal.[18]

Dabei ist zu beachten, dass sich Smartphones usf. erst seit den letzten Jahren stark verbreiten. Betriebssysteme können in diesen Geräteklassen oftmals nicht gewechselt werden oder werden zumindest typischerweise nicht gewechselt.[19] Google demonstrierte, nicht nur auf dem Markt für Internet-Browser[20] – und dort sogar ohne besondere, neue Geräte – innerhalb kurzer Perioden relativ große Marktanteile erreichen zu können. Dies gelang sogar gegen einen einstigen Branchenriesen wie Nokia. Dabei bleibt gleichwohl zu bedenken, dass es sich um eine weitgehend neue Geräteklasse handelt.

2. *Statistik: Office-Programmpakete (Office Suites)*

Auch im Bereich der *Office*-Pakete wird Microsofts *Office* (= *MS Office*) Marktdominanz – in manchen Ländern mit bis zu 85 %[21] – zugesprochen. Die momentan bedeutsame Konkurrenz in Gestalt von den F/OSS-Suiten *LibreOffice* und (*Apache*) *OpenOffice* erreicht Marktanteile von bis zu 15 %. In der Vergangenheit gab es noch andere Konkurrenzprogramme, die jedoch nicht mehr signifikant verbreitet sind.[22]

---

[15] S. http://www.zdnet.de/88140679/android-erreicht-in-deutschland-marktanteil-von-67-prozent/.

[16] S. https://www.heise.de/newsticker/meldung/Smartphone-Markt-Windows-spielt-keine-Rolle-mehr-3722875.html.

[17] S. http://de.wikipedia.org/wiki/Microsoft_Surface.

[18] S. http://www.notebookcheck.com/Tablets-Apple-verliert-Marktanteile-Android-Tablets-von-Samsung-und-Co-holen-auf.83877.0.html.

[19] Zumindest bei Android-Geräten können oftmals andere GNU/Linux-Varianten installiert werden.

[20] Dazu sogleich.

[21] S. http://www.webmasterpro.de/portal/news/2010/02/05/international-openoffice-market-shares.html.

[22] S. http://de.wikipedia.org/wiki/Microsoft_Office#Marktstatus.

3. Statistik: Browser

Nach dem „Browserkrieg“ um 1995 wurde der *Netscape Navigator*, einst mit 80 % Marktanteil führend,[23] in die Bedeutungslosigkeit verdrängt und Microsofts *Internet Explorer* erreichte weltweit zumindest 2003 um die 90 %.[24] In den letzten Jahren erreicht der als F/OSS namens *Firefox* neu aufgelegte *Navigator* zunächst 20–30 %, der *Explorer* indes mit konsequent sinkender Tendez nur noch 25–40 %, Googles/Alphabets *Chrome* erreichte mit stetig steigender Tendenz über 40 %, Apples *Safari* über 5 %[25] – 2017 aber hat Chrome weltweilt über 60 % erreicht und damit die Konkurrenz abgeschlagen hintersichgelassen.[26] Zunächst war in Deutschland bzgl. *Firefox* und *Internet Explorer* die Verteilung ganz anders: Hier dominierte *Mozillas Firefox* eindeutig[27] noch bis zum Frühjahr 2016, muss sich mittlerweile aber auch deutlich *Chrome* geschlagen geben.[28]

4. Analyse und Zwischenergebnis

Die ausgewählten Verteilungsdarstellungen zeigen exemplarisch, wenn auch nicht unbedingt repräsentativ, dass auf einzelnen (gewichtigen) Märkten seit 20 Jahren kaum Veränderung stattfindet – eben abgesehen davon, dass ein dominantes Unternehmen, also namentlich Microsoft, beständig neue Versionen herausbringt und Konkurrenz „abstirbt“. Diese Märkte sind mithin dadurch gekennzeichnet, dass ein Hersteller beinahe ein Monopol erhält und unterhält. Insoweit erscheint die Softwarebranche nicht allzu innovativ. Diese Märkte sind jedenfalls nicht dynamisch im ökonomischen Sinne. Es liegen zwar relativ kurze Produktzyklen in Form beständiger Versionswechsel vor, aber bezüglich der Hersteller bleibt die Marktverteilung relativ gleichförmig.

Sowohl im PC-Betriebssystem- sowie im Browser-Bereich ging die EU-Kommission gegen Microsoft vor. Im erstgenannten Sektor führt Microsoft ungeachtet dessen, im zweitgenannten nicht, selbst wenn nicht mit Sicherheit behauptet werden kann, dass dafür das Kartellverfahren[29] (mono-)kausal ist.

Andererseits kann dennoch Konkurrenz zumindest dann bestehen, wenn neue Geräte und mithin Märkte und Potentiale entstehen. Gerade Google durch seine *Company driven* F/OSS *Android* demonstriert eindrucksvoll, dass – mit

---

[23] S. http://de.wikipedia.org/wiki/Netscape_Navigator.

[24] S. http://de.wikipedia.org/wiki/Browserkrieg#Folgen_des_hohen_Marktanteils_des_Internet_Explorers.

[25] S. http://en.wikipedia.org/wiki/Web_browser; http://www.pcwelt.de/news/September-2012-Aktuelle-Marktanteile-Browser-OS-und-Suchmaschinen-6702668.html.

[26] S. http://t3n.de/news/browser-marktanteil-chrome-firefox-internet-explorer-842070/.

[27] S. http://de.wikipedia.org/wiki/Browser#Marktanteile_und_deren_Messung.

[28] S. https://www.browser-statistik.de/, vgl. noch https://de.wikipedia.org/wiki/Webbrowser#/media/File:Browser_Market_Map_June_2015.svg.

[29] 6. Kapitel B. III.

Unterstützung namhafter Gerätehersteller wie vor allem Samsung – neue Märkte erschlossen werden können. Apple indes scheint mit seinen grundsätzlich sehr hochpreisigen Produkten ohnehin nur geringe Chancen zu haben, große Dominanz zu erreichen bzw. zu halten. Die Führerschaft von *Android* auf diesen Märkten ist noch recht jung und gilt daher noch als „volatil", also noch längst nicht als gefestigt.[30]

II. Netzwerkeffekte

Ursächlich für den zuvor genannten Umstand der Konzentration auf die Produkte eines Herstellers und dessen (Quasi-)Monopol gelten nach Ökonomen die sog. Netzwerkeffekte,[31] die noch im Einzelnen darzustellen sind. Diese Konzentration wird nicht nur in den dargestellten Bereichen beobachtet, sondern gilt vielmehr für IT-Märkte insgesamt als symptomatisch bzw. typisch.

1. Definition der direkten und indirekten Netzwerkeffekte

Als Netzwerkeffekte sind *positive* externe Effekte definiert und beschreiben verstärktes Wachstum für einen Standard oder eine Einrichtung aufgrund steigender Nutzerzahlen.[32] Verbreitet sich also ein System und führt diese Verbreitung zu Anschlusserweiterungen[33] durch Dritte, wird von Netzwerkeffekten gesprochen. Dies kann einerseits durch technische Standards geschehen, andererseits aber durch Kommunikationsfaktoren wie Erreichbarkeit usf. – wie insbesondere bei sog. sozialen Netzwerken und (Mobiltelephon-)Netzen.[34]

Als *direkte* Netzwerkeffekte werden solche beschrieben, bei denen durch die Nutzung der identischen Technologie die Kommunikation günstiger bzw. einfacher geschehen kann: Ein Gut wird umso besser, je mehr Kunden es nutzen.[35] Als *indirekte* Netzwerkeffekte werden solche charakterisiert, bei denen Anschlussgüter in größerem Umfang verfügbar werden und dieses Netzwerk eben dadurch attraktiver wird.[36]

---

[30] *Körber* NZKart 2014, S. 381.

[31] *Buxmann/Diefenbach/Hess* 2015, S. 20 ff.; *Heinemann* CR 2005, S. 715; *Klees* in: Kilian/Heussen, Kap. 60 Rdnr. 8; *Batchelor* CTLR 2004, S. 168; *v. Westernhagen* 2006, S. 62 ff.

[32] *Monopolkommission* 14. Hauptgutachten, BT-Drs. 14/9903, S. 39, 335.

[33] Im Sinne von nicht unmittelbar produktbezogenen Kaufkriterien, sondern von Kriterien, die auf Zugang zu über diesen Plattformen verfügbaren Gütern führen – vgl. *Mundhenke* 2007, S. 23 f.

[34] S. http://de.wikipedia.org/wiki/Netzwerkeffekt.

[35] *Pohlmeier* 2004, S. 29.

[36] *Buxmann/Diefenbach/Hess* 2008, S. 21 f.

2. Standardisierung, Kompatibilität, Interoperabilität: Netzwerkeffekte als Expansionsfaktoren und Faktoren der Marktstatik

Die Computerindustrie weist eine besonders starke Tendenz zu Standardisierungen auf.[37] Standards vereinheitlichen. Ein solcher Standard schließt andere Standards und Varianten aus. Standards in diesem Zusammenhang sind nicht unbedingt einheitliche Industrienormen, sondern oftmals lediglich proprietäre. Diese spezifizieren etwa Dateiformate, Kommunikationsschnittstellen in Netzwerken einschließlich des Internets, die Zusammenarbeit zwischen Programmen (Software-Schnittstellen) u. v. a. Diese können mithin wie Schlüssel zu Märkten bzw. Kunden sein. Sollen etwa Anwendungsprogramme angeboten werden, besteht eine entsprechende Abhängigkeit bezüglich der Spezifikationen, Schnittstellen usf. des jeweiligen Betriebssystems – somit ist der Entwickler des Betriebssystems in einer besonderen Lage, über den Zugang zu entscheiden.[38]

Netzwerkeffekte zeigen sich etwa dergestalt, dass das Verhalten der Nutzergruppen sich beeinflusst, also dass die Wahl eines Gutes durch viele Nutzer zu weiteren Nutzern führt: Wählen viele Nutzer ein Betriebssystem, werden es erfahrungsgemäß noch mehr Nutzer als Folge des direkten Netzwerkeffekts wählen.[39] Dies ist gewissermaßen ein „ökonomisches perpetuum mobile".[40] Ist eine Hardwareplattform oder ein Betriebssystem besonders beliebt und funktioniert eine Anwendungssoftware nur auf diesen, wirkt sich diese Vernetzung bzw. Nutzerkumulation auch auf die Anwendungssoftware (indirekt) aus.[41] Zuerst muss allerdings eine bestimmte Anzahl an Nutzern ein Produkt nutzen, bevor darauf aufbauende Produkte (durch Drittanbieter) entwickelt werden.[42] Mithin hat ein Anbieter ein Interesse, sein „Ökosystem" für Drittanbieter besonders attraktiv zu gestalten.[43] Die Nutzer berücksichtigen dies, bewerten die Attraktivität des Softwareangebotes und ggf. die Anzahl zukünftiger anderer Nutzer, also den (potentiellen) Verbreitungsgrad.[44] So zeigt sich zudem eine Dependenz verschiedener Softwaremärkte,[45] aber ebenfalls die Abhängigkeit einer Plattformsoftware von Nutzerzahlen, schließlich nicht nur von technischer Qualität, die höchstens ein Kriterium sein kann, Nutzer zu gewinnen.

---

[37] *Klees* in: Kilian/Heussen, Kap. 60 Rdnr. 9.

[38] Vgl. 3. Kapitel B. I. 1. b.

[39] *Klees* in: Kilian/Heussen, Kap. 60 Rdnr. 8; *Enchelmaier* GRUR Int 2006, S. 678; *Meyer/Müller* WuW 2007, S. 118.

[40] *Pohlmeier* 2004, S. 19.

[41] *Davidson/Davidson* 1986, S. 441 (ungeachtet der technischen Unter- oder Überlegenheit); *Klees* in: Kilian/Heussen, Kap. 60 Rdnr. 8; *Kaestner* 2005, S. 227; *Rubinstein* GRUR Int 1999, S. 479 f.; *Gey* WuW 2001, S. 934; *Metzger* GRUR 2001, S. 210 betont hingegen die Bedeutung der aggressiven Marketingstrategie Microsofts.

[42] *Batchelor* CTLR 2004, S. 168.

[43] *Popp/Meyer* 2010, S. 119 ff. (zunächst am Beispiel Apples AppStores).

[44] *Pohlmeier* 2004, S. 30 ff.

[45] Vgl. 7. Kapitel B. IV. 2. b. bb.

Von zentraler Relevanz ist bei IT die Kompatibilität.[46] Da die Branche insgesamt, wie gesagt, zu (*De facto*[47]-)Standards neigt, die einander oftmals ausschließen, ist die Überwindung einer Inkompatibilität bzw. die Herstellung von Interoperabilität[48] zumindest aus Sicht der ansonsten Ausgeschlossenen interessant. Dergleichen verlangt Investitionen und ist in aller Regel nur im Interesse derjenigen weniger „mächtigen" Akteure, welche ansonsten ausgegrenzt und wirtschaftlich in die Bedeutungslosigkeit verdrängt zu werden drohen.[49] Interoperabilität kann sich andererseits höchstens dann als gesamtökonomisch unsinnig erweisen, wenn sich dadurch ein *schlechter* Standard hält bzw. verbreitet.[50]

Der hohe Vernetzungsgrad und die übliche mangelnde Interoperabilität führen indes zu sich stark verbreitenden sowie zugleich verdrängenden Technologien, wofür es wiederum nicht unbedingt notwendig ist, dass diese die besten darstellen;[51] dies heißt nur, dass diese durch viele genutzt werden. Gleichwohl profitieren von etablierten Standards (oder Plattformen) und den verbundenen Netzwerkeffekten ggf. nicht nur deren „Inhaber", sondern ebenso erwähnte komplementäre Dritte,[52] denn diesen steht somit potentiell eine große Absatzgruppe auf einer gemeinsamen, eben standardisierten Basis zur Verfügung. Als notwendige Bedingung bedarf jedoch solche Profitmöglichkeit einer offenen bzw. zumindest nutzbaren Schnittstelle.[53] Dadurch potenzieren sich Netzwerkeffekte erneut: Die beliebte Plattform wird grundsätzlich immer beliebter.

Eine besonders effektive Verbreitungsstrategie ist geschichtlich betrachtet dem sog. *WIntel*[54]-Kartell geglückt: Intel konnte seine Prozessoren an – die damals absatzstarke – IBM absetzen, IBM verbaute diese und lieferte standardmäßig ein Microsoft-Betriebssystem mit.[55] Wenn auch Konkurrenten wie etwa AMD einige Erfolge feiern konnten und selbst Microsoft Anteilsverluste einzufahren hatte, so ist doch dieses „Kartell" nach wie vor dominierend: die meisten PCs werden nach wie vor mit Intel-CPU und *Windows* ausgeliefert.[56]

Um Plattformen oder wichtige Standards zu öffnen (etwa sog. standardessentielle Patente zu lizenzieren), sollen etwa die (F)RAND-Prinzipien eine

---

[46] *Klees* in: Kilian/Heussen, Kap. 60 Rdnr. 9.

[47] *Kaestner* 2005, S. 227.

[48] Etwa durch Emulatoren, virtuelle Maschinen, Schnittstellen-Lizenzen, Export, Import u. a., Konvertieren usf., grds. *Bodewig* GRUR Int 2015, S. 626.

[49] *Klees* in: Kilian/Heussen, Kap. 60 Rdnr. 8; speziell zu Verdrängungsstrategien *Rubinstein* GRUR Int 1999, S. 482.

[50] S. *van Roijen* 2010, S. 35 ff.; *Bodewig* GRUR Int 2015, S. 626 f.

[51] *Gröhn* 1999, S. 141 ff. („inferiore Technologien"); *Klees* in: Kilian/Heussen, Kap. 60 Rdnr. 8; *Rubinstein* GRUR Int 1999, S. 482.

[52] *Gröhn* 1999, S. 3.

[53] *Gröhn* 1999, S. 3.

[54] (Microsofts) Windows + Intel = WIntel.

[55] S. http://en.wikipedia.org/wiki/Wintel#Background.

[56] 4. Kapitel A. I. 1. a.

selektive Vergabe gerade ausschließen und einheitliche Gebühren vorsehen.[57] Als nachteilig wird es bewertet, dass (selbst) diese Bedingungen inkompatibel zu F/OSS sein können.[58] Jedenfalls werden diese grundsätzlich zur Verbreitung von Standards beitragen.[59]

Im Bereich der Computerspiele sind Dependenzen indes nicht zu vermuten. Zwar mögen sich Nachfolgespiele zu bekannten, bereits erfolgreichen Spielen (*Sequels*) erfahrungsgemäß gut verkaufen, doch bestehen i. d. R. keine technischen oder sonstigen Gründe, dass nach einem erfolgten Kauf bspw. von *Starcraft 1* Jahre später ebenso *Starcraft 2* gekauft werden muss. Vielmehr handelt es sich um Konsumware. Andererseits können hier Netzwerkeffekte anzutreffen sein: So sind etwa für Mehrspieler- und vor allem Online-Spiele, gerade MMOs[60], große Spielerzahlen, also „belebte" Server, oftmals essentiell, die somit wie Kommunikationsnetzwerke oder soziale Netzwerke wirken und mithin Netzwerkeffekte bewirken können.

Ist die sog. kritische Masse[61] erst einmal überschritten, führen Netzwerkeffekte auf entsprechend „empfindlichen" Märkten zu *„The winner takes it all"*.[62] Der Marktführer bzw. Standardinhaber wird sodann erst recht begünstigt: dessen Produkte sind im Folgenden für Dritte noch interessanter und dadurch ebenfalls für Nutzer, was wiederum weitere Dritte anlockt. Angelehnt an *K. Marx* kurzum: Die großen Software-Ökosysteme werden immer größer, die kleinen immer kleiner.[63] Im Unternehmenskontext ist es in der Regel für die Entscheidungsträger ebenfalls sicherer, auf etablierte Produkte und nicht auf neue (etwa solche der F/OSS) zu setzen.[64]

Dennoch scheinen auf den Softwaremärkten manche negative Effekte anderer Quasi-Monopole auszubleiben, denn es fehlt an den typischen Kostenerhöhungen.[65] Zugleich besteht ein ungehinderter Fortentwicklungsdruck,[66] denn die Märkte sind ebenfalls durch rasche Technologiewechsel geprägt[67] und es sollten entsprechend in kurzen Zeitabständen – zumindest theoretisch –

---

57 Zur Kritik: http://de.wikipedia.org/wiki/RAND_(Lizenzierung)#Begriffe_und_Kritik.

58 Vgl. *Välimäki* ECLR 2006, S. 133 f. – auch (theoretisch) zu Art. 102 AEUV und F/OSS.

59 *Ullrich* in: Leistner 2010, S. 22 f.

60 S. http://en.wikipedia.org/wiki/Massively_multiplayer_online_game – also Online-Spiele mit sehr vielen Teilnehmern.

61 *Pohlmeier* 2004, S. 79 ff.

62 *Buxmann/Diefenbach/Hess* 2015, S. 20; vgl. zum „Kipppunkt" *Rubinstein* GRUR Int 1999, S. 480 f.

63 Vgl. *Pohlmeier* 2004, S. 32.

64 *Buxmann/Diefenbach/Hess* 2015, S. 22.

65 *Buxmann/Diefenbach/Hess* 2015, S. 29, 77 f., 122 (bezogen auf Microsoft); vgl. *Allen* 1997, S. 102 ff. Nach *Gey* WuW 2001, S. 942 hätten Ökonomen berechnet, dass dann Windows nicht etwa 50 USD sondern eher 800 USD kostete.

66 *Gröhn* 1999, S. 140.

67 Auf Hardware bezogen *Bödeker* 2008, S. 263.

nicht bloß Substitute, sondern echte Neuerungen entwickelt werden.[68] Damit stimmend die prominenten, freilich in der Ökonomie nicht unumstrittenen historischen Thesen *Schumpeters* überein: Nach diesem ist der Fortschritt, die industrielle Revolution bzw. „Mutation", der „Antrieb" des Kapitalismus,[69] der sich besonders gedeihlich entfalte, wenn er durch ein großes Unternehmen betrieben werde, gerade nicht im Zustand „vollkommener Konkurrenz".[70] Zu vielen kleinen Unternehmen fehle es schließlich an den Voraussetzungen, um das quantitative wie qualitative Maß an „schöpferischer Zerstörung", also eben an Fortschritt, freizusetzen.[71] Selbst der Monopolist strebe – entgegen weitläufiger Ansicht – weiterhin nach Fortschritt, da er unter der „ständigen Drohung" lebe, im Fall des Stillstandes doch noch verdrängt zu werden.[72] Dies lässt sich ebenfalls auf die Hochtechnologiesektoren der Gegenwart übertragen, in welchen erhebliche Volumina an Finanzmitteln für Forschung aufgewendet werden müssen. Insofern kann die relative Größe eines Unternehmens Rückschlüsse auf hohe Ausgaben für Innovationen erlauben.[73] Auch im Softwarebereich steigen die Entwicklungskosten; selbst Microsoft investiert sehr viel Geld in seine Entwicklungssparte.[74] Die Validität dieser These wird indes durch F/OSS zumindest insoweit angegriffen, dass Konkurrenz ohne direktes Kapital und entsprechende Investitionen eines Unternehmens möglich ist – wodurch sich die großen Softwareunternehmen immer einer gewissen Konkurrenz ausgesetzt sehen. Andererseits setzen die F/OSS-*Communitys* zwar kein Geld ein, aber doch zumindest geldwerte Zeit der Beteiligten.

3. *Brückenkopffunktion: Einfluss auf weitere (Downstream-)Märkte*

Wie angerissen wirken sich Standards und mithin der Zugang zu solchen als wichtiger Faktor aus, um Produkte anzubieten: Etwa wenn ein zu etablierten Schreibprogramm-Dateien[75] kompatibles Programm angeboten werden soll, so ist insbesondere Zugang zu einem Dateiformat und dessen Spezifikationen erforderlich. Sofern diese Dateiformatspezifikationen besonders bedeutsam sind, liegt es in aller Regel in der Hand direkter Konkurrenten, ihren Konkurrenten wiederum zu erlauben – Schutzrechte oder geheimes Wissen vorausgesetzt – ihnen Konkurrenz zu bereiten. Dieses Beispiel begrenzt sich somit unmittelbar auf den eigens umkämpften Markt. Es können aber neben direkten Konkurrenzprodukten, die zumindest funktional äquivalent zum etablierten Programm sein

[68] *Klees* in: Kilian/Heussen, Kap. 60 Rdnr. 10.
[69] *Schumpeter* 2005, S. 136 ff.
[70] *Schumpeter* 2005, S. 172 ff.
[71] *Schumpeter* 2005, S. 173 f.
[72] *Schumpeter* 2005, S. 140 f., 143.
[73] Vgl. *Albert* 2011, S. 25 f.
[74] 4. Kapitel B. I. 1.
[75] Vgl. *Bodewig* GRUR Int 2015, S. 627.

sollen und mit Erzeugnissen dieses interagieren können, noch weitere Produkte betroffen sein, die auf dem Ausgangsprogramm aufbauen – wie insbesondere Anwendungsprogramme auf Betriebssystemen[76] oder Wartungsangebote auf eben zu wartenden, zu pflegenden Produkten.[77] Somit entfalten, wie bereits angerissen, Schnittstellen und andere Technologien auf nachgelagerten Märkten Bedeutung.[78] Als *Leveraging* wird nun das Bestreben (oder Vermögen) eines Marktakteurs bezeichnet, die starke Stellung auf einem Markt auf abhängige Märkte auszudehnen.[79]

Dabei kann ein solcher abhängiger bzw. sekundärer Markt grundsätzlich zunächst als derjenige definiert werden, der durch Verbrauchsgüter zu einem anderen, langlebigeren Produkt, also etwa Ersatzteile, Wartungsdienstleistungen, „Verbrauchsteile“ wie etwa Tintenpatronen – oder wohl auch Munition – gebildet werden kann.[80] Dies umfasst aber ebenfalls etwa Musikdateien für ein MP3-Gerät[81], muss sich aber keinesfalls darauf begrenzen, sondern umfasst in jedem Fall Anwendungsprogramme, die letztlich vergleichbar zu Musikdateien sind. Die juristische (-ökonomische) Auseinandersetzung über diese abhängigen Märkte ist recht intensiv geführt worden, insbesondere im Hinblick auf Umfang der Gewährung der Kontrolle über solche abhängigen Märkte durch Schutzrechte.[82] Zu diesem Problem, konfrontiert mit zahlreichen Theorien und ohne eine „Meta-Theorie“, stellt *Bechtold* ernüchtert und ernüchternd fest: „Der Jurist steht vor einem Informationsproblem. Entscheidungen von Gesetzgebern, Gerichten und Behörden werden unter der Bedingung unvollkommener Informationen über die wirtschaftlichen Zusammenhänge getroffen.“[83] Und des Weiteren: „Berücksichtigt man die ökonomische Debatte in ihrer ganzen Breite, mag sich für den Juristen eine gewisse Ernüchterung breit machen. In ihrem gegenwärtigen Stand kann die Ökonomie keine allgemeingültigen Aussagen über die Wohlfahrtsauswirkungen einer Kontrolle von Sekundärmärkten treffen. Vieles hängt vom Einzelfall … ab ….“[84]

---

[76] Dieses illustrieren die Microsoft-Fälle überaus deutlich – 6. Kapitel B. III.

[77] Etwa *Dreier* in: Schricker/Dreier/Kur 2001, S. 76 f.

[78] Vgl. *Wolf* 2009, S. 235 ff.; ausführlich zu Primär- und Folgemärkten *Dreier* in: Schricker/Dreier/Kur 2001, S. 51 ff.

[79] *Gröhn* 1999, S. 146 ff.; *Klees* in: Kilian/Heussen, Kap. 60 Rdnr. 13.

[80] *Bechtold* 2007, S. 10.

[81] Im Hinblick auf Apple und iTunes: *Bechtold* 2007, S. 12 Fn. 12 (letztes Viertel dieser).

[82] 7. Kapitel B. V.

[83] *Bechtold* 2007, S. 46.

[84] *Bechtold* 2007, S. 66. Dazu *Ohly* ZGE 2009, S. 128: „… zu viel intellektueller Bescheidenheit und zur Erkenntnis zwingt, dass es absolute ökonomische Wahrheiten in diesem Bereich nicht gibt … .“

4. Ökonomische Folgen und Zwischenergebnis

Die – erwähnten, aber noch darzustellenden[85] – hohen Investitionskosten usf. für Software führen zu einer Konzentration auf Anbieterseite, da sich eben nicht viele Unternehmen derartige Investitionen, also die Herstellung von Software, leisten können.[86] Die Ausnahme von F/OSS wurde bereits erwähnt.

Zugleich führen Netzwerkeffekte zu einer spiegelbildlichen Konzentration auf Nachfrageseite[87]: die Kunden wünschen „untereinander kommunizierende" Produkte, nicht „Insellösungen", was erneut die Bedeutung von Standards betont.[88] Sofern eine Entscheidung für eine Plattform getroffen worden war, schrecken hohe Wechsel- und Migrationskosten (einschließlich Schulungskosten) – dazu noch sogleich[89] – vor dem Umstieg und führen eben zum Beibehalten einer Plattform,[90] was für Konkurrenzanbieter wiederum eine höhere Hürde beim Markteintritt aufstellt[91] – neben den hohen Investitionskosten.

Dies führt insoweit zu starren Märkten. Zwar werden ständig neue Software-Versionen angeboten, doch diese ersetzen oftmals nur ihre Vorgänger – ohne dass mit jedem Turnus die nächste „Wettbewerbsrunde" frei eröffnet wird. Hinsichtlich solcher „verkrusteter" Strukturen besteht oftmals nur die Hoffnung, dass der technische Wandel diese auflockern möge.[92] Um also Strukturen aufzubrechen, wird es oftmals notwendig sein, dass etwa neue Hardwareprodukte in Kundenhand gelangen, so dass die betreffenden Softwaremärkte neu verteilt werden können und zumindest zunächst Wettbewerb besteht.

B. Kostenstrukturen bei Software

Ergänzend zu den vorherigen Ausführungen werden die Kostenstrukturen bei Software kurz zusammengefasst. Dies erfolgt sowohl aus Perspektive der Softwarehersteller als auch der (potentiellen) Abnehmer.

I. Aus Perspektive der Entwickler

1. Hohe Entwicklungskosten, geringe Stückkosten

Ökonomisch betrachtet ist zunächst ein sog. Größenvorteil festzustellen: Software setzt zwar hohe Investitionen vor allem in die Entwicklung voraus,

---

[85] Sogleich unter 4. Kapitel B.

[86] *Mundhenke* 2007, S. 25.

[87] *Mundhenke* 2007, S. 25 f.; s. auch *Brügge/Harthoff/u. a.* 2004, S. 126.

[88] *Mundhenke* 2007, S. 26 ff.

[89] 4. Kapitel B. II, 7. Kapitel B. IV. 2. b. bb. (3) (b).

[90] *Switching Costs*, s. *Klees* in: Kilian/Heussen, Kap. 60 Rdnr. 9; *Batchelor* CTLR 2004, S. 168; *Brügge/Harthoff/u. a.* 2004, S. 126.

[91] *Mundhenke* 2007, S. 29 f.

[92] *Mundhenke* 2007, S. 35 ff.

wofür die Stückkosten, also Reproduktionskosten, sehr gering sind[93] und die Ware zudem theoretisch unendlich reproduzierbar ist.[94] Dies gilt freilich nicht (direkt) bei Individualsoftware und umfasst ebenfalls nicht die Werbe- und Servicekosten.[95] Gerade aufgrund des Internettransfers sind jedoch dem Absatz (theoretisch[96]) keine räumlichen Grenzen gesetzt.[97] Durch den Verzicht auf Trägermedien und entsprechend mithin auf Transportkosten usf. kann Software mittlerweile sogar noch günstiger abgesetzt werden; dabei können jedoch Kosten für die Vermittlungsplattformen entfallen, über welche Software oftmals effizienter vertrieben werden kann als im Eigenvertrieb.[98] Daneben können ebenfalls *SaaS* usf.[99] alternativ oder ergänzend vermarktet werden; der Nutzer zahlt dann nicht die Software als Ware, sondern für die Dienstleistung.[100]

Wenngleich die Investitionskosten hoch sind, so sind doch häufig einzelne Module oder Teile des Codes erneut verwendbar,[101] wodurch Folge- oder andere, aufbauende Produkte günstiger sind. Ein vergleichbares Kostenmodell kann bei anderen Technologien gegeben sein, zumindest im Hinblick auf vergleichsweise hohe Investitionskosten. Insgesamt ist dies jedoch – zumindest in solchem Extrem – ungewöhnlich, da bei Maschinen, technischen Geräten usf. die Herstellungskosten niemals derartig unerheblich sind. Bei anderen digitalen Inhalten, etwa Filmen oder Musik, verhält es sich vergleichbar. Auch bei pharmazeutischen Erzeugnissen wird es sich vergleichbar verhalten, zumindest dann, wenn die Produktionskosten für das jeweilige Medikament günstig sind, etwa, weil das Medikament keine seltenen Zutaten verlangt und anderweitig einfach (wie günstig) hergestellt werden kann – der Kostenschwerpunkt liegt bei solchen Produkten eher in der Entwicklung und Erprobung.[102] Gleichwohl bestehen u. a. die Unterschiede, dass Herstellung und Vertrieb (bzw. Zulassung)

---

[93] *Allen* 1997, S. 3; *Mundhenke* 2007, S. 21; *Brügge/Harthoff/u. a.* 2004, S. 126; *Meyer/Müller* WuW 2007, S. 118.

[94] *Mundhenke* 2007, S. 22; Skaleneffekt, s. *Buxmann/Diefenbach/Hess* 2015, S. 108 ff.; *Klees* in: Kilian/Heussen, Kap. 60 Rdnr. 8; *Batchelor* CTLR 2004, S. 168; *v. Westernhagen* 2006, S. 61: „subadditive Kostenstruktur"; „hohe Fixkosten", aber „niedrige Grenzkosten": *Grützmacher* ITRB 2002, S. 85; *Monopolkommission* 14. Hauptgutachten, BT-Drs. 14/9903, S. 336. Vgl. dazu RiL 2009/24/EG ErwGrd. 2.

[95] Detailliert *Buxmann/Diefenbach/Hess* 2015, S. 122 ff.

[96] Vgl. 7. Kapitel B. IV. 2. b. cc zur Internationalität der Märkte.

[97] *Mundhenke* 2007, S. 22.

[98] Vgl. 3. Kapitel B. I. 4. a.

[99] S. 3. Kapitel B. I. 4. b.

[100] Vgl. *Popp/Meyer* 2010, S. 44 ff.

[101] *Mundhenke* 2007, S. 22.

[102] Vgl. zu Verletzungshandlungen im Pharma-Bereich *Maul/Maul* GRUR 1999, S. 1059, wobei funktional gleichwertige Produkte unter anderem, aber oftmals ähnlichem Namen verkauft werden; zu den Investitionsleistungen selbst S. 1060; die „Personal- und die Materialkosten zur Herstellung pharmazeutischer Produkte" seien jedoch „relativ gering" (S. 1061), weswegen eben auch Produktpiraterie einfach betrieben werden könne.

starker Regulierung unterliegen[103] und die Verwertungs- bzw. Amortisierungsphasen i. d. R. länger sind.[104]

2. *Zunahme der Entwicklungskosten*

Zwar werden in der heutigen Zeit noch Programme in Einzelarbeit geschrieben, doch nehmen – sowohl hinsichtlich Betriebssystemen[105] als auch Computerspielen[106] – die Personalkosten und auch die Entwicklungskosten insgesamt stetig zu. Einerseits arbeiten F/OSS-Entwickler freiwillig viele Stunden, andererseits in großer Anzahl. So muss für diesen Aufwand nicht bezahlt werden, letztlich hat er jedoch wohl einen hohen Geldwert.[107] In einzelnen Bereichen mag es aber nach wie vor möglich sein, mit geringem Aufwand Programme zu erstellen.

II. Aus Perspektive der verwendenden Erwerber

Software wird zu unterschiedlichen Preisen gehandelt und ist nicht selten sogar kostenlos verfügbar, etwa *Freeware* oder i. d. R. auch F/OSS. Der Preis ist jedoch nicht unbedingt das entscheidende Kriterium,[108] bereits wegen der beschriebenen Wirkung der Netzwerkeffekte. Hinsichtlich des Unternehmenseinsatzes stehen zudem mit Volumenlizenzen etwa Möglichkeiten zur Verfügung, größere Mengen kostenpflichtiger Software günstiger zu erwerben.

Entscheidend bei Beschaffungsüberlegungen können aber noch weitere Faktoren sein, etwa die mögliche Hardwareumrüstung, Schulungen und sonstige Wechselkosten[109] bzw. mit der jeweiligen Anschaffung verbundene Ausgaben, Kosten für anstehende Updates und weitere zukünftige Kosten, etwa Wartung.[110] Trotz der (Quasi-)Monopole muss Software nicht in diesen Domänen teuer sein.[111] Bei der Einführung von *Windows 8* hat Microsoft sogar

---

[103] *Anhalt/Lützeler* in: Dieners/Reese 2010, § 8 Rdnr. 1 f., wobei der *Golden Disc* das Arzneimittel-Modell entspricht.

[104] *Maul/Maul* GRUR 1999, S. 1059 ff.

[105] S. http://www.netz-trends.de/id/2139/chapter/1/Microsoft-Windows-8-mit-8-TV-Spots-Hoeren-die-Computerabstuerze-wie-bei-Windows-7-und-Android-beim-Tethering-auf/, – demnach verschlang die Entwicklung von Windows 8 mehrere Milliarden.

[106] S. http://www.gamestar.de/spiele/fortnite/news/epic_games,47564,3006743.html; http://www.gamestar.de/index.cfm?pid=675&pk=1956933&p=2; http://www.gamepro.de/news/2566434/kommende_konsolengeneration.html; http://www.gamepro.de/news/1969354/3ds_und_ngp_entwicklungskosten.html.

[107] Vgl. *Popp/Meyer* 2010, S. 61: „If the community is inventing the software, it carries the cost of development." Vgl. auch dort S. 61 ff., 114 ff.

[108] 7. Kapitel B. IV. 2. b. bb. (3) (a).

[109] Vgl. 4. Kapitel A. II. 4 (in diesem Kap. zu *Switching Costs*).

[110] 7. Kapitel B. IV. 2. b. bb. (3).

[111] 4. Kapitel A. II. 2.

besonders niedrig bepreist,[112] das Update auf *Windows 10* war anfangs sogar kostenlos.[113]

C. Zusammenfassung

Die Dynamik auf Softwaremärkten ist begrenzt, insbesondere die auf bereits bestehenden. Es erfolgen zwar häufig Wechsel der Versionen, neue Programme sprießen beständig hervor, doch oftmals bleiben die Marktverteilungen konstant. Aufgrund der Netzwerkeffekte und weiterer verstärkender Effekte sind Softwaremärkte ausgesprochen ungünstig für den Wettbewerb. Technische Standards und ihre Bedeutung wirken mit ökonomischen Strukturen zusammen. Es zieht die Nutzer zu den stark verbreiteten Programmen und Standards und der Wechsel zu anderen ist nicht lediglich wegen dieser Tendenz unwillkommen.

Andererseits sind zumindest fatale Wirkungen von Monopolen ausgeblieben: Software verteuert sich im Allgemeinen nicht und ein Stillstand scheint ebenfalls nicht eingetreten zu sein. Bekannte und dargestellte Ausnahme für „Verkrustung" der Märkte ist indes der Browser-Markt. Es bleibt offen, ob dieses der EU-Kommission zu verdanken ist. Bei neuen Geräteklassen und neuen Märkten zeigte sich, dass auch Microsoft nicht erfolgreich sein muss: Zumindest nicht gegen ein anderes Unternehmen, das auf anderen Märkten erfolgreich war, dadurch eine große Liquidität aufbaute und zudem noch von anderen Branchengrößen unterstützt wurde. Das bedeutet allerdings nicht, dass auf diesen neuen Märkten mittelfristig nicht wieder Monopole entstehen werden, nur eben solche anderer Unternehmen.

---

[112] S. http://www.chip.de/news/Windows-8-Frist-fuer-15-Euro-Upgrade-endet-morgen_56522949.html.

[113] S. http://www.chip.de/news/Windows-10-weiterhin-kostenlos-Gratis-Upgrade-mit-Key-von-Windows-7-oder-8_97847628.html.

5. Kapitel

Spezifische Anforderungen an die Software-Kartellaufsicht aus ökonomischer Perspektive

In diesem Kapitel werden die Grundlagen der gemeinschaftlichen Wirtschafts- und Wettbewerbsordnung einschließlich des Immaterialgüterrechts in Wechselwirkung mit dem Kartellrecht skizziert. Ferner werden die Besonderheiten von Software als Immaterialgut einschließlich der spezifischen Herausforderungen für das Kartell- bzw. Wettbewerbsrecht herausgearbeitet.

Aufbauend auf diesen Schritten sollen sodann noch in diesem Kapitel angepasste Handlungsgrundsätze für die Kartellaufsicht dargestellt werden, unter Berücksichtigung der zuvor dargestellten Vertragspraxis, technischen Möglichkeiten – also vorrangig DRM[1] – als auch den im vorherigen Kapitel ausgearbeiteten Spezifika der Softwaremärkte. Im nachfolgenden Kapitel werden dann die wichtigsten, konkreten Instrumente des Kartellrechts vorgestellt.

A. Binnenmarkt, Wettbewerb und Harmonisierung des Immaterialgüterrechts in Europa

Die Europäische Gemeinschaft hat sich für ein auf Wettbewerb basierendes Wirtschaftssystem entschlossen, also gegen ein rein staatlich organisiertes Wirtschaftssystem entschieden.[2] Sie erstrebt gemäß Art. 2 S. 1 EGV einen Gemeinsamen *Markt* bzw. gemäß Art. 3 I lit. c EGV einen Binnen*markt*, nunmehr u. a. gemäß Art. 26 f. AEUV. Prämisse für die Grundsatzentscheidung ist die Hypothese, dass die Marktwirtschaft[3] für Wohlstand zweckdienlicher ist als konkurrierende Modelle und ferner zu einer besseren Allokation führt. Art. 26 I AEUV verlangt zur Erreichung dieses Ziels den Binnenmarkt zu verwirklichen oder, sei er vorhanden, dessen Funktionalität zu sichern, wofür die „Gemeinsamen Regeln betreffend Wettbewerb (…)“ in den Art. 101 ff. AEUV[4] geschaffen bzw. in diesen reformierten Vertrag unverändert übernommen worden

[1] 3. Kapitel B. I. 6; 7. Kapitel B. II. 4.
[2] Langen/Bunte/*Bunte*, Einf. Bd. II Rdnr. 32 ff.
[3] „Die planwirtschaftliche Elemente nicht ausschließt“, *Kilian/Wendt* 2017, Rdnr. 206.
[4] 6. Kapitel.

sind, zu welchem hauptsächlich das Kartellrecht[5] gehört, und die noch weitere Rechtsvorschriften[6] auf Basis dieser Artikel umfassen.[7] Dadurch wird der Wettbewerb Regeln unterworfen und mithin eingegrenzt. Davon sind Unternehmen betroffen, aber auch die Mitgliedsstaaten selbst.[8]

Ebenso sind Eigentumsgarantien – einschließlich des geistigen Eigentums – als Menschen- oder Bürgerrechte Bestandteil der Werteordnung der Union, wie ihre fortschreitende Harmonisierung Teil der Wettbewerbsordnung ist. Ersteres ist offenkundig in Art. 17 II der Grundrechtecharta niedergelegt; der zweite Aspekt ergibt sich unter anderem und insbesondere nunmehr aus Art. 118 AEUV. Die EU unternimmt seit Jahren, diesen Rechtsbereich des Binnenmarkts primär durch intensive Richtliniengebung und Einführung immer weiterer Gemeinschaftsschutzrechte zu harmonisieren.[9]

B. Wechselwirkungen der Kartell- und Schutzrechteordnung mit Bezug zu Software

Rechtssätze ergeben sich in aller Regel als gegebene (nicht unbedingt richtige) Reaktionen auf gesellschaftliche Herausforderung der jeweiligen Zeiten. Reaktion und auch Vorsorge sind dabei durch Prämissen begründet, Wirtschaftsgesetzgebung und -steuerungsversuche durch ökonomische Grundannahmen,[10] welche sich oftmals in Tatbeständen wiedererkennen lassen.

I. Unbestimmte theoretische Grundlagen und Normierung des More Economic Approach

Wesentliche, den Diskurs über Wohlfahrtstheoreme beherrschende Strömungen werden zwei Schulen zugerechnet, deren Namensgebung auf zwei Hochschulen der Vereinigten Staaten zurückzuführen ist: zum einen die *Harvard School*, zum anderen die *Chicago School*. Diese unterscheiden sich insbesondere darin, ob Wettbewerb sich selbst genügt und marktstrukturell durch Verhinderung von Mono- und Oligopolen „funktionsfähig" ist (*Harvard School*) oder doch im

---

[5] Bzw. letztlich Antikartellrecht. Vgl. *Schwipps* 2009, S. 30, unter dem Vorzeichen des GWB als „Anti-Beschränkungsrecht".

[6] Insbes. die Gruppenfreistellungs- und die Fusionskontroll-Verordnung – s. 6. Kapitel.

[7] *Klees* in: Kilian/Heussen, Kap. 60 Rdnr. 25 ff.; *Kilian/Wendt* 2017, Rdnr. 416 ff.

[8] Langen/Bunte/*Bunte*, Einf. Bd. II Rdnr. 38, 39 ff.

[9] 2. Kapitel B. II. 2.

[10] Dabei existiert allerdings nicht nur ein ökonomischer Ansatz, sondern eine Schar solcher; vgl. *Heinemann* GRUR 2008, S. 949, 953 f. – Ziel des Ansatzes ist Effizienz, deren Erlangung aber wiederum nach unterschiedlichen Theorien erreicht werden soll, wobei auch berücksichtigt werden müsse, dass Art. 101 III AEUV noch weitere Auswirkungen verlangt. Nämlich u. a. noch Konsumentenwohlfahrt – *Anderman/Kallaugher* 2006, Rdnr. 4 f.

Konkreten Effizienzvorteile erreichen soll (*Chicago School*).[11] Mittlerweile wird bereits eine *Post-Chicago School* gesehen, die sich weniger ideologisch auf konkrete Fälle konzentriere.[12] Auch in Deutschland werden unterschiedliche ökonomische Schulen gesehen, u. a. die Freiburger Schule als Vertreter des Ordoliberalismus und das auf ihren Lehren basierende Konzept der Sozialen Marktwirtschaft.[13]

Das europäische Wettbewerbsrecht sowie die Entscheidungen der Gemeinschaft lassen keine einheitliche Fundierung durch eine einzige Theorie (oder Schule) erkennen.[14] Nicht leugnen lassen sich in der Gegenwart starke Einflüsse amerikanischen Denkens und Rechts[15] sowie eine Deutschland und dem kantianisch bzw. deontologisch geprägten Grundgesetz ideologisch eher fremde[16] Prägung durch utilitaristische Maximen[17], welche – vor allem durch das Wirken *Benthams* und *Mills* – wiederum im Vereinigten Königreich (und freilich den USA) beheimatet wie etabliert sind und welche sich eben stark an Effizienzgedanken, dem Streben nach dem Gesamtwohl, orientieren.[18]

Konnten sich primär bei der Formulierung des Art. 102 AEUV bzw. der Vorgängernormen noch deutsche (ordoliberale) Kartellrechtstraditionen durch-

---

[11] *Kilian/Wendt* 2017, Rdnr. 406 ff. (zur *Harvard School*), 410 (zur *Chicago School*).

[12] *Podszun* in: Gebauer/Wiedmann 2010, Kap. 24 Rdnr. 9; *Kilian/Wendt* 2017, Rdnr. 411.

[13] *Kilian/Wendt* 2017, Rdnr. 204, 413.

[14] *Kilian/Wendt* 2017, Rdnr. 405; doch wende sich nach *Weitbrecht/Mühle* EuZW 2008, S. 551 dem Ansatz der *Chicago School* zu; oder in den letzten Jahrzehnten eher der *Post-Chicago-School*, nunmehr womöglich wieder der *Harvard School* – so *Kilian/Wendt* 2017, Rdnr. 411 a. E.

[15] Zum *Antitrust*-Recht der USA; s. *Drexl* GRUR Int 2004, S. 718, 727 (krit. dazu, ob auch die richtigen Aspekte übernommen würden); insbes. die „Antitrust Guidelines for the Licensing of Intellectual Property“ von 1995, welche „leuchtendes Beispiel“ nach *Schultze/Pautke/Wagener* 2005, Rdnr. 440 seien. Zu diesen 10. Kapitel B. I. 1.

[16] Das utilitaristische Denken wird in Deutschland zumindest im Verfassungsrecht an zentralen Punkten weitgehend abgelehnt; dies kann vermutlich auf die Werke Kants zur vorbehaltlosen Würde eines jeden Menschen sowie die deutsche Geschichte zwischen 1933 und 1945 zurückgeführt werden. Dies zeigt sich immer wieder in Diskussionen um die Abwegungsresistenz des Art. 1 I GG, bspw. im hypothetischen Fall des Einsatzes von Folter an Terroristen, um etwa Informationen über das Versteck von Bomben zu erhalten, oder im Hinblick auf einen Abschuss von Terroristen (samt Passagieren), die ein Passagierflugzeug entführen (und dieses ggf. gegen ein Nuklear-Kraftwerk richten). Andererseits orientieren sich insbesondere die allgemeinen Staatsprinzipien des Grundgesetzes am Gemeinwohl bzw. an einer „Totalbetrachtung“ und nicht nur an individuell unveräußerlichen Rechten, orientiert an der *iustititia distributiva*, vgl. *Eidenmüller* 2015, S. 273 ff. („Effizienz als normatives Programm“), dazu anhand des Wohnraummietrechts S. 295 ff.; siehe auch S. 411 ff. („Effizienz als kollektives Gut“); S. 443 ff. zur Frage, ob der deutsche Gesetzgeber gar zur ökonomischen Analyse und utilitaristischer bzw. effizient-ökonomischer Gesetzgebung verpflichtet sein kann (*Eidenmüller* verneint dies im Ergebnis).

[17] *Bödeker* 2008, S. 10 ff.

[18] *Heinemann* GRUR 2008, S. 951 weist berechtigterweise darauf hin, dass gerade der Erschöpfungsgrundsatz dem Ziel der Binnenmarkteffizienz geschuldet ist.

setzen,[19] verstärkt sich der angloamerikanische Einfluss zusehends, was insbesondere das Schlagwort des *More Economic Approach* (= „der stärker ökonomisch orientierte Ansatz“, „effektorienter Ansatz“ oder auch nur als „ökonomischer Ansatz“ übersetzt) verdeutlicht, unter welchem primär die Abkehr von herkömmlichen – starren – Tatbeständen und die Wendung zu ökonomischer Prognostik und mithin flexiblen Rechtsnormen verstanden wird. Die Verbreitung dieses Ansatzes im europäischen Recht sowie den Behörden wird beobachtet.[20] Außerdem ist den noch im Einzelnen zu behandelnden Gruppenfreistellungsverordnungen neuen Datums[21] ein als solches bezeichnetes Gefüge zugrunde gelegt worden, wodurch die Gretchenfrage nach Erlaubnis oder Verbot stärker von Prognosen abhängen soll.[22] Dieser Paradigmenwechsel wird gleichwohl nicht nur als Effizienzgewinn feiernd begrüßt, sondern entgegengesetzt als Verlust der Rechtssicherheit kategorisch angeprangert.[23] Einhergehend zur neuen Rechtsvorschriftenformulierungsmethode wurden dem ökonomischen Paradigma folgend auch Verfahrensvorschriften gewandelt[24], zumindest für die Behörden, insoweit, als dass diese nun *ex post* statt *ex ante* bewerten.[25]

Letztlich handelt es sich – so zumindest die Kritiker – bei dem *More Economic Approach* um eine vergleichsweise inhaltsleere Formulierung, deren konkrete Bedeutung, sofern denn überhaupt vorhanden, schleierhaft bleibt.[26] Fakt ist jedoch, dass zumindest die Gruppenfreistellungsverordnungen mittlerweile einer anderen Prägung besitzen, also in Gestalt einer neuen Regelungstechnik in Kraft gesetzt wurden.[27] Einhergehend mit dem *More Economic Approach* wird ein Wechsel der Zielausrichtung von Wettbewerb als Selbstzweck oder Strukturprinzip auf Wettbewerb als Mittel zu mehr Effizienz und Konsumentenwohlfahrt, wozu beispielhaft günstigere Preise erwähnt sein mögen, verstanden.[28] Anders verstanden ist der *More Economic Approach* eben der Wechsel von starren *Per se*-Regeln, die Rechtssicherheit verheißen, zu Effizienzanalysen, die,

---

[19] Speziell in der Hinsicht, dass nicht bereits die marktbeherrschende Stellung als solche wettbewerbswidrig sei.

[20] *Drexl* GRUR Int 2004, S. 717 ff.: „Das Phänomen der Ökonomisierung des europäischen Wettbewerbsrechts“; *Korah* 2006, preface; *Heinemann* GRUR 2008, S. 950 f.

[21] Zur Geschichte und zum Wandel der TT-GVOen: *Hufnagel* MDP 2004, S. 298.

[22] Vgl. 7. Kapitel C. I. 1. a.

[23] *Drexl* GRUR Int 2004, S. 726 f.

[24] Die potentiell betroffenen Unternehmen haben sich selbst einzuschätzen und erhalten keine Vorabentscheidung der Kommission (dazu 6. Kapitel E.).

[25] Insoweit ist die Behörde deutlich im Vorteil – s. *van Roijen* 2010, S. 103 ff. Vgl. *Korah* 2006, S. 172 f. (Nur) bezüglich der Bemessung des Wettbewerbsverhältnisses im Rahmen der TT-GVO gilt nach Art. 4 III jedoch grds. auch zu Gunsten der Unternehmen die *Ex ante*-Analyse – *Feil* IIC 2005, S. 35 f.

[26] Bezogen auf Art. 82 EGV bzw. Art. 102 AEUV etwa *Möschel* JZ 2009, S. 1045.

[27] Vgl. 7. Kapitel C., 6. Kapitel E.

[28] *Podszun* in: Gebauer/Wiedmann 2010, Kap. 24 Rdnr. 10.

verbunden mit höheren Rechtsanwendungskosten, den Einzelfall analysieren sollen.[29]

Als Folge einer solchen Annäherung sind die Gruppenfreistellungsverordnungen stärker auf Marktrealitäten, also Marktanteile, ausgerichtet. Gleichwohl bleiben die insoweit eher starren Tatbestände, wie speziell eben Art. 101 I, Art. 101 III und Art. 102 AEUV, vorrangig gegenüber diesen Sekundärnormen. Im Rahmen ihrer Grenzen sind diese bestimmt, verlangen aber im Rahmen des jeweiligen Tatbestands Prognosen. Jedenfalls wurde der Lissabon-(Reform-) Vertrag nicht genutzt, Art. 81 ff. EGV bzw. Art. 101 ff. AEUV zu ändern oder in irgendeiner Form *ökonomischer* auszurichten. Inwieweit der *More Economic Approach* Auswirkungen auf die Kartellrechtsanwendung, insbesondere durch die *Generaldirektion Wettbewerb* der Europäischen Kommission, hat, bleibt im Konkreten aber unklar und konnte nicht hinreichend beobachtet werden.

II. Die ökonomische Analyse des Immaterialgüterrechts auch aus europäischer Perspektive

1. Die europäische Perspektive und rechtspolitische Tendenzen

Nicht nur den explizit als Wettbewerbsregeln bezeichneten, bereits angeführtenn Vorschriften wohnt eine wettbewerbsrelevante Natur inne. Neben einer ethischen oder moralischen Dimension ist die Diskussion um geistiges Eigentum bzw. Rechte des geistigen Eigentums bzw. Immaterialgüterrechte[30] zunehmend durch die Frage bestimmt, wie sehr sich solche Rechte und deren Stärke auf technologischen Fortschritt, Kreativität und künstlerische Leistungen, Investitionen und Güterallokation auswirken.[31] Während einerseits die gewährten Rechte als Anreiz zu Innovation und Investition — sowohl für den Inventor oder dahinter stehenden Investor als auch für den Suchenden nach einem zu schaffenden konkurrierenden Produkt — verstanden werden,[32] gelten sie nach konträrer Auffassung[33], durch Verhinderung freier Nutzung,

---

[29] *Bechtold* 2007, S. 47 und dort auch Fn. 163; positiv dazu: *Podszun* in: Gebauer/Wiedmann 2010, Kap. 24 Rdnr. 10.

[30] Kaum verrechtlicht und weit verstanden als jedes potentiell wertvolle, körperlose Gut bei *Landes/Posner* 2003, S. 1.

[31] Und das bereits seit Jahrhunderten, jedoch in umfassender „boomender" Form seit 1970: s. *Landes/Posner* 2003, S. 1 ff.; *Bechtold* GRUR Int 2008, S. 484 ff.

[32] *Scheuer* 2009, S. 6 f.; vgl. *Wolf* 2009, S. 31 ff.

[33] *Boldrin/Levine* 2008, S. 208, die einerseits argumentieren, diese Rechte seien nicht notwendig und bereits nicht entscheidend für die Industrielle Revolution gewesen (S. 49 ff.), andererseits mit Fehlentwicklungen durch Immaterialgüterrechte („The Evil of Intellectual Property"), wofür sie auch Preisdiskriminierung via DRM bei Software als Beispiel angeben (S. 71).

als Blockade für Wissensaustausch und aufbauenden Fortschritt[34] oder als Hemmnis für Rezipienten bzw. Nutzer und ggf. deren Recht auf Informationszugang.[35] Vertreter der letztgenannten Position führen insbesondere positive Erfahrungen mit F/OSS oder ebenfalls Projekte wie *Wikipedia* als Musterbeispiele zur Stützung der These an, dass es keiner (strengen) Schutzrechte bedarf.[36] Zudem wird der starke Schutz in den „westlichen" Industrienationen als ausschließend kritisiert, da dieser schwächere Länder in der Entwicklung und Versorgung behindere.[37] Die seit wenigen Jahren bestehende Piraten-Bewegung blüht u. a. deswegen auf, weil sie sich gegen starke Immaterialgüterrechte einsetzt. Ungeachtet solcher Kritik verkörpern das Gemeinschaftsrecht wie die Mitgliedsstaatsrechtsordnungen die Entschließung zu einem starken Schutz immaterieller Güter,[38] wobei die Gemeinschaft oftmals die Impulse zur Ausweitung rechtlichen Schutzes gab.[39] Diese Entwicklung nahm bislang keinen Abriss, auch wenn etwa das ACTA-Abkommen[40] scheiterte. Eine Abkehr von dieser Tendenz ist trotz Widerständen[41] nicht zu erwarten.[42]

Ein *More Economic Approach* im Urheberrecht kann etwa sein, Immaterialgüter auf ihre wettbewerbliche Wirkung zu untersuchen, beispielsweise auf ihre Ausschlusswirkungen und dabei zu Tage zu fördern, dass Immaterialgüter-

---

[34] Diese gegensätzlichen Auswirkungen von freier Verfügbarkeit des Wissens („statische Effizienz") und Investitionsanreizen („dynamische Effizienz") müssen nicht als Glaubenssätze verstanden werden, sondern können eben auch als zwei reale ökonomische Effekte betrachtet werden, die optimal ausgeglichen werden sollten: *Scheuer* 2009, S. 7. Dazu auch *Anderman/Kallaugher* 2006, Rdnr. 4.12 ff., welcher darauf hinweist, dass Aussagen über Entwicklungen spekulativer Charakter anhaftet.

Der Blockadethese wird, mit dem Hinweis „dynamischen Wettbewerbs" von *Nordemann* GRUR 2007, S. 204 entgegengehalten, dass durch den urheberrechtlichen Schutz lediglich die Imitation verhindert werde, nicht (kreative) Ersatzprodukte.

[35] Vgl. etwa *Noel/Schankerman* 2006, S. 2.

[36] Dem könnte entgegnet werden, dass auch diese zur Durchsetzung ihrer Regelungsmodelle – GNU GPL oder *Creative Commons* – gerade des Rechts bedürfen; worauf wiederum entgegnet werden könnte, dass dies eben nur deshalb der Fall sei, da es eben überhaupt entsprechende Rechte gebe.

[37] S. H. *Benedikt XVI.* 2009, Zf. 22.

[38] Die Entwicklung in der EU senkt fortschreitend die Anforderungen, welche an ein potentielles Schutzgut gestellt werden, und stärkt zugleich die Folgen des Schutzes: Immenga/Mestmäcker/*Ullrich,* GRUR A Rdnr. 29.

[39] Etwa demonstriert durch die Computerprogramm-, die Multimedia- und auch die Durchsetzungsrichtlinie. KOM 2001/786, Rdzf. 28: „In der Erkenntnis, dass frühzeitiges Nachahmen von Neuerungen und die freie Nutzung der Leistung von Erfindern jeglichen Anreiz zur Innovation untergraben würde", hat sich die Europäische Gemeinschaft somit für die Gewährung von starken Schutzrechten entschieden.

[40] 2. Kapitel B. I.

[41] S. etwa die Erklärung für eine „Ausgewogene Auslegung des Drei-Stufen-Test" unter http://www.ip.mpg.de/fileadmin/ipmpg/content/forschung_aktuell/01_balanced/declaration_three_step_test_final_deutsch1.pdf = GRUR Int 2008, S. 822 ff.; vgl. dazu auch einen Tagungsbericht bei *Nordmeyer* JZ 2011, S. 727 f.

[42] S. noch 11. Kapitel A.

rechten selbst aus ökonomischen Gründen nicht unbedingt Vorrang vor anderen Interessen der Marktbeteiligten gewährt werden muss.[43] Insoweit bleibt bei einem ökonomisch nicht optimal austarierten Immaterialgüterrecht ggf. das Kartellrecht als – bewusster – Notanker.

2. *Besonderheiten des geistigen Eigentums und der Software*

Die Gesamtheit der Immaterialgüterrechte, also der Summe aus Urheberrechten und verwandten Schutzrechten sowie den gewerblichen Schutzrechten wird häufig als geistiges Eigentum bezeichnet.[44] Art. 118 AEUV greift – nebst weiterer Normen – diesen Begriff und dieses Verständnis auf. Geistiges Eigentum unterscheidet sich vom ungeistigen, sachlichen, körperlichen bzw. realen Eigentum durch mehrere Faktoren. Ferner bleibt zu fragen, ob sich Softwarerechte d. h. Softwareschutzrechte als auch deren Schutzgut von anderen Immaterialgütern unterscheiden, bevor sie im folgenden Abschnitt mit der Wettbewerbsordnung in Verbindung gebracht werden.

a. *Geistiges Eigentum als „Monopol" mit Ausschlusswirkung und Möglichkeiten des Blockadebrechens*

Zuhauf wird postuliert, dass geistiges Eigentum zu Monopolen führe. Dies ist insoweit richtig, als dass der Rechtsinhaber bzgl. dieses einen Werkes absolut berechtigt wird und somit alleinig ein „monopolistisches"[45] Wirtschaftsgut samt Verfügungsfreiheit erhält, an welchem der Inhaber oftmals aus monetären Interessen andere „teilhaben" lassen wird[46] oder aufgrund sozialer Vorgaben wie den gesetzlichen Schranken[47] teilhaben lassen muss. Das Interesse an bestimmten Werten dieser Art kann besonders groß sein (etwa bei den Erzeugnissen bestimmter Schriftsteller, Maler usf.), doch bleibt es in vielen Fällen

---

[43] *Wolf* 2009, S. 262 f.

[44] Dieser Begriff ist oftmals Gegenstand der Kritik gewesen, da er Besonderheiten immaterieller Güter einschließlich der zugehörigen Schranken nicht ausreichend berücksichtige. In den letzten Jahren verbreitete er sich wieder stärker, zumal er in den englischsprachigen Ländern als *Intellectual Property* entsprechend verbreitet ist, s. *Bödeker* 2008, S. 5 f.; *Wolf* 2009, S. 21; *Podszun* JURA 2010, S. 438. Krit. http://www.gnu.org/philosophy/not-ipr.html.en.

[45] Diese Begriffsverwendung ist nicht unumstritten. Sie soll bezeichnen, dass dieses Gut in Gestalt einer bestimmten Technologie nur vom Inventor bzw. Investor genutzt werden kann; insoweit steht dem Rechtsinhaber dann ein Monopol an diesem Produkt zu, aber nicht bzgl. eines Marktes, da ein Produkt in der Regel keinen Markt begründet; vgl. *Ulmer-Eilfort/Schmoll* 2006, S. 3; Langen/Bunte/*Jestaedt*, Nach Art. 101 AEUV FallGrp. Rdnr. 1234; Immenga/Mestmäcker/*Fuchs*, TT-GVO Einl. Rdnr. 1; *Dreier/Vogel* 2008, S. 279; *Klawitter* in: Wiedemann 2016, § 14 Rdnr. 1.

[46] Oftmals ergibt sich der wirtschaftliche Wert erst daraus, andere entgeltlich teilhaben zu lassen.

[47] Etwa § 52a UrhG.

möglich, ein Substitut zu erschaffen, weswegen das „Monopol" höchstens als rechtliches Monopol bezogen auf ein einzelnes, nicht essentielles Gut – im Sinne der Austauschbarkeit – zu verstehen ist und deshalb nicht die monopoltypische Gefahrenlage besteht, sondern gerade der Substitutionswettbewerb eröffnet wird.

Gleichwohl kann ein Schutzrecht so essentiell bzw. *essential* werden, dass seinetwegen eine Wettbewerbsgefährdung auftritt. Dies nämlich dann, wenn mittels eines Recht des geistigen Eigentums als Schutzrecht eine Sperrposition aufgebaut werden könnte, die nicht mehr vom (eigentlichen) Schutzziel des jeweiligen Rechts gedeckt ist und den Inhaber überschießend „belohnt".[48] Insbesondere wird von Sperrwirkungen gesprochen, wenn bestimmte Rechte – speziell in Hinblick auf Technologien – benötigt werden, um bestimmte Produkte zu bauen bzw. auf anderen – nachgelagerten, sekundären bzw. abhängigen – Produktmärkten anbieten zu können. Ein besonderes Szenario ergibt sich aus dem Umstand, dass etwa mehrere Patente – eben Technologieschutzrechte – für ein Produkt benötigt werden können, aber verschiedenen Rechtssubjekten zugeordnet sind, welche sich sodann gegenseitig bezüglich solcher Produkte zu behindern vermögen. Aufgrund ihres funktionalen Schutzumfangs sind es dabei gerade Patente, die solche Sperrpositionen erlauben.[49] Dies führt zu starken Unternehmen mit vielen Patenten und in der Praxis zur Notwendigkeit wechselseitiger *Cross*-Lizenzen. Ein eigenes großes Patentportfolio wird hierbei durch die Unternehmen angestrebt, um überhaupt für Kreuzlizenzierungen in Betracht zu kommen.[50]

Eine Sonderrolle nehmen hierbei *Patenttrolle* ein. Dabei handelt es sich um (Personen oder) Unternehmen, die über eine Vielzahl an Patenten oder zumindest über essentielle Patente verfügen, selbst am Wettbewerb nicht teilnehmen und entsprechend die eigenen Schutzrechte insoweit nicht nutzen. Sie verlangen jedoch, ihrer finanziellen Strategien folgend, überhöhte Lizenzgebühren, die sie durch Drohgebärden und Klagen durchsetzen. Mithin müssen sie selbst keine Gegenmaßnahmen fürchten, da sie – mangels Tätigkeit am Markt – keiner *Cross*-Lizenzen bedürfen.[51] Hierbei handelt es sich also zwar um eine auflösbare Sperre, die Anreizgedanken hinsichtlich Forschung und Entwicklung nicht dient, zumal in aller Regel nur angesammelte, oftmals günstig erworbene Patente seitens der *Trolle* genutzt werden. Die Rechtswelt samt der Kartellbehörden weiß noch nicht, wie dieser Situation zu begegnen ist.[52]

---

[48] Vgl. 5. Kapitel B. II. 3.

[49] Vgl. Immenga/Mestmäcker/*Ullrich*, GRUR A Rdnr. 7; TT-Leitl., Tz 17.

[50] *Noel/Schankerman* 2006, S. 3.

[51] *Lamping* 2010, S. 371 ff., 428 ff. Krit. *Uhrich* ZGE 2009, S. 60.

[52] Der Einsatz des Art. 102 AEUV kann freilich erwogen werden.

Theoretisch soll der urheberrechtliche Softwareschutz nicht gleichartig sperrend wie auf solchen *komplexen*[53] Märkten wirken. Oftmals sperren Softwareurheberrechte dennoch, insbesondere im Hinblick auf Schnittstellen o.ä, zu denen (vergeblich) Zugang begehrt wird, so dass auch beidseitige Sperrszenarios denkbar werden. Im Gegensatz zu Patenten, die gerade in den USA zu banalen Geschäfts*ideen* erteilt werden, baut der urheberrechtliche Schutz jedoch nicht so „modulhaft" aufeinander auf, da eben ein neues Programm nicht wiederum aus einzelnen Bestandteilen der Software anderer erstellt werden muss.[54] Es ist zudem allgemein möglich, identische Ergebnisse über anderen Code zu erzielen.[55] Somit versperren oftmals geheime Codes bzw. Schnittstellen Anschlussprodukte, nicht jedoch die zugehörigen Urheberrechte gänzlich eigenständige Produkte. Mithin bedarf es eben nicht nur der Rechte, sondern (Schnittstellen-) Informationen und gehüteter Codes. Insgesamt rücken Softwareurheberrechte, abweichend von anderen Urheberrechten, daher in die Nähe der Patentrechte – insbesondere dann, wenn Kompatibilität zu existierender Software hergestellt werden soll. Darüber hinaus ist ein Imitationsschutz jedoch dem Softwareurheberrecht nicht inhärent.

b. *Unterschiede zwischen geistigem Eigentum und Sacheigentum*

aa. *Verkörperung bzw. Manifestation statt Gegenständlichkeit*

Charakteristisch für geistiges Eigentum gerade in Abgrenzung zum (Sach-) Eigentum ist die Geistigkeit, welche die immaterielle Natur des Schutzgutes bzw. -objektes bezeichnet: Geistiges Eigentum bezieht sich auf etwas Körperloses[56], welches sich jedoch verkörpern lässt bzw. manifestieren kann[57] und sich auch in irgendeinem Stoff, sei es auch nur eine Aufführung oder ein Vortrag, manifestieren muss, um nicht bloß Idee zu bleiben. Im digitalen Kontext kann eine solche Manifestation theoretisch eine unendliche Anzahl erreichen. Herkömmliches Eigentum indes ist gerade durch seine einmalige Körperlichkeit definiert und gewinnt ihren Marktwert oftmals gerade aus dieser Begrenztheit wie Endlichkeit.

---

53 Zum Begriff 4. Kapitel.

54 Freilich kann Software in Modulen aufgebaut sein, auch kann eine inkrementelle Arbeitsweise förderlich sein (8. Kapitel A. I.), doch besteht im Allgemeinen keine gegenseitige „Befruchtung" konkurrierender Unternehmen durch offengelegte Erfindungen wie bei Patenten (aber ggf. durch Ideen oder Funktionen) – es sei denn, es handelt sich um F/OSS (8. Kapitel A. III. 4.).

55 Schon allein wenn sich anderer Programmiersprachen bedient wird. Diese können zwar übersetzt werden, doch folgt aus der Entscheidung für eine Programmiersprache auch in der Regel eine bestimmte Programmierlogik.

56 *Jänich* 2002, S. 226 ff.

57 In Gestalt des *corpus mechanicum* – dazu *Schack* 2015, Rdnr. 34.

bb. Anreizgedanken und persönlichkeitsrechtliche Färbung

Im Urheberrecht bzw. wohl auch Immaterialgüterrecht werden besonders – bereits behandelte – Anreizfunktionen gesehen.[58] Aber das Realeigentum verkörpert in der klassischen Begründung ebenfalls Anreize (*Incentives*) und soll gerade Lohn für Arbeit sein. Eigentum, ob an Kapital oder an Grundstücken, bzw. dessen Mehrung gilt nach wie vor, freilich nicht fern der Kritik, für die Menschen als Motivation, sich wirtschaftlich zu betätigen – ob in Lohnarbeit, durch selbstständige Tätigkeit oder als Investor. Das Urheberrecht im Besonderen hat als Wesensart eine starke persönlichkeitsrechtliche Färbung,[59] die gleichwohl bei technischen Schutzrechten – wie auch bei Software – deutlich in den Hintergrund tritt und der nicht einmal in der wissenschaftlichen Auseinandersetzung Bedeutung zukommt. Insoweit ist prinzipiell auf Basis dieses Umstandes folglich keinerlei Besonderheit zu erwarten.

cc. Erschöpflichkeit des Immaterialgutes

Als tragendes Prinzip immaterieller Schutzrechte wird der Erschöpfungsgrundsatz (*Exhaustion*) verstanden[60] – oder gar als allgemeiner Rechtsgrundsatz europäischen Immaterialgüterrechts.[61] Werden Manifestationen des Immaterialgutes dem Wirtschaftskreislauf zugeführt, schwindet der Einfluss des (ursprünglich) Berechtigten: seine (oder bestimmte seiner[62]) Rechte *erschöpfen* sich; die Kontrollmöglichkeiten hinsichtlich der Verbreitung schwinden.[63] Allerdings sind, wie bereits dargestellt, Einzelheiten dieses Grundsatzes rechtlich umstritten: Ob etwa Erschöpfung ebenfalls bei digitaler Distribution eintritt oder ob erschöpfte Volumenlizenzen „aufgesplittet" werden können. Einzelne Fragen sind indes bereits höchstrichterlich geklärt.[64]

Ökonomisch dient die Erschöpfung der Freiheit des Warenverkehrs. Das Urheberrecht ist seiner Natur nach kein „Vertriebskontrollrecht" und sollte dem freien Warenverkehr nicht entgegenstehen.[65] Dadurch könnte ansonsten die Warenverkehrsfreiheit „unerträglich" beeinträchtigt" werden.[66] Dies gilt entsprechend ebenfalls für das Patentrecht. Ungeachtet der Frage nach Reichweite und Auslösung des Erschöpfungsgrundsatzes begrenzt dieser die – rechtliche –

---

58 Etwa *Bartmann* 2005, S. 317.

59 *Bartmann* 2005, S. 317.

60 Dazu bereits oben im Rahmen des Softwarevertragsrecht – 3. Kapitel A. IV.

61 7. Kapitel A. II. 1.

62 Speziell den Betrieb betreffende.

63 Soweit er diese in Umlauf gebracht hat; 3. Kapitel A. IV.

64 3. Kapitel A. IV.

65 *Wolf* 2009, S. 234 f., 212 ff. (insbes. auch im Zusammenhang zu OEM und Gebrauchtsoftwarehandel).

66 BGH, Urt. v. 22. 1. 1964 – Ib ZR 92/62 – „Maja" = GRUR 1964, S. 372 ff. (S. 375).

Wirkung des Immaterialgutes auf die Verkörperungen bzw. die jeweiligen Werkstücke.

Gleichwohl können selbst ungeachtet einer rechtlich wirksamen Erschöpfung noch faktische Einwirkungsmöglichkeiten des Rechteinhabers gerade durch technische Schutzmaßnahmen bestehen, die – ggf. gar rechtlich gebilligt[67] – wiederum die an sich gewollte Wirkung des Erschöpfungsgrundsatzes aushebeln. Insoweit ist es fraglich, inwieweit der Erschöpfungsgrundsatz gerade für die Zukunft noch als effektive Begrenzung der Rechteinhaber aufgefasst werden kann und eben dem ökonomischen (und rechtlichen) Ziel der Warenverkehrsfreiheit zur Geltung zu bringen vermag. Erschöpfung folgt dem Ziel der Vermeidung von „Doppelbelohnungen". Dieser Grundsatz besagt, aus der ökonomischen Analyse stammend und entsprechend Anforderungen an das Recht stellend, dass ein Urheber nicht zweimal oder mehrfach, also übergebührlich oft, belohnt werden sollte.[68] Wirtschaftlich ist dies im Zusammenhang zum Gebrauchtsoftwarehandel von besonderer Bedeutung:[69] Erschöpft sich das Recht an der Software nicht, müsste der Softwarehersteller jeder Übertragung zustimmen[70] und könnte hierfür Bezahlung verlangen.

Dem Materialgüterrecht ist dergleichen faktisch wie rechtlich fremd. Zwar können Eigentümer Früchte veräußern oder einen Nießbrauch bestellen oder anderweitig anderen ihr Gut zr Verfügung stellen, allerdings handelt es sich dabei ohnehin um keine endgültigen Überlassungsformen, höchstens an den Früchten im Rechtssinne. Eine Erschöpfungswirkung ist dort aber bereits nicht notwendig, denn den ursprünglichen Eigentümern fehlt es dann grundsätzlich an Einwirkungsmöglichkeiten. Erschöpfung ist dann bereits eine „natürliche" Folge: Wer etwas veräußert, kann über diesen Gegenstand nämlich in aller Regel nicht mehr verfügen, da hierfür kein Schutzrecht besteht. Da die Sache fortgegeben ist, schwindet ebenfalls die faktische Einwirkungsmöglichkeit. Lediglich als Ausnahme mag noch eine Abhängigkeit bestehen, etwa durch erforderliche Wartung, (rechtlich geschützte[71]) Ersatzteile, Nachbefüllung o.ä. gerade bei komplexeren und technischen Produkten.[72]

Insbesondere wenn man eine analoge Anwendung auf digitale Verbreitungsformen ablehnt und zudem ein Ende des Trägermediums zu Gunsten von digitalen Vertriebswegen und SaaS etc. erwartet, kann davon ausgegangen werden, dass die „Krise des Erschöpfungsgrundsatzes … in dessen Bedeutungslosigkeit [münde]"[73]. Zu einer ähnlichen Annahme ist jedoch auch zu gelangen, wenn

---

[67] 3. Kapitel B. I. 6.
[68] *Reich* 2006, S. 152 ff., 162 f.
[69] 8. Kapitel C. II.
[70] Vgl. zur Zustimmungserfordernis 8. Kapitel C. II. 2. a.
[71] Speziell durch das Gebrauchsmusterrecht.
[72] Vgl. 5. Kapitel B. II. 2. b.
[73] *Wiebe* in: Leible/Ohly/Zech 2010, S. 213.

beobachtet wird, welche schwache, zudem überwindbare Wirkung dem Erschöpfungsgrundsatz nach jüngster BGH-Linie ohnehin nur noch zugesprochen wird. Ob der EuGH als Kontrapunkt den Erschöpfungsgrundsatz im Ergebnis wieder hinreichend gestärkt hat,[74] bleibt noch abzuwarten.[75]

c. Besonderheiten des Immaterialgutes Software

aa. Software als Wirtschaftsgut und ökonomische Herausforderungen

Wie bereits ausgeführt, zeichen die Spezifika Software aus, dass die Entwicklungskosten hoch, die Stückkosten gering bis irrelevant sind und dass starke Netzwerkeffekte auftreten.[76] Dieses kann für andere digitale Güter, etwa Filme, mit der Ausnahme gelten, dass indes dermaßen ausgeprägte Netzwerkeffekte nicht üblich sind. In jedem Fall bleibt es jedoch zweifelhaft, inwieweit sich langfristige Marktmacht und Standardsetzung negativ auswirken.[77] Es ist ebenfalls nicht zu vergessen, dass marktstarke Unternehmen dazu drängen, in anderen (profitableren?) Bereichen ebenfalls marktstark zu werden und entsprechend eine Ausweitung droht, bei der eben die Vorteile der Herrschaft über diesen jeweiligen Markt zur Verfügung stehen – was gerade die Erfahrungen mit Microsoft lehren.[78] Mithin droht bei Dominanz über einen Markt nicht nur die Abnahme des Wettbewerbs auf diesem, sondern noch auf abhängigen oder zumindest sachnahen.

bb. Geheimhaltung: das „behütete Feuer" Quellcode

Es wurde bereits angesprochen, dass der Geheimnisschutz im Softwarebereich weder rein faktisch, noch rein rechtlich ist: vielmehr unterstützt das rechtliche Regime das bereits faktisch schwierige Erforschen (kompilierter) Software.[79] Einerseits führt der Geheimnisschutz eben dazu, dass die Entwickler einen Anreiz erhalten, andererseits reicht dieser rechtlich-faktische Schutz in der Praxis aber tlw. zu weit. Wie ausgeführt, ist Kompatibilität besonders wichtig:[80] Für Wettbewerber muss es möglich sein, kompatible Programme zu erschaffen.[81]

---

[74] „Victory of free movement … over the protection of intellectual property rights" – *Vinje/Marsland/Gärtner* CRi 2012, S. 102. Der EuGH gebe nach *Ulmer/Hoppen* ITRB 2012, S. 232 dem „traditionellen Urheberrechtsverständnis" der Union folgend, dem „Urheberrechtsschutz nur so viel Raum, … wie zum Schutz … unerlässlich". Vorrang habe der freie Warenverkehr.

[75] Vgl. 3. Kapitel A. IV.

[76] 4. Kapitel B. I. 1.

[77] Vgl. *Allen* 1997, S. 105.

[78] *Fichert/Sohns* WuW 2004, S. 914.

[79] 2. Kapitel D.

[80] 3. Kapitel B. I. 1. b; 4. Kapitel A. II. 2.

[81] Vgl. *Böcker* 2009, S. 77.

Geheimhaltung verhindert somit den Wettbewerbseintritt Anderer,[82] mithin erweist sich der Schutz schnittstellenumsetzenden Codes als „Achillesferse".[83]

Im Übrigen bietet sich insoweit erneut ein Vergleich zum Patentrecht und zu anderen technischen Schutzrechten an. Während die Unternehmen oftmals vor die Wahl gestellt sind, entweder ein – irgendwann auslaufendes – Schutzrecht wie das Patent zu beantragen, welches zumindest einen gewissen Grad an Offenlegung zwingend verlangt, oder aber auf bloße Geheimhaltung zu setzen (wie etwa beim *Coca Cola*-Rezept[84]), stellt sich dieses Dilemma bei Software nicht: Das Programm kann in Umlauf gegeben werden, die Erforschungs- und Rückbildungsmöglichkeiten sind sehr schlecht,[85] gleichwohl wirkt ein Schutzrecht, dieses zudem noch besonders lang. Wenngleich das Urheberrecht eben keinen ausschließenden Ideenschutz bedingt, impliziert es teilweise eben doch einen Ideenschutz insoweit, als dass entsprechende Ideen nicht nachvollzogen und „nachgebaut" werden können.[86]

cc. Anreizmodelle jenseits klassischer Investitionsamortisierung durch Lizenzgebühren

Wie dargestellt, sollen Immaterialgüterrechte als finanzieller Anreiz fungieren und somit in der Regel als Lebensgrundlage für die Schaffenden dienen; wofür wiederum Lizenzgebühren bemüht werden, also eine Form monetärer Entlohnung für Lizenzen, also eine Gebühr dafür, ein Programm zu erhalten und nutzen zu dürfen.[87] Neben dieser herkömmlichen Anreiz-Logik finden sich im Kontext des Internets das sog. *Web 2.0* samt zahlreicher Erscheinungsformen (etwa *Wikipedia* sowie weiterer *User-generated Content*) sowie im Bereich der Computerprogramme mit F/OSS Beispiele für Motivationswirkung ohne direkte finanzielle Anreizstrukturen. Doch trotz eines Fehlens direkter Zahlungen[88] können auch hierbei wirtschaftliche Motivationen von Relevanz sein.[89] So können im Besonderen Reputationszugewinnmöglichkeiten durch Namens- oder Pseudonymnennung relevant sein.[90] Zudem können ideologi-

---

[82] *Böcker* 2009, S. 189.

[83] *Böcker* 2009, S. 143 f.

[84] Vgl. *Schmidt* 2010, S. 107 – dabei kann natürlich fraglich sein, inwieweit ein Schutzrecht auf solche Rezepte beansprucht werden könnte. Hier sei erneut folgendes Zitat des EuG bemüht: „Schließlich gibt es keinen Grund dafür, dass eine geheime Technologie stärkeren Schutz genießt als z. B. eine Technologie, die ihr Erfinder im Rahmen eines Patentverfahrens offenlegen muss." (EuG, Urt. v. 17.9.2007 – Rs. T-201/04 – „Microsoft", Tz. 693 S. 3)

[85] 2. Kapitel C.

[86] Vgl. 2. Kapitel D.; 2. Kapitel B. II. 1. b.

[87] 5. Kapitel B. II. 2. b. bb.

[88] Entweder weil solche nicht vorgesehen sind oder weil zumindest Lizenzgebühren direkt oder indirekt ausgeschlossen sind, 8. Kapitel A. II. 1.

[89] Vgl. 3. Kapitel B. VIII. 1.

[90] Als *Attribution* in zahlreichen F/OSS-Lizenz reglementiert – vgl. § 13 UrhG.

sche und andere intrinsische Motive nicht unterschätzt werden. Auch fern einer solchen Bewegung existiert eine Bereitschaft zu Spenden, was jede Münze für die Kriegsgräberfürsorge, jedes „Patenkind" in Entwicklungsländern oder beispielsweise die Ankündigungen der Milliardäre *B. Gates* und *W. Buffett* beweist, ihr Vermögen überwiegend nicht ihren Abkömmlingen, sondern wohltätigen Zwecken vererben zu wollen.[91]

dd. Besonderheiten der Software und des (rechtlichen) Softwareschutzes

Im Gesamtrahmen des geistigen Eigentums nimmt Software bereits aufgrund der evidenten „Doppelnatur" hinsichtlich nicht ausschließbarer Anwendbarkeit des Urheberrechts als auch der partiellen, bewusst herbeiführbaren Wirkung des Patentrechts eine Sonderstellung ein.[92] Jenen Rechtsregimen liegen unterschiedliche Vorstellungen zugrunde – einerseits ein rein wirtschaftlich-technisches Verständnis, andererseits eine traditionell persönlichkeitsrechtlich ausgerichtete Rechtsmaterie, die gleichwohl immer stärker von Investitionsschutzgedanken infiltriert wird. Software jedenfalls ist nicht das Ergebnis klassischer freier Künste – bereits aufgrund der Neuheit dieses Gutes nicht. Dennoch diente und dient ebenfalls das Urheberrecht nicht ausschließlich idealistischen Interessen an *schönen Dingen*, sondern ebenso – immer mehr – kommerziellen Belangen (was bereits § 11 S. 2 UrhG unterstreicht). Wie bereits angedeutet, sind die Reproduktionskosten für Software gering, auch ist die Vervielfältigung einfach. Die Datenträger sind dabei ohne nennenswerte wirtschaftliche Bedeutung, zumal Online-Distributionsmodelle auf solche komplett verzichten können. Patente bzw. Erfindungen müssen erst in ein Produkt einfließen, Software ist hingegen, wie im Wesentlichen Filme und Musik, (oftmals) finales Produkt zum Vertrieb. Musik oder Filme setzen allenfalls qualitative Standards, aber keine technischen, die zur Inkompatibilität führen können; sie werden höchstens im Rahmen solcher verbreitet. Bei Software tritt dieser Umstand jedoch, wie gezeigt, im starken Umfang auf.

Software unterscheidet sich noch darin von anderen Gütern, dass sie mit Quell- und Binärform mindestens zwei unterschiedliche Erscheinungsformen aufweist. Filme und Musik liegen zwar in mehreren ([un]geschnittenen) Rohfassungen und in einer komprimierten Endfassung vor, doch unterscheiden sich diese Zustände nicht so fundamental voneinander: Auch mittels unkomprimierten Filmmaterials wird niemand in die Lage versetzt, einfach einen ganz neuen Film zu erstellen.[93] Die technischen Schutzmaßnahmen gleichen sich in gewissen Formen. Film und Musik sind ebenfals das Ergebnis zahlreicher

---

[91] S. http://givingpledge.org/.

[92] Dazu 2. Kapitel B. IV.

[93] Die komprimierte als auch die unkomprimierte Fassung könnten freilich gleichsam neu geschnitten werden.

Beteiligter und sind ebenso leicht kopierbar und verbreitbar. Film und Musik stehen ebenso in einem technischen Kontext (Auflösung, Bilder pro Sekunde, 3D-/Raumklang-Funktionen, Digitalität usf.), sind aber abseits davon durch andere Elemente wesentlich geprägt, etwa durch Erzählung/Inhalt, Geschichte oder eben Rhythmus und Melodie. Insoweit treffen diese Formen und Software in Computerspielen zusammen.

Die *Deutsche Gesellschaft für Recht und Informatik* (e.V.) hat anlässlich einer Stellungnahme zur TT-GVO postuliert, dass sich Software dadurch von sonstigen patentierbaren Technologien unterscheide, dass sie (1.) kaum von „körperlichen Belegstücken" getrennt werden könne und (2.) durch F/OSS als Gegenmodell zu proprietärer Software Rücklizenzierungen prinzipiell anders zu bemessen seien. Des Weiteren sei (3.) durch das Geheimnis *Source Code* und die fehlende Offenlegung der Schutzrechtinhaber besonders geschützt, weswegen (4.) auch Vertreiber bei Nachbesserungen unabänderlich auf den Softwareentwickler angewiesen seien. (5.) Die TT-typischen Softwareverträge seien weitgehend unbekannt und kaum mit dem Massengeschäft vergleichbar; (6.) die Softwaremärkte seien durch Oligopole sowie durch nicht-deutsche oder nicht-europäische(?) Unternehmen geprägt, und zuletzt (7.) seien Technologiepools und Lizenzaustauschgemeinschaften im Bereich Software aufgrund des modularen Aufbaus besonders häufig wie notwendig.[94] Dem 1. Punkt ist gerade wegen DRM[95] vollumfänglich beizupflichten. Der 2. Punkt trifft ebenfalls zu, was noch zu thematisieren sein wird.[96] Der 3. Punkt ist ebenfalls zutreffend, wie es sich bereits zuvor gezeigt hat – und dieser besagte Schutz wirkt wegen eines rechtlich überzogenen Schutzes als auch der fehlenden faktischen Dekompiliermöglichkeiten ebenfalls erhöht.[97] Der 4. Punkt folgt aus dem vorgenannten Punkt – zu betonen bleibt dabei, dass eine Wartung ansonsten kaum geschehen kann;[98] im Bereich sonstiger Technologie kann ein solcher Versuch noch eher von Erfolg gekrönt sein.[99] Der 5. Punkt trifft zu, der 6. ebenfalls.[100] Der 7. scheint gleichwohl keine Besonderheit zu sein, was einerseits *Patenttrolle*[101] im Allgemeinen und andererseits ständige Patent-, Patentgegenklagen usf. oder Übernahmen von Patentportfolios zumindest in Bereichen der Smartphones momentan beweisen, aber bei Software – oder etwa im Automobilsektor – kaum zu beobachten ist.

---

[94] *DGRI* CR-Beil. 5/2003, S. 4 f.
[95] 3. Kapitel B. I. 6.
[96] 8. Kapitel A. II. 2.
[97] 2. Kapitel C.; 2. Kapitel D.
[98] 8. Kapitel I.
[99] Etwa wegen der Offenlegung von Patenten.
[100] 4. Kapitel A.
[101] Zu diesen Nicht-Fabelunternehmen s. 5. Kapitel B. II. 2. a.

Bei Software ist zudem die Absatz- und Einsatzkontrolle besonders hoch. Der Softwarehersteller kann potentiell die Produkte unbegrenzt kontrollieren. Bei anderen Gütern stellt sich zwar nicht die Gefahr unendlicher Vervielfältigung, zumindest nicht (weitgehend) kostenloser. Indes ist in anderen Industrien ebenso „Produktpiraterie“ bekannt, besonders in Gestalt von Imitaten und Fälschungen, gerade im Bezug zum Markenrecht, aber eben nicht durch illegale Vervielfältigung des *echten* Produktes. Bei Software kann die illegale Vervielfältigung aber ebenfalls noch mit gefälschten Marken, Folien usf. getarnt werden. Gleichwohl bedeutet die mühelose Reproduktion für den Softwarehersteller selbst Kostenvorteile. Jenseits der Vertriebsebene hat der Softwarehersteller auch auf Entwicklungsebene Vorteile. Trotz der Verbreitung seines Produktes kann dieses kaum ergründet werden: Er bleibt trotz Vervielfältigung nicht nur rechtlich Herr seiner Werke. Die beherrschende Rolle des Softwareherstellers wird noch dadurch gestärkt, dass auch bei Service (Wartung, Pflege, Anpassung) seine Mitwirkung oftmals unerlässlich ist. Dass eben diese Machtpositionen oftmals noch in Händen von Oligopolisten sind, zeigt auf, inwieweit wettbewerbliche bzw. wettbewerbsrechtliche Relevanz und schutzrechtliche und faktische Machtpositionen zusammentreffen.

Anders als bei anderen technischen Schutzrechten, insbesondere im Vergleich zum Patentrecht, sind bei Software die Vervielfältigungsstücke bzw. das an sich aus der Hand Gegebene von größerer Relevanz, da sie eben Teile des geschützten, wertvollen Wissens beinhalten,[102] weswegen sich die Frage stellt, inwieweit diese Belegstücke geschützt werden müssen, um auch das verkörperte Schutzrecht zu schützen.[103] Im Zweifel ist es jedoch nicht des Geheimnisschutzes wegen erforderlich, den Vertrieb- und Verwendungsweg minutiös planen und sichern zu müssen – es genügt, den Absatz nach finanziellen Gesichtspunkten zu organisieren, das Wissen bleibt ohnehin geheim.[104]

Liegt anderen Produkten (etwa einer auf Patenten basierenden Waschmaschine) höchstens eine Garantiekarte bei, um nach Registrierung Herstellergarantien in Anspruch nehmen zu können,[105] pervertiert der Softwarehandel dieses: Erst durch das Ausfüllen dieser oder anderer Bedingungen[106] sollen die Abnehmer ein Nutzungsrecht erhalten. Sie versuchen, durch einen direkten Vertragsabschluss die Rechte der Abnehmer weiter einzugrenzen.[107] Obwohl

---

[102] Vgl. *Ullrich* in: Schricker/Dreier/Kur 2001, S. 84 Fn. 2.

[103] *Ullrich* in: Schricker/Dreier/Kur 2001, S. 91.

[104] Vgl. *Ullrich* in: Schricker/Dreier/Kur 2001, S. 91 f.: „Das aber heißt, dass die Kosten der Informationserstellung nicht durch Verwertung eingespielt werden können … erst durch die Fassung in Ausschlussrechte“. Allerdings mit anderem Bezug: *Ullrich* meint vielmehr, dass Informationsgüter erst durch Ausschließlichkeitsrechte künstlich verknappt werden (S. 92).

[105] Vgl. *Marly* 2014, Rdnr. 1017.

[106] Also durch *Shrink Wrap* usf.

[107] 3. Kapitel B. I. 3.

die Softwarehersteller nicht Vertragspartner der Endabnehmer sind, sind diese den Softwareherstellern in gewisser Form ausgeliefert: Durch DRM werden die Nutzungsmöglichkeiten eingeschränkt. Doch kann der Einfluss und die Abhängigkeit noch darüber hinaus gehen, denn durch (automatische) eventuell notwendige *Updates* können sie diese Programme verändern und ggf. im Funktionsumfang sogar begrenzen. Bei anderen – fest manifestierten – Produkten ist dies – wie angeführt[108] – meist kaum möglich, höchstens dann, wenn der Hersteller (idealerweise Fern-)Zugriff auf das in dem Produkt befindliche Betriebssystem hat und eben über die Software auch das komplette Produkt zu „kastrieren" vermag.[109] Oder sei es, dass eine andersartige Abhängigkeit vom Hersteller besteht.[110] Somit kann ein Softwarehersteller unter Umständen ein Produkt nicht nur im Absatz begrenzen, die Benutzung einschränken, sondern sogar noch dieses Produkt später modifizieren. Aufgrund der besonderen Abhängigkeit hat der Abnehmer dagegen kaum Ansprüche, sondern i. d. R. höchstens auf Rücknahme richtbare gegen den Verkäufer.

Symptomatisch für digitale Güter und mithin Software ist es daher, dass obwohl das Eigentum an einem Datenträger an einen Nutzer übergeht, der Urheber nicht nur Inhaber des an der darauf verkörperten Software bestehenden

---

[108] 5. Kapitel B. II.

[109] Als Beispiel dafür kann die Playstation 3 dienen, die nach mehreren *Updates* bzw. neueren *Firmwares* nicht mehr in der Lage war, ein alternatives Betriebssystem einzusetzen. Da bei solchen Produkten, die letztlich Computer sind, die Funktionsfähigkeit maßgeblich durch die Software bestimmt wird (was mithin bei allen *Embedded Systems* gilt), bleibt es den Nutzern höchstens – sofern überhaupt möglich und soweit sinnvoll –, ihre Produkte etwaigen Aktualisierungen zu entziehen (oder diese durch *Hacks* zu verhindern). Bei reiner Software ist eine solche Kontrollmöglichkeit noch deutlicher, denn in solchen Fällen bleiben nicht einmal die möglichen Grundfunktionen einer Hardware.

[110] Heutzutage ist es oftmals der Fall, dass selbst bei erworbener Software der Nutzer aber gar nicht den vollen Zugriff auf alle Bestandteile erhält. Dabei mag es sein, dass ergänzende Inhalte bereits mit dem Datenträger geliefert werden, aber erst noch bezahlt werden sollen. Andererseits müssen andere Inhalte (etwa Spielfiguren) ggf. erst „erspielt" werden, worin allerdings keine neue Dimension begründet liegt, denn auch zu früheren Tagen mussten höhere Spiellevels auch erst erreicht werden. Dennoch kann eine Tendenz der Hersteller im Spielebereich nicht geleugnet werden, über das überlassene Spiel möglichst große Kontrolle über (an sich ggf. unnötige) Online-Dienste auszuüben, nach denen es ggf. nicht einmal mehr möglich sein kann, selbst im Einzelspieler-Modus *Cheats* etc. einzusetzen (http://www.pcgames.de/Dead-Space-3-PC-237628/News/Dead-Space-3-Ausnutzen-des-Farming-Glitch-vergleichbar-mit-Diebstahl-1054770/). Aber auch hierbei können Profitmaximierungsstrategien ausschlaggebend sein.

Im Film-Bereich zeigen sich vergleichbare Steuerungsmechaniken etwa darin, bestimmte Bestandteile eines Datenträgers nicht vorspulen bzw. überspringen zu können. Dies setzt zumindest bislang eine enge Kooperation zwischen Content-Industrie und Geräteherstellern voraus, etwa auch zwischen Fernsehanstalten und DVD-Rekorder-Herstellern.

Vergleichbare, aber weniger für den Wettbewerb relevante Implikationen können auch darin liegen, dass ein Plattforminhaber o.ä. digital gehandelte Gegenstände u.ä. nachträglich ändert, ohne diesbezüglich Vertragsverhältnisse mit Verkäufer und Käufer zu unterhalten.

Urheberrechts bleibt; und der Nutzer womöglich noch eine beständige Internet-Verbindung zum Hersteller offenhalten muss, um das Programm zu nutzen, und dem Hersteller noch die Einfluss- und Umschreibmöglichkeit auf das Programm zu eröffnen.

Inwieweit dieses quasi-gesetzgeberisch berücksichtigt werden muss, also etwa bei Abfassung einer neuen TT-GVO, wird erst im weiteren Verlauf behandelt werden.[111] Bezüglich der Kartellrechtsanwendung – also in Anbetracht zu vermutender wettbewerbsstruktureller Probleme – ist zu postulieren, dass in Erwägung der vorstehenden Feststellung das vertragliche bzw. vereinbarte Entstehen oder Verstärken entsprechender kumulierender Verflechtungen möglichst zu verhindern ist.

Insgesamt zeigt sich aufgrund dieser (und weiterer[112]) Besonderheiten ein Bild der Software als hybrid und ggf. doppelt geschützten Rechtsguts – wobei dies eher eine untypische Randerscheinung sein sollte –, sondern auch als (ausgenommen der „Raubkopien") faktisch sehr stark geschützten Gutes, das selbst nach Absatz unter starkem Einfluss und Abhängigkeit des Herstellers stehen kann. Zudem wurde der „sperrende" Charakter von Software-Technologien ebenfalls mehrfach deutlich. Diese Herrschaft über geheime Technologien betrifft die Absatzproblematik hinsichtlich der Nutzermöglichkeiten als solche weniger; sie behindert indes eher Konkurrenten oder komplementäre Dritte. An der Zulassung Dritter wird der Softwarehersteller hingegen oftmals Interesse haben, es sei denn, dass – was niemals ausgeschlossen werden kann – er selbst verstärkt auf abhängigen Märkten tätig sein will. Software(rechte) bergen also eine starke Absatzkontrolle und zudem ein starkes Sperrpotential, das – zumindest orientiert am Prinzip der Erschöpfung – als systemfremd verstanden werden muss. Es bleibt zu untersuchen, inwieweit das Kartellrecht unter besonderer Berücksichtigung des Art. 101 AEUV hiergegen korrigierend eingreifen kann.

ee. Möglicher staatlicher Maßnahmenkatalog jenseits des Kartellrechts

Die zuvor dargestellte Problematik wirft die Frage auf, ob und wie ein Staat oder auch ein Staaten*ver*bund bzw. ein Gesetzgeber intervenieren sollte. Neben dem nachfolgend zu erörternden Instrumentarium des Kartellrechts bieten sich weitere Mittel an. Da aber die betroffenen Märkte schnell und idealiter vergleichsweise dynamisch sind, bietet es sich aus Unsicherheit zunächst an, nichts oder nur wenig zu unternehmen, oder zumindest nur vorsichtig zu agieren.[113] In die Kostenstrukturen jedenfalls kann der Staat kaum eingreifen und sollte

---

[111] 10. Kapitel.

[112] Etwa 4. Kapitel A. I.

[113] *Gröhn* 1999, S. 140 f.; nach *Gey* WuW 2001, S. 935 sei zumindest „Vorsicht geboten".

es nicht. In Standards einzugreifen und das technische Optimum staatlich zu oktroyieren, verbietet sich schon deswegen, weil nicht davon auszugehen ist, dass der Staat hierzu überhaupt in der Lage ist.[114]

Der Staat selbst könnte nur noch F/OSS anschaffen bzw. sich zuführen oder diese direkt durch Zuwendungen fördern, doch kann darin bereits ein zu starker Eingriff gesehen werden,[115] weswegen es sich eher anbietet, zumindest offene Standards[116] bei Ausschreibungen zu fordern.[117] Geschlossene Plattformen starker Anbieter erscheinen ohnehin kaum (oder eben nur unter bestimmten Bedingungen[118]) wünschenswert.[119] Somit müssten die Absperrmöglichkeiten gesenkt werden. Dadurch, dass eine grundsätzliche Offenlegungspflicht wiederum das Interesse an Technologieinvestition senken könnte,[120] wird eine solche Bewertung allerdings erschwert.[121]

Jedenfalls gilt es die „vertikale Kontrolle" der Schutzrechtinhaber in Grenzen zu halten,[122] wofür bereits bei der Schutzformulierung die Anforderungen, Schutzumfang und Schutzschranken – einschl. der Erschöpfung – entsprechend formuliert werden können (schutzrechtsinterne Lösung[123]).[124] Für eine Lösung auf dieser Ebene spricht ebenfalls, dass die Ausweitung der gewerblichen Schutzrechte teilweise als „Pervertierung" empfunden wird.[125] Sodann könnte – alternativ oder ergänzend – aber noch das Kartellrecht eingreifen und Fehljustierungen oder -entwicklungen ausgleichen (als ein Beispiel einer schutzrechtsexternen Lösung[126]). Das Kartellrecht setzt originär erst bei Marktstrukturrelevanz ein. Solche Kriterien, wie große bzw. beherrschende Marktmacht, kennt das UrhG nicht und relativiert nicht entsprechend. Auch kann das Kartellrecht nicht auf alles reagieren, wie ebenfalls die Kartellbehörden wohl kaum zugleich auf allen Softwaremärkten agieren können. Bereits deswegen sollten gewisse Probleme auf Schutzrechtebene bekämpft werden. Die „Eigentumsrechte" sollten dabei nur so stark sein, dass Kompatibilität dennoch er-

---

114 *Pohlmeier* 2004, S. 191.

115 *Lerner/Schankerman* 2010, S. 208 f.

116 Dazu im Detail *Mundhenke* 2007, S. 176 ff.

117 *Mundhenke* 2007, S. 166.

118 Vgl. 5. Kapitel B. II.

119 *Wolf* 2009, S. 238.

120 *Wolf* 2009, S. 237.

121 *Wolf* 2009, S. 238.

122 *Wolf* 2009, S. 259.

123 Allgemein: *Dreier*, in: Schricker/Dreier/Kur 2001, S. 79 f.; *Ullrich* in: Schricker/Dreier/Kur 2001, S. 123; etwa durch Verkürzungen der Schutzdauer: *Drexl/Hilty/Kur* GRUR Int 2005, S. 454 (bezogen auf Geschmacksmusterrecht) – Blindzitat; *Wolf* 2009, S. 263 (auch im besonderen Hinblick auf Computerprogramme); *Schinder* Marquette IP Law Rev. 2008, S. 78 ff.; *Schmidt* 2010, S. 156 f.

124 *Wolf* 2009, S. 259 ff.

125 *Ullrich* in: Schricker/Dreier/Kur 2001, S. 89.

126 *Dreier* in: Schricker/Dreier/Kur 2001, S. 79.

reicht werden kann.[127] Der überbordende Geheimnisschutz der §§ 69d ff. UrhG versagt insoweit, wie es bereits durch die Microsoft-Entscheidung im Übermaß deutlich wird.[128] Hohe Kosten entstehen daneben momentan jedenfalls durch *Reverse Engineering* wie auch die Versuche, dieses zu verhindern.[129] Im Folgenden wird noch zu untersuchen sein, auf welche der dargestellten Probleme das Kartellrecht überhaupt reagieren kann.

Es bleibt jedoch bei einer Gefahr: „Ohnehin können keine verlässlichen Aussagen darüber getroffen werden, welche Marktstrukturen für das Hervorbringen von Innovation optimal sind."[130] Und ebenso nicht darüber, welche Marktstrukturen für Wettbewerb und Konsumentenwohlfahrt geeignet sind.

d. Zwischenergebnis

Software zeichnet sich durch verschiedene Spezifika aus. Einerseits kann sie, eben je nach ihrer Eigenart, eher mit digitalen Gütern wie etwa Filmen und Musik verglichen werden, andererseits ist sie jedoch ebenso mit Erfindungen im Sinne des PatG vergleichbar. Wie der Film setzt sie oftmals hohe Produktionskosten voraus, kann dann aber – wie im Rahmen der DVD/BD-Zweitverwertung – relativ kostenneutral verbreitet werden. Durch Softwareurheberrechte können keine geschaffenen, aufbauenden Produkte untersagt werden, sondern durch geheimen Code vielmehr verhindert werden, dass nur kompatible Software erschaffen wird. Insoweit ist die Sperrwirkung eine andere als die übliche des Patentwesens. Des Weiteren ist die Kontrolle über abgesetzte Software, und eben nicht nur über ihr geheimes zweites Gesicht, besonders groß: trotz möglicher Erschöpfung dank DRM. Dies wirft insbesondere das – noch zu erörternde – Problem langfristiger Bindung auf und ist nicht ausschließlich als Kundengängelung(smöglichkeit) zu begreifen.[131] Die Kostenstrukturen begünstigen dabei ohnehin große Anbieter. Es bestehen somit schutzrechtsspezifische wie marktspezifische Problemstellungen. Der gesteigerte Softwareschutz berührt einerseits die Warenverkehrsfreiheit, andererseits unmittelbar (potentielle) Konkurrenten und sonstige Anbieter bereits bei der Entwicklung interoperabler oder aufbauender Produkte.

Einzigartig bei Software ist sicherlich F/OSS. Wenn ansonsten *Wikipedia* herkömmlichen Enzyklopädien Konkurrenz bereiten mag, tritt das *Web 2.0* in anderen Bereichen keineswegs so erfolgreich auf: Zwar sind mehrere Computerspiel-*Mods* erfolgreich und einzelne Independent-Filmprojekte werden

---

[127] *Gröhn* 1999, S. 146.

[128] *Böcker* 2009, S. 175 ff.: „viel Gesetz und wenig Wirkung".

[129] *Wolf* 2009, S. 238. Es ist allerdings fraglich, ob das Erlauben des *Reverse Engineering* tatsächlich diese Kosten senkte, denn selbst im Falle der Legalität dieses hätten die Softwarehersteller kein Interesse daran, dass ihre Software auch dekompiliert wird.

[130] *Wolf* 2009, S. 258.

[131] 8. Kapitel I.

sich gewiss auch über das Internet gebildet haben, doch sind hingegen Romane das Werk einzelner Romanciers und zur etablierten Film- und Musikindustrie hat sich eine solche direkte Konkurrenz bzw. ein solches Gegengewicht – zumindest bislang – nicht herausgebildet. Zumal F/OSS eben in vielen Bereichen nicht weniger erfolgreich ist, sollte Hoffnung allein nicht als Reaktion genügen. Auf die Anforderungen, welche sich aufgrund eines unwirtschaftlichen urheberrechtlichen Schutzes ergeben, muss originär das Urheberrecht reagierten. Im Folgenden werden zunächst Möglichkeiten des Kartellrechts aufgezeigt.

3. Konflikt zwischen Immaterialgüter- und Kartellrecht

a. Konflikt zwischen nationalen Rechten und europäischer Wettbewerbsordnung, europäischen Rechten und europäischer Wettbewerbsordnung

Wie bereits dargestellt, sind Immaterialgüterrechte nicht überwiegend oder zumindest nicht nur aus Gerechtigkeitserwägungen fern ökonomischer Effizienz Teil der Rechtsordnung, sondern ebenfalls Bestandteil der (harmonisierten) Wirtschaftsordnung. Es wird jedoch oftmals ein Konflikt zwischen Immaterialgüterrechten und der wettbewerbsrechtlichen Zielsetzung behauptet: Immaterialgüter bedeuten starke Individualrechte, die nicht unbedingt wirtschaftlich optimal, aber zumindest in der Theorie autonom genutzt werden[132] und andererseits ihrem Wesen nach bereits ausschließend wirken. Das Wesen des Kartellrechts scheint hierzu mit dem Paradigma der Zugänglichmachung[133] und Monopolverhinderung bzw. zumindest Monopolkontrolle und Kartellzerschlagung antagonistisch zu sein.[134]

Dieser Konflikt wurde dereinst als überwiegend solcher zwischen nationalen Schutzrechten und Gemeinschaftsregeln des gemeinsamen Marktes bzw. der Binnenmarktordnung der EU verstanden, auch wenn sich bereits ein Konflikt zwischen nationalen Schutzrechten und nationaler Wettbewerbsordnung ergeben haben sollte. Wie Vorgängernormen und andere Vorschriften schützen Art. 36 wie Art. 345 AEUV grundsätzlich nationale Eigentumsrechte und gewerbliche Rechte. Zugleich verlangen die Regeln der Art. 101 ff. AEUV weitgehend unbeschränkt Geltung. Einer solchen Sichtweise widerspricht offensichtlich das Harmonisierungsstreben.[135] Normenhierarchisch läge dabei zunächst ein

---

[132] Was allerdings bereits dadurch in Frage gestellt wird, dass viele Urheber sich in abhängigen Lohn- und Anstellungsverhältnissen befinden und im Rahmen ihrer Arbeit Werke erstellen.

[133] Im Bereich der Software insbesondere durch Zwangslizenzen oder Bekanntgabe von Informationen.

[134] Diesen Konflikt bezeichnet Lord Justice *Jacob* als „obvious" (in *Korah* 2006, foreword). Es sei ein „naturgemäßer" Widerspruch: Langen/Bunte/*Jestaedt*, Nach Art. 101 AEUV FallGrp. Rdnr. 1234.

[135] 2. Kapitel B. II. 2.

Konflikt des Primärrechts – also des AEUV – und insbesondere der Computerprogramm-Richtlinie als bloßem Sekundärrecht vor,[136] welche in Erwägungsgrund 17 eine Spezialbestimmung enthält, dass sie das (Gemeinschafts-) Kartellrecht unberührt lasse. Diese Richtlinie bleibt aber dennoch – eben in umgesetzter Form[137] – nationales Recht. Aber gerade diese Trennung zwischen nationalem Recht und supranationalem ist letztlich zu simpel,[138] gerade wenn dieses nationale Recht durch supranationales vorgegeben ist. Dies neuerdings insbesondere, weil sich ebenfalls das supranationale Primärrecht u. a. in Art. 118 AEUV zum geistigen Eigentum bekennt. In diesem Kontext bleibt darauf hinzuweisen, dass der Grundsatz der Erschöpfung bzw. die gemeinschaftsweite Erschöpfung ein wesentliches Mittel seit Anbeginn waren und (wohl noch[139]) sind, den Einfluss (nationaler) Schutzrechte auf den Binnenmarkt zu begrenzen. Nationale Schutzrechte, die eben durch europäische Vorschriften gegeben sein können, vermögen zudem in Konflikt zum nationalen Kartellrecht zu treten, welches ebenfalls europäisch vorgegeben sein kann.[140]

Aufgrund harmonisierter (und vieler einheitlicher) Schutzrechte ist diese Konfliktlage mittlerweile höchstens noch als Friktion unterschiedlicher Rechtsstrukturen zu begreifen, wobei im Ergebnis keine Zweifel mehr daran bestehen, dass nationales Sacheigentum wie ebenfalls national und europäisch verbriefte Immaterialgüterrechte prinzipiell einer kartellrechtlichen Kontrolle unterliegen.[141] Auch dieser Konflikt der besagten Rechtsmaterien wird als lediglich scheinbarer[142] bezeichnet, gleichwohl ist ein Spannungspunkt im *Lizenzkartellrecht* kaum zu leugnen.[143] Der Konflikt ist schließlich als scheinbar oder auflösbarer zu bewerten, wenn der Annahme gefolgt wird, Immaterialgüter trieben zu Innovationswettbewerb an und stünden deshalb gleichermaßen im Dienst des Wettbewerbs.[144] Da aber ein ausschließendes Recht zur Anregung des Wett-

---

[136] S. *van Roijen* 2010, S. 97.

[137] 2. Kapitel B. II.

[138] S. *van Roijen* 2010, S. 117 f.

[139] Was gleichwohl gerade bei Software in Zweifel gezogen wurde und womöglich noch wird – 3. Kapitel A. IV.

[140] Vgl. 9. Kapitel A.

[141] 7. Kapitel B. V.

[142] Immenga/Mestmäcker/*Fuchs*, TT-GVO Einl. Rdnr. 1; KOM 2001/786, Rdzf. 27, 29. Oder nur auf dem ersten Blick bestehend: *Schultze/Pautke/Wagener* 2005, Rdnr. 288; bezogen auf den urheberrechtlichen Gebietsschutz: *Klawitter* in: Wiedemann 2016, § 14 Rdnr. 2 f.

[143] Immenga/Mestmäcker/*Fuchs*, TT-GVO Rdnr. 4; Immenga/Mestmäcker/*Ullrich* GRUR B Rdnr. 9; *Buhrow/Nordemann* GRUR Int 2005, S. 413; *Schumacher/Schmid* GRUR 2006, S. 2; *Scholz/Wagener* CR 2003, S. 881, 889; *Moritz* CR 1993, S. 259; *Bartmann* 2005, S. 3.

[144] Sog. Komplementaritätsthese: Immenga/Mestmäcker/*Fuchs*, TT-GVO Einl. Rdnr. 1; TT- Leitl., Tz. 7; *Klawitter* in: Wiedemann 2016, § 13 Rdnr. 4. Entsprechend seien die Rechtsgebiete „auszugleichen“: *Heinemann* 2002, S. 629; vgl. *Heinemann* GRUR 2008, S. 954; *Drexl* GRUR Int 2004, S. 720 f.; *Schultze/Pautke/Wagener* 2005, Rdnr. 288; nach *Bödeker* 2008, S. 308 seien die Ziele indes zumindest „kurz- bis mittelfristig unterschiedlich“.

bewerbs postuliert wird, verwundert es zunächst, wenn behauptet wird, dass gerade dieses (Wesens-)Merkmal missbraucht[145] werden könne. Das Postulat der Förderlichkeit des ausgrenzenden Schutzrechts ist deshalb darum zu ergänzen, dass die Lizenzunterlassung unter Umständen durchbrochen werden muss – was schließlich fragen lässt, ob denn die Lizenzierung stets gewünscht wird. Aber es sind nicht alle Lizenzierungen rechtens.[146] Andererseits wäre es aber ebenfalls verkürzend, dass Immaterialgüterrecht, primär das Urheberrecht, auf eine ökonomische Bedeutung und insbesondere die allgemeinnützige Wohlfahrt zu begrenzen. Inwieweit Kartellrecht und Immaterialgüterrecht funktional harmonieren, ist eine theoretische Fragestellung und kann (hier) offenbleiben. Festzuhalten ist, dass das Kartellrecht der freien Verwendung eines Immaterialgutes Grenzen setzt. Zu erörtern verbleibt, wie und inwieweit dies geschieht. Ungeachtet aller Detailfragen aber kann das Kartellrecht nicht allumfassend Effizienz sicherstellen.

b. Kartellrechtliche Folgen und Maßnahmen zur Wohlfahrtssteigerung: Insbesondere Zwangslizenzen und Grenzen vertraglicher Freiheit

Vorweg sei angemerkt, dass Gegenstände des Kartellrechts zunächst die Kontrolle von Verträgen und anderen Vereinbarungen als auch alle übrigen Geschäftshandlungen und -unterlassungen sein können.[147] Als Rechtsfolgen sind im Konkreten neben Bußgeldern primär Kartell- bzw. Vereinbarungsuntersagungen[148] sowie Pflichtlizenzen, sog. Zwangslizenzen (nach deutschem wie europäischem Recht[149]), in Betracht zu ziehen. Auf einer grundsätzlichen Ebene sind dies eben Verhinderungen oder Pflichten zu bestimmtem Handeln; ergänzend sind noch Förderungen zu betrachten, die eben in Form von Freistellungen ergehen können.[150]

Spezialgesetzliche, also nicht erst kartellrechtlich herbeizuführende, dennoch gegebenenfalls ebenfalls kartellrechtlich bedingte Pflicht- bzw. Zwangslizenzen sind selten: Zu nennen sind § 42a, § 5 III sowie § 87 V UrhG und § 24 PatG.[151] Für allgemeine urheberrechtliche Konstellationen ist die Erwägung einer Zwangslizenz aufgrund der kulturellen Vielfalt und deswegen aufgrund

---

145 Vgl. *Buhrow/Nordemann* GRUR Int 2005, S. 413 f.

146 „Lizenzvereinbarungen können aber auch beträchtliches Potential zur Förderung des Wettbewerbs haben. Die weitaus meisten Lizenzvereinbarungen sind in der Tat dem Wettbewerb förderlich" – TT-Leitl., Tz. 17; vgl. TT-GVO ErwGrd. 4.

147 Vgl. noch 7. Kapitel B. II.

148 7. Kapitel D.

149 *Buhrow/Nordemann* GRUR Int 2005, S. 413.

150 Vgl. 10. Kapitel B. III. 1.

151 Zu den Unterschieden zwischen kartellrechtlich begründeten und gesetzlichen Zwangslizenzen nach dem PatG s. *Bodewig* GRUR Int 2015, S. 626 ff., insbes. S. 629 f.

einer fehlenden Monopolstellung[152] kaum anwendbar,[153] doch trägt diese Begründung bezüglich Software und deren technischen Charakters nicht.[154] Spezielle Lizenzgrenzen fern des Vertragsrechts existieren, abgesehen von verteidigungspolitisch motivierten Exportkontrollvorschriften, nicht; insbesondere ist es nicht untersagt, an bestimmte Personen(gruppen) oder Unternehmen Lizenzen zu erteilen; es kann höchstens hinsichtlich einzelner Modalitäten des Überlassens zwingende Erfordernisse geben.[155]

Statt aber in Fällen kartellrechtlich zu untersagender (hauptsächlich nach Art. 101 AEUV) bzw. problematischer, eben wettbewerbsbedenklicher Konstellationen eine solche Untersagung in Betracht zu ziehen,[156] könnte ebenfalls erwogen werden, anstatt dessen für alle (Interessierten) zusätzliche Lizenzen anzuordnen. Doch ist dieses überhaupt keine ernsthafte Alternative, da solche Maßnahmen von der Gültigkeit bestimmter Vereinbarungen ausgingen und das missbilligte Verhalten noch verfestigen, nicht aber unterbinden würden –[157] und überdies höchstens richtig sein könnten, wenn die zu im Konflikt zum Kartellrecht stehende Lizenz des Umstandes zu untersagen wäre, dass sie eben andere zu Unrecht ausgrenzte. Ein anderer Ansatz indes ist es, lediglich im Falle diskriminierender Lizenzverweigerung bei wesentlichen Standards einen Anspruch auf Unterlassung und mithin auf eine diskriminierungsfreie Lizenz zu gewähren[158] – was jedoch Art. 101 II AEUV widerspricht.

Freilich müssen die ökonomischen Auswirkungen des Kartellrechts bzw. dessen Anwendung beachtet werden. Einerseits ist es die unmittelbare Auswirkung, die ohnehin betrachtet wird, sei es nun für den Wettbewerb als solchen oder eben konkrete Auswirkungen der Entscheidung, die ja wettbewerbsfördernd sein soll. Gerade bei der Öffnung eines Standards oder einer Plattform muss bedacht werden, ob nicht ggf. selbst so eine verpflichtende Öffnung noch zu Gunsten des Verpflichteten und eben der weitergehenden Verbreitung seines Programmes dient – und mithin eben dessen Konkurrenten schadet.[159] Zudem kann solchen Entscheidungen eine Wirkung inhärent sein, die Schutz-

---

[152] Vgl. zu den gesetzgeberischen Intentionen der Schranken- und Pflichtlizenregelungen im UrhG *Buhrow/Nordemann* GRUR Int 2005, S. 410 f., die weit überwiegend kein wettbewerbspolitisches Ziel verfolgen.

[153] Aber auch hiervon bestehen Ausnahmen, zumal das Urheberrecht, auch durch Leistungsschutzrechte, immer mehr Investitionsschutzrechte aufnimmt. Maßgebend ohnehin: EuGH, Urt. v. 6. 4. 1995 – Rs. C-241/91 P u. C 242/91 – „Magill" = GRUR Int 1995, S. 490 ff.

[154] Vgl. 2. Kapitel.

[155] Vgl. 8. Kapitel C. I.

[156] Vgl. *Meinberg* 2006, S. 45 ff., 79 ff., 205 ff., welcher alternativ Schranken des Schutzrechts empfiehlt.

[157] *Böck* 1992, S. 66; *Meinberg* 2006, S. 99 f.

[158] So *Barthelmeß/Gauß* WuW 2010, S. 629 ff.

[159] S. *van Roijen* 2010, S. 147 ff.

rechte dauerhaft belastet und langfristig Anreize zu senken vermag.[160] Werden Schutzrechte kartellrechtlich ausgehöhlt, „reizen“ sie niemanden mehr (an) – zumindest wenn diese Aushöhlung nicht ein absoluter Sonderfall bleibt. Beziffern lassen sich aber die ökonomischen Auswirkungen eines Schutzniveaus nicht und ebenso wenig die Folgen einer Zwangslizenz – auch nicht im Hinblick auf die dadurch ggf. verhinderte Eigeninnovation.[161] Im Ergebnis ist es schwierig, zwischen Förderung bzw. erleichterter Erlaubnis, Verbot und Zwangslizenzen etc. und deren Folgen oder aber einem Unterlassen des Einschreitens abzuwägen, da die ökonomische Analyse überaus komplex und auch die Rechtsanwendung miteinzubeziehen ist. Andererseits aber kaum konkrete, zu summierende Zahlen, also quantifizierte Pros und Contras, zur Verfügung stehen. Dies gilt insbesondere auf neuen, innovativen Märkten.[162]

c. Besondere Anforderungen an kartellrechtliche Maßnahmen bezogen auf Softwaremärkte und -rechte

Bereits *a priori* ergibt sich die Notwendigkeit, bei Rechtssetzung und Rechtsschöpfung kartellrechtlicher Vorschriften zu und für Software als auch der Rechtsanwendung deren Besonderheiten zu berücksichtigen. Dazu gehören insbesondere Märkterealitäten einschließlich der Branchenübungen, Praktiken, Üblichkeiten und primär die besonderen Probleme, vor allem die Netzwerkeffekte, welche für den Wettbewerb nicht förderlich sind. Wie gezeigt, genießt Software hybriden Rechtsschutz[163]; wenn sie auch generell im Urheberrecht verankert ist, weist sie doch eine sachliche Nähe zu gewerblichen Schutzrechten auf, wodurch eben jene Komplikationen vorliegen, welche sich aus technologischen Schlüsselstellungen, Blockade usf. ergeben können – entsprechende Ausgrenzungen werden durch Urheberrechte also gesichert. Fehlende, rechtlich geschützte Kompatibilität im Wirkungszusammenhang mit Netzwerkeffekten sichern somit starke Positionen, befördern starke Unternehmen, die entsprechend gerüstet sind – und rechtlich gerade im *Leveraging*-Bereich gestärkt sind. Direkte Konkurrenten lassen sich indes durch Schutzrechte – im Gegensatz zum Patentbereich – kaum behindern, zumal einerseits der Quellcode geheim bleibt – trotz rechtlicher (arg begrenzter) Dekompiliermöglichkeiten –, andererseits selbst Verstöße schwierig festzustellen wären. Diese schutzrechtsspezifische Problematik wurde bereits im Rahmen von Art. 102 AEUV begegnet, wobei sich sodann – schon aufgrund der Norm – schon das Erfordernis ergab, Marktmacht festzustellen.

---

[160] *Lamping* 2010, S. 359 ff.; *MacCulloch* Loy. Ent. Law. J. Vol. 14 (1994), S. 485; *Schmidt* 2010, S. 175: „In my view, this puts a high burden on the competition authority“.

[161] *Bechtold* 2007, S. 74 ff.

[162] *Rubinstein* GRUR Int 1999, S. 479; *Schmidt* 2010, S. 130 f., vgl. S. 132 f.

[163] 2. Kapitel B. IV.

Im Grundsätzlichen sollte durch das Kartellrecht Marktproblemen möglichst frühzeitig entgegentreten werden. Dies ist schon dadurch bedingt, dass sich ansonsten Strukturen stark verfestigen, Konkurrenten endgültig geschlagen und Marktmacht ausgebaut werden kann.[164] Im Übrigen können sich Produkte und andere Faktoren nach kurzer Zeit bereits soweit gewandelt haben, dass Maßnahmen nicht mehr greifen können.[165] Das Dilemma ist mithin: Der Markt erfordert rasches Handeln, andererseits aber überlegte Aktionen, was aufgrund der Ungewissheiten und Unwägbarkeiten unmöglich sein kann.[166]

Im Endeffekt und gerade in Zeiten eines *More Economic Approach* bedeutet die vorgenannten Umstände auch für die Operationalisierung kartellrechtlicher Vorschriften, dass diese gerade gegen Blockadeszenarien und Netzwerkeffekte anzuführen sind und die Rechtsanwender solcher Wettbewerbsbeeinträchtigungen gewahr sein müssen und entsprechend zu reagieren haben. Inwieweit insbesondere das Instrument der Klauselkontrolle, also Art. 101 AEUV, diesen Zielen gerecht werden kann, wird untersucht. Vor allem ist zu fragen, inwieweit beispielhaft offene Dateiformate, Schnittstellenfreigabe und Förderung freier Schnittstellen u. a. dadurch erreicht zu werden vermag.

C. Zusammenfassung des Zustandes als (kartellrechtliche) Herausforderung

Kartellrecht und Immaterialgüterrecht sollten, unabhängig davon ob ihre Quellen national oder supranational sind, (auch) zu hoher Effizienz und Konsumentenwohlfahrt führen. Konsumentenwohlfahrt in Form guter Preise und Produkte sind besonders dann zu erwarten, wenn (zumindest langfristig) Märkte nicht unter Kontrolle weniger Unternehmen sind, also Wettbewerb herrscht. Wohl kein anderes Wirtschaftsfeld verdeutlich so sehr den Konflikt zwischen proprietären Modellen und konventionellen Anreizmodellen und neuen, *freien* Modellen, welche sich nicht nur im ideologischen oder geistig-moralischen, theoretischen oder akademischen Wettstreit befinden, sondern auf den Märkten – zumindest zu Teilen – angenommene Alternativen bilden. F/OSS ist dabei kein Produkt staatlicher Intervention, sondern hat sich ebenfalls *frei* herausgebildet. Zunächst scheint das Entstehen der F/OSS nicht mit dem Modell des *homo oeconomicus* vereinbar zu sein. Bei näherer Betrachtung werden im Hinblick auf F/OSS neben intrinsischen Motiven aber ebenso finanzielle erkennbar[167] – insbesondere dann, wenn F/OSS als Teil einer Unternehmensstrategie (*Company driven*

[164] *Rubinstein* GRUR Int 1999, S. 482.
[165] *Fleischer/Körber* K&R 2001, S. 623 f.; vgl. *Gey* WuW 2001, S. 935 f.
[166] 4. Kapitel; 5. Kapitel B. II. 2. c.
[167] 3. Kapitel B. VIII.

F/OSS) dient. Aber trotz aller F/OSS sind in vielen Bereichen nach wie vor die Oligopole proprietärer Software präsent. Soweit indes F/OSS einzelnene Märkte dominiert oder dominieren wird, sind dort die typischen Ausschlussgefahren zulasten anderer Unternehmen nicht *per se* gegeben.[168]

Wenn sich, so seitens der Politik immer wieder beschworen, „Arbeit (wieder) lohnen" solle, zeigt sich, dass sonstige Arbeit und mithin zumindest Eigentum (am Geld) Anreizfunktionen hat, wie das Institut des Eigentums dem Anreiz wirtschaftlicher Betätigung insgesamt dienen möge, so dienen Schutzrechte stets gleichermaßen wirtschaftlichen Interessen. Sind Schutzrechte aber ökonomisch nicht sinnvoll ausgestaltet oder entwickeln sich Märkte anderer Gründe wegen „falsch" oder verhalten sich Akteure auf eine solche Weise, bedarf es steuernder Eingriffe. Denn eben trotz aller zu vermutender Dynamik und beobachtbarer ständiger Versionswechsel bzgl. einzelner Software oder Software-„Familien" zeigen sich die meisten Softwaremärkte recht starr: erst wenn eine neue Plattform am Wegesrand erscheint, scheinen neue Wettrennen beginnen zu können, was sich insoweit mit *Schumpeters* Hypothesen deckt. Auf etablierten Märkten hingegen gilt oftmals: *„the winner took it all"* oder anders: Nicht Kampf *auf* Märken, sondern Kampf *um* Märkte.[169] Ansonsten lässt das Spiel des Wettbewerbs scheinbar kaum Neues *entdecken*. Die Gründe dafür liegen zunächst in einzelnen ökonomischen Faktoren: Nicht zuletzt ist der Umstieg auf andere Softwarearten teuer – selbst bei bzw. *zu* F/OSS –, zum anderen ist der Umstieg auf weit verbreitete, inkompatible oder nur schlecht kompatible Software wenig reizvoll. Aus der Perspektive des und auch eines *More Economic Approach* genäherten Wettbewerbs ist dies nicht wünschenswert. Netzwerkeffekte führen eben zu solchen starken Konzentrationen. Und diese werden durch Standards gesichert.

Diese Standards sind in aller Regel wiederum durch Schutzrechte gesichert. Eine Teilhabe durch Wettbewerber ist in den jeweiligen Schutzrechten nicht angelegt: Insbesondere sind entsprechende Vorschriften im Urheberrecht nicht genügend, zudem gewährt das Urheberrecht kollateral Ideenschutz. Hinzu tritt, dass im Softwarebereich – rechtlich unterstützt – den Schutzrechtsinhabern große Möglichkeiten zukommen, selbst veräußerte Werke weiterhin zu kontrollieren. Des Weiteren gewähren hybride Schutzmöglichkeiten zu Gunsten der Softwareurheber bzw. -erfinder dualen Schutz, durch welchen der Schutzumfang ausschließlich zu steigen scheint.[170] Also verstärken Immaterialgüterrecht und faktischer Schutz sowie rechtlicher Schutz des faktischen Schutzes bei Software den Schutz dieser in besonderer Weise, zumal der Softwareurheberrechtsschutz nicht einmal rudimentär Offenlegung wie der Patentrechtsschutz verlangt.

---

[168] Bereits wegen der Quelloffenheit. Vgl. noch 8. Kapitel A. III. 4.

[169] *Schmidt* 2010, S. 131: „be *for* the market and not in the market".

[170] Es sei denn, dass Schranken eines Rechtskreises sich noch auf das weitere Schutzrecht auswirkten.

Ansonsten ist Software im Vergleich zu Produketen anderer Industrien schwierig einzuordnen. Das Kostenmodell scheint eher mit dem Filmmarkt als dem Kfz-Sektor vergleichbar – zumindest dann, wenn Marketingkosten und die Erstverwertung in Lichtspielhäusern unbeachtet gelassen werden und sich auf Standardsoftware bezogen wird. Dies führt insgesamt zu besonders günstigen strukturellen Umgebungsbedingungen für etablierte Unternehmen auf diesen „gereiften" Märkten: Sie sind bereits von Kostenstrukturen begünstigt, entsprechend wirken Netzwerkeffekte besonders positiv (= höhere Nutzerzahlen und für diese kaum höhere Ausgaben). Dass Lizenzkosten nur eine eingeschränkte Rolle spielen,[171] ist ebenfalls als Marktspezifikum zu beachten.[172] Für Softwareunternehmen besteht zudem zunehmend die Chance, von etablierten Absatzunternehmen (Händlern) unabhängiger zu werden[173] – im Übrigen erweisen sich bestimmte Kooperationen zwischen großen Unternehmen besonders geeignet, um Märkte zu durchdringen und langfristig zu „erobern" und zu halten. Zugleich wird die Stellung gegenüber den Abnehmern bzw. Nutzern gestärkt. Das Softwareunternehmen mag selbst nach Absatz alle „Vitalfunktionen" einer Software kontrollieren und den Zweitabsatz verhindern. Und das Interesse der Anbieter, zu Produkten anderer Anbieter umzusteigen, ist ohnehin – wie bereits betrachtet – vergleichsweise gering. Der Erschöpfungsgrundsatz hilft kaum – und auch Selbsthilferechte sind oftmals schlichte (umstrittene) Theorie.[174] Gleichwohl sind in manchen Bereichen die Anbieter nicht insoweit stark, als dass über das jeweilige Produkt eine große Abhängigkeit besteht: Computerspiele etwa können als Prototyp ausschließlich zu konsumierender Ware gelten, die i. d. R. weniger stark auf Netzwerkeffekten aufbauen. Indes mag bei Unternehmen bei Software eine viel stärkere Abhängigkeit bestehen und ein Wechsel zu alternativen Anbietern, sofern denn überhaupt möglich, durch sehr hohe Kosten beschwert sein.

Ungeachtet der dogmatischen Unklarheiten und ökonomischen Unsicherheiten zeigen sich nicht nur faktisch verbesserungsbedürftige Märkte, durch Fakten und Kostenstrukturen nicht-optimaler Wettbewerbsbedingungen und zugleich noch ein Schutzrechtregime, das auf Erhalt getrimmt und auf noch mehr Erhalt getrimmt wird – eben mit dem (zynischen?) Hinweis, dass in Notfällen das Kartellrecht – insbesondere Art. 102 AEUV – eingesetzt werden könne. Entgegen einer solchen bewussten Konfrontation wird das Kartellrecht normalerweise nicht als originäres Korrektiv, als weitere Schranke, sondern eben als Ausnahmeregelung begriffen. Die Theorie, auch das Immaterialgüterrecht sei bestimmt, das ökonomische Optimum zu erreichen und stehe daher in Zielkongruenz mit dem Kartellrecht, kann jedenfalls in Betrachtung dieses Hin-

[171] Dazu noch s. 7. Kapitel B. IV. 2. b. bb. (3).
[172] *Pohlmeier* 2004, S. 189.
[173] 3. Kapitel B. I. 4.
[174] 3. Kapitel B. I. 6. c.

tergrundes nur als theoretische Zielformulierung – als Ideal des Nicht-Orts – verstanden werden.

Das Kartellrecht muss sich auf diesem Feld also mit einem Markt auseinandersetzen, dessen Schutzrechte zu weit ausgedehnt, der Schutz geheimen Wissens ebenfalls zu stark ausgeprägt ist und der Markt zudem noch durch Oligopole geprägt ist. Als weitere Besonderheit tritt hinzu, dass *Community*-F/OSS womöglich nicht ganz in herkömmliche Erklärungsmodelle passt, jedoch einen wichtigen Faktor darstellt, dessen Wettbewerbsförderlichkeit noch im Detail zu untersuchen sein wird. Im Konkreten besteht kein valides Datenmaterial, um Abschwächung von Schutzrechten oder auch nur die Folgen kartellrechtlicher Eingriffe auf Innovationen abzuschätzen.

Inwieweit insbesondere Art. 101 AEUV diesen softwarerechtlichen Herausforderungen und den Gegebenheiten des Marktes insgesamt gewachsen ist, wird noch zu untersuchen sein – auch, ob ggf. über (andere) Gruppenfreistellungsverordnungen sinnhafte Handlungsoptionen gegeben sein können.[175] Es erscheint aber bereits äußerst fragwürdig, ob das Kartellrecht alle ökonomisch nicht sinnvollen Schwächen der Schutzrechte auszugleichen vermag.

---

[175] 10. Kapitel B.

6. Kapitel

Skizze des Systems der Art. 101 ff. AEUV sowie der weiteren Instrumente des Kartellrechts

In diesem Kapitel wird das gesamte System europäischen Kartellrechts einschließlich der Wechselwirkungen und Überschneidungen kurz erörtert. Ergänzend werden einzelne bedeutsame Fälle dargestellt, welche im Rahmen des Art. 102 AEUV oder der Fusionskontrolle – wobei diese Regelungsgebiete ansonsten nicht Gegenstand dieser Untersuchung sind – zu entscheiden waren, und auf für Art. 101 AEUV und Software ergiebige Argumente untersucht. Dies begrenzt sich entsprechend auf Fälle im Zusammenhang mit Software bzw. Medien.[1]

A. Art. 101 AEUV und Gruppenfreistellungsverordnungen

Bestimmte als Gefahr für den Wettbewerb erachtete (Lizenz-)Absprachen werden durch Art. 101 I AEUV aus kartellrechtlichen Erwägungen im Verwaltungs- bzw. Ordnungswidrigkeitsverfahren untersagt, ggf. mit Bußgeld belegt[2], sind – zivilrechtlich – schlicht insoweit nichtig (Art. 101 II AEUV)[3] und können zu Schadensersatzansprüchen zu Gunsten Dritter führen[4]. Gleichwohl erlaubt Art. 101 III AEUV unter den bestimmten, additiv zu erfüllenden Voraussetzungen wiederum Freistellungen von Transfer- bzw. Lizenzverboten.[5] Eine der Tatbestandsvarianten setzt das Erreichen technischen Fortschritts voraus. Die summierende Betrachtung nach Art. 101 III AEUV wird als Aspekt gesamtwirtschaftlichen Vorteils verstanden, Nachteile eines Verstoßes gegen Art. 101 I AEUV aufwiegend. Nach Art. 101 III kann Art. 101 I AEUV des Weiteren für nicht „anwendbar erklärt" werden auf „Gruppen" von Vereinbarungen.

Wettbewerbsbehörde der Union ist die Europäische Kommission (vgl. etwa Art. 105 AEUV) in Gestalt der *Generaldirektion Wettbewerb* unter Leitung des jeweiligen Kommissars, doch jene gruppenweise erfolgenden Freistellungen

[1] Zu weiteren Fällen siehe http://ec.europa.eu/competition/sectors/ICT/overview_en.html; http://ec.europa.eu/competition/sectors/media/overview_en.html.

[2] 7. Kapitel D. II.

[3] 7. Kapitel D. I.

[4] 7. Kapitel D. I.

[5] Dazu noch u. 7. Kapitel C. I.

sind gemäß Art. 103 I, II lit. b) AEUV zunächst Angelegenheit des Rates, es sei denn, dass – neu eingeführt durch den Lissabonner Reformvertrag – Art. 105 III AEUV bereits eingreift.[6] Bislang, so noch auf Art. 83 bzw. Art. 87 EGV gestützt, war es u. a. nach der VO 19/1965[7] allerdings bereits via Ermächtigung des Rates der Kommission zugeordnete Aufgabe, „Gruppen" im Verordnungswege freizustellen (sog. zweistufiges Gesetzgebungsverfahren[8]). Von dieser Ermächtigung hat die Kommission zahlreich Gebrauch gemacht,[9] doch daneben war der Rat selbst vereinzelt tätig.[10] Diese generell-abstrakten Freistellungen werden als Gruppenfreistellungsverordnungen (GVOen; *Block Exemptions*) bezeichnet. Mit einer Gruppenfreistellung sollte stets die Vorstellung verbunden sein, dass die *gruppenweise* freigestellten Vereinbarungen die Voraussetzungen des Art. 101 III AEUV wahren. Gruppenfreistellungsverordnungen sind nach überwiegender und zutreffender Rechtsansicht verbindliche Rechtsquellen mit konstitutiv freistellender, nicht nur deklaratorischer Wirkung.[11] Im deutschen Recht werden entsprechende Regelungen und die Umsetzung dieser europäischen Normen über §§ 1 ff. GWB verwirklicht.[12]

B. Art. 102 AEUV

I. Allgemeines

Missbräuchliches Marktverhalten kann gegen Art. 102 AEUV,[13] in den Regelbeispielen weitgehend ähnlich zu Art. 101 I AEUV, verstoßen. Das GWB sieht mit §§ 19 ff. GWB zumindest in der Sache vergleichbare Vorschriften vor.[14]

II. Art. 101 und Art. 102 AEUV im Vergleich und ihr Verhältnis zueinander

Augenfällig ist, dass Art. 102 AEUV eine beherrschende Stellung (mindestens) eines Unternehmens verlangt, Art. 101 AEUV mehrere Unternehmen und Handeln „zwischen" diesen. Art. 102 kann also von einem einzelnen Akteur

[6] Verordnung Nr. 19/65/EWG des Rates v. 2. März 1965 über die Anwendung von Artikel 85 Absatz (3) des Vertrages auf Gruppen von Vereinbarungen und aufeinander abgestimmten Verhaltensweisen; ABl. 036 v. 6. 3. 1965, S. 533–535. Vgl. Calliess/Ruffert/*Jung*, Art. 105 AEUV Rdnr. 10.

[7] 7. Kapitel C. I. 3. a.

[8] Langen/Bunte/*Bunte*, Art. 101 AEUV Rdnr. 412.

[9] U. a. 7. Kapitel C. I.

[10] Langen/Bunte/*Hengst*, Art. 101 AEUV Rdnr. 412.

[11] 7. Kapitel A. II. 2. c. bb.

[12] 9. Kapitel A.

[13] Zur Sonderfrage des Gebrauchtsoftwarehandels s. Fn. 1333.

[14] 9. Kapitel A.

erfüllt werden, Art. 101 AEUV hingegen setzt zwingend Kollusion mehrerer voraus[15], an welche – zumindest gemäß des Wortlauts – keine Voraussetzungen an Markteinfluss gestellt werden. Dennoch ist gleichermaßen Art. 102 AEUV berufen, mehreren kooperierenden Unternehmen bei gemeinsamen durchgeführten „einseitigem Verhalten“ Grenzen aufzuzeigen.[16] Vergleichbar sind des Weiteren die Mehrheit der jeweiligen Regelbeispiele, also Art. 101 I lit. a, b, d, e und Art. 102 lit. a, b, c, e AEUV. Bezüglich Schlüsseltechnologien kann im Rahmen des Art. 102 AEUV zur Zulassung „gezwungen“, d. h. verpflichtet werden, im Rahmen des Art. 101 I AEUV kann die Dritten zugangsverweigernde Vereinbarung lediglich nichtig sein (Art. 101 II AEUV), wodurch der Dritte ebenfalls keinerlei Zugang erhält.[17] Pflichtlizenzen werden im Allgemeinen auf die *Essential Facility*-Doktrin (EFD) oder vergleichbare Lehren[18] gestützt. Pflicht- bzw. Zwangslizenzen sind ansonsten nur selten normiert.[19] Im Übrigen ermöglichen beide Normen Bußgelder wie zivilrechtliche Klagen.

Neben der besagten Anwendungsbegrenzung des Art. 101 I AEUV auf mehrere Akteure weist der Art. 102 AEUV eine weitere evidente Weitung auf, nämlich neben inzidenten Vereinbarungs- und Koordinierungstatbeständen noch jede weitere „Ausnutzung“ sanktionieren zu können. Dies umfasst somit prinzipiell alle Formen der Ausübung von Immaterialgütern neben vertraglichen und vertragsähnlichen Handlungen.[20] Zudem kann Art. 102 AEUV hinsichtlich des Verhaltens gegenüber Privaten zum Einsatz gebracht werden. Art. 101 und 102 AEUV bestehen unabhängig und idealkonkurrieren.[21] Eine nach Art. 101 III AEUV freigestellte oder freizustellende Vereinbarung kann immer noch über Art. 102 AEUV untersagt werden.[22]

III. Die Microsoft-Verfahren

1. Sachverhalte

Zumindest im Bereich des IT-Rechts bekannteste Anwendungsfälle dieser Norm sind gewiss jene, welche die Kommission gegen Microsoft betrieb[23] und die

---

[15] Entsprechend werden konzerninterne Regelungen nach Art. 102 AEUV bemessen: *Klees* in: Kilian/Heussen, Kap. 62 Rdnr. 6: sog. Konzernprivileg.

[16] Calliess/Ruffert/*Weiß*, Art. 102 EGV Rdnr. 2.

[17] Vgl. 5. Kapitel B. II. 3. b.

[18] Gegen die EFD wendet sich *Bartmann* 2005, S. 327 ff., insbes. S. 328 – sie setzt sich für einen eigenen Kriterienkatalog ein.

[19] 5. Kapitel B. II. 3. b.

[20] 7. Kapitel B. V.

[21] Langen/Bunte/*Bulst*, Art. 102 AEUV Rdnr. 382 f.; Schulte/Just/*O. Weber/Dallmann*, Art. 102 AEUV Rdnr. 148.

[22] Calliess/Ruffert/*Weiß*, Art. 102 AEUV Rdnr. 3; unwahrscheinlich nach: Langen/Bunte/*Bulst*, Art. 102 AEUV Rdnr. 384.

[23] Dazu: *Koerber* WuW 2007, S. 1210 f. Zum US-Verfahren etwa *Fleischer/Körber* K&R

selbst 2013 insgesamt noch nicht abgeschlossen waren. Art. 102 AEUV bzw. Art. 82 EGV wurde gegen Microsoft sowohl bezogen auf Browser-[24] wie auch *Media Player*-Implementierungen (*Bundling*) in sein Betriebssystem durchgesetzt.[25] Neben dem besagten Vorwurf des Bündelns *Windows'* mit „Medienabspielprogrammen mit Datenstromkapazität"[26] mündete zugleich Microsofts Verweigerung des Zugangs zu Schnittstelleninformationen, welche sich auf die Zusammenarbeit zwischen Client-Personalcomputern und Arbeitsgruppen-Servern konzentrierten,[27] in den wohl prominentesten Prozess vor dem EuG. Dieser erkannte u. a. darauf, dem Unternehmen Pflichtlizenzen und die Veröffentlichung der notwendigen Informationen aufzuerlegen.

Die Kommission nimmt des Weiteren an, dass es Microsoft über Art. 102 AEUV auferlegt werden kann, mit *Windows 7* ebenso Browser anderer Anbieter vertreiben zu müssen bzw. zumindest auf Verfügbarkeit dieser hinzuweisen.[28] In dieser Angelegenheit zeigte sich das Unternehmen zunächst einsichtig, unterließ entsprechende Auswahlmenüs jedoch und wurde Anfang 2013 deswegen mit einer halben Milliarde Euro Bußgeld belegt, was teilweise

---

2001, S. 623 ff.; *Fleischer/Doege* WuW 2000, S. 705 ff.; *Gey* WuW 2001, S. 933 ff.; *Monopolkommission* 14. Hauptgutachten, BT-Drs. 14/9903, S. 351 ff.

[24] MEMO/09/15: „Aufgrund des bei der Untersuchung zusammengetragenen Beweismaterials kam die Kommission zu dem Schluss, dass die Bündelung von Internet Explorer und Windows, durch die der Internet Explorer weltweit auf 90 % der PCs verfügbar ist, materiell zu einer Verfälschung des Wettbewerbs zwischen konkurrierenden Web-Browsern führt, weil dadurch ein künstlicher Vertriebsvorteil für den Internet Explorer geschaffen werde, der aufseiten anderer Web-Browser nicht ausgeglichen werden könne. Die Kommission befürchtet, dass Microsoft den Internet Explorer durch die Bündelung vor dem direkten Wettbewerb mit anderen Browsern schützen will, wodurch das Innovationstempo verlangsamt und die den Verbrauchern angebotene Produktqualität gemindert werden könnte. Die Kommission hält es ferner für problematisch, dass die Omnipräsenz des Internet Explorers künstliche Anreize für Content-Provider und Softwareentwickler schaffen könnte, Websites und Software in erster Linie für den Internet Explorer zu konzipieren. Dadurch besteht die Gefahr, dass Wettbewerb und Innovation im Dienste der Verbraucher unterlaufen werden." Daraus lässt sich deutlich erkennen, dass die Kommission Netzwerkeffekte in mehrerer Hinsicht berücksichtigte.

[25] EuG, Urt. v. 17. 9. 2007, Rs. T-201/04, ABl. C 269, S. 45 ff. – „Microsoft".

[26] Vgl. EuG a. a. O., Tz. 23, 43.

[27] Vgl. EuG a. a. O., Tz. 23 ff.

[28] Vgl. *Heinemann* CR 2005, S. 717, welcher sich auf *Must Carry*-Verpflichtungen zu Multimediawiedergabeprogrammen bezieht. Krit. insbesondere im Hinblick darauf, dass weniger Microsofts Verhalten seitens der Kommission kritisiert wurde, sondern somit vielmehr das Unvermögen der Nutzer, andere Programme (Player oder Browser) zu installieren, dem Unternehmen vorgeworfen worden sei – *Petit/Neyrinck* JECLAP 2011, S. 119 f. Auch sei, was vollkommen zutrifft, nicht das Betriebssystem Hauptvehikel zur Distribution von Browsern, sondern das Internet (S. 120 f.) und außerdem gebe es noch andere Betriebssysteme (S. 120 f.). *Hobbelen/Jablan* ECLR 2011, S. 211 kritisierten stattdessen, dass es wenig marktstarken Browsern nicht gelingen werde, Einzug in diesen Auswahlbildschirm zu erhalten. S. dazu auch https://de.wikipedia.org/wiki/BrowserChoice.eu.

noch als ungenügend angesehen wird.[29] Die gegenteiligen hypothetischen Entbündelungsanordnungen[30] im Sinne der Verpflichtung zur Auslieferung eines Betriebssystems ohne einen Browser wären jedenfalls dann ungeeignet, wenn der Preis im Vergleich zur gebündelten Version unverändert und diese erhältlich bliebe.[31] Diesbezüglich besteht außerdem bereits die Erfahrung mit dem erfolglosen *Windows N*: Einem Betriebssystem gerade ohne Medienabspielprogramm,[32] das Microsoft in Europa alternativ als Ergebnis des EuG-Richtspruches anbieten muss.

2. *Zentrale Argumentationsmuster*

In dem Verfahren vor dem EuG wollte Microsoft als klagendes Unternehmen u. a. keine Schnittstelleninformationen offenlegen, da diese auch immaterialgüterrechtlich geschützt seien. Nebst anderen war die *Free Software Foundation Europe* Streithelferin der beklagten Kommission. Dabei ging es im Ergebnis darum, über ein Netzwerk und verschiedene Betriebssysteme Drucker nutzen zu können.[33] Entscheidend war hierbei der „Grad der Interoperabilität", also ob Funktionen nur theoretisch frei nutzbar sind oder ob insbesondere Fremdanbieter von Arbeitsgruppenserver-Betriebssystemen (= OS; *Operating System*) solche faktisch anzubieten vermochten, was eben weitreichende Instruktionen durch Microsoft selbst voraussetzte.[34] Damit alternative Anbieter „überleben" und zu Microsoft-Server-OS konkurrenzfähige andere Server-OS, die mit Microsoft-Klienten-OS vollwertig interagieren können, anbieten konnten, schloss sich der EuG der Argumentation der Kommission an.[35] F/OSS war selbst nicht Bestandteil wesentlicher Erwägungen, aber bei den Konkurrenz-OS handelte es sich teilweise um F/OSS.[36] Zum Zweiten bestätigte der EuG – wie angeführt – die Kopplungsuntersagung eines OS mit einem *Medienplayer*, der nach Microsoft integrativer Bestandteil des OS selbst sei[37], um nicht den Wettbewerb für solche Mediensoftware auszuschließen.[38]

Diese Entscheidung fußt offensichtlich auf der *Essential Facility*-Doktrin, selbst wenn diese nicht namentlich genannt wird. Beide Aspekte des Sachverhalts zeigen die Befürchtung der Kommission und des Gerichts als auch weiterer

---

[29] *Schultz* http://www.spiegel.de/wirtschaft/unternehmen/kartellstrafe-gegen-microsoft-kommt-zu-spaet-a-887254.html.
[30] Nicht zu verwechseln mit der Entbündelung im Sinne der Unternehmenszerschlagung.
[31] *Heinemann* GRUR 2006, S. 711.
[32] Vgl. https://de.wikipedia.org/wiki/Windows_Media_Player#Wettbewerbsrechtliche_Probleme.
[33] Vgl. EuG a. a. O., Tz. 165.
[34] Vgl. EuG a. a. O., Tz. 210 ff.
[35] EuG a. a. O., Tz. 229 ff.; kritisch *Hausmann* MMR 2008, S. 383, 385.
[36] EuG a. a. O., etwa Tz. 409 ff., 442.
[37] Vgl. EuG a. a. O., Tz. 912.
[38] EuG a. a. O., Tz. 1037 ff.

auf, Microsoft könne die Dominanz auf einem Feld für die Verdrängung anderer Unternehmen auf weiteren Märkten instrumentalisieren. F/OSS-Software war hierbei nur als konkrete Software der Konkurrenten Microsofts von Interesse. Dekompilierung und die dadurch aufzubringenden Informationen wurden nicht in nennenswerter Weise, auch nicht als denkbare Selbsthilfemöglichkeiten bezüglich fehlender Schnittstelleninformationen, erörtert. Der EuG wurde durch eine weitere Erwägung gelenkt: Zwar wird mit einem Immterialgut eine rechtliche „Prämie" in Gestalt eines starken rechtlichen Schutzes für jeweilige Leistung gewährt, allerdings ist es nicht notwendig, diesen Schutz noch auf abgeleitete Märke[39] zu erstrechen.

C. Die Fusionskontroll-Verordnung

Die Fusions- bzw. Zusammenschlusskontrolle wird durch die Fusionskontrollverordnung (139/2004), basierend auf Art. 83 EGV und Art. 308 EGV bzw. nun Art. 103 AEUV und Art. 352 AEUV, geregelt. Sie erfasst den Zusammenschluss von mehreren Unternehmen. Das nationale deutsche Recht kennt mit §§ 34ff. GWB vergleichbare Regeln.

I. Maßstab der Fusionskontrolle

Sofern durch einen Zusammenschluss – einschließlich einer kontrollierenden Übernahme – (Art. 3 FuKoV) eine marktbeherrschende Stellung begründet oder verstärkt wird (Art. 2 II/III FuKoV) oder Wettbewerb anderweitig unterminiert wird (Art. 2 I lit. a FuKoV), so ist dieser zu untersagen. Vergleichbar zu Art. 101 I und Art. 101 III AEUV können negative Effekte ausgeglichen werden (Art. 2 I lit. b FuKoV). Ein Zusammenschlussvorhaben kann unter Bedingungen und Auflagen gestellt werden (Art. 8 II FuKoV), um doch noch mit dem gemeinsamen Markt vereinbar beurteilt zu werden. Zudem können die Unternehmen, Auflagen oder einer Untersagung vorausgreifend, kompensierende Maßnahmen vorschlagen bzw. durchführen.

Auch der Erwerb wichtiger Patente (als Vermögensbestandteile eines Unternehmens) kann als Zusammenschluss gelten (vgl. insbes. Art. 3 II lit. a FuKoV).[40] Dieses dürfte entsprechend (zumindest) für (technische) Urheberrechte gelten.[41] Als Bedenken der Wettbewerbsbehörden zerstreuende – strukturelle – Zusagen gelangen ausschließliche und einfache Lizenzen grundsätzlich in Betracht.[42]

---

39 *Heinemann* GRUR 2006, S. 712f.
40 *Albert* 2011, S. 52f., 66f.
41 Vgl. *Albert* 2011, S. 58ff. (zum Markenrecht).
42 Vgl. *Albert* 2011, S. 234ff.; *Podszun* JURA 2010, S. 440.

II. Verhältnis zu Art. 101 AEUV

Da der vollständige oder zumindest kontrollierende[43] Erwerb von Immaterialgüterrechten unter die Fusionskontrolle fallen kann, stellt sich die Frage nach dem Verhältnis der Instrumente untereinander. Tatbestandlich greift die FuKoV erst unter qualifizierteren Umständen ein, da sie entgegen Art. 101 AEUV zumindest das Be- oder Entstehen einer marktbeherrschenden Position voraussetzt. Nach Art. 2 IV FuKoV unter Berücksichtigung des Art. 8 II FuKoV ist eine Beurteilung nach Art. 101 AEUV im Falle der Gründung eines Gemeinschaftsunternehmens vorrangig, ansonsten gelten FuKoV und Art. 101 AEUV parallel,[44] jedoch wird Art. 101 AEUV bzw. die VO 1/2003 verfahrensrechtlich seitens der Kommission – über Art. 21 FuKoV – grundsätzlich nicht angewandt.[45]

III. Anwendungsfälle mit besonderem Bezug zum IP/IT-Recht

1. Medienrecht

Zwei Privatsendergruppen wurde seitens des Bundeskartellamts die Einrichtung einer gemeinsamen Plattform für Videos untersagt.[46] Bei „Germany's Gold", einer geplanten Plattform in Kooperation von ARD und ZDF, wurde Bedenken hinsichtlich einer Konzentration ein Verfahren eröffnet.[47] Da das Kartellrecht hierbei insbesondere dem Ziel der Vielfalt und Spezifika des Rundfunks Rechnung tragen muss,[48] überrascht diese Entscheidung weniger. Dies gilt ebenfalls für eine jüngere Untersagung einer Übernahme im deutschen Kabelmarkt.[49]

2. Oracle ./. Sun

a. Sachverhalt

Oracle übernahm 2009/2010 Sun Microsystems. Zu Suns Portfolio gehörte mit *MySQL* eine führende Datenbanksoftware, welche zudem noch als Musterbeispiel für *Dual Licensing*[50] gilt: Sie wird einerseits unter der GNU GPL v2 und

---

[43] BGH, Beschl. v. 10. 10. 2006 – KVR 32/05 – „National Geographic I" = GRUR 2007, S. 517 ff.; zust. *Podszun* JURA 2010, S. 439.

[44] S. v. d. Groeben/Schwarze/Hatje/*Schröter*, Art. 101 AEUV Rdnr. 37.

[45] Immenga/Mestmäcker/*Körber*, Art. 21 FKVO Rdnr. 5; Langen/Bunte/*Käseberg*, Art. 21 FuKoV Rdnr. 4 ff., vgl. v. d. Groeben/Schwarze/Hatje/*Dittert*, Art. 21 FuKoV Rdnr. 18 f. Zu Ausnahmen bei Gemeinschaftsunternehmen s. Art. 21 I 2. Hs. FuKoV.

[46] S. becklink 1019892.

[47] S. becklink 1025345.

[48] *Paal* JZ 2010, S. 647 ff.

[49] S. becklink 1025078, indes genehmigt: becklink 1017750.

[50] 3. Kapitel B. XI. 6.

andererseits unter einer „kommerziellen“[51] Lizenz vertrieben. Oracle selbst produziert proprietäre Datenbanken. Die Europäische Kommission genehmigte nach ausgiebiger Prüfung (deren Gegenstand etwa noch *Java* war) diesen Zusammenschluss, nachdem zunächst Bedenken geäußert wurden und diese zu einer öffentlichen Erklärung führten, die allerdings nicht als förmliche Zusage verstanden worden ist.[52] Dazu gehörte das Versprechen des Übernehmenden, fortgesetzt *MySQL* unter der GNU GPL zu lizenzieren und in den nächsten Jahren fortzuentwickeln.

b. Argumentationslinien insbes. im Zusammenhang zu F/OSS

Die Marktanalyse der Kommission ergab, dass F/OSS-Programme wichtige Wettbewerber sein können.[53] Insbesondere wurden F/OSS und die zugehörigen Gemeinschaften als „Ökosystem“ gewertet, in welchem dem Ruf eines Unternehmens besondere Bedeutung zukomme und entsprechend Druck auf solche Unternehmen ausgeübt werde, was somit Druck gegenüber Oracle aufbauen könnte, an *MySQL* festzuhalten.[54] F/OSS könne eben zu solchen lebendigen Gemeinschaften führen, in der freiwillige Entwickler und Industrie sich „symbiotisch“ vereinigten.[55]

Oracle argumentierte, dass der „Open Source Charakter“ *MySQLs* dafür Sorge trage, dass Oracle dieses Produkt nicht aufgeben noch vernachlässigen werde[56] – und einem der eigenen Programme weiterhin Konkurrenz machen werde.[57] Die Kommission schloss sich diesem Vorbringen insoweit an,[58] thematisierte zuvor aber mögliche Maßnahmen Oracles, *MySQLs* freie Verfügbarkeit einzuschränken.[59] Die F/OSS-Natur *MySQLs* (bzw. *MySQLs* bis zum Zusammenschluss) allein hätte gleichwohl nicht genügt, die Bedenken der Kommission zu zerstreuen:[60] F/OSS sorge dafür, dass ein gewisses Produkt bereits frei verfügbar ist, das eben dann auch von anderen fortentwickelt und genutzt werden kann (*Forks*/„Ableger“).[61] Gleichwohl bedürfe ebenfalls die Entwicklung und Verbreitung eines *Forks* in der Regel nicht zuletzt erheblicher

---

[51] Vor allem ohne Copyleft, vgl. *Jaeger/Metzger* 2016, Rdnr. 114 ff.

[52] COMP/M. 5529 – „Oracle/Sun Microsystems“, Tz. 182; krit. *Vezzoso* IIC 2011, S. 369 ff.

[53] COMP/M. 5529, Tz. 43 ff.

[54] COMP/M. 5529, Tz. 655 f.

[55] COMP/M. 5529, Tz. 61: „symbiotic relationship“.

[56] COMP/M. 5529, Tz. 149.

[57] Vgl. *Buhr/Chrome/*u. a. CPN 2/2010, S. 27.

[58] COMP/M. 5529, Tz. 624, 632, 655 f.

[59] COMP/M. 5529, Tz. 616 ff.

[60] „Bei der Prüfung der Kommission wurde ferner deutlich, dass auch der Open-Source-Charakter der MySQL-Datenbank von Sun die möglichen wettbewerbswidrigen Auswirkungen nicht völlig beheben kann.“ IP/09/1271.

[61] Vgl. COMP/M. 5529, Tz. 680 ff., 758, wobei sich die Kommission die Chancen eher verhalten betrachtet – s. Tz. 750: „that the possibility cannot be ruled out that …“.

finanzieller Anstrengungen[62] wie ebenfalls etlicher Mitarbeiter,[63] zumal in dieser besonderen Konstellation solchen *Forkern* nicht die Möglichkeit gegeben wäre, im Wege des *Dual Licensing* doch auch Lizenzgebühren zu erzielen,[64] zumal etliche Datenbankkunden wohl unbedingt eine Nicht-F/OSS-Lizenz begehren.[65]

Es wurde zudem ausgeführt, dass von F/OSS (im Allgemeinen) „besonderer" Wettbewerbsdruck ausgehe.[66] Dies insbesondere aufgrund geringer Kosten für solche Produkte,[67] einer fehlenden Bindung an den Entwickler und die Möglichkeit zur Fremdwartung etc.,[68] die Beteiligungsmöglichkeiten durch die *Community* und somit bessere Fehlerentdeckungsmöglichkeiten sowie weitgehende Anpassungsmöglichkeiten und sich daraus ergebende flexible Nutzungsmöglichkeiten.[69] Somit kann F/OSS also Anteil daran haben, dass trotz der Übernahme eines Konkurrenten samt konkurrierenden Produktes dieses nicht unbedingt als Konkurrenz entfällt, da F/OSS eben dazu führt, dass ein Urheber bzw. Rechteinhaber nicht mehr die volle Kontrolle über dieses Produkt nach einer Copyleft-F/OSS-Lizenzierung hat.[70]

3. *Microsoft u. a.: CPTN-Gründung*

a. *Sachverhalt*

Microsoft, Oracle, Apple und EMC/VMware (ein Unternehmen für Virtualisierungssoftware) wollten ein Gemeinschaftsunternehmen (CPTN) gründen, welches wiederum 882 Software-Patente von Novell (u. a. ein wichtiger GNU/Linux-Distributor) erwerben und sodann, nach geplanten Vorgaben, unter den Gründergesellschaften verteilen sollte. Das Bundeskartellamt[71] als auch das US-Pendant äußerten Bedenken. Ebenfalls erklärten die *Free Software Foundation* und die *Open Source Initiative* gemeinsam ihrerseits Sorgen bezüglich dieses Vorhabens,[72] was ebenso die *Free Software Foundation Europe* allein unternahm.[73] Alle drei F/OSS-Organisationen artikulierten eine Gefahr im Hin-

---

[62] COMP/M. 5529, Tz. 683 ff., 701, zudem lizenziere Sun das Handbuch nicht frei (s. Tz. 740). S. ebenfalls Tz. 717 (zu *Indemnification*), Tz. 725.
[63] COMP/M. 5529, Tz. 683, 705.
[64] COMP/M. 5529, Tz. 726 ff., 742.
[65] COMP/M. 5529, Tz. 728.
[66] Etwa COMP/M. 5529, Tz. 170, 661 und insbes. 234 ff.
[67] COMP/M. 5529, Tz. 243, vgl. 245 ff.
[68] COMP/M. 5529, Tz. 252 ff.
[69] COMP/M. 5529, Tz. 256 ff.
[70] Immenga/Mestmäcker/*Ullrich/Heinemann*, GRUR B Rdnr. 77.
[71] Zunächst Az. B5-148/10, dann Az. B7-103/10.B5148/.
[72] S. http://opensource.org/files/CPTN-Position-Final.pdf.
[73] S. http://fsfe.org/projects/swpat/novell-cptn.en.html – „Defuse the Novell timebomb".

blick auf die Entwicklung eben dieser Softwareart, da die zu transferierenden Patente eben gegen sie eingesetzt zu werden drohten.

Das Vorhaben wurde daraufhin geändert. Unter anderem[74] wurde vereinbart, die Novell-Patente für F/OSS-Anbieter zur Verfügung zu stellen. Im Konkreten werden diese nach Maßgabe – in Details jedoch für die Öffentlichkeit unklar[75] – der GNU GPL v2 sowie der OIN-Lizenz[76] für alle Interessierten lizenziert. Nach Erklärungen des Kartellamtspräsidenten wurden die Auswirkungen des Zusammenschlusses insbesondere auf F/OSS besonders geprüft. Sodann – nach erneuter Anmeldung – wurde das Vorhaben bereits im Vorprüfverfahren freigegeben.[77] Zugleich wurde das Zusammenschlussvorhaben in den USA seitens des Justizministeriums geprüft und gleichermaßen, wenn auch nicht vollumfänglich, positiv[78] beschieden.[79]

b. Argumentationslinien insbes. im Zusammenhang zu F/OSS

Aus den Bedenken der Kartellbehörden lässt sich zumindest schließen, dass der F/OSS ein wettbewerbsfördernder Effekt zugesprochen wird,[80] zumindest dergestalt, dass es sich bei F/OSS um (relevante und schützenswerte) Wettbewerber auf Märkten für Betriebssysteme und Virtualisierungssoftware handelt. Die Entscheidungsgründe sind des Weiteren nicht veröffentlicht.

---

[74] Im Ganzen: „Microsoft will sell back to Attachmate all of the Novell patents that Microsoft would have otherwise acquired, but will continue to receive a license for the use of those patents, the patents acquired by the other three participants and any patents retained by Novell; EMC will not acquire 33 Novell patents and patent applications that have been identified as related to virtualization software; All of the Novell patents will be acquired subject to the GNU General Public License, Version 2, a widely adopted open-source license, and the Open Invention Network (OIN) License, a significant license for the Linux System; CPTN does not have the right to limit which of the patents, if any, are available under the OIN license; and neither CPTN nor its owners will make any statement or take any action with the purpose of influencing or encouraging either Novell or Attachmate to modify which of the patents are available under the OIN license."

[75] *Jaeger* http://www.ifross.org/artikel/cptn-gpl-lizenzierung-voraussetzung-fuer-kartell rechtliche-freigabe.

[76] *Open Innovation Network.*

[77] S. http://www.bundeskartellamt.de/SharedDocs/Meldung/EN/Pressemitteilungen/2011/20_04_2011_CPTN.html (eine darüber hinausgehende offizielle Fallstudie liegt nicht vor).

[78] „Although the department will allow the transaction to proceed, it will continue investigating the distribution of the Novell patents to the CPTN owners."

[79] S. http://www.justice.gov/opa/pr/2011/April/11-at-491.html.

[80] *Jaeger* http://www.ifross.org/artikel/cptn-gpl-lizenzierung-voraussetzung-fuer-kartell rechtliche-freigabe.

4. Motorola ./. Google

a. Sachverhalt

2011 versuchte Google, an ein großes Patent-Portfolio zu gelangen, was misslang.[81] Im Sommer kündigte Google dann an, die Mobilfunksparte Motorolas übernehmen zu wollen. Es war sodann absehbar, dass sich US-Behörden sowie die EU-Kommission mit diesem Fall beschäftigen würden. Die Kommission hat der Übernahme im Frühjahr 2012 zugestimmt.[82]

b. Argumentationslinien insbes. im Zusammenhang mit F/OSS

In Anbetracht der ausführlichen Begründung in Sachen *Oracle./.Sun* war vor allem darüber Ausführung zu erwarten, inwieweit Googles *Android* als Plattform bzw. Betriebssystem für Smartphones u. a. für alle willigen Telephon- und Tablet-Hersteller erhalten bleiben wird und inwieweit sich Google für Telephon- und Tablet-Märkte Vorteile verschaffen kann. In Anlehnung an Debians *Tentacles of Evil*-Test – nach welchem geprüft wird, ob die jeweilige Lizenz hinreichend bindend und definitiv ist, um selbst den „bösesten" Lizenzinhaber bei seinem „bösen" Streben nach unfreier Software und eigenen Monopolen zu beschränken –[83] blieb zu fragen, inwieweit dieses offene Betriebssystem zumindest *geforkt* oder anderweitig fortgesetzt genutzt und entwickelt werden könnte, wenn Google es für fortan nicht mehr Dritten anbieten sollte. Zwar ist es nicht Google selbst, das *Android* vorantreibt und verwaltet, sondern die Open Handset Alliance – allerdings unter der Führung Googles.[84]

Im Gegensatz aber zu *MySQL* unterliegt *Android* insgesamt nicht der GNU GPL (v2), sondern lediglich dessen Kernel eben als *GNU/Linux*-Kernel und dessen Derivate gleichermaßen. Überwiegend wird ansonsten auf die *Apache 2*-Lizenz[85] gesetzt. Gerade um den hohen Anforderungen anderer Lizenzen,

---

[81] S. http://www.wienerzeitung.at/themen_channel/globalisierung/markt/389479_Google-bessert-Patent-Portfolio-auf-und-kauft-Motorola-fuer-Android.html?em_redirect_url=%2Fthemen_channel%2Fwzglobalisierung%2Fmarkt%2F389479_Google-bessert-Patent-Portfolio-auf-und-kauft-Motorola-fuer-Android.html.

[82] COMP/M. 6381 – „Google/Motorola".

[83] S. http://people.debian.org/~bap/dfsg-faq.html: „Imagine that the author is hired by a large evil corporation and, now in their thrall, attempts to do the worst to the users of the program: to make their lives miserable, to make them stop using the program, to expose them to legal liability, to make the program non-free, to discover their secrets, etc. The same can happen to a corporation bought out by a larger corporation bent on destroying free software in order to maintain its monopoly and extend its evil empire. The license cannot allow even the author to take away the required freedoms!"

[84] S. http://de.wikipedia.org/wiki/Open_Handset_Alliance; http://www.openhandsetalliance.com/.

[85] S. http://source.android.com/source/licenses.html, da der Kernel aber auf dem GNU/Linux-Kernel basiert, wird dieser GNU GPL v2 lizenziert.

etwa im Hinblick auf mitzuliefernden Quellcode bei Geräten, zu entgehen.[86] Dass es sich dabei um eine Lizenz ohne Copyleft handelt[87], bedeutet, dass das *Android*-„Biotop“ bzw. *Android*-„Ökosystem“ weniger – als etwa *MySQL* – für *Forking* geeignet ist, zumal viele Programmbestandteile deshalb nicht quelloffen sind. Daraus folgt, dass das Lizenzierungsmodell selbst vermutlich erst Recht nicht genügen wird, etwaige Bedenken der Wettbewerbsbehörden zu zerstreuen. Wie aber bei *MySQL* handelt es sich bei *Android* eindeutig um *Company driven* F/OSS. Abweichend wiederum von jenem Fall stünden mit den übrigen Mobilfunkherstellern (Samsung, HTC usf.) ebenfalls umsatz- wie marktstarke Unternehmen bereit, die prinzipiell eine professionelle Entwicklung samt Kapitalzugriff ermöglichen könnten.

Google selbst produziert bislang jedenfalls keine Telephone, abgesehen von solchen Gemeinschaftsprojekten wie beispielhaft dem seitens HTC gefertigten, um 2008 über die Deutsche Telekom beziehbaren[88], zum *HTC Dream* zudem baugleichen[89] G1.[90] Mittlerweile entfällt aber auf *Android* über 2/3 des Smartphone-Marktes,[91] was die Bedeutung dieses Betriebssystems für den Markt unterstreicht, zumal mehrere Hersteller – noch neben Motorola – auf dieses setzen. Googles Rolle als insoweit unabhängiger, nicht direkt involvierter und somit lediglich um diese Software-Plattform als solche bemühter Entwickler, wird in jedem Fall in Gefahr gebracht. Gleichwohl kann nicht ohne Weiteres davon ausgegangen werden, dass Google/Motorola unverzüglich allein 1/3 des Marktes (er)halten werden, zumal *Androids* Erfolg mit Sicherheit u. a. darin begründet liegt, von vielen (sodann) konkurrierenden Herstellern eingesetzt zu werden. Gegenwärtig steht Google zudem in der Kritik, dass *Android* trotz der F/OSS-Lizenzierung zahlreichen Einschränkungen unterliegt.[92]

In der Tat untersuchte die Kommission in ihrer Entscheidung im Wesentlichen zwei Punkte, nämlich wie sich der Erwerb der (standardessentiellen) Patente, dereinst noch in der Hand Motorolas, sowie der fusionsbedingte Erwerb auf die Zukunft *Androids* als kostenloses Betriebssystem für Gerätehersteller – für fortschrittliche Mobiltelephone als auch Touchpads – auswirken kann. Ein interessanter Punkt ist dabei, dass Googles Kontrolle über Android als stark beschrieben wird, auch insoweit Geräte als „appoved Android device“

[86] S. http://source.android.com/source/licenses.html, an welcher Stelle sich eine ausführliche Begründung auch gegen die LGPL finden lässt. Auch zur Frage, inwieweit Nutzer die Möglichkeit haben müssen, bei solchen Geräten die Software auszutauschen s. *Jaeger,* http://www.ifross.org/artikel/google-gpl-und-mobilfunkmarkt.

[87] *Jaeger/Metzger* 2016, Rdnr. 102 ff.

[88] S. http://www.tecchannel.de/kommunikation/news/1772508/g1_das_google_phone_von_t_mobile/index.html.

[89] S. http://en.wikipedia.org/wiki/HTC_Dream.

[90] *Leemhuis* c't 18/2011, S. 83.

[91] 4. Kapitel A. I. 1. b.

[92] 8. Kapitel A. III. 4. b.

angeboten werden sollen.[93] Die Kommission erkennt die Möglichkeit, dass Google die Motorola-Sparte bzgl. der Nutzung *Androids* bevorzugen könnte, etwa durch exklusive bessere Versionen.[94] Doch sei dies nicht zu erwarten,[95] da Google insbesondere davon profitiere, dass sein Betriebssystem von möglichst vielen Geräteherstellern verwendet und verbreitet werde, denn dadurch mehrten sich Googles Einnahmen über Googles Such- und sonstigen Dienste einschließlich Werbedienstleistungen (*Advertising*).[96] Im Übrigen sei *Android* nicht übermäßig bedeutend für andere Geräteanbieter, sondern könne durch alternative Betriebssysteme ersetzt werden;[97] desgleichen gebe es mit RIM/Blackberry und Apple ohnehin starke Wettbewerber,[98] weswegen die Auswirkungen für den Gesamtwettbewerb eher gering seien. Hinsichtlich der übernommenen Patente hat sich Google zu F/RAND[99] verpflichtet. Seit Februar 2014 werden neue Vorwürfe gegen Google diskutiert: Das Unternehmen missbrauche u. a. sein unter Marktwert zur Verfügung gestelltes Betriebssystem, um seine eigenen Dienste zu fördern.[100] Im frühen Herbst des Jahres 2017 kündigte Google an, das Mobil-Geschäft von HTC zu übernehmen.[101]

---

[93] Vgl. COMP/M. 6381, Tz. 65 ff. sowie die Übersicht über die möglichen Vereinbarungen mit Google sowie die Vorgaben dieses Unternehmens für Endgeräte-Hersteller bei *Körber* NZKart 2014, S. 379.

[94] COMP/M. 6381, Tz. 81 ff.

[95] Dabei sollte beachtet werden, dass bereits jetzt zumindest die aktuellen Android-Versionen kaum für die einzelnen Geräte umgesetzt werden: Nach der Freigabe auf der jeweiligen Entwicklungsplattform, also jeweils einem bestimmten Gerät, kann es überaus lange dauern, bis die Hersteller angepasste Versionen präsentieren können, auch deswegen, weil es diesen an qualifizierten (Software-)Entwicklern mangelt – vgl. *Barczok/Wölbert* c't 9/2012, S. 80 ff. Daher besteht insoweit nicht bloß ein Risiko, andererseits nutzt Google (Motorola) dies bislang nicht für sich aus.

[96] COMP/M. 6381, Tz. 87 ff.

[97] COMP/M. 6381, Tz. 95 ff.

[98] COMP/M. 6381, Tz. 98.

[99] Vgl. 3. Kapitel B. V.

[100] Vgl. http://www.fairsearch.org/mobile/fairsearch-announces-complaint-in-eu-on-googles-anti-competitive-mobile-strategy/: „Google achieved its dominance in the smartphone operating system market by giving Android to device-makers for ‚free'. But in reality, Android phone makers who want to include must-have Google apps such as Maps, YouTube or Play are required to pre-load an entire suite of Google mobile services and to give them prominent default placement on the phone, the complaint says. This disadvantages other providers, and puts Google's Android in control of consumer data on a majority of smartphones shipped today. Google's predatory distribution of Android at below-cost makes it difficult for other providers of operating systems to recoup investments in competing with Google's dominant mobile platform, the complaint says." A. A.: http://fsfe.org/news/2013/news-20130729-01.de.html u. https://dot.kde.org/sites/dot.kde.org/files/KDE-Fairsearch-claim-response_0.pdf, *Körber* NZKart 2014, S. 382 ff. Siehe auch 1. Kapitel A.

[101] S. http://t3n.de/news/htc-google-verhandlung-uebernahme-aktien-855011/.

5. Zusammenfassung und Bewertung der vorgestellten Fälle

Dass es sich bei konkreten Programmen der F/OSS um Konkurrenten für proprietären Lizenzen unterliegende Produkte handelt, ist letztlich nur eine banale, wenngleich richtige Feststellung.[102] Entsprechend muss der Europäischen Kommission sowie dem Bundeskartellamt daran gelegen sein, diesen realen Wettbewerb zu erhalten – ebenfalls im Rahmen der Fusionskontrolle. Deshalb ist es folgerichtig, zur Erhaltung der F/OSS Patentlizenzen aufzuerlegen, wenn entsprechende Patente gegen F/OSS eingesetzt werden könnten und dieses bei den Erwerbern naheliegt. Im Einzelnen kann die CPTN-Entscheidung mangels offener bzw. verfügbarer Quellen jedoch nicht nachvollzogen werden.

Die Anmerkung, dass die F/OSS-Natur einer Software allein nicht genügt, um möglichst dauerhaft Wettbewerb zu erhalten, ist im Grunde ebenfalls nicht zu kritisieren. Damit ist kein – abwertendes – Werturteil über F/OSS verbunden und ebenfalls kein Verkennen, dass eine Software, die einmal als F/OSS mit Copyleft veröffentlicht wurde, hinsichtlich dieser Natur kaum noch verändert werden kann und eben für alle Zeit F/OSS ist. Gleichwohl kann es eine marktrelevante Veränderung darstellen, wenn ein aktiv F/OSS anbietendes, marktstarkes Unternehmen durch ein anderes übernommen wird und dieses es sodann unternimmt, die Fortentwicklung dieser F/OSS einzustellen oder diese zumindest nicht mehr unter einer F/OSS-Lizenz der Allgemeinheit zur Verfügung zu stellen – dabei sei dahingestellt, welche dieser Fortentwicklungen wegen des Copylefts dennoch veröffentlicht werden müssten.[103] In jedem Fall droht dann eine Abnahme von Wettbewerb. Es könnte höchstens als Schmähung verstanden werden,[104] sonstigen Entwicklern nicht zuzutrauen, was diejenigen Sun Microsystems und deren Vorgänger bislang leisteten oder diese und ggf. noch weitere

---

[102] Zum somit wenig aussagefähigen (Anschaffungs-)Preis-Argument (7. Kapitel B. IV. 2. b. bb. (3)), gleichwohl müsse speziell Folgekosten, etwa Wartung, betrachtet werden – s. auch COMP/M. 5529, Tz. 244.

[103] Die bloß interne Nutzung (8. Kapitel A. II. 2) wird jedoch kaum eine effektive Umgehung sein können.

[104] Vgl. zumindest *Moglen* http://www.softwarefreedom.org/resources/2009/Oracle-Sun-EC-opinion.pdf, der die starke Wirkung der GNU GPL v2 und v3 betont: „GPL'd programs competing effectively against offerings of the richest and most powerful monopoly in the history of information technology have resisted the efforts of the monopolist to find a chink in its armor." (S. 2); „... GPL's overall design, which is to ensure the freedom of the software it protects regardless of the commercial motivations or behaviors of the parties distributing the primary upstream version." (S. 3) und meint daher: „The Commission's analysis underestimates the distinctive operation of GPL's copyleft under market conditions ..." (S. 3). Sein Ergebnis lautet u. a.: „In my view, the ...[Commission] reaches an incorrect conclusion in supposing that GPL itself provides insufficient protection against anti-competitive conduct by a copyright holder in Oracle's putative position. All scenarios likely to result from Oracle's acquisition of the copyrights, whatever Oracle's business intentions may be, are tolerable from the point of view of securing the freedom of the codebase, which is the primary concern of the communities I represent" (S. 10).

Oracles leisten könnten und dieses als unsubstituierbar darzustellen. Ein solcher Ansatz verkennt gleichwohl wirtschaftliche Realitäten: Etablierte Entwickler wie Sun/Oracle haben als wichtige „Player" andere Möglichkeiten – und bislang auch ein Interesse – das jeweilige Produkt voranzubringen.[105] Zusätzlich ist zu bedenken, dass im Übrigen nicht sichergestellt wäre, dass *Community*-Entwickler überhaupt und sodann gemeinsam daran arbeiteten –[106] noch ungeachtet der Möglichkeiten, die einem großen Unternehmen hinsichtlich Marketing etc. zur Verfügung stehen, die ein paar freiwilligen Entwicklern gerade nicht gegeben sind. Wenn die jeweils relevanten F/OSS-Lizenzen nicht einmal eine Copyleft-Klausel vorsehen, ist die Wirkung der F/OSS ohnehin deutlich schwächer – insbesondere darin, eine Software als F/OSS zu erhalten und das „Einflussgebiet" dieser ggf. über Copyleft gar zu vergrößern.

D. Die rechtliche Qualität weiterer Quellen

I. Leitlinien

Im Bereich des europäischen Kartellrechts begegnen dem Rechtssuchenden zahlreiche „Leitlinien". Diese seitens der Kommission veröffentlichten Dokumente sind weder Rechtsverordnungen noch für andere Behörden und erst recht nicht für Gerichte bindend,[107] erzielen möglicherweise faktisch aber über die Kommission hinaus auf andere Institutionen Wirkung.[108] Die Kommission selbst ist – in gewissen Grenzen – jedenfalls aus Erwägungen der Rechtsstaatlichkeit in Form des Vertrauensschutzes an ihre Äußerungen gebunden.[109]

Die Leitlinien erläutern nicht nur die Gruppenfreistellungsverordnungen (gleichen Namens[110]), sondern sollen zudem „Analyserahmen" für zahlreiche Arten von Handlungsweisen und Vereinbarungen sein. Des Weiteren

[105] S. auch COMP/M. 5529, Tz. 682 ff.: „does not automatically acquire an international market presence and competitive impact comparable to the current situation of MySQL overnight."

[106] COMP/M. 5529, Tz. 697.

[107] *Lubitz* EuZW 2004, S. 652 f.; *Hauck* 2008, S. 73 ff.; FrankfKomm/*Pohlmann*, Art. 81 III EGV Grundfr. Rdnr. 422.

[108] *Brachtel* 2006, S. 223 f.; *Matthiesen* 2010, S. 26; Krit. *Ackermann* in: Riesenhuber 2010, § 21 Rdnr. 10 ff.

[109] *Matthiesen* 2010, S. 26; *Klawitter* in: Wiedemann 2016, § 13 Rdnr. 34 ff.; *Korah* 2006, S. 23, 25; *Thomas* EuR 2009, S. 428 f.: zumindest, wenn das Vertrauen legitim ist; ebenfalls einschränkend *Brachtel* 2006, S. 183 f., welcher darauf verweist, dass die Kommission die Leitlinien selbst vorbehaltlich der Anerkennung durch die Gemeinschaftsgerichte ankündige: „Diese Leitlinien gelten vorbehaltlich der Auslegung des Artikels 101 AEUV und der TT-GVO durch den Gerichtshof und das Gericht der Europäischen Union." (TT-Leitl., Tz. 4). Dadurch kündigt die Kommission indes lediglich eine Selbstverständlichkeit an.

[110] Bzw. sachnaher Gebiete, so wie sich die Horizontal-Leitl. auf FuE- und Spezialisierungs-GVO konzentrieren.

existieren Leitlinien nicht zu den Gruppenfreistellungsverordnungen, sondern zu Art. 101 f. AEUV und Einzelfragen selbst. Im Gegensatz zu den Erwägungsgründen[111] der Gruppenfreistellungsverordnungen, welche die Kommission erlassen hat, sind sie kein verbindliches Auslegungsmaterial, lassen aber doch Motive der Kommission und somit den Willen des „historischen Gesetzgebers" bzw. Verordnungsgebers erkennen, zumal sie in aller Regel in zeitlicher Koinzidenz veröffentlicht werden; mithin hat die Kommission dadurch Einfluss auf die Auslegung des Art. 101 AEUV insgesamt, was auch kritisch gesehen wird.[112]

II. Bekanntmachungen

Ein weiteres Instrument der Kommission sind die „Bekanntmachungen", unter welchen *De minimis* hervorragt.[113] Für diese gilt das für Leitlinien Geschriebene, denn bei den Leitlinien handelt es sich ebenfalls nur um spezielle Bekanntmachungen.[114]

E. Verfahrensrecht zu Art. 101 AEUV, insbesondere nach der EGV 1/2003

Gruppenfreistellungen sind der Gegenentwurf zu einer (historisch erprobten) langwierigen, wenn auch individuellen, sicheren Einzelprüfung. Nach dem „Legalausnahme"-System der EGV – statuiert durch Art. 1 VO 1/2003 – sind ohnehin alle nach Art. 101 III AEUV bzw. Art. 81 III EGV einschließlich der Gruppenfreistellungsverordnungen freigestellten Vereinbarungen *ipso iure* – ohne amtliches Prüfungsverfahren – von Art. 101 I AEUV bzw. Art. 81 I EGV

---

[111] Zu denen (spöttisch) *Korah* 2006, S. 22 f.: „I have heard, however, that in the directives on intellectual property, the official who loses an argument and finds the Article drafted contrary to his wishes may be compensated by a recital that contradicts the Article, making interpretation difficult for those not involved in the drafting process."

[112] Nach *Ullrich* VPP-Rundbr. 2/2007, S. 60 (Fn. 95) sei eine Auslegung gegen die Leitlinien deshalb kaum möglich. Zurückhaltender gegenüber den Kommissions-Bekanntmachungen, zu denen auch alle Leitl. zu zählen sind: Immenga/Mestmäcker/*Ellger*, Art. 101 III AEUV Rdnr. 344. *Schwarze/Weitbrecht* 2004, S. 36 ff. indes sehen darin „faktische Rechtssetzung", welche nicht mehr der Kontrolle durch Rat oder Parlament unterfalle – vgl. auch *Korah* 2006, S. 130, 25. Die Bedeutung für die anwendenden Mitgliedsstaaten betont *Korah* 2006, S. 24. Grds. kritisch zur Kommission und auf Rechtsstaatlichkeit durch die Gerichte hoffend *Weitbrecht/Mühle* EuZW 2008, S. 560. Nach *Thomas* EuR 2009, S. 437 f. sei es die „Chimäre der sog. faktischen Rechtssetzung". *Ackermann* in: Riesenhuber 2010, § 21 Rdnr. 12 trotz Kritik: „Gleichwohl ist die hohe Meinung der Kommission des von ihr geschaffenen soft law nicht unberechtigt: Dessen faktischer Einfluss ... ist groß."

[113] 7. Kapitel B. IV. 3.

[114] *Ost* in: Loewenheim/Meesen/Riesenkampff, Einf. KartellverfO Rdnr. 29.

freigestellt, wobei dieses Verbot ebenfalls keiner behördlichen Prüfung bedarf.[115] Art. 1 I bzw. II VO 1/2003 verlangt nämlich „keine Entscheidung". Es wird höchstens *ex post* die Unvereinbarkeit erklärt.[116] Dies ist eigentlich nicht ungewöhnlich; die besondere Hervorhebung dieses (neuen) Systems lässt sich nur erklären, wenn das vorherige vergegenwärtigt wird, denn zuvor bedurfte es eines förmlichen Prüfungsverfahrens durch die Kommission.

Durch die Gruppenfreistellungsverordnungen ist es für Unternehmen nicht erforderlich den Nachweis zu erbringen, Art. 101 III AEUV zu erfüllen, sondern lediglich unter die[117] Gruppenfreistellungsverordnung(en) zu fallen.[118] Die Beweislast der Unternehmen ist dadurch verringert, dass zumindest im behördlichen Verfahren Bundeskartellamt bzw. Europäische Kommission freilich, dem Amtsermittlungsgrundsatz folgend, ebenso Tatsachen zu Gunsten der jeweiligen Unternehmen ermitteln.[119]

F. Zusammenfassung des europäischen kartellrechtlichen Instrumentariums

Das kartellrechtliche Instrumentarium umfasst mehrere sich ggf. überschneidende Tatbestände und Verordnungen, die für unterschiedliche Konstellationen geschaffen sind. Allein die Effizienz des Art. 101 AEUV einschließlich der Gruppenfreistellungsverordnungen wird in dieser Untersuchung überprüft werden, freilich in Ansehung der übrigen Instrumente. Die beachteten Fälle zur Softwareindustrie konzentrieren sich bislang auf Art. 102 AEUV und die Fusionskontrolle. Gerade in der Kommissionsentscheidung zu *Oracle./.Sun* ist die Wirkung der F/OSS recht ausführlich untersucht worden.

---

[115] *Kling/Thomas* 2016, § 5 Rdnr. 1 f., 264 ff.; *Enchelmaier* GRUR Int 2006, S. 675; *Drexl* GRUR Int 2004, S. 716 f.; *Schindler* 2008, S. 56; *Hansen/Schah* ECLR 2004, S. 465; *Heinemann* CR 2005, S. 718 f.; *Lejeune* CR 2004, S. 470 f.; *Klawitter* in: Wiedemann 2016, § 14 Rdnr. 12 ff.

[116] Vgl. *Kilian/Wendt* 2017, Rdnr. 420, welcher darin einen Konflikt zum Wort „erklärt" in Art. 101 III AEUV sieht; das System sei „rechtlich bedenklich".

[117] Bzw. eine – 7. Kapitel C. I. 9.

[118] *Schultze/Pautke/Wagener* 2005, Rdnr. 16; *Baron* WuW 2006, S. 365.

[119] *Podszun* in: Gebauer/Wiedmann 2010, Kap. 24 Rdnr. 47.

7. Kapitel

Analyserahmen zur Beurteilung von Softwarevereinbarungen nach Maßgabe des Art. 101 AEUV

Nach Legung der Grundlagen und nachdem das System des europäischen Kartellrechts der Art. 101 ff. AEUV vorgestellt wurde, wird im Folgenden ein konkreter Rahmen abgesteckt, der in dem anschließenden Kapitel dazu dienen wird, spezifische Überlassungsmodalitäten und Klauseln im Rahmen des Art. 101 AEUV zu untersuchen. Dabei erfahren die Anwendungsvoraussetzungen der relevanten Gruppenfreistellungsverordnungen umfangreichere Beachtung. Ebenfalls werden Kriterien zur Marktabgrenzung erarbeitet. „Die meisten Lizenzvereinbarungen schränken den Wettbewerb nicht ein", ist die erklärte Hypothese der Kommission,[1] die im Anschluss der softwarespezifischen Überprüfung überstellt werden wird. Art. 101 AEUV verlangt, Vor- (Abs. I) und Nachteile (Abs. III) zu summieren,[2] wofür zunächst Nachteile festzustellen sind.[3] Zuvor bleibt noch zu überlegen, wie europäisches Recht überhaupt anzuwenden bzw. in Zweifelsfragen auszulegen ist, was insbesondere im Hinblick auf Gruppenfreistellungsverordnungen vorab zu erörtern ist.

A. Vorfrage: Europäisches Recht und europäische Methodenlehre

Da hauptsächlich europäisches (Primär- und Sekundär-)Recht, also Recht der Europäischen Union, untersucht wird, ist zu diskutieren, wie mit diesem zu operieren ist – insbesondere im Vergleich zum überkommenen Umgang mit deutschem Recht. Die im späteren Verlauf der Arbeit durchzuführenden Operationen werfen – dies vorwegnehmend – diverse Fragen auf; insbesondere die Fragen nach den Anwendungsvoraussetzungen einzelner Gruppenfreistellungsverordnungen[4] sowie nach einer analogen Anwendung.[5]

---

[1] TT-Leitl., Tz. 9, ähnlich Tz. 17.

[2] Etwa Horiz-Leitl., Tz. 4, 20: also die Wettbewerbsschädigungen (= Art. 101 I AEUV) gegen den wirtschaftlichen Nutzen (= Art. 101 III) abzuwägen. *Anderman/Kallaugher* 2006, Rdnr. 4.82 f. weisen dabei berechtigt auf die Schwierigkeit oder Unmöglichkeit exakter Quantifizierbarkeit von Vor- und Nachteilen auch in Anbetracht bloß spekulativer Auswirkungshypothesen hin.

[3] 1. Kapitel D. I.

[4] Ab 7. Kapitel C. I.

[5] 7. Kapitel A. II. 2. c.

I. Deutsche Methodenlehre als Ausgangs- und Vergleichspunkt

Im Rahmen eines Vergleichs, von der deutschen Methodenlehre ausgehend, führt die Beobachtung zum ernüchternden Ergebnis, dass es bereits an einer einheitlichen, allgemein anerkannten und erst recht einer normierten „deutschen“ Methode zur Auslegung und Analogienbildung fehlt.[6] Gleichwohl ist die Berufung auf *Savignys* Auslegungskanon weit verbreitet, und die objektiv-teleologische Auslegung kann wohl als nach vorherrschender Auffassung vorrangige Auslegungsmethode bezeichnet werden. Eine Abkehr bzw. Rückkehr[7] zu einem Methodengesetz oder *Zitiergesetz*[8] ist (gegenwärtig) dennoch nicht erdenklich.[9]

Im Hinblick auf die „richtige“ Auslegung von Ausnahmen (einschließlich Schranken) ist es im Urheberrecht umstritten, ob diese stets *eng*[10] oder aber *richtig* auszulegen seien.[11] Hinsichtlich der Anforderung an eine Analogie werden – nicht unbestritten[12] – überwiegend, wenn ggf. auch mit anderen Worten, (I.) das Fehlen einer Regelung als (II.) planwidriges Ergebnis und (III.) eine

---

[6] Nach *Henninger* 2009, S. 75 gebe es aber wohl zumindest eine vorherrschende Essenz; vgl. auch „Methodenkrise“ bei *Rüthers/Fischer/Birk* 2016, Rdnr. 640 (zur Kritik daran die nachfolgenden Rdnr. ebd.).

[7] Beispiele für solche Vorschriften sind der österreichische § 6 AGBG („Einem Gesetze darf in der Anwendung kein anderer Verstand beigelegt werden, als welcher aus der eigentümlichen Bedeutung der Worte in ihrem Zusammenhange und aus der klaren Absicht des Gesetzgebers hervorleuchtet.“) oder der schweizerische § 1 ZGB („Das Gesetz findet auf alle Rechtsfragen Anwendung, für die es nach Wortlaut oder Auslegung eine Bestimmung enthält. Kann dem Gesetz keine Vorschrift entnommen werden, so soll das Gericht nach Gewohnheitsrecht und, wo auch ein solches fehlt, nach der Regel entscheiden, die es als Gesetzgeber aufstellen würde. Es folgt dabei bewährter Lehre und Überlieferung.“). Vgl. *Vogenauer* 2001 I, S. 28 ff. (S. 29 Fn. 15 enthält weitere Fn. als Verweise auf frühere deutsche Regeln).

[8] Welches etwa in Fällen des rechtlichen Streitstandes den veröffentlichten Stimmen einzelner Autoren (bzw. Rechtsschulen) größeres Gewicht zubilligte – vgl. für historische Vorbilder *Kunkel/Schermaier* 2005, S. 200 ff., *Liebs* 1999, S. 88 ff. (nach Letzterem seien diese „trauriges Dokument geistiger Selbstlosigkeit“, S. 90).

[9] Und zudem verfassungsrechtlich zumindest bedenklich.

[10] In BGH, Urt. v. 24.1.2002 – I ZR 102/99 – „Verhüllter Reichstag“ = GRUR 2002, S. 605 ff. ist zumindest eine Einschränkung dieses Grundsatzes zu erkennen: „... wie alle auf der Sozialbindung des geistigen Eigentums beruhenden Schrankenbestimmungen der § 45 ff. UrhG grundsätzlich eng auszulegen sind (st. Rspr. ...). Dies hat seinen Grund weniger darin, dass Ausnahmevorschriften generell eng auszulegen wären, sondern beruht darauf, dass der Urheber an der wirtschaftlichen Nutzung seiner Werke tunlichst angemessen zu beteiligen ist und daher die ihm hinsichtlich der Werkverwertung zustehenden Ausschließlichkeitsrechte nicht übermäßig beschränkt werden dürfen.“ (S. 605 f.).

[11] Vgl. 7. Kapitel A. II. 2. c. cc.

[12] *Kelsen* 2008, Rdnr. 105 f. wendet sich bereits gegen die Vorstellung einer Lücke; vielmehr handele der „Lückenfüller“ womöglich im Rahmen des Auftrages des Gesetzgebers, eine Norm doch oder eben nicht anzuwenden. Bei der „Lücke im Gesetz“ handele es sich um eine „ideologische Formel“. Demnach ist die Lücke nicht Lücke im Gesetz, sondern ggf. lediglich ein ordinärer Anwendungsfall des Gesetzes – oder eben ganz außerhalb der Rechtsregel.

vergleichbare Interessenlage zwischen geregelten und nicht geregelten Fallsituationen als Anforderungen formuliert.[13]

II. (Ausgebliebener?) Europäischer Methodendiskurs

Europäisches Recht wird seit geraumer Zeit – nicht zuletzt seitens des EuGH – angewandt (und ggf. gebildet[14]). Dies setzt eine Auslegung zwingend voraus, nicht aber unbedingt eine umfassende Auseinandersetzung mit den Regeln solcher Auslegungsvorgänge und ebenso wenig eine konsequente Um- und Fortsetzung einer beschrittenen Auslegungspraxis.[15] Bislang haben es die Organe der Union auch nicht für notwendig erachtet, in diesem Sektor regelnd tätig zu werden, was zumindest jene verwundern sollte, welche die EU als regulierungswütigen Moloch zu charakterisieren pflegen. Die (deutsche) Literatur nahm sich hingegen solcher Fragestellungen bereits an[16] – und *Martens* legte eine „normative Methodenlehre" mit europäischem Anspruch vor, die nicht nur die Anwendung von „nationalen" Methoden an supranationalem Recht sein soll.[17] Da es auch der Bundesrepublik Deutschland mit ihren historisch ver-

---

[13] Etwa BGH, Urt. v. 13.3.2003 – I ZR 290/00 = NJW 2003, S. 1932 ff.: „Eine Analogie ist nur zulässig, wenn das Gesetz eine planwidrige Regelungslücke … und der zu beurteilende Sachverhalt in rechtlicher Hinsicht so weit mit dem Tatbestand vergleichbar ist, den der Gesetzgeber geregelt hat, dass angenommen werden kann, der Gesetzgeber wäre bei einer Interessenabwägung, bei der er sich von den gleichen Grundsätzen hätte leiten lassen wie bei dem Erlass der herangezogenen Gesetzesvorschrift, zu dem gleichen Abwägungsergebnis gekommen." (S. 1933). Vgl. *Larenz/Canaris* 1995, S. 191 ff.

[14] Sofern die Rspr. des EuGH und ggf. auch die des EuG als Richterrecht im Sinne einer Rechtsquelle qualifiziert wird, wobei dem EuGH eine starke Rolle bei der Entwicklung des europäischen Rechts zugeschrieben wird: „Die richterliche Rechtsfortbildung ist damit ebenso wie schon zuvor in den Mitgliedsstaaten auch in der Europäischen Union zu einem maßgeblichen Faktor der Rechtsentwicklung geworden … mindestens ebenso … wie die Rechtsakte der anderen Gemeinschaftsorgane." – *Schulze/Seif* in: Schulze/Seif 2003, S. 1.

[15] Vgl. *Pechstein/Drechsler* in: Riesenhuber 2010, § 8 Rdnr. 10 ff.: Dem EuGH werden höchstens in der Tendenz bei Primärrecht objektive und der Auslegung des Sekundärrechts eher subjektive Tendenzen zugesprochen. Im Ergebnis (Rdnr. 61): „Die vom Gerichtshof angewandten Auslegungsmethoden orientieren sich an den nationalen und völkerrechtlichen Methodengrundsätzen". Des Weiteren wird in Folge der Rechtsprechungsbeobachtung aber keine klare, einheitliche Methode des EuGH zu erkennen vorgegeben. Neben den bekannten Auslegungsregeln ist bzgl. der Gemeinschaft noch die Erwägung eines „in dubio pro consumente" sowie die zumindest im Rahmen des deutschen Methodensdiskurses oftmals widerlegte, aber – insbes. im Urheberrecht – auch von BGH aufrechterhaltenen Regel der „engen Auslegung von Ausnahmen" (vgl. Fn. 10 zuvor) zu erörtern – s. (abl.) *Riesenhuber* in: Riesenhuber 2010, § 11 Rdnr. 53 ff. Vgl. auch *Stoz* in: Riesenhuber 2010, § 22 Rdnr. 13 ff.

[16] Vgl. „Die Notwendigkeit einer europäischen Methodenlehre" – *Rüthers/Fischer/Birk* 2016, Rdnr. 648a; *Martens* 2013, S. 3 f.: „Vor allem aber fehlt es an einer europäischen Methodenlehre, d. h. einer theoretischen Grundlegung der juristischen Arbeit an und mit dem europäischen Unionsrecht."

[17] *Martens* 2013.

wurzelten Mitgliedsstaaten[18] nach über 60 Jahren nicht gelungen ist, eine klar beschriebene, allgemein akzeptierte Methodenlehre zu formulieren, ist dieses erst recht und insbesondere nicht zeitnah für die Europäische Union zu erwarten.

Die fortschreitende Harmonisierung im Immaterialgüterrecht unterstreicht indes die Notwendigkeit klarer wie einheitlicher Operationsregeln. Immerhin setzt sich der Trend zunhemend fort, zunächst nur durch Völker- und supranationales Recht vorgegebene nationale Rechte mit begrenzter, eben nur nationaler Wirkung[19] durch supranationale Schutzrechte zu substituieren (wie die Gemeinschaftsmarke, das Gemeinschaftsgeschmackmuster und das erwartete Gemeinschaftspatent[20]).

1. Methodik zur Findung und Bildung europäischen Rechts

Neben den lesbaren Rechtsquellen[21] des Gemeinschaftsrechts, also insbesondere den konstituierenden Verträgen als Primärrecht sowie dem darauf aufbauenden Sekundärrecht[22] als Folge der Autopoiesis bzw. Ermächtigung zur Rechtssetzung, wird darum gerungen, Methoden zu formulieren, dieses Recht zu ergänzen. Einerseits werden neue, zu kodifizierende Rechtsregeln vorgeschlagen,[23] andererseits soll Recht erkannt bzw. entdeckt werden – etwa (induktiv zu findende) übergreifende Prinzipien[24] des Europäischen Privatrechts[25] und des geistigen Eigentums.[26] Solche Prinzipien können als Ergänzung des Gemeinschaftsrechts[27], als Korrektiv des Gemeinschaftsrechts[28] oder auch als Maßgabe für nationales Recht[29] zum Einsatz gebracht werden. Etablierte Methodik des Entdeckens ist insbesondere die europäische sowie historische Rechtsvergleichung.

---

[18] Hierbei ist zu berücksichtigen, dass die heutigen Länder nicht den historischen Staaten etwa des Heiligen Römischen Reiches Deutscher Nationen oder des (2.) Deutschen Reiches zu einem bestimmten Zeitpunkt entsprechen.

[19] Vgl. *Lang* 2009, S. 309 f. (5. These).

[20] *Luginbühl* GRUR Int 2010, S. 97 ff. etwa votierte bereits zu Zeiten des EPÜ für eine einheitliche Auslegung, insbes. durch ein gemeinsames Rechtsmittelgericht.

[21] Hierzu ausführlich *Martens* 2013, S. 123 ff.

[22] *Metzger* 2009, S. 121 ff. (mit Betonung der Bedeutung der Art. 81 ff. EGV) – einschließlich der Rechtsprechung sowie der Rechtsgrundsätze.

[23] Etwa der *Wittem Code* oder die Arbeitsergebnisse zahlreicher weiterer Gruppen (s. etwa *Metzger* 2009, S. 3 ff.).

[24] Dazu *Metzger* 2009, S. 13 ff. (Überblick), S. 25 ff. (eigene Definition, welche den Induktionsschluss [s. dazu S. 59 ff.] als Methode in das Zentrum rückt); *Metzger* Rth 2009, S. 315 f., 317 f., 327 ff. Vgl. dazu *Martens* 2013, S. 148 Fn. 124.

[25] Zu den Wirren dieses Begriffes *Metzger* 2009, S. 111 f.

[26] Dafür tritt *Ohly* in: Leistner 2010, S. 207 f. ein. Als solches gemeinsames Prinzip gilt diesem das Lizenzwesen, also die Möglichkeit der Einräumung von Nutzungsrechten – S. 203.

[27] *Metzger* 2009, S. 395 ff.

[28] *Metzger* 2009, S. 392 f., 404 ff.

[29] *Metzger* 2009, S. 404.

2. Methodik zur Auslegung und Analogiebildung im europäischen Recht

a. Europäischer status quo

Im Rahmen der Anwendung des europäischen Rechts bedarf es gerade bei schwierig gelagerten Fällen unzweifelhaft der Auslegung. Dies gilt hinsichtlich der Auslegung der unmittelbar anwendbaren Imperative der Gemeinschaft, aber auch bei der Bestimmung des jeweils nationalen Rechts. Letzteres insbesondere im Falle von Richtlinien, die im Hinblick auf den Transformationsvorgang Anforderungen an das nationale Recht stellen. Hierfür ist es sodann ein notwendiger Zwischenschritt das europäische Recht auszulegen, um dessen Anforderungen an das nationale Recht zu ermitteln; dies gilt gerade dann, wenn die jeweilige Rechtsquelle keine Vollharmonisierung vorgibt. Dies gilt ebenfalls in jedem anderen Fall einer europarechtskonformen Auslegung. Mithin stellt sich die allgemeine Frage, wie *europäisch* auszulegen ist.

Zunächst ist zu beobachten, dass sich trotz unterschiedlichen nationalen Rechts und grundverschiedener Rechtsordnungen – für welche protagonistisch einerseits das kontinentaleuropäische *Civil Law* sowie andererseits das *Common Law* des Vereinigten Königreiches stehen – sowie sonstiger kultureller Unterschiede keine fundamentalen, deutlich beobachtbaren Kontroversen innerhalb der Rechtsanwendung ereignet haben.[30] Selbst ohne legislativ festgelegte Auslegungsregeln[31] scheint die Union also handlungs- bzw. rechtsanwendungsfähig.[32] Kritik, welche zahlreich geäußert wird, betrifft häufig das Vorhandensein europäischer Regelungen selbst – oftmals als Überregulierung oder auch Ausdruck eines „Regulierungswahns“ wahrgenommen – und nicht die spezifischen Anwendungen etwaiger Normen.[33] Dies mag sich durch gemeinsame historische Wurzeln – insbesondere das römische Recht[34], das Römische Reich sowie die Institution (Römische) Kirche – und Bänder, welche

[30] *Martens* 2013, S. 124 f. geht von einer Annäherung der Systeme in der EU aus.

[31] Vgl. *Henninger* 2009, S. 445, der für Richter Folgendes empfiehlt: Festlegung der Rechtsquellen, der Auslegungsregeln (ohne Rangfolge), begrenzter Präjudizienbindung mit Blick auf die „folgende Rechtsentwicklung“ sowie der Pflicht, zumindest im Falle einer „überwiegenden Rechtslehre“ sich mit dieser auseinanderzusetzen.

[32] Dennoch sei das „Gemeinschaftsrecht … von einer kohärenten und in sich wertungsmäßig folgerichtigen Ordnung weit entfernt“ – *Rüthers/Fischer/Birk* 2016, Rdnr. 648a.

[33] Gleichwohl fehlt es vereinzelt auch an solcher Kritik nicht, wie der Widerstand hinsichtlich des *Mangold*-Urteils (EuGH, Urt. v. 22. 11. 2005 – C-144/04 – „Mangold“ = NJW 2005, S. 3695) betreffend „Altersdiskriminierung“ aufzeigt. Dennoch hat das BVerfG diese Kritik zumindest in dieser Schärfe nicht teilen können (BVerfG Beschl. v. 6. 7. 2010 – 2 BvR 2661/06 = NJW 2010, S. 3422 ff. Auf das Sondervotum eines BVerfG-Richters wird verwiesen.). S. zu „Methodenwillkür“ und „ausufernden Rechtssprechungspraxis“ des EuGH *Rüthers/Fischer/Birk* 2016, Rdnr. 648a.

[34] Welches durch *Proculianer* und *Sabinianer* bereits große Kontroversen kannte, wenngleich es dennoch umstritten ist, inwieweit sich dabei bereits gefestigte Schulen gegenüberstanden.

alle Verschiedenheiten weitgehend überlagern mögen, erklären[35]; oder auch als sich aus der Vernunft ergebend verstehen lassen.[36] Rechtsprinzipien können gerade ebenfalls für die Auslegung herangezogen werden, gefundene Rechtssätze[37] eine Auslegung überflüssig werden lassen oder begrenzen. Andererseits sind selbstverständlich Fälle präsent, in welchen den europäischen Organen das Verlassen der Ermächtigungsgrundlagen und der rationalen Argumentation vorgeworfen wird – doch scheinen dies Ausnahmen zu sein, die das Gegenteil als Regel zu begreifen erlauben.

Das – je nach Empfinden bzw. Analyse – mehr oder minder Funktionieren *in praxi* entlastet jedoch nicht davon, entsprechende Überlegungen anzustellen oder zumindest verwendete Methoden offenzulegen. Bereits der erste überkommene Auslegungstopos – die Orientierung an Sprache einschließlich Thesaurus wie Grammatik – wirft die Frage auf, ob eine der zahlreichen Sprachen Europas bzw. der Gemeinschaft ggf. Vorrang verdient: Dies gilt insbesondere, weil in den Gremien bevorzugt Englisch oder Französisch (speziell am Europäischen Gerichtshof) gesprochen und geschrieben wird und diese Varianten oftmals Grundlage für (erst später) erfolgende Übersetzungen sind, zumal etwa die Verfahrenssprache in Urteilen angegeben wird. Methodenlehre darf sich dabei nicht daran orientieren, ob ein solches Vorgehen „diskriminierend" wäre,[38] sondern muss fragen, ob „Ursprungsfassungen" einen gewissen (Erkenntnis-) Vorrang einnehmen können, also dem Gemeinten näher sind als abhängige, dementsprechend nachgelagerte Übersetzungen.[39] Eine Begrenzung dieses Vorrangs muss aber dann vorgenommen werden, wenn dieses gefundene Verständnis anderen Sprachübersetzungen widerspräche, da dann tatsächlich eine Diskriminierung dergestalt vorläge, dass Unionsrecht für diese Adressaten nicht

---

[35] Bzgl. der europäischen Gemeinsamkeiten bei Urteils*stilen Meyer-Pritzl* in: Schulze/Seif 2003, S. 56 f., welcher große Gemeinsamkeiten der kontinentaleuropäischen Länder bis in das 18. Jhdt. behauptet, im Anschluss jedoch größere Stilunterschiede sich entwickeln sieht. S. dazu *Czeguhn* in: Schulze/Seif 2003, S. 70 f. Umfassend zur Geschichte der Gesetzesauslegung *Vogenauer* 2001 I, S. 430 ff.

[36] Jedenfalls stellt *Vogenauer* 2001 II, S. 1332 nach Ablehnung vier verbreiteter Thesen bzw. Vorurteilen selbst die These auf, dass sich die Auslegungsmethoden auf dem europäischen Kontinent und im Vereinigten Königreich nicht wesentlich unterscheiden und höchstens im Detail im Ergebnis zu Abweichungen führten – Abweichungen gebe es im gleichen Umfang auch zwischen den Kontinentalrechtsordnungen selbst. Als dritte These formuliert er den starken Einfluss des kanonischen Rechts; das (spätere) Vereinigte Königreich habe zwischen dem 13. und 18. Jhdt. im „großen Umfang" kontinentale Methoden rezipiert.

[37] Vgl. 7. Kapitel A. II. 1.

[38] Als Argument dient dabei Art. 314 EGV: *Neuner* in: Riesenhuber 2010, § 13 Rdnr. 4; beitretend *Stoz* in: Riesenhuber 2010, § 22 Rdnr. 14. Art. 314 EGV (der AEUV enthält diese Vorschrift logischerweise nicht, aber auch keine entsprechende abgesehen von Art. 340 AEUV = Art. 290 EGV) trifft jedoch lediglich eine Aussage zu der Verbindlichkeit des Vertrages in den verschiedenen Sprachen (in verschiedenen Beitrittsschritten). Daraus folgt keine allgemeine europäische Sprachengleichbehandlung.

[39] Vgl. *Martens* 2013, S. 343.

verständlich wäre, was wiederum dem Rechtsstaatsprinzip widerspräche. Eine systematische Auslegung, der Schluss aus der Gegenüberstellung mit anderen Normen ist ebenfalls durchzuführen.

Der EuGH selbst orientiert sich vorrangig an der teleologischen Auslegung,[40] wobei ihm relativ geringe Beachtung oder zumindest Zitierung der Literatur[41] (zu Recht) zugeschrieben wird.[42] Dem ist in Bezug auf die teleologische Auslegung beizupflichten, wodurch sich wiederum eine zu Deutschland vergleichbare Lage ergibt.[43] Dabei ist seitens der europäischen Gerichte der *Effet Utile* besonders zu berücksichtigen[44] – und im Besonderen beim Kartellrecht die Effizienz.[45] Zu bemerken bleibt, dass im europäischen Recht grundsätzlich von einer „autonomen" Auslegung auszugehen ist, was bezeichnet, dass im Falle originär „unionsrechtlicher" Bestimmungen kein Rückgriff auf nationale Ursprünge durchzuführen ist, sondern vielmehr solche genuin europäischen Begriffe losgelöst von fremden (Binnen-)Rechtsordnungen ausgelegt werden,[46] sofern denn nicht ein gemeinsames europäisches Prinzip zu finden und ausleuchtend anzulegen ist. Dies gilt ebenso für europäisches Sekundärrecht, zu dem nach Art. 103 und Art. 105 III AEUV ebenfalls die Gruppenfreistellungsverordnungen als auf der Basis des AEUV geschaffenes Recht zu zählen sind.[47]

b. Die Rolle der ökonomischen Analyse als Auslegungskriterium

Vordringlich ist das Bedürfnis, Rechtssätze ökonomisch zu analysieren. Dies umfasst eine Betrachtung betroffener Akteure, die Nachzeichnung von deren Interessen, Augenmerk für die jeweiligen Anreizstrukturen sowie die Auswirkungshypothese verschiedener Rechtsoptionen. Nach wie vor fällt es jedoch schwer, neben generellen Hinweisen zu Anreizen konkrete Werte zu quantifizieren.[48] Dabei kann zweierlei unter der ökonomischen Analyse eines Rechtssatzes verstanden werden: einerseits die ökonomisch sinnvollste Auslegung (*positive Analyse*), andererseits die Ermittlung eines (noch) nicht bestehenden, ökonomisch idealen oder zumindest besseren Rechtssatzes (*präskriptive Analyse*).[49] Letzteres geschieht in deutschen Gesetzgebungsverfahren zumindest rudimentär im Rahmen der Gesetzesfolgenabschätzung, in deren Schau eben

[40] *Martens* 2013, S. 456 ff.

[41] Zur möglichen Rolle einer europäischen Rechtswissenschaft: *Martens* 2013, S. 285 ff.

[42] *Dederichs* 2004, S. 134 ff.; *Henninger* 2009, S. 321; *Martens* 2013, S. 290 f., der zumindest einen „teilweise regen Austausch" annimmt.

[43] 7. Kapitel A. I.

[44] *Gebauer* in: Gebauer/Wiedmann 2010, Kap. 3 Rdnr. 7; *Martens* 2013, S. 472 ff.

[45] FrankfKomm/*Pohlmann,* Art. 81 III EGV Grundfr. Rdnr. 414.

[46] Vgl. EuGH, Urt. v. 4. 10. 2011 – Rs. C-403/08 u. C-429/08 – „Premier League", Tz. 154.

[47] *Saria* in: Liebscher/Flohr/Petsche, § 1 Rdnr. 87 ff.

[48] Bspw.: *Schmidt* 2010, S. 132 ff.

[49] *Petersen/Towfigh* in: Towfigh/Petersen 2010, S. 4 f., 8 ff.

die durch das Gesetz verursachten Kosten stehen. Das Potential dieser Methodik geht darüber jedoch weit hinaus und greift nicht erst bei einem konkretisierten Gesetzesentwurf, sondern bereits bei der Findung solcher.

In beiden Anwendungsfällen wird das Modell des *homo oeconomicus* den Prognosen zugrunde gelegt und mithin das rational-eigennützige Verhalten zahlreicher Individuen als Reaktionen auf Anreize und Reaktionen durchdacht[50] – es sei denn, es wird neueren Ansätzen wie *Behavioral Economics* gefolgt.[51] Trotz aller „Ökonomisierung" handelt es sich bei der ökonomischen Analyse jedoch (noch?) um keinen allgemeinen Auslegungstopos; gleichwohl können entsprechende Erwägungen im Rahmen der Bestimmung eines objektivierten Gesetzeszweckes und in Hinblick auf betroffene Interessen herangezogen werden.[52] Ob dabei einer Norm erst dadurch Sinn gestiftet oder der Sinn umgewidmet wird, ist keine spezifische Fragestellung, die nicht ebenso die Anwendung anderer Auslegungsmethoden betrifft.[53]

Erörterungswürdig ist aber in jedem Fall, wie sich die ökonomische Ausrichtung des (europäischen) Kartellrechts auf dessen Handhabung auswirkt.[54] Ökonomische bzw. effektgeleitete, funktionale Begriffsauslegung[55] wie desgleichen wechselnde Vorstellungen bzgl. ökonomischer Lehren, Ideen usf.[56] fließen in jedem Fall in die Anwendung und Auslegung dieser Rechtsvorschriften ein, denn dieses ist bereits tatbestandlich vorgesehen.[57] Neben dieser tatbestandlichen Festlegung, also mithin einer selbstverständlichen ökonomischen Betrachtung zumindest im Hinblick auf die Prognose der Auswirkung konkreter Fälle, ist der *More Economic Approach* der momentane Modebegriff des Kartellrechts schlechthin, der sich gerade nicht nur auf den Wandel der Rechtsvorschriften – eben durch die Modernisierung der Gruppenfreistellungsverordnungen und deren neuer Schirmfreistellungsgestalt – bezieht, sondern auch auf deren Anwendung, und einen stärker ökonomisch effekt-orientierten

[50] *Kirchgässner* 2013, S. 12 ff.; *Hannemann/Dietlein/Nordmeyer* ZJS 2013, S. 166 f. m. w. Nachw.

[51] „Der *homo oeconomicus* erhielt [hierdurch] ein menschliches Antlitz" – *Eidenmüller* 2015, S. VI.

[52] Vgl. zur teleologischen Auslegung *Petersen/Towfigh* in: Towfigh/Petersen 2010, S. 9 f.; *Martens* 2013, S. 103 ff. Welche Rolle die ökonomische Analyse im deutschen Recht spielen kann, hat umfangreich *Eidenmüller* 2015, passim untersucht – er sieht ihre Rolle primär in der Gesetzgebung, nicht in der Auslegung, allerdings sei der Gesetzgeber nicht zur Nutzung dieser Methodik verpflichtet (S. 486 f.).

[53] Zur „schöpferischen Erkenntnis" *Larenz/Canaris* 1995, S. 221 ff.

[54] *Ackermann* in: Riesenhuber 2010, § 21 Rdnr. 2, welcher das Kartellrecht ohnehin für eine eigenständige, weitgehend verselbstständigte Subdisziplin für Experten erachtet (Rdnr. 1).

[55] *Ackermann* in: Riesenhuber 2010, § 21 Rdnr. 15 f.

[56] *Ackermann* in: Riesenhuber 2010, § 21 Rdnr. 21 – was bislang allerdings keine Manifestation bzw. Auswirkung am EuGH, jedoch bei der Kommission erfahren habe (Rdnr. 22).

[57] Etwa Art. 2 FuKoV.

Ansatz postuliert.[58] Einhergehend damit ist die gegnerische Kritik, damit sei das widerstreitende Prinzip der Rechtssicherheit gefährdet.[59] Von Ökonomisierung betroffen kann aber ebenfalls die Gerechtigkeit – sei sie zumindest als Mindestmaß an Verfahrensrechten und Gleichheitspostulaten verstanden – selbst sein. Daraus folgt, dass trotz der Effizienzbestrebungen ökonomische Aspekte nicht allein den Ausschlag geben dürfen, sondern höchstens im Rahmen der Rechtsordnung Vorrang zugebilligt werden kann. Bei zu großer Beachtung der ökonomischen Aspekte drohe eine „Vergewaltigung des Rechts im Namen der Effizienz".[60] Eine solche Maßlosigkeit scheint höchstens nach vereinzelten Stimmen im Kartellverfahrensrecht zu drohen.[61]

Vorliegend ist zudem (europäisches) Immatarielgüterrecht zu bewerten. Auch bei dessen Auslegung kann sich einer ökonomischen Betrachtung nicht verschlossen werden, ist doch europäisches Recht genuin ökonomisch bedingt,[62] zumal selbst das Urheberrecht einer ökonomischen Zielvorstellung unterliegt:[63] nämlich der Erhöhung kreativer Schaffenskraft und deren ökonomische Verwertung[64] bzw. im europäischen Kontext zudem die Schaffung eines Binnenmarktes durch harmonisierte Rechte.

Gerade im Kartellrecht ist im Rahmen der Auslegung und Anwendung eine ökonomische Folgenanalyse ohnehin geboten, sodass es insoweit keiner grundsätzlich neuen Impulse bedarf, selbst wenn die Frage der Ausgestaltung gewiss variabel wie wandelbar sein mag. Gleichsam muss sich natürlich das Kartellrecht – wenn auch auf anderer Ebene – selbst, egal ob es Primär- oder Sekundärrecht ist, ebenfalls einer ökonomischen, an den eigenen Zielvorstellungen gemessenen Analyse stellen.[65]

c. Übergang zwischen Auslegung und Rechtsfortbildung und deren Anforderungen

Rechtsanwendern erscheinen Gesetze in bestimmten Fällen „lückenhaft"[66], sodass es ihnen an solchen Stellen, an denen der Gesetzgeber eben eine Lücke gelassen haben mag, an einer Lückenfüllung liegt. Dabei wird – zumindest in

---

[58] Vgl. auch 5. Kapitel B. I.

[59] 5. Kapitel B. I.

[60] *Lamping* 2010, S. 441.

[61] *Jahn* FAZ v. 26. 1. 2011 (21), S. 23: „Erschaudern ließ die deutschen Strafrechtler hingegen das Rechtsstaatsverständnis der EU-Kommission in ihren Kartellverfahren. (…) Den Strafrechtsprofessor … erinnerte all dies gar an den ‚üblen feudalistischen Inquisitionsprozess' früherer Tage."

[62] Vgl. *Reich* 2006, S. 210 ff.

[63] S. dazu noch u. 10. Kapitel C. II.

[64] *Reich* 2006, S. 229.

[65] 10. Kapitel C.

[66] Zum Fehlen eines allgemein anerkannten (europäischen) Lückenbegriffes: *Martens* 2013, S. 505 ff.

der deutschen Methodenlehre – zwischen der teleologischen Extension als Auslegung und der Analogie als besonderer, neubegründender Form, die „Wortsinngrenze" überschreitend, unterschieden. In anderen Mitgliedsstaaten werden beide Formen als *Interpretation* (Auslegung) verstanden, was ebenso für den EuGH gilt,[67] welcher sich im Allgemeinen nicht an „Lücken" orientiert und nur vereinzelt „Schweigen" oder „Fehlen" der Vorschriften behandelt.[68]

Je nach Systematisierung kann die (richterliche) Rechtsfortbildung (*praeter legem, contra legem* usf.) noch weit über die Analogie hinausgehen. Eine Berechtigung des EuGH zur Rechtsfortbildung selbst wird weitgehend anerkannt und etwa in den überlieferten Grundsätzen (Art. 6 I EU) oder in einzelnen Kompetenzbeschreibungen der Verträge gesehen.[69] Dazu meint das Bundesverfassungsgericht: „Zwar ist dem Gerichtshof keine Befugnis übertragen worden, auf diesem Wege Gemeinschaftskompetenzen beliebig zu erweitern; ebensowenig aber können Zweifel daran bestehen, daß die Mitgliedsstaaten die Gemeinschaft mit einem Gericht ausstatten wollten, dem Rechtsfindungswege offenstehen sollten, wie sie in jahrhundertelanger gemeineuropäischer Rechtsüberlieferung und Rechtskultur ausgeformt worden sind."[70] Des Weiteren wird ausgeführt: „... das römische Recht, das englische *common law*, das Gemeine Recht waren weithin richterliche Rechtsschöpfungen ebenso wie in jüngerer Zeit etwa in Frankreich die Herausbildung allgemeiner Rechtsgrundsätze des Verwaltungsrechts durch den Staatsrat oder in Deutschland das allgemeine Verwaltungsrecht, weite Teile des Arbeitsrechts oder die Sicherungsrechte im privatrechtlichen Geschäftsverkehr. Die Gemeinschaftsverträge sind auch im Lichte gemeineuropäischer Rechtsüberlieferung und Rechtskultur zu verstehen. Zu meinen, dem Gerichtshof der Gemeinschaften wäre die Methode der Rechtsfortbildung verwehrt, ist angesichts dessen verfehlt. Das BVerfG ist auch bislang schon davon ausgegangen, daß der Gerichtshof subjektive Rechte des privaten Einzelnen aus allgemeinen Rechtsgrundsätzen entwickeln darf."[71]

aa. Allgemeines zur Analogie

Im Rahmen dieser Untersuchung liegt das Augenmerk im Bereich der Analogie – nach konventionell deutscher Terminologie –, die sich im Hinblick auf Gruppenfreistellungsverordnungen in ihrer Relevanz entfaltet. Da solche Rechtsausweitungen ggf. Recht erst erschaffen, bedürfen sie – auch aus Grün-

[67] *Henninger* 2009, S. 321; *Neuner* in: Riesenhuber 2010, § 13 Rdnr. 2; *Schulze/Seif* in: Schulze/Seif 2003, S. 3. Wie auch im französischen Recht *Vogenauer* 2001 I, S. 289 ff. Im angelsächsischen Rechtskreis bleibe mangels einer besonders demütigen Haltung vor der Legislativen die Analogie weitgehend bedeutungslos – vgl. *Vogenauer* 2001 II, S. 736 f.

[68] *Schulze/Seif* in: Schulze/Seif 2003, S. 3 f. m. w. Nachw.

[69] *Neuner* in: Riesenhuber 2010, § 13 Rdnr. 7 ff.; *Martens* 2013, S. 503 ff.

[70] BVerfG NJW 1988, S. 1462.

[71] BVerfG NJW 1988, S. 1462.

den des Demokratiegebotes – der besonderen Begründung. Für gewöhnlich wird ein hypothetischer gesetzgeberischer Wille behauptet, den der Richter (vergleichbar zu einer Geschäftsführung ohne Auftrag oder Stellvertretung samt Geschäftsbesorgung) ausführt und dadurch die Lücke (das klaffende Loch im Recht) überbrückt.[72]

Wird allerdings neues Recht lediglich als Vervollständigung oder Vervollkommnung und Erkenntnis bestehenden Rechts verstanden, ist es nicht Rechtserzeugung, sondern – zumindest in der Theorie – lediglich reine Rechtsanwendung und entsprechend weniger der Begründung im Rahmen einer demokratischen Rechtsordnung bedürftig; zumindest ist dies dann der Fall, wenn im Rahmen der Gewaltenteilung tendentiell ein an das Gesetz gebundener Richter propagiert wird. Leitende Erwägung ist in all diesen Fällen eine hypothetische, denkbare oder wünschenswerte gesetzgeberische Handlung, die primär zur Herstellung von Gleichheit[73] ersatzweise vorgenommen bzw. fingiert wird.[74] „Die Lücke, die der Teufel lässt“[75], wird somit zu diesem Zweck durch einen Rechtspontifex passierbar gemacht. Inwieweit es sich dabei um eine wirkliche Regelungslücke oder um einen Bereich handelt, der lediglich einer „ausufernden“ Auslegung und mithin Ausdehnung zugänglich ist, scheint zumindest im europäischen Gefüge nicht problematisiert zu werden. Als Planwidrig gilt diese Lücke, wenn die Lücke bzw. die Nicht-Regelung in gewisser Form als widerprüchlich zum „Wertungssystem des Gesetzes“ verstanden wird.[76]

Das weitgehend als notwendig erachtete Merkmal „keine *entgegenstehende* Rechtsregel“[77] ist selbstverständlich. Letztlich bestünde dann bereits keine Lücke, da für diesen Fall eine andere Regel griffe. Die *Planwidrigkeit* wäre ohnehin zu verneinen, wenn nicht der hypothetische und der historische (bzw. historisch-objektive oder -subjektive) Wille des Regelnden in Konflikt gerieten.

Zusammenfassend erscheint es sinnvoll, an diesem Grundkorsett festzuhalten. Dafür spricht, dass sich der EuGH sowie das deutsche und das englische Rechtssystem hierüber zumindest im Ergebnis im Wesentlichen einig zu sein scheinen.[78] In jedem Fall wird – schon denklogisch – vor der mühevollen Diskussion, ob eine Lücke überbrückt werden kann, jene zu führen sein, ob dafür überhaupt Notwendigkeit besteht. Erst anschließend bleibt zu begründen, ob dieses geschehen sollte. In jedem Fall werden in diesem darauf folgenden Schritt Gleich- und Ungleichheit tragende Argumente sein müssen. Selbst

[72] Krit. hierzu *Weiss* ZRP 2013, S. 66 ff., der für „objektivere“ Möglichkeiten eintritt.

[73] Und mithin wohl dem Minimum, der als Gerechtigkeit verstanden werden kann, etwa nach der *Radbruch'schen Formel*.

[74] *Neuner* in: Riesenhuber 2010, § 13 Rdnr. 32 f.; *Martens* 2013, S. 318 ff.

[75] Titel eines Werkes *A. Kluges*.

[76] *Martens* 2013, S. 321 f.

[77] 7. Kapitel A. II. 2. c. aa.

[78] Vgl. *Martens* 2013, S. 322 ff.

wenn nicht diese einzelnen „Tatbestandsmerkmale“ diskutiert werden sollten, so sollten doch die jeweiligen Erwägungen in jeder rationalen Diskussion bzw. Begründung Einfluss finden.

bb. Notwendigkeit und Möglichkeit der Analogienbildung bei Gruppenfreistellungsverordnungen

Im Allgemeinen scheinen alle Normen (nach deutschem Verständnis) – abgesehen von strafrechtlichen[79] aus verfassungs- wie *einfach*rechtlichen Gründen zunächst grundsätzlich Analogieforderungen (und weiten Auslegungen) zugänglich, also analogiefähig, zu sein.[80] Damit ist ein weiteres, zuvor ungenanntes Kriterium aufgeworfen, welches aber lediglich eine besondere Fallgruppe flankiert. Die Annahme der Analogiefähigkeit erhebt daher zunächst ebenso für Gruppenfreistellungsverordnungen Gültigkeit – nach dem Verständnis der Europäischen Kommission ist hiervon auszugehen.[81] Verfassungsrechtliche Erwägungen sprechen jedenfalls nicht dagegen.

Bei Gruppenfreistellungsverordnungen stellt sich dabei die Frage, ob diese wirklich analogiefähig sind, zunächst ob des Grundes, dass ihnen eine nach der Kartellverfahrensreform[82] aufgekommene Lehrmeinung nur deklaratorischen Charakter beimisst.[83] Sofern ihnen demnach keine normative Natur zukäme, bliebe ebenso eine analoge Ausweitung ohne Geltung. Diese Ansicht ist jedoch zu verwerfen.[84] Zwar muss eine Gruppenfreistellungsverordnung prinzipiell

---

[79] Es wurde erwogen, Art. 101 f. AEUV als vergleichbar einzustufen, da diese Vorschriften Bestandteil des Ordnungswidrigkeitenrechts sind. Gruppenfreistellungsverordnungen indes könnten als Rechtfertigungsgründe dennoch analogiefähig sein. Mithin ist es konsequent, zumindest keine Analogien zu Lasten der Unternehmen anzunehmen: Immenga/Mestmäcker[4]/*Veelken*, Grds. GVOen Rdnr. 26. Andererseits sei es vorzugswürdig, zumindest bei zivilrechtlichen Sanktionen – aus anderen Gründen – eine Analogiefähigkeit des Art. 101 AEUV grundsätzlich zu vereinen – so *Habermeier* in: Martinek/Semler/Habermeier/Flohr[3], § 36 Rdnr. 52. Dazu ebenfalls *Kreuzer* 1996, S. 200 ff.

[80] Ähnlich für europäisches Recht nach *Neuner* in: Riesenhuber 2010, § 13 Rdnr. 38.

[81] Die Kommission fordert an mehreren Stellen eine „entsprechende Anwendung“ über den deutlichen Wortlaut hinaus, s. etwa TT-Leit., Tz. 57, 60, 62. Grds. für Analogien – ob zu Gunsten oder zu Lasten von Unternehmen, soweit es sich um „keine belastenden Regelungen mit Straf- oder strafähnlichem Charakter handelt“ – MünchKomm/*Wolf*, Art. 101 EGV Rdnr. 1043 f.

[82] Vgl. 6. Kapitel E.

[83] Etwa *Beringer* EuZW 2000, S. 8: „Gruppenfreistellungen können in einem System der Legalausnahme nur amtliche Leitlinien sein ohne bindende Wirkung“; *Schwarze/Weitbrecht* 2004, S. 35 f.; *Bechtold/Bosch*, Einf. GWB Rdnr. 65, allerdings „mit der unwiderleglichen Vermutung“ der Freistellung.

[84] So u. a. *Greil* 2008, S. 31 f.; Langen/Buntc/*Hengst,* Art. 101 AEUV Rdnr. 416.; *Baron* WuW 2006, S. 358 ff.; *Schumacher/Schmid* GRUR 2006, S. 3; *Baron* WuW 2006, S. 364 f. *Mäger* in: Mäger, Kap. 1 Rdnr. 36; *Drexl* GRUR Int 2004, S. 719: So habe die VO 1/2003 nur die Möglichkeit der Einzelfreistellung beseitigt, das gesetzlich Erlaubte automatisch freigestellt – was nun gesetzlich erlaubt ist, bestimmen auch die Gruppenfreistellungsverordnungen mit. Für w. Nachw.: *Matthiesen* 2010, S. 22.

allen Anforderungen des Art. 101 III AEUV erfüllen, doch selbst wenn sie diese nicht erfüllte, wäre sie höchstens rechtswidrig, nicht aber nichtig, und bliebe daher in Kraft und wirkte somit freistellend[85] – gerade deswegen ist der Entzug der Freistellung in einzelnen Gruppenfreistellungsverordnungen vorbehalten,[86] weil eben bereits die Kommission damit zu rechnen hatte, dass einzelne, pauschal erteilte Freistellungen nicht (mehr) alle Anforderungen des Art. 101 III AEUV genügen könnten. Ein solcher Verstoß einer durch Gruppenfreistellungsverordnungen freigestellten Vereinbarung gegen Art. 101 III AEUV kann sich dabei erst „dynamisch" im Laufe einer Freistellung ergeben.[87] Die Änderung des Kartellverfahrens bzw. gerade die Abschaffung des Kartellverfahrens (im engeren Sinne) berührt nämlich nur Verfahrensvorschriften, nicht aber die materielle Rechtsordnung – entsprechend ändern sich lediglich die Form eines Antrages sowie die nachgelagerten Verfahrensschritte bis zur Einzelfreistellung bzw. gerade die Entbehrlichkeit eins Antrages und einer Einzelfallprüfung.[88] Daher sind Gruppenfreistellungsverordnungen nach wie vor konstitutiv. Ansonsten wären sie auch weitgehend sinnlos. Vielmehr verursachte der Fortfall der sicheren Einzelfreistellung ein weiteres Bedürfnis aufgrund der dadurch eingetretenen Unsicherheit, der die „Präsumtion" des Art. 101 III AEUV durch Erfüllung einer Gruppenfreistellungsverordnung entgegentritt.[89] Dass es zu einer parallelen Freistellung durch Gruppenfreistellungsverordnung und Art. 101 III AEUV kommen kann, ist ohne Belang.[90]

Gleichwohl war bereits vor der neuen Verfahrensordnung und dem Gedanken, eine Gruppenfreistellungsverordnung sei nur deklaratorisch, die Analogiemöglichkeit umstritten.[91] Dies hat(te) zunächst eine Kompetenzbegrün-

---

[85] Langen/Bunte/*Hengst*, Art. 101 AEUV Rdnr. 417; *Fuchs* ZWeR 2005, S. 14; *Bornkamm/Hecker* ZWeR 2005, S. 225 – die Nichtigkeit bliebe der GVO durch den EuGH festzustellen.

[86] 7. Kapitel C. I. 1. f.; und auch in der VO 1/2003, s. *Fuchs* ZWeR 2005, S. 12. Vgl. auch den letzten Erwägungsgrund der VO 19/1965: „Da eine Freistellung jedoch nicht bestehen kann, wenn die in Art. 85 Abs. 3 [Anm.: nunmehr Art. 101 Abs. 3 AEUV] aufgezählten Voraussetzungen nicht erfüllt sind, muß die Kommission die Möglichkeit haben, durch Entscheidung die Voraussetzungen festzulegen, denen eine Vereinbarung oder eine aufeinander abgestimmte Verhaltensweise, die infolge bestimmter Umstände gewisse mit Art. 85 Abs. 3 nicht zu vereinbarende Wirkungen hat, genügen muß", was zwar hinsichtlich des „kann" bzw. „can be no" im Englischen missverständlich, jedoch auch den Sinn der Entziehung im Einzelfall aufzeigt: ohne einer konstitutiven Bedeutung fehlte schlichtweg das Bedürfnis nach einer Entziehung – Deklaratorisches kann nicht entzogen werden.

[87] Zu solchen „dynamischen Spannungsverhältnissen" *Greil* 2008, S. 69 ff.

[88] 6. Kapitel E.; zutreffend Immenga/Mestmäcker/*Ellger*, Art. 101 III AEUV Rdnr. 339, nach dem die Kartellrechtsverfahrensreform an diesen Fragen nichts geändert habe. Ähnlich *Baron* WuW 2006, S. 359; *Fuchs* ZWeR 2005, S. 10 f.

[89] *Feldkamp* VPP-Rundbr. 1/2005, S. 12.

[90] Bei einer Freistellung durch eine GVO sollte immer auch eine Freistellung nach Art. 101 III möglich sein. Zur „Doppelwirkung" *Fuchs* ZWeR 2005, S. 13 m. w. Nachw.

[91] Dies sei auch h. M. Jedenfalls gegen die Analogiefähigkeit u. a. *Saria* in: Liebscher/

dung[92]: Nach dem EuGH sollen insbesondere Gerichte nicht in die „Tragweite“ einer Gruppenfreistellungsverordnung eingreifen.[93] Dadurch schließt der EuGH eine analoge Anwendung durch die Kommission zumindest gerade nicht aus. Der EuGH selbst wende Gruppenfreistellungsverordnungen an, soweit dies – nach eigenen Worten – „erforderlich“ sei,[94] doch habe er laut Kritikern diesen Pfad gleichwohl verlassen.[95] Das angeführte Kompetenzproblem ist zudem nicht unbedingt valide, da bei jeder Analogie eine entsprechende Konfliktlage besteht.[96] Dennoch verbieten sich gänzlich kompetenzwidrige Analogien, wie sie die Kommission verlangt.[97]

Zumindest aber entspräche es (weiterhin) der h. M., in Fragen der generellen Anwendbarkeit und somit speziell nicht bei Einzelfragen der Kernbeschränkung einer Gruppenfreistellungsverordnung die Analogiefähigkeit zu verneinen.[98] Nach einer solchen Ansicht seien Ausnahmen immer „eng“ auszulegen und deshalb nicht analogiefähig.[99] Diese These überzeugt schon deswegen nicht, da insoweit dem falschen Vorurteil einer prinzipiell engen Auslegung gefolgt wird, worauf noch einzugehen sein wird.[100]

Flohr/Petsche, § 1 Rdnr. 95 f.; *Fuchs* ZWeR 2005, S. 15, nur für eine „Ausstrahlungswirkung“ als „positive Indizwirkung“ (S. 16).

[92] Die Kommission hatte nach *del Tiempo Matanzo* 2008, S. 16 ein „Freistellungsmonopol“ inne.

[93] EuGH, Urt. v. 28. 2. 1991 – Rs. C-234/89, Slg. 1991, I-935 „Delimitis/Henninger Bräu“, Tz. 46 (zur Alleinbezugs-GVO): „… Die unmittelbare Anwendbarkeit dieser Bestimmungen kann jedoch nicht dazu führen, daß die nationalen Gerichte die Tragweite der Freistellungsverordnungen ändern, indem sie ihren Geltungsbereich auf Vereinbarungen ausdehnen, die nicht darunter fallen. Eine solche Ausdehnung wäre nämlich unabhängig von ihrem Gewicht ein Eingriff in die Rechtssetzungsbefugnis der Kommission.“ Und Tz. 47: „… In diesem Zusammenhang ist zu berücksichtigen, daß die Gefahr besteht, daß diese nationalen Gerichte Entscheidungen erlassen, die im Gegensatz zu denjenigen stehen, die die Kommission … getroffen hat oder zu treffen beabsichtigt …“ (Die Ls. sind u. a. in NJW 1991, S. 2204 oder samt Anm. *Raum* in der DNotZ 1991, S. 662 f. abgedruckt). Zust. *Greil* 2008, S. 11 m. w. Nachw., weswegen grds. von einer Analogieunmöglichkeit ausgegangen wird – in diesem Zusammenhang zumindest nicht zu Ungunsten der Kommission(skompetenz).

[94] EuGH, Urt. v. 24. 10. 1995 – Rs. C-70/93, Slg. 1995, I-3439 „BMW/ALD“, Rz. 28 = GRUR Int 1996, S. 147 ff.: „Zunächst dürfen in Anbetracht des allgemeinen Verbotes wettbewerbsbeschränkender Vereinbarungen … in einer Gruppenfreistellungsverordnung enthaltene Ausnahmevorschriften nicht extensiv und nicht so ausgelegt werden, daß die Wirkungen der Verordnung über das hinausgehen, was zum Schutz der Interessen, deren Wahrung sie dienen soll, erforderlich ist.“

[95] FrankfKomm/*Pohlmann*, Art. 81 III EGV Grundfr. Rdnr. 396 m. w. Nachw.

[96] *Habermeier* in: Martinek/Semler/Habermeier/Flohr[3], § 36 Rdnr. 52.

[97] 7. Kapitel C. I. 3. a.

[98] FrankfKomm/*Pohlmann*, Art. 81 III EGV Grundfr. Rdnr. 399 m. w. Nachw.

[99] S. bereits 7. Kapitel A. II. 2.

[100] 7. Kapitel A. II. 2. c. cc.

Das Merkmal einer planwidrigen Regelungslücke[101] ist ein Verweis auf einen tatsächlichen gesetzgeberischen bzw. rechtssetzenden bzw. verordnungsgebenden Willen: Tatsächlich insoweit, als dass die Frage aufgeworfen wird, ob der Gesetzgeber nicht bewusst diesen Fall ungeregelt bzw. nicht durch die jeweilige Norm geregelt wissen wollte. Sofern nämlich der Rechtssetzende diesen Fall gerade nicht regeln wollte, kann sich auch nicht die rechtsprechende Instanz aus Demokratieerwägungen anmaßen, den Fall doch zu regeln bzw. einer (anderen) Norm unterfallen zu lassen. Insoweit könnte das Merkmal auch als Ausschluss zumindest eines entgegenstehenden rechtssetzenden Willens verstanden werden. Dies bleibt der Klärung im Einzelfall überlassen. In jedem Fall muss dabei berücksichtigt werden, inwieweit das ggf. planwidrig regelnde Organ überhaupt hierzu befugt war. Denn andernfalls konnte dieses Organ aufgrund des Planes eines anderen Organs ggf. überhaupt nicht planwidrig handeln. Dies gilt dann, wenn die Kommission aufgrund einer begrenzten Ermächtigung nicht handelt bzw. gar nicht handeln darf und kann.[102]

Es wird angemerkt, dass die Lückenfeststellung im Gemeinschaftsrecht schwierig sein könne, da es stets noch nationales, „füllendes" Recht geben mag.[103] Gleichwohl kann es planwidrige Lücken im Gemeinschaftsrecht geben, denn der Gemeinschaftsrechtsgeber – also die Vertragsparteien der Verträge – wie auch die rechtserzeugenden Organe dieser können (wie auf nationaler Ebene) zu regelnde Fallgruppen übersehen haben. Lücken könnten ebenso ansonsten oft durch vorkonstitutionelles oder schlicht historisches, im Bundesgebiet durch Landesrecht usf. vermeintlich geschlossen werden, aber ein solcher Umstand widerlegt nicht, dass nicht gerade das Gemeinschaftsrecht durch Irrtum oder Fehlbewertung lückenhaft geworden bzw. geblieben ist. Eine solche Lücke kann nicht bereits deswegen ausgeschlossen werden, weil durch eine (subsidiäre) Rechtsregel eine Rechtsfolge herbeigeführt werden kann, die aber nicht unbedingt das gewünschte bzw. objektiv sinnvolle Ergebnis erzielen muss. Im Kartellbereich wird dieser Ansatz ohnehin mehr oder weniger hinfällig, wie es ein Fehlen nationaler Regeln im Hinblick auf Gruppenfreistellungsverordnungen (vgl. die Blankettnorm § 2 II S. 1 GWB) eindeutig beweist.

Sofern denn eine Lücke[104] für notwendig erachtet wird,[105] stellt bereits die Existenz des Art. 101 III AEUV (und national ebenfalls § 2 I GWB) ohnehin jede Behauptung einer Lücke deutlich in Frage – darauf wird sogleich eingegangen werden. Die Frage nach einer vergleichbaren Interessenlage verkörpert das Gleichheitsideal. Es ist insoweit daher die Frage vordringlich, nicht ob

[101] Vgl. zur Problematik zu Lücke und europäischen Vorgaben: *Rüthers/Fischer/Birk* 2016, Rdnr. 912a ff.

[102] 7. Kapitel C. I. 3. a.

[103] Vgl. *Schulze/Seif* 2003, S. 6.

[104] Vgl. 7. Kapitel A. II. 2. a.

[105] Vgl. FrankfKomm/*Pohlmann,* Art. 81 III EGV Grundfr. Rdnr. 404.

die Analogie sein kann, sondern ob sie sein soll. Sofern die Gleichbehandlung eine Analogie verlangt, ist sie damit prinzipiell zu befürworten. Diese hauptsächlich im Einzelfall bzw. in Kenntnis konkreter Umstände zu erörternde Fragestellung wird jedoch dadurch eingeschränkt, dass eine Analogie nicht „ins Unrecht" erfolgen darf.

Falls Art. 101 III AEUV in den Gesamtrahmen dieser Frage eingebunden wird, ist nämlich bereits die Notwendigkeit einer Analogie zu einer Gruppenfreistellungsverordnung im Grundsätzlichen in Frage zu stellen. Art. 101 III AEUV ist eine Generalklausel (mit additiven Anforderungen). Eine Analogie ist aufgrund des generell vagen Rahmens schon seltener denknotwendig, denn stets bestünde bereits eine hinreichend konkrete Norm europäischen Rechts zur Subsumtion zur Verfügung.[106] Sollte Art. 101 III AEUV ökonomischen Erfordernissen nicht genügen, wäre vielmehr zu beraten, diese Norm auszuweiten bzw. Begrenzungen teleologisch zu reduzieren.

Sofern dennoch bzgl. der Gruppenfreistellungsverordnungen eine Analogiemöglichkeit befürwortet werden sollte, blieben jedenfalls die Anforderungen einer solchen zu diskutieren. Da gerade Art. 101 III AEUV konkrete Anforderungen aufstellt, können offensichtlich Aspekte der Gleichbehandlung – also gerade die Frage einer analogen Anwendung einer Gruppenfreistellungsverordnung – mit den (ökonomisch bedingten) Anforderungen dieser Norm in Konflikt geraten. Um also eine rechtswidrige Analogie am Maßstab des Art. 101 III AEUV zu vermeiden, müssten bzgl. einer solchen Analogie in jedem (Einzel-) Fall die Voraussetzungen des Art. 101 III AEUV geprüft werden – was ggf. bereits bei der Auslegung einer Gruppenfreistellungsverordnung geboten sein kann.[107] Sodann wäre aber die Analogie gleichwohl nutzlos, da auch ohne Behauptung einer Analogie lediglich die Anforderungen des Art. 101 III AEUV beschieden werden müssten; eine Analogie wäre mithin keine Erleichterung, sondern lediglich eine zusätzliche Prüfung. Eine Analogie zu bejahen, ohne Art. 101 III zu prüfen, hieße hingegen, den Gruppenfreistellungsverordnungen über ihren eigenen Wirkungshorizont hinaus zu vertrauen. Sofern aber eine Gruppenfreistellungsverordnung-Freistellung im Widerspruch zu Art. 101 III AEUV dennoch eine Freistellung verhieße, könnte diese immer noch „im Einzelfall" (behördlich seitens der Kommission) entzogen werden.[108] Bei einer analog angenommenen Freistellung bliebe dieses verwehrt oder wäre erst im Rahmen einer weiteren Analogie zu ermöglichen (oder sodann doch gar nicht

---

[106] Immenga/Mestmäcker/*Ellger*, Art. 101 III AEUV Rdnr. 353: „Auffangtatbestand"; vgl. *Saria* in: Liebscher/Flohr/Petsche, § 1 Rdnr. 96: „… dass wohl in aller Regel kaum der Nachweis der Lückenhaftigkeit einer Gruppenfreistellungsverordnung … einer planwidrigen Unvollständigkeit gelingen wird." FrankfKomm/*Pohlmann,* Art. 81 III EGV Grundfr. Rdnr. 405: „praktisches Bedürfnis für eine Analogie sehr gering".

[107] Etwa 7. Kapitel A. II. 2. c. cc.

[108] 7. Kapitel C. I. 1. f.

als gegeben anzunehmen?). Da auch eine anzunehmende analoge Freistellung nicht behördlich erteilt wird, wäre dieses eine theoretische Arabeske: Entzug einer im Wege der Analogie im Rahmen einer Selbstbeurteilung hergeleiteten (bzw. herleitbaren) Freistellung?

Somit bietet eine (angeblich) analog angewandte Gruppenfreistellungsverordnung aus praktischer Perspektive zum einen nicht mehr Rechtssicherheit auf als ein direkt angewandter Art. 101 III AEUV – letztlich wäre die Rechtssicherheit sogar geringer, da im ersteren Fall Art. 101 III AEUV deutlich entgegenstehen könnte und das Verlassen auf diese Analogie somit ggf. selbsttäuschend wäre. In jedem Fall wäre eine Doppelprüfung notwendig: (1.) Gruppenfreistellungsverordnung analog sowie (2.) Vereinbarkeit mit Art. 101 III AEUV. Durch Art. 101 III AEUV in Verbindung mit der selbstausführenden VO 2003 ist der Bedarf nach einer Analogie ohnehin weit gesunken.[109] Nach konkretem, konkretisierendem Spezialrecht mag zwar dennoch ein Bedürfnis bestehen – was die Existenz der Gruppenfreistellungsverordnung beweist –, doch ist dieses, wie gezeigt, methodisch nicht leicht zu erreichen. Ein wichtiger Zweck der Gruppenfreistellungsverordnungen ist eben die Bearbeitung von massenweisen Fällen;[110] aber eine analoge Anwendbarkeit, sofern denn überhaupt möglich, kann gerade diesbezüglich nicht die gewünschte Sicherheit verheißen, da sie zunächst nur behauptetes Konstrukt, nicht erlassene Norm ist.

Nach einer Ansicht könne keine allgemeine Antwort auf die Frage nach einer analogen Anwendbarkeit aller Gruppenfreistellungsverordnungen gegeben werden, vielmehr sei in Anbetracht der jeweiligen Ausgestaltung einer Gruppenfreistellungsverordnung dies zu untersuchen, wobei insbesondere instruktiv sein solle, ob deren mögliche „umfassende Umsetzung der Effizienzziele" dafür spreche.[111] Aber auch dann wäre Art. 101 III AEUV zumindest in Grundzügen zu prüfen.

Letztlich ist die analoge Anwendung von Gruppenfreistellungsverordnungen – ob durch die Kommission oder andere – somit bereits sinnlos. Sinnvoller erscheint es daher theoretisch wie *a priori*, höchstens Art. 101 III AEUV selbst anzuwenden und ggf. maßvoll analog zu erweitern bzw. zu begrenzen. Gleichwohl würde dieses bedeuten, in die kumulative Struktur des Art. 101 III AEUV einzugreifen. Vielleicht ist es aber möglich, vergleichend von vorgegebenen Anforderungen des Art. 101 III AEUV andere zu finden, von denen ebenso gleichermaßen effiziente ökonomische Vorteile ausgehen. Doch ist es sinnlos, wie ausgeführt, in einen solchen Raum eine bestehende, ggf. rechtswidrige Gruppenfreistellungsverordnung ausweiten zu wollen. Wenn vor dem Wechsel zum System der „Legalausnahme" noch ein klares Bedürfnis für eine analoge

---

109 FrankfKomm/*Pohlmann,* Art. 81 III EGV Grundfr. Rdnr. 405.

110 Langen/Bunte/*Hengst*, Art. 101 AEUV Rdnr. 409.

111 FrankfKomm/*Pohlmann,* Art. 81 III EGV Grundfr. Rdnr. 403.

Anwendung erkennbar gewesen sein mag, so ist diese in jedem Fall entfallen. Bei einer Begründung im Rahmen des Art. 101 III AEUV kann jedoch ggf. argumentativ auf eine Gruppenfreistellungsverordnung zurückgegriffen werden, mehr jedoch auch nicht. Insgesamt wird daher von einer Analogiefähigkeit von Gruppenfreistellungsverordnungen insbesondere hinsichtlich ihres Anwendungsbereiches und ungeachtet der die Analogie anwendenden Institution nicht ausgegangen.

cc. Extensive oder restriktive Auslegung der Gruppenfreistellungsverordnungen

Es scheint nicht lediglich das Schicksal zahlreicher Normen des Urheberrechts, primär der Schranken, sondern ebenfalls der Gruppenfreistellungsverordnungen zu sein, dass sich um diese Lehren ranken, nach denen tendenziell oder immer großzügig bzw. weit auszulegen sei[112] oder eben konsequent restriktiv.[113] Dabei handelt es sich um die Fortsetzung einer methodisch verfehlten Lehre. Bereits Ausnahmen müssen nicht grundsätzlich eng ausgelegt werden, sondern grundsätzlich soweit sie reichen *sollen*.[114] Entsprechend geht auch ein Verweis auf ein behauptetes Regel-Ausnahme-Verhältnis zwischen Art. 101 I AEUV und Art. 101 III AEUV fehl, die als Gesamtgefüge zu begreifen sind.[115] Wenn der EuGH der Lehre enger Ausnahmen folgt, erkennt er an, dass diese zumindest soweit auszulegen sind, dass ihre „praktische Wirksamkeit“ besteht.[116]

Ein besonderes GVO-Auslegungskriterium ist, ob die Gruppenfreistellungsverordnung sich konform zum Primärrecht, also vor allem zu Art. 101 III AEUV verhält,[117] aber ebenso zu den unmittelbaren Zielen der Verträge, eben der Verhinderung der Wettbewerbsverfälschungen selbst.[118] Dies wurde bereits hinreichend erörtert. Soweit Art. 101 III AEUV Effizienz verlangt, wird sich dieses in der Gruppenfreistellungsverordnung wiedererkennen lassen müssen.[119]

---

112 *Matthiesen* 2010, S. 27: „eher großzügig“ in gewissem Rahmen.

113 Zumindest „nicht extensiv“ und überhaupt „wie normale Gesetze“ und zudem nach europäischen Grundsätzen, Langen/Bunte/*Hengst*, Art. 101 AEUV Rdnr. 418; Immenga/Mestmäcker/*Ellger*, Art. 101 III AEUV Rdnr. 346.

114 Im Allg. *Larenz/Canaris* 1995, S. 175 f.; im Konkreten mit direkten Bezug hierzu vgl. Immenga/Mestmäcker/*Ellger*, Art. 101 III AEUV Rdnr. 351.

115 FrankfKomm/*Pohlmann,* Art. 81 III EGV Grundfr. Rdnr. 402 f.; im Ergebnis ebenfalls gegen die prinzipiell enge Auslegung Immenga/Mestmäcker[4]/*Veelken*, Grds. GVOen Rdnr. 27; a. A. Immenga/Mestmäcker[(5)]/*Ellger*, Art. 101 III AEUV Rdnr. 346.

116 EuGH, Urt. v. 4. 10. 2011 Rs. C-403/08 u. C-429/08 „Premier League“, Tz. 162 f.

117 FrankfKomm/*Pohlmann,* Art. 81 III EGV Grundfr. Rdnr. 421.

118 *Saria* in: Liebscher/Flohr/Petsche, § 1 Rdnr. 88.

119 Ähnlich *Saria* in: Liebscher/Flohr/Petsche, § 1 Rdnr. 99, der sich auf den Vorrang des Art. 93 beruft; MünchKomm[1]/*Habermeier*, Art. 81 EGV Rdnr. 693.

III. Zwischenergebnis

Europäisches Recht ist in der Regel wie deutsches auszulegen, insbesondere anhand einer teleologischen Annäherungsweise. Gruppenfreistellungsverordnungen sind im Hinblick auf ihre Anwendungsvoraussetzungen möglichst so auszulegen, dass sie *effizient* sind, also die Voraussetzungen des Art. 101 III gewahrt werden können. Eine analoge Anwendung von Gruppenfreistellungsverordnungen scheidet aus.

B. Kartellverbote: Die tatbestandlichen Voraussetzungen des Art. 101 Abs. 1 AEUV

Diese Arbeit kann dabei – auch im Nachfolgenden – nicht solche Umstände, insbesondere Marktanteile, in eine Untersuchung einfließen lassen, die erst im Konkreten festzustellen sind. Sie konzentriert sich daher auf eine abstrakte Betrachtung. Art. 101 I AEUV ist als Leitbild berufen, den Wettbewerb zwischen Technologien und innerhalb einer Technologie zu fördern.[120] Dies markiert folgendes Ziel: Einerseits sollen freilich Technologien konkurrieren; es soll aber ebenso darum gerungen werden, diese Technologien bestmöglich zu nutzen.[121]

I. Kontrollierbare Akteure: Unternehmen

Der Tatbestand des Art. 101 I AEUV setzt am Verhalten von (mindestens zwei) Unternehmen an. Letzterer Begriff im Sinne der Norm – also im Sinne des sog. funktionellen Unternehmensbegriffs – umfasst letztlich alle, die nicht als Private zu verstehen sind.[122] Eine kartellrechtliche Kontrolle der Softwareüberlassungen an Private scheidet demnach kategorisch aus,[123] gleichwohl nicht die vorgelagerte Vertriebssteuerung.[124] Die „öffentliche Hand" ist wie ein Unternehmen zu behandeln, wenn sie nachfragend oder anbietend wie ein Unternehmen agiert.[125] Gerade bei – rechtlich selbstständigen – Handelsvertretern[126] stellt sich indes die Frage, inwieweit diese noch Teil des jeweiligen Unternehmens sind, da dann Art. 101 AEUV als Angriffspunkt in diesem Binnenverhältnis, also zwischen dem Unternehmen und *seinem* Handelsvertreter,

---

[120] *Groß* 2015, Rdnr. 641.
[121] Vgl. 5. Kapitel B. II. 2. a.
[122] Vgl. 8. Kapitel A. I.
[123] Am Beispiel des Computerspieles Half-Life 2: Orange Box: *Metzger* in: Hilty/Jaeger/Kitz 2008, S. 91.
[124] Vgl. u. a. 3. Kapitel B. II. 2. Ansonsten mag nur noch Art. 102 AEUV helfen.
[125] *Kling/Thomas* 2016, § 5 Rdnr. 18. Vgl. im Übrigen auch Art. 106 AEUV.
[126] S. auch RiL 86/653/EWG.

grundsätzlich entfiele.[127] Nach welchen exakten Kriterien ein Handelsvertreter als in das jeweilige Unternehmen vollständig integriert oder zumindest als hinreichend abhängig und folgsam zu betrachten ist und dadurch dessen bzw. die durch ihn veranlassten Vertragsabschlüsse lediglich als die des dahinterstehenden Unternehmens gelten, ist jedoch nicht geklärt,[128] hier aber nicht besonders bedeutsam.

Besondere Fragestellungen ergeben sich im Rahmen der F/OSS aufgrund möglicher und üblicher weltweiter Kooperation nicht firmierter, insoweit eigenständiger, nur lose verbundener Entwickler, auf welche an spezieller Stelle eingegangen wird.[129] Insoweit ist das Problem damit zu umschreiben, ob mit der *Community* eine (einzige) *Single Entity* – so andererseits modellhaft die Überlegungen der Vermarktung von Sportrechten einer gesamten Liga unabhängiger Fußballverbände durch einen Zentralverband –[130] besteht. Des Weiteren ergibt sich das Sonderproblem der sog. Gemeinschaftsunternehmen, was keine mit den Europäischen Gemeinschaften verbundene Terminologie darstellt, sondern das Ergebnis, das unabhängige Unternehmen gemeinsam in die Existenz rufen, weswegen sich dann die Frage stellt, ob es sich dann um *ein* Unternehmen handelt, dass sodann ggf. gegenüber Dritten beschränkend handelt. Hierbei divergieren die Ansichten, ob neben den Vorschriften der Fusionskontrolle, der Fusionskontroll-Verordnung[131], noch diejenigen des Art. 101 AEUV (bzw. des § 1 f. GWB) angewandt werden sollen.[132] Nach Art. 3 IV, 21 I FuKoV unterfallen jedenfalls bestimmte Gemeinschaftsunternehmen ausschließlich jener Verordnung. Da es sich auch hierbei nicht um software-spezifische Zusammenhänge handelt, wird diese Frage ebenfalls nicht weitergehend erörtert; sie kann jedoch in bestimmten Konstellationen für die Softwarebranche von Relevanz sein.

II. Kontrollierbares Verhalten: Koordinierungen und Vereinbarungen

Art. 101 I AEUV behandelt Vereinbarungen, Beschlüsse und abgestimmte, nicht notwendigerweise verbindliche[133] Verhaltensweisen gleich. Gestalt, Art,

---

[127] *Grützmacher* in: Redeker, Muster 2.1 Rdnr. 7, 16 ff.

[128] *J. B. Nordemann* in: Loewenheim/Meessen/Riesenkampff², § 1 GWB Rdnr. 25; *Kirchhoff* in: Wiedemann 2008, § 10 Rdnr. 4 ff.; s. ebenfalls Vertikal-Leitl., Tz. 12–21.

[129] 8. Kapitel A. I.

[130] Vgl. etwa *Schwarze/Hetzel* EuR 2005, S. 593; gegen ein Unternehmen bzgl. des Ligaverbandes (Die Liga – Fußballverband (Ligaverband) e. V.) bzw. Deutsche Fußball Liga GmbH (DFL) das BKartA, Az.: B6 – 114/10 (http://www.bundeskartellamt.de/SharedDocs/Entscheidung/DE/Entscheidungen/Kartellverbot/2012/B6-114-10.pdf?__blob=publicationFile&v=6).

[131] VO 139/2004.

[132] Vgl. Immenga/Mestmäcker⁴/*Zimmer*, Art. 81 I EGV Rdnr. 378 ff.

[133] *Kling/Thomas* 2016, § 5 Rdnr. 54.

Verbindlichkeit oder gar die Rechtmäßigkeit dieser ist daher nicht von Belang, lediglich, ob dadurch eine Koordinierung erreicht wird oder zu erreichen versucht wird; beispielsweise mit den „klassischen" Zielen der Marktaufteilung oder der Preisabsprache. Im Rahmen dieser Untersuchung wird gleichwohl primär von schriftlichen, ausführlichen Vertragswerken ausgegangen.

In Anbetracht des kanonischen Grundsatzes *pacta sunt servanda* wird bei Verträgen besonders augenfällig, wie sich genutzte Vertragsfreiheit durch Bindung der Akteure negativ auf deren Handlungsfreiheit auswirkt,[134] wobei gleichwohl schwächere, also nicht durch Vertrag begründete Formen der Bindung vergleichbare Effekte erreichen können – zudem können sich solche Vereinbarungen auch auf die Handlungsfreiheit Dritter auswirken.[135] Durch Vereinbarungen wird oftmals längerfristige Bindung erzielt, die sich etwa zu weit ausdehnen und Risiken ungebührlich weit vorbeugen kann,[136] die andererseits aber nicht nur Grundlage des Vertrauens, sondern auch die der Wirtschaftsordnung sind.

1. Verträge über Rechtsinhaberschaftswechsel und Gestattungen (Lizenzen)

Der Tatbestand des Art. 101 I AEUV begrenzt sich grundsätzlich nicht auf Lizenzierungen, sondern erfasst auch Rechtsentäußerungen bzw. möglichst weit reichende[137] Rechteübertragungen und -einräumungen, was sich aus dem Wortlaut der Norm ergibt, der zumindest keine diesbezüglichen Grenzen aufstellt und somit alle Formen der Lizenzierung im weiteren Sinne einer Kontrolle unterwirft. Umfasst sind entsprechend jegliche Vereinbarungen der Nichtgeltendmachung behaupteter oder möglicher sowie bestehender Rechte. Vollständige Übertragungen sind jedoch grundsätzlich unbedenklich.[138]

Dem Abstraktionsprinzip, also der Trennung zwischen schuldrechtlichem Vertrag (ggf. = Lizenzvertrag[139]) und dem i. d. R. dinglichen Nutzungsrecht (ggf. = Lizenz[140]) bzw. dem die Übertragung/Einräumung herbeiführenden dinglichen Vertrag wird dabei keine große Bedeutung zukommen. Einerseits handelt es sich dabei um eine (nicht ausschließlich) deutsche Besonderheit, die gleichwohl im Urheberrecht ohnehin aufgebrochen und in der Bedeutung lediglich rudimentär ist; zumal es keiner gutgläubig erworbenen Lizenzen bedarf und eine Lizenzerteilung ohne wirksamen Vertrag dem Urheber regelmäßig

[134] Die theoretische Diskussion, ob die Bindungsfreiheit erst tatsächlich wahrer Freiheitsausdruck ist und folglich solche beweist, kann hier dahinstehen.

[135] Calliess/Ruffert/*Weiß*, Art. 101 AEUV Rdnr. 101; *Mestmäcker/Schweitzer* 2014, § 11 Rdnr. 48.

[136] Vgl. *Mestmäcker/Schweitzer* 2014, § 11 Rdnr. 62.

[137] 7. Kapitel C. I. 1. d. cc.

[138] *Bechtold/Bosch/Brinker*, Art. 101 AEUV Rdnr. 218.

[139] Insbes. 3. Kapitel B.

[140] 3. Kapitel A. I.

nicht zumutbar ist.[141] Andererseits wird eine kartellrechtlich nicht akzeptierte schuldrechtliche Vereinbarung dinglich kaum gewollt sein können, zumal dingliche wie obligatorische Ebene eben Vereinbarungen im Sinne des Art. 101 AEUV sind. Deshalb umfasst die Nichtigkeitsfolge des Art. 101 II AEUV[142] beide Ebenen, sofern sie denn beidermaßen die Beschränkung bedingen.[143] Insoweit Lizenzen aber bereits dinglich beschränkbar bzw. beschränkt sind, bedarf es entsprechender Vereinbarungen ggf. bereits nicht – was jedoch noch weitere Probleme aufwürfe.[144] Prinzipiell ist es kartellrechtlich nur entscheidend, inwieweit durch Vereinbarungen – im weitesten Sinne – zu steuern versucht wird, auch wenn diese, wie ausgeführt, ohnehin unwirksam sein mögen. Die Trennung zwischen dinglicher und schuldrechtlicher Ebene ist gleichwohl dafür von Belang, ob das jeweilige Verhalten vom Schutzrecht gedeckt und mithin einer kartellrechtlichen Kontrolle entrückt ist.[145]

Die Rechte des § 69d I UrhG erhält grundsätzlich jeder Berechtigte, womöglich eben sogar ohne Vertrag bzw. Vereinbarung – wobei die Einzelheiten umstritten sind: Beispielsweise, ob Software dank § 69d UrhG eine (gesetzliche) Lizenz beinhaltet.[146] Die Rechte des § 69d UrhG unterliegen jedoch keiner kartellrechtlichen Kontrolle. § 69d UrhG selbst muss überhaupt nicht kartellrechtlich kontrolliert werden, da er keine (ungesetzlichen) Begrenzungen enthält, sondern vielmehr die Rechte eines Nutzers sichert. Wer indes zu Recht ein Programm erwirbt, wird dieses in aller Regel im Rahmen eines schuldrechtlichen Vertrages erwerben. Kartellrechtlich kontrolliert werden somit ausschließlich Einschränkungen dieser – wie auch immer gearteten – *Lizenz*.

2. *Vereinbarung gesetzlicher Regeln – Statuierung des legalen status quo*

Die Frage nach dem (tlw. zielkongruenten[147]) Verhältnis zwischen Wettbewerbsordnung und Immaterialgütern ist bereits aufgeworfen worden,[148] die Frage hinsichtlich der Auswirkung der Ausgestaltung gesetzlicher Immaterialgüterrechte auf die kartellrechtliche Kontrolle im Konkreten wird noch aufzuwerfen sein.[149] Dennoch ist bereits an diesem Ort zu klären, wie die Vereinbarung ohnehin existenter gesetzlicher Regeln zu werten ist, also etwa

141 7. Kapitel D. I.

142 7. Kapitel D. I.

143 Gleichwohl bedeutet dies nicht, dass für die erfolgte Benutzung trotz nichtigen Vertrages Schadensersatz zu leisten ist – vgl. *Osterloh* GRUR 1985, S. 707 ff.

144 Erstens ob solche dingliche Beschränkbarkeiten überhaupt unter das Kartellverbot fallen können (7. Kapitel B. V.), zweitens ob solches Verhalten Art. 102 AEUV unterfiele (vgl. 6. Kapitel B.).

145 Dazu noch 7. Kapitel B. V.; s. *Grützmacher* CR 2011, S. 485, 489 ff.

146 3. Kapitel A. IV.

147 5. Kapitel B. II. 3.

148 5. Kapitel B. II.

149 7. Kapitel B. V.

die Übernahme dieser in einen ausgefertigten Vertrag (deklaratorische Vereinbarung). Für die Vereinbarung bzw. das bloße Niederschreiben eines ohnehin bestehenden gesetzlichen Zustandes kann nichts anderes gelten als bzgl. dieses rechtlichen Zustandes schlechthin:[150] der kartellrechtlichen Kontrolle ist das Gesetz als solches nicht unterworfen. Lediglich Art. 102 AEUV kann unter engen Voraussetzungen die Ausübung oder gar bereits eine entsprechende Vereinbarung verbriefter Rechte untersagen.[151] Art. 101 AEUV hingegen gestattet nur die Kontrolle „überschießender" Vereinbarungen.[152] Die Erfassung eines solchen gesetzlichen *Ohnehin-Status* bedarf allerdings oftmals der Auslegung, insbesondere im Urheberrecht.

3. *Sonstige Vertragsgestaltungshindernisse*

Die Nichtigkeit aus Gründen des BGB, etwa der §§ 305 ff. BGB, oder des UrhG steht einer Nichtigkeit nach Art. 101 II AEUV nicht entgegen. Vielmehr erlaubt die Feststellung eines Verstoßes wieder Art. 101 AEUV weitergehende Sanktions- und Rechtsschutzmöglichkeiten.[153]

4. *Technische Schutzmaßnahmen (TPM/DRM)*

Fragenswert erscheint, ob auch technische Schutzmaßnahmen (TPM) bzw. Digital-Rights-Management-Systeme (DRM), welche wie sonstige Verwendungs- und (Weiter-)Vertriebsbeschränkungen wirken können bzw. solche technisch umsetzen und sicherstellen,[154] ebenso einer kartellrechtlichen Kontrolle nach Art. 101 AEUV unterliegen.[155] Dagegen spricht in jedem Fall, dass technische Schutzmaßnahmen zunächst eine Eigenschaft einer *Sache*[156] bzw. Software

---

150 *Kreuzer* 1996, S. 210.

151 6. Kapitel B.

152 7. Kapitel B. V.; *Metzger* in: Hilty/Jaeger/Kitz 2008, S. 85 ff.

153 7. Kapitel D.

154 3. Kapitel B. I. 6; diese können insbesondere Zugangs- und Nutzungskontrollen beinhalten, s. *Höhne* 2007, S. 179 f.

155 Vgl. die vertragsrechtlichen Überlegungen bei *Mayer-Wegelin* 2008, S. 85 ff. S. auch *Conrad* in: Auer-Reinsdorff/Conrad 2016, § 39 Rdnr. 322 ff., wobei die dortigen Ausführungen zu sog. Mod-Chips etwas zweifelhaft sind, da diese zumindest heutzutage weitgehend dem Einsatz von „Raubkopien" dienen, bestenfalls Sicherheitskopien – aber kaum Produkten von Konkurrenten des jeweiligen Konsolenherstellers zum Ablauf bringen – höchstens sog. Home-Brew-Spiele, also Kreationen kleinerer, unabhängiger Entwickler, vgl. hierzu *Heinemeyer/Nordmeyer* CR 2013, S. 586 f., 590 ff., *Brunn/Nordmeyer* CR 2014, S. 226 ff. Vgl. hierzu BGH Urt. v. 27. 11. 2014 – I ZR 124/11 – „Videospiel-Konsolen II", Rz. 56 ff. = CR 2015, S. 564 f. Es folgte auch noch eine weitere Entscheidung des BGH, die aber nur markenrechtliche Fragestellungen betraf (BGH Urt. v. 02. 03. 2017 – I ZR 273/14 – „Videospiel-Konsolen III" = CR 2017, S. 291 ff.).

156 Bezogen auf DVD und andere Filmträgermedien: *Aydintan* 2008, S. 45 ff., im Ergebnis geht dieser von Vereinbarungen aus (S. 47 f.). S. nachfolgend Fn. zum ggf. unabhängig davon anwendbaren Sachmängelgewährleistungsrecht.

sind und zumindest bei Beschaffungsvorgängen nicht vereinbart worden sind oder zumindest nicht vereinbart sein müssen.[157] Sofern indes diese und ggf. ergänzend noch das Verbot ihrer „Umgehung“ vertraglich festgehalten oder ggf. noch verstärkt sanktioniert werden, unterliegen freilich solche Klauseln[158] einer Kontrolle, die aber wiederum die gesetzlichen Bestimmungen, insbesondere des UrhG, zu berücksichtigen haben.

Augenfällig ist in jedem Fall, dass TPM/DRM nicht nur gesetzliche Vorgaben oder vertragliche Vereinbarungen umsetzen müssen, sondern ganz isoliert Zielvorgaben des jeweiligen Unternehmens durchsetzen kann. Dies erinnert an *Lessigs* „Code is Law“-These. In seinem Werk „Code and Other Laws of Cyberspace“ bzw. der Neuauflage „Code v2“ thematisierte *Lessig* die Möglichkeit, den Cyberspace allein durch dessen (Quell-)*Code* zu regulieren – ganz unabhängig und losgelöst von einer Rechtsordnung im herkömmlichen Sinn und ihren bloß normativen Codices.[159] Entsprechend ließen sich durch Immaterialgüterrechte geschützte Werke abschließend durch Technik in einem solchen digitalen Umfeld optimal kontrollieren:[160]. Insoweit mag eine faktische Durchsetzung des Unrechts bzw. Schaffung eigenen (*digitalen*) *Rechts*[161] vorliegen. Folglich sind Code und TPM/DRM ein guter Beweis für die Macht des Faktischen und auch für faktische Kräfte gegenüber normativen Ansprüchen.[162]

Kartellrechtlich bleibt zu untersuchen, inwieweit die Unwirksamkeit entsprechender Vereinbarungen als auch die faktische Durchsetzung insbesondere widerrechtlicher Beschränkungen und Steuerungen zu bewerten ist bzw. ob diese überhaupt erfasst und einer Bewertung zugeführt werden können, was bereits aus genannter (bloßer) Faktizität in Zweifel zu ziehen war und ist. Wenn lediglich (kartell-)vertraglich oder gesetzlich Zulässiges vereinbart wird, ist in einer solchen Kontrolle bzw. Sicherstellung via TPM/DRM keinerlei (wett-

---

[157] Vgl. *Conrad* in: Auer-Reinsdorff/Conrad 2016, § 39 Rdnr. 322 ff. Die Problematik des Mängelrechts (dazu etwa *Mayer-Wegelin* 2008, S. 84; *Grützmacher* ITRB 2015, S. 145 f.) sei hier ausgelassen, auch die umstrittener Selbsthilferechte werden hier nicht weitergehend behandelt (vgl. 3. Kapitel B. I. 6. c).

[158] Diametral dazu die Bestimmungen der Sec. 3 II GNU GPL v3: „When you convey a covered work, you waive any legal power to forbid circumvention of technological measures to the extent such circumvention is effected by exercising rights under this License with respect to the covered work, and you disclaim any intention to limit operation or modification of the work as a means of enforcing, against the work's users, your or third parties' legal rights to forbid circumvention of technological measures.“

[159] Vgl. *Lessig* 2006, S. 4 ff. („... invisible hand of cyberspace is building an architecture ...“).

[160] *Lessig* 2006, S. 176 ff., S. 186: „maximum control over the uses of copyrighted work“.

[161] Bzw. eben eine eigene private, also seitens der Urheber gesetzte Rechtsordnung schaffen, welche sich u. a. über gesetzliche Schranken hinwegsetzt – *Freiwald* 2004, S. 200; *Höhne* 2007, S. 265 (1. u. 2. These); *Schäfer* 2008, S. 194, 421.

[162] *Arlt* 2006, S. 57: „kann mit Hilfe technischer Mittel eine Kontrolle mit monopolartigem Charakter erzielt werden“, eben als Gegensatz zum sozialgebundenem (vgl. Art. 14 II GG) Urheberrecht.

bewerbliches) Problem zu erkennen, zumal die Vereinbarung eines gesetzlichen Zustandes nicht kartellrechtlich moniert werden kann.[163] Wird hingegen anderes durchgesetzt als vereinbart, ist zivilrechtlich zunächst – neben Mängeln – an ein *venire contra factum proprium* zu denken, was kartellrechtlich jedoch nicht von Bedeutung ist. Kongruieren jedoch ausdrückliche Vereinbarung und faktisches Kontrollergebnis nicht, bliebe zunächst anzudenken, eine konkludente anderslautende Vereinbarung anzunehmen – ggf. aufgrund der Kennzeichnungspflicht des § 95d UrhG, sofern denn eingehalten und mithin für die Vertragsofferte TPM/DRM einbeziehend. Dies überzeugt nur begrenzt bzw. eben dann, wenn eine solche Vereinbarung nach zivilrechtlichen Regeln angenommen werden kann. Abseits davon erfolgt keine Koordinierung, sondern lediglich eine einseitige Maßnahme. Insoweit sind dann begrenzt konkludente Verträge annehmbar. Für reine Computerprogramme ist § 95d UrhG gem. § 69a V UrhG jedenfalls ohnehin nicht anwendbar. Jene TPM/DRM-Schutzvorschriften[164] weisen dabei das Potential auf, Wettbewerbsbeschränkungen eine „gesetzliche Verstärkung" zu verleihen.[165]

Im Filmbereich gibt es bzgl. der Zweitverwertung auf (HD-)Video-Datenträgern neben der Lizenzierung des Schutzsystems (an die Filmstudios usf.) für Regionalkodierungen insbesondere noch Vereinbarungen der Filmstudios als auch weitere Vereinbarungen, um erst eine regionale Aufteilung zu erreichen.[166] Im Software-Bereich gibt es in der Regel jedoch keine solche Regionalaufteilung – abgesehen von Konsolenherstellern, bei denen die Software mit entsprechenden Regionalcodes versehen sein kann, wodurch sie ebenfalls nur auf Konsolen mit entsprechendem „Lokalkolorit" lauffähig sind. Des Weiteren können *SaaS*-Dienste usf. leicht regional begrenzt angeboten werden.[167] In diesem Fall ist jedoch keine Absprache der Konsolenhersteller zu vermuten, da für eine einheitliche Normung prinzipiell kein Bedarf besteht, höchstens wird dieses mit den jeweiligen *Second-Party-Publishern*[168] abgesprochen sein; oder eben einseitig durchgesetzt werden.[169] Im Ganzen jedenfalls können solche

---

[163] 7. Kapitel B. II. 2.

[164] Eine Berufung darauf könnte aber treuwidrig sein, wenn der Urheber via DRM einen Schutz implementiert, der ihm rechtlich nicht zusteht: Wandtke/Bullinger/*Wandtke/Ohst*, § 95a UrhG Rdnr. 52.

[165] *Schäfer* 2008, S. 422.

[166] Umfassend *Aydintan* 2008, S. 30 ff. Apple als weiteres Beispiel bei *Schäfer* 2008, S. 413 ff. Zur Marktabschottung *Arlt* GRUR 2005, S. 1003 ff.

[167] Etwa via Geo-Targeting, 7. Kapitel B. IV. 2. b. cc.

[168] 3. Kapitel B. VI.

[169] Nach der Argumentation bei *Aydintan* 2008, S. 47 f. könnten dann indes die Verträge zwischen Herstellern der mit Regionalcode versehenen Spiele mit Großabnehmern kontrolliert werden, die eben konkret nach denjenigen Spielen nachfragen, die in der Zielregion auch genutzt werden können, was wiederum als relevante Vereinbarung angesehen werden könnte. Fraglich ist, ob das tatsächlich einer Marktaufteilung gleichkommt: Der Weltmarkt ist durch Technik bereits zergliedert, die Händler wollen ihn nur beliefern. Sähe man dies als kartell-

Hilfsvehikel keine umfassende kartellrechtliche Kontrolle nach Art. 101 AEUV erlauben. Eine Marktaufteilung bzw. Absprache nach Art. 101 AEUB liegt bei solchen Regionalcodes zumindest nicht in dem Sinne vor, dass die Studios oder Konsolenhersteller Märkte abstecken und untereinander aufteilen, sondern vielmehr nur dergestalt, dass (Re-)Importe verhindert und jeweils mögliche Hochpreise erzielt werden können.[170] Da Filme wie Spiele zumal nicht in allen Tonspuren und Untertiteln auf einer DVD (u. a. Medien) vorliegen – und mangels Kapazität teilweise bereits gar nicht könnten –, ergeben sich bereits aufgrund dieses Faktors ggf. ohnehin geographisch begrenzte Absatzchancen.[171] Bei digitalen Distributionsmodellen muss dieses nicht der Fall sein, zumal etwa bei *Steam* oftmals weitere Sprachpakete nachgeladen werden können, wenn es in der Regel gewiss sogar nationale und nicht regionale Portale geben wird. Der Hauptansatzpunkt für TPM/DRM liegt aber (bislang) nicht in solchen Formen der Aufteilung für höchstmögliche Preise, sondern hauptsächlich in Einsatz- und Absatzbeschränkungen. Diese können zwar durch Verträge mit Plattformbetreibern oder DRM-Technologiezulieferern (= DRM-Technologietransfervereinbarungen[172]) herbeigeführt, aber auch durch einen Hersteller selbst implementiert werden. Insoweit griffe ein solcher Hilfsansatz ohnehin nicht weit genug – wenn solche Vertriebsverträge usf. freilich wie andere einer Kontrolle durch Art. 101 I AEUV unterlägen.[173]

Sofern aber schlicht einseitiges Verhalten vorliegt, ist außerdem keine analoge Anwendung des Art. 101 I AEUV möglich, denn dieser setzt grundsätzlich Zusammenwirken, eben Kartellbildung, voraus. Wenn ein Hersteller einseitig solche Begrenzungen durchsetzt und Abnehmende diese akzeptieren müssen, erreicht dieses keine Koordinierung und auch keinen vergleichbaren Effekt. Die Interessenlage indes ist insoweit vergleichbar, als dass es eines Einverständnisses des Abnehmenden gar nicht erst bedarf, um etwa exakt die gleichen Maßnahmen durchzusetzen, die ansonsten allerhöchstens vertraglich bzw. koordinierend herbeigeführt werden würden. So mag der Einsatz eines Programmes übergebührlich begrenzen und ebenfalls dessen Absatz widerrechtlich begrenzt werden,[174] doch fußt dieses nicht auf – nicht einmal konkludent geschlossenen – Vereinbarungen.

Indes ist dies keine Möglichkeit, Vereinbarungen zu fingieren. Nur weil DRM-Restriktionen faktisch auferlegt werden, kann dann i. d. R. gerade nicht –

---

rechtswidrig an, wäre es unmöglich, solche Spiele überhaupt noch (zielgerichtet) zu vertreiben, weswegen dieser Ansatz zu verwerfen ist. Solche Verträge sind überhaupt nicht konstituierend, sondern lediglich akzeptierend. Vielmehr liegt ein Missbrauch nach Art. 102 AEUV seitens des aufteilenden Konsolenherstellers näher.

[170] Vgl. 8. Kapitel G.

[171] Vgl. 7. Kapitel B. IV. 2. b. cc.

[172] 3. Kapitel B. II. 3; 8. Kapitel H. VII.

[173] 8. Kapitel H.

[174] Vgl. 11. Kapitel B.

ergänzend – ein entsprechender Vertrag angenommen werden, da dies auch alle Mängelrechte zerstörte. Oder eben einen Verzicht auf Selbsthilferechte,[175] seien sie denn gegeben, unterminierte. Zwar bedarf es kartellrechtlich lediglich einer weniger festen Verbindung, aber eben doch eines Mindestmaßes an Kollusion und nicht eines nur notgedrungenen Akzeptierens ungewünscht kontrollierter Ware. Im Ergebnis könnte eine kartellrechtliche Kontrolle nach Art. 101 AEUV dazu führen, dass entsprechende Verträge keine Regelungen mehr enthielten – weder zu Sicherungskopien, noch zu Absatzverboten etc. –, so dass dieses lediglich faktisch unmöglich, nicht jedoch verboten wäre. Doch hätten solche lückenhaften Regelungen für die absetzenden Unternehmen wiederum auch Nachteile, zunächst im Erfüllungs- bzw. Mängelrecht, woraus sodann vermutlich stets Ansprüche gegeben wären, wenn es dafür einer zutreffenden Anwendung des § 433 I Nr. 2 BGB bedürfte.

Ungeachtet dessen ist es gleichwohl problematisch, dass über DRM belastete Belegstücke, losgelöst aller Erschöpfung,[176] kaum kontrolliert werden können und kartellrechtlich allerhöchstens – als einseitige Maßnahme – nach Art. 102 AEUV zu kontrolliert werden vermag.[177]

III. Bewirkung oder Bezwecken eines Wettbewerbshindernisses

Die Koordinierung der Unternehmen muss eine Wettbewerbsbeschränkung, wozu nach Art. 101 AEUV Verhinderungen, Einschränkungen und Verfälschungen gehören,[178] bezwecken oder bewirken. Das Tatbestandsmerkmal des Bezweckens ist anerkannterweise bereits dann erfüllt, wenn die Vereinbarung nach objektiven Kriterien zur Beschränkung geeignet ist.[179] Die Wettbewerbsbeschränkung selbst wird nicht einheitlich definiert, u. a. ist Gegenstand der Diskussion, inwieweit (ausschließlich) Dritte beeinträchtigt werden müssen.[180]

---

[175] 3. Kapitel B. I. 6. c.

[176] 3. Kapitel A. IV.

[177] Vgl. *Aydintan* 2008, S. 46 f.; wohl nur Art. 102 bzw. §§ 19 ff. GWB; zu Art. 102 *Schäfer* 2008, passim, S. 425: „Oft fehlt es an der erforderlichen marktbeherrschenden Stellung." *Schneider* in: Schneider 2009^4, Kap. C Rdnr. 368 f. erwägt indes, bei „wettbewerbswidriger Produktgestaltung" Parallelverhalten der marktmächtigen Akteure im Rahmen des Art. 101 I zu untersuchen.

[178] *Mestmäcker/Schweitzer* 2014, § 11 Rdnr. 1 f.; bzgl. der Verfälschung, der tlw. eigenständige Bedeutung neben der Einschränkung als schwacher Form der Verhinderung, zugesprochen wird, ist diese Kategorisierung nicht zwingend, aber möglich Immenga/Mestmäcker^4/*Emmerich*, Art. 81 I EGV Rdnr. 131, 151 ff., der diese Position wohl mittlerweile widerrief: Immenga/Mestmäcker/*Emmerich*, Art. 101 I AEUV Rdnr. 118.

[179] „Eine Beschränkung des Wettbewerbs ist dann bezweckt, wenn eine Vereinbarung schon ihrem Wesen nach den Wettbewerb beschränkt. (…) Belege für die subjektive Absicht der Parteien, den Wettbewerb zu beschränken, sind ein relevanter Faktor, jedoch keine notwendigen Voraussetzungen."; TT-Leitl., Zf. 14.

[180] „Die Wettbewerbsbeschränkung ist der Zentralbegriff des Art. 101 Abs. 1 AEUV und

1. Regelbeispiele Art. 101 I lit. a), b) Var. 1 u. 2, lit. c), d), e) (Wettbewerbsbeschränkungen bzgl. Absatz und Vertrieb)

Zur Konkretisierung wettbewerbsschädlicher Regelungen dienen die – nicht abschließenden – tatbestandlichen Beispiele des Art. 101 I AEUV. Die Festsetzung der Geschäftsbedingungen[181] (lit. a), die Erzeugungs- und vor allem die Absatzkontrolle (lit. b. Var. 1 u. 2), die Marktaufteilung (lit. c) – welche evident dem Binnenmarkt-Projekt entgegenläuft[182] –, die Handelsdiskriminierung (lit. d) als auch die Kopplungsverpflichtung (lit. e) sind in aller Regel Verhaltensweisen, welche den Vertrieb betreffen. Als Einschränkung der Erzeugung gilt ebenfalls die Begrenzung auf Produkte bestimmter Normen oder bestimmten Typs.[183] Vertikal wie auch horizontal können entsprechende Vereinbarungen grundsätzlich auf Software bezogen abgeschlossen werden. Als Besonderheit des Vertriebes bleibt dabei zu bedenken, dass diese als digitales Gut nicht nur über Datenträger, sondern ebenfalls per Download vertrieben werden oder *as a Service* verfügbar gemacht werden kann,[184] was gleichwohl als Absatz (mit-)erfasst ist. Zu hohe Gebühren jedenfalls können ebenfalls zu einer Wettbewerbswidrigkeit führen,[185] sollten im Allgemeinen jedoch nur in den engen Grenzen des Art. 101 I lit. d AEUV erfasst sein, wobei zu betonen bleibt, dass lit. d) ausschließlich auf der Ebene der Vertriebssteuerung eingreift. Bei Art. 101 I lit. e AEUV wird ebenfalls vertreten, dass nicht bereits die einseitige Kopplungsvereinbarung erfasst ist, sondern lediglich darauf hinsteuernde Vereinbarungen durch andere, etwa zwischen Hersteller und Vertrieb, wobei sodann erst Letzterer gegenüber den Endkunden koppeln solle.[186] Die wohl überwiegende Ansicht verneint dies und nimmt bereits einseitige, direkte Kopplungen als von der Norm erfasst an.[187] Im Übrigen wird dem Software-Endkundenabsatz jedoch ohnehin nur geringe Marktbedeutung zugeschrieben,[188] zumal über die Vertriebssteuerung solche Beschränkungen weitflächig durchgesetzt werden können.[189]

---

zugleich das am schwersten zu fassende Tatbestandsmerkmal." – Immenga/Mestmäcker/*Emmerich*, Art. 101 I AEUV Rdnr. 107, Rdnr. 108 m. w. Nachw.

[181] Zu Preisvorgaben etwa knapp BKartA BT-Drs. 17/6640, S. 43, 110, in welchem Fall Microsoft auf Wiederverkaufspreise „Einfluss genommen" habe.

[182] *Bechtold/Bosch/Brinker*, Art. 101 AEUV Rdnr. 97.

[183] *Bechtold/Bosch/Brinker*, Art. 101 AEUV Rdnr. 93.

[184] 3. Kapitel B. I. 4. b.

[185] *Groß* 2015, Rdnr. 596.

[186] So noch: Immenga/Mestmäcker[4]/*Zimmer*, Art. 81 I EGV Rdnr. 317 ff., 322 ff. m. w. Nachw.; des Weiteren: *Bechtold/Bosch/Brinker*, Art. 101 AEUV Rdnr. 102; *Kirchhoff* in: Wiedemann 2008, § 12 Rdnr. 9.

[187] Immenga/Mestmäcker[(5)]/*Zimmer*, Art. 101 AEUV Rdnr. 251 ff.; Callies/Ruffert/*Weiß*, Art. 101 AEUV Rdnr. 144; FrankfKomm/*Roth/Ackermann*, Art. 81 I EGV GrundFr. Rdnr. 419; Langen/Bunte/*Hengst*, Art. 101 AEUV Rdnr. 286.

[188] Langen/Bunte[11]/*Jestaedt*, Art. 81 EGV FallGrp. Rdnr. 324.

[189] Vgl. 3. Kapitel B. II.; 8. Kapitel H.

2. Regelbeispiel Art. 101 I lit. b) Var. 3 (u. 4) (Entwicklungskontrolle)

Die „Einschränkung der … technischen Entwicklung oder der Investition“ weist im Gegensatz zu den zuvor geschilderten Regelbeispielen eine andere Prägung auf. Erzeugung (Var. 1) und Absatz (Var. 2) bezieht sich auf ein fertiges Produkt. Entwicklung und Investitionen wiederum sollen in aller Regel erst zu neuen Produkten führen.[190] Bei diesen Regelbeispielen handelt es sich also um Tatbestände der Innovationssteuerung. Innovationen können auch dadurch behindert werden, indem ihre Verbreitung erschwert wird.[191]

Inwieweit Entwicklungskooperationen, der Verzicht auf den Aufbau eigener Strukturen, Technologien etc. kritisch oder als förderlich betrachtet werden, ist bereits nach den vorherigen Ausführungen oftmals schwierig zu ermessen, zumal Unwägbarkeiten bestehen, die Beschränktheit der menschlichen Prognostik als auch Schwierigkeiten der Urteilsfällung, ob eine Technologie als *inferior* oder *superior* (und mithin als verbreitungsunwürdig oder -würdig) zu bewerten ist, und eine rechtlich bzw. behördlich ungehinderte Technologieverbreitung kaum zu erahnen sind.[192]

Entwicklungskooperationen – so und auch im Nachfolgenden die Kommission – sollen in aller Regel nicht von Art. 101 I AEUV umfasst sein, insbesondere nicht im bloß theoretischen Stadium, also noch entfernt von konkreten Produkten.[193] Dies gelte gerade bei Nicht-Wettbewerbern, die sich hinsichtlich ihres Portfolios ergänzen.[194] Als Beschränkung sei es indes zu werten, eigene Technologie nicht oder nur erschwert nutzen zu können[195] oder auf die (notwendige) anderer verzichten zu müssen.[196] Negativ zu beurteilen sei ebenso der Verzicht auf den Aufbau eigener Infrastrukturen,[197] was jedoch die Frage aufwirft, ob dazu konkret überhaupt tatsächlich Potential besteht.

---

190 *Bechtold/Bosch/Brinker*, Art. 101 AEUV Rdnr. 95.

191 *Bechtold/Bosch/Brinker*, Art. 101 AEUV Rdnr. 95.

192 Vgl. 5. Kapitel B. II. 3. b.

193 Horiz-Leitl., Tz. 129, 132. Siehe dazu auch Freistellungen nach der F&E-GVO, vgl. 7. Kapitel C. I. 4.

194 Horiz-Leitl., Tz. 130.

195 TT-Leitl., Zf. 85, 81 – die Erwägungen unter Tz. 110 führen, wenn auch nicht eindeutig formuliert, aus, dass im Falle eines (potentiellen) Wettbewerbsverhältnisses der Lizenznehmer eine „wichtige Quelle für Innovationen“ ist bzw. sein sollte, weswegen der Lizenznehmer vom Lizenzgeber nicht abhängig sein soll. Deswegen sind Rücklizenzen besonders gefährlich, insbesondere wenn die den Lizenzgeber der Ursprungsvereinbarung ausschließlich berechtigten, da somit jede Innovation diesen noch begünstigt und die wichtige „Quelle“ ausgeschaltet bzw. noch gar zur Erhärtung der Position instrumentalisiert werden kann.

196 TT-Leitl., Tz. 12 lit. a), 226, 228 ff.

197 *Mestmäcker/Schweitzer* 2014, § 11 Rdnr. 38. Hier sei zudem auch an das Telekommunikationsrecht erinnert, nach welchem die Preise für die Nutzung fremder Netze so hoch sein sollen, dass immer noch Anreiz für den Aufbau eigener besteht.

3. Kernbeschränkungen der Gruppenfreistellungsverordnungen als Grundlage zur Konkretisierung des Tatbestandes des Art. 101 I AEUV

Weist eine Vereinbarung eine Kernbeschränkung[198] nach den Katalogen der Gruppenfreistellungsverordnungen auf, galt nach der Kommission die Freistellung nach Art. 101 III AEUV als unwahrscheinlich[199] und somit womöglich ein Verstoß gegen Art. 101 I AEUV als mindestens wahrscheinlich[200], wenn auch die Kommission neuerdings nicht mehr apodiktisch einen Verstoß gegen Art. 101 AEUV bei berührten Kernbeschränkungen annimmt.[201] In Literatur und Praxis ist – deswegen oder dennoch – oftmals zu beobachten, dass ein Verstoß wider Art. 101 I AEUV gar nicht erst geprüft wird, sondern mit Kernbeschränkungen in eine Prüfung eingestiegen wird, was dogmatisch offensichtlich unhaltbar ist:[202] Denn was nicht durch Art. 101 I AEUV untersagt ist, das kann weder nach Art. 101 III AEUV direkt noch durch Gruppenfreistellungsverordnung freigestellt werden, noch bedarf es einer Freistellung. Dies wird zudem ausdrücklich anerkannt, etwa in Art. 2 S. 2 TT-GVO: „Die Freistellung gilt, soweit diese Vereinbarungen Wettbewerbsbeschränkungen enthalten, die unter … fallen."[203] Eine solche Freistellung des Nicht-Freistellbaren liefe dann „leer".[204] Rechtfertigung und Entschuldigung werden schließlich ebenfalls nicht vor der Tatbestandsmäßigkeit geprüft oder in einem Gesamtvorgang[205]. Gruppenfreistellungsverordnungs-Kernbeschränkungen sind keine *negativen Tatbestandsmerkmale* des Art. 101 I AEUV.

Das andere Verständnis schürt die Kommission selbst durch Worte wie: „Soweit diese Vereinbarungen ohnehin unter die TT-GVO fallen würden, besteht kein Grund nachzuprüfen, ob sie von Art. 81 Abs. 1 erfasst werden".[206] Diese Systemumkehrung[207] – es sei demnach erlaubt, was freigestellt bzw. von einer

---

198 „Schwerstbeschränkungen" nach *Ullrich* VPP-Rundbr. 2/2007, S. 58.

199 Vertikal-Leitl. a. F. (aus 2000), Tz. 46 S. 1: „In Art. 4 Gruppenfreistellungsverordnung [Anm.: = Vertikal-GVO a. F.] sind Kernbeschränkungen aufgeführt, welche bewirken, dass jede vertikale Vereinbarung, die solche Bestimmungen enthält, als Ganzes vom Anwendungsbereich der Verordnung ausgeschlossen ist"; TT-Leitl., Tz. 18 (wenn nach Art. 101 III AEUV nicht freigestellt werden kann, dann soll, wenn auch nicht streng logisch, vermutlich eine Verletzung nach Art. 101 I vorliegen).

200 Bzw. fast immer wettbewerbswidrig nach Art. 101 AEUV: TT-Leitl., Tz. 94. Bzw. den Art. 101 III AEUV nur „in Ausnahmefällen" erfüllend: Tz. 95.

201 Vertikal-Leitl., Tz. 47.

202 Vgl. 3. Kapitel B. I. 1. b.; zutreffend daher *Marquis* Antitrust Bull. Vol. 52 (2007), S. 246; zumindest krit. bzgl. des Aufbaus der Leitl. *Drexl* GRUR Int 2004, S. 724 f.

203 Oder auch Art. 2 I S. 2 Vertikal-GVO: „Diese Freistellung gilt, soweit solche Vereinbarungen vertikale Beschränkungen enthalten."

204 *Zöttl* WRP 2005 S. 38 f.

205 Krit. dazu *Matthiesen* 2010, S. 10.

206 TT-Leitl., Tz. 42 S. 2.

207 *Drexl* GRUR Int 2004, S. 724 f., gibt jedoch zu bedenken, dass aus ökonomischer Perspektive die Trennung von Nachteilen (Art. 81 I) und Vorteilen (Art. 81 III) ebenso willkürlich sei.

Freistellung ausgeschlossen sei – wird durch die GVOen noch kulminiert, die freistellen, was sie nicht verbieten[208] bzw. eben ausdrücklich *nicht freistellen*. Eine solche Systemumbildung hindert jedoch die Ermittlung allgemeiner Argumentationsstrukturen, zumal Art. 101 I AEUV einen weiten Anwendungsbereich aufweisen mag, jedoch wegen des Abs. III kein Totalverbot verkörpert.

Es ist jedenfalls nicht der Schluss zulässig, dass alles, was freistellungsfähig wäre, gar nicht erst verboten sein soll, denn dann wären Gruppenfreistellungsverordnungen sinnlos. Vielmehr ist eben grundsätzlich von einem weiteren Anwendungsbereich des Art. 101 I AEUV auszugehen, der Gruppenfreistellungsverordnungen überhaupt erst erforderlich werden lässt. Dies ist im System der Anwendung des Art. 101 AEUV auch nur sinnhaft.

Darüber hinaus bleibt zweifelhaft, inwieweit Gruppenfreistellungsverordnungs-Kernbeschränkungen Rückschlüsse auf Art. 101 I AEUV erlauben. Zunächst ist festzustellen, dass Art. 101 I AEUV nicht Normenwerk der Kommission ist. Die Kommission ist, wie andere Wettbewerbsbehörden, lediglich Anwender solcher Normen, der über die Ermächtigung zur Gruppenfreistellung gleichwohl machtfüllend quasi-gesetzgeberische Kompetenz zufällt. Es wäre jedoch verfehlt, der Kommission über die – nicht letztgültige – Hoheit über Freistellungen eine inzident vollkommene Deutungshoheit über Art. 101 I AEUV zu geben, was gerade über die gewährte Ermächtigung durch Rat bzw. Verträge hinausginge. Da daneben bereits weitere Rechtsbestimmungsmöglichkeiten durch Leitlinien, Bekanntmachungen etc. stehen, ist eine solche unkontrollierte faktische Kompetenz kritisch zu betrachten.[209] Als positiv kann daran nur die Rechtssicherheit durch eine denkbar einheitliche Praxis zu sehen sein, doch die Gewaltenteilung sollte deswegen nicht einer strukturellen Überrepräsentation geopfert werden.

Aus praktischer Sicht der Unternehmen, welche sich – je nach Umsatz usf. – gerade mit der Kommission als Wettbewerbsbehörde konfrontiert sehen mag, entlastet freilich eine auf erfolgreiche Gruppenfreistellungsverordnungsprüfung beschränkte Prüfung hinreichend. Jede weitere Prüfung wäre grundsätzlich unsinnig, es sei denn, dass ein Entzug der Gruppenfreistellungsverordnung zu befürchten wäre.[210]

---

208 Da der „regelungstechnische Fokus" nicht die Freistellungen betrifft, erfolge somit ein „Negativtest": *Ullrich* VPP-Rundbr. 2/2007, S. 58. Zumal auch noch die Art. 4 f. TT-GVO durch eine komplexe Regel-Ausnahme-Dichotomie geprägt sind.

209 S. Kap. 6 Fn. 112.

210 Nach *Zöttl* WRP 2005, S. 43 wird bei Vorliegen der Freistellungsvoraussetzung jedwede andere Prüfung „entbehrlich". So auch TT-Leitl., Tz. 42 S. 2: „Soweit diese Vereinbarungen ohnehin unter die TT-Gruppenfreistellungsverordnung fallen würden, besteht kein Grund nachzuprüfen, ob sie von Art. 101 Abs. 1 erfasst werden." Laut *Matthiesen* 2010, S. 23 f. gebe es den Unternehmen Rechtssicherheit, da bei Einschlägigkeit der GVO ein Unternehmen nicht mehr Art. 101 I noch Abs. III prüfen müsse. *Anderman/Kallaugher* 2006, Rdnr. 3.34: Sofern eine begrenzende Klausel unter die TT-GVO falle, sei ihre begrenzende Wirkung nicht weiter zu prüfen.

Sofern jedoch Aussagen über Art. 101 I AEUV gewonnen werden sollen, kann auch nicht – *argumentum a maiore ad minus* – angenommen werden, dass das, was nicht freistellungsfähig ist, nicht erlaubt sein könne.[211] Zwar sind mit den Kernbeschränkungen aus Sicht der Kommission besonders gravierende Wettbewerbsbeschränkungen erfasst, doch muss dieses nicht schon abschließend (oder überhaupt zutreffend) sein. Außerdem fehlt es an einem Beweis, dass diese ausgewählten Beschränkungen tatsächlich stets so fatal sind, wie die Kommission annimmt; zumal von Art. 101 I AEUV bestimmte Verhaltensweisen nicht erfasst sind, seitens der Kommission oder gar nicht als Beschränkung zu betrachten sind, selbst wenn sie tatbestandlich zunächst Kernbeschränkungen unterfielen.[212] Aus einer sog. nicht freigestellten Klausel der GVOen folgt nicht die Nichtigkeit, sondern mithin lediglich der Wille der Kommission, eine solche Klausel nicht – zumindest eben nicht pauschal bzw. abstrakt-generell – freizustellen.[213]

Eben deswegen sollten im Rahmen theoretischer wie praktischer Betrachtungen die Kernbeschränkungen gleichwohl herangezogen werden, wodurch sie ge- bzw. überprüft werden können. Der lediglich begrenzten Aussagekraft muss sich ein jeder jedoch gewahr sein. Aus praktischer Sicht ist ein *Commission approach* indes wohl alternativlos. Gleichwohl kann auch fern eines solchen Praktikeransatzes konstatiert werden, dass zumindest insoweit die Regelbeispiele des Art. 101 I AEUV den Kernbeschränkungen entsprechen, ein Verstoß gegen Art. 101 I AEUV relativ sicher ist.

IV. Zwischenstaatlichkeitsrelevanz, betroffene Märkte und Spürbarkeit

Die besagten Handlungen zwischen Unternehmen müssen zudem geeignet sein – so der Wortlaut –, den Handel zwischen den Mitgliedsstaaten zu beeinträchtigen.

1. Binnenmarktrelevanz

Zur Anwendung europäischen Rechts bedarf es einer europäischen Relevanz bzw. eben der Zwischenstaatlichkeit.[214] Geschützt sind dabei tatsächlicher und

---

[211] Gemäß *Bödeker* 2008, S. 89 ff. etwa könne eine Vereinbarung, die nicht durch Gruppenfreistellungsverordnungen oder nach Art. 101 III freigestellt werden könne, „erst recht" nicht unbedenklich im Sinne des Art. 101 I sein. Eine Gruppenfreistellungsverordnung sei „Konkretisierung" des Art. 101 III. Andererseits könne die Aussage der TT-GVO „nicht 1:1" in den „Kartelltatbestand übernommen werden" (S. 89), aber die GVOen und Leitlinien dienten doch, um „allgemeine Feststellungen" zu destillieren und zu übernehmen (S. 40, vgl. auch noch S. 310 f.).

[212] 7. Kapitel B. V.

[213] A. A. wohl *Lejeune* ITRB 2004, S. 228.

[214] Für Software damals noch als „schwer denkbar" ablehnend *Chrocziel* CR 1989, S. 793,

potentieller Wettbewerb.[215] Zudem muss die Beschränkung sowohl für den Wettbewerb in der Gemeinschaft als auch für den zwischenstaatlichen Handel spürbar sein.[216] Aufgrund internationalen Softwarehandels[217] besteht ein Indiz, soweit dieser im Konkreten besteht, Binnenmarktsrelevanz anzunehmen.

2. Betroffener Markt sowie Wettbewerbs- und Nicht-Wettbewerbsverhältnisse der Akteure

Bedeutsam für wettbewerbsrechtliche Untersuchungen sind Faktoren der Märkte sowie der Akteure einschließlich der Verhältnisse dieser zueinander, denn aus diesen kann geschlossen werden, wie sich die Beschränkung, gerade qualitativ, auswirkt.

a. Differenzierung nach horizontalen und vertikalen Verhältnissen

Art. 101 I AEUV erfasst dabei Verhalten horizontal zueinander stehender Akteure, also insbesondere Kooperationen mehrerer konkurrierender Unternehmen[218], welche durch wettbewerbsbeendende Absprachen Profite steigern wollen: die „klassischen" Kartelle. In horizontalen Konstellationen führen Vereinbarungen entsprechend potentiell zu weniger Wettbewerb – zumindest zwischen den an der Absprache Beteiligten – und sind deshalb besonders sorgsam zu prüfen. Vertikale Vereinbarungen, also hauptsächlich in Bezug auf den Vertrieb, können ebenfalls kritische Vereinbarungen mit Marktstörungspotential begründen.[219] Es gibt indes Horizontalvereinbarungen, welche sich insgesamt positiv auswirken: Wenn nämlich dadurch etwas[220] ermöglicht wird, was ansonsten unmöglich wäre[221]. Dies ist insbesondere der Fall, wenn erst durch diese Vereinbarung der Wettbewerb gegen größere Unternehmen aufgenommen werden kann,[222] wodurch dann erst Wettbewerb entstehen mag.

---

wenn auch nach *Abromats* Pittsburgh Law Rev. Vol. 52 (1991), S. 629 bereits damals Software ein großer Massenmarkt war.

215 *Mestmäcker/Schweitzer* 2014, § 11 Rdnr. 69.

216 *Schultze/Pautke/Wagener* 2005, Rdnr. 297. Zur Spürbarkeit s. insbes. Zwischenstaatlichkeits-Leitl. Tz. 12, 24 ff., 44, 47, 50, 52.

217 Dazu sogleich 7. Kapitel B. IV. 2. b. cc.

218 Horiz-Leitl., Tz. 1 ff.; die etwa durch Preisfestsetzungen oder Marktaufteilungen eine Gefahr für den Wettbewerb darzustellen imstande sind, aber durch Rationalisierung, sich auf günstige Preise auswirkend, auch wieder ausgleichen mögen.

219 Horiz-Leitl., Tz. 12, vgl. *Mestmäcker/Schweitzer* 2014, § 11 Rdnr. 27, § 15 Rdnr. 8 ff.; TT-GVO ErwGrd. 11 f. Im FuE-Bereich seien sie i. d. R. selten schädlich, vgl. Horiz-Leitl., Tz. 130.

220 Etwa ein gemeinsames Projekt.

221 Horiz-Leitl., Tz. 133; sofern es sich um Unternehmen geringerer Marktmacht handelt. Die eigene Unfähigkeit zur Projektdurchführung hängt jedoch nicht unbedingt von geringer Marktmacht ab, kann aber wohl als häufiger Zusammenhang betrachtet werden.

222 Horiz-Leitl., Tz. 138 f., 141; vgl. TT-GVO ErwGrd. 6.

Gleichermaßen gelten insbesondere Preisvorgaben oder -absprachen ebenfalls auf vertikaler Bezugsebene als *hardcore*.

Für die Vertikale besteht gleichwohl ein besonderes Bedrohungsszenario, welches u. a. unter den Stichworten *Leveraging*, *Essential Facility Doctrin* (EFD) u. a. oder auch als *vertikale Ausdehnung von Schutzrechten* diskutiert wird.[223] Typisch für diese Konstellation im Immaterialgüterkontext ist, dass sich ein Schutzrecht – unsachgemäß – auf (nicht zugewiesene oder zuzuweisende) Folgemärkte auswirkt oder auszuwirken droht. Dabei handelt es sich aber in aller Regel um Situationen im Hinblick auf Art. 102 AEUV, bei denen regelmäßig, wenn auch nicht ausschließlich, lediglich einseitiges Handeln auf dem Prüfstand steht.[224]

Die Marktabgrenzung selbst geschieht unabhängig von solchen Differenzierungen. Gleichwohl können sich aufgrund solcher Faktoren Unterschiede ergeben, denn aus vertikaler Perspektive können Produkte einem weiter zu fassenden Markt als etwa für Endkunden zuzuordnen sein, wenn es dem Vertikalakteur etwa nur auf Absatzzahlen ankommt, jedoch nicht auf die jeweiligen, detaillierten Funktionsweisen.[225] Ob ein Vertikal- oder Horizontal-Verhältnis vorliegt, ist aber stets von Bedeutung für die wettbewerbliche Auswirkung (nicht zuletzt für die GVOen) und eben auch an den Märkten, auf denen die Unternehmen tätig sind, zu erkennen: Sind sie auf selben Märkten tätig, sind sie Konkurrenten.

b. Betroffene Märkte und Marktmacht der Akteure

Für die Feststellung eines Wettbewerbsverhältnisses bzw. die Ablehnung eines solchen ist zunächst zu untersuchen, auf welchen Märkten sich die Akteure – mit welcher „Macht" – gegenüberstehen bzw. ob und in welchem Umfang und welcher Position sie nebeneinander stehen. Ein wesentlicher Faktor zur Beurteilung von Wettbewerbsverhältnissen, ob gegen-, mit- oder nebeneinander, ist zunächst die Feststellung der jeweiligen Märkte, was vermutlich in vielen Kartellrechtsfällen die entscheidende Frage sein kann.

aa. Marktkategorien im Technologiesektor: Erfindungsmarkt, Technologiemarkt und Produktmarkt

Neben den – üblichen – Produktmärkten werden im Technologiebereich ebenso die „Vorprodukte" als eigenständige Märkte betrachtet, welche anhand der

---

[223] 5. Kapitel B. II. 3.

[224] 6. Kapitel B. III.

[225] Vgl. etwa – wenn auch im Ergebnis unentschieden – ob die Weiterleitung bzw. Bewerbung in verschiedenen Sportarten einen Markt bildet: etwa BKartA, Az. B 6-114/10, Tz. 28 ff. (http://www.bundeskartellamt.de/SharedDocs/Entscheidung/DE/Entscheidungen/Kartellverbot/2012/B6-114-10.pdf?__blob=publicationFile&v=6).

Produktentwicklung plastisch nachgezeichnet werden können: Mag zu Beginn und vor der Erfindung[226] eine bloße Idee als Ergebnis der Grundlagenforschung stehen, wird daraus – oftmals im Rahmen einer patentrechtlichen Erfindung – eine verwertbare Technologie, welche dann Einzug findet in ein einsetzbares Produkt. Diesem Produktweg folgend wird zumindest getrennt zwischen Technologie- und Produktmarkt,[227] doch bereits auf dem vorgelagerten Forschungs- oder Innovationsmarkt[228] mag ein Interesse an bestimmten Erkenntnissen bestehen.

Sog. vertikal integrierte Unternehmen können theoretisch auf allen Marktarten – bis zum Vertrieb (gerade durch digitale Distribution) – tätig sein und ggf. mit anderen, eben nicht unbedingt integrierten Unternehmen konkurrieren. Der Feststellung der Märkte folgt die Bemessung der Stärke bzw. Macht der tätigen Akteure. Dabei ist auch die Anzahl der Akteure ein wichtiger Faktor bzw. ein wichtiges Indiz für (funktionierenden bzw. optimalen) Wettbewerb.

bb. Sachliche Bestimmung der Softwaremärkte

Der sachliche Markt wird anhand des Bedarfsmarktskonzeptes, also aus der Perspektive eines Nachfragenden, bestimmt.[229] Diesem kann es ebenso, wie gesagt, nach sog. Vorprodukten wie „vollendeten" Endprodukten verlangen. Auf der Vertriebsebene kann Bedarf „weitergereicht" werden, aber auch eigener Bedarf als Maßstab angelegt werden.[230] Wie bereits zuvor mehrfach angedeutet worden ist, wird allgemein nicht nur ein einheitlicher Markt für Software definiert, da es eben aus der Perspektive des Nachfragenden nicht nur eine Art Software gibt, sondern in aller Regel verschiedene für verschiedenste, ggf. dependente Bedürfnisse – wie bereits die Unterscheidung zwischen Betriebs- und Anwendungsprogrammen belegt.[231]

Primärer Ansatzpunkt für ein Bedürfnis ist zunächst die Funktionalität eines Programmes, nach der eben eine Nachfrage besteht. Aufgrund der schnellen Produktzyklen im Softwarebereich und noch nicht beendeter Entwicklungstätigkeit ist es denkbar, teilweise auf noch nicht bestehende Märkte abstellen zu müssen,[232] bei denen Berücksichtigung finden muss, inwieweit diese selbst

---

[226] Auf dem somit FuE-Tätigkeit stattfinde, *del Tiempo Matanzo* 2008, S. 54.

[227] 7. Kapitel C. I. 1. e. aa.

[228] Vgl. 7. Kapitel C. I. 1. e. aa.; 7. Kapitel C. I. 4.

[229] Bekanntm. ü. Rel. Markt, Tz. 15 ff., 41: Im Rahmen eines „Gedankenexperimentes" werde gefragt, ob der Nachfragende andere Produkte erwerben könnte, diese also für ihn weitgehend vergleichbar wären. *Scholz/Wagener* CR 2003, S. 883; *Klees* in: Kilian/Heussen, Kap. 60 Rdnr. 94; *Batchelor* CTLR 2004, S. 168 f.

[230] 7. Kapitel B. IV. 2. b. bb. (7) (c) (hh).

[231] Etwa 7. Kapitel B. IV. 2. b. bb. (2).

[232] Horiz-Leitl., Tz. 112 (ein neues Produkt führt aber noch nicht unbedingt zu einem neuen Markt, sondern kann lediglich ein Vorgängerprodukt auf demselben Markt ablösen oder

und Technologien und Produkte bereits etabliert – „gereift“ – sind und mithin gefestigten Aussagen überhaupt zugänglich sind.[233]

(1) Plattformabhängigkeit und allgemeine Abhängigkeit von bestehenden Produkten

Plattformen sind einerseits Gruppen technischer Geräte, also etwa IBM-kompatible, also auf der x86-Architektur basierende Einzelplatzrechner samt Notebooks,[234] *Macintosh*-Rechner (MAC), spezielle Serverarchitekturen[235], sonstige Mobilgeräte, Videospielkonsolen, Mobiltelephone[236] und weitere. Mehrere dieser Geräte können durch verschiedene Betriebssysteme genutzt werden. Einerseits kann es sein, dass diese Entscheidung durch den Endanwender getroffen wird – oder andererseits durch Hersteller eines kombinierten Produkts.

Dabei kann einerseits ein Betriebssystem ein Faktor sein, sich für eine bestimmte Plattform zu entscheiden: So sind etwa MAC-Betriebssysteme nicht für IBM-kompatible Geräte zugelassen, noch sollen MAC-Geräte mit anderen Betriebssystemen als den hauseigenen betrieben werden.[237] Hingegen kann bei IBM-kompatiblen grds. frei zwischen Windows und *GNU/Linux* gewählt werden.[238] Die i. d. R. höheren Kosten für Hardware im Vergleich zu Software veranlassen dazu, zunächst die Entscheidung für eine Hardware in den Vordergrund zu rücken und die Wahl des Betriebssystems als Folgefrage zu verstehen. Dies würde den Markt für Betriebssysteme auf die für diese Plattform verfügbaren begrenzen. In Fällen eines MAC-Rechners wäre in der Regel ein Monopol Apples festzustellen. Diese Betrachtung wird dadurch erschwert, dass die Masse der Personalcomputer ohnehin mit einem (vorinstallierten) Betriebssystem abgesetzt wird. Die Entscheidung zwischen IBM-kompatibel oder MAC mag also möglicherweise ebenfalls wegen der verfügbaren Betriebssysteme getroffen werden. Mangels freier Austauschbarkeit ist es schwierig einzuschät-

---

zu anderen gleichartigen Produkten in Konkurrenz treten); *Bechtold/Bosch/Brinker*, Art. 101 AEUV Rdnr. 179.

[233] „Ausgereift“ noch in TT-Leitl. 2004, Tz. 139; nunmehr „reif“ in TT-Leitl., Tz. 167.

[234] *Rautenstrauch* 2013, S. 234 ff.

[235] *Schultze/Pautke/Wagener* 2005, Rdnr. 436 f.: Es bleibe zwischen Servern und „normalen“ PCs zu trennen und auch zwischen Servern verschiedener Art und Größe. EuG, Urt. v. 17. 9. 2007 – Rs. T-201/04 – „Microsoft“, passim. Bei Servern selbst kann insbes. nach der Prozessorarchitektur (RISC oder CISC), Einsatzzwecken und der verbundenen Nutzerzahlen unterschieden werden – s. *Fichert/Sohns* WuW 2004, S. 908 ff.; *Rautenstrauch* 2013, S. 234 ff.

[236] Wobei ggf. zwischen simplen und fortschrittlicheren Geräten (Smartphones) zu unterscheiden sei – und letztere Gruppe ggf. einen gemeinsamen Markt mit Touchpads bilden mögen, vgl. COMP/M. 6381, Tz. 37 ff., 16 ff. (s. insbes. Tz. 20).

[237] 4. Kapitel A. I. 1. a.

[238] Vgl. zum Serverbereich *Fichert/Sohns* WuW 2004, S. 908, wo RISC- und PC- bzw. CISC-CPU-PCs unterschieden werden.

zen, wie hoch die jeweiligen Einflüsse sind.[239] Bzgl. MAC -Rechnern bleibt anzumerken, dass deren Hardware immer mehr jener der vormals grundverschiedenen IBM-kompatiblen Geräte gleicht bzw. auf identischen Komponenten aufbaut, so dass (nur noch) das *Mac-OS* samt *„look and feel"*[240] neben der Apple-Marke ein wichtiger Faktor sein kann, sich für ein solches Gerät zu entscheiden. Sofern auf einer Hardware-Basis ein (neues) Betriebssystem angeschafft werden soll, ist das jeweilige Bedürfnis ggf. ohnehin plattformbedingt begrenzt. Neben Einzelplatzcomputern sind Rechnerverbunde und Server zu berücksichtigen, für die i. d. R. immer eine Windows-Variante und eine auf Basis von F/OSS und *Unix* verfügbar sind.[241]

Es kann dennoch sein, dass ein spezielles Bedürfnis nach einer Spezialsoftware besteht, die nur auf einen spezifischem System lauffähig ist (etwa auf den einstigen SGI-Graphikcomputer), wobei dann Hardware- bzw. die Plattform als begrenzender Vorfaktor entfällt und eine originäre Gesamtentscheidung getroffen wird.[242]

Plattformbegrenzungen könnten theoretisch wie praktisch oftmals durch Emulatoren und Virtualisierungstechnologien aufgebrochen werden: So kann beispielsweise auf einem PC ein MAC simu- bzw. emuliert werden oder über einer *Windows*-Installation mehrere *GNU/Linux*-Systeme betrieben werden. Oder auch auf *GNU/Linux* ein Windows-System und mithin weitere *Windows*-Software genutzt werden. Gleichwohl bedarf es dazu zunächst entsprechender Software, weiterer Mühen und es sind zudem Nachteile der Emulation impliziert, etwa geringe Leistung. Deshalb sind solche Möglichkeiten als unüblich zu betrachten, also einer typisierenden Betrachtung nicht zu Grunde zu legen. Ebenfalls lassen sich mehrere Betriebssysteme parallel – nach bereits angerissenen Restriktionen der Hardware-Plattform – installieren und sequentiell nutzen. So lässt sich aus jedem *Windows*-PC zusätzlich und i. d. R. kostenlos ein F/OSS-Rechner machen. Aber dies ist auch mit zusätzlichem Aufwand zu verbinden, so dass eine entsprechende Möglichkeit nicht als grundsätzliche Annahme angelegt werden kann.[243]

Wie eine Hardwareplattformdependenz wird sich daher i. d. R. die getroffene Wahl für ein Betriebssystem auswirken: zunächst ist eine Auswahl und Substituierbarkeit anhand für diese Plattform verfügbarer (Anwendungs-)

---

239 Zu indirekten und direkten Netzwerkeffekten diesbezüglich ausführlich 4. Kapitel A. II.

240 S. http://en.wikipedia.org/wiki/Look_and_feel.

241 Es sei denn, die Prozessorarchitektur verhindert dies: *Fichert/Sohns* WuW 2004, S. 908.

242 Vgl. *Fichert/Sohns* WuW 2004, S. 908: „… simultane Entscheidung über eine bestimmte Hardware-Software-Kombination treffen (Intersystemwettbewerb)."

243 *Fleischer/Körber* K&R 2001, S. 628 zum „dual boot", auch wenn der „hohe" Verbrauch an „Systemressourcen" momentan nicht mehr im gleichen Maße gegeben sein muss, waren doch zumindest vor der Hochwasserkatastrophe 2011 in Thailand Festplattenpreise äußerst niedrig.

Programme zu betrachten. Die Möglichkeit, für ein Programm die Plattform zu wechseln, wird vermutlich regelmäßig eine theoretische, aus wirtschaftlichen Gründen nicht herangezogene Option bleiben.[244] Allerdings kann es sein, dass Anwendungsprogramme auch für mehrere Betriebssysteme angeboten werden. Dies ist zunächst als ein Argument für einen größeren Gesamtmarkt zu werten. Allerdings ist eher von parallelen Märkten auszugehen, denn – wie festgestellt – wird die Plattform in aller Regel nicht gewechselt werden, so dass aus Sicht der jeweiligen Plattform Angebote für die anderen Plattformen typischerweise irrelevant sind. In Bezug auf die Netzwerkeffektproblematik kann gleichwohl Einfluss bestehen: Entscheiden sich etwa alle MAC-Nutzer für ein Anwendungsprogramm mit proprietären Daten, kann dieses IBM-Nutzer veranlassen, das kompatible Programm für ihre Plattform zu erwerben.[245] Fortsetzen kann sich diese Fragestellung auf der Ebene hinter den Anwendungsprogrammen, denn auch *Add-Ins/Extensions* usf. sind als „Anschlussprodukte" zu betrachten und begrenzen die jeweilige Marktperspektive. Andererseits können die inkompatiblen Produkte nicht substituierend erworben werden, allerdings können diese Aspekte bei der Bewertung der Marktmacht insgesamt qualitativ berücksichtigt werden.

Schwierigkeit bereitet in diesem gesamten Fragenkomplex eine *Henne-oder-Ei?*- Problematik: Wurde sich zuerst für die Hardware, zuerst für das Betriebssystem, zuerst für ein Anwendungsprogramm entschieden?[246] Dies kann gewiss nicht pauschal beantwortet werden und bedarf einer Orientierung an typischen Benutzer- bzw. Beschaffungsverhalten. Mag für einzelne Aufgaben eine Software elementar sein, so kann bei einfachen Büro-Rechnern ein höheres Maß an Beliebigkeit auftreten. Ein Antwortversuch zu dieser Problematik muss sich zudem an Kosten orientieren.

Über bestimmte Dateiformate und Protokolle (IP, HTTP u. v. a.) lassen sich zudem Dateien (direkt) zwischen verschiedenen Plattformen austauschen, wie sich eben einzelne Programme plattformübergreifend einsetzen lassen.[247] Doch belegt dies zunächst lediglich, dass Plattformen nicht gänzlich geschlossen sind und mildert Netzwerkeffekte; mehr jedoch folgt daraus (ohne Weiteres) nicht.

Im Ergebnis ist daher grundsätzlich von Märkten auszugehen, die sich jeweils auf eine Hardware- und Betriebssystem-Plattform begrenzen. Zwischen diesen Plattformen bestehen entsprechend Wettbewerbsverhältnisse. Von einer solchen Betrachtung kann ausnahmsweise abgewichen werden. Folglich ist prinzipiell von einer entsprechenden Plattformabhängigkeit bei der Auswahl weiterer Programme auszugehen. Visualisiert ergibt sich somit ein verzweigter

244 Vgl. 4. Kapitel B. II.
245 Vgl. 4. Kapitel A. II.
246 Zumal wg. OEM oftmals alles gemeinsam beschafft wird, vgl. 3. Kapitel B. I. 1. a.
247 Vgl. 3. Kapitel B. I. 1. b.

Baum, dessen Äste sich nicht erneut überkreuzen, auch wenn im Einzelnen Äste identisch sein mögen.

(2) Funktionalität und Versionen

Neben Betriebssystemen für verschiedene Zwecke bzw. Geräte und Geräteklassen ist auf Ebene der Anwendungssoftware – im Einklang mit dem zitierten Bedarfsgedanken – zunächst auf das Benutzungsziel abzustellen, also etwa Texte zu verfassen, Vektor- oder Bitmap-Graphiken zu erstellen, Daten zu sichern, Videos zu editieren, Datenträger zu beschreiben, zu „surfen“ (*browsen*), Daten zu komprimieren, Literatur zu verwalten, Software via DRM zu sichern[248] usf. Entsprechend feingliedrig (bzw. feinästig) sind diese Märkte anzusetzen.[249]

Die angeführte Schnelllebigkeit und beständigen Fortentwicklungen sowie weitere Motive führen zu rasch wechselnden Versionen von Programmen, die – wie auch bei kostenlosen *Patches* oder *Bugfixes* und damit verbundenen geringeren Versionsfortschreibungen (i. d. R. nur Stellen hinter den Kommata bzw. Punkten) – sich funktional nicht unbedingt wesentlich von den Vorgängerversionen unterscheiden müssen und oftmals auch gleichermaßen auf (noch) verfügbaren wie verbreiteten Betriebssystemen eingesetzt werden können. Solche neuen bzw. älteren Versionen können, eben oftmals weitgehend äquivalent, dann mit sich selbst konkurrieren bzw. mit älteren bzw. neueren Versionen.[250] Dies wird nur lediglich dadurch eingeschränkt, dass die Verfügbarkeit älterer Versionen seitens der Hersteller oftmals begrenzt wird, diese also teilweise nicht oder höchstens „gebraucht“[251] verfügbar sind. Aus Endkundensicht sollte es in aller Regel nicht entscheidend sein, ob er eine OEM- oder *Retail*-Version[252] erhält. Die Entscheidung zu einer *Retail*-Version wird vermutlich eher durch Unwissenheit bedingt sein, zumal Kaufhäuser OEM-Versionen i. d. R. nicht isoliert anbieten dürfen.[253]

Ob im Leistungsumfang oder im Programmumfang divergierende Versionen eines Programmes oder Programmpaketes, etwa Microsofts *Windows* oder *Office* in unterschiedlichen Versionen[254], auch eigene Märkte bilden, kann

---

[248] BKartA B7, Az. 23/09 v. 20. 03. 2009 (http://www.bundeskartellamt.de/SharedDocs/Publikation/DE/Taetigkeitsberichte/Bundeskartellamt%20-%20T%C3 %A4tigkeitsbericht%20 2010_Dokumentenband.pdf?__blob=publicationFile&v=2), S. 174 f.: „Nischenmarkt“, wobei nicht zwischen hardware- oder softwarebasierten Märkten zu differenzieren sei.

[249] Vgl. *Bödeker* 2008, S. 57. Etwa in einem Markt für *Browser*, Pixelgraphikbearbeitungsprogramme usf.

[250] S. *v. Westernhagen* 2006, S. 161 (Fn. 586); vgl. auch *Page/Lapotka* 2009, S. 109, welche verschiedene Versionen eines Herstellers zuammen Marktanteile bilden lässt.

[251] Vgl. 8. Kapitel C. II.

[252] 3. Kapitel B. I. 1. a.

[253] 8. Kapitel C. III. 4.

[254] „Home“, „Pro“ usw.

zunächst das – später noch zu behandelnde[255] – Bündel-Problem aufweisen, ist aber ansonsten anhand typischer Einkaufsmuster zu untersuchen. Wenn etwa kleinere Büros oder Privatnutzer bestimmter Software nicht bedürfen, größere Unternehmen indes für gewöhnlich schon, so liegen spezifische Bedürfnisse vor, die wohl nicht allein preisbedingt sind.

Das Bedarfsmarktkonzept ist insoweit ebenfalls bei Software grundsätzlich anwendbar, wenn auch die Fülle an Software(versionen) und Paketen eine Anwendung sicherlich erschwert. Im Ergebnis sind die Programme nach Einsatzzweck abzugrenzen; neuere Versionen derselben Programmreihe bilden dabei grundsätzlich keine neuen Märkte.

(3) Preise und Kosten

(a) Kaufpreis und Lizenzgebühren (direkte Anschaffungskosten)

Im Rahmen des Bedarfstests der Kommission kommt dem Preis als weiterem Faktor grundsätzlich große bis überragende Bedeutung zu. Denn die Austauschbarkeit von Produkten wird neben theoretischer Bedarfsbetrachtung und Produktbeschreibungen durch hypothetische oder auch empirische Untersuchungen bzgl. des Kaufverhaltens bei steigenden oder sinkenden Preisen analysiert, was den SSNIP-Test (*Small but Significant and Nontransitory Increase in Price*) umreißt: Wird der Preis für ein Produkt (leicht) erhöht und weicht der Kunde (ersatzweise) auf ein mehr oder weniger funktional äquivalentes aus, wird die Substituierbarkeit angenommen; findet kein Ausweichen statt, spricht dieses gegen Austauschbarkeit.[256]

Im Konkreten hat der EuG trotz deutlich unterschiedlicher Preise bei Server-Betriebssystemen eine Austauschbarkeit dennoch angenommen.[257] Die Tragfähigkeit des Modells hoher Preisrelevanz wird ohnehin durch – in aller Regel kostenlose bzw. ohne Lizenzgebühr abzugebende – F/OSS (und erst recht *Freeware*[258]) unterminiert: *GNU/Linux* etwa kann nach Funktionalitätskriterien zumindest weitgehend als Äquivalent zu *Windows* erfasst werden, ist aber in vielerlei Form unentgeltlich zu erhalten. Dennoch führt es nicht den Markt an. Dies mag einerseits an der OEM-Verbreitung liegen,[259] aber andererseits gewiss außerdem an Standards und mithin Netzwerkeffekten als auch verfügbarer Anwendungssoftware.[260] Daneben sind – gerade im Unternehmenseinsatz – noch weitere Kostenfaktoren zu berücksichtigen (dazu sogleich). Im Spiele-Be-

---

[255] 8. Kapitel F.

[256] Bekanntmachung über rel. Markt, Tz. 7.

[257] EuG, Urt. v. 12.9.2007 – T-201/04 – „Microsoft", Tz. 519 ff.: trotz des Preisunterschiedfaktors i. H. v. 5,55.

[258] Die nämlich definitorisch kostenlos sein muss, F/OSS nicht, vgl. 8. Kapitel A. II. 1.

[259] 4. Kapitel A. I. 1; 3. Kapitel B. I. 1. a.

[260] 4. Kapitel A. II.

reich finden sich ebenfalls immer mehr kostenlose Modelle (vor allem *Browser Games* sind oftmals *Free to Play*), doch scheint dies – was noch zu erörtern sein wird – auch nicht zur Ablösung etablierter, konventioneller Produkte. Preis-Argumente zur Stützung eines eher technischen Funktionalitätstests, welcher zuvor Erläuterung fand, sind daher grundsätzlich eher von geringer Bedeutung für Software.[261]

(b) Migrations- und sonstige Folgekosten

Neben den direkten Geldern für Software (Kaufpreis, Lizenzgebühren oder Mietkosten, ggf. auch noch verpflichtende Wartungskosten) kann eine Entscheidung für bestimmte Software Folgekosten auslösen. Dies kann zunächst die An- oder Umrüstung von Hardware, seien es die vollständige, seien es einzelne Komponenten, erforderlich werden lassen, zum Umstieg auf andere (abhängige) Software führen und entsprechende (zusätzliche) Beschaffungskosten auslösen.

Neben diese Migrationskosten können – im Unternehmensgeschäft – weitere treten, etwa spezielle Anpassungen und Transferkosten. Mit Umrüstungskosten sind in aller Regel daneben noch Umschulungskosten verbunden, wobei die Folgekosten damit noch nicht abschließend aufgelistet sein müssen. In jedem Fall sind solche Folgekosten zu berücksichtigen, die sich nicht nur bei einer Migration stellen, sondern auch bei jedem Neuerwerb. Dies umfasst ebenso Schulungen. Solche Wechselkosten sind in aller Regel erheblich und stellen, wie bereits aus ökonomischer Sicht dargestellt[262], einen wichtigen Faktor bei der Softwareauswahl dar. Daneben können weitere Faktoren auftreten, etwa von unterschiedlicher Hardware abhängende Stromkosten oder vorausgesetztes Wartungspersonal.[263] Dabei handelt es sich noch um keine vollständige Auflistung aller potentiellen Folgekosten.

Gerade in Anbetracht dieser ist F/OSS nicht unbedingt als kostenfrei bzw. umsonst für Unternehmen zu betrachten. Hinzu tritt die Besonderheit, dass F/OSS, wenn insbesondere nicht über spezielle Distributoren bezogen, keinerlei Wartungspflichten, Gewährleistung oder auch Freistellungen gegenüber Dritten beinhaltet bzw. beinhalten soll.[264]

(c) Zwischenergebnis

Dem Preis kann bei der Softwareanschaffung eine wichtige Rolle zukommen, doch ist diese in der Regel geringer als bei anderen Produkten der Fall. Zunächst

---

[261] So auch *Rautenstrauch* 2013, S. 248.

[262] S. auch 4. Kapitel B. II.

[263] COMP/M. 5529 – „Oracle/Sun Microsystems", Tz. 244; *Sher/Biggio/Shehadeh/Lutinski* ECLR 2011, S. 323.

[264] 3. Kapitel B. VIII.

darf nicht der Fehlvorstellung unterlaufen werden, allein der Anschaffungspreis (Lizenzgebühr) sei entscheidend. Gerade wenn ein *Running System*, also ein komplexes System von Software und diesbezüglich geschulten Mitarbeitern usf., umgestellt werden soll, wird dieses – gerade für Unternehmen – deutlich. Desgleichen sind selbst bei jungfräulicher Neuausrüstung eines Unternehmens Folgekosten zu berücksichtigen.

Kostenlose Produkte – wie zumeist F/OSS und stets Freeware – sind ungewöhnlich: es werden ansonsten kaum Automobile, Äpfel etc. verschenkt[265]. Daher verwundert es nicht, dass die üblichen Marktbetrachtungsmodelle am Preis ausgerichtet sind, dessen Bedeutung für Industrie und Konsumentenverhalten im Übrigen nicht angegriffen werden soll. Da F/OSS jedoch trotz üblicher Kostenlosigkeit dennoch nicht alle Märkte dominiert, zeigt sich auch daran die Begrenztheit dieses Kriteriums für Software. Da Folgekosten ungleich schwerer zu kalkulieren sind und weitere Aspekte eine Rolle spielen mögen (Gewährleistung, Furcht vor IP-Klagen Dritter usf.), ist es schwierig, die relative Bedeutung des Preises als auch der direkten Folgekosten (exklusive Schadensersatz und Neuanschaffung als Folge unzureichender Gewährleistung) zu eruieren. Daher ist zunächst im Grundsatz von vorrangiger Bedeutsamkeit der Funktionalität auszugehen, bei deren Ermittlung der Preis weniger hilfreich sein kann.

(d) Diskussionen um Gebrauchtsoftwaremärkte („Second-Hand-Markt" mit geringeren Preisen)

Es wird diskutiert, ob der Handel mit „gebrauchter" Software auf einem eigenen bzw. mehreren separaten Märkten stattfindet.[266] Ökonomisch spricht

---

[265] Ob bei F/OSS Schenkungsrecht Anwendung finden soll, ist freilich nicht unumstritten.

[266] Kartellrechtlich hauptsächlich aus Perspektive des Art. 102 AEUV bzw. der §§ 19 f. GWB mit der Fragestellung, ob über diese Norm eine Zustimmungspflicht im Hinblick auf § 34 I UrhG oder aber die Pflicht zur Einräumung einer neuen Lizenz an den (Zweit-) Erwerber herbeigeführt werden kann. Dabei wird im Allgemeinen bereits bestritten, dass § 34 UrhG überhaupt (analog) bei Software Anwendung findet (8. Kapitel C. II. 2. a). In der Nähe zu dieser Frage steht ebenfalls, ob sich Software auch bei digitalen Distributionsformen und in Fällen von sog. Volumenlizenzen erschöpft bzw. wieweit erschöpft (3. Kapitel A. IV.). Angenommen, es findet keine Erschöpfung statt und die Zustimmung des Urheberrechtsinhabers bzw. Softwareentwicklers (§ 34 [analog] i.Vbdg.m. § 69b I UrhG; vgl. *Zimmeck* ZGE 2009, S. 325 ff.) ist notwendig, so könnte versucht werden, diese von marktmächtigen bzw. marktbeherrschenden Unternehmen zu erzwingen. In einer solchen Dreierkonstellation zwischen Urheber, Erstabnehmer und (potentiellem) Zweitabnehmer stimmte der Urheber dann der Übertragung zwischen Erst- und Zweitabnehmer zu. Alternativ denkmöglich wäre auch eine Art Lizenzrückgabe des Erstabnehmers in Verbindung mit einer ersetzenden Lizenz an den Zweitabnehmer seitens des Urhebers (vgl. *Heydn* MMR 2010, S. 328). Es läge im letzteren Fall eine Pflichtlizenz, im vorherigen eine Lizenzübertragungszustimmungspflicht vor. In dieser Gestattung läge eine wesentliche Einrichtung im Sinne der *Essential Facility*-Doktrin (*Nordmeyer* GRUR Int 2010, S. 493). – Ein weiterer Aspekt, namentlich einer der Behinderung,

zunächst für eigenständige Märkte, dass sich entsprechend spezialisierte Geschäftsmodelle herausgebildet haben.[267] Unter „Gebrauchtsoftware“[268] ist dabei solche zu verstehen, die bereits genutzt bzw. deren zugehörige Lizenz bereits ausgeübt worden ist, wobei das Alter der Software unerheblich ist und typischerweise nicht zum Reifen oder gar Wertgewinn beiträgt.[269]

Für unabhängige Märkte, die sich sodann als weitere entsprechend zu den bestehenden Softwaremärkten ergäben,[270] spricht zunächst der oftmals deutlich günstigere Preis – häufig kein hinreichendes Kriterium –[271] als auch der Vergleich zu anerkannten Gebrauchtmärkten – primär im Kraftfahrzeug-Sektor.[272] Anders als bei letzterem ergibt sich bei Software kein so radikaler

---

kann es sein, wenn „Gebrauchthändlern“ seitens der Hersteller keine Software überlassen wird (vgl. *Grützmacher* CR 2010, S. 145 f.; *Eilmansberger* GRUR 2009, S. 1127). Davon strikt zu unterscheiden ist eine Konstellation, in dem der Erstabnehmer weitere Produkte des Urhebers bzw. Softwareentwicklers verlangt, jener diese aber nicht mehr anbietet und dieser deshalb faktisch auf andere Händler, insbes. Gebrauchthändler angewiesen ist (vgl. *Grützmacher* CR 2010, S. 145 = „Markt für Lizenznachkäufe“). Speziell in Fällen solcher versagter Anschlusslieferungen ist aber vielmehr an verpflichtende Erstlizenzierungen gegen den Willen des Urhebers und von diesem zu denken als denn an Übertragungszustimmungspflichten.

Gegen einen separaten Gebrauchtmarkt bzw. -märkte sprechen sich *Heydn* MMR 2010, S. 328; *Nordmeyer* GRUR Int 2010, S. 493 f. (mit Rückgriff insbes. auf EuG Urt. v. 12. 9. 2007, T-201/04 – „Microsoft“, Tz. 651 ff.); *Ammann* 2011, S. 200 f. aus; die a. A. vertreten ohne weitere Analyse *Herzog* 2009, S. 122 f. und auch *Bödeker* 2008, S. 264 ff. Ungeachtet dieser Frage nimmt *Eilmansberger* GRUR 2009, S. 1127 f. die Einschlägigkeit des Art. 82 EGV bzw. Art. 102 AEUV an. Gegen die *Essential Facility Doctrin* tritt *Bartmann* 2005, S. 327 ff. an, aber auch ihr eigener Kriterienkatalog würde vermutlich nicht den Gebrauchthandel erzwingen – vgl. insbes. a. a. O., S. 328. *Lang* 2009, S. 278 ff. betont den Ausnahmecharakter der Situationen, in denen ein Eingriff via Art. 102 AEUV gerechtfertigt werden könne, weswegen ein „neues Produkt“ als notwendig zu erachten sei und ansonsten Innovationen verhindert werden würden. Ohne genaue Begründung hält *Ammann* 2011, S. 205 f. Art. 102 bzw. § 19 GWB für einschlägig, verneint aber mangels Marktbeherrschung i. d. R. für „die Praxis … hilfreiche Ansätze“. Pointiert fragt *Wolf* 2009, S. 21: „Fraglich ist, ob das Urheberrecht ihm [Anm.: dem Rechteinhaber] diese Möglichkeit [Anm.: die Kontrollbefugnis] gewähren soll“; ähnlich bereits *Grützmacher* CR 2007, S. 549. Nicht zutreffend ist jedoch die Annahme, ein solcher Handel finde „nur“ zwischen Unternehmen statt (so aber *Wolf* 2009, S. 21; nach *Huppertz* CR 2006, S. 145 sei es bezogen auf Verbraucher vom untergeordneten Belang) – zur Frage der „Doppeltbelohnung“ siehe 5. Kapitel B. II. *Podszun* JURA 2010, S. 443 denkt im Grundsätzlichen im Rahmen eines *More Economic Approach* bzgl. Art. 102 AEUV eher eine Abwägung zwischen Interessen denn eine Orientierung an hergebrachten („rechtlichen“) Tatbestandsmerkmalen an. Einen weiteren neuen Test propagiert *Schmidt* 2010, passim (Besprechung dazu s. *Grützmacher/Nordmeyer* CR 2012, R 29 f.); s. allg. auch *Weidenbach/Vogt/Hauser* WRP 2012, S. 66 ff.

[267] Etwa http://www.usedsoft.com und https://www.li-x.com/.

[268] 3. Kapitel B. I. 5. b zu dem „Kampf“ der Industrie gegen diese.

[269] *Nordmeyer* GRUR Int 2010, S. 493; vgl. *Schultheiss/Müller* GameStar 7/2011, S. 100. Ein antiquarischer Softwarehandel sollte ebenfalls eine Ausnahmeerscheinung (für Sammler) sein.

[270] 7. Kapitel B. IV. 2. b. bb. (2).

[271] 7. Kapitel B. IV. 2. b. bb. (3).

[272] Immenga/Mestmäcker/*Fuchs*/*Möschel*, § 18 GWB Rdnr. 73 (KFZ), der außerdem wiederum in verschiedene Fahrzeugklassen unterteilt ist.

Wertverlust wie bereits nach der ersten Ingebrauchnahmefahrt eines Neu-Kfzs; ebenso nutzt sich Software nicht ab und wird dadurch unsicherer.[273] Ferner wird Software in aller Regel nicht individuell konfiguriert (Lackierung, Sitzpolster, Motorleistung, Sonderausstattung usf.), so dass dieser Vergleich nur begrenzt als solcher zwischen ähnlicher Materie verstanden werden kann. Bestimmte Software wird höchstens insoweit unsicher, als dass sie modernen Anforderungen der IT-Sicherheit nicht mehr entspricht.

Daneben könnte noch die Gewährleistung als abgrenzendes Differenzierungsmerkmal herangezogen werden. Am effektivsten sind theoretisch solche Ansprüche gegen den Softwareentwickler selbst, da nur dieser auch faktisch in der Lage ist, das jeweilige Programm zu verbessern und somit effektive Gewährleistung, welche nicht nur auf Erstattung oder Minderung hinausläuft, zu bieten. Aber selbst ein Erwerber „neuer" Software muss kein Vertragsverhältnis mit dem Urheber haben,[274] sondern kann das Programm von einem Zwischenhändler erworben haben, so wie auch „gebrauchte" Software von Händlern erworben wird.[275] Andererseits sind Updates oder *Bugfixes* oftmals ohnehin allgemein verfügbar.[276]

Entscheidend ist zunächst die funktionale Substituierbarkeit. Nach dieser kann auch ältere, nicht mehr verfügbare Software teilweise noch gegen neuere ausgetauscht werden und umgekehrt.[277] Einsatzbegrenzend können dabei Plattformabhängigkeit bzw. das eingesetzte Betriebssystem bzw. Aspekte der Auf- und Abwärtskompatibilität und sonstige Kompatibilitätserwägungen sein. Dabei ist aber kein entscheidender Aspekt, ob Software einen Vorbenutzer hatte. Es sind lediglich technische Fragen, die zwischen alter und neuer Software liegen können.[278] Aufgrund der kurzen Produktzyklen von Software mag dabei durch raschen Versionswechsel einer Software diese nicht mehr durch eine Vorversion substituierbar sein. „Gebrauchte" Software ist letztlich nichts anderes als die identische Software – vor wie eben nach Gebrauch. Gleichwohl bleiben dieses Fragen der konkreten Anwendungs- und Einsatzbegebenheiten, die nicht am Vorbesitzer anknüpfen.[279]

„Gebraucht" ist daher kein geeignetes Kriterium zur Marktseparierung. Gleichwohl können aus der Warte der technischen Funktionalität neuere und ältere Software(versionen) getrennten Märkten zugeordnet werden; aber unter

---

[273] Indes möglicherweise durch bloße Veralterung, mangelnde Verfügbarkeit von Bugfixes usf.

[274] Zu Fragen des *Shrink Wrap* s. 3. Kapitel B. I. 3 oder der Einschaltung von Handelsvertretern s. 7. Kapitel B. I.

[275] *Nordmeyer* GRUR Int 2010, S. 493.

[276] *Nordmeyer* GRUR Int 2010, S. 493.

[277] 7. Kapitel B. IV. 2. b. bb. (2).

[278] Vgl. *Mundhenke* 2007, S. 23: „... kein Verschleiß, ... kann aber veralten ...".

[279] *Nordmeyer* GRUR Int 2010, S. 493 f.

Wahrung der Annahme, sie grundsätzlich einem Markt zuzuordnen, wenn sich ihre Funktionalität oder Kompatibilität nicht wesentlich unterscheidet.

(4) Kompilationen, Pakete, Suites et cetera

Die dargestellte Funktionalitätsprüfung wird dadurch erschwert, dass einzelne Programme teilweise zahlreiche Funktionen aufweisen oder nur in Verbindung mit anderen Programmen verfügbar gemacht werden. Im Office-Bereich[280] sind dieses *Suites*. Deren Einzelbestand teilweise sind oftmals separat erhältlich; der preisliche Unterschied zwischen einem einzigen Einzelbestandteil und der Paketlösung kann aber marginal sein, so dass die Preisunterschiede erst bei höheren Stückzahlen von Gewicht sein mögen,[281] wodurch wiederum kaum ein Interesse an der isolierten Version angenommen werden kann. Andererseits kann es sein, dass die Einzelbestandteile nicht einmal isoliert bezogen werden können.

Betriebssysteme sind sowohl bei Microsoft (ungeachtet der Version: ob also „Pro" oder „Home" oder „Premium") als auch bei *GNU/Linux* (in Gestalt zahlreicher Distributionen wie *Suse*, *Knoppix* usf.) bereits umfangreiche Programmpakete, die etwa einfache Schreibprogramme, Videoabspielprogramme etc. umfassen. Bzgl. Microsoft hat dieses bereits zu einer Rechtssache geführt – mit dem Ergebnis, dass ein Betriebssystem ohne Videoabspielprogramm (= *Windows (x) N*) angeboten werden musste.[282] Bei *Windows 7* sollte eine *Browser*-Auswahl implementiert werden, also die Präsentation mehrerer, auch fremder *Browser* bei der Installation, die alternativ zur Wahl stehen sollten.[283] Demnach enthalte ein Betriebssystem ggf. zu viel an „Boardausrüstung" und verlasse eben die Grenzen seiner selbst. Somit ließe es nicht nur andere Software Dritter ggf. überflüssig werden, sondern konkurrierte funktional mit zahlreichen anderen Produkten. Nach anderer Ansicht können integrierte Produkte ebenfalls als „Qualitätsverbesserung" betrachtet werden, eine – noch – getrennte Nachfrage etwa nach Betriebssystem und Medienwiedergabeprogramm nur als Relikt der Gegenwart.[284] Dies ist aufgrund der Modularität von Software aber zweifelhaft. Nur weil ein Betriebssystem etwa keine Deinstallations-

[280] 7. Kapitel B. IV. 2. b. bb. (4).

[281] Vergleich am 6. Juli 2010, wenige Wochen nach dem Erscheinen Office 2010s. Word 2010 Home & Student: ca. 90 EUR, „normal" 140 EUR; Office Home & Student: 100 EUR, normal Home & Business (umfangreiche Programmbestandteile) 280 EUR; Pro (mit weiteren Programmen) 530 EUR. Bei Office 2013 und 2006 verhält es sich vergleichbar, wenngleich sogar günstiger.

[282] 6. Kapitel B. III.

[283] 6. Kapitel B. III.

[284] *Möschel* JZ 2009, S. 1043 – krit. zu den EuG-Entscheidungen: „Wie schon beim Zwang zur Offenlegung von geschützten Schnittstellen wird solche Bewertung verständlich nur bei der Annahme, die Kopplung sei Bestandteil einer umfassenden Verdrängungsstrategie von Microsoft gewesen". Zur Kopplung mit Browsern meinen *Fleischer/Körber* K&R 2001,

routinen für mitgelieferte Programme enthält oder diese denselben Hersteller haben, ist noch nicht von einer Integration auszugehen. Soweit indes isolierte Funktionalität beschrieben werden kann und ein typisches Beschaffungs- bzw. auch nur Nutzungsinteresse beschreibt, ist grundsätzlich ein separater Markt anzunehmen. Dass dadurch ein Programm(paket) ggf. auf zahlreichen Märkten präsent ist, ist ein hinnehmbares, keinesfalls abstruses Ergebnis. Andere Funktionsaspekte in die Beschreibung einer Programmart aufzunehmen, ist indes nicht vorzugswürdig. Dabei sollte es nicht auf die Programmarchitektur ankommen, denn ansonsten könnten Marktdefinitionen durch technische Gestaltung umgangen werden. Möglicherweise können in solchen Fällen begrenzt doch Preisargumente herangezogen werden, nämlich um festzustellen, inwieweit Nutzer zusätzlich zu investieren bereit sind – was vermutlich dann der Fall sein wird, wenn die i. d. R. mitgelieferten, simpleren Programme den Nutzern nicht genügen.

Das bloße Bündeln vollwertiger Einzelprogramme zu Sammlungen, wie auch immer bezeichnet, begründet für solche Pakete ebenfalls nicht einen eigenständigen Markt bzw. entreißt die Komponenten regelmäßig nicht den unabhängigen Einzelmärkten. Ist eine Software für mehrere, ansonsten separate Aufgaben geeignet, ist sie ebenfalls mehreren entsprechenden Märkten gesondert hinzuzurechnen.[285] Wenn indes nur noch solche Bündel nachgefragt und angeboten werden, kann dies ebenfalls berücksichtigt werden.

Im Ergebnis überlappen sich, ungeachtet der Frage nach unrechtmäßigem *Bundling*, somit Produkte und Funktionalitäten und die theoretische und auch Anwendungsunterteilung eines Programmpaketes führt nicht dazu, diese entsprechend isoliert erwerben zu können. So müssen dann ggf. die gesamten Pakete insoweit den jeweiligen Märkten zugerechnet werden. Es ist indes eine andere Frage, wie es zu bewerten ist, dass ein Hersteller einem Abnehmer beim Weitervertrieb der Software vorgibt, diese nach Installation nicht zu verändern, einzelne Programme (wie etwa den eigenen Browser) nicht zu entfernen oder Software anderer Hersteller nicht (auch) einzusetzen.[286]

(5) Dynamische Faktoren

Software gilt grundsätzlich als innovatives Produkt. Entsprechend sollte es nicht nur Imitations- und Preiswettbewerb, sondern auch Innovationswettbewerb geben. Dies wirkt sich hinsichtlich der Märkte grundsätzlich dergestalt aus, dass diese neuen, dynamischen Märkte eben noch nicht voll realisiert und etabliert

S. 629 es handele sich um keine Frage, die leicht mit „Alles oder Nichts“ beantwortet werden könne.

[285] *Matthiesen* 2010, S. 62.

[286] Vgl. 8. Kapitel H. I., 8. Kapitel H. II.

sind[287] und entsprechend kaum beurteilt werden können, sondern höchstens Prognosen zugänglich sein mögen. Sollte ein dynamischer, noch nicht kristallisierter Markt betroffen sein, ist dies entsprechend zu berücksichtigen, was verlangt, eher Vorsicht bei Bewertung und Eingriffen walten zu lassen.

Gleichwohl sind nicht alle Software-Märkte dynamisch. Stattdessen konkurrieren seit vielen Zyklen auf etablierten Märkten lediglich nur immer neue Versionen gleich benannter Programme, die nur fortlaufend angepasst und nummeriert werden, etwa im Hinblick auf neue Betriebssysteme – und in aller Regel nicht gleich neue Märkte bilden.[288] In solchen Fällen ist eher von statischen Märkten auszugehen. Für Dynamik indes spricht, dass es in den letzten Jahren in den Listen der großen Softwarehersteller – abgesehen von Microsoft – immer wieder zu Wechseln unter den führenden Unternehmen kam.[289]

(6) Anschlussmärkte, einschließlich Wartungsmärkte

Es wurde bereits angesprochen, dass sich Märkte als abhängige Anschlussmärkte darstellen können, was primär für Behinderungen nach Art. 102 AEUV relevant ist. So bauen eben die, um im gewählten Bild zu bleiben, verästelten Gabelungen der Anwendungssoftware anschließend auf einem Betriebssystem auf. An der Öffnung solcher Märkte hat der Betriebssystemhersteller grundsätzlich Interesse,[290] für gewöhnlich aber nicht an zu seinem Betriebssystem direkt in Konkurrenz tretenden alternativen Produkten.[291] Solche Anschlussmärkte sind wiederum bei Anwendungsprogrammen denkbar, etwa in Gestalt von Ergänzungen, beispielsweise speziellen Filterprogrammen und sonstigen Erweiterungen für Graphiksoftware. Eine allgemeine Pflicht, ein Programm für alle zu öffnen, ist indes grundsätzlich nicht herleitbar.

Fern reiner Software können sich ebenfalls anschließende Dienstleistungs- (und Belieferungs-)Märkte ergeben, speziell als Softwarepflege. Die Wartung eines jeden Produktes findet i. d. R. in Monopolen statt, denn zu Softwarewartung (im Sinne von Fehlerbehebung und technischer wie fachlicher Aktualisierung) ist zumindest oftmals nur der Hersteller befähigt und ggf. sogar ausschließlich berechtigt.[292] Dies gilt zumindest dann, wenn ein Wechsel von der jeweiligen Plattform bzw. Software zu einer anderen wegen zu hoher Umstellungskosten auszuschließen ist, also der jeweilige Lizenznehmer keine Wechselbereitschaft hat und die jeweilige Pflegeleistung letztlich akzeptieren muss, da ansonsten die vorherigen Investitionen in diese Software „verloren" (*Sunk Costs*) wären.[293]

---

[287] Vgl. TT-Leitl., Tz. 167.
[288] 7. Kapitel B. IV. 2. b. bb. (2).
[289] *Maaß* 2006, S. 25 f.
[290] Vgl. 4. Kapitel A. II.
[291] Vgl. 6. Kapitel B. III.
[292] Vgl. *Timm* 2005, S. 207, 212; s. aber § 69d I UrhG; 8. Kapitel I. II. 1. b.
[293] *Matthiesen* 2010, S. 100.

(7) Geschmacksfaktoren sowie weitere subjektive Faktoren und deren Relevanz

Wenn nicht lediglich funktionale Kriterien herangezogen werden, kann die Frage nach der Substituierbarkeit weiter erschwert zu beantworten sein. Dies zeigen die nachfolgenden Beispiele auf.

(a) Marken-Affinität

Speziell IT-Produkte Apples sorgen teilweise für Phänomene der Hysterie. Bei bloßer Software ist dieses selten, dennoch können einzelne Spieleanwendungen ähnliche Begeisterungswellen auslösen. Neben solchen „Hypes" sind bei verschiedenen Beschaffenden Produkte bestimmter Hersteller bzw. Produkte unter bestimmten Marken beliebter. Dabei handelt es sich aber um keine Besonderheit der Softwarebranche. Hier kann es naheliegen, ein – vergleichbar zum selektiven Vertrieb bedingenden Produkten[294] – ein nicht mit niedriger bepreisten Produkten konkurrierenden Markt „prestigeträchtiger" Markenware anzunehmen. Es mag Personen geben, die etwa bzw. gerade Apple-Produkte in jedem Fall anderen vorziehen, die Allgemeinheit wird sich hingegen doch vermutlich eher am Preis- bzw. Kosten[295]-Leistungs-Verhältnis orientieren, zumal Apple-Software ohnehin nicht isoliert eingesetzt werden können soll.[296] Jedenfalls sind solche Marken-Affinitäten eher untypisch und eher bei Privat- denn gewerblichen Großkunden zu erwarten.[297]

(b) Quelloffene Software als eigene Produktkategorie

Daneben können gerade im Softwarebereich aber dogmatisch-kategorische Ablehnungen gegen einzelne Hersteller bzw. spiegelbildlich starke Begeisterung für bestimmte Produktarten auftreten. Dies kann etwa in engen Kreisen der F/OSS-„Gläubigen" oder -„Evangelisten" oder auch „Fanboys" beobachtet werden. Möglicherweise kann das Prädikat F/OSS bzw. eine OSI-zertifizierte Lizenz, welche zunächst aber nur einen Lizenztext auszeichnet,[298] als vergleichbar zu *„Bio"* oder *„Fair Trade"* verstanden werden, welches in diesen Fällen aber gerade keine höheren Preise rechtfertigt, sondern oftmals verhindert. Gleichwohl sind dieses eher Einzelfälle denn typischerweise marktrelevante Faktoren, die ansonsten betrachtet werden müssten wie bei anderen hochpreisigen „Marken"-Produkten.[299] Andererseits kann in bestimmten Be-

[294] 7. Kapitel B. V.
[295] 7. Kapitel B. IV. 2. b. bb. (3).
[296] 7. Kapitel B. IV. 2. b. bb. (1).
[297] Ähnlich *Rautenstrauch* 2013, S. 247.
[298] 8. Kapitel A. II. 7.
[299] 7. Kapitel B. IV. 2. b. bb. (7) (a); *Rautenstrauch* 2013, S. 247.

reichen zumindest Quelloffenheit ein Beschaffungskriterium sein,[300] wobei es sich eben auch um ein funktionales Kriterium handelt. Denn Quelloffenheit sichert – zumindest theoretisch – leichte Anpassungsmöglichkeiten und ein langes (Eigen-)Wartungsfenster. Ebenso kann für bestimmte Programmierarbeit F/OSS verlangt werden, da neben der Quelloffenheit mit einem solchen Projekt das Ziel verbunden wird, auch die Ergebnisse als F/OSS zu verbreiten.[301]

Dass es andererseits ebenfalls Hemmnisse geben mag, zu F/OSS zu wechseln – entweder aufgrund (vermutet) hoher *Switching Costs*, rechtlicher Unsicherheiten, fehlender *Imdemnification* oder anderen Erwägungen[302] – ist per se nicht geeignet, F/OSS separaten Märkten zuzuweisen, zumal oftmals Distributoren oder andere Komplettlösungen anbietende Unternehmen solche Leistungen anbieten.[303] Im Grunde ist daher nicht von F/OSS als Ausschlusskriterium bzw. als auf Parallelmärkten gehandelten Gütern auszugehen, sondern i. d. R. von direkter Konkurrenz. Schließlich ist F/OSS nicht eine andere Softwareart, sondern unterliegt grundsätzlich nur einem andersartigen Lizenzmodell. Nur wenn dieses ausnahmsweise aus besonderen Gründen kategorisch verlangt oder verneint wird, kann ein separater Markt bestehen.[304]

(c) Computerspiele

Bei andersartiger Software in Gestalt von Konsumgütern ist es schwieriger, sie funktional einzuordnen – wie ebenso etwa bei Musik oder auch Filmen, bei welchen im Handel üblicherweise anhand von Genres[305] oder sogar lediglich von Interpreten[306] eine Abgrenzung (bzw. Sortimentierung) durchgeführt wird. Grundsätzlich sind Computerspiele ebenfalls zunächst von einer Plattform abhängig, also insbesondere von Hardware (vor allem bei Konsolen) oder bestimmten Betriebssystemen (*Windows* samt *Direct X*, *iOS*, *Android* usf.), das wiederum spezielle Hardware verlangen mag.[307] Zwar kann die – im Effekt selbe – Software auch für verschiedene Plattformen, gerade durch Portierung[308], verfügbar gemacht werden, doch konkurrieren solche Fassungen dann nur insoweit miteinander, wenn der potentielle Abnehmer über beide bzw. mehrere Plattformen verfügt, was regelmäßig nicht angenommen werden

---

[300] *Heath* in: Spindler 2004, Kap. G Rdnr. 7.

[301] 8. Kapitel A. III. 4.

[302] 3. Kapitel B. VIII.

[303] Vgl. 8. Kapitel A. I.

[304] So geht auch die COMP/M. 5529 – „Oracle/Sun Microsystems“, Tz. 114 ff. bei Datenbanken von einem einheitlichen Markt aus (Tz. 171, 263 aber etwa zu besonderen Marktsegmenten). *Rautenstrauch* 2013, S. 244 ff.

[305] *Aydintan* 2008, S. 56 (anhand einer Videothek, s. dort Fn. 246, ermittelt).

[306] Immenga/Mestmäcker/*Emmerich*, Art. 101 I AEUV Rdnr. 162.

[307] Vgl. 7. Kapitel B. IV. 2. b. bb. (1).

[308] 3. Kapitel B. VII.

kann, wodurch sich die Märkte ebenfalls plattformspezifisch ergeben. Es wird selten versucht, Spieler unterschiedlicher Plattformen gemeinsam spielen zu lassen (*Cross Platforming*), was zumindest bei *Browser*-Anwendungen leichter gelingen kann,[309] ansonsten sich aber auch nicht anders verhält, als etwa kompatible Dateiformate, die eben nicht den Markt grundsätzlich erweitern, sondern lediglich einen Austausch unter Plattformen ermöglichen, nicht jedoch eine Marktüberschreitung verursachen.[310] Es bleibt zu untersuchen, ob sich weitere Funktionalitätskriterien abgesehen von der plattformbedingten Ablauffähigkeit bzw. Abhängigkeit finden lassen.

Wenn mit bestimmten Plattformen bereits eine Vorentscheidung getroffen wird, wirft dies keinerlei Schwierigkeiten auf. So wird etwa Nintendo nachgesagt, eher weniger „gewaltverherrlichende" Spiele zu seinen Plattformen zu ziehen, sondern eher kindgerechte. Insoweit mag dann die Plattform die Verfügbarkeit von – im Nachfolgenden zu behandelnden – Genres begrenzen. Es kann sein, dass sich aufgrund einzelner Spiele für eine Plattform entschieden wird, was insbesondere im Konsolenbereich naheliegt, auch wenn *X-Box* und *Playstation* – bis auf wenige Ausnahmen[311] – ein weitgehend identisches Programmportfolio bieten.

(aa) Funktionalität und technische Aspekte

Rein technische Funktionalität kann bei Computerspielen – je nach Plattform – höchstens die Unterstützung bestimmter Hardware (etwa Eingabegeräten wie *Kinect*), Schnittstellen (*OpenGL, Direct X*) oder audiovisuelle Leistungsfähigkeit (Dolby, Full-HD ...), hauptsächlich graphische Funktionalität (*Bump Mapping*, antisotropische Filterung, x-faches Anti-Aliasing usf.) und Raffinesse, sein. Es ist durchaus vorstellbar, dass ein bestimmtes, aber wohl eher kleines Klientel Spielesoftware danach beschafft, dass diese die momentan verfügbaren Leistungsreserven voll ausschöpft oder bestimmte Funktionalitäten unterstützt. Dies scheint jedoch nicht verallgemeinerungsfähig und als Sonderfall spezifischer, wenn auch möglicher Begründung zu bedürfen. Im Übrigen gilt bei Spielen wie Spielesoftware lediglich eine allgemeine Unterhaltungs- und ggf. Sportfunktion wie etwa bei Schach, Poker, Mensch-ärgere-dich-nicht oder Baccara – auf Kriterien zur Unterscheidung von Spielen bzw. Spielarten wird noch einzugehen sein.[312]

---

309 3. Kapitel B. I. 4. b.
310 7. Kapitel B. IV. 2. b. bb. (1).
311 Bestimmte Exklusivtitel – 3. Kapitel B. VI.
312 7. Kapitel B. IV. 2. b. bb. (7) (c) (ff).

(bb) Autoren und Titelfiguren

Es könnte auch tlw. einer Abgrenzung anhand einzelner Autoren bzw. Designer – wie ggf. bei Literatur – im Sinne von Spieldesignern wie *Shigeru Miyamoto*, *Sid Meier*, *Peter Mulyneux*, *Warren Spector*, *Ron Gilbert* oder Programmierern wie *John Carmack* geschehen,[313] doch erscheint es bereits zweifelhaft, ob es den Abnehmern genau auf diese Eigenschaft ankommt, schon eher auf die damit ggf. verbundenen Figuren (wie etwa *Super Mario*) oder einzelne, besondere Titel (bspw.: *Die Sims*). Doch im Allgemeinen ist nicht davon auszugehen, dass nur aufgrund der (lizenzierten) Titelfiguren ungeachtet des Spieles selbst dieses erworben wird. Von letzterem ist aber ggf. dann eine Ausnahme zu machen, wenn Spiele in der Fachpresse sehr schlechte Wertungen erhalten, sich aber dennoch – eben aufgrund eines Verkaufsträgers wie solcher Figuren – gut verkaufen.[314]

(cc) Aufwand und Entwicklungskosten

Das Spektrum der Computerspiele reicht von der einfachen *Tetris*-Variante für Browser oder Mobiltelephone bis zu filmreifen Inszenierungen wie einst die *Wing Commander*-Reihe – u. a. mit *Malcolm McDowell* als Darsteller der Zwischensequenzen –[315] oder anderen Projekten mit Entwicklungskosten im dreistelligen Millionen-USD-Bereich.[316] Gleichwohl liegt nicht nahe, über ein Preis-Leistungs-Verhältnis oder ähnliches eine Marktabgrenzung darauf zu stützten, dass der Kunde meint, somit besonders viel für sein Geld zu erhalten, zumal etwa bei *Crysis* 3 trotz eines hohen zweistelligen Millionenetats der Spieler deutlich weniger als zehn Spielstunden erhält.[317]

(dd) Mehrspielerfunktionalität und Anzahl möglicher Spieler

Neben Komplexität, Entwicklungsaufwand und Genres kann die Anzahl der möglichen (Mit-)Spieler ein Abgrenzungskriterium sein, welche ebenfalls Tausende betragen kann.[318] Indes kann auf die bloße Anzahl ungeachtet des Spieles selbst wohl kaum ein Kaufwunsch basierend gebildet werden. Es ist aber davon auszugehen, dass sich mit Online-Rollenspielen mit etlichen oder gar tausenden möglichen Teilnehmern auf einem Server, sog. MMORPGs (= *Massively Multi-*

---

313 Zu diesen Personen und weiteren s. *Forster* 2008, passim.

314 Allgemein spricht man von schlechten Spielen, die auf populären Filmen, Serien, Figuren usf. basieren von „Lizenzgurken".

315 S. http://de.wikipedia.org/wiki/Wing_Commander_%28Computerspiel%29.

316 Etwa http://de.wikipedia.org/wiki/Call_of_Duty:_Modern_Warfare_2.

317 S. http://www.gamestar.de/spiele/crysis-3/news/crysis_3,46254,3009466.html.

318 Die nicht unbedingt parallel auf nur einem Server sein müssen.

player Online Role-Playing Game)[319] ein eigenes Genre[320] in den letzten Jahrzehnten und insbesondere seit ungefähr 2005[321] herausgebildet hat.

(ee) Zielgruppe: Casual oder Hardcore

Eine aktuelle Entwicklung führt, wie ausgeführt, zu immer mehr sog. Gelegenheitsspielern.[322] Casual-Spiele zeichnen sich dadurch aus, dass der Einstieg leicht fällt, keine besonderen Erfahrungen notwendig sind, der Schwierigkeitsgrad geringer ist und eine unregelmäßige, seltene Spielweise nur zu wenigen Nachteilen führt. Solche Spiele sind teilweise direkt in soziale Netzwerke integriert.[323] Hingegen ist der Hardcore-Sektor idealiter geprägt durch (nahezu) *professionelle* Spieler und die an sie ausgerichteten Spiele setzen ebenso ein hohes Maß an Expertise, Erfahrung und Ausdauer bis hin zu tagtäglichem Spiel und ggf. regelmäßiges Training voraus.

Daneben ist es, wenn auch nicht notwendigerweise, aber häufig der Fall, dass *Casual*-Software kostenfrei ist, wenn sich andererseits im herkömmlichen *Hardcore*-Bereich, etwa in MMORPG-Sektor,[324] gleichermaßen kostenlose Spielmöglichkeiten ergeben. In all solchen Fällen kann es jedoch – neben der grundsätzlich kostenlosen Spielmöglichkeit – Wege geben, reales Geld in Spielwährungen oder Spielgegenstände – teils zu horrenden Beträgen – zu übertragen.

Jedenfalls ist es zur Typisierung grundsätzlich geeignet, den Markt danach zu begrenzen, ob die jeweiligen Nutzer eher an langfristigen Herausforderungen bzw. zeitintensiven Spielen oder aber nur an auch gelegentlich oder nebenbei nutzbarer Software interessiert sind. Dabei kann ebenso herangezogen werden, ob ggf. die jeweilige Community oder eher das Spieldesign zeitaufwändige Spielweisen erfordern. Eine solche Typisierung sollte in die nachfolgende Kategorisierung nach Genres einbezogen werden.

(ff) Genres

Grundsätzlich liegt es nahe, eine Abgrenzung nach Genres[325] erfolgen zu lassen. Diese sind jedoch nicht verbindlich definiert. In Schlagzeilen geraten Computerspiele meist ob Gewaltdarstellungen, oftmals in Verbindung zu

319 S. http://de.wikipedia.org/wiki/Massively_Multiplayer_Online_Role-Playing_Game.

320 7. Kapitel B. IV. 2. b. bb. (7) (c) (ff).

321 Dem Erscheinungsjahr World of Warcrafts. Zwar waren auch davor vergleichbare Spiele verfügbar, doch gelang es erst diesem Spiel, ca. 15 Mio. zahlende Abonnenten weltweit zu sammeln.

322 Vgl. 3. Kapitel B. I. 2.

323 Etwa Farmville bei Facebook.

324 Etwa Metin 2.

325 Hierzu *Hofmann* 2016, S. 9 ff. Vgl. zu Filmen etwa *Aydintan* 2008, S. 55 f.; zu Büchern Immenga/Mestmäcker/*Fuchs/Möschel*, § 18 GWB Rdnr. 73 („Bücher"), indes grds. Aus-

Amokläufen und anderen Gewaltverbrechen, ggf. ebenso „virtueller Kriegsverbrechen“[326] oder Abhängigkeitserscheinungen, eben Sucht, – als *eSport* oftmals lediglich in Fachpublikationen.

Hinsichtlich der Berichterstattung über Gewaltaffinität ist in der Regel das etablierte Genre der *3D-/Ego-Shooter* (bspw. *Doom*, *Quake*, *Counterstrike*) dominierend, das gerade auch im Hinblick auf „eSport“ ein wichtiges Genre bildet. Typischerweise werden die Genres unter Berücksichtigung des Spielschwerpunkts – also etwa Rätsel, Geschicklichkeit, Strategie, Taktik, Gesang usf. – kategorisiert.[327] Bekannte sind des Weiteren bzw. demnach etwa Actionspiel, Action-Adventure, *Jump'n'Run*, *Point'n'Click*-Adventures, Simulation, Echtzeitstrategie (RTS), Rundenstrategie, Rätsel, Gesellschaftsspielsimulation, Rollen-/Abenteuerspiele, Retrospiele, Geschicklichkeitsspiele, MMORPG[328] und eher an Gelegenheitsspieler (*casual*) adressierte Party-Spiele und Minispiele (vor allem integriert in soziale Netzwerke, sonstig mittels des Browsers oder tragbaren Geräte wie Mobiltelephonen nutzbar).

Mit MMORPGs ist dann die Mehrspielerfähigkeit als Definitionsteil eines Genres ausgeprägt, was für entsprechende *Shooter* ebenfalls naheliegt – wenngleich diese Funktionalität allein ohne weitere Punkte gewiss noch kein Genre bildet.[329] Fraglich bleibt indes die genaue Abgrenzung dieser Genres, die hier nicht Gegenstand der Untersuchung sein soll. Diese können ggf. um solche ergänzt werden, die nur in bestimmten geographischen Räumen anzutreffen sind, wie einzelne Spiele, die es beispielhaft selten über die japanischen[330] Landesgrenzen schaffen.

In Fällen – oftmals auch in rechtlicher Literatur thematisierter, praktischen aber offenbar nicht so bedeutsamer – „Virtueller Welten“ wie etwa *Second Life* kann die Frage gestellt werden, ob es sich um ein Spiel handelt. Mangels irgendwelcher Spielziele liegt es hierbei näher, ein (Nicht-)Spiel eigener Kategorie anzunehmen, das aber womöglich für Endnutzer „ernsteren“ Nutzen haben kann.

Die Bezugsweise (*Streaming*, *Browser* …) bildet offensichtlich kein eigenes Genre, sondern ist nur ein Weg, das jeweilige Spiel zu „konsumieren“; entspringt also zunächst der Plattform. Zusammenfassend ist festzuhalten, dass

---

tauschbarkeit bzgl. „allgemeinen Unterhaltung und Information“ annehmend, hingegen bei Getränken relativ strikt gegen eine Austauschbarkeit (a. a. O., „Getränke“).

326 S. http://www.gamestar.de/artikel/videospiele-studie-kritisiert-kriegsverbrechen,2310754.html u. https://vdvc.de/blog/2011/12/08/rotes-kreuz-beklagt-fiktive-kriegsverbrechen/.

327 Vgl. *Hofmann* 2016, S. 9 ff.

328 7. Kapitel B. IV. 2. b. bb. (7) (c) (dd).

329 7. Kapitel B. IV. 2. b. bb. (7) (c) (dd).

330 Typisch sind hierbei auch spezielle Rollenspiele („Japano-RPG“), auch wenn Vertreter wie etwa Final Fantasy weltweit äußerst erfolgreich sind. Vgl. http://www.gamepro.de/artikel/specials/3003364/japans_gamer_zwischen_scifi_sex.html.

eine Abgrenzung nach Genres als ein geeignetes Grobmuster für die Marktabgrenzung erscheint.

(gg) Vermarktungsperioden

Wie bereits angedeutet sind bei Computerspielen die Hauptvermarktungsperioden vergleichbar kurz: Verkauft sich ein Spiel nicht innerhalb der ersten Monate, wird es ggf. rasch stark vergünstigt angeboten; oftmals fällt aber selbst bei guten Verkaufszahlen der Preis innerhalb weniger Monate.[331] Bei „professioneller" Software indes findet keine „Verramschung" wenige Monate nach Veröffentlichung statt, sondern die Preise bleiben bis zur Nachfolgeversion eher stabil. Dies liegt gewiss daran, dass Spiele eben nicht für tägliche Arbeit genutzt werden können, sondern – im für Spielehersteller idealen Fall (sofern sie am Verkauf nur einmalig verdienen[332]) – nach wenigen Stunden, wie auch anderes Spielzeug, sprichwörtlich „in der Ecke liegen". Mithin könnten sie dann bereits wieder verkauft werden, was aber gerade verhindert werden soll.[333] Sonstige Software, gerade für Unternehmen, soll seltener sehr günstig angeboten werden, auch nicht „gebrauchte": Vielmehr wird der Softwarehersteller seine älteren Programme eher vom Markt nehmen und darauf hinwirken, dass diese niemand mehr anbieten kann.[334]

Es bietet sich indes bei Spielen ein Vergleich zum Lichtspielhausbetrieb an: Kino-Filme, einer zeitlich gestaffelten Verwertung unterliegend, werden in aller Regel nur wenige Wochen dort gezeigt, bevor sie Monate später durch Videotheken und Filmverkauf erneut verwertet werden (*Zweitverwertung*). Gerade der „Kino-Start", also die ersten Tage, generieren oftmals die höchsten Einnahmen. Insoweit ist es wichtig, einen günstigen Termin zu wählen, der weder mit anderen Großereignissen (beispielsweise Sport) oder anderen „Blockbustern" oder gar vergleichbaren Filmen kollidiert. Im Einzelhandel indes sind ebenfalls bestimmte Zeiträume grundsätzlich interessant, etwa das vorweihnachtliche (Geschenke-)Geschäft. Insoweit kann es gerade unter *Top-Titeln* eine besondere Konkurrenzsituation geben. An einer bestimmten Funktionalität liegt dies zunächst nicht. Zwar verbessern sich auch Spezialeffekte im Kino, doch gerade bei Konsolen bleibt die angezielte Hardware – über den „Lebenszyklus" der jeweiligen Konsonlengeneration bzw. Konsole – gleichermaßen leistungsfähig[335], so dass das Alter eines Spieles eine technische Finesse noch nicht indizieren bzw. negieren muss. Vielmehr ist es so, dass sich ein gewisses „Hauptfenster" für den

---

331 Vgl. 8. Kapitel C. II. 2. d.

332 Also keine Abo-Gebühren erzielen können.

333 8. Kapitel C. II. 2. d.

334 8. Kapitel C. II. 2.

335 Kann aber womöglich mit zunehmendem *Know How* über die Jahre besser genutzt werden.

Großabsatz nur einmal öffnet. Dies ist bei der Feststellung eines Konkurrentenverhältnisses zu bemessen und kann im Weihnachtsgeschäft möglicherweise Genre-übergreifend zu anderen Verhältnissen führen, insbesondere wenn unterstellt wird, dass der Geschenkeeinkauf nicht immer Endwünsche genau erfüllt oder das Budget begrenzt ist, wenn auch konzentriert.

(hh) Kommerzielle Abnehmer und Vertrieb

Kommerzielle Abnehmer, welche solche Art Software nicht weitervertreiben, sondern selbst nutzen (etwa als Freizeitmöglichkeit für Angestellte[336]), sind die Ausnahme. Wenn indes für Vertrieb, für „Verleih"-[337] oder *Streaming*lösungen erworben wird, unterliegen die abnehmenden Unternehmen selbst naturgemäß nicht den vorgenannten Interessen. Ihr Ziel ist lediglich in Absatz- bzw. Umsatzzahlen auszudrücken. Marktbeschreibend kann ihr Bedürfnis als „durchgereichtes" der Endnutzer beschrieben werden oder dahingehend, mit – an sich beliebigen – Programmen bestimmte Nutzerzahlen zu erreichen; vergleichbar etwa zum Rundfunk. Auch der konventionelle Vertrieb reicht Bedarf lediglich durch und wird daher primär nur ein Interesse an Absatzmöglichkeiten bzw. -zahlen haben, nicht an bestimmten Waren bzw. Spielen. Es sei denn, gerade nur diese versprechen hohe Verkaufszahlen – was gleichermaßen für andere Software gilt. Insoweit sind die Märkte bloß an Verkaufspotential auszurichten, bei dem es eben ebenfalls auf Aufwand, Titelfiguren usf. ankommen kann.

(ii) Netzwerkeffekte und Marktmacht der Anbieter

Wie bereits ausgeführt, sind Netzwerkeffekte in diesem Bereich weniger stark ausgeprägt, gleichwohl vereinzelt vorzufinden:[338] Wer den ersten Teil eines Filmes sah, muss nicht unbedingt ebenso den zweiten gucken, sondern kann sich ebenso andere Filme anschauen. Allerdings sind, gewiss auch wegen der zunehmenden Entwicklungskosten, in diesen Marktsegmenten sehr viele marktstarke Unternehmen, also *Publisher* mit vielen (aufgekauften) Entwicklungsstudios, präsent.

Des Weiteren erschöpft sich das typische Beschaffungsinteresse nicht auf ein Computerspiel oder ein Computerspiel eines Genres. Vielmehr werden innerhalb relativ kurzer Zeit mehrere Spiele erworben, ggf. eben sogar desselben Genres.

---

[336] 8. Kapitel C. II. 2. d. Oder seien es Fachzeitschriften, die aber oftmals kostenlose Exemplare erhalten – so *Mayer-Wegelin* JurPC 28/2009, Fn. 146.

[337] Also Miete.

[338] 4. Kapitel A. II.

(jj) Gesamtbetrachtung zu Computerspielen

In aller Regel werden nur Spiele erworben, für die eine Plattform besteht. Freilich ist es möglich, eine Plattform für ein bestimmtes Spiel zu erwerben, was wohl eher nicht typisch ist, zumindest wenn eine Plattform eines Typs bereits beschafft ist – aber eine hiervon abweichende Argumentation ist in bestimmten Fällen ebenfalls denkbar. Im Rahmen dieser Plattform, die bereits eine Vorentscheidung enthalten kann,[339] wenn also für diese überwiegend Spiele bestimmten Typs angeboten werden, wird in aller Regel nach bevorzugten Genres eine Kaufentscheidung getroffen werden: Ein aktuelles *Doom* kann ein aktuelles *Duke Nukem* ersetzen, aber eben kein *Sims*. Bestimmte Genres sind u. a. durch große Mitspielerzahlen definiert – vor allem die MMORPGs –, doch wird über bloße Mehrspielerfunktionalität allein kein Genre definiert. In Einzelfällen und mit Aufwand umfassenderer Argumentation kann es vertretbar sein, vermutlich im Rahmen eines Genres, einzelne oder nur sehr wenige Titel als eigenen Markt zu begreifen, wenn besondere Umstände hinzutreten. Der Bereich der „Casual"-Spieler scheint grundsätzlich geeignet, eigene (Sub-)Genres und mithin Märkte zu bilden. Aufgrund der Fülle an Spielen ist es hier jedoch nicht möglich, abstrakt alle Möglichkeiten typisiert aufzugliedern.

Ein Vertrieb, ob herkömmlich, digital oder auch via *Stream*, hat selbst kein unmittelbares Interesse. Er wird sich schlichtweg ausschließlich an durchgereichtem Interesse orientieren und entwickelt selbst nur Absatzziele oder ggf. Sortimentierung, was aber gleichermaßen für andere Software gilt. Netzwerkeffekte sind bei solchen Konsumgütern weniger ausgeprägt; sie ergeben sich indes eher über die Plattform, nicht aber durch den Erwerb einzelner Spiele, die technisch oder sozial nicht den Nachkauf der Nachfolge-Spiele o.ä. bedingen.

cc. Geographische Bestimmung der Softwaremärkte

Software hat oftmals einen starken internationalen Bezug, weswegen in aller Regel zumindest EWR-weite, häufig sogar eher weltweite Märkte anzunehmen sind.[340] Das muss freilich nicht apodiktisch gelten. Einerseits kann durch verschiedene Sprachversionen eine Begrenzung auf Nationen bzw. Sprachräume erfolgen, die künstlich und technisch vorgegeben sein kann, wenn etwa ein Datenträger nicht mehrere oder alle Sprachvarianten enthält. Mithin ist zu erwägen, ob die Abnehmenden bestimmte Sprachfassungen erwarten.[341] Eine solche Sprachbarriere wird jedoch seitens der Kommission i. d. R. nicht als ent-

---

339 Vgl. 7. Kapitel B. IV. 2. b. bb. (1).

340 *Moritz* CR 1993, S. 260 f.; *Buxmann/Diefenbach/Hess* 2015, S. 169; *Schultze/Pautke/Wagener* 2005, Rdnr. 439.

341 *Hoeren* 2012, S. 326. Da für einige Länder, auch Deutschland, Computerspiele (und Filmwerke) aufgrund des Jugendschutzes „geschnitten" werden, können mitunter ausländische Varianten sogar attraktiver für Zielgruppen sein.

scheidend angesehen, zumindest bzgl. solcher Abnehmer, welche die Software, ggf. mit Geräten kombiniert, weitervertreiben, wenn die Sprache leicht ausgetauscht werden kann.[342] Im Übrigen kann es für Regionalmärkte sprechen, wenn Software umfassend *lokalisiert* wird, denn dann wird gerade keine internationale Version angeboten. Wie umfassend solche Sprachanpassungen sind, hängt von der Art der Software ab. Umfassende Arbeit mit Synchronsprechern ist nur bei Computerspielen üblich, höchstens noch bei Schulungsvideos vorstellbar, ansonsten genügen in aller Regel einfache Textübersetzungen. In solchen Fällen bleibt zu untersuchen, ob regional angepasste Versionen erforderlich sind bzw. ausschließlich nachgefragt werden.

Je nach Arbeitsumfeld können Übersetzungen aber auch keine Rolle spielen, speziell wenn ohnehin auf Englisch gearbeitet werden sollte. Indes vermögen es Regionalcodes, das Einsatzgebiet und mithin das Absatzgebiet weitgehend bereits technisch zu begrenzen,[343] was ebenfalls durch andere DRM-Maßnahmen herbeigeführt werden kann. Selbst *As a Service*-Dienstleistungen und digitale Distributionen können regional bzw. national begrenzt werden, vor allem via Geotargeting[344]. Software für spezielle Bedürfnisse, etwa Krankenhaussysteme[345], kann ebenfalls gesetzes- oder landesspezifisch orientiert sein, womit sie sich praktisch auf einen nationalen Absatzmarkt begrenzen dürfte, zumindest wenn solche Spezifikationen nicht bloß oberflächlich oder leicht anpassbar sind. Wird (komplexe) Software, die stets individueller Anpassung bedarf, überwiegend über regionale Vertriebsnetze vertrieben,[346] ist zunächst grundsätzlich (weltweit) identische (Grund-)Software verfügbar und einen Markt bildend; im Übrigen handelt es sich nur um Vertriebsmodalitäten, die für sich genommen längst kein regional differenziertes Angebot kristallisieren.

dd. Marktanteile und deren statistische Erfassung

Marktanteile sind Indikatoren der Marktmacht und entsprechend kartellrechtlich relevant: Je größer der Marktanteil, desto bedeutender ist ein Unternehmen im Grunde. Dabei spielen sowohl die Marktstellung bzw. Anteile der Anbietenden sowie der Nachfragenden eine erhebliche Rolle.[347] Marktmacht wiederum zeigt sich insbesondere in der Fähigkeit, Produkte qualitativ „unterhalb des Wettbewerbsniveaus zu halten“.[348] Ein Überschreiten der Grenzwerte des Art. 3 TT-GVO- oder Grenzwerte anderer Gruppenfreistellungsverordnungen allein ist

[342] Vgl. COMP/M. 6381, Tz. 31.
[343] 7. Kapitel B. II. 4.
[344] S. http://de.wikipedia.org/wiki/Geotargeting.
[345] *Matthiesen* 2010, S. 62.
[346] *Buxmann/Diefenbach/Hess* 2015, S. 87 ff.
[347] TT-Leitl., Tz. 159 ff.
[348] TT-Leitl., Tz. 15.

gleichwohl nicht zum Ergebnis der Nichtigkeit einer Vereinbarung führend.[349] Eine kartellrechtliche Analyse muss daher das gesamte Gefüge der jeweiligen Märkte berücksichtigen.

Die Stärke der Akteure wiederum wird anteilig bzgl. verkaufter Artikel gemessen. Bei genuin kostenlosen Artikeln wie i. d. R. F/OSS ist zunächst auf den Absatz abzustellen, da Einnahmen gar nicht bezweckt sind;[350] illegale Vervielfältigungen, sog. Raubkopien, indes stellen einen noch zu klärenden Punkt dar. Die Messung konkreter Marktanteile gestaltet sich grds. in allen Wirtschaftsbereichen als schwierig, zumal es den einzelnen Unternehmen bereits an solchen Erkenntnissen fehlt – oftmals beruhen die (verfügbaren) Zahlen nur auf Schätzungen. In bestimmten Bereichen sind Marktstudien verfügbar, die gleichwohl auch keine absolute Gewissheit verheißen oder garantieren können.

Wird pro Datenträger eine Lizenz erworben, scheint es zunächst einfach, entsprechende Zählungen durchzuführen. Wenn aber Volumenlizenzen erworben werden, ist es schon von Schwierigkeiten behaftet festzustellen, wie viele Lizenzen am Ende auch ausgeübt bzw. tatsächlich nachgefragt werden.[351] Dieses Problem besteht zudem noch in allgemeinerer Form. Da nicht nur abgesetzte Software maßgeblich ist, sondern gerade aufgrund der Wechsel-Problematik entscheidend ist, welche momentan (massenweise) im Einsatz befindlich ist, ist eben die Absatzzahl nicht allein entscheidend. Die Anzahl im Einsatz befindlicher Software kann jedoch kaum ergründet werden. Gleichwohl gibt es Technologien, im Einsatz befindliche Software anteilig zu messen – etwa können bei Besuch einer (zentralen) Homepage die genutzten Betriebssysteme und Browser festgestellt werden, was jedoch keine wirkliche Gewissheit liefert und gerade bzgl. Spezialsoftware zu keinen Aussagen führt. Bei F/OSS ergibt sich die Besonderheit, dass abseits der Distributoren keinerlei Umsatz- als auch Absatzzahlen festgestellt werden können:[352] Zwar könnten theoretisch einzelne Portale die Downloads zählen, doch sagt dieses – wie gesagt – ohnehin über die im Einsatz befindliche Software nichts aus. Da F/OSS und Freeware beliebig oft kopiert und „gemirrored“ werden darf, sind auch solche Zahlen kaum aussagekräftig. Ein Unternehmen würde bei beispielsweise 1000 benötigten Kopien vermutlich auch nur eine einzige Kopie vom Ausgangsserver beziehen.

Fraglich ist zudem, wie sich Produktfälschungen und sonstige „Raubkopien“ auswirken: Diese brachten dem Hersteller zwar kein Geld ein, können im

---

349 TT-Leitl., Tz. 79, 156.

350 Immenga/Mestmäcker/*Ullrich/Heinemann*, GRUR B Rdnr. 77 Fn. 487; vgl. 8. Kapitel A. II. 1; zumindest bei nicht kommerziell interessierten Programmierergruppen.

351 Vgl. 8. Kapitel C. II.

352 *Mundhenke* 2007, S. 54 ff.; ähnlich etwa *Brügge/Harthoff/u. a.* 2004, S. 37 (auf GNU/Linux bezogen); *Sher/Biggio/Shehadeh/Lutinski* ECLR 2011, S. 328 f.; COMP/M. 5529 – „Oracle/Sun Microsystems“, Tz. 121 f.; Immenga/Mestmäcker/*Ullrich/Heinemann*, GRUR B Rdnr. 77.

Rahmen der Netzwerkeffekte oder auch langfristiger Bindung aber dennoch zu dessen Gunsten wirken, was eine Miteinbeziehung bei Bewertung der Marktstärke anregt.[353] Die Finanzkraft der Unternehmen, die von solcher Verbreitung zunächst nicht profitiert, kann ergänzend bewertet werden. Jedenfalls müssten sie bei der Beurteilung aufgrund des letztgenannten Hintergrundes beachtet werden, gerade dann, wenn es sich nicht um schnelllebige Konsumsoftware, speziell Spiele, handelt, der solche Vorteile für gewöhnlich nicht innewohnt[354]. Dennoch ist insgesamt nicht erkennbar, dass die Zahl an sog. Raubkopien für dergleiche Verzerrungen sorgt.

Im Rahmen der TT-GVO gilt ein besonderes Verfahren hinsichtlich der Messung der Marktanteile auf Technologiemärkten, da gem. Art. 3 III S. 1 TT-GVO allein auf die Präsenz auf den Produktmärkten abgestellt wird. Gleichwohl muss dieses (simplifizierende) Verfahren nicht allgemein angewandt werden.

c. *Marktzutrittschancen zu Softwaremärkten*

Marktzutrittschancen sind ebenfalls bei der Bewertung von Wettbewerbsbeschränkungen zu berücksichtigen: Kann Konkurrenz leicht hinzutreten, wirken beschränkende Vereinbarungen der Agierenden geringer.[355] Die zuvor erörterten ökonomischen Parameter als auch Standardisierungsfaktoren sprechen zunächst für hohe Marktzutrittsbarrieren.[356] Ein Vertrieb kann dabei zwar ggf. theoretisch günstig über das Internet in Eigenregie geschehen, doch die Praxis neigt hier ebenfalls zu Konzentrationen bei wenigen Plattformbetreibern und weniger zu breit gefächerten Angeboten.[357]

Die Entwicklungskosten von *Windows* erreichen Milliarden.[358] Auch Computerspiele im Besonderen erreichen bereits das Budget sog. Hollywood-Blockbuster.[359] Dennoch sind gerade im *Free2play*- und *Casual*-Sektor Unternehmen aktiv, die besonders günstig entwickeln lassen oder lizenzieren. Mit *Crowdfunding* etc. bestehen zudem alternative Finanzierungsmöglichkeiten,[360] des Weiteren können über *Micropayment*, etwa im *App*-Geschäft und außerdem ansonsten über Plattformen Dritter, unproblematisch Einnahmen ohne große eigene Vertriebsbasis generiert werden.

---

353 Vgl. auf China bezogen: „Obwohl Microsoft auf dem riesigen chinesischen Markt nur unterdurchschnittliche Lizenzverkäufe verzeichnet, dominiert Windows wegen der hohen Raubkopierrate auch dort“, s. http://www.faz.net/aktuell/wirtschaft/unternehmen/chinas-kartellamt-geht-gegen-microsoft-vor-13117656.html.

354 Abgesehen von den Netzwerkeffekten bzgl. Vertriebsplattformen – und bei Mehrspielerspielen (4. Kapitel A. II.).

355 TT-Leitl., Tz. 16, 165.

356 4. Kapitel.

357 Etwa wie mit Steam.

358 4. Kapitel B. I. 1.

359 4. Kapitel B. I. 1.

360 11. Kapitel B.

Bei F/OSS kann der Aufwand indes kaum bilanziert werden, da die Arbeit in aller Regel auf „Spenden" basiert,[361] zumindest aber sind oftmals keinerlei Investitionen in Marketing, Gebäude usf. erforderlich oder vorhanden, zumindest bei *Community driven* F/OSS. F/OSS-Quellcode kann im Grunde für eigene Programme übernommen werden – sofern dieser etwa nach den Regeln der BSD weitergegeben wird, zudem unter Zugrundelegung nur geringer Pflichten zu Lasten des Verwenders; Copyleft-Lizenzen hingegen werfen spezielle kartellrechtliche Fragen auf und enthalten zahlreiche Pflichten, wie auch manche andere F/OSS-Lizenz.[362] Somit sind in diesen Fällen die Markteintrittschancen zunächst äußerst gering.[363] Gleichwohl können gerade deswegen theoretisch beliebig viele von diesem Quellcode profitieren und Alleinstellungsmerkmale bleiben schwieriger zu begründen, weswegen ein (erfolgreicher) Markteintritt abermals unrealistisch erscheinen kann.[364] Ansonsten sind die Markteintrittschancen jedoch – je nach Sektor – nicht nur wegen generell hoher Entwicklungskosten schlecht, sondern auch aufgrund fehlender Bereitschaft der Kunden zu wechseln. Dies kann daran liegen, dass sie ein vergleichbares Produkt bereits (kostengünstig samt Hardware[365]) erhalten haben oder der Umstieg auf neue Produkte unattraktiv ist, entweder weil dies mit weiteren Kosten verbunden sein kann[366] oder aber nicht verbreitete Produkte unattraktiv sind, etwa mangels kompatibler Geräte oder anderer Software.[367]

Bei Waren, die eher *ver*braucht werden wie Computerspiele, spielen solche Wechselargumente hingegen regelmäßig keinerlei Rolle. Wenn jedoch ganz allgemein davon ausgegangen wird, dass sich „Softwaremärkte ... im Allgemeinen durch ... vergleichsweise niedrige Marktzutrittsschranken"[368] auszeichnen, kann solchem Vorbringen im Allgemeinen aufgrund vorgenannter Argumente nicht gefolgt werden. Insgesamt ist, wie bereits ausgeführt, von eher hohen Marktzutrittschancen auszugehen, wenn auch im Einzelfall in Ansehung konkreter Umstände abweichend beurteilt werden mag. Dabei sind eben die konkreten Entwicklungs-, Umstellungskosten und -bereitschaft sowie die vertretenen Unternehmen und deren Marktmacht zu berücksichtigen. Es kann kaum angenommen werden, dass es leichterdings möglich sein könnte, Microsoft oder SAP auf ihren Stammmärkten Konkurrenz zu bereiten; dies mag

[361] Vgl. 3. Kapitel B. VIII. 1.
[362] Dazu noch 8. Kapitel A.
[363] 8. Kapitel A. III. 4. a.
[364] Vgl. 8. Kapitel A. II. 1.
[365] 8. Kapitel C. III. 4. zu OEM.
[366] 3. Kapitel B. I. 1. a.
[367] 4. Kapitel A. II.
[368] So jedoch BKartA B7, Az. 23/09 v. 20.03.2009 (http://www.bundeskartellamt.de/SharedDocs/Publikation/DE/Taetigkeitsberichte/Bundeskartellamt%20-%20T%C3%A4tigkeitsbericht%202010_Dokumentenband.pdf?__blob=publicationFile&v=2), S. 176.

hingegen in Nischenbereichen ohne potente wie präsente Anbieter der Fall sein. Auf eher „jungen" Märkten sind indes die Eintrittschancen höher.

d. Zusammenfassung der Marktfaktoren

Geographisch ist bei Software oftmals zumindest von EWR-weiten oder gar weltweiten Märkten auszugehen. Die sachliche Marktabgrenzung ist vorrangig – dem Bedarfsmarktkonzept insoweit folgend – an dem jeweiligen Bedürfnis nach Funktionalität durchzuführen; der direkte Preis („Lizenzkosten") ist regelweise und insbesondere bei Unternehmen nur von nachrangiger Bedeutung. Neben dem direkten Preis sind nämlich Umstellungs- samt Folgekosten umfassend zu berücksichtigen. Bei der Beschaffung von Betriebssystemen ist i. d. R. die technische Plattform Ausgangspunkt, bei Anwendungssoftware das jeweilig eingesetzte Betriebssystem. Gleichwohl kann, wenn sich eine Anwendungssoftware in ihren Varianten für verschiedene Plattformen durchsetzt bzw. Marktmacht sammelt, dies in eine qualitative Betrachtung der (stärkeren) Marktmacht einfließen. Ein getrennter Markt bzw. mehrere entsprechende für „gebrauchte" Software ist bzw. sind abzulehnen. Dynamische Faktoren stehen eher im Hintergrund bzw. ungereifte Märkte sind natürlich möglich, dennoch sind im Softwaresektor bereits etliche Märkte vergleichsweise entwickelt und auch erstarrt, mithin die Zutrittsbarrieren hoch errichtet. So ist im Allgemeinen von hohen Markteintrittsbarrieren auszugehen. Gleichwohl sind die vorgenannten Verallgemeinerungen oftmals nicht ohne Ausnahmen.

Die Messung der Marktanteile ist bei einem digitalen Gut besonders schwierig. Da die Marktzutrittschancen, wie ausgeführt, in aller Regel hoch sind, sind Wettbewerbsbeschränkungen tendenziell als schwerwiegend einzustufen. Dies ergibt sich zudem aus zuvor thematisierten Netzwerkeffekten[369] und steht auch im Einklang zu den exemplarisch ausgewählten „gereiften" Märkten, nämlich für PC-Betriebssysteme und *Office-Suites*.[370]

3. Beschränkungen von (zu) geringer Relevanz (Bagatellen)

Wenn sich herausstellt, dass die Spürbarkeit gering ist, soll – wie gesagt – in Fällen solcher Bagatellen die Spürbarkeit verneint werden. Unter Zugrundelegung des Marktrahmens kann ökonomisch die Auswirkung einer Vereinbarung theoretisch abgeschätzt werden. Bloß unerhebliche, also *nicht spürbare* Beschränkungen sind nach der Kommission solche, bei denen die beteiligten Wettbewerber grds.[371] zusammen $\leq 10\%$ auf den betroffenen Märkten[372]

369 4. Kapitel A. II.
370 4. Kapitel A. I.
371 Zu Sonderfällen vgl. De minimis, Tz. 9 ff.
372 De minimis, Tz. 8 a).

oder Nicht-Wettbewerbern 15 %[373] erreichen – vorbehaltlich des Bezweckens einer Wettbebewerbsbeschränkung[374] oder des Vorliegens einer Kernbeschränkung.[375]

V. (Immaterialgüterrechtlich bedingte) Tatbestandsrestriktionen

Es wird diskutiert, ggf. trotz (eigentlicher) Erfüllung des Tatbestandes bei bestimmten Sachverhalten den Tatbestand des Art. 101 I AEUV restriktiv zu handhaben. Ein bekanntes Muster dafür ist der selektive (Fachhandels-)Vertrieb, welcher dem Art. 101 I AEUV teilweise entrückt ist.[376] Für gewöhnlich bemühen sich EuGH und auch die Kommission nicht um eine dogmatische Fundierung für entsprechende Entscheidungen mit sakrosanten Marktpraktiken. Für Software im Besonderen liegt keine Entscheidung vor, ob diese ein selektives Vertriebssystem bedingen kann. Dies kann nicht ausgeschlossen werden, weil sich solche Systeme nicht auf Luxus-Produkte begrenzen, sondern auch hinsichtlich Technik-Produkten akzeptiert sind.[377] Darüber hinaus werden speziell im Bereich der Immaterialgüterrechte Begrenzungen des Kartellrechts aufgrund der Besonderheiten solcher Rechte diskutiert, die sich insbesondere an den rechtlichen Ausformungen der Schutzgüter orientieren und auf das bereits angesprochene grundsätzliche Verhältnis von Immaterialgütern und Kartellrecht fußen.[378]

1. Lehre des spezifischen Gehalts eines Immaterialgüterrechts

a. Allgemeines Dogma der Trennung zwischen Bestand und Ausübung

Als § 17 GWB noch galt und das GWB erheblich von den heutigen Regeln des GWB sowie des Art. 101 AEUV abwich, sollte noch ein „Naturschutzpark“[379] für Immaterialgüterrechte in Gestalt ihrer kartellrechtlichen Unantastbarkeit begründet werden. Diese damaligen weitgehenden Ausnahmen für

---

[373] De minimis, Tz. 8 b).

[374] De minimis, Tz. 13 S. 1.

[375] De minimis, Tz. 13 a. E. Insoweit wird auf alle Kernbeschränkungen verwiesen, die in gegenwärtigen oder zukünftigen GVO enthalten sind. Die vorherige De minimis enthielt noch eine eigene Liste von entsprechenden Beschränkungen, die derjenigen aus Vertikal- und Spezialisierungs-GVO entsprach.

[376] Zumindest sofern das jeweilige Produkt einen solches System bedingt und weitere Kriterien erfüllt sind, s. auch Vertikal-Leitl., Tz. 175; vgl. Langen/Bunte/*Hengst*, Art. 101 AEUV Rdnr. 190.

[377] EuGH, Urt. v. 25. 10. 1977 – Rs. 26/76 – „SABA II“ = GRUR Int 1978, S. 254 ff., wenn auch mitunter nicht alle Klauseln solcher Systeme anerkannt werden. Zu solchen Systemen aus der Perspektive der Reputationspflege *Franck* WuW 2010, S. 776 f.

[378] 5. Kapitel B.

[379] *Nordemann* GRUR 2007, S. 204. Von *Drexl* GRUR Int 2004, S. 720 als Versuch der „Immunisierung“ beschrieben.

Immaterialgüterrechte von einer kartellrechtlichen Kontrolle folgen der mittlerweile wohl aufgegebenen *Inhaltslehre*[380]. Nach einer verwandten, mittlerweile aber ebenfalls überholten[381] Lehre, die sich vormals auch auf Ebene der Europäischen Union durchsetzte, war zwischen einem unantastbaren *Bestand* des Urheberrechts und anderer Immaterialgüter sowie der *Ausübung* dieser Rechte zu differenzieren; nur die Ausübung sollte der Kartellrechtskontrolle unterliegen. Dadurch sollte nicht in den Bestand der Immaterialgüterrechte eingegriffen werden.[382] Diese Unterscheidung und diese Zielsetzung ließen sich dereinst dadurch erklären, dass dem Gemeinschaftsrecht lediglich die Kontrollkompetenzen hinsichtlich der Ausübung nationaler (Eigentums-)Rechte zukam, nicht aber hinsichtlich des Bestandes dieser Rechte.[383] Im Bereich der Immaterialgüter reglementieren jedoch seit Längerem europäische Richtlinien und Übereinkommen zumindest einen Mindestbestand der Schutzrechte, so dass dieser Ansatz in seiner schlichten Gestalt längst nicht mehr haltbar ist.[384] Selbst soweit das Ergebnis der unionsrechtlichen Harmonisierung keine europäischen, sondern lediglich europarechtlich bedingte nationale Schutzrechte oder europarechtlich teilharmonisierte Schutzrechte mit nationaler Wirkung sind,[385] ist dieser ältere Ansatz nicht tragfähig. Dies bereits deswegen, weil der Spielraum bei der Schaffung bzw. Umsetzung dieser nationalen Rechte auf Basis europäischer Vorgaben sehr begrenzt sein kann – und etwa die Richtlinien der EU nicht nur einen bloßen variablen Rahmen vorgeben, sondern – bspw. bei Software – sogar an eine Vollharmonisierung heranreichen können.[386] Bei Gemeinschaftsrechten wie der Gemeinschaftsmarke war und ist dieser Ansatz ohnehin nicht zielführend.

b. Spezifischer Schutzgegenstand der Softwareschutzrechte

Ein neuerer, auf der zuvor dargestellten zwischen Bestand und Ausübung differenzierenden Lehre aufbauender Ansatz lautet, nur den *spezifischen Kern* eines Schutzrechts und darauf basierende Ausflüsse vom Kartellrecht unberührt zu lassen.[387] Der *spezifische Kern* ist nicht unbedingt schutzrechtübergreifend, sondern schutzrechtspezifisch zu ermitteln; mitunter ist kein spezififischer

---

[380] Vgl. Immenga/Mestmäcker/*Ullrich/Heinemann,* Art. 101 I AEUV Rdnr. 16; *Nordemann* GRUR 2007, S. 205.

[381] Langen/Bunte/*Jestaedt,* Nach Art. 101 AEUV FallGrp. Rdnr. 1240.

[382] Wandtke/Bullinger/*Grützmacher*, Vor §§ 69a ff. UrhG Rdnr. 17.

[383] 5. Kapitel B. II. 3. a.; *Nordemann* GRUR 2007, S. 204; vgl. Calliess/Ruffert/*Kingreen* Art. 345 AEUV, Rdnr. 5; *Konrad/Timm-Goltzsch/Ullrich* in: Ullrich/Lejeune 2006, I Rdnr. 771 ff.; vgl. *Bödeker* 2008, S. 6 f.

[384] 2. Kapitel B.

[385] Vgl. *Lang* 2009, S. 309 f. (5. These).

[386] 2. Kapitel B. II. 2.

[387] Langen/Bunte/*Jestaedt*, Nach Art. 101 AEUV FallGrp. Rdnr. 1241 ff.

Schutzgegenstand für Software anzunehmen, sondern ein für Software relevanter spezifischer Kern im Rahmen des Patentsoftware- sowie des Urheberrechtssoftwareschutzes. Der EuGH selbst unterließ entsprechende Konkretisierungen bislang.[388] Für Urheberrechte, denen Softwareschutzrechte überwiegend zuzuordnen sind, im Allgemeinen führte der EuGH hingegen aus, dass sich der spezifische Gegenstand u. a. gegen die Änderung des Werkes wende und wirtschaftliche Bedeutung habe.[389] Dabei wurde deutlich, dass der EuGH eine persönlichkeitsrechtliche Färbung in diese Postulation einbezieht[390], die bei Software selten prägend ist. Die übrigen EuGH-Entscheidungen großer Bekanntheit beschäftigen sich überwiegend mit Vorführ- und Vermietungsrechten in den Film- und Musikbranchen[391], doch sind Gedankengänge zur öffentlichen Vorführung – abgesehen vielleicht bei Stream- bzw. Cloud-Applikationen – kaum für Software relevant. Verallgemeinert leitet man aber zumindest ab, dass die geographische Aufteilung im Rahmen der Erstverbreitung von der Kontrolle ausgenommen werde, also spezifischer Schutzgegenstand sei.[392] Europarechtlich ist der Bestand eines Computerprogrammurheberrechts ausdrücklich durch die entsprechende Richtlinie bestimmt, welche dem Urheber u. a. Ausschließlichkeit sowie Kontrolle über die Vervielfältigungen grundsätzlich zuspricht.[393] Wesenstypisch für das Softwareurheberrecht sind

---

[388] *Scholz/Wagener* CR 2003, S. 881 f.

[389] EuGH, Urt. v. 20. 10. 1993 – Rs. C-92/92 u. C-326/92 – „Phil Collins" = GRUR 1994, S. 280 ff.: „Der spezifische Gegenstand dieser Rechte, wie sie in den nationalen Rechtsvorschriften geregelt sind, besteht darin, den Schutz der Persönlichkeitsrechte und der wirtschaftlichen Rechte ihrer Inhaber zu gewährleisten. Der Schutz der Persönlichkeitsrechte ermöglicht es den Urhebern und ausübenden Künstlern insbesondere, sich jeder Entstellung, Verstümmelung oder sonstigen Änderung des Werkes zu widersetzen, die ihrer Ehre oder ihrem Ruf nachteilig sein könnte. Das Urheberrecht und die verwandten Schutzrechte haben außerdem wirtschaftlichen Charakter, da sie die Befugnis vorsehen, das Inverkehrbringen des geschützten Werkes kommerziell, insbesondere in Form von Lizenzen, die gegen Zahlung einer Vergütung erteilt werden, zu nutzen …" (Tz. 50 = S. 282). Langen/Bunte/*Jestaedt*, Nach Art. 101 AEUV FallGrp. Rdnr. 1264 f.

[390] *Heinemann* 2002, S. 243 – s. vorherige Fn.

[391] Etwa EuGH, Urt. v . 18. 3. 1980 – Rs. 62/79 – „Codtitel" = GRUR Int 1980, S. 602 ff.: „… eine Vergütung für jede Vorführung des Films zu verlangen …" (Tz. 14 = S. 607); EuGH, Urt. v. 28. 4. 1998 – Rs. C-200/96 – „Metronome" = GRUR Int 1998, S. 595 ff.: „Die Einführung eines ausschließlichen Vermietrechts in Durchbrechung des Grundsatzes der Erschöpfung des Verbreitungsrechts durch … der Vermiet- und Verleihrechts-Richtlinie ist mit dem Gemeinschaftsrecht vereinbar." (Ls.); EuGH, Urt. v. 22. 9. 1998 – Rs. C-61/97 – „Laserdisken" = GRUR 1998, S. 878 ff.: „… ist das ausschließliche Recht zur Vermietung der einzelnen Vervielfältigungsstücke des auf einem Videogramm aufgezeichneten Werkes naturgemäß für eine Verwertung mittels wiederholter und potentiell zahlenmäßig unbegrenzter Geschäfte geeignet, von denen jedes einzelne einen Anspruch auf Vergütung eröffnet. Das spezifische Recht, die Vermietung zu erlauben oder zu verbieten, würde seiner Substanz beraubt, wenn es allein durch das erste Angebot zur Vermietung erschöpft wäre." (Tz. 18 = S. 879).

[392] *Schultze/Pautke/Wagener* 2005, Rdnr. 295; Calliess/Ruffert/*Kingreen*, Art. 34–36 AEUV Rdnr. 209; mit Begründung über das dt. UrhG *Moritz* CR 1993, S. 342.

[393] Zur Erschöpfung s. 3. Kapitel A. IV. und vgl. RiL 2009/24/EG ErwGrd. 13, Art. 4 II.

noch die ausgeprägte Möglichkeit zur Geheimhaltung der Funktionsweisen und des Quellcodes.[394]

Zu Patenten und anderen „technologischen Schutzrechten“[395] wird ausgeführt, dass diese als spezifischen Gegenstand die Produktion, die erste Inverkehrbringung, Lizenzvergabe und Abwehr gegen Unberechtigte enthielten.[396] Diesen ist jedenfalls eine direkte Kontrolle des abgesetzten Stückes in der Sache fremd; solche widerspricht ohnehin der Warenverkehrsfreiheit.[397]

c. *Kritik*

Allgemein wird gesagt, der spezifische Gegenstand sei nicht klar und beständig ermittelbar.[398] Die Lehre des EuGH liefere keine konkreten und abwägungsresistenten Ergebnisse, sondern erziele ihre Ergebnisse erst durch Abwägungsvorgänge,[399] wodurch sich dieses Ergebnis lediglich der Abwägung des Art. 101 AEUV entziehe.[400] Zudem wird ausgeführt, die vormalige Trennung zwischen Bestand und Ausübung sei künstlich, führe zu flexiblen Ergebnissen, sei aber nicht logisch ergründbar.[401] Dem entspricht es, diese Lehren als weitgehend regelfrei[402], „nichtssagend“[403] oder als unzulänglich[404] zu beurteilen – dieser Nachteil lässt sich aber auch als Flexibilität positiv formulieren.

Es bleibt noch ein Umstand zu beachten: Die Ausübung einschließlich der Verwertung in Form von Lizenzierungen prägt gerade das Immaterialgut. Gewichtig ist ebenso der Einwand, dass man pauschal nicht zwischen redlichen

---

394 Hierzu hat der EuG jedoch angemerkt „Schließlich gibt es keinen Grund dafür, dass eine geheime Technologie stärkeren Schutz genießt als z. B. eine Technologie, die ihr Erfinder im Rahmen eines Patentverfahrens offenlegen muss.“ (EuG, Urt. v. 17.9.2007 – Rs. T-201/04 – „Microsoft“, Tz. 693 S. 3).

395 *Kreutzmann* WRP 2006, S. 459.

396 Etwa EuGH, Urt. v. 18.2.1992 – Rs. C-30/90, Tz. 21 = EuZW 1993, S. 639.

397 Vgl. 3. Kapitel A. IV.

398 *Schultze/Pautke/Wagener* 2005, Rdnr. 433, 290 ff.; *Bödeker* 2008, S. 66: „Diese Urteile verdeutlichen, dass es keinen festen spezifischen Gegenstand an sich gibt“.

399 Langen/Bunte/*Jestaedt*, Nach Art. 101 AEUV FallGrp. Rdnr. 1241; *Bödeker* 2008, S. 66, 74 f.

400 Vgl. *Nordemann* GRUR 2007, S. 208 f. Zur Lage in den USA und dem „scope“ des Schutzrechts *Lorenz* WRP 2008, S. 1009 f.

401 *Korah* 2007, S. 337; *Axster/Schütze* in: Loewenheim/Meesen/Riesenkampff[2], GRUR Rdnr. 85; *J. B. Nordemann* in: Loewenheim/Meesen/Riesenkampff, GRUR Rdnr. 11 („Diese Unterscheidung von Bestand und Ausübung nimmt der erforderlichen Interessenabwägung allerdings nicht ihre Komplexität“).

402 Vgl. in Langen/Bunte[11]/*Jestaedt*, Art. 81 EGV FallGrp. EGV Rdnr. 264: „Weitere für sämtliche Schutzrechte geltende … Regeln … gibt es nicht.“ Siehe auch die neuere Darstellung Langen/Bunte/*Jestaedt*, Nach Art. 101 AEUV FallGrp. Rdnr. 1244 ff.

403 Immenga/Mestmäcker/*Ullrich/Heineman*, GRUR B Rdnr. 13; „Leerformel“ bei Grabitz/Hilf/Nettesheim/*Leible/T. Streinz*, Art. 36 AEUV Rdnr. 35.

404 *Lorenz* WRP 2006, S. 1015, 1020 – „unzureichende Anhaltspunkte“.

und unredlichen Ausübungsformen trennen kann.[405] Die zuletzt genannten Umstände zeigen erneut auf, dass dieser Lehre die Trennschärfe fehlt. Deshalb wird vereinzelt für einen Verwurf dieser Lehre votiert.[406]

2. *Art. 101 I – immanente Abwägung bzw. Vorabwägung (Rule of Reason)*

Nach einem anderen Ansatz solle bereits im Rahmen des Art. 101 I AEUV – nicht nur bei Immaterialgüterrechten – eine (Vor-)Abwägung zwischen Wettbewerbsvorteilen und -nachteilen stattfinden. Soweit die Vorteile überwiegen, sei demnach der Tatbestand des Art. 101 I AEUV nicht erfüllt; Schlagworte für diese These sind *Rule of Reason*.[407] Dieser Ansatz wurde dereinst seitens des US Supreme Courts postuliert, um Spielraum bei der Gesetzesauslegung zu gewinnen.[408] Der Vorteil einer solchen Rule of Reason im Europäischen Recht wäre es, dass sich entsprechende Verhaltensweisen nicht erst an den hohen (Beweis-)[409] Hürden des Art. 101 III AEUV messen lassen müssten.[410] Ein solcher Ansatz wird nur vereinzelt aus der Rechtsprechung des EuGH herausgelesen.[411] Dieser Ansatz widerspricht aber offensichtlich dem Tatbestand des Art. 101 AEUV und ist keineswegs allgemein anerkannt.[412] Unabhängig davon kann Art. 101 I AEUV eng auszulegen sein, wenn dieses objektiv geboten ist.[413]

3. *Weitere Ansätze und Lehren zur Berücksichtigung des Immaterialgüterrechts*

Alternativ wird versucht, das Kartellrecht immaterialgüterspezifisch auszulegen bzw. anzuwenden.[414] *A priori* ergibt sich bereits, dass eindeutige gesetzliche Festlegungen des Immaterialguts keiner kartellrechtlichen Kontrolle unterliegen sollen, da ansonsten ein gesetzliches Recht sinnlos wäre, würde es auch vertraglich vereinbart bzw. niedergeschrieben werden, nur um dann

---

[405] *Heinemann* 2002, S. 425.

[406] *Heinemann* 2002, S. 304.

[407] FrankfKomm/*Roth/Ackermann*, Art. 81 I EGV GrundFr. Rdnr. 352.

[408] *Bodewig* GRUR Int 1997, S. 958. Und ist in den USA weitgehend anerkannt, wie es auch ein Blick in die *Guidelines* verrät, vgl. http://www.justice.gov/atr/public/guidelines/0558.htm.

[409] Vgl. Art. 2 S. 2 VO 1/2003.

[410] FrankfKomm/*Roth/Ackermann*, Art. 81 I EGV GrundFr. Rdnr. 351.

[411] *Emmerich* in: Dauses/Ludwigs, H I. § 2 Rdnr. 68 ff.

[412] Langen/Bunte/*Hengst*, Art. 101 AEUV Rdnr. 191 m. w. Nachw.; *Mestmäcker/Schweitzer* 2014, § 8 Rdnr. 63 ff.

[413] Vgl. *Mestmäcker/Schweitzer* 2014, § 8 Rdnr. 69.

[414] *Heinemann* 2002, S. 628: es solle „von innen“ auf das Kartellrecht einwirken. Ähnlich *Bödeker* 2008, S. 82 f.: „das geistige Eigentum in den Kartellrechtstatbestand zu integrieren, ohne es dem Wettbewerbsrecht völlig unterzuordnen“, mit dem Ziel einer „einheitlichen Prüfung“.

als kartellrechtswidrig gebrandmarkt zu werden und nichtig zu sein.[415] Eine kartellrechtliche Kontrolle könnte – exzessiv angewandt – das gesamte Recht geistigen Eigentums, Effizienzgedanken unterwerfend, hinterfragen. Da aber die Trennung ökonomischer Analyse und kartellrechtlicher Rechtsanwendung, die auch in Zeiten eines *More Economic Approach* gesetzliche Rechte zu berücksichtigen hat, nicht ausufern darf und gesetzliche Tatbestände nach wie vor normative Bindung erzeugen, ist eine solche Universalisierung der Effizienz nicht mit dem geltenden Recht zu vereinbaren. Effizienzgedanken haben die Gesetzgeber grundsätzlich im Voraus zu berücksichtigen; es kann nicht Aufgabe einer ausufernden Kartellrechtsanwendung sein, sich in offenen Widerspruch zu normierten Rechte zu stellen.[416]

4. *Stellungnahme und Zwischenergebnis*

Die Dichotomie zwischen nationalen Schutzrechten und gemeinschaftsweiter Wettbewerbsordnung ist durch zahlreiche Richtlinien insbesondere zum Urheberrecht unhaltbar; mittlerweile ist diese Trennung nicht zuletzt durch Art. 118 AEUV offenkundig überwunden.[417] Wer dennoch den Konflikt weiterhin hauptsächlich zwischen Gemeinschaftsrecht und nationalen sowie mithin nur national wirkenden Schutzrechten sieht, der sei gefragt, wie viel relevante Abweichung, also Spielraum, die Urheberrechts-Richtlinien und im Speziellen die Computerprogramm-Richtlinie denn überhaupt noch dem nationalen (Urheberrechts-)Gesetzgeber lässt.

Völlig überholt ist es gleichermaßen, eine Demarkationslinie zwischen Immaterialgüterrecht bzw. Softwareschutzrechten und Kartellrecht überhaupt zu ziehen. Immaterialgüterrechte als auch Vereinbarungen über Immaterialgüterrechte sind der Kartellrechtskontrolle nicht grundsätzlich entzogen, somit sind schließlich die gesamten Softwareschutzrechte prinzipiell den Art. 101 f. AEUV unterworfen.[418] Gleichwohl kann das Kartellrecht keine allumfassende Effizienz- und aufhebende Nachkontrolle immaterialgüterrechtlicher Normen bedingen, keine Nachsteuerung, keine Neujustierung des Immaterialgüterrechts. Vielmehr sind im Grunde immaterialgüterrechtliche Werte zu akzeptieren. Eine Ausübung bestehender Rechte kann im Prinzip nur unter strikten Voraussetzungen nach Art. 102 AEUV zu untersagen sein. Bei Art. 101 I AEUV ist vielmehr zu beurteilen, ob bestimmte Klauseln durch immaterialgüterrechtliche Regelungen trotz möglicher Wettbewerbsbeschränkungen akzeptiert werden müssen. Wie dies methodisch zu erfolgen hat, bleibt schleierhaft. Die Lizenzierung selbst bildet jedenfalls nicht den geschützten Nukleus, sondern

---

[415] 7. Kapitel B. II. 2.
[416] 7. Kapitel B. II. 2.
[417] 5. Kapitel B. II. 3. a.
[418] TT-Leitl., Tz. 7.

kann ebenfalls grundsätzlich kartellrechtlich kontrolliert werden, wenn auch – wie im Detail auch immer – auf „Besonderheiten des Schutzrechts Rücksicht zu nehmen“ ist.[419] Wird der geschützte Kern hinter sich gelassen, kann eine solche Erweiterung jedenfalls kontrolliert werden. Mit *Lang* ist davon auszugehen, dass es nicht möglich ist, „den spezifischen Gegenstand eines Immaterialgüterrechts allein aufgrund der ... betroffenen nationalen Schutzrechtsbefugnisse zu konstruieren ... Daher muss der ... anzuerkennende spezifische Gegenstand anhand ... [der] anerkannten Verwertungsbefugnissen bestimmt werden ...“[420], wobei außerdem dem Erschöpfungsgrundsatz große Bedeutung zukommt.[421] Dabei sind es jedoch eben nicht unbedingt nationale Garantien, die dem Kartellrecht entgegenstehen,[422] sondern vertraglich – durch die handelnden, insoweit *ausübenden* Unternehmen – begründete Regelungen, die nicht direkt durch das Schutzrecht vorgegeben sind. So enthält bereits *a priori* etwa das UrhG keine ausdrücklichen, unbeschränkten Billigungen für CPU-Klauseln, Weiterverkaufsverbote usf.[423] bereit, sondern zunächst nur zahlreiche Generalklauseln. Was also wirklich dem spezifischen Schutzbereich bzw. dem kartellrechtlich nicht kontrolliertem Kern der Rechte zuzuordnen ist, bleibt im Einzelfall zu diskutieren. Die angebotenen dogmatischen Fundierungen, sei es der *spezifische Gehalt* oder sei es die *immanente Abwägung*, tragen zu belastbaren und praktisch verwertbaren Ergebnissen letztlich keine Argumente bei.

Stets der kartellrechtlichen Kontrolle zuzuordnen sind jedoch Versuche, vertraglich oder anderweitig den urheberrechtlichen besonders geschützten Bereich erweitern zu wollen.[424] Solche gehen stets über den spezifischen Kern hinaus; aber auch alles Übrige, was über den spezifischen Kern hinausgeht, kann kontrolliert werden.[425] Selbstverständlich ist es, dass Einschränkungen des der Waren- und Dienstleistungsfreiheit dienendem Erschöpfungsgrundsatzes zu kontrollieren sind,[426] welcher gerade die immaterialgüterrechtliche Kontrolle der Urheber bzw. Werkmittler begrenzen soll.[427]

---

[419] *Matthiesen* 2010, S. 22.

[420] *Lang* 2009, S. 312 (17. These).

[421] *Lang* 2009, S. 314 (25. These, Pkt. 1).

[422] Vgl. aber *Lang* 2009, S. 314 (25. These).

[423] Vgl. 8. Kapitel C. IV.

[424] KOM Abl. C 91 v. 12. 4. 1989, S. 16: „Jede Vereinbarung oder Maßnahme, die den Bereich des Bestands des Urheberrechts verläßt, kann einer Kontrolle nach den Wettbewerbsregeln unterliegen. Dies bedeutet beispielsweise, dass jeder Versuch, durch vertragliche Vereinbarungen oder andere Übereinkünfte den Schutzbereich auf Elemente des Programms zu erstrecken, die urheberrechtlich nicht geschützt sind, oder die Untersagung einer Verwertungshandlung, die nicht dem Rechtsinhaber vorbehalten ist, eine Verletzung der Wettbewerbsregeln darstellen kann.“ Womit freilich keine Aussage über den „Bestand“ als solchen getroffen wird. *Metzger* in: Hilty/Jaeger/Kitz 2008, S. 85 ff.; *Grützmacher* CR 2011, S. 485, 489 ff.

[425] *Lang* 2009, S. 81.

[426] Vgl. *Lang* 2009, S. 183 f.

[427] 3. Kapitel A. IV.

Dabei kann diskutiert werden, inwieweit die Notwendigkeit der Markterschließung als wesentlicher zugebilligter Aspekt berücksichtigt werden kann.[428] Andererseits müssen zu Gunsten der Lizenznehmer und Dritter nicht nur privilegierte Rechte der Urheber herausgeschält werden, sondern auch Einschränkungen der Immaterialgüterrechte, somit insbesondere Schranken. Wird sich über diese hinweggesetzt, liegen gerade besagte Rechtserweiterungsversuche vor.

Die Wertungen des UrhG oder PatG müssen als kartellrechtsexkludierende Privilegien verstanden werden. Es stellt sich hier ebenfalls die Frage, inwieweit sich die – theoretisch anzudenkende – Kumulation auswirkt, was zum Ende der Klauselprüfung im nachfolgenden Kapitel noch betrachtet wird.[429] Ein *Rule of Reason* als Vorabwägung des Art. 101 I AEUV ist gänzlich abzulehnen, eine ggf. strikte Auslegung des Art. 101 I AEUV, auch einschließlich einer teleologischen Restriktion, die entsprechende Begründung vorausgesetzt, nicht, zumal gerade Regelbeispiele und Generalklauseln dieser Norm bereits auf dieser Normstruktur Spielraum für Auslegung bieten.

Bestand und *Ausübung* sind womöglich keine treffende Begrifflichkeit, zudem es Wesen der Lehre des spezifischen Schutzgegenstandes ist, ungenau, flexibel, biegsam etc. zu sein – gleichwohl sind bessere Antworten nicht gegeben worden. Es bleibt also im Konkreten im Rahmen des Art. 101 I AEUV zu prüfen, ob eine vertraglich versuchte Beschränkung durch das jeweilige Schutzrecht vorgegeben oder beinhaltet ist. Dies bedeutet gerade weder eine vollständige Unterwerfung, noch eine vollständige Immunisierung der Immaterialgüterrechte. Es bedeutet lediglich eine Immunisierung eines kleinen Kernes theoretischer vertraglicher Modalitäten. Im Gefüge des gesamten Privatrechts ist dabei augenfällig, dass eben desgleichen die §§ 305 ff. BGB immaterialgüterrechtliche Wertungen, sprich Gesetze und implizierte Werturteile des Gesetzgebers, berücksichtigt werden müssen[430] und mithin Kundenschutz bzw. Parteiäquivalenz überzuordnen sind.

VI. Zwischenergebnis

Aus juristischer Sicht sind hauptsächlich Klauseln mit grundsätzlich wettbewerbsbeschränkender Wirkung in Ansehung der – nicht abschließenden – Regelbeispiele des Art. 101 I AEUV zu beachten. Diese können, müssen aber nicht, mit den Kernbeschränkungen der Gruppenfreistellungsverordnungen kongruieren. Eine Begrenzung des Anwendungsbereichs auf Kernbeschränkungen würde den tatbestandlichen Bereich des Art. 101 I AEUV zudem ungebühr-

---

[428] *Heinemann* 2002, S. 629.

[429] 2. Kapitel B. IV.

[430] S. insbes. § 307 II Nr. 1 BGB.

lich einschränken. Softwarespezifisch ergeben sich abstrakt und vorab insoweit keine Besonderheiten. Bei der Anwendung muss ggf. eruiert werden, was durch gesetzliche Wertungen – speziell im UrhG und PatG – vorgegeben ist, sowohl zu Gunsten als auch zu Lasten (vor allen in Gestalt der Schranken) der Rechteinhaber.

Neben den ökonomischen Parametern der Marktmacht, welche sodann eine Spürbarkeit indizieren,[431] sind die jeweiligen Märkte zu beachten. Dabei ist am Bedarfsmarktkonzept festzuhalten. Es ist sich jedoch zu vergegenwärtigen, dass reine Lizenzpreise kaum aussagekräftig sein können. Grundsätzlich gelten die Markteintrittsbarrieren als hoch, mithin Wettbewerbsbeschränkungen als eher relevant. Zur Typisierung ist dabei zu ergänzen, dass Softwarebeschaffung in aller Regel eine Anschlusserscheinung nach einer zunächst zu treffenden (Hardware-)Plattformauswahl ist, die wiederum in Abhängigkeit von der für die jeweilige Plattform verfügbaren Software getroffen wird.

C. Freistellungsmöglichkeiten nach Art. 101 Abs. 3 AEUV

Ein Verstoß gegen Art. 101 I kann durch Art. 101 III AEUV aufgehoben werden, wofür es mittlerweile nicht einmal mehr eines Verfahrens bzw. einer amtlichen Prüfung[432] bedarf. Dazu müssen entweder die einzelnen Voraussetzungen des Abs. III kumulativ erfüllt oder eine Gruppenfreistellungsverordnung anwendbar und freistellend (und die Freistellung nicht im Einzelfall entzogen[433]) sein.

I. Freistellung durch Gruppenfreistellungsverordnung

Die Gruppenfreistellungen werden oftmals seitens der Kommission durch Metaphern begleitet, welche zudem durch eine Farbenlehre bzgl. der Klauseln angereichert werden. Diesen folgend bliebe zu fragen, ob die Kommission den schützenden Schirm (*Umbrella*) über einen Vertrag hält, ob dieser in einen sicheren Hafen (*Safe Harbour*) verbracht werden kann oder eben der Vertrag „weiß“ ist. Neben branchenspezifischen Gruppenfreistellungsverordnungen (beispielsweise für den Kfz- und den Versicherungsbereich[434]) bestehen mehrere allgemeine, deren Einschlägigkeit für den Software-Bereich unklar und umstritten sind.

---

[431] *Scholz/Wagener* CR 2003, S. 883.

[432] 6. Kapitel E.

[433] 7. Kapitel C. I. 1. f.

[434] Zu branchenspezifischen GVOen 10. Kapitel B. II.

1. Freistellungsmöglichkeiten durch die Technologietransfer-GVO 2004 (TT-GVO 2004)

Die einstige Technologietransfer-Gruppenfreistellungsverordnung (TT-GVO) 240/96[435] ist 2004 durch die inhaltlich und formell stark abweichende Verordnung 772/2004 ersetzt worden, deren Laufzeitende für 2014 bereits in Art. 11 vorgesehen war und die nunmehr grundsätzlich durch die TT-GVO 2014[436] abgelöst wurde. Sie gilt gem. Art. 10 TT-GVO 2014 allerdings noch für einzelne Ausnahmekonstellationen bis zum 30. 4. 2015 fort. Die TT-GVO des Jahres 2004 ist die erste GVO, deren Anwendungsbereich sich ausdrücklich[437] auf urheberrechtlich geschützte Software als Gegenstand der Hauptvereinbarung erstreckt.[438] Unternehmen soll es seit diesem Zeitpunkt mithin erleichtert möglich sein, Software(technologie) zu transferieren[439], da sich diese bei Vertragsgestaltungen an der neuen TT-GVO orientieren mögen[440] und sie die TT-GVO samt TT-Leitlinien als Anleitung zur Selbsteinschätzung bei ihren Lizenzierungsverträgen nutzen können.[441]

a. Rechtssetzungshistorie

Die TT-GVO 2004 ist im Gesamtzusammenhang der „Modernisierung" des Kartellrechts, also der Umsetzung des *More Economic Approach* in geltendes Recht zu betrachten.[442] Ihr Aufbau orientiert sich an dem anderer Gruppenfreistellungsverordnungen neueren Datums und entsprechend „modernen"[443] Typs, wozu insbesondere die Marktanteilsschwellen gehören.[444] Sie folgte einem umfassenden Evaluierungsbericht zur Vorgängernorm[445] und wurde ge-

---

[435] Zu den früheren vergleichbaren Gruppenfreistellungsverordnungen einschl. Patent-VO und Know How-VO s. Langen/Bunte/*Jestaedt*, Art. 101 AEUV Rdnr. 1278 ff.

[436] Siehe zu dieser unter 7. Kapitel C. I. 2.

[437] Zuvor war dies über Patente, Know How und ggf. auch über eine analoge Anwendung (dazu 7. Kapitel A. II. 2. c. bb) möglich (s. auch nachfolgende Fn.).

[438] *Heinemann* CR 2005, S. 719; MünchKomm[1]/*Röhling*, Art. 1 TT-GVO Rdnr. 8; *Lubitz* EuZW 2004, S. 653. Es wurde bereits zuvor diskutiert, auch die Wertungen der vorherigen TT-GVO entsprechend für Softwaretransfers begünstigend heranzuziehen: *Moritz* CR 1993, S. 262 f., S. 344; vgl. dazu den Ansatz *Vinje* CR 1993, S. 402 f.; zur damaligen TT-GVO *Stoffmehl* 1997, S. 58.

[439] *Schultze/Pautke/Wagener* 2005, Rdnr. 389; die Gunst ihrer Anwendbarkeit sei „Genuss" (Rdnr. 429).

[440] *Lubitz* EuZW 2004, S. 653.

[441] Vgl. *Kling/Thomas* 2016, § 5 Rdnr. 269, 409.

[442] 5. Kapitel B. I.

[443] *Ulmer-Eilfort/Schmoll* 2006, S. 8; *Schultze/Pautke/Wagener* 2005, Rdnr. 1.

[444] *Zöttl* WRP 2005 S. 33; *Feil* IIC 2005, S. 34.

[445] Nachweise zu den Vorgängervorschriften zu dieser Vorgängerin *del Tiempo Matanzo* 2008, S. 9 Fn. 29.

meinsam mit den TT-Leitl. 2004 promulgiert.[446] Dem voraus ging eine öffentliche Konsultation, im Zuge derer sich zahlreiche Unternehmen zu Wort meldeten.[447] Plastisch wurde verlautbart, sie sei nicht mehr die „Zwangsjacke", sondern führe zu einem „sicheren Hafen"[448] und biete „erhebliche Rechtssicherheit"[449].

Die zahlenmäßig verbreitetere Kritik vermochte diesen „sicheren Hafen" nicht erblicken. Kritisiert wird, dass diese TT-GVO 2004 „etwas detailverliebt" sei[450], darüber hinaus ein „schwer hinnehmbares Maß an Rechtsunsicherheit" gerade durch (zu niedrige[451] oder starre[452]) Marktanteilsschwellentechnik liefere[453], überhastet unter unklaren Motiven erlassen worden sei, schlecht formuliert und übersetzt sei[454] und – womit die Kritikpunkte noch nicht erschöpfend aufgezählt sind – zusammen mit den TT-Leitl. 2004 keine einfache Anwendung biete[455] oder schlicht ohne wettbewerbspolitische Aussage sei[456]. Sie sei ein Danaergeschenk, also ein Trojanisches Pferd.[457] Die mit ihrer Anwendung verbundene Rechtsunsicherheit verringere, so wurde spekuliert, die Bereitschaft zum Technologietransfer[458], zumal durch die Reform des Kartell-

---

446 *Schultze/Pautke/Wagener* 2005, Rdnr. 2 ff.; *Wissel/Eickhoff* WuW 2004, S. 1244. *Vollebregt* ECLR 2004, S. 665 sieht in der TT-GVO 2004 „a radical change in the Commission's competition policy with regard to technology transfers"; *Hansen/Schah* ECLR 2004, S. 465 eine „revolution in the application of Art. 81 to technology transfer agreements".

447 Diese scheinen nicht mehr auf der Seite der Kommission verfügbar zu sein.

448 *Hansen/Schah* ECLR 2004, S. 466: Es seien die Marktanteilsschwellen „positive safe harbours", die Kernbeschränkungen hingegen sog. „negativ safe harbours" – letzte sind demnach zwar letztlich keine sicheren Häfen, geben jedoch den Rechtsgestaltenden einen sicheren Anhaltspunkt, was sicherlich zu vermeiden sei (bildsprachlich dann also eine Karte der gefährlichen Riffs?).

449 Grds. zu allen GVOen *Ulmer-Eilfort/Schmoll* 2006, S. 8. Hingegen sei insbes. durch die TT-GVO das Ziel der Rechtssicherheit im Bezug auf häufige Lizenzmethoden verfehlt: *Berger* K&R 2005, S. 18, 20.

450 *Zöttl* WRP 2005, S. 47.

451 EWSA 2004/C 80/07, Tz. 2.3.

452 In deren Grenzen gar keine weitergehenden ökonomischen Analysen, abgesehen eben von den Marktanteilserfassungen, stattfinden.

453 *Lübbig* GRUR 2004, S. 484; *Zöttl* WRP 2005 S. 44 f.; *Pagenberg/Beier* 2008, Einf. Rdnr. 137; *GRUR* GRUR 2004, S. 218 f.; nach *del Tiempo Matanzo* 2008, S. 223 f. gerade auf dynamischen Märkten aufgrund möglicherweise ständig wechselnder Werte; gänzlich a.A: *MPI* IIC 2004, S. 188.

454 *Groß* 2015, Rdnr. 589. Grundsätzlich positiv lobt *MPI* IIC 2004, S. 187 „in principle the profound revision of the Commission's competition policy in respect of technology transfer agreements."

455 *Lorenz* WRP 2008, S. 1010 f. schreibt zudem den TT-Leitl. den „Charakter einer ökonomischen Abhandlung" zu; ähnlich *Drexl* GRUR Int 2004, S. 715 „Ausführungen im Stile eines Lehrbuchs der Ökonomik"; vgl. *Pagenberg/Beier* 2008, Einf. Rdnr. 103, 105.

456 *Ullrich* VPP-Rundbr. 2/2007, S. 58.

457 Zumindest nach dem Titel des Aufsatzes: *Lübbig* GRUR 2004, S. 484.

458 *Lübbig* GRUR 2004, S. 484.

verfahrensrechts die Sicherheit eines angemeldeten Verfahrens einschließlich behördlicher Bescheide als Ergebnis einer Prüfung entfallen ist[459].[460]

Begrüßenswert sei hingegen – nach wohl allgemeiner Auffassung – die Aufnahme von Softwareurheberrechten im Grundsätzlichen.[461] Bezweifelt wiederum wird, ob alle durch sie freigestellten Vereinbarungen tatsächlich die Voraussetzungen des Art. 101 III AEUV erfüllen,[462] was für die praktische Rechtsanwendung selbst weitgehend unerheblich sein dürfte,[463] sofern nicht ein massenweise erfolgender Entzug im Einzelfall drohen sollte.

b. Prämissen

Intuitiv ist anzunehmen, dass gerade der Transfer von Technologien dem Gesamtfortschritt dient und daher wünschenswert ist – was auch die Kommission grundsätzlich annimmt.[464] Werden Schutzrechte teilweise als monopolistisch verstanden, soll indessen das Kartellrecht antimonopolistisch wirken.[465] Rechteinhaber können Schutzrechte selbst häufig nicht ökonomisch ausreizen, weswegen ihnen eine Delegation – also die Lizenzierung – erlaubt sein muss.[466] Auch ist es ein wichtiger Wohlfahrtsaspekt, Technologie anderen zugänglich zu machen.[467] Grundsätzlich gilt die gemeinsame Forschung und Verbreitung von Technologie als wettbewerbspolitisch sinnvoll.[468] Zwar birgt die zu starke Verbreitung einer Technologie Gefahren für den Wettbewerb, was sich insbesondere im Softwaresektor deutlich zeigt,[469] doch ist die TT-GVO 2004 aufgrund der Marktanteilsschwellentechnik für Verträge mit marktbeherrschenden Unternehmen unanwendbar. Daneben soll die Kooperation weniger starker Unternehmen gegen stärkere Unternehmen gestattet werden.[470] Zudem ist Technologie nicht nur innerhalb der Europäischen Gemeinschaft ein wichtiges Gut, sondern auch im Wettbewerb mit anderen Staaten wichtig und daher ein äußerst bedeutsames Außenhandelsgut, deren Erzeugung zu fördern ist.[471]

---

459 Dazu 6. Kapitel E.

460 *Lübbig* GRUR 2004, S. 483 f.; *v. Falck/Schmaltz* in: Loewenheim/Meesen/Riesenkampff², Einf. TT-GVO Rndr. 5.

461 *Lejeune* CR 2004, S. 471 f.; EWSA 2004/C 80/07, Tz. 3.1.1; *MPI* IIC 2004, S. 193 f.; kritisch zur Nichtaufnahme in die Vorgängernorm: *Stoffmehl* 1997, S. 58.

462 *Schultze/Pautke/Wagener* 2005, Rdnr. 9.

463 7. Kapitel B. III. 3.

464 7. Kapitel.

465 Vgl. *del Tiempo Matanzo* 2008, S. 21.

466 Vgl. TT-Leitl. 2004, Tz. 148, wonach es zumindest effizienter sei.

467 Immenga/Mestmäcker/*Fuchs*, TT-GVO Einl. Rdnr. 5.

468 Immenga/Mestmäcker/*Fuchs*, TT-GVO Einl. Rdnr. 7 f.

469 1. Kapitel A.

470 Auf diese Erwägung sind die Marktanteilsschwellen gestützt.

471 Vgl. 1. Kapitel A.

Art. 101 III AEUV erkennt gerade an, dass Vereinbarungen, die (auch) schädlich sein mögen, dennoch zum Wohle des Fortschritts oder der Verbraucher beizutragen vermögen, weswegen eine potentielle Marktbeeinträchtigung akzeptabel zur Erlangung eines anderen Wohls erscheinen kann. Die TT-GVO 2004 und die TT-Leitl. 2004 sollen ein „analytischer Rahmen“ sein, gerade die für Art. 101 III AEUV erforderlichen Vorteile zu erfassen.[472]

c. Spezifika der Software

Software als neuartiger Technologiesektor setzt im Gegensatz zu den „klassischen“ Sektoren des Patentrechts nicht etwa auf Physik, Chemie oder komplexe Herstellungs- (zumindest fern der Entwicklungstätigkeit) bzw. Vervielfältigungsverfahren – und ist auch rechtlich darin divergent, dass sie hybrid im Sinne von potentiell unter mehrere Schutzregime fallend ist bzw. sein kann.[473] *Korah* meint dennoch, sie sehe keinen Grund, weswegen Software anders behandelt werden sollte: *„I can see no reason why these should be treated differently from patents and know how.“*[474] Es wurden diesem Vorbringen entgegnend bereits mehrere Besonderheiten herausgearbeitet.[475] Die TT-GVO jedenfalls stellt keine differenzierenden Regeln für (Software-)Patente und Software-Urheberrechte auf und differenziert auch nicht anderweitig nach Schutzgut, Branche, Technologieart etc.

d. Voraussetzungen der Anwendbarkeit

aa. Vereinbarungen und darin beteiligte Akteure

Art. 2 TT-GVO 2004 setzt eine Technologietransfervereinbarung zwischen höchstens zwei Unternehmen voraus. Vereinbarungen in diesem Sinne sind, einheitlich zum Rechtssprachgebrauch des Art. 101 I AEUV, in Art. 1 I lit. a TT-GVO 2004 definiert. Des Weiteren verlangt der Technologietransfer nach Art. 1 I lit. b TT-GVO 2004 die Wahrung weiterer Anforderungen um freistellen zu können.

bb. Software als zu transferierende Technologie nach der TT-GVO 2004

(1) Software-Urheberrecht, Software-Patente, Software-Know How

Gemäß Art. 1 I lit. b TT-GVO 2004 kann eine *Software-Lizenz* betreffende *Vereinbarung* nach Art. 2 freigestellt sein, was auf Vereinbarungen über Software-

472 U. a. TT-Leitl. 2004, Tz. 9.

473 2. Kapitel B. IV.

474 *Korah* 2006, S. 172. *Lehmann* in: Lehmann 1993, S. 796 meinte bereits damals, man dürfe urheberrechtliche und patentrechtliche Lizenzierungen bereits aufgrund der längeren Schutzdauer des UrhG nicht gleichstellen.

475 5. Kapitel B. II. 2. c.

Urheberrechte abzielt.[476] Der TT-GVO 2004 ist demnach vermutlich der – zutreffende – Gedanke zugrunde gelegt, dass für Software-Rechte primär das Urheberrecht einschlägig ist[477] – Patente bzgl. Software konnten bereits im Freistellungsrahmen der vormaligen TT-GVO lizenziert werden.

Fraglich ist, ob Software nach der TT-GVO 2004 und Computerprogramme im Sinne des UrhG bzw. nach der Computerprogramm-Richtlinie synonym zu verstehen sind. Beide Begriffe können europarechtlich autonom ausgelegt werden. Letztlich sind jedoch keine (tragfähigen) Erwägungen dafür erkennbar, sie im Sinne der TT-GVO 2004 divergent zu verstehen bzw. davon auszugehen, dass mit der Verwendung von „Software(lizenz)"[478] anstatt „Computerprogramm(lizenz)" Differenzierungen eingeführt werden sollten.[479] Sofern dennoch eine Differenzierung zwischen Computerprogramm – dem Terminus der Richtlinie – und Software – dem Terminus der TT-GVO 2004 – befürwortet werden sollte, ist festzustellen, dass dieses den Anwendungsbereich der TT-GVO 2004 erweiterte, denn üblicher ist es wohl, dann Software als Summe aus Computerprogramm (im engeren Sinne), Entwurfsmaterial und Begleitmaterialien zu betrachten.[480] Es erscheint aber fernliegend, durch die TT-GVO 2004 solche Differenzierungen unerläutert einzuführen, was kaum im Sinne der Kommission hätte liegen können.[481] Für eine synonyme Verwendung spricht ebenfalls, dass durch die TT-GVO 2004 gerade Schutzrechte vereinfacht lizenzieren werden sollen. Dafür ist es zweckdienlich, die vorhandenen bekannten Rechte zu transferieren, anstatt anhand neuer Kriterien erst neu über solche Rechte befinden zu müssen. Zudem erfasst die TT-GVO 2004 ebenfalls (Software-)*Know How*.

Fraglich ist, ob als solche Softwarelizenz auch die Rechte nach § 69d UrhG gelten sollen, denn diese können unabhängig von (direkten) Verträgen erworben werden.[482] Die Frage mag indes akademisch interessant sein, sie ist jedoch letztlich müßig, denn die Rechte nach § 69d können schon vom Tatbestand des

---

[476] TT-Leitl. 2004, Tz. 50 S. 1; Immenga/Mestmäcker/*Fuchs*, Art. 1 TT-GVO Rdnr. 42; *Schultze/Pautke/Wagener* 2005, Rdnr. 121; *Matthiesen* 2010, S. 12.

[477] Zumal dies gerade durch EU-Recht veranlasst ist – 2. Kapitel B. II. 2.

[478] Zu beobachten ist, dass die TT-GVO 2004 als auch die TT-Leitl. 2004 keinerlei Aussagen zu dem Code selbst treffen, sondern lediglich nur Ausführungen zu Lizenzen enthalten. Dies überrascht auch im Hinblick auf *Know How*, da bei solchem oftmals keine absoluten Schutzrechte eingreifen, sondern die „Lieferung" von Wissen im Vordergrund steht. Dies lässt sich – neben Einflüssen amerikanischen Denkens – womöglich durch den patentrechtlichen Hintergrund erklären, sind Patente doch weitgehend bekannt, so dass es deswegen allgemein primär der Erlaubnis ihrer Benutzung bedarf; vgl. 7. Kapitel C. I. 1. d. dd. (6) (d).

[479] Immenga/Mestmäcker/*Fuchs*, Art. 1 TT-GVO Rdnr. 42; *Schultze/Pautke/Wagener* 2005, Rdnr. 122 ff., insbes. 125, vgl. 386 f.; vgl. MünchKomm[1]/*Röhling*, Art. 1 TT-GVO Rdnr. 9; vgl. MünchKomm/*Röhling/Nagel*, Art. 1 TT-GVO Rdnr. 42; *Matthiesen* 2010, S. 12.

[480] 1. Kapitel A.

[481] Immenga/Mestmäcker/*Fuchs*, Art. 1 TT-GVO Rdnr. 42.

[482] 3. Kapitel A. IV.

Art. 101 I AEUV nicht erfasst sein und bedürfen daher keiner Freistellung.[483] Gesetzlich verbürgte Nutzerrechte – selbst wenn sie Lizenzen sein sollten – als beschränkende Vereinbarung im Sinne des Art. 101 I AEUV aufzufassen, dürfte nicht möglich sein, selbst wenn sie deklaratorisch niedergeschrieben werden sollten.[484]

Sofern für Software ein Patent besteht, ist dieses vom Anwendungsbereich der TT-GVO 2004 ohnehin umfasst – und war es bereits von der vormaligen TT-GVO. Software-*Know How* kann (ergänzend) Hauptgegenstand einer Vereinbarung sein, es muss aber die Voraussetzungen nach Art. 1 I lit. i TT-GVO 2004 erfüllen, also geheim (i i), wesentlich (i ii) und identifiziert (i iii) sein. Die Relevanz liegt dabei subsidiär in solchen Kenntnissen, die rechtlich (noch nicht) geschützt sind oder gar nicht erst über ein absolutes Schutzrecht einem Schutz zuführbar sind.[485] Dies erfasst etwa Dokumentationen und Materialien, die nicht mehr in den Software- bzw. Computerprogrammurheberrechtsschutz fallen.

Somit ist jeder erdenkliche rechtliche Schutz von Computerprogrammen bis auf einen beinahe denkunmöglichen Teil an Banalprogrammen erfasst, der nicht einmal als *Know How* im Sinne der TT-GVO 2004 eingestuft werden kann. Software- bzw. Computerprogrammrechte sind deshalb – zunächst – praktisch erschöpfend von der TT-GVO 2004 umfasst.

(2) Übermittlungsform (Source Code oder Object Code)

Nicht nur die entsprechende bzw. auszugestaltende Befugnis, sondern auch die *Sache* Computerprogramm ist einzubeziehen. Dem gesteigert immaterialgüterrechtlichen Verständnis der TT-GVO 2004 entspricht es jedoch nicht, dieses gesondert zu erwähnen. Mit *Sache* ist in diesem Zusammenhang nicht ein (nicht unbedingt nötiger) herkömmlicher Datenträger gemeint, sondern Code bzw. dessen Übermittlung, das Programm bzw. die Software selbst. Die TT-GVO 2004 folgt hier anscheinend (mehr) der die Lizenz betonenden US-Denkweise, weniger der in der deutschen Rechtswissenschaft verbreiteten Ansicht, Software eher als Kauf*sache* zu begreifen.[486] Ohne aber zumindest das kompilierte Computerprogramm zur Verfügung zu stellen, hätte der Lizenznehmer nichts, was er durch die Lizenz auch nutzen könnte – es sei denn: *bravi manu traditio*[487]. Nach der neueren EuGH-Entscheidung ist in den *Gegenständen* Software und Softwarelizenz ohnehin eine untrennbare Einheit zu erkennen,[488] was § 69d UrhG ebenfalls nahelegen kann.[489]

---

483 Vgl. 7. Kapitel B. II.
484 7. Kapitel B. II. 2.
485 2. Kapitel B. VI.
486 3. Kapitel B. I., vgl. auch Kap. 3 Fn. 4 zuvor.
487 Vgl. u. 7. Kapitel C. I. 6. b. bb.
488 3. Kapitel A. III.
489 Vgl. 3. Kapitel A. II.

Die TT-GVO 2004 selbst stellt allerdings keine ausdrücklichen Anforderungen auf, ob etwa nur Objekt- oder nur Quellcode übertragen bzw. bekanntgemacht[490] werden muss. Ohne den Quellcode ist es jedoch schwerlich möglich, Anpassungen an der Software durchzuführen.[491] In Unkenntnis zumindest einzelner Schnittstelleninformationen oder anderer Parameter ist es ebenfalls schwerlich möglich, interagierende Software zu dieser zu erstellen. Die Frage, in welchem Umfang welche Art Code oder andere Informationen bekannt gegeben werden müssen, werden noch im Rahmen der speziellen Anwendungsvoraussetzungen aufzuwerfen und zu diskutieren sein.[492]

(3) Verbundene und integrierte Rechte des geistigen Eigentums

Nach Art. 1 I lit. b, g TT-GVO 2004 fallen in den Freistellungsbereich der TT-GVO 2004 ebenfalls weitere Rechte des geistigen Eigentums, die insbesondere nicht Patent oder Software-Urheberrecht sind sowie auch nicht den *eigentlichen Gegenstand* des Technologietransfers bilden und *unmittelbar* mit den zu erzeugenden Produkten *verbunden* sind. Eine solche Nebenlizenzierung muss also in bestimmter Weise in ihrer Bedeutung – vermutlich wirtschaftlich – nachgeordnet und zugleich sachnah sein. Als solche Nebengegenstände geraten gerade multimediale Bestandteile in Betracht, insbesondere bei Computerspielen. Sofern jedoch andere Urheberrechte, also Grafiken, dreidimensionale Modelle (etwa *Wireframes*), Texturen usf. nach der Schwerpunkt-Theorie[493] durch ihre Verbindung mit dem Programm ohnehin im Computerprogrammurheberrechtsschutz aufgehen sollten, wären sie nach der TT-GVO 2004 freistellungsfähig, da sie eben Teil des Software-Urheberrechts wären.

Dieser Aspekt spricht daher gegen die Schwerpunkttheorie, da so über die TT-GVO 2004 Ergebnisse erzielt werden könnten, die womöglich nicht seitens des Verordnungsgebers bezweckt wären. Bezieht doch die TT-GVO 2004 ausdrücklich nur Software-Urheberrechte ein – alle übrigen müssen eben unwesentlich bzw. *uneigentlich* sein und können dann womöglich noch als *unmittelbar verbunden* mitfreigestellt sein. Ginge die TT-GVO 2004 indes von der Geltung der Schwerpunkt-Theorie aus, müssten solche möglichen Nebenrechte nicht gesondert erfasst sein – bzw. höchstens bzgl. weiterer Rechte des geistigen Eigentums, die nicht dem Urheberrecht unterfallen, also etwa Markenrechte. Andererseits konzentrieren sich auch nach der Schwerpunkt-Lehre nur solche Rechte im Computerprogramm-Urheberrecht, die einen gewissen Integrationsgrad erreichen. Bei der TT-GVO 2004 könnten dann ggf. noch über diese hinausgehende, erst mit dem Vertragsprodukt, also erst mit dem noch zu fertigenden

---

[490] Vgl. zu Patenten bzw. Patentanträgen 2. Kapitel B. III.

[491] 2. Kapitel A. II.

[492] S. sogleich 7. Kapitel C. I. 1. d. dd. und im Besonderen zu F/OSS 8. Kapitel A. III. 1. a. cc.

[493] 2. Kapitel B. II. 1. a.

Erzeugnis,[494] in Verbindung stehende weitere nebensächliche Urheberrechte lizenziert werden. Die Anforderungen nach Art. 1 I lit. b, g sind nämlich gerade nicht (unbedingt) mit den Anforderungen der Schwerpunkt-Theorie identisch. Das bedeutete jedoch, dass die TT-GVO 2004 dadurch eine relativ weitere Freistellung auch für weitere Urheberrechte bewirken könnte.

Nun kann erwidernd argumentiert werden, dass sofern denn die übrigen Urheberrechte wesentlich wären, der Schwerpunkt ohnehin nicht im Computerprogrammurheberrecht läge, sondern in anderen, etwa im Filmwerk – und dann eine Anwendung durch die TT-GVO 2004 ohnehin nicht erfolgen könnte.[495] Sofern sowieso nach anderer Theorie die Rechte einzeln bestehen und nicht integrierend konzentriert werden, stellt sich dieses Problem nicht.

Theoretisch ist es gleichwohl denkbar, dass durch ein Zusammenwirken von Schwerpunkt-Theorie und Art. 1 I lit. b, g gerade wegen uneinheitlicher Anforderungen insgesamt ein zusammenhängendes Computerprogramm freigestellt wäre, das mehrheitlich nicht auf Computerprogramm-Urheberrechten fußt.

Insgesamt erscheint die Schwerpunkt-Theorie daher für die Anwendung im Hinblick auf die TT-GVO 2004 weniger geeignet. Andererseits wäre es schwierig zu bewerkstelligen, eine bloße Auslegungsvariante durch eine TT-GVO 2004 zu begrenzen bzw. die TT-GVO 2004 in den Anwendungsbereich definitorisch soweit zu exkludieren. Zum Verhältnis zwischen Computerprogrammen und Computerspielen hat der EuGH mitlerweile in Sachen *Nintendo./.PC-Box* entschieden; gleichwohl ergibt sich aus der Urteilsbegründung keine vollständige Aufklärung damit in Zusammenhang stehender Fragen. Klar ist aber jedenfalls, dass die Regeln des Software-Urheberrechts nicht erschöpfend und ausschließlich für hybride Werke wie Computerspiele gelten.[496]

cc. *Transferbegriff und Verhältnis zur Entäußerung*

Es reicht eine Vereinbarung über die Nicht-Geltendmachung aus, um eine Lizenz im Sinne dieser GVO anzunehmen.[497] Auch wird prinzipiell jede Art des Softwarevertrages in den Anwendungsbereich einbezogen, ohne Einzelheiten des Zivilrechts zu beachten oder nur zu thematisieren.[498]

Der Begriff des Transfers legt nahe, dass sich ein Gut oder Wissen vom Ursprungsort entfernt, doch kann die Erinnerung an Wissen nicht leicht ausgelöscht werden. Im Gegensatz dazu kann die Manifestation eines Immaterialgutes kopiert und ggf. auch imitiert werden. Die TT-GVO 2004 verlangt die

---

[494] 7. Kapitel C. I. 1. d. dd.

[495] Abgesehen von analogen Anwendungsszenarien – 7. Kapitel C. I. 3. c.

[496] 2. Kapitel B. II. 1. a.

[497] TT-Leitl. 2004, Tz. 43.

[498] MünchKomm[1]/*Röhling*, Art. 1 TT-GVO Rdnr. 9; MünchKomm/*Röhling/Nagel*, Art. 1 TT-GVO Rdnr. 43.

„Weitergabe“[499], doch ist aus Art. 1 I lit. b ersichtlich, dass die Entäußerung ein Sonderfall und nicht Normalfall ist.[500] Die TT-GVO 2004 ist vielmehr im Falle einer Entäußerung nur anwendbar, wenn das wirtschaftliche Risiko zu Teilen beim Rechteveräußerer verbleibt (Art. 1 I lit. b). Beim vollständigen Transfer hingegen ist, wie gezeigt, in aller Regel bereits Art. 101 I AEUV nicht einschlägig,[501] weshalb es dann keiner Freistellung bedarf – wenn freilich auch eine Übertragung mit weiteren Wettbewerbsbeschränkungen einhergehen kann.

dd. Zum Zweck der Produktion der Vertragsprodukte transferierte Technologie

Das problematischste Kriterium ist, so zeigt es auch die Literaturauswertung, das Produktkriterium: „Technologietransfer-Vereinbarungen zwischen zwei Unternehmen, die die *Produktion der Vertragsprodukte* ermöglichen.“ (Art. 2 S. 1; Kursivsetzung durch Verf.). Vertragsprodukt[502] ist dasjenige Produkt, das durch den Technologietransfer ermöglicht wird (Art. 2, Art. 1 I lit. b, f, e TT-GVO 2004), ob als Erzeugnisbestandteil oder als Erzeugnismittel.[503] Produkt erfasst dabei gemäß Art. 1 I lit. g TT-GVO 2004 ebenfalls Dienstleistungen, in temporaler Hinsicht Vor- und Zwischenprodukte, also nicht marktfertige Endprodukte. Die Technologie für das Produkt muss noch nicht bestehen, sondern kann noch ziel- bzw. produktgerichtet entwickelt werden und ant*e*zipiert[504] Gegenstand einer Vereinbarung werden.[505] Es wird im Folgenden diskutiert, unter welchen Umständen die Voraussetzung des Vertragsproduktes konkret erfüllt ist. Das Merkmal sei, zumindest nach manchen Stimmen, nicht restriktiv zu verstehen.[506]

Es stellt sich folglich insbesondere die Frage, inwieweit die Überlassung einer Technologie an einen Empfänger, der selbst keine Entwicklungen mittels dieser beabsichtigt (bspw. schlichte Endnutzertätigkeit, zum Verteilen/Verbreiten oder Vervielfältigen), von der TT-GVO 2004 als Anwendungsbereich erfasst sein kann. Neben *media sententia* werden bloße Vervielfältigungshand-

---

[499] Unklar TT-Leitl. 2004, Tz. 48, auch beim englischen „flow“ hingegen wird eher ein räumlicher Wechsel als eine kopierende Weitergabe impliziert.

[500] Immenga/Mestmäcker/*Fuchs*, Art. 1 TT-GVO Rdnr. 28.

[501] 7. Kapitel B. II. 1.

[502] Der Begriff wird als ungünstig zu jenen aus den vorherigen GVOen, nämlich Vertrags- bzw. Lizenzerzeugnis, gesehen, bewirke jedoch keine relevante Änderung – auch wird zutreffend darauf hingeweisen, dass eigentlich von *Vereinbarungs*produkten gesprochen werden müsste (Immenga/Mestmäcker/*Fuchs*, Art. 1 TT-GVO Rdnr. 38 [u. Fn. 334]).

[503] *Klawitter* in: Wiedemann 2016, § 14 Rdnr. 40; *Klees* in: Kilian/Heussen, Kap. 62 Rdnr. 25.

[504] Auch antizepiert (str.).

[505] Für die eben noch Entwicklungsarbeiten durchzuführen sein werden: TT-Leitl. 2004, Tz. 45.

[506] *Schultze/Pautke/Wagener* 2005, Rdnr. 394.

lungen von mehreren Autoren kategorisch abgelehnt, andererseits – wenngleich mit Differenzierungen – vorbehaltlos befürwortet.

Zunächst sei ergänzend angemerkt, dass die Anwendbarkeit der TT-GVO 2004 für die von ihr erfassten Verträge ein rechtliches Privileg darstellt. Aufgrund der Erfahrung oder zumindest der Hypothese der Wettbewerbsförderlichkeit wird freigestellt. Ob die Verbreitung von Software (oder anderen Gütern) allein damit als Technologietransfer gerechtfertigt werden kann, ist äußerst zweifelhaft.[507] Dass zu transferierende Technologie und Vertragsprodukt nicht identisch sein können, belegt bereits die der TT-GVO 2004 inhärente Trennung zwischen Technologie- und Produktmärkten.[508]

(1) Integration in Hardware (insbes. Embedded Systems)

Wird Software in Hardware – welcher Art auch immer – zu Steuerungszwecken integriert, ggf. angepasst und samt eines solchen (Mikro-)Computers in ein weiteres Gerät integriert, also ein *Embedded System* gefertigt, kann ein Produkt und mithin die Einschlägigkeit der TT-GVO 2004 grundsätzlich angenommen werden.[509] Dies kann als gesichert gelten, wenn die Technologie auf einem nicht (vom Endnutzer) wiederbeschreibbaren[510] Speicher lokalisiert wird, denn dann ist die Softwaretechnologie (ggf. samt des Steuerungscomputers) fest eingebettet (*embedded*).[511] Dies ist etwa i. d. R. ebenso bei moderneren Mobiltelephonen, Tablets, anderen fortschrittlichen Geräten und Videospielkonsolen der Fall, bei denen das (eigentliche[512]) Betriebssystem nicht gewechselt, höchstens aktualisiert[513] werden kann. Spätestens aber ab der Stufe eines PCs wird das Betriebssystem nicht fest integriert.[514] Wenn selbst in den Fällen einer festen Integration die Software ggf. gar nicht angepasst wird – weder durch den Abnehmer noch durch den Softwarehersteller –, so wird doch unzweifelhaft ein neues Produkt gebaut, dass sich eben dadurch auszeichnet, dass die Software – von *Updates* usf. abgesehen – nicht mehr – oder nur durch größere Mühen –

---

507 Immenga/Mestmäcker/*Fuchs*, Art. 1 TT-GVO Rdnr. 13 ff., insbes. 17. Vgl. *Bödeker* 2008, S. 240.

508 7. Kapitel C. I. 1. e. aa.

509 *Schultze/Pautke/Wagener* 2005, Rdnr. 393 („Systemlösung").

510 Etwa ROM.

511 Somit überwiegt der Integrationsaspekt, welcher diese Variante von den später noch zu erläuternden ansonsten vergleichbaren bloßen Vervielfältigungen trennt – 7. Kapitel C. I. 1. d. dd. (5).

512 Bei der Playstation 3 bspw. konnte auf parallelen Partitionen (zumindest dereinst; vgl. Kap. 3 Fn. 121 zuvor) GNU/Linux-Varianten installiert werden.

513 Die dafür notwendige Schreibberechtigung des Nutzers ist insoweit unschädlich, als dass die Aktualisierungssoftware von diesem in aller Regel bloß heruntergeladen bzw. kopiert und ausgeführt wird, aber keine weiteren Eingriffe erfolgen können, zumal dem Nutzer i. d. R. nur die Wahl zwischen der alten Version und den neueren zugesprochen wird.

514 Erst recht nicht andere Programme fern des BIOS, als auch Gerätetreiber nicht.

verändert werden kann. Das somit integrierende neue Gerät rechtfertigt die Anwendung der TT-GVO 2004. Es ist dabei nicht unbedingt erforderlich, dass die Software, wenn schon nicht im Auftrag entwickelt, erheblich angepasst wird, da ggf. definierte Schnittstellen genutzt werden können.

Gleichwohl wird hierdurch die Frage aufgeworfen, ob dann tatsächlich ein *neues* Produkt anzunehmen ist – oder nicht bloß der gemeinsame Vertrieb zweier (oder mehrerer) Produkte.[515] Zweifel an einem solchen Freistellungsprivileg sind dadurch angezeigt, dass gerade eine solche ROM-Einbettung[516] Plattformoffenheit verhindert: Wer also seine Geräte gegenüber anderen Betriebssystemen verschließt, wird freigestellt, was bei naturgemäß offeneren, i. d. R. „größeren" Geräten ausscheidet. Dies offenbart somit einen gewissen Wertungswiderspruch, zumindest jedenfalls dann, wenn offene Plattformen befürwortet werden – seien es auch nur Mobiltelephone und vergleichbare Geräte, bei denen bislang kaum ein Nutzer eine freie Wahl hat (von unterschiedlichen Versionen des Originalbetriebssystems und *Hacks* einmal abgesehen). Andererseits haben die Konsumenten auch in anderen Technologiebereichen oftmals keine Wahl: Der Hersteller stellt die Produkte zusammen. Daher sollte bei den besagten Embedded Systems und vergleichbaren Geräten das Produktkriterium als erfüllt angesehen werden.

Der Effizienzgedanke bei der Auslegung gebietet es aber dann ein neues Produkt abzulehnen, wenn die Implementierung in der Weise erfolgt, dass alternative Software bewusst und ohne sachliche Gründe verhindert wird. Marktstarken Unternehmen ist eine solche Freistellung aufgrund der Marktanteilsschwellen[517] zudem ohnehin versagt.

(2) Einbettung und Vermengung mit anderer Software und die Übermittlung von Quellcode

Auch die Überlassung von Software ohne eine Integration in Hardware soll von der TT-GVO 2004 profitieren können, insbesondere dann, wenn lizenzierter Code Teil eines neuen Programmes wird,[518] selbst wenn ggf. erst noch weitere Unternehmen für den Lizenznehmer Anpassungen vornehmen.[519] In jedem Fall

[515] Vgl. Immenga/Mestmäcker/*Fuchs*, Art. 2 TT-GVO Rdnr. 18: „Man sollte darauf abstellen, ob der Softwareeinsatz für das Vertragsprodukt konstitutiv ist oder es sich lediglich um eine austauschbare Kombination zweier wirtschaftlich selbständiger Produkte handelt."

[516] Bzw. andere und neuerere Möglichkeiten, den Gerätespeicher für den Nutzer „read only" zu halten.

[517] 7. Kapitel C. I. 1. e. aa.

[518] *Schultze/Pautke/Wagener* 2005, Rdnr. 392; *Välimäki* ECLR 2006, S. 132; vgl. *Polley* CR 2004, S. 645 (dort wohl eher ein Fall der Softwareauftragsentwicklung); MünchKomm[1]/*Röhling*, Art. 1 TT-GVO Rdnr. 10.

[519] *Schultze/Pautke/Wagener* 2005, Rdnr. 395: aufgrund der „niedrigen Schwelle des Produktkriteriums bereits bei kleineren Anpassungen".

wird die Software also dann noch bearbeitet, und das spätere Produkt unterscheidet sich vom lizenzierten Ausgangsprodukt.

Um Software jedoch wirklich anzupassen und nicht nur zu kopieren und ggf. über Oberflächen (GUIs) oder andere Konfigurationsdateien minimale Änderungen an diesem vorzunehmen, ist es notwendig, dessen Quellcode[520] zumindest teilweise zu kennen. Wenn Kenntnisse zentraler Schnittstellen oder vergleichbares Wissen vorliegt, ist es zumindest möglich, eng mit dem überlassenen Programm zusammenwirkende Programme zu entwickeln. Wird nämlich weder die Ursprungssoftware für ein anderes, fremdes Produkt integrierend genutzt, wie etwa für *Embedded Systems*, muss sich das *Vertrags*produkt von dem ursprünglichen, gelieferten bzw. lizenzierten anderweitigen Produkt unterscheiden, um den Wortlaut der TT-GVO 2004 zu erfüllen. Andernfalls liefe dieses Produkt-Erfordernis gerade ins Leere[521]. Dies ist entsprechend restriktiv, wird aber dem Ansatz eines Technologietransfers nur gerecht. Es kann nun als inkonsequent verstanden werden, dass bei Hardware-Integration solche Informationen bzw. Quellcode nicht herausgegeben werden müssen, doch liegt die Besonderheit darin, dass die Software eben im Zusammenspiel mit der Hardware ein neues, zusammengesetztes Produkt bildet. Als wettbewerbspolitisch problematisch könnte dabei der Umstand erfasst werden, dass jenes Privileg durch die TT-GVO 2004 nur dann griffe, wenn gerade die Hardware so gefertigt wird, dass ein Wechsel der Software bzw. des Betriebssystemes durch Endnutzer nicht möglich ist.[522]

Für das Erfordernis der Quellcodeherausgabe spricht zudem ein weiteres, ein systematisches Argument. Die anderen Transfergüter der TT-GVO 2004 verlangen dies nämlich ebenfalls. Während das Patent bereits durch Antrag und Eintrag zu einem gewissen Maße offenbart worden ist,[523] muss das *Know How* eben vor dem Transfer noch geheim sein.[524] Insoweit wird in beiden Fällen

---

520 Vgl. *Bödeker* 2008, S. 240. Für ein solches Erfordernis *Timm* 2005, S. 100 f., 259; *Timm* in: Konrad/Timm-Goltzsch/Ullrich in: Ullrich/Lejeune 2006, I Rdnr. 784; zu F/OSS 8. Kapitel A. III. 1. a. cc.

521 *Moritz* CR 1989, S. 1052 f. erachtet dieses bzw. die entsprechenden Anforderungen der Vorgängernomen im Rahmen des *Know How* für kartellrechtlich irrelevant. Seine Ausführungen zeigen auf, dass es bereits in den 90er-Jahren eine vergleichbare Kontroverse bei *Know How* gab; die behauptete Irrelevanz begründet er jedoch nicht hinreichend. *Matthiesen* 2010, S. 53 geht davon aus, dass die wohlfahrtssteigernden Wirkungen auch bei bloßer Technologieverbreitung ggü. Endanwendern vorliege. Das Kriterium wäre aber ansonsten „verkümmert" nach Immenga/Mestmäcker/*Fuchs*, Art. 2 TT-GVO Rdnr. 17.

522 S. zuvor 3. Kapitel B. I. 1. a; vgl. etwa http://de.wikipedia.org/wiki/Unified_Extensible_Firmware_Interface.

523 Vgl. 2. Kapitel B. III; auch dies überzeugt *Moritz* CR 1989, S. 1052 f. nicht, da trotz Offenlegung der Ideenschutz bestehe. Dies überzeugt aber deswegen wiederum nicht, da die offengelegten Ideen zumindest für Forschung, wenn nicht auch Verwertung genutzt werden können.

524 Vgl. 2. Kapitel B. VI.

ein gewisses Maß an Wissen und Geheimnissen gelüftet, was beim Patent im dem Schutzsystem begründet liegt. (Software-)Urheberschutz tritt jedoch ohne Weiteres ein und schützt sogar indirekt bei Software Ideen, was dieser eigentlich gerade nicht sollte.[525] Software kann kompiliert einsatzbereit überlassen werden, aber ist auch dann kaum praktisch erforschbar noch in Quellcode (re-) translatierbar,[526] zumal dies ohnehin nur im engen Rahmen geschehen darf.[527] Insoweit kann nicht jeder Software-Transfer mit Transfers der übrigen von der TT-GVO 2004 erfassten Rechtsgüter ohne Weiteres gleichgesetzt werden.[528]

Die Besonderheiten bei F/OSS werden an spezieller Stelle noch behandelt werden. Dies betrifft insbesondere die Frage, ob es lediglich ausreicht, *pro forma* den Quellcode bekannt zu geben.[529] Dies wird bei proprietärer Software vermutlich niemals eine reale Umgehungsstrategie sein, eben weil bei solcher diesem Geheimnis großer Wert zukommt, bei F/OSS hingegen ist Quelloffenheit und mithin Quellcodeweitergabe wesensprägend.[530]

Insgesamt ist daher grundsätzlich die Herausgabe des Quellcodes bei Softwareübergabe oder aber zumindest die Herausgabe von wesentlichen Schnittstelleninformationen o.ä. zu fordern – stets mit dem Effekt, dass die Software wesentlich geändert, ergänzt werden oder mit dieser interagiert werden kann.

(3) Softwarenutzung zur Erzeugung und Anpassung weiterer Software

Wird zwar kein Quellcode zur Verfügung gestellt, aber mittels eines Programmes, eines Werkzeuges, ein neues Programm (unabhängig vom vorherigen Quellcode) erzeugt, ist ebenfalls von der Anwendbarkeit der TT-GVO 2004 auszugehen, zumal dann ein neues Produkt gerade mittels der lizenzierten Software hergestellt wird.[531] Dies ist ebenfalls anzunehmen, wenn die lizenzierte Software zur Anpassung (einschließlich der Pflege) anderer Software genutzt wird.

(4) Kundenspezifische Software (Individualsoftware)

Individualsoftware wird nach Kundenwunsch gefertigt. Dabei kann einerseits dem Kunden diese schlicht als ausführbares Programm zur Verfügung gestellt werden, andererseits aber nach Ende der Auftragsarbeit das gesamte Wissen um das neue Programm einschließlich des Quellcodes überlassen werden,

[525] 2. Kapitel B. II. 1. b.

[526] Freilich muss dies auch bei anderen Gütern nicht gelingen, so sei gerade das Coca Cola-Rezept nach wie vor unbekannt – vgl. dazu oben Kap. 5 Fn. 84.

[527] 2. Kapitel D.

[528] Zu den Besonderheiten des Softwareschutzes im Allgemeinen 5. Kapitel B. II. 2. c.

[529] 8. Kapitel A. III. 1. a. cc.

[530] Auch wenn bei bestimmten F/OSS-Lizenzen, BSD etwa, solche Anforderungen nicht weitergereicht werden (8. Kapitel A. II.).

[531] *Schultze/Pautke/Wagener* 2005, Rdnr. 392.

wobei freilich zwischen diesen Extrema Abstufungen stattfinden können. Eine vollständige Bekanntgabe allen Wissens ist dabei eher atypisch, da der Auftragnehmer dabei zu viel seines Entwicklungshandwerks offenbarte.[532]

Auch bei Auftragssoftware ist grundsätzlich der Entwickler Urheber bzw. Inhaber der zugehörigen Verwertungsrechte.[533] Wird dem Auftraggeber Quellcode geliefert, unterfällt – in Kongruenz zum Vorherigen – dieses Produkt der TT-GVO 2004. In der anderen Konstellation, also der des fertigen kompilierten Produktes, erhält der Auftraggeber stattdessen nicht eine einsehbare Technologie, sondern bereits ein verwendbares Produkt. Das Vertragsprodukt entsteht mithin bereits beim Auftragnehmer; es „fließt" eben keine Technologie. Der Umstand, dass es sich um Individualsoftware handelt, rechtfertigt allein keine andere Bewertung als bei Übergabe von Standardsoftware als ausführbares Programm und ist gleichermaßen zu bewerten.[534]

(5) Softwarevervielfältigung, -vertrieb, -nutzung

Im Anschluss stellt sich nun die Frage, inwieweit bloße Vervielfältigungs- und Nutzungshandlungen an sich unveränderter Programme unter die TT-GVO 2004 fallen können, was eine besondere Problematik aufreißt, die erneut im Rahmen der Vertikal-GVO Relevanz entfaltet.[535]

(a) Vervielfältigung und Datenträgerproduktion

Sofern eine *Master Copy* oder anderweitig der Objektcode überlassen wird, könnte die Vervielfältigung auf Datenträgern[536] womöglich die Annahme eines tatbestandlichen Vertragsproduktes begründen.[537] Dabei soll – auch in systematischer Abgrenzung zur Vertikal-GVO[538] – der Unterscheidung Bedeutung zukommen, ob der Fertigende oder Vertreibende eine „Masterlizenz"

---

[532] 3. Kapitel B. III.

[533] Vgl. 3. Kapitel A. III. zu § 69b UrhG.

[534] A. A. *Schneider* in: Schneider 2009^4, Kap. C Rdnr. 361 zumindest „oftmals", da mit Individualsoftware spezifische Produkte erbracht werden, mit Standardsoftware i. d. R. nicht; wie hier *Polley/Graf* in: Schneider 2017, Kap. L Rdnr. 95 – zur mittels Software erbrachten Dienstleistung als Produkt s. noch 7. Kapitel C. I. 1. d. dd. (6).

[535] 7. Kapitel C. I. 6. b. bb.

[536] Auch eine Festplatte (HDD) ist ein Datenträger.

[537] „Könnte argumentiert werden", so *Lejeune* CR 2004, S. 471 f. So wird auch argumentiert, zumindest wenn die Lizenzierungskette nicht betrachtet wird: TT-Leitl. 2004, Tz. 42 (nunmehr TT-Leitl., Tz. 60); zust. *Schultze/Pautke/Wagener* 2005, Rdnr. 394; *Bödeker* 2008, S. 166 f. Ähnlich *Zöttl* WRP 2005 S. 35, der es mit der in den TT-Leitl. angekündigten „entsprechenden Anwendungen" der TT-GVO auf sonstige Urheberwerke begründet, um so Wertungswidersprüche zu vermeiden. *Klawitter* in: Wiedemann 2008, § 13 Rdnr. 55 (a. A. nunmehr *Klawitter* in: Wiedemann 2016, § 14 Rdnr. 54); wohl auch MünchKomm^1/*Röhling*, Art. 1 TT-GVO Rdnr. 10 (vgl. krit. in Bezug auf die neue Rechtslage durch die neuere TT-GVO von 2014: MünchKomm/*Röhling/Nagel*, Art. 1 TT-GVO Rdnr. 49).

[538] Vgl. 7. Kapitel C. I. 6.

erhält, und ob er aus dieser eigenständige Lizenzen vergibt bzw. sublizenziert oder aber lediglich fertigt und im Wege eines *Shrink Wrap* und vergleichbarer Modelle eine Einräumung der Lizenz vom Softwareersteller direkt an den Endnutzer erfolgen soll. Im letzteren Fall erhält der Fertigende keinerlei Lizenz, abgesehen von einer schlichten „Vertriebs-Lizenz“[539], in aller Regel kein *Know How*, weswegen dann die TT-GVO 2004 ohnehin ausschiede.[540]

Nach der besagten Ansicht soll die bloße Vervielfältigung im Zusammenhang zur *Master License* ausreichen[541], eine andere Ansicht lehnt die Ausweitung auf den bloßen Vertrieb insgesamt ab.[542] Zutreffend wird eine solche Auslegung des Herstellungs-Tatbestandsmerkmals als „verkümmert“ bezeichnet.[543] Ein Datenträger samt eines Datensatzes ist kein neues Produkt, sondern lediglich ein Vehikel zur Verbreitung des lizenzierten Gutes. Die TT-GVO 2004 ist daher dann erst recht nicht anwendbar – im Übrigen ist es vollkommen gleichgültig, ob die Lizenz per Datenträger, Datensatz oder wie auch immer verbreitet werden soll, da es ohnehin am Produkt mangelt, und in diesen Modalitäten des Vertriebs kein taugliches Differenzierungsmerkmal für einen Technologietransfer beheimatet ist.

(b) Rein digitale Vervielfältigung und Online-Vertrieb

Entsprechend zur Vervielfältigung auf Datenträgern wird dafür votiert, bereits die digitale Reproduktion über digitale Vertriebswege als ausreichend für die Anwendung der TT-GVO 2004 zu betrachten.[544] Dafür fehlt offensichtlich erneut das Merkmal des Vertragsprodukts[545] – es sei denn, es wird die *Download*-Möglichkeit bzw. der entsprechende *Service* als Dienstleistung auf-

---

539 Vgl. Immenga/Mestmäcker/*Fuchs*, Art. 2 TT-GVO Rdnr. 13. Kritisch dazu *Schultze/Pautke/Wagener* 2005, Rdnr. 407, welche auch eine bloße Vertriebslizenz nicht als ausreichend betrachten und deswegen annehmen, der Verkaufende benötige ein einfaches Nutzungsrecht. Vgl. *Polley* CR 2004, S. 645. Auch *Bödeker* 2008, S. 161 sieht es als schwierig an, in diesem Bereich Grenzen zu ziehen.

540 *Klawitter* in: Wiedemann 2008, § 13 Rdnr. 54; *Klawitter* in: Wiedemann 2016, § 14 Rdnr. 53; *v. Falck/Schmaltz* in: Loewenheim/Meesen/Riesenkampff[2], Art. 2 TT-GVO Rdnr. 25; *Konrad/Timm-Goltzsch/Ullrich* in: Ullrich/Lejeune 2006, I Rdnr. 779 f.; *Timm* 2005, S. 53, 62.

541 *Polley* CR 2004, S. 646; *Berger* K&R 2005, S. 17; Wohl zustimmend, zumindest als folgerichtig annehmend *Schultze/Pautke/Wagener* 2005, Rdnr. 394, 408 (dort zustimmend – aber kritisch in Rdnr. 410).

542 Immenga/Mestmäcker/*Fuchs*, Art. 2 TT-GVO Rdnr. 13 ff.; tendentiell so auch *Seffer/Beninca* ITRB 2004, S. 212. Vom Entwurf der TT-GVO 2004 ausgehend: *Scholz/Wagener* CR 2003, S. 885.

543 Immenga/Mestmäcker/*Fuchs*, Art. 2 TT-GVO Rdnr. 17.

544 MünchKomm[1]/*Röhling*, Art. 1 TT-GVO Rdnr. 10 – allerdings unentschieden, ob analog oder unmittelbar angewandt.

545 *Schultze/Pautke/Wagener* 2005, Rdnr. 419. Im Ergebnis ebenso *Berger* K&R 2005, S. 18.

gefasst.[546] Dies ist grundsätzlich abzulehnen,[547] gleichermaßen beim Vertrieb über die Online-Plattform eines Dritten.[548] Hierbei handelt es sich ebenfalls um bloße Abbilder bzw. Reproduktionen. Die schlichte Verfügbarmachung führt zu keiner Änderung des Programmes – auch wären geringe Änderungen, etwa die Hinzufügung eines DRM-Kopierschutzes, nicht als Maßnahme zu sehen, die über das Fertigen von ebenfalls entsprechend ausgerüsteten Datenträgern hinausgehen und eine Annahme einer Produktion(sdienstleistung) berechtigen würden; es ginge dann nur darum, dass Ursprungsprogramm für eine neue Umgebung anzupassen, es selbst bliebe jedoch im Wesentlichen unverändert.

Die beziehende Lizenzierung einer DRM-Software kann, sofern die obig aufgestellten Kriterien erfüllt sind, eine Anwendbarkeit der TT-GVO 2004 bedingen. Wird jedoch bloß zu Vertriebszwecken eine DRM-Technologie lizenziert und angewandt, ist ohne Weiteres noch nicht von einer Anwendbarkeit der TT-GVO 2004 auszugehen.[549]

(c) Zwischenergebnis

Bloße Vervielfältigungs-, Vertriebs-, Kopier-, Press-, Handels-Vereinbarungen usf. unterfallen niemals der TT-GVO. Dies gilt entsprechend, wenn die Software online vertrieben wird.

(6) Softwareüberlassung und Folgeprodukte als Dienstleistungserbringung

Die schlichte Softwareüberlassung eben ohne Quellcodebekanntgabe und mithin die standardmäßige Überlassung von (Standard- und Individual-)Software kann nach den vorherigen Ausführungen nicht der TT-GVO 2004 unterfallen. Die TT-GVO 2004 bietet aber womöglich einen Ausweg aus dieser Anwendungsbegrenzung. Als Vertragsprodukt im Sinne der TT-GVO 2004 sind nach Art. 1 I lit. e nämlich ebenfalls Dienstleistungen erfasst: Demnach können als Produkte in Folge der Vereinbarung nicht bloß neue veränderte Software, weitere neue Produkte wie *Embedded Systems*, sondern eben auch mittels der jeweiligen Software erbrachte Dienstleistungen angesehen werden. Die Dienstleistung jedenfalls geschieht nicht alleinig unternehmensintern beim Lizenznehmer,

---

[546] *Polley* CR 2004, S. 646; weniger entschieden *Batchelor* CTLR 2004, S. 167.

[547] So wohl auch *Schultze/Pautke/Wagener* 2005, Rdnr. 422. In jedem Fall Immenga/Mestmäcker/*Fuchs*, Art. 2 TT-GVO Rdnr. 13 ff.

[548] *Klawitter* in: Wiedemann 2008, § 13 Rdnr. 54, welcher unsauber zwischen der Masterkopie (Rdnr. 55) und der Online-Konstellation trennte, da im Rahmen des Online-Vertriebes i. d. R. auch der Vertreiber für Kopien verantwortlich ist: Der Softwareentwickler schickt jedenfalls nicht jede einzelne Kopie erst kopierend an den Vertrieb, welcher diese sodann weiterveräußert (das wäre insoweit lediglich bei Individualsoftware denkbar). Die Diskussion hat sich weitgehend erledigt, vgl. nunmehr *Klawitter* in: Wiedemann 2016, § 14 Rdnr. 54.

[549] 8. Kapitel H. VII.

sondern muss sich an Dritte richten. Es verbleibt allerdings Klärungsbedarf, welche Arten dieser und welche Anforderungen an diese zu stellen sind – wird doch gegenwärtig kaum noch eine Dienstleistung ohne Zuhilfenahme eines Computers oder Mobiltelephones samt Software erbracht.

(a) Lehre des „spezifischen Endprodukts"

Es wird daher vertreten, dass sogar der ein Schreibprogramm nutzende Anwalt die Dienstleistung Rechtsberatung u. a. mit der Kopie des Schreibprogrammes leistet, weswegen die TT-GVO 2004 dann diesbezüglich einschlägig sei, da es sich um ein „spezifisches Endprodukt" handele.[550] Indes sei ein solches Produkt zu vereinen, wenn mittels der Software solche Handlungen erbracht werden, die als universell und betriebsintern – wie etwa die Buchhaltung – beschrieben werden.[551]

(b) Lehre der erheblichen technischen Unterstützungsfunktion durch die Software und die verwandte Lehre der „funktionsorientierten Software"

Ein weiterer Ansatz sieht ein Vertragsprodukt in Folge des Technologietransfers zumindest dann als gegeben an, wenn die Dienstleistung computergestützt ist, wie es etwa bei *Computer Aided Design* (CAD) der Fall sei.[552] Der Unterschied zum vorherigen Ansatz ist die Prägung durch Technik. Während theoretisch die meisten Schreibarbeiten statt mit Computern letztlich mit Gänsekiel, Füllfederhalter oder Schreibmaschine durchgeführt werden könnten, wäre der Verzicht auf Computer bei anderen Tätigkeiten (zumindest mittlerweile) nur schwerlich vorstellbar. Zudem ist der Einfluss von Hard- und Software bei solchen Tätigkeiten zentraler, hingegen ist Software bei reinen Schreibarbeiten ein geringfügiges, wenn auch äußerst praktisches Hilfsmittel.

---

550 *Schultze/Pautke/Wagener* 2005, Rdnr. 430.

551 *Klees* in: Kilian/Heussen, Kap. 62 Rdnr. 25; *Klawitter* in: Wiedemann 2016, § 14 Rdnr. 52; *Schumacher/Schmid* GRUR 2006, S. 4 f.; *Schultze/Pautke/Wagener* 2005, Rdnr. 430 bzgl. des „Endproduktes".

552 *Kreutzmann* WRP 2006, S. 460 („dürften sein"). Vgl. *Polley* CR 2004, S. 647, welche in diesem Zusammenhang entgegen des weiten Dienstleistungsbegriffes bzgl. der Kopiertätigkeiten auch ein nicht weiter bestimmtes Maß an Spezifizität und Prägungsart verlangt, welche zumindest bei Betriebssystemen und Textverarbeitungsprogrammen nicht erreicht seien; ergänzend führt sie ein Kriterium der „spürbaren Verbesserung" (im Vgl. zu vorheriger Software) – gestützt auf TT-Leitl. 2004, Tz. 49 – an. Doch ist darin gerade kein allgemeines Kriterium zu sehen; die Kommission macht an jener Stelle lediglich Ausführungen zum „Hauptgegenstand" einer Vereinbarung – s. *Schultze/Pautke/Wagener* 2005, Rdnr. 397 f.; vgl. *Matthiesen* 2010, S. 32 f., der das Verbesserungs-Kriterium als „rechtlich kaum handhabbar" einstuft. S. auch *Batchelor* CTLR 2004, S. 167 bejahend zu Telephonadministrierungs-Software oder der Gehaltsabrechnung, die letztlich auf reine Zahlenerfassung in großen Massen hinausläuft, zumindest aber darüber hinaus keiner geistigen menschlichen Steuerung bedarf.

Nach neuerer Ansicht könne das Produktkriterium nicht teleologisch reduziert werden, weswegen auch die Überlassung (und Nutzung) „funktionsorientierter Standardsoftware" dem Produktkriterium unterfalle.[553] Als solche Software wird, mit Rückgriff auf Literatur der Wirtschaftsinformatik jene definiert, die „eine betriebliche Funktion oder funktionsübergreifend mehrere Anwendungsbereiche (z. B. etwa Materialwirtschaft, Vertrieb, Produktion und Personalwirtschaft) unterstützen", wobei als Beispiele des Weiteren CAD und CAE genannt werden.[554] Diese unterscheide sich dadurch von „Standardbürosoftware",[555] dass sie spezifischer in dem Sinne sei, nur für bestimmte Arbeitsgebiete genutzt werden zu können.[556]

Dieser Begriffsabgrenzungsversuch scheint eher in die Richtung der betriebswirtschaftlichen Aufgabendefinition zu verweisen und insbesondere Parameteranpassung der Software, aber keine Änderungen im Quellcode zu verlangen.[557] Nach einer etwas anderen Interpretation zeichne sich diese Art Software dadurch aus, dass sie zwar nur in einem begrenzten Bereich eingesetzt werden könne, aber noch nicht branchenspezifisch sei – wobei, zugegebenermaßen, die Übergänge zwischen „funktionsspezifischer" und „funktionsübergreifender" und wohl auch „Branchensoftware" „fließend" seien.[558] Sie ist also in jedem Fall Standardsoftware mit einem begrenzten, aber nicht unbedingt technischen Einsatzfeld.

(c) Lehre der Erkennbarkeit für die Vertragsparteien

Alternativer Ansatz ist die Begrenzung aus der Warte des Vertrages bzw. der Vertragsparteien, aus welcher der Verwendungszweck ersichtlich sein müsse, was insbesondere dann der Fall sei, wenn das Programm spezifiziert werde.[559] Diese Argumentation begrenzt sich mithin auf den Wortlaut des *Vertrags*produktes und gewinnt diesem eine subjektive Komponente ab, die entscheidend sein solle.

---

553 *Matthiesen* 2010, S. 30 ff.

554 *Matthiesen* 2010, S. 31 f.; sehr ähnlich bei *Mertens/Bodendorf*/u. a. 2017, S. 17.

555 Einen ähnlichen Ansatz über die Differenzierung nach Standard- oder Individualsoftware unternehmen *Klawitter/Lübbig* 2009, Rdnr. 54. Dies überzeugt aus den nachgenannten Gründen nicht, da sich der Einsatzzweck nicht unbedingt dadurch unterscheidet, ob die Software individuell erstellt, angepasst oder entwickelt wurde; dies kann allerhöchstens ein Indiz dafür sein (aber eben grundsätzlich nicht für einen tatsächlichen Technologietransfer, vgl. 7. Kapitel C. I. 1. d. dd. (4)).

556 *Matthiesen* 2010, S. 30.

557 Vgl. *Mertens/Bodendorf*/u. a. 2017, S. 16 ff.

558 S. http://de.wikipedia.org/wiki/Standardsoftware; http://de.wikipedia.org/wiki/Branchensoftware.

559 MünchKomm[1]/*Röhling*, Art. 1 TT-GVO Rdnr. 10 a. E.

(d) Stellungnahme und eigener Ansatz

Wenn *Schultze/Pautke/Wagener* ein spezifisches Endprodukt verlangen, jedoch auch die Schreibtätigkeiten eines Anwalts mittels eines Schreibprogrammes als Folge eines Technologietransfers begreifen, widersprechen sie sich letztlich selbst. Wird über die Erkennbarkeit argumentiert, müssen etwa klare Vereinbarungen getroffen werden, wozu es bei Standardsoftware niemals kommen wird – oder aber der Einsatzzweck der Software muss etwa aufgrund der mangelnden Eignung dieser für andere Aufgaben oder aufgrund der Anpassungsvereinbarungen überschaubar sein. Diese Begrenzung ist jedoch offensichtlich zu subjektiv, zumal bei standardisierter Software mit weiten Anwendungsbereichen stets eine Erkennbarkeit fehlte, es sei denn, diese würde vertraglich konkretisiert werden. Indes wäre bei Individualsoftware tendentiell stets die Erkennbarkeit gegeben. Dies ist willkürlich. Ein Technologietransfer hängt nicht davon ob, ob die Technologie auf den Empfänger „zugeschnitten" ist, ob lediglich das Vertragswerk besonders ausführlich ist, sondern eben, ob sie – die Technologie – überhaupt transferiert wird.

Die Nichtaufnahme aller Programme für betriebsinterne Prozesse in den Anwendungsbereich der TT-GVO 2004 ist nicht zwingend, könnten sie doch allesamt als Zwischen- oder Vorprodukte noch zu erbringender Leistungen an Externe verstanden werden. Dieser Separierung ist jedoch insoweit zu folgen, da ansonsten alle Programmverwendungen als Technologietransfer zu betrachten wären.[560] Gleichwohl ist sie nicht allein darüber zu begründen, ob der Einsatz nur betriebsintern erfolgt, was letztlich bereits durch den Begriff der Dienstleistung ausgeschlossen sein sollte.

Vielmehr bedarf es eines technologie- bzw. technikspezifischen Ansatzes, bei dem es allerdings schwierig sein kann, diesen in eine Lehrformel zu fassen. Er sollte sich zumindest nicht an Begriffen der Wirtschaft oder Wirtschaftsinformatik orientieren. Die Dienstleistung sollte jedenfalls durch die entsprechende Software wesentlich geprägt sein und auch materiell[561] von dieser abhängen. Auf eine irgendwie geartete Erkennbarkeit oder Vereinbarung hingegen darf es nicht ankommen,[562] zumal das Produkt im Grundsatz insoweit das alleinige Produkt des Lizenznehmers ist. Eine *Field of Use*-Vorgabe kann zwar im Rahmen der Kernbeschränkungen noch relevant sein,[563] doch leuchtet es nicht ein, wieso solche Vorgaben über die Anwendbarkeit der TT-GVO 2004 entscheiden sollten. Es entspricht zwar womöglich gewichtigen Interessen des Lizenzgebers, inhaltlich beschränkte Nutzungsrechte einzuräumen und Ein-

---

[560] Vgl. noch zum Entwurf der TT-GVO *Scholz/Wagener* CR 2003, S. 885, 886.

[561] Der Anwaltsschriftsatz hängt letztlich auch vom Schreibprogramm ab, der Inhalt ist jedoch überwiegend auf die Gedankentätigkeit des selbstständigen Rechtspflegeorgans rückführbar.

[562] *Matthiesen* 2010, S. 54.

[563] 8. Kapitel.

fluss auf die Verwendung der von ihm zur Verfügung gestellten Technologie zu nehmen, doch kann gerade eine solche kartellrechtlich oftmals beachtenswerte Klausel nicht über die Anwendbarkeit entscheiden.

Da der rechtliche Technologietransferbegriff sich historisch am Patent orientiert, sollte zunächst solche Software umfasst sein, die eben die Erarbeitung grundsätzlich patentierbarer Produkte erlaubt. Damit sind grds. Produkte der Bereiche CAD etc. umfasst. Fern der patentrechtlichen Schutzfähigkeit von Software im Allgemeinen sind Programmentwicklungsprogramme ohnehin von der TT-GVO 2004 erfasst, so dass es auf die diese (vermeintliche) Lücke im Patentrechtsschutz[564] nicht ankommen wird. Die weiteren Anforderungen des Patents, also Erfindungshöhe etc., sind nicht zu fordern, sondern nur eine grundsätzliche Eignung für eine patentrechtlich taugliche Tätigkeit. Es muss sich also um ein Gebiet der Technik handeln (vgl. § 1 I PatG), wobei insbesondere die Ausnahmen des § 1 III wg. § 1 IV PatG nicht entgegenstehen. Bloße betriebswirtschaftliche Prozessunterstützung scheidet dadurch aus. Diese Kriterien müssen nicht abschließend sein, sondern sollen vielmehr nur eine Grundlage dafür sein, die Dienstleistungen zu erfassen, die im Wesentlichen auf der überlassenen Software basieren.

An diesem Ansatz ist gleichwohl zutreffend zu kritisieren, dass die transferierte Technologie nicht unbedingt in das Endprodukt fließt. Wenn beispielsweise eine Maschine mittels eines CAD-Systems konstruiert wird, ist die Fähigkeit der späteren Maschine nicht unmittelbar dem CAD-Programm geschuldet; dieses ist womöglich nur eine Erleichterung, ein Arbeitsmittel, für den Konstrukteur. Ließe man aber nicht einmal einen solchen Einsatz zu, wäre die tatbestandliche Dienstleistung als Produkt womöglich sinnbefreit. Zudem ersetzen CAD-Systeme in anderen Bereichen nicht bloß das historische Reißbrett, sondern sind für die Arbeit essentiell.

Nur eine solche Auslegung kann dem Begriff des Technologietransfers und mithin den Zielen der TT-GVO 2004 überhaupt noch gerecht werden. Im Übrigen ist es auch zweifelhaft, inwiefern sonstige Beschaffungsvorgänge, die überhaupt keinen Technologiebezug aufweisen, aus entsprechenden Erwägungen kartellrechtswidrig sein können und entsprechenden Freistellungsbedarf reklamieren sollten – jedenfalls wäre ihnen der spezifische Bedarf für solche Transfers zu versagen.

(7) Sonstige Softwareüberlassung im Rahmen von Standardbürosoftware, nicht aber Basissoftware

Matthiesen vertritt darüber hinaus, ebenfalls im Kontext des Produkt-Kriteriums, die Lehre, es seien (neben der funktionsorientierten Standardsoftware)

564 2. Kapitel B. III. 1.

auch noch Standardbürosoftware, nicht aber Basissoftware und Systemsoftware einzubeziehen. Hinsichtlich Systemsoftware wird ein dieser Untersuchung entsprechender Begriff verwendet,[565] Basissoftware etwa sei ein E-Mail-Programm, Standardbürosoftware und dabei insbesondere prototypisch ein Schreibprogramm.[566] Die Überlassung solcher Basisprogramme scheide aus dem Anwendungsbereich der TT-GVO 2004 aus, da es mittels solcher Programme nicht möglich sei, „identifizierbare Produkte, denen eigenständiger wirtschaftlicher Wert zukäme, zu generieren", was sodann erst recht für Systemsoftware gelte.[567]

Dies überzeugt aber bereits deswegen nicht, weil mittels eines Schreibprogrammes nicht weniger unspezifische Produkte als mittels eines E-Mail-Programmes erbracht werden können und auch der Anwendungsbereich sonstiger Büroprogramme sehr weit und unspezifisch ist. Selbst ein Anwalt, um im juristischen Kontext zu bleiben,[568] der weniger vor Gerichten auftritt und daher nicht auf die Verbreitung elektronischer Signaturen angewiesen ist, könnte andernfalls beinahe alle Arbeiten, selbst alle Korrespondenztätigkeiten, d. h. schriftlichen Beratungen, mittels (fortschrittlicheren) E-Mail-Programmen erbringen. Diese Abgrenzung ist daher ebenfalls unbestimmt und zur Eingrenzung ungeeignet – und in Einheit mit den vorherigen Ausführungen ohnehin zu verwerfen.

ee. Bewertung und Zwischenergebnis

Ein Technologietransfer verlangt grundsätzlich, dass der Lizenznehmer bzw. begünstigte Empfänger eines solchen in die Lage versetzt wird, die transferierte Technologie zu nutzen. Dies verlangt zumindest eine gewisse Zugriffsmöglichkeit auf die Technologie und nicht bloß die Nutzung eines Produkts, das eben keinerlei Kenntnisse über diese offenbart. Im Softwarekontext ist es daher grundsätzlich zumindest erforderlich, den Quellcode oder aber zumindest Schnittstelleninformationen[569] oder vergleichbare Kenntnisse zu erhalten, sofern diese nicht alleinig *pro forma* bekannt gemacht werden.[570]

Von diesem Grundsatz ist sich nur unter erhöhten Voraussetzungen zu entfernen. Wenn die Software in ein anderes Produkt, speziell Hardware, integriert wird, sollte dies trotz Vorbehalten genügen. Auch wenn die (Entwicklungs-) Software zur Erzeugung neuer Software genutzt wird, ist die Anwendbarkeit

[565] S. etwa 2. Kapitel A. III.
[566] *Matthiesen* 2010, S. 53, 55, 29.
[567] *Matthiesen* 2010, S. 53 ff., insbes. S. 55.
[568] Vgl. 7. Kapitel C. I. 1. d. dd. (6) (a).
[569] S. 2. Kapitel A. II. dazu, dass der Quellcode ohne ergänzende Dokumentation kaum nutzbar bzw. zugänglich sein kann, weswegen ggf. Quellcode und weitergehende Informationen zu fordern sind.
[570] 7. Kapitel C. I. 1. d. dd. (2) und zu F/OSS 8. Kapitel A. III. 1. a. cc.

der TT-GVO 2004 zu bejahen, denn dann wird zwar nicht direkter Code überlassen, aber doch Technologie zur Erzeugung von Software. Werden dabei überdies Softwareteile zur Entwicklung überlassen, ist die TT-GVO 2004 ohnehin anwendbar. In Dienstleistungskonstellationen, wenn also der Lizenznehmer mit der überlassenen Software des Lizenzgebers Dienstleistungen erbringt, kann die TT-GVO 2004 indes selbst dann angewandt werden, wenn kein Quellcode usf. oder auch keine Software-Entwicklungswerkzeuge überlassen werden, doch muss dann den zu erbringenden Leistungen eine starke technische Komponente innewohnen, die sich nach dem hiesigen Vorschlag maßglich am Patentrecht orientieren sollte.

Gleichwohl zeigt sich, dass das Produkt-Kriterium nur sehr schlecht handhabbar ist und aufgrund dieser Unhandhabbarkeit unter Einfluss der TT-Leitl. 2004 drohte, bedeutungslos zu werden. Eine vertragliche bzw. subjektive Komponente bietet sich zur Begrenzung nicht an, in Zeichen des Technologietransfers vielmehr eine technische, die eine gewisse Spezifizität verlangt. *Matthiesen* argumentiert zwar insoweit konsequent, indem er alle Arten von Standardsoftware, die noch nicht System- oder Basissoftware sind, aufnimmt, aber zugleich kann Standardsoftware von Standardbasissoftware kaum geschieden werden, weil die dadurch erzeugbaren Produkte allesamt unspezifisch wie beliebig sein können, so dass diese Differenzierung im Ergebnis nicht überzeugen kann. Stellt er hingegen darauf ab, dass sich durch die Verwendung ein absatzfähiges Produkt oder eine Dienstleistung ergebe,[571] überzeugt die zuvor seinerseits getroffene Abgrenzung nach Softwarearten – wie gezeigt – nicht. Es ist daher bzgl. Dienstleistungserbringung nur Software für technische Zwecke im Anwendungsbereich anzuerkennen, da dies mit den erfassten Rechten der TT-GVO 2004 harmoniert.

Alle Arten des bloßen Vertriebes, egal ob sie Vervielfältigungen voraussetzen, sind offensichtlich keine Formen des Technologietransfers; sie lassen kein neues Produkt entstehen. Sie sind vielmehr lediglich Technologieverbreitung.[572] Dies kann bei anderen von der TT-GVO 2004 erfassten Rechten anders sein. Gleichwohl ist es ein Software-Spezifikum, dass trotz einer Lizenzierung Wissen nicht herausgegeben werden muss, noch bereits ohne Lizenzierung – wie indes bei „offenbarten" Patenten – zumindest zu einem gewissen Grad bereits bekannt ist:[573] Software kann aus der Hand gegeben werden, ohne dass der Endnutzer auch nur im Entferntesten über dessen Funktionsweise etwas

---

[571] *Matthiesen* 2010, S. 163 (im Rahmen der eigenen Zusammenfassung:) Handelt es sich bei den durch Anwendung oder mit Hilfe der Software bestimmungsgemäß zu erzielenden Ergebnissen um solche, die potentiell als Waren oder Dienstleistungen an Dritte abgesetzt werden können."

[572] A. A. MünchKomm/*Röhling/Nagel*, Art. 1 TT-GVO Rdnr. 48 f. (deren Meinung dürfte bei der TT-GVO 2004 erst recht gelten).

[573] 2. Kapitel B. III.

ergründen können wird noch Kontrolle über dieses Gut erhält. Es bietet sich daher ein Blick auf die Lizenzierung des *Know How* gemäß der TT-GVO 2004 an, bei welchem Geheimnisse bestehen und „gelüftet“ werden müssen,[574] was entsprechend bei Software-Rechten grundsätzlich, wie bereits ausgeführt, einzufordern ist.

ff. Untersuchung typischer Konstellationen bzgl. des Anwendungsbereiches der TT-GVO 2004

Diese soeben getroffenen Annahmen führen zu Beurteilungen in folgenden zentralen und konkreten bereits zuvor vorgestellten, häufigen Konstellationen mit Software-Bezug[575]. Diese Darstellung erfolgt zum Teil aus Gründen der Übersichtlichkeit, des Weiteren aber auch zur Untersuchung weiterer, noch nicht behandelter Konstellationen:

(1) Softwarebeschaffung und -nutzung

Bei der Beschaffung fehlt es in den meisten Fällen am Produktionselement.[576] Höchstens, wenn am Dienstleistungsbezug angeknüpft werden würde, wäre letzterer Umstand beseitigt, was, wie gezeigt, weitgehend abzulehnen ist. Auch wenn die Software via Cloud, *SaaS*, ASP genutzt wird, unterfallen die entsprechenden Nutzungsvereinbarungen grundsätzlich nicht der TT-GVO 2004. Die bloße Benutzung eines Produktes ist eben noch nicht Produkt.[577] Nur wenn spezifische Dienstleistungen nach genannten Kriterien damit für Dritte erbracht werden, kann die TT-GVO 2004 angewandt werden, unabhängig davon ob die Software dauerhaft überlassen wird oder nicht – und ob sie *gestreamt* wird oder nicht.[578] Die Besonderheit von F/OSS-Beschaffung wird aufgrund ihrer Komplexität gesondert untersucht werden.[579]

(2) OEM und andere Fälle gebündelten Vertriebs

(a) Vorinstalliertes Betriebssystem und andere Software

Wird (Standard-)Software – ob als OEM oder nicht – beschafft, um diese zusammen mit Hardware zu verkaufen – insbesondere in Form von Komplett-Computern mit vorinstalliertem Betriebssystem –[580] fehlt es an einer festen

[574] 7. Kapitel C. I. 1. d. bb. (1).

[575] Vgl. 3. Kapitel B.

[576] *Schultze/Pautke/Wagener* 2005, Rdnr. 429.

[577] Die Benutzung stehe indes „vom Charakter her … der Lizenzierung einer Produktionstechnologie … gleich“ – *v. Falck/Schmaltz* in: Loewenheim/Meesen/Riesenkampff^2, Art. 2 TT-GVO Rdnr. 25.

[578] 3. Kapitel B. I. 4. b.

[579] 8. Kapitel A., insbes. 8. Kapitel A. III. 1. a.

[580] 3. Kapitel B. I. 1. a.

Integration des Programmes.[581] Mag dieses auf sog. *Recovery*-Partitionen installiert und (kundenunfreundlich) auch nicht auf einem Datenträger beiliegen, so ist ein Vertragsprodukt doch abzulehnen,[582] denn die Installation begründet kein integriertes oder kombiniertes System, sondern ist lediglich eine Vertriebsform. Die TT-GVO 2004 scheidet deshalb aus. Dies gilt auch für alle weiteren Softwareinstallationen auf Personalcomputern. Davon ist selbst dann nicht abzuweichen, wenn der PC-Hersteller noch ergänzend spezielle Treiber-Programme oder andere „Zusatzgaben" (*Value Adds*[583]) installiert, welche das lizenzierte Programm nicht wesentlich (um)prägen, sondern nur über dieses ausgeführt werden. Solche Treiber sind in der Regel auch nicht *tiefer* Bestandteil eines Betriebssystemes, sondern können mehr oder weniger „beigelegt" werden – oder sind ohnehin enthalten.

(b) Sonstige Bundles

Der anderweitige OEM/DSP/SB-Vertrieb erfordert nicht einmal die Installation des Produkts, sondern ist ggf. lediglich durch den gemeinsamen Vertrieb mit Hardware definiert.[584] Da selbst die Beschaffung zu installierender Software außerhalb des Anwendungsbereiches liegt,[585] muss dieses erst recht bei bloß beizulegenden Programmen gelten. Somit unterliegt auch die Beschaffung von Software für solche Vertriebszwecke nicht der TT-GVO 2004.

Soll der Absatz von *Bundles* selbst, also gerade der Verkauf von kombinierter Hard- und Software, der TT-GVO 2004 unterfallen, ist noch jenseits der bereits vorgestellten Kriterien zu untersuchen, ob diese Hardware gem. Art. 1 I lit. b TT-GVO 2004 wertmäßig nebensächlich[586] ist. Ein subjektiver Maßstab ist dabei i. d. R. nicht anzulegen, weil die Gegenseite die Preise bzw. Preisbestandteile womöglich nicht kennt, gerade bei preismäßig stark reduzierten OEM-Produkten.[587]

---

[581] 7. Kapitel C. I. 1. d. dd. (1).

[582] Auch nicht, wenn er als Windows Ready-PC o.ä. bezeichnet wird und eine entsprechende Marke führen darf. A. A. *Berger* K&R 2005, S. 17, der dennoch ein Produkt annimmt.

[583] Vgl. 8. Kapitel H. II. zu diesem vagen Begriff.

[584] 3. Kapitel B. I. 1. a.

[585] 7. Kapitel C. I. 1. d. dd. (5).

[586] 7. Kapitel C. I. 1. d.

[587] Vgl. *Matthiesen* 2010, S. 56 f., der dennoch für einen subjektiven Maßstab eintritt. Dies sollte jedoch nur selten entscheidend sein; etwa bei Komplett-PCs wird selten ein Kunde annehmen, das Betriebssystem sei wertvoller als die Hardware; bei bestimmten anderen OEM-Formen (8. Kapitel C. III. 4) ist die Wahl der OEM-Software mit bestimmter Hardware ohnehin transparent.

(3) Softwarevertrieb im Übrigen

Der bloße Softwarevertrieb umfasst keine Änderung der Software, sie wird nur weitervertrieben, was den Anwendungsbereich der TT-GVO 2004 ausscheiden lässt.[588] Lediglich wenn Software mit anderer Software kombiniert wird, kann noch von einer Anwendbarkeit der TT-GVO 2004 ausgegangen werden, was jedoch ein stärkeres Maß an Integration verlangt.[589] Alle Arten der unveränderten Verbreitung unterfallen jedoch nicht der TT-GVO 2004, ungeachtet der Verbreitungs- bzw. Vervielfältigungswege. Dieses Änderungsgebot darf auch nicht durch minimale Änderungen umgangen werden, die ein verändertes Produkt vortäuschen.[590]

(4) Vereinbarungen über Normen und Standards

Da für die Nutzung eines Standards in der Regel Code erforderlich ist, der wiederum in ein anderes Programm einfließt, ist die TT-GVO prinzipiell anwendbar. Erfordert eine Norm ansonsten zumindest andere Parameter, die als vergleichbar oder identisch zu besagten Schnittstellenparametern zu erfassen sind,[591] so kann eine solche Vereinbarung freistellungsfähig sein – sofern sie denn überhaupt einer Freistellung bedarf. Dies sei regelmäßig fraglich, zumindest wenn die Normierung und Vergabe „nichtdiskriminierend"[592] erfolgt.[593]

(5) Konsolenspielherstellunglizenz

Wenn ein Videospiel für eine proprietäre Konsole erstellt wird, ist dafür zumindest *Know How* für das entsprechende Gerät notwendig, das in das Produkt einfließt, zumal die Konsolen ggf. eine sehr spezifische Architektur aufweisen;[594] ggf. zudem noch Erstellungssoftware und die Nutzung patentierter Datenträger, des Weiteren SDKs und ggf. auch speziellen Quellcode. Die TT-GVO 2004 ist daher in diesen Fällen anwendbar.

---

588 *Matthiesen* 2010, S. 120 ff.

589 7. Kapitel C. I. 1. d. dd. (2).

590 Hingegen empfehlen *Schultze/Pautke/Wagener* 2005, Rdnr. 425 „gewisse Anpassungen" der Software zu vereinbaren, um die Anwendbarkeit der TT-GVO zu erreichen. Dabei sollte es sich letztlich um einen Fall des Rechtsmissbrauchs handeln. Alternativ wäre höchstens anzudenken, dass der Lizenznehmer den Online-Vertrieb übernimmt und entsprechende DRM-Systeme und dergleichen integriert. Aber es erscheint auch höchst zweifelhaft, ob eine solche „Diebstahlsicherung" etc. bereits ein neues Produkt rechtfertigt, da es letztlich nur funktionales Beiwerk ist (vgl. 8. Kapitel H. VII).

591 7. Kapitel C. I. 1. d. dd. (2).

592 Vgl. 8. Kapitel J. I.

593 Horiz-Leitl., Tz. 264.

594 3. Kapitel B. VI.

(6) Lizenzierung von Software-Teilen, SDKs etc.

Wird Software zur Herstellung anderer Software genutzt, in sie integriert usf., ist die TT-GVO 2004 anwendbar.[595] Eine Veränderung des ursprünglichen Codes ist dann, wie ausgeführt, nicht erforderlich. Alle Arten von Softwareerstellungswerkzeugen unterfallen mithin der TT-GVO 2004.

Die Lizenzierung von Modulen sollte auch erfasst sein, weil diese über Schnittstellen angesprochen werden und modular für neue Software genutzt werden können; sie können somit direkt in andere Programme integriert werden. Entsprechendes ist für eingebette Datenbanken anzunehmen.

Vergleichbar sind auch *Engines* zu behandeln und mithin alle anderen „Grundgerüste" von Programmen bzw. Anwendungen[596], zumindest wenn die Lizenznehmer hierbei umfassend neue Inhalte wie Modelle, Graphiken usf. erst noch integrieren müssen. Dann erfolgt zwar mitunter keine wesentliche Änderung des technischen Grundgerüstes selbst, gleichwohl sind die Änderungen bzw. Ergänzungen i. d. R. hinreichend umfassend, um ein neues Produkt anzunehmen. Schließlich wird ebenso bei der Lizenzierung einer Engine regelmäßig kein Programm nur neu mit anderen Inhalten kombiniert, sondern erst umfassend angepasst und mit neu erschaffenen Inhalten angefüllt. Solche Neuschöpfungen mögen zwar nicht den §§ 69a ff. UrhG unterfallen oder von diesen konsumiert werden,[597] doch entstehen dadurch zumindest neue Werke. Die Anwendung der TT-GVO 2004 sollte nur dann ausgeschlossen werden, wenn die Auffüllung mit neuen Inhalten minimal ist, wovon grundsätzlich jedoch nicht ausgegangen wird. Die Differenzierung muss also daran erfolgen, ob die Anpassungen, die zum Produkt führen, lediglich kosmetisch sind.[598]

Die Lizenzierung von bloßen 3D-Modellen, seien es Spiel-Avatare oder auch konstruierte Maschinen oder -teile, oder anderen Mustern, Beispielen, die mit solchen Programmen geliefert werden können, können nach der TT-GVO 2004 nur freigestellt werden, wenn sie nicht den Hauptumfang des lizenzierten Werkes darstellen.[599]

(7) Cloud Computing, SaaS, Virtualisierung etc.

Der ausschließliche Beschaffungsvorgang – sei er permanent oder temporär – von Software fällt, wie ausgeführt, keinesfalls unter die TT-GVO 2004.[600] Auch nicht dann, wenn statt dauerhafter Überlassung SaaS, Cloud usf. abge-

---

[595] MünchKomm[1]/*Röhling*, Art. 1 TT-GVO Rdnr. 10; *Schultze/Pautke/Wagener* 2005, Rdnr. 392.

[596] *Picot* in: Duisberg/Picot, Kap. 1 Rdnr. 62.

[597] 2. Kapitel B. II. 1. a.

[598] 7. Kapitel C. I. 1. d. dd. (2).

[599] 7. Kapitel C. I. 1. d. bb. (3).

[600] 7. Kapitel C. I. 1. d. dd. (5).

nommen und genutzt werden, mag es sich dabei um virtuelle Arbeitsplätze o.ä. handeln. In all diesen Konstellationen wird lediglich Software zur unveränderten Nutzung und eben nicht zur Bearbeitung zur Verfügung gestellt. Es ist jedenfalls unerheblich, wie diese virtuellen Systeme realisiert werden – ob also durch offene oder geschlossene *Grids* oder wie auch immer.[601]

Wenn indes Software beschafft wird, um diese als Cloud-Lösung usf. anzubieten, mag das Ergebnis variieren. Um dann aber eine Anwendbarkeit der TT-GVO 2004 hinsichtlich des Erwerbsvorganges zu befürworten, ist die Frage zu stellen, ob dafür erneut wesentliche Anpassungen der Software zu fordern sind oder aber ob es genügen soll, Cloud-Dienstleistungen zu erbringen, zumal Dienstleistungserbringen via Software in engem Rahmen von der TT-GVO 2004 umfasst sein kann.[602] Wenn die Software dazu wesentlich angepasst werden muss, ist die TT-GVO 2004 in jedem Fall anwendbar. Erfolgt aber keine Anpassung der Software, geschieht letztlich nichts anderes, als die Software zur Verfügung zu stellen. Da dies wiederum im Wesentlichen nichts anderes ist, als die Software auf andere Art denn im herkömmlichen Vertrieb zur Verfügung zu stellen, ist eine Anwendbarkeit der TT-GVO 2004 in solchen Konstellationen abzulehnen.[603] Wird indes argumentiert, der Cloud-Anbieter u. a. steuern ja dann noch Server-Leistung und womöglich noch vieles anderes bei, etwa Pflege,[604] ist das zwar sachlich zutreffend, kann allerdings nicht dazu überzeugen, die TT-GVO 2004 anzuwenden. Wenn der Diensteanbieter sodann aber tatsächlich umfangreichere Pflegeleistungen anbieten wird, wird er i. d. R. auch Zugriff auf tiefliegende Programmfunktionen erhalten, so dass die TT-GVO 2004 nach den hier formulierten Kriterien ohnehin Anwendung finden kann.

(8) F/OSS

F/OSS wird an anderer Stelle diskutiert. Im Ergebnis fällt auch die Überlassung von F/OSS, trotz der Quellcodeoffenheit, nicht zwingend unter die TT-GVO 2004.[605]

(9) Technologiepool

In der Software-Industrie gewinnen – gerade in Bezug auf Spezifikationen und (*De facto-*)Standards – Technologie*pools* (große) Bedeutung.[606] Ein *Pool* ist eine Zusammenlegung von Lizenzen bzw. Programmen, um dieses Gut ge-

---

[601] 3. Kapitel B. I. 4. b.
[602] 7. Kapitel C. I. 1. d. dd. (6).
[603] Immenga/Mestmäcker/*Fuchs*, Art. 2 TT-GVO Rdnr. 17; *Bödeker* 2008, S. 168.
[604] *Matthiesen* 2010, S. 136 f.
[605] 8. Kapitel A. III. 1. a.
[606] *Lejeune* CR 2004, S. 472; *Groß* 2010, Rdnr. 397.

meinsam zu lizenzieren.[607] Die Bildung des *Pools* ist aber gerade nicht von der TT-GVO 2004 umfasst[608], da es an einem Produkt fehlt[609] – aber eine Lizenzierung seitens des *Pools* an Dritte ist nach der anwendbaren TT-GVO 2004 zu beurteilen.[610] Eine typische Wettbewerbsgefahr gehe seitens der *Pools* aus, wenn diesen substituierbare Technologien angehören, die gekoppelt lizenziert werden.[611] Weitere Anmerkungen zu *Pools* lassen sich in den TT-Leitl. 2004 finden.[612]

gg. Zwischenergebnis

Die TT-GVO 2004 gilt keinesfalls für alle Softwareverträge.[613] Während sich noch einzelne Anschlussfragen im Hinblick auf Überschneidungen mit der Vertikal-GVO[614] stellen – jedoch hauptsächlich nur dann, wenn einer anderen, einer weiten oder gar analogen, Auslegung der TT-GVO 2004 gefolgt wird –[615], konzentriert sich die Problematik auf das *Produkt*kriterium: Dieses ist vor allem erfüllt, wenn Code, Schnittstelleninformationen etc. für neue Softwareprodukte, stark anpassbare Software oder „ausfüllbare“ Software transferiert und bekanntgegeben wird oder die Software abschließend in Hardware und mithin in ein neues Gerät implementiert wird. Sonstige Softwareüberlassung unterfällt nur der TT-GVO 2004, wenn mittels dieser Programme komplexe, technische – am Patentgesetz (PatG) – orientierte Dienstleistungen erbracht werden.

Problematisch ist besonders die einfache Vervielfältigung, auch in Anbetracht der unklaren Angaben der TT-Leitl. 2004 in Wechselwirkung mit den Vertikal-Leitlinien und den enthaltenen Differenzierungen.[616] Bloßes Kopieren auf Datenträger oder vergleichbarer Online-Vertrieb oder ein vergleichbarer Bezug über ASP-Lösungen fallen jedoch nach vorzugswürdiger Ansicht nicht unter die TT-GVO 2004, da darin unter keinen Umständen ein Technologietransfer-Aspekt erkannt werden kann.

---

[607] TT-Leitl. 2004, Tz. 56, 244 (nicht gesondert auf Computerprogramme bezogen).

[608] TT-GVO 2004 ErwGrd. 7 S. 3.

[609] S. *v. Falck/Schmaltz* in: Loewenheim/Meesen/Riesenkampff², Art. 2 TT-GVO Rdnr. 25. Ausführlicher zu derartigen Pools auf Basis der aktuellen TT-Leitl.: *Schweda/Giesen* in: Loewenheim/Meesen/Riesenkampff, Einf. TT-GVO Rdnr. 13 ff.

[610] TT-Leitl. 2004, Tz. 212, 223.

[611] TT-Leitl. 2004, Tz. 217, 219.

[612] TT-Leitl. 2004, Tz. 210 ff.

[613] *Polley* CR 2004, S. 645; *Klawitter* in: Wiedemann 2016, § 14 Rdnr. 52 ff.

[614] 7. Kapitel C. I. 6.

[615] 7. Kapitel C. I. 1. d. dd.

[616] Dazu noch sogleich 7. Kapitel C. I. 6.

e. Freistellungsvoraussetzungen bzw. Freistellungshindernisse

aa. Erreichen der jeweiligen Marktanteilsschwellen: Technologie- und Produktmärkte

Marktanteilsfeststellungen nach Art. 8 TT-GVO 2004 sind bezüglich der freigestellten Marktanteilsbereiche der jeweiligen Unternehmen entscheidend für eine Freistellung nach der TT-GVO 2004.[617] Hinsichtlich der Marktfeststellungen sowie Bestimmung der Marktanteile wird auf die bereits getroffenen Aussagen verwiesen.[618] Neben diesem Rückgriff auf Ausgeführtes ist auf das besondere Wesen der TT-GVO 2004 hinzuweisen, welches durch die analytische Trennung zwischen Produkt- und Technologiemärkten[619] geformt ist, Innovationsmärkte aber unbeachtet lässt[620]: Technologie ist *Input* und müsste zunächst Eingang in ein Erzeugnis oder einen Erzeugungsprozess finden,[621] was insoweit mit dem vorherig erörterten Produktkriterium kongruiert. Auch solche Märkte werden dabei nach dem Grundsatz der Substituierbarkeit eingegrenzt.[622] Gerade bei neuen Technologien wird der Technologieentwickler daher häufig mit dem Problem konfrontiert, dass es dann keine Konkurrenz geben wird, weswegen von einem Monopol auszugehen sein wird.[623] Bei vielen digitalen Gütern kann allerdings nicht oder kaum zwischen Technologie bzw. Lizenz und Produkt unterschieden werden,[624] allenfalls noch eingeschränkt bei mancher Software. Auf solchen Technologiemärkten sind demnach etwa Betriebssysteme für *Embedded Systems*, entsprechende Kernel, Softwarekomponenten, Softwaretools, *Engines* usf. präsent.

Nach Bestimmungen der Märkte sind die Marktanteile nach den Regeln des Art. 8 TT-GVO 2004 über Absatzwerte zu bemessen. Nach Art. 3 sind bei Nicht-Erreichen der kritischen Marktanteilsschwellen – vorbehaltlich kritischer Klauseln – die Vereinbarungen freigestellt. Bei den Schwellenwerten ist zu berücksichtigen, ob es sich um Wettbewerber (20 %) nach Art. 1 I lit. j TT-GVO 2004 handelt oder nicht (30 %). Als Wettbewerber (auf dem Produktmarkt)

---

617 Gleichwohl nicht für Art. 101 (III) AEUV insgesamt – TT-Leitl. 2004, Tz. 65.

618 7. Kapitel B. IV. 2. b.

619 Lediglich am Rande soll angemerkt werden, dass bei einer weiten Anwendung der TT-GVO diese Unterscheidung leerliefe, nämlich wenn man zwischen Technologie und Produkt gar nicht mehr unterschiede (vgl. 7. Kapitel C. I. 1. d).

620 Im Sinne reiner Forschung: *Schultze/Pautke/Wagener* 2005, Rdnr. 459. Vgl. 7. Kapitel B. IV. 2. b. aa.

621 TT-Leitl. 2004, Tz. 20.

622 S. *del Tiempo Matanzo* 2008, S. 50 ff.; DefRelMarkt, Tz. 15 ff., 41.: Im Rahmen eines „Gedankenexperimentes" werde gefragt, ob der Nachfragende andere Produkte erwerben könnte, diese also für ihn weitgehend vergleichbar wären (7. Kapitel B. IV. 2. b. bb).

623 EWSA 2004/C 80/07, Tz. 3.2.5; vgl. *Anderman/Kallaugher* 2006, Rdnr. 5.65 (Fn. 48).

624 *Anderman/Kallaugher* 2006, Rdnr. 6.54 bezogen auf Filme, Musik und Aufnahmen von Sportereignissen.

gelten dabei auch potentielle[625] Wettbewerber nach Art. 1 I lit. j ii TT-GVO 2004. Selbst wenn ein anderes Unternehmen eine konkurrierende Technologie einsetzt, aber nicht zur Lizenzierung anbietet, ist sie kein Konkurrent auf dem Technologiemarkt.[626] Zu betonen ist, dass gem. Art. 2 III S. 1 TT-GVO 2004 die Technologiemärkte nicht eigenständig (bzgl. ihrer Stärke bzw. der Stärke der Unternehmen) beurteilt werden, sondern, wie angeführt, lediglich über die Produktmärkte und den dortigen Absatz.[627] Ebenfalls der Erwähnung wert ist die Bestimmung des Art. 4 III, welche für den Umstand relevant ist, dass die Unternehmen erst nach der Lizenzierung Wettbewerber werden.

bb. Befreiung verhindernde Kernbeschränkungen und nicht freistellungsfähige Klauseln

Bereits aus den Anforderungen in den Gruppenfreistellungsverordnungen ergibt sich, welche Art Klauseln besonders zu beachten sind, etwa Preis-[628] oder *Output*- bzw. Ausstoßvereinbarungen[629]. Die Liste der anwendbaren Kernbeschränkungen (Art. 4) sowie der „nicht freigestellten Beschränkungen" (Art. 5) ist ebenfalls abhängig vom Vor- bzw. Nichtvorliegen eines Wettbewerbsverhältnisses. Auf eine Wiedergabe der Listen der Art. 4 und 5 TT-GVO 2004 wird verzichtet. Die Prüfung einzelner dieser Klauseln der TT-GVO 2004 bzw. TT-GVO 2014 erfolgt im Rahmen des nächsten Kapitels.

cc. Rechtsfolge: Freistellungsumfang und -dauer

Ist die Freistellung einschlägig, sind Nebenbestimmungen ebenfalls erfasst.[630] Die Freistellung endet nach Art. 2 TT-GVO 2004, wenn das Schutzrecht erlischt oder für nicht bestehend erklärt wird, was freilich bei Softwareurheberrechten kaum zu erwarten sein wird.

f. Entzug der Gruppenfreistellung im Einzelfall nach Art. 6 TT-GVO

Unter besonderen Umständen kann die „Schirmfreistellung" nach Maßgabe des Art. 6 TT-GVO 2004 aberkannt werden – was in identischer Form für alle

---

[625] Von denen auch realistischerweise die Wettbewerbsaufnahme erwartet werden kann. *Lübbig* GRUR 2004, S. 487 sieht diesen Fall überwiegend dann gegeben, wenn das andere Unternehmen bereits solche Produkte anbietet, aber noch nicht diesen geographischen Markt beliefert.

[626] *Schultze/Pautke/Wagener* 2005, Rdnr. 187, vgl. 192.

[627] *Schultze/Pautke/Wagener* 2005, Rdnr. 460 ff. Kritisch für den Fall, dass die Produkte nur mittels mehrerer Lizenzen auch anderer Lizenzgeber verwirklicht werden können *Lübbig* GRUR 2004, S. 487. Vgl. *del Tiempo Matanzo* 2008, S. 52.

[628] Art. 4 I lit. a) TT-GVO 2004.

[629] Art. 4 I lit. b) TT-GVO 2004.

[630] TT-Leitl. 2004, Tz. 50.

GVOen gilt. In speziellen Fällen kann auch die gesamte TT-GVO nach Maßgabe des Art. 7 per Verordnung für unanwendbar erklärt werden.

g. Zwischenergebnis

Bereits die direkte Anwendung der TT-GVO 2004 ist maßvoll zu handhaben. Diese GVO bereitet bei der Bestimmung des Anwendungsbereiches gewisse Schwierigkeiten. Speziell für Vertriebs- und einfache Vervielfältigungshandlungen ist sie nicht zu verwenden – lediglich dann, wenn sich durch den Einsatz einer Software ein neues, verändertes Produkt ergibt, technische Produkte mittels dieser Software dienstleistend erstellt werden, oder diese Software unter Veränderungen oder fester Einfügung in Hardware in ein anderes Produkt überführt wird.

2. Freistellungsmöglichkeiten durch die Technologietransfer-GVO 2014 (TT-GVO 2014)

Die TT-GVO 2014 (amtlich: Verordnung 316/2014 der Kommission vom 21.3.2014) ist am 1.5.2014 inkraft getreten. Sie löst damit die zuvor analysierte TT-GVO 2004 ab. Sie wird nach ihrem Art. 11 erst zum 30.4.2026 auslaufen. Aufgrund der Übergangsvorschrift des Art. 10 TT-GVO 2014 wird die TT-GVO 2004 für Vereinbarungen, die bereits vor dem 30.4.2014 galten, noch bis zum 30.4.2015 fortgelten. Im nachfolgenden Kapitel werden die Klauselüberprüfungen im weiteren Verlauf dieser Untersuchung grundsätzlich nur anhand der (weitgehend der TT-GVO 2004 entsprechenden) TT-GVO 2014 durchgeführt werden.

a. Rechtssetzungshistorie

aa. Rahmenbedingungen

Nach den Erfahrungen mit den erfolgten Erneuerungen der Vertikal-GVO sowie der FuE- als auch der Spezialisierungs-GVO in den vergangenen Jahren war nicht zu erwarten, dass die TT-GVO 2014 maßgeblich von der TT-GVO 2004 abweichen würde.[631] Mithin waren erst recht kein Paradigmen- oder Systemwechsel[632] oder auch nur Änderungen im Hinblick auf die Regelungstechnik zu erwarten. Alles andere widerspräche dem bislang relativ konsequent eingeschlagenen Kurs der Kommission. Dass Software für die Kommission jenseits der großen Missbrauchs- und Fusionsverfahren[633] kein wesentliches

---

[631] Vgl. 1. Kapitel F. I.

[632] Gleichwohl sei „Das *Ende der (Kartellrechts-)Geschichte*“ nicht erreicht, die zu erwartenden Änderungen bzw. die weitergehende, insoweit noch ausstehende Umsetzung des More Economic Approach betreffe jedoch weniger Art. 101 – so *Brinker* NZKart 2013, S. 11.

[633] Dazu 6. Kapitel B., 6. Kapitel C.

Arbeitsgebiet darstellt, beweist bereits die Beibehaltung entsprechender, längst als irritierend festgestellter Regelungen bzw. Kommentare in den Vertikal-Leitlinien[634], die 2010 hätten maßgeblich überarbeitet werden können.

bb. Vorstellung einer ökonomischen Studie im Dezember 2011

Bereits im Dezember 2011 rief die Kommission die Öffentlichkeit auf, ihre Erfahrungen mit der TT-GVO 2004 zu teilen. Zur Einleitung dieser *Public Consultation* veröffentlichte die Kommission eine ökonomische Studie[635], die kaum auf Software im Besonderen eingeht, sich aber zumindest wohlwollend gegenüber F/OSS zeigt.[636] Der Schwerpunkt lag vielmehr auf allgemeinen Erwägungen zu *Pooling*, *Grant Back* und *Cross Licensing*. Zur Spezifizierung der Frage nach Erfahrungen und Verbesserungsvorschlägen veröffentlichte die Kommission einen Fragebogen. Sie erhielt auf dieser Basis mehrere Rückmeldungen, auch von mehreren Rechtsanwaltskanzleien, die u. a. das bekannte Abgrenzungsproblem im Hinblick auf das Produkt-Kriterium äußerten. Tendenziell schien die Zufriedenheit zu überwiegen, zugleich wurde eher dem Wunsch Ausdruck verliehen, die TT-GVO ganz allgemein weiter als denn enger anzuwenden.[637]

cc. Vorstellung des TT-GVO-E 2014 im Februar 2013

Sodann wurde im Februar 2013 ein Entwurf einer neuen TT-GVO (= TT-GVO-E 2014) gemeinsam mit einem Entwurf neuer TT-Leitlinien (= TT-Leitl.-E 2014) vorgestellt.[638] Die Kommission forderte erneut die interessierten Kreise auf, zu diesen Entwürfen Stellung zu beziehen.

---

[634] Vgl. 10. Kapitel B. V.; 7. Kapitel C. I. 6. b. bb.

[635] *Regibeau/Rockett* 2011; kurz dazu *Weiden* GRUR 2012, S. 147 f.

[636] *Nordmeyer* http://ifross.org/artikel/studie-eu-kommission-zeigt-sich-aus-kartellrechtlicher-warte-freier-und-open-source-software.

[637] Alle Stellungnahmen sind unter http://ec.europa.eu/competition/consultations/2012_technology_transfer/index_en.html verfügbar. Es äußerten sich ebenfalls BITKOM und DGRI. Die Kommission selbst fasst das Ergebnis der Anhörung wie folgt zusammen (MEMO/13/120, S. 1): „A majority of stakeholders considered that the present system is largely satisfactory. Both the TTBER and the technology transfer Guidelines are regarded as useful and important tools for the industry. Many respondents also made suggestions for incremental improvements in both texts. Most comments focused on issue concerning the scope of the TTBER, market share thresholds and patent pools. Stakeholders also commented on hardcore restrictions, grant-back provisions and cross-licensing." Siehe MünchKomm/*Röhling/Nagel*, Einl. TT-GVO Rdnr. 72 ff.

[638] Verfügbar unter http://ec.europa.eu/competition/consultations/2013_technology_transfer/index_en.html.

(1) Anwendungsbereich

Gemäß des Wortlauts des TT-GVO-E 2014 selbst sollte der Anwendungsbereich im Prinzip identisch bleiben, allerdings sollte der bloße Vertrieb als auch die bloße Vervielfältigung von Software nach den Erwägungsgründen und Leitlinien nicht mehr dieser neuen TT-GVO unterfallen, höchstens der Vertikal-GVO; so heißt es im Erwägungsgrund 7 des TT-GVO-E. u. a. „Ebenfalls nicht gelten sollten[639] sie [Anm.: die TT-GVO] für Vereinbarungen zur reinen Vervielfältigung und zum reinen Vertrieb urheberrechtlich geschützter Softwareprodukte, da derartige Vereinbarungen nicht die Vergabe von Technologielizenzen zu Produktionszwecken zum Gegenstand haben, sondern eher mit Vertriebsvereinbarungen vergleichbar sind."

Eine entsprechende Äußerung enthielten auch die TT-Leitl.-E in Tz. 52. Das mag, je nach Auslegung der TT-GVO 2004[640], lediglich als Klarstellung empfunden werden. Mangels weiterer Änderungen blieb die *Produkt*problematik jedoch im Übrigen bestehen. Bemerkt werden soll außerdem, dass es in den Erwägungsgründen des Weiteren (ErwGrd. 8) erneut hieß: „Für die Anwendung des Artikels 101 Absatz 3 AEUV durch Verordnung ist es nicht erforderlich, diejenigen Technologietransfer-Vereinbarungen zu bestimmen, die unter Artikel 101 Absatz 1 AEUV fallen könnten."

(2) Begriff des Technologie-Transfers und Reichweite der Freistellung

Die Definition des Technologietransfers (ehemals Art. 1 lit. b, demnach nunmehr lit. c) wurde insoweit verändert, als dass bezüglich der betroffenen Rechte nunmehr auf eine weitere Definition (Art. 1 lit. b – „Technologie"), die unverändert Software-Urheberrechte umfasst, verwiesen wurde, was lediglich kosmetisch wirkte.[641] Im Übrigen wird die Begrenzung auf weitere Immaterialgüterrechte als Gegenstand der Vereinbarung nicht mehr daran geknüpft, dass diese *uneigentlicher* Gegenstand der Vereinbarung sind; sie mussten aber nach dem Entwurf ausschließlich auf die Vertragsprodukte bezogen sein (Art. 1 lit. c).[642]

(3) Kernbeschränkungen und nicht-freigestellte Beschränkungen

Hinsichtlich der Kernbeschränkungen (Art. 4) waren Änderungen im Bereich der Verkaufsbegrenzungen vorgesehen. Umfassendere Änderungen waren im Bereich der nicht-freigestellten Klauseln (Art. 5) angedacht: Hinsichtlich der nicht-freigestellten Rücklizenzierungen wurden die bisherigen Art. 5 I lit. a)

639 Die Pluralverwendung an dieser Stelle scheint einem bloßen Übersetzungsfehler geschuldet.

640 Vgl. insbes. 7. Kapitel C. I. 1. d. dd.

641 *Gennen* ITRB 2014, S. 132.

642 Als „vereinfachte Handhabung" insgesamt begrüßend, aber eine Streichung des Ausschließlichkeits-Kriteriums vorschlagend: *Leistner/Königs* WRP 2014, S. 268, 271.

und lit. b) zusammengelegt (nun Art. 5 I lit. a), die Unterscheidung nach *abtrennbaren* Verbesserungen wurde aufgegeben; unklar bleibt dabei, was unter der dortig verwendeten Formulierung (oder unzureichende Übersetzung?) „Gesamt- bzw. Teilrechte zu *gewähren*" (Kursivsetzung durch Verf.) verstanden werden soll. Der englische Text *(assign rights, in whole or in part)* sowie die Äußerungen der Kommission[643] als auch die systematische Stellung legen nahe, dass mit „gewähren" vollständige Rechteübertragungen gemeint sein sollen. Bezugspunkte solcher Rechtseinräumungen waren demnach nicht mehr abtrennbare Verbesserungen, sondern bloß „eigene Verbesserungen an der lizenzierten Technologie oder eigene neue Anwendungen dieser Technologie".

Des Weiteren sollen Nicht-Angriffsvereinbarungen und der Vorbehalt der Vertragsbeendigung im Falle des Angriffs auf eigene Schutzrechte durch die Gegenseite nun identisch behandelt werden und allesamt nicht freigestellt sein (Art. 5 I lit. b[644]).[645]

(4) Marktanteilsschwellen

Der Entwurf sah in Art. 3 I Marktanteilsschwellen in Höhe von 20% für Wettbewerber insgesamt vor. Nach Art. 3 III war ein Höchstwert von 30% je Nicht-Wettbewerber vorgesehen. Für den Sonderfall, dass der Lizenznehmer bereits eine zu der lizenzierten Technolgie äquivalente Technologie „besitzt", diese aber nur firmenintern zur Herstellung nutzt, durfte nach Art. 3 II entsprechend zu Art. 3 I der gemeinsame Marktanteil 20% ebenfalls nicht überschreiten.

(5) Verhältnis zu anderen GVOen und Schlussbestimmungen

Die neue TT-GVO sollte nun ausdrücklich subsidiär zu FuE- und Spezialisierungs-GVO (Art. 9) sein. Diese neue TT-GVO soll sodann bis zum 30.4.2026 gelten (Art. 11). Ein Übergangszeitraum war ebenfalls vorgesehen.

(6) Überarbeitung der TT-Leitlinien

Der Entwurf der neuen TT-Leitlinien konzentrierte sich auf die Umsetzung der vorherig genannten Umstellungen und des Weiteren auf *Pools* und Streitbeilegungs-Vereinbarungen (*Settlement Agreements*).[646] Der Entwurf neuer TT-

---

643 MEMO/13/120, S. 3.

644 Es heißt: „… alle unmittelbaren oder mittelbaren Verpflichtungen einer Partei, die Gültigkeit der Rechte des geistigen Eigentums, über die die andere Partei in der Europäischen Union verfügt, nicht anzufechten, einschließlich des Rechts, die Technologietransfer-Vereinbarung zu kündigen, sofern die andere Partei die Gültigkeit eines oder mehrerer der Rechte des geistigen Eigentums, über die eine Partei in der Europäischen Union verfügt, anficht."

645 MEMO/13/120, S. 3.

646 MEMO/13/120, S. 4.

Leitlinien sah hinsichtlich der Anpassung vor, dass – mithin über ErwGrd. 7[647] hinausgehend: *„Die Vergabe von Software-Urheberrechtslizenzen für die reine Vervielfältigung und den reinen Vertrieb eines geschützten Werks, das heißt die Erstellung von Kopien für den Weiterverkauf, wird nicht als ‚Produktion' im Sinne der TT-GVO angesehen und fällt daher weder unter die TT-GVO noch unter diese Leitlinien. Die Vervielfältigung für den Vertrieb fällt stattdessen unter die [Vertikal-GVO].“*[648] Mithin soll dergleichen nicht nur, wie es die TT-GVO-E 2014 bereits besagt, nicht unter die TT-GVO fallen und ebenfalls nicht nach den TT-Leitlinien behandelt werden, sondern ausdrücklich nach der Vertikal-GVO. Dies wird sodann im Entwurf noch weiter ausgeführt, insbesondere wird dargelegt, was nicht unter das TT-Regime fallen solle und was doch.[649]

Für sonstige Urheberrechte sollen TT-GVO-E 2014 und TT-Leitl.-E 2014 zumindest weiterhin herangezogen werden, wenn keine Verleihrechte und öffentliche Wiedergabe betroffen sind.[650] Sofern an einer TT-Vereinbarung mehr als zwei Parteien beteiligt sind, soll die TT-GVO weiterhin analog angewandt werden.[651] In diesen Bereichen soll das TT-Regime also gerade nicht begrenzt werden.

(7) Stellungnahmen zu diesen Entwürfen

Im Rahmen der öffentlichen Konsultation erhielt die Kommission eher positive Rückmeldung zu den Entwürfen, gleichwohl wurden einzelne Regelungen

---

647 7. Kapitel C. I. 2. a. cc. (1).

648 TT-Leitl.-E., Tz. 52 S. 2–3.

649 TT-Leitl.-E., Tz. 52: „Hierbei handelt es sich vielmehr um eine Vervielfältigung zum Vertrieb, wobei unabhängig vom technischen Vertriebsverfahren eine Lizenz zur Vervielfältigung der Software auf einem Datenträger erteilt wird. So fällt beispielsweise die Vergabe von Software-Urheberrechtslizenzen, bei der der Lizenznehmer eine Stammkopie der Software erhält, damit er die Software vervielfältigen und an Endkunden weiterverkaufen kann, weder unter die TT-GVO noch unter die vorliegenden Leitlinien. Die TT-GVO und die vorliegenden Leitlinien gelten auch nicht für die Lizenzierung von Software-Urheberrechten und den Vertrieb von Software über sogenannte „Schutzhüllenlizenzen“, bei denen davon ausgegangen wird, dass der Endkunde mit dem Öffnen der Verpackung eine Reihe von Bedingungen, die in der Verpackung eines physischen Datenträgers enthalten sind, automatisch akzeptiert hat, oder die Lizenzierung von Software-Urheberrechten und den Vertrieb von Software durch Herunterladen aus dem Internet. Wenn der Lizenznehmer hingegen die lizenzierte Software in das Vertragsprodukt integriert, handelt es sich nicht um reine Vervielfältigung, sondern um Produktion. So gelten die TT-GVO und diese Leitlinien beispielsweise für die Lizenzierung von Software-Urheberrechten, bei der der Lizenznehmer das Recht hat, die Software durch Integration in ein Gerät zu vervielfältigen, mit dem die Software interagiert. Die TT-GVO ist zwar (mit Ausnahme von Software-Urheberrechten) nicht auf Urheberrechte anwendbar, doch wird die Kommission im Allgemeinen die in der TT-GVO und den Leitlinien aufgestellten Grundsätze anwenden, wenn sie solche Lizenzvereinbarungen auf der Grundlage des Artikels 101 prüft.“

650 TT-Leitl.-E., Tz. 52 a. E., 53.

651 TT-Leitl.-E., Tz. 41.

angegangen. Insgesamt zog die Kommission ein positives Fazit ihrer eigenen Arbeit.[652] Unter anderem wies die *DGRI* auf die nach wie vor unklaren Regelungen zu Software-Verträgen hin, insbesondere im Hinblick auf den erneut in der TT-GVO vorgesehenen Begriff *Produkt*.[653] Das unklare Verhältnis zur Vertikal-GVO wurde ebenfalls problematisiert.[654] Insgesamt wurden fünf weitergehende Änderungen vorgeschlagen.[655] *Leistner/Königs* beurteilten außerhalb des Konsultationsverfahrens die Änderungen als „Feinheiten", sehen in der Tendenz aber dennoch eine Verschiebung zugunsten der Lizenznehmer.[656] Wohl da der Entwurf nicht wesentlich von der TT-GVO 2004 abwich, blieben größere – und von 2004 noch bekannte heftigere – Reaktionen im Schrifttum aus.

(8) Summarische Bewertung dieser Entwürfe

Insgesamt hatte sich die Annahme bewahrheitet, dass lediglich marginale Änderungsvorschläge durch die Kommission unterbreitet wurden. Hervorzuheben bleibt die ausdrücklich verlangte Verlagerung in die Vertikal-GVO zumindest hinsichtlich des Software-Vertriebes. Der TT-Leitl.-E 2014 legte ebenfalls nahe, dass der TT-GVO-E 2014 auch nicht für den Direktabsatz mittels *Shrink Wrap* oder über das Herunterladen aus dem Internet gelten soll. Dass diese stattdessen der Vertikal-GVO unterfallen sollten, war anzudenken – die Regelungen der TT-Leitl.-E 2014 waren hierzu nämlich nicht eindeutig. Jenseits dieser Äußerungen blieb es indes unklar, wie die Kommission sonstige Softwareüberlassung gerade über das Dienstleistungs- bzw. Produkt-Kriterium behandelt wissen will.[657] Die Kommission ging auf diese Fragen schlicht nicht ein.

dd. Finale Fassung der TT-GVO 2014

Die endgültige Fassung der TT-GVO weicht nur geringfügig von der TT-GVO 2004[658] und erst recht nur marginal vom TT-GVO-E 2014 ab.[659] Die Marktanteilsschwellen blieben indes, abweichend vom TT-GVO-E 2014, in der Höhe von 2004 erhalten. Der Art. 5 I lit. b) des TT-GVO-E 2014 wurde noch etwas abgeschwächt,[660] der Art. 5 I lit. a) wurde nicht mehr überarbeitet. Die

---

[652] S. http://europa.eu/rapid/press-release_MEMO-14-208_en.htm.

[653] *Conrad/Lejeune/Stögmüller/Brandi-Dohrn* (für die *DGRI*), CR 2013, S. 413 f.

[654] *Conrad/Lejeune/Stögmüller/Brandi-Dohrn* (für die *DGRI*), CR 2013, S. 413.

[655] *Conrad/Lejeune/Stögmüller/Brandi-Dohrn* (für die *DGRI*), CR 2013, S. 416; zust. *Leistner/Königs* WRP 2014, S. 274.

[656] *Leistner/Königs* WRP 2014, S. 268; *Bechtold/Bosch/Brinker*, Einf. VO 316/2014 Rdnr. 10.

[657] Vgl. 7. Kapitel C. I. 1. d. dd.

[658] „Punktuelle Fortentwicklung" bei *Frenz* EuZW 2014, S. 534.

[659] MünchKomm/*Röhling/Nagel*, Einl. TT-GVO Rdnr. 85.

[660] *Besen/Slobodenjuk* GRUR 2014, S. 741 ff.

TT-Leitl. 2014 enthalten entsprechend ebenfalls keine umwälzenden Neuerungen, sind aber im Umfang deutlich gewachsen und nehmen sich weiterer Themen, jedoch nicht Software-Thematiken an. Bedauerlicherweise hat es die Kommission unterlassen, Vergleichsfassungen zu erstellen und die jeweiligen Abweichungen, insbesondere von den vorherigen Entwüfen, zu erläutern. Im Schriftum regten sich indes, anders noch als bei der Promulgation der TT-GVO 2014, keine besonderen Reaktionen.

b. Prämissen und Softwarespezifika

Es ist nicht zu erkennen, dass sich in den vergangenen zehn Jahren wesentliche Ansichten der Kommission gewandelt haben. Mithin beruht die TT-GVO 2014 vermutlich auf im Wesentlichen identischen Grundannahmen wie die TT-GVO 2004. Es wird allerdings eine deutlich „kritischere Haltung" gegenüber Lizenzverträgen als noch 2004 in die Änderungen attestiert.[661] Auch die TT-GVO 2014 enthält keinerlei Softwarespezifika, vielmehr werden erneut alle Rechte, Branchen und Technlogien grundsätzlich gleich behandelt.

c. Voraussetzungen der Anwendbarkeit

Die TT-GVO 2014 stellt nach Art. 2 II S. 1 Technologietransfer-Vereinbarungen frei, die in Art. 1 lit. c definiert sind. Art. 2 II indes stellt lediglich klar, dass eine Freistellung nur dann erfolgt, wenn ein Verstoß gegen Art. 101 I AEUV vorliegt (entsprechend auch Art. 2 II S. 1 a. E.). Art. 2 II S. 2 lässt die Freistellung auslaufen, wenn die lizenzierten Technologierechte auslaufen, erlöschen bzw. falls das transferierte Know How bekannt wird, sofern dies nicht auf das Verhalten des Lizenznehmers zurückzuführen ist. Nach Art. 2 III kann sich die Freistellung auch auf Produkte und sonstige Rechte erstrecken. Im Detail:

aa. Beteiligte Akteure

Nach Art. 1 I lit. c i) TT-GVO ist diese TT-GVO nur auf Technologietransfer-Vereinbarungen zwischen höchstens zwei Parteien anwendbar. Auch diese Beschränkung ist bereits durch die TT-GVO 2004 bekannt.

bb. Software als zu transferierende Technologie nach der TT-GVO

(1) Software-Urheberrechte, Software-Patente, Software-Know How

Die Technologietransfer-Vereinbarung nach Art. 1 I lit. c muss sich auf *Technologierechte* beziehen. Diese wiederum sind in Art. 1 I lit. b abschließend aufgelistet. Demnach sind ausdrücklich *Software-Urheberrechte* nach vii) erfasst.

---

[661] Vgl. http://kartellblog.de/2014/05/12/die-neue-tt-gvo/.

Soweit für Software auch Patente relevant sind, sind auch diese nach i) erfasst. Know How ist zwar nicht in der Auflistung enthalten, ist aber bereits im Einleitungs-Halbsatz genannt – und im Weiteren noch in lit. i definiert.

(2) Übermittlungsform (Quellcode oder Objektcode)

Die TT-GVO belässt es dabei, Software-Urheberrechte als Gegenstand der Freistellung zu erwähnen, aber keine weiteren Anforderungen an die zu überlassende Software selbst oder die Modalität der Überlassung zu stellen. Dies liegt wohl darin begründet, dass die Kommission nicht zwischen der Software selbst und dem Recht an der Software begrifflich trennt. Die Überlassung des Quellcodes ist in jedem Fall auch freigestellt, da dieser entweder vom Software-Urheberrecht oder aber zumindest vom Know How erfasst sein sollte. Es ist aber keine geschriebene Bedingung für eine Freistellung, dass Quellcode, Schnittstelleninformationen o.ä. überlassen wird. Gleichwohl ist daran festzuhalten, dies in bestimmten Konstellationen für die TT-GVO 2014 im Wege der Auslegung nach wie vor einzufordern.[662]

(3) Erstreckung der Freistellung auf sonstige Rechte des geistigen Eigentums

Nach der EuGH-Entscheidung *Nintendo./.PC-Box* ist nicht mehr davon auszugehen, dass Werke, die in ein Computerprogramm integriert sind oder mit diesem anderweitig verbunden sind, dem Rechtsregime für Computerprogramme – als „Schwerpunkt" – unterliegen und eine rechtliche Einheit mit dem Computerprogramm bilden.[663] Mithin sollten sie nicht ohne Weiteres von der Freistellung miterfasst sein. Nach Art. 2 Abs. 3 TT-GVO sind von der Freistellung aber auch Produkte und die Lizenzierung oder der Transfer von Rechten des geistigen Eigentums erfasst, soweit diese bzw. die sie betreffenden Bestimmungen *unmittelbar mit der Produktion oder dem Verkauf von Vertragsprodukten verbunden sind.*

Rechte des geistigen Eigentums sind nach Art. 1 I lit. h TT-GVO u. a. Urheberrechte und Markenrechte. Was hingegen eine entsprechende unmittelbare Verbindung voraussetzt, wird nicht weiter definiert und bleibt entsprechend unklar.[664]

cc. Transferbegriff und Verhältnis zur Entäußerung

Lizenzierungen sind nach Art. 1 I lit. c i) TT-GVO erfasst. Die vollständige Übertragung von Rechten, sofern eine solche überhaupt rechtlich möglich ist,

662 7. Kapitel C. I. 1. d. dd. (2).

663 2. Kapitel B. II. 1. a.

664 *Conrad/Lejeune/Stögmüller/Brandi-Dohrn* (für die *DGRI*), CR 2013, S. 413 f.

wird nach ii) nur von der TT-GVO erfasst, wenn das Verwertungsrisiko zum Teil beim Rechte-Veräußerer verbleibt.

dd. Ziel der Produktion

Der Begriff der Technologietransfer-Vereinbarung setzt des Weiteren voraus, dass die lizenzierten bzw. übertragenen Rechte *mit dem Ziel der Produktion von Vertragsprodukten* eingeräumt bzw. übertragen werden. Als Produkt gelten nach Art. 1 I lit. f Waren und Dienstleistungen als Zwischen- und Endprodukte; das Vertragsprodukt muss dabei *unmittelbar oder mittelbar auf der Grundlage der lizenzierten Technologierechte produziert* werden. Weitere Definitionen oder Erläuterungen hierzu sind nicht zu finden.

Im Vergleich zur TT-GVO 2004 sind insoweit zwar veränderte Formulierungen zu erkennen, gleichwohl keine Anhaltspunkte dafür, dass die Kommission durch die Umformulierungen auch etwas hat wesentlich ändern wollen. Daher ist die TT-GVO 2014 im Ergebnis nicht anders auszulegen als die TT-GVO 2014. Mitunter ist der Anwendungsbereich im Allgemeinen unverändert:

ee. Von der TT-GVO erfasste Softwareverträge

(1) Embedded Systems

Wird Software in Hardware intergriert, so ist die TT-GVO anwendbar.[665] Voraussetzung hierfür ist, dass die jeweilige Software fest in die Hardware intergriert werden und nicht ohne Weiteres ausgetauscht, sondern höchstens aktualisiert oder angepasst werden kann.[666]

(2) Software-Integration, Software-Werkzeuge, Quellcode-Überlassung, F/OSS etc.

In den Anwendungsbereich der TT-GVO fällt ferner die Überlassung von Entwicklungssoftware für Entwicklungszwecke.[667] In diese Gruppen fallen ebenfalls der Einsatz von Debugger-Software[668] sowie die Nutzung von Software zur Schnittstellen-Programmierung.[669] Wird also mittels der lizenzierten Software andere Software erschaffen oder geändert, kann von einer Anwendbarkeit der TT-GVO grundsätzlich ausgegangen werden.

---

665 Nun ganz ausdrücklich: TT-Leitl., Tz. 63 „Wenn der Lizenznehmer hingegen die lizenzierte Software in das Vertragsprodukt integriert, handelt es nicht um reine Vervielfältigung, sondern um Produktion. So gelten die TT-GVO und diese Leitlinien beispielsweise für die Lizenzierung von Software-Urheberrechten, bei der der Lizenznehmer das Recht hat, die Software durch Integration in ein Gerät zu vervielfältigen, mit dem die Software interagiert."

666 7. Kapitel C. I. 1. d. dd. (1).

667 7. Kapitel C. I. 1. d. ff. (6).

668 *Frank* CR 2014, S. 351 und entsprechende Einsätze zu Zwecken der Software-Pflege.

669 *Frank* CR 2014, S. 351.

Werden im Übrigen der Quellcode oder wesentliche Schnittstelleninformationen einer Software überlassen, unterfällt auch dies dem Anwendungsbereich der TT-GVO.[670] Wird Quellcode aber nur überlassen oder anderweitig zur Verfügung gestellt, weil dieses eine allgemeine vertragliche Pflicht ist – wie in vielen Fällen bei F/OSS –, ohne dass eine realistische Chance besteht, dass der Empfänger diesen auch für die Änderung einer Software benutzt, ist die TT-GVO nicht anwendbar.[671]

Werden etwa Software(teile) in andere Software(teile) integriert, wird dies regelmäßig die Übergabe von Quellcode oder Anpassungsleistungen oder sonstige wesentlichen Produktinformationen erfordern, sodass die TT-GVO in aller Regel anzuwenden ist. Dies sollte grundsätzlich etwa auch gelten, wenn etwa eine lizenzierte Datenbank oder eine Bibliothek in eine neue Software integriert wird.

(3) Softwareüberlassung und Dienstleistungserbringung mittels der überlassenen Software

Im Falle der schlichten Softwareüberlassung scheidet die TT-GVO grundsätzlich aus. Wenn die Software für die Erbringung spezifischer Dienstleistungen bzw. Produkte im Sinne der TT-GVO genutzt wird, kann die TT-GVO aber anwendbar sein. Dabei muss das zu erbringende Produkt auf Basis der transferierten bzw. lizenzierten Softwaretechnologie oder Software eine Dienstleistung darstellen und auch nach der neuen TT-GVO sind an die jeweilige Dienstleistungen bestimmte Anforderungen zu stellen, um eine Anwendbarkeit der TT-GVO anzunehmen: Diese Dienstleistung muss im Wesentlichen auf der technischen Funktionalität der Software beruhen. Hierbei kann sich grundsätzlich, aber nicht abschließend, am PatG orientiert werden.[672] Entsprechend steht etwa die Überlassung von Data-Management-Software zur Daten-Analyse oder Steuerungszwecken im Anwendungsbereich der TT-GVO.[673]

(4) Infrastrukturdienstleistungen wie Cloud, ASP, SaaS etc.

Die Lizenzierung von Software zu Zwecken des Anbietens von SaaS, *Infrastructure as a Service* oder *Platform as a Service* und weiteren kommenden, vergleichbaren Technologien kann der TT-GVO unterfallen, was aber erfordert, dass die jeweilige Software für diese Plattform angepasst wird und im Ergebnis nicht bloß durch den Plattformanbieter als Lizenznehmer „abgespielt" wird.

Die Überlassung solcher Dienstleistungen bzw. Infrastruktur durch den besagten Lizenznehmer als Dienstleister an Dritte wiederum unterfällt grund-

[670] TT-Leitl., Tz. 62.
[671] 8. Kapitel A. III. 1. a.
[672] 7. Kapitel C. I. 2. c. ee. (3).
[673] So im Ergebnis auch *Frank* CR 2014, S. 351.

sätzlich nicht der TT-GVO, es sei denn, die Empfänger erbringen mit dieser Software bzw. Infrastruktur Dienstleistungen nach den vorherig genannten Kriterien.[674] Grundsätzliche Voraussetzung hierfür aber ist, dass sie überhaupt eine Software-Lizenz benötigen, was bei der Nutzung solcher Dienste nicht unbedingt der Fall ist.[675] Dafür, dass die Überlassung entsprechener Software bzw. Infrastruktur nur in wenigen Fällen der TT-GVO unterfallen, spricht ebenfalls, dass der Softwarevertrieb gerade nicht der TT-GVO unterfallen soll (dazu sogleich).

(5) Softwarevertrieb

Bereits nach Erwägungsgrund 7 gilt nunmehr eindeutig, dass die TT-GVO nicht mehr für die Software-Fertigung und deren Vertrieb gelten soll.[676] Von der Anwendbarkeit der TT-GVO dürfte daher – zu Recht – der gesamte Online- wie Offline-Vertrieb ausgenommen sein. Durch die neuen TT-Leitlinien werden ferner die Shrink-Wrap-Übergabe sowie die Fertigung von „Stammkopien", also wohl Master-Discs ausdrücklich vom Geltungsbereich der TT-GVO ausgenommen.[677]

Bei einer Software-Überlassung, also dem Absatz durch die Vertriebsebene, ist die TT-GVO – wie gerade ausgeführt[678] – neben einer Lizenzierung zu Entwicklungszwecken und vergleichbaren Verwendungen nur anwendbar, wenn mit dieser Software technikspezifische Dienstleistungen erbracht werden, also sich die überlassene Software direkt für die Erzeugung eines spezifischen Produktes bzw. einer spezifischen Dienstleistung nutzen lässt. Ansonsten scheidet auch bei der Softwareüberlassung die TT-GVO aus.

d. Freistellungsvoraussetzungen bzw. Freistellungshindernisse

Die TT-GVO kennt, wie bereits die TT-GVO 2004 und wie es auch generell im „modernen" GVO-System der Fall ist, als Kriterien für eine Verhinderung der Freistellung trotz eines eröffneten Anwendungsbereiches die Kernbeschränkungen (Art. 4), die nicht-freigestellten Klauseln (Art. 5) sowie die Marktanteils-

---

674 *Frank* CR 2014, S. 351.

675 Vgl. noch 7. Kapitel C. I. 6. b. bb (3); deutlich weiter indes *Frank* CR 2014, S. 351: Nach diesem genüge es, wenn der Kunde die Infrastruktur etc. für bestimmte Zwecke nutze; dabei unterlässt es *Frank*, diese Zwecke zu spezifizieren.

676 „Ebenfalls nicht gelten sollte sie für Vereinbarungen zur reinen Vervielfältigung und zum reinen Vertrieb urheberrechtlich geschützter Softwareprodukte, da derartige Vereinbarungen nicht die Vergabe von Technologielizenzen zu Produktionszwecken zum Gegenstand haben, sondern eher mit Vertriebsvereinbarungen vergleichbar sind." Kritisch zu dieser „Kehrtwende der Kommission": MünchKomm/*Röhling/Nagel*, Einl. TT-GVO Rdnr. 83, Art. 1 TT-GVO Rdnr. 48 f.

677 TT-Leitl., Tz. 62.

678 7. Kapitel C. I. 2. c. ee. (3).

schwellen (Art. 8). Diesbezüglich wird auf die Ausführungen zur TT-GVO 2004 verwiesen.[679]

Im Vergleich zur TT-GVO 2004 fällt allerdings auf, dass die technologierelevante Ausnahme von Kernbeschränkungen, die *field-of-use*-Begrenzungen ausdrücklich gestattete (Art. 4 I lit. c i TT-GVO 2004), keine entsprechende Nachfolgenorm in der TT-GVO 2014 gefunden hat. Allerdings hat die Kommission klargestellt, dass technisch-objektive Nutzungsbeschränkungen keine Kundenkreisbeschränkungen sind, auch wenn sie sich im Ergebnis vergleichbar auswirken können.[680] Erstaunlicherweise hatte die Kommission dies bereits zuvor in den TT-Leitl. 2004 festgehalten, aber noch keinen Anlass gesehen, dies durch die TT-GVO 2004 noch zuätzlich klarzustellen.[681]

e. *Subsidiarität zu FuE- und Spezialisierungs-GVO*

Wie bereits durch den Entwurf angekündigt, ist diese neue TT-GVO subsidiär zur FuE- sowie zur Spezialisierungs-GVO: Vereinbarungen, die jenen GVOen unterfallen, unterfallen nicht der TT-GVO. Dies ist in Art. 9 niedergelegt.

f. *Sonstige Bestimmungen*

Im Übrigen entspricht die TT-GVO formell weitgehend ihrer Vorgängernorm. Die kleineren Unterschiede sind für die vorliegende Untersuchung nicht relevant. Auch diese TT-GVO gilt nicht für Technologie-Pools.[682]

g. *Zwischenergebnis*

Auch die Anwendung der TT-GVO 2014 ist maßvoll zu handhaben. Wie bereits die TT-GVO 2004 bereitet die Bestimmung ihres Anwendungsbereiches signifikante Schwierigkeiten. Aus Perspektive des Softwarerechts ist wohl der größte Reformgewinn, dass die Anwendung der TT-GVO für verschiedene Vertriebskonstellationen nun ausdrücklich aufgegeben wird.

---

679 Vgl. 7. Kapitel C. I. 1. e.

680 TT-Leitl., Tz. 208 ff.; *Bechtold/Bosch/Brinker*, Art. 4 VO 316/2014 Rdnr. 13.

681 TT-Leitl. 2004, Tz. 179 ff., Tz. 180 S. 2 ff.: „Eine Beschränkung des Kundenkreises setzt voraus, dass die Kundengruppen genau bestimmt werden, die von den Parteien nicht beliefert werden dürfen. Der Umstand, dass eine Nutzungsbeschränkung bestimmten Kundengruppen in einem Produktmarkt entsprechen kann, besagt nicht, dass die Beschränkung als Kundenkreisbeschränkung einzustufen ist. Dass bestimmte Kunden beispielsweise überwiegend oder ausschließlich Chipsätze mit mehr als vier Zentraleinheiten erwerben, bedeutet nicht, dass eine Lizenz, die auf Chipsätze mit bis zu vier Zentraleinheiten beschränkt ist, eine Kundenkreisbeschränkung enthält. Die Nutzungsbeschränkung muss allerdings objektiv unter Verweis auf genau bezeichnete, relevante technische Merkmale des Lizenzerzeugnisses definiert sein." (Vgl. nunmehr TT-Leitl., Tz. 208).

682 Etwa TT-Leitl., Tz. 247.

3. Analoge Anwendung der TT-GVO

In der Literatur wird diskutiert, die TT-GVO analog[683] anzuwenden; selbst die Kommission verspricht in ihren TT-Leitlinien – in denen von 2014 wie bereits in denen von 2004 – an mehreren Stellen eine entsprechende Anwendung.[684] Eine analoge Anwendung der TT-GVO ist nach der hier vertretenen Auffassung grundsätzlich abzulehnen. Es wurde bereits erörtert, nach welchen Maßstäben im europäischen Recht eine analoge Anwendung stattfinden kann, auch, weswegen Gruppenfreistellungsverordnungen grundsätzlich keiner analogen oder entsprechenden Anwendung zugänglich sind.[685] Gleichwohl sollen hier die konkreten Vorschläge ausführlicher erörtert werden:

a. Seitens der Kommission angekündigte Regelungslücke im Zeichen begrenzter Ermächtigung: Bipolarität der TT-GVO

Die Kommission kündigt an, die bilateral begrenzte TT-GVO auf Vereinbarungen mit mehr als zwei beteiligten Unternehmen auszuweiten.[686] Dabei verwundert es zunächst, dass die Kommission anscheinend vollkommen bewusst Regelungslücken[687] ließ, zumal TT-GVO und TT-Leitlinien jeweils zeitgleich entstanden und auch von der Fortschreibung der TT-GVO 2004 zur aktuellen TT-GVO 2014 hieran festgehalten wurde. Diese sind aber auf fehlende formelle Kompetenz der Kommission bzw. begrenzte Ermächtigung dieser durch den Rat rückführbar. Fehlt es an der Kompetenz des Verordnungsgebers, kann dieser nicht einfach eine entsprechende Anwendung anordnen, zumal bzgl. der Begrenzung nicht von einer planwidrigen Lücke seitens des Rates (sic!) auszugehen ist, der eine Begrenzung auf zwei Akteure im Rahmen der VO 19/1965 ausdrücklich vorgab.[688] Dies hat sich ebenfalls nicht durch den – auch gegenüber der Vorgängernorm – veränderten Art. 105 III AEUV erledigt; die Begrenzung besteht fort.

Sachlich spricht zudem gegen eine solche Ausweitung auf drei oder noch mehr Parteien, dass solche Lizenzierungen an mehrere Parteien zu unüberschaubaren Verbreitungen führen, die teilweise schon nicht mehr gewollt sein können und eben die Gefahr der Verbreitung schlechter Standards oder beschränkender

[683] 7. Kapitel A. II. 2. c. bb.

[684] Etwa TT-Leitl. 2004, Tz. 51; nunmehr verändert TT-Leitl., Tz. 48.

[685] 7. Kapitel A. II. 2. c. bb.

[686] TT-Leitl. 2004, Tz. 40, TT-Leitl., Tz. 57 „wendet … analog an".

[687] Vgl. ohne weitere Begründung: *Schultze/Pautke/Wagener* 2005, Rdnr. 416. Planwidrigkeit kann ergänzend auch nicht aus der möglichen Konzeptlosigkeit der Kommission abgeleitet werden.

[688] Art. 1 VO 19/65/EWG: „… an denen nur zwei Unternehmen beteiligt …" bzw. in der u. a. durch die VO 1/2003 geänderten Fassung nunmehr Art. 1 I lit. b): Für Vereinbarungen nicht über gewerbliche Schutzrechte wurde indes die Begrenzung auf zwei beteiligte Parteien durch die Änderungen der VO aufgegeben.

Vereinbarungen zwischen einer Vielzahl an Parteien bergen.[689] Dem könnte wiederum durch die Marktanteilsschwellen Einhalt geboten werden, die dann entsprechend in ihrer Summe auf drei oder eben mehr Parteien zu verteilen wären.[690] Doch solche Fragen können in aller Regel ebenfalls hinreichend im Rahmen des Art. 101 III AEUV sorgfältig untersucht werden, einschließlich der Untersuchung kumulativer Effekte, der Notwendigkeit möglichen Blockadebrechens u. v. a. Was nicht bei direkter Anwendung sein soll, soll auch nicht durch Analogie sein.

Hingegen können diese Ankündigungen der Kommission höchstens als verpflichtende Selbstbindungen bewertet werden, ohne eine Analogie annehmen zu müssen – und somit nichts anderes als ansonsten unverbindliche Konkretisierung des Art. 101 III AEUV aus (höchst-)behördlicher Sicht.[691]

b. Eine weitere Lücke, die die Kommission ließ: Mastersoftwarelizenzen, Golden Discs und Online-Vertrieb

Wird eine sogenannte Herstellungslizenz eingeräumt und ein zu vervielfältigender Datensatz zur Verfügung gestellt, sollen die Vereinbarungen nach der Maßgabe der TT-GVO freigestellt sein, was zumindest in Hinblick auf die TT-GVO 2004 vertreteten wurde.[692] Der Vertrieb bereits hergestellter Software indes sollte eher der Vertikal-GVO unterfallen. Wenn die körperliche Weitergabe von Software durch die Vertikal-GVO freigestellt sein sollte,[693] die Fertigung von Datenträgern und ggf. auch die unkörperliche Verbreitung aber nach der TT-GVO, stellt sich die Frage nach dem Grund für eine solche Differenzierung. Diese stellt sich auch deswegen, weil bei digitalen Gütern und gerade bei Software eine Abgrenzung zwischen Vervielfältigung und Verbreitung kaum möglich ist.[694] Sodann führte die unkörperliche Verbreitung via Anwendung der großzügigeren TT-GVO zu einer Besserstellung gegenüber der körperlichen, sich nach der Vertikal-GVO zu bemessenden Verbreitung, was weder sachlich noch im Zeichen des Gleichheitsgrundsatzes hinreichend erklärbar wäre,[695] der vielmehr die einheitliche Anwendung einer GVO für all diese Fälle nahelegte.

---

[689] Vgl. 10. Kapitel B. III. 2. a. bb. (2).

[690] 7. Kapitel C. I. 1. e. aa.

[691] Soweit zutreffend: *Schultze/Pautke/Wagener* 2005, Rdnr. 416.

[692] TT-Leitl. 2004, Tz. 42, nunmehr verändert TT-Leitl., Tz. 60; *Batchelor* CTLR 2004, S. 167. Zumindest im Fall einer *Master Copy*: *Klawitter* in: Wiedemann 2008, § 13 Rdnr. 55 (Auffassung nunmehr aufgegeben, s. *Klawitter* in: Wiedemann 2016, § 14 Rdnr. 54); *Bödeker* 2008, S. 166: „scheint … auch mit dem Ziel der Gruppenfreistellungsverordnung im Einklang zu stehen".

[693] Vgl. 7. Kapitel C. I. 6. b. bb. (1).

[694] Vgl. krit. *Wolf* 2009, S. 234 f. im Hinblick auf die Erschöpfung.

[695] Vgl. krit. *Schultze/Pautke/Wagener* 2005, Rdnr. 409 ff.

Die Freistellung solcher Verbreitungs- und Vervielfältigungshandlungen nach der TT-GVO waren und sind, wie ausgeführt, jedoch überhaupt abzulehnen. Die Interessenlagen sind überhaupt nicht vergleichbar, weswegen direkte wie analoge Anwendung ausscheiden, da es sich um bloße Güterverbreitung handeln kann. Es kann zudem nicht ohne leichterdings angenommen werden, dass alle Voraussetzungen des Art. 101 III AEUV durch solche Vereinbarungen erfüllt werden.[696] Die fehlende Ermächtigung der Kommission ist eine weitere Frage.[697] Diese Diskussion sollte aber nunmehr durch die aktuelle TT-GVO und TT-Leitlinien erledigt sein.[698]

c. *Allgemeine Ausweitung auf alle Arten von Urheberrechten*

Die Verbreitung aller Arten sonstiger Urheberrechte bzw. Werke, ausgenommen bestimmter Nutzungsformen, sollen auch nach der TT-GVO (analog) beurteilt werden.[699] Wird als Wiedergabe in den TT-Leitlinien jedes Abspielen eines Filmes oder eines Musikstückes verstanden, dann wäre die Anwendbarkeit der TT-GVO auf sonstige Urheberrechte stark begrenzt.[700] Werden sie lediglich auf Vorführung wie etwa in Lichtspielhäusern bezogen, wäre die Verbreitung von (digitalen) Filmen und Musikstücken etc. nach der TT-GVO zu beurteilen.[701] Für letztere Lesart spricht insbesondere, dass bei solchen Werkstücken ebenfalls einmal gezahlt wird und nicht für jede einzelne Wiedergabe zu zahlen bleibt.[702]

Dadurch würden Konsumgüter wie Technologie behandelt. Von grundsätzlicherer Natur ist die Kritik, dies sei „systemwidrig", da gewerbliche Schutzrechte nicht durch das „Band" zwischen Werk und Urheber geprägt seien[703], was sich

696 Das wirft nämlich ganz andere Fragen auf. A. A. TT-Leitl. 2004, Tz. 51.

697 Zumindest in (der geänderten Fassung des) Art. 1 I lit. b VO 19/65/EWG sind solche Rechte nicht erwähnt, lediglich: „Gruppen von Vereinbarungen, an denen nur zwei Unternehmen beteiligt sind und die Beschränkungen enthalten, die im Zusammenhang mit dem Erwerb oder der Nutzung von gewerblichen Schutzrechten – insbesondere von Patenten, Gebrauchsmustern, Geschmacksmustern oder Warenzeichen – oder im Zusammenhang mit den Rechten aus einem Vertrag zur Übertragung oder Gebrauchsüberlassung von Herstellungsverfahren oder von zum Gebrauch und zur Anwendung von Betriebstechniken dienenden Kenntnissen auferlegt sind".

698 Siehe TT-Leitl. 2004, Tz. 62; TT-Leitl., Tz. 62.

699 TT-Leitl. 2004, Tz. 51 f., TT-Leitl., Tz. 48 f.; vgl. FrankfKomm/*Werner*, Art. 101 I, III FallGrp. IV Rdnr. 120; krit., aber unkonkret: *MPI* IIC 2004, S. 194.

700 *Lejeune* CR 2004, S. 472.

701 Wohl so *Kreutzmann* WRP 2006, S. 458.

702 Auch nicht bei Miete oder üblichen besonders strengen DRM-Systemen. Das englische Sprachverständnis stützt eine solche Auslegung, vgl. *Korah* 2006, S. 130.

703 So auch die GRUR im Rahmen des öffentlichen Konsultationsverfahrens, s. http://ec.europa.eu/competition/consultations/2013_technology_transfer/grur_en.pdf; *Nordemann* GRUR 2007, S. 205; dem entgegen sei die Aufnahme von (wohl grds.) „persönlichkeitsfernerer Software" anders zu bewerten (S. 208). Dies auch deswegen, weil Computerprogramme

dergestalt auswirke, dass der Urheber freier, willkürlicher mit seinem Werk und Rechten verfahren dürfe, eben nicht marktrational handeln müsse.[704] Diese Kritik ist einerseits sehr idealistisch geprägt und in Anbetracht der Realität der Musik- oder Filmindustrie womöglich verfehlt – und verliert aus dem Blick, dass die Anwendung der TT-GVO ein Vorteil gegenüber der Nichtanwendung darstellt. Es muss jedoch kritisch berücksichtigt werden, dass in solchen Konstellationen der Wohlfahrtsfaktor durch Technologiefreigabe fehlt: es werden schließlich nur Unterhaltungsgüter[705] verbreitet. Ein Konsumgut als solches bedeutet nicht grundsätzlich schlechtere Technologie, dem Konsumenten wird verbreitete Technologie jedoch nur zur Nutzung zur Verfügung gestellt, sie wird ihm nicht zur Fortentwicklung (Bearbeitung) oder weitergehenden Nutzung offenbart. Bei bloßen digitalen Konsumgütern wird dem Konsumenten dabei nicht einmal wirklich Technik überlassen, sondern nur via Technikprodukten nutzbare Güter. Diese Erwägungen sprechen insgesamt im Einklang mit den vorherigen Erörterungen dafür, einen solchen ausweitenden Anwendungsbereich abzulehnen;[706] letztlich ist diese Frage aber nicht Untersuchungsgegenstand dieser Arbeit.

d. Zwischenergebnis

Die TT-GVO ist – entgegen mancher Literaturstimmen und der Kommission selbst – zu begrenzen und nicht übermäßig auszudehnen, auch nicht im Wege extensiver Auslegung oder Analogien, da weder Technologietransfer und Konsumgüterverbreitung noch Technologietransfer und digitale Konsumgüterverbreitung identisch sind. Dass die TT-GVO nicht ausgeweitet werden sollte, weil ihr bestimmte Kernbeschränkungen einfach fehlen, wird sich noch im Klauseluntersuchungs- und *Lege ferenda*-Teil dieser Arbeit zeigen.[707]

4. Freistellungsmöglichkeiten durch die Forschungs- und Entwicklungs-GVO

a. Allgemeines

Die einstige F&E- (oder Englisch: R&D-) oder FuE-GVO 2659/2000 wurde samt der – im Nachfolgenden vorgestellten[708] – Spezialisierungs-GVO als

---

oftmals von Personengruppen oder -scharen (planmäßig) entwickelt werden – vgl. *Sucker* CR 1989, S. 356.

[704] *Nordemann* GRUR 2007, S. 205 f.: „Einer bestimmten ‚Marktrationalität' muss der Urheber nicht … folgen, weil der spezifische Schutzgegenstand eben einen starken persönlichkeitsrechtlichen Einschlag hat."

[705] Positiv formuliert: Kulturgüter – aber eben keine Technologiegüter.

[706] Im Ergebnis ähnlich *Lang* 2009, S. 311 (12. These), zumindest sei die Heranziehung der TT-GVO „nicht immer geboten" (S. 62 f.).

[707] 8. Kapitel, 10. Kapitel.

[708] 7. Kapitel C. I. 5.

auch den Horizontal-Leitlinien im Jahr 2010 reformiert. Die neue FuE-GVO 1217/2010[709] gilt seit dem 1.1.2011 und wird noch bis zum 31.12.2022 gelten (s. Art. 9 eben dieser). Dieser Reformprozess verlief mit relativ geringer Kenntnisnahme im IP- und IT-Bereich. Die zugehörigen Entwürfe kommentierten etwa die *GRUR* recht kurz und das *Münchener MPI* ausführlicher. Die *GRUR* kritisierte speziell ausführliche Äußerungen in den Leitlinien zu Normungsfragen, die sie bevorzugt in einer gesonderten Leitlinie – mit deutlichem Fokus auf Art. 102 AEUV – erörtert wünschte.[710] Das *MPI* kritisierte u. a. einzelne Unklarheiten, lobte andererseits aber auch einzelne Klarstellungen.[711]

b. *Voraussetzungen der Anwendbarkeit*

aa. *Allgemeines*

Die FuE-GVO soll es Unternehmen u. a. erlauben, ihre Fähigkeiten zu ergänzen und gemeinsam durchgeführte oder finanzierte Forschungsvorhaben zu verwerten (vgl. Erwägungsgrund 8).[712] Die Freistellung setzt zunächst eine der in Art. 1 I lit. a FuE-GVO dargestellte Forschungs- und Entwicklungsvereinbarung voraus. Darunter fallen auch bestimmte Auftrags-FuE (lit. a iv–vi).[713] In den Phasen der FuE und der Ergebnisverwertung können sich die Parteien zudem spezialisieren (Art. 1 I lit. n, o).

Zur FuE wiederum gehört naturgemäß die „Erlangung von Rechten des geistigen Eigentums an den Ergebnissen" (Art. 1 I lit. c a. E.), die sodann verwertet werden können (lit. g). Diese Rechte beinhalten Urheber- und Patentrechte (lit. h). *Know how* ist ebenfalls erfasst (vgl. lit. g, i) und wie in der TT-GVO definiert (lit. i-l). Die Freistellung gem. Art. 2 I FuE-GVO gilt jedoch nach Abs. II dann nicht, wenn Rechteübertragungen oder Lizenzierungen „Hauptgegenstand"[714] solcher Vereinbarungen und für deren Umsetzung nicht erforderlich sind. Nach Art. 3 FuE-GVO müssen grundsätzlich alle Parteien Zugriff auf die FuE-Ergebnisse haben. Diese Ergebnisse werden gemeinhin als *Foreground*-IP bezeichnet und die bereits vor der gemeinsamen FuE bestehenden oder

---

709 Sie unterscheide sich kaum von der Vorgängernorm und sei „etwas liberaler" – *Kunzmann* MDP 2012, S. 446; „gelungene Überarbeitung" bei *Besen/Slobodenjuk* GRUR 2011, S. 305.

710 *GRUR* GRUR 2010, S. 897 f.

711 Etwa *MPI* IIC 2010, S. 949 (Rdnr. 5), S. 950 f. (Rdnr. 9). Zum Vergleich mit der Vorgängernorm s. ebenfalls *Kallaugher/Weitbrecht* ECLR 2011, S. 334.

712 S. ErwGrd. 8 u. 9.

713 Kritisch zu der missglückten Regelung: *Winzer* 2011, Rdnr. 943 ff., 952: „Zu den Bedingungen der FuEVO [FuE-GVO] kann keine Auftrags-FuE stattfinden."

714 Nach *Lejeune* ITRB, S. 117 sei dies etwa nicht der Fall, wenn das Projekt ein konkretes problemlösendes Ziel verfolge. Ähnlich *Rosenberger* GRUR Int 2012, S. 725: „… kann insbesondere … erfüllt sein, die einer Partei eine bestimmte F&E-Aufgabe zuweist, welche diese aber nur unter Benutzung eines Altschutzrechts und/oder von vorhandenem Know-how der anderen Partei erfüllen kann."

unabhängig von diesen noch entstehenden Kenntnisse und Rechte als *Background-IP*[715].

bb. Typische Anwendungskonstellationen

Hieraus ergibt sich bereits, dass typische Lizenzierungsvorgänge bzw. Softwareverträge nicht der FuE-GVO unterfallen können. Vielmehr bedarf es typischerweise einer Vereinbarung zwischen – einer an sich beliebigen Anzahl – Unternehmen, gemeinsam forschen oder entwickeln zu wollen oder eine entsprechende Aufgabe durch einen oder mehrere beauftragte Parteien ausführen zu lassen und dieses finanzieren (vgl. Art. 1 I lit. q) zu wollen. Zum Zweck dieser Vereinbarung können dann Rechte, etwa Softwareurheberrechte, eingeräumt[716] werden, wie sodann auch Software(teile und -Code) übergeben werden kann. Dies darf nicht Hauptgegenstand sein, muss sich zudem unmittelbar auf die Umsetzung der FuE-Vereinbarung beziehen und muss hierfür erforderlich sein (vgl. Art. 2 II a. E.). Im Rahmen einer FuE-Vereinbarung können etwa auch Gerätschaften, etwa Mess- oder andere Laborgeräte, übergeben oder sonstige Einrichtungen oder ausschließlich Geld[717] transferiert oder in den Forschungsverbund eingebracht werden. Die genaue Anwendung dieser offenen Kriterien lässt freilich Fragen offen.[718] Fraglich ist insbesondere, ob sich Haupt- oder Nebenabsprache an möglichen prozentualen Wertanteilen scheiden, was etwa im Rahmen der TT-GVO 2004 anzunehmen war.[719] Gerade in FuE-Verträgen wird dies oftmals schwierig zu ermessen sein, wenn etwa neben Software-Rechten keinerlei wertmäßig quantifizierbare Werte im jeweiligen Vertrag benannt sind und sich beide Parteien etwa nur „nach Kräften" bemühen wollen oder in anderer unquantifizierter Form ihre zukünftigen FuE-Bemühungen beschreiben.

cc. Verhältnis zur TT-GVO

Die FuE-GVO enthält keine Bestimmung zum Verhältnis zur TT-GVO. Die (neuere) TT-GVO bestimmt indes den Vorrang von FuE- und Spezialisierungs-GVO ihr gegenüber (Art. 9 TT-GVO): Ist demnach die FuE-GVO anwendbar, scheidet die TT-GVO aus und bleibt also unbeachtlich. Sofern noch überhaupt keine Software besteht oder konkretisiert ist, kann bereits tatbestandlich grundsätzlich nur die FuE-GVO zur Anwendung gelangen. Der Ansatzpunkt der FuE-GVO ist gerade der Bezug auf noch nicht existente Technologien und

[715] *Winzer* 2011, Rdnr. 248 ff.

[716] Ggf. nur für die Benutzung im Rahmen der FuE oder auch im Hinblick auf die Verwertung, vgl. *Winzer* 2011, Rdnr. 220 ff.

[717] ErwGrd. 8 a. E.

[718] Vgl. auch 7. Kapitel C. I. 6. b. bb; und *MPI* IIC 2010, S. 951 f. (Rdnr. 10, 12).

[719] Vgl. 7. Kapitel C. I. 1. d. bb. (3).

entsprechend nicht konkrete Produkte.[720] Typische Lizenzverträge indes enthalten keinerlei FuE-Elemente,[721] sodass diese i. d. R. nicht in den Tatbestand der FuE-GVO fallen können und dann insoweit höchstens noch TT-GVO und/oder Vertikal-GVO anwendbar sein können. Indes können auch im Rahmen einer Vereinbarung nach der TT-GVO erst noch weitere Rechte entstehen, was bereits die Regelungen zu Rücklizenzen belegen (vgl. Art. 5 I lit. a TT-GVO). Gleichwohl wird dies im Rahmen einer Vereinbarung nach der TT-GVO nicht der typisch gelagerte und geplante Fall sein. Wenn nämlich ein Programm mit einem Entwicklungsauftrag weitergegeben wird, spricht dies für die Anwendung der FuE-GVO.[722] Die Lizenzierung der Ergebnisse von Forschungsvorhaben nach der FuE-GVO an Dritte kann hingegen der TT-GVO unterfallen, also die Lizenzierung von FuE-Ergebnissen an Parteien, die an dem FuE-Projekt nicht beteiligt waren.[723]

Insgesamt bleibt daher festzuhalten, dass die FuE-GVO bei bestehenden Programmen selten relevant ist, indes bei zu erschaffender oder erheblich zu modifizierender Software relevant werden und dann die TT-GVO verdrängen kann. Die erst nachfolgenden Überlassungen an Dritte, also nicht an der FuE beteiligten Parteien, betrifft sie tendentiell nicht, höchstens die Vorbereitung der Verwertung eben solcher „erwachsender" Urheberrechte, soweit diese bereits im Rahmen der FuE-relevanten Vereinbarung niedergelegt wird.

c. Freistellungsvoraussetzungen bzw. Freistellungshindernisse

Des Weiteren enthält die FuE-GVO Marktanteilsschwellen (Art. 4), Kernbeschränkungen (Art. 5) wie nicht freigestellte Klauseln (Art. 6). Hervorzuheben ist hierbei, dass nach Art. 6 lit. a FuE-GVO solche Vereinbarungen nicht freigestellt sind, welche einen Nichtangriff von Rechten des geistigen Eigentums begründen.

d. Zwischenergebnis

Der Anwendungsbereich der FuE-GVO ist jenem der TT-GVO gewöhnlich vorgelagert. Überschneidungen können aber im Hinblick auf die Verwertung auftreten – und womöglich auch dann, wenn parallel zu einer FuE-Kooperation noch weitere Rechte übertragen und ggf. gebündelt verwertet werden sollen. Die FuE-GVO ist gegenüber der TT-GVO grundsätzlich vorrangig, sofern diese auf die jeweilige Vereinbarung tatbestandlich anwendbar ist.

---

[720] *Schultze/Pautke/Wagener* 2005, Rdnr. 426.

[721] Vgl. *Winzer* 2011, Rdnr. 16.

[722] TT-Leitl., Tz. 66, *Schultze/Pautke/Wagener* 2005, Rdnr. 427.

[723] TT-Leitl., Tz. 74; *Winzer* 2011, Rdnr. 372 (anders als die Lizenzierung des *Background IP* der Parteien untereinander; *v. Falck/Schmaltz* in: Loewenheim/Meesen/Riesenkampff[2], Einf. TT-GVO Rdnr. 9.

5. *Freistellungsmöglichkeiten durch die Spezialisierungs-GVO*

Die Spezialisierungs-GVO 2658/2000 wurde gemeinsam mit der FuE-GVO und den Horizontal-Leitlinien 2010 reformiert,[724] gilt seit dem 1.1.2011 als Spezialisierungs-GVO 1218/2010 und wird noch bis zum 31.12.2022 gelten (s. Art. 7). Neben den üblichen Bestandteilen bestimmt sie ihren Anwendungsbereich auf Spezialisierungsvereinbarungen, die ebenfalls Lizenzgeschäfte nicht als *Hauptgegenstand* umfassen dürfen (Art. 2 II). Die Spezialisierungs-GVO will komplementäre Fähigkeiten zusammenwirken lassen.[725] Die *Spezialisierung* selbst ist in dieser nur rudimentär definiert. Im Falle einer Spezialisisierung jedenfalls verzichtet eine Partei auf die Produktion (Art. 1 I lit. b) bzw. zumindest auf die Produktion bestimmter Produkte (Art. 1 I lit. c) – oder aber die Parteien produzieren gemeinsam (Art. 1 I lit. d). Das Produkt, also das Ergebnis dieser Produktion, kann auch eine Dienstleistung sein (vgl. Art. 1 I lit. f Spezialisierungs-GVO). Im Übrigen entspricht auch diese Gruppenfreistellungsverordnung dem „modernen" Regelungsmuster.

Somit kann zwar angedacht werden, die (Auftrags-)Fertigung von Kopien auf Datenträgern als solche Spezialisierung, die ggf. über ein *Joint Venture* o.ä. durchgeführt wird, aufzufassen.[726] Dies ist aber überaus problematisch, weil der Wortlaut der Spezialisierungs-GVO die eigene Anwendung an dem bereits genannten Ausschlussmerkmal, dass Vereinbarungen über Rechte des geistigen Eigentums nicht Hauptgegenstand einer Spezialisierungs-Vereinbarung sein dürfen, scheitern lässt.[727] Dies gilt somit erst recht, wenn lediglich ein Datensatz überlassen bzw. übertragen wird, der nur digital vervielfältigt oder distribuiert werden soll, da dann nicht einmal ein (an sich bereits beinahe wertloser) Datenträger erstellt wird, der selbst neben Urheberrechten und Software ebenfalls nicht Hauptgegenstand einer solchen Vereinbarung sein kann.[728] Wenn dieses Unternehmen nicht nur die Fertigung, sondern auch den Vertrieb übernähme, sollten die Vertriebsvorgaben der Lizenzgeber in jedem Fall aber nicht von einer Freistellung durch die Spezialisierungs-GVO erfasst sein. Die Weitergabe von Software bzw. Lizenzen durch das *spezialisierte Unternehmen* fällt in jedem Fall nicht mehr in den Anwendungsbereich der Spezialisierungs-GVO;[729] d. h. es unterfällt dieser Gruppenfreistellungsverordnung daher kein typischer Lizenzvertrag. Die Bildung von Technolgie-Pools soll der Spezialisierungs-GVO

---

[724] S. dazu oben 7. Kapitel C. I. 4; zum Vergleich zu vorherigen GVO s. kurz *Kallaugher/ Weitbrecht* ECLR 2011, S. 334.

[725] Vgl. ErwGrd. 6.

[726] TT-Leitl., Tz. 72.

[727] Vgl. *Schultze/Pautke/Wagener* 2005, Rdnr. 319 ff., 428.

[728] Vgl. 7. Kapitel C. I. 6. b. bb zur Vertikal-GVO.

[729] TT-Leitl., Tz. 72.

ebenfalls nicht unterfallen – und auch nicht der TT-GVO, sondern lediglich den TT-Leitlinien.[730]

6. *Freistellungsmöglichkeiten durch die Vertikal-GVO*

a. *Allgemeines*

Die Vertikal-GVO, ehemals die Verordnung 2790/1999, deren Änderung im September 2009 angekündigt[731] und 2010 vollzogen worden ist, firmiert als Vertikal-GVO 330/2010 und soll – wie bereits die Vorgängernorm – den Vertrieb regeln. Im Bereich des Vertriebes ist insbesondere zu berücksichtigen, dass es keiner Freistellung bedarf, wenn die jeweiligen Vereinbarungen, speziell im Rahmen eines selektiven Vertriebssystems, bereits Art. 101 I AEUV enthoben sind.[732]

Die neue Vertikal-GVO wurde wiederum einer ausgiebigen öffentlichen Konsultation unterzogen[733]; Diskussionsgegenstände waren dabei insbesondere der Internetvertrieb, also der Vertrieb „herkömmlicher" physischer Waren über Internetangebote, und entsprechende Ausführungen zum passiven oder aktiven Vertrieb. Die Vertikal-GVO hat sich kaum geändert, gleichwohl wurden die Anwendungsvoraussetzungen durch Absenkung der Marktanteilsschwellen erhöht; die zugleich erneuerten Vertikal-Leitlinien haben sich in vielen Punkten nicht geändert, lassen aber Ausführungen zu Kommissionsansichten bzgl. Internetvertrieb (einschließlich aktiven oder passiven Vertriebes) nun deutlich größeren Raum, ohne auch hierbei abschließend im Detail Klarheit zu gewinnen.[734] Unklarheiten in Bezug auf den Softwarevertrieb – dazu sogleich – wurden nicht geklärt.[735]

Im IT-Bereich gab es zum Vertikal-Bereich prominente Entscheidungen zu Nintendo im Hinblick auf Konsolen- und Spielvertrieb sowie zu Activision/ Blizzard (bzw. deren Rechtsvorgänger) und weiteren als *Publisher* hinsichtlich des Ausschlusses von Parallelimporten.[736]

---

[730] TT-Leitl., Tz. 72.

[731] Zum Reformverfahren: http://ec.europa.eu/competition/consultations/2009_vertical_agreements/index.html.

[732] 7. Kapitel B. V.

[733] Die *GRUR* GRUR 2010, S. 37 ff. äußerte sich zum Entwurf, ging auf Software aber nicht ein.

[734] Vgl. *Wiring* MMR 2010, S. 659 ff.; *Polley* CR 2010, S. 626 ff.; *Schulze zur Wiesche* K&R 2010, S. 541; *Nordmeyer/Hennigs* http://www.computerundrecht.de/24876.htm; *Kallaugher/Weitbrecht* ECLR 2011, S. 333; *Velez* ECLR 2011, S. 213 f. (krit. wg. neuer Unsicherheiten – S. 219); *Pischel* GRUR 2010, S. 972 ff.

[735] *Polley* CR 2010, S. 625.

[736] S. zum Überblick der Verfahren BeckO MMR-Aktuell 2011, 314470, zumal gegen 1995 die Vertriebswege Nintendos umfassend seitens der Kommission untersucht worden sind. Die Marktanteile der Beteiligten wurden seitens des EuG als vertrauliche Information

b. Voraussetzungen der Anwendbarkeit

aa. Allgemeines

Die Vertikal-GVO stellt gem. Art. 2 I Vereinbarungen zwischen zwei oder mehr Unternehmen auf unterschiedlichen Produktions- oder Vertriebsstufen frei (Art. 1 I lit. a). Dies erfasst bereits nach Art. 1 I lit. a Vertikal-GVO nicht ausschließlich den Weitervertrieb, sondern auch das Beziehen, also den Absatz zur eigenen Verwendung.

bb. Ausschluss der Anwendbarkeit im Falle geistigen Eigentums als Hauptgegenstand der Vereinbarung

Nach Art. 2 III S. 1 Vertikal-GVO sind jedoch solche Vereinbarungen nicht freigestellt, deren Hauptgegenstand Rechte des geistigen Eigentums sind. Eine Freistellung ist auch nur dann möglich, wenn sich solche Rechte nach S. 2 zusätzlich direkt auf den Absatz oder die Benutzung der überlassenen Produkte oder Dienstleistungen durch den Abnehmer oder dessen Kunden beziehen. Dadurch wird die Frage aufgeworfen, inwieweit die Überlassung von Software – ob zum Gebrauch oder zur Weitergabe im Rahmen des Vertriebes – im Anwendungsbereich der Vertikal-GVO liegen kann.

(1) Vertriebs- und Überlassungskonstellationen

(a) Vorgaben der Kommission und Würdigung dieser

Da der Hauptgegenstand der Vereinbarung nach dem Wortlaut des Art. 2 III kein Recht des geistigen Eigentums sein darf, ist zumindest eine Anwendung bei Software denkbar, die nicht von einem Schutzrecht umfasst ist.[737] Eine solch banale Software ist sehr selten;[738] auch ist aus der vorrangigen[739] TT-GVO zu schließen, dass bereits bloßes *Know How* als geistiges Eigentum ausreichen kann, um die Anwendbarkeit der Vertikal-GVO zu negieren (vgl. Art. 1 I lit. b, lit. i TT-GVO). Die Vertikal-GVO fasst *Know How* ebenfalls als geistiges Eigentum auf (Art. 1 I lit. f, g).

Im Übrigen bleibt fraglich, in welchen Fällen von Software-Verträgen diese Rechte nicht Hauptgegenstand der Vereinbarung im Normsinne sind. Erst recht bei Individualsoftware, die i. d. R. detaillierte Vorgaben des Lizenznehmers ver-

---

nicht veröffentlicht. Zur Marktbeherrschung s. 8. Kapitel G.; Ausführungen zur Vertikal-GVO enthalten die EuG- und EuGH-Entscheidungen nicht.

737 *Schultze/Pautke/Wagener* 2005, Rdnr. 404 – fraglich bleibt, ob die Autoren den Schwerpunkt tatsächlich bei der Geltendmachung des Urheberrechts sehen oder das Bestehen eines Urheberrechts meinen. Sollte nämlich ein Urheberrecht bestehen, aber lediglich nicht geltend gemacht werden, liegt nämlich auch eine Form der Lizenzierung vor (3. Kapitel B. XI. 1.).

738 Zumindest aber ungewöhnlich – vgl. 2. Kapitel B. II. 1.

739 7. Kapitel C. I. 9.

langt, ist fraglich, wie hierbei die Software „Nebengegenstand" sein kann.[740] Dass der Hauptgegenstand alleinig nach Umfang der Regelungen erfasst wird, wird nicht ernsthaft vertreten werden können, vielmehr erscheint eine Orientierung am wirtschaftlichen Wert – auch hier[741] – grundsätzlich geboten.

Die Vertikal-GVO ist gerade für den Warenvertrieb geschaffen,[742] nach Kommissionswillen aber ausdrücklich ebenfalls für den Software-Handel, also für Verträge zwischen Vertrieb und Software-Herstellern zur Weitergabe von Software an verschiedene Handelsstufen, wenn der weitere Vertrieb einem *Shrink Wrap*-Modell oder vergleichbaren Methoden unterliegt,[743] also wenn nach Abnahme der Software ein (zusätzlicher) direkter Lizenzvertrag zwischen Endabnehmer und dem Software-Hersteller geschlossen werden soll.[744]

Sie soll womöglich – der Leitlinien-Text ist insoweit nicht eindeutig – des Weiteren für Verträge zwischen Händlern und Endabnehmern gelten,[745] sofern diese Verträge ebenfalls dem *Shrink-Wrap*-Modell und verwandten Modellen folgen. Was auch im Unternehmensverkauf zumindest bei Standardsoftware der Fall sein kann, aber zumindest bei den geläufigen Volumen-Lizenzen gar nicht der Fall ist. Dieses wäre zumindest in der Logik der Kommission folgerichtig, da auch zwischen Händlern und Endabnehmern in diesen Konstellationen kein Lizenzvertrag geschlossen werden muss, denn dieser käme erst später zwischen Endabnehmer und Software-Hersteller zustande. Daher läge zwischen Händler und Endabnehmer kein Vertrag vor, dessen Hauptgegenstand Rechte des geistigen Eigentums wären.

Dabei geht die Kommission ohne Weiteres von der Gültigkeit solcher *Shrink-Wrap*-Verträge aus,[746] was überraschen muss, denn diese sind nicht mit dem

---

[740] *Schultze/Pautke/Wagener* 2005, Rdnr. 405 mit anderer Argumentation; *Rahlmeyer* in: Martinek/Semler/Flohr, § 40 Rdnr. 41. *Ahrens* in: Berger/Wündisch, § 12 Rdnr. 41 führt als Beispiel den Buchhandel an, der abseits von Lizenzrechten nicht denkbar wäre. Allerdings ist zu entgegnen, dass ein Buch unmittelbar genutzt werden kann und seitens der Verlage oder Autoren auch nicht versucht wird, noch beschränkende Verträge mit dem Lesenden zu schließen. Dies gilt ebenfalls bei Filmen oder Musik. Die Problemlage ist überhaupt nicht vergleichbar.

[741] Vgl. 7. Kapitel C. I. 1. d. bb. (3).

[742] Vertikal-Leitl., Tz. 2.

[743] Vgl. 3. Kapitel B. I. 3.

[744] Vertikal-Leitl., Tz. 40: das „reseller" in der englischen Sprachfassung als der dortig im Deutschen verwendete Begriff des „Wiederverkäufers".

[745] *Metzger/Hoppen* CR 2017, S. 631 schließen indes aus den nicht eindeutigen Ausführungen der Kommission, die „eine Lizenzeinräumung an den Abnehmer beinhalten, an keiner Stelle erwähnen", dass die Vertikal-GVO bei der Überlassung an Anwender nicht anwendbar sei – *Metzger/Hoppen* CR 2017, S. 631.

[746] Vertikal-Leitl., Tz. 41 a. E.: „... Bei dieser Art des Vertriebs wird die die Software betreffende Lizenzvereinbarung nur zwischen dem Inhaber der Urheberrechte und dem Nutzer der Software geschlossen, wobei die rechtliche Vermutung geschaffen wird, dass der Nutzer durch die Entsiegelung des Softwareprodukts die Bestimmungen der Vereinbarung annimmt."

ansonsten hochgehaltenen Verbraucherschutz-Paradigma[747] vereinbar und ebenfalls kaum mit Art. 5 I der Computerprogramm-Richtlinie[748] bzw. § 69d UrhG.[749]

In Erwägungsgrund 7 der TT-GVO 2014 deutet die Kommission nunmehr an, dass zumindest Vereinbarungen zum Vertrieb und zur Vervielfältigung von Software der Vertikal-GVO unterfallen könnten, da sie Vertriebsvereinbarungen ähnelten. In den TT-Leitlinien 2014 wird, wie bereits angeführt, sogar ausdrücklich ausgeführt, dass „Vervielfältigung zum Vertrieb … analog" unter die Vertikal-GVO und die Vertikal-Leitlinien falle. Darunter versteht die Kommission, wenn „eine Lizenz zur Vervielfältigung der Software auf einem Datenträger erteilt wird". An derselben Stelle in der TT-GVO werden „Schutzhüllenlizenzen" wiederum anerkannt, allerdings wird nicht klargestellt, ob auch diese den Vertikal-Regeln unterfallen sollen.[750] Ferner erwähnt die Kommission an derselben Stelle der TT-Leitlinien noch sonstige Software-Lizenzierungen und den Vertrieb von Software durch Herunterladen aus dem Internet, stellt lediglich klar, dass diese nicht dem TT-Regime unterfallen, ordnet allerdings nicht ausdrücklich – aber womöglich indirekt – die Anwendung des Vertikal-Regimes an. Damit wurde zumindest die sachlich nicht nachvollziehbare Zuordnung von Verträgen in die TT-GVO aufgehoben. Gleichwohl hat die Kommission eine weitgehende Geltung der Vertikal-GVO angeordnet. Die Kommission hat aber weitreichende Klarstellungen unterlassen.

In jedem Fall stellt sich die Frage, ob bei Verträgen zur Überlassung von Software zwecks Reproduktion von Software zum Vertrieb eben dieser Software die Software nicht Hauptgegenstand sein kann. Auch insoweit stellt sich die Frage, was denn ansonsten Hauptgegenstand dieser Verträge sein kann. Insofern die Kommission nun in den TT-Leitlinien ausführt, sie wolle insoweit die Vertikal-GVO lediglich „analog" anwenden, mag sie sich genau dadurch von diesem Tatbestandsmerkmal verabschieden.

(b) Kritik und Diskussion

Mitunter ist fraglich, ob und ggf. welche Vertragskonstellationen im Rahmen des Software-Vertriebes und der -Überlassung der Vertikal-GVO unterfallen können: Infrage kommen die Verträge zwischen Software-Entwickler/-Rech-

---

[747] Die Vertikal-GVO ist zwar nur zwischen Unternehmern anwendbar (Vertikal-Leitl., Tz. 2 a. E.), die gehandelte Software zwischen diesen kann jedoch auch an Verbraucher abgesetzt werden.

[748] 3. Kapitel A. II.

[749] *Bödeker* 2008, S. 244 argumentiert ausschließlich mit dem deutschen Recht. Als „merkwürdig" erachtet dies *Conrad* in: Auer-Reinsdorff/Conrad 2016, § 39 Rdnr. 358 aus anderen Gründen. Zu den namensstiftenden Entscheidungen zu UsedSoft und Half-Life 2 s. 3. Kapitel A. IV.

[750] TT-Leitl., Tz. 62.

teinhaber und dem Vertrieb, dem Vertrieb und dem Endanwender sowie einem etwaigen Vertrag zwischen dem Software-Entwickler/-Rechteinhaber und dem Endkunden (und ggf. noch weiteren Zwischenverträgen und entsprechenden -stufen). Hinsichtlich eines (lediglich) denkbaren direkten Vertragsschlusses zwischen dem Software-Rechteinhaber und dem Endnutzer ist zu betonen, dass *Shrink Wrap*-Verträge und vergleichbare Lösungen[751] neben einem Vertrag zwischen dem Vertrieb (einschl. des Endhandels) und dem Endkunden stünde, welcher i. d. R. einen Kaufvertrag darstellt.[752] Damit die Software diesen Endanwender auch faktisch erreichen kann, sind des Weiteren noch zumindest ein Vertrag zwischen Softwarehersteller und Vertrieb/Händler nötig, üblicherweise aber mehrere zwischen verschiedenen Vertriebs- bzw. Handelsstufen, wobei die Datenträgerherstellung und der weitere Vertrieb zu regeln sind.[753] Es bleibt zudem daran zu erinnern, dass Gruppenfreistellungsverordnungen ohnehin nur solche Vereinbarungen freistellen können, die dem Kartellverbot des Art. 101 I AEUV unterfallen, die also zwischen Unternehmern geschlossen werden. Verträge mit privaten Endkunden unterliegen keiner kartellrechtlichen Kontrolle – unabhängig davon, ob sie mit dem Software-Entwickler oder -Vertrieb/-Handel geschlossen werden.

Im Vergleich zum alleinigen Datensatz oder Datenträger kann das Urheberrecht wertmäßig kaum unwesentlich sein. Der Datenträger als solcher ist ohnehin i. d. R. wertmäßig völlig irrelevant.[754] Hierbei zwischen dem Wert der Lizenz und des Programmes selbst, also dem Code, zu trennen, widerspräche dem eher angelsächsischen Lizenz- bzw. Überlassungsverständnis der Kommission.[755] Zumal neben einer Sache *Programm* eine divergent zugeordnete Lizenz in solchen Situationen befremdlich wirkt, auch weil Programm und Lizenz ausdrücklich nach jüngerer EuGH-Entscheidung eine „Einheit" bilden.[756] Sofern nur zu einem bestehenden Softwarevertrag weitere Lizenzen hinzuerworben werden, wird regelmäßig kein weiterer Datenträger mehr beschafft, auf den diese Situation überhaupt zuträfe. In den üblichen Konstellationen ist allen Abnehmern zunächst daran gelegen, überhaupt eine nutzbare Software zu erhalten, ohne die letztlich eine bloße Lizenz nutzlos ist. Käme es eben nur auf Lizenzen, nicht auf die Übermittlung bzw. Übergabe der (ausführbaren) Programme an, dann stellten illegale Vervielfältigungen kaum ein Problem dar – es sei denn, man geht aufgrund der Internet-Tauschbörsen etc. ohnehin von der Ubiquität aller Software aus, die nur noch lizenziert werden müsste – aber auch dann

---

[751] 3. Kapitel B. I. 3.

[752] 3. Kapitel B. I.

[753] 3. Kapitel B. I. 7.

[754] Vgl. 7. Kapitel C. I. 1. d. dd. (5) (a); vgl. *Bödeker* 2008, S. 244.

[755] Vgl. 3. Kapitel A. I.; vgl. 7. Kapitel C. I. 1. d. bb bereits in diesem Zusammenhang zur TT-GVO. Trennend aber wohl *Ammann* 2011, S. 116.

[756] 3. Kapitel A. IV.

bedürfte es gerade keines Vertriebes oder Absatzes der Datenträger. Es muss wohl insoweit akzeptiert werden, dass lediglich ein anderes Begriffsverständnis adaptiert worden ist.[757] Im Ergebnis kann jedenfalls nicht davon ausgegangen werden, dass nicht die Software-Lizenz, sondern die Software als solche als Hauptgegenstand angesehen werden kann.

Dem Konstrukt der Kommission könnte im Übrigen nur durch die folgsame Annahme beigepflichtet werden, dass der Vertrieb als eine Art Inkasso-Unternehmen bereits vorab das Geld einzahlt, denn auch im Rahmen späterer *Shrink Wrap*-Verträge bzw. -Vertragsversuche wird üblicherweise niemals Geld oder eine andere Gegenleistung seitens des Lizenznehmers fällig. Dies entspricht aber nicht der wirtschaftlichen Realität: Üblicherweise kauft der Vertrieb einfach selbst Software bzw. Datenträger (auf eigenes Risiko) oder zahlt anteilig für eigens gefertigte Exemplare[758] und verkauft diese keinesfalls im bloßen Auftrage oder stellvertretend im Rahmen einer Einzugsermächtigung, antezipierten Inkassos oder als Treuhänder. Auch die Relativität der Schuldverhältnisse bzw. das Mängelrecht[759] gehen nicht von einem bloßen *Datenträgerüberlassungsvertrag* zwischen Vertrieb, weiteren Handels-/Vertriebsstufen und Abnehmern, sondern bereits von einem Kauf- oder Lizenzvertrag aus. Auf dinglicher Ebene ist es jedoch zweifelhaft, wie das Nutzungsrecht – ggf. über den Vertrieb – zum Nutzer gelangt, was im nicht vollends durchdrungenen, aber auch die Rechte des (End-)Abnehmers sichernden § 69d UrhG begründet liegt.[760] Jedenfalls ist ein solcher schlichter Datenträgerüberlassungsvertrag konstruiert,[761] zumal in der Praxis bereits der Veräußernde bestimmte Vereinbarungen über die Softwarenutzung trifft[762] – oder sie eben über aufgedruckte Hinweise[763] etc. Vertragsbestandteile werden sollen.[764]

F/OSS indes soll sich entweder durch ausströmende Sublizenzen verbreiten – oder aber, insbesondere nach der ausdrücklich Sublizenzen ausschließenden[765] GNU GPL, durch Direktlizenzierung, ggf. zwischen einer ganzen Schar von

[757] Vgl. bereits 1. Kapitel E.

[758] 3. Kapitel B. I. 7.

[759] Insbesondere §§ 434 I S. 2, 435 BGB.

[760] Vgl. 3. Kapitel A. II.

[761] Vgl. *Timm* 2005, S. 286.

[762] 3. Kapitel B. II. 2., 8. Kapitel H. VI.

[763] Die aber nach Kommissionssicht möglicherweise auch Bestandteil des eigentlichen Softwarevertrages werden mögen, vgl. die unklaren Vertikal-Leitl., Tz. 41 a. E.: „... der Nutzer durch die Entsiegelung des Softwareprodukts die Bestimmungen der Vereinbarung annimmt". Die englische Sprachfassung geht wohl eher von beiliegenden und eben nicht aufgedruckten Bedingungen aus: „conditions included in the package". Bei aufgedruckten ist es jedoch bereits möglich, diese als Vertragsbestandteil des Kaufvertrages zu verstehen und mithin mögliche Mängelansprüche, etwa aufgrund DRM, auszuschließen.

[764] 3. Kapitel B. I. 3.

[765] 8. Kapitel A. III. 1. a. bb.

Urhebern und dem jeweiligen Endnutzer.[766] Nach jener ist für die einfache Programmnutzung jedoch keine separate Lizenz erforderlich,[767] lediglich für Bearbeitungs- und Verbreitungs- und andere darüber hinausgehende Tätigkeiten. Aus Sicht dieses Lizenzmodells ist es überaus fraglich, wie jemand Software verbreiten soll, ohne den Abnehmern zumindest mittelbar auch Rechte daran zu verschaffen; zumal dieser selbst die Software voll erwirbt und alle Rechte eingeräumt bekommt.

Die Pointe dieses Kommissionsverständnisses aber ist indes eine andere: Selbst wenn nach der Annahme der Kommission die bloße Datenträgerüberlassung, sei es zwischen Hersteller und Vertrieb oder gar zwischen Vertrieb und Endabnehmer, freigestellt sein sollte bzw. als im Anwendungsbereich der Vertikal-GVO liegend zumindest grundsätzlich freistellungsfähig wäre, wäre es der zusätzliche, in der Regel nachfolgend via *Shrink Wrap* o.ä. abzuschließende Software-Vertrag zwischen Abnehmer und Softwarehersteller nicht. Dieser Direktvertrag wäre überhaupt nicht von der Vertikal-GVO erfasst, zumal bezüglich dieses in jedem Fall Hauptgegenstand geistiges Eigentum, eben die Software-Lizenz, wäre. Dies bedeutet, dass entsprechend die Beschränkungen innerhalb eines solchen Vertrages im Ergebnis nicht von der Vertikal-GVO profitieren könnten. Der eigentliche Softwarevertrag könnte der Vertikal-GVO gar nicht mehr unterfallen. Dies gilt ebenfalls, falls dieser Vertrag – wie gerade angeführt – zwischen Softwarehersteller und privatem Endabnehmer herzustellen versucht wird; die gesamte Vertriebssteuerung wäre freigestellt, die Verträge mit den privaten Endabnehmern könnten indes gar nicht mehr kartellrechtlich kontrolliert werden. Mithin scheint diese Konstruktion zunächst unbedacht: Privaten gegenüber, weil die kartellrechtliche Kontrolle aufgegeben wird; Kommerziellen gegenüber, weil mit dieser Freistellung im Ergebnis nicht viel erreicht zu sein scheint.

Überaus fraglich ist des Weiteren der Punkt, weswegen ein Vertrag, dessen Hauptgegenstände nicht Rechte des geistigen Eigentums sind, überhaupt (wesentliche) Bestimmungen zu Software enthalten sollte. Dieses wäre nur dann sinnvoll, wenn im Rahmen des jeweiligen Vertrages nicht nur Software, sondern noch zahlreiche andere Güter oder Rechte übergeben werden sollten und mitunter die Softwarerechte als ein Punkt neben vielen zu regeln wäre. Die Überlassung von Software zusammen mit anderen Gütern stellt indes eine ganz andere Konstellation dar, auf welche sogleich noch gesondert eingegangen wird.[768] Vertriebsbeschränkungen beziehen sich originär auf den Datenträger bzw. den Umgang mit diesem, zumindest bei datenträgergebundener Software. Mögliche vertragliche Beschränkungen des Nutzers begrenzen sich indes

[766] 8. Kapitel A. III. 3. a.

[767] 8. Kapitel A. III. 3. a.; vgl. *Timm* 2005, S. 287.

[768] 7. Kapitel C. I. 6. b. bb. (2).

nicht unbedingt auf den Datenträger oder dessen Weiterverkaufsmöglichkeit, sondern gerade im Unternehmenseinsatz vielmehr an den konkreten Nutzungsmöglichkeiten (CPU-Klausel usf.).[769] Dies jedenfalls liefe einem Verständnis eines bloßen Datenträgerüberlassungsvertrages in solchen Konstellationen, wie ausgeführt, eklatant entgegen, denn wieso sollten sich derartige Datenträgerüberlassungsverträge sodann auf derlei Dinge konzentrieren, die nicht im Datenträger selbst liegen, sondern in der „Nebensache" enthaltener Software? Insoweit kann eine solche Differenzierung nicht überzeugen. Dies würfe zudem die Frage auf, ob bzw. wie sich die Freistellung auch auf derartige (somit) sachfremden Regelungen überhaupt beziehen sollte.

Ein weitere Umgehung dieses Tatbestandsmerkmals der Vertikal-GVO ist die Annahme, Hauptgegenstand müssten hier Rechte des geistigen Eigentums nicht sein, da ein jeder Abnehmer ohnehin ein Recht nach § 69d (I) UrhG erhalte.[770] Aber auch dies überzeugt nach vorgenannten Erwägungen nicht, denn ob der Empfänger selbst die Software nutzen soll bzw. eine *Nutzungs*lizenz erhält, ist ebenfalls kein taugliches Kriterium zur Unterscheidung zwischen TT-GVO und Vertikal-GVO:[771] Nach der Kommission soll die TT-GVO, die ausdrücklich Software-Rechte verlangt, eben für die Vervielfältigung gelten können, die Vertikal-GVO soll gerade nur für den nicht wesentlich anders gelagerten Weiterverkauf gelten.[772] Beide Konstellationen verlangen kein Ablaufenlassen der Software, sind aber nach § 69c Nr. 1 S. 1 bzw. Nr. 3 S. 1 UrhG relevant[773]. Wenn angenommen wird, dass der Käufer ohnehin und ohne Weiteres nach § 69d UrhG hinreichend berechtigt wird, bleibt fraglich, wieso und worüber er mit dem Softwarehersteller einen weiteren Vertrag schließt bzw. schließen wollen sollte. Und nur weil der Nutzer per Gesetz die Rechte des § 69d UrhG bereits durch den Kauf erhält, heißt das nicht, dass diese Bestimmung deswegen bereits unwesentlich ist, denn der Nutzer will schließlich legal die Software nutzen. Aber ebenfalls losgelöst von diesen formellen Erwägungen ist kein Grund ersichtlich, weswegen die Vertriebssteuerung pauschal freigestellt werden sollte.

Es verwundert im Übrigen aber, dass die Vertikal-GVO bzw. deren Leitlinien so zwischen Immaterialgut und Verkörperung trennt (oder trennen soll), die TT-GVO sich hingegen nur auf Rechte (und ggf. Wissen) konzentriert, nicht aber auf Datensätze, Programm, Datenträger und dergleichen.[774] Dies scheint, wie gesagt, nach der erwähnten jüngeren EuGH-Rechtsprechung, die eine Einheit von Programm und Lizenz nahelegt, nicht mehr haltbar.[775]

---

769 Vgl. 3. Kapitel B. I.; 8. Kapitel C. IV.
770 Vgl. *Timm* 2005, S. 287, 43.
771 Insoweit zutreffend *Schultze/Pautke/Wagener* 2011, Rdnr. 424.
772 7. Kapitel C. I. 3. b., Vertikal-Leitl., Tz. 41.
773 Wobei bzgl. § 69c Nr. 3 UrhG die Erschöpfungswirkung zu beachten ist.
774 Dies als Bestandteil des *More Economic Approach* verstehend: *Timm* 2005, S. 57.
775 3. Kapitel A. IV.

Die Kommissionsansicht birgt eine große Gefahr: Sie stellt zumindest Vertriebsvereinbarungen und ggf. sogar Überlassungsvereinbarungen frei. Dass jedoch die *Shrink Wrap*-Ebene bzw. (versuchte) Direktbeziehung ausdrücklich nicht freigestellt wird, ist zuweilen überhaupt nicht von Belang, da sie oftmals gar nicht vertraglich wirksam ist. Es kann insoweit nicht unbeachtet bleiben und dahinstehen, ob solche *Shrink Wrap*-Verträge *ipse jure* nichtig sind[776], denn zumindest die kartellrechtliche Nichtigkeitsfolge für ggf. ohnehin nichtige Verträge bei simultaner kartellrechtlicher Unbedenklichkeitserklärung für in jedem Fall nach zivilrechtlichen Maßstäben wirksame, beschränkende Überlassungsverträge wäre eine falsche Lösung. Zwar kann es nützlich sein, bereits nach anderen Regeln nichtige Verträge auch kartellrechtlich zu sanktionieren,[777] doch besteht kein Bedarf daran, womöglich gegen Art. 101 I AEUV verstoßende Vereinbarungen mit dem lapidaren Hinweis darauf freizustellen, dass die mit den Endkunden direkt geschlossenen beschränkenden Vereinbarungen i. d. R. nicht freigestellt seien. Im Übrigen verkennt ein solcher Ansatz, wie wichtig gerade die Vertriebsvereinbarungen zur Durchsetzung bzw. zum Durchreichen von Beschränkungen sind: Über diese wird erfahrungsgemäß gegen *erga omnes* Nutzer das Regime der Software-Hersteller durchgesetzt,[778] nicht durch Vereinbarungen mit den Endkunden. Entsprechend verfehlt wäre es, die entscheidenden Vereinbarungen freizustellen.

Hinzu tritt, dass bestimmte Vertragsmodalitäten im Rahmen des Art. 101 I AEUV lediglich über die Vertriebssteuerung kontrolliert und ggf. sanktioniert werden können. Das betrifft einerseits Vertriebsvorgaben für die Abgabe an Privatpersonen, denen Art. 101 I AEUV ansonsten nicht zur Hilfe gereichte, da diese Norm nur gegenüber gewerblichen Kunden eingreifen kann. Andererseits betrifft dies aber auch gewerbliche Abnehmer, da zumindest Art. 101 I lit. d) AEUV beim Direktabsatz nicht greift – und lit. e) zumindest nach einigen Lehrmeinungen nicht.[779] Um also entsprechende Vereinbarungen zu verhindern, müssen gerade die Vertriebsvorgaben kontrolliert werden.

Es muss bei der Anwendung einer Gruppenfreistellungsverordnung insbesondere nach objektiv-teleologischen Maßstäben berücksichtigt werden, wie sehr sie ihr Ziel erreichen kann. Die teleologisch-subjektive Ebene muss dahinter zurücktreten, was speziell dann gelten sollte, wenn die Abgrenzungskriterien des Normengebers nur als wahllos und irrational zu beurteilen sind. Hauptmaßstab einer Gruppenfreistellungsverordnung ist teleologisch die ökonomische Effizienz.[780] Es kann jedoch nicht effizient sein, ggf. schwere Be-

---

776 So aber *Schultze/Pautke/Wagener* 2011, Rdnr. 424.
777 3. Kapitel C. III.
778 3. Kapitel B. II. 2.
779 7. Kapitel B. III. 1.
780 7. Kapitel A. II. 2. c. cc.

schränkungen – gerade mangels spezifischer Kernbeschränkungen[781] – eher unbeabsichtigt (?) freizustellen, da sich wohl auf die Kontrolle der Direktverträge verlassen werden soll. Dies lässt neben der besagten immensen Bedeutung der Vertriebssteuerung zudem einen weiteren Umstand außer Acht: Während diese noch zwischen Unternehmen kontrolliert werden könnten, ist dieser Weg im Rahmen des Art. 101 AEUV gegenüber privaten Endabnehmern vollständig verwehrt. Es ist eben eine Besonderheit der Software, dass diese mit Beschränkungen versehen wird, die bei anderen Waren nicht gegeben sind – gerade weil der Hersteller zumindest technisch hohe Einflussmöglichkeiten auf sein Produkt behält.[782] Zwar könnte auch der versuchte Direktvertrag mit Bußgeldern sanktioniert werden,[783] aber das bliebe eine vage Hoffnung, die nicht hinreichend effektiv ist und nicht stattfindet. Gerade wegen der Computerprogramm-Richtlinie kann zudem nicht EU-weit davon ausgegangen werden, dass *Shrink Wrap* usf. hierzulande überhaupt durchgesetzt werden können.

Insgesamt überzeugt das seitens der Kommission vorgeschlagene Modell daher nicht und ist abzulehnen. Dafür ist es lediglich nötig, den Wortlaut der Vertikal-GVO ernst zu nehmen. Wenn die Software-Rechte nicht Hauptgegenstand der Vereinbarung sein dürfen, dann sollten aber schon auch auf Überlassungsebene nicht solche Vereinbarungen betroffen sein, die eben die Software selbst als solche betreffen. Daher kann die Vertikal-GVO höchstens bei Softwareüberlassung anwendbar sein, die neben anderen Produkten überlassen wird und von diesen im wirtschaftlichen Wert übertroffen wird.[784] Die bloße Datenträgerüberlassung, sei es an Vertrieb oder Händler, sei es an Endabnehmer, indes ist nur über Art. 101 III AEUV im Übrigen freistellungsfähig, sofern sie denn überhaupt der Freistellung bedarf. Im Bereich der GNU GPL ist ebenfalls nicht von der Anwendbarkeit der Vertikal-GVO auszugehen, wofür es keinen Bedarf gibt.[785] Solange die Kommission ihre Ansichten zudem nur in TT- und den Vertikal-Leitlinien ausführt oder auch nur andeutet, gehören sie zwar zum relevanten Auslegungsmaterial, sind aber auch nicht mehr.

Eine andere Lösung wird indes erreicht, über die Mehr-Parteien-Klausel bzw. die nicht vorhandene Begrenzung der Vertikal-GVO auf zwei Parteien auch die spätere Vereinbarung mit dem Softwarehersteller einzubinden und diesen Strang an Verträgen „als Einheit“ zu verstehen.[786] Eine solche Kumulation entspricht nicht der Lebenswirklichkeit. Hinsichtlich der Vertriebsauflagen wird

---

[781] Was noch umfassend erörtert wird: 10. Kapitel B. III. 2.

[782] Vgl. 5. Kapitel B. II. 2. c.

[783] Vgl. 3. Kapitel B. I. 3.

[784] Dazu 8. Kapitel F.

[785] 8. Kapitel A. III. 3.

[786] Vgl. *Matthiesen* 2010, S. 83, wobei unklar ist, ob er dies gemeint hat (vgl. auch dort S. 108 ff.).

eingewandt, dass diese für den Händler nur unwesentlich seien.[787] Dies überzeugt aber gleichermaßen aus vorgenannten Gründen nicht, da eben bereits mit dem späteren Kauf von diesem – wie auch immer – ein Nutzungsrecht erworben bzw. begründet wird; und es wird ohnehin nicht der Bedeutung gerecht, die der Vertriebssteuerung zukomme. Ferner ist nicht erkennbar, wieso die Software-Hersteller sogar noch zu solchen Modellen durch das Vertikal-Regime motiviert werden sollten – oder ihnen eine Möglichkeit gegeben werden soll, durch eine solche Praxis den „sicheren Hafen" der Vertikal-GVO zu erreichen.

Auch bei einer Überlassung via Digitalplattformen wie etwa *Steam* wird i. d. R. kein Direktvertrag zwischen Softwarehersteller und Abnehmer erreicht, sondern lediglich der Vertrag zwischen Abnehmer und Plattformbetreiber. Der Plattformbetreiber ersetzt nur den Vertrieb. Lediglich dann, wenn der Hersteller die Plattform betreibt bzw. direktabsetzt, ist ein direktes Vertragsverhältnis anzunehmen. Mithin bleibe bei solchen Distributionsmodellen kein Raum für weitere, dann doch noch zu kontrollierende, eben nicht freigestellte Vereinbarungen.

(c) Zwischenergebnis

Die Vertikal-GVO ist daher auf keine Nutzerverträge anzuwenden, unabhängig davon, ob diese zwischen Vertrieb und Endabnehmer oder zwischen Software-Hersteller und Endabnehmer geschlossen werden sollen. Auch die Erwerbsverträge zwischen Abnehmer und (Groß-)Händler, Distributor, Online-Vertriebsplattform etc. sind ebenfalls nicht durch die Vertikal-GVO freistellungsfähig, noch (ggf. zusätzliche) Verträge zwischen dem Erwerber und dem Rechteinhaber. Die Vertikal-GVO stellt ferner keine Software-Vertriebsverträge und -Datenträgerherstellungsverträge zwischen Software-Hersteller und Vertrieb und auch keine entsprechenden Verträge zwischen anderen Vertriebsebenen frei. Insgesamt scheidet die Vertikal-GVO damit weitgehend für Software-Verträge aus.

(2) Software als sonstiges Neben- bzw. Beiprodukt

Der Hauptgegenstand könnte, wie angedeutet, gerade wirtschaftlich erfasst werden. Software ist nicht ihrer Natur nach stets Hauptgegenstand einer Überlassung – bei einem Autokauf beispielhaft wird ebenfalls nicht von einem Softwarelizenzvertrag ausgegangen, nur weil sich in der Motorsteuerung oder im Navigationssystem Software verbirgt. Auch bei der Überlassung von Standard-PCs, gerade im OEM-Rahmen, ist offensichtlich die Software bzw. insbesondere das Betriebssystem nicht mehr als Hauptanteil des jeweiligen Wertes zu begreifen.[788]

---

787 *Matthiesen* 2010, S. 114 f.

788 8. Kapitel F. I. 1.

(3) Temporäre Softwareüberlassung

Bei bloß temporärer Softwareüberlassung scheidet die Vertikal-GVO ohnehin aus.[789] Sie ist auf dauerhafte Überlassung ausgerichtet. Zur Frage der bloß temporären Überlassung einer Dienstleistung in Gestalt von SaaS, ASP ist noch separat einzugehen.[790]

(4) „Voluminisierungs-Lizenz"

Wenn – wohl nur theoretisch – ein Unternehmen zunächst nur einen Datenträger ohne Nutzungsrechte erwirbt, § 69d UrhG einmal nicht beachtend, sodann mit dem Hersteller eine Art *Voluminisierungs*-Vertrag über mehrere Lizenzen trifft – also eine „Aufstockung" –, ergäbe sich eine Anwendungsmöglichkeit für die Vertikal-GVO jedenfalls für die vorherige Datenträgerüberlassung.[791] Dies ist jedoch als untypisch zu sehen; zudem auch sinnlos, denn die spätere Lizenzierung wäre gerade nicht von der Vertikal-GVO erfasst.[792]

(5) Zwischenergebnis

Insgesamt unterfällt also kaum eine Vereinbarung über isolierte Softwareüberlassung der Vertikal-GVO, mithin unterfällt nach den vorherigen Ergebnissen kaum eine isolierte Vertriebs- oder Überlassungssituation überhaupt einer Gruppenfreistellungsverordnung.

cc. Die Vertikal-GVO bei (temporärer) Überlassung via Stream, Cloud usf.

Erneut ist die Überlassung via Stream, Cloud, SaaS, ASP usf. zu untersuchen, nun allerdings nach der Vertikal-GVO. Zunächst soll erneut die Anwendungs- bzw. Nutzungssituation untersucht werden. Der Nutzer arbeitet oftmals – je nach Variante solcher ASP- und *Stream*-Dienste[793] – in einer vollkommen (abgesehen von den Übertragungswegen) vom Diensteanbieter kontrollierten Umgebung. Der Anbieter erhält bzw. behält mithin weitgehende oder gar totale Kontrolle über seine Software.[794] Zwar ist solche Überlassung i. d. R. nur temporär, aber sie kann als Dienstleistung verstanden werden,[795] weswegen das Ausschlusskriterium der Dauerhaftigkeit[796] nicht greifen muss. Für *Timm* und *Matthiesen* ist hierbei das Spezifische, dass gerade wegen dieser möglichen, je

---

789 *Polley/Seeliger* CR 2001, S. 7; *Konrad/Timm-Goltzsch/Ullrich* in: Ullrich/Lejeune 2006, I Rdnr. 791.

790 7. Kapitel C. I. 6. b. dd.

791 7. Kapitel C. I. 6. b. bb., 8. Kapitel C. II. 3. b.

792 8. Kapitel C. II. 3. b.

793 S. zu ASP *Czychowski/Bröcker* MMR 2002, S. 82 f.

794 Vgl. 3. Kapitel B. I. 4. b.

795 Vgl. *Matthiesen* 2010, S. 135 f.

796 7. Kapitel C. I. 6. b. bb. (3).

nach genauer ASP-Art besonders umfassenden Kontrolle der Nutzer gar keine urheberrechtliche Lizenz bzw. eine Befugnis zur Vervielfältigung[797] benötige, da der gesamte urheberrechtlich relevante Prozess im Herrschaftsbereich des Diensteanbieters ablaufe, der (allein) entsprechende Rechte benötigt,[798] was sich wiederum auf die Anwendbarkeit der Gruppenfreistellungsverordnungen auswirkt.[799] Abstrakt betrachtet, könnte dies für den Diensteanbieter zunächst nachteilig sein, da sich die kartellrechtliche Kontrolldichte theoretisch intensiviert, insoweit nämlich etwaige Nutzungsbeschränkungen mit lizenzrechtlichen Vorgaben korrelieren, sich die Diensteanbieter nun aber nicht mehr auf ein potentielles, urheberrechtlich begründetes Privileg berufen können. Die dann wiederum nach Art. 2 Abs. 3 Vertikal-GVO nicht mehr kategorisch ausgeschlossene Vertikal-GVO indes wäre für den Diensteanbieter womöglich hilfreich. Andererseits bedarf es der Erörterung, ob nicht der Nutzer vielmehr Vervielfältigungen veranlasst, zumal es gerade bei einer *Cloud* zu endlosen Vervielfältigungen kommen kann.[800] Dann wäre urheberrechtlich ggf. zu untersuchen, wer diese Vervielfältigungen steuert[801], um den herauszufinden, der die Lizenz benötigt. Eine solche Veranlassung ist in jedem Fall dann anzunehmen, wenn es sich dabei um einen ausgelagerten Dienst handelt, also eine direkte Auftragsarbeit durchgeführt wird.[802] Andererseits könnte es bei anderen ASP-Arten[803] auch vorkommen, dass die Software im Arbeitsspeicher des Nutzers vervielfältigt wird.[804]

Allerdings erscheint es willkürlich, von solchen urheberrechtlichen Zweifelsfragen mit ggf. ambivalenten Ergebnissen, die zudem noch technisch umgangen werden können, die Anwendbarkeit der Vertikal-GVO abhängig zu machen. Zumal ist in all diesen Konstellationen die Nutzung von Software i. d. R. Hauptgegenstand oder im Rahmen der Dienstleistung zumindest eine wesentliche Komponente. Auch wenn insoweit kein *Recht* des geistigen Eigentums betrof-

---

[797] Eine ähnliche Situation ergibt sich ggf. ebenfalls bei der „indirekten" Nutzung einer Software bzw. der in der dahinterliegenden Datenbank gespeicherten Daten durch andere Software, wobei es aber auch dabei auf die konkrete technische Gestaltung im Einzelfall ankommen kann – *Metzger/Hoppen* CR 2017, S. 628. Anders als beim Video- oder Musikstreaming, die zu ephemeren Vervielfältigungen führen, (dazu etwa *Brunotte* 2014, S. 40 ff.) wird die Software selbst zumindest auf den Client-Geräten womöglich nicht vervielfältigt, sondern nur anderweitig verwendet.

[798] Allg. bzgl. ASP: *Grützmacher* ITRB 2001, S. 60; *Czychowski/Bröcker* MMR 2002, S. 83: „Die Verträge sind vielmehr urheberrechtsneutral."

[799] *Timm* 2005, S. 190 ff.; *Matthiesen* 2010, S. 133 ff., insbes. S. 135. *Bödeker* 2008, S. 168 nimmt indes bei ASP die Lizenz als Hauptgegenstand an.

[800] Vgl. *Grützmacher* CR 2011, S. 703 ff.

[801] Vgl. zu Online-Videorekordern: BGH Urt. v. 2.4.2009 – I ZR 216/06 = GRUR 2009, S. 845 ff.

[802] Vgl. *Grützmacher* CR 2011, S. 703 f.

[803] *Matthiesen* 2010, S. 133 f.

[804] *Matthiesen* 2010, S. 135 f.

fen sein mag, weil der Nutzer der Software über diese Vertriebsformen keine Lizenz bzw. kein Nutzungsrecht benötigt, so ist doch im Ergebnis in jedem Fall geistiges Eigentum in Gestalt dieser unzweifelhaft genutzten Software betroffen. Darüber hinaus trennen die Gruppenfreistellungsverordnungen, wie bereits ausgeführt, ohnehin nicht zwischen Software-Rechten und der Software selbst;[805] ebenfalls sind diese nach einem EuGH-Urteil ohnehin „eine Einheit".[806] Auch der Gleichheit wegen sollten deshalb alle Formen solcher Software-Nutzungen einer Gruppenfreistellungsverordnung zugeordnet werden, statt sie formalistisch teilweise in den Anwendungsbereich der TT-GVO und der Vertikal-GVO zu unterstellen. Eine analoge Erstreckung der Vertikal-GVO auf all diese Formen ist schon methodisch unmöglich.[807]

Der Erwerb von Software, um solche Dienstleistungen anzubieten (vgl. auch § 69c Nr. 4 UrhG), kann ebenfalls nicht der Vertikal-GVO unterfallen, da bereits der Bezug von Software dieser nicht unterfallen kann. Insgesamt unterfallen also weder solcher Bezug noch das Anbieten von ASP, SaaS, Cloud usf. der Vertikal-GVO.

dd. Die Vertikal-GVO in (sonstigen) Dienstleistungskonstellationen

Es wird (oder wurde in einer Zeit vor der aktuellen TT-GVO) erwogen, ebenfalls die Vertikal-GVO auf Dienstleistungserbringung mittels Software anzuwenden. Dazu wird vorgetragen, dass die Software veräußernde Seite der nehmenden zwar Lizenz und Programm einräume, diese aber damit oftmals Dienstleistungen an Dritte erbringe, was häufig absehbar sei.[808] Wie die TT-GVO erfasst die Vertikal-GVO, was bereits ausgeführt wurde, ebenfalls grundsätzlich Dienstleistungen (s. Art. 1 I lit. a). Software-Überlassung unterfällt jedoch grundsätzlich nicht der Vertikal-GVO; es bleiben aber noch Veräußerungen von Dienstleistungen, die mittels Software erbracht werden, als grundsätzlich freigestellt zu erwägen.

Diese können in einem engen Rahmen aber bereits der TT-GVO unterfallen, insbesondere etwa das Programmieren mittels Entwicklerwerkzeugen sowie weitere spezielle technische Dienstleistungen.[809] Bei weiteren Dienstleistungen stehen Immaterialgüter nicht unbedingt im Vordergrund. Da das Anbieten grundsätzlich aller Arten von Dienstleistungen der Vertikal-GVO unterfallen kann und mithin gegenwärtig kaum noch eine Dienstleistung ohne Software erbracht werden kann, kann solche auch von der Vertikal-GVO freigestellt sein, sofern nicht eine Freistellung nach der TT-GVO[810] spezieller ist – schließlich

805 7. Kapitel C. I. 1. d. bb.
806 3. Kapitel A. IV.
807 Vgl. 7. Kapitel A. II. 2. c. bb.
808 *Scholz/Wagener* CR 2003, S. 886.
809 7. Kapitel C. I. 1. d. dd. (3), 7. Kapitel C. I. 1. d. dd. (6).
810 7. Kapitel C. I. 1.

ist doch die Vertikal-GVO grundsätzlich subsidiär.[811] Mitunter kann die Überlassung von Dienstleistungen der Vertikal-GVO unterfallen, sofern diese nicht der TT-GVO unterfallen.

c. *Freistellungsvoraussetzungen bzw. Freistellungshindernisse*

Auch dieser Gruppenfreistellungsverordnung liegen in Art. 3 Vertikal-GVO Marktanteilsschwellen zugrunde – und abgesehen von der Ausnahme des Art. 2 IV Vertikal-GVO gilt sie nicht für Wettbewerber. Bemerkenswert sind noch mehrere Ausführungen aus den Vertikal-Leitlinien, nach denen zum Einen weitergereichte Beschränkungen bzw. die Weiterverkaufsbedingung, „das Urheberrecht nicht zu verletzen" freistellungsfähig seien, sofern sie überhaupt unter Art. 101 I AEUV fallen.[812] Zum Anderen: „Abnehmer von Hardware, die mit urheberrechtlich geschützter Software geliefert wird, können vom Urheberrechtsinhaber dazu verpflichtet werden, nicht gegen das Urheberrecht zu verstoßen, und daher die Software nicht zu kopieren oder weiterzuverkaufen oder in Verbindung mit einer anderen Hardware zu verwenden [...]."[813] Die Äußerungen sind in jedem Fall unklar und missverständlich,[814] ihre Bedeutung erschließt sich nicht. Dies gilt ebenfalls für die englische Sprachfassung, auch wenn diese anders verstanden werden kann.[815] Jedenfalls ist fraglich, wie die Auflage, „das Urheberrecht nicht zu verletzen", die mithin nur eine Selbstverständlichkeit darstellen und kaum gegen Art. 101 I AEUV verstoßen können, sinnvoll gedeutet werden kann. Im Übrigen ist zweifelhaft, welche Aussage mit der zweiten Textstelle in Bezug auf OEM, Hardwarebindung und Gebrauchtsoftware verbunden sein soll. Softwarespezifische Kernbeschränkungen sind jedenfalls nicht zu finden.

d. *Zwischenergebnis*

Aufgrund des Wortlautes kann die Vertikal-GVO kaum bei Softwareüberlassung anwendbar sein. Der entgegenstehende Wille der Kommission hat sich zwar in den Leitlinien manifestiert, hat jedoch nicht hinreichend Niederschlag in der GVO selbst gefunden. Eine sinnvolle teleologische Reduktion des sperrenden Merkmals der Nebenbestimmung der Vertikal-GVO ist ebenfalls nicht geboten, da es unabsehbar wäre, welche ungewollten Freistellungen sich ansonsten

---

[811] 7. Kapitel C. I. 9.

[812] Vertikal-Leitl., Tz. 40.

[813] Vertikal-Leitl., Tz. 42.

[814] Vgl. *DGRI* CR-Beil. 5/2003, S. 5.

[815] In den Vertikal-Leitl., Tz. 42 heißt es im Englischen „... not to make copies and resell the software or make copies and use the software in combination with other hardware", im Deutschen hingegen „... nicht zu kopieren oder weiterzuverkaufen oder in Verbindung mit einer anderen Hardware zu verwenden." Fraglich ist durch das verschiedene *and* bzw. *oder*, ob auch der Weiterverkauf grundsätzlich verboten sein soll.

ergäben, zumal auch aus Kommissionssicht lediglich die Software- bzw. Datenträgerüberlassung freigestellt sein sollte, nicht aber letztlich der – wenngleich ggf. rechtlich gar nicht existente – über *Shrink Wrap* noch herzustellende Software-Vertrag.

7. Analoge Anwendung der Vertikal-GVO

Die in den TT-Leitlinien angekündigte analoge Anwendung der Vertikal-GVO zumindest für die Herstellung von physischen Software-Kopien anhand einer Master-Copy für den Vertrieb ist bereits deswegen abzulehnen, weil eine analoge Anwendung einer GVO grundsätzlich ausscheidet.[816] Darüber hinaus ist sie auch aus den bereits dargelegten sachlichen Gründen abzulehnen.[817]

8. Sonstige „Ausstrahlungswirkung" der GVOen

Zuhauf wird, mit uneinheitlichem Aussageinhalt angeführt, Gruppenfreistellungsverordnungen komme „Ausstrahlungswirkung"[818] zu, wobei sich hinter diesem bemühten Begriff etwa ein Auslegungsmaßstab für Art. 101 III AEUV im Weiteren verbergen mag. Es ist zumindest ratsam, sie bei Auslegung und Anwendung des gesamten Art. 101 AEUV zu beachten,[819] doch ist eben kein bloßes widerspruchsloses Übernehmen angezeigt. Von einer „Indizwirkung" indes kann insoweit gesprochen werden, als dass sich an den Gruppenfreistellungsverordnungen bei geringem Überschreiten der Marktanteilsschwellen an diesen orientiert wird.[820] Die ihnen ansonsten innewohnende „faktische Autorität und Leitbildfunktion"[821] führt ebenfalls zu keiner anderen rechtlichen Annahme, sondern ist vielmehr als Ausdruck zu großer formeller Kompetenzen der Kommission zu begreifen.[822]

9. Vergleich, Anwendungshierarchie und Spezialität der GVOen

Insgesamt erscheinen die Gruppenfreistellungsverordnungen relativ ähnlich, nicht nur in ihrer Grundstruktur, sondern auch in den Kernbeschränkungen, wenn diese mit Ausnahmeregelungen und Definitionen von detailliert bis äußerst detailliert reichen und in gewissen Grenzen ohnehin durch Art. 101 I lit. a-e AEUV vorbestimmt sind. Im Vergleich zur Vertikal-GVO erweist sich die TT-GVO als großzügiger.[823]

---

816 7. Kapitel A. II. 2. c. bb.

817 7. Kapitel C. I. 6. b. bb. (1) (b).

818 Etwa Immenga/Mestmäcker/*Ellger*, Art. 101 III Rdnr. 340; *Saria* in: Liebscher/Flohr/Petsche, § 2 Rdnr. 86.

819 Vgl. 7. Kapitel B. III. 3.

820 *Bödeker* 2008, S. 105.

821 *Matthiesen* 2010, S. 26.

822 7. Kapitel B. III. 3.

823 *Berger* K&R 2005, S. 19 f.; *Schultze/Pautke/Wagener* 2005, Rdnr. 401.

Je nach Fallgestaltung ist es theoretisch denkbar, dass mehrere GVOen grundsätzlich anwendbar sein könnten, was die Frage aufwirft, welche GVO dann anzuwenden ist. Dabei wird bereits die Abgrenzung der einzelnen Gruppenfreistellungsverordnungen allgemein als schwierig charakterisiert.[824] Im Grundsätzlichen ist indes nicht allein nach Verhältnissen der genannten Gruppenfreistellungsverordnungen zueinander, sondern zunächst nach dem Verhältnis der Rats-GVOen zu den Kommissions-GVOen zu fragen,[825] was hier jedoch irrelevant ist, da von den Rats-GVOen keine für Software relevant sein dürfte. Auf der nächsten Stufe – und im Rahmen dieser Untersuchung ausschließlich – stellt sich höchstens die Frage nach dem Verhältnis der Kommissions-GVOen untereinander[826].

Die Gruppenfreistellungsverordnungen enthielten dazu zunächst keine Regelung, abgesehen von der grundsätzlichen Subsidiarität der Vertikal-GVO gemäß Art. 2 V derselben. Diese Regelung greift aber erst dann, wenn eine der anderen Gruppenfreistellungsverordnungen anwendbar ist.[827] Eine entsprechende Spezialitätsregelung sieht nunmehr die TT-GVO vor, die nach ihrem Art. 10 subsidiär zur FuE- sowie zur Spezialisierungs-GVO ist: Sind also FuE-GVO oder Spezialisierungs-GVO anwendbar, scheidet auch die TT-GVO aus, die dann allenfalls noch der Vertikal-GVO vorgehen kann.

Weitere Spezialitäten mögen höchstens aus den Leitlinien oder Erwägungsgründen abgeleitet, also durch Auslegung ermittelt werden.[828] Einem Rückgriff auf die *lex posterior derogat legi priori*-Regel bzgl. einer Geltungsreihenfolge[829] ist zwar im Grunde zuzustimmen, erscheint jedoch nicht vorbehaltlos akzeptabel, da die GVOen jeweils nur eine begrenzte Laufzeit haben und sich dadurch die gültige Regel zumindest dann, wenn nicht von dem Zeitpunkt der ersten Inkraftsetzung ausgegangen wird und sich keine wesentlichen Änderungen bei der GVO-Überarbeitung ergeben haben sollten, aus bloßen Zufall hinsichtlich älterer und neuerer Gruppenfreistellungsverordnungen ergeben könnte. Wird indes *lex specialis derogat legi generali* vertraut,[830] ergibt sich ohnehin das Problem, die Spezialität zu erkennen, was jenseits bekannter Kriterien bei branchenspezifischen GVOen[831], die hier nicht berührt sind, nicht einfach ist.

---

[824] Immenga/Mestmäcker/*Fuchs*, TT-GVO Einl. Rdnr. 50.

[825] Dazu *Saria* in: Liebscher/Flohr/Petsche, § 3 Rdnr. 12 ff., auch noch in Hinblick auf die Ermächtigungsgrundlagen.

[826] Dazu aus Perspektive der TT-GVO *Schultze/Pautke/Wagener* 2005, Rdnr. 313 ff.; Immenga/Mestmäcker/*Fuchs*, TT-GVO Einl. Rdnr. 50 ff.

[827] *Schultze/Pautke/Wagener* 2005, Rdnr. 403.

[828] Immenga/Mestmäcker/*Ellger*, Art. 101 III AEUV Rdnr. 427.

[829] Insbesondere dafür: *Saria* in: Liebscher/Flohr/Petsche, § 3 Rdnr. 27 f., 32.

[830] Eingeschränkt *Saria* in: Liebscher/Flohr/Petsche, § 3 Rdnr. 30.

[831] 10. Kapitel B. II.

Grundsätzlich ist ansonsten mangels allgemein angeordneter Spezialität von der parallelen Anwendbarkeit der (einschlägigen) GVOen auszugehen.[832] Insoweit bleibt zu klären, ob eine Vereinbarung freigestellt ist, die in die Anwendungsbereiche mehrerer GVOen fällt, jedoch nicht alle Freistellungsvoraussetzungen erfüllt – bzw. ob also die GVOen alternativ oder kumulativ erfüllt sein müssen. Offensichtlich ausgeschlossen ist jedenfalls die Vorstellung, sich anteilig zu erfüllende Voraussetzungen aus unterschiedlichen GVOen „kombinatorisch" zusammenzusuchen.[833] Eine andere, solche Probleme umgehende Alternative wäre es, bereits die Anwendungsbereiche stets so abzugrenzen, dass eine kumulative Anwendung außer Betracht gerät,[834] sofern sie nicht ohnehin ein eher theoretisches Problem darstellt.[835] Dies muss jedoch in Übereinstimmung mit Auslegungsgrundsätzen geschehen; die Durchführbarkeit ist jedenfalls zu bezweifeln. Relevanz hinsichtlich dieser Fragestellung ergibt sich gerade bei verbundenen und komplexen Vereinbarungen.[836] Wenn solche Bündel an Vereinbarungen untersucht werden, kann vielmehr davon ausgegangen werden, dass zwar zumindest eine GVO einschlägig sein kann, sie jedoch weitere Teile der Vereinbarung gar nicht erfasst. Sofern nicht die jeweiligen Klauseln zu Nebenabreden bzw. nebensächlichen Vereinbarungen greifen, ist es abzulehnen, einen ggf. unwesentlichen Teil der Vereinbarung zu nutzen, um die Freistellung der gesamten Koordinierung zu behaupten. Insgesamt müssen deshalb, entgegen anderer Meinung[837], im Prinzip die Voraussetzungen aller einschlägigen GVOen kumulativ erfüllt sein.[838]

Es besteht noch eine anders geartete Problematik: Wenn eine vergleichsweise spezifische Gruppenfreistellungsverordnung, etwa die TT-GVO, nicht anwendbar ist, der Sachverhalt dann aber unter die Vertikal-GVO fällt, obwohl grundsätzlich die TT-GVO ein geeigneteres Instrument wäre, zumal sie für entsprechende Fälle i. d. R. in Art. 4 und Art. 5 ihrerselbst auch geeignetere Freistellungsgrenzen aufböte, stellt die Vertikal-GVO dennoch frei.[839] Dies kann etwa Bestimmungen zu Rücklizenzen betreffen, welche die Vertikal-

---

832 *Saria* in: Liebscher/Flohr/Petsche, § 3 Rdnr. 51.

833 Als „wertende und differenzierende Betrachtungsweise" *Axster* in: Everling/Narjes/Sedemund FS Deringer 80 1993, S. 221. Dagegen *Saria* in: Liebscher/Flohr/Petsche, § 3 Rdnr. 35; Immenga/Mestmäcker[4]/*Veelken,* Grds. GVOen Rdnr. 101. Zumindest gegen ein „Rosinenpicken": *Schultze/Pautke/Wagener* 2005, Rdnr. 399.

834 *Schultze/Pautke/Wagener* 2005, Rdnr. 316.

835 Immenga/Mestmäcker/*Fuchs*, TT-GVO Einl. Rdnr. 50 nimmt jedoch zahlreiche Abgrenzungsschwierigkeiten gerade wegen der Bestimmungen in anderen GVOen als der TT-GVO an, nach jenen Immaterialgüterrechte höchstens Nebenbestimmungen sein dürfen.

836 *Saria* in: Liebscher/Flohr/Petsche, § 3 Rdnr. 4 ff., die – so dort zurecht – nicht in einer Urkunde zusammengefasst sein müssen.

837 Immenga/Mestmäcker/*Ellger*, Art. 101 III AEUV Rdnr. 433.; *Schultze/Pautke/Wagener* 2005, Rdnr. 193.

838 *Saria* in: Liebscher/Flohr/Petsche, § 3 Rdnr. 30 ff., 55.

839 Vgl. *Axster* in: Everling/Narjes/Sedemund FS Deringer 80 1993, S. 221.

GVO naturgemäß nicht enthält. In solchen Fällen kann aber dann noch an eine teleologische Reduktion der Vertikal-GVO gedacht werden, zumal eine analoge Anwendung der TT-GVO gerade ausscheidet.[840] Gleichwohl zeigt dieser Gedanke auf, dass eine analoge Anwendung nicht unbedingt vorteilhaft für die Freistellungsbegehrenden sein muss.

Insgesamt ist daher zu versuchen, die Spezialität der GVOen durch Auslegung zu ermitteln[841], sofern die jeweiligen GVOen dies ausdrücklich nicht regeln. Durch Art. 9 TT-GVO sollte sich diese Fragestellung ohnehin weitgehend erledigt haben. Sofern dennoch mehrere GVOen anwendbar sind, müssen sie kumulativ erfüllt sein. Unterfallen bestimmte vergleichbare bzw. sachnahe Sachverhalte einem – an sich begünstigenden – Anwendungsbereich einer GVO, gerieten jedoch dadurch in den Anwendungsbereich einer unspezifischen, auf solche Fälle nicht ausgerichteten GVO, was ein Vergleich der Kernbeschränkungen und nicht-freigestellten Klauseln aufzeigen kann, ist die Freistellung über eine teleologische Reduktion der an sich freistellenden GVO zu negieren.

10. Zwischenergebnis

Insgesamt können die Annahmen der Kommission speziell bzgl. der Anwendungsbereiche von TT- und Vertikal-GVO nur überraschen, wenngleich die Reform der TT-GVO von 2014 eine Verbesserung herbeiführte, im Ergebnis jedoch die Probleme nur in die Vertikal-GVO verlagert. Gründlich überlegt jedoch können die Überlegungen der Kommission nicht sein. Um jedenfalls nicht Gefahr zu laufen, die Gruppenfreistellungsverordnungen ineffizient und ausufernd anzuwenden, müssen sie gerade *effizient* begrenzt werden.

II. Freistellungen nach Art. 101 Abs. 3 AEUV direkt

Zuletzt bleibt noch eine Freistellung nach den allgemeinen Grundsätzen des Art. 101 III AEUV zu erwägen, wofür mehrere Voraussetzungen kumulativ zu erfüllen sind. Marktanteilswerte – auch deutlich – über den Werten der GVOen stehen dabei einer Freistellung ohnehin nicht entgegen.[842] „Aber auch Lizenzvereinbarungen, die Wettbewerbseinschränkungen enthalten, sind häufig mit Effizienzgewinnen verbunden, die im Rahmen von Art. 81 III EGV [nun: Art. 101 III AEUV] geprüft und gegen die negativen Wettbewerbsauswirkungen abgewogen werden müssen. Die weitaus meisten Lizenzvereinbarungen

840 7. Kapitel A. II. 2. c. bb.; vgl. *Saria* in: Liebscher/Flohr/Petsche, § 1 Rdnr. 51.

841 Im Ergebnis *Schultze/Pautke/Wagener* 2005, Rdnr. 316.

842 Etwa TT-Leitl., Zf. 65, 130. So sei bei einem nur geringen Überschritt von einer Anwendung auszugehen, so *Wissel/Eickhoff* WuW 2004, S. 1255.

sind daher mit Art. 81 [Art. 101] … vereinbar."[843], lautet die grundsätzliche Prämisse der Kommission. Dies kann erneut nicht in Zahlen veri- oder falsifiziert werden. Die Kommission hat hierzu ebenfalls keine Zahlen vorgelegt.

So wie eine Kernbeschränkung nicht darauf hindeuten muss, dass ein Verstoß gegen Art. 101 I AEUV vorliegt, muss sie auch nicht zwingend die Schlussfolgerung veranlassen, eine Freistellung nach Art. 101 III AEUV sei ausgeschlossen – es liegt bloß nahe, dass die Kommission davon ausgehen wird.[844]

1. Allgemeiner Rahmen: Die kumulativ zu erfüllenden Tatbestandsvoraussetzungen des Art. 101 Abs. 3 AEUV

a. Verbesserung der Warenerzeugung/-verteilung, technologischer Fortschritt oder wirtschaftlicher Fortschritt

Zunächst muss durch die Wettbewerbsbeschränkungen ein „Gewinn zur Verbesserung der Warenerzeugung oder -verteilung oder zur Förderung des technischen oder wirtschaftlichen Fortschritts" entstehen, also sich eben die Warenerzeugung, die Produktion oder Verteilung verbessern oder ein technischer oder wirtschaftlicher Fortschritt auftreten. Im Technologiebereich ist es einfach, sich einen technischen Fortschritt vorzustellen, der insbesondere in *besseren* Programmen liegen kann. Im Übrigen sind die Anforderungen etwa durch eine bessere Versorgung (= Warenverteilung) zu erreichen, wobei bei einer Verbesserung nicht lediglich Vorteile der kartellierenden Unternehmen genügen, sondern sich diese vielmehr gesamtökonomisch auszuwirken haben.[845]

b. Verbraucherwohlfahrt (Beteiligung der Verbraucher)

Ein solcher Fortschritt allein – speziell ausschließlich in den Händen der Unternehmen, gerade als Ziel eines Kartells – genügt freilich nicht, er muss auch den Verbrauchern zum Wohle gereichen. Der Begriff des Verbrauchers begrenzt sich dabei nicht auf den Verbrauchertypus des europäischen Verbraucherschutzrechts bzw. des § 13 BGB, sondern meint alle (potentiellen und mittelbaren) Abnehmer auf der Marktgegenseite.[846] An dem vorgenannten „Gewinn" ist dieser „angemessen" zu beteiligen, was eben dazu führen muss, dass der Verbraucher an den besagten Rationalisierungsgewinnen des zuvor beschriebenen Tatbestandsmerkmals ausdrücklich teilhat.[847] Alle Formen von

---

843 TT-Leitl., Zf. 9.

844 Vgl. 7. Kapitel B. III. 3.

845 Immenga/Mestmäcker/*Ellger*, Art. 101 III AEUV Rdnr. 130.

846 Immenga/Mestmäcker/*Ellger*, Art. 101 III AEUV Rdnr. 224 f.; MünchKomm/*Wolf*, Art. 101 AEUV Rdnr. 948.

847 Immenga/Mestmäcker/*Ellger*, Art. 101 III AEUV Rdnr. 225.

Effizienzgewinnen können sich positiv für Verbraucher in Gestalt geringerer Preise auswirken,[848] andererseits ist ebenfalls eine qualitative Steigerung und Teilhabe möglich.[849]

c. Beschränkungen, die unerlässlich sind oder die den Wettbewerb nicht ausschalten (Art. 101 III lit. a, lit. b AEUV)

Diese nun auch zu Verbrauchervorteilen führenden Wettbewerbsbeschränkungen dürfen zuletzt nicht die Möglichkeit öffnen, den Wettbewerb auszuschalten (lit. a), was gerade bei großen Marktanteilen der Beschränkenden droht[850] und bei Software grundsätzlich virulent ist, wie es ebenfalls der oftmals angenommene *„the winner takes it all"*-Grundsatz nahelegt.[851] Daraus folgt, dass gerade bei diesem Merkmal eine sorgfältige Prüfung zu erfolgen hat. Des Weiteren müssen die Beschränkungen unerlässlich (lit. b), also zumindest verhältnismäßig sein, wobei kein milder Maßstab angelegt wird.[852]

2. Spezielle Kommissionsvorstellungen

a. Allgemeine Lehren, insbes. das Markterschließungs-Dogma

Als Prämisse gilt es anzumerken, dass die Kommission zahlreiche Ansätze vertritt, jedoch nicht unbedingt darauf achtet, diese auch in ein tatbestandliches Korsett zu „pressen" bzw. insoweit dogmatische Kohärenz herzustellen.[853] Um Märkte zu erschließen, seien ferner restriktive Exklusivlizenzen freistellbar.[854] Auch andere Arten restriktiver Lizenzvereinbarungen, die sich in aller Regel zunächst negativ auswirken, können zu Effizienzgewinnen führen. Mengen- und Ortsbegrenzungen mögen für den Lizenzgeber, lange Laufzeiten einer Vereinbarung zur Amortisierung notwendig sein.[855] Dies gilt immer besonders dann, wenn die Alternative die Nichtweitergabe einer Technologie wäre[856], denn der Lizenzinhaber muss zunächst motivieren[857], weswegen dann selbst Marktaufteilungen, Wettbewerbsverbote bzw. Fremdtechnologienutzungsverbote dann noch insgesamt positiv beurteilt werden könnten.[858] Dies wird ins-

[848] Immenga/Mestmäcker/*Ellger*, Art. 101 III AEUV Rdnr. 232.

[849] TT-Leitl., Tz. 178.

[850] Immenga/Mestmäcker/*Ellger*, Art. 101 III AEUV Rdnr. 286 ff.

[851] 4. Kapitel A. II.

[852] Immenga/Mestmäcker/*Ellger*, Art. 101 III AEUV Rdnr. 253. TT-Leitl., Tz. 177: die Alternativen müssten „erheblich ineffizienter" sein.

[853] Vgl. 7. Kapitel B. V.

[854] TT-Leitl., Tz. 193 f.

[855] TT-Leitl., Tz. 175; dazu bezogen auf Urheberrechte *Nordemann* GRUR 2007, S. 207; *Kreutzmann* WRP 2006, S. 458.

[856] TT-Leitl., Tz. 216 ff.

[857] TT-Leitl., Tz. 212, 219.

[858] TT-Leitl., Tz. 199, 231 f.

gesamt als Markteröffnungsdoktrin bezeichnet: Selbst schwere Verstöße gegen das Kartellrecht seien noch hinnehmbar, wenn dadurch überhaupt erst lizenziert wird.[859] Freilich mag ein solcher Gedanke bei wichtigen Medikamenten noch leicht nachzuvollziehen sein, ansonsten ist ein solches kartellrechtliches „lizenziere, koste es, was es wolle"-Ansatz nicht unkritisch hinzunehmen bzw. einschränkend daraufhin zu untersuchen, ob diese Lizenzierungen tatsächlich wichtig und die Wettbewerbsbeschränkungen wirklich unerlässlich sind. Insoweit kann hier ebenfalls nicht angenommen werden, dass wichtige Technologien und Konsumgüter gleichzusetzen bzw. identisch zu behandeln sind.

Die „gegenseitige Befruchtung mit Ideen und Erfahrungen" führe zu neuen Produkten und Technologien[860], was eine weitere Annahme markiert, welche die grundsätzliche *Pro-Lizenz*-Haltung der Kommission zu erklären hilft. Selbst unter starken faktischen Industriestandards könne es noch formatinternen Wettbewerb geben,[861] was, wenn es sich als zutreffend erweisen sollte, die Gefahr (schlechter) Standards mildert.[862] Die dadurch erreichte Gerätekompatibilität führe auch zum Wohl der Verbraucher, die Standards sollten aber nicht *diskriminierend,*[863] sondern zugänglich sein. Weniger Standards können etwa für Verbraucher die Verhältnisse erleichtern, wie etwa die Durchsetzung von *Blu-rays* anstatt des HD-DVD-Standards demonstriert; im Bereich der Software bleibt ihnen zwar die Möglichkeiten von Emulationen, doch führen diese nicht zur uneingeschränkten Kompatibilität ohne jegliche Einbußen.[864]

b. Grundsätzlich kein Wettbewerbsverstoß bei mindestens vier Wettbewerbern mit eigener Technologie

Sofern der Markt – neben den Vertragsparteien – mindestens vier Wettbewerber aufbietet, die über eigene Technologien verfügen und Endnutzer diese zu vergleichbaren Preisen erhalten können, und kein Verstoß gegen Kernbeschränkungen vorliege, lasse dies nach der Kommission eine relevante Wettbewerbsbeschränkung „unwahrscheinlich" werden.[865] Auf konkrete oder relative Marktanteilswerte kommt es dann nicht mehr an.[866] Diese Annahme ist dem US-Recht[867] entlehnt.

[859] Langen/Bunte/*Hengst*, Art. 101 AEUV Rdnr. 208.
[860] Horiz-Leitl. a. F. (2001/C 3/02), Tz. 68.
[861] TT-Leitl., Tz. 180.
[862] Vgl. 4. Kapitel A. II. 2.
[863] Horiz-Leitl., Tz. 277 ff.; vgl. 3. Kapitel B. V.
[864] 4. Kapitel A. II. 2.
[865] TT-Leitl., Tz. 157.
[866] *Klawitter/Lübbig* 2009, Rdnr. 61.
[867] Vgl. 10. Kapitel B. I. 1.

3. *Zwischenergebnis*

Art. 101 III AEUV stellt zahlreiche Anforderungen für eine Freistellung fern der Gruppenfreistellungsverordnungen auf. Gerade in Zeiten des *More Economic Approach* ist daher stets nach günstigen Preisen für Verbraucher (im weiten Sinne der Norm, nicht des BGB) zu suchen. Bloße Effizienzgewinne in Händen der (kartellierenden) Unternehmen genügen jedoch keinesfalls. Es ist hierbei evident, dass es i. d. R. einfacher darzulegen sein wird, eine Gruppenfreistellungsverordnung denn Art. 101 III AEUV im Übrigen zu erfüllen, denn dafür werden oftmals umfassende Darlegungen benötigt. Bei den Gruppenfreistellungsverordnungen bleiben zwar Ungewissheiten, etwa sowohl hinsichtlich Marktabgrenzung sowie -anteilen als auch Problematiken bei den Anwendungsbereichen, aber darüber hinaus bleibt lediglich zu prüfen, ob eine Kernbeschränkung vorliegt.

D. Exkurs: Die Rechtsfolge gem. Art. 101 Abs. 2 AEUV

Art. 101 II AEUV ordnet die Nichtigkeit der Vereinbarung an; diese wird dadurch soweit unverbindlich. Sofern ohnehin nur eine unverbindliche Absprache oder eine über ein *Gentlemen's Agreement* erfolgte Koordinierung vorläge, wäre eine solche Feststellung irrelevant, gäbe es nicht noch weitere Sanktionsmöglichkeiten.

I. Zivilrechtliche Rechtsfolge

Abgesehen von der Nichtigkeitsfolge ordnet der AEUV selbst keine zivilrechtlichen Sanktionsmöglichkeiten an. Das Verbot bzw. die Nichtigkeit tritt gem. Art. 1 I VO 1/2003 ohne vorherige Behördenentscheidung ein.[868] Gerade aber im Lizenzrecht kann die Gesamtnichtigkeit unbillig sein: Der Lizenzgeber könnte vergleichsweise risikobefreit kartellrechtswidrige Lizenzen einräumen, da er bei kartellrechtswidriger Lizenzierung eben nicht lizenziert hätte und mithin keiner Rechte verlustig werden würde; bei einer Teilnichtigkeit hätte er unter Aufhebung bloß der Beschränkungen womöglich zu für sich äußerst ungünstigen Bedingungen lizenziert.[869] Diese Problematik ist indes nicht Teil dieser Darstellung. Die Umsetzung der Nichtigkeitsfolge erfolgt gegebenenfalls nach Maßgabe der europäischen Anforderung durch nationales Recht.[870] Den Kartellanten drohen ferner Schadensersatzklagen von benachteiligten Dritten.[871]

---

[868] 6. Kapitel E.
[869] Vgl. *Czychowski/J. B. Nordemann* in: Keil 2009, S. 127 ff.
[870] Zum deutschen Recht s. 9. Kapitel B.
[871] Die europäische Richtlinie über Schadensersatzklagen bei Verstößen gegen das

II. Öffentlich-rechtliche Sanktionsmöglichkeiten

Nach Art. 105 I AEUV sowie Art. 4 VO/2003 wacht die Kommission über die Einhaltung des Art. 101 AEUV, was ebenfalls nach Art. 5 VO/2003 für die Kartellbehörden der Mitgliedsstaaten gilt – in Deutschland hauptsächlich das Bundeskartellamt[872]. Die Kommission wirkt etwa auf Abstellung der kartellrechtswidrigen Maßnahmen hin (Art. 7 I S. 1 VO 1/2003), wobei die Handlungen der Kommission gar struktureller Art sein können (S. 2 Var. 2) und diese einstweilen erfolgen können (Art. 8). Zur Komplementierung sind daneben ausdrücklich die Kooperation der Gemeinschafts- und nationalen Behörden sowie Untersuchungskompetenzen vorgesehen. Als weitere Reaktionen der Behörden sind Geldbußen (Art. 23) sowie Zwangsgelder (Art. 24) vorgesehen.

E. Kurze Zusammenfassung des analytischen Rahmens

Aus einer abstrakten Warte ergeben sich bei der Anwendung der Art. 101 I und Art. 101 III AEUV zunächst wenige Besonderheiten bei Software – wenn auch anhand sehr weiter Tatbestände noch kaum konkrete Ergebnisse. Gleichwohl wirft gerade die Marktabgrenzung, eine in der kartellrechtlichen Praxis enorm bedeutsame Weichenstellung, zahlreiche Fragen auf. Es wurde versucht, typisierende Faktoren zur Marktabgrenzung zu bilden. Bei der Anwendung des Art. 101 I AEUV zeigen sich jedenfalls TPM- bzw. DRM-Technologien und auch die Produktgestaltung im Übrigen als kaum kontrollierbares, mächtiges Phänomen, das zudem geeignet ist, Märkte und gar den Binnenmarkt zu teilen.

Im Zuge des Art. 101 III AEUV und speziell deren Gruppenfreistellungsverordnungen, insbesondere bei der TT-GVO und der Vertikal-GVO, offenbart sich ein wenig durchdachtes Konzept der Kommission. Weder die Anwendungsbereiche sind klar, noch lassen die zugehörigen Leitlinien eine ansatzweise Durchdringung des Softwaresektors vermuten. Die Vertikal-GVO jedenfalls ist bzw. darf keine Blanko-Befreiung für zahlreiche Softwareverträge sein. Einer solchen bedarf es bereits aufgrund des Nichtexistierens eines generellen Verbotes nicht. Die TT-GVO jedenfalls ist in der Regel anwendbar, wenn der Quellcode frei- bzw. bekanntgegeben wird – und auch in anderen Konstellationen anwendbar, aber nicht, wenn lediglich kopiert oder digital vertrieben wird.

Kartellrecht ist seit Ende 2014 nach einem langwierigen Verfahren verabschiedet worden (Richtlinie 2014/104/EU, ABl. L 349 v. 5.12.2014), mittlerweile wurde sie im Rahmen der 9. GWB-Novelle in Deutschland umgesetzt. Durch den EuGH sind entsprechende Ansprüche indes seit längerer Zeit anerkannt, insbes. durch EuGH, Urt. v. 20.9.2001 – Az. C-453/00 – „Courage"). Auch in Deutschland bestehen entsprechende Ansprüche (vgl. § 33 GWB) und werden nunmehr vermutlich in Ansehung der europäischen Richtlinie überarbeitet werden.

872 9. Kapitel A.

Für die Vertikal-GVO und Software ist wenig Raum, da – aufgrund unbedachter Kommissionsannahmen – das Risiko ungewollter Freistellungen viel zu ausufernd wäre. Um sich dieser Lesart zu verweigern, ist zudem nur der Wortlaut der Vertikal-GVO zu beachten. Im Allgemeinen sind keine spezifischen Kernbeschränkungen für Software in den Gruppenfreistellungsverordnungen erkennbar. Eine analoge wie extensive Anwendung dieser ist ausgeschlossen.

Im Übrigen schließt sich sogleich die konkrete Prüfung einzelner Klauseln und Konstellationen an. Dabei sind Vereinbarungen, die insbesondere urheberrechtlich gewährte Positionen zu Gunsten der Urheber überschreiten sollen, kartellrechtlich zu kontrollieren, indes im Grunde nicht solche, die urheberrechtlich ohnehin vorgesehen sind – ein *Gebrauch* solcher Rechte kann ausschließlich durch Art. 102 AEUV begrenzt werden.

8. Kapitel

Einzelne Modalitäten und Klauseln auf dem Prüfstein

Seit geraumer Zeit werden einzelne Softwarevertragsmodalitäten oder -klauseln zumindest als kartellrechtlich bedenklich eingestuft. Nach den vorangegangenen ökonomischen Darstellungen[1] und Schilderungen der Vertriebspraxis[2], methodischen Vorüberlegungen[3] sowie dem dargestellten Analyserahmen[4] für Softwareverträge werden im Folgenden spezielle Vertragsmodelle, ggf. unter Berücksichtigung etwaiger Besonderheiten im Hinblick auf im Generellen atypische, im jeweiligen Besonderen gleichwohl typische Akteure im kartellrechtlichen Raster untersucht werden. Dabei wird sich das Urheberrecht fokussiert, auf denkbare Abweichungen im Zuge weiterer Schutzrechte wird anschließend eingegangen.[5] Die Prüfungsreihenfolge beginnt stets mit negativen Effekten und Verstößen wider Art. 101 I AEUV und geht sodann auf Freistellungsmöglichkeiten ein; zunächst auf Freistellungen via Gruppenfreistellungsverordnungen und nachfolgend auf Art. 101 III AEUV im Übrigen.

A. Freie und Open Source-Software (F/OSS) und ihre typischen Klauseln

F/OSS[6] wirft eine Reihe von (rechtlichen) Fragen auf, gleichwohl gelten diese Lizenzmodelle nach vorherrschender allgemeiner Überzeugung (mittlerweile) im Grundsätzlichen als mit dem Recht vereinbar und als rechtlich (weitestgehend) durchsetzbar.[7] Es handelt sich dabei eben nicht bloß um ein ideologisches Credo, sondern um eine Erzeugungs- und Verteilungsgrundlage für zahlreiche Programme, die auf einigen Märkten beträchtliche Relevanz entwickelt haben.[8] Es werden dabei zunächst die Akteure, eben als potentielle

---

[1] 7. Kapitel B. IV. 2. b. bb. zur Marktabgrenzung, zu kartellrechtlichen Grundlagen 5. Kapitel.
[2] 3. Kapitel B.
[3] 7. Kapitel B.
[4] 7. Kapitel.
[5] Zu Patentrecht und *Know How* 8. Kapitel L.
[6] 3. Kapitel B. VIII.
[7] Vgl. *Nordmeyer* in: Lehmann/Meents 2011, Kap. 4 Rdnr. 710 ff. m. w. Nachw.
[8] Dazu noch 8. Kapitel A. III. 5.

Adressaten kartellrechtlicher Maßnahmen bzw. ebenfalls als Ansatzpunkt für kartellrechtliche Betrachtungen und mithin Lizenzierungsvorgänge, dargestellt, da diese bei F/OSS ganz andersartig sein können als in der übrigen „herkömmlichen“ Softwareindustrie. Im Anschluss werden einzelne Klauseln diskutiert, die keineswegs in jeder F/OSS-Lizenz enthalten sind, aber zumindest für die stilbildenden, speziell die GNU GPL, typisch sind.

I. F/OSS-Akteure als Unternehmen im kartellrechtlichen Sinn

Im Kartellrecht gilt der funktionelle Unternehmensbegriff, der ungeachtet der konkreten Rechtsform natürliche oder juristische Personen oder sonstige Entitäten, die sich planend und entscheidend betätigen, erfasst. Die Entwicklung der F/OSS ist ursprünglich durch freie, freiwillige und weltweit zerstreute Entwicklernetze – oftmals an Universitäten – initiiert worden und ist nach wie vor durch solche geprägt,[9] auch wenn mittlerweile ebenfalls große IT-Unternehmen (ergänzend) auf F/OSS-Lizenzmodelle setzen.[10] Das zugrunde liegende Organisationsmodell ohne straffe Hierarchien wird als heterarchisch[11] oder primär metaphorisch als *Basar*-Modell bezeichnet – als Gegenmodell zur *Kathedralen*methode, unter welcher die gegensätzliche zentralistische Steuerung (abhängiger Bediensteter) verstanden wird.[12] Dieser Umstand erschwert es, in solchen Feldern Unternehmen im kartellrechtlichen Sinne zu erkennen, selbst wenn Gewinnerzielungsabsicht kein notwendiges Kriterium für die kartellrechtliche Annahme eines Unternehmens ist.[13] Somit scheiden Freiwilligennetze von Hobbyentwicklern[14] als Ansatzpunkte kartellrechtlicher Untersuchung (und Maßnahmen) nicht apodiktisch aus. Dies sollten sie auch nicht, wie die Marktrelevanz von F/OSS belegt.[15] Bloß private Projekte wiederum sind auszuschließen.[16]

---

[9] S. noch 8. Kapitel A. III. 4 u. des Weiteren *Rossi* in: Bitzer/Schröder 2006, S. 30 ff.: „… as an aggregation of heterogeneous contributors performing different roles …“; *Xu/Christley/Madey* in: Bitzer/Schröder 2006, S. 254 ff.; *Nordmeyer* in: Lehmann/Meents 2011, Kap. 4 Rdnr. 658 ff.

[10] 3. Kapitel B. VIII; *Nordmeyer* in: Lehmann/Meents 2011, Kap. 4 Rdnr. 662.

[11] *Metzger* in: Leible/Ohly/Zech 2010, S. 81, 85 ff.

[12] 3. Kapitel B. VIII. 1.; *Raymond* 2001, S. 19 ff.

[13] 7. Kapitel B. I. Dazu im Grds. *Mestmäcker/Schweitzer* 2014, § 9 Rdnr. 32: Unerheblich sei es, ob Gewinnerzielung erfolge; im konkreten Kontext *Koch* CR 2000, S. 341. Es kommt ebenfalls nicht darauf an, Gegenleistungen anzustreben: *Rautenstrauch* 2013, S. 213 f. Die kommerziellen Bezüge in den F/OSS-Lizenztexten sprechen nach *Elkemann-Reusch* ZGE 2010, S. 444 ebenfalls für Unternehmenstätigkeit.

[14] *Rautenstrauch* 2013, S. 206 ff. will zumindest anderweitig angestellte Hobbyentwickler, die sich an F/OSS-Projekten in ihrer Freizeit beteiligen, nicht als Unternehmen ansehen.

[15] *Rautenstrauch* 2013, S. 213 f.

[16] *Jaeger/Metzger* 2016, Rdnr. 333 Fn. 1306, wonach solche daran zu erkennen sind, die

Zunächst bestehen aber keine Schwierigkeiten hinsichtlich eindeutig verfasster Unternehmen, zumeist Kapitalgesellschaften, die auf diesen Märkten agieren.[17] In diese Gruppe klar umrissener Unternehmen gehören etwaige Dienstleister und Distributoren[18], welche nicht unbedingt Software entwickeln, aber zumindest (fremde) F/OSS vertreiben. Eine ähnliche Rolle wie Distributoren werden in der Regel spezielle Internetplattformen einnehmen, zumindest dann, wenn sie ebenfalls (nur) entsprechende (überwiegend fremde) Produkte zusammenstellen und anbieten. Dies wiederum gilt aber nicht für solche Plattformen, die Entwicklern nur Werkzeuge für deren Tätigkeit in die Hände reichen.[19] In diese Gruppe eindeutig fassbarer Unternehmen gehören hingegen alle Softwareunternehmen, die selbst (auch) auf F/OSS setzen und entsprechend ihre Software lizenzieren (*Company driven*).[20] Unternehmen der Art. 101 ff. AEUV sind natürlich solche firmierten Betriebe, die ergänzende Leistungen für F/OSS anbieten. Hierbei besteht im Allgemeinen keine Besonderheit.

Eine Sonderrolle nehmen bekannte F/OSS-Stiftungen ein,[21] die einerseits die Lizenztexte überarbeiten, andererseits aber ebenfalls Software veröffentlichen. Dabei genügt das Anbieten oder Veröffentlichen von (erneuerten) Lizenztexten – als *License Stewards* – nicht, ein Unternehmen in diesem Sinne anzunehmen. Denn Autoren juristischer Profession, welche etwa – dann von anderen genutzte – Musterverträge anbieten, sind selbst nicht solche Unternehmen. Dass diese Stiftungen aber ggf. doch als Unternehmen zu gelten haben, liegt daran, dass sie eben auch Softwareprojekte leiten bzw. Software anbieten.[22]

Hinsichtlich der freien Entwickler bleibt dies zu erörtern. Da kartellrechtlich in der Regel einzelne Produkte oder „Produktfamilien" zu untersuchen sein werden,[23] scheidet die gesamte *Community* bzw. *Communities* aller F/OSS[24] gewiss aus. Vielmehr sind die jeweiligen Projekt- bzw. Programmbeteiligten heranzuziehen. Berechtigterweise kann hierbei zunächst von einer Art „Mosaik der Schutzrechte" ausgegangen werden, denn die Entwicklungsbeiträge gehören zunächst auf der Welt zerstreuten, unabhängigen, aber kooperierenden

---

nicht „nachhaltig" am Markt teilnehmen oder betreut werden, denen also eine gewisse Ernsthaftigkeit und „Ausdauer" fehlt.

[17] Nach *Lerner/Shankerman* 2010, S. 213 verdränge die Bedeutung der typischen Unternehmen in diesem Bereich die der Individuen.

[18] Wie Suse, Red Hat u. a. – vgl. *Metzger/Jaeger* GRUR Int 1999, S. 840: „kommerziell arbeitende Firmen"; *Jaeger/Metzger* 2016, Rdnr. 330, 173 ff.

[19] Etwa wie http://sourceforge.net/.

[20] 3. Kapitel B. VIII. 1.

[21] Wie etwa die *Free Software Foundation, Mozilla Foundation, Apache Foundation, Open Source Initiative, Eclipse Foundation.*

[22] Wie bspw. das GNU-Projekt oder Mozillas Firefox, Thunderbird etc.

[23] 7. Kapitel B. IV. 2.

[24] Sofern so etwas – abgesehen etwa von der Gesamtheit aller F/OSS-Nutzer, -Entwickler und -„Evangelisten" – überhaupt existiert.

Entwicklern, die unterschiedlichen Rechtsordnungen unterliegen.[25] Spezielle kartellrechtliche Zuordnungsvorschriften existieren nicht. Lediglich die *Flick-Klausel*, § 36 III GWB, kann Personen, die andernfalls nicht als Unternehmen gölten, zu Unternehmen (im Rahmen der Zusammenschlusskontrolle) fingieren, wenn sie über Mehrheitsbeteiligungen verfügen – was dazu dient, Investoren(familien) und deren Beteiligung kartellrechtlich als Ganzes erfassen zu können.[26] Insoweit liefert die Norm keine Antwort, da es nicht darum geht, (finanziell) hinter zahlreichen F/OSS-Projekten stehende Personen(gruppen) zu erfassen, sondern freiwillig tätige Entwickler im Rahmen eines Projektes. Nach gesellschaftsrechtlichen Vorstellungen können diese ggf. über §§ 8 f. UrhG zu Gesellschaften bürgerlichen Rechts verbunden sein, doch abgesehen von dieser urheberrechtlichen Wertung fehlt es ansonsten in aller Regel an verpflichtenden Beiträgen, um Gesellschaften nach dem BGB (und erst recht anderen Gesetzen) anzunehmen.[27] Urheberrechtlich mögen sich Verwertungsgemeinschaften etc. nach den Regeln der §§ 8 f. UrhG ergeben,[28] doch ist dies nicht relevant für die kartellrechtliche Feststellung, denn auch der EuGH verlangt nicht zwingend nach privatrechtlichen Rechtsformen.[29] Die Annahme eines Gemeinschaftsunternehmens[30] indes wird ebenfalls an fehlenden Beiträgen und Verpflichtungen scheitern.

Mit dem GNU-Projekt etwa besteht eine relativ zielhomogene Gruppe, welche nämlich dem Ziel eines *freien* Betriebssystems verpflichtet ist. Gleichwohl entsprangen einem so breitgefächerten Programm zahlreiche andere Programme, etwa Kompilierer.[31] *GNU/Linux* selbst wird ebenso in verschiedenen Formen (Distributionen) herausgebracht, welche sich beispielsweise in der Desktop-Oberfläche (insbes. *KDE* oder *Gnome*) unterscheiden, und dabei mit

---

25 *Böcker* 2009, S. 64.

26 Immenga/Mestmäcker/*Thomas*, § 36 GWB Rdnr. 946.

27 Vgl. *Spindler* in: Spindler 2004, Kap. C Rdnr. 16; die wirtschaftliche Ausrichtung verneint *Spindler* in: Spindler 2004, Kap. E Rdnr. 16 tendentiell (im Rahmen der Frage der Anwendbarkeit des ProdHG). Doch kann nach diesem eine Gesellschaft in einigen Fällen angenommen werden, s. *Spindler* 2003, S. 96 f.; *Spindler* in: Ohly/Bodewig/u. a. FS Schricker 70 2005, S. 542, 554 f. (aber Gesamthandgemeinschaften des UrhG – zu den sich daraus ergebenden Rechten und Pflichten siehe die dazwischen liegenden Seiten sowie ab S. 556). I. d.R: gegen die Annahme einer Gesellschaft: *Grützmacher* ITRB 2002, S. 86.

28 Schricker/*Spindler*, Vor §§ 69a ff. UrhG Rdnr. 33, 35 (und gegen eine Publikumsgesellschaft); s. auch *Teupen* 2007, S. 152 ff.

29 EuGH, Urt. v. 23.4.1991 – Rs. C-41/90 – „Höfer&Elser./.Macrotron", allerdings bezogen auf öffentlich-rechtliche Anstalten: „Eine öffentlich-rechtliche Anstalt für Arbeit, die Arbeitsvermittlung betreibt, lässt sich als Unternehmen im Sinne der gemeinschaftsrechtlichen Wettbewerbsregeln qualifizieren, da im Rahmen des Wettbewerbsrechts diese Qualifizierung für jede eine wirtschaftliche Tätigkeit ausübende Einheit, unabhängig von ihrer Rechtsform und der Art ihrer Finanzierung, gilt." (1. Ls. = Tz. 21). *Välimäki* ECLR 2006, S. 130, der sich auf dieses Urteil stützt.

30 Vgl. 6. Kapitel C.

31 *Jaeger/Metzger* 2016, Rdnr. 15 f., 60.

zahlreichen Anwendungsprogrammen kombiniert werden. Auch in diesen „Entwicklungsbasaren" fehlt es aber an verpflichtenden Anordnungen und Entwicklungsplänen – schon regelmäßig mangels Arbeits- oder Dienstverhältnissen[32] – und im Grundsatz bleibt ein jeder berufen, eigenen Code beizusteuern. Somit sind die Mitarbeitenden (zunächst) durch kein umschlingendes Band gebunden.

Gleichwohl gibt es offizielle (*Official*) *Releases*[33], die von Kernteams (*Core Teams*) oder anderweitig begrenzten Entwicklergruppen,[34] Gremien oder den bereits angeführten Stiftungen ausgewählt und herausgegeben werden. Zugleich können prominente bzw. bestimmte Einzelpersonen (*Maintainer*) aufgrund besonderer Sachkompetenz oder Führungsqualität bzw. Autorität auch in solchen Kreisen Einfluss gewonnen haben.[35] Solche *Core Teams* leisten mitunter bis zu 85 % der Arbeit und bringen einen somit überwiegenden Teil des Quellcodes ein.[36] Diese sind aufgrund ihrer Verantwortlichkeit sodann in jedem Fall als (ein) Unternehmen zu qualifizieren.[37] Dazu können dann, je nach weiteren Umständen, ebenfalls die Angehörigen einer Stiftung gelten, sofern diese konsequent in einem solchen Projekt integriert sind; erst recht, wenn dieses von einer solchen oder vergleichbaren Organisation ausgeht. Daneben kann es sein, dass bis zu einem Zehntel des Codes verwaist ist bzw. dessen Ersteller nicht auffindbar bzw. zuordbar sind.[38]

Möglich ist es, dass insbesondere nicht zu Kernteams gehörende Entwickler, die ihren Entwicklungsanteil zu solchen *Releases* bewusst beisteuern wollen, einen speziellen Kontributoren-Vertrag (*Fiduciary Licence Agreement*[39] oder *Contributor [License] Agreement* oder einen Rechte vollkommen zu übertragen versuchendes *Copyright Assignment Agreement*) abschließen müssen.[40]

---

[32] Zwar beschäftigen einzelne der erwähnten Stiftungen festangestellte Mitarbeiter und verfügen ebenfalls über ein festes Aufsichtsgremium usf., doch wird die Masse der Entwicklungsarbeiten nach wie vor von Freiwilligen geleistet.

[33] 3. Kapitel B. VIII. 1.

[34] *Buxmann/Diefenbach/Hess* 2015, S. 263 f.

[35] 3. Kapitel B. VIII. 1.; 8. Kapitel A. III. 4; *Grassmuck* 2004, S. 227 f., 237 f.; „undisputed leader" mit hohem faktischen Einfluss bei *Lerner/Tirole* in: Feller/Fitzgerald/Hissam/Lakhani 2005, S. 64; als Personen mit „Kult-Status" oder Charisma bei *Maurer/Scotchmer* NBER 12148, S. 18 f.; als „benevolenter Diktator" bei *Stein* 2006, S. 87.

[36] *Mundhenke* 2007, S. 91 f. m. w. Nachw. Nach *Rossi* in: Bitzer/Schröder 2006, S. 30 eher 72,3 %, wobei zum Kern dann 10 % der Beteiligten gehörten; nach *Lerner/Tirole* in: Feller/Fitzgerald/Hissam/Lakhani 2005, S. 55 sind es 15 % der Entwickler, die 83 % des Codes beitragen.

[37] *Nordmeyer* JIPITEC 1/2010, Rdnr. 23.

[38] *Lerner/Tirole* in: Feller/Fitzgerald/Hissam/Lakhani 2005, S. 56.

[39] S. http://fsfe.org/projects/ftf/FLA.en.pdf (= FLA).

[40] S. http://en.wikipedia.org/wiki/Contributor_License_Agreement für solche (= CLA); *Jansen* http://www.ifross.org/en/artikel/lizenz-center-aktualisiert-contributor-license-agreements-und-committer-agreements-aufgenomm m. w. Nachw.; http://contributoragreements.org/, einen Überblick über konkrete Projekte und ihre kaum standardisierten Vorgehensweisen und Verträge liefert *Jakob* 2/2014 JIPITEC 2001, Rdnr. 8 ff.

Es kann sogar sein, dass in ein offizielles *Release* nur die Software-Teile einfließen, denen Kontributoren-Verträge zugrunde liegen. Sofern ein solcher, an sich Außenstehender nur geringfügigen Code beisteuert und auch nicht in die Steuerung, Vermarktung eingreift, verbleibt er letztlich als Außenstehender und ist wie andere *Freelancer* nicht als Teil dieser Gruppen anzusehen.[41] Eines solchen speziellen Vertrages bedarf es, da – so zumindest nach deutschem Recht – § 69b[42] hierbei (analog) eben nicht anwendbar ist und § 31a I S. 2 UrhG höchstens Vergütungsansprüche entfallen lässt,[43] die Rechte ansonsten jedoch nicht konzentriert werden. Die Kontributoren-Vereinbarungen gewähren den außerordentlich Beitragenden ebenfalls keine Bezahlung, sondern zielen ggf. vielmehr noch auf ausschließliche Nutzungsrechte[44] und eine treuhänderische Stellung des begünstigten Entwicklerkreises ab.[45] Da sich hierdurch der Beitragende zwar vergleichbar schlecht stellt wie ein Arbeitnehmer, aber nicht einmal dessen monetären Vorteile und auch nicht die Mitspracherechte der *Core Teams* etc. erhält, erscheint es nicht als angebracht, ihn als Teil des kartellrechtlichen Unternehmens aufzufassen, denn dies würde ihn – im Gegensatz zu normalen Arbeitnehmern[46] – zum mithaftenden Mitadressaten kartellrechtlicher Maßnahmen machen, die ansonsten nicht einmal ein Arbeitnehmer mitzutragen hätte. Dies gilt dann erst recht für solche Entwickler, die nur aufgrund des Copyleft (unfreiwillig[47]) *ihren* Code beisteuern müssen.[48] Dabei können aber solche eigenständigen Entwickler wiederum als weitere eigenständige Unternehmen anzusehen sein. Sollten sich Personen von einem Projekt abspalten (*Forking*),[49] sind diese wiederum grundsätzlich als eigenes Unternehmen zu verstehen. Indes erscheint es angebracht, die Lizenzgeber, die freiwillig ihre Rechte über eine Kontributoren-Vereinbarung an eine Gruppe bzw. ein Unternehmen weitgehend übertragen, zwar nicht als Teil dieses Unternehmens anzusehen, aber aufgrund des Lizenzvorgangs auch nicht mehr als notwendigen Lizenzgeber gegenüber Dritten, sodass sich der Lizenzierungsvorgang an Dritte womöglich nur noch zwischen dem durch den Kontributor begünstigten Unternehmen und dem Dritten abspielt und primär nur noch dieser Vorgang kartellrechtlich zu untersuchen bleibt.

---

41 *Nordmeyer* JIPITEC 1/2010, Rdnr. 23.

42 3. Kapitel A. III.

43 Allgemein zum Verhältnis des § 69b zu §§ 32 f. UrhG s. *v. d. Hoff* 2009, S. 146 ff.

44 Viele verlangen allerdings nur einfache, aber dennoch das Recht zur Unterlizenzierung.

45 S. inbes. § 1 I und § 3 III der FLA.

46 Vgl. dazu *Rautenstrauch* 2013, S. 206 ff.

47 Dazu noch 8. Kapitel A. II. 2.

48 Entwickler derivativer Werke, wenn diese also bloß aufgrund einer Copyleft-Verpflichtung Werkteile herausgeben müssen, sind insoweit auch nicht für die nachträgliche Verwendung dieser Software(teile) verantwortlich. Bloße Nutzer sind ohnehin keinesfalls heranzuziehen.

49 Sog. *Forking*, dazu noch 8. Kapitel A. III. 4.

Insgesamt muss daher, sofern nicht verfasste Unternehmen erkennbar sind, im Einzelfall und insbesondere mit Blick auf (doch) hierarchische Strukturen und Entscheidungsprozesse der *Basar* nach fest verbundenen, operativ zusammenarbeitenden Entitäten durchsucht werden. Zu den Verantwortlichen sind weitere, außenstehende Personen in aller Regel jedoch nicht zuzurechnen. Bei dieser Unterscheidung sollte insbesondere darauf geachtet werden, ob letztere eben Einfluss haben und sich dauerhaft am jeweiligen Projekt beteiligen. Wer nicht in dieses Raster fällt, kann wiederum ein eigenständiges Unternehmen im kartellrechtlichen Sinne bilden, wird dies als bloße Privatperson aber oftmals nicht.

II. Negative Effekte und Verstoß wider Art. 101 I

1. Lizenzgebührenverbot bzw. Bestimmungen zur Kostenlosigkeit

F/OSS kann in der Regel kostenlos heruntergeladen werden, muss aber keinesfalls kostenlos sein,[50] was allein bereits entgeltlich verbreitete Datenträger mit F/OSS beweisen. Allerdings verbieten einzelne Lizenzen die Erhebung von Lizenzgebühren.[51] Dies dergestalt, dass etwa Überlassungspreise erlaubt sind, aber zumindest im Hinblick auf die Weitergabe alle Formen von Lizenzgebühren untersagt werden. Vereinzelt wird dieses als allgemeine Begrenzung für den Gesamtpreis – auch Kaufpreis – angesehen. Dies trifft aber zumindest bzgl. der GNU GPL nicht zu, welche einen beliebig hohen Erwerbspreis (wenn freilich nicht unumstritten[52]) zulässt.[53] Gleichwohl existieren auch andere Lizenztexte, wie primär die *Artistic License*, die lediglich einen adäquaten, wohl nur kostentragenden Preis gestatten.[54]

---

[50] „‚Free software' is a matter of liberty, not price. To understand the concept, you should think of ‚free' as in ‚free speech', not as in ‚free beer'." – http://www.gnu.org/philosophy/free-sw.html.

[51] 3. Kapitel B. VIII. 2. b.

[52] So Schricker/*Spindler*, Vor §§ 69a ff. UrhG Rdnr. 45 m. w. Nachw.

[53] In der GPL v2 heißt es in Sec. 1 II: „You may charge a fee for the physical act of transferring a copy, and you may at your option offer warranty protection in exchange for a fee." Aber Sec. 6 S. 2 lautet sodann: „You may not impose any further restrictions on the recipients' exercise of the rights granted herein."

In der GNU GPL v3 heißt in Sec. 4 II: „You may charge any price or no price for each copy that you convey, and you may offer support or warranty protection for a fee." Im Weiteren heißt es jedoch in Sec. 10 III: „You may not impose any further restrictions on the exercise of the rights granted or affirmed under this License. For example, you may not impose a license fee, royalty, or other charge for exercise of rights granted under this License …".

[54] Gem. Sec. 5 S. 1 v1: „You may charge a reasonable copying fee for any distribution of this Package. You may charge any fee you choose for support of this Package. You may not charge a fee for this Package itself." Die v2 hingegen verbietet ausdrücklich Lizenzgebühren (*licence fees*), gestattet aber weiterhin eine – nicht begrenzte – *Distributor Fee* (vgl. Sec. 7, Sec. 4 sowie Def.).

Art. 101 I lit. a) AEUV untersagt u. a. die Festsetzung der Verkaufspreise. In einem Lizenzgebührenverbot kann eine „Preisfestsetzung auf Null" und mithin eine Festsetzung erkannt werden.[55] Es bleibt zu erörtern, ob diese Klauseln deswegen kartellrechtswidrig sind. Bzgl. der Auswirkungen solcher Klauseln bleibt zwischen der Wirkung auf die Vertriebs- und Handelsebene, also speziell Distributoren und Online-Plattformen, sowie die Entwicklungsebene, also andere Entwickler, zu unterscheiden.

a. Auswirkung bzgl. F/OSS-Distributoren einschl. Plattformen

All jene, die (fremde) F/OSS lediglich anbieten, ob nun datenträgergebunden (i. d. R. Distributoren) oder datenträgerunabhängig (sowohl Distributoren als auch Online-Plattformen), oder anderweitig zur Nutzung bereitstellen (etwa über ASP), sind nach dem vorherig Ausgeführten durch ein mögliches Lizenzgebührenverbot nur ausnahmsweise darin gehindert, die Preise nach ihrem eigenen Willen festzusetzen. Dies ergibt sich bereits daraus, dass ihre Preise neben einer (möglichen, ggf. verdeckten) Lizenzgebühr auf weiteren Faktoren beruhen, etwa dem Entgelt für Datenträger[56] bzw. Datentransfer einschließlich Serverkosten. Zudem können weitere Dienstleistungen bepreist oder etwa Handbücher angeboten werden.[57] Deshalb ist der Anteil einer Lizenzgebühr am Gesamtpreis unbeachtlich, soweit ansonsten der Preis beliebig und autonom festgesetzt werden kann, zumal die Fremdsoftware ohnehin keinen eigenen Kostenfaktor darstellt, da deren Beschaffung ebenfalls kostenfrei war.[58]

Aber selbst wenn der Gesamtpreis in der Höhe begrenzt sein sollte – ob nun durch Lizenzbestimmungen oder ein abweichendes Verständnis dieser –, ist zumindest eine mindestens kostentragende Verbreitung noch möglich. Dies gerade deswegen, weil die Lizenz selbst für den Verbreitenden keinen Kostenfaktor darstellt, sondern er diese selbst kostenlos erhalten haben wird.

---

[55] Fromm/Nordemann/*Czychowski*, Nach § 69c UrhG Rdnr. 20; *Schindler Bühler* in: Weber/Berger/Auf der Mauer 2003, S. 66 („Es ist eine ganz spezielle Art von Preisbindung, die bisher … unbekannt …" war).

[56] Nach der GNU GPL v3 nach Sec. 4 II (s. Fn. 1989 zuvor) darf etwa für Kopien von unveränderten Programmen ein Entgelt in jeglicher („any") Höhe verlangt werden. Die beliebige Höhe wird höchstens zumindest in Sec. 6 lit. b) a. E. für „nachgelieferten" Quellcode deutlich begrenzt. Vgl. ifrOSS/*Koglin*, Sec. 1 GNU GPL v2 Rdnr. 55. (allerdings noch nicht zur v3, aber insoweit vergleichbaren v2); *Koglin* 2007, S. 194 ff.

[57] *Jaeger/Metzger* 2016, Rdnr. 334, 40 – demnach könnte insbes. mit „Komfort" Geld verdient werden.

[58] Wiederum abgesehen von etwa geringen Transferkosten. Zu GNU GPL v3 vgl. *Rautenstrauch* 2013, S. 280: „Das Verbot, Lizenzgebühren bei der Entgeltkalkulation zu berücksichtigen, wirkt sich im Rahmen der GNU GPL aber nicht auf den Endpreis aus." Es müsse lediglich die „die Form einer Lizenzgebühr" vermieden werden.

Entsprechend ist der Vertrieb lediglich „lizenzgebührenfrei", nicht jedoch zwingend entgeltfrei, kostenlos usf.[59] Gerade nach der GNU GPL sind daher beliebig hohe Preise theoretisch erziel- bzw. verlangbar, was gegen die indizierte Kartellrechtswidrigkeit spricht.[60] Jedenfalls kann das seitens der Abnehmer erlangte Nutzungsrecht – in der Regel gerade die Hauptgegenleistung und somit primärer Preisfaktor – neben Datenträger und Verpackung usf. nicht als unwesentlicher Faktor angesehen werden,[61] insbesondere dann nicht, wenn nach dem angelsächsisch-amerikanischen Verständnis, dem sich prinzipiell ebenfalls die EU-Kommission anschloss,[62] nicht zwischen Lizenz und Software als „Sache"[63] bzw. der Sachüberlassung samt Zurverfügungstellung und der Gestattung differenziert wird. Dies verkennt, dass dieser ein wirtschaftlicher Wert zukommen kann, denn ohne (kompiliertes) Programm sind Lizenz und ebenso Handbücher etc. vollkommen nutzlos.[64] Sofern aber ein (F/OSS-) Lizenztext nicht zwischen diesen Aspekten differenziert[65], ist anzunehmen, dass prinzipiell für diese Aspekte auch Identisches gelten soll.[66] Dies bedeutet, dass sodann zwar auch für den Datenträger oder die Fernübertragung samt verbundener Kosten (für *Hosting* etc.) Gebühren berechnet werden können, für den Softwaredatensatz, eben fern der Zurverfügungstellungskosten bzw. Übermittlungskosten, nichts anderes als für die Lizenz gelten kann: eben ein Gebührenverbot. Für die erwähnten Datenträger wie auch Datentransfer u. v. a. können indes Gebühren bzw. Entgelte verlangt werden.

Dass also eine solche Vertriebsauflage womöglich durch eine andere, fingierte Preiskalkulation umgangen werden kann, berührt nicht den Charakter einer Vereinbarung. Kartellrechtlich ist indes primär die Wirkung zu bedenken, die bei einer ggf. faktisch nicht wirksamen Vereinbarung entfällt. Dies ebenfalls deswegen, weil der Vertrieb sowohl dem Endkunden als auch den Lizenzgebern seine interne Kalkulation überhaupt nicht offenlegen muss und mithin gar nicht bekannt wird, ob das jeweilige Entgelt nicht doch versteckte Lizenzgebühren enthält bzw. überzogene Gebühren für die übrigen Leistungen.

Insgesamt muss ein Distributor somit keine Produkte oder Dienstleistungen „verschenken". Es bleibt ihm – abgesehen von wenigen Lizenzmodellen – die volle Hoheit über die letztliche Preisbestimmung. Und selbst im Rahmen der *Artistic License* bleibt ihm noch die Festsetzung eines angemessenen Preises –

---

[59] *Jaeger/Metzger* 2016, Rdnr. 334; *Välimäki* ECLR 2006, S. 132 (letzterer bezieht sich insoweit auf Kernbeschränkungen); *Matthiesen* 2010, S. 142 f.; vgl. auch bereits oben Fn. 50.

[60] *Jaeger/Metzger* 2016, Rdnr. 334.

[61] So aber *Heath* in: Spindler 2004, Kap. G Rdnr. 9.

[62] In GVOen und Leitl. – 7. Kapitel C. I. 6. b. bb. (1).

[63] Zu dieser Frage vgl. bereits 7. Kapitel C. I. 1. d. bb. (1).

[64] Vgl. 7. Kapitel C. I. 1. d. dd. (6) (a).

[65] Was etwa die *Articstic License* versucht, s. Fn. 54.

[66] Zu den Kosten bei der Quellcode-Überlassung: ifrOSS/*Koglin*, Sec. 1 GNU GPL v2 Rdnr. 54 ff. Allg.: *Hilty* MMR 2003, S. 15.

was dies auch immer heißen mag – überlassen; wobei zusätzlich zu beachten ist, dass ein bloßer Vertrieb diese Programme ohnehin selbst kostenlos erhält.

Allerdings sind diese Anbieter dennoch darin eingeschränkt, die Weitergabe der überlassenen Software zu begrenzen: ggf. ist ihnen der Einsatz von TPM/DRM erlaubt, aber deren rechtliche Durchsetzung verwehrt[67]; oder weitere Beschränkungen sind untersagt.[68] Zugleich steht diese F/OSS in aller Regel, spätestens nach der ersten Überlassung, einer beliebigen Zahl anderer Personen unentgeltlich zur Verfügung, welche diese sodann ebenso – d. h. im Rahmen identischer Beschränkungen – anbieten können.[69]

Von Lizenzgebühren bzw. einem Verbot dieser kann schlechterdings im dogmatischen Sinne in Fällen der meisten F/OSS-Lizenzen bzgl. der Distribuierenden auch nicht gesprochen werden[70]: Die Lizenz erteilen die Urheber – zumindest bei GNU GPL – direkt an alle Softwareempfänger. Der Distribuierende reicht nur den Code weiter. Lizenzgebühren sind nur dann denkmöglich, wenn dem Vertreibenden ein Recht zur Unterlizenzerteilung eingeräumt wurde. Fehlt dieses, überlässt nicht er die Lizenz, sondern eben der Urheber selbst räumt Nutzungsrechte ein.[71]

Normalerweise wird Preisfestsetzungen nachgesagt, dass sie der Nachfrage entsprechende (niedrige), sich durch Wettbewerb herausbildende Preise verhindern.[72] Insbesondere gelten sie als schädlich, wenn sie zu Nachteilen für die Kunden führen, wirtschaftlich schwächere Anbieter oder gar den Marktzutritt behindern.[73] F/OSS ist aber ein beliebig zu kopierendes Gut, das in aller Regel kostenlos (seitens der Entwickler) verfügbar gemacht worden ist, welches somit auch von theoretisch unendlich vielen Distributoren verbreitet und feilgeboten werden darf. Preise für ein allgemein verfügbares Gut sind naturgemäß ohnehin niedrig. Die Distributoren erhalten somit i. d. R. selbst ein Gut kostenlos, dessen Weitergabe sie nicht – durch Lizenzgebühren – erschweren dürfen.[74]

---

[67] S. Sec. 3 II GNU GPL v3.

[68] Vgl. bereits oben Fn. 53.

[69] Somit sind sog. Mondpreise ausgeschlossen – ifrOSS/*Koglin*, Sec. 1 GNU GPL v2 Rdnr. 57.

[70] Im Ergebnis so auch *Matthiesen* 2010, S. 142.

[71] Freilich ist dieses Direktlizenzierungsverständnis problembehaftet – 3. Kapitel B. I. 3. Im Gegensatz zu sonstigen EULAs sollen die F/OSS-Lizenztexte den Nutzer jedoch nicht begrenzen, sondern die Rechte aller Nutzer erweitern. Zudem muss für die bloße Nutzung ein F/OSS-Vertrag oftmals gar nicht geschlossen werden, sondern lediglich für über Programmnutzung hinausgehende Handlungen, vgl. Sec. 0 II S. 2 1. Hs. GNU GPL v2: „The act of running the Program is not restricted …" i.Vbdg.m. Sec. 5 S. 1 GNU GPL v2: „You are not required to accept this License, since you have not signed it"; Sec. 2 I S. 2 GNU GPL v3: „This License explicitly affirms your unlimited permission to run the unmodified Program" i.Vbdg.m. Sec. 9 S. 1 GNU GPL v3: „You are not required to accept this License in order to receive or run a copy of the Program."

[72] *Pischel* EuZW 2005, S. 459.

[73] *Lettl* WRP 2011, S. 712.

[74] *Jaeger/Metzger* 2016, Rdnr. 334.

Diese Preisfestsetzung und -realität sorgt somit für geringstmögliche Preise und verhindert aufgrund des kostenlosen Handelsgutes Marktzutrittsbarrieren.[75] Schädliche Effekte durch solche Preisfestsetzungen bzw. Schenkungen der Entwickler zu Lasten „beschenkter" Distributoren sind somit nicht erkennbar.[76] Auch das Fortwirken dieser Einschränkung für weitere Verwender ist entsprechend zulässig.[77] Diese können zwar Konkurrenten nicht vom Vertrieb abhalten,[78] sich aber durch ihre jeweilige F/OSS-Zusammenstellung oder Dienstleistungen profilieren.[79] Somit ist das Preisfestsetzungsverbot des Art. 101 I AEUV in diesem Fall teleologisch zu reduzieren.[80]

Nach anderer Anschauung verhindert die „Preisfestsetzung auf Null" eine Preisspanne und mithin eine freie Preisbestimmung.[81] – wobei allerdings davon ausgegangen wird, dass ein über sonstige Gebühren „hinausgehender Lizenzpreis … verboten" (ebenso im Rahmen der GNU GPL v3) sei.[82] Dem ist jedoch mit den genannten Argumenten entgegenzutreten.

Alternativ wird – auf § 32 III S. 3 UrhG gestützt – ein spezifischer Schutzgehalt behauptet, der es dem Urheber eben erlaube, eine unentgeltliche Lizenzeinräumung zu verlangen.[83] Zwar ist es zweifelhaft, ob über diese Norm Entsprechendes ebenfalls von anderen verlangt werden kann bzw. Vertriebsauflagen gedeckt sind, jedoch ist es zutreffend, dass das Urheberrecht dem Urheber Vermögensvorteile sichern soll, nicht sonstigen Personenkreisen wie Distributoren (vgl. § 11 S. 2 UrhG).[84]

In seltenen Fällen kann zwar die kostenlose Weitergabe bzw. Abgabe einen bedenklichen Unterbietungs- oder Verdrängungswettbewerb darstellen,[85]

---

[75] Dazu noch 8. Kapitel A. III. 4. Vgl. *Körber* NZKart 2014, S. 383.

[76] Auch *Timm* 2005, S. 289 f.; *Koch* CR 2000, S. 343; vgl. *Jaeger/Metzger* 2016, Rdnr. 334; *Bond* Michigan Law Rev. 104 (2005), S. 566 ff. (im US-Recht bereits im Rahmen einer *Rule of Reason* ausnehmend), im Ergebnis wohl ebenfalls *Välimäki* ECLR 2006, S. 132.

[77] *Konrad/Timm-Goltzsch/Ullrich* in: Ullrich/Lejeune 2006, I Rdnr. 870 f.

[78] *Jaeger/Metzger* 2016, Rdnr. 40; ifrOSS/*Koglin*, S. 15; ifrOSS/*Koglin*, Sec. 1 GNU GPL v2 Rdnr. 57.

[79] Sofern der Sammlung als solcher ein Schutzrecht zukommen sollte (etwa als Sammelwerk), dann können sie ihren Konkurrenten zumindest die Verbreitung eben dieser untersagen.

[80] *Nordmeyer* JIPITEC 1/2010, Rdnr. 25 f. Vgl. *Jaeger/Metzger* 2016, Rdnr. 334: „… grundlegend verkehrt, wenn man aus dem Lizenzgebührenverbot eine Preisbindung ableiten würde."

[81] *Czychowski/J. B. Nordemann* in: Keil 2009, S. 125 f.

[82] *Czychowski/J. B. Nordemann* in: Keil 2009, S. 123.

[83] *Koch* CR 2000, S. 343; *Timm* 2005, S. 289; vgl. *Rautenstrauch* 2013, S. 281.

[84] *Timm* 2005, S. 289.

[85] Im Rahmen des deutschen Rechts (GWB u. UWG) im Grundsätzlichen: *Nordemann/Nordemann/Nordemann* 2012, Rdnr. 630 ff., 573, 574 f., 577 f. Als „predatory pricing" wird dies momentan wieder im Hinblick auf Android diskutiert, gegen die Annahme der Wettbewerbswidrigkeit: http://fsfe.org/news/2013/news-20130729-01.de.html; *Körber* NZKart 2014, S. 382 ff.; dafür indes: http://www.fairsearch.org/fairsearch-announces-complaint-in-eu-on-googles-anti-competitive-mobile-strategy/.

doch ist hieran nicht zu denken, weil insbesondere keine Preis-Kosten-Schere oder ein „Kampfpreis" zu erkennen ist. Eine Preis-Kosten-Schere würde, ein vertikal integriertes Unternehmen vorausgesetzt, verlangen, dass ein Unternehmen ein Gut einem konkurrierenden Abnehmer zum Weiterverkauf teurer verkauft, als es dieses selbst den Endabnehmern anbietet, wodurch dem abnehmenden Unternehmen ein Gewinn unmöglich wird.[86] Ein sonstiger, nicht unbedingt kritischer „Kampfpreis" verlangt ein etwa deutlich unter den Kosten liegendes Preis-Niveau.[87] Ein ohnehin kostenloses Gut soll bei solchen F/OSS-Klauseln nur möglichst kostengünstig verbreitet werden, wobei die Verbreitung als auch weitere Dienstleistungen zumindest zum Selbstkostenpreis angeboten werden dürfen.

Eine solche mögliche Preiskomponentenfestsetzung „auf Null" für Distribuierende wirkt sich auf der reinen Vertriebsebene somit ausschließlich wettbewerbsfördernd aus.[88] Dies gilt auch dann, wenn der Gesamtpreis auf Adäquanz oder ein vergleichbares (bescheidenes) Maß reduziert werden soll, da solche Höchstpreise in diesem Kontext unbedenklich sind.[89] Durch diese Preisfestsetzung wird nämlich lediglich verhindert, dass ein Unternehmen, dem etwas unentgeltlich überlassen wurde, dieses insoweit ebenfalls unentgeltlich überlassen muss.

b. Auswirkung bzgl. F/OSS-Entwickler

Ein anderes Bild ergibt sich beim Blick auf die Entwickler, die durch diese Preisfestsetzung gezwungen werden, *ihren* Quellcode, *ihre* Software und Nutzungsrechte unentgeltlich herauszugeben und für die Verbreitung erstmals herausgegebener Software keine Gebühren zu verlangen. Dies wird im nachfolgenden Abschnitt untersucht werden, denn es ist sodann primär eine Folge des Copylefts,[90] das im Zusammenspiel mit dem Lizenzgebührenverbot[91] weitreichende Konsequenzen für Entwickler nach sich zu ziehen vermag. Während nämlich, wie zuvor ausgeführt, Distributoren die jeweiligen Programme nur unverändert nutzen und bzgl. ihrer eigenen Leistungen nicht betroffen werden, trifft dies Entwickler ggf. im Kern ihrer Tätigkeit.

---

[86] Langen/Bunte/*Bulst*, Art. 102 AEUV Rdnr. 306 ff.; *Podszun* in: Gebauer/Wiedmann 2010, Kap. 24 Rdnr. 64.

[87] *Podszun* in: Gebauer/Wiedmann 2010, Kap 24 Rdnr. 63.

[88] Schricker/*Spindler*, Vor §§ 69a ff. UrhG Rdnr. 55; a. A. *Elkemann-Reusch* ZGE 2010, S. 445.

[89] Die hilfsweise geprüfte Freistellung 8. Kapitel A. III. 1. b. ee.

[90] *Nordmeyer* JIPITEC 1/2010, Rdnr. 27.

[91] Vgl. zutreffend *Elkemann-Reusch* ZGE 2010, S. 449: Es spricht Einiges dafür, … nicht bereits die Unentgeltlichkeit allein, sondern erst die Kombination aus Unentgeltlichkeit und Rücklizenz als potentiell wettbewerbswidrige ‚erzwungene Gegengabe' anzusehen."

c. Zwischenergebnis

Diese „Preis(komponenten)festsetzung auf Null“ wirkt sich nur positiv im Hinblick auf den Handel mit F/OSS für Handelnde aus: Es wird seitens anderer ein frei verfügbares Gut zur allgemeinen Verfügung gestellt. Dass dieses nicht übergebührlich restriktiv verbreitet werden darf, stellt für Handelnde, die eben gratis etwas erhalten, keinen wettbewerblichen Nachteil dar. Entsprechend ist Art. 101 I lit. a Var. 2 AEUV teleologisch insoweit zu reduzieren, dass es sich bei einer „anteiligen Preisfestsetzung auf Null“ um keine Preisfestsetzung in diesem Sinne handelt. Dies gilt zumindest für F/OSS-Händler bzw. -Distributoren. Die Auswirkung auf Entwickler im Zusammenwirken mit Copyleft-Klauseln ist im nachfolgenden Abschnitt dargestellt.

2. *Copyleft-Klausel (Viraler Effekt)*

Wesentliche, aber nicht notwendige Klauseln zur Bestimmung als F/OSS sind Copyleft-Klauseln.[92] Im Rahmen von *Creative Commons* werden vergleichbare Regelungen als *Share Alike* bezeichnet,[93] im Generellen sind sie der Gruppe des *Grant Back* bzw. der Rücklizenzierung[94] zuzuordnen. Nach solchen Klauseln müssen abgeleitete (derivative) Entwicklungen, also solche, die – in (un)bestimmter Form – auf F/OSS basieren (*based on*[95]), wiederum als F/OSS (*rück-*) lizenziert werden, was die Offenlegung des Quellcodes mit umfasst.[96] Dadurch werden möglicherweise Urheberrechte[97] in kartellrechtswidriger Weise exten-

---

[92] 3. Kapitel B. VIII. 2.

[93] S. http://creativecommons.org/licenses/by-sa/3.0/legalcode.

[94] Dazu 3. Kapitel B. X. und 8. Kapitel B. II. 1.

[95] Etwa Sec. 0 S. 2 GNU GPL v2: „… and a ‚work based on the Program‘ means either the Program or any derivative work under copyright law …“. Und in Sec. 2 II ff.: „These requirements apply to the modified work as a whole. If identifiable sections of that work are not derived from the Program, and can be reasonably considered independent and separate works in themselves, then this License, and its terms, do not apply to those sections when you distribute them as separate works. But when you distribute the same sections as part of a whole which is a work based on the Program, the distribution of the whole must be on the terms of this License, whose permissions for other licensees extend to the entire whole, and thus to each and every part regardless of who wrote it.

Thus, it is not the intent of this section to claim rights or contest your rights to work written entirely by you; rather, the intent is to exercise the right to control the distribution of derivative or collective works based on the Program.

In addition, mere aggregation of another work not based on the Program with the Program (or with a work based on the Program) on a volume of a storage or distribution medium does not bring the other work under the scope of this License.“

[96] *Konrad/Timm-Goltzsch/Ullrich* in: Ullrich/Lejeune, I Rdnr. 872 ff. konzentrieren sich bei der kartellrechtlichen Untersuchung auf das Gebot der Quellcodebekanntgabe und lehnen einen Kartellrechtsverstoß im Ergebnis ab.

[97] Zum patentrechtlichen 8. Kapitel A. II. 5. a.

siert.[98] Wie angedeutet werden dadurch finanzielle Interessen des Fortentwicklers unterlaufen.[99]

Diese Regelung wird teilweise im Rahmen einer sog. Konditionenbindung (oder auch als sog. Konditionenkartell)[100] diskutiert, da Bearbeiter wie Distributoren an eben die durch die Lizenztexte vorgegebenen, gleichermaßen für alle wirkenden Konditionen gebunden werden.[101] Eine Konditionenbindung (dieser Art) ist jedoch nicht per se kartellrechtswidrig.[102] Die Copyleft-Bestimmung ist jedoch primär danach zu bemessen, wie sie selbst wirkt; dass sie sich grundsätzlich „viral" entfalten soll, wird dabei hinreichend mitbeachtet werden und entspricht gerade ihrer Natur.

Die Copyleft-Klauseln können ungenau – grenzwertig auch im Hinblick auf das Transparenzgebot des § 307 I BGB – formuliert sein.[103] Diese können greifen, wenn der hinzustoßende Entwickler Code verändert, löscht, hinzufügt[104] oder bestehende F/OSS und eigene Programme kombiniert, etwa durch Verknüpfungen (*Linking*). In der Regel bleibt dieses von Maßnahmen abzugrenzen, welche diese Klausel nicht auslösen, etwa die bloße Weitergabe solcher Software zusammen mit Software unter „proprietärer" Lizenz oder Software unter anderen F/OSS-Lizenzen auf einem Datenträger.[105] Weitgehend ausgenommen von diesem sog. viralen Effekt[106] sind Erzeugnisse, die mittels F/OSS-Werkzeugen erstellt werden.[107] Nach der GNU GPL oder der

[98] Andenkend, aber wohl dagegen *Välimäki* ECLR 2006, S. 133.

[99] „Can argue" – *Välimäki* ECLR 2006, S. 132.

[100] Zu der FSD und OSD als mögliches Konditionenkartell 8. Kapitel A. II. 7.

[101] Für einen Verstoß wider Art. 101 I AEUV, aber ohne weitere Argumente abseits der Beschränkung: Fromm/Nordemann/*Czychowski*, Nach § 69c UrhG Rdnr. 20 ff. Vgl. andenkend, aber im Ergebnis gegen ein unzulässiges bzw. für ein freigestelltes Konditionenkartell: *Konrad/Timm-Goltzsch/Ullrich* in: Ullrich/Lejeune 2006, I Rdnr. 877; *Timm* 2005, S. 284 ff. u. insbes. S. 293 ff.; *Rautenstrauch* 2013, S. 281 ff.; *Koch* CR 2000, S. 342 ff., da „alle" daran gebunden seien.

[102] Insbesondere auch nach Abschaffung des § 14 GWB (vgl. *Bischof/Witzel* in: Redeker, Muster 2.3 Rdnr. 136) hat sich diese Frage in gewisser Hinsicht erledigt. Vgl. auch § 2 II GWB i. d. F. vor dem 30. 6. 2005. Gleichwohl können Konditionenkartelle nach wie vor Art. 101 I AEUV bzw. § 1 GWB unterfallen. Bzgl. des AEUV ergibt sich dies direkt aus Art. 101 I lit. a).

[103] Vgl. *Nordmeyer* in: Lehmann/Meents, 2011 Kap. 4 Rdnr. 687 f. m. w. Nachw.; *Determann* GRUR Int 2006, S. 652 f.; *Funk/Zeifang* CR 2007, S. 619, 621 f.

[104] Fromm/Nordemann/*Czychowski*, Nach § 69c UrhG Rdnr. 14.

[105] S. etwa Sec. 5 II der GNU GPL v3: „A compilation of a covered work with other separate and independent works, which are not by their nature extensions of the covered work, and which are not combined with it such as to form a larger program, in or on a volume of a storage or distribution medium, is called an ‚aggregate' if the compilation and its resulting copyright are not used to limit the access or legal rights of the compilation's users beyond what the individual works permit. Inclusion of a covered work in an aggregate does not cause this License to apply to the other parts of the aggregate."

[106] Weitere mögliche Bezeichnungen 3. Kapitel B. VIII. 2. a.

[107] *Jaeger/Metzger* 2016, Rdnr. 60 ff.; Schricker/*Spindler*, Vor §§ 69a ff. UrhG Rdnr. 50.

MPL[108] müssen solche abgeleiteten Programme (*Derivative Works*) erst dann als F/OSS lizenziert werden, wenn sie (als Kopien) verbreitet werden – die alleinige interne Nutzung mag davor somit bewahren.[109] Fraglich ist insoweit ferner, ob etwa ein Auftragsentwickler[110], der die jeweilige Software an den Auftrageber übergibt oder bei einem Escrow-Agenten hinterlegt, die Software in diesem Sinne distribuiert. Wird Dritten die jeweilige Software ausschließlich als ASP, SaaS etc. verfügbar gemacht, wird diese Software nicht im herkömmlichen Sinn vertrieben und bewahrt daher bei einzelnen Lizenzen womoglich vor einer Offenlegungspflicht (deshalb als *ASP Loophole* bezeichnet).[111] Eine andere Umgehungsmöglichkeit mag der getrennte Vertrieb von der Ausgangssoftware und den isolierten Modifikationen sein.[112] Diskussionwürdig kann ferner sein, ob die Offenlegungspflicht nur den bloßen Quellcode oder etwa auch die zugehörigen Kommentierung erfasst, zumindest soweit sie unmittelbar in den Quellcode integriert sind.[113]

Indes bleibt es fraglich, was überhaupt *abgeleitet* in diesem Sinne ist. Abgegrenzt wird hierbei insbesondere nach rechtlichen oder technischen Erklärungssätzen: Während erstere insbesondere in das Urheberrecht der USA[114] führen und dort nach Klärung suchend die Frage aufwerfen, ob eine Bearbeitung im

---

[108] S. Sec. 1.3 MPL v1.1: „‚Covered Code' means the Original Code or Modifications or the combination of the Original Code and Modifications, in each case including portions thereof." Sowie in Sec. 1.9: „‚Modifications' means any addition to or deletion from the substance or structure of either the Original Code or any previous Modifications. When Covered Code is released as a series of files, a Modification is: (a) Any addition to or deletion from the contents of a file containing Original Code or previous Modifications. (b) Any new file that contains any part of the Original Code or previous Modifications."

[109] Diese Erwägung ist darauf gestützt, dass die Pflichten etwa der Sec. 2 S. 1 GNU GPL v2 erst dann eingreifen, wenn die Software auch verbreitet wird – vgl. den Lizenztext: „and copy and distribute such modifications or work".

[110] Vgl. Sec. 2 II S. 2 GNU GPL v3.

[111] Speziell für dieses Risiko wurden die *Affero*-Varianten zur GPL entwickelt. *Hilber/Reintzsch* CR 2014, S. 700 ff. vertreten die Ansicht, dass ein solche „Lücke" insbesondere in den älteren Copyleft-Lizenzen nicht mit Sicherheit angenommen werden könne, da die Lizenzbedingungen unklar formuliert seien.

[112] *Schäfer* 2007, S. 112 ff., 171, vgl. S. 166 ff. u. zur GPL v3 S. 182 ff. (insbes. S. 184), s. auch S. 113 Fn. 463. ifrOSS/*Jaeger*, Sec. 2 GPL Rdnr. 18 wirft andeutend die Frage auf, ob solche Umgehungen stets rechtmäßig sind. § 242 BGB etwa könnte entgegenstehen.

[113] Sind die Kommentare direkt im geänderten bzw. vom Copyleft betroffenen Quellcode enthalten, sprechen Erwägungen dafür, sie vom der Wirkung des Copyleft erfasst zu betrachten.

[114] S. 17. U. S. C. § 101: „A ‚derivative work' is a work based upon one or more pre-existing works, such as a translation, musical arrangement, dramatization, fictionalization, motion picture version, sound recording, art reproduction, abridgment, condensation, or any other form in which a work may be recast, transformed, or adapted. A work consisting of editorial revisions, annotations, elaborations, or other modifications which, as a whole, represent an original work of authorship, is a ‚derivative work'."

Rechtssinne vorliegt oder eben nicht,[115] versucht der technische Erklärungsansatz eher orientiert an den Definitionen des Lizenztextes selbst eine Lösung zu finden,[116] die etwa dynamisch verlinkte Bibliotheken eher ausschließt,[117] statisch verlinkte hingegen als derivativ versteht.[118] Freilich verlagert der Versuch, eine Lösung im US-Recht zu finden, das Problem lediglich und führt zu keinen eindeutigen Lösungen.[119] An dieser Stelle verbleiben zahlreiche, gerichtlicher Klärung bedürfende Unwägbarkeiten.[120] Diese Frage kann hier ebenfalls nicht kartellrechtskonform gelöst werden, vielmehr handelt es sich um eine (internationale) urheber(vertrags)rechtliche Fragestellung.

Jedenfalls hängt die Antwort auf diese Frage nicht davon ab, wie umfassend oder auch teuer die zugehörigen Entwicklungstätigkeiten waren.[121] Mitunter können also erhebliche Investitionen in solche Software erfolgen, die anschließend *frei* verwertet werden muss. Gleichermaßen kann die Erstellung unabhängiger Software weniger aufwendig und günstiger sein.[122] Das Setzen auf die Schultern eines „F/OSS-Riesen" geschieht dabei zwar freiwillig, doch schließt

---

[115] Entsprechend zum US-Recht: *Kuhn/Sebro/u. a.* 2015, S. 19 ff.; insbes. bzgl. der GNU GPL v3 Schricker/*Spindler*, Vor §§ 69a ff. UrhG Rdnr. 47; nach eigenen Worten nach dem Regeln des BGH zu Bearbeitungen vorgehend: Fromm/Nordemann/*Czychowski*, Nach § 69c UrhG Rdnr. 11 ff.

[116] *Jaeger/Metzger* 2016, Rdnr. 47 ff. (insbes. auch Rdnr. 49). Oder auch technisch und wirtschaftlich: *Teufel* MDP 2007, S. 345; für GNU GPL v2 und v3 *Funk/Zeifang* CR 2007, S. 618 ff.

[117] Was aber auch ansonsten eine „Grauzone" darstellen kann: Schricker/*Spindler*, Vor §§ 69a ff. UrhG Rdnr. 48; ausführlich *Schäfer* 2007, S. 96 ff. (insbes. S. 120–164), welcher meint, die Abgrenzungsfrage der Verlinkung sei weniger entscheidend, da dies lediglich die Vertriebsform betreffe, nicht die Werkerzeugungsform (S. 164). Nach US-Recht liegt bei statischen Verknüpfungen tendentiell eher eine Bearbeitung im Rechtssinne vor, bei dynamischer hingegen nicht: *Determann* GRUR Int 2006, S. 648. Nach weiteren Umständen: *Jaeger/Metzger* 2016, Rdnr. 59. Nach *Lindberg* 2008, S. 226 sei es insgesamt eine „very complicated question", die er wenig hilfreich an der „Darth Vader scale of derivate works" (S. 231) zu verdeutlichen versucht, wobei der kindliche, harmlose Anakin Skywalker für eine bloße „mere aggregation" steht, das schlimme Ende, die „incorporation", in Gestalt Darth Vaders erscheint.

[118] *Jaeger/Metzger* 2016, Rdnr. 57 f.

[119] Schricker/*Spindler*, Vor §§ 69a ff. UrhG Rdnr. 47.

[120] Für eine Gesamtbetrachtung anhand der oft bemühten „sämtlichen Kriterien des Einzelfalles" *Keppeler* CR 2015, S. 12, 14.

[121] *Wuermeling/Deike* CR 2002, S. 89; *Schindler Bühler* in: Weber/Berger/Auf der Mauer 2003, S. 69.

[122] *Nordmeyer* JIPITEC 1/2010, Rdnr. 32. Es sei denn, die „unabhängige" Entwicklung fällt nicht unter das *Copyleft.* Mit ähnlichen Erwägungen, aber undiff. annehmend, es handele sich in den meisten Fällen um vollkommen abtrennbare und unabhängige Produkte: *Konrad/Timm-Goltzsch/Ullrich* in: Ullrich/Lejeune 2006, I Rdnr. 871, 875. Ferner sei es der Fall (Rdnr. 875), dass sich die GNU GPL v2 sich nicht auf solche Werke erstrecke, „die vernünftigerweise selbst als unabhängige und eigenständige Werke betrachtet und in dieser Form auch verbreitet werden können." So auch bereits *Timm* 2005, S. 290 (u. auch S. 292). Dies vernachlässigt ohnehin den Aspekt, dass auch in „abhängige" Produkte erheblich investiert werden kann und dass die Differenzierung nicht nach vagen Erwägungen des „vernünftigerweise" erfolgt, sondern nach intransparenten bzw. unerklärten anderen.

Freiwilligkeit in diesem Sinne eine Kontrolle nach Art. 101 AEUV gerade nicht aus, sondern ist ein wesentliches Merkmal einer Vereinbarung bzw. ihres Zustandekommens.[123] Zudem kann es aus Unachtsamkeit, Unwissenheit oder gerade auch aufgrund der eben unpräzisen, nach wie vor ungewissen Klauseln geschehen, dass sich ein Entwickler zur Nutzung von F/OSS entschließt und erst später realisiert, den Quellcode der seinerseits durchgeführten Entwicklungen samt Lizenzen und ohne (direkte) Gegenleistung herausgeben zu müssen[124] bzw. ansonsten lediglich intern nutzen zu können. Auch kann die Entscheidung für bestimmte F/OSS dadurch geboten sein, Zugang zu abhängigen Produkten bzw. Märkten zu erhalten. Insgesamt ist dem Entschluss, sich Copyleft-F/OSS zu bedienen, ein gewisses Wagnis nicht abzusprechen.[125]

In jedem Fall ist der Bearbeiter solchen Fremdcodes oder ein anderweitig modifizierend oder kombinierend Nutzender hinsichtlich der freien – im Sinne einer selbstbestimmten – Verwertung seiner abhängigen Eigenleistung im Ergebnis sehr stark eingeschränkt[126]: es wird ihm schier unmöglich, Lizenzgebühren – also Einnahmen pro Kopie oder für den Quellcode – zu generieren und Entwicklungskosten mithin zu amortisieren.[127] Er wird höchstens noch sein Wissen nutzen können oder sich als Programmierer durch diesen Beitrag profiliert haben und dadurch mittelbar weitere Vorteile schöpfen können.[128] Zwar kann diese Beeinträchtigung dadurch gemildert sein, dass er eben kostenlos ein bestimmtes F/OSS-Ausgangsprodukt genutzt haben mag und dadurch nur geringere Entwicklungskosten anfielen,[129] doch kann dieses aufgrund eines ggf. übergreifenden Copylefts keinesfalls verallgemeinert werden. Selbst soweit ein solcher Entwickler diese Software noch nutzen könnte, wäre er im Vergleich zum Ausgangsentwickler wiederum – ggf. noch durch die eingeschränkte

---

[123] *Nordmeyer* JIPITEC 1/2010, Rdnr. 31; vgl. 7. Kapitel B. II.; a. A. *Rautenstrauch* 2013, S. 280: „Eine Beschränkung … kann im Übrigen mit dem Argument verneint werden, dass sie ohne Abschluss der GNU GPL ihre Bearbeitung gar nicht hätten erstellen können. Sie haben bei Abschluss … freiwillig auf ihr Recht, Lizenzgebühren zu erheben, verzichtet …“. Dennoch spricht *Elkemann-Reusch* ZGE 2010, S. 413 ff. sogar von einer „erzwungenen Gegengabe“.

[124] *Nordmeyer* JIPITEC 1/2010, Rdnr. 31. Hingegen ist es verfehlt, die kostenlose Verbreitung grds. als freiwilligen Akt der Entwickler zu betrachten – so jedoch *Konrad/Timm-Goltzsch/Ullrich*, in: Ullrich/Lejeune (Hrsg.), I Rdnr. 869, 871. Dies mag für die Entwickler gelten, die originär ihre Software als F/OSS veröffentlichen.

[125] Andererseits kann dieses auch gerade Geschäftsmodell sein, wenn stattdessen etwa mit Wartung oder anderen Dienstleistungen Geld verdienst werden soll. Vgl. dazu und auch zu *Dual Licensing*-Geschäftsmodellen: *Popp/Meyer* 2010, S. 61 ff.

[126] *Schindler Bühler* in: Weber/Berger/Auf der Mauer 2003, S. 69; *Nordmeyer* JIPITEC 1/2010, Rdnr. 5 ff., 31 f.

[127] Sehr kurz *Brügge/Harthoff/u. a.* 2004, S. 106, 170; vgl. COMP/M. 5529 – „Oracle./. Sun Microsystems“, Tz. 742; *Sher/Biggio/Shehadeh/Lutinski* ECLR 2011, S. 326; *Wuermeling/Deike* CR 2002, S. 89; *Funk/Zeifang* CR 2007, S. 618: „die wirtschaftliche Tragweite … ist erheblich“; vgl. *Bond* Michigan Law Rev. 104 (2005), S. 569.

[128] Vgl. *Wuermeling/Deike* CR 2002, S. 90.

[129] *Sher/Biggio/Shehadeh/Lutinski* ECLR 2011, S. 326.

Patentlizenz – begrenzt bzw. diesem gegenüber (naturgemäß) benachteiligt. Denn die Mehrheit der Lizenzen gewährt neben der „vollen" urheberrechtlichen Nutzungserlaubnis nur eine begrenzte patentrechtliche: diese Lizenz umfasst in aller Regel nur die unmodifizierte Software bzw. keine Veränderung der Software, von der noch weitere Patente des Lizenzgebers betroffen wären.[130] Dies ist jedoch insoweit nicht zu kritisieren, da normalerweise niemand jemandem, erst recht nicht möglichen Konkurrenten, für dessen Modifikationen Patentlizenzen gewähren muss.

Anders gelagert sind indes die Fälle, in denen ein Entwickler vollständig freiwillig zum Kontributor wird, doch wirkt in solchen Fällen keine Copyleft-Klausel.[131] Sofern ein Entwickler ohnehin dem Copyleft unterliegt, ändert ein zusätzlicher Kontributor-Vertrag die Sachlage nur insoweit, als dass ggf. zusätzlich ausschließliche Rechte übertragen werden bzw. umfassende Wahrnehmung aufgegeben wird.[132] Doch ist dies nicht durch Copyleft veranlasst, sondern eine unabhängige, weitere Entscheidung.[133]

Die möglichen nachteiligen Folgen durch Copyleft für den individuellen Entwickler bzw. ein Unternehmen zeigen nach alledem auf, dass dadurch Entwicklungsarbeit nicht amortisiert werden kann. Dadurch wird Entwicklungsarbeit unwirtschaftlich, was wiederum bewirkt, dass etwaige Entwickler ihre Arbeit einstellen und dem Markt weniger Programme zur Verfügung stellen können. Überdies mögen zwar solche Entwicklungen dann als F/OSS zur Verfügung stehen, andererseits aber eben nicht als proprietäre Programme, nach denen aber ebenfalls ein Bedürfnis bestehen kann, eben wenn diese weiterentwickelt und kommerziell konventionell genutzt werden sollen.

Demnach ist zu fragen, ob nicht ein gesetzliches, urheberrechtlich bedingtes Privileg, also eine Immanenz,[134] in Betracht zu ziehen ist. Nach § 3 S. 1 UrhG erhält ein Bearbeiter ein eigenes, nur ihm gehörendes Urheberrecht, was auch

---

[130] *Jaeger/Metzger* 2016, Rdnr. 71; *Nordmeyer* in: Lehmann/Meents, 2011 Kap. 4 Rdnr. 757 zur MPL, was insoweit aber auch für GNU GPL und MPL gilt; siehe 6. Kapitel C. III. 2. zur Fusionssache Oracle./.Sun.

[131] Vgl. etwa Sec. 2, Sec. 5 i.Vbdg.m. Sec. 1 Apache v2.

[132] 8. Kapitel A. I.

[133] Die höchstens insoweit vom Copyleft beeinflusst sein mag, als dass der jeweilige Kontributor gerade wegen des Copyleft ohnehin keine Möglichkeit der Verwendung sieht und die Kontributoren-Vereinbarung dann wenigstens als Möglichkeit nutzt, zu einem – prestigeträchtigeren – offiziellen Release beizutragen.

[134] Vgl. im Rahmen der AGB-Kontrolle, in welcher *Spindler* in: Spindler 2004, Kap. C Rdnr. 91 vertritt, dass der Urheber des ursprünglichen Werkes gem. § 23 S. 1 UrhG die Verbreitung verhindern könnte, so dass sich die Erlaubnis der Verbreitung als Erweiterung der Rechte des Bearbeiters darstellt, die dieser mit einer Auflage verbinden könne. Im Hinblick auf das Patentrecht bedarf es ebenfalls eines gesonderten Vertrages, auch dort ist die Rücklizenz keine „natürliche" Folge – s. *Guy/Leigh* 1981, Rdnr. 11.112. Vgl. auch Fromm/Nordemann/*Czychowski*, Nach § 69c UrhG Rdnr. 28 ff., der allerdings auf diese Frage insoweit nicht eingeht.

nach § 69c Nr. 2 S. 2 ausdrücklich bei Computerprogrammen gilt. Indes darf Software gemäß § 69c Nr. 2 S. 1 UrhG grundsätzlich nicht einmal bearbeitet werden. Die Schutzrechte des Urhebers des bearbeiteten Werkes können den Bearbeiter gem. § 23 S. 1 UrhG nur blockieren, aber nicht dessen Rechte auf die des Bearbeiters ausweiten.[135] Genau dies aber wird durch Copyleft insoweit versucht, als dass eben jeder und mithin eben dieser zumindest ein einfaches Nutzungsrecht erhalten möge. Ungeachtet also der genauen inhaltlichen Abgrenzung zwischen derivativem Werk im Sinne einzelner F/OSS-Lizenzen bzw. der Bearbeitung nach UrhG oder U. S. C. handelt es sich bei Copyleft nicht bloß um die Niederschrift der Rechtslage.[136]

Ganz anders gelagert ist der Fall zu bewerten, wenn sich ein Entwickler einer *Company driven* F/OSS selbst dazu entscheidet, diese eigene Software ausschließlich oder auch alternativ als F/OSS anzubieten. Sofern ein solcher Schritt dann unumkehrbar wird, ist diese Entscheidung zunächst kartellrechtlich nicht zu kritisieren; sie ist dann gerade gewähltes Geschäftsmodell, zumal ein duales Lizenzierungsmodell noch Lizenzeinnahmen ermöglichen kann – eben gerade dadurch, dass Abnehmern wahlweise keine dem Copyleft unterliegende Software angeboten wird.[137] Sofern ein solcher Erst-Entwickler auf Copyleft setzt, ist für ihn ohnehin kein Nachteil darin zu erblicken, da er sodann nicht zur „Abführung“ bzw. zur allgemeinen Zurverfügungstellung weiterer Leistungen veranlasst wird. Für alle darauf „Aufbauenden“ gelten die vorherigen Überlegungen.

Insgesamt ist somit bei hinzutretenden Entwicklern von einem negativen Wettbewerbseffekt durch Copyleft auszugehen, der eben diese darin einschränken kann, eine ökonomisch relevante Leistung frei zu verwerten. Damit ist bzgl. des Copyleft von einem Verstoß gegen Art. 101 I lit. a) Var. 3 AEUV auszugehen.[138] Dass die negative Wirkung nicht alle betrifft, negiert den Verstoß nicht.

3. Weitere (Vertriebs-)Auflagen

Neben dem möglichen Lizenzgebührenverbot treffen Distributoren von fremden oder auch eigenen Programmierbeiträgen weitere Pflichten hinsichtlich des

---

[135] Wandtke/Bullinger/*Bullinger*, § 3 UrhG Rdnr. 21.

[136] *Wuermeling/Deike* CR 2002, S. 89; zum US-Recht so auch *Determann* GRUR Int 2006, S. 652.

[137] 3. Kapitel B. XI. 6.

[138] Im Erg. abl. mit Hinweis auf fehlende Spürbarkeit: *Schindler Bühler* in: Weber/Berger/Auf der Mauer 2003, S. 69. Dies verkennt die Marktgegebenheiten. Vgl. 8. Kapitel A. III. 5.; es ist ungewiss, ob *Determann* GRUR Int 2006, S. 651 mit „eher … wettbewerbsfördernd“ bereits eine Gesamtabwägung vornahm. Für einen Verstoß, den allerdings mit Kernbeschränkungen der TT-GVO „belegend“: *Elkemann-Reusch* ZGE 2010, S. 444 f. („erzwungene Gegengabe“).

distribuierten oder inkludierten[139] Codes: Neben dem Anbieten des Quellcodes, etwa durch Mitlieferung oder ein adäquates Internetangebot,[140] treten Pflichten wie die Mitlieferung des F/OSS-Lizenztextes, Hinweise auf die Geltung des Lizenztextes, Hinweise bzgl. Autorenschaft im Code – bereits dank § 13 UrhG eine Selbstverständlichkeit[141] –, Programm, EULA und Begleitmaterialien (*Advertising Material*), Freistellungspflichten (*Indemnification*) und anderes.[142] Diese dienen primär zur Wahrung der Rechte der Urheber als auch der Empfänger und belasten den Verbreitenden. Aufgrund des technischen Wandels sind einzelne davon nicht immer leicht und eindeutig zu erfüllen.[143] Gleichwohl sind hierin keine (weitergehenden) Wettbewerbsbeschränkungen erkennbar, sondern vielmehr solche, welche den Erwerbern dienen und den Verbreitenden keine relevanten, unverhältnismäßigen Lasten auferlegen, die eben dafür ein kostenloses Gut erhalten.[144]

4. *Ausschluss abweichender bzw. individueller Vereinbarungen*

Jüngst äußerte *Rautenstrauch*, kartellrechtlich bedenklich seien ebenfalls Bestimmungen, nach denen von denjenigen der jeweiligen F/OSS-Lizenz nicht oder nur unwesentlich abgewichen werden könne („Verbot schuldrechtlicher Nebenabreden“). Daraus ergibt sich, dass die Anbieter von F/OSS nicht durch vertragliche Bestimmungen konkurrieren mögen, weil diese eben zwingend (weitgehend) einheitlich sind. Insbesondere könnten dem Copyleft unterfallende Bearbeiter ihre abhängigen Erzeugnisse lediglich nach der GNU GPL lizenzieren[145] bzw. ggf. noch nach kompatiblen Lizenzen. Darin liegt jedoch kein eigenständiges Argument, weil die relevanten Vorschriften, eben vor allem die zum Copyleft, bereits zwingend und als nicht verhandelbar gedacht sind. Mithin stellt diese fehlende Abweichungsmöglichkeit keine selbstständige Beschränkung dar, sondern folgt im Wesentlichen lediglich dem zwingenden Copyleft in Zusammenwirkung mit der Lizenzgebühreneinschränkung.

Insoweit *Rautenstrauch* des Weiteren ausführt, dass der zwingende Charakter jener Bestimmungen in seiner Wirkung dadurch geschmälert sei, dass dem

---

[139] Zum Copyleft als Pflicht zur Herausgabe des Codes als solcher 8. Kapitel A. II. 2.

[140] S. etwa Sec. 6 GNU GPL v3.

[141] Bzw. vom spezifischen Schutzgehalt umfasst: *Czychowski/J. B. Nordemann* in: Keil 2009, S. 124.

[142] Zur Übersicht s. *Nordmeyer* in: Lehmann/Meents, 2011 Kap. 4 Rdnr. 668 ff.

[143] Einerseits durch unklare Formulierungen, andererseits durch gewandelte Vertriebsmodalitäten und bspw. kleinere Bildschirme bei Smartphones als bei PCs, was veränderte Anzeigemöglichkeiten für Lizenztexte bedingt. Daher kritisch: *Schöttle* in: Taeger 2017, S. 464, 466 ff.

[144] Zur Mitlieferung des Quellcodes: *Timm* 2005, S. 291; zu „sonstigen Verpflichtungen“ der GNU GPL *Schindler Bühler* in: Weber/Berger/Auf der Mauer 2003, S. 69.

[145] *Rautenstrauch* 2013, S. 284, 190 f., 176.

Copyleft unterfallende Bearbeiter ihre abhängigen Programme zu beliebigen Preisen anbieten, nur eben nicht mehr alternative rechtliche Sonderbedingungen anbieten könnten,[146] übersieht dies einen elementaren Punkt: Dem Copyleft unterfallende Bearbeitungen können i. d. R. höchstens einmal *verkauft*[147] werden, weil sie dann ohnehin frei verfügbar sein müssen und ohne Beschränkung weitergegeben werden können. Ab dann können diese Bearbeitungen von allen gehandelt werden. Mithin stehen all diese Bearbeiter, wie bereits ausgeführt, weder in Preis- noch Qualitätswettkampf, weil ihre Software einer F/OSS-Lizenz unterliegendes Allgemeingut geworden ist. Hieraus ergeben sich jedoch keine über die herausgearbeiteten Beschränkungen hinausgehenden Wirkungen.

5. *Patent- und Patentvergeltungsklauseln*

Alle komplexeren F/OSS-Lizenzen und mehrheitlich die neueren und „kommerziellen" unter ihnen enthalten[148] Vorschriften zu Patenten, welche mittlerweile über (konkludente) Benutzungsgestattung hinausgehen.[149] Besonders komplex und ohne Vorbild sind die Vorschriften der Sec. 11 der GNU GPL v3.[150]

a. *Patentlizenz und „Patentleft"*

Zumindest wer solche qualifizierte F/OSS modifiziert und anschließend distribuiert oder anderweitig die Lizenzierungsklauseln auslöst, lizenziert regelmäßig ebenso Patente an jedermann, zumindest für die eigens bearbeitete Software für die unveränderte (Weiter-)Verwendung.[151] Dies kann, muss aber nicht in dem Lizenztext ausdrücklich geregelt sein.[152]

Vergleichbar zum Copyleft[153] können mithin eigene Patentrechte ihren wirtschaftlichen Wert verlieren, auch wenn der Quellcode bereits anderweitig freigegeben wird; es tritt dann bloß noch eine Patentlizenz hinzu, so dass – an sich folgerichtig – die zur Verfügung gestellte Software auch genutzt werden darf; zumindest, wie zuvor ausgeführt, in unveränderter Form. Es soll also folgerichtig verhindert werden, dass urheberrechtlich bereits Erlaubtes über Patente

---

146 *Rautenstrauch* 2013, S. 284.

147 Zunächst kann das Programm nur intern genutzt werden, wodurch der Copyleft-Effekt umgangen wird (8. Kapitel A. II. 2); dann könnte für die erstmalige Bekanntgabe oder auch für ergänzende Dienste ein beliebiger Preis verlangt werden (vgl. 8. Kapitel A. II. 1.).

148 Andererseits nehmen die übrigen Lizenzen diese oftmals auch nicht aus, so *Schöttle* CR 2013, S. 2.

149 3. Kapitel B. VIII. 2. c.

150 *Jaeger/Metzger* GRUR 2008, S. 134.

151 Vgl. 3. Kapitel B. VIII. 2. c.

152 Vgl. zur GNU GPL v2 bereits durch Auslegung *Jaeger/Metzger* 2016, Rdnr. 305.

153 8. Kapitel A. II. 2.

doch noch verboten wird.[154] Daher wird dieser Effekt, weniger prominent, vereinzelt ebenfalls bzgl. Software als *Patentleft* bezeichnet.[155]

Die F/OSS-Lizenzen können darin variieren, wodurch diese Lizenzierung ausgelöst wird und wie umfangreich die Lizenzierung ist; auch ob „proaktiv" tatsächlich Lizenzen eingeräumt werden oder „prohibitiv" bloß die Geltendmachung von Patentansprüchen zum Wegfall der zu Gunsten des Patentrechtsinhabers eingeräumten F/OSS-Urheber- und Patentlizenzen führt.[156]

Mangels prinzipieller Abweichung ist ein solches *Patentleft* grundsätzlich wie Copyleft[157] zu bewerten, wenn auch der Rechtsverlust bzw. die ggf. unfreiwillige Rechtseinräumung an jedermann gerade nicht so weitgehend ist wie bei Copyleft und zudem kein geheimes Wissen offenbart werden muss. Es ist insoweit lediglich eine unvollkommene Ergänzung hierzu; unvollkommen, da zwar Bearbeitungen dieser Software gestattet werden, jedoch die Patentlizenz durch zukünftige Bearbeitungen inhaltlich nicht erweitern werden kann.[158] Es wird also lediglich insoweit „hinkend" und andererseits ergänzend das Patentrecht als Möglichkeit ausgeschaltet, die Nutzung der nun unter Copyleft fallenden Software zu verhindern. Daher verändert dieser Aspekt die Bewertung des Copylefts nicht. Auch aus dem PatG folgt keine Pflicht eines Fortentwicklers, abhängige Erfindungen dem ursprünglichen Lizenzgeber zu gewähren; das Patentrecht ist wie das Urheberrecht diesbezüglich bloß mit Verbotsrechten ausstattend.[159]

Nach Sec. 11 (I) GNU GPL v3 lizenziert grundsätzlich nur derjenige seine Patente – ebenso als einfache Lizenz an jedermann[160] – der ohnehin Urheberrechte beisteuert[161] – und er lizenziert grundsätzlich keine weiteren seiner Patente, die erst durch weitere Bearbeitungen[162] seitens der Empfänger vorgenommen werden.[163] Allerdings enthält Sec. 11 VI GNU GPL v3 die ergänzende Vorschrift, dass auch Distributoren ihre Patente zu lizenzieren haben, wenn sie anderen Empfängern der F/OSS solche erteilen.[164] Sec. 11 enthält

---

[154] *Schöttle* CR 2013, S. 1.

[155] *Schöttle* CR 2013, S. 1; vgl. http://en.wikipedia.org/wiki/Patentleft mit weiteren Bezeichnungsvarianten, im Bio-Sektor ist der Begriff gebräuchlicher. Vgl. http://en.wikipedia.org/wiki/Biological_Innovation_for_Open_Society zur *BiOS*-Lizenz.

[156] *Schöttle* CR 2013, S. 2.

[157] Dazu 8. Kapitel A. II. 2.

[158] Dazu sogleich im nächsten Absatz.

[159] Vgl. 8. Kapitel A. II. 2.

[160] S. Sec. 11 III.

[161] Vgl. Sec. 11 I–III.

[162] Sec. 11 II S. 1. a.E: „... but do not include claims that would be infringed only as a consequence of further modification of the contributor version."

[163] *Jaeger/Metzger* 2016, Rdnr. 71 („in das Patent hinein entwickeln"); *Schöttle* CR 2013, S. 3 f. („in bislang nicht betroffene Bereiche").

[164] *Jaeger/Metzger* 2016, Rdnr. 71; *Jaeger/Metzger* GRUR 2008, S. 133.

darüber noch mit Abs. VII eine historisch begründete Spezialbestimmung[165], mit Sec. 11 V einen weiteren Sonderfall für ausschließlich Distributierende[166] – und es werden bereits Strategien beschrieben, wie sich andere Marktteilnehmer womöglich Patentlizenzen „erschleichen" können[167].

All dies und auch die letztgenannten Sonderfälle lassen jedoch keine kartellrechtliche Relevanz erkennen. Dass Lizenzen tlw. unklar[168] formuliert sind und gerade bei Copyleft-Bestimmungen die Reichweite der eigenen (ungewollten oder leichtfertigen[169]) Lizenzerteilung schlecht absehbar und unumkehrbar ist, ist bereits erörtert worden und erhält, was erneut festzustellen ist, keine neue Dimension durch die einhergehende Erstreckung auf Patente. Insgesamt stellt also Patentleft wie Copyleft einen Verstoß wider Art. 101 I AEUV dar. Keine Lizenzierung, aber zumindest einen Verzicht auf Geltendmachung von Rechten räumt etwa Sec. 10 III S. 2. 2. Hs. GNU GPL v3 „prohibitiv" ein, worauf im nachfolgenden Abschnitt noch eingegangen wird.

b. Patentvergeltung und weitere Patentbestimmungen

Neben der besagten Einräumung von i. d. R. einfachen Patentlizenzen[170] sind (umfassende) Klauseln üblich, dass der Empfänger der F/OSS – ungeachtet eines Copy- bzw. Patentleft – seiner (neu) erworbenen Nutzungsrechte verlustig wird, sofern er gegen die Einräumenden der jeweiligen F/OSS-Rechte und weitere Lizenznehmer ein Patentverfahren anstrengt. Dadurch gilt eine Klausel, die es – ggf. unter Androhung des Entzugs der Nutzungsrechte – indirekt untersagt, Patente als negatorische Angriffsmittel gegen andere zu mobilisieren: eine sog. Vergeltungsklausel.[171] In dieses „prohibitive"[172] Muster fällt unter anderem Sec. 10 III S. 2. 2. Hs. GNU GPL v3, zumal nach Sec. 8 die gewährten Rechte entfallen können. Dies gilt ebenfalls nach Sec. 8.2 MPL v. 1.1 und weiteren F/OSS-Lizenzen.[173]

Wenn zwar für einen solchen Fall die F/OSS-Vertragslizenz oder aber eher ausschließlich die sich daraus ergebenden Nutzungsrechte auflösend zu Lasten des Nutzenden entfallen sollen, besteht zwar keine vertragliche, strafbewährte Pflicht, der Lizenz zu folgen bzw. keine Patente negatorisch geltend zu machen,

---

165 *Jaeger/Metzger* 2016, Rdnr. 71 a. E.; *Jaeger/Metzger* GRUR 2008, S. 134.

166 Dazu *Jaeger/Metzger* GRUR 2008, S. 134; *Schöttle* CR 2013, S. 4 ff.

167 Nach *Schöttle* CR 2013, S. 4 dergestalt, dass Erschleichungwillige durch bewusste Auslösung des Copyleft (bzw. Patentleft) ihre Software an bestimmte F/OSS „anhängen", für welche die begehrte Patentlizenzierung besteht und mithin diese patentrechtlich erlaubt wäre.

168 Dazu grds. *Bezroukov* http://www.softpanorama.org/Copyright/License_classification/social_roots_of_GPL.shtml.

169 Vgl. *Schöttle* CR 2013, S. 4.

170 8. Kapitel A. II. 5. a.

171 *Teufel* MDP 2007, S. 348.

172 8. Kapitel A. II. 5. a.

173 Vgl. *Schöttle* CR 2013, S. 2 (Fn. 15).

aber ein vergleichbarer Druck, dergleichen zu unterlassen – denn einerseits eben droht zumindest ein Entzug der begehrten F/OSS-Nutzungsrechte und dies ggf. trotz fortgesetzter Gewährung eigener Rechte an die F/OSS-Kreise bzw. die Allgemeinheit: Der F/OSS-„Empfänger“ wird der F/OSS-Rechte verlustig, gewährt ggf. jedoch weiterhin die Rechte an seinen Modifikationen und seinen Patenten und erhält dafür (nunmehr) nichts.[174]

Dies ist aus Sicht der F/OSS-Kreise nachvollziehbar: Nur weil ein einzelner Lizenzgeber gegen die F/OSS-Bestimmungen verstößt, sollen die von ihm gewährten Rechte nicht zurück- bzw. entfallen. Es ist überdies nicht unbedingt ein patentspezifisches Problem, da auch andere F/OSS-Verstöße zum Wegfall der Lizenz zu eigenen Gunsten bei Fortgeltung der Lizenzierung eigener Rechte zu Gunsten jedermanns führen können. Patentspezifisch ist lediglich, dass gerade die Geltendmachung von Patentrechten ein Verstoß gegen F/OSS sein kann. Die allgemeine, dadurch berührte Thematik ist indes die Unwiderruflichkeit einmal gewährter (urheber- und patentrechtlicher) Lizenzen an die F/OSS-Kreise. Die Fortgeltung dieser Rücklizenzierung wird im Nachfolgenden Abschnitt gesondert gewürdigt werden.

Es folgt der allgemeinen Anschauung der F/OSS-Vertreter, die Patenten eher kritisch gegenüber eingestellt sind,[175] Angriffe *durch*, nicht *auf* Patente zu sanktionieren. Nichtangriffsvereinbarungen, also der Schutz von Patenten,[176] liegen mithin den herkömmlichen, also proprietären Lizenzmodellen näher. Die vorzufindenden Klauseln sollen somit nicht Patente tendentiell erhalten, sondern – trotz möglicher Verletzungen – zumindest ungenutzt lassen. Dadurch wird zunächst die Freiheit, Patentansprüche geltend zu machen, mittelbar beschnitten. Ein bloßer „Patenttroll“[177] wird gar nicht erst Lizenznehmer von F/OSS werden, so dass dessen Geschäftsmodell dadurch jedenfalls nicht beeinträchtigt wird. Alle anderen „tauschen“ aber ggf. indirekt ihre diesbezüglichen Patentansprüche gegen bestimmte F/OSS ein. Patente nicht geltend zu machen, ist aus Perspektive des Lizenzrechts zwar eben noch keine Lizenz, sondern eher ein „Minus“[178] und ist aus dieser Perspektive zunächst nicht anders zu verstehen als eine Lizenzierung. Solche negativen Lizenzen bzw. die entsprechende

---

[174] Hingegen der Lizenzvertrag als auch die seinerseits gewährten Rechte nicht beeinträchtigt werden sollen – s. Sec. 8 IV S. 1 GNU GPL v3: „Termination of your rights under this section does not terminate the licenses of parties who have received copies or rights from you under this License.“ Vergleichbar dazu die MPL v1 in Sec. 8.2 u. 8.4. Nach der EPL v1 hingegen gehen ebenfalls die Rechte des Patentstreiters unter, nicht jedoch die von ihm gewährten Lizenzen und die seinerseits eingegangenen Verpflichtungen (Sec. 7 III).

[175] Es heißt bereits in der Präambel der GNU GPL v2: „Finally, any free program is threatened constantly by software patents“. S. ausführlich *Jaeger/Metzger* 2016, Rdnr. 275 ff.; *Schöttle* CR 2013, S. 1 f.

[176] 3. Kapitel B. XI. 2.

[177] Zu diesen 5. Kapitel B. II. 2. a.

[178] Vgl. 3. Kapitel B. XI. 1.

Pflicht, Patentansprüche nicht geltend zu machen, trifft – anders als die positive Lizenzpflicht – Distribuierende nicht nur im Ausnahmefall,[179] sondern gem. Sec. 10 III GNU GPL v3 grundsätzlich.

Die lediglich vertragliche Ausschaltung von Patentrechten gegenüber spezifizierten F/OSS-Kreisen erscheint kartellrechtlich nicht weiter bedenklich.[180] Zwar wird mithin auf eigene Patentansprüche verzichtet, dafür werden jedoch einfache Urheberrechts- und ggf. auch Patentrechtslizenzen erhalten, was unter Umständen zu *Cross*-Lizenzierungen vergleichbar sein kann: Alle Vertragsseiten lösen Sperrpositionen, indem sie sich gegenseitig Rechte gewähren bzw. deren Geltendmachung unterlassen. Oder sie gewähren zumindest gegenseitig (negative) Lizenzen.

6. Aufhebung der F/OSS-Lizenzgewährung bei fortgesetzter Lizenzierung durch den F/OSS-Lizenznehmer

Durch eine Verletzung der F/OSS-Bestimmungen, etwa – wie gerade vorgestellt – durch die Geltendmachung von Patentansprüchen, kann ein einstmaliger F/OSS-Lizenznehmer aller Rechte an einer F/OSS verlustig werden, dabei jedoch weiterhin, zeitlich unbegrenzt und unwiderruflich selbst Urheber- und Patentlizenzen gewähren.[181] Vertragsstrafen und Kündigung von Dauerschuldverhältnissen und zeitlich unbegrenzten Lizenzen sind üblich, nicht jedoch die durch den Vertragsverstoß begründete sodann nur noch einseitige Lizenzierung. Vielmehr würden bei der Kündigung eines typischen gegenseitigen Lizenzvertrages beide Seiten die lizenzierten Rechte nach der Kündigung einbüßen. Bei F/OSS mag es aber Wiederherstellungsoptionen geben, also die erneute Lizenzierung zu Gunsten des F/OSS-Lizenzvertragsbrüchigen im Falle dessen wiederkehrender Vertragstreue, etwa durch Rücknahme einer Patentklage.[182] Dass dadurch mitunter das Patentrecht durch private Vereinbarungen ausgeschaltet wird, ist im Abschnitt zuvor bereits dargestellt worden und als solches in der Regel irrelevant aus Sicht des Art. 101 I AEUV. Mitunter fehlt aber all denjenigen, die nur aufgrund des Copy- und Patentleft lizenzieren, eine Möglichkeit, sich ohne F/OSS-Verstöße von dieser Verpflichtung zu lösen und die F/OSS-Beziehung hinsichtlich der Wirkung für alle Beteiligten bzgl. der jeweiligen Software zu beenden.

Dies mag als relativ harsche Sanktionsfolge verstanden werden. Eine weitere marktrelevante Folge indes ist nicht zu erkennen: Dieser Rechte wird der jeweilige Bearbeiter i. d. R. bereits durch das Copyleft mehr oder weniger verlustig.

---

[179] Vgl. 8. Kapitel A. II. 3., 8. Kapitel A. II. 2.

[180] A. A. *Rautenstrauch* 2013, S. 191 bzgl. Sec. 10 III GNU GPL v3, was auch wegen Art. 5 I lit. c) TT-GVO freistellungsfähig sei. Dazu und mithin zu ihrem Argument, es liege eine Nicht-Angriffsvereinbarung vor, 8. Kapitel K. I.

[181] 8. Kapitel A. II. 2, 8. Kapitel A. II. 5. a.

[182] Etwa Sec. 8 II GNU GPL v3.

Lediglich Distribuierende räumen zumal nur ausnahmsweise Lizenzen an Patenten ein, sind aber oftmals verpflichtet, Patentansprüche zu unterlassen.[183] Letzteres ist aber gerade nicht unwiderruflich: Es wird nicht lizenziert, sondern lediglich die Pflicht vereinbart, keine Patentansprüche geltend zu machen. Mithin sind unwiderrufliche Patentlizenzen seitens Distribuierender selbst unter der GNU GPL v3 nicht die Regel. Verstöße gegen die F/OSS-Bedingungen führen nur dazu, nicht einmal mehr selbst von der jeweiligen F/OSS profitieren zu können. Dies wiederum ist letztlich bereits durch das unkündbare, dauerhaft wirksame Copyleft bedingt, in dessen Beschreibung auch diese Aspekte noch ausdrücklich aufgenommen werden können. Insgesamt liegt hierbei kein weiterer Verstoß gegen Art. 101 I AEUV vor; es verdeutlicht aber die starke und unumkehrbare Wirkung des Copyleft.

7. OSD und FSD (= F/OSS-Standards)

Die OSD (*Open Source Definition*)[184] und die FSD (*Free Software Definition*)[185] sind divergierende[186] Erklärungen der Anforderungen an *Open* (*Source*) bzw. *Free Software*. Vereinzelt wird erwogen, darin (wettbewerbsbeschränkende) Konditionenkartelle[187] zu erblicken. Partikular wird angenommen, dass derjenige, dessen Lizenztexte diese Anforderungen nicht erfüllen, diese auch nicht als „frei" bzw. „quelloffen" oder als OSS bezeichnen dürfe.[188] Dem kann prinzipiell nicht beigepflichtet werden.[189] Es handelt sich hierbei um unverbindliche Definitionen, denen allerhöchstens hinsichtlich des Tragens der OSI-Marke bzw. das zugehörige Prüfverfahren der OSI (*Open Source Initiative*) als Schöpferin der OSD Verbindlichkeit zukommt.[190] Deswegen sind diese nicht kartellrechtlich zu beanstanden,[191] ferner fehlt es bereits an Vereinbarungen oder vergleichbarem, tatbestandsmäßigem Verhalten im Rahmen des Art. 101 I

---

[183] 8. Kapitel A. II. 5.

[184] S. http://www.opensource.org/osd.html.

[185] S. http://www.gnu.org/philosophy/free-sw.html.

[186] Oder gewissermaßen auch konkurrierende – vgl. *Jaeger/Metzger* 2016, Rdnr. 2 ff.; s. insbes. *Stallman* http://www.gnu.org/philosophy/open-source-misses-the-point.html, gleichwohl gilt gar die GNU GPL beinahe als Synonym für OSS.

[187] Vgl. 8. Kapitel A. II. 1.

[188] *Schindler Bühler* in: Weber/Berger/Auf der Mauer 2003, S. 70.

[189] Höchstens etwa über das UWG wg. Irreführung o.ä.

[190] Vgl. auch *Grassmuck* 2004, S. 296 f. – allerdings lautet die erzielbare Marke nicht „Open Source TM", sondern seitens der OSI „approved license", s. nächste Fn. Vgl. auch Fromm/Nordemann/*Czychowski*, Nach § 69c UrhG Rdnr. 2.

[191] *Koch* CR 2000, S. 342; *Timm* 2005, S. 285 (Fn. 885) – welche gleichwohl annehmen, es könnte verhindert werden, dass sich nicht OSD-konforme Software als „Open Source" bezeichnet. Dies aber ist zweifelhaft; die rechtlichen Möglichkeiten für ein solches Verbot nicht erkennbar. Eine erfolgreiche Lizenz aber erhält etwa nur den Rang einer „approved license" und darf ein entsprechendes Siegel (= Marke) führen, s. https://opensource.org/licenses; http://www.opensource.org/approval, zumal „Open Source" (und wohl ebenfalls „Free Software")

AEUV. Vielmehr liegt einseitiges Verhalten der OSI bzw. FSF vor, dass ggf. Art. 102 AEUV unterfiele. Ebenfalls sind keine partikularen Akteure erkennbar, die sich zusammenschlossen, um diese Konditionen möglichst allgegenwärtig durchzusetzen. Es wäre höchstens auf die Gründer der OSD (bzw. OSI) oder FSD abzustellen, was jedoch ausscheidet, da dahinter keine eigenständigen Unternehmen zu erkennen sind, sondern höchstens mit der OSI bzw. FSD erst gegründet wurden.[192]

Anderes gilt lediglich für den Fall, dass eine Lizenz seitens der OSI offiziell anerkannt und das Recht zur Führung einer entsprechenden Marke (= Lizenz) verliehen werden soll, denn dergleichen wird eine Vereinbarung vorausgehen. So bleibt fraglich, ob die entsprechende Aushandlung der OSD wettbewerbshindernd anzusehen wäre, denn im Falle des Verstoßes gegen die OSD entfiele lediglich das Recht zur Führung der Marke. Gegenstand einer solchen Prüfung ist jedoch nicht das Geschäftsgebaren eines Unternehmens, sondern lediglich eine formulierte, schriftliche Lizenz, die hinsichtlich der OSD seitens der OSI geprüft wird, also eine Art Lizenzprüfvertrag. Das lizenzverfassende Unternehmen wird dabei aber nicht einmal dazu verpflichtet, diese ggf. positiv geprüfte und „gelabelte" Lizenz auch als Grundlage etwaiger Softwareüberlassungen zu gebrauchen, sondern hätte lediglich für sich oder auch die Allgemeinheit ein OSI-geprüftes Vertragsmuster erhalten. Daher fehlt es hierbei an einer Wettbewerbsbeschränkung.

8. *Sonstige negative Effekte*

Der F/OSS werden des Weiteren zusätzliche negative, ökonomisch fassbare Effekte zugeschrieben. Dies betrifft hauptsächlich die „traditionelle" Erstellungsweise von F/OSS in heterarchischen *Basar*-Gemeinschaften. Mangels (straffer) Hierarchien und somit einer fehlenden planend-lenkenden Instanz kann es leicht zu Parallelentwicklungen kommen und keine möglichst optimale Ressourcenverteilung erfolgen.[193] Eine intensivierte Form des Parallelentwickelns kann neben dem allgemeinen unkontrollierten Arbeiten freier Entwickler dabei die Separation oder die Bildung von Splittergruppen darstellen, welche eine größere Gruppe verlassend die Programmabzweige bzw. Derivate fortan selbstständig und allein entwickeln (*Forking*).[194] Zudem kann die wenig straffe Organisati-

---

als Gattungsbegriff nicht markenschutzfähig sind – so zutreffend *Jaeger/Metzger* 2016, Rdnr. 328a.

[192] Vgl. 8. Kapitel A. I.

[193] *Bitzer/Schröder* 2006, S. 230 f.

[194] *Mundhenke* 2007, S. 137; *Bitzer/Schröder* 2006, S. 230 f. Ein prominentes Beispiel für ein *Forking* der letzten Zeit: LibreOffice und OpenOffice, vgl. http://www.heise.de/open/meldung/LibreOffice-und-OpenOffice-entwickeln-sich-auseinander-1338221.html. Daneben könne sich auch schlechter Code besonders weit verbreiten *Bitzer/Schröder* 2006, S. 230 ff., wobei angemerkt werden sollte, dass dieser auch bei kommerziellen Unternehmen immer

on Unabhängiger wenig verlässlich sein und etwa keine konkrete Zeitplanung erlauben,[195] es können „fruchtlose Auseinandersetzungen" zu ebenso fruchtlos verstrichener Zeit führen.[196] Gleichwohl haben Projektgründer (*Founder* oder *Maintainer;* oder auch die besagten *Core Teams*[197]) oftmals eine „natürliche" Autorität, hohen Einfluss und können gut wie effektiv leiten.[198] Womöglich nehmen sie den Rang eines mächtigen Qualitätskontrolleurs wahr, der sich ggf. gegen Mehrheiten durchsetzt; ein Beispiel hierfür ist *Linus Torvalds*.[199]

Es wird angeführt, die Gefahr des *Forkings* oder auch des *Hijackings*[200] könne allein durch stärkere Rechte solcher Gründer vor allem bei *Releases*, Markenrechte oder durch ein Mehr an Charisma verhindert werden.[201] Zwar können Markenrechte gewiss die Reichweite eines *Releases* erhöhen bzw. die Chancen von konkurrierenden *Forks* deutlich verringern, doch verhindern können Markenrechte *Forks* nicht, da sich einfach anderer Namen oder Marken bedient werden könnte. Charisma kann nicht künstlich erschaffen und erst recht nicht durch Vertragswerke begründet werden. Zu starke formelle Rechte eines Anführers können zudem gerade einer demokratisch und „offen" gesinnten „Netzkultur" widersprechen und somit eher Widerspruch ernten, als denn ein Einlenken durch behutsame, charismatische Führung. Des Weiteren ist freiwillige Projektarbeit eben gerade nicht durch finanzielle Abhängigkeit und somit gebündelte Entscheidungsfülle und weiteren Leistungsdruck dominiert, was die Steuerungsfähigkeit geringer erscheinen lässt.[202] Gleichwohl sind diese Wohlfahrtsverluste durch eine bestimmte Arbeitsweise bzw. Organisationsform nicht durch beschränkende Vereinbarungen mit den Abnehmern oder anderen gleichstufigen Entwicklern bedingt. Höchstens die konstituierenden Vereinbarungen oder Gepflogenheiten könnten herangezogen werden, doch ist es nicht Zweck des Kartellrechts, in interne Arbeitsorganisationen einzugreifen und Unternehmen – oder andere Organisationen – zu größtmöglicher Effizienz zwingend anzuhalten.

Des Weiteren kann angeführt werden, dass die – bereits erörterte – fehlende Verwertbarkeit, ein „weitgehende[r] Verlust des geistigen Eigentums"[203], eine

---

wieder genutzt werden könnte, bei F/OSS besteht nur zusätzlich die Gefahr, dass solcher umfassend kopiert werden kann und sich somit weit über ein Unternehmen und dessen Abnehmer hinaus zu verbreiten droht.

195 *Mundhenke* 2007, S. 137.

196 *Metzger* in: Leible/Ohly/Zech 2010, S. 91.

197 Zu all diesen 8. Kapitel A. I.

198 *Brügge/Harthoff/u. a.* 2004, S. 56 f.; *Buxmann/Diefenbach/Hess* 2015, S. 263.

199 *Leemhuis* c't 18/2011, S. 82 f.

200 8. Kapitel A. III. 4. b.

201 *Maurer/Scotchmer* NBER 12148, S. 18.

202 Vgl. *Mundhenke* 2007, S. 236 f., 254.

203 *Brügge/Harthoff/u. a.* 2004, S. 105.

geringere Motivation zu Investitionen in F/OSS nach sich ziehen kann.[204] Dies spricht jedoch auch nicht für F/OSS-Lizenzmodelle als solche, die eben für bestimmte Geschäftsstrategien passend sein können, für andere jedoch nicht. Kartellrechtlich erscheint dieser Einwand ohnehin irrelevant. Als weiterer Nachteil der F/OSS wird angeführt, dass diese nicht unbedingt an Marktbedürfnissen orientiert erstellt werde, da die – freiwillig – arbeitenden Entwickler eben nicht wie kommerzielle Anbieter auf Geld angewiesen sind, und somit ggf. Programme entwickeln, für die kein größeres Bedürfnis besteht[205] – doch begrenzt sich dieses Argument ohnehin höchstens auf die Freiwilligenarbeit, nicht auf das kommerziell motivierte unternehmerische Agieren mit F/OSS.[206] Das GNU-Projekt widerlegt zumindest auch solche Einwände. Richtig aber ist, dass gewiss zahlreiche F/OSS-Projekte nicht auf Marktlückenanalysen zurückgehen, sondern ggf. nur auf individuelle Bedürfnisse.[207] Aber dieser Umstand bleibt für Art. 101 I irrelevant, denn die Norm wendet sich gegen Vereinbarungen, nicht Organisationssysteme und Unternehmens*kulturen*.

Es wird häufiger erwogen, F/OSS zerstöre die Preise für herkömmliche Software, ist zu entgegnen, dass bei entsprechend höherer Qualität oder anderer Vorzüge „proprietärer" Software die Konsumenten gewiss dafür zahlen werden.[208] Das Kartellrecht soll gerade nicht unwirtschaftlichen, ungewollten, unnötigen Bestand hüten,[209] zudem hat sich diese These bislang nicht bewahrheitet: Die Softwareindustrie erzielt nach wie vor hohe Umsätze und Gewinne durch proprietäre Software.

9. Zwischenergebnis

Relevante negative ökonomische Effekte durch Vereinbarungen und vergleichbare Verhaltensweisen ergeben sich im Bereich F/OSS hauptsächlich im Hinblick auf das Copyleft bzw. den sog. viralen Effekt, ggf. einschließlich einer patentrechtlichen Lizenzerteilung (Patentleft). Dieser Effekt ist geeignet, Softwareentwickler zu beeinträchtigen und mithin das Software-Angebot insgesamt zu reduzieren. Für auf F/OSS aufbauende Entwickler bewirkt das Copyleft nämlich, dass diesen kaum noch Möglichkeiten belassen werden, *ihre* Fortentwicklungen gewinnbringend zu nutzen, gerade auch weil Copyleft eine dauerhafte, unkündbare Pflicht bzw. Lizenzen begründet. Es handelt sich dabei um einen Verstoß wider Art. 101 I lit. a) Var. 3 AEUV. Im Übrigen bestehen

---

[204] *Mundhenke* 2007, S. 22.

[205] *Mundhenke* 2007, S. 103 f.

[206] Vgl. *Mundhenke* 2007, S. 165.

[207] *Stein* 2006, S. 73 f. Legendär ist hierzu gewiss *Stallmans* Bedürfnis nach einem angepassten Druckertreiber – s. https://en.wikipedia.org/wiki/Richard_Stallman#Events_leading_to_GNU.

[208] *Bond* Michigan Law Rev. 104 (2005), S. 566 ff.

[209] *Bond* Michigan Law Rev. 104 (2005), S. 567.

mögliche Ineffizienzen, die im Rahmen des Kartellrechts jedoch keinerlei Anstoß erregen. Anzumerken bleibt wiederholend, dass Copyleft nicht Bestandteil einer jeden F/OSS-Lizenz ist, aber insbesondere der GNU GPL-Reihe.

III. Positive Effekte und Freistellung nach Art. 101 III

1. Freistellung durch die TT-GVO

Um von der freistellenden Wirkung der TT-GVO profitieren zu können, muss diese überhaupt anwendbar[210] sein. Ist die Anwendbarkeit zu bejahen, kann die Freistellung aber noch durch das Vereinbaren von Kernbeschränkungen ausgeschlossen oder im Falle nicht-freigestellter Klauseln auf die übrigen Vertragsbestandteile begrenzt sein.

a. Anwendbarkeit der TT-GVO

aa. Ausschluss als Technologie-Pool

Die TT-GVO soll bereits nach ErwGrd. 7 TT-GVO ausdrücklich nicht für die Konstituierung von Technologie-*Pools* gelten. Es ist zu erwägen, ob zumindest nicht *Community driven* F/OSS als ein solcher *Pool* anzusehen ist. Schließlich bewirken Copyleft-Lizenzen, dass Rechte an Software gebündelt und für die Allgemeinheit zur Verfügung gestellt werden.[211] Konventionelle *Pools* sind indes dadurch geprägt, dass Rechte von mindestens zwei Unternehmen in ggf. komplexen Organisationen „zusammengelegt" (*gepoolt*) und „als Paket" an Externe lizenziert werden.[212] F/OSS konzentriert sich indes nicht auf die Lizenzierung von bloßen Rechten, sondern auf die Weitergabe von konkreter Software; auch werden diese Rechte nicht gesammelt, um sie an Dritte entgeltlich zu lizenzieren. Zudem ist bei F/OSS schlechter zwischen Konstituierung und der Lizenzierung an Dritte zu differenzieren, weil sich Copyleft-F/OSS viral verbreitet und mithin der F/OSS-Rechte*pool* kontinuierlich anwächst, aber automatisch jeder Bearbeiter als Lizenznehmer und -geber selbst Teil des Pools wird. Bei F/OSS handelt es sich daher um keinen typischen Technologie-Pool und deswegen ist auch nicht davon auszugehen, dass die TT-GVO grundsätzlich für F/OSS ausgeschlossen sein soll.

bb. Zwei-Parteien-Begrenzung der TT-GVO

Nach Art. 1 I lit. c) ist die Anwendung der TT-GVO auf zwei Parteien begrenzt: einen Lizenznehmer und einen Lizenzgeber. Problematisch kann es nach den

---

[210] Keine Besonderheiten nehmen hier (fälschlicherweise) etwa *Matthiesen* 2010, S. 142; *Elkemann-Reusch* ZGE 2010, S. 444; *Rautenstrauch* 2013, S. 269 an.

[211] Vgl. 8. Kapitel A. III. 4.

[212] TT-Leitl., Tz. 244 ff.

obig genannten Kriterien zur Erfassung der beteiligten Unternehmen bei F/OSS insbesondere sein, ob lediglich *ein* Lizenzgeber vorliegt – oder nicht etwa eine Schar an Lizenzgebern,[213] weswegen die TT-GVO dann ausschiede.[214] Bei F/OSS kann es nämlich zahlreiche Urheber und mithin auch mehrere lizenzierende Unternehmen geben.[215] Welche Unternehmen an einem Lizenzierungsvorgang beteiligt sind, bestimmt sich bei F/OSS dabei regelmäßig nicht nach den Unterschreibenden, denn formelle Verträge werden üblicherweise ohnehin nicht abgeschlossen; vielmehr wird Software i. d. R. heruntergeladen und anschließend genutzt. Einzelne F/OSS-Lizenzen, primär die GNU GPL-Reihe, sollen überhaupt nicht abgeschlossen werden, wenn die Software lediglich im engeren Sinne eines Ablaufenlassens genutzt wird.[216] Aber auch in solchen Fällen bedarf es einer Benutzungsberechtigung[217], zumindest oftmals derer des § 69d UrhG,[218] die jedenfalls als solche nicht kartellrechtlich kontrolliert wird.[219] Gleichwohl ist ebenfalls in solchen Konstellationen von einer Lizenzüberlassung auszugehen.[220] Im Rahmen der Benutzung werden bei F/OSS jedoch natur- bzw. definitionsgemäß überhaupt keine Verpflichtungen oktroyiert, so dass es in solchen Konstellationen ohnehin keiner Freistellung bedarf. Sobald aber auch in deren Rahmen eine weitergehende Nutzung erfolgt, etwa Vertrieb oder Modifizierung und anschließender Vertrieb, greifen die weiteren Bedingungen[221] und dieser aufgeworfenen Frage kommt ggf. entscheidende Bedeutung zu.

Die Lizenzverbreitung ist je nach F/OSS jedoch unterschiedlich ausgestaltet: Entweder kann sich F/OSS durch Sublizenzierung verbreiten oder aber durch möglicherweise zahlreiche parallele einfache Lizenzen von „jedermann", also ggf. zahlreichen Unternehmen, für „jedermann".[222] Gerade letzteres Modell ist in der GNU GPL bestimmt, die Sublizenzierungen direkt ausschließt und mithin die Lizenzierung zwischen bloß zwei Parteien unwahrscheinlich werden lässt. Denn selbst wenn dann bei einem zu lizenzierenden Programm 85 % auf ein *Coreteam* und mithin auf *ein* Unternehmen entfielen, wären die übrigen 15 % nur

[213] Vgl. 8. Kapitel A. I.

[214] *Nordmeyer* JIPITEC 1/2010, Rdnr. 18, 33.

[215] 8. Kapitel A. I.

[216] S. Präambel a. E., Sec. 2 I S. 2, II S. 1 u. insbes. Sec. 9 S. 1 GNU GPL v3. S. auch bereits Sec. 0 II S. 2 GNU GPL v2 (siehe Fn. 71).

[217] Vgl. aber 7. Kapitel C. I. 6. b. cc. zu womöglich „urheberrechtsneutralen" SaaS und vergleichbaren Nutzungsformen.

[218] Vgl. *Timm* 2005, S. 276. Von einer bloßen schuldrechtlichen Gestattung ist dabei ohnehin nicht auszugehen, vgl. *Nordmeyer* in: Lehmann/Meents 2011, Kap. 4 Rdnr. 681.

[219] Vgl. 7. Kapitel B. II.

[220] A. A. *Rautenstrauch* 2013, S. 269.

[221] Vgl. 8. Kapitel A. II.

[222] S. etwa Sec. 6 GNU GPL v2 oder Sec. 2 III S. 2 i.Vbdg.m. Sec. 10 I S. 1 GNU GPL v3 *Schindler Bühler* in: Weber/Berger/Auf der Mauer 2003, S. 64 Fn. 24, S. 65: „ein Netz von gleichartigen Verträgen".

von ggf. mehreren weiteren Unternehmen im Normsinne zu beziehen,[223] so dass die Anwendung der TT-GVO ausschiede. Eine Schar an Parallelverträgen entlastet von dieser Annahme ebenfalls nicht, denn das liefe dem begrenzten Ansatz der TT-GVO entgegen, da sich die Freistellung ausdrücklich auf zwei Parteien begrenzt. Dies sollte ebenfalls gelten, wenn neben einem Unternehmen noch zahlreiche Private simultan lizenzieren, denn andernfalls wären die potentiellen Effekte unübersehbar,[224] auch gestattet der Wortlaut der TT-GVO nichts anderes und ist insoweit abschließend zu verstehen.[225] Die TT-GVO ist daher bei GNU GPL und vergleichbaren Lizenzwegen oftmals ausgeschlossen.[226] Bei *Company driven* F/OSS indes wird es oftmals nur einen Lizenzgeber geben. Dies gilt ebenfalls, wenn die produktive *Community* insgesamt ihre Rechte über *Contributor License Agreements*[227] auf ein Unternehmen im Rechtssinne konzentriert und der jeweilige Lizenznehmer ausschließlich Nutzungsrechte von diesem einen Unternehmen bezieht.

cc. *Quellcode-Erfordernis und F/OSS*

Aus den obigen Ausführungen geht hervor, dass die TT-GVO grundsätzlich nur dann Anwendung finden soll, wenn Quellcode (oder zumindest andere relevante Informationen) und nicht lediglich Objektcode weitergegeben wird.[228] Bei F/OSS ist dies oftmals obligatorisch – zumindest muss der Quellcode, wenn er nicht mit Datenträger geliefert wird, anderweitig angeboten werden; oder aber ist zumindest ohnehin bekannt oder aber das Programm wird bereits ausschließlich – zumindest bei nicht-*permissiven*[229] Lizenzen – im Quellcode wiedergegeben.[230]

Es ist also durchaus wahrscheinlich, dass Quellcode einer F/OSS nur weitergegeben oder anderweitig zur Verfügung gestellt wird, weil eben eine F/OSS-Lizenz dieses – typischerweise – verlangt. Diese Pflichten greifen prinzipiell auch bei der Weitergabe bloßer Anwendungsprogramme für bloße

[223] Vgl. 8. Kapitel A. I.

[224] Vgl. 7. Kapitel C. I. 3. a.

[225] Sonst müsste es heißen: „Zwischen zwei Unternehmen und einer beliebigen Anzahl Privater." Allerdings ist es fraglich, ob solche Vereinbarungen dann überhaupt unter Art. 101 I AEUV fallen und einer Freistellung bedürften. Andererseits muss wieder die Atypizität von F/OSS beachtet werden, die nicht grundlos dazu führen sollte, keine Verstöße gegen Art. 101 I AEUV anzunehmen, nur weil auch Private beteiligt sind, sich aber aufgrund der großen Häufung von Privatpersonen Marktrelevanz ergeben kann.

[226] *Nordmeyer* JIPITEC 1/2010, Rdnr. 14.

[227] Vgl. https://en.wikipedia.org/wiki/Contributor_License_Agreement.

[228] 7. Kapitel C. I. 1. d. dd. (2).

[229] Etwa die BSD oder die MIT.

[230] Lizenzen wie die BSD verlangen dieses jedoch nicht, insoweit sind bei solcher nur die Ursprungsprodukte F/OSS – *Bond* 2010, S. 85 f., für solche gilt vielmehr: „let you do nearly anything with the software licensed under them" und das beinahe ohne irgendwelche Pflichten.

Anwendungszwecke.[231] Sofern aber Quellcode nur zur Erfüllung vertraglicher Pflichten angeboten wird – oder im Rahmen anderer F/OSS-Lizenzen überhaupt nicht – und nicht tatsächlich, typischerweise oder zumindest wahrscheinlich zu Entwicklungsarbeiten genutzt wird, bedeutet dieses eine unsachgemäße Privilegierung der F/OSS gegenüber „geschlossener" Software; also solcher, deren Quellcode nicht offen liegt. Zwar kann der Quellcode dann stets für Entwicklungsarbeiten genutzt werden, ggf. auch erst in Händen nachgelagerter Empfänger,[232] doch ist dies zunächst eine bloße Möglichkeit. Daher ist in solchen Fällen der Anwendungsbereich der TT-GVO wiederum teleologisch zu begrenzen.[233] Diesem Ansatz wohnt zwar ein gewisser Unsicherheitsfaktor inne doch wäre die Privilegierung aller F/OSS kaum vertretbar, denn so könnte sich allzu leicht der kartellrechtlichen Verantwortung entzogen werden.

b. *Freistellungshindernisse*

Sofern der Anwendungsbereich der TT-GVO eröffnet wird, stellt sich die Frage nach den Freistellungshindernissen. Dabei ist zu beachten, dass zwischen den zwei Akteuren – hauptsächlich im Hinblick auf die divergierenden Marktanteilsschwellen und des Weiteren wegen der unterschiedlichen einschlägigen Klauselbestimmungen – festgestellt werden muss, ob sich diese in einem Wettbewerbsverhältnis befinden. Dabei können sich, neben der Feststellung der Unternehmen[234], weitere Probleme ergeben.[235]

---

[231] Vgl. etwa Sec. 3 I GNU GPL v2.

[232] Deshalb für die Anwendbarkeit der TT-GVO votierend: *Jaeger/Metzger* 2016, Rdnr. 332.

[233] *Timm* 2005, S. 287 f.; *Nordmeyer* JIPITEC 1/2010, Rdnr. 13.

[234] 8. Kapitel A. I.

[235] Etwa dann, wenn einzelne Beteiligte an verschiedenen Projekten mitwirken, dem jeweiligen Unternehmen zuzurechnen sind und sich somit „über Kreuz" Wettbewerber bilden. Dem müsste ggf. durch eine begrenzende Auslegung begegnet werden. Nach *Rautenstrauch* 2013, S. 256 f., 258 werde die GNU GPL aber nur selten zwischen Wettbewerbern im Rechtssinne abgeschlossen. Da „tatsächliche Wettbewerber" nach Art. 1 I lit. j) TT-GVO nur solche seien, die das geistige Eigentum des jeweils anderen nicht verletzten. Das Merkmal des Nicht-Verletzens bezweckt, dass gewisse Sperrpositionen leichter aufgelöst werden können (*Schultze/Pautke/Wagener* 2005, Rdnr. 193), da die Parteien dann trotz faktischen Wettbewerbs als Nicht-Wettbewerber gelten. Bei F/OSS ist die Situation ohnehin anders gelagert: Die benötigten Rechte sind grundsätzlich für jeden verfügbar, so dass diese nur durch Unternehmen mit proprietärer Software oder Projekte mit inkompatiblen F/OSS-Lizenzen verletzt werden können. Wenn aber ohnehin beide Parteien identische F/OSS-Software nutzen sollten bzw. wollen, ist kein Grund ersichtlich, sie nicht als Wettbewerber zu behandeln. Sie verletzten die Rechte dann auch nicht, da sie – wie alle anderen – dafür Lizenzen erhalten. Mithin können auch *Fork*-Projekte untereinander Konkurrenten sein (a. A. *Rautenstrauch* 2013, S. 258).

aa. Verstoß gegen Art. 4 I lit. d) bzw. Art. 5 II TT-GVO

Zunächst könnte einer Freistellung des Copyleft Art. 4 I lit. d bzw. Art. 5 II TT-GVO entgegenstehen. Diese Vorschriften verhindern die Freistellung bzw. nehmen von einer Freistellung solche Vereinbarungen bzw. Klauseln aus, die den Lizenznehmer darin hindern, „seine eigene [*konkurrierende*[236]] Technologie zu verwerten". Dies kann in unmittelbarer wie mittelbarer Form geschehen, wobei mittelbar insbesondere solche Vorgaben sind, welche in die (freie) Preisbildung eingreifen.[237]

Dieses schließt die wirtschaftliche Verwertung ein. Durch das Copyleft wird, wie aufgezeigt, ein Entwickler ggf. eingeschränkt, Technologie zu verwerten. Die Vorschrift verlangt diesbezüglich aber die Beschränkung im Hinblick auf „seine *eigene* Technologie". In Fällen des Copyleft handelt es sich hingegen um abhängige bzw. um von fremder Technologie abgeleitete bzw. auf fremder basierende, nur eigenhändig verbesserte Technologie, oftmals um Bearbeitungen im Rechtssinne.[238] Die TT-GVO bezieht sich jedoch restriktiv nur auf *eigenständige eigene* Technologie.[239] Daher steht diese Einschränkung dem sog. viralen Effekt bezüglich Urheberrechten nicht entgegen.[240]

Fraglich ist, ob dies auch für ggf. eingebrachte Patentlizenzen gilt. Diese basieren – zumindest zu Teilen – oftmals nicht auf der zur Verfügung gestellten F/OSS, sondern sind womöglich unabhängig zustande gekommen oder bestanden bereits (weit) vor der F/OSS-Nutzung.[241] Dies gilt ebenfalls für weitere Patentrechte, die zwar nicht *positiv*[242] lizenziert werden, aber zumindest nicht gegen die jeweilige F/OSS genutzt werden sollen (etwa gem. Sec. 10 III GNU GPL v3).[243] Fraglich aber ist, ob auch die Geltendmachung von Patentansprüchen unter die „Verwertung der eigenen Technologie" fällt. Hierbei sind mehrere Aspekte zu berücksichtigen. Die Nutzung für eigene Produkte bleibt dem Patentinhaber jedenfalls unbenommen, ebenfalls kann er diese Technologie durch beliebige Dritte nutzen lassen. Es bedarf indes der Erörterung, ob er noch Lizenzgebühren verlangen kann. Da er jedenfalls hinsichtlich der Nutzung

---

236 *Schultze/Pautke/Wagener* 2005, Rdnr. 669 f. votieren für dieses ungeschriebene Tatbestandsmerkmal, das freilich die Wirkung der Kernbeschränkung begrenzt – weswegen deren Begründung in dieser Hinsicht widersprüchlich ist. Denn sie argumentieren damit, dass der „sichere Hafen" der GVO nicht zufällig erreicht werden solle; eine Kernbeschränkung markiert aber gerade keinen sicheren Hafen.

237 Immenga/Mestmäcker/*Fuchs*, Art. 5 TT-GVO Rdnr. 68.

238 8. Kapitel A. II. 2.

239 TT-Leitl., Tz. 116. *Schultze/Pautke/Wagener* 2005, Rdnr. 673 erklären diese Begrenzung damit, dass es der Lizenzgeber ohnehin untersagen könne, die außerhalb der Lizenzgrenzen genutzte eigene, lizenzierte Technologie zu nutzen.

240 *Nordmeyer* JIPITEC 1/2010, Rdnr. 34 f.; *Rautenstrauch* 2013, S. 282.

241 Vgl. 8. Kapitel A. II. 5.

242 3. Kapitel A. I., 3. Kapitel B. XI. 1. zur *negativen* Lizenz.

243 8. Kapitel A. II. 5.

der spezifischen F/OSS keine Patentansprüche geltend machen darf, kann er seine Verbietungsrechte diesen gegenüber demzufolge nicht geltend machen und daher ebenfalls keine Gebühren verlangen. Jenseits der Nutzung eben dieser F/OSS bleibt es ihm jedoch unbenommen, Patente durchzusetzen oder Gebühren zu verlangen, schließlich bezieht sich etwa Sec. 10 II GNU GPL v3 nicht auf alle F/OSS-Nutzer oder die Allgemeinheit, sondern begrenzt sich auf „the Program or any portion of it", also ausschließlich auf die Nutzung dieses und zugehöriger Derivate. Mithin kann kein allgemeiner Ausschluss der Verwertungsrechte darin erkannt werden, er wird bloß bei der Geltendmachung eigener Schutzrechte gegenüber den Lizenzgebern eingeschränkt. Daher ist teleologisch betrachtend davon auszugehen, dass diese Klauseln nicht erfüllt sind und deshalb einer Freistellung nicht entgegenstehen.

bb. Verstoß gegen Art. 4 I lit. c) bzw. II lit. b) TT-GVO

Art. 4 I lit. c bzw. II lit. b TT-GVO nehmen von der Freistellung Vereinbarungen aus, die den Kundenkreis begrenzen. Um dem Copyleft zu entgehen, kann es ratsam sein, die Software nicht an Dritte weiterzugeben.[244] Es bleibt zu fragen, ob eine solche „Flucht in die interne Nutzung" bzw. eine „Kundenkreisbeschränkung auf Null" seitens der TT-GVO verhindert werden soll.[245] Da durch Art. 4 I lit. c) iii bzw. II lit. b) ii TT-GVO gerade die Beschränkung auf den Eigenbedarf ausgenommen ist, kann darauf geschlossen werden, dass zumindest entsprechende direkte Vorschriften erfasst sein sollten. Deshalb steht damit (erst recht) die Annahme im Einklang, dass gleichermaßen beschränkend wirkende Vorschriften auch seitens der Norm erfasst werden sollen. In jedem Fall ist aber die bloße Begrenzung auf das eigene Unternehmen wiederum ausgenommen und daher freigestellt. Daher stehen diese Vorschriften der Freistellung der F/OSS bzw. des Copyleft nicht entgegen.[246]

cc. Verstoß gegen Art. 5 I lit. a) TT-GVO (Rücklizenzierung)

Des Weiteren sind von dieser gruppenweise erfolgten Freistellung nach Art. 5 lit. a) Verträge ausgeschlossen, wenn dem Lizenzgeber „Exklusivlizenzen" bzw. exklusive Rücklizenzen für eigene Verbesserungen oder eigene neue Anwendungen gewährt oder entsprechende „Gesamt- oder Teilrechte" übertragen werden müssen. Die verwendeten Begriffe werden nicht weiter erläutert.

Die TT-GVO 2004 stellte darauf ab, ob diese eigenen neuen Leistungen *abtrennbar* waren Art. 5 I lit. a), lit. b) TT-GVO 2004. Die „eigenen, abtrennbaren Verbesserungen" waren in Art. 1 I lit. n) TT-GVO 2004 definiert. Demnach

244 8. Kapitel A. II. 2.
245 Vgl. *Nordmeyer* JIPITEC 1/2010, Rdnr. 36.
246 *Nordmeyer* JIPITEC 1/2010, Rdnr. 36.

konnte die abtrennbare Technologie genutzt werden, ohne hierfür Rechte bzgl. der Ursprungstechnologie nutzen zu können. Dabei hing es insbesondere von der jeweiligen Formulierung des Copyleft ab, ob eigene, abtrennbare Verbesserungen diesem unterfielen. Insofern wäre es bei Bearbeitungen im Rechtssinne grundsätzlich nicht abtrennbar, denn diesen stehen die verhindernden Rechte des ursprünglichen Entwicklers, also §§ 69c Nr. 2 S. 1, 23 S. 1 UrhG, gegenüber.[247] Es muss jedoch keine Kongruenz zwischen dem Copyleft und der Bearbeitung im Rechtssinne vorliegen,[248] mitunter mag daher eine Abtrennbarkeit trotz Copyleft-Erstreckung denkbar sein, auch wenn in der Regel von einer identischen Bewertung auszugehen ist.[249]

Die TT-GVO 2014 verfügt diesbezüglich über keine Definition. Da aber bei den bekannten F/OSS-Lizenzen[250] ohnehin unmittelbar nur einfache (urheber- und patentrechtliche) (*Rück-*)Lizenzen erteilt werden, steht diese Norm unverändert einer Freistellung – ebenso bei der GNU GPL – nicht entgegen.[251] Selbst wenn sich die jeweilige F/OSS (auch) per Unterlizenzen verbreiten sollte, sind diese ebenfalls nicht exklusiv[252] oder verlangen eine (weitgehend) entäußernde Ermächtigung. Zumal sind es in der Regel Lizenzen mit schwächerer (oder ohnehin ohne) Copyleft-Klausel, die eine Unterlizenzierung überhaupt erlauben.[253]

Nach einer Ansicht sei dennoch die Copyleft-Rücklizenz als „mittelbar exklusiv“ zu verstehen, da sie jedermann begünstige bzw. sich nicht auf *einen* Dritten beschränkt.[254] Für eine solche ökonomische Betrachtung spricht, dass eine Verwertung jenseits der F/OSS für diese Rechte weitgehend ausgeschlossen wird.[255] Es bleibt jedoch festzustellen, dass die Softwareverbreitung selbst gerade dadurch nicht eingeschränkt, sondern geradezu wesentlich gefördert wird. Ziel des Art. 5 I lit. a) TT-GVO ist es einerseits, nicht die Anreize für Entwick-

---

247 8. Kapitel A. II. 2.

248 8. Kapitel A. II. 2.

249 *Välimäki* ECLR 2006, S. 133: „... GPL clearly says that its copyleft clause does not apply to such independent improvements“. Vgl. Sec. 2 III GNU GPL v2: „Thus, it is not the intent of this section to claim rights or contest your rights to work written entirely by you; rather, the intent is to exercise the right to control the distribution of derivative or collective works based on the Program.“ Mithin spricht dies die GNU GPL deutlich aus, die Abgrenzung als solche bleibt indes im Detail unklar (vgl. 8. Kapitel A. II. 2.).

250 Eine Ausnahme bilden solche „mit Sonderrechten“, also („diskriminierende“) Lizenzen mit einseitig begünstigendem Copyleft, s. *Jaeger/Metzger* 2016, Rdnr. 113.

251 *Jaeger/Metzger* 2016, Rdnr. 335. Noch zur TT-GVO 2004: *Välimäki* ECLR 2006, S. 133; *Konrad/Timm-Goltzsch/Ullrich* in: Ullrich/Lejeune 2006, I Rdnr. 876; *Grützmacher* ITRB 2002, S. 88; *Nordmeyer* JIPITEC 1/2010, Rdnr. 37; vgl. TT-Leitl. 2004, Tz. 109.

252 Insoweit kann höchstens problematisch sein, dass das deutsche Urheberrecht keine einfachen Lizenzen mit Recht der Unterlizenzierung kennt.

253 Vgl. *Nordmeyer* in: Lehmann/Meents 2011, Kap. 4 Rdnr. 719 ff.

254 *Elkemann-Reusch* ZGE 2010, S. 445.

255 8. Kapitel A. II. 2.

lungen zu unterlaufen,[256] andererseits aber auch, Technologie zu verbreiten.[257] Wesen der Exklusivlizenz im Allgemeinen ist es, dass sie ausschließend wirkt: Sie schließt selbst den Lizenzgeber aus (vgl. Art. 1 I lit. p), q), r) TT-GVO).[258] Trotz Copyleft darf der jeweilige Lizenzgeber *seine* Technologie jedoch fortgesetzt selbst nutzen, gerade anderen bzw. Dritten verfügbar machen. Ebenfalls liegt es nicht in Händen der F/OSS-Gemeinschaft, diese Technologie ungenutzt zu lassen; sie wird vielmehr gerade ein nutzbares Allgemeingut.[259] Hätte die TT-GVO dergleichen nicht freistellen wollen, hätte eine andere Formulierung Verwendung finden können, nämlich die der *ausschließlichen* Lizenz. Insoweit ist der genannten Ansicht zuzugestehen, die Wirkung des Copyleft für den dem Copyleft unterliegenden Nutzer zunächst richtig zu erfassen, gleichwohl geht diese Auffassung hinsichtlich der Exklusivität in ihrer vermeintlichen Wirkung fehl. Deshalb ist in Copyleft gesamtbetrachtend auch keine mittelbare Exklusivlizenz zu erkennen; Art. 5 I lit. a TT-GVO nimmt daher Copyleft-Bestimmungen nicht von der Freistellung aus.

dd. Hilfsweise: Verstoß gegen Art. 5 I lit. b) (Patentangriffsausschluss)

Sofern die Patent(vergeltungs)klauseln als wider Art. 101 I AEUV aufgefasst werden sollten, müsste im Fall einer Freistellung geprüft werden, ob einer solchen Art. 5 I lit. b) TT-GVO (ehemals lit. c in der TT-GVO 2004) entgegensteht. Diese ist mangels eines gewollten Nichtangriffs bestehender Rechte jedoch bereits nicht relevant: F/OSS-Bestimmungen richten sich, wie ausgeführt, regelmäßig nicht gegen den Angriff von Patenten, sondern auf Rechtsangriffe *mit* Patenten.[260] Art. 5 I lit. b) TT-GVO steht demnach einer Freistellung nicht entgegen. Die abweichende Ansicht[261] verkennt hierbei mehrere Umstände: Einerseits können Urheberrechte zumindest in Europa nicht *angegriffen* werden, vor allem nicht durch ein behördliches Nichtigkeitsverfahren. Es kann höchstens im Rahmen von Zivilprozessen inzident oder über Feststellungsklagen ihr Nichtbestehen erkannt werden. Ferner beziehen sich typische F/OSS-Patentvergeltungsklauseln gerade nicht auf die Rechte der F/OSS-Gemeinschaft, die nicht angegriffen werden sollen, sondern auf die Softwarenutzung durch die Gemeinschaft, die, wie dargestellt, nicht *mit* Patentrechten unterbunden werden soll.

Beachtenswert wäre ansonsten noch die Ausnahme von lit. b), nach welcher auch bestimmte Nichtangriffsvereinbarungen ohnehin freigestellt sind, nämlich

---

[256] TT-Leitl., Tz. 129.

[257] Vgl. TT-Leitl., Tz. 131: „… kann Innovation und die Verbreitung neuer Technologien insofern fördern …".

[258] Vgl. *Klawitter* in: Wiedemann 2016, § 14 Rdnr. 166 ff.

[259] Vgl. *Välimäki* ECLR 2006, S. 133.

[260] 8. Kapitel A. II. 5. b.

[261] *Rautenstrauch* 2013, S. 191.

solche, die im Falle des Patentangriffes die Vereinbarung bloß auflösen bzw. eine Auflösungsoption entsprechend vorsehen; also Schutzrechtsangriffe ausschließlich mit der Beendigung der TT-Vereinbarung sanktionieren. Bei der dadurch aufzukündigenden TT-Vereinbarung muss es sich jedoch, anders noch als im Rahmen des Art. 5 I lit. c) TT-GVO 2004, um eine Exklusivlizenz handeln. Daraus ist zu schlussfolgern, dass der TT-GVO die Wertung zugrunde liegt, dass die Beendigung solcher Vereinbarung bei Vorliegen dieses Grundes nicht (sonderlich) wettbewerbsschädigend ist. Eine Exklusivlizenz liegt nach Art. 1 I lit. p) TT-GVO nur dann vor, wenn der Lizenzgeber selbst die lizenzierten Rechte überhaupt nicht mehr nutzen darf. Dies ist bei F/OSS aber allgemein nicht der Fall, sodass diese Ausnahmebestimmung nicht einschlägig wäre. Dessen ungeachtet stünde die Vorschrift einer Freistellung nicht entgegen, denn auf die Gegenausnahme kommt es gar nicht mehr an, da ohnehin keine Nichtangriffsvereinbarung i. S. d. Art. 5 I lit. b) TT-GVO vorliegt.

ee. Hilfsweise: Verstoß gegen Art. 4 I lit. a) bzw. Art. 4 II lit. a) TT-GVO (Preisfestsetzung)

Sofern die Preisfestsetzung, die sodann Vertreibende wie auch die dem Copyleft Unterworfenen trifft,[262] doch als wider Art. 101 I AEUV aufgefasst würde, bliebe eine Freistellung zu untersuchen. Art. 4 I lit. a TT-GVO soll bei Wettbewerbern jede „ihre" Produkte betreffende Preisfestsetzung verhindern, Art. 4 II lit. a TT-GVO hingegen erlaubt bei nicht im Wettbewerb stehenden Unternehmen zumindest Höchstverkaufspreise – was ebenfalls im Rahmen des Art. 4 lit. a Vertikal-GVO gilt.

Auf der horizontalen Ebene bestünde ein Problem darin, ob überhaupt ein Produkt des insoweit beschränkten Unternehmens vorläge. Wenn nur ein fremdes Produkt weitervertrieben wird, ist von einem Produkt des Lizenznehmers nach Art. 4 I lit. a) TT-GVO nicht auszugehen. Da es sich dabei jedoch auch um deren Produkt handeln könnte, nämlich wenn es fremde, „infizierte" Bestandteile enthält, ist hier somit von einem Freistellungshindernis auszugehen – sofern denn nicht ohnehin der obig angeführten Argumentation gefolgt wird, die eine Preisfestsetzung tatbestandlich ablehnt.[263]

Hinsichtlich des bloßen Vertriebes – der vertikalen Ebene – hingegen, also im Rahmen des Art. 4 II TT-GVO, wird es auf diese Bestimmung kaum ankommen.[264] So bliebe zu erörtern ob es sich im Sinne der TT- oder Vertikal-GVO, um Höchstpreisbegrenzungen handelt. Dies wird tlw. angenommen, da eine Preis(faktor)festsetzung „auf Null" eben keinerlei Spielraum mehr

262 8. Kapitel A. II. 1.

263 8. Kapitel A. II. 1. c.

264 Es sei denn, dass die beteiligten Unternehmen irgendwie auch als Wettbewerber anzusehen wären – vgl. dazu insbes. Fn. 235 oben.

lasse,[265] andererseits kann es ebenso abgelehnt werden, da es – eher formal – ein Höchstpreis sei. Argumentativ ist insoweit der erstere Ansatz zunächst überzeugender, da er auf die im Effekt vergleichsweise große Beschränkung des Unternehmens abstellt. Gleichwohl ist es (wie bereits im Rahmen des Art. 101 I AEUV) insgesamt überzeugender, dass es sich hierbei um keine herkömmliche Preisfestsetzung handelt,[266] sondern allerhöchstens um die Festsetzung einer Preiskomponente, die eben den kostengünstigen Weitervertrieb sichert und der die bekannten negativen Effekte sonstiger Preisfestsetzungen gerade nicht innewohnen.[267]

ff. Zwischenergebnis

Die TT-GVO ist unter bestimmten Voraussetzungen anwendbar. Nicht-freigestellte Klauseln begrenzen die Freistellung in aller Regel nicht und Kernbeschränkungen schließen die Freistellung ebenfalls nicht aus.

2. Freistellung durch die FuE-GVO

Möglicherweise kann auch die FuE-GVO freistellend wirken; soweit die FuE-GVO anwendbar ist, ist die TT-GVO ohnehin subsidiär. Jedenfalls sollte sie bei der Konstituierung von Projektgruppen herangezogen werden können, soweit sich diese sich zwecks gemeinsamer zukünftiger Entwicklung zusammenschließen[268] (vgl. Art. 1 I lit. a FuE-GVO). Da bereits dann die später für die Weitergabe der Ergebnisse ausgewählte Lizenz feststehen kann oder aber oftmals zumindest feststehen wird, dass es eine F/OSS-Lizenz oder eine bestimmte Art F/OSS-Lizenz sein soll, könnte zudem die spätere (gemeinsame) Verwertung bereits hinreichend konkretisiert sein. Software muss dabei anfangs noch nicht eingebracht werden, so dass auch die Hauptgegenstands-Bestimmung nach Art. 2 II der FuE-GVO nicht entgegenstehen muss.[269] Sollte bestehende F/OSS genutzt werden, ist diese nicht gesondert einzubringen, sondern steht ohnehin der Allgemeinheit (potentiell) zur Verfügung. Eine Umgehung des Ausschlusses nach Art. 2 II FuE-GVO könnte es hingegen sein, zu einem solchen Zweck *ad hoc* Software über F/OSS zu Gunsten der Allgemeinheit zu lizenzieren, insbesondere dann, wenn nicht einmal allgemeines Interesse daran gesehen werden kann.

---

[265] Fromm/Nordemann/*Czychowski*, Nach § 69c UrhG Rdnr. 25; *Heath* in: Spindler 2004, Kap. G Rdnr. 9 (bezogen auf die Vertikal-GVO, der sodann aber in Rdnr. 13 f. eine rein urheberrechtlich bedingte Freistellung über eine eigenständige Nutzungsart konstruiert).

[266] 8. Kapitel A. II. 1.

[267] *Jaeger/Metzger* 2016, Rdnr. 334.

[268] *Nordmeyer* JIPITEC 1/2010, Rdnr. 38.

[269] 7. Kapitel C. I. 4. b. aa.

Die FuE-GVO soll aber nicht bereits die gesamte spätere Verwertung freistellen, sondern höchstens bestimmte, die spätere Verwertung betreffende Abreden zwischen den FuE-Beteiligten.[270] Somit kann die Überlassung an Dritte als F/OSS nicht an der FuE-GVO gemessen werden, denn diese muss eben als Vereinbarung zwischen dem jeweiligen Lizenzgeber, ggf. in Gestalt der Entwicklungsgemeinschaft, und Lizenznehmer gesondert beurteilt werden.

Die weitere Freistellungsvoraussetzung des Art. 3 II S. 1 FuE-GVO wird im Hinblick auf die Konstituierung gerade durch den F/OSS-Charakter des Projektes erfüllt. Art. 3 IV FuE-GVO könnte möglicherweise durch ein übergreifendes Copyleft verhindert werden, wenn das davon betroffene Material nicht für das Vertragsprodukt „unerlässlich" ist. Dabei ist bereits fraglich, ob ein ggf. überschießender viraler Effekt überhaupt zu einer gemeinsamen Verwertung (vgl. Art. 1 II lit. g, lit. m FuE-GVO) führte. Die Verwertung umfasst demnach zwar ebenfalls die Lizenzierung, aber sie erfolgte dann nicht gemeinsam. Denn sofern bei einem FuE-Beteiligten Copyleft um sich griffe, müsste dieser bereits einseitig nach der jeweiligen F/OSS-Lizenz lizenzieren. Außerdem würde ein solcher Copyleft-Übergriff nicht mehr das Vertragsprodukt i. S. d. FuE-GVO umfassen, so dass auch die gemeinsame Einigung auf die F/OSS-Lizenz nicht mehr als Anknüpfungspunkt genügte, zumal es grundsätzlich der jeweilige, einzelne FuE-Beteiligte entscheided, inwieweit er Copyleft-F/OSS noch für weitere, nicht mehr gemeinsame Programme verwendet.

In Bezug auf die Konstituierung einschließlich der Festlegung auf (eine bestimmte) F/OSS (Lizenz) stehen Art. 5 und Art. 6 der FuE-GVO einer F/OSS-Projektgruppe nicht entgegen. Der Absatz nach Art. 5 lit. b ist nicht betroffen, da bei F/OSS der Absatz gerade unbegrenzt ist. Eine negativ wirkende Preisfestsetzung findet, wie bereits dargelegt, nicht statt, weswegen ebenfalls Art. 5 lit. c ausscheidet. Auch bzgl. der Nichtangriffsklausel des Art. 6 lit. a gilt keine Besonderheit. Insgesamt kann die FuE-GVO in bestimmten Konstellationen anwendbar und freistellend sein.[271]

3. *Freistellung durch die Vertikal-GVO*

a. *Anwendbarkeit der Vertikal-GVO*

Die Vertikal-GVO scheidet gem. Art. 2 III immer dann aus, wenn bei einer Vereinbarung ein Immaterialgut im Vordergrund steht.[272] Bei jedweder Softwareüberlassung, ob als Quell- oder Objektcode, ob auf Datenträger oder per Fernabruf, scheint deswegen die Vertikal-GVO auszuscheiden, da, insbesondere wenn nicht einmal ein Datenträger vorhanden ist, kaum ernsthaft behauptet

---

[270] 7. Kapitel C. I. 4. b. bb.
[271] *Rautenstrauch* 2013, S. 271.
[272] Deswegen gegen die Anwendbarkeit bei F/OSS: *Timm* 2005, S. 287.

werden kann, bei (bloßer[273]) Softwareüberlassung stehe nicht die Software[274] im Vordergrund. Die Kommission umgeht dieses Naheliegende indem sie behauptet, dass bei Softwareverträgen grds. zwischen der (unentgeltlichen) Lizenzeinräumung und der entgeltlichen Datenträgerweitergabe zu differenzieren sei. Sie beruft sich dabei mittelbar auf die Wirksamkeit der *Shrink Wrap*-Vereinbarungen:[275] Bei jenen wird der Datenträger etwa im Handel erworben, ein (zusätzlicher) Lizenzvertrag soll sodann durch Öffnen der Verpackung – oder alternativ durch eine elektronisch angezeigte, zustimmungsbedürftige EULA o.ä. – geschlossen werden.[276] Es führt zu Verwunderung, dass die Kommission sich auf diese fragwürdige Praxis beruft, die selbst auf der Grundlage europäischen Rechts kaum haltbar erscheint.[277] Sofern die Vorstellung der Kommission herangezogen wird, ist davon auszugehen, dass sie gerade auch bei F/OSS die Vertikal-GVO für anwendbar halten wird,[278] denn bei dieser kann durch die Direktlizenzierung und ausdrücklich nicht zur Unterlizenzierung berechtigter Distributoren strikt zwischen Lizenz und (bloßen) Daten(trägern) unterschieden werden,[279] so fragwürdig diese Differenzierung im Übrigen sein mag.[280]

Bei F/OSS muss das *Shrink Wrap*-Modell aber nicht gleichermaßen als Kundengängelung verstanden werden wie sonstige EULAs, sondern vielmehr als Verbriefung eines besonders hohen Maßes an Rechten, das typische EULAs nicht vorsehen.[281] Dies insbesondere deswegen, weil das Sublizenzierungsver-

---

[273] Vgl. 8. Kapitel F. I. 2. bei Überlassung samt anderer Waren oder Dienstleistungen. *Rautenstrauch* 2013, S. 271.

[274] Zwischen Software-Code und Software-Recht ist insoweit nicht zu trennen – 7. Kapitel C. I. 1. d. bb.

[275] 7. Kapitel C. I. 6. b. bb. (1) m. w. Nachw.

[276] Vgl. 3. Kapitel B. I. 3.

[277] *Nordmeyer* JIPITEC 1/2010, Rdnr. 16; 7. Kapitel C. I. 6. b. bb. (1).

[278] So auch ohne Argumente *Heath* in: Spindler 2004, Kap. G Rdnr. 9.

[279] *Nordmeyer* JIPITEC 1/2010, Rdnr. 16; ebenfalls nicht von der Anwendbarkeit ausgehend: *Timm* 2005, S. 286 f., die vielmehr zwischen einer dinglichen und einer schuldrechtlichen Ebene trennt: Auf der dinglichen sei ein Verfügungsgeschäft möglich, jedoch bestehe insoweit keine vertragliche (direkte) Beziehung. Hierbei müsse jedoch „niemand ernsthaft auf die Idee [kommen], Vertragsbeziehungen zwischen Erwerber und Distributor" zu verneinen, doch muss dies einen ergänzenden Vertrag zwischen Urheber(n) und Abnehmer nicht ausschließen.

[280] 7. Kapitel C. I. 6. b. bb. (1) und 7. Kapitel C. I. 6. b. bb. (4) als theoretisches Konstrukt.

[281] *Nordmeyer* in: Lehmann/Meents 2011, Kap. 4 Rdnr. 681 m. w. Nachw. Zur vergleichbaren Unverständlichkeit *Bezroukov* http://www.softpanorama.org/Copyright/License_classification/social_roots_of_GPL.shtml: „It is now common understanding that for popular products GPL introduces a lot of non-trivial problems. I sometimes hear from students that using GPL gives them the ability to avoid ‚all the licensing crap.' Well, unless you did not read the license, I'm not so sure about that. To a certain extent the GPL seems just as complex and irritating as EULA. The difference is that the GPL makes a very broad and sweeping grant of rights to users and ‚developers of derived products' as opposed to the highly restrictive grant by EULA and other closed-source/commercial software licenses given to the software users and only to software users."

bot der GNU GPL gerade ausschließen soll, dass ein Sublizenzierender die Unterlizenz mit weiteren Bedingungen versieht.[282] Während also üblicherweise EULAs die Programmnutzung begrenzen sollen, sollen F/OSS-Lizenzen dieses gerade verhindern. Aber bei F/OSS bedarf es für die bloße Nutzung oftmals keiner besonderen Lizenz, diese wird, zumal bei GNU GPL, jedenfalls nicht über Sublizenzen übertragen.[283] Auch die Vertriebsebene dient nicht dazu, solche Beschränkungen weiterzureichen, wodurch F/OSS-Vertrieb kaum vergleichbar zu proprietärer Software erscheint. Der Vertreibende muss zwar grundsätzlich deutlich hervorheben, dass diese überlassene Software eben einer bestimmten F/OSS-Lizenz unterfällt und insbesondere den Lizenztext mitliefern.[284] Dies betrifft allerdings niemals Begrenzungen der (einfachen) Benutzung (*to run*), sondern nur der Bearbeitung, Verbreitung und Vervielfältigung; und vielmehr hat der Lizenztext höchstens den Sinn, den Empfänger über dessen weitgehende Rechte oder Möglichkeiten des Rechtebezugs in Kenntnis zu setzen. Für die Benutzung genügt ohnehin § 69d UrhG, in den F/OSS-Bestimmungen nicht einzugreifen. Erst wenn der Nutzer über das Ablaufen hinausgeht, benötigt er weitere Verträge. Daher enthalten Verträge über F/OSS bzgl. der Programmnutzung naturgemäß keine Beschränkungen.

Deshalb stellt sich die Frage, ob F/OSS deswegen nicht anders behandelt werden sollte als proprietäre Software – oder ob F/OSS höchstens dann privilegiert behandelt werden sollten, wenn die jeweilige F/OSS-Lizenz keine (nennenswerten) Vertriebsauflagen statuiert und (ergänzende) Sublizenzen zudem ausschließt. Dabei ist nicht zu vergessen, dass auch der (Direkt-)Vertragsschluss bei F/OSS rechtliche Probleme (des Allgemeinen Teils des BGB) aufwerfen kann.[285]

Diese Frage ist aber letztlich müßig. Denn bei F/OSS zur Benutzung bedarf es niemals einer Freistellung, denn mangels beschränkender Klauseln liefe die Freistellung nach Art. 2 I S. 2 Vertikal-GVO ohnehin leer. Bedarf es weiterer Rechte, insbesondere jenes der Bearbeitung, bedarf es dann einer Direktlizenz, die eben ggf. Copyleft auferlegt. Diese Vereinbarung wäre dann aber nicht mehr von der Vertikal-GVO bzw. der dadurch begründeten Freistellung erfasst, weil dann keinesfalls das Immaterialgut noch im Hintergrund stünde. Wird F/OSS zum Vertrieb überlassen, fehlt es ebenfalls an Beschränkungen. Die Vertikal-GVO ist daher überhaupt nicht relevant.

Sollte dennoch eine Entscheidung hinsichtlich der Anwendbarkeit der Vertikal-GVO gefällt werden, ist nach vorherigen Ausführungen die Anwendbarkeit der Vertikal-GVO abzulehnen.[286] Ob hiervon, der Effizienz folgend,

---

[282] *Jaeger/Metzger* 2016, Rdnr. 175.
[283] S. auch *Spindler/Wiebe* CR 2003, S. 873.
[284] 8. Kapitel A. II. 3.
[285] Vgl. *Jaeger/Metzger* 2016, Rdnr. 172 ff.
[286] 7. Kapitel C. I. 6. b. bb. (1).

bei F/OSS doch eine Ausnahme gemacht werden sollte, zumal Endabnehmerbeschränkungen durch F/OSS grundsätzlich nicht zu erkennen sind, wäre zu überlagen. Die Freistellung wäre aber auch hier bzw. hier erst recht sinnlos, da dann zwar der Überlassungsvertrag freigestellt wäre, nicht jedoch die – eben ausnahmsweise gültige – Direktlizenzierung hinsichtlich Vertrieb und Bearbeitung.[287] Werden indes in solchen Fällen Direktlizenzierung und Direktvertrag abgelehnt und vielmehr der Weg über Zwischenunternehmen angenommen, muss eben dieser gründlicher geprüft werden. Andererseits und auch in diesem Fall soll nicht gerade ggf. die fehlende Anwendungsmöglichkeit der TT-GVO zur womöglich sachfremden Freistellung durch die Vertikal-GVO führen.[288]

b. Hilfsweise: Freistellungshindernisse

Einer Freistellung hinderlich wäre im Rahmen der Vertikal-GVO – wie bei der TT-GVO – höchstens die Vorschrift zu Preisvorgaben (Art. 4 lit. a). Aber sie griffe auch in diesem (hilfsweise zu erörternden) Fall – aus bereits genannten Gründen[289] – nicht.[290]

Sofern aber die TT-GVO nicht anwendbar ist, insbesondere aufgrund zu vieler beteiligter Unternehmen,[291] bliebe die Frage, ob dann die Vertikal-GVO, ihre Anwendbarkeit unterstellt, eingriffe – und mithin das Copyleft freistellt.[292] Die Vertikal-GVO bietet aber nicht einmal eine Kernbeschränkung gegen bestimmte Formen der Rücklizenzierung auf, was erneut dagegen spricht, solch ein unspezifische(re)s Regime gelten zu lassen – mag die Vertikal-GVO auch ansonsten grundsätzlich strenger als die TT-GVO sein. Da aber die Vertikal-GVO nicht anwendbar ist, stellt sich diese Frage überhaupt nicht.

4. Freistellungsmöglichkeit nach Art. 101 III im Übrigen

Zuletzt bleiben nur die Freistellungen nach Abs. III im Einzelfall,[293] die erhöhten, kumulativen Voraussetzungen unterliegen. Die EU/EG zeigt sich der F/OSS zugeneigt, einerseits durch eine eigene F/OSS-Lizenz, die EUPL[294], als auch durch gehäufte Aufrufe der Kommission an die öffentliche Hand, bei

---

[287] Vgl. 7. Kapitel C. I. 6. b. bb. (1).
[288] Vgl. 7. Kapitel C. I. 9.
[289] 8. Kapitel A. III. 1. b. ee.
[290] 8. Kapitel A. III. 1. b. ee.; *Nordmeyer* JIPITEC 1/2010, Rdnr. 28.
[291] 8. Kapitel A. III. 1. a. bb.
[292] So noch *Nordmeyer* JIPITEC 1/2010, Rdnr. 39.
[293] Dies prüft nunmer auch Fromm/Nordemann/*Czychowski*, Nach § 69c UrhG Rdnr. 26, in der Vorauflage (= 10. Aufl.) noch ohne Prüfung des Art. 101 III AEUV jenseits der Gruppenfreistellungsverordnungen.
[294] S. https://joinup.ec.europa.eu/page/eupl-text-11-12. Oder auch für Deutschland die D-FSL (https://www.hbz-nrw.de/produkte/open-access/lizenzen/dfsl).

Beschaffung auf F/OSS zu setzen.[295] Gleichwohl entlastet dieses nicht von der Prüfung[296] positiver Effekte und einer Erforderlichkeit der F/OSS-Bedingungen, insbesondere des Copyleft.

a. Positive ökonomische Effekte

Für F/OSS spricht bereits auf den ersten Blick, dass sie offensichtlich zu mehr Wettbewerb führt oder erst durch F/OSS Wettbewerb in bestimmte Märkte einkehrt:[297] Dies liegt daran, dass neben den herkömmlichen kommerziellen Anbietern F/OSS-Projekte erst für neue Programme wie *GNU/Linux* gesorgt haben; sich also das Angebot vergrößerte.[298] Zum Wohle der Verbraucher – und nicht bloß der Entwicklungsländer[299] – also der Abnehmer trägt sie dadurch bei, dass sie oftmals kostenlos erhältlich ist[300] und mithin für starken Preisdruck sorgt.[301] Zudem müssen Nutzer keinesfalls überschüssige Lizenzen[302] vorhalten.[303] Neben dem Preisdruck erhöht das vergrößerte Angebot aber auch den Innovationsdruck.[304] Nicht vorhandene bzw. geringe Preise bzw. Kosten senken zudem die Marktzutrittsschranken und ermöglichen weiteren Akteuren die Marktteilnahme.[305] Dies betrifft einerseits aufbauende Entwickler, aber ebenfalls die besagten Produkte und Dienstleistungen komplementärer Art, also beispielsweise Service, Handbücher u. v. a.[306] Neben reduzierten Entwicklungskosten ist es den Unternehmen zudem möglich, Wartungskosten

[295] Etwa http://www.heise.de/open/meldung/EU-Kommissarin-Kroes-sieht-Open-Source-auf-dem-Vormarsch-1039439.html. Zudem vgl. https://joinup.ec.europa.eu/collection/open-source-observatory-osor. Dieses Paradigma wurde 2014 durch die erneuerte Open Source – Strategie der EU erneuert, vgl. https://ec.europa.eu/info/departments/informatics/open-source-software-strategy_en#oss-strategy.

[296] *Nordmeyer* JIPITEC 1/2010, Rdnr. 41.

[297] *Jaeger/Metzger* 2016, Rdnr. 329 und nach diesen „Monokulturen" aufbrach; *Timm* 2005, S. 274 f., vgl. auch S. 292; *Grützmacher* ITRB 2002, S. 88; *Nordmeyer* JIPITEC 1/2010, Rdnr. 1.

[298] *Mundhenke* 2007, S. 95; und mithin Schwächung etablierter Anbieter wie insbes. Microsoft bedeutete: *Brügge/Harthoff/u. a.* 2004, S. 105. Insoweit wohl noch im Ergebnis zustimmend *Czychowski/J. B. Nordemann* in: Keil 2009, S. 126.

[299] *Lerner/Tirole* in: Feller/Fitzgerald/Hissam/Lakhani 2005, S. 48; zumal nicht nur die F/OSS selbst kostenlos ist, sondern oftmals auch noch auf älteren Rechnern lauffähig ist und ältere Versionen nicht gepflegt werden oder zumindest gepflegt werden können – *Busch* 2007, S. 32 ff.; *Rautenstrauch* 2013, S. 281; vgl. *Körber* NZKart 2014, S. 387.

[300] Ausführlich *Grassmuck* 2004, S. 318 ff. (u. a. mit Hinweis auf die Vorteile für Schulen und Entwicklungsländer – dazu s. bereits vorherige Fn.).

[301] *Mundhenke* 2007, S. 95; bzw. ggf. zu günstigeren Gesamtprodukten nach *Körber* NZKart 2014, S. 383.

[302] Vgl. 8. Kapitel C. II. 2. b.

[303] *Kavanagh* 2004, S. 49 f.

[304] *Mundhenke* 2007, S. 95; vgl. *Sher/Biggio/Shehadeh/Lutinski* ECLR 2011, S. 326.

[305] *Mundhenke* 2007, S. 98 f.; *Bitzer/Schröder* 2006, S. 227 ff.; vgl. *Determann* GRUR Int 2006, S. 651; *Bond* Michigan Law Rev. 104 (2005), S. 569 f.; 8. Kapitel A. III. 4. b.

[306] Ausführlich *Grassmuck* 2004, S. 349 ff.; vgl. *Brügge/Harthoff/u. a.* 2004, S. 173;

zu senken, da ggf. (kundige) Nutzer selbst – den ebenen offenen – Quellcode untersuchen und Fehler entdecken und zu beheben vermögen.[307] Dies kann deutlich über den üblichen Bug-Report[308] hinausgehen, den sich beispielsweise Microsoft, Electronic Arts oder Activision/Blizzard im Rahmen von Beta-Tests oder Fehlermitteilungen der Nutzer bei Programmabstürzen zunutze machen. Wenn argumentiert wird, dass F/OSS durch ihre Kostenlosigkeit bzw. Kostengünstigkeit andere Anbieter behindere,[309] ist zu entgegnen, dass andernfalls die Quasi-Monopolisten eine viel zu hohe, unverhältnismäßige Rendite erzielten, was F/OSS gerade aufwiegt.[310]

Die genannten entwickelnden Dritten können eben alternativ auch F/OSS-*Forks* anbieten. Wenn diese dabei aber im Wettbewerb zu starken Unternehmensprojekten stehen, fehlt ihnen, sofern diese weder finanzstarke Unternehmen noch durch große Spendenvolumina gestützte Entwickler sind, eben Kapital für Entwicklung, Marketing usf.[311] Deswegen können sie ebenfalls kaum Freistellungszusagen im Falle von IP-Klagen durch Dritte anbieten.[312] Zudem sind sie durch die beschränkten Patentlizenzen,[313] sofern diese relevant sein sollten, begrenzt, eben auf die bereits eingeräumte Patentlizenz, nicht auf solche, die durch weitere Programmmodifikationen erst erforderlich werden können.[314] Dies stellt grundsätzlich keine Besonderheit dar, sondern gilt gleichermaßen für alle finanzschwachen Unternehmen. Wenn der Erstlizenzierer noch eine andere kommerzielle Lizenz nutzen mag, ist diese Möglichkeit solchen *Forkern* kategorisch verschlossen.[315] Ein unverändertes Programm neuer Entwickler indes ist zunächst allein ein identisches Produkt unter anderem Namen, das kein Interesse generieren wird.[316] Diese Umstände können zwar (weitere) Schwächen des *Forkings* dergestalt illustrieren, dass die schlichte Möglichkeit noch keine reale Chance bedeutet, da es weiterer Fähigkeiten bedarf und ggf. auch Rechte, zerstreut jedoch nicht die (potentiellen) Vorteile. Dies sind jedoch überwiegend Umstände, die sich erst dann ergeben, wenn *Forks* in Konkurrenz zu kommerziell betriebener F/OSS treten. *Forks* selbst müssen dabei nicht bloß

COMP/M. 5529 – „Oracle./.Sun", Tz. 254; Schricker/*Spindler*, Vor §§ 69a ff. UrhG Rdnr. 55; *Maaß* 2006, S. 129 f.

[307] *Hawkins* Netnomics 6 (2004), S. 110 f.; *Metzger* in: Eifert/Hoffmann-Riem 2008, S. 203 ff. (dort „sequentielle und komplementäre Entwicklung").

[308] Dazu *Maurer/Scotchmer* NBER 12148, S. 16.

[309] Siehe noch Fn. 371, vgl. Fn. 85.

[310] *Busch* 2007, S. 39 f.

[311] Vgl. COMP/M. 5529 – „Oracle./.Sun", Tz. 750.

[312] COMP/M. 5529 – „Oracle./.Sun", Tz. 717.

[313] 8. Kapitel A. II. 5. a.

[314] COMP/M. 5529 – „Oracle./.Sun", Tz. 733 geht sogar davon aus, dass bei jeder Änderung des Codes die Patentlizenz nicht mehr griffe, vgl. aber 8. Kapitel A. II. 5. a.

[315] Vgl. COMP/M. 5529 – „Oracle./.Sun", Tz. 726 ff., 742; sie werden höchstens andere, kompatible F/OSS-Lizenzen nutzen können.

[316] COMP/M. 5529 – „Oracle./.Sun", Tz. 682.

Ressourcenverschwendung sein, sondern können ebenso dazu dienen, spezielle Versionen für spezielle Interessen zu entwickeln, also beispielsweise Versionen für Endnutzer und ergänzend dazu solche für Entwickler.[317]

Den technischen Fortschritt verwirklichen neue Programme.[318] F/OSS kann zudem teilweise sicherer sein und somit einen weiteren Vorteil für Abnehmer realisieren.[319] Darüber hinaus bieten sie den Endnutzern i. d. R. die Möglichkeit idealer Anpassung, oftmals auch aufgrund der Modularität.[320] Solche Anpassungen sind zudem noch günstig, zumal Modularität und Quelloffenheit „inkrementelle Innovation", also aufbauende Entwicklung, eindeutig begünstigen.[321] Und F/OSS insgesamt „offene Innovation" erlaubt, also eben Zugang und Nutzung komplexen Wissens.[322] Mag auch besagtes *Forking* zu Doppelt-entwicklungen führen,[323] so kann andererseits durch Quelloffenheit aber Doppelt- oder Mehrfachentwicklung vermieden werden, die unökonomisch, da doppelt teuer bzw. aufwendig ist.[324] Die Gefahr des *Forkings* vermag zudem Projektgruppen zu disziplinieren.[325]

F/OSS führt zudem zu guten Experimentier- und mithin (Selbst-)Ausbildungsmöglichkeiten des Programmierernachwuchses.[326] Originäre F/OSS nutzt zudem offene Schnittstellen, offene Dateiformate etc., was üblicherweise ebenfalls fördernde Wirkung auf den Wettbewerb hat.[327] F/OSS führt zudem zur Bildung effizienter „Ökosysteme" aus interagierenden Nutzern,[328] Weiterentwicklern usf.[329] sowie zu den Netzwerken, den motivierten, produktiven

---

317 *Stein* 2006, S. 86.

318 *Nordmeyer* JIPITEC 1/2010, Rdnr. 41. Zumindest unter idealen Wettbewerbsbedingungen, die nicht nur daraus bestehen, dass etwa ein Monopolist regelmäßig neue, aber kaum veränderte bzw. bessere Programme veröffentlicht und abzusetzen versucht – und den Absatz dadurch ankurbelt, dass einseitig für die vorherigen, aber ggf. noch gar nicht technisch überholten Produkte die Wartung aufkündigt bzw. eingestellt. Zur höheren Sicherheit s. die nachfolgende Fn.

319 *Nordmeyer* JIPITEC 1/2010, Rdnr. 41; etwa nach *Busch* 2007, S. 37 f. sei sie aufgrund der Quelloffenheit sicherer; wobei sich ein Sicherheitsfaktor ggf. auch aus geringerer Verbreitung ergeben mag. Mit „where it works, however, it is often superior" deutlich weitgehender *Maurer/Scotchmer* NBER 12148, S. 31.

320 Sie sei typisch: *Lerner/Tirole* in: Feller/Fitzgerald/Hissam/Lakhani 2005, S. 62. COMP/M. 5529 – „Oracle./.Sun", Tz. 258 f.

321 *Brügge/Harthoff/u. a.* 2004, S. 171; *Rautenstrauch* 2013, S. 273.

322 *Teufel* MDP 2007, S. 350.

323 8. Kapitel A. I.

324 *Mundhenke* 2007, S. 98.

325 *Bitzer/Schröder* 2006, S. 227 ff.

326 *Mundhenke* 2007, S. 100, was nach http://www.gamestar.de/spiele/doom-3/news/doom_3,32389,2324823.html auch *John Carmack* so sehe; *Bitzer/Schröder* 2006, S. 227 f.

327 *Mundhenke* 2007, S. 101; *Brügge/Harthoff/u. a.* 2004, S. 104.

328 Die etwa *Bugs* melden.

329 Vgl. etwa COMP/M. 5529 – „Oracle./.Sun", Tz. 694 f.; *Grassmuck* 2004, S. 225 f. („der juristische Hack: die GPL"); *Bitzer/Schröder* 2006, S. 227 f.

Communities, denen eben die vielen F/OSS-Programme zu verdanken sind.[330] Diese werden womöglich eben erst durch F/OSS motiviert, sich entsprechend freiwillig zu betätigen.[331]

Nicht zu Unrecht betonen *Czychowski/J. B. Nordemann*, dass Verbraucher im Sinne des Art. 101 III AEUV nicht nur Endverbraucher seien, sondern auch abhängige Programmierer, die eben mit dieser F/OSS nur noch eingeschränkt verdienen können.[332] Dies ist zutreffend und ist bei einer Quantifizierung zu berücksichtigen; es muss aber bedacht werden, dass diese Vorteile dadurch erlangen, eben diese Software überhaupt zur Verfügung gestellt zu bekommen.

Neben der Summe solcher kategorischer oder nur potentieller Vorteile bleibt die Frage, inwieweit potentiell beschränkende F/OSS-Bestimmungen, speziell das Copyleft, hierfür auch verantwortlich sind. Um Argumente nicht zu wiederholen, sollen diese Aspekte (ausschließlich) im Rahmen der (zwar nachrangigen) Erforderlichkeit thematisiert werden.

b. Erforderlichkeit

Zu klären bleibt, ob Copyleft-Klauseln unerlässlich sind.[333] Als Ausbeutung der Entwickler wird sie nur selten verstanden, auch wird F/OSS kaum allgemein negativ als Outsourcing oder als Weg zum entlastenden „*Do it Yourself*"-Kundendienst bei *embedded* Geräten usf. gedeutet.[334] Vielmehr entstehen durch F/OSS und virale Klauseln im Besonderen produktive Netzwerke, denen diese Klauseln die *Commons* vor „Trittbrettfahrern" bzw. *Free Ridern* oder gar vor *Hijacking* zu sichern helfen. Also wird dadurch sichergestellt, dass F/OSS durch Dritte nicht in proprietäre Verwertungsformen überführt wird.[335] Das Netzwerk bzw. die Gemeinschaft erhält zwar dadurch auch die (basierenden) Leistungen anderer,[336] aber ohne entsprechende Klauseln wären diese Netzwerke vermutlich (deutlich) kleiner,[337] denn die Aktiven müssten stets befürchten, dass ihre Leistungen von benannten Dritten kommerzialisiert bzw. in *Closed Source* gewandelt werden würden: für den jeweils einzelnen Programmierer stellt sich stets die Frage, ob er denn geben solle, wenn andere nicht auch geben

---

330 *Metzger* in: Eifert/Hoffmann-Riem 2008, S. 204 ff.; tendentiell auch *Grützmacher* ITRB 2002, S. 88; *Jaeger/Metzger* 2016, Rdnr. 335; *Nordmeyer* JIPITEC 1/2010, Rdnr. 41 f. Oder gar zu einer post-industriellen Ära des „Collaborative Science" – *Tapscott/Williams* 2008, S. 156.

331 *Bitzer/Schröder* 2006, S. 228 f.

332 *Czychowski/J. B. Nordemann* in: Keil 2009, S. 127; Fromm/Nordemann/*Czychowski*, Nach § 69c UrhG Rdnr. 29.

333 Im Ergebnis für die Erforderlichkeit: *Rautenstrauch* 2013, S. 283.

334 Vgl. aber *Popp/Meyer* 2010, S. 59: „… the opportunity to outsource certain activities, like development, maintenance and support, to the community".

335 Vgl. *Lerner/Tirole* in: Feller/Fitzgerald/Hissam/Lakhani 2005, S. 71.

336 Vgl. *Schindler Bühler* in: Weber/Berger/Auf der Mauer 2003, S. 65 Fn. 26.

337 *Nordmeyer* JIPITEC 1/2010, Rdnr. 41 f.

müssen.[338] Dabei ist festzustellen, dass ein so großes Programm bzw. Projekt wie *GNU/Linux* eben nicht über eine BSD-Lizenz bewerkstelligt worden ist, sondern über die GNU GPL. Dies zeigt sich daneben auch daran, dass zumindest bis ca. 2015 für über 50 % der F/OSS-Projekte GNU GPL gewählt worden wurde und auch noch für 25 % gewählt wird.[339] Dass diese Programme nicht demokratisch, sondern oftmals eher aristokratisch organisiert sind,[340] stürzt diese Annahme nicht. Vielmehr geht die Motivation gewiss auch von dem Wissen aus, dass *Freie Software* eben *frei* bleibt.[341]

Auch wenn ein Unternehmen im Rahmen einer „dualen" Lizenzierungsstrategie u. a. auf GNU GPL oder eine andere Copyleft-Lizenz setzt, stellt diese sicher, dass nicht ein anderes Unternehmen diese Software *hijackt* und in ein konkurrierendes, proprietäres Angebot überführt.[342] Copyleft erweist sich somit als eine wichtige „Einbahnstraße", die eine dauerhafte Allgemeinverfügbarkeit sichert.[343]

Sich im Rahmen eines Softwareprojektes für GNU GPL samt Copyleft[344] zu entscheiden, sichert zudem die Möglichkeit, ein größtmögliches Angebot an F/OSS zu nutzen, da dadurch ein Höchstmaß an Kompatibilität erreicht wird.[345] Die Strenge dieser Bestimmung erlaubt es, einerseits andere vergleichbar lizenzierte Programme zu nutzen – und erst recht, die „liberaler" lizenzierten der F/OSS. Gleichwohl gibt es aufgrund der „Infektionsrisiken" Probleme hinsichtlich der Kombination mit proprietärer Software, die bei weniger restriktiv vertriebener F/OSS nicht auftreten kann.[346]

Die Unerlässlichkeit wird indes von *Czychowski/J. B. Nordemann* mit dem Alternativvorschlag konstruktiv bestritten, es sei stattdessen möglich, dass sich der ursprüngliche Lizenzgeber einen Anteil an weiteren Lizenzgewinnen ausbedinge, was zudem Preiswettbewerb wieder ermögliche.[347] Als weitere Alternative geben sie eine duale Lizenzierung an: eine entgeltliche und eine unentgeltliche.[348] Dabei versäumen sie es jedoch, diese Modelle weitergehend zu spezifizieren, also etwa die Vorteile solcher entgeltlichen Versionen dar-

---

[338] Vgl. *Brügge/Harthoff/u. a.* 2004, S. 103; *Metzger* in: Eifert/Hoffmann-Riem 2008, S. 204 f.

[339] Oder früher sogar eher 80–85 % nach *Schindler Bühler* in: Weber/Berger/Auf der Mauer 2003, S. 64; aktuelle Werte s. http://www.blackducksoftware.com/oss/licenses; demnacht führt die GPL v2 immer noch deutlich vor der GPL v3.

[340] Vgl. 8. Kapitel A. I.

[341] Die insoweit „nobody owns" – vgl. *Tapscott/Williams* 2008, S. 86.

[342] Vgl. *Buchtala* 2007, S. 164 ff.

[343] *Buchtala* 2007, S. 168.

[344] Sei „katalytischer Effekt" – *Stein* 2006, S. 149.

[345] *Buchtala* 2007, S. 168.

[346] *Schiffner* 2003, S. 98.

[347] *Czychowski/J. B. Nordemann* in: Keil 2009, S. 126; Fromm/Nordemann/*Czychowski*, Nach § 69c UrhG Rdnr. 28.

[348] *Czychowski/J. B. Nordemann* in: Keil 2009, S. 126.

zustellen. Zuletzt gilt ihnen die Quellcodeoffenlegung als nicht unerlässlich, da sie die Möglichkeit nimmt, „vor Nachahmung zu schützen“.[349] Als evident kann es wohl gelten, dass bei Durchsetzung dieser Alternativen kaum noch von F/OSS im definierten Sinn[350] gesprochen werden kann. Ein Entgeltanteil auch zu Gunsten der ursprünglichen Entwickler könnte womöglich *Hijacking* mildern, aber im Grunde nicht bekämpfen, denn auch dann könnte F/OSS eben unfrei werden, nur eben dass die Ursprungsentwickler daraus noch Geld ziehen könnten. Wie das Geld hierbei einer Schar an Entwicklern zukommen soll, bliebe ein weiteres zu lösendes Problem der praktischen Verwirklichung. Diese Alternativansätze verkennen insgesamt, dass die Kostenlosigkeit nicht der eigentliche Punkt von F/OSS wie GNU GPL ist, zumal eine absolute Kostenlosigkeit gar nicht erstrebt wird,[351] sondern primär eben die fortgesetzte freie Zugänglichkeit dieser Software. Dafür muss gerade der Quellcode unentgeltlich zur Verfügung stehen. Wird dieses Ziel nicht als hinreichend erstrebenswert für die Unerlässlichkeit anerkannt, kann die Idee der F/OSS insoweit nicht Bestand haben. Ein bloßes „dulde und liquidiere“ genügt nicht. Würde statt auf freier Zugänglichkeit des Quellcodes und auf die Bearbeitungsmöglichkeit auf Gebühren hierfür gesetzt werden, läge proprietäre Software vor. Daher müssen gerade diese zusammenwirkenden Bestimmungen als unerlässlich angesehen werden, denn ohne diese entstünden nicht die angeführten Allgemeingüter. Inwieweit ein Gebührenmodell bei gleichzeitiger Offenlegung des Quellcodes funktionieren soll, bleibt ungewiss – es sei denn, es wird gerade auf die gebräuchliche Dual-Lizenzierung gesetzt und dabei gegen Entgelt auf Copyleft verzichtet. Wäre also dann die Alternative, stets auch eine alternative Lizenz entgeltlich anbieten zu müssen, blieben die Nachteile des *Hijackings*, also die Überführungsmöglichkeit in proprietäre Software – bloß eben gegen Entgelt. Eine mildere Alternative bei gleichem oder zumindest genügendem Ergebnis ist somit zumindest nicht ersichtlich. Wie gezeigt droht den abhängigen Entwicklern auch nicht der Existenzverlust, da es alternative Verdienstmöglichkeiten gibt.

Nun kann zwar eingewandt werden, dass F/OSS auch auf BSD und vergleichbaren Lizenzen basieren kann, doch gewähren diese gerade nicht fortgesetzt die entsprechende Freiheit, wie es beispielsweise *Android* bzw. die diesbezügliche Kritik beweist, etwa in Gestalt der „*Free Your Android*“- Kampagne[352].

Um diese Wirksamkeit zu entfalten, muss das Copyleft[353] dauerhaft wirksam sein und Patente umfassen. Dafür ist es ebenfalls notwendig, dass sich das

---

[349] *Czychowski/J. B. Nordemann* in: Keil 2009, S. 127.

[350] Vgl. 8. Kapitel A. II. 7.

[351] Vgl. 8. Kapitel A. II. 1.

[352] S. https://fsfe.org/campaigns/android/; vgl. 4. Kapitel A. I. 1. b.

[353] *Rautenstrauch* 2013, S. 277: „Schon Open-Source-Lizenzen mit schwacher Copyleft-Klausel sind zur Erzielung der aufgezeigten Vorteile für Endverbraucher ungeeignet.“

Copyleft viral immer weiter auf alle weiteren abhängigen Bearbeitungen ausbreitet und ebenfalls gegenüber allen weiteren Lizenznehmern wirkt und von diesen Bestimmungen nicht abgewichen werden kann, zumindest nicht wesentlich. Auch dürfen die Lizenzierungen für „jedermann" nicht davon abhängen, ob der Copyleft-Lizenzgeber vertragsbrüchig ist oder nicht. Dies kann gar nicht überwacht und allen potentiellen Nutzern bekannt gemacht werden. Außerdem hätte dann der durch das Copyleft Verpflichtete eine einfache Möglichkeit, sich dem Copyleft doch noch zu entziehen.

5. *Quantifizierungsfaktoren und Marktabgrenzungen*

Zur Feststellung eines vertikalen oder horizontalen Verhältnisses sowie zur Bemessung der Marktanteile sind zunächst die betroffenen Märkte bzw. der jeweilige Markt zu eruieren. In Ansehung der vorherigen Feststellungen führt dieses zunächst zur Frage, ob F/OSS die jeweiligen Programm-Märkte um ein weiteres Produkt erweitert und nicht neue Märkte bildet. Letzteres ist grundsätzlich abzulehnen. Zwar mögen einzelne, keinesfalls irrelevante[354] Interessen für oder auch wider F/OSS sprechen, doch sind F/OSS und proprietäre Programme funktional prinzipiell austauschbar. Räumlich ist gerade bei F/OSS von weltweiten Märkten auszugehen,[355] insbesondere wenn bei F/OSS über die Welt verstreute Entwickler involviert sind.[356]

Die Annahme, dass Entwicklungen bezüglich F/OSS keine Marktrelevanz oder Spürbarkeit innewohnt,[357] ist wohl schon deswegen nicht (mehr) haltbar, da beispielsweise Red Hat allein mit Supportdienstleistungen über eine Milliarde US-Dollar umsetzt,[358] bereits seit 2004 IBM und HP in Verbindung mit F/OSS Milliarden umsetzen,[359] der *Apache*-Webserver zu den meistgenutzten seiner Art gehört[360] und für F/OSS nach wie vor Wachstum und Potential prognostiziert werden.[361] Große Bedeutung kommt F/OSS zudem durch *Android* zu.[362] Gerade aber bei F/OSS kann es mangels nachvollziehbarer Absatz- oder Benutzungszahlen besonders erschwert sein, Marktanteile zu eruieren.[363]

---

[354] Vgl. 7. Kapitel B. IV. 2. b. bb. (7) (b).

[355] Vgl. 7. Kapitel B. IV. 2. b. cc.; *Schindler Bühler* in: Weber/Berger/Auf der Mauer 2003, S. 57.

[356] Vgl. *Heath* in: Spindler 2004, Kap. G Rdnr. 4.

[357] *Schindler Bühler* in: Weber/Berger/Auf der Mauer 2003, S. 60 f., 67–69, 72 stellt zwar einerseits fest, dass F/OSS tlw. starke Marktanteile innehat (bzw. bereits damals innehatte), behauptet im Widerspruch dazu aber, dass wirkliche Marktrelevanz (noch) nicht annehmbar sei.

[358] *Leemhuis* c't 18/2011, S. 81.

[359] Wenn u. a. auch mit Hardware – *Kavanagh* 2004, S. 49 f.

[360] Bis zu 50 %: http://winfuture.de/news,81634.html.

[361] *Sher/Biggio/Shehadeh/Lutinski* ECLR 2011, S. 323; vgl. auch *Teufel* MDP 2007, S. 343 f.; *Heussen* MMR 2004, S. 446 f.

[362] 4. Kapitel A. I. 1. b.

[363] 7. Kapitel B. IV. 2. b. dd.

Vor geraumer Zeit wurde in Zweifel gezogen, dass einem kommerziellen Hersteller von F/OSS die Marktanteile dieser überhaupt zugerechnet werden können, da doch jeder Verwender die Software ändern könne, insbesondere solche, die diese in Geräte integrieren.[364] Diesem Einwand ist jedoch grundsätzlich nicht zu folgen, wenn dieser Hersteller/Projektverantwortliche maßgeblichen Einfluss auf die Produkte hat – und wenn zudem die Produkte regelmäßig nicht maßgeblich verändert werden.[365]

Dabei ist dem Grundsatz funktionaler Austauschbarkeit folgend festzuhalten, dass auch einzelne *Forks* (oder Derivate) untereinander konkurrieren können. F/OSS-Betriebssysteme liegen, wie erwähnt, oftmals in verschiedenen Distributionen vor, die untereinander wie mit anderen, sprich proprietären Betriebssystemen konkurrieren können. Bei Anwendungsprogrammen ist dabei im Grunde nur auf die für das jeweilige Betriebssystem angebotenen Programme abzustellen, sofern die Bedeutung des Programmes keinen Plattformwechsel rechtfertigt – oder aber ausnahmsweise *Dual Boot*-Lösungen, Emulatoren usf. unterstellt werden können.[366] Dies kann insoweit berücksichtigt werden, da es sich bei *GNU/Linux*-Nutzern gewöhnlicherweise, aber nicht ausschließlich, um ein eher technik-affines Zielpublikum handelt, das vor solchen Lösungen weniger zurückschreckt und daher grundsätzlich Programme auf bzw. für mehrere Systeme nutzen kann. Zudem liegt der Einsatz von Emulatoren bei *GNU/Linux* als „Minderheiten"-System eher nahe denn bei *Windows*. Dies wäre jedoch im Rahmen der jeweiligen Programme und deren typischer Nutzer im Einzelfall zu untersuchen.

6. Gesamtabwägung und Zwischenergebnis

F/OSS, die nicht auf Copyleft oder Preisfestsetzungen (*Zero Price Fixing*) setzt, ist – vorbehaltlich ungewöhnlicher Bestimmungen – gänzlich unbedenklich.[367] Die GNU GPL hingegen, häufig Synonym für F/OSS überhaupt, weist negative Effekte auf, die aber gewöhnlich aufgewogen werden.[368] Dies gilt ebenfalls für vergleichbare F/OSS-Lizenzen. Zwar kann Copyleft nicht als unerlässlich für F/OSS schlechthin gesehen werden, da ebenfalls F/OSS ohne Copyleft existiert. Doch ist gerade bei GNU GPL bzw. adäquat reglementierten Copyleft-Projekten eine größere freiwillige, private Entwicklergemeinschaft zu vermuten, für die Copyleft gewiss unerlässlich ist. Diese Bestimmungen leisten – wie auch weitere Bestimmungen[369] – einen wesentlichen Beitrag zum Erhalt des „of-

---

364 So sei Googles Verteidigungsstrategie gewesen – nacherzählt von der Kommission, s. COMP/M. 6381 „Google/Motorola", Tz. 64 ff.

365 Zutreffend COMP/M. 6381 „Google/Motorola", Tz. 64 ff.

366 7. Kapitel B. IV. 2. b. bb. (1).

367 *Jaeger/Metzger* 2016, Rdnr. 333.

368 *Nordmeyer* JIPITEC 1/2010, Rdnr. 42 ff.

369 8. Kapitel A. II. 3.

fenen" Entwicklungssystems, wie eben einzelne Bestimmungen des Grundgesetzes dem Erhalt der freiheitlich-demokratischen Grundordnung[370]. Zwar sind durch den Wettbewerbsdruck Nachteile für etablierte Unternehmen zu erwarten,[371] aber dieses ist gerade positiv für Konsumenten,[372] zumal F/OSS half und hilft, die „Platzhirsche" der Softwarebranche zu bedrängen bzw. diese eben direkt bedrängt. Konkrete Zahlen liegen nicht vor, eine solche Abwägung zu belegen, doch hat der Markt in den letzten Jahrzehnten die (einst) etablierten Unternehmen nicht verschlungen. Er ist vielmehr (etwas) in Bewegung geraten. Insgesamt ist daher – ganz unideologisch – F/OSS auch samt Copyleft als ökonomisch vorteilhaft zu betrachten.[373]

Prinzipiell hängt diese Bewertung nicht davon ab, ob eine Copyleft-F/OSS *Community* oder *Company driven* ist, denn in beiden Fällen wird an die Allgemeinheit *rück*lizenziert, die davon profitiert. Selbst bei einer *Company driven* F/OSS besteht nicht die Gefahr, dass das Ursprungsunternehmen die jeweilige Software „monopolisiert". Die aufgrund des Copyleft zu gewährenden Rechte werden ohnehin für alle verfügbar.

Inwiefern sich Unternehmen konspirativ verabreden könnten, GNU GPL bzw. sonstige F/OSS-Lizenzen gegen andere als Standard zu etablieren – oder auch GNU GPL gegen Konkurrenz *missbrauchen* könnten oder mit *standardessentieller* Software eine „Infizierung" anderer zu begründen, ist eine ganz andere Fragestellung – die einerseits stark hypothetischen Charakter aufweist, andererseits tendenziell Art. 102 AEUV unterfiele.[374] Nicht zu beanstanden ist jedenfalls die Unternehmensstrategie, eine Software zunächst proprietär zu vermarkten und geraume Zeit später als F/OSS zu öffnen, um gegenüber Wettbewerbern Vorteile zu erzielen, etwa bessere komplementäre Angebote oder eine aktivere *Community*.[375]

---

370 Kurz: FDGO.

371 In den USA versuchte um 2006 ein Entwickler gegen diese (vermeintlichen) Preisfestsetzungen vorzugehen; in einer Reihe von Verfahren ging er u. a. gegen die FSF und etwa IBM erfolglos vor – http://sco.tuxrocks.com/?Case=Wallace. Er selbst jedenfalls partizipierte nicht an F/OSS, sondern sah sich durch eben solche am Markt gehindert, eigene (proprietäre) Programme zu entwickeln und anzubieten, da die F/OSS-„Conspiracy" durch ihre kostenlosen Programme Wettbewerb verhindere. Richter *Young* lehnte mit einem „quick look" diese Klage ab und meinte abschließend: „GPL and open-source software has nothing to fear from antitrust laws" (US Court of Appeals for the 7th Circuit, „Wallace vs. IBM/Red Hat/Novell", No. 06-2454, S. 6 = GRUR Int 2007, S. 358 f.). Ausführlich dazu: *Rautenstrauch* 2013, S. 113 ff. Es wird zudem diskutiert, ob die kostenlose Verbreitung des kostenlosen Smartphone-Betriebssystemes Android durch Google ein Missbrauch nach Art. 102 AEUV ist: *Körber* NZKart 2014, S. 379 ff. m. w. Nachw.

372 *Bandel* 2010, S. 62 f.

373 Im Ergebnis „bezweifelt" von *Elkemann-Reusch* ZGE 2010, S. 447 f.

374 *Determann* GRUR Int 2006, S. 651; *Heath* in: Spindler 2004, Kap. G Rdnr. 10 f., 15 f.; *Timm* 2005, S. 294 f.; *Välimäki* ECLR 2006, S. 133.

375 *Raymond* 2001, S. 146 f. am Beispiel id Softwares Doom. Bei Computerspielen tritt womöglich noch bevorzugend hinzu, dass zwar die Engine als F/OSS veröffentlicht werden

Mit Blick auf die FuKoV wird deutlich, dass zwar hauptsächlich die GNU GPL mit Art. 101 I AEUV in Konflikt stehen kann, aber wohl alleinig, freilich begleitet von vergleichbaren Lizenzen, geeignet sein kann, zahlreiche Bedenken bei Zusammenschlüssen zu zerstreuen. Denn die GNU GPL erlaubt nicht nur *Forking* in besonders effizienter Weise, sondern verhindert dauerhaft starke einseitige Kontrolle über eine Software.[376] Dies ist dadurch bedingt, dass GNU GPL zwar niemanden „entrechtet", jedoch dazu führt, dass ein Programm unter dieser Lizenz kaum noch einseitig kontrolliert werden kann, eben auch nicht durch den bzw. die Urheber.

B. Softwareentwicklungsverträge

I. Auftragssoftware (Individualsoftware)

Software, welche nicht bloß als standardisiertes Produkt erworben wird,[377] sondern (mehr oder weniger[378]) individuell (auch) nach Kundenspezifikationen gefertigt oder zumindest angepasst wird, und nicht ohnehin auf F/OSS basiert[379], wird dem Abnehmer ggf. nicht bloß in Objektcode-Form überlassen, sondern stattdessen (teilweise) quelloffen und ggf. mit weiterem *Know How*. Sofern hingegen lediglich ein Programm zur Benutzung ohne weitere Informationen veräußert wird, wird sich ein solcher Vertrag (überwiegend[380]) nach den Regeln einer normalen Beschaffung[381] bemessen lassen. Ob und welche Informationen weitergegeben werden, hängt dabei von den individuellen Bedürfnissen und Möglichkeiten ab.

Dass Technologie somit offenbart und übergeben und ggf. auf eine eigene Nutzung verzichtet wird, kann Wesensmerkmal solcher Verträge sein. Dabei spielt es eine erhebliche Rolle, wie viele Informationen bereits der Auftraggeber an den Auftragnehmer übermittelt und welche beidseitigen Geheimhaltungs-

kann, die sonstigen Urheberrechte aber nicht solchen Lizenzmodellen unterliegen müssen und daher weiterhin Lizenzeinnahmen generiert werden können, das Spiel als technische Plattform jedoch umgestaltet werden kann. Insbesondere stellt id Software den Quellcode älterer Spiele bereit (etwa Quakes: ftp://ftp.idsoftware.com/idstuff/source/), zumal einer der Köpfe des Unternehmens dies als gute Nachwuchsförderung bezeichnet.

376 Vgl. 8. Kapitel A. III. 4. b.

377 Dazu gleich 8. Kapitel C.

378 Vgl. 3. Kapitel B. III.

379 Und wenn dieses bloß intern genutzt wird, unterfällt die Verbesserung ggf. nicht dem Copyleft. Sofern es jedoch an einen Dritten weitergegeben wird, ist davon nicht mehr auszugehen – vgl. 8. Kapitel A. II. 2.

380 Problematisch könnte etwa der Weiterverkauf sein, der gerechtfertigt sein mag, da eben spezielle Informationen des Softwareherstellers enthalten sein mögen, was aber eher auf einen atypischen Einzelfall, den einen Grundfall hindeutet.

381 Dazu gleich 8. Kapitel C.

interessen bzw. Geheimhaltungsgebote betroffen sind, was eben bestimmte Weitergabeverbote bedingen kann. Bedauerlicherweise ist über solche Verträge nur vergleichsweise wenig bekannt. Nähert sich solche Softwarebeschaffung nicht der Standardbeschaffung, sondern werden vielmehr individuelle Lösungen in Betracht gezogen, wird es ggf. ein *Grant Back*, eine Rücklizenzierung, geben, welche nach nachfolgend erörterten Regeln zu beurteilen ist. Im Übrigen sind bei Individualsoftware ansonsten keine spezifischen wie typischen Problemlagen erkennbar. Sollten dennoch im jeweiligen Vertrag problematische Klauseln auftauchen, ist zu bedenken, dass die TT-GVO angewandt werden kann, wenn Quellcode o.ä. überlassen wird.[382]

II. Komponenten- und Entwicklungswerkzeugverträge

Sofern einzelne Module, *Engines* oder Entwicklungswerkzeuge beschafft[383] und genutzt werden, liegen die üblichen, möglicherweise bedenklichen Klauseln im Bereich der *Running Royalties* und ferner im Sektor der Rücklizenzierung (*Grant Back*), die – wie angeführt[384] – in anderen Verträgen ebenfalls vorkommen können.

1. Rücklizenzierung (Grant Back)

a. Negative Effekte und Verstoß wider Art. 101 I

Erlauben nämlich solche Werkzeuge oder Programme (oder -teile) die Kombination mit (neuer) Technologie des Lizenznehmers oder Verbesserung der lizenzierten, besteht naturgemäß ein Interesse des ursprünglichen Lizenzgebers, solcher Verbesserungen – nun selbst als Rechteempfänger bzw. Lizenznehmer – Herr zu werden.[385] Einerseits, um selbst diese Technologie nutzen zu können; andererseits, um andere von dieser auszuschließen. Entsprechend wird er sich bereits vorab *idealerweise* ausschließliche, exklusive Lizenzen versprechen lassen. Für gewöhnlich wird der ursprüngliche Lizenznehmer aber zumindest selbst diese (aufbauende) Technologie nutzen dürfen, da andernfalls für ihn diese Entwicklung keinerlei Vorteil böte. Dazu ist es notwendig, dass, wenn er diese Software schon nicht als Technologie vermarkten kann, sie zumindest für seine Produkte nutzen darf. Mithin sind aus seiner Perspektive exklusive Rücklizenzen unbedingt zu vermeiden.

Bei der Bewertung erscheint es einerseits entscheidend, welcher Umfang an Technologienutzung zunächst gewährt wird und sodann insbesondere, welche Art von Fortentwicklungen in welchem Umfang *zurück*gewährt wer-

---

[382] 7. Kapitel C. I. 1. d. dd. (2).
[383] 3. Kapitel B. IV.
[384] S. 8. Kapitel A. II. 2 zu F/OSS und Copyleft.
[385] Vgl. 3. Kapitel B. III.

den muss.[386] Die Art von *rück*zuführenden Fortentwicklungen kann ähnlich schwierig zu definieren sein wie beim Copyleft bei F/OSS,[387] sich also auf Bearbeitungen im Rechtssinne begrenzen oder theoretisch auch benachbarte, bloß (oder noch nicht einmal) inspirierte Eigenentwicklungen erfassen – dies hängt zunächst von der jeweiligen genutzten bzw. formulierten Klausel ab. Ob dann sinnvollerweise noch von einem *Zurück*-Transfer gesprochen werden kann, ist letztlich nicht die entscheidende Frage. Auf der nächsten Stufe ist zu untersuchen, ob diese *zurück*zutransferierende Technologie bloß dem ursprünglichen Lizenznehmer zur einfachen Nutzung oder zur ausschließlich exklusiven überlassen wird und welche Rechte beim Fortentwickler bleiben; andererseits, ob nur Code oder auch sonstiges *Know How* dokumentiert und zu übergeben ist (und ggf. beim Überlassenden restlos gelöscht werden muss). Je voluminöser der Umfang jenes Transfers, desto weniger Nutzen an der Fortentwicklung wird beim Fortentwickler selbst gewöhnlicherweise noch zurückbleiben. Darin liegt sodann die wettbewerbsrechtliche Beschränkung eben des Fortentwicklers.[388] Dabei muss wie bereits zuvor ermessen werden, inwieweit diese Fortentwicklung eine *eigene*[389] ist – was anhand der jeweiligen Klausel zu beurteilen ist – und ebenfalls in diesem Rahmen, wie viele Investitionen dadurch bedingt sind. Sofern auf eine Bearbeitung im Urheberrecht rekurriert werden kann, ist zunächst zu beachten, dass gem. § 3 UrhG eben neben dem ursprünglichen Werk bloß ergänzend ein Neues tritt, der einstige Urheber somit (mit-)berechtigt bleibt (wird) (§§ 69c Nr. 2, 23 UrhG). Eine Rücklizenz ist rechtlich nicht durch das UrhG vorgegeben und kann mithin vollumfänglich überprüft werden: Die Rücklizenzierung geht über diese fortwirkenden Rechte des Urhebers des bearbeiteten Werkes hinaus.[390] Dieses gewährt zwar im Ergebnis eine Kontrolle über die Bearbeitung, insbesesondere Verhinderungsrechte, gleichwohl aber nicht Zugriff auf die Bearbeitung selbst. Somit erweitert der Rücklizenznehmer in jedem Fall seinen Einflussbereich und ist mithin vollumfänglich der kartellrechtlichen Kontrolle zugänglich, weswegen als spezifischer Schutzgegenstand

---

[386] Ein Beispiel lässt sich bei *Pagenberg/Beier* 2008, S. 678 (deutsch) bzw. S. 679 (englisch) finden (= § 15 des Musters). Dabei geht es allerdings nur um ein *AddOn* zu einer bestehenden Software. Der *AddOn*-Entwickler möge „… Vorschläge zur Verbesserung [des Hauptprogrammes] … mitteilen." Der Entwickler der Ausgangssoftware erhält an eben diesen eine Lizenz und darf somit „… auch über diese Verbesserungen … verfügen."

[387] 8. Kapitel A. II. 2.

[388] Vgl. 8. Kapitel A. II. 2.

[389] Vgl. 8. Kapitel A. II. 2.

[390] Vgl. die insoweit unklaren TT-Leitl. 2004, Tz. 109 a. E.: „Ausschließliche Rücklizenzen und die Verpflichtung zur Übertragung nicht abtrennbarer Verbesserungen beschränken nicht den Wettbewerb im Sinne von Artikel 81 Absatz 1, da der Lizenznehmer nicht abtrennbare Verbesserungen nicht ohne Erlaubnis des Lizenzgebers verwerten darf."

ein (kaum eingeschränktes) Bearbeitungsverbot[391] zu postulieren ist, jedoch keine Bemächtigung an Bearbeitungen,[392] was auch § 69f UrhG nicht vorsieht.

Hinsichtlich des Wettbewerbs steigt prinzipiell die Bedenklichkeit mit dem Grad der Beschränkung des ursprünglichen Lizenznehmers, es ist jedoch ungeklärt, ab wann tatsächlich eine Beschränkung des Lizenznehmers bzw. (verpflichteten) *Rück*lizenzgebers beginnt. Gebote hinsichtlich der Nutzung fremder Technologie können diese Grenze jedenfalls nicht markieren, denn dies stellt zunächst einen einseitig belastenden sowie einseitig begünstigenden Transfer dar. Interesse an einer Fortnutzung bzw. -entwicklung wird sich regelmäßig erst dann ergeben, wenn diese einen gewissen Grad erreicht, der wiederum ein Verwertungsinteresse weckt. Damit wird wiederum ein gewisses Maß an Investitionen, sei es nur in Gestalt von persönlichem Aufwand, verbunden sein.[393] Sofern es für den Lizenznehmer überblickbar ist, wie genau sich ein solches Übergreifen auswirkt, also auf welche (abhängigen) Eigenleistungen es sich auswirkt und auf welche nicht, wird es für diesen kalkulierbarer und ggf. auch handhabbar. Überraschungen bzw. undurchsichtige Klauseln indes sind eher geeignet, zu beschränken.[394] Je weiter es sich um Eigenleistungen handelt, desto eher ist ebenfalls eine Beschränkung anzunehmen, da sich dadurch fremder Arbeit bedient wird.

Die Beschränkung selbst liegt nun darin, dass der insoweit beschränkte etwas *(zurück-)*geben muss. Gewährt er lediglich dem ursprünglichen Lizenzgeber eine einfache Lizenz oder bloße Kenntnisse, profitiert dieser von Kenntnissen und kann selbst sein Programm im fortentwickelten Zustand nutzen und eben selbst davon profitieren. Arbeiten die beiden ohnehin mehr oder weniger am selben Programm, einer etwa am Hauptprogramm, der andere an *AddOns* usf., besteht ebenfalls ein genuines Interesse an der Verbesserung des Hauptprogrammes – gleichwohl ist dann fraglich, inwieweit Entwicklungslast und Amortisierung hinreichend kompensierend geregelt sind. Da zudem eine solche Verbesserung ohnehin – schon rechtlich – vermutlich nicht eigenständig genutzt werden könnte, liegt der Verlust des Fortentwicklers höchstens darin, keine hinreichenden Lizenzgebühren vom ursprünglichen Lizenzgeber zu erhalten. Somit ist ein wichtiges Kriterium nicht nur, inwieweit eigenständige Arbeit vorliegt, sondern inwieweit diese auch eigenständig, eben ohne den ursprünglichen Lizenzgeber verwertet werden kann bzw. könnte.

Der Umfang der Rückgewährung ist sodann, je nach Lizenzierungsgrad, auch daran zu bemessen. Wird gänzlich fremde Technologie vollständig und rechtlich vollumfänglich gewährt, liegt gewiss eine Wettbewerbsbeschränkung vor, da eben tief in Entwicklungs- und Verwertungsmöglichkeiten eingegriffen

[391] Vgl. §§ 3 S. 1, 69c Nr. 2 S. 2 UrhG.
[392] 8. Kapitel A. II. 2.
[393] 8. Kapitel A. II. 2.
[394] 8. Kapitel A. II. 2.

wird.[395] Wird indes eine stark abhängige, eigenständig nicht verwertbare Technologie lediglich zur Kenntnis nehmend überführt, sich dieser jedoch nicht umfänglich bemächtigt, ist noch keine Beschränkung erkennbar. Insbesondere auch deswegen, weil *eine einzige* einfache Lizenz an ein Unternehmen noch nicht die gleiche Aufgabe der Verwertbarkeit beinhaltet, wie einfache Lizenzen für „jedermann" samt Herausgabe des Quellcodes an „jedermann" wie bei besonderen F/OSS-Lizenzen.[396]

Solche Fortentwicklungen, insbesondere wenn sie eigenständig verwertbar sind, sind auch ein möglicher Wettbewerbsvorsprung. Wird also eine Rücklizenzierung zwischen Wettbewerbern vereinbart, greift dieses in das Wettbewerbsgefüge ein.[397] Vertikal bzw. zwischen komplementär tätigen Entwicklern[398] wirkt solch eine Vereinbarung weniger intensiv, da ggf. ohnehin kooperativ gearbeitet werden soll, gleichwohl muss allein dadurch eine Regelung noch nicht ausgewogen sein. Ein anderer Aspekt kann die Gegenseitigkeit von Rücklizenzierungen sein. Demnach kann die gegenseitige Zuführung von Verbesserungen und mithin eine Angleichung des Technologieportfolios dazu führen, dass Wettbewerb schwindet, weil die Produkte ähnlich bis identisch werden oder weil keiner der Beteiligten mehr einen technologischen Vorsprung für sich reklamieren kann.[399] Eine solche Sonderkonstellation ist aber eher bei marktstarken Unternehmen zu erwarten.

Wenn also eine nicht eigenständig verwertbare Technologie bloß zur einfachen Nutzung an das Ursprungsunternehmen lizenziert und entsprechender Code bekannt gemacht wird und die Unternehmen sich in keinem Wettbewerbsverhältnis befinden, ist zunächst keine Beschränkung anzunehmen. In den übrigen Konstellationen indes ist typischerweise ein Verstoß gegen Art. 101 I lit. b) AEUV indiziert.

b. Positive Effekte und Freistellung nach Art. 101 III

aa. Freistellung durch Gruppenfreistellungsverordnungen

Sofern nicht mehr als zwei Parteien beteiligt sind und es sich auch nicht vorrangig um ein gemeinsames FuE-Projekt[400] handelt, ist aufgrund des Quellcode- oder Wissenstransfers von der Anwendbarkeit der TT-GVO regelmäßig

---

[395] *Timm* 2005, S. 254 will die Berechtigung an den Anteilen danach scheiden, wer „Wissensurheber" ist. Andererseits soll anhand des Zweckübertragungsgedankens erarbeitet werden, welche Kenntnisse doch dem Auftraggeber (= Lizenzgeber) zustehen sollen.

[396] Vgl. 8. Kapitel A. II. 2.

[397] Gerade auch, wenn sie von Marktmächtigen parallel betrieben werden: TT-Leitl., Tz. 130.

[398] Vgl. Fn. 306.

[399] Vgl. TT-Leitl., Tz. 132.

[400] 7. Kapitel C. I. 4.

auszugehen. Diese stellt sodann, bei Wahrung der Marktanteilsschwellen, die vorherig erwähnte Beschränkung frei.

Gem. Art. 5 I lit. a) TT-GVO sind zumindest für Wettbewerber[401] beschränkende Klauseln freigestellt, nach welchen dem ursprünglichen Lizenzgeber oder einem Dritten zumindest keine exklusiven Lizenzen für „eigene … Verbesserungen“ oder „eigene[…] neue[…] Anwendungen“ zu gewähren bzw. entsprechende „Gesamt- oder Teilrechte“ abzutreten sind. Die genannte rechtliche Dimension sollte hier nicht nur die Gestattung selbst, sondern auch das zugehörige Wissen bzw. den jeweiligen Quellcode umfassen, denn eine bloße Lizenz ohne die hierfür erforderliche „Sache“ wäre sinnentleert.[402] Diese Voraussetzungen wären im Einzelfall zu prüfen. Im Übrigen ist von einer Freistellungsfähigkeit bei Wahrung der Marktanteilsschwellen auszugehen.

bb. Freistellung nach Art. 101 III im Übrigen

Darüber hinaus gelangt eine Freistellung nach Art. 101 III AEUV im Übrigen noch in Betracht. Eine Exklusivlizenz einer eigenen Verbesserung oder Anwendung jedenfalls beeinträchtigte den Rücklizenzgeber enorm – nach vorgenannter Erörterung, auch zu F/OSS[403]. Er gäbe eigene Technologie in fremde Hände und würde der Verwertungsmöglichkeit weitgehend enthoben. Das Tatbestandsmerkmal des technischen Fortschritts kann aber, sofern im Einzelfall begründet, konstruiert werden. Wenn ansonsten zwar der Fortentwickler eben fortentwickelte, diese Fortentwicklung gerade wegen §§ 3, 23 S. 1, 69c Nr. 2 UrhG aber gar nicht nutzen könnte, läge sie am Ende, jedenfalls ungeachtet interner Nutzung, brach – des Fortschritts wegen müsste oder sollte sie dann *rück*geführt werden. Dies berechtigt aber gerade nicht zu exklusiven Lizenzen an originär oder zumindest weitgehend *fremden* Lösungen, also solchen, die Verdienst dieser sind. Eine exklusive Lizenz könnte aber dann erforderlich sein, wenn es aufgrund der Softwareeigenschaft nur möglich ist, die Verbesserung mit dem Ursprungsprodukt gemeinsam zu verwerten, also eher wenn die Verbesserung sich verhielte wie ein *Update*, nicht wie ein *AddOn*. Sich nämlich gänzlich fremde Errungenschaften exklusiv zuzuführen, erscheint kaum zu rechtfertigen, immerhin erhielte der Lizenzgeber dadurch, schlimmstenfalls noch in konkreter Gestalt eines Wettbewerbers, einen abhängigen Zulieferer, der alle Technologien abliefern müsste. Eine entsprechende Unerlässlichkeit ist kaum vorzustellen. Geheimhaltungsinteressen könnten höchstens eine fortgesetzte Verbreitung abhängiger Technologien und entsprechende Offenlegung verhindern, nicht jedoch zu einer solchen *Rück*führung führen. Das gilt auch für das berechtigte Interesse, Konkurrenz durch – eigene, nur für begrenzte Zwe-

---

401 Vgl. 8. Kapitel A. III. 1. b. cc.

402 Vgl. 7. Kapitel C. I. 1. d. bb. (2).

403 Vgl. 8. Kapitel A. II. 2.

cke – überlassene Software abzuwehren. Aber in all diesen Fällen sind lediglich Verschwiegenheit und Nichtnutzung[404] unerlässlich. Vielmehr droht ansonsten dadurch, dass der Wettbewerb nach Art. 101 III lit. b AEUV ausgeschaltet wird.

2. Running Royalties

Wird die Technologie- oder Produktnutzung nicht durch einen einmaligen Betrag abgegolten, sondern durch eine fortlaufende, an den Absatz des späteren Produkts gebundene – etwa quartalsweise abzuführende – umsatzabhängige Gebühr entlohnt,[405] entsteht zunächst ein besonderes Interesse des Lizenzgebers, dass das Produkt des Lizenznehmers erfolgreich wird. Zugleich aber sichert er sich Einnahmen, die ggf. deutlich höher als etwa bei einer absatzunabhängigen Einmalzahlung sein können. Somit kann der Lizenznehmer durch ein solches Preismodell hohen bzw. höheren eigenen Gewinnes verlustig werden. Dies bedeutet weniger Geld, das beispielsweise für eigene Investitionen genutzt werden könnte. Abgesehen von einer Übervorteilung ist hier jedoch grundsätzlich keine Beschränkung kartellrechtlicher Art erkennbar.[406]

Gleichwohl können Bezahlmodelle so gestaltet werden, dass der Lizenznehmer Gebühren zahlen muss, ohne dass die lizenzierte Technologie in die Produkte einfließt oder diese ihn von der Nutzung eigener Technologie abhalten, wodurch die Beschränkung dann offenbar werden kann.[407] Andererseits können wechselseitige Lizenzgebühren Preisabsprachen verbergen.[408] Auch schier unverhältnismäßige Gebühren könnten dabei Art. 101 I AEUV erfüllen.[409] Normalerweise ist eine produktabsatzbezogene Vergütung des Lizenzgebers jedoch nicht zu monieren.

Ein Vorteil eines solches Bepreisungsmodells kann es zudem sein, dass gerade kleinere Entwickler bei geringem Absatz wenig zahlen müssen und auch die Erstinvestition geringer ausfallen mag, da Kosten im Wesentlichen erst entstehen, wenn Einnahmen generiert werden und entsprechend unternehmerisches Risiko gefördert wird. Für die Endverbraucher hingegen wird der Preis i. d. R. gerade höher, speziell bei einem hohen Absatz des jeweiligen Produktes. Auf die Absatzzahlen hat dies vermutlich keine direkte Auswirkung, abgesehen von den Effekten, die sich aus dem Preis ergeben. Eine technische Förderung kann ggf. in den besagten Benutzungsmöglichkeiten durch kleine Entwickler gesehen werden.

---

[404] Zu Wettbewerbsverboten 8. Kapitel K. II.
[405] 3. Kapitel B. IV.
[406] Vgl. TT-Leitl., Tz. 184.
[407] Vgl. TT-Leitl., Tz. 101, 185 ff.; *Schultze/Pautke/Wagener* 2005, Rdnr. 510 ff.
[408] TT-Leitl., Tz. 185.
[409] TT-Leitl., Tz. 186.

Sollte eine wettbewerbsbeschränkende Wirkung festgestellt werden und die TT-GVO anwendbar sein, wird die Freistellung insbesondere im Rahmen der Preisfestsetzung diskutiert,[410] im Übrigen kann im Falle der Verhinderung der Technologienutzung Art. 4 I lit. d) TT-GVO entgegenstehen.[411] Eine Preisfestsetzung wird jedoch regelmäßig zu verneinen sein, da durch solche Absprachen regelmäßig nur höchstens ein Mindestbestandteil eines Preises festgesetzt wird oder eben nicht einmal dies, sondern nur ein Kostenfaktor[412] pro Verkaufseinheit, aber kein direkt zwingend preisbildender Faktor.[413]

3. Zwischenergebnis

Gerade Rücklizenzierungen bieten, typischerweise im Rahmen von Überlassungsverträgen von Entwicklungsmaterial und -werkzeugen vereinbart, ein erhebliches Wettbewerbsbehinderungspotential, müssen jedoch nicht zwingend stets kartellrechtswidrig sein. Sie sind vielmehr deshalb genau zu untersuchen, sind jedoch in relativ weitem Umfang durch die TT-GVO freigestellt. *Running Royalties* sind weniger problematisch.

C. Softwarebeschaffungsverträge

I. Die Beschaffung als solche

Beschaffungsverträge in Bezug auf (angepasste wie Standard-)Software sind zunächst möglicherweise kartellrechtsrelevant, wenn ein marktmächtiges Unternehmen einem anderen (mit Bedeutung) auf einem beliebigen Markt Software in nicht unbeträchtlicher Stückzahl überlässt, weil sich dann diese Software ausbreitet und aufgrund von Netzwerkeffekten die Marktmacht des ohnehin schon marktmächtigen Akteures potenziert, was zudem die Möglichkeit bzw. Gefahr privater Standards förderte. Dabei könnte zudem noch die Gefahr drohen, inferiore Software und mithin Standards gleich schlechter Qualität zu verbreiten.[414]

Die bloße Beschaffung von ggf. bereits zu stark verbreiteter oder auch schlechter Software führt jedoch zu keiner Beschränkung nach Art. 101 I AEUV. Nicht zuletzt ist § 31 I S. 1 UrhG die Basis für Lizenzierungen; zumal die Lizenzierung selbst die ureigene Möglichkeit der Rechtenutzung darstellt – und nicht lediglich als spezifischer Gegenstand der Schutzrechte anerkannt ist,

---

[410] *Schultze/Pautke/Wagener* 2005, Rdnr. 511 ff.
[411] *Schultze/Pautke/Wagener* 2005, Rdnr. 513.
[412] Vgl. 8. Kapitel A. II. 1.
[413] Im Ergebnis ebenso *Schultze/Pautke/Wagener* 2005, Rdnr. 516 ff.
[414] 4. Kapitel A. II. 2.

sondern sogar als gemeinsames europäisches Prinzip verstanden wird.[415] Auch würde ein nur ein einziges, lediglich zu starkes Unternehmen treffendes Absatzverbot einen zu gravierenden Eingriff in dessen Freiheit darstellen – ein Argumentationsansatz, der nicht einmal über Art. 102 AEUV gewagt wird.

Der (möglichst) entäußernde (bzw. weitgehende) Transfer von Rechten, nicht bloß Programmlizenzen, seien diese dem Patent- oder auch dem Urheberrecht entsprungen, ist ebenfalls unproblematisch – ggf. ist er jedoch nach den Regeln der Fusions- bzw. Zusammenschlusskontrolle zu bewerten.[416] Mithin ist die freie Auswahl von Software auch marktmächtiger Unternehmen gerade Ausdruck des Wettbewerbes.

II. Gebrauchtsoftwareweiterverkaufsverbot

1. Untersagung des Weiterverkaufs im Sinne des Verbots des „Gebrauchtsoftwarehandels“ – Abgrenzung von anderen Klauseln

Zuweilen werden Gebrauchtsoftwareweiterverkauf und Softwareweitergabe und Lizenzüberlassung, zu welcher auch einzelne Formen der Vervielfältigung zu zählen sind, nicht hinreichend gründlich unterschieden. Dieser Bearbeitung liegt das wohl dennoch vorherrschende Verständnis zugrunde, dass als „Gebrauchtsoftware“ solche zu verstehen ist, die bereits benutzt bzw. deren Lizenz bereits ausgeübt worden ist.[417] Der Handel mit solcher – ob mit irgendwelchen (notariellen) Testaten[418] oder ohne[419] – ist also der Erstbenutzung zeitlich nachgelagert. Begriffliche Überlappungen können jedoch dadurch entstehen, dass bei Volumenlizenzen Datenträger ggf. erst erstellt, oftmals vervielfältigt werden und somit regelmäßig nicht jeder Installation jeweils ein Datenträger zugeordnet ist.[420] So kann es deshalb der Fall sein, dass es bei Überlassung von Volumenlizenzen bzw. („aufgespalteten“[421]) Anteilen eines solchen Lizenzvorrats zu Vervielfältigungshandlungen kommt, die über Installationen hinausgehen,[422] zumal eben Lizenzanzahlen und Datenträger in keinerlei Zusammenhang stehen müssen und ferner ggf. nicht einmal ein einziger Datenträger seitens des Softwareherstellers zur Verfügung gestellt wird. Demnach

---

415 Vgl. u. a. 5. Kapitel B. II. 2. b. cc.

416 6. Kapitel C.

417 Vgl. 3. Kapitel B. I. 5. b.

418 Vgl. LG Frankfurt a. M., Urt. v. 6. 1. 2010 – 2-06 O 556/09 = CR 2010, S. 355 f.

419 Alternativen s. bei *Ammann* 2011, S. 25 f.

420 Zum Datenträger als Rechtsträger und zur Besonderheit, wenn die Software in einem Unternehmen nur auf einem Mainframesystem abläuft: *Bröckers* MMR 2011, S. 18, 21 f. Zum Datenträger als Rechtsscheinsträger 3. Kapitel A. IV.

421 Oder auch „aufgeschnürtes Paket“ – *Grützmacher* ZUM 2006, S. 305.

422 Oder sonstigen unternehmensinternen Vervielfältigungshandlungen – vgl. *Zimmeck* ZGE 2009, S. 330 ff.

muss der Ersterwerber dem Zweiterwerber i. d. R. diese Software zumindest einmal (ggf. verkörpert[423]) in installationsfähiger bzw. benutzbarer Form zur Verfügung stellen. Ebenso muss bedacht werden, dass es sich bei Gebrauchtsoftware in diesem Sinne um dauerhaft erworbene handelt, nicht bloß um zeitweise überlassene.[424] Selbst wenn in einem Volumen-Bestand von Anfang an einzelne Lizenzen ungenutzt bleiben sollten, ist gesamtbetrachtend von Gebrauchtsoftware in diesem Sinne auszugehen. Die Untersagung solchen Handels[425] ist Gegenstand dieser Klauselprüfung. Wenn indes vereinbart wird, dass Volumenlizenzen nur in der Gesamtheit weitergegeben werden dürfen, handelt es sich nicht um ein striktes Weitergabeverbot, sondern um eine diesbezügliche (ggf. erhebliche[426]) Einschränkung, die noch erörtert werden wird.

Eine entsprechende Untersagung an Private kann nicht im Rahmen des Art. 101 AEUV kontrolliert werden. Neben wenigen „jungen" Unternehmen, welche beispielsweise auch Kicker-Tische für ihre Mitarbeiter erwerben und die vielleicht ebenfalls einzelne Computerspiele zum Amüsement ihrer Mitarbeiter erwerben, werden solche in großen Stückzahlen wohl nur von Unternehmen wie Videotheken (zwecks Vermietung), Spielhallen sowie ebenfalls gewerblichen Gebrauchthändlern (zum Absatz an Private)[427] erworben.

2. Negative Effekte nach Art. 101 I

a. Die Anwendbarkeit des § 34 I UrhG und dieser als Bestandteil des spezifischen Schutzgegenstandes

Ein Verstoß gegen Art. 101 I AEUV ist nur möglich, wenn die Untersagung des Weiterhandels dem Schutzbereich des Softwareurheberrechts nicht unterfällt. Das Verbot der Vervielfältigung und Verbreitung ist grds. Ausdruck des Immaterialguts (§§ 69c Nr. 1 S. 1 u. Nr. 3 S. 1 UrhG).[428] Hingegen wird ein Verbot des Weiterverkaufs kartellrechtlich vereinzelt moniert.[429] Offenkundig kann darin

[423] Oder auch nur als Image-Datei.

[424] Andernfalls wäre noch ein Abtritt eines Mietvertrages anzudenken.

[425] Ausführlich etwa *Ammann* 2011, S. 82 ff.

[426] 8. Kapitel C. II. 2. f.

[427] Etwa das Unternehmen Gamestop, das auch Gebrauchtspiele handelt und dessen Aktienkurs unter Ankündigungen litt, die nächste Konsolengeneration enthalte Mechanismen gegen solche – s. http://www.gamestar.de/artikel/playstation-4-geruechte-lassen-gamestop-aktienkurs-fallen,3008115.html.

[428] *Schultze/Pautke/Wagener* 2005, Rdnr. 434. Zumal in aller Regel auch davon ausgegangen werden kann, dass der Softwareentwickler Inhaber eines solchen Rechts ist (1. Kapitel E.).

[429] *Lehmann* in: Lehmann 1993, S. 814 (zumindest soweit erschöpft); vgl. unklar *Lehmann* CR 1990, S. 700 ff.; den Verstoß ohne weitere Begründung annehmend *Ammann* 2011, S. 110 (jedoch mit vorheriger sehr ausführlicher Darstellung der negativen Auswirkung des Verkaufsverbotes); *Polley* CR 1999, S. 352; unklar *Schultze/Pautke/Wagener* 2005, Rdnr. 431, 434. Wohl den Verstoß kartellrechtlich verneinend: *Metzger/Grützmacher* in: Rieder/Schütze/

ein Verstoß gegen den Erschöpfungsgrundsatz liegen,[430] zumindest dann, wenn dieser denn überhaupt greift – was im Einzelnen primär bzgl. digitaler und eben der Volumendistribution (in ihren verschiedenen Erscheinungsformen) höchst strittig ist.[431] Trotz des EuGH-Urteils in Sachen *UsedSoft./.Oracle* ist zwar davon auszugehen, dass ebenfalls grds. bei digitaler Distribution die Erschöpfung eintritt, doch bleiben zahlreiche Details ungeklärt.[432] Wie bereits angeführt, ist es auch weiterhin fraglich, ob nationale Vorschriften wie insbesondere (§ 69a IV i.Vbdg.m.) § 34 I UrhG[433], der immerhin die Zustimmung nach Maßgabe Treu und Glaubens bei Übertragungen verlangt (S. 2), anwendbar ist.[434] Ansonsten wären bei der Weitergabe urheberrechtlich relevante Handlungen betroffen (§ 69c Nr. 1 S. 1, 3 S. 1 UrhG);[435] und mithin wäre die Weitergabe doch nicht erlaubt. Es sei denn, dass die dann notwendige Zustimmung beinahe niemals verweigert werden dürfte.[436] Zuletzt kann gefragt werden, inwieweit wiederum § 69d I UrhG zu Gunsten des Zweiterwerbers – zumindest aus dessen Perspektive – Anwendung finden kann.[437] Im Ergebnis ergäbe sich daraus eine Begrenzung der Kartellrechtskontrolle auf Fälle, in denen die handelsbegrenzende Wirkung des § 34 I oder aber des § 69c Nr. 3 S. 2 UrhG und somit die Rechte des Urhebers noch darüber hinaus und zu Lasten der Erschöpfung zu erweitern versucht wird.[438] Fraglich aber ist, ob § 34 I UrhG nach geltendem Recht überhaupt zu Gunsten der Softwarehersteller eingreift.

§ 34 I S. 1 UrhG nimmt Softwareurheberrechte dem Wortlaut nach nicht von seinem Geltungsbereich aus, ist in seiner systematischen Stellung dem allgemeinen Teil zuzuordnen und gölte daher auch für die speziellen Regelungen der §§ 69a ff., die ihn wiederum nicht nach dem Wortlaut ausschließen – was wohl im Ergebnis von der h. M. vertreten wird.[439] Andererseits gilt § 34 für Urheber, nicht für sonstige Berechtigte wie etwa Softwareunternehmer, die

---

Weipert 2015, S. 225 f.; *Sucker* CR 1989, S. 469; *Moritz* CR 1993, S. 263 f. (als ungerechtfertigtes Hindernis bei in Hardware integrierter Software den Verstoß indes annehmend).

[430] Diff., im Erg. aber unklar *Konrad/Timm-Goltzsch/Ullrich* in: Ullrich/Lejeune 2006, I Rdnr. 811 ff.

[431] 3. Kapitel A. IV.

[432] 3. Kapitel A. IV.

[433] Nach *Seitz* 2010, S. 224 ff. richte sich die Übertragung der Nutzungsrechte – ganz verdinglicht – nach §§ 398 ff. BGB, Weitergabe von Datensatz und Vervielfältigungshandlungen bzw. deren Zulässigkeit indes nicht; so auch *Ammann* 2011, S. 81.

[434] Etwa seitens *Hoeren* GRUR 2010, S. 666, diff. S. 672 bezweifelt.

[435] Vgl. *Hoeren* GRUR 2010, S. 666.

[436] *Hoeren* GRUR 2010, S. 672: „Tendenziell ist die Weiterübertragung bei Werken mit Massencharakter – wie Computerprogrammen – für den Rechtsinhaber im Allgemeinen eher zumutbar."

[437] *Hoeren* GRUR 2010, S. 668.

[438] *Metzger* in: Hilty/Jaeger/Kitz2008, S. 96 f., 99; *Konrad/Timm-Goltzsch/Ullrich* in: Ullrich/Lejeune 2006, I Rdnr. 819; *Nordmeyer* GRUR Int 2010, S. 490 f.

[439] *Heydn* in: Kilian/Heussen, Kap. 23 Rdnr. 44 m. w. Nachw.

allerdings über § 69b UrhG[440] umfassend berechtigt werden, weswegen die Vorschrift entsprechend gelten könnte.[441]

Historisch soll § 34 UrhG persönlichkeitsrechtlichen Interessen des Urhebers genügen.[442] Die sind bei Software jedoch in aller Regel nicht relevant.[443] Auch jenseits stark persönlichkeitsrechtlich gefärbter Sachverhalte hat der BGH in der oft bemühten Entscheidung *Videolizenzvertrag* berechtigtes Interesse sonstiger Rechtsinhaber – im Konkreten eines Filmverwerters – anerkannt, so dass zumindest Vermietungsrechte nicht ohne Weiteres übertragen bzw. unterlizenziert werden dürfen.[444] In der Entscheidung wird auf das „besondere Vertrauen" rekurriert, das ein solcher Filmverleih genießen kann.[445] Eine vergleichbare Beziehung kann etwa bei Software-Pressunternehmen, also gerade bei autorisierten Vervielfältigern,[446] gesehen werden, denen eben das empfindliche Gut anvertraut wird und die es ggf. illegal massenweise vervielfältigen könnten. Bei Endkunden kann eine solche Vertrauensstellung gerade nicht angenommen werden: Übliche Software soll Endnutzern gerade in größtmöglicher Anzahl und ohne Ansehung ihrer Ehre usf. zugänglich gemacht werden. Käme es auf deren Ehre und Rechtstreue und mithin auf das ihnen entgegengebrachte Vertrauen an, wären technische Schutzmaßnahmen sinnlos. Teleologisch ist daher selten Raum für eine Anwendung des § 34 UrhG im Softwarebereich.[447] Bei solchen Geschäften handelt es sich regelmäßig um bloße „Massengeschäfte".[448]

Im Rahmen einer europarechtskonformen Auslegung ist zunächst festzustellen, dass die Computerprogramm-Richtlinie die Einschränkung des § 34 UrhG nicht verlangt. Fraglich ist, ob sie durch diese oder andere europäische

---

[440] 3. Kapitel A. III.

[441] Nach *Heydn* in: Kilian/Heussen, Kap. 23 Rdnr. 44 Fn. 5 gehe es „fehl", sich darauf zu stützen, dass in § 34 UrhG lediglich der Urheber Erwähnung findet.

[442] Wandtke/Bullinger/*Wandtke/Grunert*, § 34 UrhG Rdnr. 1.

[443] 2. Kapitel B. II.

[444] BGH, Urt. v. 10. 7. 1986 – I ZR 102/84 – „Videolizenzvertrag" = GRUR 1987, S. 37 ff., § 34 UrhG war jedoch wegen § 90 UrhG bereits nicht anwendbar (s. S. 38): „Zwar handelt es sich, …, vorliegend nicht um einen Fall des § 34 UrhG, der lediglich das Zustimmungsrecht des Urhebers, nicht das eines anderen Lizenzgebers regelt und der darüber hinaus bei Filmwerken ohnehin nicht anwendbar ist (§ 90 UrhG). Doch auch bei sonstigen Übertragungen von Nutzungsrechten ist wie auch bei den gewerblichen Schutzrechten (…) der Zustimmungsvorbehalt hinsichtlich der Vergabe von Unterlizenzen üblich, bei Filmverwertungs- und Videolizenzverträgen sogar die Regel (…). Bei der Lizenzvergabe gegen prozentuale Beteiligung, um die es hier geht, bringt der Lizenzgeber – anders als bei der Lizenz gegen Festpreis – seinem Vertragspartner ein besonderes Vertrauen entgegen. Denn er ist im Interesse einer effektiven Auswertung von dessen Einsatzfähigkeit und -bereitschaft und bezüglich der Abrechnung auch von dessen Zuverlässigkeit abhängig. Hier gewährt nur der Zustimmungsvorbehalt die Möglichkeit, auf die für die Auswertung wesentliche Auswahl des Nutzungsberechtigten Einfluß zu nehmen."

[445] S. bereits die Fn. zuvor.

[446] Vgl. 8. Kapitel H. I.

[447] Noch a. A. *Nordmeyer* GRUR Int 2011, S. 490.

[448] Vgl. Wandtke/Bullinger/*Grützmacher*, § 69c UrhG Rdnr. 38 f.

Grundsätze ausgeschlossen wird. Nachdem der EuGH in Sachen *UsedSoft./. Oracle* den Erschöpfungsgrundsatz ökonomisch anwendete und die Warenverkehrsfreiheit betonte, ist davon auszugehen, dass für eine Behinderung des Güterflusses durch § 34 UrhG, die sachlich nicht gerechtfertigt ist, ökonomisch kein Raum sein kann. Auch nach der dritten Entscheidung des BGH zu dieser Frage ist davon auszugehen, dass § 34 UrhG diesbezüglich keine Rolle spielt und dass Volumenlizenzen aufgespalten werden können, soweit es sich um keine Arbeitsplatz-Software handelt, die eine korrespondierende Server-Instanz („Server-Client-Model" bzw. „nicht-eigenständige Software" im Duktus des BGH) benötigt.[449]

Mithin kommt es auch nicht mehr darauf an, ob § 34 UrhG Bestandteil des spezifischen (nationalen) Schutzgegenstandes ist. Das wäre aber, das sei noch kursorisch ausgeführt, vermutlich zu verneinen, weil das europäische Softwareurheberrecht einen solchen Übertragungsvorbehalt nicht kennt, sondern durch die parallele Bestimmung zu § 69d I UrhG gerade verhindert.[450]

Insgesamt sprechen die überwiegenden Gründe dafür, eine Anwendbarkeit des § 34 UrhG abzulehnen. Alle Einzelheiten der genauen Bestimmung der Erschöpfung für die Vielzahl an spezifischen Überlassungskonstellationen können hier nicht behandelt werden. Sofern aber seitens der Softwarehersteller über die Erschöpfungswirkung hinaus Rechte vertraglich geschaffen werden sollen, ist ein Verstoß wider Art. 101 AEUV prinzipiell möglich. Im Folgenden bleiben Auswirkungen auf einzelne (mögliche) Betroffene durch Gebrauchtsoftwarehandel-Verhinderung zu untersuchen.

b. Negative Auswirkungen auf die Vertragsgegenseite bzw. Lizenznehmer

Die Nutzer der Software, welche durch ihre Nutzung (Installation, Ausführungshandlungen bzw. Lizenzausübung) zur „Gebrauchtsoftware" wird, sind in ihrer Dispositionsfreiheit eingeschränkt, die Software zu verkaufen. Durch diese verhinderte Möglichkeit fehlen ihnen entsprechende Folgemittel für andere Ausgaben, etwa Investitionen – z. B. in neue Software.[451] Dabei besteht, so zeigt es das Wirtschaftsleben, oftmals ein faktisches Bedürfnis nach „gebrauchter" Software, wodurch es sich regelmäßig um realistische Einnahmemöglichkeiten handelt. Viele Arten von Software büßen bereits nach wenigen Jahren an Nutzungsattraktivität ein, weswegen auch ein beständiges Interesse am Verkauf bestehen kann. Bestimmte unternehmerische Entscheidungen

---

449 BGH, Urt. v. 11. 12. 2014 – I ZR 8/13 – „UsedSoft III" = CR 2015, S. 429 ff. = GRUR 2015, S. 772 ff. m. Anm. *Sattler*, hierzu: *Schneider* CR 2015, S. 441 ff.

450 Vgl. 3. Kapitel A. IV.

451 *Grützmacher* in: Büchner/Briner 2010, S. 129; *Grützmacher* ZUM 2006, S. 306; *Grützmacher* CR 2010, S. 143; *Grützmacher* CR 2007, S. 549; *Eilmansberger* GRUR 2009, S. 1127; *Schultheiss/Müller* GameStar 7/2011, S. 100; *Timm* 2005, S. 163: „… Neuanschaffung neuer Software kann für … de[n] Erhalt [der] Wettbewerbsfähigkeit … unabdingbar sein".

können sich ebenso wie wirtschaftliche Entwicklungen auf den Softwarebedarf auswirken und einstmals benötigte Programme ungewünscht werden lassen. Wenn auch in Unternehmenskreisen dennoch Software u. a. aus Kostengründen vergleichsweise lange eingesetzt wird, so können diese einer solchen Klausel unterfallenden Unternehmen auf solche Entwicklungen sodann nicht mehr frei und entsprechend reagieren und den (verbliebenen bzw. restlichen) Softwarewert – für was auch immer – realisieren. Dies gilt ungeachtet dessen, ob nun aus einem Lizenzpaket alle oder nur Teile liquidiert werden sollen. Möglich ist es zudem, dass durch Gestaltung abhängiger Pflegeverträge den lizenznehmenden Unternehmen trotz Nichtnutzung weiterhin entsprechend hohe Kosten entstehen.[452]

Sogar für *Cloud/on Demand*-Softwaredienstleister (und auch sonstige *Outsourcer* etc.), die entsprechende Nachfrage bedienen und zunächst Software für die Vermietung oder vergleichbare Nutzungsformen erwerben, kann es sich ergeben, dass sie diese Software (anteilig) wieder absetzen wollen, etwa weil keine oder nach gewisser Zeit nur noch verringerte Nachfrage nach Miete besteht.[453] Dies gilt ebenfalls für Videotheken[454] und andere Vermieter von Software. Dabei finden für gewöhnlich höherpreisige, ggf. technisch differente Versionen Verwendung; ebenso mögen die verwendeten TPM/DRM variieren. Ob solche Spezialversionen unterscheidbare Nutzungsarten darstellen, stellt erneut ausschließliche eine Frage des Urheberrechts dar.[455] Diese *Stream*- oder Verleihversionen könnten ggf. an Endkunden abgegeben werden oder in jedem Fall an gleichartige Unternehmen, die erneut eine Vermietung der überlassenen Software anbieten könnten. Diese vermietenden Abnehmer sind durch Gebrauchtweiterverkaufsverbote grundsätzlich gleichermaßen eingeschränkt wie sonstige Abnehmer: Wenn sie überflüssige Software nicht veräußern können, fehlen ihnen ebenfalls u. a. Mittel für neue Software. Bei der Frage, inwieweit solche Verbote kartellrechtswidrig sein können, bleiben § 69d Nr. 3 u. Nr. 4 UrhG zu berücksichtigen.

c. *Negative Auswirkungen auf Dritte*

Neben den im Absatz gehinderten Unternehmen wirken sich diese Klauseln kausal auf jene aus, welche die Software abgenommen hätten – ob zu Weiterhandelszwecken oder zum eigenen Gebrauch. Ersteren entgeht ein Handelsgut und somit eine Einnahmemöglichkeit,[456] zweitgenannten die Möglichkeit,

452 *Ammann* 2011, S. 16 ff.
453 *Grützmacher* in: Büchner/Briner 2010, S. 130.
454 Die häufig Computer- und Videospiele vermieten.
455 Vgl. zu Arten des Outsourcings: *Grützmacher* in: Büchner/Briner 2010, S. 149 ff.
456 *Timm* 2005, S. 37; *Grützmacher* in: Büchner/Briner 2010, S. 130; *Matthiesen* 2010, S. 84; vgl. *Bödeker* 2008, S. 265 f.

günstigere Software zu erwerben.[457] Gebrauchtsoftware kann zudem nicht nur günstiger sein, sondern über geringere Hardwareanforderungen noch weitere kostensenkende Funktionen erfüllen[458] – auch wenn diese nicht aus dem Gebraucht-Status, sondern aus dem Alter resultieren. Auch mag somit Bedarf sonst nicht mehr durch (herstellerseitig) gehandelte Software gedeckt werden können.[459] Beschränkt werden Börsen bzw. Handelsplattformen[460].

Des Weiteren sind Anbieter und Entwickler alternativer Software dadurch eingeschränkt, dass die Abnehmer der nunmehr gebrauchten, nicht mehr benötigten Software sich dieser nicht sinnvoll entledigen können („totes Kapital"[461]). Denn dadurch fehlen – wie dargelegt – einerseits Finanzmittel für neue bzw. ersetzende Software, andererseits wird zugleich die Bereitschaft zum Wechsel zu anderen Herstellern unterminiert.[462] Simultan dazu reduzieren die Entwickler der einstmals abgenommenen Software diesen Effekt relativ, indem sie üblicherweise den Abnehmern vormaliger Versionen ihrer Software günstigere „Upgrades" ermöglichen. In den Genuss dieser Erleichterung gelangen Konkurrenten indes nicht.[463] Die Softwareentwickler erzeugen somit einen ausschließlich die Konkurrenz behindernden Effekt, der nur diese behindert. Dies betrifft einen Kernbereich der Problematik der Softwaremärkte und -entwicklungen, eben die kritischen Netzwerkeffekte,[464] denn der insoweit etablierte Softwarehersteller gelangt an weitere Treue-Vorteile, die einen Softwarewechsel noch unwahrscheinlicher werden lassen. Wie bereits umfassend dargelegt, unterliegen die Softwaremärkte weitgehend ohnhehin starken Treuefaktoren und fehlender Wechselbereitschaft und -möglichkeit.[465] Speziell dann, wenn nicht bloß Computerspiele – dazu sogleich im nachfolgenden Gliederungspunkt – von Privatleuten erworben werden, sondern Unternehmen ihre gesamte IT auf bestimmte Software ausrichten. Somit wirkt sich dieses ggf., je nach Marktanteil, besonders negativ für Konkurrenten der Softwarehersteller aus. Neben Anbietern von Software sind zusätzlich Anbieter anderer Produkte betroffen, welche ansonsten eventuell erworben werden würden – also auch Hardware-Hersteller,[466] aber ggf. ebenfalls Dienstleister oder ganz andere Branchen, für deren Beauftragung nun Mittel fehlen.

---

[457] Vgl. *Seitz* 2010, S. 27.

[458] *Ammann* 2011, S. 20 f.

[459] *Ammann* 2011, S. 23 f., 193.

[460] Vgl. etwa https://www.li-x.com/de/.

[461] *Ammann* 2011, S. 192.

[462] *Eilmansberger* GRUR 2009, S. 1127; vgl. *Grützmacher* in: Büchner/Briner 2010, S. 130 f.

[463] Vgl. *Grützmacher* CR 2010, S. 142: „Und preislich ermäßigte Updates erhöhen die Marktzutrittschancen … sogar noch.", S. 143: „… Updates die Kundenbindung erhöhen"; *Nordmeyer* GRUR Int 2010, S. 490 (Fn. 10), S. 491.

[464] 4. Kapitel A. II.

[465] 4. Kapitel A. II. 3.

[466] *Bödeker* 2008, S. 266 f.

Daher hat das Verbot des Gebrauchtsoftwarehandels negative Auswirkungen auf andere, konkurrierende Softwareentwickler, potentielle Händler „zweiter Hand“ (*Second Hand*) sowie auf potentielle Erwerber, also deren Kunden (sofern kein Direktabsatz erfolgte), als auch Anbieter anderer Produkte. Für den Wettbewerb ist die Behinderung der Software-Konkurrenz dabei besonders schädlich.

d. Besonderheiten bei Computerspielen

Unternehmerische Kunden[467] bei Computerspielen, welche diese auch einsetzen,[468] werden eher eine Ausnahme sein.[469] Die Relevanz für den Vertrieb, etwa in Gestalt des Gebotes eigens eingesetzte erworbene Software nicht gebraucht abzusetzen, ist daher mangels Sinnhaftigkeit schon nicht gegeben. Es könnte höchstens Vertrieben aufgegeben werden, keinerlei Gebrauchtsoftware aufzukaufen und weiter zu vertreiben oder entsprechend digitalen Vertriebsplattformen aufgegeben werden, solchen Handel in jedem Fall zu untersagen bzw. technisch nicht zu ermöglichen. Dies muss sich aber nicht auf Computerspiele begrenzen, sondern kann auch bei anderen Händlern gegeben sein – ob solche Vereinbarungen aber überhaupt geschlossen werden, ist unbekannt. Dies wäre jedenfalls nach obigen Ausführungen eine Art. 101 I AEUV unterfallende Beschränkung.

Für Videotheken (die oftmals ebenso Computerspiele verleihen) hingegen kann ein Weiterverkaufsverbot relevant sein: Von aktuellen Titeln benötigt ein Vermietungsunternehmen aufgrund höherer Nachfrage in der Regel eine größere Anzahl an Exemplaren als an alten Titeln. Dies sollte entsprechend für alle *Cloud/On demand*-Dienstleister etc. gelten,[470] die aber nicht unbedingt Einzelexemplare erwerben werden, sondern vermutlich spezielle (Volumen-) Versionen direkt von den Herstellern. Hierbei ist schon zu prüfen, inwieweit nicht hinsichtlich der Erschöpfung Sonderregeln gelten.[471] Im Prinzip ergibt sich hierbei keine Abweichung zum zuvor Ausgeführten, doch ist bei Computerspielen der Zyklus allgemein ein anderer, namentlich ein kürzerer. Dies

[467] *Lober/Weber* MMR 2005, S. 659 wollen unter nicht genauer spezifizierten Umständen auch „Spieler“ als Unternehmen ansehen, zumindest wenn diese virtuelle Gegenstände handeln. Demnach gelangte möglicherweise auch jemand als Unternehmer in Betracht, der gelegentlich bei Steam Spiele oder Gegenstände handelte. Dies ist eher zweifelhaft, es sei denn, es ist nicht bloß ein „Spieler“, sondern jemand der mit dem Erspielen etwaiger Inhalte einen Beitrag zu seinem Lebensunterhalt erwirtschaften möchte, nicht jedoch weitgehend jeder Nutzer, zumal gerade bei Spielen wie World of Warcraft oder vormals Diablo 3 nahezu jeder Spieler auch handelt.

[468] Zum Handel mit virtuellen Spielgegenständen (auch aus Perspektive des Kartellrechts) *Lober/Weber* MMR 2005, S. 659.

[469] 7. Kapitel B. IV. 2. b. bb. (7) (c) (hh).

[470] 3. Kapitel B. I. 4. b.

[471] 3. Kapitel A. IV.

bedeutet, dass das Absatzinteresse in der Regel nach kürzerer Zeit eintritt,[472] mithin wirken Gebrauchtverkaufsverbote intensiver: die Zeit des fiskalischen Abschreibens ist eben kürzer und das Unternehmen bleibt früher auf solcher Software „sitzen", an der es überhaupt kein Interesse mehr hat und die nicht mehr genutzt wird. Ferner unterscheiden sich Computerspiele darin – wenn sie mit Filmen oder Musik und nicht mit anderer Software vergleichen werden –, dass es für die Medien noch weitere Märkte und Verwertungsformen gibt (bspw. Konzerte, Kinovorführungen), die mittels Spielen nicht erschlossen werden können; die Situation sei daher „completly unique".[473] Ferner gebe es (in den USA) sehr „agressive" spezialisierte Händler für Gebrauchtspiele, und es dürfe nicht vergessen werden, dass den Publishern durch Mehrspieler-Server regelmäßige wie hohe Kosten entstünden.[474] Diese Argumente belegen zwar einzelne Besonderheiten, rechtfertigen aber kein originäres Weiterverkaufsverbot *contra legem*.

e. Negative Auswirkungen auf Verbraucher insgesamt

Das Gebrauchtsoftwarehandelsverbot wirkt sich ebenfalls auf potentielle Abnehmer (ggf. „dritter Hand") und alle weiteren potentiellen Handelsstufen aus, die durch solche Klauseln behindert werden. Dies reduziert im Allgemeinen die Verfügbarkeit günstigerer, wenn auch älterer Software – ob als Einsatz- oder Handelsgut.

f. Weniger schwerwiegende, alternative Beschränkungen

Wird indes lediglich die Aufspaltung eines Volumenpaketes und dadurch der anteilige Verkauf untersagt, trifft den Lizenznehmer die Versagung, zumindest einzelne, nicht mehr benötigte Lizenzen freizusetzen – und der Marktgegenseite werden entsprechende Bezugsmöglichkeiten genommen. Grundsätzlich wird dadurch auch die Warenverkehrsfreiheit beschränkt, denn die bloße Möglichkeit der Gesamtabgabe ist – vorbehaltlich ihrer urheberrechtlichen Rechtfertigung[475] – bei einem stückweise handelbaren Gut eine wesentliche Beschränkung, da sie einerseits den Absatzkreis beschränkt auf eben einen Abnehmer (der vergleichbar zum Absetzenden wäre) oder andere Unternehmen mit zumindest dem Merkmal des entsprechenden Bedarfs und andererseits, wie angedeutet, eine freie Verfügung über Einzellizenzen verhindert.

---

[472] 8. Kapitel C. II. 2. b.

[473] Vgl. dazu das Interview mit dem Hinweis auf andere „revenue streams": https://www.youtube.com/watch?v=2G_f8YBy39M. Ferner wird darauf hingewiesen, dass digitale Inhalte insgesamt nicht verschleißen – werden indes Bücher weiterverkauft, weicht die Ware qualitativ vom Neuprodukt ab.

[474] Vgl. ebenfalls https://www.youtube.com/watch?v=2G_f8YBy39M.

[475] Grundsätzlich sieht das Urheberrecht jedenfalls eine solche Kontrolle von massenweise überlassenen Gütern nicht vor; vgl. 3. Kapitel A. IV.

g. Zwischenergebnis

Bei der Untersagung des Gebrauchtsoftwarehandels handelt es sich, sofern urheberrechtliche Rechte des Softwareentwicklers erweitert bzw. Rechte der Erwerber eingeschränkt werden, um Kartellrechtsverstöße nach Art. 101 I lit a) AEUV, da sie grundsätzlich schädlich für den Wettbewerb sind.[476] Eine einheitliche Rechtsprechung zu diesem Komplex besteht (noch) nicht.[477] Zusammenfassend schränken solche Klauseln die Betroffenen im Sinne des Art. 101 I lit. a) AEUV ein. Um Fälle des lit. b) handelt es sich nicht, da es sich bei diesen verbleibenden Programmen nicht um Erzeugnisse des Betroffenen handelt.[478]

3. Positive Effekte und Freistellung nach Art. 101 III

a. Freistellung durch die TT-GVO

Bei bloßem Weiterverkauf, ob mit eigenen Vervielfältigungshandlungen oder nicht, und auch bei Überlassung an Endanwender, ist die TT-GVO unanwendbar.[479] Sofern sie dennoch herangezogen werden sollte, könnte möglicherweise Art. 4 II lit. b) TT-GVO einer Freistellung entgegenstehen.[480] Sofern die TT-GVO dann analog[481] oder näherungsweise angewandt würde, wäre bereits die Frage aufzuwerfen, wie dann im Rahmen der Kernbeschränkung „Vertragsprodukt" zu verstehen wäre. Sollte darunter nur die überlassene und sodann gebrauchte Software verstanden werden, wären über die Beschränkung des Kundenkreises oder des Absatzgebietes mithin totale Verkaufsverbote (erst recht) erfasst. Gleichwohl könnte dann die Ausnahme des lit. b ii) greifen, denn der Lizenznehmer dürfte die überlassene Software eben dauerhaft nur für den Eigengebrauch nutzen. Hingegen verspräche ein Rückgriff auf lit. b v) keinen Erfolg, denn mit einem selektiven Vertriebssystem ist ein System, das gerade keinen Vertrieb bzw. Weiterverkauf erlauben soll, nicht vergleichbar. Art. 4 I als solcher könnte kaum einschlägig sein, da Wettbewerber vermutlich nicht

---

[476] A. A. *Bödeker* 2008, S. 265 als nicht hinreichend „gravierend".

[477] Jedenfalls fehle es an einer „klaren Richtlinie" des Gesetzgebers – LG Düsseldorf, Urt. v. 22.4.2009 – 12 O 23/09 = CR 2009, S. 357 ff.; OLG Düsseldorf, CR 2010. S. 14 f. Wenn das OLG Karlsruhe Urt. v. 27.7.2011 – 6 U 18/10 = ZUM-RD 2011, S. 590 ff. = MMR 2011, S. 727 ff. ohne nähere Begründung und Untersuchung meint, der Erschöpfungsgrundsatz verlange keine Aufspaltbarkeit und isolierte Weitergabemöglichkeiten bei Volumen-Lizenzen, weswegen solche Vereinbarungen nicht wider das Kartellrecht seien (S. 597 [ZUM-RD] bzw. S. 730 [MMR]), hätte es zumindest einer Begründung bedurft, inwieweit dies eben mit dem Grundsatz der Erschöpfung vereinbar ist, da doch die Weitergabe zumindest erheblich erschwert ist.

[478] *Nordmeyer* GRUR Int 2010, S. 491.

[479] 7. Kapitel C. I. 1. d. dd. (5); etwas unklar zur Wirkung von Gruppenfreistellungsverordnungen diesbezüglich *Ammann* 2011, S. 110.

[480] *Grützmacher* CR 2010, S. 144.

[481] Was abzulehnen ist – 7. Kapitel C. I. 6. b. bb. (4).

untereinander Software zur Benutzung erwerben werden. Es zeigt sich dabei aber bereits, dass die TT-GVO keinen Analyserahmen für „1:1"-Verkäufe darstellt, was gerade durch das Produktkriterium deutlich wird, denn dieses lässt sich bei einer weiten Anwendung im Rahmen der Kernbeschränkungen nicht sinnvoll handhaben. Wäre die TT-GVO anwendbar, stellte sie aber folglich grundsätzlich frei.

b. Freistellung durch die Vertikal-GVO

Nach Aussagen der Kommission soll die Vertikal-GVO in Konstellationen wie *Shrink Wrap* anwendbar sein. Folglich könnte etwa der Handel eines Datenträgers der Vertikal-GVO unterfallen, die spätere (Nach-)„Voluminisierung" hingegen, sofern diese überhaupt handelsüblich sein sollte, jedoch nicht mehr.[482] Diese Aussage ist einerseits nicht sachlich begründet, andererseits müsste angenommen werden, dass die Datenträgerüberlassung keine Bestimmungen zur Software selbst träfe.[483] Ansonsten kann nämlich nicht die Datenträgerüberlassung im Vergleich zu ggf. tausenden Lizenzen als unwesentlich betrachtet werden.[484] Somit kann die Vertikal-GVO auch entgegen abweichender Ansichten[485] nicht anwendbar sein und deshalb nicht freistellen.[486]

Die Anwendbarkeit unterstellend könnte ein Verstoß gegen Art. 4 lit. b) Vertikal-GVO anzunehmen sein,[487] wobei diese Vorschrift der gerade zuvor behandelten der TT-GVO ähnelt, jedoch nicht die Ausnahme der Begrenzung auf den Eigengebrauch enthält. Mithin stünde diese „Kundenbeschränkung auf Null" der Freistellung womöglich entgegen; alternativ könnte nur damit argumentiert werden, dass Kundenkreise nicht begrenzt, sondern Kunden insgesamt ausgeschlossen werden. Andererseits sind die typischen Vertikalkonstellationen, also Warenvertriebsvereinbarungen, ohnehin nicht mit dem Verkauf eines Produktes nach Jahren der Eigennutzung vergleichbar. Übliche Vertikal-Verträge, deren Zweck gerade die Organisation des Vertriebes ist, kennen Weiterverkaufsverbote regelmäßig nicht, da sie vollkommen zweckwidrig wären.[488] Indes kann die Vertikal-GVO auch in bloßen Beschaffungs-Konstellationen anwendbar sein.[489] Hierzu legen die Vertikal-Leitlinien, wenn auch in un-

---

[482] *Nordmeyer* GRUR Int 2010, S. 491; vgl. *Ammann* 2011, S. 116.

[483] 7. Kapitel C. I. 6. b. bb. (1).

[484] *Nordmeyer* GRUR Int 2010, S. 491 (dort muss es Art. 2 Abs. 2 und nicht Art. 3 Abs. 3 heißen).

[485] *Haberstumpf* CR 2009, S. 349; *Ammann* 2011, S. 116.

[486] Dazu bereits 7. Kapitel C. I. 6. b. bb. (1).

[487] *Matthiesen* 2010, S. 82 f.

[488] Geläufig sind indes auch in anderen Branchen Beschränkungen – in Abnahmeverträgen – auf den Eigengebrauch, Weiterverarbeitungsverbote, -gebote (zu VAR s. 8. Kapitel H. II) und „partielle Weiterverkaufsverbote" – s. *Bechtold/Dunzel* WuW 2008, S. 1272.

[489] Mit weiteren Argumenten *Matthiesen* 2010, S. 82 f.

klarer Form, nahe, dass Gebrauchtverkäufe zumindest bei OEM-Überlassung untersagt bzw. freigestellt sein können.[490] Aber selbst wenn die Vertikal-GVO für anwendbar gehalten werden sollte, sollte eine Freistellung verneint werden, denn wie sich noch zeigen wird, wohnen Gebrauchtsoftwareuntersagungen nur geringste positive Effekte inne.

c. Freistellungsmöglichkeit nach Art. 101 III im Übrigen

Eine Freistellung direkt nach Art. 101 III AEUV erfordert die kumulative Erfüllung der bekannten Kriterien. Beginnend mit Verbraucherwohl und auch im Hinblick auf Verbesserung und Fortschritt kann angedacht werden, dass die Verhinderung des „Gebrauchthandels" einerseits den Softwareentwicklern direkt mehr Erstlizenzierungen ermöglicht[491] und deswegen auch neuere Programmversionen durch höhere Einnahmen eher ermöglicht werden und des Weiteren durch höhere (Erstlizenz-)Stückzahlen zudem günstige Preise pro Lizenz realisierbar werden.[492] So verstanden bewirkte ein entsprechendes Verbot erhebliche Vorteile für den jeweiligen Softwareentwickler, die – idealisiert betrachtet – ebenfalls den Verbrauchern zu Gute kommen. Gesamtbetrachtend führen diese Verbote zu erhöhten Einnahmemöglichkeiten für einen Softwareentwickler zu Lasten vieler oder aber zumindest anderer und ggf. ebenfalls zu Lasten von Anbietern weiterer Leistungen.[493] Zudem könnte gerade der Gebrauchthandel schnellere Produktzyklen – und mithin Fortschritt – anregen, da aufgrund größeren Wettbewerbsdrucks Hersteller Interesse an ständig wechselnden, potentiell besseren Versionen bzw. Programmen hätten, da eben ein Softwarewechsel durch Verkaufserlöse bei den Abnehmern geringere Kosten verursachte (= gesenkte Wechselkosten). Zumal muss eine solche Kalkulation beachten, dass den Verbrauchern letztlich zumindest günstige Produkte entgehen. In jedem Fall sind die Einnahmen ohne Gebrauchthandel für den (einen) Entwickler durch höhere Direkteinnahmen größer, im Falle des Weiterhandels geringer. Wenn ein Abnehmer einer großen Anzahl an Lizenzen diese – gegen den Willen des Entwicklers – als einzelne weiterverkauft, kann er besonders günstige Preise anbieten und damit den zugesprochenen Mengenrabatt letztlich unterlaufen.[494] Dem Fortschritt wie dem Wettbewerb dienen indes nicht

[490] Vertikal-Leitl., Tz. 42: „Abnehmer von Hardware, die mit urheberrechtlich geschützter Software geliefert wird, können vom Urheberrechtsinhaber dazu verpflichtet werden, nicht gegen das Urheberrecht zu verstoßen, und daher die Software nicht zu kopieren oder weiterzuverkaufen oder in Verbindung mit einer anderen Hardware zu verwenden. Derartige Beschränkungen sind, soweit sie unter Artikel 101 Absatz 1 AEUV fallen, nach der GVO freigestellt."

[491] *Baus* 2004, S. 10 f.; *Schultheiss/Müller* making games 2/2011, S. 62: „[Sie bekommen] von dem großen Kuchen nichts ab".

[492] Gegen eine solche Argumentation: *Eilmansberger* GRUR 2009, S. 1127.

[493] 8. Kapitel C. II. 2.

[494] Vgl. *Huppertz* CR 2006, S. 145; *Seitz* 2010, S. 26.

unbedingt neue Versionen eines Herstellers, sondern gerade neue Versionen mehrerer Hersteller. Eine Behinderung des Gebrauchtsoftwarehandels käme somit lediglich dem jeweiligen Softwareentwickler und dessen jeweiligen Preis- und Rabattstrukturen zugute. Die positiven Effekte kumulieren daher bei diesem einzelnen Entwickler bzw. dem jeweiligen, das Weiterverkaufsverbot durchsetzenden Entwickler, der sich dadurch höhere Margen bzw. eben seine Rabatt-Strukturen sichert und Profit maximiert und Preise „monopolistisch" festsetzt.[495] Positive Gesamteffekte für Verbraucher sind daher zweifelhaft.

Im Rahmen der Erforderlichkeit wären darüber hinaus bzw. hilfsweise ohnehin noch weitere Faktoren zu erwägen. Das erste Argument gegen Gebrauchtverkäufe sind stets „Raubkopien". Dieses führt aber selbst bei Volumenlizenzen, bei denen eine Weitergabe Vervielfältigungshandlungen nach sich ziehen kann, nicht (ausschließlich) zum Ziel,[496] da selbst in solchen Konstellationen Löschungen kontrolliert und ggf. sogar inspiziert bzw. besichtigt werden könnten, zumal solche Inspektionsklauseln[497] bereits bestehen können. Auch kann der Veräußerer den Hersteller informieren.[498] Nah verwandt zu diesen Erforderlichkeitserwägungen sind Hinweise auf die Verkehrssicherung, womit Sorgen und (Transaktions-)Kosten bezeichnet sind, die immer dann auftreten, wenn eben keine Sicherheit im Hinblick auf eine rechtmäßige Güterverwendung besteht.[499] Gleichwohl erscheint es nicht tragfähig, mit solchen unkonkreten Hinweisen den Mangel an Wettbewerb zu rechtfertigen, zumal die größte Unsicherheit eben in der ungeklärten Rechtslage manifestiert ist, nicht in Fragen der – eben nachweisbaren – Rechteketten, ungenutzten Lizenzen usf.

Geheimhaltungsinteressen ergeben sich bei Standardsoftware in aller Regel überhaupt nicht. Ein weiteres, spezielleres Problem kann sich aber daraus ergeben, dass eine Konzernlizenz eingeräumt wird, die also keine numerischen Begrenzungen erhält, nach Weiterveräußerung aber in einem viel größeren Konzern mit eben deutlich mehr Mitarbeitern bzw. Nutzern genutzt wird. Dies kann als eigenes Risiko des Softwareentwicklers, welcher eben zumindest eine

---

495 *Ganea* GRUR Int 2005, S. 103 f.: „Mit einem Preissetzungsspielraum ausgestattet, wird der Rechtsinhaber versuchen, die Zahlungsbereitschaften einzelner Nachfragegruppen zu ermitteln und diese entsprechend zur Kasse zu bitten. Dieses Vorgehen erlaubt es ihm, einen größeren Teil der erwähnten Konsumentenrente abzuschöpfen als bei Setzung eines Einheitspreises"; *Grützmacher* in: Büchner/Briner 2010, S. 130; *Grützmacher* CR 2007, S. 549. Auch nach *Seitz* 2010, S. 28 hat die Allgemeinheit eher Interesse an Wettbewerb und günstigen Preisen, als an Monopolpreisen.

496 Zumindest im Ergebnis gegen die Erforderlichkeit *Grützmacher* CR 2010, S. 142.

497 Zur Fortgeltung bzw. vertraglichen Überleitung von solchen Audit-Rechten (zumindest soweit mit §§ 305 ff. BGB vereinbar) im Hinblick auf den Zweiterwerber vgl. *Schneider* CR 2015, S. 420 m. w. Nachw.

498 Vgl. *Grützmacher* CR 2010, S. 142; hingegen über DRM bzw. Kopierschutz die Erforderlichkeit verneinend *Timm* 2005, S. 168.

499 Vgl. dazu *Ganea* GRUR Int 2005, S. 105.

Maximalanzahl vereinbaren hätte können, zurückgewiesen werden.[500] Andererseits kann ggf. solchen besonderen Umständen auch mit Auslegung begegnet werden, so dass – zumindest in gravierenden Fällen – etwas wie eine ungefähre Maximalanzahl anhand des veräußernden Unternehmens angelegt wird oder aber eine Korrektur über § 313 BGB oder den Zweckübertragungsgedanken (§ 31 V UrhG) herbeigeführt wird. Andererseits scheinen Konzern-Lizenzen auch immer unüblicher zu werden, viel häufiger scheinen zwar ggf. konzernumgreifende Rahmenverträge zu bestehen, doch werden die Lizenzen innerhalb dieser oft per CPU/Core oder User (*named, concurrent*) abgerechnet.

Mit dem Hinweis auf Computerspiele ist die Schnelllebigkeit mancher Software angesprochen worden, die auch in anderen Nutzungskreisen denkbar, aber gewiss eher untypisch ist. In einem überspitzten Szenario aber könnte ein Absatzinteresse bereits nach wenigen Stunden auftreten, also ggf. noch am selben Tag einer Software-Premiere.[501] Dies könnte es verhindern, dass der Softwarehersteller überhaupt seine Investitionen amortisiert. Gleichwohl muss – in solchen besonderen Situationen – kein totales Weiterverkaufsverbot erforderlich sein, da ein befristetes Verbot dem Zweck sinnvoller Erstverwertung hinreichend Rechnung trägt.[502] Je nachdem können etwa bis zu sechs Monate erforderlich sein. Dass sodann Gebrauchthandel und ggf. eine Zweitverwertung in Gestalt reduzierter Preise des Softwareentwicklers konkurrieren, ist hingegen für den Softwareentwickler hinzunehmen.

Des Weiteren könnte es auch bei digital distribuierten Inhalten (weitere) Maßnahmen von geringer Eingriffsintensität geben. Nach einer Studie der *TU Ilmenau* könnte bei Download-Spielen, die mit einem Benutzerzugang verbunden sind – wie etwa *Half-Life 2* bei *Steam*[503] – zumindest der plattforminterne Handel eröffnet werden.[504] Ein Verkäufer eines solchen Titels erhielte demnach kein reales Geld, sondern womöglich nur Bonus-Punkte, *Hyrule*-Rubine, Drachenmünzen oder dergleichen – vergleichbar zu einer Online-Währung – mit der wiederum neue Software, welche auf der jeweiligen Plattform (neu) angeboten wird, erworben werden könnte.[505] Theoretisch ist dies auf andere Software übertragbar, auch wenn sich dort solche Plattformen (noch) nicht durchgesetzt haben. Aber dieses Modell weist erhebliche Nachteile auf, denn insbesondere kann sich durch diesen Schritt zwar der jeweiligen Software,

500 *Hoeren* GRUR 2010, S. 668; a. A. *Huppertz* CR 2006, S. 149; vgl. allg. und mit Vertragsgestaltungsvorschlägen *Grützmacher* ITRB 2004, S. 204 ff.

501 Etwa: Ein Spiel wird erworben, es wird nach wenigen Stunden durchgespielt oder für langweilig befunden und soll nun alsbald wieder verkauft werden.

502 *Matthiesen* 2010, S. 87: „kurze[r] Zeitraum"; vgl. *Bödeker* 2008, S. 267 (allerdings zur Vermietung).

503 3. Kapitel B. I. 4. a.

504 *Schultheiss/Müller* making games 2/2011, S. 62 ff.

505 *Schultheiss/Müller* GameStar 7/2011, S. 102; *Schultheiss/Müller* making games 2/2011, S. 63, 67.

nicht aber der (Handels-)Plattform als solcher entledigt werden. Auch können diese freigesetzten Mittel nicht frei, also beliebig eingesetzt werden, sondern eben nur für weitere (vergleichbare) Software, im schlechtesten Fall auch nur eines Herstellers, sofern eben die Plattform nicht herstellerübergreifend agiert. Bislang kann nicht davon ausgegangen werden, dass das ansonsten erlöste Geld nur wieder für Software (dieses begrenzten Angebotes) ausgegeben werden würde.[506] Mithin bleiben die wettbewerbsschädlichen Effekte ähnlich, lediglich etwas minimiert.

Eine Differenzierung hinsichtlich der Erforderlichkeit ist nicht nach unkörperlicher, tlw. körperlicher oder körperlicher Überlassung geboten, da dafür keine hinreichenden Ansatzpunkte vorliegen. In beiden Fällen können entsprechende Sicherheiten in Bezug auf den Rechtsverkehr dokumentiert und ggf. sogar inspiziert werden; es kann sich zudem DRM oder Notaren bedient werden. Hierbei zu differenzieren, würde zudem zu einer Überbewertung eines Datenträgers als Legitimationsquelle führen.[507]

Ferner kann erwogen werden, inwieweit bei Untersagung solcher Klauseln nicht eine „Flucht ins Mietrecht" oder in die *Clouds* etc. folgen könnte. Dann wäre die Software nicht mehr dauerhaft überlassen.[508] Mangels einer dauerhaften Überlassung stellen sich dann aber die dargestellten Probleme nicht (in dieser Intensität), zumal es auch den Unternehmen überlassen bleibt, ob sie Software eben dauerhaft oder nur temporär erwerben wollen. Außerdem kann das Mietrecht aufgrund des rigiden Mangelrechts, das zwar gestaltbar bzw. abdingbar sein mag, für Softwareentwickler eher unattraktiv sein.[509]

Im Besonderen könnte die Verhinderung von (Volumen-)Aufspaltungen erforderlich wie notwendig sein, um zumindest ausgehandelte Preisstrukturen zu erhalten – zumal auch die (bloß vollständige) Weiterübertragbarkeit ein Preisbildungsfaktor sein könne.[510] Gleichwohl sind solche Preisfaktoren nicht urheberrechtlich geschützt, da i. d. R. keine eigenständigen Nutzungsarten vorliegen, und bereits grundsätzlich Preisbindungen kartellrechtlich zumindest bedenklich sind. Bereits in der OEM-Entscheidung heißt es, dass das „Interesse [der Softwareindustrie], gegenüber zwei verschiedenen Käufergruppen unterschiedliche Preise für dieselbe Ware zu fordern und dies mit Hilfe des Urheberrechts durchzusetzen, … nicht ohne weiteres schützenswert"[511] erscheine, was zudem zumindest von einem unteren Gericht speziell in Bezug auf Gebraucht-

506 Zumindest bzgl. Spielen *Schultheiss/Müller* making games 2/2011, S. 64.

507 Vgl. 3. Kapitel A. IV.

508 Vgl. 3. Kapitel B. I. 4. b.

509 *Hoeren* GRUR 2010, S. 666.

510 Vgl. *Heydn* MMR 2010, S. 328.

511 BGH, Urt. v. 6. 7. 2000 – I ZR 244/97 „OEM" = http://www.jurpc.de/rechtspr/20000220.htm (JurPC 220/2000) = GRUR 2001, S. 155; ZUM 2006, S. 1082.

software bestätigt worden ist.[512] Der EuGH verwehrt ebenfalls eine optimale bzw. höchstmögliche Bepreisung. Das Urheberrecht garantiere lediglich eine „angemessene" Vergütung (so auch § 11 S. 2 UrhG),[513] weswegen die maximale Wertschöpfung nicht zum spezifischen Schutzgehalt des UrhG gehören könne.[514] Zwar weisen freilich Großabnehmer eine erhöhte Nachfragemacht auf, erzielen i. d. R. günstigere Preise,[515] doch ist kaum zu erwarten, dass sich Großunternehmen „überlizenzieren" lassen werden, nur um gewinnbringend Software weiterverkaufen zu können. Es kann auch von keiner ökonomischen Notwendigkeit ausgegangen werden, so dass ansonsten die Hersteller nicht mehr hinreichende Mittel akquirieren könnten. Ansonsten könnten sie nicht das Optimum möglichst ausschöpfen – da dies jedoch gerade zu Lasten der Wettbewerber und anderer geschieht, ist gesamtökonomisch gerade kein summierter Vorteil durch solche Verhinderungen anzunehmen.

Des Weiteren könnte im Hinblick auf die Erforderlichkeit erwogen werden, den Ausschluss des Gebrauchthandels mit dem Hinweis auf sog. Trittbrettfahrer[516] zu verhindern bzw. für erforderlich zu halten, denn Gebrauchtsoftwarehändler tragen nicht das Risiko des Softwareentwicklers im Hinblick auf die Entwicklung, beschneiden aber dessen Einnahmen.[517] Dies ist jedoch das Wesen eines jeden Händlers, der eben nur an- und verkauft. Zumal muss die Frage vielmehr lauten, ob der Entwickler durch den Erstabsatz nicht bereits hinreichend Einnahmen erzielen konnte und wieso Güter „tot" bleiben sollten. Sofern das Urheberrecht nicht eine solche strikte Absatzkontrolle zubilligt, ist sie nicht anzunehmen – ökonomisch scheint sie jedenfalls als wettbewerbsfeindlich zu verwerfen zu sein.

Fraglich kann sein, ob nicht eine Differenzierung nach Marktanteilen geboten ist, ob also kleinen Softwareunternehmen solche Möglichkeiten der Treue-Belohnung geboten werden sollten. Dies ist aber abzulehnen. Zum einen bezweckt auch das Urheberrecht keine mehrfachen Belohnungen,[518] zum anderen verlangt es das Prinzip des Wettbewerbs, dass Wettbewerb möglichst oft stattfindet. Zudem sind die Folgen für die Industrie insgesamt schlecht absehbar und solche Treue-Belohnungen wirken nicht bloß zu Ungunsten der großen Anbieter, sondern können ebenfalls gegenüber kleineren Konkurrenten wie auch Beteiligter ganz anderer Industrien Wirkung entfalten.

---

[512] LG Hamburg, Urt. v. 29. 6. 2006 – 315 O 343/06 = MMR 2006, S. 827 ff., ZUM 2007, S. 159 ff.: „Das Vergütungsinteresse von Microsoft – welches etwa wegen einer degressiven Gebührenstruktur durch die Möglichkeit der Weiterveräußerung einzelner Lizenzen gestört werden könnte – ist insoweit nicht zu berücksichtigen."

[513] EuGH, Urt. v. 4. 10. 2011 – Rs. C-403/08 u. C-429/08 „Premier League", Tz. 108.

[514] Hinsichtlich der Preisbindung: *Lang* 2009, S. 152 f.

[515] Vgl. *Grützmacher* in: Büchner/Briner 2010, S. 130.

[516] S. dazu im Rahmen der F/OSS 8. Kapitel A. III. 4. b.

[517] Vgl. *Ganea* GRUR Int 2005, S. 104 f.

[518] Vgl. 5. Kapitel B. II. 3.

In der Gesamtschau sind Weiterverkaufsverbote selten erforderlich, sondern in aller Regel bloße Profitmaximierungsstrategien.[519] Daher sollte es vielmehr gelten, die Märkte „offen“ zu halten.[520] Somit sind gegenteilige Vereinbarungen zu untersagen. Die Untersagung des Gebrauchthandels nutzt nämlich immer nur dem jeweiligen Softwareentwickler, schädigt darüber hinaus aber potentiell viele weitere Märkte bzw. Marktakteure, eben gerade auch Unternehmen auf demselben Markt, also Konkurrenten.[521]

4. *Quantifizierungsfaktoren*

Hinsichtlich der Beurteilung der Marktfaktoren – und somit nicht nur im Rahmen des Art. 102 AEUV[522] – ist es von Bedeutung, ob Gebrauchtsoftware einen eigenen bzw. eigene Märkte bildet. Bezüglich der Missbrauchsfälle wird dieses oftmals *a priori* angenommen, abgelehnt oder zumindest im Vergleich zu Ersatzteillieferungen im Falle von Anschlusslieferungen bejaht.[523] Im Ergebnis ist zu befürworten, dass die „gebrauchte“ Software sich durch die einmalige Ingebrauchnahme nicht funktional von anderer Software unterscheidet und entsprechend keine nach diesem Kriterium separierten Märkte anzunehmen sind.[524] Die Feststellung entsprechender Anschlussmärke im Falle der Notwendigkeit der Nachlieferung derselben Software ist zu unterstützen, ist aber sogleich darauf zu begrenzen, dass sich sodann nicht ein Anschlussmarkt für gebrauchte Software, sondern lediglich ein Markt bzgl. eines einzigen Produkts, also dieser konkreten Software, bildet.[525] Jenseits jenes begrenzten Falles, der aber i. d. R. nur für Art. 102 AEUV relevant sein dürfte, werden somit aber grundsätzlich Alt- wie Neusoftware auf denselben jeweiligen Märkten gehandelt. Der Handel mit gebrauchter Software selbst ist zunehmend,[526] aber eben vermutlich auf Kosten ungebrauchter, was neben solchen spezialisierten Händlern aber auch den Endabnehmern wie Konkurrenten dient. Der für Software spezifischen Problemlage muss daher gerade durch Senkung der Wechselkosten und einen Aufbruch der Treue- bzw. Bindungsstrukturen entsprochen werden.

---

519 *Grützmacher* CR 2010, S. 142, 146.

520 Vgl. *Wolf* 2009, S. 223.

521 Vgl. dazu noch den nächsten Abschnitt.

522 Dazu 6. Kapitel B.

523 Vgl. 7. Kapitel B. IV. 2. b. bb. (6); 8. Kapitel I.; wenn auch unklar zur Spürbarkeit *Matthiesen* 2010, S. 84 f.

524 Es können höchstens Marktseparierung nach Funktionsumfang, Kompatibilität, Erfüllung von aktuellen oder veralteten Sicherheitsstandards usf. erfolgen – 7. Kapitel B. IV. 2. b. bb. (3) (d).

525 Vgl. 7. Kapitel B. IV. 2. b. bb. (3) (d).

526 *Huppertz* CR 2006, S. 145; *Bödeker* 2008, S. 264.

5. Zwischenergebnis

Gesetzliche Grenzen sind zu respektieren, was hinsichtlich des Erschöpfungsgrundsatzes etc. ebenfalls gilt. Jenseits möglichst enger gesetzlicher Grenzen der Handelsuntersagung ist der Absatz „gebrauchter" Software jedoch so weit wie nur möglich zu ermöglichen. In seltenen Fällen können höchstens temporäre Verkaufsbeschränkungen akzeptabel sein. Auch eine Auslegung der Erschöpfungsregeln und benachbarter Fragen sollte sich ökonomisch daran orientieren und eben den freien Warenverkehr gerade bei Software ermöglichen – alles andere fördert nur Mehrfachbelohnungen für Softwarehersteller und straft alternative Anbieter. Dass die Vertikal-GVO dies freistellen soll, ist unverständlich; eine Anwendung der Vertikal-GVO ist aber bereits aus anderen Gründen abzulehnen. Dieses Ergebnis gilt freilich nicht für Softwarevermietung- und Unterlizenzierung.[527]

III. Vergünstigte Upgradepreise und sonstige günstigere Versionen als Beschaffungsbestimmung

Neben der – an nachfolgender Stelle zu besprechenden – Wirkung vergünstigter Upgrade-Preise und sonstiger je nach Kundenkreis günstigerer Versionen identischer Software auf die Vertreibenden,[528] sind die Wirkungen solcher Vorgaben als Absatzvoraussetzungen bzw. -bedingungen auf (gewerblicher) Endkundenebene zu betrachten. Außer speziellen Versionen für bestimmte Private (etwa Schüler) existieren neben Rabatten nach Lizenzvolumina auch günstigere Upgrade-Versionen bzw. -Lizenzen sowie reduzierte Preise für bestimmte Empfänger wie etwa öffentliche Einrichtungen. Diese Versionen sind in der Regel technisch identisch; es mag höchstens der Unterschied bei Upgrade-Versionen bestehen, dass sich diese Versionen nur dann installieren lassen, wenn ein Original-Datenträger der bzw. einer vorherigen Version eingelegt oder eine entsprechende Installation auf dem Zielrechner vorgefunden wird. Da die Programme abgesehen von solchen formalen und ebenfalls künstlich herbeiführbaren Faktoren identisch sind, sind sie im Grunde als identische Ware zu fassen.

Die Verpflichtung an Mediäre, bestimmte Versionen nur an bestimmte Gruppen ohne technische Notwendigkeit abzugeben, wird im Nachfolgenden noch im Rahmen des Vertriebssteuerungsabschnittes zu untersuchen sein.[529] Die hier zu behandelnden Vorschriften der vergünstigten Absatzversionen können dabei insbesondere einen Verstoß gegen Art. 101 I lit. d) AEUV darstellen. Es bleibt

---

[527] Zu jener: *Timm* 2005, S. 165 ff.

[528] Dazu 8. Kapitel C. III; 8. Kapitel H. III.

[529] 8. Kapitel H. I.

zu wiederholen, dass der direkte Absatz an Private hierbei nicht kontrolliert werden kann.

1. Günstige Upgrade-Preise für Vorversionsbenutzer

Zunächst bliebe darüber nachzudenken, ob eine solche Untersuchung Art. 101 lit. d) AEUV entzogen sein mag, was begründet werden könnte, wenn es sich dabei um jeweils eigenständige Nutzungsarten im Sinne des § 31 I S. 2 a. E. UrhG handeln sollte, was wiederum primär Gegenstand des Urheberrechts ist. Der Absatz eines (zumindest weitgehend) gleichartigen Produkts gegenüber verschiedenen Absatzgruppen hat jedoch offensichtlich keine wirtschaftliche Eigenständigkeit; vielmehr wird eine solche zweifelhafte Eigenständigkeit erst künstlich herbeigeführt. Bei Upgrade-Versionen weichen die Versionen höchstens durch Kopierschutz- bzw. Installationsmechanismen ab, die – wie ausgeführt[530] – eben eine Vorgängerversion verlangen können. Ansonsten unterscheiden sie sich jedoch nicht. Eine derartige Privilegierung scheidet somit offensichtlich aus.

Bezweckt werden durch solche Preismodalitäten einerseits (bei Schülerversionen etc. frühe und in jedem Fall) dauerhafte Produktbindungen, andererseits aber nur konkurrenzfähige Preise, gerade im Wettbewerb mit F/OSS. Dadurch, dass einzelne Private günstigere Versionen als Unternehmen erhalten, ergibt sich für die Unternehmen jedoch keine nach lit. d) relevante Benachteiligung, da sich dieses nicht auf Marktverhalten auswirkt, da solche Private keine Handelspartner und nicht auf dem Markt aktiv sind.

Treuerabatte[531] jedoch, ungeachtet des jeweiligen Abnehmers, erzielen langfristige Effekte. Sind sie wohl typischerweise nicht oder zumindest nicht notwendigerweise Bestandteil der Erstbeschaffungsüberlegung, wirken sie sich bei einer Neubeschaffung zugunsten des bereits erworbenen Produktes bzw. der zugehörigen Produkt(versions)reihe aus und reduzieren die oftmals nicht unerheblichen Umstellungskosten (*Switching Costs*[532]), obgleich nur hinsichtlich der Nachfolgeversion des jeweiligen Herstellers. Dies benachteiligt weniger (mögliche) Abnehmer gebrauchter Software, sondern vielmehr Anbieter alternativer Software, was bereits im Rahmen der Erörterung des Gebrauchtsoftwarehandels dargelegt worden ist:[533] Dadurch werden entwickelnde Wettbewerber hinsichtlich ihres Absatzes beeinträchtigt, die eben einen solchen Rabatt nicht anbieten können, sondern allerhöchstens eine Prämie, also einen Preisnachlass oder Ablöserabatt, bei Umsteigern gewähren könnten (= Wech-

---

530 3. Kapitel B. II. 2.

531 Zur Interessenlage entsprechend *Baus* 2004, S. 5 f.

532 Vgl. 4. Kapitel B. II.

533 8. Kapitel C. II.

selprämie)[534], ohne jedoch vom vorherigen Absatz bereits profitiert zu haben. Würden die Softwarehersteller dies konsequent durchführen, wären jedoch beinahe alle Programme vermutlich rabattiert: Kunden eines Upgrades ohnehin, fremde Erstkunden über eine Wechselprämie – im Ergebnis somit nur Erstkunden ohne ein vorheriges Produkt nicht, ungeachtet des Herstellers. Ein solches Vorgehen wäre für die Unternehmen jedoch weitgehend sinnwidrig, weil potentielle Kunden des letzteren Typs sich „schlecht behandelt" fühlen könnten und ohnehin die Finanzierbarkeit in Zweifel zu ziehen ist. Größere, bereits marktstarke Unternehmen könnten zumal noch eher Treue belohnen, als marktschwache den Wechsel. Letztere könnten der Verfestigung der Marktstruktur kaum entgegenwirken. Wie bereits im Rahmen des Gebrauchtverkaufs erläutert, sind solche Preisdifferenzierungen als Profitmaximierungsstrategien grundsätzlich zu vermeiden.

Für die Vertriebsstufe selbst ergibt sich keine unmittelbare Benachteiligung, sie wird lediglich in der Absatzfreiheit eingeschränkt. Möglicherweise wären konkurrierende Händler eingeschränkt, gerade solche, die *Full-* oder *Retail*-Versionen feilbieten. Ganz allgemein gilt, dass sich *Retail*-Konkurrenten gegen bereits installierte oder auch bereits vorinstallierte Software schlecht erwehren können, denn sie müssen zunächst einen erheblichen Mehrwert aufbieten, um eben einen Wechsel zu stimulieren, andererseits stehen ihnen die Vorteile des OEM-Vertriebes als auch die dadurch erzielten Einnahmen nicht zur Verfügung.[535] Und auch nicht die des Upgrades. Außerdem ist aber davon auszugehen, dass grundsätzlich alle Händler Upgrade-Versionen erhalten können. Des Weiteren könnte hinsichtlich der Abnehmer, die den Upgrade-Preis nicht erhalten, das Regelbeispiel des lit. d) erfüllt sein.

Im Rahmen des Art. 102 AEUV ist zu bedenken, was „unzulässige Gegenleistung für Treue" sein kann,[536] und es ist anerkannt, dass Treuerabatte missbräuchlich sein können.[537] Nach allgemeiner Ansicht können im Rahmen des Art. 101 I AEUV solche Rabatte jedoch nur dann untersagt werden, wenn sie auf einer Absprache verschiedener Unternehmen beruhen und dann hinsichtlich eines Dritten angewandt werden.[538] Dies ist beim direkten Absatz nicht der Fall, sofern jedoch Unternehmer und Vertrieb dieses vereinbaren, kann Art. 101 I lit. d) AEUV hiergegen in Position gebracht werden.[539] Sodann stellt

---

[534] Oder „*Cross Competitive Upgrade*" – s. *Baus* 2004, S. 4. In Anlehnung an den Kfz-Sektor auch „Abwrack-Prämie": http://www.computerwoche.de/a/mittelstaendler-wracken-ihre-erp-systeme-ab,1890779.

[535] *Allen* 1997, S. 48 f.

[536] *Möschel* JZ 2009, S. 1041 f.

[537] *Bechtold/Bosch/Brinker*, Art. 102 AEUV Rdnr. 46.

[538] *Bechtold/Bosch/Brinker*, Art. 102 AEUV Rdnr. 101.

[539] Etwa Immenga/Mestmäcker/*Zimmer*, Art. 101 I AEUV Rdnr. 246 ff.

sich dieses jedoch ausschließlich als Frage des Vertriebes dar und ist an jener dafür vorgesehenen Stelle noch zu diskutieren.[540]

2. Mengenrabatte (Volumenlizenzen)

Über sog. Volumenlizenzen erhalten Unternehmen einen bestimmten Vorrat an Lizenzen, der ggf. die benötigte Anzahl noch gar überragen kann. Typisch dafür ist es, einen deutlich niedrigeren Preis zu erhalten, als wenn all diese Lizenzen einzeln beschafft werden. Mengenrabatte sind jedoch, ungeachtet der Perspektive, und ebenfalls nach Art. 102 AEUV unbedenklich.[541]

3. Abnahmevoraussetzung wie Eigenschaft als Schule/Universität etc. (Schulversionen etc.)

Ggf. unternehmerisch einzuordnende Kunden wie beispielhaft Schulen, Universitäten oder sonstige staatliche oder öffentliche Einrichtungen sind i. d. R. keine Wettbewerber zu sonstigen Unternehmen, wodurch bereits ein Verstoß wider Art. 101 I lit. d) AEUV normalerweise ausscheidet. Und sofern Universitäten, Institute usf. als Marktteilnehmer nicht nur als Nachfragende, sondern beispielhaft als spezielle Forschungsdienstleistungserbringer aufgefasst würden, wären ihre Wettbewerber wiederum zunächst Universitäten, Institute usf., welche für gewöhnlich dann ebenso zu günstigeren Versionen berechtigt sind. Somit wirken sich solche Rabatte typischerweise nicht wider Art. 101 I AEUV aus. Gleichwohl sind Konstellationen denkbar, in denen öffentliche Forschungseinrichtungen auch solche Leistungen erbringen, die nicht originär dem staatlichen Bildungs- und Forschungsauftrag entsprechen, sondern eben (ggf. um Drittmittel werbend) feilgeboten werden und mithin mit privaten Unternehmen konkurrieren, die nicht als Bildungseinrichtung angesehen werden können und entsprechend vermutlich nicht zum Bezug „akademischer“ Versionen berechtigt sind. Deshalb beugen die Anbieter solcher Versionen entsprechend vor und untersagen „kommerzielle Aktivitäten“ (wie auch administrative) mit „akademischer“ Software. Daher ist insgesamt von keiner Wettbewerbsrelevanz auszugehen, zumal alle Anbieter grundsätzlich solche Rabatte gewähren können – und zugleich Einrichtungen Software erwerben können, die sie ansonsten wohl aus finanziellen Gründen nicht erwerben könnten, was zumindest dann eine Freistellung nach Art. 101 III AEUV herbeiführt. Auf den begrenzten Ansatz des Art. 101 I lit. d) AEUV kommt es daher schon nicht mehr an.

---

540 S. 8. Kapitel H.

541 Indes können Treuerabatte missbräuchlich sein: EuGH, Urt. v. 9. 11. 1983 – C-J032/81 – „Michelin“, Ls. 13.

4. *OEM-, DSP- und vergleichbare Versionen*

OEM-Versionen[542] kann der Kunde i. d. R. nur erhalten, wenn er einen Komplett-PC oder zumindest eine beliebige Hardware-Komponente erwirbt – dies führt zu einer Kopplung und wird an jener nachfolgenden Stelle behandelt werden.[543]

Sofern es sich hingegen um bloß eine rabattierte, im Wesentlichen technisch gleichwertige Version handelt,[544] die wiederum auch jeder erhalten kann, wobei ggf. für jeden Erwerber solcher Versionen der Kundenservice reduziert oder unter keinen Umständen vom Hersteller übernommen wird[545], greift Art. 101 I lit. d) AEUV ohnehin nicht ein; vielmehr bleibt es dann dem einzelnen Unternehmen überlassen, ob es eine *Retail*-Version oder aber eine ohne Handbuch usf. erwirbt. Insoweit ist es nicht relevant, ob dadurch eine billigenswerte oder zu missbilligende Preisdifferenzierung vorliegt, da alle potentiell abnehmenden Marktteilnehmer in ihrer Auswahl unbeschränkt bleiben.

5. *Zwischenergebnis*

Wird letztlich identische Software durch DRM o.ä. so gestaltet, dass sie nur von Benutzern einer Vorversion genutzt werden kann, vermag Art. 101 I AEUV ohnehin nicht einzugreifen. Besitzern von Vorversionen günstige Preise für Nachfolgeprodukte einzuräumen, ist aus Sicht des Wettbewerbs bedenklich, kann aufgrund des begrenzten Ansatzes des Art. 101 I lit. d) AEUV jedoch nicht gegenüber Endnutzern kontrolliert werden; die entsprechende Handels- und Vertriebsvorgabe wird noch zu untersuchen sein. Schul- und Universitätsversionen sind bereits unbedenklich, was prinzipiell ebenfalls für Mengenrabatte gilt. Unbedenklich ist es ebenfalls, wenn ein Softwarehersteller verschiedene Versionen anbietet, etwa eine schön verpackte (ggf. mit Support) oder andere und diese auch unterschiedlich bepreist.

IV. Kopplung an Maschinen/Leistungsfähigkeit/Benutzer u. a. als Einsatzbeschränkungen (CPU-, Upgrade-und Gebäude-Klauseln usf.)

1. *Negative Effekte und Verstoß wider Art. 101 I*

Die gängigste Bindung von Software an bestimmte Maschinen sind CPU-Klauseln, d. h. eine Software nur auf einem bestimmten Rechner nutzen zu können.

---

[542] 3. Kapitel B. I. 1. a.

[543] Vgl. 8. Kapitel H. I.

[544] S. ebenfalls 8. Kapitel H. I.

[545] Vgl. http://de.wikipedia.org/wiki/System_Builder; https://de.wikipedia.org/wiki/DSP-Version.

Alternativ können solche Begrenzungen etwa auf Orte, Betriebsgelände,[546] Gebäude, Räume, Kernel-Anzahl, spezifische LANs, Benutzerkonten (also *personalized*; auch bekannt als *Named User*) u. a. erfolgen – und solche Klauseln können durch Ersatzmöglichkeiten (= „mit Ausweichmöglichkeit"[547]; die Lizenzen bzw. die Software-Installationen gelten sodann als *re-assignable*) in ihrer Wirkung gemindert werden.[548] Die Bindung kann bereits bei Lieferung bestehen oder durch Installation oder Aktivierung erfolgen oder ausschließlich vertraglich vereinbart sein[549], wobei bloß technische Maßnahmen nicht im Rahmen des Art. 101 AEUV kontrollierbar sind.[550] Alternativ kann eine Begrenzung auch anhand der Leistungsfähigkeit (oder Anzahl) von CPU(-*Cores*), GPU oder der RAM-Ausstattung oder anderen Leistungskriterien erfolgen. Darüber hinaus findet keine Begrenzung auf entsprechende Maschinen oder Leistungskomponenten statt, sondern lediglich eine Berechnung der Lizenzgebühr anhand der jeweiligen Hardware-Komponenten. Ergänzend sei angemerkt, dass es sich nicht um eine Begrenzung handeln muss, sondern ggf. auch nur um einen Maßstab für regelmäßige Abrechnungen – insbesondere im Rahmen von Miet- bzw. Cloud-Verträgen – im Zusammenspiel mit einer nicht-dauerhaften Überlassung handelt.

Zunächst wird im Falle strenger Vorgaben die Fortgabemöglichkeit ungewünschter Software ausgeschlossen. Insoweit handelt es sich um ein Verbot des Gebrauchtsoftwarehandels mit anderen Mitteln, allerdings identischer Auswirkung und kartellrechtlicher Wertung.[551] Dabei ist sich zudem der Annahme zu verwehren, es handele sich um zu § 31 I S. 1 UrhG privilegierte Beschränkungen, denn die Begrenzung etwa auf einen Standard-PC kann keine eigenständige Nutzungsart darstellen. Auch der Vergleich zwischen der Leistungsfähigkeit unterschiedlicher PCs ist technisch beschreibbar,[552] aber keine neue Nutzungsart. Bei einfachen Vorgaben zum Einsatz einer maximalen Anzahl an Kopien hingegen handelt es sich offensichtlich nicht um Beschränkungen, sondern lediglich um die Ausgestaltung des Einsatzes eines vervielfältigbaren Gutes, das nur mengenmäßig begrenzt erworben bzw. überlassen wurde; und somit um eine Umsetzung der Vervielfältigungshoheit des Urhebers.[553]

---

[546] Wandtke/Bullinger/*Grützmacher*, § 69d UrhG Rdnr. 48; *Metzger/Grützmacher* in: Rieder/Schütze/Weipert 2015, S. 225; *Polley* CR 1999, S. 352.

[547] Etwa *Timm* 2005, S. 119.

[548] 3. Kapitel B. I. 5; s. auch *Brandi-Dohrn* in: Redeker, Muster 1.2 Rdnr. 73 ff.

[549] Im Vertrag ist also das Gerät bereits benannt oder beschrieben oder es wird im Anschluss an die Installation dem Lizenzgeber bekanntgegeben.

[550] 7. Kapitel B. II. 4.

[551] *Bödeker* 2008, S. 274; *Timm* 2005, S. 116; zum Verbot des Gebrauchtsoftwarehandels selbst 8. Kapitel C. II.

[552] Etwa in *Flops* als Einheit für Rechenfähigkeit oder unter Angabe der Taktung einer CPU in GHz.

[553] *Konrad/Timm-Goltzsch/Ullrich* in: Ullrich/Lejeune 2006, I Rdnr. 805 f.; womit letzt-

In ihrer Wirkung beschränken darüber hinausgehende CPU- oder weitere vergleichbare Klauseln nicht ohnehin bereits in relevanter Form nach Art. 101 I AEUV,[554] sondern können diesbezüglich sogar noch in ihrer beschränkenden Wirkung über die intensive Beschränkungswirkung von Weitergabeverboten hinausgehen. Nämlich wenn diese Software nicht bloß in ihrer Benutzung auf ein Unternehmen, sondern auf einzelne Hardware, Gebäude(teile) etc. begrenzt wird. Dann wird die Software bereits etwa dann nutzlos, wenn diese spezifische Hardware defekt oder veraltet ist oder das Gebäude anders genutzt werden soll. Entsprechend sind ebenfalls Anbieter anderer Produkte fern der Software potentiell stärker betroffen, da nicht nur ggf. durch Softwareverkauf freizusetzende Mittel nicht zur Verfügung stehen, sondern bereits Entscheidungen für neue Hardware oder Gebäude und damit weitere verbundene Investitionen negativ beeinflusst werden können,[555] da in solchem Fall die bezogene Software komplett nutzlos werden sollte – und schlimmstenfalls neu beschafft werden müsste, was deutlich von Neubeschaffungen abzuhalten vermag.[556] Da bereits die Gebrauchtsoftwareuntersagung kartellrechtswidrig ist, gilt dies also mithin erst recht für noch intensiver wirkende Klauseln, welche Softwarenutzung nicht nur auf ein Unternehmen dauerhaft begrenzen, sondern auf einzelne PCs, Gebäude etc.

Dennoch können solche Klauseln, wie angeführt, auch flexibel bzw. weniger strikt gestaltet werden; so kann es Wechselmöglichkeiten geben, die zumindest den unternehmensinternen Einsatz trotz Wechsel der CPUs, Gebäude usf. fortgesetzt erlaubt (ggf. gegen Entgelt)[557], sofern dieses vom Softwarehersteller genehmigt wird, was er nicht treuwidrig verweigern könnte. Im Ergebnis bedeutete dies, dass der Abnehmer den Übertragungsvorgang dokumentieren

---

lich nur umgesetzt wird, dass eine Bezahlung erfolgt, die von Art, Zweck und Häufigkeit der Benutzung abhängt – vgl. dazu *Sucker* CR 1989, S. 469; *Vinje* CR 1993, S. 403; *Moritz* CR 1993, S. 263. S. dazu den Bericht *Stichtenoth* CR 2004, S. 317, der auf eine Tagung verweist, bei welcher in diesem Kontext von der Abwägung zwischen Partizipations- und Vergütungsinteresse gesprochen worden sei.

[554] Wandtke/Bullinger/*Grützmacher*, § 69d UrhG Rdnr. 49; vgl. *Konrad/Timm-Goltzsch/Ullrich* in: Ullrich/Lejeune 2006, I Rdnr. 807; ohne weitere Begründung: *Scholz/Wagener* CR 2003, S. 883 für CPU- und die modifizierten sog. Upgrade-Klauseln. Ohne Begründung recht pauschal annehmend *Polley* CR 2004, S. 641 f.

[555] 8. Kapitel C. II. 2. c. – wenn auch im Ganzen eher auf Koppelungsverkäufe bezogen, doch ist der Argumentationsansatz ähnlich, wenn auch jene Koppelung anfänglich ist und sich zudem auf Hardware des Lizenzgebers bezieht: *Konrad/Timm-Goltzsch/Ullrich* in: Ullrich/Lejeune 2006, I Rdnr. 808; im Wartungskontext *Moritz* CR 1993, S. 347 f. u. allgemeiner *Moritz* CR 1993, S. 263; zum alten GWB und bezogen auf Portierungsverbote *Lehmann* CR 1990, S. 702 f.

[556] A. A. *Bödeker* 2008, S. 266 ff., welche die Auswirkungen in aller Regel als unerheblich betrachtet und betont, dass der Wechsel auf andere Hardware überwiegend durch andere Faktoren motiviert oder behindert werde. Allerdings müssen solche eher marktorientierten Faktoren insoweit ausgeblendet werden und der Analyse im Einzelfall überlassen bleiben.

[557] Zu einer Upgrade-Klausel: *Brandi-Dohrn* in: Redeker, Muster 1.2 Rdnr. 74.

und melden. Sind die Klauseln entsprechend „weicher" formuliert, stellt der mit diesem Flexibilitätsgewinn verbundene Aufwand an Dokumentation eine hinnehmbare Beeinträchtigung dar, da dadurch der Softwarehersteller berechtigte Interessen hinsichtlich seines empfindlichen Gutes wahrnehmen und dadurch illegalen Vervielfältigungen entgegenwirken kann.

Hinnehmbar können noch temporäre Bindungen sein, sofern sich diese Festlegungen nur auf sehr kurze Zeiträume begrenzen; höchstens aber wohl ein Jahr.[558] Aber auch dann muss es Möglichkeiten geben, zumindest in Fällen defekter CPUs usf. die Software zumindest unternehmensintern wieder zu nutzen. Verlangt der Hersteller jedoch nicht nur einen gewissen Dokumentationsaufwand oder Vergleichbares, sondern hohe Gebühren, seien es direkte (ggf. als sog. *License Transfer Fees*) oder seien es indirekte für verschleiernde DRM-Systeme, wirkt dies beschränkend dergestalt, dass etwa vor CPU-Wechseln und weiteren Investitionen abgeschreckt wird. Das gilt zumindest dann, wenn solche Lizenzkosten über den Verwaltungsaufwand seitens des Softwareherstellers hinausgehen.

Wenn nicht bloß der Hardwarewechsel zu Dokumentationszwecken bepreist und eingeschränkt wird, sondern zusätzliche Gebühren verlangt werden, etwa weil der Lizenznehmer leistungsfähigere Hardware beschafft (geläufig als *Upgrade*-Klausel), ist auch hierin eine Beschränkung zu erkennen, die sich offensichtlich zu Lasten der Hardwarehersteller auswirkt. Allgemein litte sogar der „technische Fortschritt" darunter.[559] Der Lizenznehmer hat dadurch womöglich noch den Nachteil, sich nicht mehr – ohne weitere Kosten – mit zeitgemäßer IT-Ausrüstung dem Wettbewerb stellen zu können. Dass des Weiteren ebenso Kunden des Abnehmers darunter leiden, deswegen ggf. nicht mit ausreichender Computerleistungsfähigkeit bedient zu werden,[560] mag hinzutreten.

Das bloße Angebot indes eines Komplett-PCs einschließlich Software führt zwar zu einem gemeinsamen Erwerb, verhindert als solches aber nicht Investitionen in andere Angebote, zumal die Hard- und Software nicht dauerhaft verbunden, sondern modular einsetzbar sind, es sei denn, es liegt eine Hardwarebindung vorherig geschildeter Art vor.

Inwieweit solche Klauseln urheberrechtlich gerechtfertigt sein können, hängt maßgeblich davon ab, ob das Urheberrecht entsprechende partielle bzw. granulare (bspw. räumlich auf ein konkretes Gebäude) Rechteeinräumung erlaubt, was sich im deutschen Recht primär nach § 31 I S. 2 a. E. UrhG bemisst.[561]

---

[558] *Scholz/Wagener* CR 2003, S. 884 – der Zeitraum muss aber die besagten kurzen Produktzyklen berücksichtigen (vgl. auch 8. Kapitel C. II. 2. f.).

[559] *Timm* 2005, S. 119.

[560] *Matthiesen* 2010, S. 77.

[561] Dazu im Detail: *Grützmacher* ITRB 2017, S. 143, 141 ff. (insbes. auch die Übersichten auf S. 142).

Je nach konkreter Ausgestaltung sind die wirtschaftlichen Schäden deshalb insgesamt zu differenzieren. Sofern die Klauseln den Grad eines Weiterverkaufsverbots erreichen und eben „nur" auf ein Unternehmen begrenzen, gilt das obig zu Gebrauchtsoftware Ausgeführte.[562] Ein Verstoß gegen Art. 101 I AEUV ist ebenfalls bei unverhältnismäßigen Wechselgebühren sowie *Upgrade*-Klauseln anzunehmen. „Strenge" Klauseln gehen in ihrer Beschränkungswirkung noch darüber hinaus und sind somit erst Recht als Verstöße gegen Art. 101 I AEUV zu werten. Bloße temporäre, mit Dokumentation und geringen Aufwandsentschädigungen überwindbare Begrenzungen auf CPUs, Gebäude usf. sind indes nur äußerst geringe Beschränkungen. Ihnen wohnt ebenfalls keine Dritte gleichermaßen benachteiligende Wirkung inne – zumindest nicht im relevanten Umfang; sie sind höchstens lästig für den Abnehmer – und für diesen allein. Sie sind daher schon nicht wettbewerbsbeschränkend.

2. Positive Effekte und Freistellung nach Art. 101 III

a. Freistellung durch Gruppenfreistellungsverordnungen

Insbesondere die TT-GVO ist bei Softwareüberlassung nicht anwendbar.[563] Sollte ihre Anwendbarkeit hilfsweise unterstellt werden, käme erneut eben die Begrenzung auf den Eigengebrauch als Ausnahme der Kernbeschränkung Art. 4 II lit. b) TT-GVO in Betracht.[564] Einerseits gehen Teile der vorgenannten Begrenzungen jedoch weiter als eine Beschränkung auf den Eigengebrauch (vgl. Ausnahme lit. b ii), da sie eben diesen noch umfassend reglementieren und wiederum einschränken, was die freistellende Wirkung in erhebliche Zweifel zöge. Im Übrigen betreffen diese aber gar nicht den in lit. b thematisierten Weiterverkauf.

Hinsichtlich einer CPU-Beschränkung, d. h. einer Beschränkung auf eine definierte Leistungsfähigkeit, wird vertreten, dass es sich stattdessen um eine, wenngleich freigestellte (eben nicht-wechselseitige) *Output*-Beschränkung gemäß Art. 4 I lit. b) TT-GVO handeln könnte.[565] Dazu ist zunächst anzuführen,

---

[562] 8. Kapitel C. II.

[563] 7. Kapitel C. I. 1. d. ff. (1).

[564] Vgl. 8. Kapitel C. II. 3. a.

[565] *Schultze/Pautke/Wagener* 2005, Rdnr. 432. Die TT-Leitl., Tz. 221 ff. enthalten hierzu kaum relevante Aussagen, denn sie beziehen sich ausschließlich auf Koppelungen bei Abnahme; Tz. 194 bezieht sich auf den Sonderfall, dass aus Reputationsschutzgründen nur auf Geräten des Lizenzgebers hergestellt werden soll u.ä., was für Software keine reguläre Überlegung darstellen sollte. – *Scholz/Wagener* CR 2003, S. 887 hingegen sehen in Bezug auf die vergleichbaren Regelungen der Vertikal-GVO dann eine Kundenkreisbeschränkung, wenn der Lizenznehmer bzw. Softwareerwerber durch einen Hardware-Defekt und damit verbundene Unmöglichkeit der Softwarenutzung keinen Kunden Dienstleistungen mittels der Software erbringen können. – *Bödeker* 2008, S. 261 f.: Wird hingegen eine Aufrüstung der Hardware verwehrt, könnte argumentiert werden, dass sich dadurch die Kundengruppe für den Lizenznehmer begrenze. Die Verfasserin lehnt dieses letztlich ab.

dass es sich bei den Beteiligten einer solchen Überlassung selten um Wettbewerber handeln wird, so dass eine Freistellung demnach dennoch erfolgen könnte, denn Art. 4 II TT-GVO kennt keine vergleichbaren Kernbeschränkungen. Nach *Schultze/Pautke/Wagener* unterfallen auch die weiteren CPU-Klauseln usf. keiner Kernbeschränkung der TT-GVO, sofern sie denn überhaupt gegen Art. 101 I AEUV verstoßen.[566]

Eine *Field of Use*-Beschränkung, welche einer Freistellung nicht entgegenstünde (vgl. noch Art. 4 I lit. c i TT-GVO 2004),[567] die nicht zwangsweise ein urheberrechtlich eigenständiges Nutzungsrecht, sondern lediglich eine hinreichend (technisch) beschreibbare und bestimmbare Abgrenzung verlangt,[568] ist selbst in leistungsorientierten CPU-Klauseln ebenfalls nicht zu erkennen. Dies bereits deswegen, weil solche Klauseln keinen hinreichend begrenzten Anwendungsbereich abbilden:[569] CPU-Klauseln grenzen nicht den Einsatzzweck einer Software ein, sondern führen im Ergebnis lediglich dazu, dass dieselbe Software zu denselben Einsatzzwecken nur dann auf leistungsfähigeren Rechnern betrieben werden darf, wenn der Lizenznehmer höhere Gebühren hierfür bezahlt.

Im Übrigen wäre es im Rahmen der TT-GVO erneut fraglich, wie „Vertragsprodukt" in diesem Zusammenhang überhaupt ausgelegt werden könnte: Es könnte dann nur als identisch zum Ausgangsprodukt verstanden werden.[570] Jedenfalls wäre im Ergebnis, wie dargelegt, keine verletzte Kernbeschränkung zu erkennen, weswegen mithin von einer Freistellungsmöglichkeit ausgegangen werden könnte.

Die Vertikal-GVO ist ebenfalls nicht anwendbar. Ihre Anwendbarkeit dennoch unterstellend, könnten erneut in leistungsorientierten CPU-Klauseln Verstöße wider Art. 4 lit. b) Var. 1 Vertikal-GVO in Form einer Kundenbegrenzung zunächst vermutet werden, doch ist abermals nicht davon auszugehen, dass Kundengruppen nach der Hardwareausrüstung des Abnehmers spezifiziert werden können. Gebäude- oder Raum-Klauseln begrenzen ebenfalls nicht auf ein Gebiet nach lit. b) Var. 1, da eben kein Weiterverkauf in dieses erfolgt, sondern

---

566 *Schultze/Pautke/Wagener* 2005, Rdnr. 432.

567 Zwar ist diese Ausnahme von einer Kernbeschränkung nicht mehr in der TT-GVO enthalten (anders noch in Art. 4 I lit. c i TT-GVO 2004), doch soll eine Begrenzung des Anwendungsbereiches einer Lizenz nach wie vor keine Kernbeschränkung darstellen; vgl. TT-Leitl., Tz. 208 f., wonach Nutzungsbeschränkungen keine Kundenkreisbeschränkungen nach Art. 4 I lit. c, Art. 4 II lit. b Var. 2 TT-GVO.

568 Vgl. 8. Kapitel H. I. 2. a.

569 Noch zur alten TT-GVO: *Timm* 2005, S. 118 f. In einer CPU-Klausel eine Begrenzung des Kundenkreises nach Art. 4 I TT-GVO 2004 zu sehen, war zudem noch dadurch erschwert, dass sich Kundengruppen kaum entsprechend definieren ließen, zumal CPU-Klauseln nicht dazu dienen, unterschiedliche Kunden zu adressieren, sondern letztlich nur dazu, von denselben Kunden höhere Lizenzgebühren zu verlangen.

570 7. Kapitel C. I. 1. d. dd.

lediglich eine Software-Nutzung in diesem Gebiet vorliegt. Mithin zeigt sich, dass die auf Weiterverkauf ausgelegte Vertikal-GVO ebenfalls keine passenden Kernbeschränkungen aufböte und daher ebenfalls grundsätzlich freistellte.

b. Freistellung nach Art. 101 III im Übrigen

Aufwiegende Vorteile nach Art. 101 III AEUV sind nicht ersichtlich. Zwar können ebenfalls an dieser Stelle der Kampf gegen illegale Kopien und entsprechend das berechtigte Interesse der Softwarehersteller angeführt werden, doch ist dieses Bedürfnis eben bereits durch weniger Einschneidendes zu befriedigen.[571] Vereinzelt werden insbesondere Upgrade-Klauseln dadurch zu rechtfertigen versucht, dass sie als erforderlich dargestellt werden, weil die Softwarehersteller ihre Preise nach Daten- und Verarbeitungskapazität kalkulierten – und seien höchstens im Einzelfall insgesamt kartellrechtswidrig, etwa wenn die Transferkosten missbräuchlich hoch seien.[572] Dem ist jedoch zu widersprechen. Soweit Software mit der Leistungsfähigkeit gewechselter Hardware skaliert, ist kein Grund zu erkennen, hier den Softwarehersteller erneut zu belohnen. Die Leistungsfähigkeit der IT steigt regelmäßig[573], was als solches zunächst ein Verdienst der Hardwarehersteller ist.

Auch im Übrigen sind für Verbraucher gerade keinerlei Vorteile zu erkennen als denn die Gewinnvorteile bei dem jeweiligen Hersteller, die gerade nicht unbedingt als Gewinn für alle oder andere verstanden werden dürfen. Gerade da sich die Vorteile einseitig in der Person des Urhebers bzw. des jeweiligen Unternehmens konzentrieren, jedoch keine Breitenvorteile erreicht werden, ist insgesamt von Verstößen bei vorgenannten Klauseln auszugehen.

c. Zwischenergebnis

Klauseln, die den Software-Einsatz beschränken, sind je nach Ausprägung kartellrechtswidrig. CPU- und vergleichbare Klauseln „ohne Wechselmöglichkeit" können wie Gebrauchtsoftwareverbote wirken und sind entsprechend zu bewerten, also als durch Art. 101 AEUV grundsätzlich untersagt. Ist diese Begrenzung nicht unüberwindlich, sondern kann leicht durch Dokumentation, Meldung beim Softwarehersteller und ggf. noch geringe Aufwandsentschädigung umgangen werden, ist schon kein Verstoß gegen Art. 101 I AEUV anzunehmen. *Upgrade*-Klauseln indes, die bei Wechsel zu leistungsfähigerer Hardware eine Bezahlung des Softwareherstellers vorsehen und vergleichbare Modelle, schränken die Abnehmer in gegen Art. 101 I AEUV verstoßender Weise

---

571 Vgl. 8. Kapitel C. II. 3. c. *Matthiesen* 2010, S. 80, der es allerdings akzeptieren will, sich den Hardwarewechsel melden zu lassen und geänderte Vergütung zu verlangen.

572 *Timm* 2005, S. 120.

573 Vgl. http://de.wikipedia.org/wiki/Mooresches_Gesetz.

ein.[574] Den besagten nach Art. 101 AEUV untersagten Klauseln ist gemein, dass sie Investitionen in Hardware oder weitere Angebote unterminieren.

V. ASP, SaaS, Cloud & Stream

Die (neu[er]en) rechtlichen Diskussionen über diese Dienstformen und allesamt insbesondere das *Cloud Computing*[575] sind eher von Datenschutz und Fragen anwendbaren (Datenschutz-)Rechts denn von Kartellrecht geprägt. Es wird in der Regel keine Software dauerhaft überlassen, sondern es werden Dienstleistungen erbracht. Augenfällig, wie bereits ausgeführt, ist jedenfalls, dass gegenüber Endnutzern solche Lösungen gar nicht erschöpfen, Quellcode ohnehin nicht bekannt gegeben wird und die Kontrolle des Nutzers ohnehin minimal ist: Er arbeitet oftmals – je nach Variante dieser Dienste – in einer vollkommen (abgesehen von den Übertragungswegen) vom Diensteanbieter kontrollierten Umgebung. Der Anbieter erhält bzw. behält die volle Kontrolle über seine Software.[576] Deswegen kann es, je nach (technischer) Ausprägung sein, dass der Nutzer keine urheberrechtliche Lizenz, also ein Nutzungsrecht, benötigt, sondern eben nur eine vertragliche Nutzungsgewährung.[577]

Dies könnte für den Urheber bzw. Diensteanbieter zunächst nachteilig sein. Mangels einer immaterialgüterrechtlichen Lizenz mit den inhärenten Vorteilen für den Urheber wird im Prinzip die kartellrechtliche Kontrolldichte intensiviert: Wenn dieser kein Nutzungsrecht überlässt, greift zumindest formal nicht die Rechtfertigung bzw. Tatbestandsbegrenzung über den spezifischen Schutzgehalt.[578] Jedoch ist bereits keine typische kartellrechtliche Gefährdung zu erkennen,[579] da im ASP- und *Stream*-Sektor die typischen Einsatzbeschränkungen in aller Regel schon, auch mangels herkömmlicher Überlassung, nicht gegeben bzw. üblich sind[580] – aufgrund der großen Kontrollmöglichkeit des Diensteanbieters bedarf es eben keiner CPU-Klauseln usf. Grundsätzlich wird beim *Cloud Computing* ohnehin der Preis nach Art und Leistungsfähigkeit der (virtuellen) Hardware bestimmt, die oftmals flexibel und nach Bedarf angepasst werden kann. Weitergabeverbote sind ebenfalls untypisch. Der Nutzer kann nicht weitergeben, weiterveräußern, vervielfältigen usf. Statt eines Weiterverkaufs könnte der Kunde höchstens seine Zugangsdaten gegen Entgelt weitergeben, doch dadurch erhielte der Zweitabnehmer nicht bloß den Zugang zu Software, sondern vielmehr zu einer Schar von Dienstleistungen, die neben

---

[574] *Matthiesen* 2010, S. 80.
[575] Vgl. 3. Kapitel B. I. 4. b.
[576] Vgl. 3. Kapitel B. I. 4. b.
[577] 7. Kapitel C. I. 6. b. cc.
[578] Vgl. 7. Kapitel B. V.
[579] *Matthiesen* 2010, S. 133 ff.
[580] *Timm* 2005, S. 196 f.

der besagten Software etwa Hardware, weitere Software und noch weitere Service-Leistungen enthalten können. Bei Dienstleistungen greift allerdings kein Erschöpfungsgrundsatz, was allgemein für alle Arten von Nutzerkonten bzw. Zugangsdaten entsprechend angenommen werden kann. Die Argumentation, § 69d UrhG zu einem Anspruch zu stilisieren,[581] kann hier nicht zu Gunsten der Nutzer zum Erfolg führen, denn dafür fehlt es bereits an der für § 69d I UrhG erforderlichen Überlassung.

Um hilfsweise die Freistellungsmöglichkeiten zu überprüfen: Eine Anwendbarkeit der TT-GVO scheidet ohnehin aus.[582] Da eben womöglich keine Lizenz erforderlich ist, sondern eher eine urheberrechtlich neutrale Dienstleistung erbracht werden mag, wird es erwogen, die Vertikal-GVO anzuwenden, zumal dann – folgerichtig – ein Immaterialgut nicht Hauptbestandteil der Vereinbarung sein könnte.[583] Gleichwohl ist eine Anwendung der Vertikal-GVO auszuschließen, denn selbst wenn urheberrechtlich keine Lizenz erforderlich ist, wird doch ein Immaterialgut in vergleichbarer Weise zur Nutzung zur Verfügung gestellt (vgl. § 69c Nr. 4 UrhG). Diese faktische Zurverfügungstellung sollte entsprechend behandelt werden.[584]

D. Softwareerforschungsverbote und Dekompilierung

I. Negative Effekte und Verstoß wider Art. 101 I

Es kann versucht werden, die Dekompilierung und alle übrigen Erforschungsversuche des Objektcodes bzw. eines Programmes vertraglich zu untersagen. Code und Programm sind grundsätzlich gesetzlich geschützt, weswegen die zusätzliche deklaratorische Vereinbarung keineswegs beanstandet werden kann.[585] Darüber hinausgehende Gebote müssen sich in aller Regel jedoch an den Grenzen der § 69d und § 69e UrhG bzw. den entsprechenden Regeln der Richtlinie[586] orientieren[587]. Ein Ausschluss der Rechte der § 69d III sowie § 69e UrhG scheitert zudem bereits an § 69g II UrhG. Gleichwohl schützt § 69g II nicht § 69d I UrhG, welcher u. a. Vorschriften zur Fehlerberichtigung enthält. Dass das Urheberrecht der Vertragsfreiheit Grenzen setzt, schließt eine kartellrechtliche Kontrolle keinesfalls aus – zumal gerade durch das kartell-

---

[581] Vgl. 3. Kapitel A. IV.

[582] 7. Kapitel C. I. 1. d. ff. (7).

[583] 7. Kapitel C. I. 6. b. cc.

[584] 7. Kapitel C. I. 6. b. cc.

[585] 7. Kapitel B. II. 2.

[586] Art. 5 f. 2009/24/EG.

[587] Wandtke/Bullinger/*Grützmacher*, § 69d UrhG Rdnr. 51 gegen pauschale Änderungsverbote; über das europäisch geprägte deutsche Recht begründend *Bödeker* 2008, S. 287 ff.

rechtliche Instrumentarium Vereinbarungen stärker sanktioniert werden können.[588]

Negative Effekte solcher Erforschungsverbote sind in jedem Fall, dass zumindest bestimmte Arbeitsweisen der Software nicht erkundet werden können – insbesondere aber können Schnittstellen usf. unbekannt bleiben und im Ergebnis kompatible Programme oder bestimmte komplementäre (Wartungs-) Leistungen nicht angeboten werden.[589] Dies belegt bereits, dass solche Verbotsklauseln Kartellrechtlich problematisch sind, da sie dem Wettbewerb nicht zuträglich sind. Gleichwohl ist zu betonen, dass diese urheberrechtlich garantierten Erforschungsverfahren mühsam und oftmals nicht erfolgsversprechend sind.[590] Eine entsprechende Abdingbarkeit, die diese begrenzten Chancen noch weiter unterminierte, ist daher entschieden abzulehnen.[591] Zwar würde durch solche vertraglichen Verbote in bestimmten Grenzen das Interesse an – womöglich erfolgversprechendeneren – Offenlegungsanordnungen und Pflichtlizenzen nach Art. 102 AEUV[592] verstärken, doch ist es keine zulässige Argumentationsweise, strukturelle Schwächen des Urheberrechts noch zu potentiieren, nur um in Einzelfällen eine stärkere kartellrechtliche Handhabe gegen marktbeherrschende Unternehmen zu generieren.

II. Positive Effekte und Freistellung nach Art. 101 III

1. Freistellung durch die TT-GVO

Die Software-Überlassung fällt grundsätzlich nicht in den Bereich der TT-GVO. Werden indes Quellcode oder Schnittstelleninformationen überlassen, kann es schon sinngemäß kein vergleichbares Erforschungsverbot geben, weil eben die begehrten Informationen offenliegen – bloß bei kompilierter Software stellen sich diese Problematiken regelmäßig. Wird für solche Fälle die Anwendbarkeit der TT-GVO unterstellt, könnte allerhöchstens Art. 4 I lit. d) TT-GVO eine relevante Kernbeschränkung sein. Doch fehlte es dann jedenfalls an der Unerlässlichkeit und regelmäßig bereits am Wettbewerbsverhältnis der Akteure. Auch Art. 4 I lit. c) TT-GVO ist nicht einschlägig. So bliebe noch der, abgesehen vom Wettbewerbsverhältnis, zu Art. 4 I lit. d) inhaltsgleiche Art. 5 II Var. 2 TT-GVO, doch ist bei bloßer Softwareüberlassung ebenfalls nicht die Gefahr der Preisgabe lizenzierten *Know Hows* an Dritte zu erkennen; zumal bei kompilierten Programmen gerade kein *Know How* lizenziert wird.

---

588 3. Kapitel C. III.

589 *Sucker* CR 1989, S. 470; *Bödeker* 2008, S. 291 ff.; *Timm* 2005, S. 170 ff.

590 2. Kapitel C.

591 Zustimmungswürdig *Konrad/Timm-Goltzsch/Ullrich* in: Ullrich/Lejeune 2006, I Rdnr. 818 ff., nach welchem die Dekompilierrechte usf. aus UrhG u. Computerprogramm-RiL kaum kartellrechtskonform abdingbar sind.

592 Vgl. 6. Kapitel B.

Die Vertikal-GVO ist ebenfalls nicht anwendbar – und enthielte hypothetisch jenseits der Klausel gegen Wettbewerbsverbote nach Art. 5 I lit. a) Vertikal-GVO keinerlei in Betracht kommende Bestimmung. Doch ist diese Kernbeschränkung ebenfalls nicht als Einschlägigkeit zu betrachten, denn Dekompilierverbote usf. stellen allerhöchstens mittelbare Wettbewerbsverbote dar, weil sie dazu führen, dass der Softwareerwerber nur noch schlechtere Möglichkeiten hat, sich dem Wettbewerb zu stellen.

2. *Freistellung nach Art. 101 III im Übrigen*

Positive Effekte sind höchstens für den Lizenzgeber zu erkennen. Die Vereinbarkeit von *Escrow*- oder sonstigen kompensierenden Vereinbarungen[593] spricht zunächst gegen die Unerlässlichkeit, ist doch gerade bei Standardsoftware keine gängige Maßnahme, da selten an den Quellcode gelangt werden soll. Des Weiteren greifen *Escrow*-Vereinbarungen in aller Regel erst im Falle der Insolvenz. Deswegen kann die vorgenannte Problematik, kompatible Software erschaffen zu wollen, hierdurch i. d. R. beseitigt werden. Dies insbesondere auch dann nicht, wenn die die Erforschung begehrenden Dritten nicht einmal in den *Escrow*-Vertrag eingebunden sind.

3. *Zwischenergebnis*

Insgesamt sind daher Abweichungen von den in § 69g II UrhG genannten Vorschriften des UrhG bzw. den entsprechenden europäischen Vorschriften in jedem Fall (auch) kartellrechtswidrig, zumal diese Vorschriften gerade dem Wettbewerb zu dienen bestimmt sind. Vertragliche Abweichungen zu Gunsten des Softwareherstellers sind daher kategorisch als wider Art. 101 AEUV aufzufassen. Dass die Gruppenfreistellungsverordnungen, die Anwendbarkeit erneut unterstellend, dieses Verhalten freistellten, spricht wiederum gegen ihre Anwendung.

E. Verbot der Sicherungskopie

Die Erlaubnis einer Sicherungskopie gem. § 69d II UrhG ist nach § 69g II UrhG nicht dispositiv. Allerdings ist darin keinerlei kartellrechtliche Implikation zu erblicken.[594]

---

593 *Konrad/Timm-Goltzsch/Ullrich* in: Ullrich/Lejeune 2006, I Rdnr. 823.

594 Sophistisch könnte sogar gesagt werden, eine fehlende Sicherungskopie veranlasse neue Beschaffungsvorhaben.

F. Bundles bzw. Kopplungsgeschäfte (Bundling, Tying)

Neben der – noch zu erörternden – Konstellation auf Vertriebsebene[595] und neben sonstigen unternehmensbezogenen Abnahmevoraussetzungen[596] für Endkunden kann es auch eine Voraussetzung sein, Software nur mit anderen Produkten zu erwerben. Dies zum einen nur mit Hardware[597] – was insbesesondere als OEM bekannt ist – oder eben in andersartigen Kombinationen.

I. Arten von Kopplungen

1. OEM und andere vergleichbare Arten (DSP, SB usf.)

Für den Endkunden[598] bedeuten OEM und vergleichbare Versionen, diese entweder nur als Bestandteil eines Komplett-PCs zu erhalten oder aber zumindest einzelne, weitgehend beliebige Hardwarekomponenten zugleich zusätzlich erwerben zu müssen oder aber stattdessen nur eine höherpreisige Variante (*Retail*) erwerben zu können bzw. noch vergünstigte andere Versionen.[599] Ob es sich aus urheberrechtlicher Perspektive bei OEM um eine eigene Nutzungsart handelt – was eine Entrückung aus der kartellrechtlichen Kontrolle bedeuten könnte[600] – ist umstritten,[601] wird von der wohl dominierenden Ansicht im Urheberrecht jedoch – zu Recht – abgelehnt. Diese Kontroverse steht zudem im Zusammenhang mit der Frage des Eintritts der Erschöpfung.[602] Wohl wegen eines BGH-Urteiles (aus dem Jahr 2000) entwickelte sich OEM zu DSP, zumindest bei Microsoft.[603] Dabei ließ es der BGH gleichwohl offen, ob es sich bei OEM[604] um eine eigene Nutzungsart handelt und löste die Frage ohne konkrete Beantwortung zu Ungunsten Microsofts über (umfassend wirkende) Erschöpfung.[605] Entsprechend ist nicht bloß die Beschränkbarkeit der Rechte relevant, sondern eben auch, ab wann bzw. ab welchem Vertriebspunkt der Eintritt der Erschöpfung zu sehen ist und welche Reichweite dieser beigemessen wird.[606]

---

595 8. Kapitel H.

596 8. Kapitel C. III. 4.

597 Lauterkeitsrechtlich sei der Verkauf von PCs mit vorinstalliertem Betriebssystem jedenfalls nicht zu beanstanden, s. EuGH Urt. v. 7. 9. 2016 – C-310/15 = MMR 2016, S. 735 ff.

598 Zum Vertrieb 8. Kapitel H.

599 U. a. 3. Kapitel B. I. 1. a; vgl. *Timm* 2005, S. 66 f., 84 f.

600 Dazu *Timm* 2005, S. 93; *Bödeker* 2008, S. 204.

601 A. A. u. diff. etwa *Timm* 2005, S. 78 ff.

602 3. Kapitel A. IV.

603 *Bödeker* 2008, S. 209.

604 Im Sinne des ersten Typus, s. dazu den nachfolgenden Absatz.

605 BGH, Urt. v. 6. 7. 2000 – I ZR 244/97 „OEM" = http://www.jurpc.de/rechtspr/20000220.htm (JurPC 220/2000) = GRUR 2001, S. 153 ff.

606 Vgl. 3. Kapitel A. IV.

Auch wenn OEM etc. insbesondere bei Betriebssystemen und bei bzw. bezüglich Microsoft besonders relevant und üblich sind, bietet sich eine Verallgemeinerung der Bezeichnungen, die etwa auch als OEM im engeren, „eigentlichen" oder weiteren Sinne sein mögen[607], ungeachtet der unternehmensspezifischen Gepflogenheiten, an. Dies deswegen, weil diese Modalitäten neben einem Wandel der Zeit ebenfalls einem Wechsel der rechtlichen Rahmenbedingungen, wie besagter BGH-Rechtsprechung, unterliegen mögen – und zudem nicht einheitlich definiert und auch unter Juristen unterschiedlich verstanden werden[608]. Dabei ist jedenfalls mindestens zu unterscheiden zwischen (1.) dem Vertrieb mit einem Komplett-PC oder Notebook bzw. vergleichbarer Hardware, die mehrere/andere Betriebssysteme erlaubt; (2.) die Kopplung mit anderen, bestimmten oder unbestimmten Hardware-Komponenten – wobei in Fällen (1.) und (2.) beachtet werden muss, ob irgendeine dauerhafte Bindung[609] an eben diese Hardware geschieht[610] – und (3.) dem isolierten Vertrieb einer Software zu einem anderen, günstigen Preis, funktional mit höchstens geringen Einschränkungen und ansonsten üblicherweise mit einem „Minus" an Kundendienst, Verpackung und ggf. ohne gedruckte Handbücher etc. eben im Vergleich zur *Retail*-Variante; wobei solche Versionen neuerdings geläufig als DSP[611] oder SB[612] bezeichnet werden.

Auch hier muss unterschieden werden, ob entsprechende Beschränkungen lediglich faktisch durch TPM/DRM i. w. S. durchgesetzt oder sogar (wirksam[613]) vereinbart werden. Im Nachfolgenden wird zunächst unterstellt, sie seien (auch) vereinbart worden.[614] Für das an dieser Stelle untersuchte *Bundling* ergibt sich diese Vereinbarung ohnehin aus den jeweiligen – bündelnden – Kaufverträgen. Der dritte Typus wurde bereits diskutiert.[615] OEM insgesamt betrifft neben der Abgabe an Endkunden, ob durch Software-Hersteller oder Vertrieb, ebenfalls die Vertriebsvorgaben des Herstellers und ggf. hierarchisch höhere Vertriebsebenen gegenüber nachfolgenden.[616]

---

607 *Timm* 2005, S. 82.

608 Vgl. *Timm* 2005, S. 78, welche meint, dass ansonsten oftmals mit OEM statt dessen DSP gemeint sei. Die OEM-Entscheidung des BGH bezieht sich jedenfalls auf OEM in ihrem Sinne.

609 Damit ist nicht gemeint, ob die Software vorinstalliert ist – dies ist insbesondere kartellrechtlich unbeachtlich, 7. Kapitel C. I. 1. d. ff. (2) (a).

610 Wiederum insbesondere mit *Recovery*-Versionen (3. Kapitel B. I. 1. a), bei denen eine Installation nur beim Ursprungssystem möglich ist – s. http://de.wikipedia.org/wiki/Erstausr%C3%BCster#Erstausr.C3.BCster-Produkte_im_Handel.

611 *Delivery Service Partner*-Versionen; anders noch in der Nomenklatur bei *Timm* 2005, S. 88 ff., die als DSP-Versionen jene bezeichnet, die mit einzelnen, beliebigen Hardware-Komponenten vertrieben werden dürfen, als OEM hingegen die Varianten für Komplettsysteme.

612 *System Builder* – s. http://de.wikipedia.org/wiki/System_Builder.

613 Zu *Shrink Wrap* etc. 3. Kapitel C. II.

614 Undiff. bzw. das lediglich Faktische nicht beachtend etwa *Timm* 2005, S. 88 ff.

615 8. Kapitel C. III. 4.

616 Zum Vertrieb 8. Kapitel H.

Speziell zum ersten Typus vertritt *Timm* die Annahme einer eigenständigen Nutzungsart, die sich dadurch auszeichne, dass diese OEM-Versionen von besagten speziellen *Replicators* hergestellt werden, nur für bestimmte (große) Computerhersteller verfügbar sind, der Endkunde nur eine „Sicherungskopie" erhalte und entsprechend zwischen solchen und anderen Fachhandelsversionen unterscheiden könnte.[617] Eine solche Unterscheidung bei Nutzungsarten hinge jedoch zu stark von den Zufälligkeiten (und mithin Umgehungsmöglichkeiten) der Vertriebsgestaltung ab. Dabei gilt es insbesondere zu bedenken, dass das Endprodukt technisch absolut identisch ist[618] – und anders als etwa ein aufwendig eingebundenes, großformatiges Buch gegenüber einem Taschenbuch keine höhere Wertigkeit verspricht. Zudem ist es nicht marktüblich, zwischen Komplett-PCs mit OEM- oder *Retail*-Version zu wählen, worin auch kein technisch relevanter Differenzierungsfaktor läge. Sofern darauf abgestellt wird, dass „inhaltlich" zwischen Buchclubs und sonstigem Handel differenziert werden könne,[619] ist zu betonen, dass dem einerseits spezifische Umstände jenes Handels zugrunde liegen und auch Buchclubs eben wie Clubs mit beigetretenen Mitgliedern verstanden werden,[620] was auch insoweit auf den PC-Märkten nicht stattfindet oder organisiert wird. OS-Verpackungen werden üblicherweise nicht einmal wie Bücher in Regale gestellt, so dass die unterschiedlichen Versionen nicht zur Begründung von Prestige nutzbar sind. Außerdem unterscheiden sie sich nicht in der Nutzung, was bei Büchern in unterschiedlichen Formaten und Wertigkeiten noch (begrenzt) angenommen werden kann. Ob indes etwa Gemüse in einem Netz oder in einer Papierfolie verkauft wird, wird niemand ernsthaft als unterschiedliche Nutzungsarten darstellen wollen.

Bei all den OEM-Typen handelt sich seitens des Herstellers lediglich um andere Bepreisungs- und Vertriebsmodelle, nicht jedoch um neue Nutzungsarten. Entsprechend scheidet eine Kontrolle nach Art. 101 I AEUV keinesfalls aus. Dabei ist zu berücksichtigen, dass das Urheberrecht, weniger als ggf. noch das Markenrecht, kein Vertriebskontrollrecht darstellen soll. Eine überbordende

---

617 *Timm* 2005, S. 79 ff.

618 *Jaeger* ZUM 2000, S. 1074 f.

619 BGH, Urt. v. 21. 11. 1958 – I ZR 98/57 – „Der Heiligenhof" = GRUR 1959, S. 200 ff.

620 Dazu BGH, a. a. O., S. 202: „Das für den Streitfall bedeutsame Wesensmerkmal der Buchgemeinschaften, in dem sie sich von anderen Arten des Büchervertriebs unterscheiden, liegt darin, daß eine Buchgemeinschaft als solche ihre Bücher nur an einen beschränkten und bestimmten Kreis von Abnehmern liefert, die ihr – nach einer gebräuchlichen Ausdrucksweise – ‚als Mitglieder beigetreten' sind und sich auf eine für die Buchgemeinschaften typische Art zum regelmäßigen Bezug von Büchern bei ihr verpflichtet haben, während bei anderen Arten des Büchervertriebs, insbesondere bei dem Vertrieb durch den Sortimentsbuchhandel in der für ihn typischen Funktion, ein grundsätzlich unbeschränkter Markt in dem Sinne besteht, daß jeder Buchinteressent jedes einzelne gewünschte Buch bei jedem Buchhändler ohne Übernahme weiterer Verpflichtungen mittels eines Kaufvertrags erwerben kann."

vertikale Kontrolle zu Gunsten der Hersteller soll gerade nicht erreicht und bezweckt sein.[621]

2. Sonstige Bundles (Tyings)

Weitere Produkt-Bündel bzw. *Bundles* bzw. Produktkopplungen sind dergestalt, dass Software nur in Verbindung mit anderer Software, mit Hardware außerhalb besagter OEM-Lösungen oder weiteren Dienstleistungen abgesetzt wird.[622] Eine solche Kopplung ist zunächst lediglich eine Absatzkopplung und muss nicht zu einer langfristigen, technischen oder vertraglichen Kopplung in der Hinsicht führen, dass die gekoppelt verkauften Produkte nur gemeinsam eingesetzt, nicht getrennt oder überhaupt nicht verkauft werden dürfen.[623] Gebündelt werden kann nicht nur mit Hardware, mit anderer Software, sondern auch mit Servicedienstleistungen (wodurch i. d. R. bei F/OSS erst Gebühren entstehen können[624]). Verschiedene Software kann dabei in eine *Suite* oder ähnliches kombiniert und integriert sein.[625]

II. Negative Effekte und Verstoß wider Art. 101 I sowie Anwendungsbereich des Art. 101 I lit. e)

Es liegt nahe, in all diesen Kombinationen einen Verstoß gegen Art. 101 I lit. e) AEUV zu sehen, weswegen zu fragen bliebe, ob ein sachlicher Zusammenhang oder ein Handelsbrauch besteht, sofern der jeweilige PC-Hersteller bzw. Vertrieb nicht identische Waren auch entbündelt anböte. Allerdings ist es, wie angeführt, fraglich, ob Art. 101 I lit. e) AEUV überhaupt den Absatz gebündelter Produkte an Endabnehmer erfasst. Dieser Streit kann letztlich dahinstehen, weil in jedem Fall eine kartellrechtliche Kontrolle der diesbezüglichen Vertriebssteuerung erfolgen kann und mithin die bereits aufgeworfenen Aspekte untersucht werden können. Die Vertriebssteuerungsebene ist ohnehin von größerer Bedeutung, weil über diese die Softwarehersteller bewirken können, dass deren Bedingungen gegenüber allen Abnehmern durchgesetzt werden. Die Untersuchung erfolgt an späterer Stelle.[626]

---

621 Zutreffend *Wolf* 2009, S. 234 f.
622 Vgl. 7. Kapitel C. I. 6. b. bb. (2).
623 Insofern handelt es sich um eingeschränkte Absatzverbote – vgl. 8. Kapitel C. IV.
624 8. Kapitel A. II. 1.
625 Vgl. 7. Kapitel B. IV. 2. b. bb. (4).
626 8. Kapitel H.

III. Zwischenergebnis

Das Bündeln von Hard- oder Software oder weiteren (Dienst-)Leistungen beim Absatz, was auch (einzelne Formen des) OEM umfasst, ist, wenn eine Wahl besteht, unbedenklich. Besteht indes keine Wahl, ist dies wettbewerbspolitisch bedenklich, nach Art. 101 I lit. e) AEUV ggf., jedenfalls aber nach Art. 102 AEUV oder über die zugehörige Handels- und Vertriebssteuerung nach Art. 101 I AEUV kontrollierbar. Der letztere Fall wird noch zu erörtern sein,[627] zudem liegt es näher, dies im Wege des Vertriebes zu prüfen, weil der Softwarehersteller ohnehin oftmals nicht selbst „bündelt", jedoch gerade von diesem die Initiative ausgeht, den Handelsstufen dieses vorzugeben.

Es bleibt noch anzumerken, dass hinsichtlich etwaiger Freistellungen noch etwas zu beachten ist: Wird die Anwendbarkeit der TT- oder auch der Vertikal-GVO im Verhältnis zwischen Softwarehersteller und Vertriebs- und Handelsstufen diskutiert, wird in dieser Beziehung i. d. R. lediglich Software zur Verfügung gestellt. Hinsichtlich der Endabnehmer steht erst die Abnahme eben dieser Software samt Hardware (etwa Komplett-PCs) im Raum. Dann kann zumindest die Vertikal-GVO anwendbar sein, weil dann diese Software wertmäßig unbedeutend sein kann.

G. Konsolenspielherstellungsverträge

Bei den Videospielerstellungs- und Vertriebslizenzen, die Lizenznehmer zur Herstellung von Spielen für proprietäre Videospielkonsolen (insbes. von Nintendo, Microsoft oder Sony) berechtigen und in die Lage versetzen, handelt es sich um Vereinbarungen über Wissen und Software für eine bestimmte Plattform und die Erlaubnis, entsprechende eigene Programme nach Abschluss einer erfolgreichen Qualitätskontrolle vertreiben zu dürfen.[628] Entsprechend berühren solche Vereinbarungen sowohl Entwicklung als auch Vertrieb. Exklusivität des jeweiligen Programmes wird dabei i. d. R. nicht gesichert, sondern ggf. lediglich im Einzelfall für relativ hohe Summen seitens eines Konsolenherstellers erwirkt. Von Rücklizenzklauseln[629] ist dabei zumindest nicht in solch gesteigerter Form auszugehen, da zumindest bzgl. des Produktes die jeweiligen Entwickler ihrer Rechte nicht verlustig werden und fertige Spiele auch als eigene vermarkten können. Die Bezahlung des Konsolenherstellers erfolgt branchenüblich über *Running Royalties*. Dieser Vertrag stellt sich zumindest insoweit als Kombination bereits erörterter Typen dar.

---

[627] 8. Kapitel H.

[628] Details s. bereits unter 3. Kapitel B. VI.

[629] 8. Kapitel B. II. 1.

I. Negative Effekte und Verstoß wider Art. 101 I

Bei Videospielen bzw. Konsolencomputerspielen wird im Erstvermarktungszyklus bei Vollpreistiteln, welche für ca. 50–70 EUR an Endabnehmer abgesetzt werden, ein Lizenzanteil von ca. 15 EUR zu Gunsten der Konsolenhersteller angenommen.[630] Solche absatzbezogenen Modelle sind grundsätzlich unbedenklich.[631] Hilfsweise ließe sich im Rahmen des Art. 101 III AEUV erwägen, ob der Umstand, dass dadurch zumindest die Konsolen günstiger sind – denn die Hersteller verkaufen zumindest anfangs diese unter ihren Kosten – die Verbreitung solcher Konsumentengüter fördert. Denn wenn die Hersteller dies nicht könnten, müssten unweigerlich die Preise für Konsolen höher sein, was etlichen Personen oder Familien[632] die Möglichkeit nähme, sich solche Geräte anzuschaffen. In Vergleich zum Einkommenssteuerrecht kann es dann heißen, dass die Progression jene trifft, die zahlreiche Spiele erwerben und somit den Erwerb der Konsolen für Dritte mitfinanzieren.

Fraglich bleibt die Qualitätskontrolle als Vertriebszulassungshindernis: Erst wenn das Produkt die Anforderungen des Konsolenherstellers und Plattform-„Beherrschenden" erfüllt, darf es schließlich auch vertrieben werden. Dabei handelt es sich um eine Einschränkung im Sinne des Art. 101 I lit. b) AEUV. Ein *Release* kann sich daher stark verzögern und mithin ein Studio dadurch sogar ruinieren. Es entsteht ein sehr starkes Abhängigkeitsverhältnis, da eben selbst nach der eigentlichen Plattform-Lizenz der Konsolenhersteller das Endprodukt noch umfassend kontrollieren kann. Außer einem Ruin sind auch weniger einschneidende, jedoch ebenfalls empfindlich treffende Einbußen möglich, wenn dadurch etwa attraktive Veröffentlichungszeiträume, wie speziell das Weihnachtsgeschäft, verpasst werden – oder sodann Veröffentlichungen zu Unzeiten geschehen müssen, also etwa in Zeiten härterer Konkurrenz.[633] Für den Markt insgesamt bedeutet dies möglicherweise erst zu einem späteren Zeitpunkt verfügbare Programme, zeitweise geringeres Angebot und Wettbewerb.

Inwieweit Geheimhaltungsklauseln vereinbart sind, ist unbekannt – gleichwohl ist davon auszugehen. Diese sollten jedoch, entsprechend formuliert, unbedenklich sein.

---

[630] Vgl. 3. Kapitel B. VI.

[631] 8. Kapitel B. II. 2.

[632] Zu erhöhten Preisen wegen Re-Import-Verbotes von Videospielen führte der ehemalige EU-Kommissar für Wettbewerb *Monti* aus: „Europäische Familien geben alljährlich Millionen für Videospiele aus, und wir wollen dafür sorgen, dass sie dabei nicht betrogen werden." (IP/00/419 v. 28. 4. 2000).

[633] Vgl. 8. Kapitel C. II. 2. d.; 7. Kapitel B. IV. 2. b. bb. (7) (c) (gg).

II. Positive Effekte und Freistellung nach Art. 101 III

1. Freistellung durch die TT-GVO

Die TT-GVO ist grundsätzlich anwendbar: Ziel solcher Verträge ist gerade die Schaffung eines neuen Produktes (Spieles) auf einer zunächst für den Entwickler fremden Plattform, der dazu Entwicklungswerkzeuge etc. erhält. Er erhält i. d. R. auch nicht bloß simple Bausteine, sondern Einblick in eine proprietäre Entwicklungs- und Hardwareplattform, die entweder dem PC recht ähnlich sein kann (etwa: *X-Box 360* und *X-Box One* sowie die *Playstation 4*) oder bereits eine ganz andere Prozessorarchitektur haben kann (etwa: *Playstation 3*). Des Weiteren werden Software, Code und *Know How* und ggf. sonstige Lizenzen erworben. Zudem darf gewiss ggf. auch auf Patente zurückgegriffen werden. Es ist dabei ebenfalls nicht davon auszugehen, dass sonstige Immaterialgüterrechte transferiert werden, die eine Anwendbarkeit der TT-GVO als Hauptbestandteil ausschlössen. Auf dieser Basis werden sodann ein neues Programm als auch weitere, insbesondere dem Urheberrecht unterliegende Inhalte entwickelt (oder zumindest portiert[634]). Dass indes das Produkt zu weiten Teilen auf anderen Rechten basiert, schließt indes die TT-GVO nicht aus.

Bei der weiteren Anwendung der TT-GVO kann es fraglich sein, ob Konsolenhersteller und Drittanbieter Wettbewerber sind, da Konsolenhersteller eben auch (exklusive) Spiele für ihre Hardwareplattform anbieten bzw. durch eigene Studios anbieten lassen.[635] Nach den vorherigen Ausführungen erschöpft sich dieser Markt grundsätzlich auf die jeweilige Plattform und ist dann anhand der Genres zu bestimmen. Bei der Bestimmung der Genres ist sich an den bekannten zu orientieren, etwa an Action-Adventures, Jump'n'Run etc., die durch Marktbeobachtung zu ermitteln sind. Dabei wird angenommen, dass grundsätzlich – anhand der Bedarfsmarkttheorie – eben stets ein konkreter Bedarf nach bestimmten Arten von Spielen besteht.[636] Somit muss es zu keinem Wettbewerbsverhältnis kommen. Die Lizenzgebühren, die an den jeweiligen Konsolenhersteller zu zahlen sind, verhindern jedenfalls keine freie Preisfestsetzung (Art. 4 I lit. a bzw. Art. 4 II lit. a TT-GVO). Wegen Art. 1 I lit. n ii) TT-GVO wäre es ohnehin fraglich, ob Konsolenhersteller und andere Publisher als Konkurrenten angesehen werden können, denn diese Publisher können erst aufgrund dieser Lizenzvereinbarung mit den Konsolenherstellern in Wettbewerb auf den Spielemärkten treten.

Fraglich ist, ob Kundenkreise zugewiesen werden (Art. 4 II lit. b TT-GVO). Dies geschieht insoweit genuin, da Abnehmer solcher Konsolenprodukte stets nur Eigentümer der entsprechenden Konsolen sein werden bzw. sein können.

---

634 3. Kapitel B. VII.

635 *Weidenbach/Vogt/Hauser* WRP 2012, S. 67.

636 7. Kapitel B. IV. 2. b. bb. (7) (c).

Insoweit bedarf es schon keiner vertraglichen Regelung. Den Spieleherstellern steht es jedoch grundsätzlich frei, diese Spiele auch für andere Konsolen zu portieren bzw. portieren zu lassen. Ansonsten scheinen keine Kernbeschränkungen einschlägig zu sein, was jedoch letztlich erst in Kenntnis konkreter Verträge festgestellt werden könnte.

Die Anwendbarkeit der TT-GVO könnte aber regelmäßig an den Marktanteilsschwellen scheitern. Einerseits ist der Konsolenmarkt oligopolisiert, andererseits sind die Konsolenhersteller bzgl. der jeweiligen Konsolentechnologie bzw. Konsole als Hardwareplattform „natürliche" Monopolisten. Insoweit sprechen drei große konkurrierende Anbieter (Sony, Microsoft, Nintendo), zumindest bei marktrelevanten Konsolen, als auch das jeweilige Monopol[637] bereits ohne eine – freilich vorbehaltene – Auszählung gegen eine Anwendbarkeit der TT-GVO. Dabei ist zunächst zwischen den relevanten Plattformen zu unterscheiden, wobei jeweils konkurrierend die stationären Konsolen (der besagten drei Hersteller) sowie die portablen betrachtet werden (die drei abzgl. Microsoft, ggf. aber Hersteller von Smartphones, insbes. Apple, konkurrierend).[638] Ausgehend von diesen Plattformen ergeben sich die jeweiligen Anschlussmärkte sowohl für Software (Spiele) als auch ggf. für spezielle Hardware; der jeweilige Konsolenhersteller ist jeweils als „Plattformbeherrscher" (Zulassungs-[639])Monopolist. Von plattformübergreifender Konkurrenz einzelner Spiele wäre nur auszugehen, wenn Nutzer typischerweise über mehrere Plattformen (ggf. einschl. PC) verfügen.[640] Diese Spielemärkte separieren sich dann insbes. nach Genres, auf denen die Konsolenhersteller ggf. selbst präsent sind.[641]

Es bleibt also zu bestimmen, welche Relationen und Marktanteile für die TT-GVO heranzuziehen sind. Da sich die TT-GVO an Technologie- und Produktmärkten orientiert und auch keine Fragestellung des Art. 102 AEUV insoweit[642] vorliegt, sollte bzgl. der TT-GVO der Markt für stationäre und für tragbare Konsolen herangezogen werden. Aber auch dann dürfte es für die Konsolenhersteller schwierig sein, unter den 30% des Art. 3 Abs. 2 zu bleiben.[643]

---

637 Vgl., wenn auch nicht hinreichend deutlich EuG, Urt. v. 30.4.2009 – T 18/03, Tz. 109 bzgl. Nintendo (vgl. Kap. 3 Fn. 314, Kap. 7 Fn. 736): „Denn der fragliche Markt, d. h. der Markt des Vertriebs der Nintendo-Erzeugnisse, wurde zur Zeit der fraglichen Vorgänge von Nintendo und ihren Tochtergesellschaften beherrscht." Der EuGH, Urt. v. 10.2.2011 – C 269/09 P lässt hierzu überhaupt nichts erkennen.

638 3. Kapitel B. VI.

639 Vgl. 5. Kapitel B. II. 3.

640 Vgl. 7. Kapitel B. IV. 2. b. bb. (7) (c).

641 Vgl. 7. Kapitel B. IV. 2. b. bb. (7) (c) (ff).

642 Sofern ein Publisher erfolglos Zugang zur Plattform begehren sollte, wäre es indes angebracht, auf das Plattformmonopol abzustellen. Dies auch deswegen, weil es wirtschaftlich auch uninteressant sein kann, nur für eine Plattform zu entwickeln.

643 Vgl. dazu die Marktanteile: http://de.ign.com/ps4/110868/news/70-prozent-marktanteil-in-deutschland-so-ubermachtig-ist-die.

Insgesamt bleibt festzuhalten, dass diese Vertragstypen originär freistellungsfähig sind, dass die Konsolenhersteller aber genau zu prüfen haben, ob sie die Marktanteilsschwellen nicht überragen.

2. *Freistellung nach Art. 101 III im Übrigen*

Gerade diese Qualitätskontrolle führt zu einem Vorteil der Verbraucher. Während etliche PC-Spiele kaum marktreif veröffentlicht werden und oftmals unzähliger *Bugfixes* bedürfen, war es bis zur gegenwärtigen Konsolengeneration kaum möglich, diese Spiele zu aktualisieren. Diese wurden einerseits auf nicht wiederbeschreibbaren Medien (CD-ROM, Spezial-*Cartridges*[644]) vertrieben, denn noch hatten die Konsolen keinen größeren Fest- oder Wechselspeicher (insbes. Festplatten), auf denen das Spiel zu installieren war – und hätte somit aktualisiert werden können. Zudem wäre es schwierig gewesen, die Endnutzer allesamt zu erreichen und diesen überhaupt ein Update zur Verfügung zu stellen – ohne schnelle und kostengünstige Internetverbindung. Diese „Verbesserung der Warenerzeugung" liegt also in fehlerfreieren Programmen. Anderweitig technisch überlegen sind sie in aller Regel nicht, da bereits die Konsolenhardware der jeweils verfügbaren PC-Hardware leistungsmäßig nicht überlegen ist.

Ziel der Konsolenhersteller war und ist es zunächst, viele (gute) Spiele für ihre Plattform zu erhalten, da dieses ein entscheidender Profilierungsfaktor gegenüber anderen Konsolen sein kann. Gleichwohl besteht kein Interesse an kaum ablauffähigen Programmen, da diese Kunden von ihren Produkten abschrecken könnten und auch dem Hersteller einer vergleichsweise begrenzten Plattform „angekreidet" werden könnten. Die Qualitätsbegrenzungen bestehen im Grunde gegenüber allen Softwareherstellern gleichermaßen.

Auch für die aktuelle Konsolengeneration werden die Spiele noch per Datenträger (etwa auf *BluRay*)[645] vertrieben, doch enthalten zumindest die stationären Konsolen mehrheitlich Festplatten und diese sind allesamt für Internet-Anbindungen gerüstet bzw. gerade dafür vorgesehen, da so nicht nur Download-Spiele, Filme, DLCs etc. bezogen werden können, sondern auch *Patches* möglich und vorhanden sind. Gleichwohl sind sie dennoch nicht im gleichen Maße erforderlich wie vorhanden, durch die eher zentralistische Plattformarchitektur und automatische *Update*-Funktion sind *Patches* zudem einfacher verfügbar.

Der Konsumentenwohlfahrt widerspricht, dass Konsolenspiele i. d. R. 10–15 EUR an Mehrkosten gegenüber PC-Spielen verlangen, obwohl letztere sogar noch Vorteile insbesondere an graphischer Qualität, etwa an möglichen Auf-

[644] Dadurch waren die Spiele freilich notwendigerweise weniger komplex, wodurch die Fehleranfälligkeit naturgemäß geringer war.

[645] Ausnahme: Downloads – 3. Kapitel B. I. 4. a.; 3. Kapitel B. VI.

lösungen, Texturgröße etc. bieten mögen – und nicht zuletzt für *Modding*[646] zur Verfügung stehen können. Während PC-Spiele also ohne die vorgeschaltete Qualitätskontrolle durch ein fremdes Unternehmen veröffentlicht und abgesetzt werden können, wird dieses bei Konsolen gerade durch die Plattformhersteller verhindert – neben Lizenzgebühren mag auch dieses ein Grund für geringere Preise sein, da sich die Entwicklungskosten nicht aufstauen und ggf. geringer sein können. Gleichwohl sind bislang noch keine Beschwerden großer Hersteller publik geworden, dass ein Konsolenhersteller sie überfordert habe, zumal inhaltlich – soweit bekannt – kein Einfluss genommen wird. Eine Auswahl mag höchstens dabei stattfinden, welchen Unternehmen überhaupt die Möglichkeit an der Plattformteilhabe gestattet wird.[647] Daneben ist es auch allgemein bekannt, dass die Konsolenhersteller auf diese Gelder angewiesen sind, da die Konsolen bekanntlich selbst – zumindest in den ersten Jahren – unter Kosten verkauft werden. Im Übrigen ist zumindest der potentielle Absatzmarkt bei Konsolen kleiner als beim PC, verlangt jedoch aufgrund der technischen Eigenheiten der Plattformen weiteren Aufwand. Andererseits sind illegale Vervielfältigungen im Konsolenbereich ein geringeres Problem. Gleichwohl hat ein Konsolenhersteller ein Interesse daran, dass auf der jeweiligen Plattform nicht allzu fehleranfällige Software angeboten wird, zumal schlechte Software auch auf den Hersteller zurückfallen könnte; anders als bei PCs, die aufgrund beliebiger Komponenten von i. d. R. verschiedensten Herstellern kaum einem konkreten Unternehmen zugerechnet werden können und bestimmte Fehler daher selten PC-Herstellern angelastet werden.

III. Zwischenergebnis

Den Wettbewerb schaltet jedenfalls die Qualitätskontrolle nicht aus, auch ist diese Qualitätskontrolle für das Ziel weniger *verbugter* d. h. fehlerbehafteter Programme unerlässlich. Die *Running Royalties* indes stellen bereits keinen Verstoß wider Art. 101 AEUV dar. Mithin sind Konsolenspielvertriebsverträge, soweit sie überhaupt gegen Art. 101 I AEUV verstoßen, grundsätzlich freigestellt.

H. Vertriebsauflagen (Vertriebssteuerung)

Bei Software ist nach wie vor ein Absatz über Vertriebsmittler üblich, zur Vertriebssteuerung erfolgen mithin Verträge zwischen Softwarehersteller und ggf. mehreren Vertriebsstufen (Großhändler, Zwischenhändler, *Large Account Re-*

---

646 3. Kapitel B. VIII. 1.
647 Was indes eine Frage nach Art. 102 AEUV aufwerfen könnte.

sellers oder *Replicators*[648], Verkaufsstellen/Läden etc.).[649] Diese Verträge kann der Softwarehersteller nutzen, um seine eigenen Vorstellungen des Vertriebes durchzusetzen. Vorherige benannte Beschränkungen – etwa CPU-Klauseln –[650] kann er dabei womöglich „durchreichen" lassen (*Passing Through*)[651], also mit den (verschiedenen) Vertriebsstufen vereinbaren, welche solche Vorgaben untereinander ebenfalls durchreichen mögen, bis sie gegenüber dem Endabnehmer entfaltet bzw. durchgesetzt werden sollen. Neben Einsatzbeschränkungen, die erst den Endanwender binden sollen, können weitere Vertriebsvorgaben bestimmt werden, etwa bestimmte Versionen nur an bestimmte Personen- oder Unternehmensgruppen zu veräußern oder identische Versionen an bestimmte Gruppen oder Organisationen nur zu unterschiedlichen Konditionen abzusetzen. Diese stellen zwar Anforderungen an den Endkunden. In der Sache werden jedoch die Vertreibenden verpflichtet, diese Voraussetzungen zu überprüfen.[652] Des Weiteren kann dieses ebenfalls auferlegt werden, die jeweilige Software nur gebündelt mit weiteren Gütern zu verkaufen, etwa – im Kreise des OEM – Komplett-PCs.[653]

Da die Kontrolle des Art. 101 I AEUV, wie dargelegt (zumindest nach bislang verbreiteter Lehre), womöglich gegenüber Endnutzern nur begrenzt ist[654] (und gegenüber privaten Endnutzern ohnehin nicht besteht), ist diese Ebene bzw. sind all diese Ebenen – zumindest als einziger Ansatzpunkt für Art. 101 I AEUV – besonders entscheidend. Dabei können die Interessen der Dritten, gegenüber denen keine direkte kartellrechtliche Kontrolle stattfindet,[655] gleichwohl in diese Abwägung einfließen.

Dabei kann es sein, dass dieser Vertrieb bereits vorgefertigte und ggf. abgepackte Software erhält und unter im Rahmen entsprechender Vereinbarungen selbst die Vervielfältigung (als sog. *Authorized Replicator*)[656] oder auch die digitale Distribution oder zumindest Teile der Sortimentierung für zu diversifizierende Absatzgruppen übernimmt, was insbesondere dann einfach möglich ist, wenn die Software vollständig identisch ist. Ungeachtet dessen wirken solche Vorgaben für Vertriebsbeteiligte anders als gegenüber den End-

648 Diese Begriffe sind aktuell kaum noch in Verwendung.

649 3. Kapitel B. I. 7.

650 8. Kapitel C. IV.

651 Vgl. u. a. 3. Kapitel B. II. 2; vgl. ErwGrd. 19 S. 2 TT-GVO: „Sie sollte für solche Vereinbarungen auch dann gelten, wenn sie Beschränkungen für mehr als eine Handelsstufe enthalten, beispielsweise wenn der Lizenznehmer verpflichtet wird, ein spezielles Vertriebssystem zu errichten, und wenn ihm vorgegeben wird, welche Verpflichtungen er den Weiterverkäufern der in Lizenz hergestellten Produkte auferlegen muss oder kann."

652 Vgl. dazu u. a. 3. Kapitel B. II. 2.

653 8. Kapitel F. I. 1.

654 7. Kapitel B. III. 1; 8. Kapitel C. IV. 1.

655 Vgl. 7. Kapitel B. I.

656 *Timm* 2005, S. 66; *Bödeker* 2008, S. 202 f.

abnehmern[657], was nachfolgend noch behandelt wird. Ob die Software selbst vervielfältigt und verpackt wird, ob digital oder verkörpert vertrieben wird, erscheint erst recht nach der EuGH-Entscheidung *UsedSoft./.Oracle*[658] nicht mehr differenzierungsbedürftig, zumal den entsprechenden Herstellungstätigkeiten kaum wirtschaftlicher Wert zuzusprechen ist.[659]

I. Vertrieb von OEM, Systembuilder, DSP usf.

Wie dargestellt existieren Modelle zur Vertriebskoppelung von Software und Software oder Hardware oder ggf. weiteren Produkten oder Dienstleistungen[660]. Letztlich sind hier alle möglichen Kombinationen denkmöglich, softwarespezifisch ist allerdings OEM, worunter mehrere Praktiken verstanden werden können. Als OEM gelten im Rahmen dieser Untersuchung – wie obig festgelegt[661] – insbesondere die Kombination von Komplett-PC/Notebook mit Betriebssystemen (OEM Typ 1), mit anderen, i. d. R. unbestimmten Hardware-Komponenten (OEM Typ 2) oder lediglich der Vertrieb i. d. R. technisch identischer Software, die typischerweise u. a. schmucklos verpackt sind (OEM Typ 3); weitere Varianten bleiben denkbar. Auf die Bündelung von Software und Softwarepflege wird noch an weiterer Stelle eingegangen werden.[662] Sofern vertraglich Gebrauchtsoftware-Weiterverkaufsverbote durchgesetzt werden, etwa weil der Vertreibende die Software an eine Hardware, z. B. einen Komplett-PC binden soll, gelten die diesbezüglichen Ausführungen entsprechend.[663]

1. Negative Effekte und Verstoß wider Art. 101 I

Fraglich ist zunächst, ob und ggf. inwieweit diese OEM-Vertriebspraxis[664] Vertriebsbeteiligte beschränkt. Dabei ist zunächst Art. 101 I lit. e) AEUV in Betracht zu ziehen. Die für Endkunden erörterten *Bundling*-Erwägungen[665], scheinen indes diese Relation nicht zu prägen. Im Vorhinein zu bedenken bleibt, dass Hardware ohne Software kaum Einsatzmöglichkeiten eröffnet; jedoch besteht kein bindender Grund, Software nur kombiniert mit Hardware vergünstigt anzubieten bzw. anbieten zu lassen, zumal die Masse an Software gerade auch

---

[657] Vgl. insbes. 8. Kapitel C. III.; 8. Kapitel C. IV.
[658] 3. Kapitel A. IV.
[659] 7. Kapitel C. I. 1. d. dd. (5); *Jaeger* ZUM 2000, S. 1071.
[660] Zu Filmwerken entsprechenden „Filmblöcken" *Nordemann* GRUR 2007, S. 208.
[661] 8. Kapitel C. III. 4.
[662] 8. Kapitel I.
[663] 8. Kapitel C. II.
[664] Zum Endkunden 8. Kapitel C. III. 4.
[665] 8. Kapitel F.

auf unterschiedlicher Hardware funktioniert.[666] Dies gilt als solches ebenfalls für den Vertrieb. Die sachliche Nähe i. S. d. Art. 101 I lit. e) AEUV erfordert mehr als nur Nützlichkeit.[667]

Hardware- und Software-Hersteller sind i. d. R. nicht identisch. Gewöhnlich beschafft entweder ein Hardware-Hersteller entweder bloß die Software oder ein dritter Vertriebsbeteiligter kombiniert diese für den Weiterverkauf. Je nach Auflagen unterscheiden sich die Pflichten für Händler und auch PC-Anbieter. Sie werden i. d. R. nicht dazu verpflichtet, bestimmte Hardware zu erwerben,[668] sind aber – je nach OEM-Typ[669] – verpflichtet, die ohnehin angebotenen PCs (OEM 1. Typ) oder sonstige Hardware gemeinsam mit dieser Software anzubieten oder diese Software nur in Verbindung mit Hardware des eigenen Sortiments zu verkaufen,[670] also etwa nur in Verbindung mit je einer HDD (OEM 2. Typ). Damit ist nicht unbedingt eine dauerhafte Bindung an diese jeweilige Hardware verbunden,[671] doch selbst wenn dies der Fall wäre, beträfe nicht gleichermaßen den Händler, der i. d. R. diese Bindung selbst herbeiführt und anschließend absetzt, sondern erst den Endabnehmer.[672] Dem Händler wird auch kein teures Produkt verkauft, sondern deutlich günstiger dieses überlassen[673] – dies geschieht seit Anbeginn der PC-Zeit und brachte Microsoft über IBM den Erfolg.[674] Eine Bündelung trifft erst den Endabnehmer „zweiter Hand“. Bei OEM-Versionen des dritten Typs[675] wird dem fertigenden Händler bloß nicht gestattet, diese vergünstigt überlassenen Versionen als *Retail*-Version zu verkaufen, ansonsten ist er jedoch nicht beschränkt. Diese günstige Variante darf er ansonsten frei und preiswert veräußern. Deshalb scheidet Art. 101 I lit. e) AEUV für alle drei Typen aus.[676]

Dabei kann es ebenfalls sein, dass es sich um technisch unterschiedliche Varianten handelt, bei denen der Vertrieb selbst keinerlei Differenzierung schafft.[677] Eine besondere Form der Beschränkung des Händlers stellt es dar, diesen pro abgesetzten PC bezahlen zu lassen, auch wenn er diese überhaupt

666 8. Kapitel F. I. 1.
667 Immenga/Mestmäcker/*Zimmer*, Art. 101 I AEUV Rdnr. 252.
668 Die „autorisierten“ Händler sind lediglich verpflichtet, die günstiger erworbenen Produkte nur mit Hardware zu veräußern.
669 8. Kapitel H. I.
670 *Bödeker* 2008, S. 210 f.; vgl. *Polley* CR 1999, S. 350.
671 Damit allein nicht, aber ggf. im Zusammenwirken mit DRM.
672 *Timm* 2005, S. 85, 90.
673 *Bödeker* 2008, S. 203: „Diesen gebündelten Verkauf wollen Softwarehersteller forcieren, um den Markt zu durchdringen. Andernfalls wären sie nicht bereit, stark verbilligte Lizenzen zu erteilen“. Vgl. dazu nach deutschem Wettbewerbsrecht *Köhler* GRUR 2003, S. 738.
674 8. Kapitel F. I. 1.
675 8. Kapitel F. I. 1.
676 *Bödeker* 2008, S. 210.
677 Vgl. 8. Kapitel C. III. 4.

nicht mit einem Betriebssystem des Herstellers ausrüstet.[678] Davon, als auch von anderen diskriminierenden Möglichkeiten (vgl. Art. 101 I lit. d AEUV), soll jedoch im Normallfall nicht ausgegangen werden. Allgemein ist davon auszugehen, dass diese Hardware-Hersteller/Händler ansonsten Komplett-PCs bzw. gebündelte Hardware verkaufen würden. Sie bekommen somit äußerst günstig ein Betriebssystem o. a. zum gebündelten Weiterverkauf.[679] Es bleibt zu prüfen, ob eine sonstige Beschränkung nach Art. 101 I AEUV vorliegt. OEM stellt jedenfalls keine eigenständige, der Prüfung enthobene Nutzungsart dar.[680]

Sollten die Vertriebsbeteiligten nur sonstige Hardware verkaufen, werden sie insoweit beschränkt, dass sie diese Software nicht frei, sondern eben nur mit solcher Hardware verkaufen können.[681] Durch solche Vorgaben sind sie im Absatz gem. Art. 101 I lit. a) Var. 1 AEUV beschränkt. In Fällen des Verlangens der Sortimentierung mit Komplett-PCs kann die Beschränkung gewöhnlicherweise stärker wirken. In den anderen Fällen kommt es darauf an, welche Anforderungen an die Hardware, mit der vertrieben werden darf, etwa an Wert bzw. Preis, gestellt werden. Sofern der Wert gering ist, mag die Beschränkung nur von geringer Intensität sein, weil dann die Kunden auch formalistisch etwa eine teure Software mit preislich relativ kaum ins Gewicht fallender Hardware, etwa einem CD-Laufwerk, erwerben könnten und dies mithin, sofern dies zumindest allgemein bekannt ist, den Absatz wohl nur unerheblich berührte.[682]

Es kann zusätzlich sein, dass nicht nur der Weitervertrieb aufgegeben wird, sondern weitere Bestimmungen oktroyiert werden: Etwa die Software höchstens zu installieren, keine Einstellungen vorzunehmen, bestimmte andere Programme nicht zu installieren, nicht bestimmte Alternativprogramme zu installieren usf.[683] Dabei kann es sich um gravierende Beschränkungen handeln, die nicht nur dem Händler Vorgaben aufgeben, sondern Dritte im Absatz beschränken können, die eben die ausgeschlossene Software vertreiben. Gleichwohl wird es sich wohl auch hierbei um seltenere, dafür jedoch besonders intensive Beschränkungen handeln.

Eine Preis-Vorgabe ist hingegen nicht zu erblicken: Die Händler werden eine günstige Version erhalten, auf die sie eben ihre Marge aufschlagen können. Ein Höchstpreis erscheint unwahrscheinlich, ein Mindestpreis ebenso – zumal beim Komplett-PC eine Ausweisung des Kostenanteils regelmäßig nicht erfolgt. Hingegen kann beim Erwerb mit beliebigen, seitens des Endkunden zu

---

678 Vgl. http://en.wikipedia.org/wiki/Microsoft_litigation#Anti-trust.

679 Vgl. 3. Kapitel B. I. 1. a.

680 8. Kapitel F. I. 1.

681 *Schuppert* in: Lehmann/Meents 2011, Kap. 5 Rdnr. 201.

682 Vgl. 8. Kapitel F. I. 1.

683 So habe es Microsoft untersagt, alternative Browser statt oder auch neben dem eigenen mit den eigenen Betriebssystemen zu vertreiben – *Fleischer/Körber* K&R 2001, S. 626 f.

bestimmenden Hardware-Komponenten ein Einzelpreis ausgewiesen werden. Doch ist nicht bekannt, dass dieser einer Bindung unterliegt.

Pauschal kann daher ebenfalls nicht als weiterer negativer Effekt angenommen werden, dass dadurch Investitionen in Hardware verhindert werden, vielmehr ist sogar das Gegenteil denkbar.[684] Der Endabnehmer wird ggf. in seinen Wahlfreiheiten eingeschränkt, was jedoch nicht notwendig der Fall ist.[685] Ob und inwiefern darin ein Konkurrentenausschluss[686] liegen kann, wird noch zu untersuchen sein. Jedenfalls liegt dieser nicht darin, dass dem Abnehmenden Mittel für Erwerbsvorgänge nicht zur Verfügung stehen.

Aufgrund der Fülle an Gestaltungsvarianten, Begriffswirrungen, Entwicklungen etc. ist es schwierig, zu eindeutigen Stellungnahmen zu gelangen. Technisch differente, vorgegebene bzw. abgenommene Versionen sind jedenfalls einer Kontrolle entzogen. Sofern jedoch einem Händler oder Hardwarehersteller etc. vorgegeben wird, einzelne Produkte nur unter bestimmten Bedingungen – wie eben dem Verkauf mit (zu spezifizierender) Hardware – abzusetzen, ist dieser jedenfalls in seiner Freiheit und mithin der Wettbewerb beschränkt,[687] mithin der freie Warenverkehr überhaupt.[688] Je nach den jeweiligen Absatzanforderungen wirkt die Intensität solcher Beschränkungen. Die negativen Effekte sind auch daran zu ermessen, welche Freiheitseinbußen weitere Abnehmer erleiden – und welche Waren etc. sie etwa erwerben müssen, um an diese Produkte gelangen zu können. Dies kann konkurrierende Anbieter anderer Hardware begrenzen, doch sind eben keine Fälle bekannt, in denen OEM-Software nur dann erworben werden kann, wenn Hardware eines speziellen Herstellers erworben wird, was mangels praktischer Häufigkeit daraus aber wohl wiederum eine theoretische Fallgestaltung werden lässt. Sofern bloß günstige DSP-Versionen angeboten werden, liegt darin keine Beschränkung, sofern nur davon ausgegangen wird, dass günstiger bezogene *Bulk*-Varianten auch günstiger weiterverkauft werden – wofür marktbedingt schon gar keine Preisvorgaben benötigt werden. Überdies behält die Marktgegenseite die grundsätzliche Freiheit, Programme auszuwählen – nur ggf. zu höheren Preisen.[689]

Ein besonderer negativer Faktor bei herkömmlicher OEM indes besteht gerade darin, dass der Markt dadurch besonders effizient durchdrungen wird, was

---

684 Wenn etwa eine OEM/*System Builder*-Version für 50 EUR als solche und als Vollprodukt für 200 EUR gehandelt wird, die OEM-Version aber bereits beim zusätzlichen Erwerb einer HDD (etwa für ca. 80 EUR) verkauft werden darf, wird ja gerade durch ein solches Verkaufsmodell der Hardware-Kauf angeregt.

685 Vgl. 8. Kapitel F. I. 1.

686 TT-Leitl., Tz. 223 (insoweit etwas unklar).

687 *Timm* 2005, S. 85. *Bödeker*2008, S. 210 ff., trotz zutreffender Situationsbeschreibung dennoch: „Hierin wird nur unter sehr speziellen besonderen Umständen eine Wettbewerbsbeschränkung zu erblicken sein." Vgl. *Polley* CR 1999, S. 350 (im Rahmen des alten GWB).

688 *Timm* 2005, S. 85.

689 *Bödeker* 2008, S. 211.

eben das dargestellte Microsoft-Quasimonopol bzw. sog. *WIntel*-Kartell begründete.[690] Dies wirkt(e) sich insbesondere zu Ungunsten anderer Software-Hersteller aus, die eine solche Vereinbarung nicht trafen oder treffen konnten. Jedenfalls hatten und haben die Endabnehmer oftmals kein Interesse, noch alternative Betriebssysteme zu erwerben,[691] selbst wenn es sich dabei um kostenlose F/OSS handelt.[692] Dass bestimmte Versionen keine Handbücher enthalten, kein direkter Kundendienst geleistet wird usf., ist indes nicht als wettbewerblich relevant zu erkennen, sondern ist eben üblicherweise dem Abnehmenden überlassen und ansonsten auch nicht erkennbar relevant. Diese Erwägungen sprechen für einen Verstoß wider Art. 101 I lit. a) oder lit. b) AEUV. Die kartellrechtlichen Grundsätze zu Bündel-Geschäften, die speziell zu Art. 101 I lit. e) AEUV entwickelt worden sind und die sich an diesem Tatbestand („sachliche Beziehung" u. „Handelsbrauch") konkret orientieren, schließen eine unzulässige Bündelung insbesondere bei notwendigen Ergänzungs-Produkten aus,[693] etwa bei komplexer Software und komplementärer Wartung.[694] Dies gilt auch dann, wenn Hard- und Software eine nicht-modulare Einhalt bilden oder die Software stark hardwarespezifisch ist.[695]

Letzteres ist aber nicht bereits bei Betriebssystemen anzunehmen, ohne die Computer praktisch nicht nutzbar sind. Aber nur weil der gemeinsame Vertrieb seit Dekaden eine gängige Praxis darstellt, muss es auch nicht als Handelsbrauch angesehen werden. Als Handelsbrauch gelten zwar allgemein übliche Praktiken, doch ist ein solcher bereits widerlegt, wenn andere, vergleichbare Unternehmen abweichend verfahren,[696] was hier der Fall ist. Erfolgte eine Orientierung bezüglich des Handelsbrauches an den Marktstarken, zöge man deren Gebaren, mit dem Wettbewerber gerade ausgeschlossen werden,[697] als Norm heran. Für die (wenigen starken) Hersteller ist dies eine optimale Bepreisungsstrategie auf Kosten der Arbitragegeschäfte anderer.[698] Die Modularität von

---

690 3. Kapitel B. I. 1. a.; 4. Kapitel A. I. 1. a.

691 *Bödeker* 2008, S. 212; vgl. *Matthiesen* 2010, S. 126.

692 Vgl. 4. Kapitel A. I. 1. a.

693 Wandtke/Bullinger/*Grützmacher*, § 69d UrhG Rdnr. 50; *Moritz* CR 1993, S. 267 f., S. 347; *Sucker* CR 1989, S. 472 ff.; allgemein Vertikal-Leitl., Tz. 215 ff.; TT-Leitl., Tz. 224; *Konrad/Timm-Goltzsch/Ullrich* in: Ullrich/Lejeune 2006, I Rdnr. 828, 832.

694 8. Kapitel I.

695 *Konrad/Timm-Goltzsch/Ullrich* in: Ullrich/Lejeune 2006, I Rdnr. 830 f.

696 *Marly* 2014, Rdnr. 862; *deBronett* in: Wiedemann 2016, § 22 Rdnr. 103.

697 *Timm* 2005, S. 91; *Ganea* GRUR Int 2005, S. 104: „So geht es beispielsweise dem Softwarehersteller, der OEM-Software anbietet, häufig darum, seine exklusive Stellung in einer vom Zweck des Urheberrechts nicht mehr erfaßten Weise dafür auszunutzen, mittels Koppelung seines Produktes an die für dessen Betrieb erforderliche Hardware De-facto-Standards zu schaffen. Eine solche Ausübung des urheberrechtlichen Preissetzungsrechts bewirkt natürlich keinen Qualitätswettbewerb, sondern hält vielmehr die Wettbewerber davon ab, sich an ihm zu beteiligen."

698 *Wolf* 2009, S. 229.

PCs indes erlaubt es, verschiedene Betriebssysteme zu erwerben. Deshalb ist zumindest kein Handelsbrauch nach Art. 101 lit. e AEUV anzunehmen.

Insgesamt ist die genaue Wirkung der jeweiligen OEM-Vereinbarung zu untersuchen. Das „klassische“ OEM, die Bündelung von Betriebssystem und Komplett-PC (hier: OEM 1. Typus) ist aufgrund der Markterfahrung jedoch als beschränkend samt inhärenter negativer Effekte zu verstehen.[699] Die notwendige *sachliche* Verknüpfung oder ein zu billigender Handelsbrauch ist gerade nicht zu sehen, da Betriebssysteme nicht fest verbunden sind, sondern i. d. R. beliebig ausgewechselt werden können und heutzutage auch leicht und ohne fachmännische Hilfestellung installiert werden können. Die willkürliche Verbindung von Software und schlicht beliebiger Hardware ist erst recht kartellrechtswidrig (OEM 2. Typus). Bündelung von Hard- und Software ist daher nur ausnahmsweise kein Verstoß wider Art. 101 I AEUV, dafür muss es jedoch eine besondere Sachnähe geben. Bloß unterschiedliche Versionen zu handeln (OEM 3. Typus), ist, wie angeführt, kein Verstoß.

2. *Positive Effekte und Freistellung nach Art. 101 III*

a. *Freistellung durch die TT-GVO*

Die TT-GVO ist nicht anwendbar: Wenn ein OEM-Betriebssystem oder andere OEM-Software vorinstalliert ist, entsteht zumindest bei Komplett-PCs kein neues Produkt, zumal diese Software auswechselbar bleibt.[700] Selbst wenn der Vertrieb diese Software selbst vervielfältigt, ist die TT-GVO nicht anzuwenden.[701] Sollte sie hilfsweise angelegt werden, ist zunächst festzustellen, dass die TT-GVO selbst zu *Bundles* etc. schweigt. Daran könnte sich höchstens hilfsweise die Frage anreihen, ob durch solche Absatzbeschränkungen den Handels- und Vertriebsstufen Märkte nach Art. 4 I lit. c TT-GVO und – mangels Wettbewerbsverhältnissen – insbesondere Art. 4 II lit. b TT-GVO zugewiesen würden.

Technisch definierbare *Field of Use*-Beschränkungen sind nach der TT-GVO freigestellt, da sie insbesondere keine Kernbeschränkung darstellen.[702] Demnach können etwa Anwendungsbereiche vorbehalten werden, die sich von Kundengruppenbeschränkungen (vgl. Art. 4 I lit. c, Art. 4 II lit. b Var. 2 TT-GVO) dadurch unterscheiden, dass sie objektiv nach technischen Kriterien beschrieben werden können.[703] Andererseits können OEM-Klauseln auch als

[699] A. A. *Bödeker* 2008, S. 212, ausnahmsweise bei marktstarken Unternehmen; ein Verstoß gegen Art. 101 I sei jedoch allgemein „nicht wahrscheinlich“.

[700] 7. Kapitel C. I. 1. d. ff. (2).

[701] 7. Kapitel C. I. 1. d. dd. (5).

[702] TT-Leitl., Tz. 208 f. Vgl. Art. 4 I lit. c i TT-GVO 2004.

[703] *Schultze/Pautke/Wagener* 2005, Rdnr. 565. Nach der vorherigen TT-GVO waren solche Beschränkungen des Anwendungsfeldes eine Gegenausnahme zu Art. 4 I lit. c), vgl. noch

Koppelungsgebote verstanden werden, die nach dem Kommissionswillen in den Grenzen der Marktanteilsschwellen ausdrücklich akzeptiert werden und daher freigestellt sind.[704] Diese Unterscheidung kann aber dahinstehen, da beide Klauselarten insbesondere nicht zu den Kernbeschränkungen gehören und daher von der TT-GVO freigestellt sind. Die TT-GVO hülfe also den beteiligten Unternehmen, wäre sie denn anwendbar.

b. Freistellung durch die Vertikal-GVO

Auch die Vertikal-GVO ist nicht anwendbar.[705] Im Rahmen dieser wäre mangels einschlägiger Bestimmungen für Bündelungen, zu OEM usw. an einen Kundengruppenvorbehalt nach Art. 4 lit. b) Vertikal-GVO samt Ausnahmen (iii–iiiii) zu denken. Gleichwohl hätte auch hier zu gelten, dass es sich dabei nicht um Kundengruppenvorbehalte handelt, sondern nur um Auflagen, wie bzw. mit welchen Versionen welche Kaufwilligen wie bedient werden. Es handelt sich somit um bloße Modalitäten.

Insgesamt zeigt sich, dass diese beiden Gruppenfreistellungsverordnungen Bündelung nicht als Kernbeschränkung anerkennen, zumindest nicht in direkter Form. Eine solche Beschränkung als Kernbeschränkung hinsichtlich des Kundenkreises zu sehen, wäre in jedem Fall eine Folge einer abgelegenen Argumentation. Außerdem ergibt sich aus den Vertikal-Leitlinien, dass sich die Kommission des Problems der Bündelung gewahr war – was allein angesichts des Art. 101 I lit. e) AEUV auch kaum anders sein könnte. Dies spricht dafür, dass die Kommission jedenfalls solche Geschäftspraktiken im Bereich der Marktanteilsschwellen erlauben wollte.[706]

Art. 4 I lit. c i TT-GVO 2004. Eine – zweifelhafte – technische Unterscheidung demnach hätte es etwa sein können, Betriebssysteme mit Komplett-PCs oder etwa lediglich (Retail-)Betriebssysteme isoliert verkaufen zu dürfen. Da aber ein solcher Anwendungsbereich eine Gegenausnahme zu Art. 4 I lit. c) TT-GVO darstellte, war es fraglich, ob die Begrenzung des Anwendungsbereiches denklogisch überhaupt einen Unterfall von Kundenkreisbeschränkungen bilden konnte; und mithin entsprechende Begrenzungen, mangels spezifischer Ausnahme, bei Nicht-Wettbewerbern nach Art. 4 II lit. b) TT-GVO grundsätzlich nicht freigestellt wären. Mitunter leuchtete es bereits damals nicht ein, dass Art. 4 II TT-GVO 2004 Verhaltensweisen nicht freistellen sollte, die Art. 4 I TT-GVO 2004 hingegen freigestellt hätte, denn Beschränkungen zwischen Wettbewerbern (nach Art. 4 I) wirken regelmäßig intensiver. Dies legte wiederum die Annahme nahe, technische Anwendungsbereiche nicht als Unterfall des Kundenkreises, sondern als eine alternative Begrenzungsform zu verstehen, die sich logischerweise auf das Kundenpotential auswirken muss. Andererseits wird der Absatz nicht auf entsprechende Gruppen begrenzt; der Lizenznehmer wird lediglich verpflichtet, dieselben potentiellen Kunden vertragskonform im Verhältnis zum Lizenzgeber zu beliefern: Also entweder mit der OEM-Version samt Hardware oder aber mit einer Retail-Version, die eben zu anderen Konditionen zu beziehen und auszuliefern ist. Vgl. zur alten Rechtslage: *Seffer/Beninca* ITRB 2004, S. 213 (die dort zitierte Stelle der TT-Leitl. 2004 [Tz. 51] ist jedenfalls nicht zielführend).

[704] TT-Leitl., Tz. 221 ff.

[705] 7. Kapitel C. I. 6. b. bb. (1).

[706] Vertikal-Leitl., Tz. 214 ff.

c. Freistellung nach Art. 101 III im Übrigen

Es wird ohne Begründung behauptet, OEM-Formen seien wettbewerbsfördernd[707] und notwendig, um illegale Kopien einzuschränken.[708] Fakt ist, dass der gemeinsame Vertrieb eines (vorinstallierten) Betriebssystemes (Microsoft) geholfen hat, einen kompletten Markt zu durchdringen und immer noch zu halten bzw. stets neu zu durchdringen. Entsprechend ist es für jede Art von Software als vorteilhaft zu vermuten, sich bereits vorinstalliert auf möglichst vielen ausgelieferten PCs zu befinden, wobei sie entweder nicht ohne diese Software bezogen werden können oder zumindest auch ohne diese nicht signifikant günstiger werden. Insoweit ist es nachvollziehbar, wenn dadurch überragende positive Effekte „der Warenverteilung" angenommen werden.[709] Im Bereich der x86er-PCs jedenfalls wird durch eben diese dafür gesorgt, dass Microsoft führend bleibt.[710] Zumindest theoretisch können sich alle Software-Hersteller einer solchen Vertriebsform bedienen, speziell die Betriebssystemanbieter: Sofern sie – um im Rahmen der Marktüblichkeit zu bleiben – ohnehin ein Betriebssystem in aufwendigerer Verpackung für den Endhandel liefern, müssten sie lediglich ergänzend eine schmucklose Variante für den Vertrieb anbieten. Wenn auch vereinzelt Computer und insbesondere Netbooks mit *GNU/Linux* angeboten wurden, hat diesem ein solches Vertriebsmodell jedoch nicht zum Durchbruch verholfen. Dies mag einerseits die „Effizienz" dieses Systems bezweifeln lassen oder muss sich mit dem Hintergrund der Netzwerkeffekte und der bereits erlangten starken Position Microsofts erklären lassen[711]. Dieses Argument weist daher eine starke Ambivalenz auf. Was im Lichte des Etablierten als vermeidungswürdig gilt, könnte Konkurrenten als „Sprungbrett" dienen. Insbesondere Microsofts *Effizienz* ist der Spießrutenlauf der Wettbewerber.

Für PC-Hersteller bedeutet dies den Vorteil, günstige Software erwerben und vertreiben zu können. Auch deren Kunden erhalten dadurch prinzipiell günstigere Software, wie bereits gezeigt worden ist. Ihr einziger Nachteil ist es insoweit, diese günstige Software nicht auch anderweitig günstig absetzen zu können – primär nicht in Konkurrenz zu teureren *Retail*-Produkten. Den Händlern bleibt jedoch die volle Konkurrenzfähigkeit zu Anbietern der jeweiligen Produkte. PC-Herstellern ist es dadurch möglich, nicht bloß aus Hardware-Perspektive „komplette" PCs zu liefern, sondern eben direkt einsetzbare.

---

707 Unklar inwiefern *Bödeker* 2008, S. 204 f.

708 Ohne weitere Begründung: *Bödeker* 2008, S. 215.

709 *Matthiesen* 2010, S. 126, gleichwohl relativierend bei großer Marktmacht.

710 Nach http://www.welt.de/newsticker/dpa_nt/infoline_nt/computer_nt/article106623634/Linux-Erfinder-Torvalds-kaempft-um-PC-Desktop.html habe *L. Torvalds* gesagt, dass GNU/Linux bei Mobiltelephonen so erfolgreich sei, weil es eben mit diesen ausgeliefert werde – und nur deswegen im PC-Bereich nicht.

711 Vgl. *Buxmann/Diefenbach/Hess* 2015, S. 121 f.

Für Endkunden ergibt sich ebenfalls der Vorteil, ein Betriebssystem nicht noch getrennt erwerben und in aller Regel noch installieren zu müssen.[712] Sie erhalten einen direkt einsatzfähigen PC und können diesen unverzüglich nutzen. Preislich erhalten sie die Software günstiger, was aber wiederum nur daran liegt, dass die Hersteller diese Versionen gerade zu diesem Zweck günstiger abgeben.

Sofern das jeweilige Produkt auch isoliert angeboten wird, was in aller Regel der Fall ist, bleibt dem Kunden aber zumindest noch die Wahl. Wird jedoch ein System nicht auch mit alternativen Betriebssystemen angeboten, gerät der Anbieter konkurrierender Betriebssysteme in besondere Argumentationsnot, weswegen der Erwerber eines Komplett-PCs nun noch ein weiteres Betriebssystem erwerben sollte.[713]

Um eine zwingende Kombination handelt es sich hierbei, wie bereits angeführt, nicht. Solche ist bei Spezial-Hardware und -Software denkbar, die einander zwingend bedingen mag.[714] Jedoch bedarf heutzutage nicht einmal mehr eine Videospielkonsole eines Spieles, um nutzbar zu sein.[715] Entsprechend vorsichtig sollte eine solche Sachnähe angenommen werden. Erforderlich erscheinen diese Gepflogenheiten jedoch nur dann, wenn der Endabnehmer Produkte erhielte, die er ohne umfassende weitere Beschaffungsmaßnahmen nicht nutzen könnte. Aus Sicht der Softwarehersteller ergibt sich ebenfalls keine Erforderlichkeit für unterschiedlich bepreiste Versionen. Endnutzer könnten genauso Software zusätzlich erwerben, ggf. wären lediglich die Preise höher – dafür wäre aber mehr Wettbewerb denkbar, zumal gerade (aber nicht ausschließlich) dann F/OSS-Alternativen interessanter erschienen. Vielmehr wären die PC-Hersteller dann vermutlich viel eher interessiert, sich überhaupt um Alternativen zu bemühen. Gerade heutzutage ist es auch nahezu jedem Nutzer selbst zuzumuten und zuzutrauen, ein Betriebssystem und erst recht weitere Software zu installieren.[716]

Alternativ wird angenommen, OEM sei zumindest zulässig, wenn es möglich ist, das jeweilige Produkt auch ohne Software zu erwerben.[717] Allerdings hat sich bereits *Windows N* als unattraktives Produkt erwiesen: Ein preislich identisches Produkt mit geringerem Funktionsumfang.[718] Die kartellrechtliche Begrenzung auf solche Alternativen wäre erfahrungsgemäß effektlos.

---

712 *Timm* 2005, S. 91; *Matthiesen* 2010, S. 126.

713 7. Kapitel B. IV. 2. b. bb. (1).

714 Vgl. 8. Kapitel C. IV.; diese unterfallen i. d. R. nicht einmal Art. 101 I AEUV.

715 Sie können etwa noch weitere Multimedia-Funktionen übernehmen.

716 *Bödeker* 2008, S. 283 indes beruft sich darauf, dass ein PC ohne Betriebssystem nicht für Anwendungssoftware nutzbar ist und nimmt deshalb einen (bereits tatbestandsausschließenden) Handelsbrauch an.

717 *Timm* 2005, S. 91 ff.

718 6. Kapitel B. III.

Dass es sich bei OEM um einen *effizienten* Verbreitungsweg handelt, steht außer Frage. Dass Komplett-PCs/Notebooks mit vorinstalliertem Betriebssystem ein beliebtes Produkt sind und sicherlich auch zur Verbreitung von Heim-Computern beigetragen haben, da sie eben zur leichteren Bedienbarkeit beitragen und keine Installationsfähigkeiten erfordern, die früher gewiss umfangreicher gefordert waren, ist ebenfalls anzunehmen. Gleichwohl ist in einer Gesamtbetrachtung die folgenreiche „Marktverkrustung" zu beachten, weswegen es gerade auf diesem Markt kaum Wettbewerb gibt.[719] Zudem ist nicht erkennbar, weswegen es gering bepreiste Versionen geben muss, die nur mit Komplett-PCs verwendet werden dürfen. Genauso gut könnten die Softwarehersteller den PC-Herstellern weiterhin ihre Software und Unterstützung bei Treibern usf. anbieten, ohne diese aber zu verpflichten, diese Software nur mit Komplett-PCs zu verkaufen. Sachliche Gründe für diese Kopplung sind ansonsten nicht existent.[720] Wie bereits ausgeführt gibt es kein Recht der Softwarehersteller auf maximierte Einnahmen,[721] mithin auch nicht auf diese Form der Preisdiskriminierung. Aufgrund der hohen negativen Wirkung und der langfristigen Markterhaltungswirkung sind solche Klauseln in einer Gesamtbetrachtung daher grundsätzlich abzulehnen, selbst dann, wenn sie keinerlei Exklusivitätsregel verlangen.

Die Kombination mit bloßer (weitgehend) beliebiger Hardware hingegen erscheint absolut unsinnig und formalistisch. Sie erbringt eher Hardwareherstellern (besonders günstiger) Produkte denn Softwareherstellern Vorteile. Sofern Hardware und Software zwingend, aber beliebig kombiniert wird, gewährt dieses dem Abnehmer zwar größere Freiheit, doch wird dadurch ebenfalls die Willkür solcher Kopplungen offenbar. Somit kann es auch keinen sachlichen Grund geben, solche Preisdifferenzierungen bzw. Kombinationen anzubieten.[722]

3. *Quantifizierungserwägungen*

Von Spürbarkeit und mithin Relevanz ist gerade bei Betriebssystemen auszugehen.[723] Trotz möglicher Rückgänge der PC-Verkäufe in den letzten Jahren zu Gunsten anderer Geräte, u. a. Tablets, wird dieser Markt in Zukunft vermutlich gewichtig bleiben. Jenseits dieses Marktes bleibt zu überlegen, diese Vertriebsformen nicht zu geißeln, sondern zumindest als gesamtwirtschaftlich noch zu gestatten, zumindest eben bei geringeren Marktanteilen der Beteiligten. Mithin hätten dann kleinere Softwarehersteller einen Weg, ihre Produkte effizient zu verbreiten.[724]

---

719 4. Kapitel A. I. 1. a.

720 *Marly* 2014, Rdnr. 862, 865 „könnte sein" und „kann … nicht ausgeschlossen werden" nach *Seffer/Beninca* ITRB 2004, S. 211; prinzipiell annehmend *Polley* CR 1999, S. 352.

721 8. Kapitel C. II.

722 *Timm* 2005, S. 85 ff.

723 Da bereits jedes PC-System der Welt über mindestens ein Betriebssystem verfügt.

724 Vgl. 10. Kapitel B. III. 3. c. dd. (3) (a).

4. Zwischenergebnis

Vertriebsauflagen, Software dauerhaft an Hardware zu binden, sind ohnehin als Weitergabe der Gebrauchtsoftwareuntersagung kartellrechtswidrig.[725] Ansonsten zeigt es sich zusammenfassend, dass es Vertriebsbeteiligten zusätzlich nicht aufgegeben werden darf, überlassene Software nur mit Komplett-PCs (hier: OEM 1. Typus) und erst recht nicht mit sonstiger beliebiger Hardware zu überlassen (hier: OEM 2. Typus), zumindest bei größeren Anbietern bzw. hohen Marktanteilen. PCs und ihre Komponenten sind grundsätzlich modular und müssen nicht zwingend vollständig oder anderweitig gebündelt erworben werden. Preismaximierungsstrategien der Softwarehersteller als solche sind jedoch nicht schützenswert. Gleichwohl führt die Einstufung als kartellrechtswidrig nicht dazu, dass keine PCs mehr mit Betriebssystemen verkauft werden dürfen; die Softwarehersteller dürften diese bloß nicht mehr dazu verpflichten. Und die PC-Hersteller erhielten sie womöglich nicht mehr so günstig.

Bei anderweitig sinnvollen, spezialisierten Kombinationen komplexer Bestandteile wird es indes regelmäßig keiner Rechtfertigung bedürfen, da diese schon nicht gegen Art. 101 I AEUV verstoßen. DSP-Varianten (bzw. OEM 3. Typus) andererseits sind nicht zu bemängeln, es handelt sich dabei letztlich nur um ggf. „verschleuderte" Software in weniger schönen „Kleidern".[726]

II. Value-Added-Reselling

1. Negative Effekte und Verstoß wider Art. 101 I

Als *Value-Added Reseller* (kurz: VAR) werden im Allgemeinen Wiederverkäufer bezeichnet, die der überlassenen Ware vor dem Weiterverkauf etwas hinzufügen.[727] Dadurch ist aber keinerlei Aussage über diesen „Mehrwert" (*Value Add*) getroffen, noch über die Form des gemeinsamen Angebotes der Waren; ob also eine Integration vorliegt, was speziell für die Anwendbarkeit der TT-GVO von Belang sein kann.[728] Theoretisch kann Software sowohl der hinzugefügte *Value* als auch das Grundprodukt sein. Zugleich wirft sich anhand der vorgenannten, weiten Definition die Frage nach Überschneidungen mit OEM[729] etc. auf.

---

[725] 8. Kapitel C. II. 5.

[726] 8. Kapitel F. I. 1.

[727] S. http://en.wikipedia.org/wiki/Value-added_reseller; http://de.wikipedia.org/wiki/Wiederverk%C3%A4ufer.

[728] 7. Kapitel C. I. 1. d. dd.

[729] *Bachofer* CR 1988, S. 809 ff. grenzt danach ab, dass bei OEM der Vertreibende eine eigene Marke nutzt, bei VAR indes die fremde. Dies jedenfalls passt zu den vorgestellten Software-Verträgen nicht oder nur sehr eingeschränkt. Auch dessen Definition zu OEM (*Bachofer* CR 1988, S. 1 ff.) ist zumindest mittlerweile nicht mehr zeitgemäß und passt jedenfalls nicht zu den hiesigen Erwägungen zu Software.

Fern etwa des TK-Rechts ist dieser Begriff eher selten in der IT-Rechtsliteratur anzutreffen, ist jedoch am Markt nicht unüblich. Ein Beispiel eines VAR ist es etwa, ein Programm für einen lokalen Banken-Markt anzupassen; diese umfassende Lokalisierung ist dann der Mehrwert.[730] Andererseits wird VAR auch so verstanden, dass der VAR für den Endkunden und in dessen Auftrag Anpassungsarbeiten an nicht hinreichend individualisierter Software leistet.[731] Nach einem anderen Verständnis sind VAR eher Erwerber von Hardware und Betriebssoftware, welche sie dann als Endprodukt bzw. Komplettlösung samt Spezialsoftware für besondere Aufgaben verkaufen.[732] Womöglich ist es aber nur nötig, wie ein OEM-Händler einen Komplett-PC samt Betriebssystem um weitere Software zu ergänzen, sei es auch nur in Gestalt der Installation eines Medienabspielprogrammes.[733] Somit scheint es sich überwiegend um Fälle (eher sachgerechten) Bündelns von Hard- und Software zu handeln;[734] es mag aber auch zur Anpassung von Softwareparametern, Ergänzung durch *AddOns* bis „sogar“ zu Eingriffen im Quellcode ermächtigt werden.[735] Aus der Praxis ist diese Bezeichnung – neben OEM – auch für die Verpflichtung gebräuchlich, überlassene Software(teile) nicht als *Stand Alone*-Produkt weiterverkaufen zu dürfen, sondern ausschließlich integriert[736] in ein anderes Programm.

Nach *Polley* indes zeichnen sich entsprechende Klauseln durch ein – gewiss ungewöhnliches – Weiterverarbeitungsgebot[737] aus,[738] wobei fraglich ist, ob die bloß gekaufte Software dann tatsächlich im urheberrechtlichen Sinne bearbeitet, ob gerade die Buchstaben des Codes geändert werden, oder ob nicht bloß Software installiert, weitere Software installiert und höchstens minimale, ggf. vorgesehene Anpassungen am Erscheinungsbild durchgeführt werden, die nur geringste Kenntnisse voraussetzen, jedoch kaum oder überhaupt nicht von Einfluss auf die jeweiligen Programme sind: Wenn etwa eine *Pong*-App für

---

[730] Etwa bzgl. Krankenhäusern *Dolmans* Internat. Intellec. Prop. L. & Pol. Vol. 1 (1996), S. 420 f.; vgl. auch zum sog. Value-Added-Distributor: http://www.channelpartner.de/a/value-added-distribution-worin-liegt-der-echte-mehrwert,626392.

[731] *Matthiesen* 2010, S. 115 f.

[732] *Bachofer* CR 1988, S. 809; *Redeker* 2017, Rdnr. 817; http://searchitchannel.techtarget.com/definition/VAR.

[733] Vgl. http://forum.notebookreview.com/dell-xps-studio-xps/347683-restoring-value-add-software-after-os-reinstall.html.

[734] Vgl. *Schuppert* in: Lehmann/Meents 2011, Kap. 5 Rdnr. 140.

[735] *Schuppert* in: Lehmann/Meents 2011, Kap. 5 Rdnr. 132 ff., 146: „falls sogar Eingriffe in den Quellcode erforderlich sind“ – dies meint mithin also nicht den Regelfall, sondern eher für andere Anpassungen notwendige Zwischenschritte.

[736] Ohne es dabei ändern zu müssen/sollen/dürfen.

[737] Zu diesen – ohne Bezug zu Software und nicht einmal als VAR bezeichnet – *Bechtold/Denzel* WuW 2008, S. 1281 f.: „Der Käufer bezieht [das Ausgangsprodukt] für die eigene Weiterverarbeitung. Ein Verkauf [des Ausgangsprodukts] ohne vorhergehende Weiterverarbeitung ist dem Käufer untersagt.“

[738] *Polley* in: Bartsch/Briner 2011, S. 93 (selbst in der Bewertung dieser unentschieden).

wenige Euro in das Boardsystems eines *Maybachs* eingespielt wird und ein paar Aufkleber eingesetzt werden, wird niemand eine gravierende Veränderung bemerken können. Soweit dieses Veränderungsgebot vorsieht, dass die Software eben nicht unverändert veräußert werden darf, bleibt die Frage durch den Begriff der VAR absolut unbeantwortet, wie weit diese Veränderung gehen muss. Sind es nur marginale, kann kaum eine Beschränkung erkannt werden. Werden indes kostspielige oder aufwändige Änderungen notwendig, könnte die Beschränkung in der nur noch mühevoll zu erreichenden Absatzmöglichkeit zu erblicken sein. Dies kann theoretisch sogar zu einem Weiterverkaufsverbot erstarken – gleichwohl ist die Lage eine andere, denn dieses träte letztlich nicht vor der Nutzung, sondern lediglich vor der Bearbeitung ein. Die Interessenlagen sind überhaupt nicht vergleichbar, denn es besteht bereits ein originäres Absatzinteresse, niemals jedoch ein Einsatzinteresse. Entsprechend wirkt ein Änderungsgebot nicht gleichermaßen beschränkend, da es nicht eine nur langfristig wirkende Nebenbestimmung ist, sondern vielmehr eine wesentliche, klar einsehbare Klausel eines Vertrages. Die weiteren Interessen können jedoch anhand vager Definitionen und der breiten Fallgruppen nicht im Detail erörtert werden. Pauschal und überschlagend scheinen diese Klauseln jedoch geeignet, Wettbewerbsverbote durchzusetzen,[739] wenn Produkte so umgearbeitet werden müssen, dass sie nicht mehr mit dem Ursprungsprodukt konkurrieren und nur diese abgesetzt werden dürfen. Und bei Wettbewerbsverboten ist zunächst von einem Verstoß gegen Art. 101 I AEUV auszugehen. Des Weiteren sind die Klauseln geeignet, gegenüber Dritten zu Bündelungen zu führen, was aber letztlich im Umfang der Ursprungssoftware und den Beigaben ermittelt werden muss.

2. Positive Effekte und Freistellung nach Art. 101 III

a. Freistellung durch Gruppenfreistellungsverordnungen

Wenn tiefergehende Eingriffe in die überlassene Software ermöglicht werden, ist eine Anwendbarkeit der TT-GVO prinzipiell möglich. Bzgl. dieser wird vertreten, Änderungsgebote seien im Einklang mit Art. 4 I lit. c) iii TT-GVO.[740] Dies überzeugt jedoch nicht, da VAR regelmäßig nicht auf die Erzeugung von Produkten für den Eigenbedarf gerichtet ist, was bereits das *Reseller* im Begriff verdeutlicht. Würde die TT-GVO so verstanden werden, wäre im Ergebnis jedes Vertragsprodukt für den Eigenbedarf erzeugt. Da es sich bei Vertragsparteien oftmals nicht um Wettbewerber handeln sollte, könnte höchstens Art. 4 II lit. b) iv TT-GVO als Kernbeschränkung samt Ausnahme in Betracht gelangen. Gleichwohl trifft auch dies i. d. R. nicht zu, da Endverbraucher gerade nicht vorbehalten werden, sondern lediglich andere veränderte, *geaddete* Ver-

[739] Vgl. *Dolmans* Internat. Intellec. Prop. L. & Pol. Vol. 1 (1996), S. 421.
[740] *Schultze/Pautke/Wagener* 2005, Rdnr. 659.

sionen erhalten müssen. Aber hier ist ebenso zweifelhaft, ob die Vorgaben, das Programm anpassen zu müssen, eine Kundenkreisbeschränkung[741] enthält. Dies kann aber davon abhängen, wie das Programm anzupassen sein wird; die Anpassungsvorgaben könnten sich direkt oder indirekt an bestimmten Personen(interessen) orientieren. *Field of Use*-Begrenzungen, also technische Einsatzvorgaben, unterfallen indes offensichtlich keiner Kernbeschränkung.[742] Im Ergebnis kann also von der Anwendbarkeit und Freistellung durch die TT-GVO ausgegangen werden, soweit nicht die konkrete Klausel eine nicht-freistellungsfähige Kundenbegrenzung darstellt.

Die Vertikal-GVO wird i. d. R. nicht anwendbar sein, gleichwohl scheiterte auch sie an den Kundengruppenzuweisungen. Hinsichtlich dieser gelänge die Kundengruppenbeschränkung des Art. 4 lit. b) Vertikal-GVO erneut in Betracht, wovon Ausnahmen möglich sind (vor allem lit. b i).

b. Freistellung nach Art. 101 III im Übrigen

Inwiefern solche Klauseln erforderlich sind und im Übrigen zur Verbraucherwohlfahrt führen, kann aufgrund der Abstraktheit sowie den unterschiedlichen Begriffsverständnissen nicht abschließend dargelegt werden. Bei Verbindung bzw. Bündelung verschiedener Software bzw. Produkte sind die vorherig erläuterten Grundsätze zur Bündelung zu beachten.[743]

3. Zwischenergebnis

Der Begriff des VAR reicht von Änderungsgeboten bis hin zu Bündelungsgeboten. Aufgrund dieser babylonischen Sprachwirrung kann VAR nicht abschließend bewertet werden.

III. Vertrieb von Upgrade-Versionen

1. Negative Effekte und Verstoß wider Art. 101 I

Wie dargestellt[744], kann das kollektive Zusammenwirken eines Softwareherstellers und eines Vertreibenden, um günstige Upgrade-Preise für Vorversionsbenutzer bzw. -inhaber durchzusetzen, negative Auswirkungen haben, da dadurch Hersteller-Treue belohnt wird. Es war zunächst zu differenzieren, wie solche potentiellen Preisdiskriminierungen weitergegeben bzw. organisiert werden, also ob die Upgrade-Versionen grundsätzlich an jeden (günstiger) verkauft werden können, aber technisch bedingt nur installiert oder verwendet

[741] Vgl. etwa 8. Kapitel H. I. 2.
[742] TT-Leitl., Tz. 208 f.
[743] 8. Kapitel F.
[744] 8. Kapitel C. III. 1.

werden können, wenn auch eine Vorversion vorliegt (oder eine entsprechende Seriennummer usf.), oder ob diese nur bezogen werden können (sollen), wenn das Vorhandensein einer Vorversion nachgewiesen wird.[745]

Wenn der Hersteller dem Vertrieb solch technisch veränderte Versionen lediglich günstiger überlässt, damit dieser sie – naturgemäß – ebenfalls günstiger verkauft, liegt keinerlei kartellrechtswidrige Preisdiskriminierung vor. Werden hingegen Preise für Nachweis-Versionen vorgegeben, die sich technisch überhaupt nicht unterscheiden müssten – was gleichwohl kaum noch zu erwarten ist –, liegt indes eine relevante Vereinbarung vor, die eben gegen Art. 101 I AEUV nach vorherig erörterten Grundsätzen verstößt, in dem diejenigen günstiger bepreist werden, die Vorgängerversionen nutzen. Solche Treue zu belohnen, ist dabei gerade auf Softwaremärkten sensibel zu beurteilen, da dadurch alle Hersteller konkurrierender Software benachteiligt werden – und nicht zuletzt auch der Abnehmer durch Kostenlast bzw. -vorteile in seiner Entscheidung beschränkt wird. Dies gilt freilich nur für die Vertriebssteuerung, da Art. 101 I lit. d) AEUV – anders als womöglich lit. e)[746] – nicht gegenüber Endabnehmern greift.[747]

2. Positive Effekte und Freistellung nach Art. 101 III

a. Freistellung durch Gruppenfreistellungsverordnungen

TT-GVO als auch Vertikal-GVO sind bei solchen Überlassungen zum Vertrieb typischerweise nicht anwendbar.[748] Sofern ihre Anwendbarkeit unterstellt wird, konzentrierte sich die Frage nach entgegenstehenden Kernbeschränkungen auf Preisfestsetzung, aber hauptsächlich erneut auf Kundenkreisbeschränkungen. Dabei ist zu differenzieren. Eine Preisfestsetzung kann immer dann vorliegen, wenn die Versionen identisch sind, jedoch der Vertrieb über die Abnahmevoraussetzungen befinden soll bzw. Preisdiskriminierungen selbst durchführen soll. Sind die Versionen indes nicht identisch, können diese zwar grundsätzlich von allen abgenommen, nicht jedoch benutzt werden – es fehlte dann bereits ohnehin am Verstoß gegen Art. 101 I AEUV. Erhält bereits der Vertrieb technisch weitgehend identische Versionen, die aber anders etikettiert (etwa mit „Upgrade"-Version) sind und auch zu anderen Preisen bezogen werden, findet womöglich keine direkte Preisfestsetzung statt – vielmehr wird der Händler nur diese, seine jeweiligen Margen aufschlagend, weiterveräußern, ist dabei aber in der Abgabe an spezifizierte Kreise gebunden, wobei dann eben Kundenbeschränkungen angedacht werden können: einerseits an Kunden mit Vorversion und Kunden ohne Vorversion.

---

[745] U. a. 8. Kapitel C. III. 1.

[746] 7. Kapitel B. III. 1.

[747] 7. Kapitel B. III. 1.

[748] 7. Kapitel C. I. 1. d. dd; 7. Kapitel C. I. 1. d. ff.; 7. Kapitel C. I. 6. b. bb. (1).

Preisvorgaben verstoßen in einem gewissen Umfang wider Art. 4 II lit. a) TT-GVO und Art. 4 II lit. a) Vertikal-GVO, Höchstverkaufspreise und auch Preisempfehlungen sind überdies nach beiden Vorschriften freigestellt. Preisvorgaben sind aber kaum als typisch anzunehmen, vielmehr ist von spezifizierten, anders etikettieren Versionen mit Absatzbegrenzungen auszugehen. Art. 4 II lit. b) TT-GVO als auch Art. 4 II lit. b) Vertikal-GVO wenden sich gegen Kundenkreiszuweisungen und keine der Ausnahmen scheint zu greifen. Indes spricht es – wie bereits in zuvor erörterten Fallgruppen –[749] gegen die Annahme von Kundengruppenzuweisungen, dass die Händler grundsätzlich alle beliefern dürfen, nur eben mit unterschiedlichen Versionen, die ihnen in aller Regel gleichermaßen zugänglich sind. Die Frage kann aber letztlich dahinstehen, da beide Gruppenfreistellungsverordnungen ohnehin nicht anwendbar sind.

b. Freistellung nach Art. 101 III im Übrigen

Zu Gunsten der Konsumentenwohlfahrt kann im Hinblick auf solche Preisdifferenzierungen angeführt werden, dass dadurch ggf. eine Verbreitung auch bei solchen Abnehmern ermöglicht wird, die ansonsten nicht die Geldmittel aufbringen können, also die sich diese Software ansonsten schlicht nicht leisten könnten.[750] Dieses Argument trifft bei *Upgrade*-Preisen jedoch nicht vollumfänglich und im Kern, da nicht davon ausgegangen werden kann, dass dadurch ganz neue Abnehmerkreise gewonnen werden. Vielmehr wird eine gewisse Abhängigkeit genährt, immer nur Nachfolgeversionen zu erwerben. Günstige *Upgrade*-Preise wären zudem nicht erforderlich. Vielmehr stärken solche Vorgehensweisen Netzwerkeffekte und wären höchstens bei kleineren Unternehmen hinnehmbar. Doch spricht selbst gegen eine Duldung bei marktschwachen Unternehmen, dass der Wettbewerb vermindert und nicht beständig neu „eröffnet" wird. Upgrade-Klauseln wirken stets zu Lasten der Wettbewerber, wie auch Gebrauchtsoftware-Verbote[751], und sind daher nicht zu tolerieren.

3. Zwischenergebnis

Es ist seitens der Softwarehersteller also wider Art. 101 AEUV, Vertriebs- und Handelsstufen aufzugeben, Upgrade-Versionen günstiger zu verkaufen. Gleichwohl ist ein solches Klauselverbot im Ergebnis irrelevant, da oftmals eine technische Differenzierung vorliegen wird: Die Software an sich ist keine andere, sie enthält nur eine abweichende, zusätzliche Anforderungen stellende

---

[749] 8. Kapitel H. I. 2. a.

[750] *Ganea* GRUR Int 2005, S. 104; *Rüting* 2007, S. 63 f.

[751] Dazu 8. Kapitel C. II. 5.

Installationsroutine, die es jedoch verhindert, dass jemand die günstigere Version nutzen kann, die lediglich für Besitzer von Vorversionen vorgesehen ist.

IV. Vertrieb von Schüler-, Schulen- u. a. Spezialversionen

1. Negative Effekte und Verstoß wider Art. 101 I

Schul- und andere Sonder-Versionen begrenzen den Absatzkreis auf entsprechende Abnehmer. Durch die zugehörigen Klauseln wird der Vertrieb eingeschränkt, auch an andere Kreise bzw. Personen zu verkaufen. Freilich ist davon auszugehen, dass bereits der Software-Händler solche Versionen günstiger beziehen wird. Entsprechend wird eine Maximal- oder Mindestmarge grundsätzlich nicht vorgegeben werden. Die begünstigte Institutionen- oder Personengruppe hat auch hierbei die Möglichkeit, stattdessen andere (= teurere) Versionen zu erhalten; auch die Händler werden die grundsätzliche Möglichkeit behalten, alle Kreise zu bedienen – nur eben ggf. mit unterschiedlichen Versionen. Eine Schulversion jedoch kann technisch kaum anders sein – im Gegensatz etwa zu einer Upgrade-Version. Sie mag sich aber des Weiteren in den üblichen Vertragsbedingungen, also dem erlaubten Einsatzgebiet, unterscheiden.[752] Und es mag von einer dritten Stelle bzw. vom Softwarehersteller selbst vor Aktivierung etc. (ebenfalls) überprüft werden, ob der Bezieher die jeweiligen Voraussetzungen erfüllt.

Schul-Versionen usf. stellen nach überzeugender Ansicht ebenfalls keine eigene Nutzungsart im Urheberrecht dar.[753] Die wettbewerblichen Nachteile dieser Versionen indes bestehen in früher Bindung bzw. Gewöhnung an die Programme eines Herstellers, seien es die jeweilige GUI oder die Funktionsweisen oder auch andere Aspekte. Für den Händler selbst ergeben sich wiederum, wie besagt, beschränkende Vorgaben des Handel(n)s, weswegen von einem Verstoß gegen Art. 101 I AEUV auszugehen ist. Wird solche (vergünstigte) Software indes frei gehandelt und überprüft erst der Softwarehersteller zu einem späteren Zeitpunkt, ob die Voraussetzungen des Bezuges überhaupt erfüllt sind, greift die Kontrolle der Vertriebssteuerung nicht ein.

2. Positive Effekte und Freistellungen nach Art. 101 III

a. Freistellung durch Gruppenfreistellungsverordnungen

TT- als auch Vertikal-GVO sind typischerweise nicht anwendbar. Wären sie es, wären die Kernbeschränkungen zu Preisvorgaben hier ebenfalls i. d. R. nicht einschlägig, sondern höchstens erneut jene zu Kundenkreisbeschränkungen,

---

[752] 8. Kapitel C. III. 3.
[753] 8. Kapitel C. III. 3.

wobei wiederum keine tatsächlichen Beschränkungen insoweit vorlägen, sondern die jeweiligen Kreise nur preisdiskriminierend zu beliefern wären.[754]

b. *Freistellung nach Art. 101 III im Übrigen*

Die positive Wirkung ist eindeutig: Günstige Preise für einkommensschwache Personen oder Institutionen, die ansonsten wohl nur auf F/OSS setzen könnten oder auf Software verzichten müssten oder zu illegalen Kopien griffen. Mithin werden Waren besser verteilt und der Wettbewerb hinsichtlich der Programmqualität auf diesem Gebiet womöglich erst eröffnet. Außerdem werden ausschließlich Gruppen beliefert, die sich am Wettbewerb – i. d. R. schon der typischen Lizenzbedingungen wegen – ansonsten nicht beteiligen. Es ist auch von der Erforderlichkeit solcher Preisdiskriminierungen auszugehen, da sich die Softwarehersteller ansonsten vermutlich nicht ausreichend refinanzieren könnten, wenn sie allen diese geringen Preise gewährten. Diese Differenzierung erscheint mithin auch sachlich begründet, da sie gewisse soziale Faktoren unterstützt. Zwar mag sich dies gegen grundsätzlich kostenlose F/OSS wenden, die in diesem Sektor ansonsten vielleicht stärker wäre, doch genießt F/OSS ebenfalls kein Biotop-Privileg im *Low Budget*-Bereich, sondern hat sich ebenfalls dem (Qualitäts-) Wettbewerb zu stellen.

V. Voreinstellungsverträge

Neben dem Bündeln von Software einschließlich der Installation und Einrichtung dieser auf Komplett-PCs kommt es vor, dass bei (gebündelter) Software bestimmte Dienste voreingestellt sind, speziell Suchmaschinen, alternativ aber ggf. auch ausgewählte Browser-Favoriten u. a. Dies ist jedoch eher Medien-, denn Softwarerecht und soll hier nicht weiter untersucht werden.[755]

Eine Zwischenform zwischen herkömmlichen Vertriebsverträgen und Voreinstellungsverträgen mögen etwa die Auflagen sein, die Google/Alphabet den Abnehmern von *Android* auferlegt: Zwar erhalten diese *Android* selbst unproblematisch, doch wird eine offizielle Zertifizierung, welche die Auslieferung bestimmter Google-Apps gestattet, nur erteilt, wenn die Geräte-Anbieter

---

754 Vgl. 8. Kapitel H. I. 2. a.

755 Vgl. hierzu die *Monopolkommission* 68. Sondergutachten, 2015, Rdnr. 212 f.: „Dennoch lassen sich eine Reihe von Faktoren nennen, die dazu beitragen, dass Nutzer bei einer Suchmaschine verbleiben. 213: Eine wichtige Rolle in diesem Zusammenhang spielt die Voreinstellung von Suchmaschinen in Software und Geräten. Obwohl Nutzer leicht und ohne Kosten die Suchmaschine wechseln können, sorgt die Voreinstellung für ein hohes Maß an Kundenbindung. Das erklärt, warum einige Anbieter wie Google, Microsoft und Yandex ein Interesse daran haben, sowohl eine Suchmaschine als auch dazu komplementäre Betriebssysteme, Browser und Geräte anzubieten, da in der Regel diese komplementären Systeme die Nutzung der eigenen Suchmaschine erleichtern oder zumindest diese als Basisversion (‚default') voreingestellt ist."

sodann mindestens 20 dieser Apps vorinstallieren und diese besonders gut zugänglich sind[756] - dieses Verhalten ist nun auch Bestandteil kartellrechtlicher Ermittlungen gegen Google/Alphabet.[757]

VI. Das „Durchreichen" der übrigen Vorgaben

Sofern weitere der übrigen Bedingungen, namentlich etwa Gebrauchtsoftware-Weiterverkaufsverbote, durchgereicht werden, ergibt sich die Bewertung des *Passing Trough* grundsätzlich orientiert an der Rechtsmäßigkeit oder Rechtswidrigkeit der jeweiligen durchzureichenden Vereinbarung. Das Durch- und Weiterreichen der F/OSS-Bedingungen allein führt – wie anfangs ausgeführt – nicht zu einem zu missbilligenden, sog. Konditionenkartell.[758] Da grundsätzlich von identischen Bedingungen gegenüber allen Vertriebs- und Handelsstufen auszugehen ist, ist eine Diskriminierungsproblematik nicht zu behandeln.

VII. Implementierung von TPM/DRM

1. Lizenzierung von TPM/DRM (Erwerb von TPM/DRM)

Wird lediglich ein Vertrag mit einem TPM- bzw. DRM-Hersteller über die Nutzung eines TPM-/DRM-Systems geschlossen, also eine entsprechende Lizenz erworben, kann daraus kein Verstoß gegen das Kartellgebot angenommen werden. Zumal TPM/DRM grundsätzlich nicht nur von der Rechtsordnung geduldet, sondern sogar erlaubt und geschützt wird.[759] Lediglich wenn der Lizenznehmer dem TPM-/DRM-Technologielieferanten gezielte Vorgaben macht, kann über Art. 101 I AEUV nachgedacht werden, was nachfolgend geschieht.

2. Vetriebsbezogene TPM-/DRM-Nutzung

a. Negative Effekte und Verstoß wider Art. 101 I

Wenn dem TPM- bzw DRM-Anbieter aufgegeben wird, ein solches System in die eigene Software zu implementieren, kann ein Verstoß ebenfalls nicht angenommen werden. Fraglich ist, wie es zu bewerten ist, wenn dem TPM- bzw. DRM-Anbieter oder einem herkömmlichen Vertrieb oder etwa elektronischen Handelsplattformen aufgegeben wird, spezielle Vorgaben zu berücksichtigen,

---

[756] Vgl. http://www.heise.de/newsticker/meldung/Android-Geraete-muessen-mit-20-Google-Apps-ausgeliefert-werden-2405284.html.

[757] S. https://www.heise.de/newsticker/meldung/EU-Kommission-Google-missbraucht-mit-Android-seine-Marktvormacht-3178404.html u. 1. Kapitel A.

[758] 8. Kapitel A. II. 7.

[759] 7. Kapitel B. II. 4.

die nicht mit der Warenverkehrsfreiheit, dem Erschöpfungsgrundsatz, § 69d I UrhG o. a. im Einklang stehen. Dann liegt zwar keine „klassische" Kartellaufteilung vor, sondern eher eine Gehilfenstellung des TPM- bzw. DRM-Anbieters, doch koordinieren diese sich, um sich über gesetzliche Wertungen hinwegzusetzen. Dann bleibt noch anzudenken, ob aus der grundsätzlichen TPM- bzw. DRM-Freundlichkeit des europäischen und deutschen Urheberrechts[760] ein all dies gestattender spezifischer Schutzgegenstand abgeleitet werden kann, zumal TPM/DRM grundsätzlich erlaubt und rechtlich sogar geschützt ist, eben auch fern einer legalitätsbezogenen Verwendung dieser.[761] Doch ist schon deshalb kein diesbezüglicher spezifischer Schutzgegenstand herleitbar, weil dadurch zumindest gegen Nutzerrechte, wenn auch nicht Ansprüche,[762] verstoßen wird. Also kann in solchen Fällen ein Verstoß gegen Art. 101 I AEUV angenommen werden, wenn die bezweckte Beschränkung Relevanz für den Binnenmarkt dergestalt entfaltet, dass der Warenverkehr begrenzt oder Investitionsinteressen Dritter gestört werden.[763]

Werden stattdessen bloß mit TPM/DRM „vorkonfektionierte" Waren als Handels- oder Vertriebsstufen geliefert, bietet sich keine Handhabe.[764] Art. 101 I AEUV bietet auch keine Möglichkeiten auf, wenn ein Hersteller lediglich mittels einseitigen Maßnahmen über seine eigene Distributionsplattform oder anderweitig beschränkt.[765]

b. Freistellungsmöglichkeiten nach Art. 101 III

Da ggf. TPM- bzw. DRM-Technologie transferiert wird, kann die Anwendbarkeit der TT-GVO angedacht werden. TPM/DRM kann durch Softwareurheberrechte und auch Patente geschützt sein; wenn diese bloß in ein Produkt implementiert wird, erhält der Lizenzgeber aber i. d. R. keine hinreichenden Einblicke bzw. den Quellcode zur Verfügung gestellt. Und selbst wenn dies der Fall wäre, fehlte es an einem neuen Produkt: Die identische Software eben bloß zusätzlich zu TPM/DRM oder das kombinierte Anbieten auf einer TPM- bzw. DRM-umsetzenden Plattform erfüllt nicht die Anforderung eines neues Produktes. Die TT-GVO scheidet daher aus.[766] Die Vertikal-GVO scheidet bei Softwarevertrieb ohnehin aus.

Eine Freistellung nach Art. 101 III ist kategorisch ausgeschlossen, wenn erhebliche Eingriffe in Warenverkehrsfreiheit unternommen werden. Im Übrigen kann mit einem berechtigen Wunsch nach dem Schutz vor illegaler Vervielfäl-

---

760 7. Kapitel B. II. 4.
761 7. Kapitel B. II. 4.
762 Vgl. 3. Kapitel A. IV.
763 7. Kapitel B. II. 4.
764 7. Kapitel B. II. 4.
765 7. Kapitel B. II. 4.
766 7. Kapitel C. I. 1. d. dd. (5).

tigung aber gerade kein System gerechtfertigt werden, das gesetzlichen Wertungen widerspricht. Dafür ist im Besonderen keine Erforderlichkeit erkennbar.

VIII. Sonstige unspezifische Vorgaben

Die übrige bzw. allgemeine Haltung der Kommission scheint leicht beschreibbar: Lizenzen seien prinzipiell gut, für die Markterschließungen mögen manche „Opfer" zu bringen sein, zumal Lizenzierung eben besser sei als das Unterlassen des selbigen Verhaltens.[767] Diese Aussagen sind der sog. Wettbewerbseröffnungstheorie[768] zuzuordnen. Nach der Kommission sind somit spezielle Vertriebsauflagen, die aufgrund fehlender Spezifizität nur kursorisch besprochen werden sollen, hinnehmbar.

1. Mengenvorgaben

Die Abnahme einer Mindestzahl an Produkten gilt als unbedenklich, Höchstbegrenzungen hingegen nicht[769], da sie zu einer künstlichen, zumal bei Software kaum denkbaren „natürlichen" Verknappung[770] führen oder auf eine Marktaufteilung zielen können. Dem ist somit im Grunde zuzustimmen.

Eine Anwendbarkeit der TT-GVO unterstellt, sind Mengenvorgaben kein Verstoß gegen Art. 4 I lit. b), etwa auch in Bezug auf integrierte Software in einem Hardware(vertrags)produkt, wenn sie lediglich den Lizenznehmer im Bezug auf die ihm eingeräumte Lizenz betreffen und nicht bei der Nutzung konkurrierender Software behindern.[771] Der Vertikal-GVO sind naturgemäß entsprechende Kernbeschränkungen fern, ist sie doch für eine Produktion gar nicht ausgelegt. Darüber hinaus sind ansonsten keine Vorteile nach Art. 101 III AEUV zu erblicken.

---

[767] So auch *Moritz* CR 1993, S. 343 und *EWSA* 2004/C 80/07, Zf. 1.4: „Wenn die EU bis 2010 zur dynamischsten Volkswirtschaft der Welt werden soll, ist es nicht nur wichtig, dass neue Technologien entwickelt werden, sondern auch, dass ihre schnelle Verbreitung nachhaltig gefördert wird. ... Dem Lizenzgeber als Inhaber eines Schutzrechts müssen ausreichende Anreize geboten werden, anderen Personen die Nutzung seiner Technologie zu erlauben. In diesem Zusammenhang ist zu berücksichtigen, dass selbst ein beschränkter Wettbewerb ökonomisch sinnvoller ist als gar kein Wettbewerb in dem Fall, dass der Innovator keine Lizenzen erteilt. Allein dem Lizenzgeber obliegt die Entscheidung, andere an seinen Innovationen partizipieren zu lassen." Dies Ziel ist jedenfalls nicht erreicht.

[768] Dazu FrankfKomm/*Werner*, Art. 101 I, III FallGrp. IV. Rdnr. 77 ff. Krit. *Ullrich* VPP-Rundbr. 2/2007, S. 54 ff.

[769] Langen/Bunte/*Bunte*, Art. 101 AEUV Rdnr. 273; s. aber etwa Langen/Bunte/*Nolte*, Nach Art. 101 AEUV FallGrp. Rdnr. 576 zu problematischen Mindestabnahmeverpflichtungen.

[770] Höchstens vielleicht bei Datenträgermangel, wenn etwa durch schwere Naturkatastrophen wichtige Werke ausfallen, wie es im November 2011 bzgl. HDDs zu erleben war.

[771] *Schultze/Pautke/Wagener* 2005, Rdnr. 543 ff.: es steht dabei nicht entgegen, dass in das „Vertragsprodukt" auch noch andere Technologien (anderer Lizenzgeber) einfließen.

2. Gebietsaufteilung und Exklusivstellungen

a. Kundengruppenvorbehalt

Fraglich ist, ob ein Verstoß nach Art. 101 I lit. c) AEUV vorliegt, wenn sich der Softwarehersteller oder andere übergeordnete Händler bestimmte Kundengruppen vorbehalten. Dies ist allein dadurch nicht zu rechtfertigen, sich besondere Kundengruppen – insbesondere Dienstleister – vorzubehalten, sondern letztlich nur in besonderen Fällen, um das Programm – in seltenen begründeten Fällen – schützen zu können.[772] Im Übrigen führen solche Vereinbarungen jedoch zu ungewollten Aufspaltungen und Wettbewerbsbegrenzungen. Benachbart und in den Gruppenfreistellungsverordnungen parallel geregelt wie als Kernbeschränkungen aufgenommen sind Gebietsvorbehalte, die offenkundig dem Binnenmarktprojekt zuwiderlaufen. Softwarespezifische Gründe zur Regionalaufteilung gibt es nicht, oftmals kann Software grundsätzlich weltweit gehandelt werden.[773]

Bezüglich der Kundengruppenvorbehalte ergeben sich im Hinblick auf die Gruppenfreistellungsverordnungen Anwendungsprobleme, da Handels- und Vertriebsstufen oftmals eben nicht auferlegt wird, bestimmte Gruppen nicht zu beliefern, sondern höchstens unter Zugrundelegung abweichender Modalitäten. Auf abstrakter Ebene soll Kunden möglichst der Maximalpreis entlockt werden, andererseits sollen – besonders bei Software problematisch – Treue belohnt und mithin die Wechselbereitschaft gesenkt werden. Vorteile nach Art. 101 III AEUV sind hierbei nicht ohne weitere Begründung zu erkennen.

b. Exklusivprivilegien für Händler

Ebenfalls nicht softwarespezifisch sind gewisse Exklusivprivilegien, die speziell (mächtigen) Händlern eingeräumt werden, wobei ggf. sogar der Lizenzgeber dann selbst auf Direkt- oder weiteren Absatz verzichtet.[774] Nach der Kommission sollen solche Exklusivlizenzen, sofern nicht unter Wettbewerbern vereinbart, nicht in Konflikt zu Art. 101 I AEUV stehen.[775] Sie sind jedoch jedenfalls dann zu verwerfen, wenn sie sich gegen den Binnenmarkt stellen[776] – also die Warenverkehrsfreiheit nach einmalig erfolgtem (Erst-)Absatz verhindern. Dies zeigt sich bei geographischer Exklusivität etwa beim zu untersagenden

---

772 *Konrad/Timm-Goltzsch/Ullrich* in: Ullrich/Lejeune 2006, I Rdnr. 850 (allerdings etwas unklar im Hinblick auf die genauen Anforderungen an eine Rechtfertigung bzgl. des Bestands eines Schutzrechts).

773 7. Kapitel B. IV. 2. b. cc.

774 Im Fall einer Alleinlizenz wird nur dem Lizenznehmer und sonst niemandem eine (vergleichbare) Lizenz erteilt. Verpflichtet sich im Rahmen der Lizenz zudem der Lizenzgeber, seine Güter nicht selbst zu verwerten, wird die Berechtigung des Lizenznehmers exklusiv.

775 ErwGrd. 12 S. 2. TT-GVO.

776 *Groß* 2015, Rdnr. 582.

Verbot von (Re-)Importen.[777] Auf der Ebene der Vertriebsorganisation, also in aller Regel auf vertikaler Ebene, ist zunächst ein starkes und bereits ausgeführtes Interesse der Immaterialgutinhaber an Aufteilung der Märkte auch dadurch motiviert, die in der Regel nationalen Märkte optimal zu erschließen und die dazu kompetenten Mediäre entsprechend zu verpflichten, die oftmals dafür eine Exklusivstellung verlangen. Zudem bietet dies Möglichkeiten der Preisdiskriminierung. Da nationale Märkte schon stark durch den Fernabsatz, insbesondere durch den Internethandel geprägt sind, wird es bei Standardsoftware kaum Exklusivvereinbarungen regionaler[778] Art geben. Soweit nicht bloß Standardsoftware unverändert vertrieben wird, sondern Anpassungen auf Vertriebsebene vorzunehmen sind, kann es indes zu regionalen Begrenzungen und Besonderheiten kommen. Software weist im Übrigen keine weiteren Besonderheiten auf.

Da sich Software i. d. R. vollständig über und durch das Internet vertreiben lässt, besteht ggf. gar kein Bedarf für die Einschaltung von Intermediären[779] – und mitunter bedürfte es keiner Vereinbarungen, um die Märkte zu beschränken. Verbreitung und Nutzung der Software könnten etwa durch DRM, Geo-Targeting bzw. IP-Adressen-Kontrolle oder andere Technologie gezielt oder auch nur im Ergebnis[780] erheblich eingeschränkt werden, ohne dass diese Einschränkungen vertraglich statuiert werden müssten und einer Kontrolle durch Art. 101 AEUV unterlägen. Solche DRM-belasteten Digitalgüter sind zudem durch den Kunden oftmals nicht erneut absetzbar, wodurch die Zuweisung zum Kunden endgültig ist. Folglich verliert bzw. erhält das Gut niemals die Verkehrsfähigkeit.[781]

Vorgenannte Exklusivlizenzen sollen der Markteröffnung und der Markterschließung grundsätzlich erlaubt sein – jedoch muss dies nicht über eine unbegrenzte Zeit möglich sein.[782] Solche sollen für Standardsoftware drei, für Individualsoftware fünf Jahre begrenzt werden.[783] Aufgrund der geringen

---

[777] Vgl. etwa EuGH, Urt. v. 4.10.2011 – C-403/08 u. C-429/08 – „Premier League ./. Murphy".

[778] Im Sinne einer Ebene unter der nationalen Ebene – vgl. 7. Kapitel B. IV. 2. b. cc zur Marktabgrenzung.

[779] Allerdings müsste auch bei der Nutzung eines solchen Vertriebskanals Marketing betrieben werden; zumal der Vorteil entfällt, dass die Artikel in Geschäften stehen und durch Händler beworben werden – vgl. 3. Kapitel B. I. 4.

[780] So waren etwa Videospiele aufgrund der Inkompatibilität zwischen PAL und NTSC europaweit kaum austauschbar. Zudem sind auch Regionalcodes – wie etwa bei DVDs – denkbar, doch ist dieser europaweit einheitlich (= Region 2) – vgl. 7. Kapitel B. II. 4.

[781] 3. Kapitel A. IV.

[782] KOM v. 23.12.1977 – „Campari" – GRUR Int 1978, S. 374 (allerdings über Abs. III, s. S. 374 f.); Immenga/Mestmäcker/*Zimmer*, Art. 101 I AEUV Rdnr. 285 ff. („offene" ausschließliche bzw. Exklusivlizenzen; sog. Markterschließungsdoktrin).

[783] *Konrad/Timm-Goltzsch/Ullrich* in: Ullrich/Lejeune 2006, I Rdnr. 844 – also gerade nicht gemessen an der langen Dauer des Schutzrechts. *Timm* 2005, S. 204 f. stellt einzelne Kriterien zur Bewertung der Frage auf, ob die Verpflichtung zur Abnahme von Softwarepflege und deren Bepreisung angemessen ist.

„Lebensdauer" von Software sollte aber gerade bei Standardsoftware eher ein Jahr genügen.

IX. Sonstige Vertriebsvereinbarungen

Ergänzend sind noch zahlreiche weitere Vorgaben des Vertriebes üblich, die seitens des Softwareentwicklers oder aber auch der Mediäre in die Verträge eingebracht werden. Diese bieten allerdings keine wesentlichen Besonderheiten für den Bereich Software auf[784] und werden daher nicht weiter erörtert.

I. Softwarepflege und -wartung

I. Negative Effekte und Verstoß wider Art. 101 I

Wie bereits dargelegt stellt Softwarepflege, die in der Regel durch den Softwarehersteller erbracht wird, wirtschaftlich einen wichtigen Bereich dar, der sich nicht dem Softwareabsatz unterordnen muss.[785] Problematisiert wird hauptsächlich die Problematik einer Abnahmeverpflichtung. Dies meint, dass ein Softwareerwerber zugleich vom Softwarehersteller oder Dritten Pflegedienste in Anspruch nehmen muss, was sodann im Zeichen des Art. 101 I lit. e) AEUV gegen das Kartellrecht verstoßen kann.[786] Der Verweis auf lit. e) überzeugt jedenfalls nicht vorbehaltslos, weil dieser zumindest nach einzelnen Lehren im Direktabsatz nicht einschlägig ist.[787] Werden indes über Vereinbarungen zwischen Softwarehersteller und Vertrieb die Pflegedienstleistungen mit Software gegenüber Endkunden gebündelt, dann ist lit. e) in jedem Fall einschlägig.[788] Jedenfalls hat sich eine Prüfung im Rahmen von Sachnähe und Handelsbrauch gemäß lit. e) daran zu orientieren, ob diese Bündelung notwendig oder zumindest besonders sinnvoll ist. Bei sehr komplexer Software und Wartung wäre ein sachnahes kombiniertes Produkt anzunehmen und der Tatbestand wäre ausgeschlossen.[789] Letztere Annahme kann jedoch in gewissem

---

[784] Zumal bloßer Vertrieb nicht von der TT-GVO freigestellt ist.

[785] 3. Kapitel B. IX.

[786] *Timm* 2005, S. 203 ff.; *Matthiesen* 2010, S. 97 ff.; aber gerade nicht müsse, wenn die Software sehr komplex sei. So auch *Konrad/Timm-Goltzsch/Ullrich* in: Ullrich/Lejeune 2006, I Rdnr. 832; *Sucker* CR 1989, S. 474 (sogar: „Die Kopplung der Softwareüberlassung mit einem Wartungsvertrag verdient daher auch in kartellrechtlicher Sicht eine grundsätzlich positive Beurteilung").

[787] 7. Kapitel B. III. 1.

[788] Vgl. 7. Kapitel B. III. 1.

[789] *Timm* 2005, S. 203 ff.; Wandtke/Bullinger/*Grützmacher*, § 69d UrhG Rdnr. 50; *Sucker* CR 1989, S. 474.

Umfang durch getrenntes Angebot am Markt von Pflege und Software verneint werden.[790]

Darüber hinaus kann die Beeinträchtigung des Abnehmers darin liegen, diesen zu lange zu binden. Ggf. ist dies der Fall bei Ausschluss eines Kündigungsrechts oder sehr langen Laufzeiten der Wartungskomponente, wobei er nach einiger Zeit womöglich gar kein Interesse an dieser Leistung mehr haben kann,[791] was dann wiederum eine Tatbestandsmäßigkeit nach Art. 101 I lit. a) a. E. AEUV begründet.

Durch diese beiden Beschränkungsvarianten ist nicht lediglich der Endabnehmer beschränkt (und ggf. noch der umsetzende Vertrieb), sondern womöglich noch Dritte, speziell alternative Wartungsunternehmen (*Third Party Maintenance*).[792] Hinsichtlich der Gefahr des Verdrängens dieser bietet es sich zunächst an zu untersuchen, inwiefern überhaupt eine solche Möglichkeit für bzw. durch Drittanbieter besteht. Das kann von der Art der nachgefragten bzw. abgesetzten Pflege abhängen. Sollen nur offenliegende Parameter angepasst werden, bedarf dies weder besonders tiefer Kenntnisse noch des gesamten Quellcodes – fern solcher „oberflächlicher" Dienste jedoch wird kaum jemand anderer als der Hersteller solche Dienste ohnehin anbieten können, da nur dieser Quellcode und Programmarchitektur etc. überhaupt kennt. Ob sich dies zwingend daran scheidet, ob es sich um Standard- oder Individualsoftware handelt, was angeblich die Komplexität bedinge,[793] ist zweifelhaft. Vielmehr wird darauf abzustellen sein, an welchem Punkt die jeweilige Pflege ansetzen soll und typischerweise muss. Dass eine Software bloß in unveränderter Form etliche Male bereits überlassen wurde, besagt eben noch nicht, dass sie auch leichter zu pflegen ist.[794] Eine Software mag erst mit der Zeit pflegebedürftig(er) werden,[795] auch können die oftmals viele tausend Fehler bereits anfänglich gegeben sein, jedoch erst im Laufe der Zeit erkennbar auftreten.

---

790 *Timm* 2005, S. 204 f. will indes bei missbräuchlicher Kopplung bloß die Preise begrenzen.

791 *Grützmacher* ITRB 2011, S. 133.

792 *Grützmacher* ITRB 2011, S. 135.

793 So aber *Timm* 2005, S. 203 f.

794 Dies kann sein, wenn mehr Pflegeerfahrungswissen besteht, was bei stärkerer Verbreitung wiederum der Fall sein mag.

795 Vgl. *Timm* 2005, S. 203: „Im Zeitpunkt der Überlassung ist die Software ohne weiteres funktionsfähig …. Im Laufe der Zeit werden jedoch …". Zum Zeitpunkt der Überlassung gilt zumindest das Gewährleistungsrecht – und dieses dürfte sich i. d. R. auch auf den Zeitpunkt der Überlassung beziehen. *Bommer/Spindler/Barr* 2008 führen als Gründe für die zunehmende Wartung im Allgemeinen die Komplexitätszunahme von Programmen an (S. 3 ff.). Bei konkreten Programmen seien die allgemeinen Gründe für Wartung die „Entropie" der Software sowie der Bedarf, die Software an geänderte Hard- und Software sowie geänderte „fachliche" Anforderungen (bspw. Gesetzesänderungen) anzupassen, als auch die Fehler die aus unzureichend durchgeführten Änderungen resultieren (S. 17 ff.).

Dass ggf. alternative Angebote bestehen, bedeutet allerdings noch nichts über die Legalität dieser Angebote. Je tiefergehende Kenntnisse der Software verlangt werden, desto eher wird die alleinige rechtliche Möglichkeit ebenso beim Hersteller liegen, gerade wegen des starken Codeschutzes.[796] Aber selbst wenn allein der Softwarehersteller die rechtliche wie faktische Pflegemöglichkeit haben wird, rechtfertigt dies allein noch nicht, dass der Abnehmer nicht nur die Software, sondern auch die Wartung – womöglich sogar über lange Zeit – abnehmen muss. Das Fernhalten konkurrierender Unternehmen von der Wartung könnte zunächst sachlich dadurch gerechtfertigt werden, dass diese nicht in Besitz speziellen *Know Hows* gelangen dürfen. Aber ansonsten sind bei kompilierter Software ohnehin die nicht abdingbaren Vorschriften der §§ 69d III, 69e UrhG[797] zwingend zu berücksichtigen.[798] Hinzu tritt insbes. § 69d I UrhG in Bezug auf Fehlerberichtigung, welcher zwar nicht durch § 69g II UrhG der Parteiendisposition entzogen ist, dessen Abbedingen gleichwohl kartellrechtlich verworfen werden kann,[799] zumal der Programmnutzungsberechtigte (nach § 69d I UrhG) grundsätzlich auch Dritte bei solchen Aufgaben einschalten darf.[800] Solchen dritten Unternehmen müssen also zumindest grundsätzlich ihre gesetzlichen Möglichkeiten gelassen werden. Daher ist in aller Regel eine – wenn ggf. bloß geringe – Verdrängungsgefahr zu erkennen, welche die Sachnähe gem. Art. 101 I lit. e) zu verneinen nahelegt.[801] Daher bedürfte es besonderer Begründung, vom Ergebnis des Verstoßes gegen Art. 101 I AEUV abzuweichen – unabhängig davon, ob der Verstoß durch den Ausschluss von Dritten oder Abnahmepflichten zu eigenen Gunsten herbeigeführt wird.

Ein Dritter wird dabei jedoch oftmals insoweit begrenzt werden können, dass dieser nicht an Stelle des Ausgangsherstellers neue verbesserste bzw. verbessernde Versionen herstellen wird. Dies scheitert i. d. R. bereits daran, dass diesem die dafür erforderlichen Vorgängerversionen im Quellcode nicht bekannt sein werden – und ihm daneben selbst über § 69d I UrhG lediglich Rechte zur Fehlerbeseitigung, nicht aber zur Programmverbesserung vermittelt werden können. Er könnte höchstens ein konkurrierendes Programm schreiben. Ob dieses die Aufgaben des konkurrierenden (ohne Weiteres) wird übernehmen können, kann etwa an kompatiblen Datei-Formaten hängen. Für Bestands-

---

[796] 2. Kapitel C.

[797] Zum Verhältnis der Vorschriften bei Fehlerberichtigung Wandtke/Bullinger/*Grützmacher*, § 69d UrhG Rdnr. 22, wonach die Dekompilierung nur ausnahmsweise erlaubt sein kann.

[798] 3. Kapitel C. I.

[799] 8. Kapitel D.

[800] BGH, Urt. v. 24.02.2000 – I ZR 141/97 – „Programmfehlerbeseitigung" = GRUR 2000, S. 866 ff. (bereits aus den Ls.): „Soweit sich daraus eine Berechtigung zur urheberrechtlich relevanten Nutzung eines Programms im Rahmen einer notwendigen Fehlerbeseitigung ergibt, kann der Vertragspartner dieses Recht auch dadurch ausüben, daß er einen Dritten mit der Fehlerbeseitigung betraut." (S. 868).

[801] Im Ergebnis ähnlich *Timm* 2005, S. 204.

kunden würde ein Wechsel zudem ggf. hohe Migrationskosten bedeuten. Eine Pflicht zur Offenlegung ggf. notwendiger Informationen indes kann nur über Art. 102 AEUV begründet werden. Es können aber weitere Drittunternehmen in der Form ausgeschlossen werden, dass der Lizenznehmer deren Software gerade aufgrund der langen Bindungswirkung eines ggf. bestehenden Wartungsvertrages nicht erwirbt, weil dies auch dessen Finanzmittel dauerhaft belastet.[802]

Insgesamt muss also zunächst ergründet werden, was in der konkreten Situation unter die Wartung oder Pflege fällt. Dabei können die Wertungen der §§ 69a ff. UrhG herangezogen werden, um zu ermitteln, welche Dienstleistungen in jedem Fall auch Drittanbieter erbringen können (dürfen), welche also keinesfalls zwingend vom Softwarehersteller vorgenommen werden müssen. Besondere Komplexität der Software, über §§ 69a ff. noch hinausgehende Geheimnisschutzinteressen und mithin eine zwingende Wartung durch den Softwarehersteller sollten nur äußerst behutsam als sachnah und von Art. 101 I AEUV nicht erfasst begriffen werden. Im Übrigen ist grundsätzlich von negativen Effekten auch für Drittanbieter, seien es Wartungsunternehmen, seien es Anbieter konkurrierender Software, und Verstößen gegen Art. 101 I AEUV auszugehen.

II. Freistellungsmöglichkeiten nach Art. 101 III

1. Freistellung durch Gruppenfreistellungsverordnungen

a. Anwendungsvoraussetzungen

Da durch Wartung regelmäßig kein Wissenstransfer stattfindet, sondern vielmehr dieses vorbehalten wird, um selbst eben warten zu können, scheidet die TT-GVO tendenziell aus. Da bei Wartungen, also bloßen Dienstleistungen, etwa zur Konfiguration und Einrichtung von Software, keine Immaterialgüterrechte Hauptbestandteil der Vereinbarung sein werden, da eben keine Softwarerechte mehr transferiert werden, kann die Vertikal-GVO grundsätzlich anwendbar sein; werden indes Software und deren Wartung gemeinsam verkauft, ist es äußerst zweifelhaft, ob die Software dann nur nachrangige Bedeutung haben kann. Das ist tendenziell zu verneinen,[803] weil die Wartung nur eine Ergänzungsdienstleistung ist. Außerdem wird im Rahmen dieser die Software womöglich sogar erneuert, etwa durch *Bugfixes* und *Updates*, so dass fortlaufend weitere Software bzw. Softwarelizenzen zur Verfügung gestellt werden; insoweit müsste im Einzelfall geschaut werden, welche Leistungen hauptsächlich erbracht werden. Die Anwendbarkeit der besagten Gruppenfreistellungsverordnungen scheidet

---

802 *Grützmacher* ITRB 2011, S. 135.

803 A. A. zumindest bzgl. (reiner?) Wartungs- und Pflegeverträge *Schultze/Pautke/Wagener* 2011, Rdnr. 430.

deswegen regelmäßig aus. Relevante Kernbeschränkungen wären indes nicht erkennbar.[804]

b. Marktanteilsschwellen und allgemeine Quantifizierungsfaktoren

Als Tatbestandsproblem im Rahmen der Gruppenfreistellungsverordnungen, also auch der allein ausnahmsweise in Betracht zu ziehenden Vertikal-GVO, tritt ein, dass solche Wartungsmärkte regelmäßig als Anschlussmärkte[805] zu verstehen sind und entsprechend die anbietenden Softwarehersteller Monopolisten sind,[806] weshalb die Marktanteilsschwellen stets überschritten wären. Erwidernd könnte nur argumentiert werden, wenn stattdessen ein größerer Markt für Software einschließlich Wartungsdiensten für bestimmte Zwecke angenommen werden kann. Mithin sollte dadurch in aller Regel das isolierte Anbieten von Wartungsdienstleistungen (mit sehr langer Laufzeit) nicht durch die Vertikal-GVO freigestellt sein.

2. Freistellung nach Art. 101 III im Übrigen

Nach *Matthiesen* sei stattdessen eine Rechtfertigung nach Art. 101 III AEUV möglich, da durch vorgenannte Vereinbarungen ausschließlich das Herstellerunternehmen solche Wartungen durchführen könne, da eben bei Erwerb eine entsprechende Ausschließlichkeit begründet werde, die diesem Unternehmen zu größerer praktischer Erfahrung verhelfe, die wiederum allen Verbrauchern nutze.[807] Dies ist im höchsten Maße zweifelhaft, da dies gerade zu einer Monopolisierung und Wettbewerbsausschaltung führt – und die Annahme eines idealen, weisen Monopols eher weltfremd anmutet, als dass sie sich der Gefahren solcher tatsächlich bewusst zu sein scheint.[808] Vielmehr kann sich die Überlegenheit des originären Softwarepflegers gerade im Wettbewerb erweisen,

---

804 *Grützmacher* ITRB 2011, S. 136. Vgl. bereits 8. Kapitel F. zu anderen Koppelungen.

805 7. Kapitel B. IV. 2. b. bb. (6).

806 *Matthiesen* 2010, S. 98 f. selbst unentschieden, aber m. w. Nachw.; zu Recht für einen monopolisierten Anschlussmarkt *Timm* 2005, S. 207 ff.; *Grützmacher* ITRB 2011, S. 136 m. w. Nachw. Neuerdings könnte hieran wegen EuGH, Urt. v. 19. 9. 2013 – C-56/12 P – „Tintenpatronen" (u. a. Tz. 69), gezweifelt werden, weil der EuGH grundsätzlich anerkennt, dass ein Anschlussmarkt dann als nicht monopolisiert gilt, wenn der Wettbewerbsdruck auf dem Primärmarkt hinreichend „diszipliniert", sodass im Ergebnis ein Wechsel auf andere auf dem Primärmarkt angebote Produkte (also in diesem Fall Tintenstrahldrucker anderer Hersteller) leicht möglich ist und schnell durchgeführt wird, wenn die Tintenpatronen zu teuer sind oder werden. Dieser Fall dürfte aber nicht mit dem von gepflegter Software vergleichbar sein, denn der Wechsel auf andere Drucker bedeutet, u. a. aufgrund standardisierter Schnittstellen und kompatibler Treiber, keinen zentralen Technologiewechsel, der zu hohen Migrationskosten (Schulungen, Datenkonvertierungen und -portierungen etc.) wie im Falle einer typischen Softwareumstellung führt.

807 *Matthiesen* 2010, S. 101.

808 Anders als bei Videospielen für Konsolen, denn dort ist es nicht bloß ein Unternehmen, das die Pflege durchführt, sondern lediglich Mindeststandards überwacht – 8. Kapitel G.

der ansonsten ausgeschlossen werden würde (s. Art. 101 III lit. b AEUV). Dass dies für alle Verbraucher zudem besonders günstig sei, kann mithin ebenfalls nicht angenommen werden. Wenn eine „effizientere" Nutzung der Software durch Wartung und Pflege als rechtfertigend angesehen wird,[809] dann sollte eine solche nur in äußerst engen Grenzen angenommen werden.

Es wird als denkbares milderes Mittel im Rahmen der Erforderlichkeit angeführt, dem Lizenznehmer bloß die Beauftragung von Konkurrenzunternehmen des Lizenzgebers zu untersagen.[810] Dadurch wäre es dem Lizenznehmer vielleicht einfacher möglich, insgesamt auf ein alternatives Produkt umzustellen,[811] die Wartungskonkurrenz wäre jedoch gleichermaßen ausgeschlossen. Sofern im Übrigen eben nicht die ungewollte Offenbarung vertraulicher Informationen droht, scheidet eine Unerlässlichkeit stets aus. Dass eine Software derart komplex ist, dass sie grundsätzlich nur durch ein Unternehmen gewartet werden kann, ist in bestimmten, fachlich noch zu untersuchenden Grenzen anzunehmen.[812] Im Vergleich zu den Konsolenverträgen liegt zudem der Unterschied vor, dass diese sich lediglich eine (Zulassungs-) und Qualitätskontrolle vorbehalten, nicht jedoch einzelne Angebotsbereiche.[813]

Eine solche Beherrschung des Anschlussmarktes legt es zudem nahe, Art. 102 AEUV[814] zu Gunsten konkurrierender Drittanbieter anzuwenden und darüber ggf. zu Quellcodeinformationen usf., welche erforderlich für Wartungsarbeiten sein mögen, herauszufordern. Doch dies ist eine andere – hier nicht gegenständliche – Fragestellung,[815] bei der aber auch Berücksichtigung finden muss, inwieweit solche Ausschließlichkeitspositionen bzgl. des geschützten Codes immaterialgüterrechtlich gewollt sind.[816] Aus Art. 101 I u. III AEUV folgt keinesfalls die Pflicht zur Herausgabe wichtiger Informationen, gleichwohl dürfen i. d. R. keine weiteren, über die gesetzlichen Wertungen der §§ 69a ff. UrhG hinausgehenden Beschränkungen zum Ausschluss potentieller Konkurrenten

---

[809] *Matthiesen* 2010, S. 101.

[810] *Timm* 2005, S. 205.

[811] Vgl. 4. Kapitel A. II.

[812] Dabei ist zu berücksichtigen, welche faktischen Möglichkeiten alternative Anbieter haben, die i. d. R. keinen Zugriff auf den Originalquellcode haben werden; andererseits mag Dritten dieser über Art. 102 AEUV auch zur Verfügung zu stellen sein – oder den Abnehmern nach anderen Rechtsgrundlagen. Es ist rechtlich jedoch nicht ersichtlich, weswegen die Softwarehersteller jenseits von Software und Pflege als „zwingender Einheit" begünstigt werden sollen.

[813] Vgl. 8. Kapitel G.

[814] Eine Wartungspflicht bzw. die Pflicht zum Abschluss eines Wartungsvertrages kann aus Art. 101 AEUV nicht folgen, ggf. aber auch aus Art. 102 AEUV – vgl. 6. Kapitel B.

[815] *Timm* 2005, S. 206 ff.

[816] Was entsprechend in den Bereichen Marktmacht und Missbrauch zu diskutieren ist – *Timm* 2005, S. 211 ff., aber im Ergebnis gegenüber Wartungsunternehmen abl. (S. 221 f.), gegenüber den Abnehmern nach Ablauf der Gewährleistungsfrist jedoch annehmend (S. 222 f.). Vgl. dazu auch die Frage des Missbrauchs bei Gebrauchtsoftware 7. Kapitel B. IV. 2. b. bb. (3) (d).

unternommen werden, welche sich zwar keiner widerrechtlichen Methoden bedienen dürfen, doch kann ein grundsätzlicher Ausschluss eben nicht rechtmäßig sein. Vielmehr ist auch in Anschlussmärkten nach mehr Wettbewerb zu streben.

III. Zwischenergebnis

Wartungsverträge sind geeignet, gegen Art. 101 I AEUV zu verstoßen, da sie insbesondere durch lange Bindungen und gebündelten Absatz die Konkurrenz auszuschließen drohen. Freistellungen nach den in Betracht zu ziehenden TT-GVO und Vertikal-GVO scheiden regelmäßig aus. Eine Freistellung nach Art. 101 III AEUV kann zwar erfolgen, wenn tatsächlich empfindliche und rechtlich geschützte Güter in Gefahr geraten. Andernfalls ist tendenziell eine Freistellungsfähigkeit zu negieren, da Wettbewerber ausgeschlossen werden. Wenn indes aufgrund der Komplexität der Software und der rechtlichen Wertungen der §§ 69d ff. UrhG ohnehin nur der Hersteller oder ein von ihm beauftragter Dritter als Wartungsunternehmen in Betracht zu ziehen sind, kann es bereits an der Einschlägigkeit des Art. 101 I lit. e) AEUV fehlen, was allerdings im Einzelfall zu untersuchen bleibt.

J. Technologiegemeinschaften, Technologiepools, Standardverbreitung

I. Format- und Standard-Lizenz

Teilweise werden nicht komplette Programme freigelegt, aber doch das zumindest für Standards, auch etwa Datei-Formate, erforderliche Material einschließlich begleitender Informationen und Dokumentationen.[817] Diese Schnittstelleninformationen werden in Programme integriert oder sind notwendig, um überhaupt (darauf) lauffähige Programme entwickeln zu können. Die zur Verfügung gestellten Informationen hingegen werden nicht geändert, sondern in aller Regel unverändert implementiert.

Vereinbarungen zur vorgelagerten (*De facto*-)Standardbildung oder -nutzung oder zum -erhalt sind oftmals von Relevanz für den Wettbewerb und können für Art. 101 I AEUV von Bedeutung sein.[818] Gleichwohl muss bloß in der Verabredung, der Bildung, eines Standards keine Wettbewerbsbeschränkung erkennbar sein.[819] Es können bereits bei der Bildung einer Standardgemeinschaft „Diskriminierungen" einzelner Mitglieder auftreten, doch ist dies nicht unbedingt

[817] 3. Kapitel B. V.
[818] *Klees* in: Kilian/Heussen, Kap. 62 Rdnr. 35.
[819] *Koenig/Neumann* WuW 2009, S. 386 ff.

der Regelfall.[820] Der Bildung eines Standards können zudem gemeinsame FuE-Arbeiten vorausgehen, die entsprechend zu bewerten sind.[821] Auch bei der Lizenzierung müssen besondere Umstände hinzutreten, gehört doch die Lizenzierung selbst zum spezifischen Schutzgehalt.[822] Eine von Qualität oder Verbreitung bemessene Kartellaufsicht, die davon ein Verbreitungsver- oder -gebot ableitet, ist indes abzulehnen. Als solche besondere Umstände sind speziell Diskriminierungsstrategien in Betracht zu ziehen. Bei freien Standards scheidet Art. 101 I lit. d) AEUV[823] ohnehin (eher) aus. Allgemein sind freie Standards eher unbedenklich. Dabei seien hauptsächlich „offener, transparenter und diskriminierungsfreier" Zugang zu sichern.[824] Für den Markt schädliche und durch Art. 101 AEUV sanktionierbare Vereinbarungen sind dabei insbesondere solche, welche nicht mehr alternative Standards zu gebrauchen oder zu entwickeln erlauben,[825] welche gleichwohl nicht typisch sein müssen. Wird indes Zugang zu Standard verweigert, ist dies allein eine Problematik des Art. 102 AEUV.

II. Technologiepools

Die das Zustandekommen einer Technologiegemeinschaft bzw. eines Technologiepools bildenden[826] Vereinbarungen sind nach Art. 101 I AEUV und ggf. Abs. III zu bemessen. Dies soll unter Hinzunahme ausführlicher Darlegungen in den TT-Leitl.,[827] jedoch ausdrücklich gerade nicht nach der TT-GVO geschehen.[828] Solche Pools konzentrieren etwa die Standards zu MPEG-2, DVDs, CD-ROMS.[829] Auch solche *Pools* sollen – allgemein gefasst – nicht diskriminieren, Konkurrenten bzw. Wettbewerber fair behandeln und entsprechend organisiert sein.[830] Dies scheinen grundsätzlich eher Fragen des Art. 102 AEUV zu sein. Wenn solche Pools sich jedoch bilden und lizenzieren, können die ent-

---

[820] *Koenig/Neumann* WuW 2009, S. 390 f.

[821] *Walther/Baumgartner* WuW 2008, S. 158 ff.

[822] Vgl. 7. Kapitel B. V.

[823] Vgl. 4. Kapitel A. II. 2.

[824] *Koenig/Neumann* WuW 2009, S. 393 f.; auf die Kommission berufend *Walther/Baumgartner* WuW 2008, S. 162 ff.

[825] Horiz-Leitl., Tz. 293; *Klees* in: Kilian/Heussen, Kap. 62 Rdnr. 35; vgl. *Koenig/Neumann* WuW 2009, S. 390 f. auch bezüglich der Mitglieder einer solchen Standardgemeinschaft. *Barthelmeß/Gauß* WuW 2010, S. 628 verlangen diesen Schluss auch bei lediglich „faktisch zwingenden" Standards – also solchen, die aufgrund sehr starker Netzwerkeffekte bzw. -technologien genutzt werden müss(t)en.

[826] Oder auch Schutzrechtsgemeinschaft oder Lizenzaustauschsystemn nach Immenga/Mestmäcker/*Ullrich*, GRUR A Rdnr. 4 als Formen der Schutzrechtskollektivierung.

[827] TT-Leitl., Tz. 244 ff.

[828] *Koenig/Neumann* WuW 2009, S. 393 f.

[829] *Wellhausen* 2007, S. 217 ff., 261 – Technologiepools seien vor allem in den Bereichen Kompression und Übertragung relevant.

[830] TT-Leitl., Tz. 249 ff., 266 ff.

sprechenden Vereinbarungen, wie angedeutet, nach Art. 101 AEUV kontrolliert werden. Dabei kann sich solch eine Bildung eines Pools wie ein „klassisches" Kartell verhalten, wenn nämlich mehrere (marktstarke) Unternehmen ihre Technologien und (ausschließenden) Schutzrechte zusammenlegen, um gemeinsam gegen (kleinere) Wettbewerber zu agieren, etwa über konventionelle Preisabsprachen oder dadurch abhängige Märkte zu verschließen.[831] Durch solche Pools können zudem gerade langfristige Strategien verabredet und kontrolliert werden,[832] zumal durch den Pool auch eine Abhängigkeit genährt werden kann. Des Weiteren ergeben sich die Gefahren, konkurrierende Technologien zu behindern, ungültige Patente zu schützen und allgemein (schlechte) Standards zu erzeugen.[833]

In Anbetracht komplexer Technologien und gegenseitig behindernder (gewerblicher) Schutzrechte können Pools indes positiv verstanden werden, da sie eben einem Aufbruch der Blockade zu dienen vermögen. Dabei können zunächst die *gepoolten* Schutzrechte bewertet werden, die eben blockierend, ergänzend (d. h. für ein Produkt erforderlich sind) oder substituierend sein können.[834] Technologien werden immer komplexer, die Patentzahl nimmt zu, Patente werden zudem tlw. nur „strategisch"[835] genutzt, was eben Blockadesituationen befördert und mithin insbesondere (Anschluss-)Innovationen behindert.[836] Im Besonderen kann es sein, dass also solche Pools Rechtsstreitigkeiten zu vermeiden helfen und weitere Transaktionskosten zu mindern helfen.[837]

Die Begründung eines solchen Pools unterfällt regelmäßig nicht der FuE-GVO, da eben nicht gemeinsam geforscht und entwickelt werden soll, sondern bloß Technologien gemeinsam verwertet werden sollen. Neben der Begründung bzw. Bildung eines Pools können die Lizenzen eines Pools an nicht am Pool beteiligte Dritte nach üblichen Regeln kontrolliert werden. Ein grundsätzliches Verbot der Vergabe zu stark verbreiteter oder inferiorer Lizenz-Bündel, kann es nicht geben.[838] Ein Technologietransfer bzw. die Anwendbarkeit der TT-GVO kann dabei nicht ausgeschlossen werden. Bei der Bildung von Pools in Form weiterer Unternehmen kann die Fusionskontrollverordnung beachtlich sein.[839]

---

831 Vgl. *Wellhausen* 2007, S. 143.

832 *Wellhausen* 2007, S. 157 ff.

833 *Wellhausen* 2007, S. 159 ff.

834 *Wellhausen* 2007, S. 145 f.

835 Schlimmstenfalls durch „Trolle" (5. Kapitel B. II. 3. a), andererseits aber ggf. durch Unternehmen, die die jeweils patentierte Technologie gar nicht nutzen, aber durch ein Patent ausschließlich Wettbewerber behindern.

836 *Wellhausen* 2007, S. 148 ff.

837 *Wellhausen* 2007, S. 155 f.

838 8. Kapitel C. I.

839 Vgl. 6. Kapitel C.

K. Allgemeine und sonstige Klauseln

I. Nichtangriffsvereinbarungen

Nichtangriffsvereinbarungen sind potentiell geeignet, nicht schützenswerte *Rechte* zu erhalten. Dadurch können legalisierte Wettbewerbsbeschränkungen, die Rechte durch ihren spezifischen Schutzgehalt bedingen können, gemeinsam mit solchen künstlichen Rechten erschaffen werden. Die Konstituierung von Immaterialgüterrechten obliegt jedoch grundsätzlich nicht der Privatautonomie. Dies kann des Weiteren bedeuten, für vermeintliche Erfindungen Lizenzgebühren zu bezahlen oder gar auf entsprechende – letztlich gemeinfreie – Ideen, Geschäftsmethoden usf. zu verzichten, was die verpflichtete Partei ersichtlich in ihrer Wettbewerbsfähigkeit treffen kann. An ungültigen Schutz*rechten* kann zudem kein Interesse seitens des funktionierenden Wettbewerbs bestehen.[840] Daher ist Art. 101 I AEUV in solchen Fällen i. d. R. als erfüllt anzusehen. Allerdings ist diese Problematik eher bei Patenten zu erkennen. Softwareurheberrechte können nicht im Nichtigkeitsverfahren, etwa vor dem Patent- und Markenamt, angegriffen werden. Es kann höchstens in anderen Verfahren inzident überprüft werden, ob ein Urheberrechtsschutz überhaupt besteht.[841]

Nach der TT-GVO sind Nichtangriffsvereinbarungen nach Art. 5 I lit. c) nicht in die Freistellung einbezogen – gleichwohl ist es den Unternehmen zur Vereinbarung freigestellt, den Fortfall der Lizenz im Falle solcher Angriffe anzuordnen. Die Lizenznehmer können dabei am besten den Sinn angreifenden Vorgehens beurteilen.[842] Auch nach Art. 101 III AEUV können Nichtangriffsvereinbarungen kaum als erforderlich gedacht werden. Effizienzgewinne sind überdies nicht erkennbar, ein Verbrauchergewinn selten vorstellbar. Die Unerlässlichkeit liegt ebenso fern. Vielmehr lassen sich hier nur einseitige Vorteile annehmen.

II. Geheimhaltungsklauseln und Wettbewerbsverbote

Nicht nur bei Technologiebekanntgabe, sondern auch wenn sich Lizenznehmer und -geber aus vorherigen oder noch zu treffenden Vereinbarungen, sei es im Rahmen der Auftragsentwicklung, (gegenseitig) Informationen zukommen lassen, wird ggf. vereinbart, bestimmte Informationen oder auch Code nicht für den Wettbewerb oder nur allgemein am Markt zu nutzen. Diese Geheimnisse

---

840 TT-Leitl., Tz. 134.

841 Vgl. 8. Kapitel A. III. 1. b. dd., a. A. wohl *Rautenstrauch* 2013, S. 191.

842 Nach *Metzger* in: Hilty/Jaeger/Kitz 2008, S. 89 handele es sich bei diesen vielfach um die einzigen, die ein wirtschaftliches Interesse und auch die notwendigen Kenntnisse verfügen, um ein Schutzrecht erfolgreich anzugreifen. Ergänzend ist anzuführen, dass auch Konkurrenten oder potentielle Lizenznehmer zumindest ein wirtschaftliches Interesse haben, wenn auch vermutlich nicht über die notwendigen Detailkenntnisse verfügen.

können urheberrechtlich geschützt sein oder auch anderweitig den Regeln des (bloßen) *Know How* unterliegen[843], dem das EU-Recht eine gewisse Bedeutung beimisst. Jedenfalls sollte nicht die „eigene Kraft" behindert werden, aber unlauteres Nutznießen sollte wiederum nicht als Wettbewerbsfaktor jemandem zukommen, der solche Informationen höchstens nebenbei oder zufällig erfährt. Entsprechend sind Geheimhaltungsklauseln oftmals unbedenklich. Wird hingegen die Wettbewerbskraft anderer ohne sachlichen und immaterialgüterrechtlich verbürgten Grund gebunden, ist in aller Regel eine Wettbewerbsbeschränkung zu erkennen. Die TT-GVO selbst enthält hierzu keinerlei Bestimmungen.

Bei Wettbewerbsverboten kann sich ggf. an vergleichbaren Überlegungen orientiert werden, insbesondere wenn droht, dass die eigene, bloß begrenzt überlassene Technologie gegen einen selbst verwendet wird. Die TT-GVO bietet auch hierfür keine speziellen Kernbeschränkungen auf, abgesehen von Vorschriften zu Rücklizenzierungen und anderen bzgl. eigenen Technologien des Lizenznehmers (s. Art. 4 I lit. d TT-GVO). Auch können die Regeln zu Einsatzbeschränkungen, in Anbetracht der Kundengruppen, diesbezüglich herangezogen werden. Grundsätzlich aber kann der Lizenznehmer darauf beschränkt werden, eine überlassene Technologie nur intern bzw. nicht konkurrierend zu nutzen (vgl. Art. 4 II lit. b iii bzw. I lit. c ii TT-GVO). Dies kann erforderlich sein, denn niemand gäbe bedeutende Technologien heraus, wenn diese sodann gegen ihn selbst eingesetzt werden könnten. Im Prinzip aber sind Wettbewerbsverbote dem Wettbewerb offensichtlich feindlich gesinnt, sie bedürfen daher besonderer Begründung.

III. Rechtswahl- und Gerichtsstandklauseln

Erst recht nicht softwarespezifisch sind Rechtswahl- und Gerichtsstandklauseln[844], die in vielen Verträgen, auch solchen der F/OSS, zu finden sein können. Beispielsweise könnte – um nicht mit Abstrusem und Absurditäten zu sparen – bei der Geltendmachung vertraglicher Vereinbarungen oder Verstöße die Geltung römischen Rechts zur Zeit *Caligulas* bestimmt sein, welches durch ein iranisches, ansonsten mit der Scharia betreutes Theologen-Tribunal angewandt werden soll, oder die Geltung japanischen Rechts der frühen Edo-Periode zur Anwendung durch ein paritätisch mit Kardinälen und britischen Oberhausmitgliedern besetztes Gremium bestimmt sein. Dabei mögen einerseits potentielle Ergebnisse fragwürdig oder zufällig zu sein drohen oder auch es bei den zuständigen Stellen an Erreichbarkeit fehlen oder nur mühsam und kostenintensiv sein, was eine Durchsetzung einzelner Klauseln vor allem durch

[843] Unklar insoweit *Konrad/Timm-Goltzsch/Ullrich* in: Ullrich/Lejeune 2006, I Rdnr. 864.

[844] Zur Zuständigkeit bei Lizenzverträgen und auch zur Frage der *causa* bei *Cross Licensing*: s. *Ubertazzi*, GRUR Int 2010, S. 103 ff.

den „strukturell unterlegenen" Lizenzpartner letztlich behinderte. In solchen Bestimmungen ist grundsätzlich keine besondere Kartellrechtsrelevanz zu erkennen. Wenn dadurch aber – ggf. sogar zwingende – Rechte einer Vertragspartei zur Makulatur werden sollten, weil sie entweder „abgewählt" oder ihre Durchsetzbarkeit in die Nebel Avalons verlegt werden soll, können sie faktisch als abgedungen bewertet werden – und eine solche Abbedingung ggf. auch kartellrechtlich kontrolliert werden. Fraglich ist nur, ab wann dieser Grad erreicht ist. Die jeweils nationalen (dinglichen) Schutzrechte sowie die Art. 101 ff. AEUV sind überdies nicht dispositiv.

IV. Weitere Bestimmungen

Die hier vorgestellte Klauselprüfung stellt keine abschließende dar, sie ist jedoch dem Ansatz geschuldet, insbesondere die bekanntesten spezifischen im Hinblick auf Software zu untersuchen. Diese Branche hält jedoch für gewöhnlich nicht nur ihren Quellcode geheim, sondern ebenfalls oftmals ihre Vertragsbestimmungen.

L. Besonderheiten bei anderen Schutzrechten

Die vorherige Prüfung ging grundsätzlich davon aus, dass urheberrechtlicher Schutz für die jeweils zu lizenzierende Software bestand. Dies geschah in Übereinstimmung mit der vorherigen getroffenen Feststellung, dass Software nahezu immer urheberrechtlichem Schutz unterliegt.[845] Software kann, wie ebenfalls gezeigt, i. d. R. ergänzend und nicht alternativ, auch – wenn ggf. in anderer Hinsicht – weiteren Immaterialgüterrechtsregimen unterfallen und nach deren Maßgaben lizenziert werden.[846]

Primär ist dabei zunächst an das Patentrecht zu denken, dessen Schutz prinzipiell anderer Art ist, sich aber auf dieselbe Software beziehen kann, wenn der jeweilige Schutz jedoch grundsätzlich – abweichend vom Urheberrecht – nicht vom Quellcode ausgeht: Es ist letztlich, wie gezeigt, ein anderer Schutzgegenstand. Auf die Ausführungen wird verwiesen.[847] Bei *Know How* indes liegt grundsätzlich kein absoluter Schutz vor.[848]

I. Patentrechtsschutz (Software-Patentlizenz)

Wenn also ebenfalls (oder vermutlich seltener: ausschließlich) Patente lizenziert werden, stellt sich die Frage, ob dies die vorgenannten Bewertungen

845 2. Kapitel B. II. 1.
846 2. Kapitel B. III.
847 2. Kapitel B. IV.
848 2. Kapitel B. VI.

modifiziert. Bei F/OSS etwa wird oftmals vorsorglich patentrechtlich lizenziert, auch wenn eben stets unklar ist, welche Patente denn überhaupt betroffen sein mögen. Bei anderen Verträgen ist grundsätzlich ebenso davon auszugehen, dass alle erforderlichen Patentlizenzen erteilt werden.

Diese Fragestellung wäre dann relevant, wenn eine Patentsoftwarelizenz einen anderen *spezifischen Schutzgegenstand* aufwiese bzw. eine abweichende immanente gesetzliche Wertung mit sich brächte,[849] und dies dazu führte, dass eine Vereinbarung patent-kartellrechtlich erlaubt wäre, urheber-kartellrechtlich indes kartellrechtswidrig wäre (oder jeweils umgekehrt). Dies ist zumindest theoretisch denkbar. Dazu müsste jedoch eine Patentlizenz gem. § 15 II S. 1 PatG gerade solche Vereinbarungen inhärent gestatten. Theoretisch könnte es dann der Fall sein, dass die urheberrechtliche Lizenz anders bewertet werden müsste als die patentrechtliche und mithin dann zumindest die entsprechende Vereinbarung hinsichtlich des Patentes nicht nichtig wäre – höchstens nichtig im Rahmen einer Gesamtnichtigkeit aufgrund einer urheberrechtlich bedingten Nichtigkeit, die den gesamten Vertrag erfasste.

Aus dem PatG ergibt sich jedoch nicht, weshalb Weiterverkaufsuntersagungen gestattet sein sollten, zumal sich Patente bzw. von Patentrechten betroffene Gegenstände ebenfalls erschöpfen. Auch für die weiteren untersagten Verhaltensweisen sind prinzipiell keine patent-spezifischen Legitimationsgründe erkennbar. So folgt auch bezüglich der Rücklizenzen aus dem Patentrecht keine Rückübertragungspflicht.[850] Mithin sind keine Privilegien erkennbar,[851] die in den obigen Konstellationen eine Begrenzung des Art. 101 I AEUV durchgesetzt hätten.

II. Know How (Software-Know How-Lizenz)

Bei *Know How* kann sich kaum ein spezifischer Schutzbereich ergeben, fehlt es doch gerade an dem gesetzlichen Privileg. Im Übrigen ist *Know How* überdies nicht mit der Verbreitung bloßer Software in Berührung zu bringen, sondern lediglich ergänzend zur Quellcode- oder Tool-Überlassung denkbar, also höchstens in Entwicklungskonstellationen.

---

[849] Vgl. 7. Kapitel B. V.

[850] 8. Kapitel A. II. 5. a. Ungeachtet des Versuchsprivilegs nach § 11 Nr. 2 PatG führen alle möglichen Rechtsfolgen einer Patentverletzung auf Vernichtung (§ 140a PatG), Unterlassung oder Schadensersatz (§ 139 PatG), nicht aber auf Teilhabe des Patentinhabers an Verbesserungen. Auch der Auskunftsanspruch des § 140b PatG erreicht ein solches Ziel nicht und konzentriert sich auf Auskunft bzgl. der Vertriebswege. So auch im Ergebnis: *Ullmann/Deichfuß* in: Benkard, § 15 PatG Rdnr. 156.

[851] Auch *Matthiesen* 2010, S. 12 geht davon aus, dass sich dadurch „keine besonderen Probleme“ ergeben. *Timm* 2005, S. 37 spricht sich ungeachtet möglicher Friktionen für eine Gleichbehandlung aus, denn zu komplexe Regeln könnten dies ohnehin komplexe, unübersichtliche Gebiet „zusätzlich belasten“ und mithin zu Rechtsunsicherheiten führen.

III. Zwischenergebnis

Software kann – i. d. R. ergänzend – weiteren Schutzrechten abseits des UrhG unterliegen, doch ergibt sich daraus keine abweichende kartellrechtliche Bewertung. Ob also eine ergänzende Lizenzierung insbesondere nach § 15 II S. 1 PatG erfolgt, ist für die kartellrechtliche Bewertung ohne Relevanz. Mithin kann es dahinstehen, wie sich eine mögliche Kumulation von Schutzrechten etwa auch auf Schutzrechtsschranken auswirkt.[852]

M. Zusammenfassung und abschliessende Feststellungen

I. Grundsätzliches und Erwägungen zu Art. 101 I

Insgesamt zeigt sich, dass Art. 101 I AEUV einen weiten Anwendungsbereich aufweist – also zunächst viele Verhaltensweisen untersagt. Dies ist letztlich wegen Art. 101 III AEUV einschließlich des Legalausnahme-Systems trotz der die Unternehmen treffenden Beweislast[853] relativ unschädlich. Ein bedauerlicher Umstand ist es, dass der Umgang mit vielen Verträgen bzw. Vertragstypen wie ein Mysterium gehandhabt wird wie Quellcode proprietärer Software: es fehlt an *Free-* oder *Open Contracts (templates)* oder zumindest des *Open Access* bzgl. dieser. Hinzu tritt des Weiteren, dass viele Begriffe babylonisch gestreut sind: Insbesondere hinter OEM, Pflege oder VAR kann sich vieles verbergen. Gelöst von Marktfaktoren können Aussagen über typische Klauseln, soweit sie denn eben überhaupt bekannt sind, und ihrer generellen Wirkung in einem gewissen Umfang getroffen werden. Solche Aussagen sind jedoch stets vorbehaltlich konkreter Umstände wie Marktanteilen zu verifizieren.

Die bloße Softwareüberlassung, auch wenn sich dadurch marktstarke Positionen oder (Quasi-)Monopole herausbilden, kann durch Art. 101 I AEUV nicht verhindert werden. Mit eigener Software den Markt zu durchdringen, besonders *effizient* durch OEM und vergleichbare Formen – wie sie in der jeweiligen Zeit auch bezeichnen werden mögen – jedoch kritisch zu sehen, denn nur dadurch wurde W/Intel erst möglich: Hier diese Effizienz zu bejubeln, verbietet sich von selbst. OEM ist grundsätzlich eine höchstens bei kleineren Anbietern zu rechtfertigende[854] Preisdiskriminierungsstrategie. Der Ausschluss des Gebrauchtsoftwarehandels weist stets nur Vorteile für ein Unternehmen auf und ist daher sehr geeignet, Marktstrukturen zu festigen, und im Allgemeinen investitionshemmend. Investitionshemmend wirken darüber hinaus starre CPU-Klauseln

---

[852] Vgl. 2. Kapitel B. IV. 2.

[853] Vgl. 6. Kapitel E.

[854] 8. Kapitel H. I. 2.; 10. Kapitel B. III. 3. c. dd. (3) (a).

und vergleichbare Einsatzbeschränkungen sowie Klauseln, die den Einsatz von Software auf Hardware auf bestimmtem Leistungsniveau begrenzen. All dies erschwert u. a. unnötigerweise Beschaffung von neuer Hardware. Beschränkend sind darüber hinaus die Vereinbarung von *Upgrade*-Preisen, also Rabatte für Nutzer von Vorversionen, die Marktstrukturen festigen und ggf. in Zusammenwirkung mit Gebrauchtsoftware-Verkaufsverboten ihre Wirkung kulminieren. Art. 101 I AEUV setzt hier grundsätzlich verbietend an.

An diesem Punkt zeigte sich aber bereits eine große Schwäche: Sind solche Upgrade-Versionen technisch different und beruhen nicht bloß auf Kontrollen seitens der Vertriebs- und Handelsstufen sowie Verträgen mit diesen, kann eine Kontrolle nach Art. 101 I AEUV dergleichen nicht untersagen, denn insoweit ist eine Begrenzung – wie auch bei DRM – durch die *Natur* der Sache bzw. Software bereits bestimmt. Wenn indes der Vertrieb gewisse Kontrollen hinsichtlich der Absatzvoraussetzungen nicht selbst durchführt, sondern dies erst nachgelagert durch den Hersteller geschieht, bedarf es ohnehin keiner vertriebssteuernder Vereinbarungen mehr.

Sonstige DRM-Maßnahmen, die etwa das Kopieren verbieten oder den Einsatz ansonsten begrenzen, sind indes weniger schädlich, da auch die Vereinbarungen von LAN-Klauseln, Gebäude-Klauseln, CPU-Klauseln usf. unschädlich sein können, sofern sie denn nicht ein Gebrauchthandelsverbot implizieren und Wechselmöglichkeiten bieten. Dass sich DRM aber gerade darauf nicht begrenzen muss, ist ein Problem, dem jedoch Art. 101 I AEUV nicht Herr werden kann. Mithin können jenseits von Art. 101 AEUV, ganz ohne Vereinbarungen, künstliche, an sich widerrechtliche Begrenzungen geschaffen werden, die höchstens nach Art. 102 AEUV überprüft werden können.

Insgesamt ist es überdies der Fall, dass eine Schar von Absatz- und Einsatzbeschränkungen womöglich nicht direkt zwischen den Parteien kontrolliert werden kann, sondern aufgrund der beschränkten Ausrichtung des Art. 101 I lit. d) AEUV lediglich über Vertriebs- und Handelsnetze. In jedem Fall sind einseitige Preisdiskriminierungsstrategien der Hersteller demnach unkontrollierbar. Nach älteren, mitunter nun womöglich verschwindenden Lehren kann zudem lit. e) bloß zwischen Herstellern und „durchreichendem" Vertrieb oder unterschiedlichen Vertriebsstufen Geltung verlangen. Ungeachtet dessen kann der Direktabsatz an Private ohnehin nicht kontrolliert werden, weswegen ein Ansatz auf der Vertriebsebene hier notwendig bleiben wird, sofern dieser denn, gerade nach dem Vorausgeschickten, bedeutsam bleibt. Gleichwohl kann beim Direktabsatz, speziell über Internet, und durch DRM ohnehin ein jeder Klauselschutz grundsätzlich ausgehebelt werden.

Preisdiskriminierungsstrategien sind insbesondere ein beliebtes Vorgehen der Hersteller. Wenn zwar nicht von jedem Einzelnen der jeweilige Grenzwert abgeschöpft werden kann, bemühen sich doch die Hersteller, stets das Optimum zu erzielen. Sie sind nicht bloß ein Mittel, Entwicklungsländer besonders günstig zu beliefern.[855] Dies ist weder verwunderlich noch *per se* verwerflich, andererseits aber zur Diskriminierung geeignet. Es besteht keinerlei Recht der Softwarehersteller darauf, stets das Optimum zu erzielen[856] – oder gar mehrfach für eine bzw. gar dieselbe oder sogar fremde Leistung, wie etwa leistungsstärkere Hardwareangebote durch Dritte, entlohnt werden zu müssen.

F/OSS hingegen belebt den Wettbewerb, doch hat zumindest das Copyleft der GNU GPL sowie anderer *freier* Lizenzen auch negative Wirkungen, auch aufgrund unbestimmter Klauseln. Diese potentielle Beschränkung bezieht sich jedoch allein auf Entwickler, die selbst auf F/OSS setzen. Beim bloßen Vertrieb und Absatz von F/OSS sind indes keine Beschränkungen erkennbar; vielmehr sorgen gerade diese Lizenzen für unbeschränkte Nutzungsmöglichkeiten.

Andere Entwicklungsverträge können aufgrund andersartiger Rücklizenzen in Konflikt zu Art. 101 I AEUV geraten. Die ohnehin rudimentären Erforschungsmöglichkeiten des § 69e UrhG bzw. der äquivalenten Richtlinienvorgaben dürfen keinesfalls noch weiter eingegrenzt werden, zumal selbst sie kaum genügen, um Anschlussprogramme etc. zu entwickeln und anzubieten. Diese Einschränkung des grundsätzlichen Codeschutzes ist zudem kartellrechtlich bedingt[857] und markiert mithin ein Mindestmaß.

Der Wartungsmarkt, in dieser Stärke gewiss eine Besonderheit des Softwaresektors, steht ebenfalls im Problemkreis des Konkurrenten- und Drittanbieterausschlusses. Neben Art. 101 AEUV steht hier Art. 102 AEUV zur Verfügung, der in aller Regel zumindest hinsichtlich der Marktmacht als erfüllt angesehen werden kann, weil die abhängigen Wartungsmärkte *natürlich* monopolisiert sind.

Konsolenspielverträge geraten mit Art. 101 I AEUV in Konflikt, weil die Konsolenhersteller sich mit der Qualitätskontrolle eine möglicherweise einschneidende Kontrollmöglichkeit vorbehalten, die mittelbar die Verfügbarkeit von Waren, eben diesen Spielen, begrenzt.

II. Art. 101 III und die Gruppenfreistellungsverordnungen

1. Anwendbarkeit der Gruppenfreistellungsverordnungen und ihre Kernbeschränkungen und nicht-freigestellte Klauseln

Bei bloßer Softwareüberlassung oder auch Vertriebsfertigung und beim Vertrieb selbst sind nach der hier vertretenen Auffassung weder TT-GVO noch Vertikal-GVO anwendbar. Ausnahmsweise eben nur dann, wenn nicht bloß Standardsoftware, die nicht Entwicklungssoftware ist, sondern Quellcode etc. zur Verfügung gestellt wird – und das wiederum nicht nur, um lediglich etwaigen

---

855 Bzgl. F/OSS 8. Kapitel A. III. 4. a., s. ansonsten auch *Özkan* 2009, S. 295.

856 Auch Valve als Betreiber Steams versucht experimentierend, Preise optimal abzuschöpfen – http://www.geekwire.com/2011/experiments-video-game-economics-valves-gabe-newell/.

857 Vgl. *Konrad/Timm-Goltzsch/Ullrich* in: Ullrich/Lejeune 2006, I Rdnr. 818 f.

F/OSS-Pflichten zu genügen. Die FuE-GVO ist weniger relevant, nämlich nur in besonderen Konstellationen, speziell wenn Software erst noch gemeinsam entwickelt werden soll.

Dessen ungeachtet ergeben sich kaum spezifische Kernbeschränkungen oder nicht freigestellte Klauseln im Rahmen der TT-GVO sowie der Vertikal-GVO, obwohl dies – angesichts einzelner Wettbewerbsbeschränkungen – angeraten wäre. Insoweit drohte bei einem weiten Anwendungsbereich die Freistellung ineffizienter Beschränkungen. Wird die TT-GVO indes ohnehin nur vorsichtig angewandt, sind solche Probleme nicht erkennbar, weil dann gerade die absatz- und vertriebsspezifischen Beschränkungen wenigstens nicht über diese freigestellt werden.

Bei der Anwendung beider Gruppenfreistellungsverordnungen haben sich überdies die Kundenkreisbeschränkungen als schwierig handhabbar erwiesen, weil es softwarespezifisch oftmals verschiedene Versionen geben kann, die womöglich an alle Personen weitergegeben werden dürfen, aber etwa durch Bündelungsanordnungen nicht mehr die Gesamtheit der Kunden als Abnehmer in Betracht gelangt. Sofern die TT-GVO indes weit angewandt werden sollte, wäre – wie gesagt – jedenfalls das freigestellt, was, aber ggf. unabhängig von den Kundenkreisbeschränkungen, nicht durch Kernbeschränkung behindert wäre, was zur Freistellung mehrerer wettbewerbsschädlicher Klauseln führte. Darüber hinaus ergäben sich Auslegungsfragen bzgl. „lizenzierter Technologie“ bzw. „Vertragsprodukt“, die eben nur die (lizenzierte) unveränderte Software selbst wären. Dies zeigt aber erneut auf, dass die TT-GVO für diese Konstellationen schlicht nicht „passt“. Die am Markt vorhandenen, durch Kernbeschränkungen nicht abgedeckten, teilweise schwer wiegenden Wettbewerbsbeschränkungen belegen deshalb erneut, dass ein enger Anwendungsrahmen der Gruppenfreistellungsverordnungen veranlasst ist.

2. Art. 101 III im Übrigen

Einzelne untersagte Bestimmungen sind zumindest aber nach Art. 101 III im Übrigen freistellbar. Dies gilt vor allem für das Copyleft bei F/OSS, Videospielvertriebsverträge hinsichtlich der Qualitätskontrollen, im engen Rahmen ebenfalls für Bündelungen, sowohl von Software und Software, Software und Softwarepflege und auch von Software und Hardware. Die OEM-Preisdiskriminierungsmöglichkeit sollte jedoch höchstens kleineren Anbietern zur Verfügung stehen. In weiteren Fällen fehlt es oftmals an der Unerlässlichkeit besagter Beschränkungen, die eben sehr einseitig wirken. Gerade auch deswegen ist es angezeigt, im Rahmen der Effizienzvorteile nicht bloß einseitig solche der Hersteller zu suchen. Art. 101 III AEUV stellt offensichtlich hohe Voraussetzungen auf, die TT-GVO und Vertikal-GVO nicht unbedingt wahren *müssen*[858].

[858] Auch wenn sie dies sollten – vgl. etwa 7. Kapitel C. I. 6. b. bb.

9. Kapitel

Umsetzung in deutsches Recht und in Deutschland

Technologietransfer-Vorgänge sind oftmals in einen internationalen Kontext eingebettet, was zu einer deutlich höheren Komplexität durch verschiedene Rechtsordnungen führt.[1] Der AEUV als auch die TT-GVO wie die übrigen Gruppenfreistellungsverordnungen gelten unmittelbar nach ihrer Schlussformel in jedem Mitgliedsstaat der EU. Europäisches Kartellrecht ist zudem unter bestimmten Voraussetzungen auch durch nationale Kartellbehörden anzuwenden. Gleichzeitig formt zumindest Deutschland sein nationales Kartellrecht dem europäischen fortwährend nach. Art. 101 II AEUV ordnet mit dem Nichtigkeits-Verdikt zudem eine zivilrechtliche Rechtsfolge an, die der konkreten Umsetzung in das jeweils nationale Recht bedarf.

A. Die Anwendung des europäischen Rechts in Deutschland und das dem AEUV nachgeformte GWB

Die Europäische Union zielte mit der Reform des Jahres 2004 auf eine zentrale Kartellrechtsanwendung, in deren Mittelpunkt die Art. 81 und 82 EGV stehen sollten.[2] Seit dem 1. Mai des Jahres 2004 sind daher Art. 81 f. EGV (und mittlerweile gleichermaßen Art. 101 f. AEUV) als auch die Gruppenfreistellungsverordnungen direkt durch deutsche Behörden anzuwenden,[3] insbesondere durch das Bundeskartellamt nach §§ 48 I, 51 GWB. Die deutschen Behörden haben dabei nach § 22 GWB europäisches oder nationales Recht anzuwenden, ihre Befugnisse regeln sich nach §§ 32 ff. GWB; worunter auch der Entzug der Freistellung nach § 32d GWB fällt.[4]

---

[1] Dazu *Cabanellas* IIC 1984, S. 39 ff., nach welchem der Schwerpunkt der Leistung („the center of gravity") weltweit nicht einheitlich beantwortet wird und deswegen zu klaren Rechtswahlvereinbarungen rät.

[2] Calliess/Ruffert/*Jung*, Art. 104 AEUV Rdnr. 3.

[3] *Röhling* GRUR 2003, S. 1019 f., 1022 ff.; *Bechtold/Bosch*, Einf. GWB Rdnr. 71 ff., 87; *Bödeker* 2008, S. 42; *Klees* in: Kilian/Heussen, Kap. 60 Rdnr. 27; *Kling/Thomas* 2016, § 19 Rdnr. 8 ff.; vgl. *Weitbrecht/Mühle* EuZW 2008, S. 551; sowie in den übrigen europäischen Mitgliedsstaaten *Anderman/Kallaugher* 2006, Rdnr. 1.16; *Korah* 2006, S. 24.

[4] Zur Übersicht: *Conrad* in: Auer-Reinsdorff/Conrad 2016, § 39 Rdnr. 114 ff.

Bloß nationale Sachverhalte sind weiterhin[5] nach dem deutschen GWB zu ermessen, welches aber mittlerweile – seit 2005 – weitgehend mit Art. 101 AEUV bzw. den wortgleichen Vorgängervorschriften harmonisiert worden ist[6], wie § 1 und § 2 GWB offenkundig belegen. Dies bedeutet gleichwohl nicht, dass deutsches Recht wie EU-Recht angewandt und ausgelegt werden muss.[7] Die europäischen Freistellungen in Gestalt der Gruppenfreistellungen wirken jedoch auch freistellend für Sachverhalte, welche den zwischenstaatlichen Handel[8] nicht berühren – und zwar direkt aufgrund des § 2 II S. 1 GWB.[9] Damit wird europäisches Recht verweisend[10] als deutsches Recht angewandt, was die Frage aufwirft, wie insoweit *transponiertes* Recht auszulegen ist.[11] Im Grunde ist davon auszugehen, dass das Ergebnis in Übereinstimmung zur europäischen Anwendung stehen soll, denn Ziel der deutschen Regelungen ist Harmonisierung.[12] Für die hier vertretenen Grundsätze[13] gelten jedoch auch nach deutschem Recht keinerlei Besonderheiten, nur dass anstelle des *Effet Utile* das Ziel der wirksamen Bekämpfung von Wettbewerbsbeschränkungen tritt. Insoweit entfällt insbesondere ebenso bei Anwendung der Gruppenfreistellungsverordnungen im nationalen Kontext die Analogiemöglichkeit, hauptsächlich da auch hier mit § 1 und § 2 I GWB hinreichende Generalklauseln bestehen, durch die analog angewandte Gruppenfreistellungsverordnungen entbehrlich sind (und sogar gefährlich wären).[14]

Unter anderem weist das deutsche Recht aber doch noch einzelne Sonderbestimmungen auf, wie etwa § 3 für Mittelstandskartelle. Die §§ 19-21 GWB weichen nach wie vor von Art. 102 AEUV ab, wurden jedoch 2013 im Rahmen der 8. GWB-Novelle aufgearbeitet und systematischer gestaltet.[15] Die Vorschriften der Zusammenschluss- bzw. Fusionskontrolle nach §§ 35 ff. GWB wurden im selben Zug dem europäischen Pendant materiell angenähert.[16] 2017 ist im Rahmen der nunmehr 9. GWB-Novelle die europäische Kartellschadens-

---

[5] Zur älteren Rechtslage im speziellen Kontext etwa *Moritz* CR 1993, S. 414 ff.

[6] *Konrad/Timm-Goltzsch/Ullrich* in: Ullrich/Lejeune 2006, I Rdnr. 758 f.; *Bechtold/Bosch*, Einf. GWB Rdnr. 17 ff.; § 1 GWB Rdnr. 1 ff.; Immenga/Mestmäcker[4]/*Immenga/Mestmäcker*, Einl. GWB Rdnr. 1 ff.; Immenga/Mestmäcker[(5)]/*Immenga/Mestmäcker*, Einl. GWB Rdnr. 1; *Schwarze/Weitbrecht* 2004, S. 42 ff.; zum Konkreten *Matthiesen* 2010, S. 11.

[7] *Thomas* EuR 2009, S. 440 f.

[8] Die also nach den nationalen Rechtsordnungen zu bemessen bleibt.

[9] *Bechtold/Bosch*, Einf. Rdnr. 19, § 2 GWB Rdnr. 27 ff.

[10] In jedem Fall handelt es sich um einen dynamischen, keinen statischen Verweis, was unmittelbar aus der Norm folgt. Jedenfalls ohne weitere Ausführung dafür: *Klawitter/Lübbig* 2009, Rdnr. 354.

[11] Vgl. Immenga/Mestmäcker[(5)]/*Fuchs*, § 2 GWB Rdnr. 41 ff.

[12] Immenga/Mestmäcker[4]/*Fuchs*, § 2 GWB Rdnr. 225.

[13] 7. Kapitel A.

[14] Vgl. 7. Kapitel A. II. 2. c. bb.

[15] Langen/Bunte/*Bunte*, Einl. GWB Rdnr. 46.

[16] Langen/Bunte/*Bunte*, Einl. GWB Rdnr. 47, § 35 GWB Rdnr. 7.

ersatz-Richtiline (2014/104/EU) leicht verspätet umgesetzt worden; in dem Zuge wurden noch kleinere weitere Baustellen im GWB und OWiG beseitigt.[17] Neu und besonders erwähnenswert ist es, die Regeln der Fusionskontrolle nicht mehr nur bei bestimmten Umsatzwerten anzuwenden, sondern auch bei hohen Kaufpreisen (vgl. § 35 Ia [Nr. 2] GWB) – damit soll etwa der Erwerb besonders innovativer Unternehmen mit geringen Umsätzen, aber hohen potentialen kontrolliert werden können.[18]

B. Auswirkungen der Nichtigkeit gem. Art. 101 Abs. 2 AEUV und § 1 GWB gemäss deutschen Zivilrechts

Art. 101 II AEUV führt in der Regel zur Teilnichtigkeit,[19] es können aber auch zugehörige, formal eigenständige Verträge oder Vereinbarungen von einer (Gesamt-)Nichtigkeitsfolge umfasst sein.[20] Das europäische Recht stellt keine Anforderungen auf, die Nichtigkeit muss aber letztlich effizient wirken.[21] Im Rahmen des deutschen Vertragsrechts gelten § 1 GBW i.Vbdg.m. § 134 BGB, was im Zusammenspiel mit § 139 BGB ebenfalls zur Teilnichtigkeit führen kann.[22] Mittelbare Rechtsfolgen sind ebenfalls vorgesehen, etwa in § 33 GWB, wonach sich Unterlassungs- und Schadensersatzansprüche speziell für betroffene Wettbewerber und sonstige Marktbeteiligte (§ 33 I S. 1, S. 3 GWB) und zudem für besondere Unternehmerverbände (§ 33 II Nr. 1) und seit der 8. GWB-Novelle auch für Verbraucherverbände (§ 33 II Nr. 2)[23] ergeben. Des Weiteren können solche Verbände gem. § 34a I GWB – wie auch Kartellbehörden (§ 34 GWB) – den seitens der Kartellanten erzielten Vorteil abschöpfen. Der Schadensersatzanspruch nach dem GWB ist gegenüber § 823 II BGB i. Vbdg. m. der jeweiligen Verbotsnorm in aller Regel *lex specialis*.[24]

---

[17] Insbes. die Wurstlücke – *Kersting/Podszun* in: Kersting/Podszun 2017, S. V f.; *Meyer-Lindemann* in: Kersting/Podszun 2017, Kap. 17 Rdnr. 1 ff.

[18] *Meyer-Lindemann* in: Kersting/Podszun 2017, Kap. 12 Rdnr. 3 ff.

[19] Vgl. 7. Kapitel D.

[20] Calliess/Ruffert/*Weiß*, Art. 101 AEUV Rdnr. 146 f.

[21] Langen/Bunte/*Hengst*, Art. 101 AEUV Rdnr. 450.

[22] *Johanns/Mäger* in: Mäger, Kap. 11 Rdnr. 4 ff.: Es bleibt dann zu ermessen, ob die nicht kartellrechtswidrigen Bestandteile, sofern solche als abtrennbare Reste überhaupt zu ermitteln sind, hypothetisch seitens der Parteien noch gewollt wären. Dabei muss aber die kartellrechtliche Nichtigkeit in jedem Fall soweit wirken, wie die Vereinbarung zu verhindern ist. Immenga/Mestmäcker/*Zimmer*, § 1 GWB Rdnr. 190 ff.; Langen/Bunte/*Krauß*, § 1 GWB Rdnr. 321 ff., 331 (zu Lizenzverträgen). Speziell zu F/OSS *Elkemann-Reusch* ZGE 2010, S. 448 f.

[23] Langen/Bunte/*Bornkamm*, § 33 GWB Rdnr. 27 f., 96, 103.

[24] Immenga/Mestmäcker/*Emmerich*, § 33 GWB Rdnr. 113 f.; Langen/Bunte/*Bornkamm*, § 33 GWB Rdnr. 174.

C. Zusammenfassung

Für die Anwendung der Gruppenfreistellungsverordnungen in Deutschland ergeben sich keine Besonderheiten;[25] vielmehr unterstreicht ihre direkte (vorbehaltslose) Anwendbarkeit bzw. Geltung in Deutschland die Notwendigkeit, sinnvolle Gruppenfreistellungsverordnungen für den Softwarebereich zu erlassen.

[25] Hins. Art. 101 AEUV: *Matthiesen* 2010, S. 11.

10. Kapitel

Kritik und Alternativen: Gestalt möglicher Software-Gruppenfreistellungsverordnungen

Zunächst soll das bestehende Kartellrechtsregime in Gestalt des Art. 101 I AEUV unter besonderer Berücksichtigung der für Software relevanten Gruppenfreistellungsverordnungen auf Basis der vorangegangenen abstrakten wie klauselorientierten Untersuchung an den Zielen optimalen bzw. optimierbaren Wettbewerbs gemessen werden. Auf Grundlage jener Untersuchung wiederum sollen Änderungsvorschläge primär der Gruppenfreistellungsverordnungen erörtert werden. Die offenkundigen und diskutierten Schwächen der TT-GVO samt der zugehörigen Leitlinien sowie der Vertikal-Leitlinien sowie die mangelnde Kohärenz im Gefüge aller Gruppenfreistellungsverordnungen, insbesondere das misslingende Zusammenspiel von TT-GVO und Vertikal-GVO im Software-Kontext,[1] werfen naturgemäß Fragen hinsichtlich denkbarer als auch gangbarer Alternativen auf.

Die sodann folgenden Ausführungen erörtern zunächst Regelungsmodell sowie Regelungsform und -ort (= Fundstelle), anschließend den Inhalt möglicher Regelungen und zuletzt deren Umsetzungsmöglichkeit und -wahrscheinlichkeiten. Auf bereits anderweitig ausgeführte Reformansätze für das Urheberrecht ist bei kursorischer Darstellung zu verweisen.

A. Kritik an Art. 101 AEUV und den GVOen – Garanten des Softwarewettbewerbs?

I. Zielerreichung bzw. Zielbeitrag durch die Klauselkontrolle

Die Klauselkontrolle bzw. das Kartellverbot des Art. 101 AEUV ist nur ein Bestandteil des Kartellrechts und mithin nicht das einzige rechtliche Mittel für mehr Wettbewerb. So hat es sich auch gezeigt, dass Art. 101 AEUV – kaum unerwartet – diesem Ziel (zumindest allein) nicht genügt. Strukturell ist es eine systemimmanente Schwäche, dass etwa DRM-Restriktionen kaum kontrolliert werden können: Regelmäßig erhalten Software-Abnehmer eine Ware, die weder ihnen noch Dritten, etwa möglichen komplementären Anbietern, voll zu-

[1] Vgl. 7. Kapitel C. I. 6. b. bb, 7. Kapitel C. I. 1. d.

gänglich ist, noch frei gehandelt werden kann.[2] Einerseits eben aufgrund des DRM, andererseits wegen der (weitgehenden berechtigten) Unzugänglichkeit des Quellcodes und künstlicher, d. h. nicht notwendiger Nutzungsbegrenzungen. Dass zudem die schwache – nun womöglich erstarkte[3] – Erschöpfungswirkung, ggf. im Zusammenspiel mit überbordender DRM, dem Binnenmarktziel entgegenläuft, ist dabei offenkundig.[4] Die Endabnehmerüberlassung mag in ihrer Bedeutung für den Wettbewerb gegenüber der Vertriebssteuerung nachrangig sein, aber bezüglich dieser ergeben sich gleichermaßen strukturelle Schwächen: Gewisse vertragliche Vertriebsvorgaben sind bereits überflüssig, sie können ebenfalls – und naturgemäß effizienter – faktisch vorgegeben werden.[5] Ein vertrags- oder koordinierungsorientierter Ansatz greift dann nicht; ebenfalls nicht, wenn der Softwarehersteller selbst direkt an Private absetzt.

Zudem ist im Übrigen gerade das Urheberrecht einer umfassenden Wettbewerbsmaximierung nicht zugänglich, da es eigene Wertmaßstäbe hinsichtlich Kontrolle und Zugang setzt. Im Rahmen des Art. 101 I AEUV ist diese Entrückung zudem deutlich umfassender als bei Art. 102 AEUV, denn Art. 101 I AEUV richtet sich speziell gegen Rechtserweiterungen, nicht gegen alle möglichen zu missbilligenden Rechteausübungen.[6] Selbst wenn *ius cogens* berührt wird (insbes. § 69e wg. § 69g II UrhG bzw. Art. 8 Computerprogramm-RiL) und die Vereinbarung insoweit ohnehin nichtig sein kann, bietet sich gleichwohl eine kartellrechtliche Kontrolle – ggf. neben §§ 305 ff. BGB – an, denn diese erlaubt ohne Weiteres eine Drittintervention und behördliche Aufsicht samt Sanktionen.[7]

Lizenzierungen von geschlossenen Standards können nicht schlichtweg verboten werden: Andernfalls blieben die Standards gerade geschlossen – und Pflichtlizenzen nach Art. 102 AEUV führten genau in die zunächst untersagte Richtung.[8] Art. 101 AEUV ist daher kein Mittel gegen die Verbreitung *schlechter* Standards. Insbesondere kann er auch kein Allzweckmittel gegen Marktbesonderheiten und Kostenstrukturen sein. Zudem börge es auch zu große Gefahren, darüber zu befinden, welche Standards, welche Technologien *gut* und auch für die Zukunft tauglich seien; und welche komplett geschlossen und unzugänglich bleiben mögen, gerade damit sie sich weniger stark ausbreiten.[9]

Art. 101 AEUV ist jedoch ein Mittel gegen bestimmte Überlassungspraktiken und kann, wie bereits angeführt, insbesondere gegen „überschießende" Rechts-

---

2 Vgl. 7. Kapitel B. II. 4.
3 3. Kapitel A. IV.
4 Vgl. 3. Kapitel A. IV.
5 Vgl. 8. Kapitel H.
6 Vgl. 6. Kapitel B. II.
7 Vgl. 3. Kapitel C. III.
8 Vgl. 5. Kapitel B. II. 3. b.
9 Vgl. 5. Kapitel B. II. 3. b.

erweiterungen und bestimmte Vertriebspraktiken eingesetzt werden. Dies betrifft beispielsweise Verbote des Gebrauchtsoftwarehandels, soweit diese nicht durch das UrhG veranlasst und berechtigt sind. Zumal bleibt festzuhalten, dass F/OSS nicht durch diese Norm bedroht ist und nicht werden sollte. Die Lücken, die Art. 101 AEUV dennoch lässt, können aber offensichtlich nicht (vollständig) durch die übrigen kartellrechtlichen Instrumente[10] geschlossen werden. So setzt die Fusionskontrolle zunächst einen Zusammenschluss voraus, der zwar bereits tatbestandlich Lizenzierungen erfassen kann, dies aber nicht muss und regelmäßig nicht wird.[11] Art. 102 AEUV setzt Marktmacht voraus – diese kann gerade im Softwaresektor aufgrund der Tendenz zu Oligopolen und sich daraus entwickelnden (Quasi-)Monopolen oftmals gegeben sein. Zudem kann Art. 102 AEUV auch bei missbrauchenden Praktiken gegenüber privaten Endnutzern direkt Abhilfe schaffen. Da zu DRM vergleichbare Kontroll- und Steuerungsmöglichkeiten der Hersteller in anderen Industriebereichen nicht bestehen, ist Art. 101 AEUV insoweit geschwächt, was auch nicht unter Zuhilfenahme des Art. 102 AEUV vollständig ausgeglichen werden kann. Denn selbst im Softwarebereich ist nicht immer ohne Weiteres bei einem jeden behindernden Unternehmen Marktstärke feststellbar. Überdies kann ebenfalls nicht jeder Einsatz von DRM sogleich missbrauchend sein, da diesbezüglich mehrere Kriterien zu erfüllen sind, zumal DRM durch das Gesetz ausdrücklich erlaubt ist[12]. Da zudem noch Wertungen des Immaterialgüterrechts, insbesondere das UrhG, manche womöglich ineffiziente Klausel grundlos erhalten mögen,[13] schwächt die kartellrechtliche Klauselkontrolle im Gesamtbild erneut. Dies ist jedoch kein Anlass, diese aufzugeben, sondern sollte vielmehr Anlass sein, diese zu optimieren.

II. Zielkonformität der gegenwärtigen Gruppenfreistellungsverordnungen samt ihrer Leitlinien

In diesem – ohnehin schwächeren – Rahmen reichen die Gruppenfreistellungsverordnungen, nämlich TT-GVO und Vertikal-GVO grundsätzlich zu weit, insbesondere wenn ihr Anwendungsbereich, dem Kommissionswillen und mehreren Literaturstimmen folgend, ausgedehnt wird.[14] Zumal die Kernbeschränkungen vollkommen ungeeignet bzw. nicht hinreichend spezifisch sind, einen solchen weiteren Freistellungsbereich sinnvoll zu begrenzen, da eben dann prinzipiell freigestellt ist, was nicht durch Kernbeschränkungen un-

---

[10] Vgl. 6. Kapitel.

[11] 6. Kapitel C.

[12] Vgl. 7. Kapitel B. II. 4.

[13] Vgl. 7. Kapitel B. V.

[14] Vgl. 7. Kapitel C. I. 1. d. dd. (5), 7. Kapitel C. I. 2. c. ee, 7. Kapitel C. I. 3, 7. Kapitel C. I. 6. b. bb. (1).

tersagt ist: Wenn also die Anwendungsbereiche unspezifisch und mithin uferlos ausgedehnt werden, droht die Freistellung mangels spezifischer entgegenstehender Klauseln (= Kernbeschränkungen und nicht-freigestellter Klauseln).[15] Dieses müsste dann wiederum eigentlich zu einer Unzahl an Entziehungen im Einzelfall führen. Den Gruppenfreistellungsverordnungen, nicht einmal der TT-GVO, ist anzumerken, überhaupt auf spezifische Softwarebedürfnisse einzugehen, was sich insbesondere an den Widersprüchen zwischen normiertem Anwendungsbereich, wie ebenfalls bei der Vertikal-GVO, als auch den Verlautbarungen in TT- und Vertikal-Leitl. zeigt.[16] Der Übergang zur TT-GVO 2014 hat diese Friktionen etwas abgeschwächt.[17]

Juristen ist es prinzipiell, abgesehen etwa von im Kartell-, Gefahrenabwehr- als auch Planungs- und Umwelt- wie Vollzugsrecht fremd, Aussagen über Entwicklungen, also die Zukunft, treffen zu müssen. Gerade ein Kautelarjurist muss hingegen stets vorsorgend tätig werden. Im Gegensatz zur Kommission bleibt diesem nicht die Bequemlichkeit der *Ex post*-Kontrolle.[18] Bezüglich des Technologietransfers kann Lizenzierenden – ganz allgemein und aus praktischer Sicht – kaum zu mehr geraten werden, als Kernbeschränkungen zu meiden.[19] Dies nicht nur, wenn die („sicheren“) „Freistellungshäfen“ einer Gruppenfreistellungsverordnung genutzt werden sollen, sondern ebenfalls, um den Konflikt mit Art. 101 I AEUV zu meiden oder eine Freistellung nach Art. 101 III AEUV nicht beinahe kategorisch auszuschließen – zumindest unter Zugrundelegung jener seitens der Kommission vertretenen Prämissen.[20] Dabei kommt es – bemerkenswerterweise – anscheinend nicht auf das Allgemeinwohl und Erwägungen des Technologietransfers an. Insofern befindet sich die Rechtsanwendung und Vertragsgestaltung doch eher wieder in einer, wenngleich sehr weiten, „Zwangsjacke“, die durch das „moderne“[21] System überwunden werden sollte.[22] Die ökonomischen Parameter können ihrer Natur wegen nicht pauschal beantwortet werden. Der „Versuch der Überset-

---

[15] Etwa 8. Kapitel B. II. 1. b. aa.

[16] Vgl. 7. Kapitel C. I. 6. b. bb.; s. auch *Berger* K&R 2005, S. 20; *Bödeker* 2008, S. 312; *Timm* 2005, S. 296: „... nur unvollständig geregelt und ... teilweise verfehlt.“

[17] Vgl. 7. Kapitel C. I. 2.

[18] Vgl. 6. Kapitel E.

[19] *Lübbig* GRUR 2004, S. 485; vgl. *Hufnagel* MDP 2004, S. 303 (welcher diese als die „negative Magna C[h]arta“ bezeichnet, wenn dieser Vergleich auch keinesfalls zu überzeugen vermag); *Wissel/Eickhoff* WuW 2004, S. 1255. Zur vergleichbaren Lage bei der F&E-GVO kritisch *Winzer* 2011, Rdnr. 397 ff., vgl. zudem Rdnr. 385, 402 überaus kritisch zur Aussagekraft der Leitlinien.

[20] Vgl. 7. Kapitel C. I. 1. d. dd, 7. Kapitel C. I. 3, 7. Kapitel C. I. 6. b.

[21] 5. Kapitel B. I.; 7. Kapitel C. I. 1. a.

[22] *Schumacher/Schmid* GRUR 2006, S. 10, der darin wieder (zu Recht) – wie bereits EWSA 2004/C 80/07, Tz. 4.1 – die „schwarzen Klauseln“ erblickt. Vgl. *Pagenberg/Beier* 2008, Einf. Rdnr. 158; *Marquis* Antitrust Bull. Vol. 52 (2007), S. 251.

zung eines ökonomischen Gedankengangs in einen juristischen Tatbestand"[23] beseitigt eben nicht die ökonomischen Unklarheiten, nimmt der Prognose nicht das spekulative Element,[24] sondern überführt dieses lediglich in eine Rechtsnorm. Für die Unternehmen empfiehlt sich jedenfalls bei ihren Prognosen und Beratungen die Dokumentation ihrer selbsteinschätzenden Analysen.[25]

Für *Lübbig* scheint die TT-GVO, zumindest die von 2004, ohnehin ein Trojanisches Pferd[26] voller Unheil zu sein. Wer es durch weit geöffnete Tore hineinlässt, riskiert eben die Freistellung der Gefahren für den Wettbewerb. Wer sie indes lediglich maßvoll anwendet, erfährt deutliche Unklarheiten und Unwägbarkeiten. Aus Sicht des Praktikers sollte der TT-GVO und den TT-Leitl. wohl nur nicht allzu genau „ins Maul" geschaut werden. Die teilweise fragwürdigen Ansichten der Kommission können – rechtlich relevantes[27] – Vertrauen bilden. Für die Industrie gilt daher wohl eher: „A kingdom for a horse" – notfalls eines wie dieses, denn zumindest für den Lizenzgeber ist zunächst womöglich jede Gruppenfreistellung besser als keine,[28] eine weite zumal besser als eine restriktive. Die beste aller möglichen Lösungen repräsentiert dieses Gruppenfreistellungs-Regime aber objektiv, wie gezeigt, keinesfalls. Erst recht dann, wenn die kritisierten Gruppenfreistellungsverordnungen weit und nicht der Effizienz folgend angewandt werden, drohen Wohlfahrtsverluste. Des Weiteren wurde bereits Kritik seitens Dritter an der TT-GVO angeführt, welche grundsätzlicher Natur ist und u. a. die „moderne" Regelungstechnik betrifft.[29] Die Anwendungsfriktionen im Softwarebereich können wohl indes als weitgehend bekannt gelten. Dem läuft die Kommissionseinschätzung entgegen, nach der TT-GVO, Leitlinien etc. einen „analytischen Rahmen" bilden und zur Rechtssicherheit beitrage sollen.[30] Diese Einschätzung der eigenen Arbeit ist gewiss recht euphemistisch,[31] zumal die Ankündigung der Kommission, „die Leitlinien müssen sinnvoll und flexibel angewandt werden"[32], den Eindruck der Rechtssicherheit konterkariert. Auch ungeachtet der Praktikabilität von Markt-

---

[23] *Lorenz* WRP 2008, S. 1010.

[24] *Hufnagel* MDP 2004, S. 303; *Hansen/Schah* ECLR 2004, S. 468; *Schumacher/Schmid* GRUR 2006, S. 10; *Drexl* GRUR Int 2004, S. 718 ff.

[25] *Anderman/Kallaugher* 2006, Rdnr. 5.71, der meint, dass bei der Selbstveranlagung auch etwas „gecheatet" werden könne.

[26] „Et dona ferentes" – eine Wendung seines Aufsatztitels – entstammt *Vergils* Aneis (2. Buch/Gesang, Vers. 48 f.), in welchem der trojanische Priester *Laokoon* vor der Griechen List in Gestalt des geschenkten Holzpferdes voller Gefahr bzw. mit griechischen Kriegern im Bauch warnte.

[27] 6. Kapitel D. I.

[28] Es sei denn, man „fürchtet" die jeweiligen Kernbeschränkungen.

[29] Vgl. 5. Kapitel B. I.

[30] Der Begriff fällt etwa in Horizontal-Leitl., Tz. 5 oder TT-Leitl., Tz. 9 (im Englischen entsprechend „analytical framework").

[31] Vgl. *Groß* 2015, Rdnr. 589 (und Fn. 21).

[32] TT-Leitl., Tz. 3.

anteilen – worauf sogleich getrennt einzugehen sein wird[33] – und den damit der „modernen" Regelungstechnik immanenten Unwägbarkeiten[34] besteht mithin eine Unsicherheit, die gerade im Softwarebereich eminent ist. Beim Transfer empfindlicher Güter, was bei digitalen genuin ist, und erst recht bei geheimen Wissen und Quellcode, ist jedoch das Interesse an einem beständigen Vertrag besonders hoch, da diese Lizenzierungen bzw. Transfers niemals oder kaum rückgängig gemacht werden können.[35] Um erneut in der flamboyanten Bildsprache der Kommission[36] zu bleiben: Was nützt der sichere Hafen in Ithaka, wenn sich das Schiff orientierungslos näher zu Skylla und Charybdis befindet (oder: im „Bermuda-Dreieck"[37])? Oder: Befindet man sich nicht lieber in der „Zwangsjacke" im Trockenen als unter einem kleinen Schirm bei schräg fallendem Hagel?

Die Ungewissheit und fehlende statistische Verifizierungsbasis der ökonomischen Analyse wurde bereits angesprochen.[38] So bleibt es auch aus Perspektive dieser unklar, ob diese Schirmfreistellungstechnik effizienter wirkt als die (andere bzw. alleinige) formale „Zwangsjacke" der prä-modernen Vorgänger-Gruppenfreistellungsverordnung.[39] Denn bereits inwieweit Anwendungs- und Prognoseprobleme Lizenzinhaber von Lizenzierungsvorgängen abhalten, kann nur gemutmaßt werden.[40] Andererseits sollte gerade von missbilligenswerten Lizenzierungspraktiken abgehalten werden. Ergänzend ist – als weiterer, wenngleich genereller Faktor – die neue Unsicherheit zu vergegenwärtigen, die durch die „modernen" Verfahrensvorschriften und das somit ausbleibende generelle Überprüfungsverfahren durch die Kommission entstanden ist.[41]

Im Gegensatz zu solchen Unsicherheiten fällt indes der weite Rahmen auf, den die Kommission auch gegenüber anderen digitalen Gütern walten lassen möchte. Es ist, wie dargelegt,[42] äußerst zweifelhaft, ob Technologie- und Konsumgutverbreitung nach identischen Maßstäben beurteilt werden sollten, zumal sich für letztere gerade eher das Vertikal-Regime anbietet. Kauft jemand einen

---

[33] 10. Kapitel B. I. 2.

[34] *Ullrich* VPP-Rundbr. 2/2007, S. 53 Fn. 17.

[35] Vgl. EWSA 2004/C 80/07, Zf. 1.5: „Im Vergleich zu sonstigen Verträgen ist eine Lizenzvergabe auch viel riskanter, denn wenn ein Vertrag scheitert, kann das einmal übertragene technische Wissen nicht mehr zurückgeholt werden. Auch deswegen besteht ein großes Bedürfnis des Lizenzgebers nach Rechtssicherheit." So auch *GRUR* GRUR 2004, S. 219. Dabei muss besonders berücksichtigt werden, dass Patente hingegen bekannt und beschrieben sind.

[36] Vgl. wenige Abs. zuvor oben.

[37] Zur Rspr. zum Art. 101 AEUV: *Hirsbrunner/Schädle* EuZW 2006, S. 583. Oder eher als „Minenfeld" aus der „Vogelperspektive" bei *Marquis* Antitrust Bull. Vol. 52 (2007), S. 318.

[38] 5. Kapitel B. I.; 7. Kapitel A. II. 2. b.

[39] *Scheuer* 2009, S. 37 ff.

[40] Vgl. auch *Marquis* Antitrust Bull. Vol. 52 (2007), S. 323 f.

[41] 6. Kapitel E.; es sei eine „heavy burden" so *Schinder* Marquette IP Law Rev. 2008, S. 55.

[42] 7. Kapitel C. I. 3. c.

modernen Fernseher um fernzusehen, dann nutzt er ihn bzw. dessen Technologie. Ein Technologietransfer findet bereits nach dem *usus linguae* nicht statt. Wenn hingegen ein Unternehmen die 400 Hz-Technologie „einkauft", um in Anschluss statt 100 Hz- überlegene 400 Hz-Geräte zu fertigen, dann fand ein Technologietransfer statt. Gleiches gilt, wenn der Quellcode eines Programmes einem anderen eröffnet wird, welcher darauf basierend neue, verbesserte Programme entwickelt.[43]

Es wird nun analysiert, ob und in welchem Umfang zumindest die Gruppenfreistellungsverordnungen geändert werden können und sollen. Zu wiederholen sind summierend als zentrale Mankos des bisherigen Gruppenfreistellungs-Regimes die Friktionen bzgl. der Anwendungsvoraussetzungen als Unsicherheitsfaktoren und fehlende spezifische Kernbeschränkungen.

B. Alternative Regelungen und insbesondere Anregungen für neue GVOen

I. Beibehalt oder Aufgabe des gegenwärtigen Regelungsmodells

Zunächst ist zu erwägen, ob die momentan in allen Gruppenfreistellungsverordnungen verwendete „moderne" Regelungstechnik der Kombination aus Kernbeschränkungen und Marktanteilsschwellen aufgegeben werden sollte.

1. Das US-Recht als Modell für Reformen

Statt das europäische System zu reformieren, könnte ebenso das amerikanische Recht[44] übernommen oder adaptiert werden. Lob erfährt in der Literatur weniger der *Sherman Act* als zentrales Kartellgesetz der USA, sondern vielmehr die *Antitrust Guidelines for the Licensing of Intellectual Property* von 1995[45], denen u. a. die Regel, dass es für die Unbedenklichkeit einer Vereinbarung spricht, wenn neben Lizenzgeber und -nehmer vier Wettbewerber im Markt agieren,[46] entlehnt worden ist.[47]

---

[43] Ähnlich *Stoffmehl* 1997, S. 60; vgl. *Bödeker* 2008, S. 240.

[44] Dazu *del Tiempo Matanzo* 2008, S. 12 ff. (Fn. 45 mit den relevanten Vorschriften); mit entwicklungsgeschichtlichem Abriss: *Bodewig* GRUR Int 1997, S. 958 ff.

[45] S. http://www.justice.gov/atr/public/guidelines/0558.htm; zu ihrem Entwurf *Bodewig* GRUR Int 1995, S. 142 ff.

[46] 7. Kapitel C. II. 2. b.

[47] *Bodewig* GRUR Int 1997, S. 970 f.; *Schinder* Marquette IP Law Rev. 2008, S. 76: „With the new TTBER, antitrust evaluation of IP licensing in the EU has made a substantial step towards the U. S. approach. In many respects TTBER and Antitrust Guidelines are consistent." Zu den Guidelines s. *Bodewig* GRUR Int 1997, S. 958 ff.

Diese *Guidelines* sind jedoch weniger mit den Gruppenfreistellungsverordnungen als Normenwerken zu vergleichen, sondern als Fließtext bereits formal eher mit den namensverwandten (TT-)Leitlinien.[48] Freilich ergeben sie sich ebenfalls als Ergebnis ökonomischer Dogmen, denen in diesem Fall das *U. S. Department of Justice* sowie die *Federal Trade Commission* (FTC) folgen. Da jedoch keine getrennten, erst zu erläuternden Gruppenfreistellungsverordnungen bestehen, enthalten die *Guidelines* ebenfalls Regelungen wie die Gruppenfreistellungsverordnungen, etwa zur „safety zone", die dem „sicheren Hafen" der Gruppenfreistellungsverordnungen entspricht und ebenfalls auf Marktanteilsschwellen beruht.[49] Diesen *Guidelines* wohnt jedenfalls eine relative Klarheit inne, die auch in ihrer Kürze und fehlenden Detailverliebtheit begründet liegt. Gleichwohl fehlt es diesen ebenfalls an Softwarespezifika.[50] Auch können gerade die weniger extrem gelagerten Fälle ebenfalls nicht eindeutig nach den *Guidelines* beurteilt werden.[51] Um Unsicherheiten vorzubeugen, können in den USA jedoch klärende Anfragen an die genannten Behörden gerichtet werden.[52] Die *Guidelines* selbst sollen die Behörden – nach Willen der Promulgatoren der *Guidelines* – nicht binden,[53] doch wird dennoch eine Vertrauensbindung der genannten US-Kartellbehörden angenommen.[54]

Hauck meint, hinsichtlich der TT-GVO – und wohl ebenfalls bezüglich der weiteren Gruppenfreistellungen – folge aus der Überschreitung der Marktanteilsschwellen eine „Ächtung", im US-Recht folge nur eine genauere Untersuchung.[55] Diese Annahme widerspricht bereits ausdrücklichen Kommissionsworten und ist nicht zutreffend.[56] Wenn ein Problem der „Ächtung" gesehen werden sollte, dann gewiss eher bei den Kernbeschränkungen.[57] Die US-Guidelines seien überdies vertikal großzügiger gegenüber Beschränkungen.[58]

Diese *Guidelines* können schon deswegen nicht als Prototyp verstanden werden, weil sie – als rechtstechnischer Fremdkörper – nicht einfach im Rahmen des Art. 101 III AEUV adaptiert werden könnten, sondern zunächst eine Aufspaltung in eine entsprechende *Guidelines*-GVO und in *Guidelines*-Leitlinien

[48] Vgl. *Bodewig* GRUR Int 1997, S. 961; *Schinder* Marquette IP Law Rev. 2008, S. 54 ff., 74 ff.; *Wellhausen* 2007, S. 66.

[49] Sec. 4.3 jener, vgl. *Bodewig* GRUR Int 1997, S. 967.

[50] Abgesehen von einem Beispiel („Example 1") aus diesem Bereich nach 2.3.

[51] *Schinder* Marquette IP Law Rev. 2008, S. 72; *Wellhausen* 2007, S. 76.

[52] *Schinder* Marquette IP Law Rev. 2008, S. 73: nach einer „preliminary evaluation".

[53] Vgl. Sec. 1.0 (Fn. 2); *Schinder* Marquette IP Law Rev. 2008, S. 74.

[54] *Bodewig* GRUR Int 1997, S. 961, (vorsichtiger:) S. 970; *Schinder* Marquette IP Law Rev. 2008, S. 74.

[55] *Hauck* 2008, S. 117.

[56] 7. Kapitel C. I. 1. e. aa.

[57] 7. Kapitel B. III. 3.

[58] *Hauck* 2008, S. 205 f.

für die restlichen Ausführungen erfolgen müsste, was ein ungeeignetes, etwas abstruses und daher nicht ernsthaft zu erwägendes Modell darstellte. Würden die *Guidelines* hingegen lediglich als Leitlinien übernommen werden, passten sie nicht zur jeweiligen bzw. überhaupt zu einer Gruppenfreistellungsverordnung. Es könnten höchstens ihre Aussagen zu einer neuen, anderen Technologietransfer-Gruppenfreistellungsverordnung zusammengefasst werden und im Übrigen eben als Leitlinien veröffentlicht werden. Aber auch dies wäre nur eingeschränkt praktikabel, da sie weniger tatbestandlich-dogmatisch verfasst sind, was eine Gruppenfreistellungsverordnung jedoch sein sollte. Zudem fanden bereits bei der Konzeption der TT-GVO deutliche Übernahmen statt. Fundamentale Änderungen der Art. 101 ff. AEUV hingegen scheiden als kaum durchsetzbar eher aus. Gleichwohl sollten die *Guidelines* als Vorbild hinsichtlich der Kürze und Vermeidung allzu vieler Unklarheiten dienen.

2. *Abkehr von oder Beibehalt der „Schirmtechnik" und weitergehendes Aufspannen des „Schirmes"*

Die sog. Schirmtechnik, also die Verbindung von Kernbeschränkungen und Marktanteilsschwellen,[59] gilt als „modern" und *more economic*, bietet allerdings ein relativ geringes Maß an Rechtssicherheit. Es wird vermutet, dass aufgrund dessen Technologietransfers ausbleiben, wodurch ökonomische Wohlfahrtsverluste bedingt sind.[60] Diese Hypothese ist plausibel, gleichwohl fehlt es – symptomatisch für die ökonomische Analyse des Rechts – an konkreten Zahlen, was bereits an anderer Stelle ausgeführt wurde.[61] Es seien jedenfalls „keine größeren Fälle bekannt, in denen die Wettbewerbsbehörden einen Verstoß" aufgrund überschrittener Marktanteile angenommen haben.[62] Da gerade für kleine und mittlere Unternehmen die Erfassung der Marktanteile und die Marktabgrenzung schwierig ist, wird – zumindest als „mittelfristige Forschungsperspektive für … 2026" – vorgeschlagen, eine Freistellung einerseits, wie bislang, an Marktanteile und Kernbeschränkungen zu binden und parallel bzw. alternativ an Kernbeschränkungen und an weitere Bedingungen.[63] Diese Untersuchung erscheint als lohnenswert.

Theoretisch sind Marktanteilsschwellen jedenfalls geeignet, die Relevanz von Vereinbarungen zu untersuchen, denn lediglich die Tätigkeiten größerer bzw. marktanteilsstarker Unternehmen sind im Allgemeinen geeignet, sich relevant auf Marktstrukturen auszuwirken. Kernbeschränkungen verhindern

---

[59] „Schirm" im engeren Sinne sind letztlich nur die Marktanteilsschwellen bzw. die anhand dieser Grenzwerte getroffene Freistellung.

[60] *Hauck* 2008, S. 108: „kontraproduktiv".

[61] 7. Kapitel A. II. 2. b.

[62] *Frank* CR 2014, S. 352.

[63] *Leistner/Königs* WRP 2014, 274 f.

dabei auffangend – idealiter – kategorisch schädliche Vereinbarungen. Die bloße Verwendung von Kernbeschränkungen, ob nun negativ formuliert oder auch positiv[64], ließe diesen Punkt außer Acht. Gleichwohl führt das geltende Regelungsmodell zu Anwendungsschwierigkeiten und wirkt sich im Rahmen der Rechtsanwendung insofern aus, als dass nachteilige Effekte nach Art. 101 I AEUV kaum noch im Detail untersucht werden.[65] Die Schuld daran trägt nicht allein die Kommission, sondern letztlich jeder tätige Jurist selbst durch ein zu großes, bereits vorauseilendes Maß an Hörigkeit gegenüber den – insoweit – unverbindlichen Vorstellungen und Gedankengebäuden der Kommission.[66]

Gerade im Softwarebereich scheint dieses „moderne" Modell zudem besonders geeignet zu sein. Die allgemeine Entwicklung zu (Quasi-)Monopolen, welche aus Wettbewerbssicht trotz allem vermieden und bekämpft werden sollen,[67] können (begrenzt) dadurch behindert werden, dass sich kleinere Anbieter etwa spezielle Absatzformen, also Vertragsmodelle, zu Nutze machen können, die den größeren (zunächst) verwehrt bleiben müssen. Dies stellt zwar eine Ungleichbehandlung dar, ist in Anbetracht andernfalls sich ergebender Chancenlosigkeit kleinerer Anbieter womöglich alternativlos. Gleichwohl ergäbe sich das Problem, dass eine solche Regelung auch bereits dann griffe, wenn noch kein Quasi-Monopolist auf einem erstarrten Markt präsent wäre. Bei Marktanteilsschwellen, seien es 20 oder auch 30 %, profitierte jedenfalls niemals ein solcher; es könnte sich aber bereits ein Unternehmen noch innerhalb dieser Werte erhebliche Vorteile gegenüber zahlreichen Konkurrenten aufgebaut haben. Dem könnte eine Einschränkung abhelfen, dass der jeweils marktstärkste Anbieter nicht in den Genuss einer Gruppenfreistellungsverordnung kommen könnte, was jedoch bei schwankender Marktverteilung noch größere als die bereits bestehenden Anwendungsprobleme und mithin beständige Schwankungen der Rechtslage mit sich führte. Eine Alternative dazu wäre eine Marktanteilsklausel, welche die Gruppenfreistellungsverordnung insoweit erst für anwendbar erklärte, wenn ein Konkurrent bereits 60 % oder noch größere Marktanteile erreicht hätte. Jedenfalls diente dies dem Ziel, ein *„the winner takes it all"*[68] präventiv zu verhindern. Fraglich ist, ab welcher Marktanteilshöhe ein solcher „Gewinner" bereits relativ sicher feststehen mag. Gleichwohl beseitigen diese Vorschläge nicht das grundsätzliche Feststellungs- bzw. Messungsproblem konkreter Marktanteile (einschließlich der ggf. diffizilen Marktabgrenzungen), sondern erschweren lediglich die Anwendung um weitere, erhebliche Grade.

Wenn indes die Marktanteilsschwellen hinreichend niedrig gewählt werden sollten, ließen sich jedoch die diskutierten Gefahren minimieren – und zugleich

---

64 Vgl. 10. Kapitel B. I. 3.
65 Vgl. 7. Kapitel B. III. 3.
66 Vgl. 7. Kapitel B. III. 3.
67 Ggf. nicht als zu fatal wirken, vgl. 5. Kapitel.
68 Vgl. 4. Kapitel A. II.

wären schwächeren Unternehmen zusätzliche Möglichkeiten gegeben. Es sollten aber behutsam eher nur 15 % – vorbehaltlich einer überzeugenden, diese Zahl verwerfenden ökonomischen Studie – als mehr angesetzt werden. Zwar liefern höhere Schwellenwerte mehr Sicherheit,[69] doch verhindert ein Überschreiten die Freistellung gerade nicht, sie kann sogar (für die Kommission) dennoch indiziert sein.[70] Auf eine Differenzierung nach Vertikal- oder Horizontalverhältnis kommt es insoweit nicht an, da eine Unzahl der Beschränkungen gerade über den Vertrieb organisiert wird.[71] Freilich ist diese Abgrenzung für die Art der Beschränkung entscheidend. Deswegen sollte diese Unterscheidung im Grunde nicht aufgegeben werden, auch wenn die Feststellung der Wettbewerbsverhältnisse im Technologie- und Immaterialgüterrecht schwierig sein mag.[72] Insoweit ist primär der Marktanteil des Lizenzgebers als Softwareanbieter relevant. Doch ist der Marktanteil des Lizenznehmers, gerade in Gestalt eines Handels- oder Vertriebsunternehmens, zu groß, droht wiederum eine zu starke, anschließend zu Netzwerkeffekten führende Verbreitung bzw. ein ausuferndes Durchreichen der Beschränkungen. Dabei ist es Wesen zahlreicher Beschränkungen, dass sie zu weiteren Effekten zu Ungunsten alternativer Anbieter führen. Hierbei handelt es sich insoweit um eine Besonderheit, als dass Netzwerkeffekte im Grunde eine jede Beschränkung potentiell verstärken und bestimmte Vereinbarungen zudem (weitere) starke langfriste Effekte bedingen können.[73] Sollte durch die Anwendung dennoch im Einzelfall ein führendes Unternehmen bereits den Markt dauerhaft zu beschränken drohen, könnte immer noch im Einzelfall die Freistellung entzogen werden. Forderungen zur Ausweitung der Marktanteilsschwellen, also einer Anhebung des freigestellten Bereiches, denen auch kein sachlicher Begründungsvortrag folgte – abgesehen von der Behauptung der „Enge“[74] –, ist mit der zuvor ausgefalteten Argumentation zu begegnen, zumal es sich bei Gruppenfreistellungsverordnungen um insoweit gefährliche Quasi-Freibriefe handelt. Selbst wenn gefährliche Kernbeschränkungen zu normieren vergessen wird, blieben die Auswirkungen bei geringeren Kernbeschränkungen weniger fatal.

Zumindest solange nicht statistisch untermauert wird, dass diese „moderne“ Regelungstechnik tatsächlich zu Wohlfahrtsverlusten führt, ist – ebenfalls aus realistischen Zweckmäßigkeitserwägungen – an dieser festzuhalten.[75] Die

---

69 *Marquis* Antitrust Bull. Vol. 52 (2007), S. 318 ff.

70 7. Kapitel C. I. 1. e. aa.

71 8. Kapitel H.

72 A. A. *Marquis* Antitrust Bull. Vol. 52 (2007), S. 319 ff.

73 Gerade Hard- und Softwarebindung, 4. Kapitel A. II.

74 Etwa: „Finally, the Commission may also explore the possibility of raising the current market share safe harbour thresholds.“ – seitens der US Handelskammer in ihrer Stellungnahme v. 3. 2. 2012.

75 „Nonetheless, the Max-Planck-Institute endorses the proposed approach since other solutions one might think of do not offer better options.“ – *MPI* ICC 2004, S. 190 (9. These).

Regelungstechnik soll deshalb „modern" bleiben und mithin wieder auf das Modell der Kombination von Marktanteilsschwellen und Klausel-Listen setzen.

3. Umformulierung von Kernbeschränkungen

Das bisherige System der Gruppenfreistellungsverordnungen sieht vor, dass Vereinbarungen zwischen Unternehmen unterhalb der Marktanteilsschwellen grundsätzlich freigestellt sind, es sei denn, dass eine Kernbeschränkung in diesen enthalten ist. Dies führt, wie gezeigt, in der Praxis dazu, dass oftmals nicht die Verbote des Art. 101 I AEUV geprüft werden, sondern statt dessen die Ausnahmen von Freistellungen, die Kernbeschränkungen, als zu vermeidende Verbote[76], was letztlich offensichtlich systemwidrig ist – und fragen lässt, ob diese Regelungs- bzw. Formulierungstechnik nicht geändert werden kann und sollte. Dazu müssten die Kernbeschränkungen umformuliert werden – und zwar als eine Art Positiv-Liste. Die Niederschrift aller erlaubten Verhaltensweisen jedenfalls wäre eine Herkules-Aufgabe und Obskurität im Stile des preußischen Allgemeinen Landrechts zugleich. Eine Umformulierung der Kernbeschränkungen in Verbote anstatt in Freistellungshindernisse wäre ebenfalls – insbesondere im Hinblick auf Art. 101 I AEUV – fragwürdig, da dann die Fehlannahme, Kernbeschränkungen seien tatsächlich Verbote, untermauert werden würde. Deshalb sollte insgesamt mangels gangbarer Alternativen an der gegenwärtigen Formulierungsweise festgehalten werden. Wenn auch die Kernbeschränkungen in gewisser Weise bereits jetzt begrenzen bzw. festlegen,[77] so wäre es bei einer Positiv- bzw. *weißen* Liste noch anders: Dann würden die Parteien womöglich ihre Vereinbarungen *zwanghaft* entsprechend formulieren und wären in ihrer Vertragsgestaltungsfreiheit praktisch stark begrenzt und vereinbarten eben Vorgegebenes womöglich ungeachtet tatsächlicher Interessen, eine *schwarze* bzw. Negativ-Liste zeigt nur einzelne vermeidbare Punkte auf.[78] Letztere bleibt daher vorzugswürdig.

4. Zwischenergebnis

Die bekannteste Alternative zur gegenwärtigen Regelungstechnik, welche Kernbeschränkungen als Negativliste mit einem „sicheren Hafen" unter bestimmten Marktanteilsschwellen kombiniert, ist das bloße Verbot bzw. die bloße Erlaubnis bestimmter Listen, wie sie auch in der vorherigen TT-GVO angelegt war. Marktanteile können schwierig festzustellen sein, allerdings verbürgen sie eine begrenzte Freistellung, was insbesondere im Hinblick auf nachhaltige Gefähr-

---

[76] Als Ausnahmen von Freistellungen sind Kernbeschränkungen eben nicht unbedingt Verbote im Sinne des Art. 101 I oder saldiert nach Art. 101 AEUV, sondern lediglich Nicht-Freistellungen; 7. Kapitel B. III. 3.

[77] Vgl. 10. Kapitel A.

[78] *Feldkamp* VPP-Rundbr. 1/2005, S. 12.

dung der Marktentwicklung durch marktstarke Unternehmen, gerade im Software-Bereich, sinnvoll erscheint. Deswegen wird geraten, im Grundsätzlichen an dieser Regelungstechnik – vorbehaltlich belehrender (und zu empfehlender) statistisch-empirischer Studien – festzuhalten. Die Marktanteilsschwellen sollten zur Sicherheit eher gesenkt werden und sowohl zwischen Wettbewerbern wie Nicht-Wettbewerbern identisch sein. Zwar legen typische Konstellationen es durchaus nahe, dass Vertikal-Vereinbarungen gerade im Technologiesektor weniger Besorgnis erregend sind; wenn jedoch Beschränkungen über den Vertrieb verbreitet werden, behindert dies Wettbewerber des Lizenznehmers nicht unbedingt weniger.

II. Regelungsform bzw. -ort (Fundstelle)

Es drängt sich die formale Frage auf, ob das Regime für Software durch eine oder mehrere spezielle Gruppenfreistellungsverordnungen geregelt werden sollte. Aufgrund der Spezialität der Software und der Softwareusancen[79] drängt sich daher zunächst der Ruf nach (zumindest) einer Software-GVO auf, der auch bereits mehrfach erschallt ist, wenngleich er nur geringe konkrete Laute enthielt.[80] Andererseits könnten in TT-GVO und Vertikal-GVO spezielle Vorschriften – in eigenen Abschnitten – eingebettet werden. Gegen eine konzertierte Änderung der TT-GVO und der Vertikal-GVO mag sprechen, dass zur Implementierung einer einheitlichen Regelung zwei Gruppenfreistellungsverordnungen angepasst werden und ggf. wiederum Spezialregelungen für Software (zumindest Software-Entwicklung oder -Handel) enthalten müssten, wodurch einerseits ein einheitliches Regime erschwert werden würde und zudem die bestehenden Gruppenfreistellungsverordnungen noch schlechter handhabbar werden würden. Zumal sich gezeigt hat, dass der Softwarebereich durch Spezifika geprägt ist, die eine spezielle Norm nahelegen.

[79] 8. Kapitel; 5. Kapitel B. II. 2. c.

[80] Dafür bereits *Timm* 2005, S. 296–297 (im Rahmen der Schlussanmerkung, gleichwohl tlw. vergleichbar zu den hier vertretenen Thesen, wobei sie ggf. noch weiter zwischen den Überlassungsmöglichkeiten (ASP usf.; s. Fn. 86) differenzieren möchte, sich aber ebenfalls für grundsätzliche Orientierung an Vertikal-GVO und TT-GVO plädiert); vor der geltenden TT-GVO bereits: *Stoffmehl* 1997, S. 60; *Dolmans* Internat. Intellec. Prop. L. & Pol. Vol. 1 (1996), S. 409 ff. (aber aufgrund der damalig gerade erst in der Computerprogramm-RiL gefundenen Kompromisse und mangels praktischer Bedürfnisse, so zumindest jener Autor, eher im Erg. dagegen: „it's time for the dust to settle"); *Darbyshire* EIPR 1994, S. 375 ff. (eher unklar, zumal sich der Ansatz relativ unspezifisch an allgemeinen Klauseln orientiert; im Ergebnis jedoch für eine Ausweitung der bestehenden GVOen auf Software). Vgl. auch die Empfehlung *DGRI* CR-Beil. 5/2003, S. 5, wenn sich dieser Vorschlag aber nicht auf kartellrechtliche Probleme begrenzt, sondern auch solche des Kundenschutzes angehen möge. Auf a. a. O., S. 6 wurde zum Bezug auf den Entwurf der TT-GVO und TT-Leitl. zumindest ein besonderes Kapitel für die TT-Leitl. ([leider] vergeblich) vorgeschlagen. *Matthiesen* 2010, S. 164 wünscht sich – ebenfalls im Rahmen einer Schlussanmerkung – lediglich die Anwendung der Vertikal-GVO für Vertriebskonstellationen einschl. Fertigung, die er selbst der TT-GVO unterordnet.

Spezifischen Regulierungsbedarf sehen Rat und Kommission in den Bereichen Landwirtschaft, Versicherung, Kraftfahrzeuge, Postdienstleistungen, Transportwesen und elektronischer Telekommunikation, weswegen in diesen Bereichen spezielle Mitteilungen oder teilweise sogar sektorspezifische Gruppenfreistellungsverordnungen bestehen. So im Versicherungsbereich[81] als auch vereinzelt im Verkehrsbereich. Hinsichtlich des letzteren namentlich im Kraftfahrzeugs-[82] und Luftverkehrssektor[83] sowie bezüglich weiterer Transportwege (Straße, Schiene, Binnengewässer)[84] und für Seeschifffahrtskonsortien[85]. Je nach Schwerpunkt können diese etwa den Informationsaustausch erleichtern (Versicherungs-GVO) oder aber solche Absprachen wie Standardisierung (Transport-GVOen) gestatten. Hierbei ist ergänzend zu beachten, dass es sich teilweise um Bereiche handelt, die ehemals staatliche Netze betreffen und somit ohnehin einem speziellen und mithin vorrangigen Überführungs- und Regulierungsrecht unterliegen. Die übrigen Gruppenfreistellungsverordnungen sollen generell branchenübergreifend sein. So orientiert sich auch die TT-GVO nicht an Branchen, sondern an Schutzrechten, die so in beinahe allen Branchen auftauchen können. Es kann mithin eben nicht davon ausgegangen werden, dass Softwarespezifika für andere Bereiche als den Softwarehandel und -bezug, welcher letztlich von allen Branchen durchgeführt wird, relevant sind, also gleichermaßen etwa bei sonstigen Patenten.

Dieser Punkt kann letztlich offenbleiben, da die Auswirkungen im Effekt identisch wären – unterstellend, die Formulierung von Software-Sonderregeln gelänge ebenfalls in den etablierten allgemeinen bzw. branchenübergreifenden Gruppenfreistellungsverordnungen. Lediglich Pflege und Wartung dieser Gruppenfreistellungsverordnungen verhielten sich anders. Im Nachfolgenden wird jedoch aufgrund der Einfachheit und der besagten zahlreichen Spezifika der Software simplifizierenderweise von speziellen Sondervorschriften ausgegangen, was der Klarheit wegen ohnehin empfohlen wird. Solche Software-Gruppenfreistellungsverordnungen[86] sollten sodann ausdrückliche Spezialitätsregelungen enthalten.[87]

---

[81] VO (EG) 358/2003, v. 27.2.2003, ABl. L 53/8.

[82] VO (EU) 461/2010 v. 27.5.2010, ABl. L 129/52.

[83] VO (EG) 487/2009 v. 25.5.2010, ABl. L 148/1.

[84] VO (EG) 169/2009 v. 26.2.2009, ABl. L 61/1.

[85] VO (EG) 906/2009 v. 28.9.2009, ABl. L 256/31.

[86] *Timm* 2005, S. 296–297: für eine Software-GVO mit getrennten Regelungen für (1) Vertrieb einschl. ASP, (2) Überlassung an Endanwender sowie (3) Entwicklung (einschl. F/OSS) und (4) Erstellung von Individualsoftware. Eine solche solle Bestimmungen enthalten, unter welchen Umständen Schnittstellen und Quellcode-Teile veröffentlicht werden müssten. Zugleich solle die „Regel" der Vertikal-Leitl., Tz. 42 (ehem. Tz. 41) zu vorinstallierter Software neu eingeordnet werden. Des Weiteren wird lediglich angemerkt, dass „Parallelen" zu den bestehenden GVOen „gezogen" werden sollten. Unabhängig von den Regelungsorten wird zutreffend großer Überarbeitungsbedarf erkannt, aber nicht präzisiert.

[87] 10. Kapitel B. III. 2. a. dd; 10. Kapitel B. III. 3. b. gg.

III. Regelungsinhalt

1. Vorüberlegungen zur Wirkung einer Gruppenfreistellungsverordnung samt Kernbeschränkungen

Abgesehen von der Regelungstechnik ist primär der Inhalt möglicher Regelungen zu erörtern. Orientiert an den Schwachstellen des bisherigen Regimes und begleitender Verlautbarungen mit zumindest hoher faktischer bzw. administrativer (Selbst-)Bindungswirkung[88] werden daher die Ergebnisse der Untersuchung einzelner Klauseln[89] für die folgenden Änderungs- bzw. Normierungserwägungen herangezogen.

Rechtstechnisch handelt es sich bei einer Gruppenfreistellung schlicht um eine Freistellung. *A priori* erscheint sie somit nicht als *Ort*, mehr Wettbewerb durch Verbot wettbewerbsbeschränkender Klauseln zu generieren. Daher bleibt erörterungswürdig, weswegen etwaige Praktiken auf vergleichsweise starren Märkten freigestellt werden sollten. Gleichwohl sollte eine Gruppenfreistellungsverordnung Art. 101 III AEUV umsetzen und somit solche Vereinbarungen fördern, die insgesamt zu mehr Wettbewerb führen. Insofern ist die Nicht-Aufnahme einzelner Klauseln in den Katalog der Kernbeschränkungen und nicht-freigestellter Klauseln eine Förderung derartiger Vereinbarungen. Zudem kann eine Gruppenfreistellungsverordnung allgemein den Technologietransfer anregen und somit in mehreren Konstellationen Wohlfahrtseffekte unterstützen. Zuletzt bleibt festzuhalten, dass durch die Aufnahme in den Katalog der Kernbeschränkungen und nicht freistellungsfähiger Klauseln derartigen Klauseln entgegengewirkt werden kann – wenn auch nicht von einem Verstoß von Art. 101 I AEUV in diesen Fällen ausgegangen werden muss,[90] so liegt doch insbesondere in praktischer Hinsicht der Schluss nahe, die Verwendung solcher Klauseln, wie bereits angeführt, zu meiden.[91] Dennoch ist und war es erforderlich, sich zunächst bewusst zu werden, was Art. 101 I AEUV überhaupt verbietet. Gewissen Begrenzungen, die „naturgemäß“ außerhalb der Reichweite des Art. 101 I AEUV liegen, kann ohnehin kaum durch eine Gruppenfreistellungsverordnung begegnet werden. Es könnte zwar überlegt werden, mittels Kernbeschränkungen über den Aussagegehalt des Art. 101 I AEUV zu täuschen, doch ist es schwerlich mit den Prinzipien des Rechtsstaats zu vereinen, dass eine Behörde Marktteilnehmer über Aussagen einer Norm zumindest mittelbar täuscht.

Eine Gruppenfreistellungsverordnung ist mithin kein Universalmittel gegen Wettbewerbshindernisse und weist stets eine fragmentarische Natur[92] auf, ist

[88] 6. Kapitel D.

[89] 8. Kapitel.

[90] 7. Kapitel B. III. 3.

[91] 10. Kapitel A.

[92] In dem Sinne, dass sie sich nicht auf alle möglichen Fragestellungen beziehen kann,

aber ein Stimulationsmittel für Transfers. Sie sanktioniert Wettbewerbshindernisse nicht (direkt), sondern stellt – als schärfste „Sanktion“ – allerhöchstens nicht frei. Stärkere Mittel gegen Wettbewerbsbeschränkungen sind administrative Strafen und Untersagungen durch die Wettbewerbsbehörden. Durch die Förderungsmöglichkeiten und Förderungsausschlussmöglichkeiten bleibt aber eine Gruppenfreistellungsverordnung ein Mittel für mehr Wettbewerb.

2. *Software(entwicklungs)-GVO bzw. Software-TT-GVO als Äquivalent zur TT-GVO*

Der engere Anwendungsbereich der TT-GVO 2014 im Vergleich zur TT-GVO 2004 und mithin der ausdrückliche Ausschluss der TT-GVO von bestimmten Vertriebs- und Überlassungskonstellationen[93] ist zu begrüßen. Dies auch deshalb, weil sich gezeigt hat, dass unter Zugrundelegung eines weiten Anwendungsrahmens die TT-GVO gerade die typischen beschränkenden Software-Klauseln mangels geeigneter Kernbeschränkungen unberechtigt freistellen würde. Gleichwohl löst die Reform dieses Problem, welches sich zumindest bei weiter Anwendung der Gruppenfreistellungsverordnungen ergibt, keinesfalls abschließend, denn die problembehafteten Bereiche werden nun ausdrücklich der Vertikal-GVO zugewiesen, der es (ebenfalls) eindeutig an geeigneten Kernbeschränkungen für Softwaremärkte fehlt.[94] Mithin reichen die von der Kommission gewährten Freistellungen nach wie vor zu weit.

Der eingeschlagene Weg lässt daher eine umfassende Reform des Vertikal-Regimes bzw. der Vertikal-GVO noch dringlicher werden; eine Chance, die sich spätestens zum 31. 5. 2022 ergeben wird (Art. 10 Vertikal-GVO). Weitergehende Änderungen der TT-GVO bleiben empfehlenswert.

a. *Anwendungsfeld und Ziel*

Parallel zur Förderung des Entwicklungsbereiches im Feld der Technologie-Immaterialgüter sollte weiterhin im Softwarebereich eine Freistellung eben zur Förderung des Technologieaustauschs erfolgen. Es liegt daher nahe, zunächst eine Software-GVO alternativ zur bisherigen TT-GVO zu erwägen.[95]

---

sondern im Mantel der gegenwärtigen Regelungstechnik allerhöchstens bestimmte Klauseln „anprangern“ kann.

[93] Siehe ab 7. Kapitel C. I. 2. a. bb.

[94] Hierzu insbes. 10. Kapitel B. III. 3. c.

[95] Oder eben die TT-GVO entsprechend zu modifizieren – was auch bereits im Rahmen der *Public Consultations* immer wieder vorgeschlagen wurde, gerade hinsichtlich des Abgrenzungsbereiches zwischen TT- und Vertikal-GVO.

aa. Produkt-Kriterium

(1) Allgemein

Das Produktkriterium der TT-GVO hat sich als ungenügend bzw. schwer handhabbar und mithin als Einfallsweg für Rechtsunsicherheit erwiesen.[96] Es bedarf einer Eingrenzung. Für Software sollte ein Quellcodetransfer- oder Schnittstelleninformationstransfer- bzw. -offenlegungskriterium nicht nur angewandt,[97] sondern festgeschrieben werden. Denn dieses indiziert, ob Entwicklungstätigkeiten erfolgen bzw. überhaupt erfolgen können. Gleichwohl würde dieses zu einer unsachgemäßen Privilegierung von F/OSS führen, die – zumindest bei bestimmten Lizenzen – Mitlieferung oder anderweitige Zurverfügungstellung des (originären oder modifizierten) Quellcodes verlangt,[98] wenngleich dieser nicht stets genutzt werden wird, insbesondere wenn F/OSS nur zur Anwendung beschafft wird.[99] Die Begrenzung sollte sich daher an dieser Formulierung orientieren: *„... sofern der Quellcode oder die Schnittstelleninformationen nicht nur der Pflicht wegen zur Verfügung gestellt wird, sondern auch tatsächlich für ein neues Produkt genutzt werden wird“.* Ergänzend könnten Schnittstelleninformationen als solche definiert werden, die *„... eine wesentliche Veränderung des Programmes oder auf Basis dieser neue, ggf. interoperable Programme ermöglichen.“* Dass von einer solchen Regel F/OSS nicht profitiert, deren Lizenz auch die Kompilierung ohne Weitergabe des (neuen bzw. modifizierten) Quellcodes verlangt,[100] ist unschädlich, denn auch F/OSS gebührt keine ungehinderte Förderung, zumal solche kompilierten Derivate schon gar nicht mehr selbst F/OSS im Sinn der Quelloffenheit sind, sondern nur auf solcher basieren. Ein Formalismus der Offenlegung ist allgemein ansonsten schon deswegen nicht zu befürchten, da es sich hierbei eben um empfindliche Informationen handelt, die im Allgemeinen gerade nicht geteilt werden sollen. Werden indes nur unwesentliche Schnittstelleninformationen geliefert, ist wieder ein „Produkt“ im Sinne der neuen Norm auszuschließen.

Die bloße Vervielfältigung und der Vertrieb fallen aus einer solchen neuen Gruppenfreistellungsverordnung erst recht heraus. Fraglich ist aber das Feld der *Embedded Systems*. Hierbei werden zwar insoweit Produkte erzeugt, andererseits können diese Systeme aber gerade so gestaltet sein, dass die generell erstrebenswerte Austauschbarkeit des Betriebssystemes und ggf. weiterer Software – etwa technisch unnötigerweise durch ROM statt Wechselspeicher – verhindert wird. Sodann bliebe dem Nutzer keinerlei Wechselmöglichkeit für dieses Gerät, mithin wäre die Möglichkeit genommen, Wettbewerbern des

[96] 7. Kapitel C. I. 1. d. dd.
[97] 7. Kapitel C. I. 1. d. dd. (2).
[98] 8. Kapitel A. III. 1. a. cc.
[99] 8. Kapitel A. III. 1. a. cc.
[100] Vgl. 3. Kapitel B. VIII.

jeweiligen Herstellers Zutritt zu dieser Plattform zu ermöglichen. Ferner mag es sein, dass die dabei überlassene Software nicht einmal aufwendig für das jeweilige *Embedded System* spezifiziert worden ist.[101] Kurioserweise wären also (bzw. sind bereits) dann Geräte mit festem Betriebssystem gefördert, solche mit wechselbarem – wie insbesondere PCs – nicht. Diesen Bedenken kann jedoch mittels Auslegung begegnet werden. Wenn diese Begrenzung auf eine Betriebssoftware usf. künstlich herbeigeführt wird und technisch kaum geboten ist, bliebe diese Gruppenfreistellungsverordnung weiterhin im Anwendungsbereich zu begrenzen.[102] Für eine Gruppenfreistellungsverordnung bietet sich jedoch eine entsprechend komplexe Regel, die hierfür notwendig wäre, nicht an. Dies wäre in den zugehörigen Leitlinien zu erläutern. Im Übrigen verhindern gerade die Marktanteilsschwellen, dass sich über diesen Weg starke Softwarehersteller solcher Absatzmethoden in freigestellter Form bedienten.[103]

Ungeachtet des generellen Quellcodeoffenbarungs-Erfordernisses sollten Entwicklungswerkzeuge und auch eingebettete Dritt-Software, bspw. Datenbanken oder Module, weiterhin von der Freistellung erfasst sein, soweit auf dieser Basis neue Software entsteht. Insoweit bedarf es einer weiteren Gegenausnahme, die sich daran orientiert, ob *„mittels der überlassenen Software neue Software entwickelt oder hergestellt wird"*.

(2) Dienstleistungs-Bezug

Die bisherige TT-GVO erfasst bloße Softwareüberlassung, wenn damit Dienstleistungen als Produkt gem. Art. 1 I lit. f/g TT-GVO erbracht werden, also die Software nicht bloß unternehmensintern genutzt wird, wobei der genaue Umfang solcher Dienstleistungserbringung ungewiss ist und uferlos zu sein droht.[104] Im Rahmen dieser Untersuchung wird zwar eine starke technikspezifische Begrenzung des Dienstleistungs-Tatbestandsmerkmals befürwortet, gleichwohl wohnt auch dieser Begrenzung eine Schwäche inne: Für solche Dienstleistungen muss die Funktionsfähigkeit der jeweiligen Software nicht zwangsläufig wesentlich sein.[105] Demnach könnte es geboten sein, die Dienstleistung als Produkt vollständig aus dem Anwendungsbereich zu streichen. Dafür spricht, dass dadurch letztlich beinahe jede Softwareüberlassung an Dienstleister als Technologietransfer aufgefasst werden kann, weil kaum noch eine Dienstleistung ohne Software erbracht wird. Dies gilt insbesondere für Dienstleistungen „höherer Art". Softwarespezifische Dienstleistungen, also Entwicklungstätigkeiten indes, die mittels lizenzierten Programmierwerkzeugen erbracht und als

[101] Vgl. 7. Kapitel C. I. 1. d. dd. (1).
[102] 7. Kapitel C. I. 1. d. dd. (1).
[103] 10. Kapitel B. I. 2.
[104] 7. Kapitel C. I. 1. d. dd. (6).
[105] Vgl. 7. Kapitel C. I. 1. d. dd. (6).

Code übergeben werden, sind ohnehin freigestellt, weil solche ohnehin als neues Produkt im Sinne einer Ware gem. Art. 1 I lit. f TT-GVO gelten. Zwar kann ebenso sonstige Softwareüberlassung gerade technisch tätige Unternehmen wesentlich unterstützen, da komplexe technische Tätigkeit von leistungsstarker Software profitiert, doch ist sonstige Software-Überlassung nichts anderes als eben Software-Überlassung. Die schlichte Überlassung von Software sollte sich jedoch nach dem Vertikal-Regime richten. Das Dienstleistungskriterium sollte daher als Unwägbarkeit und Einfallstor gestrichen oder aber zumindest in den ebenfalls zu überarbeitenden Leitlinien begrenzend beschrieben werden.

bb. Bipolare Begrenztheit

Die TT-GVO gewährt nur Vereinbarungen zwischen zwei Parteien eine Freistellung, gleichwohl sollen nach den TT-Leitlinien gleichermaßen Vereinbarungen zwischen mehr als zwei Parteien freistellungsfähig sein. Grund dieser Begrenzung ist die fehlende Ermächtigung der Kommission, welche somit keinen sachlichen, prinzipiellen Grund gegen eine Ausweitung zu hegen scheint.[106]

(1) „Linux-Klausel"

Die Begrenzung auf zwei Parteien schließt die Freistellung vieler F/OSS-Verträge zumindest dann aus, wenn die Beteiligten nicht als insgesamt zwei Unternehmen angesehen werden können, was aufgrund der Vielzahl potentiell Beteiligter – Unternehmen wie Privater – oftmals der Fall sein könnte.[107] Dies ergibt sich auch als Folge fehlender Möglichkeit zu Unterlizenzen – speziell sofern die GNU GPL Geltung beansprucht, welche mehr als der Hälfte von F/OSS zugrunde liegt.[108] Daher ist es geboten, dieses zu beheben, da gerade F/OSS zu Wettbewerb auf Softwaremärkten führt. Dafür könnte sich eine Privilegierung im Stile der sog. (GNU/)*Linux*-Klausel nach §§ 31a ff. UrhG empfehlen: also eine Ausweitung auf Fälle, in denen *„(unentgeltlich) ein einfaches Nutzungsrecht für jedermann"* eingeräumt wird. Und selbst wenn mehrere F/OSS-Entwickler als ein Unternehmen angesehen werden können,[109] brächte zumindest eine Klarstellung auch weitere Rechtssicherheit. Es ist daher zu einem solchen F/OSS-Privileg zu raten, welches nur aufgrund der Besonderheit der Lizenzverbreitung erforderlich wird.

---

106 7. Kapitel C. I. 3. a.
107 8. Kapitel A. III. 1. a. bb.
108 3. Kapitel B. VIII.
109 Vgl. 8. Kapitel A. I.

(2) Generelle Ausweitung auf unbegrenzte Parteienanzahl

Zu erwägen bleibt, ob auch über diesen Kreis hinaus der Anwendungsbereich auf alle Fälle von mehreren Parteien zu befürworten bleibt.[110] Denkbarerweise wären dann mehrere Entwickler (kooperativ) oder hingegen mehrere Abnehmer oder Handels- und Vertriebsstufen an einer Vereinbarung beteiligt. Gerade letztere Konstellation birgt die Gefahr, dass sich eine Technologie bzw. eine Software sowie Beschränkungen zu stark verbreitet, zumal die Abnahme durch Mehrere auch durch getrennte Vereinbarungen problemlos erfolgen kann; jedoch eben nur ein Bündel an Vereinbarungen bzw. eine große Zahl an Beteiligten weitreichende Koordinierungen und Beschränkungs-Durchreichungen erlaubt. Eine prinzipielle Ausweitung auf mehr Parteien erscheint daher nicht ratsam.

(3) Zwischenergebnis

Die Freistellung sollte eine unendliche Anzahl beteiligter Unternehmen erfassen, aber nur sofern *kostenlose einfache Lizenzen für jedermann* erteilt werden. Im Übrigen sollte an der Begrenzung auf zwei Parteien, einen Lizenzgeber und einen Lizenznehmer, festgehalten werden.

cc. (Software-)Patente oder (Software-)Urheberrechte oder (Software-)Know How

Software-Urheberrechte als Haupttypus der Software(immaterialgüter)rechte sollten in jedem Fall dieser Gruppenfreistellungsverordnung unterfallen. Es bleibt jedoch klärungsbedürftig, nach welcher Vorschrift sich entsprechende Patente und *Know How* bemessen lassen sollten. Diese könnten etwa parallel bzw. kumulativ nach der TT-GVO untersucht werden. Gleichwohl ist es möglich, dass sich die unterschiedlichen Rechte auf *eine* Software beziehen, wenngleich sie einen anderen Schutzgegenstand berühren werden. Ohne Weiteres kann aber spezielles *Know How* hinsichtlich einer urheberrechtlich geschützten Software bestehen, das vom UrhG selbst gerade nicht mehr geschützt wird. Soweit sich unterschiedliche Rechte auf eine Software bzw. auf zusammenhängende, primär mit Software in Verbindung stehende Schutzgegenstände beziehen, sollten sie auch einheitlich von der Software-TT-GVO berücksichtigt werden.

Sonstige (Neben-)Rechte können – wie jetzt bereits nach der TT-GVO – im eben begrenzten Maß mitlizenziert werden. Dafür sollte es weiterhin erforderlich sein, dass sie *unmittelbar mit diesen verbunden* sind. Gleichwohl sollte hinreichend erläutert werden, was darunter zu verstehen ist.

---

[110] Was ebenfalls im Rahmen der *Public Consultations* befürwortet wurde.

dd. Spezialität gegenüber der TT-GVO und Verhältnis zu anderen GVOen

Diese Gruppenfreistellungsverordnung muss speziell zur TT-GVO sein, also Software vorrangig regeln – zumindest wenn Software-Rechte Hauptbestandteil der Vereinbarung sind. Dies kann insbesondere durch einen Ausschluss in der TT-GVO oder der neuen Gruppenfreistellungsverordnung erreicht werden. Im Übrigen sollte diese, parallel zur TT-GVO, nachrangig zu FuE- sowie zur Spezialisierungs-GVO sein. Findet die Software-TT-Vereinbarung zwischen mehr als zwei Unternehmen statt, wäre sie nach Art. 101 III AEUV zu untersuchen, nicht nach einer der Gruppenfreistellungsverordnungen.

b. Kernbeschränkungen und nicht-freigestellte-Klauseln

Aus Gründen der Gleichbehandlung mag sich, was noch zu diskutieren sein wird, zunächst eine Übernahme der Kernbeschränkungen aus der geltenden TT-GVO empfehlen.[111] Es bleiben in jedem Fall Abweichungen bzw. Ergänzungen zu diskutieren. Noch nicht weiter erörtert wurde die Differenzierung zwischen Kernbeschränkungen und vergleichbaren *nicht-freigestellten* Klauseln. Letztere, der Namensgebung folgend, stehen als mildere *Sanktion*[112] der Freistellung eines Vertrages nicht entgegen, sondern nur der Freistellung einzelner Klauseln. Idealerweise sollte daher missbilligtes Verhalten im Grunde stets als Kernbeschränkung aufgenommen werden, da einer klauselweisen Nicht-Freistellung nicht die gleiche Wirkung zukommt und zudem auch der *De minimis*-Vorbehalt bei diesen nicht gilt.[113] Lediglich wenn das Verhalten eher als zweifelhaft denn als wirklich beschränkend in Betracht gezogen wird, sollte jener Weg gewählt werden.

Noch milder als die *nicht-freigestellte Klausel* wäre es, Klauseln, die gegen Art. 101 I AEUV verstoßen, etwa durch die Leitlinien entsprechend zu „ächten" bzw. eben dort deutlich hervorzuheben, dass sie gegen Art. 101 I AEUV verstoßen, sie jedoch über die Gruppenfreistellungsverordnung, soweit diese eben anwendbar ist, durch *Nicht-Erwähnung* in der Gruppenfreistellungsverordnung freizustellen. Dies wäre etwa bei Klauseln zu empfehlen, die zumindest im Rahmen der Marktanteilsschwellen noch freistellungsfähig nach Art. 101 III AEUV wären. Ihre Wettbewerbswidrigkeit würde sich also anhand der Marktanteilsschwellen relativieren können bzw. insgesamt noch als positiv erfasst werden. Gleichwohl sollte dann in den Leitlinien klargestellt werden, dass sie jenseits der Gruppenfreistellungsverordnungen bzw. jenseits ihrer Marktanteilsschwellen gegen Art. 101 AEUV verstoßen.

---

111 10. Kapitel B. III. 2. b. gg.

112 Auch wenn es letztlich keine Sanktion, sondern nur eine ausbleibende Förderung bzw. die Sanktion eben die ausbleibende Förderung, d. h. die nicht erfolgende Freistellung, ist.

113 7. Kapitel C. I. 1. e. bb.

aa. Ausnahme einfacher Rücklizenz und (weitere) „Linux-Klausel"

Neben einer begrenzenden – in Sachen Quellcode-Formalismus – und einer erweiternden F/OSS-Klausel – hinsichtlich des Anwendungsbereichs in Bezug auf die Möglichkeit der Beteiligung zahlreicher Lizenzgeber – kann eine weitere „Linux-Klausel" als Ausnahme in der Liste nicht-freigestellter Klauseln angedacht werden. Und zwar dergestalt, dass einfache Lizenzen an jedermann von Art. 5 I lit. a) TT-GVO bzw. einer entsprechenden Vorschrift in der zu schaffenden Software-TT-GVO nicht erfasst wären. Eine solche ist aber nicht notwendig, da bereits eine jede einfache *Rücklizenz* durch Art. 5 I lit. a) TT-GVO nicht verhindert wird.[114] Dies sollte aber in den Leitlinien klargestellt werden.

bb. Preisfestsetzung auf Null und (weitere) „Linux-Klausel"

Nur der Klarstellung wegen sollte eine „Preisfestsetzung auf Null"[115] für Lizenzgebühren als Ausnahme von Preisfestsetzungs-Kernbeschränkungen aufgenommen werden. Dies ist deshalb in Art. 4 I lit. a) bzw. II lit. a) TT-GVO bzw. die entsprechenden Artikel der neuen Gruppenfreistellungsverordnung zu implementieren. Ferner sollte in den Leitlinien niedergeschrieben werden, dass diese Vorgaben selbst jenseits der Marktanteilschwellen als kein Verstoß wider Art. 101 I AEUV gewertet werden.

cc. Weiterverkaufsverbote

Weiterverkaufsverbote dienen in aller Regel nur dazu, Profite mehrfach zu erheben. Ihnen wohnen keinerlei positive Effekte zu Gunsten Dritter inne, weswegen sich eine Freistellung in Ansehung des Art. 101 III AEUV in jedem Fall grundsätzlich verbietet und die Rechtmäßigkeit anders lautender Vertikal-Leitlinien-Verheißungen äußerst fragwürdig erscheint.[116] Schon allein um diese zu verhindern, sollten sie unbedingt in die Gruppenfreistellungsverordnungen als Kernbeschränkungen aufgenommen werden[117] – zumal eine Gruppenfreistellungsverordnung kaum freistellen darf, wenn Art. 101 III AEUV einer solchen Freistellung entgegensteht. Im Entwicklungsbereich, also dem Anwendungsbereich dieser einen neuen Software-GVO, ist dieses jedoch different zu betrachten. Es werden nämlich nicht verkehrsfähige Produkte gehandelt, sondern geheime Technologien bzw. Quellcode offengelegt. Entsprechend darf in solchen Konstellationen eine Weitergabeverbote verhindernde Vorschrift wiederum nicht eingeführt werden.

---

[114] 8. Kapitel A. III. 1. b. cc.

[115] 8. Kapitel A. II. 1.

[116] 8. Kapitel C. II. 3. b.

[117] Da sie für „Anwender ein generelles Problem darstellen", will *Ammann* 2011, S. 245 sie doch eher durch das StGB(!) (vergleichbar zur Nötigung) sanktioniert wissen.

dd. Verbot der Lizenzierung geschlossener Standards etc.

Stattdessen könnte die Lizenzierung eines geschlossenen Standards als Kernbeschränkung aufgenommen werden. Dies stellte jedoch einen tiefen Eingriff in die Verwertbarkeit von Urheber- oder Patentrechten dar und würde die Geschlossenheit eines Standards erst recht untermauern.[118] Von einem solchen Vorschlag ist daher Abstand zu gewinnen, zumal sich in Art. 102 AEUV-Fällen, also speziell hinsichtlich Microsoft deutlich gezeigt hat, dass ungeachtet eines zu starken Standards für Dritte nach wie vor großes Interesse an geschlossenen Standards bestehen kann.[119]

ee. Bestimmte, zweckfremde Bundles von Software

Bundle-Abgaben sind besonders häufig, eher nur gelegentlich auch positiv und sollten deswegen in der Regel Kernbeschränkung sein, aber über einen Ausnahmekatalog teilweise wiederum freigestellt sein. Dies ist jedoch wieder keine dringliche Angelegenheit für eine Software-TT-GVO, sondern speziell eine Problematik des Vertriebes. Für eine TT-GVO jeden Typs könnte sich höchstens eine Übernahme des Art. 101 I lit. e) AEUV anbieten, doch hat sich dies bislang – zumindest aus allgemeiner Sicht – wohl auch nicht für die TT-GVO angeboten. Insoweit ist keine besonders verheerende Wirkung unsachlichen *Bundlings* für Technologiemärkte zu erkennen.

ff. Sonstige Kernbeschränkungen

Dekompilierverbote, Wartungsverbote und -abnahmepflichten, OEM usf. sind keine typischen (software-)technologietransfer-spezifischen Problematiken. Ein Dekompilierverbot geht fehl, wenn es gerade Bedingung des Vertrages ist, Wissen und Code oder andere – ggf. nur experimentelle – Erzeugnisse offenzulegen. Die Anwendbarkeit der Gruppenfreistellungsverordnung schiede dann bereits aus. Verwendungsverbote sind ohnehin kaum relevant im Rahmen des Art. 101 I AEUV und aufgrund der Sensibilität des zu transferierenden Gutes wären sie im TT-Rahmen ohnehin hinzunehmen. Im Übrigen hat sich kein Erfordernis weiterer besonderer Kernbeschränkungen herausgestellt.[120]

---

118 Vgl. 5. Kapitel B. II. 3.
119 6. Kapitel B.
120 Vgl. 8. Kapitel.

gg. Übernahme der TT-GVO-Kernbeschränkungen im Übrigen

(1) Gleichbehandlung von Software-Urheber- und -Patentrechten und sonstigen technischen und gewerblichen Schutzrechten

Nachdem den früheren Ausführungen der *DGRI* hinsichtlich der Spezialität des Softwarerechts im Vergleich zu sonstigen Immaterialgüterrechten beizupflichten war,[121] stellt sich erneut die Frage, ob dieses – fern bloß anderer Anwendungsvoraussetzungen – die Übernahme[122] der TT-GVO-Kernbeschränkungen (ggf. auch dynamisch verweisend[123]) ausschließt. Schließlich gelten diese doch gleichsam für alle Immaterialgüterrechte bzw. Technologierechte des Art. 1 I lit. b) TT-GVO, was eben von Patenten einschließlich Arzneimitteln bis zum Sortenschutz reicht. Insoweit sind nicht bloß zahlreiche Rechte wie Rechtsarten, sondern auch unzählige Branchen erfasst. Gegen eine solche Gleichbehandlung spricht, dass schon bezüglich all dieser Rechte und Branchen nicht von identischen Kostenstrukturen, problembehafteten Wettbewerbsstrukturen usf. auszugehen ist;[124] und ebenfalls nicht von einer Übereinstimmung der Problemlagen im Softwarebereich.

Strukturell erscheint es in jedem Fall einzigartig, wie stark einerseits Software-Produkte technisch *vordefiniert* werden könn(t)en, um gerade – aber nicht nur – Preisoptimierungsstrategien durchzuführen.[125] Dies ist zumindest für die Masse anderer Produkte (noch?) nicht vorstellbar, betrifft jedoch eher den Vertikal-Bereich; dies ist im Übrigen indes durch eine Klauselkontrolle und mithin durch entsprechende Ausnahmen ohnehin kaum korrigierbar.[126] Dass es auch beim Anbieten komplementärer Dienste wie Wartung oftmals der Mitwirkung der Softwarehersteller bedarf,[127] ist indes eher eine Problematik für Art. 102 AEUV.

Des Weiteren ist Softwarewissen ohnehin besonders durch Kompilierung geschützt.[128] Aber dies betrifft – nach der hier vertretenen Auffassung – die TT-GVO grundsätzlich nicht, da im Rahmen der (Software-)TT-GVO ohnehin solches Wissen weitergegeben wird, so dass dieser Punkt nicht für eine Differenzierung tauglich ist. Im Übrigen folgt auch aus den übrigen benannten Punkten[129] keine Differenzierung, denn zwar ergeben sich softwarerechtsspezifische und -marktspezifische Problemstellungen, die sich mit vorgenannten

---

[121] 5. Kapitel B. II. 2. c.

[122] Bzw. deren Anwendung auf Software beibehalten werden sollte, eben in einer einheitlichen, reformierten TT-GVO.

[123] 10. Kapitel B. III. 2. b. gg. (2).

[124] Vgl. bereits 4. Kapitel B. mit kurzem Vergleich zur Pharma-Branche.

[125] Vgl. u. a. 8. Kapitel H. I.

[126] 8. Kapitel H.

[127] 8. Kapitel I.

[128] 2. Kapitel C.

[129] 5. Kapitel B. II. 2. c. dd.

überlagern, sich auf die Vertragsgestaltung im Übrigen jedoch nicht auswirken müssen. Zumal die Vertragsgestaltung für die Softwareunternehmen weniger zentral ist, da sie ihre Begrenzungen, wie gesagt, auch anderweitig durchsetzen können.

Es handelt sich deshalb überwiegend um Grundsätze, die bei der Anwendung berücksichtigt werden müssen, insbesondere um ggf. Rechtfertigungen nach Art. 101 III AEUV abzulehnen, vor allem solche Rechtfertigungsversuche, die einseitige Preisoptimierungsstrategien und Monopolisierung zum Gemeinnutzen verklären wollen. Gleichwohl betreffen auch diese Faktoren überwiegend Vertikal-Konstellationen.[130] Darüber hinaus ist wiederum eine Differenzierung von Softwarepatenten und Software-*Know How* gegenüber den allgemeinen Erscheinungsformen dieser Immaterialgüterrechte nicht angezeigt, vielmehr würde dieses erneut zu einer Anwendungsschieflage führen.[131] Daher ist insgesamt der Einheitlichkeit und des Gleichheitsgrundsatzes wegen im Übrigen an den Kernbeschränkungen – vorbehaltlich widerlegender Studien – der TT-GVO festzuhalten, wobei es weiterer nicht bedarf.

(2) Direktübernahme oder dynamischer/statischer Verweis

Eine an sich nicht inhaltliche, sondern lediglich rechtstechnische Frage bleibt hinsichtlich der diesbezüglichen Regelungstechnik aufzuwerfen: Einerseits könnten die übrigen Kernbeschränkungen der TT-GVO lediglich abgeschrieben werden, andererseits könnte auch auf sie – bislang für eine Gruppenfreistellungsverordnung ungewohnt – verwiesen werden. Auch wenn dann TT-GVO und Software-TT-GVO in unterschiedlichen Intervallen geändert werden sollten, bliebe stets – als großer Vorteil – die Gleichheit der Kernbeschränkungen. Es entstünde jedoch zugleich die Gefahr, (unbedacht) neue Bestimmungen in die TT-GVO aufzunehmen, die nicht zur Software-TT-GVO kompatibel wären, weswegen von einem dynamischen Verweis Abstand genommen werden sollte. Dann bliebe ein statischer Verweis, nämlich der Verweis auf die TT-GVO mit bestimmten Verkündungsstand oder aber die direkte Abschrift, was im Ergebnis unbedeutend wäre. Wird ohnehin mittels einer Gruppenfreistellungsverordnung geregelt, stellt sich die Frage normintern im gewissen Umfang ebenso – doch kommt es auch dann darauf nicht an. Des Weiteren bliebe es stets der Kommission belassen, auch außerperiodisch Gruppenfreistellungsverordnungen oder Leitlinien zu ändern. Diese Frage ist daher ambivalent zu beantworten.

---

[130] Vgl. etwa 8. Kapitel C. II.
[131] Vgl. 8. Kapitel L.

(3) Zwischenergebnis

Es ist im Übrigen eine Übernahme der TT-GVO-Kernbeschränkungen zu befürworten.

c. Übriger Regelungsgehalt

Im Übrigen ist die TT-GVO abzuschreiben, sofern sich nicht durch vorherige Äußerungen Abweichungen ergeben haben. Dies sichert, abgesehen von einzelnen Spezifika, eine einheitliche Anwendung.

d. Alternative

Sollte nicht der Weg einer alternativen Software-TT-GVO beschritten werden, bliebe, wie zuvor angedeutet,[132] immer noch die Möglichkeit, eine Technologietransfer-Vereinbarung (Art. 1 I lit. c TT-GVO) für Software gesondert – im Rahmen des Art. 1 I TT-GVO – zu definieren (also als *Software-Technologietransfer-Vereinbarung*), was wiederum jedoch die ohnehin schwierig zu fassende Anwendbarkeit nicht erleichterte und weitere Anwendungshürden aufstellte. Sodann wären in der bestehenden TT-GVO noch weitere benannte Vorschriften nach den vorgeschlagenen Mustern anzupassen.[133]

e. Auswirkung

In jedem Fall würde der Anwendungsbereich der veränderten TT-GVO bzw. einer Software(entwicklungs)-GVO durch die zuvor dargelegten Änderungsvorschläge ausdrücklich bzw. klarstellend[134] begrenzt werden. Simultan erfolgte eine Anpassung bzgl. der Bedürfnisse der F/OSS. Dieser verengte, Privilegien begrenzende Rahmen würde dazu führen, dass ergänzend über eine Softwarehandels- bzw. Softwarevertikal-GVO oder auch über eine Digitale Konsumgüter-GVO nachzudenken wäre, was nachfolgend geschieht.

3. Software-Vertikal-GVO bzw. Softwarevertriebs- und -überlassungs-GVO als Äquivalent zur Vertikal-GVO

a. Notwendigkeit und Ziel einer solchen Regelung

Die (zu schaffende Software-)TT-GVO regelt nicht den Produktvertrieb, sondern lediglich den Weg zum Vertrieb bzw. lediglich den Weg zu Produkten.[135]

---

[132] 10. Kapitel B. II.

[133] 10. Kapitel B. III. 2.

[134] Speziell wenn der – hier – vertretenen restriktiven Auslegung gefolgt wird – 7. Kapitel C. I. 1. d. dd.

[135] 10. Kapitel B. II.

Der Vertrieb selbst wird – sofern überhaupt – prinzipiell durch die Vertikal-GVO erfasst.

Von immer größer werdender Bedeutung ist der Vertrieb von Software über das Internet. Die Revision der Vertikal-GVO im Jahr 2010 erbrachte keine Bestimmungen zum Internetvertrieb, abgesehen von entsprechenden Ausführungen in den zugehörigen, ebenfalls überarbeiteten Leitlinien. Allerdings betrifft dieses lediglich den Vertrieb über Internetplattformen bzw. -shops, nicht das Internet oder vergleichbare Kommunikationsnetze als Übertragungsweg für digitale Güter.[136] Dennoch soll der Absatz von Software durch das Internet nunmehr womöglich – so kann der nicht klar geäußerte Wille der Kommission jedenfalls verstanden werden – nach der Vertikal-GVO und den Vertikal-Leitlinien bemessen werden,[137] was mangels spezifischer Kernbeschränkungen in der Vertikal-GVO und sonstigen Darstellungen in den Vertikal-Leitlinien grundsätzlich zu pauschalen Freistellungen führen würde.

Da sich gezeigt hat, dass Softwarevertrieb als auch -abnahme zahlreiche Spezifika und Kartellrechtsrelevanz aufweisen, bietet sich hierfür womöglich ebenfalls eine separate Regelung an. Diese neue (Software-)Vertikal-GVO könnte auf den direkten Absatz zu Selbstnutzungszwecken bzgl. abnehmender Unternehmen ausgerichtet sein, zumal die Vertikal-GVO solche Konstellationen bei Nicht-Software und nicht-digital verbreiteten Gütern ohnehin erfasst. Somit wären bei einer äquivalenten Gestaltung weitere Gruppenfreistellungsverordnungen der schlichten Überlassung unnötig.[138] Vertriebssteuerung und Abnahme überlagern sich ohnehin bzw. regeln Identisches aus anderer Perspektive, denn Vertriebsauflagen und Einsatzbeschränkungen bedingen einander oftmals – so dass sich hier ein einheitlicher Rahmen anbietet.

Gefahren für den Wettbewerb sind gleichwohl in diesem gesamten Bereich anders gelagert als im Falle der Technologieverbreitung und der dadurch bedingten Nutzung. Ein spezifisches Hindernis im Vertriebsbereich digitaler Güter ist zunächst die starke Stellung einzelner Plattformen, welche ggf. bereits aus der jeweils verwendeten Hardware- oder Software-Plattform folgt.[139] Diese Entwicklung begünstigt strukturell die Plattformbetreiber, benachteiligt Fremdanbieter einschließlich Entwickler wie auch (End-)Abnehmer[140]. Soweit Privatpersonen Nutzer dieser Plattformen sind, kann sich diesen gegenüber eine kartellrechtliche Kontrolle im Rahmen des Art. 101 AEUV aber ohnehin nur mittelbar entfalten, also über die für die Kontrolle ohnehin strukturell wo-

---

[136] Vgl. etwa Vertikal-Leitl., Tz. 52 ff.

[137] TT-Leitl., Tz. 62 (insoweit unklar).

[138] A. A. wohl *Timm* 2005, S. 296.

[139] Vgl. 3. Kapitel B. I. 4. a.

[140] Weitervertrieb/-handel über diese Plattformen ist i. d. R. weder möglich noch gestattet; 8. Kapitel C. II. 2. f.

möglich bedeutsamen Vertriebs- und Handelsverträge.[141] Unabhängig hiervon sollten direkte oder durchreichende oder sich auf nächster Ebene ergebende Beschränkungen gleichermaßen unter besagten Umständen nicht freigestellt sein. Zu starke Händler bzw. Plattformen würden ohnedies durch die Marktanteilsschwellen als Beteiligte ausgeschlossen werden.

Jedenfalls sollte eine Software-Vertikal-GVO solchen Beschränkungen über den Weg der Kernbeschränkungen Einhalt gebieten.[142] Auf sie ist deshalb, trotz der Marktkonzentration nicht zu verzichten, weil sie gerade zu Gunsten kleinerer Unternehmen wirkt – und den großen Anbietern der „sichere Hafen" ohnehin durch die Marktanteilsschwellen versperrt ist.

b. Anwendungsbereich

aa. Softwareüberlassung

(1) Datenträgergebundene Software

Die bisherige Vertikal-GVO ist nur anwendbar, wenn das Immaterialgut Nebensache zu einer Hauptsache ist, wobei letztere theoretisch ein Datenträger sein könnte.[143] In Abkehr eines solchen ohnehin fragwürdigen[144] Formulierungsansatzes sollte der Vertrieb von Software aufgenommen werden und die bisherigen Verlautbarungen zu *Shrink Wrap* aus den Vertikal-Leitlinien[145] entfernt werden. Überlassung und Vertrieb eines Datenträgers sollten unter diese neue Gruppenfreistellungsverordnung fallen – wobei nicht mehr auf (nationale) Ausgestaltung der Lizenzwege geachtet werden sollte. Mithin wäre der Handel mit verkörperter Software und deren Überlassung im Anwendungsbereich dieser GVO.

(2) Datenträgerlose Software

(a) Grundsätzliches und dauerhafte Softwareüberlassung

Dies wirft im nächsten Schritt die Frage auf, ob auch datenträgerlos vertriebene Software durch eine (Software-)Vertikal-GVO begünstigt werden sollte. Diese Vertriebsform wirft kartellrechtlich grundsätzlich ähnliche Fragen auf und wird gewiss noch an Bedeutung gewinnen. Allerdings ist in diesem Bereich Art. 101 I AEUV weniger wirkungsvoll, da DRM bei digitaler Distribution noch leichter eingesetzt werden kann:[146] Dadurch können faktisch Beschränkungen durch-

---

141 8. Kapitel H.
142 Vgl. 10. Kapitel A.
143 Zu der Problematik ausführlich 7. Kapitel C. I. 6. b. bb.
144 Dazu ausführlich 7. Kapitel C. I. 6. b. bb.
145 Vertikal-Leitl., Tz. 41.
146 7. Kapitel B. II. 4.

gesetzt werden, die andernfalls als bloße Regeln an die Endabnehmer durch den Vertrieb „durchgereicht" werden müssten. Zwar ist der Direktabsatz einfacher möglich und Vertriebsnetze könnten entfallen, zugleich bildet sich, wie bereits erwähnt, bei wichtigen Absatzplattformen eine Konzentration,[147] wodurch eine Vergleichbarkeit im Grunde dennoch bestehen bleibt. In aller Regel werden aber Vertriebs- und Handelsstufen entfallen können. Eine Erweiterung auf diese Vertriebsformen bedeutete nicht nur das Risiko, in jungen, noch weitgehend unerforschten Märkten zu riskanten Freistellungen zu führen, sondern auch die Chance, durch Kernbeschränkungen zumindest ein wirkendes Signal gegen bestimmte Überlassungsbeschränkungen zu setzen. Die Unterscheidung zwischen datenträgergebundener und -loser Überlassung ist zudem erst recht nach der EuGH-Entscheidung zu Gebrauchtsoftware kaum haltbar. Der EuGH erkennt – vollkommen zu Recht – in diesen Verbreitungsformen keine wesentlichen Unterschiede.[148]

Somit wäre für die Software-Vertikal-GVO der Anwendungsbereich entsprechend auszuweiten, so dass die zugehörige Definition folgende Gestalt haben könnte: *„..., vertikale Vereinbarung' ist eine Vereinbarung oder abgestimmte Verhaltensweise, die zwischen zwei oder mehr Unternehmen, von denen jedes für die Zwecke der Vereinbarung oder der abgestimmten Verhaltensweise auf einer anderen Ebene der Produktions- oder Vertriebskette tätig ist, geschlossen wird und die die Bedingungen betrifft, zu denen die beteiligten Unternehmen Software dauerhaft beziehen, verkaufen oder weiterverkaufen dürfen ...*". Software sollte dabei so definiert werden, dass sie auch Computerspiele umfasst, wofür es ggf. notwendig ist,[149] ausnahmsweise beinhaltete sonstige Urheberrechte als Nebensache freizustellen. Dies ist hier nicht problematisch, da diese letztlich wie auch andere Software ökonomisch zu betrachten sind bzw. bezüglich Netzwerkeffekten sogar weniger problembehaftet sind, und da dadurch Zuordnungs- und Abgrenzungsschwierigkeiten überwunden werden[150]; und das weitere Privileg des Technologietransfers mithin nicht gewährt werden würde. Die Formulierung könnte sich auf begleitende Urheberrechte konzentrieren, die anders als etwa Datenbankelemente gerade keine eigenständigen Elemente bilden, also technisch vollständig eingebunden sind und separat nicht konsumiert werden können.

In jedem Fall ist noch aufzunehmen, dass auch die Herstellung von Kopien erfasst ist, etwa in einer weiteren Definition – in diesem Fall zum „Weiterverkaufen", etwa dergestalt: *„, Weiterverkauf' umfasst ebenfalls die Reproduktion*

---

[147] 8. Kapitel H.

[148] 3. Kapitel A. IV. Nach *Matthiesen* 2010, S. 120, 124 sei die bestehende GVO-Regelung nicht „überzeugend", aber zumindest „handhabbar".

[149] Vgl. 2. Kapitel B. II. 1. a.

[150] 2. Kapitel B. II. 1. a; 7. Kapitel C. I. 1. d. bb. (3).

datenträgergebundener sowie datenträgerloser Software, sofern eine entsprechende Vorlage zur Verfügung gestellt wird".

Ein entsprechend weiter Anwendungsbereich ist zudem aus Gleichbehandlungsgründen geboten. Außerdem hat sich das bislang fragmentarische Erfassen von Software-Verträgen durch die TT-GVO und/oder die Vertikal-GVO nicht bewährt. Einerseits scheint es nur vom Zufall abzuhängen, ob die Kommission Verträge durch die jeweiligen Regime geregelt wissen will. Andererseits haben weder die Reformen von 2004, 2010, noch von 2014 zu eindeutigen Anwendungsbereichen geführt, sondern jeweils nur Unklarheiten durch andere Unklarheiten ersetzt.

(b) Temporäre Softwareüberlassung und -zurverfügungstellung

Ungeachtet der urheberrechtlichen Bewertung bei *Cloud*, *Stream* usf. wären aber dann ggf. solche Formen noch nicht in den Anwendungsbereich einbezogen. Für diese fordert *Timm* eine weitere (spezifische) Gruppenfreistellungsverordnung bzw. zumindest spezielle Regelungen.[151] Auch die DGRI votiert für die Aufnahme von *Cloud*-Leistungen etc., allerdings in die TT-GVO.[152] Gleichwohl ergeben sich bei lediglich temporaler Softwareüberlassung bzw. nur Zur-Verfügung-Stellung via Dienstleistungen ganz andere Problematiken, jedoch i. d. R. keine für Art. 101 AEUV relevanten.[153] Da es insoweit aber keinerlei Freistellungen bedarf, ist von einer solchen Gruppenfreistellungsverordnung Abstand zu nehmen bzw. einer Aufnahme dieser Überlassungsformen in Software-TT- und/oder Software-Vertikal-GVO. Vielmehr sollte dieser Markt zunächst genauer beobachtet werden.[154] Es empfehlen sich aber Ausführungen in den zugehörigen Leitlinien.

bb. Sonstige Immaterialgüterrechte (Urheberrechte) ungeachtet der Form

Neben der Streichung des Vorbehaltes bzgl. geistiger Eigentumsrechte könnte die hinzugefügte Begrenzung auf Software-Überlassung entfallen bzw. auf andere digitale Güter erweitert werden, insbesondere Filme und Musik (= MP3-Dateien etc.), aber auch digitale Bücher (*e-Books*). Dies könnte allerdings ebenso im Rahmen einer (sonstigen oder allgemeinen) Immaterialgüterrechte-GVO geschehen.[155] Jedenfalls stellen sich auch bei diesen Gütern Problematiken des Weiterverkaufs, weniger jedoch des OEM-Handels bzw. Bündelns. Die Kostenstrukturen sind vergleichbar zu Software und speziell zu Computer-

---

[151] Fn. 80, Fn. 86.

[152] *Conrad/Lejeune/Stögmüller/Brandi-Dohrn* (für die *DGRI*), CR 2013, S. 415.

[153] Vgl. 8. Kapitel C. V.

[154] Vgl. 11. Kapitel B. zu Datenportabilität.

[155] Eher dagegen *Lang* 2009, S. 315 f. (30. These).

spielen,[156] auch wenn die Absatzpreise i. d. R. deutlich geringer sein werden und eine Abnahme durch Unternehmen für Eigenkonsumzwecke vermutlich noch untypischer wäre.[157] Gleichwohl bewegen sie sich außerhalb dieses Untersuchungsrahmens und sind daher – vorbehaltlich einer überzeugenden Begründung – nicht aufzunehmen.

cc. Sonstige Bestandteile bzw. verbundene Waren, Dienstleistungen usf.

Wertmäßig nebengeordnete weitere Rechte oder Waren, auch Datenträger, sind *mit*freizustellen. Davon sind Hardware- und zumindest umfassende Softwarepflege-Dienstleistungen allerdings nicht betroffen. Eine Betrachtung hat hierbei wertmäßig zu erfolgen. Insoweit muss Software gerade Hauptbestandteil der Vereinbarung sein.

dd. Individualsoftware

Sofern Individualsoftware erstellt wird und zugleich *Know How* etc. überlassen wird, griffe die zuerst vorgestellte Software-TT-GVO. Unterbliebe dies, wird regelmäßig diese zweite Software-GVO anwendbar sein, denn auch die Überlassung individueller Software, die ohne Quellcode überlassen wird, verhielte sich nicht anders als sonstige bzw. Standard-Software. Des Weiteren bröckelt die strikte Differenzierung zwischen diesen Softwarearten ohnehin, da Individualsoftware oftmals nur noch leicht angepasste Standardsoftware darstellt.[158]

ee. Parteienanzahl

(1) Allgemeine Erwägungen

Bislang ohne Diskussion blieb die grundsätzliche Anwendbarkeit der – als Vorbild bzw. Vorlage – dienende Vertikal-GVO in Konstellation zahlreicher Beteiligter. Nach der hier vertretenen Ansicht ist dies zumindest für die Software-TT-GVO nicht zu empfehlen.[159] Es muss jedoch nicht auf diese vertikale Gruppenfreistellungsverordnung übertragen werden, denn naturgemäß sind Überlassungsvereinbarungen nicht unbedingt gleichermaßen bedrohlich für Marktstrukturen als solche, die Technologie betreffen. Andererseits vermag jedoch gerade die Vertriebssteuerung tiefgreifende Eingriffe zu bringen sowie die Verbreitung nicht nur von Waren, sondern ebenso von beschränkenden Vereinbarungen. Diese muss aber ohnehin nicht durch einen Vertrag mit mehreren Parteien begründet werden, sondern kann ebenso und wird typischerweise durch eine Unzahl an bilateralen Verträgen mit „Durchreich"-Pflichten erreicht wer-

[156] Vgl. 4. Kapitel B.
[157] Vgl. 7. Kapitel B. IV. 2. b. bb. (7) (c) (hh).
[158] 3. Kapitel B. III.
[159] 10. Kapitel B. III. 2. a. bb.

den. Die Marktanteilsschwellen sorgen ohnehin für eine Begrenzung. Aufgrund des Gleichheitssatzes sollten daher eher Vertikal-GVO und Software-Vertikal-GVO, zumindest zunächst, gleiche Anforderungen aufstellen und (weiterhin) keine Personenbegrenzung beinhalten.

(2) F/OSS und „Linux-Klausel"

Wenn indes die Anzahl möglicher beteiligter Unternehmen nicht begrenzt würde, könnte auch der Absatz von F/OSS, sofern er nicht bereits von der vorherigen Software-TT-GVO erfasst wird,[160] nach dieser zweiten Software-GVO womöglich nicht erfasst sein. Dem könnte erneut durch eine „Linux-Klausel"[161] begegnet werden. Doch besteht dafür kein Bedarf, da ebenfalls die Software-Vertikal-GVO nicht auf zwei Parteien begrenzt werden sollte.

ff. Übriger Regelungsgehalt

Im Übrigen ist die Vertikal-GVO abzuschreiben, sofern sich nicht durch vorherige Äußerungen Abweichungen ergeben haben. Dies sichert, wie bereits bei der Software-TT-GVO, abgesehen von einzelnen Spezifika, eine einheitliche Anwendung.

gg. Anwendbarkeitsverhältnis zu anderen GVOen

Diese Software-Vertikal-GVO darf die Software-TT-GVO nicht überlagern, welche wiederum als *lex specialis* die TT-GVO verdrängt, aber zur FuE-GVO und zur Spezialisierungs-GVO subsidiär wäre.[162] Die Vertikal-GVO indes müsste diese Software-Vertikal-GVO der Spezialität wegen grundsätzlich verdrängen.

Des Weiteren ist jedoch die Vertikal-GVO alternativ heranzuziehen, wenn neben Software noch andere, wertmäßig umfassendere Waren betroffen sind. Wenn also Bündelung von Hard- und Software auf Abnehmerseite betroffen ist, wäre nach wie vor die reguläre Vertikal-GVO zu erfüllen, denn diese neue Software-Vertikal-GVO bezieht sich i. d. R. bzw. zumindest hauptsächlich nur auf Software.[163] Wird Software also erworben, um sie mit Komplett-PCs erwerben zu lassen, gilt die vorgeschlagene Software-Vertikal-GVO. Für den weitergehenden Absatz der gebündelten Komplett-PCs mit vorinstallierter Software gilt dann jedoch die reguläre Vertikal-GVO. Für die Beschaffung fest zu integrierender Software kann indes die (Software-)TT-GVO gelten.

---

[160] 8. Kapitel A. III. 1. a.
[161] 10. Kapitel B. III. 3. b. ee. (2).
[162] 10. Kapitel B. III. 2. a. dd.
[163] Vgl. 10. Kapitel B. III. 3. c. dd. (3).

c. Kernbeschränkungen oder nicht freistellungsfähige Klauseln

Da sich die Fülle der untersuchten softwarespezifischen Klauseln, die gegen Art. 101 I AEUV verstoßen und nicht durch Art. 101 III AEUV freistellbar sind, auf den Vertikal-Bereich konzentrieren, sind hier deutlichere und umfassendere *Gebote* zu diskutieren. Erneut sind als Alternativen zu Kernbeschränkungen ggf. *nicht-freigestellte Klauseln* oder lediglich „geißelnde" Erwähnungen in den Leitlinien, aber mithin implizite Freistellungen durch die Gruppenfreistellungsverordnung, zu erwägen.[164]

aa. Preisfestsetzung auf Null (weitere „Linux-Klausel")

Nur der Klarstellung wegen sollte eine „Preisfestsetzung auf Null"[165] für Lizenzgebühren ebenso als Ausnahme von Kernbeschränkungen für Preisvorgaben in diese Gruppenfreistellungsverordnung aufgenommen werden. Des Weiteren sollten Ausführungen in den Leitlinien erfolgen, dass diese Vorgaben auch jenseits der Marktanteilsschwellen als kein Verstoß wider Art. 101 I AEUV gewertet werden.

bb. Orientierung an Kundenkreisbeschränkungen

Die bisherigen Gruppenfreistellungsverordnungen beziehen ihre Kernbeschränkungen oftmals auf Kundenkreise. Bei Software hat es sich gezeigt, dass die Operation mit diesen Merkmalen Schwierigkeiten bereiten kann, insbesondere noch bei der TT-GVO 2004 unter Berücksichtigung von Art. 4 I lit. c) i TT-GVO 2004. Gleichwohl sollte an dieser Systematik festgehalten werden; sie bedarf indes der Erläuterung in den Leitlinien. Im Allgemeinen ist diese Thematik für Softwarespezifika ohnehin kaum relevant und könnte überdies weitgehend seitens der Softwarehersteller umgangen werden, die für spezielle Kundengruppen über technische Maßnahmen Absatzbeschränkungen durchführen können und Vertriebs- und Handelspartner für Preisdiskriminierungsstrategien kaum noch benötigen.

cc. Einsatzbeschränkungen

(1) Weitergabeverbote

Insbesondere haben sich Weitergabeverbote in Gestalt der Gebrauchtsoftware-Verkaufsuntersagung als schädlich erwiesen.[166] Sie sollten daher als Kernbeschränkungen aufgenommen werden. Es erschien möglich, dass im Rahmen eines „Dritten Korbes" eine Regelung zum Gebraucht-Softwarehandel in das

---

164 10. Kapitel B. III. 2. b.

165 8. Kapitel A. II. 1.

166 8. Kapitel C. II. 5.

UrhG einziehen würde, wobei bereits fraglich erschien, inwieweit vor (alle Zweifelsfragen klärenden[167]) EuGH-Urteilen und ggf. auch Richtlinienänderungen, insbesondere im Hinblick auf die Erschöpfungswirkung, überhaupt eine nationale Regelung sinnvoll sein kann.[168] Der „Dritte Korb" bemüht sich darum jedoch, zumindest bislang, nicht. Sofern das Urheberrecht diesbezüglich eine Wertung trifft, sind solche Regeln ohnehin dem Art. 101 AEUV enthoben, so dass es auf die Gruppenfreistellungsverordnung gar nicht ankommt, was auch Art. 1 I lit. b) Vertikal-GVO eindeutig zum Ausdruck bringt: *„‚vertikale Beschränkung' ist eine Wettbewerbsbeschränkung in einer vertikalen Vereinbarung, die unter Artikel 101 Absatz 1 AEUV fällt"*. Unterfällt eine Regelung gar nicht Art. 101 I AEUV, bedarf es bekannterweise keiner Freistellung. Gäbe es ein gesetzliches Privileg, bedürfte es keiner Freistellung. Sodann wären entsprechend gesetzlich „gedeckte" Weitergabeverbote trotz einer Kernbeschränkung um keinen Deut eingeschränkt, jedoch alle übrigen, die auch überhaupt nur gegen Art. 101 I AEUV verstoßen könnten.

(a) Ausdrückliche Weitergabeverbote

Weiterverkaufsverbote sind grundsätzlich wettbewerbsschädlich, es sei denn, dass dadurch vertrauliche Informationen verlustig bzw. bekannt zu werden oder aber – gerade bei Immaterial- bzw. Digitalgütern – rechtswidrige Vervielfältigungen drohen.[169] In allen übrigen Konstellationen gehören sie verboten. Entsprechend empfiehlt sich zunächst eine Kernbeschränkung mit Ausnahmeregelung für die genannten Fälle. Bezüglich vertraulicher Informationen usf. sollte dieses jedoch selten zum Tragen kommen, da solche Fälle bereits im Anwendungsbereich der Software-TT-GVO liegen sollten.[170] Es könnte höchstens bei sonstiger Individualsoftware der Fall sein, in die zwar seitens des Auftraggebers vertrauliche Unternehmensinterna einfließen, doch wäre es gerade dann untypisch, dass der Lizenzgeber ein von entsprechenden Bedenken getragenes Weiterveräußerungsverbot durchsetzen wollte. Sofern sich dennoch in umgekehrten Konstellationen oder sonstigen Sonderfällen entsprechende Problematiken auftun, können diese Art. 101 III AEUV überlassen bleiben.

---

[167] Vgl. 3. Kapitel A. IV.

[168] *Spindler* GRUR Newsletter 2/2011, S. 5. *Bröckers* MMR 2011, S. 23 schlägt die dergestalte Ergänzung des § 69c Nr. 3 UrhG um Sätze 3 und 4 vor, welche dem Problem hinsichtlich der Volumenlizenzen samt Datenträgern begegnen soll: „Satz 2 gilt entsprechend für dauerhaft oder vorübergehend gespeicherte Vervielfältigungsstücke, die rechtmäßig aufgrund einer drahtgebunden oder drahtlos öffentlich zugänglich gemachten oder körperlichen Kopiervorlage hergestellt wurden. Soweit sich das Verbreitungsrecht erschöpft hat, gilt § 34 UrhG Abs. 1 Satz 1 mit der Maßgabe, dass das Nutzungsrecht an dem Computerprogramm ohne Zustimmung des Urhebers übertragen werden kann."

[169] Vgl. 8. Kapitel C. II. 3.

[170] 10. Kapitel B. III. 2.

Hinsichtlich rechtswidriger Vervielfältigungen bestehen Alternativen (Dokumentationen, Inspektionen und nicht zuletzt DRM),[171] so dass es solcher Ausnahmen nicht bedarf. Sollten diese nicht genügen, bliebe ebenfalls im Rahmen des Art. 101 III AEUV ein hinreichender Argumentationshorizont. Eine solche strikte Kernbeschränkung bietet zudem den Vorteil, dass nicht ggf. durch Umgehung darauf hingearbeitet wird, doch nicht einer solchen zu unterfallen.

(b) Gleichermaßen und strikter wirkende Klauseln

Sofern eine unflexible Bindung an Hardware, Software, Personen usf. dauerhaft dergestalt dadurch erfolgt,[172] dass etwa diese Hardware nicht mehr abgestoßen wird usf. oder auch die Software selbst nicht weiterveräußert werden kann, gelten die Aussagen für Weiterverkaufsverbote direkt oder entsprechend, es sei denn, dies wird nicht vertraglich, sondern bloß technisch erreicht. Wird dies lediglich technisch erreicht, fehlt es sowieso an der Einschlägigkeit des Art. 101 I AEUV. Ausnahmen von der Einschlägigkeit dieser Kernbeschränkung sind natürlich technische Notwendigkeit, etwa bei Spezial-Hard- oder Software, wofür sich eine entsprechende Ausnahmeklausel anbietet, die sich an Art. 101 I lit. e) AEUV orientieren könnte, aber dies insoweit noch verengen sollte, etwa in Gestalt *„enger sachlicher Nähe"*. Andererseits verlangt dies gerade eine konkrete Abwägung, die sich vielmehr im Rahmen des Art. 101 III AEUV anbietet. Im Übrigen bliebe die Vertikal-GVO bei anderen überwiegenden Gütern wie Hardware heranzuziehen; insoweit handelt es sich jedoch vorrangig um Bündel-Probleme.[173] Das Weiterverkaufsverbot sollte strikt gelten.

(c) Plattforminterner Handel

Sofern eine Klausel lediglich plattforminternen Handel oder Rücktauschmöglichkeiten des Lizenzgebers erlaubte, wäre dies nicht genug, um einer solchen Klausel zu genügen, denn dies würde weiterhin alle Konkurrenten und Dritte ausschließen.[174] Eine entsprechende Ausnahme ist deshalb nicht geboten.

(d) Vertriebslizenzen und deren Übertragung

Nur der Vorsicht wegen sollten von einer solchen Kernbeschränkung solche, letztlich ohnehin nicht vergleichbare Bestimmungen ausgenommen werden, die es Vertriebsbeteiligten erlauben, selbst Software zu vervielfältigen bzw. digital zu distribuieren. Solche Vertriebs- und Vervielfältigungslizenzen sind insofern vom Übertragungsverbot ausdrücklich auszunehmen; durch eine entsprechend

---

[171] 8. Kapitel C. II. 3. c.
[172] 8. Kapitel C. IV.
[173] 10. Kapitel B. III. 3. c. dd. (3).
[174] 8. Kapitel C. II. 2. f.

klare Beschreibung der Weiterverkaufsverbote könnte womöglich solchen Missverständnissen bereits hinreichend vorgebeugt werden.

(e) Relativierung durch Marktanteile

Es liegt der Gedanke nahe, Weiterverkaufsverbote eventuell zu Gunsten kleinerer, unter den Marktanteilsschwellen dieser Gruppenfreistellungsverordnung liegenden Software-Unternehmen als weniger schädlich oder sogar förderlich anzusehen – wohingegen langfristige Bindungen an marktbeherrschende oder anderweitig dominante Unternehmen und deren Software per se negativ sein mögen.[175] Wenn nämlich im Rahmen der Gruppenfreistellungsverordnung ein solches Weiterverkaufsverbot freigestellt wäre, käme dieses nur kleineren Unternehmen zu Gute – und würde damit ggf. dazu beitragen, dass deren Software und nicht die der etablierten erworben würde, was Netzwerkeffekten entgegensteuern könnte.[176] Dafür wäre es geboten, das Weiterverkaufsverbot doch nicht als Kernbeschränkung aufzunehmen; es jedoch jenseits der Marktanteilsschwellen in den Leitlinien als Verstoß wider Art. 101 AEUV darzustellen.

Freigestellt wären damit jedoch ausschließlich Beschränkungen, die sich tendenziell zum Nutzen dieses einen Unternehmens auswirkten.[177] Darin liegt zugleich die *crux*: Denn dies würde nicht lediglich gegen einen Marktbeherrscher bzw. Quasi-Monopolisten wirken, sondern zugleich wiederum gegenüber allen anderen Konkurrenten. Mithin wären dann alle Kunden der Unternehmen, die noch unter den Marktanteilsschwellen liegen, wiederum gehalten, ihre Software nicht gebraucht zu verkaufen und höchstens über günstigere Upgrade-Preise wieder neuere Software desselben Unternehmens anzuschaffen. Zur Umgehung dieses Umstandes bedürfte es einer komplexen Regelung, die nur Wiederverkaufsverbote beschränkte, die zu Lasten eines Unternehmens etwa mit mehr als 30% wirkte, aber im Übrigen durch andere Regelungen zur Austauschfreiheit zwischen Software unterschiedlicher Versionen der übrigen Unternehmen führen müsste; was bereits in der Vertragsgestaltung ausgesprochen schwierig und nicht zuletzt diskriminierend zu sein drohte. Hinzu treten mögliche Schwankungen und unwägbare Entwicklungen auf den Märkten. Dies verlangte demnach ein komplexes, kaum handhabbares Instrument – wobei die Gruppenfreistellungsverordnung gerade dazu geschaffen sein sollen, vergleichsweise mühelos eine möglichst – in den Grenzen des Systems – rechtssichere Selbsteinschätzung vorzunehmen. Entsprechend sollte eine Untersagung solcher grundsätzlich wettbewerbsbeschränkenden Abreden nicht durch unhandbare Ausnahmevorschriften wieder verwässert werden. Deshalb sollte ebenfalls das Sonderproblem einer zeitlichen Befristung – etwa im

175 Vgl. 8. Kapitel C. III. 1; 8. Kapitel C. II. 2.

176 Vgl. 8. Kapitel C. II.

177 Vgl. 8. Kapitel C. II. 3.

Angesicht produktbedingter kurzer Vermarktungsperioden[178] – Art. 101 III AEUV überlassen bleiben. Nicht zu vergessen ist dabei noch der Aspekt, dass solche Weiterverkaufsverbote in jedem Fall im schwerwiegenden Maß in Entscheidungs- und Absatzfreiheit eingreifen. Sie wirken außerdem nicht ausschließlich bezüglich konkurrierender Softwareunternehmen, sondern über ggf. unterlassene Investitionen noch in zahlreiche andere Industriebereiche.[179]

(f) Ausnahme für Computerspiele und andere „kurzweilige" Güter

Die vergleichsweise kurzen Primärvermarktungsphasen[180] legen die Frage nahe, ob nicht zumindest bei Computerspielen – und ggf. anderen Programmen mit vergleichbar kurzer „Laufzeit" – Ausnahmen von solchen Weiterverkaufsverboten im Wege einer Freistellung bzw. Ausnahmeregelung zur Kernbeschränkung aufzunehmen ist. Trotz eines bestehenden Gebrauchthandels, soweit er nicht vielmehr durch TPM/DRM ausgeschlossen ist, können sich jedenfalls nach wie vor die Entwickler am Markt halten. Dies liegt gewiss auch daran, dass ambitionierte Spieler die aktuellen Spiele möglichst zeitnah nutzen wollen, nicht nach Wochen oder Monaten nach ihrem Erscheinen. Zudem verkaufen viele Spieler ihre Spiele auch dann nicht, wenn sie diese „durchgespielt" haben. Es erscheint somit nicht erforderlich, solche Möglichkeiten auszuschalten – erst recht nicht pauschal für die nächsten zehn Jahre im Rahmen einer Gruppenfreistellungsverordnung. Dieses ist schlicht nicht angezeigt, zumal eben eine Freistellung nach Art. 101 III AEUV möglich bliebe, in der diese Besonderheiten erwogen werden können. Nur der Vollständigkeit halber sei erneut angemerkt, dass der Absatz von Computerspielen, also i. d. R. an Private, ohnehin nicht nach Art. 101 I AEUV kontrolliert werden kann, jedoch die entsprechende Vertriebssteuerung, bezüglich derer solche Kernbeschränkungen ebenfalls wirken sollen.[181]

(g) Zwischenergebnis

Es ist daher eine strikte Klausel gegen Weiterverkaufsverbote bzw. gegen die Untersagung des Gebrauchtsoftwarehandels aufzunehmen. Atypische Fälle sind nicht durch Ausnahmen von dieser Kernbeschränkung zu regeln, sondern anhand des Art. 101 III AEUV zu bewerten. Es empfiehlt sich lediglich die Ausnahme – ob in der Gruppenfreistellungsverordnung oder erklärend in den Leitlinien –, dass die Weitergabe von Vertriebslizenzen oder die Übertragung des Rechtes zu Unterlizenzen hiervon nicht erfasst ist.

---

[178] Vgl. 8. Kapitel C. II. 2. d.; dazu sogleich.
[179] 8. Kapitel C. II. 2. c.
[180] 8. Kapitel C. II. 2. d.
[181] 8. Kapitel H.

(2) Upgrade-Klauseln

Da Upgrade-Klauseln, also seitens der Software-Hersteller verlangte Gebühren bei Hardware-Aufrüstung, Investitionen in Hardware verhindern, sind sie als Kernbeschränkungen aufzunehmen. Diese im Rahmen der Marktanteilsschwellen zu dulden und lediglich in den Leitlinien zu „brandmarken" ist nicht angezeigt, da solchen Klauseln erhebliche Beschränkung Dritter inhärent ist.[182] Dies sollte umfassend für diese Klauseln einschließlich verdeckter Varianten gelten. Problematisch wie akut können *Core*-Klauseln sein. Bei *Cores* handelt es sich, im Gegensatz zu mehreren CPUs, jedoch bloß um eine CPU-Verbesserung und nicht um weitere CPUs; zumal mehrere Cores mittlerweile sogar Bestandteil selbst von Smartphone-CPUs sind. Indes mögen CPU-Klauseln, also die flexible Bindung einer Software an eine spezifische CPU nach wie vor berechtigt sein.[183] Dies bleibt in den Leitlinien klarzustellen.

(3) Einschränkung von Softwareerforschung, Dekompilierung usf.

Die Dekompilierung darf nicht begrenzt werden, auch dürfen nicht weitere Formen der Software-Erforschung über die gesetzlichen Grenzen eingeschränkt werden. Entsprechend sollte, orientiert am Wortlaut oder auch durch Verweis auf Art. 8 S. 2 Computerprogramm-Richtlinie, eine Kernbeschränkung formuliert werden, die alle Begrenzungen dieser Art bekämpft. In der Entwicklungs-Konstellation bedarf es solcher Regeln hingegen nicht.[184]

dd. Vertriebsauflagen

Bestimmte Auflagen treffen die Vertriebs- und Handelsstufen originär, sie begrenzen also den Vertrieb selbst; andere sollen die Vertriebsstufen lediglich an die Endabnehmer oder über weitere Vertriebsstufen an diese „weiterreichen" oder „durchreichen". Die Vertriebssteuerung ist besonders, wie mehrfach erwähnt, bedeutsam, um eine „Marktdurchdringung" mit beschränkenden Vereinbarungen zu erreichen. Auch weil nach einer womöglich bald verdrängten Ansicht Art. 101 I lit. e) AEUV nur bezüglich der Vertriebssteuerung anwendbar ist, ist die Vertriebssteuerung herausragend bedeutsam, zumal jedenfalls Art. 101 I lit. d) AEUV ohnehin nur auf Vertriebssteuerungsebene relevant ist.[185] Dies unterstreicht erneut die Relevanz, die Kernbeschränkungen gerade auf dieser Ebene beizumessen ist.

---

[182] 8. Kapitel C. IV.
[183] 8. Kapitel C. IV.
[184] 8. Kapitel D.
[185] 7. Kapitel B. III. 1.

(1) Das „Durchreichen" von Beschränkungen

Es sollte klargestellt werden, dass in jedem Fall das Durchreichen ggf. erst Endabnehmer beschränkender Klauseln ebenfalls unter die jeweiligen, vorher erörterten und vorgeschlagenen Kernbeschränkungen zu fallen hat.

(2) Upgrade-Preise

Upgrade-Preise belohnen Treue und behindern offensichtlich (relativ) langfristig den Wettbewerb. Sie sind daher als Kernbeschränkungen insoweit aufzunehmen, als dass es auf Vertriebsebene nicht freigestellt wird zu vereinbaren, denen günstigere Preise zu gewähren, die bereits die vorherige Version einer Software nutzen.[186] Dies sollte selbst innerhalb der Markanteilsschwellen gelten, um die „nächste Runde des Wettbewerbs" so oft wie möglich zu eröffnen. Gleichwohl werden solche Regelungen in der Praxis womöglich nutzlos sein, wenn ohnehin verschiedene Versionen verbreitet und differenziert bepreist werden; es also auf die Vertriebs- und Handelsebene nicht mehr ankommt, sondern Upgrade-Versionen bereits technisch nur dann genutzt werden können, wenn eine vorherige Version vorliegt.

(3) Bündel und Kopplungen

(a) OEM-Praxis und vergleichbare Kopplungen

OEM und die vergleichbaren Absatz- und Bündelpraktiken führen nicht bereits prinzipiell zu Weitergabe- bzw. -verkaufsverboten[187] – sofern sie dieses dennoch bezwecken, sind sie entsprechend zu bewerten. OEM etc. führen lediglich zu einem besonders *effizienten* Vehikel der Softwareverbreitung, insbesondere – so auch historisch erwiesen – bei Betriebssystemen.[188] OEM-Software ist im Grunde sogar besonders günstig und ggf. zum Weiterverkauf daher viel attraktiver. Vom Verbot des Art. 101 I AEUV kann speziell die Vertriebssteuerung mit entsprechenden Bündel-Geboten erfasst sein.[189] Diese „Durchdringungseffizienz" kann indes gerade bei geringeren Marktanteilen wünschenswert sein.[190] Im Gegensatz zu Weitervergabeverboten ist durch eine direktere Durchdringung kein Konkurrent oder Dritter unmittelbar betroffen, denn diese könnten ihre Produkte prinzipiell auf gleichen Wegen – ggf. sogar alternativ – verbreiten lassen. Insoweit scheint eher eine Kernbeschränkung ratsam, die exklusive OEM-Regeln forciert, also die gleichwertige Verbreitung

[186] Vgl. 8. Kapitel H. III.
[187] 8. Kapitel F. I. 1; 8. Kapitel H. I.
[188] 3. Kapitel B. I. 1. a.
[189] 8. Kapitel H. I.
[190] 8. Kapitel H. I. 2. Vgl. *Metzger* GRUR 2001, S. 214.; auch *Rubinstein* GRUR Int 1999, S. 483, 486; sowie *Matthiesen* 2010, S. 126.

mit Konkurrenzprodukten untersagt, wodurch diese Vertriebsform ansonsten im Rahmen der Marktanteilsschwellen freigestellt wäre.

Die zugehörige Formulierung könnte dergestalt lauten: „... *Freistellung ... gilt nicht für die Beschränkung, diese Software nur mit kompletten Personalcomputern zu verkaufen; mit der Ausnahme, dadurch nicht aufzugeben, nicht auch die (substituierende) Software anderer Softwarehersteller in gleicher Weise mitauszuliefern*". Andererseits hat sich gezeigt, dass solche Alternativen sinnlos sein mögen und dass es vielmehr ein Problem darstellt, dass die PC-Hersteller für solche Zwecke extrem vergünstigte Versionen erhalten, die sie mit Komplett-PCs verkaufen müssen.[191] Deshalb ist es notwendig, die Bündelung selbst anzugreifen. Daher müsste es kurz und einfach heißen: „... *Freistellung ... gilt nicht für die Beschränkung, diese Software nur mit kompletten Personalcomputern zu verkaufen*". Um andere OEM-Formen aufzunehmen, wäre es grundsätzlich ebenfalls notwendig, als Kernbeschränkung alle weiteren Formen der Bündelung mit Hardware, erst recht mit sinnbefreit kombinierter Hardware aufzunehmen. Dies mag freilich dazu führen, dass die PC-Händler und -Hersteller nicht mehr so vergünstigte OEM-Versionen erhielten; gleichwohl könnten sie – aus Eigeninitiative – weiterhin Komplett-PCs mit vorinstalliertem Betriebssystem verkaufen. Andererseits wäre eine allgemeine Vergünstigung von Software und speziell Betriebssystemen zu erwarten, da deren Hersteller eben doch Interesse hätten, möglichst weitgehend verbreitet zu werden.

Ob diese Schritte alternativen Anbietern eine (große) Hilfe sein wird, ist indes eine andere Frage. Dabei müssten die PC-Hersteller nicht nur gewillt sein, auch andere (ggf. günstigere oder gar kostenlose) Betriebssysteme vorzuinstallieren, auch müssten die entsprechenden Treiber verfügbar sein, die in der Regel von den Herstellern der einzelnen Komponenten erstellt werden. Überdies müsste eine Nachfrage nach solchen am Markt entstehen. Darauf hat Art. 101 AEUV jedoch keinen Einfluss. Zudem könnte es fraglich sein, ob kleinere Anbieter im Kampf gegen einen Quasi-Monopolisten überhaupt Unterstützung verdienen. Wenn der Standpunkt eingenommen wird, dass technologische Märkte – zumindest nach einer Phase der Konfrontation und der Konkurrenz – immer zu sequentiellen (Quasi-)Monopolen führen, dann könnte dies eine künstliche Reanimation sein und lediglich zu kurzfristigen, unstabilen Perioden führen.[192] Dagegen spricht indes, dass in diesem Bereich mit *GNU/Linux* und Apples *Mac OS* durchaus „stabile" Konkurrenz präsent ist.[193]

Andererseits sollten, wie bereits dargestellt, solche Preisdiskriminierungsstrategien zumindest kleineren Anbietern möglich sein, zumal Drittinteressen

---

[191] Vgl. 8. Kapitel H. I.

[192] Vgl. *Gey* WuW 2001, S. 941 f.; s. bereits 5. Kapitel B. II. 3.

[193] Vgl. 4. Kapitel A. I. 1. a.

grundsätzlich nicht bzw. nur im geringeren Umfang betroffen werden.[194] Mithin sind die vorgenannten Begrenzungen nicht als Kernbeschränkungen aufzunehmen, sondern in den Leitlinien zu beschreiben. Auf der Abnahme-Ebene bzw. nachdem die Bündelung mit Hardware erfolgt ist und der Weitervertrieb dieser kombinierten Ware veranlasst ist und auch für die Endabnahme selbst wäre die Software-Vertikal-GVO nicht anwendbar; dies richtet sich, zumindest wenn die Software im Wert nachrangig ist, nämlich nach der regulären Vertikal-GVO.[195]

(b) Software-Bündelung und Bündelung mit „Nebengegenständen"

Wird indes nur Software mit Software gebündelt oder Software mit immateriellen oder materiellen Nebengegenständen, kann sich dies nur nach der Software-Vertikal-GVO regeln.[196] Spezifische Problemlagen sind hierbei jedoch nicht zu erkennen, sodass es keiner Kernbeschränkung bedarf. Im Übrigen bleibt die Vertikal-GVO anwendbar, die sonstige Bündelungen grundsätzlich freistellt.

(c) Pflege- und Wartungsdienste

Auch die lange Bindung an den eigenen Wartungsdienst oder des Ausschließens anderer Dienstleister dient regelmäßig ausschließlich der Sicherung eigener Pfründe. Eine Aufnahme zu langer Bindungen, ausdrücklicher Konkurrenzausschlüsse o.ä. als Kernbeschränkungen bietet sich jedoch nicht an. Zumal eine Gruppenfreistellungsverordnung, die auf Marktanteilsschwellen setzt, kein geeigneter Ort für die Behandlung von Softwarepflege und -wartung ist[197], denn es handelt sich hierbei i. d. R. um monopolbeherrschte Anschlussmärkte. Darüber hinaus ist zu bedenken, dass für Dienstleistungen, zumindest als Hauptgegenstand, ohnehin nur die Vertikal-GVO einschlägig sein kann.[198] Vielmehr sollten daher in den zu überarbeitenden Vertikal-Leitlinien Klarstellungen erfolgen, welche Vereinbarungen dieser Art tendenziell unvereinbar mit Art. 101 sowie Art. 102 AEUV sind. Erwägungen zu letzterer Norm sollten in jedem Fall erfolgen, da diese die hauptsächlichen Problemkreise dieser Vertragsarten berührt.

---

[194] 8. Kapitel H. I, 8. Kapitel H. I. 2.

[195] 7. Kapitel C. I. 6. b. bb. (2).

[196] Vgl. zur gegenwärtigen Vertikal-GVO 7. Kapitel C. I. 6. b. bb. (1).

[197] Für eine Aufnahme von Pflegeverträgen in die TT-GVO indes *Conrad/Lejeune/Stögmüller/Brandi-Dohrn* (für die *DGRI*), CR 2013, S. 415.

[198] Vgl. 7. Kapitel C. I. 6. b. bb. (2).

ee. TPM/DRM und Produktgestaltung

Da TPM/DRM sich im Grunde im „toten Winkel" des Art. 101 I AEUV befindet, sind entsprechende Befreiungsausnahmen über eine Kernbeschränkung schlichtweg sinnlos. Eine Gruppenfreistellungsverordnung kann daher nur wenig gegen die digitale bzw. faktische Rechtsordnung durch TPM/DRM beitragen. Zwar könnte erwogen werden, Freistellungen bei Waren mit TPM/DRM zu versagen, doch wäre dieses wiederum eine sehr pauschale, im Ergebnis nicht zufrieden stellende Lösung, die zudem kaum mit immaterialgüterrechtlichen Erwägungen und der EuGH-Rechtsprechung[199] in Einklang zu bringen wäre. Es bliebe höchstens über eine Ausnahme nachzudenken, die sich an der konkreten Wirkung des jeweiligen TPM/DRMs orientierte und eine Gleichsetzung mit entsprechenden Klauseln versuchte. Aber auch das wäre systemfremd und nach Art. 101 I AEUV kaum haltbar, da diese Norm selbst beschränkende Vereinbarungen substituierendes TPM/DRM gar nicht erst verhindert. Dies gilt gleichermaßen für andere Formen der Produktgestaltung mit wettbewerbsverhinderndem Charakter.

ff. Offene Standards gebieten?

Im Rahmen des Absatzes kann erwogen werden,[200] proprietäre Dateistandards als Eigenschaft abzusetzender Produkte zu untersagen bzw. *kernzubeschränken*, was aber ebenfalls nicht auf rechtliche Vereinbarungen, sondern Produkteigenschaften zielte. Entsprechend scheitert ein solcher Vorstoß bereits an diesem Umstand.

gg. Übrige Kernbeschränkungen der Vertikal-GVO

Prinzipiell empfiehlt sich auch hier die Übernahme aller Kernbeschränkungen der Vertikal-GVO. Deren grundsätzliches Problem sind nicht untersagende Kernbeschränkungen, sondern indes zu wenige. Eine Übernahme sollte daher auch bei dieser neuen Gruppenfreistellungsverordnung erfolgen.[201] Zur Handhabung des Merkmals der Kunden(kreis)begrenzungen[202] sind jedoch in den Leitlinien Ergänzungen wünschenswert.

d. Änderungsnotwendigkeit bzgl. anderer GVOen

Die FuE-GVO muss nicht angepasst werden, da bei ihr kein weites Risiko besteht, dass sie für Softwareüberlassungen herangezogen wird, da bereits ihr Anwendungsbereich sehr viel enger und an zahlreiche Voraussetzungen ge-

199 3. Kapitel A. IV.
200 Vgl. 8. Kapitel C. I.
201 Vgl. 10. Kapitel B. III. 2. b.
202 Vgl. u. a. 8. Kapitel H. I. 2.

knüpft ist (s. auch Art. 3 dieser). Sie stellt deswegen ohnehin keine Gefahr des Durchwinkens der Masse an Vereinbarungen dar. Dies gilt ebenfalls für die im Software-Kontext nur selten anwendbare Spezialisierungs-GVO,[203] weswegen überdies kaum Konfliktfälle vorstellbar sind. Es solllte allerdings darüber nachgedacht werden, in die normale Vertikal-GVO eine Regelung zu Bündelungen, orientiert an Art. 101 I lit. e AEUV, auch zu Hard- und Software aufzunehmen und entsprechende Kernbeschränkungen zu konkretisieren. Im Übrigen ist kein Änderungsbedarf absehbar.

e. Auswirkung

Eine solche Software-Vertikal-GVO samt entsprechender Überarbeitung der Vertikal-GVO sowie der Vertikal-Leitlinien[204] könnte den Wettbewerb stärken, indem sie die besagten Praktiken begrenzt bzw. zumindest nicht freistellt. Allerdings, darauf ist erneut hinzuweisen, wäre womöglich diese Gruppenfreistellungsverordnung nicht „sicherer Hafen" für die Softwarehersteller, sondern statt dieser ganz besonders DRM, mittels derer Kernbeschränkungen umschifft werden können: So kann etwa das Problem der Gebrauchtsoftware gerade mittelfristig durch solche Technologien einfach gelöst werden, indem die Weitergabe technisch abschließend verhindert wird.[205]

4. Zwischenergebnis

Eine Überarbeitung der TT-GVO bzw. eine Schaffung einer Software-TT-GVO müsste sich hauptsächlich auf die Begrenzung des Anwendungsbereiches konzentrieren. Dies gilt auch nach der Ablösung der TT-GVO 2004 durch die neue TT-GVO 2014 und die zugleich erfolgte Überarbeitung der TT-Leitlinien. Zwar hat die Kommission im Rahmen der Reform klargestellt, dass sie die TT-GVO nunmehr nicht in Vertriebskonstellation angewandt haben will, doch bedarf es diesbezüglich weiter (einschränkender) Klarstellungen. Die Software-Vertikal-GVO stattdessen muss anderen typisierten Wettbewerbshindernissen als die Software-TT-GVO begegnen: Als größtes Wettbewerbshindernis erscheinen vor dem Hintergrund der Softwareüberlassung die Weiterverkaufsverbote und im Hinblick auf den Vertrieb ebenfalls die „Weitergabe" entsprechender Klauseln. Diese Gruppenfreistellungsverordnungen wären beidesamt keine *entflechtenden*, zerschlagenden Maßnahmen gegen große Hersteller oder gegen starke Plattformen, jedoch einerseits ein Gewinn an Rechtssicherheit, ein notwendiger Verlust an Gefahr der Freistellung ineffizienter Vereinbarungen und auch eine indirekte Maßnahme gegen einzelne, negativ zu bewertende Vertragspraktiken.

---

[203] 7. Kapitel C. I. 5.

[204] Dazu noch sogleich, 10. Kapitel B. V.

[205] Vgl. 3. Kapitel A. IV.

Für den privaten Endkundenmarkt können sie indes ohnehin nichts unmittelbar bewirken, jedoch auch zu dessen Gunsten bei der Vertriebssteuerung eingreifen. Primär gegen DRM sind sie jedoch weitgehend wirkungslos. Im Ergebnis hätte diese Software-Vertikal-GVO einen sehr viel weiteren Anwendungsbereich, der jedoch nur durch zweckmäßige Kernbeschränkungen unbedenklich sein kann.

IV. Abweichendes Ergebnis unter anderen Prämissen

Wird indes sowohl bei Auslegung als auch bei Reformbestrebungen ein weiter Anwendungsbereich der TT-GVO bzw. einer Software-TT-GVO befürwortet, bleibt dieses für den vorgeschlagenen Rahmen keinesfalls ohne Bedeutung. Sofern und soweit sich dann die (Software-)TT-GVO für „herkömmliche" Softwareüberlassungen öffnete, müssten die diskutierten Kernbeschränkungen der hier befürworteten Software-Vertikal-GVO ebenfalls in diese einziehen. Das wiederum bedingte zahlreiche Gegenausnahmen, die sodann eben Vertraulichkeit, Geheimhaltung etc. dienen müssten. Da aufgrund einer strikten Trennung zwischen Technologietransfer- und – auf der anderen Seite – Vertrieb und Überlassung keine Überschneidungen aufkämen, wären sie in einem solchen gemeinsamen Regime der Gefahr ständiger Überschneidung und Unhandhabbarkeiten und mithin Rechtsunsicherheiten ausgeliefert.

V. Überarbeitung der Leitlinien

Entsprechend zu den vorherigen Vorschlägen werden neue Ausführungen für die Leitlinien zu entwerfen sein.[206] Als „Ort" dafür bieten sich die bisherigen TT- sowie Vertikal-Leitlinien an. Wenn auch die Software-Gruppenfreistellungsverordnungen von jenen bereits bestehenden Gruppenfreistellungsverordnungen getrennt werden sollten, so bedarf es keiner gesonderten Software-Leitlinien, denn in den bestehenden Leitlinien könnten in separierten Kapiteln eben die Besonderheiten des Software-Technologie-Transfers als auch die des Software-Vertriebs und des Software-Erwerbs und auch weitere Softwarefragestellungen (*Cloud* etc.) thematisiert werden.[207] So verfährt die Kommission zudem bei den Horizontal-Leitlinien, in welchen mit Erörterungen zu FuE- und Spezialisierungs-GVO größere Themenkomplexe abgehandelt werden.

Besonders problematische Ausführungen der bisherigen TT-Leitlinien als auch der Vertikal-Leitlinien wurden zuvor identifiziert.[208] Diese müssten allesamt nach Maßgabe der vorherigen Ausführungen, insbesondere zur Anwend-

---

[206] Um Klarstellungen wurde auch im Rahmen der *Public Consultations* gebeten, vgl. 7. Kapitel C. I. 2. a.

[207] Vgl. *DGRI* CR-Beil. 5/2003, S. 5 f.

[208] Dies sind insbesondere TT-Leitl., Tz. 62 ff. (und ehemals die TT-Leitl. 2004, Tz. 42, 51 ff.); Vertikal-Leitl., Tz. 40 ff.

barkeit der zur TT-GVO äquivalenten Software-TT-GVO sowie im Hinblick auf zu untersagende Beschränkungen der vertikalen Beziehungsebene überarbeitet werden, wobei zunächst eine Streichung dieser Ausführungen nicht Verlust, sondern Gewinn wäre. Die Ausführungen zur Anwendbarkeit der Vertikal-GVO zu *Shrink Wrap* usf. wären überdies hinfällig, da nun grundsätzlich alle Fälle der Überlassung der Software-Vertikal-GVO unterfielen, ohne dass es auf solche Überlassungsmodalitäten noch ankäme. Die Überarbeitung der Leitlinien ist insbesondere deswegen anzuraten, da sie einerseits als Auslegungs- und Analysematerial herangezogen werden, ansonsten aber – bislang – auch Vertrauen nähren, das durch falsche Bewertungen aufgebaut wird. Soweit empfehlen sich nicht nur Löschungen der bezeichneten Textziffern, sondern Klarstellungen – die ggf. gar das Gegenteil aussagen mögen.

Des Weiteren empfehlen sich neben der Erörterung der hier befürworteten Kernbeschränkungen förderliche wie erklärende Ausführungen zu F/OSS. Die Besonderheiten der Software-Wartung sollten gesondert untersucht und in den Vertikal-Leitlinien dargestellt werden. Dabei sollten gerade Implikationen des Art. 102 AEUV sowie die Wertungen des Art. 101 AEUV hauptsächlich bei zu langfristiger Bindung angesprochen werden. Dass indes Überlassungsformen wie ASP, *Cloud* usf. zwar nicht in den Anwendungsbereich dieser Gruppenfreistellungsverordnungen fallen, kann in den Leitlinien begründet werden – und damit einer denkbaren falschen Vermutung entgegengewirkt werden, die Europäische Union bzw. die Kommission fördere solche Technologien nicht hinreichend. Zugleich könnten darin Gedanken geäußert werden, welche Verhaltensweisen auch bei diesen Überlassungsformen kartellrechtswidrig sein könnten.

Die Beschäftigung mit den Leitlinien sollte zudem genutzt werden, sich grundlegend mit Softwareverträgen und deren kartellrechtlichen Implikationen auseinanderzusetzen, und demonstrativ einzelne kartellrechtwidrige Klauseln zu erwähnen als auch solche, die gegen Art. 101 I AEUV verstoßen, aber ggf. (noch) nach Art. 101 III AEUV und ggf. durch eine der Gruppenfreistellungsverordnungen freigestellt werden können. Dabei sollte ebenfalls die Chance genutzt werden, die Wertungen der Computerprogramm-Richtlinie herauszustellen und sich erneut mit dieser, ggf. reformorientiert, zu beschäftigen.[209]

VI. Durchsetzungserwägungen

1. Prognosen bzgl. des Kommissionshandelns

Die 2009/2010 durchgeführte Überarbeitung der Vertikal-GVO und -Leitlinien zeigt auf, dass die Kommission keinen grundsätzlichen Kurswechsel anstrebt.

---

209 Dazu noch 10. Kapitel C. II.

Dazu ebenfalls, dass Software ein Wirtschaftssektor ist, dem diese – zumindest im Hinblick auf Gruppenfreistellungsverordnungen – nur geringe Aufmerksamkeit widmet. Dies überrascht allerdings in Ansehung zahlreicher Meldungen zu F/OSS und offenen Standards als auch im Hinblick auf die vorangegangenen Anstrengungen wider Microsoft. Inwieweit dies an unterschiedlichen zuständigen Kommissaren liegt oder auch an fehlender öffentlicher Rezeption der Gruppenfreistellungs-Rechtssetzung, ist unbekannt und wäre schlicht Mutmaßung.

Bereits bei der TT-GVO 2004 wurde Software eher übereilt in den Anwendungsbereich aufgenommen. Auch vor der TT-GVO 2014 erfolgte keine ausführliche Beschäftigung mit Software. Die zur öffentlichen Konsultation 2012 vorgestellte Studie streift Software nur am Rande, zeigt sich aber ausdrücklich der F/OSS freundlich gesonnen.[210] Außerdem wurden im Rahmen der *Public Consultation* mehrere Eingaben mit Software-Bezug eingesandt.[211] Diese blieben weitgehend ungehört, auch wenn die Kommission im Ergebnis einzelne Probleme beseitigte.

Bei den übrigen Gruppenfreistellungsverordnungs-Reformen der vergangenen Jahre jedenfalls wurde behutsam fortgeschrieben; die befremdlichen Ausführungen der Vertikal-Leitlinien wurden wieder unverändert übernommen.

Die nächste Überarbeitung der Vertikal-GVO könnte daher eine Chance sein, sich mit Software im Rahmen des Art. 101 AEUV intensiver zu beschäftigen, nachdem die Kommission speziell nach den Microsoft-Fällen als auch durch die Auseinandersetzung mit der Oracle/Sun-Fusion Erfahrungen sammelte[212] – und durch die TT-Reform 2014 gewisse Einsicht bewies.

Zu fragen bleibt, ob zwei Gruppenfreistellungsverordnungen für nur einen Industriebereich zu viel Aufwand darstellte. Sachlich ist eine solche getrennte Regelung in jedem Fall sinnvoll. Der Aufwand ist indes weniger umfangreich, als dies ersten Blickes erscheint. Einerseits könnten solche Spezialregeln in TT- und Vertikal-GVO aufgenommen werden, worunter allerdings, wie angeführt, die Übersichtlichkeit litte. Im Übrigen könnten jedoch die jeweilige Vertikal- und TT-GVO stets als Vorbild und Abschreibvorlage (*Template*) dienen. Außerdem kann es dann angezeigt sein, die Software-Gruppenfreistellungsverordnungen immer zeitgleich oder lediglich zeitlich leicht nachgeordnet zu den jeweiligen „Muster“-Gruppenfreistellungsverordnungen zu überarbeiten. Zudem könnte eine solche Reform auch Anlass sein, über den Vertrieb sonstiger Immaterialgüter zu räsonieren und ggf. eine Immaterialgüter- bzw. Digitalgüter-Vertikal-GVO einzuführen.[213] Andererseits können keine Zweifel bestehen, dass es sich bei Software um einen wichtigen Industriesektor handelt,

---

210 7. Kapitel C. I. 2. a. bb.

211 7. Kapitel C. I. 2. a. cc. (7).

212 Vgl. 6. Kapitel C. III. 2.

213 Vgl. 7. Kapitel C. I. 3. c.

nicht nur weil deren Erzeugnisse allgegenwärtig sind und mehrere der reichsten Menschen der Welt hervorgebracht haben.

2. *Ermächtigungen der Kommission*

Hinsichtlich der Erweiterung einer Software-TT-GVO auf *Jedermann-* bzw. „Linux-Klauseln" im F/OSS-Kontext fehlt es der Kommission an der notwendigen Ermächtigung durch den Rat. Dies ändert sich nicht durch die neue Kompetenzvorschrift im Rahmen des AEUV,[214] da der Rat in dieser Frage nicht, eben abgesehen von der Ermächtigung selbst, tätig geworden ist, was Art. 105 III AEUV jedoch verlangt. Es ist daher fortgesetzt auf die vorherigen Ermächtigungsgrundlagen zu rekurrieren, weil sich Art. 103 I AEUV bzw. Art. 83 I EGV als Ermächtigungsgrundlage für die Rechtssetzungsermächtigung zu Gunsten der Kommission durch den Rat nicht gewandelt hat. Weswegen eine entsprechend notwendige Änderung durch den Rat aber nicht herbeigeführt werden können sollte, leuchtet nicht ein.

3. *Weitere Erwägungen*

Im Übrigen sind zumindest keine rationalen Gründe gegen eine grundlegende Reform zu erkennen. Eine solche Reform könnte zudem durch eine weitere *Public Consultation* unterstützt und eingeleitet werden, um weitere Branchenkenntnisse und Einblicke in Industrie-, Entwickler- und Kundenbedürfnisse zu gewinnen.

C. Zwischenergebnis und Eingrenzung eines urheberrechtlichen bzw. immaterialgüterrechtlichen Arbeitsfeldes

I. *Softwarebesonderheiten und ein Pre- und ein More Economic Approach bei Software?*

Wenn die TT-GVO im Anwendungsbereich begrenzt wird, also gar nicht auf Vertrieb- und Überlassung angewandt wird, ist sie als weniger schädlich zu bewerten; wird sie jedoch extensiv angewandt, stellt sie willkürlich blind frei. Eine Überarbeitung bzw. Neuschöpfung spezieller Gruppenfreistellungsverordnungen, einer Software-Technologietransfer-GVO als auch einer Software-Vertikal-GVO, samt begleitender Ausführungen in den bestehenden TT- und Vertikal-Leitlinien ermöglicht es indes, insbesondere Anwendungsfriktionen und -unklarheiten im Hinblick auf die bestehende TT- und Vertikal-GVO bzgl. Software zu lösen und mithin zu weit gehende Freistellungen zu verhindern.

---

[214] 7. Kapitel C. I. 3. a.

Eine solche Auftrennung in einerseits zwei Software-Gruppenfreistellungsverordnungen und andererseits in solche von sachlich vergleichbaren Gruppenfreistellungsverordnungen getrennte ist dabei nicht unbedingt notwendig, aber gewiss der Übersichtlichkeit dienend. Den Bedürfnissen der F/OSS-Gemeinschaften wäre damit und durch einzelne Anpassungen im Detail ebenfalls hinreichend Rechnung getragen, ohne übermäßige Vorteile zu gewähren. Die Unzahl momentan umstrittener Anwendungsfragen im Dickicht zwischen TT-GVO und Vertikal-GVO wäre aufgelöst, im Großen „zu Gunsten" der neuen speziellen Software-Vertikal-GVO entschieden, die für Vertrieb und für Überlassung an unternehmerische Endabnehmer gleichermaßen gölte. Im Gegensatz zur bisherigen Vertikal-GVO sollte diese jedoch einzelne spezielle Kernbeschränkungen enthalten, gerade gegen Weiterverkaufsverbote. Dabei dürfte sich die Überarbeitung nicht auf die Gruppenfreistellungsverordnungen begrenzen, sondern müsste vielmehr die Leitlinien als Erklärungsrahmen und auch als Möglichkeit nutzen, bzgl. nicht durch die Gruppenfreistellungsverordnungen betroffener Fallgruppen Einschätzungen abzugeben.

Zudem wäre dies ein ohnehin gebotener Anlass, sich seitens der Kommission erkennbar wie deutlich mit Software einschließlich des Software-Urheberrechts auseinanderzusetzen. Es gebietet sich zudem gegen softwaremarktspezifische Problemlagen einzuschreiten, da es sich dabei nicht bloß um rechtlichen „Kollateralschaden"[215], sondern ebenfalls um Spezifika des Marktes handelt. Um eben (Quasi-)Monopole zu verhindern, müssen etwaige Vertriebspraktiken – insbesondere ab einer speziellen Marktmacht – untersagt werden. Fraglich ist es dabei, inwieweit kartellrechtliche Marktanteilsschwellen (speziell die der Gruppenfreistellungsverordnungen) und Gefahren, die „kritische Masse" hinsichtlich der Netzwerkeffekte zu erreichen,[216] kongruieren. Ein *More Economic Approach* sollte hierbei jedenfalls nicht dazu führen, starke Marktstellungen als weniger „schlimm" zu begreifen, nur weil sie sich hätten schlimmer auswirken können.[217] Alleiniges Hoffen auf sich dann ggf. am Horizont zeigende F/OSS als Gegen- oder Trotzbewegung der Netzgemeinde (oder anderer, zumindest dann konkurrierender Großkonzerne) jedenfalls ist verfehlt, zumal ein bloßes Angebot an F/OSS eben noch keine Nutzer schafft. Wenn auch etablierte Software und der Turnus ihrer Erneuerung oftmals nicht sonderlich dynamisch wirkt, sollte insbesondere bei neuen, noch nicht geprägten Märkten, die sich insbesondere durch neue Geräte auftun, auf eine Verhinderung der ansonsten üblichen Gebärden geachtet werden. Auch dass *Leveraging* nicht immer funktioniert – *Bing* und MSN seien als Beispiele des Versagens genannt[218] – oder

[215] Vgl. etwa 7. Kapitel B. II. 4; 2. Kapitel D.

[216] Vgl. 4. Kapitel A. II.

[217] Vgl. 5. Kapitel B.

[218] Bei Suchmaschinen und Online-Diensten ist es Microsoft jedenfalls nicht gelungen, eine Dominanz aufzubauen.

im Einzelnen Produkte dennoch wieder erfolgreich sein können (*Firefox* oder neuere wie *Chrome*), entlastet nicht.

Dass die vorhandenen Gruppenfreistellungsverordnungen insoweit aus einem *More Economic Approach* entsprungen sein sollen, ist insgesamt kaum erkennbar – denn andernfalls würden sie sich manchen schädlichen Vereinbarungen entgegenstellen. Es erscheint insoweit vielmehr *Pre More Economic*, denn Marktanteilsschwellen allein beweisen keine ökonomische Betrachtungsweise, sondern nur Relativität und zugleich doch Pauschalität. Jedenfalls hat sich auch durch eine strikte Begrenzung der Gruppenfreistellungsverordnungen und mithin größere Angriffsflächen für Art. 101 I AEUV keine aushöhlende Anwendung des Kartellrechts gezeigt. Anreizstörungen sind dadurch nicht zu fürchten.

II. Korrekturmöglichkeiten jenseits der Gruppenfreistellungsverordnungen

Indes bieten Gruppenfreistellungsverordnungen im Allgemeinen und auch diese Gruppenfreistellungsverordnungs-Vorschläge keine Möglichkeit, die zu hohe Kontrolle der Unternehmen über *ihre* Software selbst noch nach Absatz und ggf. trotz rechtlicher Erschöpfung fortgesetzt zu kontrollieren. Denn diese faktische wie *softwarerechtlich* bedingte Problemlage, ebenfalls durch potentiellen Ideenschutz sowie Kompatibilitätsverhinderungen verursacht,[219] vermag kaum über Art. 101 I AEUV reguliert zu werden. Diesen Begrenzungen samt DRM kann nur versucht werden, durch Art. 102 AEUV Herr zu werden. Da aber bzw. somit das Kartellrecht nicht ein allgemeines Regulativ zum Urheber- und Urhebervertragsrecht und auch nicht zu allen urheberrechtlich relevanten Verträgen sein soll bzw. kann, empfiehlt sich an anderen, bereits angerissenen Stellen vielmehr eine Korrektur des Urheberrechts,[220] also etwa hinsichtlich der Regeln zu TPM/DRM.[221] Dieser besagte überbordende Softwareschutz ist nämlich nicht zuletzt Ergebnis spezieller Gesetze, *spezifischer Schutz*gesetze.

[219] Vgl. 2. Kapitel D.

[220] 5. Kapitel B. II. 2. c. ee; s. auch *Lang* 2009, S. 306 f.

[221] *Mayer-Wegelin* 2008, S. 89 f. *Hilty* in: Bartsch/Briner 2011, S. 12 ff. schlägt dazu insbesondere vor, die Umgehung von DRM rechtlich gegenüber Privaten nicht zu sanktionieren, sondern nur bei Verstößen durch Wettbewerber im Rahmen „spezifischen Wettbewerbsrechts". Dem schweizerischen Ansatz entspreche es, Sanktionen nicht gegen berechtige Nutzer eingreifen zu lassen. Jedenfalls erscheint zweifelhaft, ob solche Lösungsansätze genügen, da die Masse der Privaten kaum Möglichkeiten hat, DRM zu umgehen – erst recht nicht bei den von *Hilty* im Schwerpunkt thematisierten Zugangskontrollen. *Höhne* 2007, S. 254 ff., 265 befürwortet ebenfalls eine Überarbeitung dieser Regeln; DRM müsse zumindest so angepasst werden, dass es die gesetzlichen Schranken gestattet. In Frankreich wachte hierüber bereits eine Behörde (http://fr.wikipedia.org/wiki/Autorit%C3%A9_de_r%C3%A9gulation_des_mesures_techniques), in Brasilien scheint sich Vergleichbares durchzusetzen (http://www.gamestar.de/news/branche/2316259/drm_geldbusse_in_brasilien.html; http://www.lesen.net/ebooks/brasilien-verbietet-de-facto-hartes-drm-3456/).

Korrekturen im Urheberrecht müssen nicht nur im Hinblick auf private Nutzer und deren Interesse an „sozialen" Schranken motiviert sein, denn das Urheberrecht samt seiner Schranken repräsentiert nicht nur ein Korrektiv zu Gunsten der Verbraucher, sondern soll, wie bereits ausgeführt, auch zu einer wirtschaftlich sinnvollen Verwertung führen und ökonomisch austariert sein.[222]

Dies betrifft einerseits das Regime des Dekompilierens bzw. der sonstigen Erforschung, Bearbeitung usf. fremder Software, die freiheitlicher zu regeln ist. Dekompilierung und andere Methoden der Softwareerforschung dürfen nicht über das gesetzliche bzw. durch Richtlinien vorgegebene Maß eingeschränkt werden. Dies ist gerade wegen des übertriebenen mittelbaren Ideenschutzes notwendig. §§ 69d, 69e UrhG weisen zwar bereits einen festen unabänderlichen Kern auf, doch wird etwa vorgeschlagen, vertragliche Eingriffe in diesen stets behördlich[223] und durch Dritte kontrollieren zu lassen.

Durch TPM/DRM kann gerade wieder eine Aufteilung des Binnenmarktes erfolgen, einerseits durch Regionalbindung, andererseits durch Weiterverkaufsverhinderung. Als „Privatisierung des Urheberrechts" droht eben ein Schattenregiment faktischer Möglichkeiten, für sich optimale Margen abzuschöpfen. Mühsamer vertraglicher Verhandlungen wird es dazu nicht bedürfen, vielmehr alleinig der *Produkt*gestaltung. Somit müssen Reformen für TPM/DRM im Rahmen des UrhG bzw. der Richtlinien angedacht werden, etwa TPM/DRM nach möglicherweise drei Jahren zwingend zu deaktivieren, Deaktivierungsmöglichkeiten behördlich zu hinterlegen oder strikt TMP/DRM nach rechtlich Erlaubtem auszurichten oder eben anderweitig einzuschränken. Das legitime Bedürfnis der Softwarehersteller geht jedenfalls nicht darüber hinaus, *ihre Rechte* zu schützen.

Mithin ist oder wäre die Möglichkeit, den Gebrauchthandel zu untersagen, „ein beängstigendes Instrumentarium zur Steuerung der gesamtwirtschaftlichen Funktionalität"[224]. Der Gesetzgeber könnte Möglichkeiten schaffen, den Weiterverkauf von Software und anderen Gütern zu erhöhen und womöglich nicht noch durch (den nach mehreren Stimmen fälschlicherweise für anwendbar gehaltenen[225]) § 34 UrhG zu erschweren. Dem deutschen Gesetzgeber wäre dies leicht möglich, zumal diese Norm ohne europäisches Vorbild ist. Einhergehend dazu wäre es überaus sinnvoll – auf europäischer Ebene –, nicht nur die Erschöpfung bei digital distribuierten Werken detailliert zu regeln,[226] sondern

---

222 *Brinkel* 2006, S. 394.

223 S. *van Rooijen* 2010, S. 226 ff. (wenn auch nicht zum dt. Recht), jedenfalls ebenfalls für eine flexiblere Norm und eine Behörde, die ebenfalls über Eingriffe in kompilierten Code entscheidet.

224 *Ammann* 2011, S. 194.

225 8. Kapitel C. II. 2. a.

226 Für eine Legion an entsprechenden Befürworten zuletzt *Ammann* 2011, S. 242.

auch die Wirkung der Erschöpfung zu erweitern.[227] Dies ist zumindest mittlerweile für Software durch eine EuGH-Entscheidung geschehen,[228] doch könnte dies um einen klaren Anspruch auf Verkaufbarkeit und ausdrückliche Nutzungsansprüche des Zweiterwerbers – eben wieder TPM/DRM – ergänzt werden.

Auch der *Deutsche Juristentag* setzte sich 2014 mit möglichen Reformen des Urheberrechts auseinander; primär durch Vorschläge *Ohlys*, der als Hauptgutachter der *Abteilung Urheberrecht* fungierte. Unter anderem unterbreitete *Ohly* den Vorschlag, dass die Umgehung von technischen Schutzmaßnahmen „nur dann verboten sein sollte, wenn das betreffende Verhalten zugleich das Urheberrecht oder ein verwandtes Schutzrecht verletzen würde".[229] Die Interessen eines Käufers von gebrauchten Inhalten bzw. eines Zweiterwerbers seien aber „Aufgabe des Schuldrechts, inbesondere des Kaufrechts und der AGB-Kontrolle."[230] Zumindest diesen beiden Thesen hat sich der Deutsche Juristentag angeschlossen.[231]

Anzudenken sind im Übrigen eine Anpassung der §§ 308 f. BGB[232] sowie Reformen der §§ 69a ff. UrhG; etwa in Bezug auf Netzwerknutzungsrechte.[233] Dies gilt entsprechend für die dahinterstehende Richtlinie. So könnte auch der § 69d UrhG, wie bereits angedeutet, in ein klares Recht des Erst-, Zweit- oder Dritterwerbers verwandelt bzw. als solches klargestellt werden. Kartellrecht ist originär kein Verbraucherschutzrecht, doch dienen all diese Reformanstöße auch einer Verhinderung von langfristigen Bindungen und sind mithin wettbewerbsrelevant. Freilich mögen weitergehende Reformen nicht nur wettbewerblich, sondern ebenfalls des Verbraucherschutzes wegen geboten sein. Die F/OSS-Gemeinschaften könnten ebenso ihre Lizenzwerke überprüfen und kartellrechtlichen Bedürfnissen anpassen,[234] was jedoch zumindest bzgl. GNU GPL unnötig sein sollte.[235] Um jedoch *Upgrade*-Rabatte oder andere Formen der Treuebelohnung zu verhindern, müssten noch andere Wege beschritten werden, da gerade dadurch langfristige Bindungen, die ohnehin marktspezifisch sind,

---

[227] Vgl. 3. Kapitel A. IV.

[228] 3. Kapitel A. IV.

[229] *Ohly* Beilage 2/2014 zu NJW 24/2014, S. 50.

[230] *Ohly* Beilage 2/2014 zu NJW 24/2014, S. 48.

[231] S. http://www.djt.de/nachrichtenarchiv/meldungen/artikel/beschluss-abteilung-urheberrecht/.

[232] Für Aufnahme von Weitergabeverboten und Kopplungen im Pflegebereich *Ammann* 2011, S. 241.

[233] U. a. *Ammann* 2011, S. 242 f. Etwas weitgehend ist gewiss die Idee von *Ammann* 2011, S. 244 ein umfassendes „Nutzungsrechteregister" vergleichbar zum Grundbuch einzurichten – sowie der Vorschlag der Sanktionierung durch das StGB (*Ammann* 2011, S. 245).

[234] *Rautenstrauch* 2013, S. 285 ff, 289.

[235] 8. Kapitel A. II. 9.

„aufgelockert" werden könnten[236] – die Förderung des Gebrauchtsoftware-Handels wäre ebenfalls hierzu ein Beitrag.[237]

Des Weiteren kann darüber nachgedacht werden, den Ansatz der Datenschutz-Grundverordnung[238] bzgl. *Datenportabilität* bzw. *Datenübertragbarkeit* auf das Software-Umfeld zu übertragen. Diese Verordnung sieht in Art. 20 vor, dass eine natürliche Person das entsprechende Recht erhält, also etwa alle persönlichen Daten von einem sozialen Netzwerk in ein anderes überführen können soll. Zur Umsetzung dieses Ziels kann die Person ihre Daten „in einem strukturierten, gängigen und maschinenlesbaren Format" einfordern (Art. 20 I). Daran orientiert wäre es anzudenken, dass (gewerbliche und private) Nutzer von einer Plattform auf eine andere mit ihrer Software „umziehen",[239] wenn zumindest die Software- oder Güter-Anbieter[240] identisch sind, also identische Drittanbieter in den jeweiligen Plattformen vertreten sind. Auch die Datenmigration wäre ggf. möglich, auch wenn die Aufwände – bereits hinsichtlich der Dokumentierungspflichten, welche die Hersteller träfen, um eine Datenmigration zu ermöglichen oder zu erleichtern – vermutlich erheblich wären. Eine ähnliche Vorschrift für Online-Software wird die EU womöglich beschließen.[241]

Ob eine weitflächige Aufnahme der Software in das Patentsystem bevorsteht, ist unbekannt. Wenn vorgeschlagen wird, den Softwareschutz vollständig – wenn auch modifizierend – in das Patentrecht zu überführen,[242] überrascht dies, zumal allgemein nur die Gefahren eines solchen Regimes in Géricault'scher Dramatik ausgemalt werden. Letztlich ist eine solche alternative, nicht ergänzende Verschiebung auch nicht zu erwarten. Für Änderungen im Normungswesen einschließlich des Zugangs zu Normen könnten noch Änderungen im zugehörigen Recht angedacht werden.[243] Dass ein möglicher Entflechtungstatbestand im GWB zur Zerschlagung bestehender Softwarekonzerne eingesetzt werden wird, ist realistischerweise ebenfalls (ungeachtet historischer Diskussionen in den USA[244]) nicht zu erwarten.

All solchen Reformen muss freilich eine ökonomische Analyse vorangehen. Diese Reformen sind – bedauerlicherweise – nicht zu erwarten, da sich die Kommission u. a. mit ACTA[245] vielmehr um andere Interessen mühte und müht.

---

[236] Vgl. etwa 8. Kapitel H. III.

[237] Vgl. 8. Kapitel C. II. 2.

[238] Verordnung 2016/679.

[239] Entsprechend für kompatible DRM-Systeme: *Höhne* 2007, S. 261 ff., 264.

[240] S. https://www.redigi.net; die Plattform versucht sich am Weiterverkauf digital erworbener Musik.

[241] Siehe 11. Kapitel A.

[242] So schlägt es *Böcker* 2009, S. 327 ff. zumindest vor; und zudem einzelne Änderungen zu Gunsten der F/OSS vor.

[243] Vgl. *Ullrich* in: Leistner 2010, S. 95, 63 ff.

[244] Vgl. 6. Kapitel B. III.

[245] 2. Kapitel B. I.

In diesem Zusammenhang ist ein *More Economic Approach* des Urheberrechts deutlich zu befürworten, der gewiss nicht zu Tage führen wird, Urheberrechte immer nur zu stärken und rigoroser durchzusetzen.

III. Zusammenfassung

Kurzum: Es werden zahlreiche Probleme bleiben, denen durch Gruppenfreistellungsverordnungen naturgemäß nicht begegnet werden kann, da Gruppenfreistellungsverordnungen ein äußerst begrenztes Instrument sind. Nur dass, was Art. 101 I AEUV überhaupt begrenzt, können sie freistellen oder – insoweit *sanktionierend* – eben nicht, mithin ggf. geißeln, ächten bzw. schlicht wie sachlich: *nicht freistellen*. Dies geht über Signalwirkung hinaus, ist nämlich Förderung all der freigestellten Verträge und Klauseln, und sollte als ein kleiner Mosaikstein für mehr Wettbewerb auf komplizierten Märkten dennoch eingesetzt werden. Insoweit kann *softwarerechtsspezifischen* Besonderheiten jedoch nicht begegnet werden. *Softwaremarktspezifische* Besonderheiten kann indes gerade durch Aktivitäten gegen typische wettbewerbsbeschränkende Klauseln begegnet werden. Es sind daher eine Software-TT-GVO und eine Software-Vertikal-GVO nach den erörterten Vorgaben umzusetzen. Inwieweit Unsicherheiten durch die Marktanteilsschwellen bedingt sind, die ökonomisch gewollte Lizenzierungen verhindern, und ab welchen Marktanteilsschwellenwerten gerade ein kritisches „Umkippen" oder Erstarren auf Softwaremärkten droht, bleibt zu erhebenden Erkenntnissen durch quantitativ-ökonomischen Untersuchungen überlassen.

11. Kapitel

Ausblick

A. Die europäische Urheberrechtsreform, die „Digitale Agenda" und die Digitalunion

Zuletzt haben sich führende deutsche Politiker, darunter der vormalige Bundeswirtschaftsminister *Sigmar Gabriel*, verstärkt zu Fragen der „digitalen Gesellschaft" und der Digitalisierung geäußert. Hierbei ging er u. a. mehrfach kritisch auf die Rolle von Internetgiganten wie Google bzw. Alphabet ein.[1] Daneben hat die Bundesregierung die Digitale Agenda vorgestellt, die u. a. den Breitbandausbau forcieren soll.[2] Konkrete Maßnahmen oder auch nur weitere gesetzliche Handhaben gegen Softwarekonzerne sind deshalb aber nicht zu erwarten.

Günther Öttinger, EU-Kommissar für Digitale Wirtschaft und Gesellschaft, kündigte u. a. eine umfassende Reform des Urheberrechts an, doch ist bislang nicht klar, was von dieser Reform erwartet werden kann.[3] Es fanden u. a. bereits Konsultationen und Beratungen im Europa-Parlament statt.[4] Mittlerweile wurden einzelne Vorschläge diskutiert,[5] aber es ist noch nicht absehbar, welches Ergebnis am Ende zu Recht werden wird und welche Programmsätze zu (welchen) Resultaten führen werden. Zu den Vorschlägen gehörte u. a. ein neues Leistungsschutzrecht für Presseverleger, was allgemein nicht als innovativer Ansatz verstanden wurde.[6] *Öttingers* Nachfolgerin, *Mariya Gabriel*, sprach sich, ihrem Vorgänger folgend, 2017 u. a. für einen weiteren Ausbau des digitalen Binnenmarktes aus.[7]

---

[1] 1. Kapitel A.

[2] Dazu http://www.heise.de/newsticker/meldung/Digitale-Agenda-Bundesregierung-legt-Pflichtenheft-fuer-die-digitale-Gesellschaft-vor-2296280.html.

[3] Vgl. http://www.heise.de/newsticker/meldung/Oettinger-im-Kreuzverhoer-EU-Copyrightreform-als-dickstes-Brett-2405309.html.

[4] Vgl. http://www.europarl.europa.eu/news/de/press-room/20150703IPR73903/urheberrechtsreform-kulturelle-vielfalt-fordern-den-zugang-sicherstellen.

[5] S. https://netzpolitik.org/tag/eu-urheberrechtsreform/.

[6] S. https://netzpolitik.org/2017/eu-urheberrechtsreform-doppelte-klatsche-fuer-oettingers-leistungsschutzrecht/.

[7] *Kafsack* http://www.faz.net/aktuell/wirtschaft/diginomics/mariya-gabriel-im-interview-kein-europaeisches-google-15266391.html.

Neben den allgemeinen Ankündigungen und Bekenntnissen existiert zumindest bereits ein Entwurf für eine Richtlinie *„über bestimmte vertragsrechtliche Aspekte der Bereitstellung digitaler Inhalte“*[8], mit der Online-Erwerb digitaler Inhalte – einschließlich Software[9] – innerhalb des (gesamten) Binnenmarktes verbessert werden soll.[10] Bemerkenswert ist dabei, dass die Nutzer nach einer Vertragsbeendigung möglichst die von ihnen hinterlegten Inhalte fortgesetzt nutzen können sollen.[11] Damit könnte eine wettbewerbsfördernde Vorschrift bevorstehen, deren Umsetzung äußerst wünschenswert ist.

B. Mögliche Entwicklungslinien und weitere Gefährdung des Wettbewerbs

I. Zunehmende Kontrolle über Software durch die Industrie bei abnehmender kartellrechtlicher Kontrolle

Eine Industrie, die zu weiten Teilen in elterlichen Garagen begann, hat sich längst gewandelt: Betriebssysteme wie auch Computerspiele werden oft durch eine Unzahl Programmierer und andere Beteiligte erstellt. Gleichwohl wird noch in der Gegenwart nach wie vor in Kinderzimmern und Garagen programmiert, wie immer wieder F/OSS-Projekte und kleinere, aber dennoch gelegentlich ebenfalls überaus erfolgreiche Projekte[12] belegen. Zumal mit *Crowdfunding* Finanzierungsmöglichkeiten immer populärer werden, welche auch kleinen Studios und Einzelentwicklern größere Projekte erlauben. Dies bedeutet aber noch keine Kehrtwende in der Entwicklung von Software zu größeren „Industrieproduktionen“[13], die immer teurer werden[14] – vielmehr ist wohl zu erwarten, dass sich diese verschiedenen Modelle parallel entwickeln werden. Wo-

[8] COM(2015) 634 final. Bemerkenswerterweise hat die Kommission 2017 auch ein Verfahren gegen Valve als Betreiber der Spiele-Distributionsplattform Steam und mehrere Spiele-Hersteller eingeleitet, die den digitalen Binnenmarkt durch sog. Geo-Blocking künstlich beschränken mögen – vgl. http://europa.eu/rapid/press-release_IP-17-201_en.htm.

[9] Art. 1 I lit. a a. E. des Entwurfs. Bei dieser kann es u. a. auf Funktionsumfang und Interoperabilität ankommen (vgl. Art. 6 I lit. a).

[10] *Mohnert* https://www.cr-online.de/43253.htm.

[11] Art. 13 II: „Beendet der Verbraucher den Vertrag … c) hat der Anbieter dem Verbraucher die technischen Mittel zur Verfügung zu stellen, mit denen der Verbraucher die von ihm bereitgestellten Inhalte und sonstige Daten wiedererlangen kann, die durch seine Nutzung der digitalen Inhalte hergestellt oder erzeugt worden sind, soweit der Anbieter diese Daten gespeichert hat. Der Verbraucher ist berechtigt, die Inhalte unentgeltlich, ohne erhebliche Unannehmlichkeiten, innerhalb einer angemessenen Frist und in einem allgemein gebräuchlichen Datenformat wiederzuerlangen“.

[12] Bspw. https://en.wikipedia.org/wiki/Minecraft#Commercial.

[13] Vgl. Wandtke/Bullinger/*Grützmacher*, Vor §§ 69a ff. UrhG Rdnr. 6.

[14] Vgl. 4. Kapitel B. I.

möglich werden die Softwarekonzerne weiteren Fusionen ausgesetzt sein,[15] aber mit F/OSS-Gemeinschaften und anderer freiwilliger Entwicklungstätigkeit und eben den besagten unabhängig finanzierten Entwicklern werden vermutlich (und hoffentlich) auch in Zukunft kleinere Gegenspieler bestehen. Mithin mag es trotz des voraussichtlich fortbestehenden Hangs zu Quasi-Monopolen zumindest in einigen Bereichen noch (etwas) Wettbewerb geben.

Unabhängig davon, dass sich die Zukunft kaum prognostizieren oder vorhersagen lässt, ist doch zudem zu erwarten, dass in den nächsten Jahren digitale Distributionsformen zunehmen werden, allein schon wegen Geräten wie Smartphones und Tablets, die gar keine üblichen Trägermedien mehr aufnehmen können. Aber auch bei herkömmlichen Computern wird dieser digitale Verbreitungsweg immer gefragter. Der Bedarf an Software wird zudem kaum abnehmen, zumindest das Angebot von *Apps* wird nicht nur für Mobiltelephone, sondern für Tablets, Fernseher, Autos und weitere Geräte zukünftig vermutlich zunehmen.

Ob indes die *Cloud* (einschließlich des Softwareangebots *as a Service*) dazu führen wird, dass dauerhafte, (oftmals lediglich) theoretisch übertragbare[16] Software-Überlassung vollständig abgelöst werden wird, bleibt zu bezweifeln, bereits weil dieses hohe Übertragungsqualität und mithin konstante, ständige Internet-Verbindungen erfordert. Gleichwohl wird dieser Bereich gewiss an Bedeutung zulegen. Zudem birgt dies für Softwarehersteller eine große Chance, denn dadurch kann die Kontrolle über Software noch weiter ausgedehnt werden. Zwar sind gegenwärtig die Einflussmöglichkeiten der Hersteller durch TPM/DRM usf. bereits gewaltig,[17] doch legten dann die Hersteller noch weniger Kontrolle in die Hände der Konsumenten. Dass der EuGH die Erschöpfungswirkung stärkte – wenn auch im noch klärungsbedürftigen Umfang[18] –, wird sicherlich die Transferfähigkeit von gebrauchter Software – vorerst – erhöhen, doch bleibt ungewiss, wie hoch die Warenverkehrsfreiheit von Software tatsächlich werden wird. Durch entsprechende reagierende Produktgestaltung, TPM/DRM etc. wird die Industrie dies womöglich abwehren können – ohne dass es eines „Umzuges" der Nutzer in die *Cloud* erforderte.

Wie sich Viren- und Antivirensoftware-Programmierer in einem ständigen, nicht endenden Konflikt gegenüberstehen, so stehen auch TPM-/DRM-Anbieter und *Hacker* bzw. *Cracker* in einem beständigen Wettstreit. Solche *Cracks* wirken jedoch oftmals nicht für alle Nutzer, sondern entweder nur für die versierteren oder eben auch für diejenigen, die sich (zudem) weniger an Gesetze gebunden sehen. Solange die Masse der Nutzer erfolgreich mittels TPM/DRM beschränkt wird, handelt es sich hierbei nicht um bloße Unwesentlichkeiten,

[15] Allg. *Buxmann/Diefenbach/Hess* 2015, S. 72 ff.

[16] Gemeint ist die Möglichkeit des Gebrauchtverkaufs.

[17] 7. Kapitel B. II. 4.

[18] Vgl. 3. Kapitel A. IV.

sondern um ein effektvolles Mittel zur Nach-Absatz-Kontrolle – nicht eben bloß um „Raubkopien“ zu beschränken, sondern ebenfalls etwa um den Gebrauchthandel zu beseitigen.

Der zunehmende Bedarf an Software für unterschiedliche, parallel existierende Plattformen bei geringen Absetzungsmöglichkeiten des einmal Erworbenen ist ebenfalls erfreulich für Softwarehersteller und Produzenten anderer digitaler Güter (u. a. Filme, Musik). Und sofern für solche Güter immer mehr Geld ausgegeben wird, wird die Bereitschaft zum Wechsel auf andere (inkompatible) Plattformen weiterhin sinken. Und warum sollte jemand die Plattform wechseln, der vielleicht eine gewaltige Bibliothek an Software, Musik, elektronischen Büchern und Filmen[19] erbt[20].

Sollte indes ein (weitgehend) vollständiges Übersiedeln in *Cloud* und ASP erfolgen, dann bleibt die Frage, wie die Softwareunternehmen langfristige Bindung erzielen könnten; zumal die hierfür vorgesehenen Bezugsmodelle i. d. R. zeitlich begrenzbar sind, Migrationskosten im geringeren Umfang drohen, aber auch (Um-)Schulungskosten nicht vernachlässigt werden dürfen. Vielleicht werden es inkompatible Formate und andere die Migration zumindest erheblich erschwerende Faktoren sein, die eine Umstellung verhindern werden. Die Softwareindustrie wird sich hierum gewiss bemühen. Eine komplette Arbeitsumgebung wird zumindest auch in Zukunft schwieriger gewechselt werden können als ein Computerspiel.

Bezüglich beider möglicher Entwicklungspfade gilt deshalb jedenfalls, dass die Softwareunternehmen die Kontrolle über *ihr* Gut kaum einbüßen werden. Die kartellrechtliche Erkenntnis diesbezüglich wird vermutlich sein, dass in beiden Fällen nicht viel unternommen werden kann. Während DRM ohnehin nicht durch Art. 101 AEUV zu überwinden ist, sind andererseits bei *Cloud* usf. weniger wettbewerbsschädliche bzw. nach Art. 101 I AEUV bedenkliche Klauseln zu erblicken bzw. zu erwarten.[21] Wenn zudem noch bei *Cloud* usf. – oder nur bei einer weiteren Verschiebung zu direkter digitaler Distribution – die Vertriebsmittler tendenziell entfallen, fehlt es zumindest den vertriebssteuernden Verträgen als kartellrechtlichem Ansatzpunkt nach Art. 101 AEUV. Aber auch bzgl. unternehmerisch tätiger Endabnehmer vermag dann das „Durchreichen“ nicht mehr überprüft zu werden: Die vertikale kartellrechtliche Kontrollfähigkeit nähme gemeinsam mit dem Entschwinden vertikaler Verträge ab. Ohnehin mag manch frommer rechtlicher „Wunsch“ allgemein durch Gestaltung der Software umgangen werden.[22] Und das Kartellrecht wird dann lediglich über Art. 102 AEUV ansetzen.[23]

---

19 Bzw. die Zugangsdaten hierfür.

20 Sofern es sich wenigstens dabei um eine zulässige Übertragungsform handelt.

21 8. Kapitel C. V.

22 Vgl. etwa 7. Kapitel B. II. 4.

23 Vgl. 6. Kapitel B. III.

Insgesamt ist daher nicht eine Zunahme an Wettbewerb, sondern nur ein Wachstum kartellrechtlicher Ohnmacht zu erwarten. Hierbei wären gesetz- bzw. richtliniengebende Schritte wünschenswert; absehbar sind sie indes nicht. Die Computerprogramm-Richtlinie bleibt unverändert, der deutsche Gesetzgeber in diesem Bereich ohnehin untätig und auch im Kartellrecht ist kein Zeichen des Wandels erkennbar.

II. Kartellrecht und Datenökonomie

Die kartellrechtliche Debatte wird aktuell weniger durch Software-Fragen geprägt, sondern vielmehr durch die Datenökonomie und den sich daraus ergebenden Herausforderungen:[24] Zahlreiche Internet-Anbieter (bspw. Facebook, Google/Alphabet) bieten ihre Plattformen und Dienste kostenlos an, erhalten dadurch aber große Mengen an Daten, etwa über das Konsumentenverhalten. Über welche Daten welche Unternehmen verfügen, auf welche Art und Weise und über welche Algorithmen oder (selbstlernende) künstliche Intelligenzen sie diese (automatisch) zu welchen Zwecken verarbeiten und mit wem sie welche Daten oder Erkenntnisse austauschen, bleibt der Allgemeinheit und den Behörden aber i. d. R. verborgen. Welche Rolle das Kartellrecht und die Kartellbehörden insoweit überhaupt einnehmen sollen und können, bleibt noch zu diskutieren.

Zu konstatieren bleibt aber bereits jetzt, dass das Unwissen der Behörden in diesen Fällen eine größere Herausforderung als im Bereich der Software darstellt: Der Quellcode ist in den hier behandelten Software-Konstellationen zwar für die Behörden oder für Geschädigte nicht einsehbar, aber er ist in aller Regel auch nicht relevant. In den angerissenen datenökonomischen Fragestellungen und auch anderen verwandten Fragestellungen (bspw. der Funktionsweise von [Preis-]Suchmaschinen] indes können die vorhandenen Daten und ihre Verarbeitungsweisen häufig von großer Relevanz sein.

C. Zusammenfassung

Die Wettbewerbsprobleme im Software-Bereich werden sich voraussichtlich auch in Zukunft nicht selbst oder durch technischen Fortschritt lösen, sondern vermutlich eher noch verstärken. Denn selbst wenn durch *Cloud-/Stream-*Nutzung das Interesse an dauerhafter Softwareüberlassung schwinden mag und mithin einzelne „Klassiker“ wie starre CPU-Klauseln verblassen mögen, wird auch in Zukunft vermutlich das Problem nicht übertragbarer Software und mithin das Verharren auf einer Plattform bzw. einer Produktfamilie bzw. dem

---

[24] Vgl. 1. Kapitel A.

Angebot eines Anbieters bestehen bleiben. Die Industrie wird gewiss, so bereits gesagt, auch zukünftig kaum davon ablassen, ihre Kunden möglichst langfristig an ihre Plattformen zu binden, Migrationsmobilität zu erschweren und Datenportabilität zu verhindern. Dies gilt für Software wie für Musik, Filme usf. gleichermaßen.

Der technologische Fortschritt arbeitet gegen die Abnehmer, Wettbewerb und die *Waren*verkehrsfreiheit.[25] Die Politik unterlässt es, das Recht entsprechend anzupassen.

---

[25] Siehe *Stallman*-Zitat zu Beginn, 1. Kapitel A.

12. Kapitel

Gesamtergebnis

A. Methodische Vorerwägungen zu Art. 101 AEUV und der analogen Anwendung von GVOen

[1] Die Analogiefähigkeit der Gruppenfreistellungsverordnungen wird zwar immer wieder beschworen, ist jedoch prinzipiell abzulehnen: Weil mit Art. 101 III AEUV eine Generalklausel besteht und Gruppenfreistellungen so auszulegen sind, dass sie *effizient* sind und mithin den Vorgaben des Art. 101 III AEUV genügen, wäre eine analoge Anwendung ohnehin sinnlos.
[2] Eine analoge Anwendung wäre zudem ein grober Eingriff in die Kompetenzordnung der Gemeinschaft – vor allem dann, wenn die Europäische Kommission eine solche für Fälle reklamiert, für die ihr selbst die Ermächtigung des Rates der Europäischen Union ausdrücklich fehlt.
[3] Zudem zeigte diese Untersuchung, dass speziell die TT-GVO wie auch die Vertikal-GVO im Software-Kontext nicht extensiv, sondern restriktiv angewandt werden sollten, um den Anforderungen des Art. 101 III AEUV zu genügen.
[4] Wenn die Kernbeschränkungen der Gruppenfreistellungsverordnungen herangezogen würden, um Tatbestände des Art. 101 I AEUV zu konkretisieren, bedeutete dies eine (weitere) Missachtung der Kompetenzordnung. Über die Auslegung des europäischen Rechts entscheidet der EuGH verbindlich, nicht die Kommission. Deshalb sind Verstöße wider Art. 101 I AEUV grundsätzlich unabhängig von Kernbeschränkungen zu prüfen. Kernbeschränkungen verbieten nicht. Sie verhindern prinzipiell lediglich eine Freistellung im pauschalen Rahmen einer Gruppenfreistellungsverordnung (und verhindern eine Anwendung der *De minimis*-Bekanntmachung).

B. Software als besonderes (Rechts- und Handels-)Gut

[5] Software, überwiegend nach dem Urheberrecht geschützt, wirft im Wettbewerb besondere Fragen auf. Dies ist einerseits schutzrechtsspezifisch, weil das Urheberrecht u. a. systemfremd partiell einen Ideenschutz implementiert (*softwarerechtsspezifisch*); andererseits marktspezifisch, weil Software starken

Netzwerkeffekten unterliegt und mithin u. a. zu Monopolen neigt (*softwaremarktspezifisch*). Hinzu tritt, dass ebenfalls unter rechtlichem Schutz, Software weit nach Absatz fortgesetzt vom Urheber bzw. Rechteinhaber über TPM/DRM und Produktgestaltung (bspw. auch über ungewollte Updates) kontrolliert werden kann. Ob und inwieweit der Erschöpfungsgrundsatz dagegen instrumentalisiert werden kann, bleibt ungewiss, aber äußerst zweifelhaft.

C. Art. 101 AEUV und Softwareverträge

I. Grundsätzliches zu Art. 101 I AEUV und Software

[6] Technische Eigenschaften einschließlich der innewohnenden Beschränkungen eines Produkts oder auch sonstige TPM-/DRM-Methoden kann Art. 101 AEUV kaum Grenzen setzen, da es sich dabei um Produkteigenschaften handelt, die oftmals nicht einmal auf relevanten Vereinbarungen basieren. Solche Produkteigenschaften können dabei Beschränkungen, die ansonsten nur vertraglich herbeigeführt werden (CPU-Begrenzung, Gebrauchthandelsuntersagung usf.), nachgeformt sein. Somit sind Unternehmen befähigt, herkömmliche Beschränkungen in Produkteigenschaften zu transformieren und mithin eine eigene – zumindest nicht von Art. 101 AEUV kontrollierte – Quasi-Rechtsordnung durchzusetzen.
[7] Art. 101 I AEUV wirkt zwar nicht gegenüber Privaten, kann jedoch bei der vorgelagerten, oftmals bedeutungsvolleren Vertriebssteuerung zur Anwendung gebracht werden. Der digitale Direktabsatz aller Hersteller und Güter ist zwar denkbar und gewinnt zunehmend an Bedeutung, doch ist gleichwohl keine vollständige Substituierung der herkömmlichen Vertriebswege zu erwarten. Soweit der (digitale) Direktabsatz den herkömmlichen Vertrieb ablöst, kann dieser ebenfalls die Bedeutung des Art. 101 AEUV deutlich schwächen, insbesondere bezüglich des Absatzes gegenüber Privaten, da dann die Ebene der Vertriebssteuerung als einziger Ansatzpunkt des Art. 101 I AEUV entfiele.
[8] In der Softwareindustrie sind Begehrlichkeiten nach optimaler Margenabschöpfung virulent. Softwarehersteller haben ein Recht auf eine angemessene Vergütung (vgl. § 11 S. 2 UrhG), nicht jedoch auf eine auf das Maximum optimierte, mehrfache Vergütung für jede Verkaufsstufe oder für die Leistungen Dritter, insbesondere nicht für das Bereitstellen leistungsfähigerer Hardware durch Dritte.

II. Marktabgrenzung bei Software

[9] Softwaremärkte sind nach dem Bedarfsmarktkonzept mit der Besonderheit einzugrenzen, dass auch wegen F/OSS der Preis eine nachgeordnete Rolle ein-

nimmt und vielmehr – speziell im Unternehmensbereich – ohnehin Folge- und Migrationskosten umfassend berücksichtigt werden müssen. Der Gebrauchtmarkt stellt keinen eigenen Markt im Rechtssinne dar. Sogenannte Raubkopien erhöhen zwar nicht den Absatz eines Unternehmens, bei der Beurteilung der Marktmacht sind sie dennoch heranzuziehen, weil sie für Netzwerkeffekte nichtsdestotrotz relevant sein können.

III. Grundsätzliches zu den Gruppenfreistellungsverordnungen

[10] Die Anwendungsvoraussetzungen der TT-GVO sowie der Vertikal-GVO sind auf Software nicht hinreichend ausgelegt. Da im Rahmen der TT-GVO ein lizenzbedingtes „Produkt" schwierig zu erfassen ist und angesichts der ausdrücklichen Bestimmung der Vertikal-GVO, ein Immaterialgüterrecht (= Software) dürfe nicht „Hauptbestandteil der Vereinbarung" sein, ist die Anwendbarkeit beider Gruppenfreistellungsverordnungen zu begrenzen, zumal beide im Rahmen einer hypothetischen Prüfung in Vertriebs- und Überlassungskonstellationen keine geeigneten Kernbeschränkungen zur Verfügung aufbieten. Die Zuweisung der Herstellung von Datenträgern als Anwendungsfall für Vertikal-GVO überzeugt im besonderen Maße nicht. Vielmehr sind grundsätzlich weder TT-GVO noch Vertikal-GVO für den Softwarevertrieb heranzuziehen.

[11] Da die TT-GVO ausdrücklich ein (neues) Produkt nach der Lizenzierung und eben bereits namentlich nicht nur Konsumgüterhandel verlangt, ist folglich im Rahmen der Auslegung zu fordern, dass i. d. R. Quellcode oder andere wesentlichen Informationen (bspw. Schnittstellendokumentationen, Interaktionsmethoden) bekanntgegeben werden, um die Anwendbarkeit der TT-GVO annehmen zu können. Dies gerade auch deswegen, weil Software-Urheberrecht im Gegensatz etwa zum Patent als weiterem Transfergut der TT-GVO keine Offenbarung verlangt. Darüber hinaus ist bei Überlassung von Entwicklungssoftware (SDKs), Engines, Quellcode-Templates, Bibliotheken, einzubettender Software (bspw. Dantenbanken) etc. die Anwendbarkeit der TT-GVO grundsätzlich gegeben. Ein neues Produkt liegt des Weiteren auch dann vor, wenn Software fest in Hardware integriert wird (*Embedded Systems*). Bei F/OSS kann die TT-GVO anwendbar sein, problematisch ist insoweit aber, dass die TT-GVO nur Vereinbarungen zwischen zwei Parteien freistellt, F/OSS aber ggf. multilateral lizenziert wird.

[12] Werden indes über die lediglich im Objekt-Code überlassene Software Dienstleistungen als „Vertragsprodukt" gegenüber Dritten erbracht, ist die TT-GVO nur dann anwendbar, wenn diese Dienstleistungen technikspezifischen Inhalt erlangen. Bei der Erfassung dieses Begriffes sollte sich, wenn auch nicht abschließend, am Patentrecht orientiert werden. Die jeweilige Dienstleistung muss zudem wesentlich auf dem jeweiligen Programm basieren.

[13] Die Vertikal-GVO ist weder in Vertriebssituationen noch beim Absatz gegenüber Endanwendern anwendbar. Nach den Vorstellungen der Kommission soll eine Anwendbarkeit der Vertikal-GVO hauptsächlich über *Shrink Wrap* und andere Methoden des (vermeintlichen) Vertragsschlusses erklärt werden: Der Kaufvertrag als bloßer Datenträgerüberlassungsvertrag und ein späterer Vertrag, etwa über das Zustimmen zu EULA oder das schlichte Öffnen der Verpackung, als der eigentliche Lizenzvertrag. Dies ist schon deswegen widersinnig, weil gerade die vorgelagerten Vertriebsverträge sowie die Überlassungsverträge oftmals bereits Beschränkungen enthalten oder durchreichen, dann aber grundlos freigestellt wären; indes die weiteren – vermeintlichen – Lizenzverträge nicht freigestellt wären, aber rechtlich in aller Regel inexistent sind oder gegenüber Privaten kartellrechtlich unkontrolliert bleiben. Dazu tritt, dass die Vertriebssteuerung (bislang, vgl. These 7) der effizientere und bedeutsamere Weg ist, Beschränkungen durchzusetzen, nach diesem Modell aber pauschal und unbedacht freigestellt wären.

[14] Dabei ist besonders bedenklich, dass die Vertikal-GVO keinerlei sachgerechten Kernbeschränkungen zu Direktabsatzkonstellationen und zu Verwendungsbeschränkungen, die über die Vertriebsebene durchgereicht werden und sich erst beim Endanwender entfalten, enthält. Sollte also nicht der Anwendungsbereich der Vertikal-GVO begrenzt werden, sollte sie ansonsten in ihrer Freistellungswirkung (teleologisch) reduziert werden.

IV. Konkrete Softwareverträge und -klauseln nach Art. 101 I und Art. 101 III AEUV

1. F/OSS

[15] Bei F/OSS mit Copyleft wie der GNU GPL zeigt sich, dass vor allem der Copyleft-Effekt bei bloßem Vertrieb keine Beschränkung darstellt, andere, die jeweilige F/OSS nutzende Entwickler aber gemäß Art. 101 I AEUV dadurch beschränken mag, dass solche – auch aufgrund der Unbestimmtheit dieser Klauseln – ihre ggf. überaus aufwendigen Fortentwicklungen nicht mehr verwerten können; zumal solche Copyleft-Lizenzen Lizenzgebühren verhindern. Die Beschränkung i. S. d. Art. 101 I AEUV ist jedoch freigestellt. Während die TT-GVO bei F/OSS wegen ihrer bilateralen Begrenzung vor erheblichen Anwendungsproblemen steht, führt F/OSS regelmäßig – im Rahmen des Art. 101 III AEUV – zu besonders günstigen Produkten für Allgemeinheit und Entwickler, was u. a. der Motivation wegen Copyleft-Klauseln voraussetzt. Copyleft zielt zudem nicht auf die Verhinderung von Amortisierung, sondern auf breite Teilhabemöglichkeiten. Dafür muss der Copyleft-Effekt in mehrfacher Hinsicht „stark“ wie dauerhaft sein.

[16] Auf Vertriebsebene hingegen ist selbst eine „Lizenzgebührenfestsetzung auf Null" unschädlich, sie unterfällt nicht einmal dem – teleologisch zu reduzierenden – Art. 101 I lit. a AEUV.
[17] Exkurs: Insoweit Copyleft-Lizenzen zwar auch Beschränkungen nach Art. 101 I AEUV aufweisen, so sind sie besonders geeignet, um im Rahmen einer Fusionskontrolle Bedenken zu zerstreuen, denn wenn ein Software-Projekt erst einmal dauerhaft einer solchen Bestimmung unterliegt, ist es kaum noch von einem einzelnen Unternehmen kontrollierbar. Durch Copyleft wird zwar Eigentum bzw. Urheberrecht an Software nicht restlos aufgegeben, jedoch der (interessierten) Allgemeinheit eine große unwiderrufliche Partizipationsmöglichkeit gegeben.
[18] Bei der Erfassung der Unternehmen bei F/OSS im Hinblick auf weltweit zerstreute, als *Basar* organisierte *Communtity driven* F/OSS ergeben sich Zuordnungs- und ggf. Adressierungsprobleme. Als Unternehmen im Sinne des Kartellrechts sind in der Regel zumindest *Core Teams*, *Maintainer* oder *Founder* anzusehen, der eigentliche *Basar* regelmäßig nicht, die gesamte *Community* oder die Verfasser der Lizenztexte indes niemals.

2. *Entwicklungs- und Entwicklungswerkzeugverträge*

[19] Bei Software-Entwicklungsverträgen liegt eine besondere Gefahr in sog. Rücklizenzen. Sie sind dabei auf mehreren Ebenen zu beurteilen: Zunächst ist festzustellen, welche Rechte sie betreffen, welche und wessen (eigene, fremde, abhängige, …?) Rechte sie in welchem Umfang (einfach, ausschließlich, …?) und zu welchen Zwecken und mit welchen Befugnissen bzw. Freiheiten zurück- bzw. überführen sollen und inwieweit diese Rechte ansonsten gerade nach §§ 3, 23, 69c Nr. 2 S. 2 UrhG von wem genutzt werden könnten. Sie sind aber insbesondere dann erforderlich und mithin freistellungsfähig, wenn andernfalls diese Rechte bzw. Technologien von niemandem genutzt werden könnten und höchstens noch blockierten. Parallel zu der Situation der Rechte bzw. Lizenzen ist diejenige von Quellcode und *Know How* zu beurteilen, welche ebenfalls übergeben und ggf. beim Überlassenden gelöscht werden können und deren Nutzung untersagt werden kann.

3. *Gebrauchtsoftware-Handelsverbot*

[20] Die Untersagung des Handels mit „gebrauchter" Software ist vorbehaltlich – durch die Rechtsprechung schwindender – gesetzlich vorgegebener Möglichkeiten ein Verstoß wider Art. 101 I lit. a AEUV. § 34 I S. 1 UrhG ist bei Softwareüberlassung nicht anwendbar. Softwareabnehmer, die konkreter Software überdrüssig geworden sind, potentielle Erwerber, seien es Händler oder auch an der Nutzung Interessierte, sowie Dritte, denen durch den hypo-

thetischen Verkauf freigesetzte Mittel als Investitionen entgehen, werden dadurch beschränkt. Das Interesse der Hersteller an optimaler bzw. mehrfacher Vergütung überwiegt die Interessen all derer nicht, zumal Gebrauchtsoftware in Verbindung zu günstigen Upgrade-Preisen den Herstellern der ohnehin verbreiteten Software unberechtigt nützt. Dass die TT-GVO und Vertikal-GVO dies bei unterstellter Anwendung freistellten, belegt ihre Ungeeignetheit als Maßstab für Softwareüberlassung besonders.

4. Günstige Upgrade-Preise auf Vertriebsebene

[21] Nach allgemeiner Ansicht kann Art. 101 I lit. d) AEUV nicht beim direkten Absatz angewandt werden. Mithin kann höchstens die entsprechende Vertriebsvorgabe, also die Anweisung an die Handels- und Vertriebsstufen, kontrolliert werden. Günstige Upgrade-Preise, also Treue-Rabatte, sind indes schädlich für Konkurrenten. Die Umsteigeanreize sind bereits aufgrund anderer Faktoren grundsätzlich gering. Gerade bei marktstarken Unternehmen verbreiten sich durch Netzwerkeffekte die beschränkenden Implikationen. Ein darauf reagierendes Verbot ist letztlich aber nutzlos und leicht durch technische Produktgestaltung überwindbar.

5. Günstige Schulversionen usf.

[22] Software zu günstigeren Preisen an bestimmte Personen und Personengruppen verkaufen zu lassen, die nicht auf dem Markt tätig sind, ist insgesamt – zumindest kartellrechtlich – nicht zu beanstanden.

6. OEM, DSP und anderes

[23] Es besteht grundsätzlich kein berechtigtes Interesse daran, bei besonders günstig überlassener Software, speziell Betriebssystemen, zu bestimmen, dass diese nur mit Hardware – speziell Komplett-PCs – überlassen werden darf. Mithin sind hierbei zumindest bei marktstarken Unternehmen Verstöße gegen Art. 101 AEUV anzunehmen, gerade weil es sich dabei um eine *effiziente* und in der Vergangenheit für die Verwender bewährte Verbreitungsform handelt. Das Verbot solcher Verpflichtungen lässt es zudem nicht unmöglich werden, PCs und Betriebssysteme gemeinsam zu vertreiben.

7. Sonstige Bundles

[24] Bündelzwänge können im Übrigen bei besonders komplexen, zusammenwirkenden Produkten gerechtfertigt sein. Die Modularität von PCs und Software spricht indes prinzipiell gegen eine solche Annahme.

8. Einsatzbeschränkungen wie CPU-Klauseln usf.

[25] CPU-Klauseln, Nutzerbegrenzungen usf. verstoßen regelmäßig nicht gegen Art. 101 I AEUV. Sofern sie jedoch dauerhaft die Nutzung auf ein Unternehmen o.ä. begrenzen, sind sie Weiterverkaufsverboten gleichzustellen und entsprechend zu beurteilen. Begrenzen sie dauerhaft die Nutzung sogar auf lediglich eine bestimmte CPU o.ä. (Verbot eines sog. *Reassign*), sind die ihnen innewohnenden negativen Effekte sogar noch über die der Weiterverkaufsverbote hinausgehend; und mithin erst recht nichtig. Gleichwohl muss berücksichtigt werden, dass Wettbewerbsbeschränkungen dann ausscheiden, wenn etwa Wechselmöglichkeiten zu geringen Gebühren, die lediglich den Dokumentationsaufwand o.ä. ausgleichen, ermöglicht werden. Die Gruppenfreistellungsverordnungen tragen diesen Umständen keine Rechnung, sind jedoch zumindest bei restriktiver Anwendung ohnehin nicht in diesen Fällen anwendbar und mithin auch nicht freistellend.

[26] Upgrade-Klauseln in dem Sinne, dass Softwarehersteller für eine Rechner-Aufrüstung seitens des Lizenznehmers bzw. eine Steigerung der Hardware-Leistungsfähigkeit beim Lizenznehmer eine Entlohnung verlangen, obwohl die Software unverändert bleibt und die Softwarehersteller selbst zur Leistungssteigerung nichts beitragen, sind nichtig.

9. Softwareerforschungsverbote und Vergleichbares

[27] Eingriffe speziell in § 69d III und § 69e UrhG bzw. die entsprechenden europäischen Vorschriften sind zwar schon wegen des § 69g II UrhG bzw. Art. 8 S. 2 Computerprogramm-RiL nichtig, entsprechende Begrenzungen verstoßen aber ebenfalls offensichtlich gegen Art. 101 AEUV.

10. Value Added Reselling

[28] Gerade bei VAR herrscht babylonisches Sprachengewirr, da der Begriff nicht eindeutig definiert ist. In den bekannten Konstellationen sind jedoch keine kategorisch nicht ausgleichbaren Beschränkungen zu erkennen.

11. Computerspiele im Allgemeinen

[29] Der Vertrieb von Computerspielen kann prinzipiell den gleichen Regeln unterfallen, allerdings kommen Unternehmenskunden regelmäßig nicht als Endanwender in Betracht, weswegen Nutzungsbeschränkungen höchstens auf Vertriebsebene kontrolliert werden können. Computerspiele sind jedoch weniger wettbewerbsrelevant, weil die Netzwerkeffekte bei diesen deutlich abgeschwächt sind. Allerdings zeigt die zugehörige Vertriebspraxis das Potential von TPM/DRM auf.

[30] Lizenzverträge über *Engines* zur Herstellung von Computerspielen auf Basis dieser *Engines* unterfallen grundsätzlich der TT-GVO. Die insoweit ggf. anzutreffenden Beschränkungen wie Rücklizenzen sind nach den allgemeinen Regeln zu beurteilen.

12. Konsolenspielherstellungslizenz-Verträge

[31] Vereinbarungen zwischen den Konsolenherstellern und Spieleherstellern, welche Software für diese Plattformen anbieten wollen, können ebenfalls grundsätzlich der TT-GVO unterfallen. Die u. a. vereinbarte verpflichtende Qualitätskontrolle behindert die Lizenznehmer dabei, die Vermarktung und insbesondere den Veröffentlichungszeitpunkt ihres Produktes frei zu bestimmen. Die TT-GVO scheidet jedoch im Ergebnis stets aus, weil die Konsolenhersteller grundsätzlich Monopolisten bzgl. ihrer jeweiligen Plattformen d. h. Konsolen sind. Da durch die Qualitätsanforderungen jedoch „verbugte“ Software weitgehend vermieden wird, ist trotz teurerer, wenn auch querfinanzierender Produkte eine Freistellung nach Art. 101 III AEUV zumindest möglich.

13. Pflege und Wartung

[32] Die kartellrechtlich relevanten Probleme bzgl. Pflege und Wartung liegen insbesondere darin, den Lizenznehmer zu lange zu binden und dadurch diesen wie Konkurrenten zu behindern – oder eben direkt bei den Pflegevereinbarungen Dritte (zu lange) auszusperren, ggf. durch kombinierte Verträge über Software und Wartung. Dies kann vereinzelt sachgemäß sein, ist es aber nicht kategorisch. Die Gruppenfreistellungsverordnungen stellen hierbei schon nicht frei, da es sich bei den Pflege-/Wartungsmärkten um monopolisierte Anschlussmärkte handelt, die nach Art. 102 AEUV kontrolliert werden können. Bei alldem sind die Bearbeitungserlaubnisse speziell nach §§ 69d I, 69c Nr. 1–2 UrhG zu beachten.

14. ASP, SaaS, Stream, Cloud etc.

[33] ASP-, SaaS-, *Stream*- und *Cloud*-Lösungen müssen urheberrechtlich nicht identisch zu regulärer Überlassung bewertet werden. Solchen Softwareüberlassungen sind aufgrund ihrer zeitlichen Begrenzung weniger Probleme nach Art. 101 AEUV inhärent, sie sind jedoch symptomatisch für die gesteigerte Kontrolle der Softwarehersteller. Gruppenfreistellungsverordnungen sind i. d. R. nicht einschlägig.

V. Schutzrechtregimeunabhängigkeit

[34] Die Bewertung der vorgestellten Klauseln hängt nicht davon ab, ob die jeweilige Software lediglich dem Urheberrecht unterliegt oder additiv noch weiteren Schutzrechten, etwa dem Patentrecht.

D. Wege zu (etwas) mehr Wettbewerb

I. Allgemeines, auch Urheberrechtliches, und die Rolle des Art. 101 AEUV für die Zukunft

[35] Um bestimmte softwarerechtsspezifische Problemlagen zu bekämpfen, empfiehlt sich zunächst eine ökonomische Analyse des Urheberrechts: Ein *More Economic Approach* sollte auch in dieses einkehren, die §§ 69a ff. UrhG bzw. die Computerprogramm-Richtlinie sollte sich diesem stellen. Speziell ist anzudenken § 69d I UrhG als starken Anspruch auch gegen TPM/DRM auszugestalten. In seiner momentanen Gestalt und Auslegung erreicht der Erschöpfungsgrundsatz sein Ziel des freien Warenverkehrs überdies nicht (unbedingt). Insoweit §§ 69a ff. UrhG Marktteilnehmern zu wenig Raum für Dekompilierung, komplementäre Angebote usf. lässt, können ebenfalls schutzrechtsinterne Maßnahmen bzw. überarbeitete Schranken angedacht werden.
[36] Da Art. 101 (I) AEUV bereits wegen seines begrenzten Ansatzes, des fortschreitenden digitalen Direktabsatzes, TPM/DRM sowie der Verlagerung auf temporäre Softwareüberlassung kein Allheilmittel für mehr Wettbewerb ist, können es (andere) Gruppenfreistellungsverordnungen, die nach ihrer inhärenten Logik nur auf Art. 101 I AEUV reagieren, naturgemäß nicht sein. Sie können höchstens ein geringer Beitrag gegen zu missbilligende Klauseln bzw. klauselbedingte Praktiken sein.

II. Neue Software-Gruppenfreistellungsverordnungen und überarbeitete Leitlinien

[37] Die formulierten Grundzüge einer Reform sind Folgende: die Begrenzung der TT-GVO auf Software-Entwicklung bzw. die Einführung einer entsprechend restriktiven Software-TT-GVO, die Einführung einer weiteren Software-Vertikal-GVO, die Änderung bzw. Einführung notwendiger Kernbeschränkungen sowie die Anpassung und Ausweitung der TT- und Vertikal-Leitlinien für Softwarespezifika. Überdies empfehlen sich eher vorsichtige Marktanteilsschwellen. Im Übrigen ist am Regelungsmodell „moderner“ Gruppenfreistellungsverordnungen festzuhalten.

[38] Im Bereich des Software-Technologietransfers bedarf es klarer Anwendungsvoraussetzungen. Es sollte (klarstellend) normiert werden, dass in aller Regel Quellcode oder wesentliche Informationen transferiert werden werden müssen – und dies nicht lediglich obligatorisch. Auf diese Anforderung ist nur dann zu verzichten, wenn die überlassene Software für Entwicklungsarbeiten genutzt oder integriert wird. Ferner sollten sich diese Gruppenfreistellungsverordnungen nicht länger kategorisch auf zwei Parteien begrenzen, sondern auf eine unendliche Schar ausweiten, wenn diese einfache, unentgeltliche Lizenzen für „jedermann" erteilen (was den sog. *Linux*-Klauseln des UrhG entspricht). (Nur) Aufgrund eines engen Anwendungsbereiches bedarf es bezüglich der neuen Software-TT-GVO keiner zu ergänzenden Kernbeschränkungen.
[39] Neben restriktiven Software-TT-Vorschriften bedarf es eindeutiger Regeln für Vertrieb und Absatz von Software; für *Cloud*-Dienste usf. sind keine Regeln in einer Gruppenfreistellungsverordnung erforderlich. Es empfiehlt sich im Rahmen dieser weiteren Gruppenfreistellungsverordnung eine Kernbeschränkung wider Gebrauchthandelsverbote sowie vergleichbar oder intensiver wirkende Bestimmungen. Auch die zwingenden Vorschriften nach Art. 8 S. 2 der Computerprogramm-RiL sind als Kernbeschränkungen aufzunehmen. Für OEM bedarf es keiner Kernbeschränkung, weil dergleichen im Rahmen der Marktanteilsschwellen geduldet werden kann. Als Kernbeschränkungen hingegen sind ferner Preisvorgaben für Upgrade-Kunden sowie Upgrade-Klauseln aufzunehmen. Software-Wartung und -Pflege sollte nicht in diese Gruppenfreistellungsverordnung aufgenommen werden. Der gebündelte Absatz von Software und anderer, wertmäßig umfangreicherer Ware soll grundsätzlich weiterhin der Vertikal-GVO unterfallen.
[40] Die TT- und Vertikal-Leitlinien sind zu überarbeiten und um Softwarespezifika, F/OSS und weitere Einschätzungen zu ergänzen, gerade zu den Themenkreisen, die den neuen Gruppenfreistellungsverordnungen nicht unterliegen sollen. Die Überarbeitung der TT-GVO 2004 und der TT-Leitlinien 2004 zu ihren 2014er-Versionen war insoweit ein richtiger, aber ausbaufähiger Schritt. Durch diese Reform droht nun nämlich, dass die Probleme des Software-Vertriebes und -Absatzes in die Vertikal-GVO verlagert werden, die kein geeignetes Instrumentarium zur Beurteilung von solchen Software-Verträgen ist.

Literaturverzeichnis

Abromats, Philip: Copyright misuse and anticompetitive software licensing restriction, Pittsburgh Law Review, Vol. 52 (1991), S. 629 ff.

Albert, Carsten F.: Patente in der Fusionskontrolle, Diss. Bayreuth 2010, Tübingen 2011.

Allen, Mark S.: An Economic Analysis of the Personal Computer Software Markets, Diss. Albuquerque (New Mexiko) 1997, Ann Arbor 1997.

Ammann, Thorsten: Der Handel mit Second Hand-Software aus rechtlicher Sicht, Diss. Münster 2011, Oldenburg 2011.

Anderman, Steven D./Kallaugher, John: Technology Transfer and the new EU Competition Rules – Intellectual Property Licensing after Modernisation, Oxford 2006.

Arlt, Christian: Digital Rights Management Systeme – Der Einsatz technischer Maßnahmen zum Schutz digitaler Inhalte, Diss. Göttingen 2005, München 2006.

ders.: Marktabschottend wirkender Einsatz von DRM-Techniken – Eine Untersuchung aus wettbewerbsrechtlichem Blickwinkel, GRUR 2005, S. 1003 ff.

Auer-Reinsdorff/Conrad, Isabell (Hrsg.): Handbuch IT- und Datenschutzrecht (vormals: Beck'sches Mandatshandbuch IT-Recht), 2. Auflage, München 2016.

dies. (Hrsg.): Beck'sches Mandatshandbuch IT-Recht, 1. Auflage, München 2011.

Aydintan, David Arif: Die kartellrechtliche Zulässigkeit der Regionalkodierung auf DVD, Blu-ray Disc und HD-DVD – Nach Art. 81 EG, § 1 GWB und internationalen Abkommen, Diss. Hannover 2008, Hamburg 2008.

Bachofer, Thomas: Der OEM-Vertrag, CR 1988, S. 1 ff.

ders.: Der VAR-Vertrag, CR 1988, S. 809 ff.

Backu, Frieder: Open Source Software und Interoperabilität – Zur Zulässigkeit von Programminformationen durch Open Source Software, ITRB 2003, S. 180 ff.

Bandel, Gunther: Open Source Software – Fördert oder hemmt dieser Art der Softwareentwicklung den Wettbewerb?, Hamburg 2010.

Barczok, Achim/Wölbert, Christian: Frust in Android-Land – Warum nur Google das Update-Problem lösen kann, c't 9/2012, S. 80 ff.

Barnitzke, Benno/Möller, Philipp/Nordmeyer, Arne: Die Schutzfähigkeit graphischer Benutzeroberflächen nach europäischem und deutschem Recht – Eine immaterialgüterrechtliche Einordnung und rechtspolitische Untersuchung, CR 2011, S. 277 ff.

Baron, Michael: Die Rechtsnatur der Gruppenfreistellungsverordnungen im System der Legalausnahme – ein Scheinproblem, WuW 2006, S. 358 ff.

Barthelmeß, Stephan/Gauß, Nicolas: Die Lizenzierung standardessentieller Patente im Kontext branchenweit vereinbarter Standards unter dem Aspekt des Art. 101 AEUV, WuW 2010, S. 626 ff.

Bartmann, Jeannine: Grenzen der Monopolisierung durch Urheberrechte am Beispiel von Datenbanken und Computerprogrammen – Eine rechtsvergleichende Studie des europäischen, deutschen und US-amerikanischen Rechts, Diss. Jena 2004, Köln 2005.

Bartsch, Michael: Software als Rechtsgut – Zur Wahrnehmung von Software aus Sicht des Rechts, zur Begriffsbildung im Recht und zu den praktischen Konsequenzen, CR 2010, S. 553 ff.

ders.: Softwarepflege nach neuem Schuldrecht, NJW 2002, S. 1526 ff.

ders.: Softwarerechte bei Projekt- und Pflegeverträgen – Urheberrechtlicher Schutz für Leistungsgegenstände in drei typischen Fallkonstellationen, CR 2012, S. 141 ff.

Bartsch, Michael/Briner, Robert G. (Hrsg.): DGRI Jahrbuch 2010, Köln 2011.

Baus, Christoph A.: Verwendungsbeschränkungen in Software-Überlassungsverträgen, Diss. Göttingen 2002, Köln 2004.

Batchelor, Edward W. "Bill": Application of the Technology Transfer Block Exemption to Software Licensing Agreements, CTLR 2004, S. 166 ff.

Bechtold, Rainer/Bosch, Wolfgang (Hrsg.): GWB – Kartellgesetz – Gesetz gegen Wettbewerbsbeschränkungen, 8. Auflage, München 2015.

Bechtold, Rainer/Bosch, Wolfgang/Brinker, Ingo: EG-Kartellrecht, 3. Auflage, München 2014.

Bechtold, Rainer/Denzel, Ulrich: Weiterverkaufs- und Verwendungsbeschränkungen in Vertikalverträgen, WuW 2008, S. 1272 ff.

Bechtold, Stefan: Zur rechtsökonomischen Analyse im Immaterialgüterrecht, GRUR Int 2008, S. 484 ff.

ders.: Die Kontrolle von Sekundärmärkten: Eine juristische und ökonomische Untersuchung im Kartell- und Immaterialgüterrecht, Baden-Baden 2007.

Benedikt XVI.: Caritas in varitate, Enzyklika, Rom/Vatikan 2009. [http://www.vatican.va/holy_father/benedict_xvi/encyclicals/documents/hf_ben-xvi_enc_20090629_caritas-in-veritate_ge.html]

Benkard, Georg (Hrsg.): Patentgesetz, 11. Auflage, München 2015.

Berger, Christian/Wündisch, Sebastian (Hrsg.): Urhebervertragsrecht – Handbuch, 2. Auflage, Baden-Baden 2015.

Berger, Konrad: Zur Anwendbarkeit der neuen Technologietransfer-Gruppenfreistellungsverordnung auf Softwareverträge, K&R 2005, S. 15 ff.

Beringer, Arved: Stellungnahme zum Weißbuch der Europäischen Kommission über die Modernisierung der Vorschriften zur Anwendung der Art. 85 und 86 EG-Vertrag (Art. 81 und 82 EG), EuZW 2000, S. 5 ff.

Besen, Marc/Slobodenjuk, Dimitri: Die neue Gruppenfreistellungsverordnung für Forschungs- und Entwicklungsvereinbarungen, GRUR 2011, S. 300 ff.

dies.: Die neue TT-GVO – Überblick über wesentliche praxisrelevante Änderungen, GRUR 2014, S. 740 ff.

Bezroukov, Nikolai: Labyrinth of Software Freedom (BSD vs GPL and social aspects of free licensing debate), Draft (version 0.97). [http://www.softpanorama.org/Copyright/License_classification/social_roots_of_GPL.shtml]

Bitzer, Jürgen/Schröder, Philipp J. H. (Hrsg.): The Economics of Open Source Software Development, Amsterdam u. a. 2006.

Böck, Alexander: Die Zwangslizenz im Spannungsfeld von gewerblichem Rechtsschutz und Kartellrecht, Diss. Tübingen 1992, Tübingen 1992.

Böcker, Lina Barbara: Computerprogramme zwischen Werk und Erfindung – Eine wettbewerbsorientierte Analyse des immaterialgüterrechtlichen Schutzes von Computerprogrammen unter besonderer Berücksichtigung von Open Source-Software, Diss. Berlin 2008, Baden-Baden 2009.

Bodewig, Theo: Neue Guidelines für Lizenzverträge in den USA, GRUR Int 1997, S. 958 ff.

ders.: Der Entwurf neuer Kartellrichtlinien für den Erwerb und die Lizenzierung geistigen Eigentums in den USA, GRUR Int 1995, S. 142 ff.

ders.: Einige Überlegungen zur Erschöpfung bei Zwangslizenzen an standardessentiellen Patenten, GRUR Int 2015, S. 626 ff.

Bödeker, Julia: Die kartellrechtliche Bewertung von Softwareüberlassungsverträgen, Diss. Rostock 2008, Hamburg 2008.

Boldrin, Michele/Levine, David K.: Against Intellectual Monopoly, Cambridge 2008.

Bommer, Christoph/Spindler, Markus/Barr, Volker: Software-Wartung – Grundlagen, Management und Wartungstechniken, Heidelberg 2008.

Brachtel, Rudolf: Die Gruppenfreistellung von Know-how-Vereinbarungen, Entwicklung von Wettbewerbsregeln und Kommissionspraxis im Lichte der strukturellen Schwäche des Geheimnisschutzes, Diss. Bremen 2006, München 2006.

Brunotte, Nico: Urheberrechtliche Bewertung der Streamingfilmportale – Unter besonderer Berücksichtigung der Schrankenbestimmungen zu ephemeren Vervielfältigungen und des digitalen Werkgenusses, Diss. Hannover 2014, Frankfurt a. M. 2014.

Bond, Heidi S.: What's so great about Nothing? The GNU General Public License and the Zero-Price-Fixing Problem, Michigan Law Review, Vol. 104 (Nr. 3/2005), S. 547 ff.

Bond, Robert T. J.: Software Contract Agreements – Drafting and Negotiating Techniques and Precedents, 2. Auflage, London 2010.

Bornkamm, Joachim/Becker, Mirko: Die privatrechtliche Durchsetzung des Kartellverbotes nach der Modernisierung des EG-Kartellrechts, ZWeR 2005, S. 213 ff.

Bornkamm, Joachim/Montag, Franz/Scäker, Franz Jürgen (Hrsg.): Münchener Kommentar Europäisches und Deutsches Wettbewerbsrecht – Kartellrecht, Missbrauchs- und Fusionskontrolle, Band 1 – Europäisches Wettbewerbsrecht, 2. Auflage, München 2015.

Braun, Heiko: Die Zulässigkeit von Service Level Agreements – am Beispiel der Verfügbarkeitsklausel, Diss. Marburg 2006, München 2006.

Brinkel, Guido: Filesharing – Verantwortlichkeit in Peer-to-Peer-Tauschplattformen, Diss. Göttingen 2005, Tübingen 2006.

Brinker, Ingo: Die Zukunft des Kartellrechts, NZKart 2013, S. 2 ff.

Bröckers, Stefan: Software-Gebrauchthandel: Der Teufel steckt im Detail – Technische Besonderheiten und gesetzlicher Änderungsbedarf, MMR 2011, S. 18 ff.

Bruch, Matthias: Der Handel mit gebrauchter Software – legal oder das Ende eines Geschäftsmodells?, Berlin 2010.

Brügge, Bernd/Harhoff, Dietmer/Picot, Arnold/Creighton, Oliver/Fiedler, Marina/Henkel, Joachim: Open-Source-Software – Eine ökonomische und technische Analyse, Berlin u. a. 2004.

Brüggemann, Sebastian: Urheberrechtlicher Schutz von Computer- und Videospielen – Ein gordischer Knoten bzw. eine Aufgabe für den Gesetzgeber, CR 2015, S. 697 ff.

Bube, Lars: Open Source Betriebssysteme: Microsoft unter den 20 Top-Linux-Unterstützern, 5. 4. 2012. [http://www.crn.de/software/artikel-94925.html]

Buchtala, Rouven: Determinanten der Open Source Software-Lizenzwahl – Eine spieltheoretische Analyse, Diss. Freiburg 2007, Frankfurt a. M. 2007.

Büchner, Wolfgang/Briner, Robert G. (Hrsg.): DGRI Jahrbuch 2009, Köln 2010.

Buhr, Carl-Christian/Crome, Sabine/Lübbert, Adrian/Pozzato, Vera/Simon, Yvonne/Thomas, Robert: Oracle/Sun Microsystems: The challenge of reviewing a merger involving open source software, CPN (= Competition Policy Newsletter) 2/2010, S. 20 ff. [http://ec.europa.eu/competition/publications/cpn/2010_2_5.pdf]

Buhrow, Astrid/Nordemann, Jan B.: Grenzen ausschließlicher Rechte geistigen Eigentums durch Kartellrecht, GRUR Int 2005, S. 407 ff.

Bullinger, Winfried/Czychowski, Christian: Digitale Inhalte: Werk und/oder Software? – Ein Gedankenspiel am Beispiel von Computerspielen, GRUR 2011, S. 19 ff.

Busch, Thorsten: Freie Software als Entwicklungshelfer?, Corporate Citizenship und der Digital Dividende aus ökonomischer, ethischer und unternehmensstrategischer Sicht, Berlin 2007. [https://www.alexandria.unisg.ch/44078/1/Thorsten%20Busch%20-%20Freie%20Software%20als%20Entwicklungshelfer.pdf]

Buxmann, Peter/Diefenbach, Heiner/Hess, Thomas: Die Softwareindustrie – Ökonomische Prinzipien, Strategien, Perspektiven, 3. Auflage, Berlin 2015.

Cabanellas, Guillermo: Applicable Law Under International Transfer of Technology Regulations, IIC 1984, S. 39 ff.

Calliess, Christian/Ruffert, Matthias: EUV/AEUV – Das Verfassungsrecht der Europäischen Union mit Europäischer Grundrechtecharta, 4. Auflage, München 2011.

Chrocziel, Peter: Verwendungsbeschränkungen in Softwareverträgen (I), CR 1989, S. 675 ff.

ders.: Verwendungsbeschränkungen in Softwareverträgen (II), CR 1989, S. 709 ff.

Conrad, Isabell/Lejeune, Matthias/Stögmüller, Thomas/Brandi-Dohrn, Anselm (für die *DGRI*): Stellungnahme der DGRI v. 17. 5. 2013 zum (zweiten) europäischen Entwurf einer Technologietransfer-GVO – Mit besonderem Blick auf Lizenzvereinbarungen über Software-Urheberrechte, CR 2013, S. 412 ff.

Conrad, Isabell/Grützmacher, Malte (Hrsg.): Recht der Daten und Datenbanken im Unternehmen (zugleich Festschrift für Jochen Schneider zum 70. Geburtstag), Köln 2014.

Czarnota, Bridget/Hart, Robert: Legal Protection of Computer Programs in Europe – A Guide to the EC Directive, London u. a. 1991.

Czychowski, Christian/Bröcker, Klaus Tim: ASP – Ein Auslaufmodell für das Urheberrecht?, MMR 2002, S. 81 ff.

Damm, Ole: Zivil-, urheber- und wettbewerbsrechtliche Fragen zum Handel mit Software, Diss. Münster 2004, Münster 2005.

Darbyshire, Jennifer: Computer Programs and Competition Policy: A Block Exemption for Software Licensing?, EIPR 1994, S. 374 ff.

Dauses, Manfred A./Ludwigs, Markus (Hrsg.): Handbuch des EU-Wirtschaftsrechts, 41. ErgLfg. (Mai 2017), München 2017.

Davidson, Duncan M./Davidson, Jean A.: Advanced Legal Strategies for Buying and Selling Computers and Software, New York u. a. 1986.

Dederichs, Mariele: Die Methodik des EuGH – Häufigkeit und Bedeutung methodischer Argumente in den Begründungen des Gerichtshofes der Europäischen Gemeinschaften, Diss. Münster 2003, Baden-Baden 2004.

Determann, Lothar: Softwarekombinationen unter der GPL, GRUR Int 2006, S. 645 ff.

DGRI: Stellungnahme der Deutschen Gesellschaft für Recht und Informatik (DGRI) zur Überarbeitung der Gruppenfreistellungs-Verordnung (EG) Nr. 240/96 für Technologietransfer-Vereinbarungen (GFTT), CR 2003 Beilage zum Heft 5, S. 1 ff.

Diegmann, Heinz/Kuntz, Wolfgang: Praxisfragen bei Onlinespielen, NJW 2010, S. 561 ff.

Dieners, Peter/Reese, Ulrich (Hrsg.): Handbuch des Pharmarechts: Grundlagen und Praxis, München 2010.

Dolmans, Maurits: Software Licensing in Europe – Do we need a block exemption, Internat. Intellec. Prop. L. & Pol. Vol. 1 (1996), S. 409 ff.

Dreier, Thomas: Primär- und Folgemärkte, in: Schricker, Gerhard/Dreier, Thomas/Kur, Anette (Hrsg.), Geistiges Eigentum im Dienst der Innovation, Baden-Baden 2001, S. 51 ff.

Dreier, Thomas/Schulze, Gernot: Urheberrechtsgesetz – Kommentar, 5. Auflage, München 2015.

Dreier, Thomas/Vogel, Rupert: Software- und Computerrecht, Frankfurt a. M. 2008.

Drexl, Josef: Die neue Gruppenfreistellungsverordnung über Technologietransfer-Vereinbarungen im Spannungsfeld von Ökonomisierung und Rechtssicherheit, GRUR Int 2004, S. 716 ff.

ders./Hilty, Reto/Kur, Annette: Designschutz für Ersatzteile – Der Kommissionsvorschlag zur Einführung einer Reparaturklausel, GRUR Int 2005, S. 449 ff.

Dürrenmatt, Friedrich: Die Physiker – Eine Komödie in zwei Akten (Neufassung von 1980), Zürich 1998.

Duisburg, Alexander/Picot, Henriette (Hrsg.): Recht der Computer- und Videospiele – The Law of Video and Computer Games, Berlin 2013.

Eidenmüller, Horst: Effizienz als Rechtsprinzip – Möglichkeiten und Grenzen der ökonomischen Analyse des Rechts, 4. Auflage, Diss. München 1994, Tübingen 2015.

Eifert, Martin/Hoffmann-Riem, Wolfgang (Hrsg.): Geistiges Eigentum und Innovation – Innovation und Recht I, Berlin 2008.

Eilmansberger, Thomas: Immaterialgüterrechtliche und kartellrechtliche Aspekte des Handels mit gebrauchter Software, GRUR 2009, S. 1123 ff.

Elkemann-Reusch, Ilva: Die erzwungene Gegengabe: Fragen des Internationalen Privatrechts und der Inhaltskontrolle bei der kommerziellen Verwertung von Open Source Software nach der GNU General Public License Version 3, ZGE 2010, S. 413 ff.

Enchelmaier, Stefan: Technologietransfer-Vereinbarungen: neue Verordnung, alte Fragen. Besprechung von "Valentine Korah: Intellectual Property Rights and the EC Competion Rules", GRUR Int 2006, S. 675 ff.

Enders, Theodor: Know How Schutz als Teil des geistigen Eigentums, GRUR 2012, S. 25 ff.

Everling, Ulrich/Narjes, Karl-Hein/Sedemund, Joachim (Hrsg.): Europarecht, Kartellrecht, Wirtschaftsrecht – Festschrift für Arved Deringer, Baden-Baden 1993.

Feil, Markus: The New Block Exemption Regulation on Technology Transfer Agreements in the Light of the U. S. Antitrust Regime on the Licensing of Intellectual Property, IIC 2005, S. 31 ff.

Feldkamp, Hans-Martin: Die neue Gruppenfreistellungsverordnung für Technologietransfer – VPP-Rundbr. 1/2005, S. 11 ff.

Feller, Joseph/Fitzgerald, Brian/Hissam, Scott A./Lakhani, Karim R. (Hrsg.): Perspectives on Free and Open Source Software, Cambridge 2005.

Fichert, Frank/Sohns, Anne: Wettbewerbsschutz auf dem Markt für Server-Betriebssysteme, WuW 2004, S. 907 ff.

Fiedler, Alexander: Der Computerprogrammschutz und die Schutzrechtskumulation von Urheber- und Patentrecht – Überlagerungen, Interdependenzen und Widersprüche, Diss. Hannover 2013, Baden-Baden 2013.

Fitzner, Uwe/Lutz, Raimund/Bodewig, Theo (Hrsg.): Patentrechtskommentar, 4. Auflage, München 2012.

Fleischer, Holger/Körber, Thorsten: Marktmacht, Machtmissbrauch und Microsoft – Zur Rolle des Kartellrechts in der New Economy, K&R 2001, S. 623 ff.

Fleischer, Holger/Doege, Niels: Der Fall United States v. Microsoft, WuW 2000, S. 705 ff.

Forster, Winnie: Computer- und Videospielmacher, Utting 2008.

Franck, Jens-Uwe: Zum Schutz des Produktimages im selektiven Vertrieb, WuW 2010, S. 772 ff.

Frank, Christian: Die neue Gruppenfreistellungsverordnung für Technologie-Vereinbarungen und ihre Relevanz für Verträge der Informationstechnologie, CR 2014, S. 349 ff.

Freiwald, Sven: Die private Vervielfältigung im digitalen Kontext am Beispiel des Filesharing, Diss. Freiburg i.Br 2003, Baden-Baden 2004.

Frenz, Walter: Die neue Technologietransfer-Gruppenfreistellungsverordnung, EuZW 2014, S. 532 ff.

Fromm, Friedrich K./Nordemann, Wilhelm (Hrsg.): Urheberrecht: Kommentar, 11. Auflage, Stuttgart 2014.

Fuchs, Alexander: Die Gruppenfreistellungsverordnung als Instrument der europäischen Wettbewerbspolitik im System der Legalausnahme, ZWeR 2005, S. 1 ff.

Fuchs, Anke/Meierhöfer, Christine/Morsbach, Jochen/Pahlow, Louis: Agile Programmierung – Neue Herausforderungen für das Softwarevertragsrecht? Unterschiede zu den „klassischen" Softwareentwicklungsprojekten, MMR 2012, S. 427 ff.

Funk, Axel/Zeifang, Gregor: Die GNU General Public License, Version 3 – Eine Analyse ausgewählter Neuregelungen aus dem Blickwinkel deutschen Rechts, CR 2007, S. 617 ff.

Gabriel, Siegmar: Unsere politischen Konsequenzen aus der Google-Debatte, FAZ, Stand: 16. 5. 2014. [http://www.faz.net/aktuell/feuilleton/debatten/die-digital-debatte/sigmar-gabriel-konsequenzen-der-google-debatte-12941865.html]

Ganea, Peter: Ökonomische Aspekte der urheberrechtlichen Erschöpfung, GRUR Int 2005, S. 102 ff.

Gaster, Jens: Die EU-Patentreform – Entstehungsgeschichte und Grundzüge des Gesamtpakets zur Schaffung einheitlichen Patentschutzes, CR 2013, S. 69 ff.

Gebauer, Martin/Wiedmann, Thomas: Zivilrecht unter europäischem Einfluss, Die richtlinienkonforme Auslegung des BGB und anderer Gesetze – Kommentierung der wichtigsten EU-Verordnungen, 2. Auflage, Stuttgart u. a. 2010.

Gennen, Klaus: Reihe Kartellrecht: Die neue Gruppenfreistellungsverordnung für Technologietransfer-Vereinbarungen vom 21. 3. 2014, IPRB 2014, S. 131 ff.

Gey, Peter: Das Berufungsurteil in Sachen Microsoft – Kartellrecht in dynamischen Technologiemärkten, WuW 2001, S. 933 ff.

Gieselmann, Hartmut: Umtausch ausgeschlossen – Wie der Download-Vertrieb die Spieleindustrie verändert, c't 16/2009, S. 138 ff.

Grabitz, Eberhard/Hilf, Meinhard/Nettesheim, Martin (Hrsg.): Das Recht der Europäischen Union: EUV/AEUV, 16. ErgLfg. (April 2017), München 2017.

Gräbig, Johannes: BGH: Half-Life 2 – Ende des Handels mit Gebrauchtsoftware?, MMR-Aktuell 2010, 307861.

Grassmuck, Volker: Freie Software – Zwischen Privat- und Gemeineigentum, Bonn 2004.

Greil, Claudia: Europäisches Kartellrecht – Das Spannungsverhältnis zwischen Art. 81 III EG und den Gruppenfreistellungsverordnungen, Norderstedt 2008.

von der Groeben, Hans/Schwarze, Jürgen/Hatje, Armin (Hrsg.): Kommentar zum Vertrag über die Europäische Union und zur Gründung der Europäischen Gemeinschaft, 7. Auflage, Baden-Baden 2015.

Gröhn, Andreas: Netzwerkeffekte und Wettbewerbspolitik – Eine ökonomische Analyse des Softwaremarktes, Diss. Kiel 1998, Tübingen 1999.

Groß, Michael: Der Lizenzvertrag, 11. Auflage, Frankfurt a. M. 2015.

ders.: Handbuch Technologietransfer, Frankfurt a. M. 2010.

ders.: Computerprogramm-Lizenzvertrag, 5. Auflage, Frankfurt a. M. 2009.

Grützmacher, Malte: Open-Source-Software – die GNU General Public license, ITRB 2002, S. 84 ff.

ders.: Teilkündigungen bei Softwarepflege- und Softwarelizenzverträgen – Eine Analyse unter besonderer Berücksichtigung der AGB- und kartellrechtlichen Aspekte, ITRB 2011, S. 133 ff.

ders.: Gebrauchtsoftware und Outsourcing, Länderbericht Deutschland, in: Büchner, Wolfgang/Briner, Robert G. (Hrsg.), DGRI Jahrbuch 2009, Köln 2010, S. 127 ff.

ders.: „Gebrauchtsoftware" und Erschöpfungslehre: Zu den Rahmenbedingungen eines Second-Hand-Marktes für Software, ZUM 2006, S. 302 ff.

ders.: Gebrauchtsoftwarehandel mit erzwungener Zustimmung – eine gangbare Alternative?, CR 2010, S. 141 ff.

ders.: Gebrauchtsoftware und Übertragbarkeit von Lizenzen – Zu den Rechtsfragen auch jenseits der Erschöpfungslehre, CR 2007, S. 549 ff.

ders.: Lizenzgestaltung für neue Nutzungsformen im Lichte von § 69d UrhG (Teil 1), CR 2011, S. 485 ff.

ders.: Lizenzgestaltung für neue Nutzungsformen im Lichte von § 69d UrhG (Teil 2), CR 2011, S. 697 ff.

ders.: Unternehmens- und Konzernlizenzen – Zur Einräumung urheberrechtlicher Nutzungsrechte an Software bei Unternehmens- und Konzernlizenzen, ITRB 2004, S. 204 ff.

ders.: Das Recht des Softwarevertriebs – Eine Gegenüberstellung verschiedener Vertriebsformen, ITRB 2003, S. 199 ff.

ders.: Application Service Providing – Urhebervertragsrechtliche Aspekte, ITRB 2001, S. 59 ff.

ders.: Open-Source-Software – die GNU General Public License: Lizenzbestimmungen im Umfeld des neuen Schuld- und Urhebervertragsrechts, ITRB 2002, S. 84 ff.

ders.: Endlich angekommen im digitalen Zeitalter? – Die Erschöpfungslehre im europäischen Urheberrecht: der gemeinsame Binnenmarkt und der Handel mit gebrauchter Software, ZGE 2013, S. 46 ff.

ders.: Gebrauchtsoftware: Paukenschlag aus Luxembourg – Schranken für den BGH, 4. 7. 2012. [http://www.cmshs-bloggt.de/technology-media-telecoms-tmt/gebrauchtsoftware-paukenschlag-aus-brussel-schranken-fur-den-bgh/]

ders.: Kartellrechtliche Grenzen des Schutzes von Datenbanken, in: Conrad, Isabell/Grützmacher, Malte (Hrsg.), Recht der Daten und Datenbanken im Unternehmen (zugleich Festschrift für Jochen Schneider zum 70. Geburtstag), Köln 2014, § 20.

ders.: Dateneigentum – ein Flickenteppich, Wem gehören die Daten bei Industrie 4.0, Internet der Dinge und Connected Cars?, CR 2016, S. 485 ff.

ders.: Die juristische Bewertung von DRM-Maßnahmen und Sperren im Rahmen verschiedener Lizenzmodelle – Teil 1: Vorüberlegungen, Hintergründe und rechtlicher Rahmen, ITRB 2015, S. 120 ff.

ders.: Die juristische Bewertung von DRM-Maßnahmen und Sperren im Rahmen verschiedener Lizenzmodelle – Teil 2: Zulässigkeit der Absicherung von Nutzungs- und Weitergabebeschränkungen, ITRB 2015, S. 141 ff.

ders.: Lizenzmetriken und Copyright – ein Widerspruch? – Ausgestaltung, Wirksamkeit und Rechtsfolgen von Lizenzbeschränkungen, ITRB 2017, S. 141 ff.

GRUR: Stellungnahme zum Entwurf einer Kommissionsverordnung über die Anwendung von Art. 81 III EG auf Gruppen von Technologietransfer-Vereinbarungen, GRUR 2004, S. 218 ff.

dies.: Stellungnahme der GRUR durch den Fachausschuss für Kartellrecht zu dem Entwurf einer Verordnung über die Anwendung von Art. 81 III EG auf Gruppen von vertikalen Vereinbarungen und aufeinander abgestimmte Verhaltensweisen, GRUR 2010, S. 37 ff.

dies.: Stellungnahme der Deutschen Vereinigung für gewerblichen Rechtsschutz und Urheberrecht durch den Fachausschuss für Kartellrecht zu den Entwürfen der neuen Horizontal-Leitlinien, der neuen Forschungs- und Entwicklungs-GVO und der neuen Spezialisierungs-GVO, GRUR 2010, S. 897 f.

Guy, Diana/Leigh, Guy I. F.: The EEC and Intellectual Property, London 1981.

Haase, Heiko: Die Patentierbarkeit von Computersoftware – Eine Untersuchung unter juristischen und wirtschaftlichen Aspekten, Diss. Ilmenau 2003, Hamburg 2003.

Haberstumpf, Helmut: Der Handel mit gebrauchter Software und die Grundlagen des Urheberrechts, CR 2009, S. 345 ff.

ders.: Der Handel mit gebrauchter Software im harmonisierten Urheberrecht – Warum der Ansatz des EuGH einen falschen Weg zeigt, CR 2012, S. 561 ff.

Hannemann, Jan-Gero Alexander/Dietlein, Georg/Nordmeyer, Arne: Gerechtigkeit als Kostenfrage oder Kosten als Gerechtigkeitsfrage – Eine Einführung in die ökonomische Analyse des Rechts, ZJS 2013, S. 163 ff. [http://www.zjs-online.com/dat/artikel/2013_2_683.pdf]

Hansen, Marc/Shah, Omar: The new EU Technology Transfer Regime – Out of the Straightjacket into the Safe Harbour, ECLR 2004, S. 465 ff.

Hartmann, Thomas: Weiterverkauf und „Verleih" online vertriebener Inhalte – Zugleich Anmerkung zu EuGH, Urteil vom 3. Juli 2012, Rs. C-128/11 – Usedsoft ./. Oracle, GRUR Int 2012, S. 980 ff.

Hauck, Ronny: Die wettbewerbsrechtliche Beurteilung von Lizenzverträgen in der EU und den USA – Eine vergleichende Darstellung der Verordnung (EG) Nr. 772/2004 und der Antitrust Guidelines for the Licensing of Intellectual Property, Diss. Augsburg 2008, Köln 2008.

Hausmann, Hans-Christian: Zwischen Kartellrecht und gewerblichen Schutzrechten, MMR 2008, S. 381 ff.

Hawkings, Richard E.: The economics of open source software for a competitiv firm: Why give it away for free?, Netnomics 6 (2004), S. 103 ff.

Heinemann, Andreas: Kartellrecht und Informationstechnologie – Auf der Suche nach Fairness im Spannungsgeflecht von Marktmacht und Wettbewerb, CR 2005, S. 715 ff.

ders.: Die Rolle des „more economic approach" für das Recht des geistigen Eigentums, GRUR 2008, S. 949 ff.

ders.: Gefährdung von Rechten des geistigen Eigentums durch Kartellrecht? – Der Fall „Microsoft" und die Rechtsprechung des EuGH, GRUR 2006, S. 705 ff.

ders.: Immaterialgüterschutz in der Wettbewerbsordnung – Eine grundlagenorientierte Untersuchung zum Kartellrecht des geistigen Eigentums, Tübingen 2002.

Henninger, Thomas: Europäisches Privatrecht und Methode – Entwurf einer rechtsvergleichend gewonnenen Methodenlehre, Diss. Genf 2008, Tübingen 2009.

Heinze, Christian: Software als Schutzgegenstand des Europäischen Urheberrechts, JIPITEC 2/2011, S. 97 ff. [als Open-Access komplett verfügbar unter http://www.jipitec.eu]

Herzog, Ralf: Handel mit gebrauchter Software, Diss. Leipzig 2008, Baden-Baden 2009.

Heussen, Benno: Unvermeidbare Softwarefehler – Neue Entlastungsmöglichkeiten für Hersteller, CR 2004, S. 1 ff.

ders.: Rechtliche Verantwortungsebenen und dingliche Verfügungen bei der Überlassung von Open Source Software, MMR 2004, S. 445 ff.

Heinemeyer, Dennis/Nordmeyer, Arne: Super Marios, Kratos' und des Master Chiefs Erzfeind – Die Legalität der Modchips und Softwaremods für Videospielkonsolen – Die Rechtmäßigkeit von Konsolenmodifikationen speziell nach dem Umgehungsverbot des § 69f UrhG, CR 2013 S. 586 ff.

Hilber, Marc/Reintzsch, Dirk: Cloud Computing und Open Source – Wie groß ist die Gefahr des Copyleft bei SaaS – Zur Auslegung der Copyleft-Lizenzen und des dabei anzuwendenden Rechts, CR 2014, S. 697 ff.

Hilgert, Felix: Keys und Accounts beim Computerspielvertrieb – Probleme der Erschöpfung beim Vertrieb hybrider Werke mit Blick auf LG Berlin, Urt. v. 11.3.2014 – 16 O 73/13, CR 2014, S. 354 ff.

Hillenbrand, Tom: Microsoft-Geschäftszahlen: Hoher Preis der Freiheit, SPON, 23.4.2004. [http://www.spiegel.de/wirtschaft/microsoft-geschaeftszahlen-hoher-preis-der-freiheit-a-296596.html]

Hilty, Reto M.: Der Softwarevertrag – Ein Blick in die Zukunft – Konsequenzen der trägerlosen Nutzung und des patentrechtlichen Schutzes von Software, MMR 2003, S. 3 ff.

ders.: Lizenzvertragsrecht – Systematisierung und Typisierung aus schutz- und schuldrechtlicher Sicht, Bern 2001.

ders.: Urheberrecht im Wandel – 10 Thesen zum Urheberrecht, in: Bartsch, Michael/Briner, Robert G. (Hrsg.), DGRI Jahrbuch 2010, Köln 2011, S. 1 ff.

ders.: Die Rechtsnatur des Softwarevertrages – Erkenntnisse aus der Entscheidung des EuGH UsedSoft vs. Oracle, CR 2012, S. 625 ff.

Hilty, Reto/Jaeger, Thomas/Kitz, Volker (Hrsg.): Geistiges Eigentum: Herausforderung Durchsetzung, Berlin 2008.

Hirsbrunner, Simon/Schädle, Anne: Sicherer Hafen oder Bermudadreieck? Wohin geht die Reise bei der Neuorientierung der Praxis der Europäischen Kommission gegenüber Missbräuchen marktbeherrschender Unternehmen i. S. des Art. 82 EG?, EuZW 2006, S. 583 ff.

Hirsch, Günter/Montag, Frank/Säcker, Franz Jürgen (Hrsg.): Münchener Kommentar zum Europäischen und Deutschen Wettbewerbsrecht (Kartellrecht) – Kartellrecht, Missbrauchs- und Fusionskontrolle, Band 1 – Europäisches Wettbewerbsrecht, 1. Auflage, München 2007.

Hobbelen, Hein/Jablan, Joëlle: Presentational issues in the Microsoft II case: fair chance for all browsers or a European Commission imposed advantage for existing market players, ECLR 2011, S. 206 ff.

Hoeren, Thomas: Allgemeine Geschäftsbedingungen bei Internet- und Softwareverträgen, München 2008.

ders.: Softwareüberlassung als Rechtskauf, Diss. Münster 1988/1989, München 1989.

ders.: IT-Vertragsrecht, 2. Auflage, Köln 2012.

ders.: Der urheberrechtliche Erschöpfungsgrundsatz bei der Online-Übertragung von Computerprogrammen, CR 2006, S. 573 ff.

ders.: Der Erschöpfungsgrundsatz bei Software – Körperliche Übertragung und Folgeprobleme, GRUR 2010, S. 665 ff.

ders./Försterling, Matthias: Onlinevertrieb gebrauchter Software – Hintergründe und Konsequenzen der EuGH-Entscheidung „UsedSoft", MMR 2012, S. 642 ff.

Höhne, Sven: Digital Rights Management Systeme aus Verbrauchersicht – Eine urheberrechtliche Untersuchung der Folgen des Einsatzes von Digital Rights Management Systemen, Diss. Hannover 2007, 2007. [http://www.e-dig.de/sites/default/files/dissertation-hoehne-2.pdf]

van der Hoff, Oliver: Die Vergütung angestellter Software-Entwickler – Rechtliche Beurteilung und Vertragspraxis, Diss. Hagen 2009, Baden-Baden 2009.

Hofmann, Phillip: Die Schutzfähigkeit von Computerspielen nach Urheberrecht – „How to keep your balance – playfully", CR 2012, S. 281 ff.

ders.: Verdient digitales Spielen ein Leistungsschutzrecht? – Zum Begriff des „ausübenden Künstlers" im geltenden Urheberrecht, ZUM 2013, S. 279 ff.

ders.: Computerspielsysteme – Der Schutz kreativer Systeme und Konzepte im Urheberrecht, Diss. HU Berlin 2014/2015, Tübingen 2016.

Hoppen, Peter: Technische Schutzmaßnahmen bei Software – Verfahren zur Kontrolle der unberechtigten Nutzung, CR 2013, S. 9 ff.

Horns, Axel H.: Anmerkungen zu begrifflichen Fragen des Softwareschutzes, GRUR 2001, S. 1 ff.

Hufnagel, Frank E.: Die neue Gruppenfreistellungsverordnung Technologietransfer – Kein Lizenzvertrag ohne Kartellrecht, MDP 2004, S. 297 ff.

Huppertz, Peter: Handel mit Second Hand-Software – Analyse der wesentlichen Erscheinungsformen aus urheber- und schuldrechtlicher Perspektive, CR 2006, S. 145 ff.

ifrOSS (Hrsg.): Die GPL kommentiert und erklärt, Köln 2005.

Immenga, Ulrich/Mestmäcker, Ernst-Joachim (Hrsg.): Wettbewerbsrecht – Kommentar zum europäischen Kartellrecht (Band 1/Teil 1 und 2), 4. Auflage, München 2007.

dies. (Hrsg.): Wettbewerbsrecht – Kommentar zum europäischen Kartellrecht (Band 1/Teil 1 und 2), 5. Auflage, München 2012.

dies. (Hrsg.): Wettbewerbsrecht – Kommentar zum GWB (Band 2), 4. Auflage, München 2007.

dies. (Hrsg.): Wettbewerbsrecht – Kommentar zum Deutschen Kartellrecht (Band 2/Teil 1 – §§ 1–96, 130–131 GWB), 5. Auflage, München 2014.

Jaeger, Till: Die Erschöpfung des Verbreitungsrechts bei OEM-Software, ZUM 2000, S. 1070 ff.

ders.: BGH zum Erschöpfungsgrundsatz bei Onlineaktivierung von Spielen, 6. 8. 2010. [http://ifross.org/artikel/bgh-erschoepfungsgrundsatz-bei-onlineaktivierung-spielen]

ders.: CPTN: GPL-Lizenzierung als Voraussetzung für kartellrechtliche Freigabe, 3. 5. 2011. [http://www.ifross.org/artikel/cptn-gpl-lizenzierung-voraussetzung-fuer-kartellrechtliche-freigabe]

ders.: Google, GPL und der Mobilfunkmarkt, 16. 8. 2011. [http://www.ifross.org/artikel/google-gpl-und-mobilfunkmarkt]

Jaeger, Till/Metzger, Axel: Open Source Software – Rechtliche Rahmenbedingungen der Freien Software, 4. Auflage, München 2016.

dies.: Die neue Version 3 der GNU General Public License, GRUR 2008, S. 130 ff.

dies.: Open-content-Lizenzen nach deutschem Recht, MMR 2003, S. 431 ff.

Jaeger, Wolfgang/Kokott, Juliane/Pohlmann, Petra/Schroeder, Dirk (Hrsg.): Frankfurter Kommentar zum Kartellrecht, 88. ErgLfg. (2017), Köln 2017.

Jahn, Joachim: Auch Strafverfolger machen vor Landesgrenzen nicht mehr halt, FAZ 21/2011 (v. 26. 1. 2011), S. 23.

Jakob, Silvia F.: A Qualitative Study on the Adoption of Copyright Assignment Agreements (CAA) and Copyright License Agreements (CLA) within Selected FOSS Projects, JIPTEC 2/2014, S. 105 ff. [als Open-Access komplett verfügbar unter http://www.jipitec.eu]

Jänich, Volker: Geistiges Eigentum – eine Komplementärerscheinung zum Sacheigentum?, Tübingen 2002.

Jansen, Dennis G.: Lizenz-Center aktualisiert: Contributor License Agreements und Committer Agreements aufgenommen, 22. 09. 2014. [http://www.ifross.org/en/artikel/lizenz-center-aktualisiert-contributor-license-agreements-und-committer-agreements-aufgenomm]

ders.: BGH UsedSoft II: Der Lizenzvertrag definiert die bestimmungsgemäße Benutzung, 12. 2. 2014. [http://www.ifross.org/artikel/bgh-usedsoft-ii-lizenzvertrag-definiert-bestimmungsgem-e-benutzung]

Junker, Abbo/Benecke, Martina: Computerrecht, 3. Auflage, Baden-Baden 2003.

Jussawalla, Meheroo: The Economics of Intellectual Property in a World without Frontiers – A Study of Computer Software, New York u. a. 1992.

Kaestner, Jan: Missbrauch von Immaterialgüterrechten, Diss. Münster 2003/2004, München 2005.

Kafsack, Hendrik: „Wir brauchen kein europäisches Google“, FAZ, Stand: 29. 10. 2017. [http://www.faz.net/aktuell/wirtschaft/diginomics/mariya-gabriel-im-interview-kein-europaeisches-google-15266391.html]

Kaiser, Karen: Geistiges Eigentum und Gemeinschaftsrecht – Die Verteilung der Kompetenzen und ihr Einfluss auf die Durchsetzbarkeit der völkerrechtlichen Verträge, Diss. Heidelberg 2004, Berlin 2004.

Kallaugher, John/Weitbrecht, Andreas: Developments under articles 101 and 102 TFEU in 2010, ECLR 2011, S. 333 ff.

Kamlah, Dietrich: Softwareschutz durch Patent- und Urheberrecht – Ein Vergleich für die Praxis, CR 2010, S. 485 ff.

Karl, Christof: Der urheberrechtliche Schutzbereich von Computerprogrammen, Diss. München 2007, München 2009.

Kath, Peter: Softwareentwicklungsverträge, Diss. Gießen 2006. [http://geb.uni-giessen.de/geb/volltexte/2006/3676/pdf/KathPeter-2006-10-12.pdf]

Katko, Peter/Maier, Tobias: Computerspiele – die Filmwerke des 21. Jahrhunderts?, MMR 2009, S. 306 ff.

Kavanagh, Paul: Open Source Software – Implementation and Management, Amsterdam u. a. 2004.

Keil, Klaus (Hrsg.): 10 Jahre Erich Pommer Institut – 10 Jahre in medias res, Berlin 2009.

Kelsen, Hans: Reine Rechtslehre – Studienausgabe der 1. Auflage von 1934, hrsg. v. Jestaedt, Matthias, Tübingen 2008.

Keppeler, Lutz M.: Wann erstreckt sich die GPLv2 auf eine komplexe Software „as a whole“? – Eine aktuelle Bestandsaufnahme der Diskussion um die Reichweite des Copyleft-Effektes, CR 2015, S. 9 ff.

Kersting, Christian/Podszun, Rupprecht (Hrsg.): Die 9. GWB-Novelle: Kartellschadensersatz – Digitale Ökonomie – Fusionskontrolle – Bußgeldrecht – Verbraucherschutz, München2017.

Kjolbye, Lars: The new Commission Guidelines on the application of Article 81 (3): an economic approach to Article 81, ECLR 2004, S. 566 ff.

Klawitter, Christian/Lübbig, Thomas: Lizenzverträge und Kartellrecht – Kommentierte Darstellung der Gruppenfreistellungsverordnung Technologietransfer, Baden-Baden 2009.

Kilian, Wolfgang: Entwicklungsgeschichte und Perspektiven des Rechtsschutzes von Computersoftware in Europa, GRUR Int 2011, S. 895 ff.

Kilian, Wolfgang/Heussen, Benno (Hrsg.): Computerrechtshandbuch, 33. ErgLfg. (Februar 2017), München 2017.

Kilian, Wolfgang/Wendt, Domenik Henning: Europäisches Wirtschaftsrecht, 6. Auflage, Baden-Baden 2017.

Kirchgässner, Gebhard: Homo Oeconomicus. Das ökonomische Modell individuellen Verhaltens und seine Anwendung in den Wirtschafts- und Sozialwissenschaften, 4. Auflage, Tübingen 2013.

Kirn, Stefan/Müller-Hengstenberg, Claus D.: Die EVB-IT Systeme – ein Mustervertrag mit hohen Risiken?, CR 2009, S. 69 ff.

Kling, Michael/Thomas, Stefan: Kartellrecht, 2. Auflage, München 2016.

Koch, Frank A.: Urheber- und kartellrechtliche Aspekte der Nutzung von Open-Source-Software (II), CR 2000, S. 333 ff.

ders.: Auswirkungen des EuGH-Urteils zum Gebrauchtsoftwarehandel auf das Urheberrecht – Teil 1: Zur Erschöpfung des Verbreitungsrechts bei Online-Überlassung von Software, ITRB 2013, S. 9 ff.

ders.: Auswirkungen des EuGH-Urteils zum Gebrauchtsoftwarehandel auf das Urheberrecht – Teil 2: Zur Erschöpfung des Verbreitungsrechts bei Online-Überlassung von Software, ITRB 2013, S. 38 ff.

ders.: Computer-Vertragsrecht – Umfassende Erläuterungen, Beispiele und Musterformulare für Erwerb und Nutzung von EDV-Systemen, 7. Auflage, Freiburg 2009.

Koerber, Torsten: Wettbewerb in dynamischen Märkten zwischen Innovationsschutz und Machtmissbrauch, WuW 2007, S. 1209 ff.

Köhler, Helmut: Kopplungsangebote (einschließlich Zugaben) im geltenden und künftigen Wettbewerbsrecht, GRUR 2003, S. 729 ff.

König, Christian/Neumann, Andreas: Standardisierung – ein Tatbestand des Kartellrechts?, WuW 2009, S. 382 ff.

Körber, Torsten: Machtmissbrauch durch Android? – Zum Wettbewerb auf den Märkten für mobile Betriebssysteme und Anwendungen, NZKart 2014, S. 378 ff.

Koglin, Olaf: Opensourcerecht – Die urheber- und schuldrechtlichen Beziehungen zwischen Lizenzgeber und Lizenznehmer bei Open Source Software am Beispiel der General Public License (GPL), Diss. Bonn 2006, Frankfurt a. M. 2007.

Kolczynski, Janusz Piotr: ExhaustionA of Copyright of Computer Software Online: A European (Polish, German, Austria) and US Perspektive, EIPR 2011 (Vol. 33, Iss. 9), S. 578 ff.

Korah, Valentine: An Introductory Guide to EC Competition Law and Practice, 9. Auflage, Oxford 2007.

dies.: Intellectual Property Rights And The EC Competition Rules, Oxford 2006.

Kraßer, Rudolf/Ann, Christoph: Patentrecht, 7. Auflage, München 2016.

Kremer, Sascha: Vertragsgestaltung bei Entwicklung und Vertrieb von Apps für mobile Endgeräte, CR 2011, S. 769 ff.

Kreutzer, Till: Computerspiele im System des deutschen Urheberrechts – Eine Untersuchung des geltenden Rechts für Sicherungskopien und Schutz technischer Maßnahmen bei Computerspielen, CR 2007, S. 1 ff.

Kreuzer, Frank: Nutzungsbeschränkungen in Softwareverträgen – Kartellrechtliche Implikationen für den vertraglichen Schutz von Computerprogrammen, Diss. Bielefeld 1994, Frankfurt a. M. u. a. 1996.

Kreutzmann, Alix: Neues Kartellrecht und geistiges Eigentum, WRP 2006, S. 453 ff.

Kubach, Laura/Hunzinger, Sven: Wer hat das Recht an der Rechtekette? – Gebrauchte Softwarelizenzen in der Praxis (Teil 1), CR 2016, S. 14 ff.

dies: Wer hat das Recht an der Rechtekette? – Gebrauchte Softwarelizenzen in der Praxis (Teil 2), CR 2016, S. 213 ff.

Kuhn, Bradley M./Sebro, Anthony K., Jr./Gingerich, Denver/Free Software Foundation/Software Freedom Law Center: Copyleft and the GNU General Public License: A comprehensive Tutorial and Guide, 2015. [https://copyleft.org/guide/comprehensive-gpl-guide.pdf]

Kunkel, Wolfgang/Schermaier, Martin: Römische Rechtsgeschichte, 14. Auflage, Köln u. a. 2005.

Kunzmann, Jens: Zur Gruppenfreistellungsverordnung für Forschungs- und Entwicklungsvereinbarungen, MDP 2012, S. 441.

Lamping, Matthias: Patentschutz und Marktmacht, Diss. Salzburg 2009, Köln 2010.

Landes, William M./Posner, Richard A.: The Economic Structure Of Intellectual Property Law, Cambridge u. a. 2003.

Lang, Thomas: Immaterialgüterrechtliche Lizenzierung und kartellrechtliche Verhaltenskontrolle – Eine Untersuchung der Reichweite gemeinschaftskartellrechtlicher Eingriffsbefugnisse in Immaterialgüterrechtspositionen vor dem Hintergrund der schutzrechtsspezifischen wettbewerblichen Ausschließlichkeit, Diss. Marburg 2008, Frankfurt a. M. 2009.

Langen, Eugen/Bunte, Hermann-Josef (Hrsg.): Kommentar zum deutschen und europäischen Kartellrecht, Band 2 – Europäisches Kartellrecht, 11. Auflage, München 2010.

dies. (Hrsg.): Band 2 – Europäisches Kartellrecht, 12. Auflage, Köln 2014.

dies. (Hrsg.): Band 1 – Deutsches Kartellrecht, 12. Auflage, Köln 2014.

Larenz, Karl/Canaris, Claus-Wilhelm: Methodenlehre der Rechtswissenschaft, 3. Auflage, Berlin u. a. 1995.

Leemhuis, Thorsten: 20 Jahre Linux – Vom Hobby-Projekt zur Schlüsseltechnologie der modernen Computerwelt, c't 18/2011, S. 80 ff.

Lehmann, Michael: Portierung und Migration von Anwendersoftware – Kartell- und AGB-rechtliche Probleme, CR 1990, S. 700 ff.

ders.: Die Europäische Richtlinie über den Schutz von Computerprogrammen, GRUR Int 1991, S. 327 ff.

ders. (Hrsg.): Rechtsschutz und Verwertung von Computerprogrammen, 2. Auflage, Köln 1993.

Lehmann, Michael/Meents, Jan Geert (Hrsg.): Handbuch des Fachanwalts Informationstechnologierecht, 2. Auflage, Köln 2011.

Leible, Stefan/Ohly, Ansgar/Zech, Herbert (Hrsg.): Wissen – Märkte – Geistiges Eigentum, Tübingen 2010.

Leimbach, Timo: Die Softwarebranche in Deutschland – Entwicklung eines Innovationssystems zwischen Forschung, Markt, Anwendung und Politik 1950 bis heute, Stuttgart 2011.

Leistner, Matthias: Gebrauchtsoftware auf dem Weg nach Luxemburg – Der Vorlagebeschluss des BGH in Sachen Oracle v. UsedSoft, CR 2011, S. 209 ff.

ders.: Segelanweisungen und Beweislastklippen: eine problemorientierte Stellungnahme zum BGH-Urteil UsedSoft II, WRP 2014, S. 995 ff.

ders. (Hrsg.): Europäische Perspektiven des Geistigen Eigentums, Tübingen 2010.

ders./Königs, Martin: Der Kommissionsentwurf neuer Regelungen für Technologietransfer-Vereinbarungen – eine kritische Analyse, WRP 2014, S. 268 ff.

Lejeune, Mathias: Die neue europäische Gruppenfreistellungsverordnung für Technologietransfervereinbarungen – Ein Überblick zu ihrer Bedeutung und Tragweite für die Vertragsgestaltung, CR 2004, S. 467 ff.

ders.: Hinweise zur Bedeutung der neuen Gruppenfreistellungsverordnung für Technologietransfer – Die Vereinbarungen der EU-Kommission in der Praxis, ITRB 2004, S. 227 ff.

ders.: Kooperationsverträge zur Entwicklung von Softwareprodukten: Kartellrecht und internationale Zusammenarbeit, ITRB 2012, S. 166 ff.

Lerner, Josh/Tirole, Jean: Economics Perspectives on Open Source, in: Feller, Joseph/Fitzgerald, Brian/Hissam, Scott A./Lakhani, Karim R. (Hrsg.), Perspectives on Free and Open Source Software, Cambridge 2005, S. 47 ff.

Lerner, Josh/Schankerman, Mark: The Comingled Code: Open Source and Economic Development, London 2010.

Lessig, Lawrence: Code, Version 2 = Code 2.0, New York 2006. [http://codev2.cc/download+remix/Lessig-Codev2.pdf]

Lettl, Tobias: Kartellverbot nach Art. 101 AEUV, §§ 1, 2 GWB und vertikale Preisempfehlung/Preisbindung, WRP 2011, S. 710 ff.

Leupold, Andreas/Glossner, Silke (Hrsg.): Münchener Anwaltshandbuch IT-Recht, 3. Auflage, München 2013.

Leutheusser-Schnarrenberger, Sabine: Berliner Rede zum Urheberrecht. [https://irights.info/2010/06/14/berliner-rede-zum-urheberrecht-von-sabine-leutheusser-schnarrenberger/2067]

Liebs, Detlef: Römisches Recht, 5. Auflage, Göttingen 1999.

Liebscher, Christoph/Flohr, Eckhard/Petsche, Alexander (Hrsg.): Handbuch der EU-Gruppenfreistellungsverordnungen, 2. Auflage, München 2012.

Lindberg, Van: Intellectual Propery and Open Source – A Practical Guide to Protecting Code, Bejing u. a. 2008.

Lober, Andreas/Weber, Olaf: Money for Nothing? Der Handel mit virtuellen Gegenständen und Charakteren, MMR 2005, S. 653 ff.

Loewenheim, Ulrich/Meesen, Karl M./Riesenkampff, Alexander/Kersting, Christian/Meyer-Lindemann (Hrsg.): Kartellrecht: Europäisches und Deutsches Recht, 3. Auflage, München 2016.

Loewenheim, Ulrich/Meesen, Karl M./Riesenkampff, Alexander (Hrsg.): Kartellrecht: Europäisches und Deutsches Recht, 2. Auflage, München 2008.

Lorenz, Moritz: Die Beurteilung von Patentlizenzvereinbarungen anhand der Innovationstheorie, WRP 2006, S. 1008 ff.

Lubitz, Markus: Die neue Technologietransfer-Gruppenfreistellungsverordnung, EuZW 2004, S. 652 ff.

Lübbig, Thomas: „… et dona ferentes“: Anmerkungen zur neuen EG-Gruppenfreistellungsverordnung im Bereich des Technologietransfers, GRUR 2004, S. 483 ff.

Luginbühl, Stefan: Die neuen Wege zur einheitlichen Auslegung des Europäischen Patentrechts, GRUR Int 2010, S. 97 ff.

Lutterbeck, Bernd: Open Source Communitys und Geistiges Eigentum. Ein Kommentar zu Axel Metzger, in: Eifert, Martin/Hoffmann-Riem, Wolfgang (Hrsg.), Geistiges Eigentum und Innovation – Innovation und Recht I, Berlin 2008, S. 207 ff.

Lutz, Holger: Softwarelizenzen und die Natur der Sache – Eine vertragstypologische Einordnung von Softwareüberlassungsverträgen unter besonderer Berücksichtigung von Erschöpfungsgrundsatz und bestimmungsgemäßer Benutzung, Diss. Frankfurt a. M. 2007/2008, München 2009.

Maaß, Christian: Strategische Optionen im Wettbewerb mit Open-Source-Software, Diss. Hagen 2006, Berlin 2006.

MacCulloch, David C.: SEGA Enterprises Ltd. v. ACCOLADE, Inc.: What's So Fair About Reverse Engineering?, Loyola Entertainment Law Journal, Vol. 14 (1994), S. 465 ff.

Mäger, Thorsten (Hrsg.): Europäisches Kartellrecht, 2. Auflage, Baden-Baden 2011.

Mächtel, Florian: Das Patentrecht im Krieg, Diss. Bayreuth 2008/2009, Tübingen 2009.

Marly, Jochen: Praxishandbuch Softwarerecht – Rechtsschutz und Vertragsgestaltung, 6. Auflage, München 2014.

ders.: Der Handel mit so genannter gebrauchter Software, EuZW 2012, S. 654 ff.

Marquis, Mel: Patent, know-how, and software copyright licensing: The EU competition regime, The Antitrust Bulletin, Vol. 52 (2/2007), S. 239 ff.

Martens, Sebastian A. E.: Methodenlehre des Unionsrechts, Tübingen 2013.

Martinek, Michael/Semler, Franz-Jörg/Flohr, Eckhard (Hrsg.): Handbuch des Vertriebsrechts, 4. Auflage, München 2016.

Martinek, Michael/Semler, Franz-Jörg/Habermeier, Stefan/Flohr (Hrsg.): Handbuch des Vertriebsrechts, 3. Auflage, München 2010.

Matthiesen, Reemt: Die Freistellung von Softwarenutzungsverträgen nach Artikel 101 des Vertrages über die Arbeitsweise der Europäischen Union, Diss. München 2010, Bern 2010.

Maul, Karl-Heinz/Maul, Corinna: Produktpiraterie im Pharma-Bereich: Sanktionsbedarf und Schadensquantifizierung, GRUR 1999, S. 1059 ff.

Maume, Philipp/Wilser, Christian: Viel Lärm um nichts? Zur Anwendung von § 651 BGB auf IT-Verträge, CR 2010, S. 209 ff.

Maurer, Stephen M./Scotchmer, Suzanne: Open Source Software: The New Intellectual Property Paradigm, NBER Working Paper No. 12148, March 2006. [http://www.nber.org/papers/w12148]

Mayer-Wegelin, Clemens: Käuferrechte bei Computerspielen – Technische Kopierschutzmaßnahmen und End User License Agreements, JurPC Web.-Dok. 28/2009, Abs. 1–175. [http://www.jurpc.de/aufsatz/20090028.htm]

ders.: wie zuvor (Langfassung des vorherigen Titels, Master-Arbeit Hannover 2008), 2008.

Meinberg, Henrik: Zwangslizenzen im Patent- und Urheberrecht als Instrument der kartellrechtlichen Missbrauchsaufsicht im deutschen und europäischen Recht, Diss. Hannover, Hamburg 2006.

Mertens, Peter/Bodendorf, Freimut/König, Wolfgang/Schumann, Matthias/Hess, Thomas/Buxmann, Peter: Grundzüge der Wirtschaftsinformatik, 12. Auflage, Berlin 2017.

Mestmäcker, Ernst-Joachim/Schweitzer, Heike: Europäisches Wettbewerbsrecht, 3. Auflage, München 2014.

Metzger, Axel: Erschöpfung des urheberrechtlichen Verbreitungsrechts bei vertikalen Vertriebsbindungen, GRUR 2001, S. 210 ff.

ders.: Perspektiven des internationalen Urheberrechts – Zwischen Territorialität und Ubiquität, JZ 2010, S. 929 ff.

ders.: A Primer on ACTA: What Europeans Should Fear about the Anti-Counterfeiting Trade Agreement, JIPITEC 2/2010, S. 109 ff. [als Open-Access komplett verfügbar unter http://www.jipitec.eu]

ders.: Zur Zulässigkeit von CPU-Klauseln in Softwarelizenzverträgen, NJW 2003, S. 1994 ff.

ders.: Vom Einzelurheber zu Teams und Netzwerken: Erosion des Schöpferprinzips?, in: Leible, Stefan/Ohly, Ansgar/Zech, Herbert (Hrsg.), Wissen – Märkte – Geistiges Eigentum, Tübingen 2010, S. 79 ff.

ders.: Vertragliche Ausdehnung von geistigen Eigentumsrechten – Erscheinungsformen und Vertragskontrolle nach deutschem und europäischen Recht, in: Hilty, Reto/Jaeger, Thomas/Kitz, Volker (Hrsg.), Geistiges Eigentum: Herausforderung Durchsetzung, Berlin 2008, S. 85 ff.

ders.: Innovation in der Open Source Community – Herausforderungen für Theorie und Praxis des Immaterialgüterrechts, in: Eifert, Martin/Hoffmann-Riem, Wolfgang (Hrsg.), Geistiges Eigentum und Innovation – Innovation und Recht I, Berlin 2008, S. 187 ff.

ders.: Extra legem, intra ius: Allgemeine Rechtsgrundsätze im Europäischen Privatrecht, Tübingen 2009.

ders.: Allgemeine Rechtsgrundsätze im Europäischen Privatrecht: Ansätze für eine einheitliche Methodenlehre im europäischen Mehrebenensystem, Rechtstheorie (Rth) 2009, S. 313 ff.

ders.: Der Einfluss des EuGH auf die gegenwärtige Entwicklung des Urheberrechts, GRUR 2012, S. 118 ff.

ders.: Am Ende der Lizenzkette: Rechtsprobleme des mehrstufigen Softwarevertriebs, ITRB 2013, S. 239 ff.

ders.: Innovationen im Grenzbereich von Patent- und Sortenschutz – Exklusivität oder Kumulation der Schutzrechte, in: ders. (Hrsg.), Rechtsschutz von Pflanzenzüchtungen – Eine kritische Bestandsaufnahme des Sorten-, Patent- und Saatgutrechts, Tübingen 2014.

ders.: Urheberrechtsschutz von Datenmodellen, Dateiformaten und Schnittstellen, in: Conrad, Isabell/Grützmacher Malte (Hrsg.), Recht der Daten und Datenbanken im Unternehmen (zugleich Festschrift für Jochen Schneider zum 70. Geburtstag), Köln 2014, § 18.

Metzger, Axel/Hoppen, Peter: Zur Zulässigkeit von Nutzungsbeschränkungen in Lizenzverträgen bei Verwendung von Drittanbietersoftware – Analyse der grundsätzlichen Probleme und deren Auswirkung in vier Fallgruppen, CR 2017, S. 625 ff.

Metzger, Axel/Jaeger, Till: Open Source Software und deutsches Urheberrecht, GRUR Int 1999, S. 839 ff.

Meusers, k. A.: Browser-Alternative: Google finanziert Firefox bis 2014 – mindestens, SPON, 21.12.2011. [http://www.spiegel.de/netzwelt/web/browser-alternative-google-finanziert-firefox-bis-2014-mindestens-a-805021.html]

Meyer, Lena/Müller, Ulf: Die Zukunft des Geheimwettbewerbs in einer vernetzten Welt, WuW 2007, S. 117 ff.

Microsoft Corp.: Die Microsoft Produktbenutzungsrechte schnell erklärt – Ein Leitfaden für die Microsoft Volume Licensing Produktbenutzungsrechte (PUR), 2009.

Möschel, Wernhard: Der Missbrauch marktbeherrschender Stellungen nach Art. 82 EG-Vertrag und der „More Economic Approach", JZ 2009, S. 1040 ff.

Moglen, Eben: Oracle Sun Opinion, New York 2009. [http://www.softwarefreedom.org/resources/2009/Oracle-Sun-EC-opinion.pdf]

Mohnert, Alica: Richtlinie über bestimmte vertragliche Aspekte der Bereitstellung digitaler Inhalte, Stand: 20.06.2017. [https://www.cr-online.de/43253.htm]

Moritz, Hans-Werner: Softwarelizenzverträge (I) – Rechtslage nach der Harmonisierung durch die EG-Richtlinie über den Rechtsschutz von Computerprogrammen, Teil 1: Grenzen nach Art. 85 EWG-Vertrag, CR 1993, S. 257 ff.

ders.: Softwarelizenzverträge (II) – Rechtslage nach der Harmonisierung durch die EG-Richtlinie über den Rechtsschutz von Computerprogrammen, Teil 2: Grenzen nach Art. 86 EWG-Vertrag, CR 1993, S. 341 ff.

ders.: Softwarelizenzen (III) – Harmonisierung durch die EG-Richtlinie über den Rechtsschutz von Computerprogrammen Teil 3: Grenzen nach dem GWB, CR 1993, S. 414 ff.

ders.: Überlassung von Computersoftware – Bestimmungsgemäße Nutzung auf einer Datenverarbeitungsanlage als Know-How-Lizenzvereinbarung, CR 1989, S. 1049 ff.

MPI: Comments on the Draft Technology Transfer Block Exemption Regulation, IIC 2004, S. 187 ff.

dass.: Comments of the Max Planck Institute for Intellectual Property, Competition and Tax Law on the Draft Commission Block Exemption Regulation on Research and Development Agreements and the Draft Guidelines on Horizontal Cooperation Agreements, IIC 2010, S. 948 ff. [http://pubman.mpdl.mpg.de/pubman/item/escidoc:1720118:5/component/escidoc:1795340/Comments-RegualtionResearchDevelopmentAgreements6.pdf].

dass.: Erklärung: Eine ausgewogene Auslegung des Drei-Stufen-Tests im Urheberrecht. [http://www.ip.mpg.de/fileadmin/ipmpg/content/forschung_aktuell/01_balanced/declaration_three_step_test_final_deutsch1.pdf]

Mundhenke, Jens: Wettbewerbswirkungen von Open-Source-Software und offenen Standards auf Softwaremärkten, Diss. Kiel 2006, Berlin u. a. 2007.

Nestler, Franz: Jetzt zockt auch die Oma, FAZ 180/2015 (v. 6. 8. 2015), S. 22.

Nink, Judith: Rechtliche Rahmenbedingungen von Serviceorientierten Architekturen mit Web Services, Diss. Göttingen 2009, Göttingen 2010.

Noel, Michael/Schankerman, Mark: Strategic Patenting and Software Innovation – CEP Discussion Paper No 740, August 2006. [http://cep.lse.ac.uk/pubs/download/dp0740.pdf]

Nordemann, Axel/Nordemann, Jan Bernd/Nordemann, Wilhelm: Wettbewerbsrecht – Markenrecht, 11. Auflage, Baden-Baden 2012.

Nordemann, Jan Bernd: Urhebervertragsrecht und neues Kartellrecht gem. Art. 81 EG und § 1 GWB, GRUR 2007, S. 203 ff.

Nordmeyer, Arne: Open Source und Kartellrecht: Die Gültigkeit der Copyleft- und Lizenzgebührverbots-Klauseln angesichts des Art. 101 AEU (sowie der §§ 1 f. GWB), JIPITEC 1/2010, S. 19 ff. [als Open-Access komplett verfügbar unter http://www.jipitec.eu]

ders.: Lizenzantiquitätenhandel: Der Handel mit „gebrauchter" Software aus kartellrechtlicher Perspektive, GRUR Int 2010, S. 489 ff.

ders.: Rechnerleistung aus der Dose – Vertragliche Verhältnisse und Verantwortlichkeiten des Grid-Computing skizziert, München 2009.

ders.: Tagungsbericht: Commons, Users, Service Providers – Internet (Self-)Regulation and Copyright, JZ 2010, S. 727 ff.

ders.: Studie der EU-Kommission zeigt sich aus kartellrechtlicher Warte Freier und Open Source Software wohlgesonnen, 2. 2. 2012. [http://www.ifross.org/artikel/studie-eu-kommission-zeigt-sich-aus-kartellrechtlicher-warte-freier-und-open-source-software]

ders./Hennigs, Stefan: Änderung der Vertikal-Gruppenfreistellungsverordnung zum 1. Juni 2010, Stand: 27. 10. 2015. [http://www.computerundrecht.de/24876.htm]

Özkan, Ersan: The Politics and Economics of Software Intellectual Property Rights: Interacting Policies of the United States, United Kingdom, Romania, Turkey, and International Organizations, Diss. Albany/State University of New York 2009, Ann Arbor 2009.

Ohly, Ansgar: Europäische Grundsätze des Geistigen Eigentums?, in: Leistner, Matthias (Hrsg.), Europäische Perspektiven des Geistigen Eigentums, Tübingen 2010, S. 190 ff.

ders.: Urheberrecht in der digitalen Welt – Brauchen wir neue Regelungen zum Urheberrecht und dessen Durchsetzung?, Beilage 2014 zur NJW 24/2014, S. 47 ff.

ders.: („Neue Bücher"/Rezension zu: Bechtold, Stefan: Die Kontrolle von Sekundärmärkten, Baden-Baden 2007; zu: Blanken, Christina: Wettbewerbsrechtliche und immaterialgüterrechtliche Probleme des Zubehör- und Ersatzteilgeschäftes, Baden-Baden 2008,) ZGE 2009, S. 123 ff.

ders./Bodewig, Theo/Dreier, Thomas/Götting, Horst-Peter/Haedicke, Maximilian/ Lehmann, Michael (Hrsg.): Perspektiven des Geistigen Eigentums und Wettbewerbsrechts – Festschrift für Gerhard Schricker zum 70. Geburtstag, München 2005.

Oman, Ralph: Urheberrecht, Computerprogramme und Halbleiterchips in den U. S.A, GRUR Int 1992, S. 886 ff.

Osterloh, Eilert: Ist die Benutzung einer Erfindung aufgrund eines wegen Verstoßes gegen kartellrechtliche Vorschriften nichtigen Lizenzvertrags eine Patentverletzung?, GRUR 1985, S. 707 ff.

Paal, Boris P.: Entflechtungstatbestand, Medienvielfalt und Kartellgesetz – Medienkartellrecht auf dem Prüfstand, JZ 2010, S. 647 ff.

Pagenberg, Jochen/Beier, Dietrich: Lizenzverträge – License Agreements, 6. Auflage, Köln 2008.

Pahlow, Louis: Lizenz und Lizenzvertrag im Recht des Geistigen Eigentums, Tübingen 2006.

Petit, Nicolas/Neyrinck, Norman: Back to Microsoft I and II: Tying and the Art of Secret Magic, JECLAP 2011 (Vol. 2 Nr. 2), S. 117 ff.

Pfeiffer, Regine: Blog, passim. [http://www.regine-pfeiffer.de/]

Pischel, Gerhard: Preisfestsetzung nach Art. 81 EG und Novellierung des GWB, EuZW 2005, S. 459 ff.

ders.: Der Internetvertrieb nach der neuen Schirm-Gruppenfreistellungsverordnung für den Vertikalvertrieb und deren Leitlinien, GRUR 2010, S. 972 ff.

Pitzke, Marc: Software-Diebstahl offenbart Verwundbarkeit der Wall Street, SPON, 13. 7. 2009. [http://www.spiegel.de/wirtschaft/0,1518,635682,00.html]

Podszun, Rupprecht: Geistiges Eigentum und Kartellrecht, JURA 2010, S. 437 ff.

Pohlmeier, Julia: Netzwerkeffekte und Kartellrecht, Diss. Tübingen 2003, Baden-Baden 2004.

Polley, Romina: Softwareverträge und ihre kartellrechtliche Wirksamkeit, CR 2004, S. 641 ff.

dies.: Verwendungsbeschränkungen in Softwareüberlassungsverträgen, CR 1999, S. 345 ff.

dies.: Die neue Vertikal-GVO – Inhaltliche Neuerungen und verpasste Chancen, CR 2010, S. 625 ff.

dies.: Die neue Vertikal-GVO – die wesentlichen Änderungen und Anwendbarkeit auf Softwareverträge, in: Bartsch, Michael/Briner, Robert G. (Hrsg.), DGRI Jahrbuch 2010, Köln 2011, S. 77 ff.

dies./Seeliger, Daniela: Anwendung der neuen Gruppenfreistellungsverordnung für Vertikalverträge Nr. 2790/1999 auf Softwareverträge, CR 2001, S. 1 ff.

Popp, Karl Michael/Meyer, Ralf: Profit from Software Ecosystems, 2010.

Rauda, Christian: Recht der Computerspiele, München 2013.

Raymond, Eric S.: The Cathedral & the Bazaar: Musings on Linux and Open Source by an Accidental Revolutionary, 2. Auflage, Bejing u. a. 2001.

Redeker, Helmut: IT-Recht, 6. Auflage, München 2017.

ders. (Hrsg.): Handbuch der IT-Verträge, 32. ErgLfg., Köln 2017.

ders./Hoppen, Peter (Hrsg.): DGRI Jahrbuch 2011, Köln 2012.

Reed, Chris: Softwareverträge und das neue englische Urheberrechtsgesetz 1998, CR 1990, S. 697 ff.

Regibeau, Pierre/Rockett, Katherine: Assessment of potential anticompetitive conduct in the field of intellectual property rights and assessment of the interplay between competition policy and IPR protection, 2011. [http://ec.europa.eu/competition/consultations/2012_technology_transfer/study_ipr_en.pdf]

Reich, Michael Mark: Die ökonomische Analyse des Urheberrechts in der Informationsgesellschaft, Diss. München 2005, München 2006.

Rennie, M.-T. Michèle: International Computer and Internet Contracts and Law, ErgLfg. (Release) 22 (April 2010), London 2010.

Rieder, Markus S./Schütze, Rolf A./Weipert, Lutz (Hrsg.): Münchener Vertragshandbuch, Band 3 – Wirtschaftsrecht II, 7. Auflage, Müchen 2015.

Riesenhuber, Karl (Hrsg.): Europäische Methodenlehre – Handbuch für Ausbildung und Praxis, 2. Auflage, Berlin/New York 2010.

Röhling, Andreas: Die Zukunft des Kartellverbots in Deutschland nach In-Kraft-Treten der neuen EU-Verfahrensrechtsordnung, GRUR 2003, S. 1019 ff.

van Rooijen, Ashwin: The Software Interface between Copyright and Competition Law – A Legal Analysis of Interoperability in Computer Programs, Alphen aan den Rijn 2010.

Rosenberger, Hans-Peter: Die neue Gruppenfreistellungsverordnung für Forschungs- und Entwicklungsvereinbarungen im Vergleich zu ihrer Vorgängerin, GRUR Int 2012, S. 721 ff.

Roth, Birgit: Geheimhaltungsklauseln in IT-Verträgen – Hinweise zur Ausgestaltung wesentlicher Regelungspunkte, ITRB 2011, S. 115 ff.

Roth, Hans-Peter: Eine unendliche Geschichte: Der Handel mit gebrauchter Software – Auswirkungen und Konsequenzen der Rechtsprechung im UsedSoft-Streit, WRP 2015, S. 1303 ff.

Rottwilm, Christoph: Grauer Markt trifft bunte Welt, Manager Magazin, 18.10.2007. [http://www.manager-magazin.de/finanzen/artikel/a-511989.html]

Rubinfeld, Daniel: Wettbewerb, Innovation und die Durchsetzung des Kartellrechts in dynamischen, vernetzten Industrien, GRUR Int 1999, S. 479 ff.

Rüthers, Bernd/Fischer, Christian/Birk, Axel: Rechtstheorie, 9. Auflage, München 2016.

Rüting, Kai: Die urheber- und patentrechtliche Beurteilung von beschränkenden Klauseln bei der Überlassung von Standardsoftware in Deutschland und den USA, Diss. Bayreuth 2006, Hamburg 2007.

Sabellek, André/Heinemeyer, Dennis: Widerrufsrecht beim Kauf virtueller Gegenstände – Zur Abgrenzung von Warenlieferung und Dienstleistung, CR 2012, S. 719 ff.

Sahin, Ali/Haines, Alexander: Einräumung von Nutzungsrechten im gestuften Vertrieb von Standardsoftware – Unter welchen Voraussetzungen kann ein Vertragshändler Endkunden Nutzungsrechte einräumen?, CR 2005, S. 241 ff.

Schack, Haimo: Urheber- und Urhebervertragsrecht, 7. Auflage, Tübingen 2015.

ders.: Rechtsprobleme der Online-Übermittlung, GRUR 2007, S. 639 ff.

Schäfer, Fabian: Der virale Effekt – Entwicklungsrisiken im Umfeld von Open Source Software, Diss. Freiburg 2007, Karlsruhe 2007.

Schäfer, Janina: Die Kartellrechtliche Kontrolle des Einsatzes von technischen Schutzmaßnahmen im Urheberrecht, Diss. München 2008, München 2008.

Scheuer, Jochen: Technologietransfer im Kartellrecht, Diss. Hamburg 2008, Wiesbaden 2009.

Schiffner, Thomas: Open Source Software – Freie Software im deutschen Urheber- und Vertragsrecht, Diss. München 2002, München 2003.

Schindler Bühler, Katharina: Kartellrechtliche Aspekte von Open Source Software, in: Weber, Rolf H./Berger, Mathis/Auf der Mauer, Rolf (Hrsg.), Geschäftsplattform Internet IV: Open Source – Multimedia – Online Arbitration, Genf 2003, S. 55 ff.

Schindler, Gösta: Wagging The Dog – Reconsidering Antitrust-Based Regulation Of IP-Licensing, Marquette Intellectual Property Law Review 12.1 (2008), S. 49 ff. [http://works.bepress.com/gosta_schindler/2/]

Schmidt, Claudia: Refusal to License Intellectual Property Rights as Abuse of Dominance, Diss. Marburg 2010, Frankfurt a. M. 2010.

Schneider, Jochen: Pflege im Einsatz gegen Erschöpfung – Was Freundschaft und unkörperliche Software im Rahmen der Pflege verbindet und wie sich bei gemischten Verträgen die Vergütung erhöht, CR 2011, S. 626 ff.

ders.: Software als handelbares verkehrsfähiges Gut – „Volumen-Lizenzen" nach BGH: Die Verkehrsfähigkeit als Maßstab für Erschöpfung, Lizenzen und Aufspaltbarkeit, CR 2015, S. 413 ff.

ders. (Hrsg.): Handbuch des EDV-Rechts, 5. Auflage, Köln 2017.

ders. (Hrsg.): Handbuch des EDV-Rechts, 4. Auflage, Köln 2009.

Schneider, Jochen/Spindler, Gerald: Der Kampf um die gebrauchte Software – Revolution im Urheberrecht? Das Urteil des EuGH vom 3.7.2012 – Rs. C 128/11 – „UsedSoft" Gebrauchtsoftware, CR 2012, S. 489 ff.

Schneider, Jochen/Graf von Westphalen, Friedrich (Hrsg.): Software-Erstellungsverträge, 2. Auflage, Köln 2014.

Schöttle, Hendrik: Der Patentleft-Effekt der GPLv3 – Risiken für das Patentportfolio beim kommerziellen Einsatz von Open-Source-Software, CR 2013, S. 1 ff.

ders.: Open Source Compliance bei Embedded Systems, in: Taeger, Jürgen (Hrsg.), Recht 4.0 – Innovationen aus den rechtswissenschaftlichen Laboren (Tagungsband Herstakademie 2017), Oldenburg 2017.

Scholz, Jochen: Nutzung und Weitergabe digitaler Werke nach der UsedSoft-Entscheidung des EuGH, ITRB 2013, S. 17 ff.

Scholz, Matthias/Wagener, Dominique: Kartellrechtliche Bewertung hardwarebezogener Verwendungsbeschränkungen in Software-Überlassungsverträgen – Eine Betrachtung von CPU- und Upgrade-Klauseln, CR 2003, S. 880 ff.

Schricker, Gerhard/Dreier, Thomas/Kur, Anette (Hrsg.): Geistiges Eigentum im Dienst der Innovation, Baden-Baden 2001, S. 51 ff.

Schricker, Gerhard/Loewenheim, Ulrich (Hrsg.): Urheberrecht: Kommentar, 5. Auflage, München 2017.

Schröder, Georg F.: Softwareverträge – Lizenzierung, Erstellung und Kauf, 4. Auflage, München 2015.

Schütze, Rolf A./Weipert, Lutz (Hrsg.): Münchener Vertragshandbuch, Band 3 – Wirtschaftsrecht II, 6. Auflage, München 2009.

Schulte, Josef L./Just, Christoph (Hrsg.): Kartellrecht – GWB, Kartellvergaberecht, EU-Kartellrecht, Köln 2012.

Schulte, Rainer (Hrsg.): Patentgesetz mit Europäischem Patenübereinkommen, 10. Auflage, Köln 2017.

Schultheiss, Daniel/Müller, Arne: Gebrauchte Downloads?, GameStar 7/2011, S. 100 ff.

dies.: Gebrauchte Downloads? Zukunftsszenarien eines digitalen Gebrauchtmarkts, making games 2/2011, S. 62 ff.

Schulze zur Wiesche, Jens: Selektiver Vertrieb und Internet – Eine Bestandsaufnahme nach der neuen Vertikal-GVO und Leitlinien der Kommission, K&R 2010, S. 541 ff.

Schulze, Gernot: Schleichende Harmonisierung des urheberrechtlichen Werkbegriffs? – Anmerkung zu EuGH „Infopaq/DDF“, GRUR 2008, S. 1009 ff.

Schulze, Reiner/Seif, Ulrike (Hrsg.): Richterrecht und Rechtsfortbildung in der Europäischen Rechtsgemeinschaft, Tübingen 2003.

Schultz, Stefan: EU-Strafe für Microsoft: Machtlos gegen die Web-Giganten, SPON, 6. 3. 2013. [http://www.spiegel.de/wirtschaft/unternehmen/kartellstrafe-gegen-microsoft-kommt-zu-spaet-a-887254.html]

Schultze, Jörg-Martin/Pautke, Stephanie/Wagener, Dominique S.: Die Gruppenfreistellungsverordnung für Technologietransfer-Vereinbarungen – Praxiskommentar, Frankfurt a. M. 2005.

dies.: Vertikal-GVO – Praxiskommentar, 3. Auflage, Frankfurt a. M. 2011.

Schumacher, Volker/Schmid, Christoph: Die neue Gruppenfreistellungsverordnung für Technologietransfer-Vereinbarungen, GRUR 2006, S. 1 ff.

Schumpeter, Joseph A.: Kapitalismus, Sozialismus, Demokratie, 8. Auflage, Tübingen 2005.

Schuster, Fabian/Reichl, Wolfgang: Cloud Computing & SaaS: Was sind die wirklichen neuen Fragen? – Die eigentlichen Unterschiede zu Outsourcing, ASP & Co liegen im Datenschutz und der TK-Anbindung, CR 2010, S. 38 ff.

Schwarze, Jürgen/Weitbrecht, Andreas: Grundzüge des europäischen Kartellverfahrensrechts – Die Verordnung (EG) Nr. 1/2003, Baden-Baden 2004.

Schwarze, Jürgen/Hetzel, Philipp: Der Sport im Lichte des europäischen Wettbewerbsrechts, EuR 2005, S. 581 ff.

Schweyer, Florian: Die rechtliche Bewertung des Reverse Engineering in Deutschland und den USA, Diss. Bayreuth 2011, Tübingen 2012.

Schweinoch, Martin: Geänderte Vertragstypen in Software-Projekten – Auswirkung des BGH-Urteils vom 23. 7. 2009 auf die vertragstypologische Einordnung üblicher Leistungen, CR 2010, S. 1 ff.

Schwipps, Karsten: Wechselwirkungen zwischen Lauterkeitsrecht und Kartellrecht, Diss. Dresden 2008, Baden-Baden 2009.

Sebald, Gerd: Offene Wissensökonomie – Analysen zur Wissenssoziologie der Free/Open Source-Softwareentwicklung, Diss. Nürnberg 2007, Wiesbaden 2008.

Seffer, Adi/Beninca, Jürgen: OEM-Klauseln unter dem Gesichtspunkt des europäischen Kartellrechts, ITRB 2004, S. 210 ff.

Seitz, Stephan: „Gebrauchte" Softwarelizenzen – Der Zweiterwerb von Nutzungsrechten an Computerprogrammen, Diss. Regensburg 2010, Berlin 2010.

Servais, Kilian: Der Softwarepflegevertrag, Diss. Hagen 2013/2014, Berlin 2014.

Sher, Scott/Biggio, Charles/Shehadeh, Ramsey/Lutinski, Jonathan: The emerging role of open-source software in merger analysis, ECLR 2011, S. 323 ff.

Söder, Stefan: Schutzhüllenverträge und Shrink-Wrap License – Wirksamkeit nachgeschobener Herstellervereinbarungen im Massenmarkt für digitale Informationen in Deutschland und den USA, München 2006.

Spindler, Gerald (Hrsg.): Rechtsfragen bei open source, Köln 2004.

ders.: Rechtsfragen der Open Source Software (Gutachten im Auftrag des Verbandes der Softwareindustrie Deutschlands e. V. [VSI]), Köln 2003. [http://www.uni-goettingen.de/de/document/download/035cb3109455169625e840892422916e.pdf/studie_final.pdf]

ders.: Urheberrechtsnovelle: Der „Dritte Korb" – ein „Korb" ohne Boden?, GRUR Newsletter 2/2011, S. 4 f.

ders.: Miturhebergemeinschaft und BGB-Gesellschaft, in: Ohly, Ansgar/Bodewig, Theo/u. a. (Hrsg.), München 2005, S. 539 ff.

ders.: Grenzen des Softwareschutzes – Das Urteil des EuGH in Sachen SAS Institute, CR 2012, S. 417 ff.

ders.: Lizenzierung nach M2Trade, Take five und Reifen Progressiv – Eine Analyse mit besonderem Blick auf das Konzern- und auf das Kollisionsrecht, CR 2014, S. 557 ff.

ders./Wiebe, Andreas: Open Source-Vertrieb – Rechteeinräumung und Nutzungsberechtigung, CR 2003, S. 873 ff.

Stein, Andreas: Die Open-Source-Bewegung: Entwicklung – Organisation – Innere Ökonomie, Saarbrücken 2006.

Stichtenoth, Jonas: Tagungsbericht: Kartellrechtliche Bewertung von Verwendungsbeschränkungen in Software- und Hardwareüberlassungsverträgen, CR 2004, S. 316 ff.

Stieper, Malte: Harmonisierung der Urheberrechtsschranken durch den EuGH, ZGE 2012, S. 443 ff.

Stiller, Andreas: Triumph der Treppenwitze – 30 Jahre PC und DOS, c't 18/2011, S. 47 ff.

Stogmüller, Thomas: Half-Life 2: BGH akzeptiert Übertragungsverbot von Benutzerkonten bei Computerspielen, MMR-Aktuell 2010, 309018.

Stoffmehl, Thomas: Technologietransfer im europäischen Kartellrecht durch Gruppenfreistellung – Patent- und Know-how-Lizenzverträge, Diss. Düsseldorf 1997, Berlin 1997.

Sucker, Michael: Lizenzierung von Computersoftware (I) – Kartellrechtliche Grenzen nach dem EWG-Vertrag, CR 1989, S. 353 ff.

ders.: Lizenzierung von Computersoftware (II) – Kartellrechtliche Grenzen nach dem EWG-Vertrag, CR 1989, S. 468 ff.

Taeger, Jürgen (Hrsg.): Recht 4.0 – Innovationen aus den rechtswissenschaftlichen Laboren (Tagungsband Herbstakademie 2017), Oldenburg 2017.

Tapscott, Don/Williams, Anthony D.: Wikinomics – How Mass Collaboration Changes Everything, New York 2008.

Telle, Sebastian: Daten und FRAND – Regulatorische Bedingungen von Datenzugangsverhältnissen, in: Taeger, Jürgen (Hrsg.), Recht 4.0 – Innovationen aus den rechtswissenschaftlichen Laboren (Tagungsband Herstakademie 2017), Oldenburg 2017.

Teufel, Fritz: Freie Software, Offene Innovationen und Schutzrechte, MDP 2007, S. 341 ff.

Teupen, Christian: „Copyleft" im deutschen Urheberrecht – Implikationen von Open Source Software (OSS) im Urhebergesetz, Diss. Hagen 2006, Berlin 2007.

Thomas, Stefan: Die Bindungswirkung von Mitteilungen, Bekanntmachungen und Leitlinien der EG-Kommission, EuR 2009, S. 423 ff.

del Tiempo Matanzo, Alicia: Kartellrechtliche Beurteilung horizontaler Technologietransfer-Vereinbarungen nach Europäischem Recht, Diss. München 2007, Bern 2008.

Tilmann, Winfried: Durchbruch: Die Entscheidung zum Einheitspatent und zum Europäischen Patentgericht, GRUR 2013, S. 157 ff.

ders.: Ein Modellgesetz für Geistiges Eigentum – Ergebnis eines GRUR-Forschungsprojekts, GRUR 2012, S. 961 ff.

Timm, Daniela: Kartellrecht der Softwareverträge, Diss. München 2004, Frankfurt a. M. 2005.

Towfigh, Emanuel V./Petersen, Niels (Hrsg.): Ökonomische Methoden im Recht: Eine Einführung für Juristen, Tübingen 2010.

Ubertazzi, Benedetta: IP-Lizenzverträge und die EG-Zuständigkeitsverordnung, GRUR Int 2010, S. 103 ff.

Uhrich, Ralf: Entwaffnung der „Patenttrolle"?, Zur Einschränkbarkeit des patentrechtlichen Unterlassungsanspruches im anglo-amerikanischen und deutschen Recht, ZGE 2009, S. 59 ff.

Ulbricht, Johannes: Unterhaltungssoftware: Urheberrechtliche Bindungen bei Projekt- und Publishingverträgen, CR 2002, S. 317 ff.

Ullrich, Hanns/Lejeune, Mathias (Hrsg.): Der internationale Softwarevertrag – nach deutschem und ausländischem Recht, 2. Auflage, Frankfurt a. M. 2006.

Ullrich, Hanns: Technologietransfer und Kartellrecht: Der Bedeutungsverlust der EU-Gruppenfreistellungsverordnung, VPP-Rundbr. 2/2007, S. 51 ff.

ders.: Grenzen des Rechtsschutzes: Technologieschutz zwischen Wettbewerbs- und Industriepolitik, in: Schricker, Gerhard/Dreier, Thomas/Kur, Anette (Hrsg.), Geistiges Eigentum im Dienst der Innovation, Baden-Baden 2001, S. 83 ff.

ders.: Patente und technische Normen: Konflikt und Komplementarität in patent- und wettbewerbsrechtlicher Sicht, in: Leistner, Matthias (Hrsg.), Europäische Perspektiven des Geistigen Eigentums, Tübingen 2010, S. 14 ff.

Ulmer, Deflef/Hoppen, Peter: Die UsedSoft-Entscheidung des EuGH: Europa gibt die Richtung vor – Zu Voraussetzungen und Umfang der Erschöpfung des Verbreitungsrechts, ITRB 2012, S. 232 ff.

Ulmer-Eilfort, Constanze/Schmoll, Andrea: Technologietransfer – Lizenzverträge für Patente und Know-how, München 2006.

Välimäki, Mikko: Copyleft Licensing and EC Competition Law, ECLR 2006, S. 130 ff.

Velez, Mario: Significant changes to the Block Exemption on Vertical Restraints, ECLR 2011, S. 212 ff.

Vezzsoso, Simonetta: Open Source and Merger Policy – Insights from the European Commission's Oracle/Sun Decision, IIC 2011, S. 344 ff.

Vinje, Thomas C.: Softwarelizenzen im Lichte von Art. 85 des EWG-Vertrages, CR 1993, S. 401 ff.

ders./Marsland, Vanessa/Gärtner, Anette: Software Licensing After Oracle v. UsedSoft – Implications of Oracle v. UsedSoft (C-128/11) for European copyright law, CRi 2012, S. 97 ff.

Vogenauer, Stefan: Die Auslegung von Gesetzen in England und auf dem Kontinent, Band 1, Tübingen 2001.

ders.: Die Auslegung von Gesetzen in England und auf dem Kontinent, Band 2, Tübingen 2001.

Vollebregt, Erik: The Chances in the new Technology Transfer Block Exemption compared to the Draft, ECLR 2004, S. 660 ff.

Walter, Michael: Enge Oligopole und Wettbewerbspolitik – Gesetzmäßigkeiten des Videospiel- und Mobilfunkmarktes, Wiesbaden 2001.

Walter, Michel M./von Lewinski, Silke (Hrsg.): European Copyright Law – A Commentary, Oxford 2010.

Walther, Michael/Baumgartner, Ulrich: Standardisierungs-Kooperationen und Kartellrecht, WuW 2008, S. 158 ff.

Wandtke, Artur-Axel/Bullinger, Winfried (Hrsg.): Praxiskommentar zum Urheberrecht, 4. Auflage, München 2014.

Weber, Rolf H./Berger, Mathis/Auf der Mauer, Rolf (Hrsg.): Geschäftsplattform Internet IV: Open Source – Multimedia – Online Arbitration, Genf 2003.

Weiden, Henrike: Aktuelle Berichte – Februar 2012, GRUR 2012, S. 147 f.

Weidenbach, Georg/Vogt, Bianca/Hauser, Sebastian Max: Zugang zu Produktplattformen im europäischen und deutschen Kartellrecht, WRP 2012, S. 66 ff.

Weiss, Alexander: Der mutmaßliche Gesetzgeberwille als Argumentationsfigur, ZRP 2013, S. 66 ff.

Weitbrecht, Andreas/Mühle, Jan: Europäisches Kartellrecht, EuZW 2008, S. 551 ff.

Wellhausen, Marc: Die wettbewerbsrechtliche Behandlung von Technologiepools in den USA und der Europäischen Union, Diss. FU Berlin 2006, Hamburg 2007.

Westermann, Ingo: Handbuch Know-how-Schutz, München 2007.

von Westernhagen, Alexandra: Zugang zu geistigem Eigentum nach europäischem Kartellrecht – Eine Darstellung der rechtlichen, technischen und wirtschaftlichen Grundlagen für die Offenlegung von Softwareschnittstellen anhand des Microsoft-Verfahrens, Diss. Lausanne, Baden-Baden 2006.

Wiebe, Andreas: Interoperabilität von Software – Art. 6 der Computerprogramm-Richtlinie aus heutiger Sicht, JIPITEC 2/2011, S. 89 ff. [als Open-Access komplett verfügbar unter http://www.jipitec.eu]

ders.: Know-how-Schutz von Computersoftware – Eine rechtsvergleichende Untersuchung der wettbewerbsrechtlichen Schutzmöglichkeiten in Deutschland und den USA, Diss. Hannover 1991/1992, München 1993.

ders.: Die Krise des Erschöpfungsgrundsatzes im Informationszeitalter, in: Leible, Stefan/Ohly, Ansgar/Zech, Herbert (Hrsg.), Wissen – Märkte – Geistiges Eigentum, Tübingen 2010, S. 203 ff.

Wiedemann, Gerhard (Hrsg.): Handbuch des Kartellrechts, 3. Auflage, München 2016.

ders. (Hrsg.): Handbuch des Kartellrechts, 2. Auflage, München 2008.

Winzer, Wolfgang: Forschungs- und Entwicklungsverträge, 2. Auflage, München 2011.

Wiring, Roland: Kartellrecht und eCommerce – Neue Leitlinien der Kommission konkretisieren kartellrechtliche Vorgaben für den Onlinehandel, MMR 2010, S. 659 ff.

Wissel, Holger/Eickhoff, Jörn: Die neue EG-Gruppenfreistellungsverordnung für Technologietransfer-Vereinbarungen – Neue Freistellungsvoraussetzungen für Lizenzvereinbarungen, WuW 2004, S. 1244 ff.

Wolf, Christopher: Vertikale Kontrolle durch Immaterialgüterrechte, Diss. Tübingen 2008, Baden-Baden 2009.

Wuermeling, Ulrich/Deike, Thies: Open Source Software: Eine juristische Risikoanalyse, CR 2003, S. 87 ff.

Zastrow, Volker: Wie Trump gewann, FAZ, Stand: 12. 12. 2016. [http://www.faz.net/aktuell/politik/trumps-praesidentschaft/wie-der-wahlsieg-von-donald-trump-mit-big-data-gelang-14568868.html]

Zimmek, Sebastian: Grundlagen der Nutzungsrechtsübertragung an urheberrechtlich geschützten Computerprogrammen durch den Lizenznehmer, ZGE 2009, S. 324 ff.

Zöttl, Johannes: Das neue EG-Kartellrecht für Technologietransferverträge – Erste Erfahrungen aus der Anwendungspraxis, WRP 2005, S. 33 ff.

Die angegebenen Internetquellen wurden zuletzt am 29. 10. 2017 aufgerufen.

Sachregister

Alphabet *siehe* Google
Android 92 ff., 146 ff., 347 f., 419 f.
– Free Your Android, Kritik (am Lizenzmodell) 347, 147 ff., 419 f.
Artistic License 305, 307

Betriebssysteme 3 ff., 22, 52 ff., 62, 78, 88, 91 ff., 121, 138 f., 144 ff., 188 ff., 210, 213, 232 ff., 245 f., 283, 302, 349, 392, 402 ff., 463 f., 485 f., 502, 512, *siehe auch* OEM
Browser 3 f., 18, 52, 55, 71, 93 f., 104, 138 f., 197 f., 202 f., 210, 419
BSD-Lizenz, Berkeley Software Distribution 78, 212, 346 f.
Bundles, Bundling, Bündelung 138 f., 180, 197 f., 246, 380 ff., 391 ff., 407, 411, 469, 485 ff., 512, *siehe auch* Software/Wartung, OEM

CAL-Lizenzen 54
Chicago School 106 f.
Cloud, Cloud Computing 3, 6, 11, 18 f., 55, 58 f., 62, 89, 216 f., 245, 248 f., 262 f., 284 ff., 364, 366, 373, 381, 387 f., 476, 490 f., 503 ff., 514, 516
Code is Law 176
Computerspiele 8, 18 f., 51, 55 f., 64 ff., 119, 132, 502 f., 513 f.
– Developer 65
– Digitale Distribution 46 ff., 56 ff., 67, *siehe auch* Computerspiele/Steam
– Engine 73 ff., 248, 251, 352, 509, 514
– Gebrauchthandel 60 ff., 360, 365, 366 f., 372 f.
– Genres 201 ff., 397 f.
– Konsolen, Konsolen-Verträge 3, 53, 55 f., 61, 75 ff., 177 f., 188, 201 ff., 232, 247, 273, 395 ff., 430, 440, 514
– Marktabgrenzungen, ökonomische Faktoren 98, 103, 201 ff., 483
– Publisher 65 f., 76, 88, 177 f., 207, 273, 367, 397
– Rechtliche Beurteilung 23, 46, 229 f.
– Steam 43, 47 ff., 58, 61, 67, 71, 178, 283, 372, 502
Copyleft *siehe* Open Source/Copyleft
CPU-Klausel 6, 54, 59, 85 f., 220, 280, 372, 380 ff., 387, 401, 438 f., 484, 505, 508, 513
Creative Commons 78 f., 311, 345
Cross Licensing, Cross-Lizenzierungen 112, 254, 323, 435
Crowdfunding 65, 211 f., 502

Datenbank-Software 141 ff., 248, 262, 464
Datenökonomie 1 ff., 505
Dekompilierung 17, 22, 25, 27 ff., 33 f., 119, 124, 129, 140, 388 ff., 427, 469, 484, 496, 515
Digitale Agenda 2, 501 f.
Digitale Distribution 37, 42 ff., 56 ff., 67, 89, 114 ff., 178, 187, 209, 283, 361, 401, 421, 474 f., 503 f., *siehe auch* Computerspiele/Steam
Digitale Inhalte-Richtlinie 50 f., 502
DRM, Digital Rights Management, Digitales Rechte-Management 9, 34, 43 ff., 61, 62 ff., 71, 89, 119 ff., 175 ff., 191, 209, 238, 296, 308, 364, 373, 380, 383, 392, 420 ff., 439, 447 ff., 474, 481 ff., 495 ff., 503 ff., 513, 515
– Code is Law 176
– Geo-Targeting 209, 424
– Verhältnis zum Erschöpfungsgrundsatz 42 ff., 179
DSP *siehe* OEM

Dual Licensing *siehe* Mehrfachlizenzierung

Einsatzbeschränkungen 88, 380 ff., 387, 401, 435, 439, 473, 479, 513, *siehe auch* CPU-Klausel, LAN-Klausel, Gebäude-Klausel
Embedded Systems 53, 72, 232 ff., 238, 251, 261, 345, 463 f., 509, *siehe auch* Datenbank-Software
Engines *siehe* Computerspiele/Engines
Entwicklungswerkzeuge *siehe* Software/Entwicklungssoftware
Erschöpfung, gemeinschaftsweite Erschöpfung, Erschöpfungsgrundsatz 10, 35, 42 ff., 63, 85, 89, 114 ff., 122 ff., 132, 179, 220, 360 ff., 388, 391, 421, 448, 480, 495 ff., 503, 508, 515
– Verhältnis zu DRM/TPM 42 ff., 179
Escrow *siehe* Quellcode-Hinterlegung
Essential Facilities Doctrin, EFD 112, 137, 139, 186, 194 f.
EVB, EVB-IT 84
Exklusivität, Exklusivitätsvereinbarungen 69 f., 293, 333 ff., 352 f., 356, 395, 411, 423 ff., 485 f.

Fairsearch 147, 309
Field of Use 72, 241, 264, 385, 407, 415, *siehe auch* Einsatzbeschränkungen
Flick-Klausel 302
FRAND *siehe* RAND
Free Software *siehe* Open Source
Free Your Android 347, 147 ff., 419 f.
Freie Software *siehe* Open Source
Forschungs- und Entwicklungs-GVO *siehe* FuE-GVO
F/OSS *siehe* Open Source
FuE, Forschung und Entwicklung *siehe* FuE-GVO
FuE-GVO, Forschungs- und Entwicklungs-GVO 13, 82, 253, 256, 264, 268 ff., 272, 289, 337 f., 355 f., 432, 433, 441, 467, 478, 488 f., 490
Fusionkontrolle, Fusionskontroll-Verordnung 7, 140 ff., 172, 253 f., 359, 433, 444 f., 449, 492, 503, 511

– Open Source i.Vbdg.m. Copyleft 141 ff., 145 ff., 151, 345 ff.

Gebäude-Klausel 212, 380 ff., 439
Gebrauchtsoftware 10, 37, 42 ff., 60 ff., 115, 191, 194 ff., 206, 213, 287, 359 ff., 377 f., 381 f., 384, 386, 402, 412, 417, 420, 438 f., 449, 475, 479 ff., 489, 496 ff., 503 f., 508 f., 511 f., 516, *siehe auch* Erschöpfung
– Echtheitszertifikate 43 ff., 359, 373
Geistiges Eigentum 21, 109 ff., 274, 279, 286
– Besonderheiten von Software 111, 119, 226, 470
– Verhältnis zum Kartellrecht 9, 86, 106 ff., 214 ff., 436 ff., 493 ff.
GNU GPL 1, 6. f., 77 f., 141 ff., 278 f., 282, 300, 305 ff., 440, 465, 497, 510, *siehe auch* Open Source
– Affero GNU GPL 313
– Copyleft, Kostenlosigkeit, Lizenzgebührenverbot *siehe* Open Source/Copyleft
– GNU/Linux 6, 52, 77 f., 92 f., 143 ff., 188 f., 192, 197, 302 f., 342, 346, 349, 409, 486
Google 2 f., 71, 93 f., 145 ff., 349 f., 419 f., 501 ff., *siehe auch* Android
Grant Back *siehe* Rücklizenzen
Gruppenfreistellungsverordnungen
– Analogie-Fähigkeit 164 ff., 265 ff., 444, 507
– Auslegungsgrundsätze, Auslegung 150, 170 ff., 233, 237, 242, 250, 255, 260, 268, 282, 288 ff., 441, 464, 490 f., 507, 509
GUI, Graphical User Interface 25, 234, 418

Half-Life 2 43 ff., 51, 67 f., 71, 372, *siehe auch* Computerspiele
Handelsvertreter 66, 83, 171 f.
Harvard School 106 f.

Immaterialgüter, Immaterialgüterrecht *siehe* Geistiges Eigentum

Kartellrecht
– Verhältnis zum Immaterialgüterrecht 9, 86, 106 ff., 214 ff., 436 ff., 493 ff.
Keyselling 46
Konditionenkartell 312, 324, 420
Konzern-Lizenz 371 f.
Kopplung *siehe* Bundles
Kosten, Kostenstrukturen bei Software *siehe* Softwareökonomie/Kosten
Kundenkreisbeschränkung 264, 333, 368 f., 376, 384 f., 397 f., 408, 415 ff., 441, 479

LAN-Klausel 381, 439
Leveraging 100, 129, 186, 494
Linux 6, 52, 77 f., 92 f., 143 ff., 188 f., 192, 197, 302 f., 342, 346, 349, 409, 486
– Linux-Klausel 465, 468, 478 f., 493, 516

Marktabgrenzung 8, 91, 186 ff., 296, 348 ff., 508 f.
Marktanteile 91 ff., 209 ff., 348 f., 365, 455 ff., 398 f., 412, 429
– Illegale Vervielfältigungen 210 f.
– Open Source, F/OSS, Freie Software 91 ff., 210, 348 f.
– sog. Raubkopien 210 f.
Mehrfachlizenzierung 54, 83 f., 141 ff., 317, 346
Mengenrabatt 370 f., 379 f.
Microsoft, Microsoft-Verfahren 1 ff., 137 ff., 192, 195, 217, 404, *siehe auch* OEM
– Browser War, Browser Choice 4, 52, 80, 94, 138
– Windows N, Media Player 3, 138 ff., 197, 410
MIT-Lizenz, Massachusetts Institute of Technology 78
More Economic Approach 106 ff., 130 f., 160, 219, 223, 295, 455, 493 ff., 499, 515
Mozilla 71, 94, 301
– MPL, Mozilla Puclic License 78, 312 f., 321 f.
Multi Licensing *siehe* Mehrfachlizenzierung
Multiple Licensing *siehe* Mehrfachlizenzierung

Netscape Navigator 80, 94
Nichtangriffsvereinbarung 82, 322, 335 f., 338, 434

Obfuscator 34, *siehe auch* Dekompilierung
Ökonomische Analyse 109 ff., 129, 159 ff., 219, 452, 455, 498, 515
OEM, Original Equipment Manufacturer 53 f., 70 f., 85 f., 191 f., 245 f., 283, 287, 370, 373, 378, 380, 391 ff., 401 ff., 438, 441, 469, 476 f., 485 f., 512, 516, *siehe auch* Microsoft, Bundles, WIntel
Office-Programme 51, 93, 191, 197, 213
Open Access 438
Open Source
– Artistic License 305, 307
– ASP Loophole 313
– Basar-Modell 79 f., 300, 303, 305, 325, 511
– BSD 78, 212, 346 f.
– Community, Communities, Contributors 77 ff., 99, 133, 143, 149, 172, 212, 301 f., 328, 330, 344 f., 350
– Contributor Agreement 303, 330
– Copyleft, Derivative Work (Abgeleitetes Werk) 6, 41, 78 ff., 143, 146, 148 f., 212, 304, 310, 311 ff., 353, 440 f., 510 f.
– Core Teams 79, 303 f., 326, 329, 511
– Distributor 54, 143, 193, 201, 210, 301, 306 ff., 311 f., 317, 320, 339
– Fiduciary Agreement 303
– Forks 142, 326, 343, 349
– Founder 326, 511
– Free Software Definition (FSD) 78, 324 f.
– GNU/Linux 6, 52, 77 f., 92 f., 143 ff., 188 f., 192, 197, 302 f., 342, 346, 349, 409, 486
– GNU GPL *siehe* GNU GPL
– Kostenlosigkeit 81, 194, 305 ff., 336 f., 343, 347, 349, 468, 479, 511
– Linux 6, 52, 77 f., 92 f., 143 ff., 188 f., 192, 197, 302 f., 342, 346, 349, 409, 486

– Lizenzgebührenverbot *siehe* Open Source/Kostenlosigkeit
– Maintainer 303, 326, 511
– Markt, Marktabgrenzung, Marktanteile *siehe* Marktanteile
– MIT 78
– Open Software Definition (OSD) 78, 324 f.
– Patentrecht, Patentleft, Patent-Nicht-Nutzung 81, 319 ff., 335 f.
– Preisfestsetzung (auf Null) *siehe* Open Source/Kostenlosigkeit
– Rücklizenz, einfache 333 ff., 468
– Unternehmen im Sinne des Kartellrechts 171 f., 300 ff., 511
– Viraler Effekt *siehe* Open Source/Copyleft
Output-Beschränkungen 252, 384 f.

Pools *siehe* Technologiepools

Quellcode 17 f., 26, 31, 33 ff., 40, 59, 74, 87, 116 f., 146, 212, 216 f., 229, 233 ff., 247, 249, 260 ff., 296, 303, 310 ff., 330 f., 343, 347, 352, 355 f., 387, 389 f., 413, 421, 426 f., 430, 436 f., 438, 440, 448, 452 f., 463 f., 468, 477, 505, 509, 511, 516
– Offener Quellcode *siehe* Open Source
Quellcode-Hinterlegung 83, 313, 390

RAND 97 f., 147
Reverse Engineering *siehe* Dekompilierung
Rücklizenzen, Rück-Lizenzierung 74 f., 254, 271, 290, 311, 333, 350, 352 ff., 437, 440, 511, 514
Running Royalties 352, 357 f., 395, 400

Sherman Act 453
Software
– ASP *siehe* Software/Cloud
– Besonderheit gegenüber anderen Immaterialgütern *siehe* Geistiges Eigentum
– Cloud, Cloud Computing 3, 6, 11, 18 f., 55, 58 f., 62, 89, 216 f., 245, 248 f., 262 f., 284 ff., 364, 366, 373, 381, 387 f., 476, 490 f., 503 ff., 514, 516
– CPU-Klausel 6, 54, 59, 85 f., 220, 280, 372, 380 ff., 387, 401, 438 f., 484, 505, 508, 513
– Customising, Customizing 71 f.
– Developing Kits, SDK 73 ff., 76, 247, 248, 509
– Entwicklungssoftware, -werkzeuge 65, 73 ff., 242 ff., 261, 263, 352 ff., 397, 440, 464, 468, 509, 511
– Gebrauchtsoftware 10, 37, 42 ff., 60 ff., 115, 191, 194 ff., 206, 213, 287, 359 ff., 377 f., 381 f., 384, 386, 402, 412, 417, 420, 438 f., 449, 475, 479 ff., 489, 496 ff., 503 f., 508 f., 511 f., 516, *siehe auch* Erschöpfung
– Individualsoftware 50, 71 f., 83, 102, 235 f., 238, 241, 274 f., 351 ff., 413, 424, 426, 477, 480
– Markt, Märkte, Marktabgrenzungen *siehe* Marktabgrenzung, *siehe auch* Softwareökonomie
– Named User 372, 381
– Pflege 43, 45, 73, 81 f., 100, 103, 115, 119 f., 143, 193, 199, 201, 235, 249, 342 f., 364, 389, 402, 406, 425 ff., 440 f., 469 f., 477, 487, 491, 514, 516
– Portierung, Software-Übersetzung 34, 77, 201
– Ökonomie *siehe* Softwareökonomie
– OEM 53 f., 70 f., 85 f., 191 f., 245 f., 283, 287, 370, 373, 378, 380, 391 ff., 401 ff., 438, 441, 469, 476 f., 485 f., 512, 516, *siehe auch* Microsoft, Bundles, WIntel
– Schulversionen, Schülerversionen, Akademische Versionen 51, 53, 60, 85, 376 f., 379 ff., 418 f., 512
– Software as a Service *siehe* Software/Cloud
– Upgrades, Upgrade-Versionen 53 f., 70, 88, 104, 365, 376 ff., 415 ff., 439, 482, 484 f., 497, 512 f., 516
– Wartung 43, 45, 73, 81 f., 100, 103, 115, 119 f., 143, 193, 199, 201, 235, 249, 342 f., 364, 389, 402, 406, 425 ff., 440 f., 469 f., 477, 487, 491, 514, 516

Software-GVO, Software-Gruppenfreistellungsverordnungen 453 ff., 515 f.
Softwareökonomie
– Costs *siehe* Softwareökonomie/Kosten
– Gebrauchtsoftware 10, 37, 42 ff., 60 ff., 115, 191, 194 ff., 206, 213, 287, 359 ff., 377 f., 381 f., 384, 386, 402, 412, 417, 420, 438 f., 449, 475, 479 ff., 489, 496 ff., 503 f., 508 f., 511 f., 516, *siehe auch* Erschöpfung
– Homo Oeconomicus 10, 130, 160
– Kosten, Kostenstrukturen 55 f., 74, 76, 81, 91 ff., 116, 118, 120, 122 ff., 132, 143, 188, 190, 192 ff., 199 f., 203, 207, 210 ff., 305 ff., 342 f., 347, 357 f., 364 f., 367, 370 f., 375, 377, 383, 386, 399 ff., 404, 406, 416, 419, 428, 448, 466, 470, 476 f., 486, 504, 509, *siehe auch* Software/Preise
– Marktabgrenzung 8, 91, 186 ff., 296, 348 ff., 508 f.
– Marktanteile *siehe* Marktanteile
– Monopole, Monopol-Stellung 4, 92, 94 f., 98 f., 103 f., 111 f., 125 ff., 145, 188, 199, 225, 251 f., 343, 350, 371, 398, 406, 429, 438, 440, 449, 456 f., 471, 482, 486, 487, 494, 503, 508, 514
– Netzwerkeffekt 8, 55, 95 ff., 101, 103 f., 116, 129 f., 131 f., 138, 190, 192, 207 f., 211, 213, 358, 365, 409, 417, 457, 475, 482, 494, 507 ff., 512 f.
– Plattform, technische 52, 55, 58, 73, 76 f., 96 f., 101, 123, 128, 131, 145 f., 188 ff., 196, 199, 201 f., 205, 208, 213, 222, 233, 262, 306, 349, 395 ff., 463 f., 473 f., 504 ff., 514
– Preise, Preisargumente 46, 53, 55 f., 60 ff., 70, 81 ff., 95, 103 f., 139, 178, 192 ff., 200 f., 203, 206, 213, 222, 246, 305 ff., 342, 357, 364, 370 f., 373 f., 376 ff., 383, 386 f., 391 ff., 396, 400, 403 ff., 415 ff., 423 f., 438 f., 441, 470 f., 477, 482, 485 f., 508 f., 512, *siehe auch* Softwareökonomie/Kosten, Open Source, SSNIP-Test
– Skaleneffekte 102
Source-Code *siehe* Quellcode
Spezialisierungs-GVO 13, 253, 256, 264, 268, 270, 272 f., 289, 467, 478, 489 f.
Spezifischer Schutzgegenstand 214 ff., 353, 360 ff., 421, 437
SSNIP-Test 192
Standardessentielle Rechte 97 f., 146, 350, *siehe auch* EFD, RAND
Streaming *siehe* Cloud

Technologiepools 84, 119, 249 f., 256 f., 264, 272 f., 328, 431 ff.
Technologietransfer-GVO
– Alternativen 447 ff.
– Anwendbarkeit bei Software, allgemeine 226 ff., 259 ff.
– Dienstleistungen als Produkt 238 ff., 262
– Produkt-Kriterium 231 ff., 261 ff.
Tentacles of Evil 145
TPM, Technical Protection Measures *siehe* DRM
TT-GVO *siehe* Technologietransfer-GVO
Tying *siehe* Bundles

Unternehmen, (funktionaler) Unternehmensbegriff 171 f.
US Antitrust Guidelines for the Licensing of I. P. 218, 453 ff.
Used Software *siehe* Gebrauchtsoftware

Value Add Reselling, VAR 70, 246, 412 ff., 513
Vertikal-GVO
– Shrink Wrap, OK-Klick, Schutzhüllenverträge 274 ff.
Videospiele *siehe* Computerspiele
Viraler Effekt *siehe* Open Source/Copyleft
Volumen-Lizenzen 42, 45, 49, 51, 54, 83, 103, 114, 210, 275, 359 ff., 366 f., 371, 373, 379
Voreinstellungen, Voreinstellungsverträge 71, 419 f.

WIntel, WIntel-Kartell 97, 406, *siehe auch* Microsoft, OEM, Bundles

Zero Price Fixing 349, *siehe auch* Open Source/Kostenlosigkeit

Geistiges Eigentum und Wettbewerbsrecht

herausgegeben von
Peter Heermann, Diethelm Klippel,
Ansgar Ohly und Olaf Sosnitza

Im Informationszeitalter hat das geistige Eigentum, insbesondere die Patent-, Urheber- und Kennzeichenrechte, erheblich an Bedeutung gewonnen. Zugleich wird die Rechtspraxis mit zahlreichen neuen Fragen konfrontiert. Die Rechtswissenschaft konnte mit dieser stürmischen Entwicklung kaum Schritt halten. Nach wie vor wird die Literatur von vorwiegend praxisorientierten Darstellungen dominiert, in denen wissenschaftliche Grundfragen häufig zu kurz kommen. Nachdem die allgemeine Zivilrechtswissenschaft zunächst nur das Sachenrecht als natürliches Betätigungsfeld ansah, nimmt sie zunehmend auch die Bedeutung des Immaterialgüterrechts in den Blick. Die Reihe legt deshalb besonderes Augenmerk auf Schriften, die sich Grundlagenfragen des Rechts des geistigen Eigentums einschließlich der historischen, philosophischen und ökonomischen Bezüge widmen und so zur Entwicklung eines „Allgemeinen Teils des Geistigen Eigentums" beitragen, den es bisher nicht als gesetzliche Regelung gibt. Da die europäische Rechtsangleichung im Immaterialgüter- und Wettbewerbsrecht besonders weit fortgeschritten ist und zudem zahlreiche internationale Übereinkommen diese Rechtsgebiete prägen, werden auch die internationalen Bezüge in der Reihe berücksichtigt.

ISSN: 1860-7306
Zitiervorschlag: GEuWR

Alle lieferbaren Bände finden Sie unter *www.mohrsiebeck.com/geuwr*

Mohr Siebeck
www.mohrsiebeck.com